SBI 구문분석에 의한

문맥성경

구약 2

[여호수아-열왕기하]

Syntactic-Semantic
Analysis Bible

개발 및 감수 : 김의원 · 김상훈 박사
편 찬 책 임 : 배동한 목사

그리심
도서출판

Syntactic-Semantic Analysis Bible

by Seoul Bible Institute(SBI)

Projected by
Seoul Bible Institute

Published by
Grisim Publishing Company,
Seoul, Korea

2017

사도신경

전능하사 천지를 만드신 하나님 아버지를 내가 믿사오며,
그 외아들 우리 주 예수 그리스도를 믿사오니,
이는 성령으로 잉태하사 동정녀 마리아에게 나시고
본디오 빌라도에게 고난을 받으사,
십자가에 못박혀 죽으시고,
장사한 지 사흘 만에 죽은 자 가운데서 다시 살아나시며,
하늘에 오르사, 전능하신 하나님 우편에 앉아 계시다가,
저리로서 산 자와 죽은 자를 심판하러 오시리라.
성령을 믿사오며, 거룩한 공회와, 성도가 서로 교통하는 것과,
죄를 사하여 주시는 것과, 몸이 다시 사는 것과
영원히 사는 것을 믿사옵나이다. 아멘.

I believe in God the Father Almighty,
Maker of heaven and earth,
and in Jesus Christ, His only Son our Lord,
who was conceived by the Holy Ghost,
born of the Virgin Mary,
suffered under Pontius Pilate, was crucified,
dead, and buried, He descended into hell,
The third day he rose again from the dead;
He ascended into heaven, and sitteth on the right hand of God the Father
Almighty, from thence
He shall come quick to judge the live and the dead.
I believe in the Holy Ghost, The Holy Catholic Church,
The Communion of Saints, The forgiveness of sins,
The resurrection of the body, And the life everlasting.
Amen.

간 행 사

전혀 새로운 방식의 책이라 말해도 좋을 것입니다. 본 연구원 등을 통해서 구문연구방식의 성경연구를 접해 보지 않던 독자들은 이 책을 펼쳐 보며 다소 의아스럽다는 생각을 하셨을 것입니다. 이게 어떤 책인가 하고 말입니다. 이 문맥성경은 한글로 된 말씀(개역성경)을 보다 정확하고 깊게 묵상하고, 해석하고, 연구하도록 돕는 책입니다. 이 책은 다음과 같은 특징을 가지고 있습니다.

1. 새로운 귀납적 성경연구 방법론의 제안입니다.

기존 귀납적 연구방법들이 주로 문법적, 문학적 방식의 연구틀을 가지고 본문을 보게 하는 것입니다. 반면에, 문맥성경은 연구자로 하여금 본문의 핵심적인 의미와 이와 연계된 의미들을 좀더 정확하고 신속하게 파악하도록 이끄는, 새로운 언어학적 접근방법을 계발하여 채택하고 있습니다. 기존의 다른 방법으로 본문을 연구하는 분들도 문맥성경을 병행해서 활용하면 더 효과적인 성경연구를 하실 수 있을 것이라 생각합니다.

2. 현대 언어학의 새로운 연구결과가 반영되었습니다.

구문분석(또는 구조분석) 방식은 지난 80년대 월터 카이저, 더글라스 스튜어트, 고든 피 등에 의해 영어권에서 먼저 계발된 바 있습니다. 카이저의 [새로운 주경신학연구] (김의원 박사 역, 엠마오), 스튜어트와 피의 [성경해석 방법론] (김의원 박사 역, 기독교문서선교회)을 참고하기 바랍니다.

그 방식은 노암 촘스키 이후의 현대 언어학, 특히 구문론과 의미론의 발전적 성과를 성경해석학에 적용한 것이라 할 수 있습니다. 한글은 구문적인 특수성이 다른 언어(영어, 헬라어 등)와 다소 다릅니다. 그래서 한국어 특성에 맞게, 앞서 연구된 영어권의 업적을 참고한 후, 현대 언어학의 변형생성문법 이론(촘스키)에 다시 비춰, 재구성된 구문분석 방법론을 계발해야 했습니다. 영어권의 방법론에서 보다는, 한글의 주어와 서술어 부분을 더욱 강조하고, 그 외의 부분들은 수식 영역으로 세분화해서 배열한다든지, 수식 부분들을 설명할 때 육하원칙의 개념을 활용한다든지 하는 등의 방법들이 필요했습니다.

선행된 영어권의 것이나 후발된 본 연구원의 방법론은 모두 현대언어학의 구문론-의미론의 연구성과에 근거한, 새로운 형태의 귀납적 성경연구방법론이라 할 수 있습니다. 구문연구방식의 가장 큰 강점은 연구자로 하여금 본문과 저자의 언어 논리와 흐름에 철저히 집중하도록 하는 것입니다.

3. 해석학의 담론 분석학(Discourse Analysis)의 발전에 기여할 것입니다.

성경해석학 가운데, 담론 분석학은 현재 미국의 나이다, 남아공의 로우, 영국의 포터, 스칸디나비아의 요한슨 등을 중심으로 전세계적으로 네 개 지역에서 주로 연구되고 있는 해석학의 한 분야입니다. 이 분석학의 목적은 현대 언어학의 연구를 성경해석학의 영역에 적용하고 활용해서, 보다 진전된 본문 해석의 연구결과를 얻어내는 것입니다.

현대 언어학의 연구성과에 근거한 문맥성경의 연구방법론은, 담론 분석학 이론과 방법론적 적용의 집적물이라 할 수 있습니다. 본 문맥성경에서 보는 구문-의미 배열은 그 자체가 해석입니다. 배열에 해석적 노력이 배여 있습니다. 비록 현대 언어학의 한 부분의 연구(구문론-의미론)에 주로 힘입고 있긴 하지만, 방법론 그 자체로 본문 해석을 위한 분석틀로서 유용하게 사용될 수 있다고 생각합니다. 특히 미시적인 본문 분석 연구의 효과적인 도구로 활용될 것입니다.

4. 세계 교회를 위한 동역의 역할, 일부분을 감당하게 되길 소망합니다.

한국 교회는 신구약 성경을 하나님의 말씀으로 온전히 믿고 따르는 신실한 교회입니다. 예전 사경회를 통한 말씀연구에서 시작하여, 70, 80년대 이후 본격화된 성경연구의 열기에서 보듯, 말씀에 대한 사랑이 참으로 강한 교회라 생각합니다. 귀납적 성경연구를 하는 층도 많이 두터워졌습니다.

한국 교회의 성경연구방법론과 해석학적 이론들이 세계 교회를 위해 쓰임 받아야 할 때가 되었다고 생각합니다. 본 연구원의 문맥성경의 방법론도 다른 지역과 다른 언어에 적용되어 현지에서 활용될 것을 기대합니다. 전 세계에 흩어져 있는 하나님 나라의 부흥과 말씀을 통한 갱신을 위해, 다른 교회들과 함께 동역하고 있는, 한국 교회의 사역에 한 부분을 감당하는 일이 되길 원합니다. 중국어 성경 연구를 위해 이미 일부에서 시험적으로 사용 중에 있고, 베트남어와 일본어 등에서의 연구도 진행될 예정입니다. 그 어떤 언어로도 활용할 수 있는 본문분석틀이라고 보고 있습니다.

그 외에도 많은 특징이 있습니다. 예컨대, 강해 설교자는 본문 자체에서 나오는, 메시지의 핵심 포인트를 쉽고 또 정확하게 파악해서 설교개요로 삼을 수 있을 것입니다. 또 교회나 단체에서 본문 중심의 귀납적 성경공부 교재를 만드는 일 등에도 용이하게 사용될 수 있습니다.

지난 80년대 말, 90년대 초, 성경연구방법론을 강의하면서, 연구원 강의 시간에 수강하시던 회원 분들에게 드렸던 말씀이 생각이 납니다. 그 때 이 구문분석의 방법론이 10년 안에 귀납적 본문연구에 있어 가장 중요한 도구로 쓰일 것이라 언급한 바 있습니다. 10년이 지났습니다. 이제 연구원 대표인 배동한 목사와 연구원 간사팀의 연구 노력에 의해 신약의 후반부인 로마서에서 요한계시록까지 출간될 수 있었습니다. 이어 신약 전권을 분석 배열한 문맥성경이 곧 출간될 예정입니다. 얼마 지나지 않아, 신구약 전권의 문맥성경이 나올 것입니다. 준비 중에 있습니다.

본문의 분석 배열 내용에 문제가 있거나 보완될 부분이 있으면 언제든지 조언해 주시면 감사하겠습니다. 더 나은 내용의 책으로 보완해 나갈 것입니다.

이 책이 한국 교회에 말씀연구에 대한 열정을 되살리는 계기로 사용되길 원합니다. 본 연구원이 '성경한국'이라는 모토를 가지고 이제까지 나아오도록 하신 우리 하나님을 영화롭게 하는 일이 되기 때문입니다.

신학박사 김 상 훈

문맥성경이 나오기까지

문맥성경은 **서울성경연구원**(Seoul Bible Institute / 이하 SBI)이 1989년부터 공식적으로 사용하기 시작하여 현재의 형태로 발전시킨 구문분석의 성경연구 방식을 채택하고 있습니다. SBI(원장 김의원 박사)는 1988년 8월에 김의원 박사, 김세윤 박사, 손석태 박사, 황창기 박사, 김상훈 박사가 설립한 목회자를 위한 전문 성경연구 기관입니다. SBI는 설립 당시부터 한국의 일선 목회자와 설교자들이 성경 본문을 귀납적인 방법으로 보다 쉽고 정확하게 연구할 수 있는 본문연구방법론을 계발하고 실용화 하는 일에 주력해 왔습니다. 그 결과 원전성경과 한글개역성경에 근거한, 언어학적 해석방식인 구문분석방법을 주요 연구방법론으로 하는 연구원의 귀납법적 성경연구(Inductive Bible Study)방법론과 문맥성경을 계발했습니다.

구문분석 방식의 귀납법적 성경연구는 본래 월터 카이저와 더글라스 스튜어트, 그리고 고든 피 등에 의해 80년대 영어권에서 사용되기 시작한 연구방법론입니다. 이 구문분석 방법론은 현대 언어학의 연구 결과를 반영하는 새로운 해석적 방법론으로 신학계에 제시되었습니다. 이 분들의 책은 김의원 교수에 의해 80년대 중후반에 번역되어 한국에 소개된 바 있습니다. 이 방법론과 현대 구문론 이론들을 참고한 후, 원전성경과 한글개역성경을 고려해서 한국적 상황에 맞춰 계발한 것이 SBI의 구문분석 방식의 성경연구 방법론이라 할 수 있습니다. 80년대 말 김상훈 박사(초대 총무)와 연구원 간사팀에 의해 계발되었고 본문성경연구와 강해설교 훈련을 위해 국내에 실용화 되기 시작했습니다. 이후, 배동한 목사(3대 총무)와 연구원 간사팀에 의해 좀더 다듬어지고 고정화된 형태의 연구방법론과 문맥성경이 자리 잡게 되었습니다. 제한된 본문 연구에 그쳤던 초기의 연구에서 현재 신구약 성경 전반에 걸친 문맥성경의 작업결과로 확대되었습니다.

문맥성경의 발전 과정

초기 문맥성경(구문분석 형식의 귀납법적 성경연구)은 하나의 형식이 아니었습니다. 크게 두 가지 형식으로 나타납니다. 하나는 문장의 흐름, 어구의 순서에 따른 배열방법입니다. 이 방법은 문장을 어구 단위별로 잘라서 배열하는 형식입니다. 다른 하나는 구문적 논리 배열에 따른 작성방법입니다. 이 방법은 문장의 주어와 동사를 중심으로 하고 수식어들과 종속절은 따로 구분하여 배열하는 형식을 말합니다. SBI는 초기 사역에서 이 두 가지를 병행하여 사용하였습니다.

▶ **문장의 흐름에 따른 문맥 성경 작성 형식**

[요일 1:1-4]
1 태초부터 있는 생명의 말씀에 관하여는 우리가 들은 바요 눈으로 본 바요 주목
하고 우리 손으로 만진 바라
2 이 생명이 나타내신 바 된지라 이 영원한 생명을 우리가 보았고 증거하여 너희
에게 전하노니 이는 아버지와 함께 계시다가 우리에게 나타내신 바 된 자니라
3 우리가 보고 들은 바를 너희에게도 전함은 너희로 우리와 사귐이 있게 하려 함
이니 우리의 사귐은 아버지와 그 아들 예수 그리스도와 함께 함이라
4 우리가 이것을 씀은 우리의 기쁨이 충만케 하려 함이로라

1태초부터 있는 생명의 말씀에 관하여는
우리가 들은 바요,
눈으로 본 바요,
주목하고
우리 손으로 만진 바라.

2이 생명이 나타내신 바 된지라.

\이 영원한 생명을
우리가 보았고
증거하여
너희에게 전하노니
/이는 아버지와 함께 계시다가
우리에게 나타내신 바 된 자니라.
3우리가 보고 들은 바를
너희에게도 전함은
너희로 우리와 사귐이 있게 하려 함이니,
/우리의 사귐은 아버지와 그 아들 예수 그리스도와
함께 함이라.
4우리가 이것을 씀은
우리의 기쁨이 충만케 하려 함이로라.

▶ 문장의 논리적 배열에 따른 문맥 성경 작성 형식

1 [그것이] **있는(=있다)**
/태초부터
우리가 **들은 바요**
/[그것을]
본 바요
/[그것을]
/눈으로
주목하고
/[그것을]
만진 바라
/[그것을]
/우리 손으로

/말씀에 관하여는
/생명의

2 이 생명이 **나타내신 바 된지라**

우리가 **보았고**
증거하여
전하노니
/너희에게

/이 생명을
/영원한

/이는 ── 계시다가
/아버지와 함께
└ 나타내신 바 된 자니라
/우리에게

3 우리가 **전함은**
/[우리가] ── 보고
└ 들은 바를
/너희에게도

//(목적: ἵνα, so that...may)
너희로 ── 사귐이 있게 하려 함이니
/우리와

사귐은 **함이라**
/우리의 아버지와
예수 그리스도와 함께
/그 아들

4 우리가 **씀은**
/이것을

//(목적: ἵνα, so that...may)
기쁨이 ── 충만케 하려 함이로라
/우리의

문맥성경의 표준형식

1995년 이후 SBI는 후자의 형식에 따른 문맥성경을 표준 형식으로 하고 있습니다. 즉 논리적 배열(주어, 동사, 수식부, 종속문장)에 따른 구문분석을 하고 있습니다. SBI는 이를 문맥성경이라 부릅니다. 문맥성경은 주문장을 중심으로 본문의 흐름을 파악하고 본문을 연구하는 데 유익하게 활용할 수 있습니다.

문맥성경 작성의 원리

'문맥성경' 은 원어성경에 사용된 각 의미 단위(단어, 구, 절)가 본문에서 가지는 논리적, 문법적 위치를 가시적으로 드러내어 일정한 약속을 따라 표현한 성경입니다. 문맥성경은 각 의미단위의 문장 내에서의 기능과 비중뿐만 아니라, 각 절과 절 사이의 논리적인 상관관계를 일정한 약속에 따라 표현합니다. 이를 통해 문맥성경은 저자가 성경을 기록하면서 의도했던 논리적인 전개와 문맥의 흐름을 좀 더 쉽게 관찰케 하는 것을 목표로 합니다.

문맥성경을 구성하는 각 의미단위는 세 가지 구성요소로 분류됩니다. 그 각각의 명칭을 서울성경연구원(SBI)은 '주문장', '수식부', '종속문장' 으로 부릅니다. 이 명칭은 국문학적 정의가 아니라 문맥성경의 사용자와 SBI와의 약속입니다.

〈문맥성경의 구성요소〉

1. 주문장

'주문장' 은 문맥(성경저자의 논리전개)의 뼈대(골조)를 이루는 중요한 문장입니다. '주문장' 은 주어와 동사로 구성되며 가장 기본적인 문장의 의미를 표현합니다. 그러므로 '주문장' 이 없이는 문장의 내용을 결코 이해할 수 없습니다.

> "예수를 죽은 자 가운데서 살리신 이의 영이 너희 안에 거하시면 그리스도 예수를 죽은 자 가운데서 **살리신 이**가 너희 안에 거하시는 그의 영으로 말미암아 너희 죽을 몸도 **살리시리라**"

위의 로마서 8장 11절 본문 중 굵게 표기된 것이 '주문장'입니다. 다른 단어들을 읽지 않고 주어와 동사만 읽어도 문장의 기본적인 뜻은 파악할 수 있습니다. 그러나 '주문장(주어와 동사)' 을 뺀 다른 단어만으로는 그 의미를 파악할 수 없습니다.

"예수를 죽은 자 가운데서 살리신 이의 영이 너희 안에 거하시면 그리스도 예수를 죽은 자 가운데서 (　　　　) 너희 안에 거하시는 그의 영으로 말미암아 너희 죽을 몸도 (　　　　　　　)."

이처럼 '주문장' 은 문맥에서 기본적인 의미를 담고 있는 가장 중요한 문장입니다. '주문장' 은 문맥 내에서 독립적인 비중을 가집니다. 그 스스로가 다른 의미단위(단어, 구, 절)에 구애됨 없이 '주문장' 만으로 의미 전달이 가능하다는 뜻입니다. 그리고 '주문장' 은 주어나 동사의 의미를 한정, 혹은 강화하는 '수식부' 의 꾸밈을 받습니다. 또한 독립적이기에 '주문장' 이 다른 문장을 수식하지 않습니다. '주문장' 은 다른 문장을 수식하지 않는다는 면에서 다음에 설명할 '종속문장' 과 구별됩니다.

문맥성경에서는 주문장을 다음과 같이 표현합니다.

살리신 이가　　　**살리시리라** — 주문장의 동사임을 나타내는 필체

주어　　　　　　동사

주문장의 주어는 왼편에 기록하고, 동사는 오른편에 기록합니다. 그리고 주문장의 동사는 견고딕으로 강조하여 주문장의 동사(이하 주동사)임을 표시합니다.

2. 수식부

'수식부' 는 문장내에서 주문장(주어와 동사)를 제외한 나머지 부분 중에서 주문장의 주어 혹은 동사의 어느 한 쪽을 수식하여 그 의미를 한정, 혹은 강화하는 의미단위(단어, 구, 절)를 말합니다. 수식부는 자체적으로 하위 수식부를 가질 수 있으며, 그 전체가 주문장의 주어나 동사 어느 한 쪽을 수식합니다.

로마서 8장 11절의 경우 주문장을 제외한 모든 의미단위들은 주어인 '살리신 이' 와 동사인 '살리시리라' 를 각각 수식합니다.

주어측의 수식부는 다음과 같습니다.

그리스도 예수를 **살리신 이**
죽은 자 가운데서 **살리신 이**

다음은 동사측 '수식부' 입니다. 오른 쪽으로 더 밀린 것은 수식부를 꾸미는 '하위수식부' 를 말합니다. 하위 수식부는 수식하는 단어의 의미를 한정, 강화합니다.

영이 거하시면 **살리시리라**
　　살리신 이의 영
　　　　예수를 살리신 이
　　　　죽은 자 가운데서 살리신 이
　　너희 안에 거하시면
몸도 **살리시리라**
　　너희 몸
　　죽을 몸
영으로 말미암아 **살리시리라**
　　그의 영
　　거하시는 영
　　　　너희 안에 거하시는

문맥성경은 이러한 꾸밈 관계를 다음과 같이 표현합니다. 수식부는 꾸미는 말 아래에 오른쪽으로 3칸 정도 빈칸을 두고서 표시합니다. 수식부임을 나타내는 기호는 ' / ' 입니다.

살리신 이가　　　　　　**살리시리라**
　/그리스도 예수를　　　/몸도
　/죽은 자 가운데서　　　　/너희
　　　　　　　　　　　　　/죽을
　　　　　　　　　　　/영으로 말미암아
수식부임을 나타내는 기호　　/그의
　　　　　　　　　　　　　/거하시는
　　　　　　　　　　　　　　/너희 안에
　　　　　　　　　　　/영이 ——— 거하시면(조건절, if)
　　　　　　　　　　　　/살리신 이의　/너희 안에
　　　　　　　　　　　　　/예수를
　　　　　　　　　　　　　/죽은 자 가운데서

위에서 예를 든 것처럼 '수식부' 는 주문장의 주어, 혹은 동사의 의미를 강화하거나 한정합니다. 수식부는 대부분 6하원칙에 의해 꾸밈받는 말을 수식합니다.

수식부를 기록함에 있어 몇 가지 원칙과 예외가 있습니다. 원칙은 첫째, 주동사를 꾸미는 수식부는 가장 먼저 동사를 이해함에 필수적인 목적어나 그에 상응하는 의미단위를 먼저 기록합니다. 둘째, 목적어나 그에 상응하는 의미단위의 수식부를 제외하고는 원문의 기록순서를 따라 위치를 정합니다. 예외적으로 논리전개상 주문장보다 먼저 읽어야 하는 조건절, 상황절, 양보절은 수식부이지만, 주문장보다 먼저 기록합니다.

그러므로 로마서 8장 11절은 다음과 같이 구문을 기록합니다.

```
영이                                거하시면(조건절, if)      ── 조건절: 주문장 보
   /살리신 이의                        /너희 안에                 다 먼저 기록한다.
      /예수를
      /죽은 자 가운데서

살리신 이가                          살리시리라               ── 주문장
   /그리스도 예수를                  /몸도
   /죽은 자 가운데서                    /너희
                                        /죽을
                                     /영으로 말미암아
                                        /그의
                                        /거하시는
                                           /너희 안에
```

3. 종속문장

'종속문장' 은 하나 이상의 단어로 구성된 구나 주어와 동사로 구성된 절이 다른 주문장이나 주어 동사로 구성된 수식부와 논리적인 인과관계를 갖는 것을 말합니다. 여기서 논리적인 인과관계라 함은 한 문장이 다른 문장의 이유, 목적, 결과가 되는 것을 말합니다. 수식부가 주어, 혹은 동사의 단어 하나를 수식하는데 비해 종속문장은 주문장 전체, 혹은 주어와 동사로 구성된 수식부 전체를 수식하며 논리적인 관계를 갖습니다. 종속문장을 표시하는 기호는 ' // ' 입니다.

다음은 로마서 8장 1절과 2절입니다. 구문을 분석하여 논리 관계에 따라 배열하면 다

음과 같습니다.

"그러므로 이제 그리스도 예수 안에 있는 자에게는 결코 정죄함이 없나니 이는 그리스도 예수 안에 있는 생명의 성령의 법이 죄와 사망의 법에서 너를 해방하였음이라"

그러므로
정죄함이 **결코 없나니**
/이제
/그리스도 예수 안에 있는 자에게는

종속문장 : 앞선 문장과 논리적 인과 관계를 갖는다.

//이는(이유: for)
법이 ———— 해방하였음이라
/성령의 /너를
/생명의 /법에서
/그리스도 예수 안에 있는 /죄와 사망의

간략한 구조로 볼 때, '정죄함이 결코 없는 이유는 법이 해방하였기 때문이다' 임을 알 수 있습니다. 이처럼 '종속문장' 은 앞선 문장과의 논리적 인과관계를 표현합니다. 종속문장은 주관적인 기준으로 분류하는 것이 아니라 헬라어 구문에서 keyword를 통해 구별을 합니다. 종속문장을 이끄는 헬라어 문법상의 keyword는 세 가지 종류가 있습니다.

1) 종속문장을 이끄는 '종속접속사' 입니다.

헬라어에서 종속문장을 이끄는 대표적인 접속사로는 이유와 원인의 종속문장을 이끄는 γάρ(가르)와 ὅτι(호티), 결과나 목적을 나타내는 ἵνα(히나)와 ὥστε(호스테) 등을 들 수 있습니다. 영역본에서 이런 접속사들은 'for, because', 혹은 'so that may, in order that' 등으로 번역됩니다.

2) 이유나 목적, 결과의 의미를 갖는 '전치사 구' 입니다.

헬라어에서 이유나 목적, 결과의 의미를 나타내는 '전치사 구' 가 있습니다. 대표적인 것으로 이유를 나타내는 숙어인 'διὰ + 목적격', 혹은 'διὰ + 부정사' 와 결과나 목적을 나타내는 'εἰς + 목적격' 등이 있습니다.

3) 분사가 원인의 의미로 사용되는 경우입니다.

영문법과 비슷하게 헬라어에서 분사가 이유나 원인을 말하는 경우입니다. 분사가 형용사로 사용되지 않고 부사적인 용법으로 사용되는 경우에 본동사의 원인이나 이유를 말할 수 있습니다.

'종속문장' 은 반드시 주문장과 관계를 갖는 것은 아닙니다. 경우에 따라 수식부 내의 주어와 동사로 구성된 문장이 종속문장을 가질 수 있습니다. 또한 종속문장도 그 자체의 주어 동사와 인과관계를 가지는 하위 종속문장을 가질 수 있습니다. 이럴 경우 두개의 종속문장간에 논리적인 관계가 병렬인지 종속되는 하위 종속문장인지는 일반적인 문법의 상식을 적용하여 규정합니다. 다음은 로마서 8장 28-30절은 병렬관계의 종속문장 및 하위 종속관계의 종속문장 예문입니다.

```
28 우리가              알거니와
                        /모든 것이 ── 합력하여 이루느니라
                                     /선을
                                     /사랑하는 재[에게는]
                                        /하나님을
                                        /곧(동격)
                                         부르심을 입은 자들에게는
                                           /그 뜻대로
        29 //(이유: ὅτι, for)
           하나님이(=그가) ── 또한 미리 정하셨으니
                                /미리 아신 자들로(=에게)
                                /본받게 하기 위하여(=본받도록)
종속문장                            /형상을
           종속문장의 종                /그 아들의
           속문장: 하나님
           이 미리 정하신
           목적
                //이는(목적: εἰς + 부정사, so that)
                  그로 ── 맏아들이 되게 하려 하심이니라
                                /많은 형제 중에서
        30 //또(이유: 계속)
           [그가] ──┬── 또한 부르시고
                    │     /미리 정하신 그들을
                    ├── 또한 의롭다 하시고
                    │     /부르신 그들을
                    └── 또한 영화롭게 하셨느니라
                          /의롭다 하신 그들을
```

위의 예문에서 29절 상반절과 30절은 각각 '우리가 모든 것이 합력하여 선을 이루는 것을 안다' 는 주문장의 두개의 이유를 말합니다. 첫째는 하나님이 미리 정하셨기 때문이고, 둘째는 하나님이 부르시고, 의롭다하시고, 영화롭게 하셨기 때문입니다. 이것이 병렬관계의 종속문장입니다. 반면에 29절 하반절은 주문장이 아닌 '하나님이 미리 정하신' 목적을 말합니다. 그 목적은 '그로 맏아들이 되게 하려고' 입니다. 이것이 종속관계의 하위 종속문장입니다.

창세기에서부터 요한계시록까지의 성경은 크게 두가지 형태의 기록으로 나눌 수 있습니다. 그 하나는 일인칭 화자에 의해 진술된 '강화체(discourse) 본문' 과 다수의 등장인물에 의해 스토리가 전개되는 '사건기록체(narrative) 본문' 입니다. 전자는 서신서, 선지서, 시가서 등을 들 수 있고, 후자는 역사서, 복음서 등을 포함합니다. 경우에 따라서는 두 가지 본문이 한 책에서 혼재되어 있는 경우도 있습니다. 그러나 어떤 본문이건 성경의 모든 본문은 '주문장, 수식부, 종속문장' 으로 나눌 수 있습니다.

이것은 SBI 구문분석(문맥성경)의 구성요소가 특정한 언어에 국한되지 않는 언어의 일반적인 특성을 감안하여 기능별로 분류한 것이기 때문입니다. 다음은 '주문장, 수식부, 종속문장' 의 구분에 해당되지 않는 예외의 부분들입니다.

1) 호격 2) 등위접속사, 결론을 나타내는 접속사
3) 감탄사 4) 후렴구(아멘, 셀라 등)
5) 삽입절 6) 관계대명사절 중 계속적 용법

이 중 호격, 접속사, 감탄사는 주문장과 독립하여 주문장(혹은 문장)보다 먼저 기술합니다. 후렴구는 해당 구절의 동사 옆에 병기(竝起)합니다. 삽입절 역시 적당한 위치에 배치합니다. 주목해야 하는 것은 '관계대명사절 중 계속적 용법' 입니다. 이 용법은 신약에 빈번하게 등장하는 예외입니다(여기서 예외라 함은 관계대명사절의 주어 동사와 선행사와의 관계를 말하는 것이지, 그 내부적인 구성요소는 역시 수식관계에 있습니다).

관계대명사절 중 계속적 용법의 기능은 일반적인 논문의 각주(脚註)에 해당되는 것으로 볼 수 있습니다. 문장의 흐름 가운데 어떤 단어를 좀더 확장해서 설명하고 싶을 때, 그러나 그 문장 내에 기술하게 되면 문맥의 흐름이 끊어질 염려가 있을 때 우리는 각주를 사용합니다. 관계대명사절 중 계속적 용법은 바로 이런 기능을 가집니다. 관계대명사가 가리키는 선행사에 대해 좀 더 확장하여 설명하는 기능입니다. 그러나 계속적 용법의 관계대명사절은 문맥의 흐름에 다소 독립적으로 구분되어 있는 것이 대부분입니다. 그러므로 SBI는 계속적 용법의 관계대명사절을 다음과 같이 표기합니다.

(예 : 롬 1:1−2)

주문자의 동사임을 나타내는 필체

1 바울은	**(편지하노니)**
/종	/[너희에게]
/예수 그리스도의	/모든(자에게)
/사도로(=사도인)	/로마에 있어(=있는)
/부르심을 받아(=받은)	/사랑하심을 입고
/택정함을 입었으니(=입은)	/하나님의
/복음을 위하여	/부르심을 입은
/하나님의	/성도로

2 /이 **복음은**

하나님이(=그가) ——— 미리 약속하신 것이라(=하셨다)

/선지자들로 말미암아

/성경에

/아들에 관하여

/그의

로마서 1장 1-2절의 본문에서 2절의 '이 복음은' 은 실제로 원문에는 명사가 아니라 1절의 '복음' 을 선행사로 하는 관계대명사입니다. 문맥성경에서 이 부분은 선행사와 한 줄 간격을 두고 수식부 기호(/)를 한 후 표기합니다. 그러나 실제로는 수식부가 아니라 '복음' 을 확장해서 설명하는 각주의 기능을 합니다. 그러므로 관계대명사의 계속적 용법은 문맥의 흐름과는 별개로 이해되어야 합니다.

문맥성경에는 몇 가지 약속된 부호들이 있습니다. 다음은 각 부호에 대한 설명입니다.

견고딕 : 주문장의 동사임을 나타내는 필체

/ : 수식부

// : 종속문장

[ ] : 한글성경에는 없으나 원문에는 있는 단어

( ) :
1. 원문에 없으나 한글성경에 삽입된 단어
2. 원전의 단어를 밝힐 필요가 있을 때
3. 종속문장의 기능과 keyword, 영문번역 표기시

(=) : 원문에 근거하여 의미를 보강해야 하는 단어

< > : 원문에는 없지만, 문법상 생략된 단어

문맥성경의 장점

구문을 분석하여 표현한 문맥성경은 연구와 묵상시에 많은 부분에서 연구자에게 유용합니다. 많은 장점들이 있지만, 대표적으로 다음과 같은 점을 들 수 있습니다.

1. 본문의 내용을 쉽게 이해할 수 있습니다.
2. 전체적인 본문의 흐름과 각 부분의 상세한 내용을 구조적으로 한 눈에 볼 수 있습니다.
3. 짧은 시간만으로도 본문을 깊이 이해할 수 있습니다.
4. 한글 성경만으로는 오해하거나 잘 알 수 없는 원문의 정확한 의미와 논리의 구조를 확실하게 파악할 수 있습니다.
5. 그러므로 저자의 의도와 감정을 접하는 경험이 가능합니다.
6. 본문 연구시 관찰이 쉽고, 해석시에 세밀한 부분까지 본문을 놓치지 않을 수 있습니다.
7. 간단한 원칙과 원리만 이해하면, 연구자가 자신의 목적에 맞게 자유롭게 활용, 응용할 수 있습니다.
8. 설교를 위한 본문의 주해 개요(대지 및 소지)를 쉽게 작성할 수 있습니다.
9. 성경공부 교재를 만들 때, 본문의 내용을 함축적으로 포함하는 질문과 내용들을 만들 수 있습니다.

문맥성경 제작 연혁

1988년 8월	서울성경연구원 설립(계몽문화센터)
1988년 9월	목회자를 위한 말씀학교 개강
1988년 12월	구문 분석과 칠하원칙에 의한 귀납법적 성경연구 방법론 개발 구문분석은 문장의 흐름에 따른 배열과 논리적 배열 방식을 병행
1992년 9월	논리적 배열에 의한 구문분석을 주요방식으로 채택
1994년 7월	빌립보서 구문분석 및 연구서 발간
1996년 1월	방법론 재정비 및 개발 시작 이때부터 구문분석 성경을 「문맥성경」이라 칭함
1998년 9월	BNC와 공동으로 말씀연구용 CD프로그램 “바이블2000” 개발
1998년 12월	문맥성경 개발자 김상훈 목사 박사학위 취득
1999년 12월	문맥성경 제작 및 연구 방법론 개발 완료
2000년 6월	인터넷 홈페이지 개설(sbi.or.kr)
2000년 8월	문맥성경 신약 제작을 위한 연구 시작 교회 교육 전문 인터넷 방송국 (주)온바이블 (www.onbible.com) 설립
2001년 10월	문맥성경 신약 출판
2010년 11월	중국어 문맥성경 신약 출판
2012년 1월	문맥성경 구약(모세오경) 출판
2017년 3월	문맥성경 구약(여호수아– 열왕기하) 출판

SBI 구문분석에 의한

여호수아

여호수아

1 1 모세가 죽은 후에(상황절, after)
/여호와의 종
여호와께서 **일러 가라사대**
/여호수아에게
/모세의 시종 눈의 아들

2 /모세가 — 죽었으니[1)]
/내 종
/너는 — 일어나
/이제
/이 모든 백성으로 더불어
— 건너
/이 요단을
— 가라
/땅으로
/내가 그들 곧 이스라엘 자손에게 주는

3 /내가 — 주었노니
/너희 발바닥으로 밟는 곳을
/무릇 다(=모든)
/너희에게
/내가 모세에게 말한 바와 같이

4 /곧
[그것이] — 너희 지경이 되리라
/광야와 이 레바논에서부터
큰 하수 유브라데에 이르는 헷 족속의 온 땅과
또 해지는 편 대해까지

5 /너를 능히 당할 자 — 없으리니
/너의 평생에

/내가 — 너와 함께 있을 것임이라
/모세와 함께 있던 것같이
/내가 — 너를 떠나지 아니하며
— 버리지 아니하리니

6 /[너는] — 마음을 강하게 하라
— 담대히 하라

//(결과)

1) 수식부이지만 지면관계상 앞으로 내어서 정리한다. 앞으로 구약은 이런 형식으로 정리하는 것을 원칙으로 하자.

1:1 여호와의 종 모세가 죽은 후에 여호와께서 모세의
시종 눈의 아들 여호수아에게 일러 가라사대 **2** 내
종 모세가 죽었으니 이제 너는 이 모든 백성으로 더불어
일어나 이 요단을 건너 내가 그들 곧 이스라엘 자손에게
주는 땅으로 가라 **3** 내가 모세에게 말한 바와 같이 무릇
너희 발바닥으로 밟는 곳을 내가 다 너희에게 주었노니
4 곧 광야와 이 레바논에서부터 큰 하수 유브라데에 이
르는 헷 족속의 온 땅과 또 해 지는 편 대해(大海)까지
너희 지경이 되리라 **5** 너의 평생에 너를 능히 당할 자
없으리니 내가 모세와 함께 있던 것같이 너와 함께 있을
것임이라 내가 너를 떠나지 아니하며 버리지 아니하리니
6 마음을 강하게 하라 담대(膽大)히 하라 너는 이 백성

1:1 Now it came about after the death of Moses the servant
of the LORD that the LORD spoke to Joshua the
son of Nun, Moses' servant, saying, **2** "Moses My
servant is dead; now therefore arise, cross this Jordan,
you and all this people, to the land which I am giving
to them, to the sons of Israel. **3** "Every place on which
the sole of your foot treads, I have given it to you, just
as I spoke to Moses. **4** "From the wilderness and this
Lebanon, even as far as the great river, the river Euphrates,
all the land of the Hittites, and as far as the Great Sea
toward the setting of the sun, will be your territory. **5**
"No man will be able to stand before you all the days
of your life. Just as I have been with Moses, I will be
with you; I will not fail you or forsake you. **6** "Be
strong and courageous, for you shall give this people
possession of the land which I swore to their fathers to

수

//(결과)
너는 — 땅을 얻게하리라
/내가 — [말]한
/이 백성으로
/그 조상에게
/맹세하여
/주리라

7 /너는 ── 오직 마음을 강하게 하고
└ 극히 담대히 하여

//(목적: ל, to)
다 지켜 행하고
/나의 종 모세가 네게 명한 율법을

[너는] ── 치우치지 말라
/좌로나 우로나

//그리하면(결과)
[네가] ── 형통하리니
/어디로 가든지

8 /[너는] ── 떠나지 말게 하며
/이 율법책을
/네 입에서
├ 묵상하여
└ 다 지켜 행하라[2)]
/그 가운데 기록한 대로

//그리하면(결과)
네 길이 ── 평탄하게 될 것이라
네가 ── 형통하리라

9 /내가 네게 명한 것이 아니냐?
[너는] ── 마음을 강하게 하고
├ 담대히 하라
├ 두려워 말며
└ 놀라지 말라

//(이유: כִּי, for)
나 여호와가 ── 너와 함께 하느니라 (하시니라)
/네 하나님 /네가 어디로 가든지

10 /이에
여호수아가 ── 명하여 가로되
/백성의 유사들에게

2) 직역: 행하기를 지키라

으로 내가 그 조상에게 맹세하여 주리라 한 땅을 얻게 하
리라 7 오직 너는 마음을 강하게 하고 극히 담대히 하여
나의 종 모세가 네게 명한 율법을 다 지켜 행하고 좌로나
우로나 치우치지 말라 그리하면 어디로 가든지 형통하리
니 8 이 율법책을 네 입에서 떠나지 말게 하며 주야로
그것을 묵상하여 그 가운데 기록한 대로 다 지켜 행하라
그리하면 네 길이 평탄하게 될 것이라 네가 형통하리라
9 내가 네게 명한 것이 아니냐 마음을 강하게 하고 담대
히 하라 두려워 말며 놀라지 말라 네가 어디로 가든지 네
하나님 여호와가 너와 함께 하느니라 하시니라 10 이에

give them. 7 "Only be strong and very courageous; be careful
to do according to all the law which Moses My servant
commanded you; do not turn from it to the right or to
the left, so that you may have success wherever you go.
8 "This book of the law shall not depart from your
mouth, but you shall meditate on it day and night, so
that you may be careful to do according to all that is
written in it; for then you will make your way prosperous,
and then you will have success. 9 "Have I not commanded
you? Be strong and courageous! Do not tremble or be
dismayed, for the LORD your God is with you wherever
you go." 10 Then Joshua commanded the officers of

11 /[너희는] ── 진중에 두루 다니며 3)
백성에게 명하여 이르기를
/[너희는] ── 양식을 예비하라

//(이유: כִּי, for)
너희가 ─ 이 요단을 건너
/삼 일 안에

//(목적: לְ, to)
들어갈 것임이니라 하라

//(목적)
땅을 얻기 위하여
/여호와께서 ┬ 너희에게 주사
/너희 하나님 └ 얻게 하시는

12 여호수아가 13 **일러 가로되**
/또 르우벤 지파와 갓 지파와
13 므낫세 반 지파에게

/모세가 ── 너희에게 명하여 이르기를4)
/여호와의 종 /여호와께서 ─ [말씀]하였나니
/너희 하나님 /너희는 ─ 그 말을 기억하라
/너희에게 안식을 주시며
이 땅을 너희에게 주시리라

14 /너희 처자와 ┐
가축은 ┘── 머무르려니와
/모세가 너희에게 준 요단 이편 땅에
/너희 용사들은 ┬ 무장하고
├ 너희의 형제보다 앞서 건너가서
└ 그들을 돕고

15 /너희 형제도 ── 안식하게 되며
/여호와께서 너희로 안식하게 하신 것같이
/그들도 ── 땅을 얻게 되거든
/너희 하나님 여호와께서 주시는
/너희는 ┬ 돌아와서
/너희 소유지
/곧 요단 이편 해돋는 편으로
/여호와의 종 모세가 너희에게 준
└ 그것을 차지할지니라

3) 수식부이지만 지면 관계상 앞으로 내놓아 정리하였다. 5절까지.
4) lest, so that ...may not...: 직역-따르는사람들이 너희를 만나지 않게하기 위하여...

여호수아가 백성의 유사들에게 명하여 가로되 11 진중
에 두루 다니며 백성에게 명하여 이르기를 양식을 예비
하라 삼 일 안에 너희가 이 요단을 건너 너희 하나님 여
호와께서 너희에게 주사 얻게 하시는 땅을 얻기 위하여
들어갈 것임이니라 하라 12 여호수아가 또 르우벤 지
파와 갓 지파와 13 므낫세 반 지파에게 일러 가로되
여호와의 종 모세가 너희에게 명하여 이르기를 너희 하
나님 여호와께서 너희에게 안식을 주시며 이 땅을 너희
에게 주시리라 하였나니 너희는 그 말을 기억하라 14
너희 처자와 가축은 모세가 너희에게 준 요단 이편 땅에
머무르려니와 너희 용사들은 무장하고 너희의 형제보다
앞서 건너가서 그들을 돕고 15 여호와께서 너희로 안
식하게 하신 것같이 너희 형제도 안식하게 되며 그들도
너희 하나님 여호와께서 주시는 땅을 얻게 되거든 너희
는 너희 소유지 곧 여호와의 종 모세가 너희에게 준 요
단 이편 해 돋는 편으로 돌아와서 그것을 차지할지니라

the people, saying, 11 "Pass through the midst of the
camp and command the people, saying, 'Prepare provisions
for yourselves, for within three days you are to cross
this Jordan, to go in to possess the land which the LORD
your God is giving you, to possess it.'" 12 ¶ And to
the Reubenites and to the Gadites and to the half-tribe
of Manasseh, Joshua said, 13 "Remember the word
which Moses the servant of the LORD commanded you,
saying, 'The LORD your God gives you rest, and will
give you this land.' 14 "Your wives, your little ones,
and your cattle shall remain in the land which Moses
gave you beyond the Jordan, but you shall cross before
your brothers in battle array, all your valiant warriors,
and shall help them, 15 until the LORD gives your
brothers rest, as He gives you, and they also possess the

16 그들이 **대답하여 가로되**
/여호수아에게

/우리가 — 다 행할 것이요
/당신이 우리에게 명하신 것은

/우리가 — 가리이다
/당신이 우리를 보내시는 곳에는

17 /우리는 — 당신을 청종하려니와
/범사에
/모세를 청종한 것같이
/[우리가] — 원하나이다
/오직 여호와께서 — 당신과 함께 계시기를
/당신의 하나님 /모세와 함께 계시던 것같이

18 /그는 —— 죽임을 당하리니
/누구든지
/당신의 명령을 거역하며
/무릇 당신의 시키시는 말씀을 청종치 아니하는 자

/오직
당신은 ┬ 마음을 강하게 하시며
└ 담대히 하소서

2

1 여호수아가 ┬ **보내며**
/눈의 아들 │ /두 사람을
/정탐으로
/가만히
/싯딤에서
└ **이르되**
/그들에게
/[너희는] ┬ 가서
└ 엿보라 (하매)
/그 땅과 여리고를

그들이 ┬ **가서**
├ **들어가**
│ /라합이라 하는 기생의 집에
└ **유숙하더니**
/거기서

16 그들이 여호수아에게 대답하여 가로되 당신이 우리
에게 명하신 것은 우리가 다 행할 것이요 당신이 우리를
보내시는 곳에는 우리가 가리이다 **17** 우리는 범사에 모
세를 청종한 것 같이 당신을 청종하려니와 오직 당신의
하나님 여호와께서 모세와 함께 계시던 것같이 당신과
함께 계시기를 원하나이다 **18** 누구든지 당신의 명령을
거역하며 무릇 당신의 시키는 말씀을 청종치 아니하는
자 그는 죽임을 당하리니 오직 당신은 마음을 강하게 하
시며 담대히 하소서

2:1 눈의 아들 여호수아가 싯딤에서 두 사람을 정탐
으로 가만히 보내며 그들에게 이르되 가서 그 땅과
여리고를 엿보라 하매 그들이 가서 라합이라 하는 기생

land which the LORD your God is giving them. Then
you shall return to your own land, and possess that which
Moses the servant of the LORD gave you beyond the
Jordan toward the sunrise." **16** And they answered
Joshua, saying, "All that you have commanded us we
will do, and wherever you send us we will go. **17** "Just
as we obeyed Moses in all things, so we will obey you;
only may the LORD your God be with you, as He was
with Moses. **18** "Anyone who rebels against your command
and does not obey your words in all that you command
him, shall be put to death; only be strong and courageous."

2:1 ¶ Then Joshua the son of Nun sent two men as
spies secretly from Shittim, saying, "Go, view the
land, especially Jericho." So they went and came into
the house of a harlot whose name was Rahab, and lodged
there. **2** And it was told the king of Jericho, saying, "Behold,

2 혹이 고하여 가로되
/여리고 왕에게
/보소서
몇 사람이 —— 이리로 들어왔나이다
/이스라엘 자손 /이 밤에

//(목적: ל, to)
땅을 탐지하러

3 여리고 왕이 기별하여 가로되
/라합에게
/[너는] —— 끌어내라
/네게로 와서
네 집에 들어간 사람들을

//(이유: כִּי, for)
그들은 이 온 땅을 탐지하러 왔느니라

4 그 여인이 이미 숨긴지라
/그 두 사람을

[그녀가] 가로되
/과연 그 사람들이 내게 왔었으나
나는——알지 못하였고
/그들이 어디로서인지

5 /어두워 성문을 닫을 때쯤 되어(상황절)
그 사람들이— 나갔으니
/[나는] —— 알지 못하되
/어디로 갔는지
/[너희는] —— 급히 따라가라

//그리하면(결과)
[너희가] 그들에게 미치리라 (하였으나)

6 실상은(But)
그가 이미 그들을 이끌고
지붕에 올라가서
숨겼더라
/그 지붕에 벌여 놓은 삼대에

7 그 사람들은 따라갔고
/요단 길로 나루턱까지

의 집에 들어가 거기서 유숙하더니 2 혹이 여리고 왕에
게 고하여 가로되 보소서 이 밤에 이스라엘 자손 몇 사람
이 땅을 탐지하러 이리로 들어왔나이다 3 여리고 왕이
라합에게 기별하여 가로되 네게로 와서 네 집에 들어간
사람들을 끌어내라 그들은 이 온 땅을 탐지하러 왔느니라
4 그 여인이 그 두 사람을 이미 숨긴지라 가로되 과연
그 사람들이 내게 왔었으나 그들이 어디로서인지 나는 알
지 못하였고 5 그 사람들이 어두워 성문을 닫을 때쯤 되
어 나갔으니 어디로 갔는지 알지 못하되 급히 따라가라
그리하면 그들에게 미치리라 하였으나 6 실상은 그가 이
미 그들을 이끌고 지붕에 올라가서 그 지붕에 벌여놓은
삼대에 숨겼더라 7 그 사람들은 요단 길로 나루턱까지

men from the sons of Israel have come here tonight to search
out the land." 3 And the king of Jericho sent word to
Rahab, saying, "Bring out the men who have come to
you, who have entered your house, for they have come
to search out all the land." 4 But the woman had taken
the two men and hidden them, and she said, "Yes, the
men came to me, but I did not know where they were
from. 5 "And it came about when it was time to shut
the gate, at dark, that the men went out; I do not know
where the men went. Pursue them quickly, for you will
overtake them." 6 But she had brought them up to the
roof and hidden them in the stalks of flax which she
had laid in order on the roof. 7 So the men pursued
them on the road to the Jordan to the fords; and as soon
as those who were pursuing them had gone out, they
shut the gate. 8 Now before they lay down, she came

수

그 따르는 자들이 나가자(상황절)
[그들이] 곧 성문을 **닫았더라**

8 두 사람이 눕기 전에(상황절)
라합이 지붕에 **올라가서**
그들에게 **이르러**
9 **말하되**
/내가 — 아노라
/여호와께서 이 땅을 너희에게 주신 줄을
/우리가—너희를 심히 두려워하고
/이 땅 백성이 다— 너희 앞에 간담이 녹나니

10 //이는(이유: כִּי, for)
우리가 – 들었음이라
/너희가 애굽에서 나올 때에(when)
여호와께서 – 홍해 물을 마르게 하신 일과
/너희 앞에서
/너희가 —곧 그들을 전멸시킨 일을
/시혼과 옥에게 행한 일
/아모리 사람의 두 왕
/요단 저편에 있는

11 /우리가 듣자(상황절,when, as soon as)
마음이 — 곧 녹았고
사람이 — 정신을 잃었나니
/너희의 연고로

//(이유: כִּי, for)
여호와는 — 상천하지에 하나님이시니라
/너희 하나님

12 /그러므로
[내가] —청하노니
[너희는]—이제 여호와로 맹세하고
/너희도 – 선대하여
/내 아버지의 집을

//(이유: כִּי, for)
내가 너희를 선대하였은즉

/[너희는] —살려 주어
/나의 부모와 남녀 형제와
무릇 그들에게 있는 모든 자를
건져내기로
/우리 생명을
/죽는 데서
내게 진실한 표를 내라

따라갔고 그 따르는 자들이 나가자 곧 성문을 닫았더라
8 두 사람이 눕기 전에 라합이 지붕에 올라가서 그들에
게 이르러 9 말하되 여호와께서 이 땅을 너희에게 주신
줄을 내가 아노라 우리가 너희를 심히 두려워하고 이 땅
백성이 다 너희 앞에 간담이녹나니 10 이는 너희가 애
굽에서 나올 때에 여호와께서 너희 앞에서 홍해 물을 마
르게 하신 일과 너희가 요단 저편에 있는 아모리 사람의
두왕 시혼과 옥에게 행한 일 곧 그들을 전멸시킨 일을
우리가 들었음이라 11 우리가 듣자 곧 마음이 녹았고
너희의 연고로 사람이 정신을 잃었나니 너희 하나님 여

up to them on the roof, 9 and said to the men, "I know that the LORD has given you the land, and that the terror of you has fallen on us, and that all the inhabitants of the land have melted away before you.
10 "For we have heard how the LORD dried up the water of the Red Sea before you when you came out of Egypt, and what you did to the two kings of the Amorites who were beyond the Jordan, to Sihon and Og, whom you utterly destroyed.
11 "And when we heard it, our hearts melted and no courage remained in any man any longer because of you; for the LORD your God, He is God in heaven above and on earth beneath.
12 "Now therefore, please swear to me by the LORD, since I have dealt kindly

13 (12절에 포함되어 있음)

14 두 사람이 그에게 **이르되**
/[만일]
네가 —— 우리의 이 일을 누설치 아니하면(if)
[우리는] —너희를 대신이라도 할 것이요
/우리의 생명으로

여호와께서-우리에게 이 땅을 주실 때에는(상황절, when)
[우리가] —— 너를 대우하리라
/인자하고 진실하게

15 라합이 줄로 **달아내리우니**
/그들을
/창에서

//(이유: כִּי, for)
그 집이 성벽 위에 있으므로
그가 성벽 위에 거하였음이라

16 라합이 그들에게 **이르되**
/너희는 — 산으로 가서

//(목적: lest)
두렵건대 따르는 사람들이 너희를 만날까 하노니

[너희는] — 거기 사흘을 숨었다가

/따르는 자들이 돌아간 후에
[너희는] — 너희 길을 갈지니라

17 두 사람이 그에게 **이르되**
/우리가 — 허물이 없게 하리니
/네가 우리로 서약케 한 이 맹세에 대하여

18 /우리가 이 땅에 들어올 때에(상황절, when)
[너는] —이 붉은 줄을 매고
/우리를 달아내리운 창에
—다 네 집에 모으라
/네 부모와 형제와
네 아비의 가족을

호와는 상천하지(上天下地)에 하나님이시니라 **12-13**
그러므로 청하노니 내가 너희를 선대하였은즉 너희도 내
아버지의 집을 선대하여 나의 부모와 남녀 형제와 무릇
그들에게 있는 모든 자를 살려주어 우리 생명을 죽는데
서 건져내기로 이제 여호와로 맹세하고 내게 진실한 표
를 내라 **14** 두 사람이 그에게 이르되 네가 우리의 이
일을 누설치 아니하면 우리의 생명으로 너희를 대신이라
도 할 것이요 여호와께서 우리에게 이 땅을 주실 때에는
인자하고 진실하게 너를 대우하리라 **15** 라합이 그들을
창에서 줄로 달아내리우니 그 집이 성벽 위에 있으므로
그가 성벽 위에 거하였음이라 **16** 라합이 그들에게 이르
되 두렵건대 따르는 사람들이 너희를 만날까 하노니 너
희는 산으로 가서 거기 사흘을 숨었다가 따르는 자들이
돌아간 후에 너희 길을 갈지니라 **17** 두 사람이 그에게
이르되 네가 우리로 서약케 한 이 맹세에 대하여 우리가
허물이 없게 하리니 **18** 우리가 이 땅에 들어올 때에 우

with you, that you also will deal kindly with my father's
household, and give me a pledge of truth, **13** and spare
my father and my mother and my brothers and my sisters,
with all who belong to them, and deliver our lives from
death." **14** So the men said to her, "Our life for yours
if you do not tell this business of ours; and it shall come
about when the LORD gives us the land that we will
deal kindly and faithfully with you." **15** ¶ Then she let them
down by a rope through the window, for her house was
on the city wall, so that she was living on the wall. **16**
And she said to them, "Go to the hill country, lest the pursuers
happen upon you, and hide yourselves there for three
days, until the pursuers return. Then afterward you may
go on your way." **17** And the men said to her, "We
shall be free from this oath to you which you have made
us swear, **18** unless, when we come into the land, you
tie this cord of scarlet thread in the window through
which you let us down, and gather to yourself into the

수

19 /[만일]
누구든지 ┬ 네 집 문을 나서
└ 거리로 가면(if)
그 피가 ── 그의 머리로 돌아갈 것이요
우리는 ── 허물이 없으리라

/그러나
[만일]
누가 ── 손을 대면(if)
/누구든지 /너와 함께 집에 있는 자에게
그 피는 ── 돌아오려니와
/우리의 머리로

20 /[만일]
네가 우리의 이 일을 누설하면(if)
우리에게 허물이 없으리라
/네가 우리로 서약케 한 맹세에 대하여

21 라합이 **가로되**
/너희의 말대로 할 것이라 하고
그들을 **보내어**

[그들이] **가게 하고(=갔다)**
[그녀가] 붉은 줄을 창문에 매니라

22 그들이 **가서**
산에 **이르러**
사흘을 거기 **유하매**
/따르는 자가 돌아가도록(=돌아갈 때까지)

따르는 자가 그들을 **찾다가**
/길에서 두루
만나지 못하니라

23 그 두 사람이 **돌이켜**
산에서 **내려와**
강을 **건너**
눈의 아들 여호수아에게 **나아와서**
그 당한 모든 일을 **고하고**

24 또
여호수아에게 **이르되**
/여호와께서 ── 붙이셨으므로
/그 온 땅을
/진실로
/우리 손에

리를 달아내리운 창에 이 붉은 줄을 내고 네 부모와 형
제와 네 아비의 가족을 다 네 집에 모으라 **19** 누구든지
네 집 문을 나서 거리로 가면 그 피가 그의 머리로 돌아
갈 것이요 우리는 허물이 없으리라 그러나 누구든지 너
와 함께 집에 있는 자에게 누가 손을 대면 그 피는 우리
의 머리로 돌아오려니와 **20** 네가 우리의 이 일을 누설
하면 네가 우리로 서약케 한 맹세에 대하여 우리에게 허
물이 없으리라 **21** 라합이 가로되 너희의 말대로 할 것
이라 하고 그들을 보내어 가게 하고 붉은 줄을 창문에
매니라 **22** 그들이 가서 산에 이르러 따르는 자가 돌아
가도록 사흘을 거기 유하매 따르는 자가 그들을 길에서
두루 찾다가 만나지 못하니라 **23** 그 두 사람이 돌이켜
산에서 내려와 강을 건너 눈의 아들 여호수아에게 나아
와서 그 당한 모든 일을 고하고 **24** 또 여호수아에게 이

house your father and your mother and your brothers
and all your father's household. **19** "And it shall come
about that anyone who goes out of the doors of your
house into the street, his blood shall be on his own head,
and we shall be free; but anyone who is with you in
the house, his blood shall be on our head, if a hand is
laid on him. **20** "But if you tell this business of ours,
then we shall be free from the oath which you have
made us swear." **21** And she said, "According to your
words, so be it." So she sent them away, and they
departed; and she tied the scarlet cord in the window.
22 ¶ And they departed and came to the hill country,
and remained there for three days until the pursuers returned.
Now the pursuers had sought them all along the road,
but had not found them. **23** Then the two men returned
and came down from the hill country and crossed over
and came to Joshua the son of Nun, and they related to
him all that had happened to them. **24** And they said

수

모든 거민이 —간담이 녹더이다
/그 땅의 /우리 앞에서

3

1 여호수아가 **일찌기 일어나서**
/아침에
싯딤에서 **떠나**
/이스라엘 사람들로 더불어

요단에 **이르러서는**
거기서 **유숙하니라**
/건너지 아니하고(=건너기 전에)

2 삼 일 후에
유사들이 진중으로 **두루 다니며**
3 백성에게 **명하여 가로되**
/너희는 — 보거든(when)
/제사장들이 — 메는 것을
/레위 사람 /여호와의 언약궤
/너희 하나님

[너희는]—너희 곳을 떠나
—그 뒤를 좇으라

4 /그러나
상거가 — 이천 규빗쯤 되게 하고
/너희와 그 사이
/[너희는] —그것에 가까이 하지는 말라

//그리하면(결과)
[너희가] — 너희 행할 길을 알리니

//(이유: כִּי,)
너희가 이전에 이 길을 지나보지 못하였음이니라

5 또
여호수아가 백성에게 **이르되**
/너희는 — 스스로 성결케 하라

//(이유: כִּי,)
여호와께서 —기사를 행하시리라
/너희 가운데
/내일

르되 진실로 여호와께서 그 온 땅을 우리 손에 붙이셨으
므로 그 땅의 모든 거민이 우리 앞에서 간담이 녹더이다
3:1 여호수아가 아침에 일찌기 일어나서 이스라엘 사
람들로 더불어 싯딤에서 떠나 요단에 이르러서는 건
너지 아니하고 거기서 유숙하니라 2 삼 일 후에 유사들
이 진중으로 두루 다니며 3 백성에게 명하여 가로되 너
희는 레위 사람 제사장들이 너희 하나님 여호와의 언약
궤 메는 것을 보거든 너희 곳을 떠나 그 뒤를 좇으라 4
그러나 너희와 그 사이 상거가 이천 규빗쯤 되게 하고 그
것에 가까이 하지는 말라 그리 하면 너희 행할 길을 알리
니 너희가 이전에 이 길을 지나보지 못하였음이니라 5
여호수아가 또 백성에게 이르되 너희는 스스로 성결케

to Joshua, "Surely the LORD has given all the land into
our hands, and all the inhabitants of the land, moreover, have
melted away before us."
3:1 ¶ Then Joshua rose early in the morning; and he
and all the sons of Israel set out from Shittim and
came to the Jordan, and they lodged there before they crossed.
2 And it came about at the end of three days that the
officers went through the midst of the camp; 3 and they
commanded the people, saying, "When you see the ark
of the covenant of the LORD your God with the Levitical
priests carrying it, then you shall set out from your place
and go after it. 4 "However, there shall be between you
and it a distance of about 2,000 cubits by measure. Do
not come near it, that you may know the way by which
you shall go, for you have not passed this way before."
5 ¶ Then Joshua said to the people, "Consecrate yourselves,

수

6 또
여호수아가 제사장들에게 **일러 가로되**
/[너희는] ┬ 언약궤를 메고
└ 백성 앞서 건너라 (하매)

곧(so)
[그들이] 언약궤를 **메고**
백성 앞서 **나아가니라**

7 여호와께서 여호수아에게 **이르시되**
/내가 ── 오늘부터 시작하여
/너를 온 이스라엘의 목전에서 크게 하여

//(결과: that...may)
그들로(이) ─ 알게 하리라
/내가 ─ 너와 함께 있는 것을
/모세와 함께 있던 것같이

8 /너는 명하여 이르기를
/언약궤를 멘 제사장들에게
/너희가 ── 요단 물가에 이르거든(when)
[너희는] ─ 요단에 들어서라 (하라)

9 여호수아가 이스라엘 자손에게 **이르되**
/[너희는] ┬ 이리 와서
└ 들으라 (하고)
/너희 하나님 여호와의 말씀을

10 또
[그가] **말하되**
/너희가 알리라
/하나님이 ┬ 너희 가운데 계시사
/사시는 └ 너희 앞에서 정녕히 쫓아내실 줄을
/가나안 족속과
헷 족속과
히위 족속과
브리스 족속과
기르가스 족속과
아모리 족속과
여부스 족속을
/이 일로

11 /보라!

하라 여호와께서 내일 너희 가운데 기사를 행하시리라 **6**
여호수아가 또 제사장들에게 일러 가로되 언약궤를 메고
백성 앞서 건너라 하매 곧 언약궤를 메고 백성 앞서 나
아가니라 **7** 여호와께서 여호수아에게 이르시되 내가 오
늘부터 시작하여 너를 온 이스라엘의 목전에서 크게 하
여 내가 모세와 함께 있던 것같이 너와 함께 있는 것을
그들로 알게 하리라 **8** 너는 언약궤를 멘 제사장들에게
명하여 이르기를 너희가 요단 물가에 이르거든 요단에
들어서라 하라 **9** 여호수아가 이스라엘 자손에게 이르되
이리 와서 너희 하나님 여호와의 말씀을 들으라 하고
10 또 말하되 사시는 하나님이 너희 가운데 계시사 가
나안 족속과 헷 족속과 히위 족속과 브리스 족속과 기르
가스 족속과 아모리 족속과 여부스 족속을 너희 앞에서
정녕히 쫓아내실 줄을 이 일로 너희가 알리라 **11** 보라

for tomorrow the LORD will do wonders among you."
6 And Joshua spoke to the priests, saying, "Take up
the ark of the covenant and cross over ahead of the
people." So they took up the ark of the covenant and
went ahead of the people. **7** ¶ Now the LORD said to Joshua,
"This day I will begin to exalt you in the sight of all
Israel, that they may know that just as I have been with
Moses, I will be with you. **8** "You shall, moreover, command
the priests who are carrying the ark of the covenant,
saying, 'When you come to the edge of the waters of
the Jordan, you shall stand still in the Jordan.'" **9** Then
Joshua said to the sons of Israel, "Come here, and hear
the words of the LORD your God." **10** And Joshua
said, "By this you shall know that the living God is
among you, and that He will assuredly dispossess from before
you the Canaanite, the Hittite, the Hivite, the Perizzite,

11 /보라!
언약궤가 —— 너희 앞서 들어가나니
/온 땅의 주의 /요단으로

12 /이제
[너희는] —— 십이 명을 택하라
/이스라엘 지파 중에서
/매지파에 한 사람씩

13 /제사장들의 발바닥이 —— 요단 물을 밟고 멈추면(when)
/여호와의 궤를 멘
/온 땅의 주
요단 물 —┬— **끊어지고**
/곧 흘러내리던 물이
/위에서부터
└— 쌓여 서리라

14 백성이 자기들의 장막을 떠날 때에(상황절, when)

//(목적)
요단을 건너려고

제사장들은 언약궤를 **메고**
백성 앞에서 **행하니라**

15 (요단이 항상 언덕에 넘치더라)
/모맥 거두는 시기에는

궤를 멘 자들이 요단에 이르며(상황절, when)
제사장들의 발이 물가에 **잠기자**
/궤를 멘

16 곧
물이 —┬— **그쳐서**
/위에서부터 흘러내리던
└— 아담 읍 변방에 **일어나**
/쌓이고
/심히 멀리 사르단에 가까운

흘러가는 물은 **온전히 끊어지매**
/아라바의 바다 염해로 향하여

백성이 여리고 앞으로 바로 **건널새**

온 땅의 주의 언약궤가 너희 앞서 요단으로 들어가나니
12 이제 이스라엘 지파 중에서 매 지파에 한 사람씩 십
이 명을 택하라 13 온 땅의 주 여호와의 궤를 멘 제사
장들의 발바닥이 요단 물을 밟고 멈추면 요단 물 곧 위
에서부터 흘러 내리던 물이 끊어지고 쌓여 서리라 14
백성이 요단을 건너려고 자기들의 장막을 떠날 때에 제
사장들은 언약궤를 메고 백성 앞에서 행하니라 15 (요
단이 모맥 거두는 시기에는 항상 언덕에 넘치더라) 궤를
멘 자들이 요단에 이르며 궤를 멘 제사장들의 발이 물가
에 잠기자 16 곧 위에서부터 흘러 내리던 물이 그쳐서
심히 멀리 사르단에 가까운 아담 읍 변방에 일어나 쌓이
고 아라바의 바다 염해로 향하여 흘러가는 물은 온전히

the Girgashite, the Amorite, and the Jebusite. 11 "Behold,
the ark of the covenant of the Lord of all the earth is
crossing over ahead of you into the Jordan. 12 "Now
then, take for yourselves twelve men from the tribes of Israel,
one man for each tribe. 13 "And it shall come about
when the soles of the feet of the priests who carry the
ark of the LORD, the Lord of all the earth, shall rest in
the waters of the Jordan, the waters of the Jordan shall
be cut off, and the waters which are flowing down from
above shall stand in one heap." 14 ¶ So it came about
when the people set out from their tents to cross the
Jordan with the priests carrying the ark of the covenant before
the people, 15 and when those who carried the ark
came into the Jordan, and the feet of the priests carrying
the ark were dipped in the edge of the water (for the
Jordan overflows all its banks all the days of harvest),
16 that the waters which were flowing down from above
stood and rose up in one heap, a great distance away at

수

17 제사장들은 요단 가운데 마른 땅에 **굳게 섰고**
/여호와의 언약궤를 멘

온 이스라엘 백성은 ─ 마른 땅으로 **행하여**
└ 요단을 **건너니라**

4

1 온 백성이 요단 건너기를 마치매(상황절, when)
여호와께서 여호수아에게 **일러 가라사대**
2 /[너는] ─ 두 사람을 택하고
/백성의 매 지파에 한 사람씩
3 ─ 그들에게 명하여 이르기를
/[너희는] ─ 돌 열둘을 취하고
/제사장들의 발이 굳게 선 그 곳에서
/요단 가운데
─ 그것을 가져다가
─ 오늘 밤 너희의 유숙할 그 곳에 두라 (하라)

4 여호수아가 예비한 그 열두 사람을 **불러서**
/매지파에 한 사람씩
/이스라엘 자손 중에서
5 그들에게 **이르되**
/[너희는] ─ 요단 가운데 들어가서
/너희 하나님 여호와의 궤 앞으로
└ 각기 돌 한 개씩 취하여 메라
/이스라엘 자손들의 지파 수대로
/어깨에

6 /이것이 ── 너희 중에 표징이 되리라

/너희 자손이 ─ 물어 가로되 ... 하거든(상황절, when)
/후일에
/이 돌들은 무슨 뜻이뇨?
7 [너희는] ── 그들에게 이르기를
/요단 물이 ── 끊어졌었나니
/여호와의 언약궤 앞에서
/곧

끊어지매 백성이 여리고 앞으로 바로 건널새 17 여호와
의 언약궤를 멘 제사장들은 요단 가운데 마른 땅에 굳게
섰고 온 이스라엘 백성은 마른 땅으로 행하여 요단을 건
너니라
4:1 온 백성이 요단 건너기를 마치매 여호와께서 여
호수아에게 일러 가라사대 2 백성의 매 지파에 한
사람씩 열두 사람을 택하고 3 그들에게 명하여 이르기를
요단 가운데 제사장들의 발이 굳게 선 그곳에서 돌 열 둘
을 취하고 그것을 가져다가 오늘밤 너희의 유숙할 그 곳
에 두라 하라 4 여호수아가 이스라엘 자손 중에서 매 지
파에 한 사람씩 예비한 그 열두 사람을 불러서 5 그들에
게 이르되 요단 가운데 너희 하나님 여호와의 궤 앞으로
들어가서 이스라엘 자손들의 지파 수대로 각기 돌 한 개
씩 취하여 어깨에 메라 6 이것이 너희 중에 표징이 되리
라 후일에 너희 자손이 물어 가로되 이 돌들은 무슨 뜻이
뇨 하거든 7 그들에게 이르기를 요단 물이 여호와의 언

Adam, the city that is beside Zarethan; and those which were
flowing down toward the sea of the Arabah, the Salt
Sea, were completely cut off. So the people crossed
opposite Jericho. 17 And the priests who carried the
ark of the covenant of the LORD stood firm on dry
ground in the middle of the Jordan while all Israel crossed
on dry ground, until all the nation had finished crossing
the Jordan.
4:1 ¶ Now it came about when all the nation had
finished crossing the Jordan, that the LORD spoke
to Joshua, saying, 2 "Take for yourselves twelve men
from the people, one man from each tribe, 3 and command
them, saying, 'Take up for yourselves twelve stones from
here out of the middle of the Jordan, from the place
where the priests' feet are standing firm, and carry them
over with you, and lay them down in the lodging place where
you will lodge tonight.'" 4 So Joshua called the twelve
men whom he had appointed from the sons of Israel,
one man from each tribe; 5 and Joshua said to them,
"Cross again to the ark of the LORD your God into the
middle of the Jordan, and each of you take up a stone
on his shoulder, according to the number of the tribes
of the sons of Israel. 6 "Let this be a sign among you,
so that when your children ask later, saying, 'What do
these stones mean to you?' 7 then you shall say to them,
'Because the waters of the Jordan were cut off before

/곧
언약궤가 요단을 건널 때에(when)
요단 물이 — 끊어졌으므로
이 돌들이 — 영영한 기념이 되리라 (하라)
/이스라엘 자손에게

8 자손들이 여호수아의 명한 대로 **행하되**
/이스라엘
요단 가운데서 돌 열둘을 **취하여**
/여호와께서 여호수아에게 이르신 대로
/이스라엘 자손들의 지파 수를 따라
자기들의 유숙할 곳으로 **가져다가**
거기 **두었더라**

9 또
여호수아가 돌 열둘을 **세웠더니**
/요단 가운데
/곧 언약궤를 멘 제사장들의 발이 선 곳에
[그것들이] 오늘까지 **거기 있더라**

10 제사장들이 요단 가운데 **섰고**
/궤를 멘 /다(=모든 일을) 마치기까지
/여호와께서 여호수아에게 명하사
백성에게 이르게 하신 일
곧 모세가 여호수아에게 명한 일이

백성은 속히 **건넜으며**

11 모든 백성이 건너기를 마친 후에(상황절, when)
여호와의 궤와
제사장들이 — 백성의 목전에서 **건넜으며**

12 르우벤 자손과
갓 자손과
므낫세 반 지파는 — 이스라엘 자손들보다 앞서 **건너갔으니**
/무장하고
/모세가 그들에게 이른 것같이

13 사만 명 가량이(라) **무장하고**[5)]
/[전쟁을 위하여]

5) 약 4만명 가량이 전쟁을 위해 무장하고...

약궤 앞에서 끊어졌었나니 곧 언약궤가 요단을 건널 때
에 요단 물이 끊어졌으므로 이 돌들이 이스라엘 자손에
게 영영한 기념이 되리라 하라 **8** 이스라엘 자손들이 여
호수아의 명한 대로 행하되 여호와께서 여호수아에게 이
르신 대로 이스라엘 자손들의 지파 수를 따라 요단 가운
데서 돌 열 둘을 취하여 자기들의 유숙할 곳으로 가져다
가 거기 두었더라 **9** 여호수아가 또 요단 가운데 곧 언
약궤를 멘 제사장들의 발이 선 곳에 돌 열둘을 세웠더니
오늘까지 거기 있더라 **10** 궤를 멘 제사장들이 여호와
께서 여호수아에게 명하사 백성에게 이르게 하신 일 곧
모세가 여호수아에게 명한 일이 다 마치기까지 요단 가
운데 섰고 백성은 속히 건넜으며 **11** 모든 백성이 건너
기를 마친 후에 여호와의 궤와 제사장들이 백성의 목전
에서 건넜으며 **12** 르우벤 자손과 갓 자손과 므낫세 반
지파는 모세가 그들에게 이른 것 같이 무장하고 이스라
엘 자손들보다 앞서 건너갔으니 **13** 사만 명 가량이라

the ark of the covenant of the LORD; when it crossed
the Jordan, the waters of the Jordan were cut off.' So
these stones shall become a memorial to the sons of
Israel forever." **8** ¶ And thus the sons of Israel did, as Joshua
commanded, and took up twelve stones from the middle
of the Jordan, just as the LORD spoke to Joshua, according
to the number of the tribes of the sons of Israel; and
they carried them over with them to the lodging place,
and put them down there. **9** Then Joshua set up twelve
stones in the middle of the Jordan at the place where
the feet of the priests who carried the ark of the covenant
were standing, and they are there to this day. **10** For
the priests who carried the ark were standing in the
middle of the Jordan until everything was completed
that the LORD had commanded Joshua to speak to the people,
according to all that Moses had commanded Joshua. And
the people hurried and crossed; **11** and it came about
when all the people had finished crossing, that the ark
of the LORD and the priests crossed before the people.
12 And the sons of Reuben and the sons of Gad and
the half-tribe of Manasseh crossed over in battle array before
the sons of Israel, just as Moses had spoken to them;

수

여호와 앞에서 **건너가서**
여리고 평지에 **이르니라**
/싸우려고

14 그 날에
여호와께서 여호수아를 **크게 하시매**
/모든 이스라엘의 목전에서

백성이 **두려워하기를...(하였더라)**
/모세를 두려워하던 것같이
/그의 생존한 날 동안에

15 여호와께서 여호수아에게 **일러 가라사대**
16 /[너는]—— 증거궤를 멘 제사장들을 명하여
/요단에서 올라오게 (하라 하신지라)

17 여호수아가 제사장들에게 **명하여**
/요단에서 올라오라 (하매)

18 제사장들이 요단 가운데서 나오며
/여호와의 언약궤를 멘
육지를 밟는 동시에
/그 발바닥으로
요단 물이 본 곳으로 **도로 흘러**
여전히 언덕에 **넘쳤더라**

19 정월 십일에
백성이 요단에서 **올라와서**
여리고 동편 지경 길갈에 **진치매**

20 여호수아가 길갈에 **세우고**
/그 요단에서 가져온 열두 돌을

21 이스라엘 자손들에게 **일러 가로되**
/후일에
너희 자손이 — 그 아비에게 묻기를..하거든(when)
/이 돌은 무슨 뜻이냐?
22 /너희는 —— 자손에게 알게 하여 이르기를
/이스라엘이 ┌ 마른 땅을 밟고
└ 이 요단을 건넜음이라

무장하고 여호와 앞에서 건너가서 싸우려고 여리고 평지에 이르니라 **14** 그 날에 여호와께서 모든 이스라엘의 목전에서 여호수아를 크게 하시매 그의 생존한 날 동안에 백성이 두려워하기를 모세를 두려워하던 것같이 하였더라 **15** 여호와께서 여호수아에게 일러 가라사대 **16** 증거궤를 멘 제사장들을 명하여 요단에서 올라오게 하라 하신지라 **17** 여호수아가 제사장들에게 명하여 요단에서 올라오라 하매 **18** 여호와의 언약궤를 멘 제사장들이 요단 가운데서 나오며 그 발바닥으로 육지를 밟는 동시에 요단 물이 본 곳으로 도로 흘러 여전히 언덕에 넘쳤더라 **19** 정월 십일에 백성이 요단에서 올라와서 여리고 동편 지경 길갈에 진 치매 **20** 여호수아가 그 요단에서 가져온 열두 돌을 길갈에 세우고 **21** 이스라엘 자손들에게 일러 가로되 후일에 너희 자손이 그 아비에게 묻기를 이 돌은 무슨 뜻이냐 하거든 **22** 너희는 자손에게 알게 하여 이르기를 이스라엘이 마른 땅을 밟고 이 요단을 건

13 about 40,000, equipped for war, crossed for battle before the LORD to the desert plains of Jericho. **14** On that day the LORD exalted Joshua in the sight of all Israel; so that they revered him, just as they had revered Moses all the days of his life. **15** Now the LORD said to Joshua, **16** "Command the priests who carry the ark of the testimony that they come up from the Jordan." **17** So Joshua commanded the priests, saying, "Come up from the Jordan." **18** And it came about when the priests who carried the ark of the covenant of the LORD had come up from the middle of the Jordan, and the soles of the priests' feet were lifted up to the dry ground, that the waters of the Jordan returned to their place, and went over all its banks as before. **19** ¶ Now the people came up from the Jordan on the tenth of the first month and camped at Gilgal on the eastern edge of Jericho. **20** And those twelve stones which they had taken from the Jordan, Joshua set up at Gilgal. **21** And he said to the sons of Israel, "When your children ask their fathers in time to come, saying, 'What are these stones?' **22** then you shall inform your children, saying, 'Israel crossed this Jordan on dry ground.' **23** "For the LORD your God dried up

23 /너희 하나님 여호와께서 요단 물을
너희 앞에 마르게 하사
너희로 건너게 하신 것이
너희 하나님 여호와께서 우리 앞에
홍해를 말리시고
우리로 건너게 하심과 같았나니

24 //이는(목적: that...may)
모든 백성으로 — 알게 하며
/땅의 /여호와의 손이 능하심을
너희로 — 경외하게 하려 하심이라 하라
/너희 하나님 여호와를
/영원토록

5

1 모든 왕과 —— 듣고(상황절, when)
/아모리 사람의 /여호와께서 —— 요단 물을 말리시고
/요단 서편의 /이스라엘 자손들 앞에서
모든 왕이 우리를 건네셨음을
/가나안 사람의
/해변의

마음이 녹았고
정신을 잃었더라
/이스라엘 자손들의 연고로

2 그 때에
여호와께서 여호수아에게 **이르시되**
/너는 —— 칼을 만들어
/부싯돌로
다시 할례를 행하라 (하시매)
/이스라엘 자손들에게

3 여호수아가 칼을 **만들어**
/부싯돌로
할례를 행하니라
/이스라엘 자손들에게
/할례 산에서

4 까닭은 **이것이니**
/여호수아가 할례를 시행한

넜음이라 23 너희 하나님 여호와께서 요단 물을 너희
앞에 마르게 하사 너희로 건너게 하신 것이 너희 하나님
여호와께서 우리 앞에 홍해를 말리시고 우리로 건너게
하심과 같았나니 24 이는 땅의 모든 백성으로 여호와
의 손이 능하심을 알게 하며 너희로 너희 하나님 여호와
를 영원토록 경외하게 하려 하심이라 하라
5:1 요단 서편의 아모리 사람의 모든 왕과 해변의 가
나안 사람의 모든 왕이 여호와께서 요단 물을 이스
라엘 자손들 앞에서 말리시고 우리를 건네셨음을 듣고
마음이 녹았고 이스라엘 자손들의 연고로 정신을 잃었더
라 2 그 때에 여호와께서 여호수아에게 이르시되 너는
부싯돌로 칼을 만들어 이스라엘 자손들에게 다시 할례를
행하라 하시매 3 여호수아가 부싯돌로 칼을 만들어 할
례산에서 이스라엘 자손들에게 할례를 행하니라 4 여호
수아가 할례를 시행한 까닭은 이것이니 애굽에서 나온
모든 백성 중 남자 곧 모든 군사는 애굽에서 나온 후 광

the waters of the Jordan before you until you had crossed,
just as the LORD your God had done to the Red Sea,
which He dried up before us until we had crossed; 24
that all the peoples of the earth may know that the hand
of the LORD is mighty, so that you may fear the LORD
your God forever."
5:1 ¶ Now it came about when all the kings of the Amorites
who were beyond the Jordan to the west, and all the
kings of the Canaanites who were by the sea, heard how
the LORD had dried up the waters of the Jordan before
the sons of Israel until they had crossed, that their hearts
melted, and there was no spirit in them any longer,
because of the sons of Israel. 2 ¶ At that time the LORD
said to Joshua, "Make for yourself flint knives and circumcise
again the sons of Israel the second time." 3 So Joshua
made himself flint knives and circumcised the sons of
Israel at Gibeath-haaraloth. 4 And this is the reason
why Joshua circumcised them: all the people who came

수

모든 백성 중 남자 — 애굽에서 나온 후
/애굽에서 나온
/곧 모든 군사는
└광야 노중에서 **죽었는데**

5 [비록]
그 나온 백성은 다 — 할례를 받았으나(양보절, although)[6]
오직(but)
광야 노중에서 난 자는 — **할례를 받지 못하였음이라**
/애굽에서 나온 후

6 여호와께서 그들에게 대하여 **맹세하사**
/[내가] —— 그들로 보지 못하게 하리라 (하시매)
/우리에게 주마 하신 땅
/그들의 열조에게 맹세하여
곧 젖과 꿀이 흐르는 땅을

//(이유: כִּי, for)
자손들이 —— 여호와의 말씀을 청종치 아니하므로
/이스라엘

[그들이] 광야에 **행하였더니**
/사십 년 동안을
/애굽에서 나온 족속
곧 군사들이 다 멸절하기까지

7 여호수아가 **할례를 행하였으니**
/그들의 대를 잇게 하신 이 자손에게

//(이유: כִּי, for)
[그들이] —— 할례 없는 자가 되었음이었더라

//(이유: כִּי, for)
[그들이] 길에서는 그들에게 할례를 행치 못하였으므로

8 [여호수아가] 할례 행하기를 필하매(상황절, when)
/온 백성에게
백성이 낫기를 기다릴 때에(상황절)
/진중 각 처소에 처하여
9 여호와께서 여호수아에게 **이르시되**
/내가 — 애굽의수치를 굴러가게 하였다 (하셨으므로)
/애굽의 수치를
/너희에게서
/오늘날

6) Although all the people who came out had been circumcised, yet all the people born on the journey through the wilderness after they had come out of Egypt had not been circumcised.[NRSV]

야 노중에서 죽었는데 5 그 나온 백성은 다 할례를 받았
으나 오직 애굽에서 나온 후 광야 노중에서 난 자는 할
례를 받지 못하였음이라 6 이스라엘 자손들이 여호와의
말씀을 청종치 아니하므로 여호와께서 그들에게 대하여
맹세하사 그들의 열조에게 맹세하여 우리에 게 주마 하
신 땅 곧 젖과 꿀이 흐르는 땅을 그들로 보지 못하게 하
리라 하시매 애굽에서 나온 족속 곧 군사들이 다 멸절하
기까지 사십 년 동안을 광야에 행하였더니 7 그들의 대
를 잇게 하신 이 자손에게 여호수아가 할례를 행하였으
니 길에서는 그들에게 할례를 행치 못하였으므로 할례
없는 자가 되었음이었더라 8 온 백성에게 할례 행하기
를 필하매 백성이 진중 각 처소에 처하여 낫기를 기다릴
때에 9 여호와께서 여호수아에게 이르시되 내가 오늘날
애굽의 수치를 너희에게서 굴러가게 하였다 하셨으므로

out of Egypt who were males, all the men of war, died
in the wilderness along the way, after they came out of Egypt.
5 For all the people who came out were circumcised,
but all the people who were born in the wilderness along
the way as they came out of Egypt had not been circumcised.
6 For the sons of Israel walked forty years in the
wilderness, until all the nation, that is, the men of war
who came out of Egypt, perished because they did not
listen to the voice of the LORD, to whom the LORD
had sworn that He would not let them see the land which
the LORD had sworn to their fathers to give us, a land
flowing with milk and honey. 7 And their children whom
He raised up in their place, Joshua circumcised; for they
were uncircumcised, because they had not circumcised them
along the way. 8 Now it came about when they had
finished circumcising all the nation, that they remained
in their places in the camp until they were healed. 9
Then the LORD said to Joshua, "Today I have rolled
away the reproach of Egypt from you." So the name of
that place is called Gilgal to this day. 10 While the

[그가]	그 곳 이름을 길갈이라 **[말]하느니라** /오늘까지
10 이스라엘	자손들이 길갈에 **진쳤고** 유월절을 **지켰고** /그 달 십사일 저녁에는 /여리고 평지에서
11 유월절 이튿날에 [그들이]	 그 땅 소산을 **먹되** 무교병과 볶은 곡식을 **먹었더니** /그 날에
12 만나가	**그쳤으니** /[그들이] 그 땅 소산을 먹은 다음 날에
사람들이 /이스라엘	만나를 **얻지 못하였고** /다시는
[그들이]	가나안 땅의 열매를 **먹었더라** / 그 해에
13 여호수아가 [그가]	여리고에 가까왔을 때에(when) 눈을 **들어** **본즉** /한 사람이 — 마주 섰는지라 /칼을 빼어 손에 들고
여호수아가	**나아가서** 그에게 **묻되** /너는 우리를 위하느냐? 우리의 대적을 위하느냐?
14 그가	**가로되** /아니라 나는 — 여호와의 군대장관으로 이제 왔느니라
여호수아가	땅에 **엎드려** **절하고** **가로되** /나의 주여! 종에게 무슨 말씀을 하려 하시나이까?

그 곳 이름을 오늘까지 길갈이라 하느니라 10 이스라엘
자손들이 길갈에 진 쳤고 그 달 십 사일 저녁에는 여리
고 평지에서 유월절을 지켰고 11 유월절 이튿날에 그
땅 소산을 먹되 그 날에 무교병과 볶은 곡식을 먹었더니
12 그 땅 소산을 먹은 다음 날에 만나가 그쳤으니 이스
라엘 사람들이 다시는 만나를 얻지 못하였고 그 해에 가
나안 땅의 열매를 먹었더라 13 여호수아가 여리고에 가
까왔을 때에 눈을 들어 본즉 한 사람이 칼을 빼어 손에
들고 마주 섰는지라 여호수아가 나아가서 그에게 묻되
너는 우리를 위하느냐 우리의 대적을 위하느냐 14 그가
가로되 아니라 나는 여호와의 군대 장관으로 이제 왔느
니라 여호수아가 땅에 엎드려 절하고 가로되 나의 주여

sons of Israel camped at Gilgal, they observed the Passover
on the evening of the fourteenth day of the month on
the desert plains of Jericho. 11 And on the day after
the Passover, on that very day, they ate some of the
produce of the land, unleavened cakes and parched grain.
12 And the manna ceased on the day after they had
eaten some of the produce of the land, so that the sons
of Israel no longer had manna, but they ate some of the
yield of the land of Canaan during that year. 13 ¶ Now
it came about when Joshua was by Jericho, that he lifted
up his eyes and looked, and behold, a man was standing
opposite him with his sword drawn in his hand, and
Joshua went to him and said to him, "Are you for us or
for our adversaries?" 14 And he said, "No, rather I
indeed come now as captain of the host of the LORD."
And Joshua fell on his face to the earth, and bowed
down, and said to him, "What has my lord to say to his
servant?" 15 And the captain of the LORD's host said

수

15 군대장관이 /여호와의 — 여호수아에게 **이르되**
/[너는] — 신을 벗으라
/네 발에서

//(이유: כִּי, for)
네가 선 곳은 거룩하니라

여호수아가 — 그대로 **행하니라**

6

1 여리고는 — 굳게 **닫혔고**

//(이유: because of)
이스라엘 자손들로 인하여

출입하는 자 — **없더라**

2 여호와께서 — 여호수아에게 **이르시되**
/보라
/내가 — 네 손에 붙였으니
/여리고와 그 왕과 용사들을

3 /너희 모든 군사는 — 성을 둘러
성 주위를 돌되
/매일 한 번씩
엿새 동안을 그리하라

4 /제사장 일곱은 — 일곱 양각나팔을 잡고
언약궤 앞에서 행할 것이요

/제 칠 일에는
[너희는] — 성을 일곱 번 돌며
제사장들은 — 나팔을 불 것이며

5 /제사장들이 — 양각나팔을 길게 울려 불어서(when)
그 나팔 소리가 — 너희에게 들릴 때에는(when)
백성은 다 — 큰 소리로 외쳐 부를 것이라

//그리하면(결과)
그 성벽이 — 무너져 내리리니

/백성은 — 각기 앞으로 올라갈지니라 (하시매)

종에게 무슨 말씀을 하려 하시나이까 15 여호와의 군대
장관이 여호수아에게 이르되 네 발에서 신을 벗으라 네
가 선 곳은 거룩하니라 여호수아가 그대로 행하니라
6:1 이스라엘 자손들로 인하여 여리고는 굳게 닫혔고
출입하는 자 없더라 2 여호와께서 여호수아에게 이
르시되 보라 내가 여리고와 그 왕과 용사들을 네 손에
붙였으니 3 너희 모든 군사는 성을 둘러 성 주위를 매일
한번씩 돌되 엿새 동안을 그리하라 4 제사장 일곱은 일
곱 양각 나팔을 잡고 언약궤 앞에서 행할 것이요 제칠일
에는 성을 일곱번 돌며 제사장들은 나팔을 불 것이며 5
제사장들이 양각 나팔을 길게 울려 불어서 그 나팔 소리
가 너희에게 들릴 때에는 백성은 다 큰 소리로 외쳐 부

to Joshua, "Remove your sandals from your feet, for the
place where you are standing is holy." And Joshua did
so.
6:1 ¶ Now Jericho was tightly shut because of the
sons of Israel; no one went out and no one came in.
2 And the LORD said to Joshua, "See, I have given
Jericho into your hand, with its king and the valiant warriors.
3 "And you shall march around the city, all the men of
war circling the city once. You shall do so for six days.
4 "Also seven priests shall carry seven trumpets of
rams' horns before the ark; then on the seventh day you
shall march around the city seven times, and the priests
shall blow the trumpets. 5 "And it shall be that when
they make a long blast with the ram's horn, and when
you hear the sound of the trumpet, all the people shall
shout with a great shout; and the wall of the city will

6 여호수아가 제사장들을 **불러서**
/눈의 아들
그들에게 **이르되**
/너희는 — 언약궤를 메고
일곱 제사장은 — 일곱 양각나팔을 잡고 행하라 (하고)
/여호와의 궤 앞에서

7 또
[그가] 백성에게 **이르되**
/[너희는] — 나아가서
— 성을 돌되
무장한 자들이 — 여호와의 궤 앞에 행할지니라

8 여호수아가 백성에게 이르기를 **마치매**

제사장 일곱이 일곱 양각나팔을 **잡고**
여호와 앞에서 **진행하며**
나팔을 **불고**
/여호와의 언약궤는 그 뒤를 따르며

9 무장한 자들은 나팔 부는 제사장들 앞에서 **진행하며**
후군은 궤 뒤에 **행하고**
제사장들은 **행하더라**
/나팔을 불며

10 여호수아가 백성에게 **명하여 가로되**
/너희는 — 외치지 말며
— 너희 음성을 들레지 말며
— 아무 말도 내지 말라
/너희 입에서
/(그리하다가)
내가 너희에게 명하여 외치라 하는 날에(until)
— 외칠지니라 (하고)

11 여호와의 궤로 성을 한 번 **돌게 하니라**

무리가 진에 **돌아와서**
진에서 **자니라**

12 여호수아가 아침에 일찌기 **일어나니라**
제사장들이 여호와의 궤를 **메고**

를 것이라 그리하면그 성벽이 무너져 내리리니 백성은
각기 앞으로 올라갈지니라 하시매 6 눈의 아들 여호수아
가 제사장들을 불러서 그들에게 이르되 너희는 언약궤를
메고 일곱 제사장은 일곱 양각 나팔을 잡고 여호와의 궤
앞에서 행하라 하고 7 또 백성에게 이르되 나아가서 성
을 돌되 무장한 자들이 여호와의 궤 앞에 행할지니라 8
여호수아가 백성에게 이르기를 마치매 제사장 일곱이 일
곱 양각 나팔을 잡고 여호와 앞에서 진행하며 나팔을 불
고 여호와의 언약궤는 그 뒤를 따르며 9 무장한 자들은
나팔 부는 제사장들 앞에서 진행하며 후군은 궤 뒤에 행
하고 제사장들은 나팔을 불며 행하더라 10 여호수아가
백성에게 명하여 가로되 너희는 외치지 말며 너희 음성
을 들레지 말며 너희 입에서 아무 말도 내지 말라 그리
하다가 내가 너희에게 명하여 외치라 하는 날에 외칠지
니라 하고 11 여호와의 궤로 성을 한 번 돌게 하니라
무리가 진에 돌아와서 진에서 자니라 12 여호수아가 아

fall down flat, and the people will go up every man
straight ahead." 6 ¶ So Joshua the son of Nun called
the priests and said to them, "Take up the ark of the covenant,
and let seven priests carry seven trumpets of rams' horns
before the ark of the LORD." 7 Then he said to the
people, "Go forward, and march around the city, and let
the armed men go on before the ark of the LORD." 8
And it was so, that when Joshua had spoken to the
people, the seven priests carrying the seven trumpets of rams'
horns before the LORD went forward and blew the trumpets;
and the ark of the covenant of the LORD followed them.
9 And the armed men went before the priests who blew
the trumpets, and the rear guard came after the ark, while
they continued to blow the trumpets. 10 But Joshua
commanded the people, saying, "You shall not shout nor
let your voice be heard, nor let a word proceed out of
your mouth, until the day I tell you, 'Shout!' Then you
shall shout!" 11 So he had the ark of the LORD taken
around the city, circling it once; then they came into the
camp and spent the night in the camp. 12 ¶ Now Joshua

13 일곱 제사장은 일곱 양각나팔을 **잡고**
여호와의 궤 앞에서 계속 **진행하며**
나팔을 **불고**
무장한 자들은 그 앞에 **행하며**
후군은 여호와의 궤 뒤에 **행하고**
제사장들은 **행하니라**
/나팔을 불며

14 그 제 이 일에도
[그들이] 성을 한 번 **돌고**
진에 **돌아오니라**

[그들이] 이같이 **행하니라**
/엿새 동안을

15 제 칠 일 새벽에
그들이 일찌기 **일어나서**
성을 일곱 번 **도니**
/여전한 방식으로
[그들이] 성을 일곱 번 **돌기는(=돌았다)**
/그 날뿐(이었더라)

16 제사장들이 나팔을 불 때에(when)
/일곱 번째에
여호수아가 백성에게 **이르되**
/[너희는] — 외치라

//(이유: כִּי, for)
여호와께서 너희에게 이 성을 주셨느니라

17 /[너희는] ─ 여호와께 바치되
/이 성과 그 가운데 모든 물건은(을)
─ 살리라
/기생 라합과
무릇 그 집에 동거하는 자는(를)

//이는(이유: כִּי, for)
그가 우리의 보낸 사자를 숨겼음이니라

18 /너희는 — 바칠 물건을 스스로 삼가라
/너희가 ─ 그것을 바친 후에
─ 그 바친 어느 것이든지 취하면
이스라엘 진으로 바침이 되어 화를 당케 할까 두려워하노라

침에 일찌기 일어나니라 제사장들이 여호와의 궤를 메고
13 일곱 제사장은 일곱 양각 나팔을 잡고 여호와의 궤
앞에서 계속 진행하며 나팔을 불고 무장한 자들은 그 앞
에 행하며 후군은 여호와의 궤 뒤에 행하고 제사장들은
나팔을 불며 행하니라 **14** 그 제이일에도 성을 한 번 돌
고 진에 돌아오니라 엿새 동안을 이같이 행하니라 **15**
제칠일 새벽에 그들이 일찌기 일어나서 여전한 방식으로
성을 일곱 번 도니 성을 일곱 번 돌기는 그날 뿐이었더라
16 일곱 번째에 제사장들이 나팔을 불 때에 여호수아가
백성에게 이르되 외치라 여호와께서 너희에게 이 성을 주
셨느니라 **17** 이 성과 그 가운데 모든 물건은 여호와께
바치니 기생 라합과 무릇 그 집에 동거하는 자는 살리라
이는 그가 우리의 보낸 사자를 숨겼음이니라 **18** 너희는
바칠 물건을 스스로 삼가라 너희가 그것을 바친 후에 그

rose early in the morning, and the priests took up the
ark of the LORD. **13** And the seven priests carrying
the seven trumpets of rams' horns before the ark of the
LORD went on continually, and blew the trumpets; and
the armed men went before them, and the rear guard
came after the ark of the LORD, while they continued
to blow the trumpets. **14** Thus the second day they marched
around the city once and returned to the camp; they did
so for six days. **15** ¶ Then it came about on the seventh
day that they rose early at the dawning of the day and marched
around the city in the same manner seven times; only
on that day they marched around the city seven times.
16 And it came about at the seventh time, when the
priests blew the trumpets, Joshua said to the people,
"Shout! For the LORD has given you the city. **17** "And
the city shall be under the ban, it and all that is in it
belongs to the LORD; only Rahab the harlot and all
who are with her in the house shall live, because she
hid the messengers whom we sent. **18** "But as for you,
only keep yourselves from the things under the ban, lest

수

19 /기구들은 다 ─ 여호와께 **구별될 것이니**
/은금과 동철
[너희는] ── 그것을 **들일지니라**
/여호와의 곳간에

20 이에
백성은 **외치고**
제사장들은 **나팔을 불매**

백성이 나팔 소리를 듣는 동시에
[그들이] 크게 소리질러 **외치니**

//(결과)
성벽이 ─ 무너져 내린지라

백성이 각기 **앞으로 나아가**
성에 **들어가서**
그 성을 **취하고**
21 성중에 있는 것을 다 **멸하되**
남녀 노유와 우양과 나귀를 칼날로 **멸하니라**

22 여호수아가 두 사람에게 **이르되**
/그 땅을 정탐한
/[너희는] ┬ 그 기생의 집에 들어가서
└ 모든 것을 이끌어 내라 (하매)
/그와 그에게 속한
/너희가 그 여인에게 맹세한 대로

23 정탐한 소년들이 **들어가서**
이끌어 내고
/라합과
그 부모와
그 형제와
그에게 속한 모든 것을

또
[그들이] **이끌어 내어**
/그 친족도 다
이스라엘 진 밖에 **두고**
/그들을

바친 어느 것이든지 취하면 이스라엘 진으로 바침이 되
어 화를 당케 할까 두려워하노라 19 은금과 동철 기구
들은 다 여호와께 구별될 것이니 그것을 여호와의 곳간
에 들일지니라 20 이에 백성은 외치고 제사장들은 나팔
을 불매 백성이 나팔 소리를 듣는 동시에 크게 소리질러
외치니 성벽이 무너져 내린지라 백성이 각기 앞으로 나
아가 성에 들어가서 그 성을 취하고 21 성 중에 있는
것을 다 멸하되 남녀 노유(男女 老幼)와 우양과 나귀를
칼날로 멸하니라 22 여호수아가 그 땅을 정탐한 두 사
람에게 이르되 그 기생의 집에 들어 가서 너희가 그 여
인에게 맹세한 대로 그와 그에게 속한 모든 것을 이끌어
내라 하매 23 정탐한 소년들이 들어가서 라합과 그 부
모와 그 형제와 그에게 속한 모든 것을 이끌어 내고 또
그 친족도 다 이끌어 내어 그들을 이스라엘 진 밖에 두

you covet them and take some of the things under the
ban, so you would make the camp of Israel accursed
and bring trouble on it. 19 "But all the silver and gold
and articles of bronze and iron are holy to the LORD;
they shall go into the treasury of the LORD." 20 So
the people shouted, and priests blew the trumpets; and
it came about, when the people heard the sound of the
trumpet, that the people shouted with a great shout and
the wall fell down flat, so that the people went up into
the city, every man straight ahead, and they took the
city. 21 And they utterly destroyed everything in the
city, both man and woman, young and old, and ox and
sheep and donkey, with the edge of the sword. 22 ¶
And Joshua said to the two men who had spied out the
land, "Go into the harlot's house and bring the woman
and all she has out of there, as you have sworn to her."
23 So the young men who were spies went in and
brought out Rahab and her father and her mother and
her brothers and all she had; they also brought out all
her relatives, and placed them outside the camp of Israel.

수

24 무리가 사르고
/불로 성읍과
그 가운데 있는 모든 것을

여호와의 집 곳간에 **두었더라**
/은금과 동철 기구는

25 여호수아가 **살렸으므로**
/기생 라합과
그 아비의 가족과
그에게 속한 모든 것을

그가 이스라엘 중에 **거하였으니**
/오늘날까지

//이는(이유: כִּי, for)
[그녀가] — 숨겼음이었더라
/여호수아가 여리고를 탐지하려고 보낸 사자를

26 여호수아가 무리를 경계하여 **가로되**
/그 때에
/맹세로
/일어나서
건축하는 자는 — 여호와 앞에서 저주를 받을 것이라
/이 여리고 성을
/누구든지
/그 기초를 쌓을 때에
[그가] — 장자를 잃을 것이요
/문을 세울 때에
[그가] — 계자를 잃으리라 (하였더라)

27 여호와께서 여호수아와 **함께 하시니**
명성이 그 온 땅에 **퍼지니라**
/여호수아의

7

1 자손들이 **범죄하였으니**
/이스라엘 /바친 물건을 인하여

//이는(이유: כִּי, for)
아간이 — 바친 물건을 취하였음이라
/갈미의 아들

고 **24** 무리가 불로 성읍과 그 가운데 있는 모든 것을
사르고 은금과 동철 기구는 여호와의 집 곳간에 두었더
라 **25** 여호수아가 기생 라합과 그 아비의 가족과 그에
게 속한 모든 것을 살렸으므로 그가 오늘날까지 이스라
엘 중에 거하였으니 이는 여호수아가 여리고를 탐지하려
고 보낸 사자를 숨겼음이었더라 **26** 여호수아가 그때에
맹세로 무리를 경계하여 가로되 이 여리고 성을 누구든
지 일어나서 건축하는 자는 여호와 앞에서 저주를 받을
것이라 그 기초를 쌓을 때에 장자를 잃을 것이요 문을 세
울 때에 계자를 잃으리라 하였더라 **27** 여호와께서 여호
수아와 함께 하시니 여호수아의 명성이 그 온 땅에 퍼지
니라
7:1 이스라엘 자손들이 바친 물건을 인하여 범죄하였으
니 이는 유다 지파 세라의 증손 삽디의 손자 갈미의 아들

24 And they burned the city with fire, and all that was
in it. Only the silver and gold and articles of bronze and
iron, they put into the treasury of the house of the LORD.
25 However, Rahab the harlot and her father's household
and all she had, Joshua spared; and she has lived in the
midst of Israel to this day, for she hid the messengers
whom Joshua sent to spy out Jericho. **26** ¶ Then Joshua
made them take an oath at that time, saying, "Cursed
before the LORD is the man who rises up and builds
this city Jericho; with the loss of his first-born he shall
lay its foundation, and with the loss of his youngest son
he shall set up its gates." **27** So the LORD was with Joshua,
and his fame was in all the land.
7:1 ¶ But the sons of Israel acted unfaithfully in regard
to the things under the ban, for Achan, the son of
Carmi, the son of Zabdi, the son of Zerah, from the tribe

/삽디의 손자
/유다 지파 세라의 증손

여호와께서 이스라엘 자손들에게 **진노하시니라**

2 여호수아가 여리고에서 사람을 **보내며**
/벧엘 동편 벧아웬 곁에 있는 아이로
그들에게 일러 가로되...**하매**
/[너희는] 올라가서
그 땅을 정탐하라

그 사람들이 **올라가서**
아이를 **정탐하고**

3 여호수아에게로 **돌아와서**
그에게 **이르되**
/백성을(이) 다 올라가게 말고
이 삼천 명만 올라가서
아이를 치게 하소서
/[당신은] 수고롭게 마소서 하므로
/모든 백성을 그리로 보내어

//(이유: כִּי, for)
그들은 소수니

4 삼천 명쯤 그리로 **올라갔다가**
/백성 중
[그들이] 아이 사람 앞에서 **도망하니**

5 아이 사람이 그들의 삼십육 인쯤 **죽이고**
성문 앞에서부터 스바림까지 **쫓아와서**
내려가는 비탈에서 **쳤으므로**

백성의 마음이 **녹아**
물같이 된지라

6 여호수아가 옷을 **찢고**
이스라엘 장로들과 함께 여호와의 궤 앞에서 땅에 엎드려
머리에 티끌을 **무릅쓰고**
저물도록 **있다가**

7 여호수아가 **가로되**
/슬프도소이다
주 여호와여!

아간이 바친 물건을 취하였음이라 여호와께서 이스라엘
자손들에게 진노하시니라 2 여호수아가 여리고에서 사람
을 벧엘 동편 벧아웬 곁에 있는 아이로 보내며 그들에게
일러 가로되 올라가서 그 땅을 정탐(偵探)하라 하매 그
사람들이 올라가서 아이를 정탐하고 3 여호수아에게로
돌아와서 그에게 이르되 백성을 다 올라가게 말고 이삼천
명만 올라가서 아이를 치게 하소서 그들은 소수니 모든
백성을 그리로 보내어 수고롭게 마소서 하므로 4 백성중
삼천 명쯤 그리로 올라갔다가 아이 사람 앞에서 도망하니
5 아이 사람이 그들의 삼십륙 인쯤 죽이고 성문 앞에서
부터 스바림까지 쫓아와서 내려가는 비탈에서 쳤으므로
백성의 마음이 녹아 물같이 된지라 6 여호수아가 옷을
찢고 이스라엘 장로들과 함께 여호와의 궤 앞에서 땅에
엎드려 머리에 티끌을 무릅쓰고 저물도록 있다가 7 여호

of Judah, took some of the things under the ban, therefore
the anger of the LORD burned against the sons of Israel.
2 ¶ Now Joshua sent men from Jericho to Ai, which is
near Beth-aven, east of Bethel, and said to them, "Go
up and spy out the land." So the men went up and spied
out Ai. 3 And they returned to Joshua and said to him,
"Do not let all the people go up; only about two or three
thousand men need go up to Ai; do not make all the
people toil up there, for they are few." 4 So about three
thousand men from the people went up there, but they
fled from the men of Ai. 5 And the men of Ai struck
down about thirty-six of their men, and pursued them
from the gate as far as Shebarim, and struck them down
on the descent, so the hearts of the people melted and became
as water. 6 ¶ Then Joshua tore his clothes and fell to
the earth on his face before the ark of the LORD until
the evening, both he and the elders of Israel; and they
put dust on their heads. 7 And Joshua said, "Alas, O

[당신은] ─ 어찌하여 요단을 건너게 하시고...하셨나이까?

//(목적)
이 백성을 인도하여
우리를 아모리 사람의 손에 붙여

//(목적)
멸망시키려

/우리가 요단 저편을 족하게 여겨 거하였더면
좋을 뻔하였나이다

8 /주여!
내가 ── 무슨 말을 하오리이까?
/이스라엘이 그 대적 앞에서 돌아섰으니

9 //(이유: for)
가나안 사람과
모든 거민이 ── 이를 듣고
/이 땅

우리를 둘러싸고
우리 이름을 세상에서 끊으리니

/[당신은] ── 어떻게 하시려나이까?
/주의 크신 이름을 위하여

10 여호와께서 여호수아에게 **이르시되**
/[너는] ─ 일어나라
어찌하여 이렇게 엎드렸느냐?

11 /이스라엘이 ─ 범죄하여
나의 언약을 어기었나니
/내가 그들에게 명한

/곧
그들이 ─ 바친 물건을 취하고
도적하고
사기하여
자기 기구 가운데 두었느니라

12 /그러므로
자손들이 ── 자기 대적을 능히 당치 못하고
/이스라엘

그 앞에서 돌아섰나니

//이는(이유: כִּי, for)

수아가 가로되 슬프도소이다 주 여호와여 어찌하여 이
백성을 인도하여 요단을 건너게 하시고 우리를 아모리
사람의 손에 붙여 멸망시키려 하셨나이까 우리가 요단
저 편을 족하게 여겨 거하였더면 좋을뻔 하였나이다 8
주여 이스라엘이 그 대적 앞에서 돌아섰으니 내가 무슨
말을 하오리이까 9 가나안 사람과 이 땅 모든 거민이
이를 듣고 우리를 둘러싸고 우리 이름을 세상에서 끊으
리니 주의 크신 이름을 위하여 어떻게 하시려나이까 10
여호와께서 여호수아에게 이르시되 일어나라 어찌하여
이렇게 엎드렸느냐 11 이스라엘이 범죄하여 내가 그들
에게 명한 나의 언약을 어기었나니 곧 그들이 바친 물건
을 취하고 도적하고 사기하여 자기 기구 가운데 두었느
니라 12 그러므로 이스라엘 자손들이 자기 대적을 능
히 당치 못하고 그 앞에서 돌아섰나니 이는 자기도 바친

Lord GOD, why didst Thou ever bring this people over
the Jordan, only to deliver us into the hand of the
Amorites, to destroy us? If only we had been willing to dwell
beyond the Jordan! 8 "O Lord, what can I say since
Israel has turned their back before their enemies? 9 "For
the Canaanites and all the inhabitants of the land will
hear of it, and they will surround us and cut off our
name from the earth. And what wilt Thou do for Thy
great name?" 10 ¶ So the LORD said to Joshua, "Rise
up! Why is it that you have fallen on your face? 11
"Israel has sinned, and they have also transgressed My
covenant which I commanded them. And they have even
taken some of the things under the ban and have both
stolen and deceived. Moreover, they have also put them
among their own things. 12 "Therefore the sons of
Israel cannot stand before their enemies; they turn their backs

//이는(이유: כִּי, for)
자기도 바친 것이 됨이라

/내가 너희와 함께 있지 아니하리라
/다시는
/그 바친 것을 멸하지 아니하면(until)
/너희 중에서

13 /너는 일어나서
백성을 성결케 하여
이르기를

/너희는 ─ 스스로 성결케 하여[7]
└ 내일을 기다리라

//(이유: כִּי, for)
여호와의(께서) — 말씀에(=말씀하셨다)
/하나님
이스라엘의
/이스라엘아!
너의 중에 바친 물건이 있나니
네가 ┌ 너의 중에서 제하기 전에는
/그 바친 물건을
└ 너의 대적을 당치 못하리라

14 /아침에
너희는 — 너희 지파대로 가까이 나아오라
/지파는 – 그 족속대로 가까이 나아올 것이요
/여호와께 뽑히는
/족속은 — 그 가족대로 가까이 나아올 것이요
/여호와께 뽑히는
/가족은 — 각 남자대로 가까이 나아올 것이며
/여호와께 뽑히는

15 /[너희는] ── 불사르되
/바친 물건을 가진 자로 뽑힌 자를
└ 그리하라
/그와 그 모든 소유를

//이는(이유: כִּי, for)
[그가] ┌ 여호와의 언약을 어기고
└ 망령된 일을 행하였음이라 (하셨다 하라)
/이스라엘 가운데서

7) 지면관계상 앞으로 당겨 기록했다

것이 됨이라 그 바친 것을 너희 중에서 멸하지 아니하면
내가 다시는 너희와 함께 있지 아니하리라 **13** 너는 일
어나서 백성을 성결케 하여 이르기를 너희는 스스로 성
결케 하여 내일을 기다리라 이스라엘의 하나님 여호와의
말씀에 이스라엘아 너의 중에 바친 물건이 있나니 네가
그 바친 물건을 너의 중에서 제하기 전에는 너의 대적을
당치 못하리라 **14** 아침에 너희는 너희 지파대로 가까이
나아오라 여호와께 뽑히는 지파는 그 족속대로 가까이
나아올 것이요 여호와께 뽑히는 족속은 그 가족대로 가
까이 나아올 것이요 여호와께 뽑히는 가족은 각 남자대
로 가까이 나아올 것이며 **15** 바친 물건을 가진 자로 뽑
힌 자를 불사르되 그와 그 모든 소유를 그리하라 이는
여호와의 언약을 어기고 이스라엘 가운데서 망령된 일을
행하였음이라 하셨다 하라 **16** 이에 여호수아가 아침 일

before their enemies, for they have become accursed. I
will not be with you anymore unless you destroy the
things under the ban from your midst. **13** “Rise up!
Consecrate the people and say, ‘Consecrate yourselves
for tomorrow, for thus the LORD, the God of Israel,
has said, “There are things under the ban in your midst,
O Israel. You cannot stand before your enemies until
you have removed the things under the ban from your midst.”
14 ‘In the morning then you shall come near by your
tribes. And it shall be that the tribe which the LORD
takes by lot shall come near by families, and the family
which the LORD takes shall come near by households,
and the household which the LORD takes shall come
near man by man. **15** ‘And it shall be that the one who
is taken with the things under the ban shall be burned
with fire, he and all that belongs to him, because he has
transgressed the covenant of the LORD, and because he
has committed a disgraceful thing in Israel.’” **16** ¶ So Joshua

수

16 이에
여호수아가 아침 일찌기 **일어나서**
이스라엘을 **가까이 나아오게 하였더니**
/그 지파대로
유다 지파가 **뽑혔고**

17 [그가] 유다 족속을 **가까이 나아오게 하였더니**
세라 족속이 **뽑혔고**

[그가] 세라 족속의 각 남자를 **가까이 나아오게 하였더니**
삽디가 뽑혔고

18 [그가] 삽디의 가족 각 남자를 **가까이 나아오게 하였더니**
아간이 **뽑혔더라**
/유다 지파 세라의 증손이요
/삽디의 손자요
/갈미의 아들인

19 여호수아가 아간에게 **이르되**
/내 아들아 청하노라
[너는] 영광을 돌려
/이스라엘의 하나님 여호와께
그 앞에 자복하고
네 행한 일을 내게 고하라
그 일을 내게 숨기지 말라

20 아간이 여호수아에게 대답하여 **가로되**
/참으로
나는 이스라엘 하나님 여호와께 범죄하여
여차여차히 행하였나이다

21 /내가 보고(when)
/노략한 물건 중에
/시날 산의 아름다운 외투 한 벌과
금덩이 하나를
/은 이백 세겔과
오십 세겔 중의
탐내어
취하였나이다
/보소서
[내가] 이제 그 물건들을 감추었는데
/내 장막 가운데 땅 속에
은은 그 밑에 있나이다

찌기 일어나서 이스라엘을 그 지파대로 가까이 나아오게
하였더니 유다 지파가 뽑혔고 17 유다 족속을 가까이
나아오게 하였더니 세라 족속이 뽑혔고 세라 족속의 각
남자를 가까이 나아오게 하였더니 삽디가 뽑혔고 18 삽
디의 가족 각 남자를 가까이 나아오게 하였더니 유다 지
파 세라의 증손이요 삽디의 손자요 갈미의 아들인 아간이
뽑혔더라 19 여호수아가 아간에게 이르되 내 아들아 청
하노라 이스라엘의 하나님 여호와께 영광을 돌려 그 앞에
자복하고 네 행한 일을 내게 고하라 그 일을 내게 숨기지
말라 20 아간이 여호수아에게 대답하여 가로되 참으로
나는 이스라엘 하나님 여호와께 범죄하여 여차여차히 행
하였나이다 21 내가 노략(擄掠)한 물건 중에 시날 산의
아름다운 외투 한 벌과 은 이백 세겔과 오십 세겔중의 금
덩이 하나를 보고 탐내어 취하였나이다 보소서 이제 그
물건들을 내 장막 가운데 땅 속에 감추었는데 은은 그 밑
에 있나이다 22 이에 여호수아가 사자를 보내매 그의

arose early in the morning and brought Israel near by
tribes, and the tribe of Judah was taken. 17 And he
brought the family of Judah near, and he took the family
of the Zerahites; and he brought the family of the Zerahites
near man by man, and Zabdi was taken. 18 And he
brought his household near man by man; and Achan,
son of Carmi, son of Zabdi, son of Zerah, from the tribe
of Judah, was taken. 19 Then Joshua said to Achan,
"My son, I implore you, give glory to the LORD, the
God of Israel, and give praise to Him; and tell me now
what you have done. Do not hide it from me." 20 So
Achan answered Joshua and said, "Truly, I have sinned
against the LORD, the God of Israel, and this is what I
did: 21 when I saw among the spoil a beautiful mantle from
Shinar and two hundred shekels of silver and a bar of
gold fifty shekels in weight, then I coveted them and

22 이에
여호수아가 사자를 **보내매**

[그가] 그의 장막에 달려가 본즉
물건이 그의 장막 안에 **감취었는데**
은은 그 밑에 **있는지라**

23 그들이 그것을 장막 가운데서 **취하여**
가져오매
/여호수아와 이스라엘 모든 자손에게로
그들이 그것을 여호와 앞에 **놓으니라**

24 여호수아가 세라의 아들 아간을 **잡고**
/이스라엘 모든 사람으로 더불어
이끌고 가서
/그 은과 외투와
금덩이와
그 아들들과 딸들과
소들과 나귀들과 양들과
장막과
무릇 그에게 속한 모든 것을
/아골 골짜기로

25 여호수아가 **가로되**
/네가 어찌하여 우리를 괴롭게 하였느뇨?
여호와께서 오늘날 너를 괴롭게 하시리라 하니

온 이스라엘이 그를 **돌로 치고**
그것들도 **돌로 치고**
불사르고

26 그 위에 돌무더기를 크게 **쌓았더니**
[그것이] 오늘날까지 **있더라**

여호와께서 그 극렬한 분노를 **그치시니**

그러므로
그들이] 그 곳 이름을 **부르더라**
/아골 골짜기라
/오늘날까지

장막에 달려가 본즉 물건이 그의 장막 안에 감취었는데
은은 그 밑에 있는지라 **23** 그들이 그것을 장막 가운데
서 취하여 여호수아와 이스라엘 모든 자손에게로 가져오
매 그들이 그것을 여호와 앞에 놓으니라 **24** 여호수아가
이스라엘 모든 사람으로 더불어 세라의 아들 아간을 잡
고 그 은과 외투와 금덩이와 그 아들들과 딸들과 소들과
나귀들과 양들과 장막과 무릇 그에게 속한 모든 것을 이
끌고 아골 골짜기로 가서 **25** 여호수아가 가로되 네가
어찌하여 우리를 괴롭게 하였느뇨 여호와께서 오늘날 너
를 괴롭게 하시리라하니 온 이스라엘이 그를 돌로 치고
그것들도 돌로 치고 불사르고 **26** 그 위에 돌 무더기를
크게 쌓았더니 오늘날까지 있더라 여호와께서 그 극렬한
분노를 그치시니 그러므로 그 곳 이름을 오늘날까지 아
골 골짜기라 부르더라

took them; and behold, they are concealed in the earth
inside my tent with the silver underneath it." **22** ¶ So Joshua
sent messengers, and they ran to the tent; and behold, it
was concealed in his tent with the silver underneath it.
23 And they took them from inside the tent and brought
them to Joshua and to all the sons of Israel, and they
poured them out before the LORD. **24** Then Joshua
and all Israel with him, took Achan the son of Zerah,
the silver, the mantle, the bar of gold, his sons, his daughters,
his oxen, his donkeys, his sheep, his tent and all that belonged
to him; and they brought them up to the valley of Achor.
25 And Joshua said, "Why have you troubled us? The
LORD will trouble you this day." And all Israel stoned
them with stones; and they burned them with fire after
they had stoned them with stones. **26** And they raised
over him a great heap of stones that stands to this day,
and the LORD turned from the fierceness of His anger.
Therefore the name of that place has been called the
valley of Achor to this day.

수

8

1 여호와께서 여호수아에게 **이르시되**
/[너는] ┬ 두려워 말라
├ 놀라지 말라
├ 군사를 다 거느리고
├ 일어나
└ 아이로 올라가라

/보라
내가 ── 다 네 손에 주었노니
/아이 왕과 그 백성과
그 성읍과 그 땅을

2 /너는 ┬ 아이와 그 왕에게 행하되
/여리고와 그 왕에게 행한 것같이
└ 오직 스스로 취하라
/거기서 탈취할 물건과 가축은
/너는 ── 성 뒤에 복병할지니라

3 이에
여호수아가 **일어나서**
용사 삼만 명을 **뽑아**
밤에 **보내며**

//(목적)
군사와 함께 아이로 올라가려 하여

4 [그가] 그들에게 **명하여 가로되**
/너희는 ┬ 성읍 뒤로 가서
├ 성읍을 향하고 매복하되
├ 그 성읍에 너무 멀리 하지 말고
└ 다 스스로 예비하라

5 /나와 ┐
모든 백성은 다 ┴ 성읍으로 가까이 가리니
/나를 좇는
그들이 ── 우리에게로 쳐 올라올 것이라
/처음과 같이

/그리할 때에
우리가 ── 그들 앞에서 도망하면
6 /그들이 ── 나와서
▼

8:1 여호와께서 여호수아에게 이르시되 두려워 말라 놀라지 말라 군사를 다 거느리고 일어나 아이로 올라가라 보라 내가 아이 왕과 그 백성과 그 성읍과 그 땅을 다 네 손에 주었노니 **2** 너는 여리고와 그 왕에게 행한 것같이 아이와 그 왕에게 행하되 오직 거기서 탈취할 물건과 가축은 스스로 취하라 너는 성 뒤에 복병할지니라 **3** 이에 여호수아가 일어나서 군사와 함께 아이로 올라가려 하여 용사 삼만 명을 뽑아 밤에 보내며 **4** 그들에게 명하여 가로되 너희는 성읍 뒤로 가서 성읍을 향하고 매복하되 그 성읍에 너무 멀리 하지말고 다 스스로 예비하라 **5** 나와 나를 좇는 모든 백성은 다 성읍으로 가까이 가리니 그들이 처음과 같이 우리에게로 쳐 올라올 것이라 그리할 때

8:1 ¶ Now the LORD said to Joshua, "Do not fear or be dismayed. Take all the people of war with you and arise, go up to Ai; see, I have given into your hand the king of Ai, his people, his city, and his land. **2** "And you shall do to Ai and its king just as you did to Jericho and its king; you shall take only its spoil and its cattle as plunder for yourselves. Set an ambush for the city behind it." **3** ¶ So Joshua rose with all the people of war to go up to Ai; and Joshua chose 30,000 men, valiant warriors, and sent them out at night. **4** And he commanded them, saying, "See, you are going to ambush the city from behind it. Do not go very far from the city, but all of you be ready. **5** "Then I and all the people who are with me will approach the city. And it will come about when they come out to meet us as at the first, that we will flee before them. **6** "And they will come out after us until we have drawn them away from the

수

6 /그들이 ─ 나와서
─ 우리를 따르며
─ 스스로 이르기를
/그들이 처음과 같이 우리 앞에서 도망한다 하고
─ 우리의 유인을 받아
─ 그 성읍에서 멀리 떠날 것이라

/우리가 ─ 그 앞에서 도망하거든
7 /너희는 ─ 매복한 곳에서 일어나서
─ 그 성읍을 점령하라

/여호와께서 ── 너희 손에 붙이시리라
/너희 하나님

8 /너희가 ─ 성읍을 취하거든(when)
─ 그것을 불살라
─ 여호와의 말씀대로 행하라
/보라
내가 ─ 너희에게 명하였느니라 (하고)

9 [그가] 그들을 **보내매**
그들이 복병할 곳으로 **가서**
아이 서편 벧엘과 아이 사이에 **매복하였고**

여호수아는 그 밤에 백성 가운데서 **잤더라**

10 여호수아가 아침에 일찌기 **일어나서**
백성을 **점고하고**
백성 앞서 아이로 **올라가매**
/이스라엘 장로들로 더불어

11 군사가 다 ─ **올라가서**
/그를 좇은
─ 성읍 앞에 **가까이 이르러**
─ 아이 북편에 **진치니**

한 골짜기가 **있었더라**
/그와 아이 사이에는

12 그가 오천 명 가량을 **택하여**
또 **매복시키니**
/성읍 서편 벧엘과 아이 사이에

에 우리가 그들 앞에서 도망하면 6 그들이 나와서 우리
를 따르며 스스로 이르기를 그들이 처음과 같이 우리 앞
에서 도망한다 하고 우리의 유인을 받아 그 성읍에서 멀
리 떠날 것이라 우리가 그 앞에서 도망하거든 7 너희는
매복한 곳에서 일어나서 그 성읍을 점령하라 너희 하나님
여호와께서 너희 손에 붙이시리라 8 너희가 성읍을 취하
거든 그것을 불살라 여호와의 말씀대로 행하라 보라 내가
너희에게 명하였느니라 하고 9 그들을 보내매 그들이 복
병할 곳으로 가서 아이 서편 벧엘과 아이 사이에 매복하
였고 여호수아는 그 밤에 백성 가운데서 잤더라 10 여
호수아가 아침에 일찌기 일어나서 백성을 점고하고 이스
라엘 장로들로 더불어 백성 앞서 아이로 올라가매 11
그를 좇은 군사가 다 올라가서 성읍 앞에 가까이 이르러
아이 북편에 진치니 그와 아이 사이에는 한 골짜기가 있
었더라 12 그가 오천 명 가량을 택하여 성읍 서편 벧엘
과 아이 사이에 또 매복시키니 13 이와 같이 성읍 북편

city, for they will say, 'They are fleeing before us as at
the first.' So we will flee before them. 7 "And you shall
rise from your ambush and take possession of the city,
for the LORD your God will deliver it into your hand.
8 "Then it will be when you have seized the city, that
you shall set the city on fire. You shall do it according
to the word of the LORD. See, I have commanded you."
9 So Joshua sent them away, and they went to the place
of ambush and remained between Bethel and Ai, on the
west side of Ai; but Joshua spent that night among the people.
10 ¶ Now Joshua rose early in the morning and mustered
the people, and he went up with the elders of Israel
before the people to Ai. 11 Then all the people of war
who were with him went up and drew near and arrived
in front of the city, and camped on the north side of
Ai. Now there was a valley between him and Ai. 12
And he took about 5,000 men and set them in ambush
between Bethel and Ai, on the west side of the city. 13

13 이와 같이(so)
온 군대가 **있고**
/성읍 북편에는
복병이 **있었더라**
/성읍 서편에는

여호수아가 그 밤에 골짜기 가운데로 **들어가니**

14 아이 왕이 이를 보고(when)
일찌기 일어나서
/그 성읍 백성과 함께
급히 나가
아라바 앞에 **이르러**
//(목적: to)
정한 때에 이스라엘과 싸우려 하고

[그가] **알지 못하였더라**
/성읍 뒤에 복병이 있는 줄은

15 여호수아와 ─┐
온 이스라엘이 ┤ 그들 앞에서 **거짓 패하여**
└ 광야 길로 **도망하매**

16 모든 백성이 **모여서**
/그 성
//(목적)
그들을 따르려고

[그들이] 여호수아를 **따르며**
유인함을 입어 멀리 떠나니
/성을

17 따라가지 아니한 자가 **하나도 없으며**
/이스라엘을 /아이와 벧엘에

[그들이] 성문을 **열어 놓고**
이스라엘을 **따랐더라**

18 여호와께서 여호수아에게 **이르시되**
/[너는] ┬ 단창을 들어
/네 손에 잡은
└ 아이를 가리키라
/내가 ─── 이 성읍을 네 손에 주리라

여호수아가 단창을 **들어**
/그 손에 잡은
성읍을 **가리키니**

에는 온 군대가 있고 성읍 서편에는 복병이 있었더라 여
호수아가 그 밤에 골짜기 가운데로 들어가니 **14** 아이
왕이 이를 보고 그 성읍 백성과 함께 일찌기 일어나서 급
히 나가 아라바 앞에 이르러 정한 때에 이스라엘과 싸우
려 하고 성읍 뒤에 복병이 있는 줄은 알지 못하였더라
15 여호수아와 온 이스라엘이 그들 앞에서 거짓 패하여
광야 길로 도망하매 **16** 그 성 모든 백성이 그들을 따르
려고 모여서 여호수아를 따르며 유인함을 입어 성을 멀
리 떠나니 **17** 아이와 벧엘에 이스라엘을 따라가지 아니
한 자가 하나도 없으며 성문을 열어 놓고 이스라엘을 따
랐더라 **18** 여호와께서 여호수아에게 이르시되 네 손에
잡은 단창을 들어 아이를 가리키라 내가 이 성읍을 네 손

So they stationed the people, all the army that was on
the north side of the city, and its rear guard on the west
side of the city, and Joshua spent that night in the midst
of the valley. **14** And it came about when the king of
Ai saw it, that the men of the city hurried and rose up
early and went out to meet Israel in battle, he and all
his people at the appointed place before the desert plain.
But he did not know that there was an ambush against
him behind the city. **15** And Joshua and all Israel
pretended to be beaten before them, and fled by the way
of the wilderness. **16** And all the people who were in
the city were called together to pursue them, and they pursued
Joshua, and were drawn away from the city. **17** So not
a man was left in Ai or Bethel who had not gone out
after Israel, and they left the city unguarded and pursued
Israel. **18** ¶ Then the LORD said to Joshua, "Stretch

19 그 손을 드는 순간에(when)
복병이 ——— 그 처소에서 급히 **일어나**
성읍에 **달려들어가서**
점령하고
곧 성읍에 불을 **놓았더라**

20 아이 사람이 뒤를 돌아 본즉(when)
보이니[보라]
연기가 **닿은 것이(=닿았다)**
/그 성읍에 하늘에
[그들이] **도망할 수 없이 되었고**
/이 길로도 저 길로도
이스라엘 백성은 그 따르던 자에게로 **돌이켰더라**
/광야로 도망하던

21 여호수아와
온 이스라엘이 —보고(when)
/그 복병이 성읍을 점령함과
성읍에 연기가 오름을
[그들이] 다시 **돌이켜**
아이 사람을 **죽이고**

22 복병도 성읍에서 **나와**
그들을 **치매**

그들이 이스라엘 **중간에 든지라**
혹은 이편에서 〈**쳐죽이고**〉
혹은 저편에서 **쳐죽여서**
한 사람도 **남거나**
도망하지 못하게 하였고

23 [그들이] 아이 왕을 **사로잡아**
여호수아 앞으로 **끌어왔더라**

24 이스라엘이 **마치고**
/아이 모든 거민을 죽이되(=죽이기를)
/자기를 광야로 따르던
/들에서
/그들을 다 칼날에 엎드러지게 하여 진멸하기를

온 이스라엘이 아이로 **돌아와서**
칼날로 **죽이매**

에 주리라 여호수아가 그 손에 잡은 단창을 들어 성읍을
가리키니 19 그 손을 드는 순간에 복병이 그 처소에서
급히 일어나 성읍에 달려 들어가서 점령하고 곧 성읍에
불을 놓았더라 20 아이 사람이 뒤를 돌아본즉 그 성읍
에 연기가 하늘에 닿은 것이 보이니 이 길로도 저 길로
도 도망할 수 없이 되었고 광야로 도망하던 이스라엘 백
성은 그 따르던 자에게로 돌이켰더라 21 여호수아와
온 이스라엘이 그 복병이 성읍을 점령함과 성읍에 연기
가 오름을 보고 다시 돌이켜 아이 사람을 죽이고 22
복병도 성읍에서 나와 그들을 치매 그들이 이스라엘 중
간에 든지라 혹은 이 편에서 혹은 저 편에서 쳐 죽여서
한 사람도 남거나 도망하지 못하게 하였고 23 아이 왕
을 사로잡아 여호수아 앞으로 끌어 왔더라 24 이스라
엘이 자기를 광야로 따르던 아이 모든 거민을 들에서 죽
이되 그들을 다 칼날에 엎드러지게 하여 진멸하기를 마
치고 온 이스라엘이 아이로 돌아와서 칼날로 죽이매

out the javelin that is in your hand toward Ai, for I will
give it into your hand." So Joshua stretched out the
javelin that was in his hand toward the city. 19 And
the men in ambush rose quickly from their place, and
when he had stretched out his hand, they ran and entered
the city and captured it; and they quickly set the city
on fire. 20 When the men of Ai turned back and looked,
behold, the smoke of the city ascended to the sky, and
they had no place to flee this way or that, for the people
who had been fleeing to the wilderness turned against
the pursuers. 21 When Joshua and all Israel saw that
the men in ambush had captured the city and that the
smoke of the city ascended, they turned back and slew
the men of Ai. 22 And the others came out from the
city to encounter them, so that they were trapped in the midst
of Israel, some on this side and some on that side; and
they slew them until no one was left of those who
survived or escaped. 23 But they took alive the king
of Ai and brought him to Joshua. 24 ¶ Now it came
about when Israel had finished killing all the inhabitants

수

25 그 날에
전부가 **죽었으니**
/아이 사람의
남녀가 **일만 이천이라**

26 여호수아가 단창을 잡아 든 손을 **거두지 아니하였고**
/아이 거민을 진멸하기까지

27 이스라엘이 **탈취하였더라**
/오직 그 성읍의 가축과 노략한 것은(을)
/여호와께서 여호수아에게 명하신 대로

28 이에
여호수아가 아이를 **불살라**
그것으로 영원한 무더기를 **만들었더니**

[그것이] 오늘까지 **황폐하였으며**

29 또
그가 아이 왕을 나무에 **달았다가**
/저녁때까지
명하여
/해질 때에
/그 시체를 나무에서 내려
그 성문 어귀에 던지고
그 위에 돌로 큰 무더기를 쌓았더니

그것이 오늘까지 **있더라**

30 때에
여호수아가 에발 산에 한 단을 **쌓았으니**
/이스라엘의 하나님 여호와를 위하여

31 이는 새 돌로 만든 **단이라**
/철 연장으로 다듬지 아니한
/여호와의 종 모세가 이스라엘 자손에게 명한 것과
모세의 율법책에 기록된 대로

무리가 번제와 화목제를 **드렸으며**
/여호와께
/그 위에

25 그 날에 아이 사람의 전부가 죽었으니 남녀가 일만 이천이라 **26** 아이 거민을 진멸하기까지 여호수아가 단창을 잡아 든 손을 거두지 아니하였고 **27** 오직 그 성읍의 가축과 노략한 것은 여호와께서 여호수아에게 명하신 대로 이스라엘이 탈취하였더라 **28** 이에 여호수아가 아이를 불살라 그것으로 영원한 무더기를 만들었더니 오늘까지 황폐하였으며 **29** 그가 또 아이 왕을 저녁 때까지 나무에 달았다가 해질 때에 명하여 그 시체를 나무에서 내려 그 성문 어귀에 던지고 그 위에 돌로 큰 무더기를 쌓았더니 그것이 오늘까지 있더라 **30** 때에 여호수아가 이스라엘의 하나님 여호와를 위하여 에발 산에 한 단을 쌓았으니 **31** 이는 여호와의 종 모세가 이스라엘 자손에게 명한 것과 모세의 율법책에 기록된 대로 철 연장으로 다듬지 아니한 새 돌로 만든 단이라 무리가 여호와께 번

of Ai in the field in the wilderness where they pursued them, and all of them were fallen by the edge of the sword until they were destroyed, then all Israel returned to Ai and struck it with the edge of the sword. **25** And all who fell that day, both men and women, were 12,000 — all the people of Ai. **26** For Joshua did not withdraw his hand with which he stretched out the javelin until he had utterly destroyed all the inhabitants of Ai. **27** Israel took only the cattle and the spoil of that city as plunder for themselves, according to the word of the LORD which He had commanded Joshua. **28** So Joshua burned Ai and made it a heap forever, a desolation until this day. **29** And he hanged the king of Ai on a tree until evening; and at sunset Joshua gave command and they took his body down from the tree, and threw it at the entrance of the city gate, and raised over it a great heap of stones that stands to this day. **30** ¶ Then Joshua built an altar to the LORD, the God of Israel, in Mount Ebal, **31** just as Moses the servant of the LORD had commanded the sons of Israel, as it is written in the book of the law

수

32 여호수아가 그 돌에 **기록하매**
/모세의 기록한 율법을
/거기서
/이스라엘 자손의 목전에서

33 온 이스라엘과
그 장로들과
유사들과
재판장들과
본토인뿐 아니라
이방인까지 궤의 좌우에 **서되**
/제사장들 앞에서
/여호와의 언약궤를 멘 레위 사람

절반은 그리심 산 앞에 **〈섰고〉**
절반은 에발 산 앞에 **섰으니**

이는 **명한 대로 함이라**
/여호와의 종 모세가 — 축복하라고
/이스라엘 백성에게
/이왕에(=전에)

34 그 후에
여호수아가 **낭독하였으니**
/축복과 저주하는 율법의 모든 말씀을
/무릇 율법책에 기록된 대로

35 말이 **하나도 없었더라**
/여호수아가 낭독하지 아니한
/모세의 명한 것은
/이스라엘 온 회중 <앞에서>과
여인과 아이 <앞에서>와
그들 중에 동거하는 객들 앞에

9

1 모든 왕이 —— 이 일을 듣고(when)
/헷 사람과
아모리 사람과

제와 화목제를 그 위에 드렸으며 **32** 여호수아가 거기서
모세의 기록한 율법을 이스라엘 자손의 목전에서 그 돌
에 기록하매 **33** 온 이스라엘과 그 장로들과 유사들과
재판장들과 본토인 뿐 아니라 이방인까지 여호와의 언약
궤를 멘 레위 사람 제사장들 앞에서 궤의 좌우에 서되 절
반은 그리심 산 앞에, 절반은 에발 산 앞에 섰으니 이는
이왕에 여호와의 종 모세가 이스라엘 백성에게 축복하라
고 명한 대로 함이라 **34** 그 후에 여호수아가 무릇 율법
책에 기록된 대로 축복과 저주하는 율법의 모든 말씀을
낭독하였으니 **35** 모세의 명한 것은 여호수아가 이스라
엘 온 회중과 여인과 아이와 그들 중에 동거하는 객들 앞
에 낭독하지 아니한 말이 하나도 없었더라

9:1 요단 서편 산지와 평지와 레바논 앞 대해변(大海
邊)에 있는 헷 사람과 아모리 사람과 가나안 사람과

of Moses, an altar of uncut stones, on which no man had wielded an iron tool; and they offered burnt offerings on it to the LORD, and sacrificed peace offerings. **32**
And he wrote there on the stones a copy of the law of Moses, which he had written, in the presence of the sons of Israel. **33** And all Israel with their elders and officers and their judges were standing on both sides of the ark before the Levitical priests who carried the ark of the covenant of the LORD, the stranger as well as the native. Half of them stood in front of Mount Gerizim and half of them in front of Mount Ebal, just as Moses the servant of the LORD had given command at first to bless the people of Israel. **34** Then afterward he read all the words of the law, the blessing and the curse, according to all that is written in the book of the law. **35** There was not a word of all that Moses had commanded which Joshua did not read before all the assembly of Israel with the women and the little ones and the strangers who were living among them.

9:1 ¶ Now it came about when all the kings who were beyond the Jordan, in the hill country and in the lowland and on all the coast of the Great Sea toward

수

가나안 사람과
브리스 사람과
히위 사람과
여부스 사람의

/요단 서편 산지와
평지와
레바논 앞 대해변에 있는

2 [그들이] **모여서**
//(목적: to)
일심으로 여호수아와 이스라엘로 더불어 싸우려 하더라

3 기브온 거민들이 듣고(when)
/여호수아의 여리고와 아이에 행한 일을
4 [그들이] 꾀를 **내어**
사신의 모양을 꾸미되
/나귀에 싣고
/해어진 전대와
가죽 포도주 부대를
/해어지고 찢어져서 기운

5 낡아 기운 신을 신고
/그 발에는
낡은 옷을 **입고**
떡을 **예비하고**
/다 마르고 곰팡이 난

6 그들이 길갈 진으로 **와서**
여호수아에게 **이르러**
그와 이스라엘 사람들에게 **이르되**
/우리는 원방에서 왔나이다
/이제 우리와 약조하사이다

7 사람들이 히위 사람들에게 **이르되**
/이스라엘 /너희가 우리 중에 거하는 듯하니
우리가 어떻게 너희와 약조할 수 있으랴

8 그들이 여호수아에게 **이르되**
/우리는 당신의 종이니이다

여호수아가 그들에게 **묻되**
/너희는 ─ 누구며?
└ 어디서 왔느뇨?

브리스 사람과 히위 사람과 여부스 사람의 모든 왕이 이
일을 듣고 2 모여서 일심으로 여호수아와 이스라엘로 더
불어 싸우려 하더라 3 기브온 거민들이 여호수아의 여리
고와 아이에 행한 일을 듣고 4 꾀를 내어 사신의 모양을
꾸미되 해어진 전대와 해어지고 찢어져서 기운 가죽 포
도주 부대를 나귀에 싣고 5 그 발에는 낡아 기운 신을
신고 낡은 옷을 입고 다 마르고 곰팡이 난 떡을 예비하고
6 그들이 길갈 진으로 와서 여호수아에게 이르러 그와
이스라엘 사람들에게 이르되 우리는 원방에서 왔나이다
이제 우리와 약조하사이다 7 이스라엘 사람들이 히위 사
람들에게 이르되 너희가 우리 중에 거하는 듯하니 우리
가 어떻게 너희와 약조할수 있으랴 8 그들이 여호수아에
게 이르되 우리는 당신의 종이니이다 여호수아가 그들에
게 묻되 너희는 누구며 어디서 왔느뇨 9 그들이 여호수

Lebanon, the Hittite and the Amorite, the Canaanite, the
Perizzite, the Hivite and the Jebusite, heard of it, 2 that
they gathered themselves together with one accord to
fight with Joshua and with Israel. 3 ¶ When the inhabitants
of Gibeon heard what Joshua had done to Jericho and
to Ai, 4 they also acted craftily and set out as envoys,
and took worn-out sacks on their donkeys, and wineskins,
worn-out and torn and mended, 5 and worn-out and
patched sandals on their feet, and worn-out clothes on
themselves; and all the bread of their provision was dry
and had become crumbled. 6 And they went to Joshua
to the camp at Gilgal, and said to him and to the men
of Israel, "We have come from a far country; now
therefore, make a covenant with us." 7 And the men of
Israel said to the Hivites, "Perhaps you are living within
our land; how then shall we make a covenant with you?"
8 But they said to Joshua, "We are your servants." Then
Joshua said to them, "Who are you, and where do you

9 그들이 여호수아에게 **대답하되**
/종들은 — 심히 먼 지방에서 왔사오니
/당신의 하나님 여호와의 이름을 인하여

//이는(이유: כִּי, for)
우리가 — 들으며
/그의 명성과
그가 애굽에서 행하신 모든 일을

10 //또(계속되는 이유)
[우리가] – 들었음이니이다
/모든일을
/그가 – 행하신
/아모리 사람의 두 왕
/요단 동편에 있는
/곧 헤스본 왕 시혼과
바산 왕 옥에게
/아스다롯에 있는

11 /그러므로
우리 장로들과
모든 거민이 —— 우리에게 일러 가로되
/우리 나라의 /너희는 ┌여행할 양식을 손에 가지고 가서
├그들을 맞아서
└그들에게 이르기를
/우리는 당신들의 종이니
/청컨대
이제 우리와 약조하사이다
(하라 하였나이다)

12 /이 떡은 —— 양식으로 취하였더니
/우리의 /오히려 뜨거운 것을
/우리가 당신들에게로 오려고 떠나던 날에
/우리들의 집에서
/보소서
이제 말랐고
곰팡이 났으며

13 /또
이 가죽부대도—새 것이더니
/우리가 포도주를 담은
[그것이] —— 찢어지게 되었으며
▼

아에게 대답하되 종들은 당신의 하나님 여호와의 이름을
인하여 심히 먼 지방에서 왔사오니 이는 우리가 그의 명
성과 그가 애굽에서 행하신 모든 일을 들으며 10 또 그
가 요단 동편에 있는 아모리 사람의 두 왕 곧 헤스본 왕
시혼과 아스다롯에 있는 바산 왕 옥에게 행하신 모든 일
을 들었음이니이다 11 그러므로 우리 장로들과 우리 나
라의 모든 거민이 우리에게 일러 가로되 너희는 여행할
양식을 손에 가지고 가서 그들을 맞아서 그들에게 이르
기를 우리는 당신들의 종이니 청컨대 이제 우리와 약조
하사이다 하라 하였나이다 12 우리의 이 떡은 우리가
당신들에게로 오려고 떠나던 날에 우리들의 집에서 오히
려 뜨거운 것을 양식으로 취하였더니 보소서 이제 말랐
고 곰팡이 났으며 13 또 우리가 포도주를 담은 이 가죽
부대도 새 것이더니 찢어지게 되었으며 우리의 이 옷과

come from?" 9 And they said to him, "Your servants
have come from a very far country because of the fame
of the LORD your God; for we have heard the report
of Him and all that He did in Egypt, 10 and all that
He did to the two kings of the Amorites who were
beyond the Jordan, to Sihon king of Heshbon and to Og
king of Bashan who was at Ashtaroth. 11 "So our elders
and all the inhabitants of our country spoke to us, saying,
'Take provisions in your hand for the journey, and go
to meet them and say to them, "We are your servants;
now then, make a covenant with us."' 12 "This our
bread was warm when we took it for our provisions out
of our houses on the day that we left to come to you;
but now behold, it is dry and has become crumbled. 13
"And these wineskins which we filled were new, and behold,
they are torn; and these our clothes and our sandals are

수

/이 옷과
신도 —— 낡아졌나이다 한지라
/우리의 /여행이 심히 길므로 인하여

14 무리가 그들의 양식을 **취하고**
여호와께 **묻지 아니하고**
/어떻게 할 것을

15 여호수아가 곧 그들과 **화친하여**
그들을 살리리라는 **언약을 맺고**

회중 족장들이 그들에게 **맹세하였더라**

16 그들과 언약을 맺은 후 삼 일이 지나서야(상황절, after)
[이스라엘이] **들으니라**
/그들은 ┬ 근린에 있어
└ 자기들 중에 거주하는 자라 함을

17 이스라엘 자손이 **진행하여**
그들의 여러 성읍에 **이르렀으니**
/제 삼 일에

그 성읍은 **기브온과**
그비라와
브에롯과
기럇여아림이라

18 그러나
이스라엘 자손이 그들을 **치지 못한지라**

//(이유: כִּי, for)
회중 족장들이 — 그들에게 맹세한 고로
/이스라엘 하나님 여호와로

그러므로
회중이 다 족장들을 **원망하니**

19 모든 족장이 온 회중에게 **이르되**
/우리가 — 그들에게 맹세하였은즉
/이스라엘 하나님 여호와로
/이제
[우리가] — 그들을 건드리지 못하리라

신도 여행이 심히 길므로 인하여 낡아졌나이다 한지라
14 무리가 그들의 양식을 취하고 어떻게 할 것을 여호
와께 묻지 아니하고 15 여호수아가 곧 그들과 화친하여
그들을 살리리라는 언약을 맺고 회중 족장들이 그들에게
맹세하였더라 16 그들과 언약을 맺은 후 삼 일이 지나
서야 그들은 근린에 있어 자기들 중에 거주하는 자라 함
을 들으니라 17 이스라엘 자손이 진행하여 제삼일에 그
들의 여러 성읍에 이르렀으니 그 성읍은 기브온과 그비
라와 브에롯과 기럇여아림이라 18 그러나 회중 족장들
이 이스라엘 하나님 여호와로 그들에게 맹세한 고로 이
스라엘 자손이 그들을 치지 못한지라 그러므로 회중이
다 족장들을 원망하니 19 모든 족장이 온 회중에게 이
르되 우리가 이스라엘 하나님 여호와로 그들에게 맹세하
였은즉 이제 그들을 건드리지 못하리라 20 우리가 그들

worn out because of the very long journey." 14 So the
men of Israel took some of their provisions, and did not
ask for the counsel of the LORD. 15 And Joshua made
peace with them and made a covenant with them, to let
them live; and the leaders of the congregation swore an
oath to them. 16 ¶ And it came about at the end of
three days after they had made a covenant with them,
that they heard that they were neighbors and that they
were living within their land. 17 Then the sons of Israel
set out and came to their cities on the third day. Now
their cities were Gibeon and Chephirah and Beeroth and
Kiriath-jearim. 18 And the sons of Israel did not strike them
because the leaders of the congregation had sworn to
them by the LORD the God of Israel. And the whole
congregation grumbled against the leaders. 19 But all
the leaders said to the whole congregation, "We have
sworn to them by the LORD, the God of Israel, and
now we cannot touch them. 20 "This we will do to

20 [우리가] 그들을 **살리리라 하고**
/이렇게 행하여

//(목적: so that...may not)
진노가 우리에게 임할까 하노니
/우리가 그들에게 맹세한 맹약을 인하여

21 [그들이] 무리에게 **이르되**
/[너희는] —— 그들을 살리라 하니

그들이 **나무 패며 물 긷는 자가 되었더라**
/온 회중을 위하여
/족장들이 그들에게 이른 대로

22 여호수아가 그들을 **불러다가 일러 가로되**
/너희가 우리 가운데 거주하거늘
/어찌하여 우리를 속였느냐?
/우리는 너희에게서 심히 멀다 하여

23 /그러므로
너희가 —— 저주를 받나니
너희가 —— 영영히 종이 되어서
다 ——— 나무 패며 물 긷는 자가 되리라
/내 하나님의 집을 위하여

24 그들이 여호수아에게 **대답하여 가로되**
/[우리는] — 심히 두려워하여
/우리 생명을 잃을까
/당신들을 인하여

//(이유: כִּי, for)
[그것이] ——— 당신의 종에게 분명히 들리므로
/여호와께서 ——— 그 종 모세에게 명하사
/당신의 하나님
이 땅을 다 당신들에게 주고
이 땅 모든 거민을 멸하라 하신 것이
/당신들의 앞에서

[우리가] —— 이같이 하였나이다

25 /보소서
이제 우리가 당신의 손에 있으니
[당신은]— 우리에게 행하소서 한지라
/당신의 의향에 좋고 옳은 대로

에게 맹세한 맹약을 인하여 진노가 우리에게 임할까 하노
니 이렇게 행하여 그들을 살리리라 하고 **21** 무리에게
이르되 그들을 살리라 하니 족장들이 그들에게 이른대로
그들이 온 회중을 위하여 나무 패며 물 긷는 자가 되었더
라 **22** 여호수아가 그들을 불러다가 일러 가로되 너희가
우리 가운데 거주하거늘 어찌하여 우리는 너희에게서 심
히 멀다 하여 우리를 속였느냐 **23** 그러므로 너희가 저
주를 받나니 너희가 영영히 종이 되어서 다 내 하나님의
집을 위하여 나무 패며 물 긷는 자가 되리라 **24** 그들이
여호수아에게 대답하여 가로되 당신의 하나님 여호와께
서 그 종 모세에게 명하사 이 땅을 다 당신들에게 주고
이 땅 모든 거민을 당신들의 앞에서 멸하라 하신 것이 당
신의 종에게 분명히 들리므로 당신들을 인하여 우리 생명
을 잃을까 심히 두려워하여 이같이 하였나이다 **25** 보소
서 이제 우리가 당신의 손에 있으니 당신의 의향에 좋고
옳은 대로 우리에게 행하소서 한지라 **26** 여호수아가 곧

them, even let them live, lest wrath be upon us for the oath which we swore to them." **21** And the leaders said to them, "Let them live." So they became hewers of wood and drawers of water for the whole congregation, just as the leaders had spoken to them. **22** ¶ Then Joshua called for them and spoke to them, saying, "Why have you deceived us, saying, 'We are very far from you,' when you are living within our land? **23** "Now therefore, you are cursed, and you shall never cease being slaves, both hewers of wood and drawers of water for the house of my God." **24** So they answered Joshua and said, "Because it was certainly told your servants that the LORD your God had commanded His servant Moses to give you all the land, and to destroy all the inhabitants of the land before you; therefore we feared greatly for our lives because of you, and have done this thing. **25** "And

수

26 여호수아가 곧 그대로 그들에게 **행하여**
그들을 **건져서**
/이스라엘 자손의 손에서
죽이지 못하게 하니라

27 그 날에
여호수아가 **나무 패며 물 긷는 자를 삼았더니**
/그들로
/여호와의 택하신 곳에서
/회중을 위하며
여호와의 단을 위하여
/오늘까지 (이르니라)

10

1 아도니세덱이 듣고(상황절, when)
/예루살렘 왕 /여호수아가 ─ 아이를 취하여
─ 진멸하되
─ 행한 것과
/여리고와 그 왕에게 행한 것같이
/아이와 그 왕에게
/또
기브온 거민이 ─ 이스라엘과 화친하여
─ 그 중에 있다 함을

2 [그가] 크게 **두려워하였으니**

//이는(이유: כִּי, for)
기브온은 ─ 왕도와 같은 큰 성읍이요
─ 아이보다 크고
그 사람들은 ─ 다 강함이라

3 아도니세덱이 **보내어 가로되**
/예루살렘 왕 /헤브론 왕 호함과
야르뭇 왕 비람과
라기스 왕 야비아와
에글론 왕 드빌에게
4 /[너희는] ─ 내게로 올라와
─ 나를 도우라
/우리가 ─ 기브온을 치자
//이는(이유: כִּי, for)

그대로 그들에게 행하여 그들을 이스라엘 자손의 손에서
건져서 죽이지 못하게 하니라 **27** 그 날에 여호수아가
그들로 여호와의 택하신 곳에서 회중을 위하며 여호와의
단을 위하여 나무 패며 물 긷는 자를 삼았더니 오늘까지
이르니라
10:1 여호수아가 아이를 취하여 진멸하되 여리고
와 그 왕에게 행한 것 같이 아이와 그 왕에게 행
한 것과 또 기브온 거민이 이스라엘과 화친하여 그 중에
있다함을 예루살렘 왕 아도니세덱이 듣고 **2** 크게 두려워
하였으니 이는 기브온은 왕도와 같은 큰 성읍이요 아이
보다 크고 그 사람들은 다 강함이라 **3** 예루살렘 왕 아도
니세덱이 헤브론 왕 호함과 야르뭇 왕 비람과 라기스 왕
야비아와 에글론 왕 드빌에게 보내어 가로되 **4** 내게로
올라와 나를 도우라 우리가 기브온을 치자 이는 기브온

now behold, we are in your hands; do as it seems good
and right in your sight to do to us." **26** Thus he did
to them, and delivered them from the hands of the sons
of Israel, and they did not kill them. **27** But Joshua
made them that day hewers of wood and drawers of
water for the congregation and for the altar of the LORD,
to this day, in the place which He would choose.
10:1 ¶ Now it came about when Adoni-zedek king
of Jerusalem heard that Joshua had captured Ai,
and had utterly destroyed it (just as he had done to
Jericho and its king, so he had done to Ai and its king),
and that the inhabitants of Gibeon had made peace with
Israel and were within their land, **2** that he feared
greatly, because Gibeon was a great city, like one of
the royal cities, and because it was greater than Ai, and
all its men were mighty. **3** Therefore Adoni-zedek king
of Jerusalem sent word to Hoham king of Hebron and
to Piram king of Jarmuth and to Japhia king of Lachish

//이는(이유: כִּי, for)
기브온이— 화친하였음이니라 하매
/여호수아와
이스라엘 자손으로 더불어

5 이러므로
아모리 다섯 왕 — **함께 모여**
/곧
예루살렘 왕과
헤브론 왕과
야르뭇 왕과
라기스 왕과
에글론 왕이
올라와서
/자기들의 모든 군대를 거느리고
기브온에 **대진하고**
싸우니라

6 기브온 사람들이 길갈 진에 **보내어**
여호수아에게 **전언하되**
/[당신은] — 더디게 마시고
/당신의 종들 돕기를
속히 우리에게 올라와서
우리를 구조하소서

//(이유: כִּי, for)
아모리 사람의 왕들이 다 모여 우리를 치나이다 하매
/산지에 거하는

7 여호수아가 길갈에서 **올라가니라**
/모든 군사와 용사로 더불어

8 때에
여호와께서 여호수아에게 **이르시되**
/[너는] —— 그들을 두려워 말라

//(이유: כִּי, for)
내가 —— 그들을 네 손에 붙였으니
한 사람도 — 너를 당할 자 없으리라 하신지라
/그들의

9 여호수아가 길갈에서 밤새도록 **올라가서**
그들에게 **갑자기 이르니**

10 여호와께서 그들을 **패하게 하시므로**
/이스라엘 앞에서

이 여호수아와 이스라엘 자손으로 더불어 화친하였음이
니라 하매 **7** 여호수아가 모든 군사와 용사로 더불어 길
갈에서 올라가니라 **8** 때에 여호와께서 여호수아에게 이
르시되 그들을 두려워 말라 내가 그들을 네 손에 붙였으
니 그들의 한 사람도 너를 당할 자 없으리라 하신지라 **9**
여호수아가 길갈에서 밤새도록 올라가서 그들에게 갑자
기 이르니 **10** 여호와께서 그들을 이스라엘 앞에서 패하
게 하시므로 여호수아가 그들을 기브온에서 크게 도륙하
고 벧호론에 올라가는 비탈에서 추격하여 아세가와 막게
다까지 이르니라 **11** 그들이 이스라엘 앞에서 도망하여

and to Debir king of Eglon, saying, **4** "Come up to me
and help me, and let us attack Gibeon, for it has made
peace with Joshua and with the sons of Israel." **5** So
the five kings of the Amorites, the king of Jerusalem,
the king of Hebron, the king of Jarmuth, the king of
Lachish, and the king of Eglon, gathered together and
went up, they with all their armies, and camped by
Gibeon and fought against it. **6** ¶ Then the men of
Gibeon sent word to Joshua to the camp at Gilgal, saying,
"Do not abandon your servants; come up to us quickly
and save us and help us, for all the kings of the Amorites
that live in the hill country have assembled against us."
7 So Joshua went up from Gilgal, he and all the people
of war with him and all the valiant warriors. **8** And the
LORD said to Joshua, "Do not fear them, for I have
given them into your hands; not one of them shall stand
before you." **9** So Joshua came upon them suddenly by
marching all night from Gilgal. **10** And the LORD

수

여호수아가 그들을 크게 **도륙하고**
/기브온에서
비탈에서 **추격하여**
/벧호론에 올라가는
/아세가와 막게다까지 (이르니라)

11 그들이 이스라엘 앞에서 도망하여
벧호론의 비탈에서 내려갈 때에
여호와께서 큰 덩이 우박을 **내리우시매**
/하늘에서
/아세가에 이르기까지

그들이 **죽었으니**
우박에 죽은 자가 **더욱 많았더라**
/이스라엘 자손의 칼에 죽은 자보다

12 여호와께서 아모리 사람을 이스라엘 자손에게 붙이시던 날에
여호수아가 여호와께 **고하되**
/이스라엘 목전에서
가로되
/태양아!
너는 기브온 위에 머무르라
/달아!
너도 아얄론 골짜기에 그리할지어다 하매

13 태양이 **머물고**
달이 **그치기를**
/백성이 그 대적에게 원수를 갚도록 (하였느니라)

[그것이] 야살의 책에 **기록되기를...하지 아니하였느냐?**
/태양이 ── 중천에 머물러서
└ 속히 내려가지 아니하였다
/거의 종일토록

14 이 같은 날은 ── **전에도 없었고**
/여호와께서 들으신
/사람의 목소리를
└ **후에도 없었나니**

//이는(이유: כִּי, for)
여호와께서 이스라엘을 위하여 싸우셨음이니라

벧호론의 비탈에서 내려갈 때에 여호와께서 하늘에서 큰 덩이 우박을 아세가에 이르기까지 내리우시매 그들이 죽었으니 이스라엘 자손의 칼에 죽은 자보다 우박에 죽은 자가 더욱 많았더라
12 여호와께서 아모리 사람을 이스라엘 자손에게 붙이시던 날에 여호수아가 여호와께 고하되 이스라엘 목전에서 가로되 태양아 너는 기브온 위에 머무르라 달아 너도 아얄론 골짜기에 그리할지어다 하매
13 태양이 머물고 달이 그치기를 백성이 그 대적에게 원수를 갚도록 하였느니라 야살의 책에 기록되기를 태양이 중천에 머물러서 거의 종일토록 속히 내려가지 아니하였다 하지 아니하였느냐
14 여호와께서 사람의 목소리를 들으신 이 같은 날은 전에도 없었고 후에도 없었나니 이는 여호와께서 이스라엘을 위하여 싸우셨음이니라
15 여호수아가 온 이스라엘로 더불어 길갈 진으로 돌아왔더

confounded them before Israel, and He slew them with a great slaughter at Gibeon, and pursued them by the way of the ascent of Beth-horon, and struck them as far as Azekah and Makkedah.
11 And it came about as they fled from before Israel, while they were at the descent of Beth-horon, that the LORD threw large stones from heaven on them as far as Azekah, and they died; there were more who died from the hailstones than those whom the sons of Israel killed with the sword.
12 ¶ Then Joshua spoke to the LORD in the day when the LORD delivered up the Amorites before the sons of Israel, and he said in the sight of Israel, "O sun, stand still at Gibeon, And O moon in the valley of Aijalon."
13 So the sun stood still, and the moon stopped, Until the nation avenged themselves of their enemies. Is it not written in the book of Jashar? And the sun stopped in the middle of the sky, and did not hasten to go down for about a whole day.
14 And there was no day like that before it or after it, when the LORD listened to the voice of a man; for the LORD fought for Israel.
15

15 여호수아가 길갈 진으로 **돌아왔더라**
/온 이스라엘로 더불어

16 그 다섯 왕이 ┬ **도망하여**
└ 막게다의 굴에 **숨었더니**

17 혹이 여호수아에게 **고하여 가로되**
/그 다섯 왕의 숨은 것을 발견하였나이다
/막게다의 굴에

18 여호수아가 **가로되**
/[너는] ┬ 굴 어귀에 큰 돌을 굴려 막고
└ 사람을 그 곁에 두어
//(목적)
그들을 지키게 하고

19 /너희는 ┬ 지체 말고
├ 너희 대적의 뒤를 따라가
└ 그 후군을 쳐서
//(목적: to)
그들로 자기들의 성읍에 들어가지 못하게 하라
//(이유: כִּי, for)
여호와께서 ── 그들을 붙이셨느니라 하고
/너희 하나님 /너희 손에

20 여호수아와
이스라엘 자손이 그들을 **크게 도륙하여**
거의 **진멸시켰고**

몇 사람은 견고한 성으로 **들어간 고로**
/그 남은

21 모든 백성이 평안히 막게다 진으로 **돌아와**
여호수아에게 **이르렀으나**

대적하는 자가 **없었더라**
/이스라엘 자손을
/혀를 놀려

22 때에
여호수아가 **가로되**
/[너희는] ┬ 굴 어귀를 열고
└ 그 다섯 왕을 내게로 끌어내라 하매
/그 굴에서

라 **16** 그 다섯 왕이 도망하여 막게다의 굴에 숨었더니
17 혹이 여호수아에게 고하여 가로되 막게다의 굴에 그
다섯 왕의 숨은 것을 발견하였나이다 **18** 여호수아가 가
로되 굴 어귀에 큰 돌을 굴려 막고 사람을 그 곁에 두어
그들을 지키게 하고 **19** 너희는 지체 말고 너희 대적의
뒤를 따라가 그 후군(後軍)을 쳐서 그들로 자기들의 성읍
에 들어가지 못하게 하라 너희 하나님 여호와께서 그들
을 너희 손에 붙이셨느니라 하고 **20** 여호수아와 이스라
엘 자손이 그들을 크게 도륙하여 거의 진멸시켰고 그 남
은 몇 사람은 견고한 성으로 들어가므로 **21** 모든 백성
이 평안히 막게다 진으로 돌아와 여호수아에게 이르렀으
나 혀를 놀려 이스라엘 자손을 대적하는 자가 없었더라
22 때에 여호수아가 가로되 굴 어귀를 열고 그 굴에서
그 다섯 왕을 내게로 끌어내라 하매 **23** 그들이 그대로

Then Joshua and all Israel with him returned to the camp
to Gilgal. **16** ¶ Now these five kings had fled and
hidden themselves in the cave at Makkedah. **17** And it
was told Joshua, saying, "The five kings have been found
hidden in the cave at Makkedah." **18** And Joshua said,
"Roll large stones against the mouth of the cave, and
assign men by it to guard them, **19** but do not stay
there yourselves; pursue your enemies and attack them
in the rear. Do not allow them to enter their cities, for
the LORD your God has delivered them into your hand."
20 And it came about when Joshua and the sons of
Israel had finished slaying them with a very great slaughter,
until they were destroyed, and the survivors who remained
of them had entered the fortified cities, **21** that all the people
returned to the camp to Joshua at Makkedah in peace.
No one uttered a word against any of the sons of Israel.
22 ¶ Then Joshua said, "Open the mouth of the cave
and bring these five kings out to me from the cave."

수

23 그들이 **그대로 하여**
굴에서 **끌어내니라**
/그 다섯 왕[을]
/곧 예루살렘 왕과
헤브론 왕과
야르뭇 왕과
라기스 왕과
에글론 왕을
/그에게로

24 [그들이] 그 왕들을 **끌어내매**
/여호수아에게로
여호수아가 이스라엘 모든 사람을 **부르고**
이르되
/자기와 함께 갔던 군장들에게
/[너희는] ─ 가까이 와서
└ 이 왕들의 목을 발로 밟으라

[그들이] **가까이 와서**
그들의 목을 **밟으매**

25 여호수아가 군장들에게 **이르되**
/[너희는 ─ 두려워 말며
├ 놀라지 말고
├ 마음을 강하게 하고
└ 담대히 하라

//(이유: כִּי, for)
여호와께서 다 이와 같이 하시리라 하고
/모든 대적에게
/너희가 더불어 싸우는

26 그 후에
여호수아가 그 왕들을 **쳐죽여**
다섯 나무에 **매어 달고**
나무에 달린 대로 **두었다가**
/석양까지

27 해질 때에
여호수아가 **명하매**

[그들이] 그 시체를 나무에서 **내리어**
그들의 숨었던 굴에 **들여 던지고**
굴 어귀를 큰 돌로 **막았더니**

<그것이> 오늘날까지 **있더라**

하여 그 다섯 왕 곧 예루살렘 왕과 헤브론 왕과 야르뭇
왕과 라기스 왕과 에글론 왕을 굴에서 그에게로 끌어내
니라 24 그 왕들을 여호수아에게로 끌어내매 여호수아
가 이스라엘 모든 사람을 부르고 자기와 함께 갔던 군장
들에게 이르되 가까이 와서 이 왕들의 목을 발로 밟으라
가까이 와서 그들의 목을 밟으매 25 여호수아가 군장들
에게 이르되 두려워 말며 놀라지 말고 마음을 강하게 하
고 담대히 하라 너희가 더불어 싸우는 모든 대적에게 여
호와께서 다 이와같이 하시리라 하고 26 그 후에 여호
수아가 그 왕들을 쳐 죽여 다섯 나무에 매어 달고 석양
까지 나무에 달린대로 두었다가 27 해 질 때에 여호수
아가 명하매 그 시체를 나무에서 내리어 그들의 숨었던

23 And they did so, and brought these five kings out
to him from the cave: the king of Jerusalem, the king
of Hebron, the king of Jarmuth, the king of Lachish,
and the king of Eglon. 24 And it came about when
they brought these kings out to Joshua, that Joshua called
for all the men of Israel, and said to the chiefs of the
men of war who had gone with him, "Come near, put
your feet on the necks of these kings." So they came
near and put their feet on their necks. 25 Joshua then
said to them, "Do not fear or be dismayed! Be strong
and courageous, for thus the LORD will do to all your
enemies with whom you fight." 26 So afterward Joshua
struck them and put them to death, and he hanged them
on five trees; and they hung on the trees until evening.
27 And it came about at sunset that Joshua commanded,
and they took them down from the trees and threw them

28 그 날에
여호수아가 막게다를 **취하고**
칼날로 그 성읍과 왕을 **쳐서**
그 성읍과 그 중에 있는 모든 사람을 **진멸하여**
한 사람도 남기지 아니하였으니
막게다 왕에게 **행한 것이(=행하였다)**
/여리고 왕에게 행한 것과 일반(이었더라=행한 것과 같이)

29 여호수아가 막게다에서 립나로 **나아가서**
/온 이스라엘로 더불어
립나와 **싸우매**

30 또
여호와께서 그 성읍과 그 왕을 **붙이신지라**
/이스라엘의 손에
칼날로 그 성읍과 그 중의 모든 사람을 쳐서 멸하여
한 사람도 남기지 아니하였으니
그 왕에게 행한 것이(=행하였다)
/여리고 왕에게 행한 것과 일반(이었더라=행한것과 같이)

31 또
여호수아가 립나에서 라기스로 **나아가서**
/온 이스라엘로 더불어
대진하고 **싸우더니**

32 여호와께서 라기스를 **붙이신지라**
/이스라엘의 손에

[그들이] 그 성읍을 **취하고**
/이튿날에
그것과 그 중의 모든 사람을 **쳐서 멸하였으니**
/칼날로
/립나에 행한 것과 일반(이었더라=같이)

33 게셀 왕 호람이 **올라오므로**
/때에

//(목적: ל, to)
라기스를 도우려고

여호수아가 그와 그 백성을 **쳐서**
/한 사람도 남기지 아니하였더라(=않을 때까지)

굴에 들여 던지고 굴 어귀를 큰 돌로 막았더니 오늘날까
지 있더라 **28** 그 날에 여호수아가 막게다를 취하고 칼
날로 그 성읍과 왕을 쳐서 그 성읍과 그 중에 있는 모든
사람을 진멸하여 한 사람도 남기지 아니하였으니 막게다
왕에게 행한 것이 여리고 왕에게 행한 것과 일반이었더
라 **29** 여호수아가 온 이스라엘로 더불어 막게다에서 립
나로 나아가서 립나와 싸우매 **30** 여호와께서 또 그 성
읍과 그 왕을 이스라엘의 손에 붙이신지라 칼날로 그 성
읍과 그 중의 모든 사람을 쳐서 멸하여 한 사람도 남기
지 아니하였으니 그 왕에게 행한 것이 여리고 왕에게 행
한 것과 일반이었더라 **31** 여호수아가 또 온 이스라엘로
더불어 립나에서 라기스로 나아가서 대진하고 싸우더니
32 여호와께서 라기스를 이스라엘의 손에 붙이신지라
이튿날에 그 성읍을 취하고 칼날로 그것과 그중의 모든
사람을 쳐서 멸하였으니 립나에 행한 것과 일반이었더라 **33**
때에 게셀 왕 호람이 라기스를 도우려고 올라오므로 여

into the cave where they had hidden themselves, and put large stones over the mouth of the cave, to this very
day. **28** ¶ Now Joshua captured Makkedah on that day, and struck it and its king with the edge of the sword; he utterly destroyed it and every person who was in it. He left no survivor. Thus he did to the king of Makkedah just as he had done to the king of Jericho. **29** ¶ Then
Joshua and all Israel with him passed on from Makkedah to Libnah, and fought against Libnah. **30** And the LORD
gave it also with its king into the hands of Israel, and he struck it and every person who was in it with the edge of the sword. He left no survivor in it. Thus he did to its king just as he had done to the king of Jericho.
31 ¶ And Joshua and all Israel with him passed on from Libnah to Lachish, and they camped by it and
fought against it. **32** And the LORD gave Lachish into the hands of Israel; and he captured it on the second day, and struck it and every person who was in it with the edge of the sword, according to all that he had done
to Libnah. **33** ¶ Then Horam king of Gezer came up

수

34 여호수아가 라기스에서 에글론으로 **나아가서**
/온 이스라엘로 더불어
대진하고
싸워

35 [그가] 그 성읍을 **취하고**
/그 날에
칼날로 그것을 **쳐서**
그 중에 있는 모든 사람을 **진멸하였으니**
/당일에
/라기스에 행한 것과 일반(이었더라=같이)

36 또
여호수아가 에글론에서 헤브론으로 **올라가서**
/온 이스라엘로 더불어
싸워

37 그 성읍을 **취하고**
칼날로 **쳐서**
/그것과
그 왕과
그 속한 성읍들과
그 중의 모든 사람을
하나도 남기지 아니하였으니

[그가] **진멸한 것이**
/그 성읍과
그 중의 모든 사람을
/에글론에 행한 것과 일반(이었더라=같이)

38 여호수아가 **돌아와서**
/온 이스라엘로 더불어
드빌에 **이르러**
싸워

39 **취하고**
/그 성읍과
그 왕과
그 속한 성읍들을
그 성읍을 **쳐서**
/칼날로
그 중의 모든 사람을 **진멸하고**
하나도 남기지 아니하였으니
드빌과 그 왕에게 **행한 것이(=행하였다)**
/헤브론에 행한 것과 일반(이요=같이)
/립나와 그 왕에게 행한 것과 일반(이었더라=같이)

호수아가 그와 그 백성을 쳐서 한 사람도 남기지 아니하
였더라 **34** 여호수아가 온 이스라엘로 더불어 라기스에
서 에글론으로 나아가서 대진하고 싸워 **35** 그 날에 그
성읍을 취하고 칼날로 그것을 쳐서 그중에 있는 모든 사
람을 당일에 진멸하였으니 라기스에 행한 것과 일반이었
더라 **36** 여호수아가 또 온 이스라엘로 더불어 에글론에
서 헤브론으로 올라가서 싸워 **37** 그 성읍을 취하고 그
것과 그 왕과 그 속한 성읍들과 그 중의 모든 사람을 칼
날로 쳐서 하나도 남기지 아니하였으니 그 성읍과 그중
의 모든 사람을 진멸한 것이 에글론에 행한 것과 일반이
었더라 **38** 여호수아가 온 이스라엘로 더불어 돌아와서
드빌에 이르러 싸워 **39** 그 성읍과 그 왕과 그 속한 성
읍들을 취하고 칼날로 그 성읍을 쳐서 그중의 모든 사람
을 진멸하고 하나도 남기지 아니하였으니 드빌과 그 왕

to help Lachish, and Joshua defeated him and his people
until he had left him no survivor. **34** ¶ And Joshua and
all Israel with him passed on from Lachish to Eglon,
and they camped by it and fought against it. **35** And
they captured it on that day and struck it with the edge
of the sword; and he utterly destroyed that day every
person who was in it, according to all that he had done
to Lachish. **36** ¶ Then Joshua and all Israel with him
went up from Eglon to Hebron, and they fought against
it. **37** And they captured it and struck it and its king
and all its cities and all the persons who were in it with
the edge of the sword. He left no survivor, according to
all that he had done to Eglon. And he utterly destroyed
it and every person who was in it. **38** ¶ Then Joshua
and all Israel with him returned to Debir, and they fought
against it. **39** And he captured it and its king and all

40 이와 같이
여호수아가 **쳐서**
/온 땅(을)
/곧 산지와
남방과
평지와
경사지와
그 모든 왕을
하나도 남기지 아니하고
진멸하였으니
/무릇 호흡이 있는 자는(를)
/이스라엘의 하나님 여호와의 명하신 것과 같았더라(=같이)

41 또
여호수아가 **치매**
/가데스 바네아에서 가사까지와
/온 고센 땅을
/기브온에 이르기까지

42 여호수아가 단번에 **취하니라**
/이 모든 왕과 그 땅을

//(이유: כִּי, for)
여호와께서——이스라엘을 위하여 싸우신 고로
/이스라엘의 하나님

43 여호수아가 길갈 진으로 돌아왔더라

11

1 하솔 왕 야빈이 이 소식을 듣고(상황절, when)
사람을 **보내매**
/마돈 왕 요밥과
시므론 왕과
악삽 왕과
2 및 왕들과
/북방 산지와
긴네롯 남편 아라바와 평지와
서방 돌의 높은 곳에 있는

에게 행한 것이 헤브론에 행한 것과 일반이요 립나와 그
왕에게 행한 것과 일반이었더라 40 이와 같이 여호수아
가 온 땅 곧 산지와 남방과 평지와 경사지와 그 모든 왕
을 쳐서 하나도 남기지 아니하고 무릇 호흡이 있는 자는
진멸하였으니 이스라엘의 하나님 여호와의 명하신 것과
같았더라 41 여호수아가 또 가데스 바네아에서 가사까
지와 온 고센 땅을 기브온에 이르기까지 치매 42 이스
라엘의 하나님 여호와께서 이스라엘을 위하여 싸우신고
로 여호수아가 이 모든 왕과 그 땅을 단번에 취하니라
43 여호수아가 온 이스라엘로 더불어 길갈 진으로 돌아
왔더라

11:1 하솔 왕 야빈이 이 소식을 듣고 마돈 왕 요밥
과 시므론 왕과 악삽 왕과 2 및 북방 산지와 긴네롯
남편 아라바와 평지와 서방 돌의 높은 곳에 있는 왕들과

its cities, and they struck them with the edge of the
sword, and utterly destroyed every person who was in
it. He left no survivor. Just as he had done to Hebron,
so he did to Debir and its king, as he had also done to
Libnah and its king. 40 ¶ Thus Joshua struck all the
land, the hill country and the Negev and the lowland
and the slopes and all their kings. He left no survivor,
but he utterly destroyed all who breathed, just as the
LORD, the God of Israel, had commanded. 41 And
Joshua struck them from Kadesh-barnea even as far as Gaza,
and all the country of Goshen even as far as Gibeon.
42 And Joshua captured all these kings and their lands
at one time, because the LORD, the God of Israel, fought
for Israel. 43 So Joshua and all Israel with him returned
to the camp at Gilgal.

11:1 ¶ Then it came about, when Jabin king of
Hazor heard of it, that he sent to Jobab king of
Madon and to the king of Shimron and to the king of
Achshaph, 2 and to the kings who were of the north in
the hill country, and in the Arabah — south of Chinnerot

수

3 /동서편 가나안 사람과
아모리 사람과
헷 사람과
브리스 사람과
산지의 여부스 사람과
히위 사람들에게
/미스바 땅 헤르몬 산 아래

4 그들이 **나왔으니**
/그 모든 군대를 거느리고
민중이 **많아**
/해변의 수다한 모래 같고
말과 병거도 심히 **많았으며**

5 이 왕들이 **모여**
나아와서
//(목적: ל, to)
이스라엘과 싸우려고
함께 진쳤더라
/메롬 물가에

6 여호와께서 여호수아에게 **이르시되**
/[너는] ── 그들을 인하여 두려워 말라
//(이유: כִּי, for)
내가 ─ 그들을 이스라엘 앞에 붙여
/내일 이맘때에
몰살시키리니
/너는 ─ 그들의 말 뒷발의 힘줄을 끊고
불로 그 병거를 사르라

7 이에
여호수아가 모든 군사와 함께 메롬 물가로 **가서**
졸지에 **습격할 때에**

8 여호와께서 그들을 이스라엘의 손에 **붙이신 고로**
[그들이] 그들을 **격파하고**
큰 시돈과 미스르봇 마임까지 **쫓고**
동편에서는 미스바 골짜기까지 **〈쫓아가서〉**
쳐죽이고
/한 사람도 남기지 아니하고(=아니하기까지)

3 동서편 가나안 사람과 아모리 사람과 헷 사람과 브리
스 사람과 산지의 여부스 사람과 미스바 땅 헤르몬 산 아
래 히위 사람들에게 사람을 보내매 4 그들이 그 모든 군
대를 거느리고 나왔으니 민중이 많아 해변의 수다한 모래
같고 말과 병거도 심히 많았으며 5 이 왕들이 모여 나아
와서 이스라엘과 싸우려고 메롬 물가에 함께 진쳤더라 6
여호와께서 여호수아에게 이르시되 그들을 인하여 두려
워 말라 내일 이맘 때에 내가 그들을 이스라엘 앞에 붙여
몰살시키리니 너는 그들의 말 뒷발의 힘줄을 끊고 불로
그 병거를 사르라 7 이에 여호수아가 모든 군사와 함께
메롬 물가로 가서 졸지에 습격할 때에 8 여호와께서 그
들을 이스라엘의 손에 붙이신고로 그들을 격파하고 큰 시

and in the lowland and on the heights of Dor on the
west — 3 to the Canaanite on the east and on the west,
and the Amorite and the Hittite and the Perizzite and
the Jebusite in the hill country, and the Hivite at the
foot of Hermon in the land of Mizpeh. 4 And they came
out, they and all their armies with them, as many people
as the sand that is on the seashore, with very many
horses and chariots. 5 So all of these kings having
agreed to meet, came and encamped together at the
waters of Merom, to fight against Israel. 6 ¶ Then the LORD
said to Joshua, "Do not be afraid because of them, for
tomorrow at this time I will deliver all of them slain
before Israel; you shall hamstring their horses and burn
their chariots with fire." 7 So Joshua and all the people
of war with him came upon them suddenly by the waters
of Merom, and attacked them. 8 And the LORD delivered

9 여호수아가 **행하여**
/여호와께서 자기에게 명하신 대로
그들의 말 뒷발의 힘줄을 **끊고**
불로 그 병거를 **살랐더라**

10 하솔은 본래 그 모든 나라의 **머리였더니**
여호수아가 **돌아와서**
/그 때에
하솔을 **취하고**
그 왕을 칼날로 **쳐죽이고**
11 그 가운데 모든 사람을 칼날로 **쳐서**
진멸하여
호흡이 있는 자는 **하나도 남기지 아니하였고**
또
[그가] 불로 하솔을 **살랐으며**

12 여호수아가 **취하여**
/그 왕들의 모든 성읍과
그 모든 왕을
칼날로 **쳐서**
진멸하여
하였으되
/여호와의 종 모세의 명한 것과 같이

13 여호수아가 하솔만 **불살랐고**
이스라엘이 산 위에 건축된 성읍들은 **불사르지 아니하였으며**

14 자손들이 **탈취하고**
/이스라엘 /이 성읍들의 모든 재물과
가축은
모든 사람은 칼날로 **쳐서**
진멸하여
호흡이 있는 자는 **하나도 남기지 아니하였으니**

15 모세는 여호수아에게 **명하였고**
/여호와께서 그 종 모세에게 명하신 것을
여호수아는 그대로 **행하여**
하나도 행치 아니한 것이 없었더라
/여호와께서 무릇 모세에게 명하신 것을

돈과 미스르봇 마임까지 쫓고 동편에서는 미스바 골짜기
까지 쫓아가서 한 사람도 남기지 아니하고 쳐 죽이고 9
여호수아가 여호와께서 자기에게 명하신 대로 행하여 그
들의 말 뒷발의 힘줄을 끊고 불로 그 병거를 살랐더라
10 하솔은 본래 그 모든 나라의 머리였더니 그 때에
여호수아가 돌아와서 하솔을 취하고 그 왕을 칼날로 쳐
죽이고 11 그 가운데 모든 사람을 칼날로 쳐서 진멸하
여 호흡이 있는 자는 하나도 남기지 아니하였고 또 불로
하솔을 살랐으며 12 여호수아가 그 왕들의 모든 성읍
과 그 모든 왕을 취하여 칼날로 쳐서 진멸하여 여호와의
종 모세의 명한 것과 같이 하였으되 13 여호수아가 하
솔만 불살랐고 산 위에 건축된 성읍들은 이스라엘이 불
사르지 아니하였으며 14 이 성읍들의 모든 재물과 가
축은 이스라엘 자손들이 탈취하고 모든 사람은 칼날로
쳐서 진멸하여 호흡이 있는 자는 하나도 남기지 아니하
였으니 15 여호와께서 그 종 모세에게 명하신 것을 모
세는 여호수아에게 명하였고 여호수아는 그대로 행하여
여호와께서 무릇 모세에게 명하신 것을 하나도 행치 아

them into the hand of Israel, so that they defeated them,
and pursued them as far as Great Sidon and Misrephoth-
maim and the valley of Mizpeh to the east; and they
struck them until no survivor was left to them. 9 And Joshua
did to them as the LORD had told him; he hamstrung
their horses, and burned their chariots with fire. 10 ¶
Then Joshua turned back at that time, and captured Hazor
and struck its king with the sword; for Hazor formerly
was the head of all these kingdoms. 11 And they struck
every person who was in it with the edge of the sword, utterly
destroying them; there was no one left who breathed.
And he burned Hazor with fire. 12 And Joshua captured
all the cities of these kings, and all their kings, and he
struck them with the edge of the sword, and utterly destroyed
them; just as Moses the servant of the LORD had
commanded. 13 However, Israel did not burn any cities
that stood on their mounds, except Hazor alone, which Joshua
burned. 14 And all the spoil of these cities and the
cattle, the sons of Israel took as their plunder; but they
struck every man with the edge of the sword, until they
had destroyed them. They left no one who breathed. 15
Just as the LORD had commanded Moses his servant,

수

16 여호수아가 **취하였으니**
/이같이
/그 온 땅
곧 산지와
온 남방과
고센 온 땅과
평지와
아라바와
이스라엘의 산지와
그 평지를
17/곧 세일로 올라가는 할락 산에서부터
헤르몬 산 아래 레바논 골짜기의 바알갓까지(라)

[그가] 그 모든 왕을 **잡아**
쳐죽였으며

18 여호수아가 그 모든 왕과 **싸운 지는(=싸웠다)**
/여러 날(이라=동안)

19 화친한 성읍이 **하나도 없고**
/이스라엘 자손과 /기브온 거민 히위 사람 외에는

다(=모두가) 이스라엘 자손에게 **취한 바 되었으니**
/쳐서(=전쟁으로)

20 //(이유: כִּי, for)
여호와께서 강퍅하여 그리하게 하신 것이라[8)]
/그들의 마음이(을)

//(목적)
이스라엘을 대적하여 싸우러 온 것은(=싸우러 오게하기 위하여)
그들로─저주받은 자 되게 하여
└은혜를 입지 못하게 하시고
여호와께서 진멸하려 하심이었더라
/모세에게 명하신 대로

21 여호수아가 **가서**
/그 때에
멸절하고
/아낙 사람을
/산지와
헤브론과 드빌과 아납과 유다 온 산지와
이스라엘의 온 산지에서

8) 강퍅하게 하셨다

니한 것이 없었더라 16 여호수아가 이같이 그 온 땅 곧
산지와 온 남방과 고센 온 땅과 평지와 아라바와 이스라
엘의 산지와 그 평지를 취하였으니 17 곧 세일로 올라
가는 할락 산에서부터 헤르몬 산 아래 레바논 골짜기의
바알갓까지라 그 모든 왕을 잡아 쳐죽였으며 18 여호수
아가 그 모든 왕과 싸운 지는 여러 날이라 19 기브온
거민 히위 사람 외에는 이스라엘 자손과 화친한 성읍이
하나도 없고 다 이스라엘 자손에게 쳐서 취한 바 되었으
니 20 그들의 마음이 강퍅하여 이스라엘을 대적하여 싸
우러 온 것은 여호와께서 그리하게 하신 것이라 그들로
저주받은 자 되게 하여 은혜를 입지 못하게 하시고 여호
와께서 모세에게 명하신 대로 진멸하려 하심이었더라
21 그때에 여호수아가 가서 산지와 헤브론과 드빌과 아
납과 유다 온 산지와 이스라엘의 온 산지에서 아낙 사람

so Moses commanded Joshua, and so Joshua did; he left nothing undone of all that the LORD had commanded Moses.
16 ¶ Thus Joshua took all that land: the hill country and all the Negev, all that land of Goshen, the lowland, the Arabah, the hill country of Israel and its lowland
17 from Mount Halak, that rises toward Seir, even as far as Baal-gad in the valley of Lebanon at the foot of Mount Hermon. And he captured all their kings and struck them down and put them to death. 18 Joshua
waged war a long time with all these kings. 19 There
was not a city which made peace with the sons of Israel except the Hivites living in Gibeon; they took them all
in battle. 20 For it was of the LORD to harden their hearts, to meet Israel in battle in order that he might utterly destroy them, that they might receive no mercy, but that he might destroy them, just as the LORD had
commanded Moses. 21 ¶ Then Joshua came at that time and cut off the Anakim from the hill country, from

또
그가 그 성읍들을 **진멸하였으므로**

22 아낙 사람이 **하나도 남음이 없고**
/이스라엘 자손의 땅 안에는
약간 **남았었더라**
/가사와 가드와 아스돗에만

23 이와 같이(so)
여호수아가 그 온 땅을 **취하여**
/여호와께서 모세에게 이르신 말씀대로
기업으로 **주었더라**
/이스라엘 지파의 구별을 따라

전쟁이 **그쳤더라**
/그 땅에

12

1 왕들은 **이러하니라**
/자손이 ── 점령하고
/이스라엘 /요단 저편 해돋는 편
/곧 온 아라바를
/아르논 골짜기에서 헤르몬 산까지의 동방
└ 그 땅에서 쳐죽인

2 <즉>
<그는> **시혼이라**
/아모리 사람의 왕
/헤스본에 거하던
/그 다스리던 땅은 ┌ 아로엘에서부터
/아르논 골짜기 가에 있는
골짜기 가운데 성읍과
길르앗 절반
/곧 암몬 자손의 지경 얍복 강까지며
3 ├ 또 동방 아라바 긴네롯 바다까지며
├ 또 동방 아라바의 바다
/곧 염해의 벧여시못으로 통한 길까지와
남편으로 비스가 산록까지며
4 └ 또 바산 왕 옥이라
/아스다롯과 에드레이에 거하던
/르바의 남은 족속으로서

을 멸절하고 그가 또 그 성읍들을 진멸하였으므로 22
이스라엘 자손의 땅 안에는 아낙 사람이 하나도 남음이
없고 가사와 가드와 아스돗에만 약간 남았었더라 23 이
와 같이 여호수아가 여호와께서 모세에게 이르신 말씀대
로 그 온 땅을 취하여 이스라엘 지파의 구별을 따라 기업
으로 주었더라 그 땅에 전쟁이 그쳤더라

12:1 이스라엘 자손이 요단 저편 해 돋는 편 곧 아
르논 골짜기에서 헤르몬산까지의 동방 온 아라바
를 점령하고 그 땅에서 쳐 죽인 왕들은 이러하니라 2 헤
스본에 거하던 아모리 사람의 왕 시혼이라 그 다스리던
땅은 아르논 골짜기 가에 있는 아로엘에서부터 골짜기 가
운데 성읍과 길르앗 절반 곧 암몬 자손의 지경 얍복 강까

Hebron, from Debir, from Anab and from all the hill
country of Judah and from all the hill country of Israel.
Joshua utterly destroyed them with their cities. 22 There
were no Anakim left in the land of the sons of Israel;
only in Gaza, in Gath, and in Ashdod some remained.
23 So Joshua took the whole land, according to all that
the LORD had spoken to Moses, and Joshua gave it for
an inheritance to Israel according to their divisions by
their tribes. Thus the land had rest from war.

12:1 ¶ Now these are the kings of the land whom
the sons of Israel defeated, and whose land they
possessed beyond the Jordan toward the sunrise, from
the valley of the Arnon as far as Mount Hermon, and
all the Arabah to the east: 2 Sihon king of the Amorites,
who lived in Heshbon, and ruled from Aroer, which is
on the edge of the valley of the Arnon, both the middle
of the valley and half of Gilead, even as far as the brook
Jabbok, the border of the sons of Ammon; 3 and the
Arabah as far as the Sea of Chinneroth toward the east,

5 /그 치리하던 땅은 ─ 헤르몬 산과
살르가와
온 바산과
및 그술 사람과
길르앗 절반이니
/마아가 사람의 지경까지의
헤스본 왕 시혼의 지경에 접한 것이라

6 모세와
/여호와의 종
자손이 ─ 그들을 **치고**
/이스라엘

모세가 그 땅을 **주었더라**
/여호와의 종 /르우벤 사람과
갓 사람과
므낫세 반 지파에게
/기업으로

7 왕들은 **이러하니**
여호수아와 ─ 쳐서 멸한
자손이 /요단 이편
/이스라엘 /곧 바알갓에서부터
/서편 레바논 골짜기의
할락 산까지에서
/세일로 올라가는 곳
/(여호수아가 ─ 그 땅을 주었으니
/그 지파에게
/이스라엘의 구별을 따라
/기업으로

8 /곧
<그곳은> ─ 산지와 평지와 아라바와 경사지와 광야와 남방
/곧 땅이라
/헷 사람과
아모리 사람과
가나안 사람과
브리스 사람과
히위 사람과
여부스 사람의)

지며 3 또 동방 아라바 긴네롯 바다까지며 또 동방 아라
바의 바다 곧 염해의 벧여시못으로 통한 길까지와 남편
으로 비스가 산록까지며 4 또 르바의 남은 족속으로서
아스다롯과 에브레이에 거하던 바산 왕 옥이라 5 그 치
리하던 땅은 헤르몬 산과 살르가와 온 바산과 및 그술
사람과 마아가 사람의 지경까지의 길르앗 절반이니 헤스
본 왕 시혼의 지경에 접한 것이라 6 여호와의 종 모세와
이스라엘 자손이 그들을 치고 여호와의 종 모세가 그 땅
을 르우벤 사람과 갓 사람과 므낫세 반 지파에게 기업으
로 주었더라 7 여호수아와 이스라엘 자손이 요단 이편
곧 서편 레바논 골짜기의 바알갓에서부터 세일로 올라가
는 곳 할락산 까지에서 쳐서 멸한 왕들은 이러하니 (그
땅을 여호수아가 이스라엘의 구별을 따라 그 지파에게
기업으로 주었으니 8 곧 산지와 평지와 아라바와 경사
지와 광야와 남방 곧 헷 사람과 아모리 사람과 가나안
사람과 브리스 사람과 히위 사람과 여부스 사람의 땅이

and as far as the sea of the Arabah, even the Salt Sea, eastward
toward Beth-jeshimoth, and on the south, at the foot of
the slopes of Pisgah; 4 and the territory of Og king of Bashan,
one of the remnant of Rephaim, who lived at Ashtaroth
and at Edrei, 5 and ruled over Mount Hermon and
Salecah and all Bashan, as far as the border of the Geshurites
and the Maacathites, and half of Gilead, as far as the
border of Sihon king of Heshbon. 6 Moses the servant
of the LORD and the sons of Israel defeated them; and Moses
the servant of the LORD gave it to the Reubenites and
the Gadites, and the half-tribe of Manasseh as a possession.
7 ¶ Now these are the kings of the land whom Joshua
and the sons of Israel defeated beyond the Jordan toward
the west, from Baal-gad in the valley of Lebanon even
as far as Mount Halak, which rises toward Seir; and
Joshua gave it to the tribes of Israel as a possession according
to their divisions, 8 in the hill country, in the lowland,
in the Arabah, on the slopes, and in the wilderness, and
in the Negev; the Hittite, the Amorite and the Canaanite,
the Perizzite, the Hivite and the Jebusite: 9 the king of

수

9 하나는 여리고 왕이요
하나는 벧엘 곁의 아이 왕이요
10 하나는 예루살렘 왕이요
하나는 헤브론 왕이요
하나는 야르뭇 왕이요
11 하나는 라기스 왕이요
12 하나는 에글론 왕이요
하나는 게셀 왕이요
13 하나는 드빌 왕이요
하나는 게델 왕이요
14 하나는 호르마 왕이요
하나는 아랏 왕이요
15 하나는 립나 왕이요
하나는 아둘람 왕이요
16 하나는 막게다 왕이요
하나는 벧엘 왕이요
17 하나는 답부아 왕이요
하나는 헤벨 왕이요
18 하나는 아벡 왕이요
하나는 랏사론 왕이요
19 하나는 마돈 왕이요
하나는 하솔 왕이요
20 하나는 시므론 므론 왕이요
하나는 악삽 왕이요
21 하나는 다아낙 왕이요
하나는 므깃도 왕이요
22 하나는 게데스 왕이요
하나는 욕느암 왕이요
/갈멜의
23 하나는 돌 왕이요
/돌의 높은 곳의
하나는 고임 왕이요
/길갈의
24 하나는 디르사 왕이라

도합 삼십 일 왕이었더라

라) 9 하나는 여리고 왕이요 하나는 벧엘 곁의 아이 왕
이요 10 하나는 예루살렘 왕이요 하나는 헤브론 왕이요
하나는 야르뭇 왕이요 11 하나는 라기스 왕이요 12 하
나는 에글론 왕이요 하나는 게셀 왕이요 13 하나는 드
빌 왕이요 하나는 게델 왕이요 14 하나는 호르마 왕이
요 하나는 아랏 왕이요 15 하나는 립나 왕이요 하나는
아둘람 왕이요 16 하나는 막게다 왕이요 하나는 벧엘
왕이요 17 하나는 답부아 왕이요 하나는 헤벨 왕이요
18 하나는 아벡 왕이요 하나는 랏사론 왕이요 19 하나
는 마돈 왕이요 하나는 하솔 왕이요 20 하나는 시므론
므론 왕이요 하나는 악삽 왕이요 21 하나는 다아낙 왕
이요 하나는 므깃도 왕이요 22 하나는 게데스 왕이요
하나는 갈멜의 욕느암 왕이요 23 하나는 돌의 높은 곳
의 돌 왕이요 하나는 길갈의 고임 왕이요 24 하나는 디
르사 왕이라 도합 삼십일 왕이었더라

Jericho, one; the king of Ai, which is beside Bethel,
one; 10 the king of Jerusalem, one; the king of Hebron,
one; 11 the king of Jarmuth, one; the king of Lachish,
one; 12 the king of Eglon, one; the king of Gezer, one;
13 the king of Debir, one; the king of Geder, one; 14
the king of Hormah, one; the king of Arad, one; 15
the king of Libnah, one; the king of Adullam, one; 16
the king of Makkedah, one; the king of Bethel, one; 17
the king of Tappuah, one; the king of Hepher, one; 18
the king of Aphek, one; the king of Lasharon, one; 19
the king of Madon, one; the king of Hazor, one; 20
the king of Shimron-meron, one; the king of Achshaph,
one; 21 the king of Taanach, one; the king of Megiddo,
one; 22 the king of Kedesh, one; the king of Jokneam
in Carmel, one; 23 the king of Dor in the heights of
Dor, one; the king of Goiim in Gilgal, one; 24 the king
of Tirzah, one: in all, thirty-one kings.

수

13

1 여호수아가 **늙으매**
/나이 많아

여호와께서 그에게 **이르시되**
/너는 —— 늙었고
/나이 많아
남은 것은— 매우 많도다
/얻을 땅의
2 /이 남은 땅은 —— 이러하니

/<곧>
블레셋 사람의 온 지방과
그술 사람의 전경
3 /곧 애굽 앞 시홀 시내에서부터
가나안 사람에게 속한 북방 에그론 지경까지와
/블레셋 사람의 다섯 방백의 땅
/곧 가사 사람과
아스돗 사람과
아스글론 사람과
가드 사람과
에그론 사람과
/또 남방 아위 사람의 땅과
4 /또 가나안 사람의 온 땅과
/시돈 사람에게 속한 므아라와
아모리 사람의 지경 아벡까지와
5 /또 그발 사람의 땅과
동편 온 레바논
/곧 헤르몬 산 아래 바알갓에서부터
하맛에 들어가는 곳까지와
6 /또 산지 모든 거민
/레바논에서부터 미스르봇마임까지의
/곧 모든 시돈 사람의 땅이라

/내가 —— 그들을 쫓아내리니
/이스라엘 자손 앞에서
/너는 —— 그 땅을 이스라엘에게 분배하여
/나의 명한 대로

//(목적)
기업이 되게 하되

13:1 여호수아가 나이 많아 늙으매 여호와께서 그
에게 이르시되 너는 나이 많아 늙었고 얻을 땅의
남은 것은 매우 많도다 **2** 이 남은 땅은 이러하니 블레셋
사람의 온 지방과 그술 사람의 전경 **3** 곧 애굽 앞 시홀
시내에서부터 가나안 사람에게 속한 북방 에그론 지경까
지와 블레셋 사람의 다섯 방백의 땅 곧 가사 사람과 아
스돗 사람과 아스글론 사람과 가드 사람과 에그론 사람
과 또 남방 아위 사람의 땅과 **4** 또 가나안 사람의 온 땅
과 시돈 사람에게 속한 므아라와 아모리 사람의 지경 아
벡까지와 **5** 또 그발 사람의 땅과 동편 온 레바논 곧 헤
르몬 산 아래 바알갓에서부터 하맛에 들어가는 곳까지와
6 또 레바논에서부터 미스르봇마임까지의 산지 모든 거
민 곧 모든 시돈 사람의 땅이라 내가 그들을 이스라엘
자손 앞에서 쫓아 내리니 너는 나의 명한 대로 그 땅을

13:1 ¶ Now Joshua was old and advanced in years when
the LORD said to him, "You are old and advanced
in years, and very much of the land remains to be
possessed. **2** "This is the land that remains: all the
regions of the Philistines and all those of the Geshurites;
3 from the Shihor which is east of Egypt, even as far
as the border of Ekron to the north (it is counted as Canaanite);
the five lords of the Philistines: the Gazite, the Ashdodite,
the Ashkelonite, the Gittite, the Ekronite; and the Avvite
4 to the south, all the land of the Canaanite, and Mearah
that belongs to the Sidonians, as far as Aphek, to the
border of the Amorite; **5** and the land of the Gebalite,
and all of Lebanon, toward the east, from Baal-gad below
Mount Hermon as far as Lebo-hamath. **6** "All the inhabitants
of the hill country from Lebanon as far as Misrephoth-maim,
all the Sidonians, I will drive them out from before the
sons of Israel; only allot it to Israel for an inheritance
as I have commanded you. **7** "Now therefore, apportion

7 /너는 ── 이 땅을 나누어
/아홉 지파와 므낫세 반 지파에게

//(목적)
기업이 되게 (하라) (하셨더라)

8 르우벤 사람과
갓 사람은 그 기업을 모세에게 **받았는데**
/요단 동편에서
/므낫세 반 지파와 함께

모세가 그들에게 준 것은 **이러하니**
/여호와의 종

9 곧
<그것은> **아로엘에서부터**
/아르논 골짜기 가에 있는
골짜기 가운데 있는 **성읍과**
메드바 온 평지와
/디본까지 이르는
10 **모든 성읍**
/아모리 사람의 왕 시혼의
/헤스본에 도읍하였던
/곧 암몬 자손의 지경까지와
11 **길르앗과**
및 **그술 사람과 마아갓 사람의 지경과**
온 헤르몬 산과
온 바산
/살르가까지 이른
12 /곧 바산 왕 옥의 온 나라라
/르바의 남은 족속으로서
/아스다롯과 에드레이에 도읍하였던

모세가 이 땅의 사람들을 **쳐서**
쫓아내었어도

13 이스라엘 자손이 **쫓아내지 아니하였으므로**
/그술 사람과 마아갓 사람(을)

그술과 마아갓이 이스라엘 가운데 **거하더라**
/오늘날까지

14 여호수아가 **기업으로 준 것이 없었으니**
/오직 레위 지파에게는

이스라엘에게 분배하여 기업이 되게 하되 7 너는 이 땅
을 아홉 지파와 므낫세 반 지파에게 나누어 기업이 되게
하라 하셨더라 8 므낫세 반 지파와 함께 르우벤 사람과
갓 사람은 요단 동편에서 그 기업을 모세에게 받았는데
여호와의 종 모세가 그들에게 준 것은 이러하니 9 곧 아
르논 골짜기 가에 있는 아로엘에서부터 골짜기 가운데
있는 성읍과 디본까지 이르는 메드바 온 평지와 10 헤
스본에 도읍하였던 아모리 사람의 왕 시혼의 모든 성읍
곧 암몬 자손의 지경까지와 11 길르앗과 및 그술 사람
과 마아갓 사람의 지경과 온 헤르몬산과 살르가까지 이
른 온 바산 12 곧 르바의 남은 족속으로서 아스다롯과
에드레이에 도읍하였던 바산 왕 옥의 온 나라라 모세가
이 땅의 사람들을 쳐서 쫓아내었어도 13 그술 사람과
마아갓 사람은 이스라엘 자손이 쫓아내지 아니하였으므

this land for an inheritance to the nine tribes, and the
half-tribe of Manasseh." 8 ¶ With the other half-tribe,
the Reubenites and the Gadites received their inheritance
which Moses gave them beyond the Jordan to the east,
just as Moses the servant of the LORD gave to them;
9 from Aroer, which is on the edge of the valley of the
Arnon, with the city which is in the middle of the valley,
and all the plain of Medeba, as far as Dibon; 10 and
all the cities of Sihon king of the Amorites, who reigned
in Heshbon, as far as the border of the sons of Ammon;
11 and Gilead, and the territory of the Geshurites and
Maacathites, and all Mount Hermon, and all Bashan as
far as Salecah; 12 all the kingdom of Og in Bashan,
who reigned in Ashtaroth and in Edrei (he alone was
left of the remnant of the Rephaim); for Moses struck
them and dispossessed them. 13 But the sons of Israel
did not dispossess the Geshurites or the Maacathites; for
Geshur and Maacath live among Israel until this day.

수

이는 그에게 이르신 **말씀과 같음이었더라**
/화제물이 – 그 기업이 됨이
/여호와께 드리는
/이스라엘 하나님

15 모세가 **주었으니**
/르우벤 자손의 지파에게
/그 가족을 따라서

16 그 지경은 **〈이다〉**
/아로엘에서부터
/아르논 골짜기 가에 있는
골짜기 가운데 있는 성읍과
/메드바 곁에 있는 온 평지와
17 /헤스본과 그 평지에 있는 모든 성읍
/곧 디본과 바못 바알과 벧 바알 므온과
18 야하스와 그데못과 메바앗과
19 기랴다임과 십마와
세렛 사할과
/골짜기 가운데 산에 있는
20 벧브올과
비스가 산록과
벧여시못과
21 /평지 모든 성읍과
/시혼의 온 나라라
/아모리 사람
/헤스본에 도읍한

모세가 **죽였으며**
/시혼을
/그 땅에 거하는 시혼의 방백(과 함께)
/곧 미디안의 귀족 에위와 레겜과 술과 훌과 레바와 함께

22 자손이 발람도 칼날로 **죽였었더라**
/이스라엘 /브올의 아들 술사
/그들을 도륙하는 중에

23 서편 경계는 **요단과**
/르우벤 자손의
그 강가라

로 그술과 마아갓이 오늘날까지 이스라엘 가운데 거하더
라 14 오직 레위 지파에게는 여호수아가 기업으로 준
것이 없었으니 이는 이스라엘 하나님 여호와께 드리는
화제물이 그 기업이 됨이 그에게 이르신 말씀과 같음이
었더라 15 모세가 르우벤 자손의 지파에게 그 가족을
따라서 주었으니 16 그 지경은 아르논 골짜기 가에 있
는 아로엘에서부터 골짜기 가운데 있는 성읍과 메드바
곁에 있는 온 평지와 17 헤스본과 그 평지에 있는 모든
성읍 곧 디본과 바못 바알과 벧 바알 므온과 18 야하스
와 그데못과 메바앗과 19 기랴다임과 십마와 골짜기 가
운데 산에 있는 세렛 사할과 20 벧브올과 비스가 산록
과 벧여시못과 21 평지 모든 성읍과 헤스본에 도읍한
아모리 사람 시혼의 온 나라라 모세가 시혼을 그 땅에
거하는 시혼의 방백 곧 미디안의 귀족 에위와 레겜과 술
과 훌과 레바와 함께 죽였으며 22 이스라엘 자손이 그
들을 도륙하는 중에 브올의 아들 술사 발람도 칼날로 죽
였었더라 23 르우벤 자손의 서편 경계는 요단과 그 강
가라 이상은 르우벤 자손의 기업으로 그 가족대로 받은

14 Only to the tribe of Levi he did not give an inheritance;
the offerings by fire to the LORD, the God of Israel,
are their inheritance, as He spoke to him. 15 ¶ So
Moses gave an inheritance to the tribe of the sons of
Reuben according to their families. 16 And their territory
was from Aroer, which is on the edge of the valley of
the Arnon, with the city which is in the middle of the
valley and all the plain by Medeba; 17 Heshbon, and
all its cities which are on the plain: Dibon and Bamoth-baal and Beth-baal-meon, 18 and Jahaz and Kedemoth
and Mephaath, 19 and Kiriathaim and Sibmah and
Zereth-shahar on the hill of the valley, 20 and Beth-peor and the slopes of Pisgah and Beth-jeshimoth, 21
even all the cities of the plain and all the kingdom of
Sihon king of the Amorites who reigned in Heshbon,
whom Moses struck with the chiefs of Midian, Evi and
Rekem and Zur and Hur and Reba, the princes of Sihon,
who lived in the land. 22 The sons of Israel also killed
Balaam the son of Beor, the diviner, with the sword
among the rest of their slain. 23 And the border of the

이상은 **성읍과 촌락이니라**
/르우벤 자손의 기업으로 그 가족대로 받은

24 모세가 그 가족을 따라서 **주었으니**
/갓 지파
/곧 갓 자손에게도

25 그 지경은 **〈이다〉**
/모든 성읍과
/아셀과 길르앗
/암몬 자손의 땅 절반
/곧 랍바 앞의 아로엘까지와
26 /헤스본에서 라맛 미스베와 브도님까지와
/마하나임에서 드빌 지경까지와
27 /골짜기에 있는 벧 하람과 벧니므라와 숙곳과 사본
/곧 헤스본 왕 시혼의 나라의 남은 땅 요단과
그 강가에서부터
요단 동편 긴네렛 바다의 끝까지라

28 이는 **성읍과 촌락이니라**
/갓 자손의 기업으로 그 가족대로 받은

29 모세가 므낫세 반 지파에게 **주었으되**
그 가족대로 **주었으니**
/므낫세 자손의 반 지파에게

30 그 지경은 **〈이다〉**
/마하나임에서부터 온 바산
/곧 바산 왕 옥의 전국과
육십 성읍과
/바산 경내
/야일의 모든 고을
31 /길르앗 절반과
아스다롯과 에드레이라
/바산 왕 옥의 나라 성읍

이는 **돌린 것이니**
/마길의 자손에게
/므낫세의 아들

성읍과 촌락이니라 24 모세가 갓 지파 곧 갓 자손에게
도 그 가족을 따라서 주었으니 25 그 지경은 야셀과 길
르앗 모든 성읍과 암몬 자손의 땅 절반 곧 랍바 앞의 아
로엘까지와 26 헤스본에서 라맛 미스베와 브도님까지와 마
하나임에서 드빌 지경까지와 27 골짜기에 있는 벧 하람
과 벧니므라와 숙곳과 사본 곧 헤스본 왕 시혼의 나라의
남은 땅 요단과 그 강 가에서부터 요단 동편 긴네렛 바
다의 끝까지라 28 이는 갓 자손의 기업으로 그 가족대
로 받은 성읍과 촌락이니라 29 모세가 므낫세 반 지파
에게 주었으되 므낫세 자손의 반 지파에게 그 가족대로
주었으니 30 그 지경은 마하나임에서부터 온 바산 곧
바산 왕 옥의 전국과 바산 경내 야일의 모든 고을 육십
성읍과 31 길르앗 절반과 바산 왕 옥의 나라 성읍 아스
다롯과 에드레이라 이는 므낫세의 아들 마길의 자손에게
돌린 것이니 곧 마길 자손의 절반이 그 가족대로 받으니
라 32 요단 동편 여리고 맞은편 모압 평지에서 모세가

sons of Reuben was the Jordan. This was the inheritance
of the sons of Reuben according to their families, the
cities and their villages. 24 ¶ Moses also gave an inheritance
to the tribe of Gad, to the sons of Gad, according to
their families. 25 And their territory was Jazer, and all
the cities of Gilead, and half the land of the sons of
Ammon, as far as Aroer which is before Rabbah; 26
and from Heshbon as far as Ramath-mizpeh and Betonim,
and from Mahanaim as far as the border of Debir; 27
and in the valley, Beth-haram and Beth-nimrah and
Succoth and Zaphon, the rest of the kingdom of Sihon
king of Heshbon, with the Jordan as a border, as far as
the lower end of the Sea of Chinnereth beyond the Jordan
to the east. 28 This is the inheritance of the sons of
Gad according to their families, the cities and their
villages. 29 ¶ Moses also gave an inheritance to the
half-tribe of Manasseh; and it was for the half-tribe of
the sons of Manasseh according to their families. 30
And their territory was from Mahanaim, all Bashan, all
the kingdom of Og king of Bashan, and all the towns
of Jair, which are in Bashan, sixty cities; 31 also half
of Gilead, with Ashtaroth and Edrei, the cities of the kingdom

수

곧
마길 자손의 절반이 그 가족대로 **받으니라**

32 기업이 **이러하여도**
/모세가 분배한 /모압 평지에서
/요단 동편 여리고 맞은편

33 모세가 기업을 **주지 아니하였으니**
/오직 레위 지파에게는

//이는(이유: כִּי, for)
여호와께서 —— 그 기업이 되심이었더라
/이스라엘 하나님 /그들에게 말씀하심같이

14

1 이스라엘 자손이 – 취한 기업 – **이 아래와 같으니라**
/곧 엘르아살과 /가나안 땅에서
/제사장
여호수아와
/눈의 아들
족장들이 —— 분배한 것이
/이스라엘 자손 지파의

2 <그들이 **주었으니** >[9)]
/여호와께서 모세에게 명하신 대로
/그들의 기업을
/제비뽑아
/아홉 지파와 반 지파에게

3 //(이유: כִּי, for)
모세가 —요단 저편에서 주었음이요
/두 지파와 반 지파의 기업은

[모세가] 기업을 **주지 아니하였으니**
/레위 자손에게는
/그들 가운데서

4 //(이유: כִּי, for)
요셉 자손은 —두 지파가 되었음이라
/므낫세와 에브라임의

[모세가] **아무 분깃도 주지 아니하고**
/레위 사람에게
/이 땅에서

9) 원전에는 의미상 생략되어 있다.

분배한 기업이 이러하여도 **33** 오직 레위 지파에게는 모세가 기업을 주지 아니하였으니 이는 그들에게 말씀하심같이 이스라엘 하나님 여호와께서 그 기업이 되심이었더라 **14**:1 이스라엘 자손이 가나안 땅에서 취한 기업 곧 제사장 엘르아살과 눈의 아들 여호수아와 이스라엘 자손 지파의 족장들이 분배한 것이 아래와 같으니라 **2** 여호와께서 모세에게 명하신 대로 그들의 기업을 제비뽑아 아홉 지파와 반 지파에게 주었으니 **3** 두 지파와 반 지파의 기업은 모세가 요단 저편에서 주었음이요 레위 자손에게는 그들 가운데서 기업을 주지 아니하였으니 **4**

of Og in Bashan, were for the sons of Machir the son of Manasseh, for half of the sons of Machir according to their families. **32** ¶ These are the territories which Moses apportioned for an inheritance in the plains of Moab, beyond the Jordan at Jericho to the east. **33** But to the tribe of Levi, Moses did not give an inheritance; the LORD, the God of Israel, is their inheritance, as He had promised to them.

14:1 ¶ Now these are the territories which the sons of Israel inherited in the land of Canaan, which Eleazar the priest, and Joshua the son of Nun, and the heads of the households of the tribes of the sons of Israel apportioned to them for an inheritance, **2** by the lot of their inheritance, as the LORD commanded through Moses, for the nine

오직 **줄 뿐으로**
/거할 성읍들과
가축과
재물을 둘 들만

5 자손이 **행하여**
/이스라엘 /여호와께서 모세에게 명하신 것과 같이
그 땅을 **나누었더라**

6 때에
유다 자손이 여호수아에게 **나아오고**
/길갈에 있는

갈렙이 여호수아에게 **말하되**
/여분네의 아들 /당신이 — 아시는 바라
/그니스 사람 /여호와께서 — 이르신 일을
/하나님의 사람 모세에게
/가데스 바네아에서
/나와 당신에게 대하여

7 /내 나이 사십 세에
모세가 —— 나를 보내어
/여호와의 종 /가데스 바네아에서

//(목적: ל, to)
이 땅을 정탐케 하므로

/[나는] —그에게 보고하였고
/내 마음에 성실한 대로

8 /내 형제들은-백성의 간담을 녹게 하였으나
/나와 함께 올라갔던
나는 — 나의 하나님 여호와를 온전히 좇았으므로

9 /그 날에
모세가 — 맹세하여 가로되
/네가 나의 하나님 여호와를 온전히 좇았은즉
[내가]—너와 네 자손의 기업이 되리라 하였나이다
/네 발로 밟는 땅은(을)
/영영히

요셉 자손은 므낫세와 에브라임의 두 지파가 되었음이라
이 땅에서 레위 사람에게 아무 분깃도 주지 아니하고 오
직 거할 성읍들과 가축과 재물을 둘 들만 줄 뿐으로 5
이스라엘 자손이 여호와께서 모세에게 명하신 것과 같이
행하여 그 땅을 나누었더라 6 때에 유다 자손이 길갈에
있는 여호수아에게 나아오고 그니스 사람 여분네의 아들
갈렙이 여호수아에게 말하되 여호와께서 가데스 바네아
에서 나와 당신에게 대하여 하나님의 사람 모세에게 이
르신 일을 당신이 아시는 바라 7 내 나이 사십 세에 여
호와의 종 모세가 가데스 바네아에서 나를 보내어 이 땅
을 정탐케 하므로 내 마음에 성실한 대로 그에게 보고하
였고 8 나와 함께 올라갔던 내 형제들은 백성의 간담을
녹게 하였으나 나는 나의 하나님 여호와를 온전히 좇았
으므로 9 그 날에 모세가 맹세하여 가로되 네가 나의
하나님 여호와를 온전히 좇았은즉 네 발로 밟는 땅은 영
영히 너와 네 자손의 기업이되리라 하였나이다 10 이

tribes and the half-tribe. 3 For Moses had given the
inheritance of the two tribes and the half-tribe beyond
the Jordan; but he did not give an inheritance to the
Levites among them. 4 For the sons of Joseph were
two tribes, Manasseh and Ephraim, and they did not give
a portion to the Levites in the land, except cities to live
in, with their pasture lands for their livestock and for
their property. 5 Thus the sons of Israel did just as the LORD
had commanded Moses, and they divided the land. 6 ¶
Then the sons of Judah drew near to Joshua in Gilgal,
and Caleb the son of Jephunneh the Kenizzite said to
him, "You know the word which the LORD spoke to
Moses the man of God concerning you and me in Kadesh-
barnea. 7 "I was forty years old when Moses the servant
of the LORD sent me from Kadesh-barnea to spy out
the land, and I brought word back to him as it was in
my heart. 8 "Nevertheless my brethren who went up
with me made the heart of the people melt with fear;
but I followed the LORD my God fully. 9 "So Moses
swore on that day, saying, 'Surely the land on which

수

10 /이제 보소서
여호와께서 ― 나를 생존케 하셨나이다
/이 말씀을 모세에게 이르신 때로부터
이스라엘이 광야에 행한 이 사십오 년 동안을
/여호와께서 말씀하신 대로

/오늘날
내가 ― 팔십오 세로되
11 /[내가] ― 오늘날 오히려 강건하니
/모세가 나를 보내던 날과 같이

/나의 힘이 ― 그 때나 이제나 **일반이라**
[내가] ― 감당할 수 있사온즉
/싸움에나 출입에
12 /[당신은] ― 내게 주소서
/이 산지를
/그 날에 여호와께서 말씀하신

//(이유: כִּי, for)
당신도 ― 그 날에 들으셨거니와
/그 곳에는 아낙 사람이 있고
그 성읍들은 크고 견고할지라도
/혹시(만일)
여호와께서 ― 나와 함께 하시면
내가 ― 그들을 필경 쫓아내리이다
/여호와의 말씀하신 대로

13 여호수아가 **축복하고**
/여분네의 아들 갈렙을 위하여
헤브론을 그에게 **주어**

//(목적: לְ, to)
기업을 삼게 하매

14 헤브론이 갈렙의 **기업이 되어**
/그니스 사람 여분네의 아들
/오늘날까지 (이르렀으니)

//이는(이유: יַעַן, because)
그가 ― 온전히 좇았음이며
/이스라엘의 하나님 여호와를

제 보소서 여호와께서 이 말씀을 모세에게 이르신 때로
부터 이스라엘이 광야에 행한 이 사십 오년 동안을 여호
와께서 말씀하신 대로 나를 생존케 하셨나이다 오늘날
내가 팔십 오세로되 **11** 모세가 나를 보내던 날과 같이
오늘날 오히려 강건하니 나의 힘이 그때나 이제나 일반
이라 싸움에나 출입에 감당할 수 있사온즉 **12** 그날에
여호와께서 말씀하신 이 산지를 내게 주소서 당신도 그
날에 들으셨거니와 그 곳에는 아낙 사람이 있고 그 성읍
들은 크고 견고할지라도 여호와께서 혹시 나와 함께 하
시면 내가 필경 여호와의 말씀하신대로 그들을 쫓아내리
이다 **13** 여호수아가 여분네의 아들 갈렙을 위하여 축복
하고 헤브론을 그에게 주어 기업을 삼게 하매 **14** 헤브
론이 그니스 사람 여분네의 아들 갈렙의 기업이 되어 오
늘날까지 이르렀으니 이는 그가 이스라엘의 하나님 여호

your foot has trodden shall be an inheritance to you and
to your children forever, because you have followed the
LORD my God fully.' **10** "And now behold, the LORD
has let me live, just as He spoke, these forty-five years,
from the time that the LORD spoke this word to Moses,
when Israel walked in the wilderness; and now behold,
I am eighty-five years old today. **11** "I am still as strong
today as I was in the day Moses sent me; as my strength
was then, so my strength is now, for war and for going
out and coming in. **12** "Now then, give me this hill
country about which the LORD spoke on that day, for
you heard on that day that Anakim were there, with
great fortified cities; perhaps the LORD will be with
me, and I shall drive them out as the LORD has spoken."
13 ¶ So Joshua blessed him, and gave Hebron to Caleb
the son of Jephunneh for an inheritance. **14** Therefore,
Hebron became the inheritance of Caleb the son of Jephunneh
the Kenizzite until this day, because he followed the
LORD God of Israel fully. **15** Now the name of Hebron
was formerly Kiriath-arba; for Arba was the greatest

15 옛 이름은 **기럇 아르바라**
/헤브론의

아르바는 **가장 큰 사람이었더라**
/아낙 사람 가운데

전쟁이 **그쳤더라**
/그 땅에

15

1 땅의 극남단은 **에돔 지경에 이르고**
/지파가 그 가족대로 제비뽑은
/유다 자손의
또
남으로 **신 광야까지라**

2 그 남편 경계는 **염해의 극단**
/곧 남향한 해만에서부터
3 아그랍빔 비탈 남편으로 지나
신에 이르고

가데스 바네아 남편으로 **올라가서**
헤스론을 **지나며**
앗달로 **올라가서**
돌이켜
갈가에 **이르고**

4 거기서 아스몬에 **이르고**
애굽 시내에 **미치며**
바다에 **이르러**
경계의 **끝이 되나니**

이것이 너희 남편 **경계가 되리라**

5 그 동편 경계는 **염해니**
/요단 끝까지요
그 북편 경계는 **해만에서부터**
/요단 끝에 당한
6 벧호글라로 **올라가서**
벧 아라바 북편을 **지나**
르우벤 자손 보한의 돌에 **이르고**

와를 온전히 좇았음이며 **15** 헤브론의 옛 이름은 기럇
아르바라 아르바는 아낙 사람 가운데 가장 큰 사람이었
더라 그 땅에 전쟁이 그쳤더라
15:1 유다 자손의 지파가 그 가족대로 제비 뽑은
땅의 극남단(極南端)은 에돔 지경에 이르고 또
남으로 신 광야까지라 **2** 그 남편 경계는 염해의 극단
곧 남향한 해만에서부터 **3** 아그랍빔 비탈 남편으로 지
나 신에 이르고 가데스 바네아 남편으로 올라가서 헤스
론을 지나며 앗달도 올라가서 돌이켜 갈가에 이르고 **4**
거기서 아스몬에 이르고 애굽 시내에 미치며 바다에 이
르러 경계의 끝이 되나니 이것이 너희 남편 경계가 되리
라 **5** 그 동편 경계는 염해니 요단 끝까지요 그 북편 경
계는 요단 끝에 당한 해만에서부터 **6** 벧호글라로 올라
가서 벧 아라바 북편을 지나 르우벤 자손 보한의 돌에

man among the Anakim. Then the land had rest from
war.
15:1 ¶ Now the lot for the tribe of the sons of Judah
according to their families reached the border of
Edom, southward to the wilderness of Zin at the extreme
south. **2** And their south border was from the lower end
of the Salt Sea, from the bay that turns to the south. **3**
Then it proceeded southward to the ascent of Akrabbim
and continued to Zin, then went up by the south of
Kadesh-barnea and continued to Hezron, and went up to
Addar and turned about to Karka. **4** And it continued
to Azmon and proceeded to the brook of Egypt; and the
border ended at the sea. This shall be your south border.
5 And the east border was the Salt Sea, as far as the
mouth of the Jordan. And the border of the north side
was from the bay of the sea at the mouth of the Jordan.
6 Then the border went up to Beth-hoglah, and continued
on the north of Beth-arabah, and the border went up to

수

7 또
아골 골짜기에서부터
드빌을 **지나**
북으로 **올라가서**
강 남편에 있는 아둠밈 비탈 맞은편 길갈을 **향하고 나아가**
엔 세메스 물을 **지나**
엔로겔에 **이르며**

8 또
힌놈의 아들의 골짜기로 **올라가서**
여부스 곧 예루살렘 남편 어깨에 **이르며**

또
산 꼭대기로 **올라가나니**
/힌놈의 골짜기 앞 서편에 있는
이 곳은 르바임 골짜기 **북편 끝이며**

9 또
이 산꼭대기에서부터
넵도아 샘물까지 **이르러**
에브론 산 성읍들에 **미치고**

또
바알라 곧 기럇 여아림에 **미치며**

10 또
바알라에서부터
서편으로 **돌이켜**
세일 산에 **이르러**
여아림 산 곧 그살론 곁 북편에 **이르고**

또
벧 세메스로 **내려가서**
딤나로 **지나고**

11 또
에그론 북편으로 나아가
식그론에 이르러
바알라 산에 미치고
얍느엘에 이르나니
그 끝은 바다며
12 서편 경계는 대해와
그 해변이니

사면 경계가 **이러하니라**
/유다 자손이—그 가족대로 얻은

이르고 **7** 또 아골 골짜기에서부터 드빌을 지나 북으로 올라가서 강 남편에 있는 아둠밈 비탈 맞은편 길갈을 향하고 나아가 엔 세메스 물을 지나 엔로겔에 이르며 **8** 또 힌놈의 아들의 골짜기로 올라가서 여부스 곧 예루살렘 남편 어깨에 이르며 또 힌놈의 골짜기 앞 서편에 있는 산 꼭대기로 올라가나니 이곳은 르바임 골짜기 북편 끝이며 **9** 또 이 산 꼭대기에서부터 넵도아 샘물까지 이르러 에브론 산 성읍들에 미치고 또 바알라 곧 기럇 여아림에 미치며 **10** 또 바알라에서부터 서편으로 돌이켜 세일 산에 이르러 여아림 산 곧 그살론 곁 북편에 이르고 또 벧세메스로 내려가서 딤나로 지나고 **11** 또 에그론 북편으로 나아가 식그론에 이르러 바알라 산에 미치고 얍느엘에 이르나니 그 끝은 바다며 **12** 서편 경계는 대해와 그 해변이니 유다 자손이 그 가족대로 얻은 사면

the stone of Bohan the son of Reuben. **7** And the border went up to Debir from the valley of Achor, and turned northward toward Gilgal which is opposite the ascent of Adummim, which is on the south of the valley; and the border continued to the waters of En-shemesh, and it ended at En-rogel. **8** Then the border went up the valley of Ben-hinnom to the slope of the Jebusite on the south (that is, Jerusalem); and the border went up to the top of the mountain which is before the valley of Hinnom to the west, which is at the end of the valley of Rephaim toward the north. **9** And from the top of the mountain the border curved to the spring of the waters of Nephtoah and proceeded to the cities of Mount Ephron, then the border curved to Baalah (that is, Kiriath-jearim). **10** And the border turned about from Baalah westward to Mount Seir, and continued to the slope of Mount Jearim on the north (that is, Chesalon), and went down to Beth-shemesh and continued through Timnah. **11** And the border proceeded to the side of Ekron northward. Then the border curved to Shikkeron and continued to Mount Baalah and proceeded to Jabneel, and the border ended at the sea. **12** And the west border was at the Great Sea, even its coastline.

13 여호수아가 여분네의 아들 갈렙에게 **주었으니**
/여호와께서 여호수아에게 명하신 대로
/기럇 아르바 곧 헤브론 성을
/유다 자손 중에서
/분깃으로

아르바는 아낙의 **아비였더라**

14 갈렙이 거기서 **쫓아내었고**
/아낙의 소생
/곧 그 세 아들 세새와 아히만과 달매를

15 거기서 **올라가서**
드빌 거민을 **쳤는데**

드빌의 본 이름은 **기럇 세벨이라**

16 갈렙이 **말하기를**
/내가 ── 내 딸 악사를 아내로 주리라 하였더니
/기럇 세벨을 쳐서
그것을 취하는 자에게는

17 옷니엘이 그것을 **취함으로**
/갈렙의 아우요
/그나스의 아들인

갈렙이 그 딸 악사를 **주었더라**
/그에게 아내로

18 악사가 출가할 때에(상황절, when)
[그녀가] 그에게 **청하여**
/자기 아비에게 밭을 구하자 하고

[그녀가] 나귀에서 **내리매**
갈렙이 그에게 **묻되**
/네가 무엇을 원하느냐?

19 [그녀가] **가로되**
/[당신은] ── 내게 복을 주소서!
/아버지께서 ─ 나를 남방 땅으로 보내시오니
[당신은] ── 샘물도 내게 주소서 하매

경계가 이러하니라 13 여호와께서 여호수아에게 명하신 대로 여호수아가 기럇 아르바 곧 헤브론 성을 유다 자손 중에서 분깃으로 여분네의 아들 갈렙에게 주었으니 아르바는 아낙의 아비였더라 14 갈렙이 거기서 아낙의 소생 곧 그 세 아들 세새와 아히만과 달매를 쫓아내었고 15 거기서 올라가서 드빌 거민을 쳤는데 드빌의 본 이름은 기럇 세벨이라 16 갈렙이 말하기를 기럇 세벨을 쳐서 그것을 취하는 자에게는 내가 내 딸 악사를 아내로 주리라 하였더니 17 갈렙의 아우요 그나스의 아들인 옷니엘이 그것을 취함으로 갈렙이 그 딸 악사를 그에게 아내로 주었더라 18 악사가 출가할 때에 그에게 청하여 자기 아비에게 밭을 구하자 하고 나귀에서 내리매 갈렙이 그에게 묻되 네가 무엇을 원하느냐 19 가로되 내게 복을 주소서 아버지께서 나를 남방 땅으로 보내시오니 샘물도

This is the border around the sons of Judah according to their families.
13 ¶ Now he gave to Caleb the son of Jephunneh a portion among the sons of Judah, according to the command of the LORD to Joshua, namely, Kiriath-arba, Arba being the father of Anak (that is, Hebron).
14 And Caleb drove out from there the three sons of Anak: Sheshai and Ahiman and Talmai, the children of Anak.
15 Then he went up from there against the inhabitants of Debir; now the name of Debir formerly was Kiriath-sepher.
16 And Caleb said, "The one who attacks Kiriath-sepher and captures it, I will give him Achsah my daughter as a wife."
17 And Othniel the son of Kenaz, the brother of Caleb, captured it; so he gave him Achsah his daughter as a wife.
18 And it came about that when she came to him, she persuaded him to ask her father for a field. So she alighted from the donkey, and Caleb said to her, "What do you want?"
19 Then she said, "Give me a blessing; since you have given me

수

갈렙이 그에게 **주었더라**
/윗샘과 아랫샘을

20 기업은 **이러하니라**
/지파가 ―그 가족대로 얻은
/유다 자손의

21 성읍들은 **갑스엘과 에델과 야굴과**
/에돔 경계에 접근한
/유다 자손의 지파의 남으로

22 **기나와 디모나와 아다다와**
23 **게데스와 하솔과 잇난과**
24 **십과 델렘과 브알룻과**
25 **하솔 하닷다와 그리욧 헤스론 곧 하솔과**
26 **아맘과 세마와 몰라다와**
27 **하살갓다와 헤스몬과 벧 벨렛과**
28 **하살 수알과 브엘세바와 비스요다와**
29 **바알라와 이임과 에셈과**
30 **엘돌랏과 그실과 홀마와**
31 **시글락과 맛만나와 산산나와 르바옷과**
32 **실힘과 아인과 림몬이니**

모두 **이십구 성읍이요**
또 그 **촌락이었으며**

33 평지에는 **에스다올과 소라와 아스나와**
34 **사노아와 엔간님과 답부아와 에남과**
35 **야르뭇과 아둘람과 소고와 아세가와**
36 **사아라임과 아디다임과 그데라와 그데로다임이니**

모두 **십사 성읍이요**
또 그 **촌락이었으며**

37 **스난과 하다사와 믹달갓과**
38 **딜르안과 미스베와 욕드엘과**

내게 주소서 하매 갈렙이 윗 샘과 아랫 샘을 그에게 주
었더라 **20** 유다 자손의 지파가 그 가족대로 얻은 기업
(基業)은 이러하니라 **21** 유다 자손의 지파의 남으로 에
돔 경계에 접근한 성읍들은 갑스엘과 에델과 야굴과 **22**
기나와 디모나와 아다다와 **23** 게데스와 하솔과 잇난과
24 십과 델렘과 브알룻과 **25** 하솔 하닷다와 그리욧 헤
스론 곧 하솔과 **26** 아맘과 세마와 몰라다와 **27** 하살
갓다와 헤스몬과 벧 벨렛과 **28** 하살 수알과 브엘세바와
비스요다와 **29** 바알라와 이임과 에셈과 **30** 엘돌랏과
그실과 홀마와 **31** 시글락과 맛만나와 산산나와 르바옷
과 **32** 실힘과 아인과 림몬이니 모두 이십구 성읍이요
또 그 촌락이었으며 **33** 평지에는 에스다올과 소라와 아
스나와 **34** 사노아와 엔간님과 답부아와 에남과 **35** 야
르뭇과 아둘람과 소고와 아세가와 **36** 사아라임과 아디
다임과 그데라와 그데로다임이니 모두 십 사 성읍이요
또 그 촌락이었으며 **37** 스난과 하다사와 믹달갓과 **38**

the land of the Negev, give me also springs of water."
So he gave her the upper springs and the lower springs.
20 ¶ This is the inheritance of the tribe of the sons of
Judah according to their families. **21** ¶ Now the cities
at the extremity of the tribe of the sons of Judah toward
the border of Edom in the south were Kabzeel and Eder
and Jagur, **22** and Kinah and Dimonah and Adadah,
23 and Kedesh and Hazor and Ithnan, **24** Ziph and
Telem and Bealoth, **25** and Hazor-hadattah and Kerioth-
hezron (that is, Hazor), **26** Amam and Shema and Moladah,
27 and Hazar-gaddah and Heshmon and Beth-pelet, **28**
and Hazar-shual and Beersheba and Biziothiah, **29**
Baalah and Iim and Ezem, **30** and Eltolad and Chesil
and Hormah, **31** and Ziklag and Madmannah and
Sansannah, **32** and Lebaoth and Shilhim and Ain and
Rimmon; in all, twenty-nine cities with their villages.
33 In the lowland: Eshtaol and Zorah and Ashnah, **34**
and Zanoah and En-gannim, Tappuah and Enam, **35** Jarmuth
and Adullam, Socoh and Azekah, **36** and Shaaraim and
Adithaim and Gederah and Gederothaim; fourteen cities with
their villages. **37** Zenan and Hadashah and Migdal-gad,
38 and Dilean and Mizpeh and Joktheel, **39** Lachish

39 라기스와 보스갓과 에글론과
40 갑본과 라맘과 기들리스와
41 그데롯과 벧다곤과 나아마와 막게다니

모두 십육 성읍이요
또 그 촌락이었으며

42 립나와 에델과 아산과
43 입다와 아스나와 느십과
44 그일라와 악십과 마레사니

모두 아홉 성읍이요
또 그 촌락이었으며

45 에그론과 그 향리와 촌락과
46 에그론에서부터 바다까지

모든 성읍과
/아스돗 곁에 있는
그 촌락이었으며

47 아스돗과 그 향리와 촌락과 가사와 그 향리와 촌락이니
애굽 시내와 대해 가에 이르기까지였으며

48 산지는 사밀과 얏딜과 소고와
49 단나와 기럇 산나 곧 드빌과
50 아납과 에스드모와 아님과
51 고센과 홀론과 길로니

모두 십일 성읍이요
또 그 촌락이었으며

52 아랍과 두마와 에산과
53 야님과 벧 답부아와 아베가와
54 훔다와 기럇 아르바 곧 헤브론과 시올이니

모두 아홉 성읍이요
또 그 촌락이었으며

55 마온과 갈멜과 십과 윳다와
56 이스르엘과 욕드암과 사노아와

딜르안과 미스베와 욕드엘과 39 라기스와 보스갓과 에
글론과 40 갑본과 라맘과 기들리스와 41 그데롯과 벧
다곤과 나아마와 막게다니 모두 십육 성읍이요 또 그 촌
락이었으며 42 립나와 에델과 아산과 43 입다와 아스
나와 느십과 44 그일라와 악십과 마레사니 모두 아홉
성읍이요 또 그 촌락이었으며 45 에그론과 그 향리와
촌락과 46 에그론에서부터 바다까지 아스돗 곁에 있는
모든 성읍과 그 촌락이었으며 47 아스돗과 그 향리와
촌락과 가사와 그 향리와 촌락이니 애굽 시내와 대해 가
에 이르기까지였으며 48 산지는 사밀과 얏딜과 소고와
49 단나와 기럇 산나 곧 드빌과 50 아납과 에스드모와
아님과 51 고센과 홀론과 길로니 모두 십일 성읍이요
또 그 촌락이었으며 52 아랍과 두마와 에산과 53 야님
과 벧 답부아와 아베가와 54 훔다와 기럇 아르바 곧 헤
브론과 시올이니 모두 아홉 성읍이요 또 그 촌락이었으
며 55 마온과 갈멜과 십과 윳다와 56 이스르엘과 욕드

and Bozkath and Eglon, 40 and Cabbon and Lahmas
and Chitlish, 41 and Gederoth, Beth-dagon and Naamah
and Makkedah; sixteen cities with their villages. 42
Libnah and Ether and Ashan, 43 and Iphtah and Ashnah
and Nezib, 44 and Keilah and Achzib and Mareshah;
nine cities with their villages. 45 Ekron, with its towns
and its villages; 46 from Ekron even to the sea, all that
were by the side of Ashdod, with their villages. 47 ¶ Ashdod,
its towns and its villages; Gaza, its towns and its villages;
as far as the brook of Egypt and the Great Sea, even its
coastline. 48 And in the hill country: Shamir and Jattir
and Socoh, 49 and Dannah and Kiriath-sannah (that is,
Debir), 50 and Anab and Eshtemoh and Anim, 51 and
Goshen and Holon and Giloh; eleven cities with their villages.
52 Arab and Dumah and Eshan, 53 and Janum and
Beth-tappuah and Aphekah, 54 and Humtah and Kiriath-
arba (that is, Hebron), and Zior; nine cities with their villages.
55 Maon, Carmel and Ziph and Juttah, 56 and Jezreel

57 **가인과 기브아와 딤나니**

모두 **열 성읍이요**
또 그 **촌락이었으며**

58 **할훌과 벧 술과 그돌과**
59 **마아랏과 벧 아놋과 엘드곤이니**

모두 **여섯 성읍이요**
또 그 **촌락이었으며**

60 **기럇 바알 곧 기럇 여아림과 랍바니**

모두 **두 성읍이요**
또 그 **촌락이었으며**

61 광야에는 **벧 아라바와 밋딘과 스가가와**
62 **닙산과 염성과 엔 게디니**

모두 **여섯 성읍이요**
또 그 **촌락이었더라**

63 유다 자손이 **쫓아내지 못하였으므로**
/예루살렘 거민 여부스 사람을

여부스 사람이 예루살렘에 **거하니라**
/유다 자손과 함께
/오늘날까지

16

1 제비뽑은 것은 여리고 곁 요단[부터] **나아가**
/요셉 자손이 /곧 여리고 물 동편 광야에서부터
여리고로 말미암아 **올라가서**
산지를 **지나**
벧엘에 **(이르고)**
2 **벧엘에서부터**
루스로 **나아가**
아렉 사람의 경계로 **지나**
아다롯에 **(이르고)**
3 서편으로 **내려가서**
아블렛 사람의 경계에 **(이르러)**

암과 사노아와 57 가인과 기브아와 딤나니 모두 열 성
읍이요 또 그 촌락이었으며 58 할훌과 벧 술과 그돌과
59 마아랏과 벧 아놋과 엘드곤이니 모두 여섯 성읍이요
또 그 촌락이었으며 60 기럇 바알 곧 기럇 여아림과 라
빠니 모두 두 성읍이요 또 그 촌락이었으며 61 광야에
는 벧 아라바와 밋딘과 스가가와 62 닙산과 염성과 엔
게디니 모두 여섯 성읍이요 또 그 촌락이었더라 63 예
루살렘 거민 여부스 사람을 유다 자손이 쫓아내지 못하였
으므로 여부스 사람이 오늘날까지 유다 자손과 함께 예루
살렘에 거하니라

16:1 요셉 자손이 제비 뽑은 것은 여리고 곁 요단
곧 여리고 물 동편 광야에서부터 나아가 여리고
로 말미암아 올라가서 산지를 지나 벧엘에 이르고 2 벧
엘에서부터 루스로 나아가 아렉 사람의 경계로 지나 아다
롯에 이르고 3 서편으로 내려가서 아블렛 사람의 경계에
이르러 아래 벧 호론 곧 게셀에 미치고 그 끝은 바다라

and Jokdeam and Zanoah, 57 Kain, Gibeah and Timnah;
ten cities with their villages. 58 Halhul, Beth-zur and Gedor,
59 and Maarath and Beth-anoth and Eltekon; six cities
with their villages. 60 ¶ Kiriath-baal (that is, Kiriath-jearim),
and Rabbah; two cities with their villages. 61 In the
wilderness: Beth-arabah, Middin and Secacah, 62 and
Nibshan and the City of Salt and Engedi; six cities with
their villages. 63 ¶ Now as for the Jebusites, the
inhabitants of Jerusalem, the sons of Judah could not
drive them out; so the Jebusites live with the sons of
Judah at Jerusalem until this day.

16:1 ¶ Then the lot for the sons of Joseph went
from the Jordan at Jericho to the waters of Jericho
on the east into the wilderness, going up from Jericho through
the hill country to Bethel. 2 And it went from Bethel
to Luz, and continued to the border of the Archites at Ataroth.
3 And it went down westward to the territory of the

아래 벧 호론 곧 게셀에 **(미치고)**
그 끝은 **바다라**

4 므낫세와
에브라임이 그 **기업을 얻었더라**
/요셉의 자손

5 경계는 **이러하니라**
/에브라임 자손의
/그 가족대로 얻은 것의

경계는 동으로 **아다롯 앗달에서**
/그 기업의
윗 벧 호론에 **(이르고)**
6 또
서편으로 **나아가**
북편 믹므다에 **(이르고)**
동편으로 **돌아**
다아낫 실로에 **(이르러)**
야노아 동편을 **지나고**
7 **야노아에서부터**
아다롯과 나아라로 **내려가서**
여리고에 **미치며**
요단으로 **나아가고**
8 또
답부아에서부터
서편으로 **지나서**
가나 시내에 **(미치나니)**

그 끝은 **바다라**

기업이 **이러하였고**
/지파가 그 가족대로 얻은
/에브라임 자손의

9 모든 성읍과
촌락도 **있었더라**
/구별한 /그 외에
/에브라임 자손을 위하여
/므낫세 자손의 기업 중에서

10 그들이 가나안 사람을 **쫓아내지 아니하였으므로**
/게셀에 거하는

4 요셉의 자손 므낫세와 에브라임이 그 기업을 얻었더
라 **5** 에브라임 자손의 그 가족대로 얻은 것의 경계는 이
러하니라 그 기업의 경계는 동으로 아다롯 앗달에서 윗
벧 호론에 이르고 **6** 또 서편으로 나아가 북편 믹므다에
이르고 동편으로 돌아 다아낫실로에 이르러 야노아 동편
을 지나고 **7** 야노아에서부터 아다롯과 나아라도 내려가
서 여리고에 미치며 요단으로 나아가고 **8** 또 답부아에
서부터 서편으로 지나서 가나 시내에 미치나니 그 끝은
바다라 에브라임 자손의 지파가 그 가족대로 얻은 기업
이 이러하였고 **9** 그 외에 므낫세 자손의 기업 중에서 에
브라임 자손을 위하여 구별한 모든 성읍과 촌락도 있었
더라 **10** 그들이 게셀에 거하는 가나안 사람을 쫓아내지

Japhletites, as far as the territory of lower Beth-horon
even to Gezer, and it ended at the sea. **4** ¶ And the
sons of Joseph, Manasseh and Ephraim, received their
inheritance. **5** Now this was the territory of the sons of
Ephraim according to their families: the border of their
inheritance eastward was Ataroth-addar, as far as upper Beth-
horon. **6** Then the border went westward at Michmethath
on the north, and the border turned about eastward to Taanath-
shiloh, and continued beyond it to the east of Janoah. **7**
And it went down from Janoah to Ataroth and to Naarah,
then reached Jericho and came out at the Jordan. **8** From
Tappuah the border continued westward to the brook of
Kanah, and it ended at the sea. This is the inheritance
of the tribe of the sons of Ephraim according to their families,
9 together with the cities which were set apart for the
sons of Ephraim in the midst of the inheritance of the
sons of Manasseh, all the cities with their villages. **10**
But they did not drive out the Canaanites who lived in Gezer,

수

가나안 사람이 에브라임 가운데 **거하며**
/오늘날까지
사역하는 종이 되니라

17

1 제비뽑은 것은 **이러하니라**
/므낫세 지파를 위하여

므낫세는 요셉의 **장자이었고**
마길은 길르앗의 **아비라**
/므낫세의 장자
그는 **무사이어서**
길르앗과 바산을 **얻었으므로**

2 [그가] 제비를 **뽑았는데**
/그 가족대로
/므낫세의 남은 자손을 위하여

그들은 곧 **아비에셀의 자손과**
헬렉의 자손과
아스리엘의 자손과
세겜의 자손과
헤벨의 자손과
스미다의 자손이니

[그들은] 므낫세의 **남 자손이며**
/요셉의 아들
/그들의 가족대로

3 슬로브핫은 **아들이 없고**
/헤벨의 아들
/길르앗의 손자
/마길의 증손
/므낫세의 현손
딸뿐이요

이름은 **말라와**
/그 딸들의 **노아와**
호글라와
밀가와
디르사라

아니하였으므로 가나안 사람이 오늘날까지 에브라임 가운데 거하며 사역하는 종이 되니라

17:1 므낫세 지파를 위하여 제비 뽑은 것은 이러하니라 므낫세는 요셉의 장자이었고 므낫세의 장자 마길은 길르앗의 아비라 그는 무사(武士)이어서 길르앗과 바산을 얻었으므로 2 므낫세의 남은 자손을 위하여 그 가족대로 제비를 뽑았는데 그들은 곧 아비에셀의 자손과 헬렉의 자손과 아스리엘의 자손과 세겜의 자손과 헤벨의 자손과 스미다의 자손이니 그들의 가족대로 요셉의 아들 므낫세의 남 자손이며 3 헤벨의 아들 길르앗의 손자 마길의 증손 므낫세의 현손 슬로브핫은 아들이 없고 딸 뿐이요 그 딸들의 이름은 말라와 노아와 호글라와

so the Canaanites live in the midst of Ephraim to this day, and they became forced laborers.

17:1 ¶ Now this was the lot for the tribe of Manasseh, for he was the first-born of Joseph. To Machir the first-born of Manasseh, the father of Gilead, was allotted Gilead and Bashan, because he was a man of war. 2 So the lot was made for the rest of the sons of Manasseh according to their families: for the sons of Abiezer and for the sons of Helek and for the sons of Asriel and for the sons of Shechem and for the sons of Hepher and for the sons of Shemida; these were the male descendants of Manasseh the son of Joseph according to their families.
3 However, Zelophehad, the son of Hepher, the son of Gilead, the son of Machir, the son of Manasseh, had no sons, only daughters; and these are the names of his daughters: Mahlah and Noah, Hoglah, Milcah and Tirzah. 4 And

4 그들이 나아와서 **말하기를**
/제사장 엘르아살과
눈의 아들 여호수아와
방백들 앞에
/여호와께서 — 모세에게 명하사... 하셨다 하매
/우리 형제 중에서 우리에게 기업을 주라

[그가] 기업을 **주므로**
/여호와의 명령을 따라
/그들에게
/그 아비 형제 중에서

5 열 분깃이 **돌아갔으니**
/요단 동편 길르앗과
바산 외에
/므낫세에게

6 //(이유: כִּי, for)
므낫세의 여손들이 —기업을 얻은 까닭이었으며
/그 남 자손 중에서

길르앗 땅은 **속하였더라**
/므낫세의 남은 자손에게

7 므낫세의 경계는 **아셀에서부터**
세겜 앞 믹므닷에 **미치고**
우편으로 **가서**
엔답부아 거민의 땅에 **이르나니**

8 답부아 땅은 므낫세에게 **속하였으되**
답부아 읍은 에브라임 자손에게 **속하였으며**
/므낫세 경계에 있는

9 또
경계가 가나 시내로 **내려가서**
그 시내 남편에 **이르나니**

이 성읍들은 에브라임에게 **속하였으며**
/므낫세의 성읍 중에

므낫세의 경계는 그 시내 **북편이요**
그 끝은 **바다며**

밀가와 디르사라 4 그들이 제사장 엘르아살과 눈의 아들
여호수아와 방백들 앞에 나아와서 말하기를 여호와께서
모세에게 명하사 우리 형제 중에서 우리에게 기업을 주라
하셨다 하매 여호와의 명령을 따라 그들에게 기업을 그
아비 형제 중에서 주므로 5 요단 동편 길르앗과 바산 외
에 므낫세에게 열 분깃이 돌아갔으니 6 므낫세의 여손들
이 그 남 자손 중에서 기업을 얻은 까닭이었으며 길르앗
땅은 므낫세의 남은 자손에게 속하였더라 7 므낫세의 경
계는 아셀에서부터 세겜 앞 믹므닷에 미치고 우편으로 가
서 엔답부아 거민의 땅에 이르나니 8 답부아 땅은 므낫
세에게 속하였으되 므낫세 경계에 있는 답부아읍은 에브
라임 자손에게 속하였으며 9 또 경계가 가나 시내로 내
려가서 그 시내 남편에 이르나니 므낫세의 성읍 중에 이
성읍들은 에브라임에게 속하였으며 므낫세의 경계는 그

they came near before Eleazar the priest and before Joshua the son of Nun and before the leaders, saying, "The LORD commanded Moses to give us an inheritance among our brothers." So according to the command of the LORD he gave them an inheritance among their father's brothers.
5 Thus there fell ten portions to Manasseh, besides the land of Gilead and Bashan, which is beyond the Jordan,
6 because the daughters of Manasseh received an inheritance among his sons. And the land of Gilead belonged to the rest of the sons of Manasseh.
7 ¶ And the border of Manasseh ran from Asher to Michmethath which was east of Shechem; then the border went southward to the inhabitants of En-tappuah.
8 The land of Tappuah belonged to Manasseh, but Tappuah on the border of Manasseh belonged to the sons of Ephraim.
9 And the border went down to the brook of Kanah, southward of the brook(these cities belonged to Ephraim among the cities of Manasseh), and the border of Manasseh was

수

10 그 남편은 에브라임에 **속하였고**
북편은 므낫세에 **속하였고**
바다가 그 경계가 **되었으며**
북은 아셀에 **(미쳤고)**
/그들의 땅의
동은 잇사갈에 **(미쳤으며)**

11 므낫세의 소유가 **있으니**
/곧 벧 스안과 그 향리와
이블르암과 그 향리와
돌의 거민과 그 향리요
/또 엔돌 거민과 그 향리와
다아낙 거민과 그 향리와
므깃도 거민과 그 향리들
세 높은 곳이라

12 그러나
므낫세 자손이 그 성읍들의 거민을 **쫓아내지 못하매**
가나안 사람이 **결심하고**
/그 땅에 거하였더니(=거하기를)

13 이스라엘 자손이 강성한 후에야(상황절, when)
[그들이] 가나안 사람에게 **사역을 시켰고**
다 **쫓아내지 아니하였더라**

14 요셉 자손이 여호수아에게 **말하여 가로되**
/당신이 —— 내게 주심은 어찜이니이까?
/나의 기업을 위하여
/한 제비, 한 분깃으로만
여호와께서 — 내게 복을 주시므로
/지금까지
내가 — 큰 민족이 되었거늘

15 여호수아가 그들에게 **이르되**
/만일]
네가 — 큰 민족이 되므로(된다면)
[너는] ┬ 삼림에 올라가서
/브리스 사람[의 땅]과
르바임 사람의 땅
└ 스스로 개척하라

//(이유: כִּי, for)
에브라임 산지가 네게 너무 좁을진대

시내 북편이요 그 끝은 바다며 **10** 그 남편은 에브라임 에 속하였고 북편은 므낫세에 속하였고 바다가 그 경계 가 되었으며 그들의 땅의 북은 아셀에 미쳤고 동은 잇사 갈에 미쳤으며 **11** 잇사갈과 아셀에도 므낫세의 소유가 있으니 곧 벧 스안과 그 향리와 이블르암과 그 향리와 돌의 거민과 그 향리요 또 엔돌 거민과 그 향리와 다아 낙 거민과 그 향리와 므깃도 거민과 그 향리들 세 높은 곳이라 **12** 그러나 므낫세 자손이 그 성읍들의 거민을 쫓아내지 못하매 가나안 사람이 결심하고 그 땅에 거하 였더니 **13** 이스라엘 자손이 강성한 후에야 가나안 사람 에게 사역을 시켰고 다 쫓아내지 아니하였더라 **14** 요셉 자손이 여호수아에게 말하여 가로되 여호와께서 지금까 지 내게 복을 주시므로 내가 큰 민족이 되었거늘 당신이 나의 기업을 위하여 한 제비, 한 분깃으로만 내게 주심은 어찜이니이까 **15** 여호수아가 그들에게 이르되 네가 큰 민족이 되므로 에브라임 산지가 네게 너무 좁을진대 브

on the north side of the brook, and it ended at the sea.
10 The south side belonged to Ephraim and the north
side to Manasseh, and the sea was their border; and they
reached to Asher on the north and to Issachar on the
east. **11** And in Issachar and in Asher, Manasseh had
Beth-shean and its towns and Ibleam and its towns, and
the inhabitants of Dor and its towns, and the inhabitants
of En-dor and its towns, and the inhabitants of Taanach
and its towns, and the inhabitants of Megiddo and its
towns, the third is Napheth. **12** But the sons of Manasseh
could not take possession of these cities, because the
Canaanites persisted in living in that land. **13** And it
came about when the sons of Israel became strong, they
put the Canaanites to forced labor, but they did not drive
them out completely. **14** ¶ Then the sons of Joseph
spoke to Joshua, saying, "Why have you given me only
one lot and one portion for an inheritance, since I am a
numerous people whom the LORD has thus far blessed?"
15 And Joshua said to them, "If you are a numerous people,
go up to the forest and clear a place for yourself there

16 요셉 자손이 **가로되**
/그 산지는 — 우리에게 넉넉지도 못하고
철병거가 — 있나이다
/가나안 사람에게는
/골짜기 땅에 거하는
/벧 스안과 그 향리에 거하는 자든지
이스르엘 골짜기에 거하는 자든지
/다(=모든)

17 여호수아가 다시 **일러 가로되**
/요셉의 족속
/곧 에브라임과 므낫세에게
/너는 ─ 큰 민족이요
─ 큰 권능이 있은즉
─ 한 분깃만 가질 것이 아니라
18 /그 산지도 ── 네 것이 되리니
/비록
[그것이] ── 삼림이라도
네가 ── 개척하라

//(결과)
그 끝까지 네 것이 되리라

/비록
가나안 사람이 ─ 철병거를 가졌고
─ 강할지라도
네가 ── 능히 그를 쫓아내리라

18

1 온 회중이 실로에 **모여서**
/이스라엘 자손의
거기 회막을 **세웠으니**

그 땅이 이미 그들의 앞에 **돌아와 복종하였음이나**

2 분배를 얻지 못한 자가 ― 오히려 **일곱 지파라**
/그 기업의
/이스라엘 자손 중에

리스 사람과 르바임 사람의 땅 삼림에 올라가서 스스로
개척하라 16 요셉 자손이 가로되 그 산지는 우리에게
넉넉지도 못하고 골짜기 땅에 거하는 가나안 사람에게는
벧스안과 그 향리에 거하는 자든지 이스르엘 골짜기에
거하는 자든지 다 철병거가 있나이다 17 여호수아가 다
시 요셉의 족속 곧 에브라임과 므낫세에게 일러 가로되
너는 큰 민족이요 큰 권능이 있은즉 한 분깃만 가질 것
이 아니라 18 그 산지도 네 것이 되리니 비록 삼림이라
도 네가 개척하라 그 끝까지 네 것이 되리라 가나안 사
람이 비록 철병거를 가졌고 강할지라도 네가 능히 그를
쫓아내리라

18:1 이스라엘 자손의 온 회중이 실로에 모여서
거기 회막을 세웠으니 그 땅이 이미 그들의 앞에
돌아와 복종(服從)하였음이나 2 이스라엘 자손 중에 그

in the land of the Perizzites and of the Rephaim, since
the hill country of Ephraim is too narrow for you." 16
And the sons of Joseph said, "The hill country is not
enough for us, and all the Canaanites who live in the
valley land have chariots of iron, both those who are in Beth-
shean and its towns, and those who are in the valley of
Jezreel." 17 And Joshua spoke to the house of Joseph,
to Ephraim and Manasseh, saying, "You are a numerous
people and have great power; you shall not have one
lot only, 18 but the hill country shall be yours. For
though it is a forest, you shall clear it, and to its farthest
borders it shall be yours; for you shall drive out the
Canaanites, even though they have chariots of iron and though
they are strong."

18:1 ¶ Then the whole congregation of the sons of Israel
assembled themselves at Shiloh, and set up the
tent of meeting there; and the land was subdued before them.
2 And there remained among the sons of Israel seven

수

3 여호수아가 이스라엘 자손에게 **이르되**
/너희가 — 어느 때까지 지체하겠느냐?
/취하러 가기를
/여호와께서 — 너희에게 주신 땅을
/너희 열조의 하나님

4 /너희는 — 매지파에 삼 인씩 선정하라
/내가 — 그들을 보내리니
그들은 — 일어나서
— 그 땅에 두루 다니며
— 그 기업에 상당하게 그려 가지고
— 내게로 돌아올 것이라

5 /그들이 — 그 땅을 일곱 부분에 나누되
유다는 — 남편 자기 경내에 거하고
요셉의 족속은 그 북편 자기 경내에 거한즉

6 /[너희는] — 그 남은 땅을 일곱 부분으로 그려서
— 이 곳 내게로 가져올지니
/내가 — 제비뽑으리라
/여기서
/너희를 위하여
/우리 하나님 여호와 앞에서

7 /레위 사람은 — 너희 중에 분깃이 없나니
//(이유: כִּי, for)
여호와의 제사장 직분이 그들의 기업이 됨이며
/갓과
르우벤과
므낫세 반 지파는 — 이미 기업을 받았나니
/요단 저편 동편에서
/(이는)
모세가 그들에게 준 (것이니라)
/여호와의 종

8 그 사람들이 **일어나**
떠나니
여호수아가 **명하여 가로되**
/땅을 그리러 가는 그들에게
/[너희는] — 가서
— 그 땅으로 두루 다니며
— 그려 가지고
— 내게로 돌아오라

기업의 분배를 얻지 못한 자가 오히려 일곱 지파라 3
여호수아가 이스라엘 자손에게 이르되 너희가 너희 열조
의 하나님 여호와께서 너희에게 주신 땅을 취하러 가기를
어느 때까지 지체하겠느냐 4 너희는 매 지파에 삼 인씩
선정하라 내가 그들을 보내리니 그들은 일어나서 그 땅에
두루 다니며 그 기업에 상당하게 그려 가지고 내게로 돌
아올 것이라 5 그들이 그 땅을 일곱 부분에 나누되 유
다는 남편 자기 경내에 거하고 요셉의 족속은 그 북편 자
기 경내에 거한즉 6 그 남은 땅을 일곱 부분으로 그려
서 이곳 내게로 가져올지니 내가 여기서 너희를 위하여
우리 하나님 여호와 앞에서 제비뽑으리라 7 레위 사람
은 너희 중에 분깃이 없나니 여호와의 제사장 직분이 그
들의 기업이 됨이며 갓과 르우벤과 므낫세 반 지파는 요
단 저 편 동편에서 이미 기업을 받았나니 이는 여호와의
종 모세가 그들에게 준 것이니라 8 그 사람들이 일어나
떠나니 여호수아가 땅을 그리러 가는 그들에게 명하여 가

tribes who had not divided their inheritance. 3 So Joshua
said to the sons of Israel, "How long will you put off entering
to take possession of the land which the LORD, the God
of your fathers, has given you? 4 "Provide for yourselves
three men from each tribe that I may send them, and
that they may arise and walk through the land and write
a description of it according to their inheritance; then
they shall return to me. 5 "And they shall divide it
into seven portions; Judah shall stay in its territory on
the south, and the house of Joseph shall stay in their
territory on the north. 6 "And you shall describe the
land in seven divisions, and bring the description here
to me. And I will cast lots for you here before the LORD
our God. 7 "For the Levites have no portion among
you, because the priesthood of the LORD is their inheritance.
Gad and Reuben and the half-tribe of Manasseh also
have received their inheritance eastward beyond the
Jordan, which Moses the servant of the LORD gave

수

//(결과)
내가 — 제비뽑으리라
/여기 실로에서
/여호와 앞에서
/너희를 위하여

9 그 사람들이 **가서**
그 땅으로 **두루 다니며**
성읍들을 따라서 **그리고**
/일곱 부분으로
/책에
실로 진에 **돌아와**
여호수아에게 **나아오니**

10 여호수아가 **제비뽑고**
/그들을 위하여
/실로 여호와 앞에서
그가 땅을 **분배하였더라**
/거기서
/이스라엘 자손의 분파대로

11 [그가] 제비를 **뽑았으니**
/베냐민 자손 지파를 위하여
/그 가족대로

땅의 경계는 유다 자손과 요셉 자손의 **중간이라**
/그 제비뽑은

12 경계는 **요단에서부터**
/그 북방
여리고 북편으로 **올라가서**
서편 산지를 **넘어서**
또
올라가서
벧아웬 황무지에**(이르며)**

13 또
그 경계가 **거기서부터**
루스로 **나아가서**
루스 남편에 **이르나니**
루스는 곧 **벧엘이며**
또
그 경계가 아다롯 앗달로 **내려가서**
아래 벧 호론 남편 산 곁으로 **지나고**

로되 가서 그 땅으로 두루 다니며 그려 가지고 내게로
돌아오라 내가 여기 실로에서 여호와 앞에서 너희를 위
하여 제비뽑으리라 9 그 사람들이 가서 그 땅으로 두루
다니며 성읍들을 따라서 일곱 부분으로 책에 그리고 실
로 진에 돌아와 여호수아에게 나아오니 10 여호수아가
그들을 위하여 실로 여호와 앞에서 제비 뽑고 그가 거기
서 이스라엘 자손의 분파대로 땅을 분배하였더라 11
베냐민 자손 지파를 위하여 그 가족대로 제비를 뽑았으
니 그 제비뽑은 땅의 경계는 유다 자손과 요셉 자손의
중간이라 12 그 북방 경계는 요단에서부터 여리고 북
편으로 올라가서 서편 산지를 넘어서 또 올라가서 벧아
웬 황무지에 이르며 13 또 그 경계가 거기서부터 루스
로 나아가서 루스 남편에 이르나니 루스는 곧 벧엘이며
또 그 경계가 아다롯 앗달로 내려가서 아래 벧 호론 남

them." 8 ¶ Then the men arose and went, and Joshua
commanded those who went to describe the land, saying,
"Go and walk through the land and describe it, and return
to me; then I will cast lots for you here before the LORD
in Shiloh." 9 So the men went and passed through the
land, and described it by cities in seven divisions in a
book; and they came to Joshua to the camp at Shiloh.
10 And Joshua cast lots for them in Shiloh before the
LORD, and there Joshua divided the land to the sons of
Israel according to their divisions. 11 ¶ Now the lot of
the tribe of the sons of Benjamin came up according to
their families, and the territory of their lot lay between
the sons of Judah and the sons of Joseph. 12 And their
border on the north side was from the Jordan, then the border
went up to the side of Jericho on the north, and went
up through the hill country westward; and it ended at
the wilderness of Beth-aven. 13 And from there the
border continued to Luz, to the side of Luz (that is,

수

14 벧 호론 앞 남편 **산에서부터**
서방으로 **돌아**
남편으로 향하여 유다 자손의 성읍 기럇 바알(에) **이르러**
/곧 기럇 여아림에
끝이 되나니
이는 **서방 경계며**

15 남방 경계는 기럇 여아림 끝에서부터
서편으로 나아가
넵도아 물 근원에 이르고
16 산 끝으로 **내려가고**
/르바임 골짜기 북편
/힌놈의 아들 골짜기 앞에 있는
또
힌놈의 골짜기로 **내려가서**
여부스 남편에 **이르러**
엔 로겔로 **내려가고**
17 또
북향하여 엔 세메스로 **나아가서**
아둠밈 비탈 맞은편 글릴롯으로 **나아가서**
르우벤 자손 보한의 돌까지 **내려가고**

18 북으로 아라바 맞은편을 **지나**
아라바로 **내려가고**
19 또
북으로 벧 호글라 곁을 **지나서**
해만이 그 경계의 **끝이 되나니**
/요단 남단에 당한
/염해의 북편
이는 **남편 경계며**

20 동방 경계는 요단이니
이는 기업의 **사면 경계이었더라**
/베냐민 자손이 그 가족대로 얻은

21 성읍들은 **여리고와 벧 호글라와 에멕 그시스와**
/지파가 그 가족대로 얻은
/베냐민 자손의

편 산 곁으로 지나고 14 벧 호론 앞 남편 산에서부터
서방으로 돌아 남편으로 향하여 유다 자손의 성읍 기럇바
알 곧 기럇 여아림에 이르러 끝이 되나니 이는 서방 경계
며 15 남방 경계는 기럇 여아림 끝에서부터 서편으로
나아가 넵도아 물 근원에 이르고 16 르바임 골짜기 북
편 힌놈의 아들 골짜기 앞에 있는 산 끝으로 내려가고 또
힌놈의 골짜기로 내려가서 여부스 남편에 이르러 엔로겔
로 내려가고 17 또 북향하여 엔 세메스로 나아가서 아
둠밈 비탈 맞은편 글릴롯으로 나아가서 르우벤 자손 보한
의 돌까지 내려가고 18 북으로 아라바 맞은편을 지나
아라바로 내려가고 19 또 북으로 벧 호글라 곁을 지나
서 요단 남단에 당한 염해의 북편해만이 그 경계의 끝이
되나니 이는 남편 경계며 20 동방 경계는 요단이니 이
는 베냐민 자손이 그 가족대로 얻은 기업의 사면 경계이
었더라 21 베냐민 자손의 지파가 그 가족대로 얻은 성
읍들은 여리고와 벧 호글라와 에멕 그시스와 22 벧 아

Bethel) southward; and the border went down to Ataroth-addar, near the hill which lies on the south of lower Beth-horon.
14 And the border extended from there, and turned round on the west side southward, from the hill which lies before Beth-horon southward; and it ended at Kiriath-baal (that is, Kiriath-jearim), a city of the sons of Judah. This was the west side.
15 Then the south side was from the edge of Kiriath-jearim, and the border went westward and went to the fountain of the waters of Nephtoah.
16 And the border went down to the edge of the hill which is in the valley of Ben-hinnom, which is in the valley of Rephaim northward; and it went down to the valley of Hinnom, to the slope of the Jebusite southward, and went down to En-rogel.
17 And it extended northward and went to En-shemesh and went to Geliloth, which is opposite the ascent of Adummim, and it went down to the stone of Bohan the son of Reuben.
18 And it continued to the side in front of the Arabah northward, and went down to the Arabah.
19 And the border continued to the side of Beth-hoglah northward; and the border ended at the north bay of the Salt Sea, at the south end of the Jordan. This was the south border.
20 Moreover, the Jordan was its border on the east side. This was the inheritance of the sons of Benjamin, according to their families and according to its borders all around.
21 ¶ Now the cities of the tribe

22 벧 아라바와 스마라임과 벧엘과
23 아윔과 바라와 오브라와
24 그발 암모니와 오브니와 게바니

십이 성읍이요
또 그 촌락이며

25 기브온과 라마와 브에롯과
26 미스베와 그비라와 모사와
27 레겜과 이르브엘과 다랄라와
28 셀라와 엘렙과 여부스
/곧 예루살렘과 기부앗과 기럇이니

십사 성읍이요
또 그 촌락이라

이는 기업이었더라
/베냐민 자손이 그 가족대로 얻은

19

1 [그가] 제비를 뽑았으니
/둘째로
/시므온(을 위하여)
/곧 시므온 자손의 지파를 위하여
/그 가족대로

그 기업은 유다 자손의 기업 중에서라

2 그 얻은 기업은 브엘세바
/곧 세바와 몰라다와
3 하살 수알과 발라와 에셈과
4 엘돌랏과 브둘과 호르마와
5 시글락과 벧 말가봇과 하살수사와
6 벧 르바옷과 사루헨이니

십삼 성읍이요
또 그 촌락이며
7 또

아인과 림몬과 에델과 아산이니

라바와 스마라임과 벧엘과 23 아윔과 바라와 오브라와 24
그발 암모니와 오브니와 게바니 십 이 성읍이요 또 그 촌
락이며 25 기브온과 라마와 브에롯과 26 미스베와
그비라와 모사와 27 레겜과 이르브엘과 다랄라와 28
셀라와 엘렙과 여부스 곧 예루살렘과 기부앗과 기럇이니
십사 성읍이요 또 그 촌락이라 이는 베냐민 자손이 그 가
족대로 얻은 기업이었더라

19:1 둘째로 시므온 곧 시므온 자손의 지파를 위하
여 그 가족대로 제비를 뽑았으니 그 기업은 유다
자손의 기업 중에서라 2 그 얻은 기업은 브엘세바 곧 세
바와 몰라다와 3 하살 수알과 발라와 에셈과 4 엘돌랏
과 브둘과 호르마와 5 시글락과 벧 말가봇과 하살수사와
6 벧 르바옷과 사루헨이니 십 삼 성읍이요 또 그 촌락이
며 7 또 아인과 림몬과 에델과 아산이니 네 성읍이요 또

of the sons of Benjamin according to their families were
Jericho and Beth-hoglah and Emek-keziz, 22 and Beth-
arabah and Zemaraim and Bethel, 23 and Avvim and
Parah and Ophrah, 24 and Chephar-ammoni and Ophni and
Geba; twelve cities with their villages. 25 Gibeon and
Ramah and Beeroth, 26 and Mizpeh and Chephirah and
Mozah, 27 and Rekem and Irpeel and Taralah, 28 and
Zelah, Haeleph and the Jebusite (that is, Jerusalem),
Gibeah, Kiriath; fourteen cities with their villages. This
is the inheritance of the sons of Benjamin according to
their families.

19:1 ¶ Then the second lot fell to Simeon, to the
tribe of the sons of Simeon according to their families,
and their inheritance was in the midst of the inheritance
of the sons of Judah. 2 So they had as their inheritance
Beersheba or Sheba and Moladah, 3 and Hazar-shual
and Balah and Ezem, 4 and Eltolad and Bethul and Hormah,
5 and Ziklag and Beth-marcaboth and Hazar-susah, 6
and Beth-lebaoth and Sharuhen, thirteen cities with their
villages; 7 Ain, Rimmon and Ether and Ashan, four

수

	네 성읍이요
또	**그 촌락이며**
8 또	
	남방 라마 곧 바알랏 브엘까지
	이 성들을 둘러 있는 모든 **촌락이니**
이는	**기업이라**
	/시므온 자손의 파가 그 가족대로 얻은
9 이 기업은	유다 자손의 기업 중에서 **취하였으니**
/시므온 자손의	

//이는(이유: כִּי, for)
분깃이 — 자기들에게 너무 많으므로
/유다 자손의

시므온 자손이 — 자기의 기업을 얻음이었더라
/그들의 기업 중에서

10 [그가]	**제비를 뽑았으니**
	/셋째로
	/스불론 자손을 위하여
	/그 가족대로
그 기업의 경계는	**사릿에 미치고**
11	서편으로 **올라가서**
	마랄라에 **이르러**
	답베셋에 **(미치고)**
	욕느암 앞 시내에 **(미치며)**
12	**사릿에서부터**
	동편으로 **돌아**
	해 뜨는 편을 **(향하고)**
	기슬롯 다볼의 경계에 **(이르고)**
	다브랏으로 **나가서**
	야비아로 **올라가고**
13 또	
	거기서부터
	동편으로 가드 헤벨을 **지나**
	엣 가신에 **(이르고)**
	네아까지 연한 림몬으로 **나아가서**
14	북으로 **돌아**
	한나돈에 (**이르고**)

그 촌락이며 8 또 남방 라마 곧 바알랏 브엘까지 이 성
들을 둘러 있는 모든 촌락이니 이는 시므온 자손의 지파
가 그 가족대로 얻은 기업이라 9 시므온 자손의 이 기업
은 유다 자손의 기업 중에서 취하였으니 이는 유다 자손
의 분깃이 자기들에게 너무 많으므로 시므온 자손이 자
기의 기업을 그들의 기업 중에서 얻음이었더라 10 세째
로 스불론 자손을 위하여 그 가족대로 제비를 뽑았으니
그 기업의 경계는 사릿에 미치고 11 서편으로 올라가서
마랄라에 이르러 답베셋에 미치고 욕느암 앞 시내에 미
치며 12 사릿에서부터 동편으로 돌아 해 뜨는 편을 향
하고 기슬롯 다볼의 경계에 이르고 다브랏으로 나가서
야비아로 올라가고 13 또 거기서부터 동편으로 가드 헤
벨을 지나 엣 가신에 이르고 네아까지 연한 림몬으로 나
아가서 14 북으로 돌아 한나돈에 이르고 입다엘 골짜기

cities with their villages; 8 and all the villages which
were around these cities as far as Baalath-beer, Ramah
of the Negev. This was the inheritance of the tribe of
the sons of Simeon according to their families. 9 The
inheritance of the sons of Simeon was taken from the portion
of the sons of Judah, for the share of the sons of Judah
was too large for them; so the sons of Simeon received
an inheritance in the midst of Judah's inheritance. 10 ¶
Now the third lot came up for the sons of Zebulun
according to their families. And the territory of their
inheritance was as far as Sarid. 11 Then their border
went up to the west and to Maralah, it then touched
Dabbesheth, and reached to the brook that is before Jokneam.
12 Then it turned from Sarid to the east toward the
sunrise as far as the border of Chisloth-tabor, and it proceeded
to Daberath and up to Japhia. 13 And from there it continued
eastward toward the sunrise to Gath-hepher, to Eth-kazin,
and it proceeded to Rimmon which stretches to Neah.
14 And the border circled around it on the north to
Hannathon, and it ended at the valley of Iphtahel. 15

입다엘 골짜기에 (**이르러**)
끝이 되며

15 또
갓닷과 나할랄과 시므론과 이달라와 베들레헴이니

모두 **십이 성읍이요**
또 **그 촌락이라**

16 기업은 **이 성읍들과 그 촌락이었더라**
/스불론 자손이 그 가족대로 얻은

17 [그가] 제비를 **뽑았으니**
/넷째로
/잇사갈 곧 잇사갈 자손을 위하여
/그 가족대로

18 그 지경 안은 **이스르엘과 그술롯과 수넴과**
19 **하바라임과 시온과 아나하랏과**
20 **랍빗과 기시온과 에베스와**
21 **레멧과 언간님과 엔핫다와 벧 바세스며**

22 그 경계는 다볼과 사하수마와 벧 세메스에 **미치고**
그 끝은 **요단이니**

모두 **십육 성읍이요**
또 **그 촌락이라**

23 기업은 **이 성읍들과 그 촌락이었더라**
/잇사갈 자손 지파가 그 가족대로 얻은

24 [그가] **제비를 뽑았으니**
/다섯째로
/아셀 자손의 지파를 위하여
/그 가족대로

25 그 지경 안은 **헬갓과 할리와 베덴과 악삽과**
26 **알람멜렉과 아맛과 미살이며**

그 경계의 서편은 갈멜에 **미치며**
시홀 림낫에 (**미치고**)

에 이르러 끝이 되며 15 또 갓닷과 나할랄과 시므론과
이달라와 베들레헴이니 모두 십이 성읍이요 또 그 촌락
이라 16 스불론 자손이 그 가족대로 얻은 기업은 이 성
읍들과 그 촌락이었더라 17 네째로 잇사갈 곧 잇사갈
자손을 위하여 그 가족대로 제비를 뽑았으니 18 그 지
경 안은 이스르엘과 그술롯과 수넴과 19 하바라임과 시
온과 아나하랏과 20 랍빗과 기시온과 에베스와 21 레
멧과 언간님과 엔핫다와 벧 바세스며 22 그 경계는 다
볼과 사하수마와 벧 세메스에 미치고 그 끝은 요단이니
모두 십육 성읍이요 또 그 촌락이라 23 잇사갈 자손 지
파가 그 가족대로 얻은 기업은 이 성읍들과 그 촌락이었
더라 24 다섯째로 아셀 자손의 지파를 위하여 그 가족
대로 제비를 뽑았으니 25 그 지경 안은 헬갓과 할리와
베덴과 악삽과 26 알람멜렉과 아맛과 미살이며 그 경계

Included also were Kattah and Nahalal and Shimron and
Idalah and Bethlehem; twelve cities with their villages.
16 This was the inheritance of the sons of Zebulun according
to their families, these cities with their villages. 17 ¶
The fourth lot fell to Issachar, to the sons of Issachar
according to their families. 18 And their territory was
to Jezreel and included Chesulloth and Shunem, 19 and
Hapharaim and Shion and Anaharath, 20 and Rabbith
and Kishion and Ebez, 21 and Remeth and En-gannim
and En-haddah and Beth-pazzez. 22 And the border reached
to Tabor and Shahazumah and Beth-shemesh, and their border
ended at the Jordan; sixteen cities with their villages.
23 This was the inheritance of the tribe of the sons of
Issachar according to their families, the cities with their
villages. 24 ¶ Now the fifth lot fell to the tribe of the
sons of Asher according to their families. 25 And their
territory was Helkath and Hali and Beten and Achshaph,
26 and Allammelech and Amad and Mishal; and it
reached to Carmel on the west and to Shihor-libnath.
27 And it turned toward the east to Beth-dagon, and reached

27 **꺾여**
해돋는 편을 **향하여**
벧 다곤에 **이르며**
스불론에 **달하고**
북편으로 입다 엘 골짜기에 **미쳐서**
벧에멕과 느이엘에 **이르고**
가불 좌편으로 **나가서**
28 에브론과 르홉과 함몬과 가나를 **지나**
큰 시돈까지 **이르고**
29 **돌아서**
라마와 견고한 성읍 두로에 **이르고**
돌아서 호사에 **이르고**
악십 지방 곁 바다가 **끝이 되며**
30 또 **움마와 아벡과 르홉이니**

모두 **이십이 성읍과**
그 촌락이라

31 기업은 **이 성읍들과 그 촌락이었더라**
/아셀 자손의 지파가 그 가족대로 얻은

32 [그가] **제비를 뽑았으니**
/여섯째로
/납달리 자손을 위하여
/납달리 자손의 가족대로

33 그 경계는 **헬렙(에서부터)과**
사아난님의 **상수리나무에서부터**
아다미 네겝과 얍느엘을 **지나**
락굼까지요
그 끝은 **요단이며**

34 [그것은] 서편으로 **돌아**
아스놋 다볼에 **이르고**
그 곳에서부터 **나가**
훅곡에 **이르러는**
남은 스불론에 **접하였고**
서는 아셀에 **접하였으며**
해돋는 편은 유다에 달한 **요단이며**

35 성읍들은 **싯딤과 세르와 함맛과 락갓과 긴네렛과**
/그 견고한

의 서편은 갈멜에 미치며 시홀 림낫에 미치고 27 꺾여
해 돋는 편을 향하여 벧 다곤에 이르며 스불론에 달하고
북편으로 입다 엘 골짜기에 미쳐서 벧에멕과 느이엘에
이르고 가불좌편으로 나가서 28 에브론과 르홉과 함몬
과 가나를 지나 큰 시돈까지 이르고 29 돌아서 라마와
견고한 성읍 두로에 이르고 돌아서 호사에 이르고 악십
지방 곁 바다가 끝이 되며 30 또 움마와 아벡과 르홉이
니 모두 이십이 성읍과 그 촌락이라 31 아셀 자손의 지
파가 그 가족대로 얻은 기업은 이 성읍들과 그 촌락이었
더라 32 여섯째로 납달리 자손을 위하여 납달리 자손의
가족대로 제비를 뽑았으니 33 그 경계는 헬렙과 사아난
님의 상수리나무에서부터 아다미 네겝과 얍느엘을 지나
락굼까지요 그 끝은 요단이며 34 서편으로 돌아 아스놋
다볼에 이르고 그 곳에서부터 나가 훅곡에 이르러는 남
은 스불론에 접하였고 서는 아셀에 접하였으며 해 돋는
편은 유다에 달한 요단이며 35 그 견고한 성읍들은 싯

to Zebulun, and to the valley of Iphtahel northward to
Beth-emek and Neiel; then it proceeded on north to
Cabul, 28 and Ebron and Rehob and Hammon and
Kanah, as far as Great Sidon. 29 And the border turned
to Ramah, and to the fortified city of Tyre; then the
border turned to Hosah, and it ended at the sea by the
region of Achzib. 30 Included also were Ummah, and Aphek
and Rehob; twenty-two cities with their villages. 31
This was the inheritance of the tribe of the sons of Asher
according to their families, these cities with their villages.

32 ¶ The sixth lot fell to the sons of Naphtali; to the
sons of Naphtali according to their families. 33 And
their border was from Heleph, from the oak in Zaanannim
and Adami-nekeb and Jabneel, as far as Lakkum; and it
ended at the Jordan. 34 Then the border turned westward
to Aznoth-tabor, and proceeded from there to Hukkok;
and it reached to Zebulun on the south and touched
Asher on the west, and to Judah at the Jordan toward
the east. 35 And the fortified cities were Ziddim, Zer
and Hammath, Rakkath and Chinnereth, 36 and Adamah

36 아다마와 라마와 하솔과
37 게데스와 에드레이와 엔 하솔과
38 이론과 믹다렐과 호렘과 벧 아낫과 벧 세메스니

모두 **십구 성읍이요**
또 **그 촌락이라**

39 기업은 **이 성읍들과 그 촌락이었더라**
/납달리 자손의 지파가 그 가족대로 얻은

40[그가] 제비를 **뽑았으니**
/일곱째로
/단 자손의 지파를 위하여
/그 가족대로

41 그 기업의 지경은 **소라와 에스다올과 이르세메스와**
42 **사알랍빈과 아얄론과 이들라와**
43 **엘론과 딤나와 에그론과**
44 **엘드게와 깁브돈과 바알랏과**
45 **여훗과 브네브락과 가드 림몬과**
46 **메얄곤과 락곤과**
욥바 맞은편 경계까지라

47 그런데
단 자손의 지경이 **확장되었으니**
/더욱

//이는(이유: ו, for)
단 자손이 ┬ 올라가서
├ 레센을 쳐서
├ 취하여
├ 칼날로 치고
├ 그것을 얻어
└ 거기 거하였음이라

[그들이] 레센을 단이라 **하였더라**
/그 조상 단의 이름을 따라서

48 기업은 **이 성읍들과 그 촌락이었더라**
/단 자손의 지파가 그 가족대로 얻은

딤과 세르와 함맛과 락갓과 긴네렛과 36 아다마와 라마
와 하솔과 37 게데스와 에드레이와 엔 하솔과 38 이론
과 믹다렐과 호렘과 벧 아낫과 벧 세메스니 모두 십구 성
읍이요 또 그 촌락이라 39 납달리 자손의 지파가 그 가
족대로 얻은 기업은 이 성읍들과 그 촌락이었더라 40
일곱째로 단 자손의 지파를 위하여 그 가족대로 제비를
뽑았으니 41 그 기업의 지경은 소라와 에스다올과 이르
세메스와 42 사알랍빈과 아얄론과 이들라와 43 엘론과
딤나와 에그론과 44 엘드게와 깁브돈과 바알랏과 45
여훗과 브네브락과 가드 림몬과 46 메얄곤과 락곤과 욥
바 맞은편 경계까지라 47 그런데 단 자손의 지경이 더
욱 확장되었으니 이는 단 자손이 올라가서 레센을 쳐서
취하여 칼날로 치고 그것을 얻어 거기 거하였음이라 그
조상 단의 이름을 따라서 레센을 단이라 하였더라 48
단 자손의 지파가 그 가족대로 얻은 기업은 이 성읍들과
그 촌락이었더라 49 이스라엘 자손이 그 경계를 따라서

and Ramah and Hazor, 37 and Kedesh and Edrei and
En-hazor, 38 and Yiron and Migdal-el, Horem and
Beth-anath and Beth-shemesh; nineteen cities with their
villages. 39 This was the inheritance of the tribe of the
sons of Naphtali according to their families, the cities
with their villages. 40 ¶ The seventh lot fell to the tribe
of the sons of Dan according to their families. 41 And
the territory of their inheritance was Zorah and Eshtaol
and Ir-shemesh, 42 and Shaalabbin and Aijalon and
Ithlah, 43 and Elon and Timnah and Ekron, 44 and
Eltekeh and Gibbethon and Baalath, 45 and Jehud and
Bene-berak and Gath-rimmon, 46 and Me-jarkon and
Rakkon, with the territory over against Joppa. 47 And
the territory of the sons of Dan proceeded beyond them;
for the sons of Dan went up and fought with Leshem
and captured it. Then they struck it with the edge of the
sword and possessed it and settled in it; and they called
Leshem Dan after the name of Dan their father. 48
This was the inheritance of the tribe of the sons of Dan
according to their families, these cities with their villages.

수

49 이스라엘 자손이 기업의 땅 나누기를 **마치고**
/그 경계를 따라서
기업을 **주었으되**
/눈의 아들 여호수아에게
/자기들 중에서

50 곧
[그들이] 딤낫 세라를 **주매**
/여호와의 명령대로
/여호수아의 구한 성읍
/에브라임 산지

여호수아가 그 성읍을 **중건하고**
거기 **거하였었더라**

51 기업이 **이러하니라**
/엘르아살과 — **나눈**
/제사장 /회막문 여호와 앞에서
여호수아와 — /실로에서
/눈의 아들 /제비뽑아
족장들이
/이스라엘 자손 지파의

이에
[그들이] **마쳤더라**
/땅 나누는 일이(을)

20

1 여호와께서 여호수아에게 **일러 가라사대**
2 /[너는] — 이스라엘 자손에게 고하여 이르라
/[너희는] — 도피성을 택정하여
/내가 모세로 너희에게 말한

3 //(목적: ל)
그리로 도망하게 (하라)
/부지중 오살한 자를
/이는 — 피할 곳이니라
/너희 중 피의 보수자를

4 /도피하는 자는 — 그 성읍에 들어가는 문 어귀에 서서
/그 성읍들의 하나에
— 자기의 사고를 고할 것이요
/그 성읍 장로들의 귀에

기업의 땅 나누기를 마치고 자기들 중에서 눈의 아들 여
호수아에게 기업을 주었으되 **50** 곧 여호와의 명령대로
여호수아의 구한 성읍 에브라임 산지 딤낫세라를 주매
여호수아가 그 성읍을 중건하고 거기 거하였었더라 **51**
제사장 엘르아살과 눈의 아들 여호수아와 이스라엘 자손
지파의 족장들이 실로에서 회막 문 여호와 앞에서 제비
뽑아 나눈 기업이 이러하니라 이에 땅 나누는 일이 마쳤
더라

20:**1** 여호와께서 여호수아에게 일러 가라사대 **2**
이스라엘 자손에게 고하여 이르라 내가 모세로
너희에게 말한 도피성을 택정하여 **3** 부지중 오살(誤殺)
한 자를 그리로 도망하게 하라 이는 너희 중 피의 보수자
를 피할 곳이니라 **4** 그 성읍들의 하나에 도피하는 자는
그 성읍에 들어가는 문 어귀에 서서 그 성읍 장로들의 귀

49 ¶ When they finished apportioning the land for
inheritance by its borders, the sons of Israel gave an
inheritance in their midst to Joshua the son of Nun. **50**
In accordance with the command of the LORD they gave
him the city for which he asked, Timnath-serah in the
hill country of Ephraim. So he built the city and settled
in it. **51** ¶ These are the inheritances which Eleazar the
priest and Joshua the son of Nun and the heads of the
households of the tribes of the sons of Israel distributed
by lot in Shiloh before the LORD, at the doorway of
the tent of meeting. So they finished dividing the land.

20:**1** ¶ Then the LORD spoke to Joshua, saying, **2**
"Speak to the sons of Israel, saying, 'Designate
the cities of refuge, of which I spoke to you through
Moses, **3** that the manslayer who kills any person

/그들은 ─ 그를 받아
성읍에 들여
한 곳을 주어
자기들 중에 거하게 하고

5 /[만일]
피의 보수자가 ─ 그 뒤를 따라온다 할지라도
그들은 ─ 그 살인자를 내어 주지 말지니
/그의 손에

//이는(כִּי, for)
[그가] ─ 그 이웃을 죽였음이라
/본래 미워함이 없이
/부지중에

6 /그 살인자가 ─ 그 성읍에 거하다가
/재판을 받기까지나
/회중의 앞에 서서
/당시 대제사장의 죽기까지
/그 후에
그 살인자가 ─ 돌아갈지니라
/본 성읍
곧 그 성읍의 자기 집으로
/자기가 도망하여 나온

7 무리가 **구별하였고**
/납달리의 산지 갈릴리 게데스와
에브라임 산지의 세겜과
유다 산지의 기럇 아르바 곧 헤브론을

8 또
[그들이] **택하였으니**
/평지 광야의 베셀과
/르우벤 지파 중에서
/여리고 동 요단 저편
/길르앗 라못과
/갓 지파 중에서
/바산 골란을
/므낫세 지파 중에서

9 이는 곧 **성읍들로서**
/선정한
/이스라엘 모든 자손과
/그들 중에 우거하는 객을 위하여

//(목적: לְ, that...may)

에 자기의 사고를 고할 것이요 그들은 그를 받아 성읍에
들여 한 곳을 주어 자기들 중에 거하게 하고 **5** 피의 보
수가 그 뒤를 따라온다 할지라도 그들은 그 살인자를 그
의 손에 내어주지 말지니 이는 본래 미워함이 없이 부지
중에 그 이웃을 죽였음이라 **6** 그 살인자가 회중의 앞에
서서 재판을 받기까지나 당시 대제사장의 죽기까지 그
성읍에 거하다가 그 후에 그 살인자가 본 성읍 곧 자기
가 도망하여 나온 그 성읍의 자기 집으로 돌아갈지니라
7 무리가 납달리의 산지 갈릴리 게데스와 에브라임 산
지의 세겜과 유다 산지의 기럇아르바 곧 헤브론을 구별
하였고 **8** 또 여리고 동 요단 저편 르우벤 지파 중에서
평지 광야의 베셀과 갓 지파 중에서 길르앗라못과 므낫
세 지파 중에서 바산 골란을 택하였으니 **9** 이는 곧 이스
라엘 모든 자손과 그들 중에 우거하는 객을 위하여 선정

unintentionally, without premeditation, may flee there, and they shall become your refuge from the avenger of blood.
4 'And he shall flee to one of these cities, and shall stand at the entrance of the gate of the city and state his case in the hearing of the elders of that city; and they shall take him into the city to them and give him a place, so that he may dwell among them. **5** 'Now if
the avenger of blood pursues him, then they shall not deliver the manslayer into his hand, because he struck his neighbor without premeditation and did not hate him
beforehand. **6** 'And he shall dwell in that city until he stands before the congregation for judgment, until the death of the one who is high priest in those days. Then the manslayer shall return to his own city and to his own house, to the city from which he fled.'" **7** ¶ So they
set apart Kedesh in Galilee in the hill country of Naphtali and Shechem in the hill country of Ephraim, and Kiriath-arba (that is, Hebron) in the hill country of Judah. **8**
And beyond the Jordan east of Jericho, they designated Bezer in the wilderness on the plain from the tribe of Reuben,

수

//(목적 ל, that...may)
그리로 도망하여
/부지중 살인한 자로
/누구든지
죽지 않게 하기 위함이며
/ㅍ의 보수자의 손에

그는 거기 **있을 것이니라**
/회중 앞에 설 때까지

21

1 때에
족장들이 **나아와**
/레위 사람의 /제사장 엘르아살과
눈의 아들 여호수아와
이스라엘 자손의 지파 족장들에게

2 [그들이] 그들에게 **말하여 가로되**
/가나안 땅 실로에서
/여호와께서 — 모세로 명하사
/우리에게 주라 (하셨었나이다 하매)
/우리의 거할 성읍들과
우리의 가축 먹일 그 들을

3 자손이 레위 사람에게 **주니라**
/이스라엘 /여호와의 명을 따라
/이 아래 성읍들과 그 들을
/자기의 기업에서

4 [그들이] 제비를 **뽑았는데**
/그핫 가족을 위하여

아론의 자손들은 십삼 성읍을 **얻었고**
/제사장 /유다 지파와
/레위 사람 중 시므온 지파와
베냐민 지파 중에서
/제비대로

5 그핫 자손들은 열 성읍을 **얻었으며**
/그 남은 /에브라임 지파의 가족과
단 지파와 므낫세 반 지파 중에서
/제비대로

한 성읍들로서 누구든지 부지중 살인한 자로 그리로 도망
하여 피의 보수자의 손에 죽지 않게 하기 위함이며 그는
회중 앞에 설 때까지 거기 있을 것이니라
21:1 때에 레위 사람의 족장들이 제사장 엘르아살과
눈의 아들 여호수아와 이스라엘 자손의 지파 족장
들에게 나아와 2 가나안 땅 실로에서 그들에게 말하여
가로되 여호와께서 모세로 명하사 우리의 거할 성읍들과
우리의 가축 먹일 그 들을 우리에게 주라 하셨었나이다
하매 3 이스라엘 자손이 여호와의 명을 따라 자기의 기
업에서 이 아래 성읍들과 그 들을 레위 사람에게 주니라

and Ramoth in Gilead from the tribe of Gad, and Golan
in Bashan from the tribe of Manasseh. 9 These were
the appointed cities for all the sons of Israel and for the
stranger who sojourns among them, that whoever kills
any person unintentionally may flee there, and not die
by the hand of the avenger of blood until he stands
before the congregation.
21:1 ¶ Then the heads of households of the Levites
approached Eleazar the priest and Joshua the son
of Nun and the heads of households of the tribes of the
sons of Israel. 2 And they spoke to them at Shiloh in
the land of Canaan, saying, "The LORD commanded through
Moses to give us cities to live in, with their pasture
lands for our cattle." 3 So the sons of Israel gave the
Levites from their inheritance these cities with their
pasture lands, according to the command of the LORD.
4 Then the lot came out for the families of the Kohathites.
And the sons of Aaron the priest, who were of the
Levites, received thirteen cities by lot from the tribe of Judah
and from the tribe of the Simeonites and from the tribe

수

6 게르손 자손들은 십삼 성읍을 **얻었더라**
/잇사갈 지파의 가족들과
아셀 지파와
납달리 지파와
바산에 있는 므낫세 반 지파 중에서
/제비대로

7 므라리 자손들은 십이 성읍을 **얻었더라**
/그 가족대로
/르우벤 지파와
갓 지파와
스불론 지파 중에서

8 성읍들과
그 들이 **이러하니라**
/이스라엘 자손이 — 레위 사람에게 준
/제비뽑아
/여호와께서 모세로 명하신 대로

9 [그들이] **주었는데**
/이 아래 기명한 성읍들을
/유다 자손의 지파와
시므온 자손의 지파 중에서는

10 아론 자손이 첫째로 **제비뽑혔으므로**
/그핫 가족들에 속한
/레위 자손 중

11 [그들이] 그들에게 **주었고**
/아낙의 아비 아르바의 성읍
유다 산지 기럇 아르바
/곧 헤브론과 그 사면 들을

12 오직 밭과
/그 성읍의
촌락은 여분네의 아들 갈렙에게 **주어**
/소유가 되게 (하였더라)

4 그핫 가족을 위하여 제비를 뽑았는데 레위 사람 중
제사장 아론의 자손들은 유다 지파와 시므온 지파와 베
냐민 지파 중에서 제비대로 십삼 성읍을 얻었고 5 그
남은 그핫 자손들은 에브라임 지파의 가족과 단 지파와
므낫세 반 지파 중에서 제비대로 열 성읍을 얻었으며 6
게르손 자손들은 잇사갈 지파의 가족들과 아셀 지파와
납달리 지파와 바산에 있는 므낫세 반 지파 중에서 제비
대로 십삼 성읍을 얻었더라 7 므라리 자손들은 그 가족
대로 르우벤 지파와 갓 지파와 스불론 지파 중에서 십이
성읍을 얻었더라 8 여호와께서 모세로 명하신 대로 이
스라엘 자손이 제비뽑아 레위사람에게 준 성읍들과 그
들이 이러하니라 9 유다 자손의 지파와 시므온 자손의
지파 중에서는 이 아래 기명한 성읍들을 주었는데 10
레위 자손 중 그핫 가족들에 속한 아론 자손이 첫째로
제비뽑혔으므로 11 아낙의 아비 아르바의 성읍 유다
산지 기럇 아르바 곧 헤브론과 그 사면 들을 그들에게
주었고 12 오직 그 성읍의 밭과 촌락은 여분네의 아들
갈렙에게 주어 소유가 되게 하였더라 13 제사장 아론

of Benjamin. 5 And the rest of the sons of Kohath
received ten cities by lot from the families of the tribe
of Ephraim and from the tribe of Dan and from the half-
tribe of Manasseh. 6 And the sons of Gershon received
thirteen cities by lot from the families of the tribe of
Issachar and from the tribe of Asher and from the tribe
of Naphtali and from the half-tribe of Manasseh in
Bashan. 7 The sons of Merari according to their families
received twelve cities from the tribe of Reuben and from
the tribe of Gad and from the tribe of Zebulun. 8 Now
the sons of Israel gave by lot to the Levites these cities
with their pasture lands, as the LORD had commanded
through Moses. 9 ¶ And they gave these cities which
are here mentioned by name from the tribe of the sons
of Judah and from the tribe of the sons of Simeon; 10
and they were for the sons of Aaron, one of the families
of the Kohathites, of the sons of Levi, for the lot was
theirs first. 11 Thus they gave them Kiriath-arba, Arba
being the father of Anak (that is, Hebron), in the hill
country of Judah, with its surrounding pasture lands. 12
But the fields of the city and its villages, they gave to
Caleb the son of Jephunneh as his possession. 13 ¶ So

수

13 준 것은 살인자의 도피성 **헤브론과**
/아론 자손에게 **그 들이요**
/제사장
또
립나와 그 들과
14 **얏딜과 그 들과**
에스드모아와 그 들과
15 **홀론과 그 들과**
드빌과 그 들과
16 **아인과 그 들과**
윳다와 그 들과
벧 세메스와 그 들이니
아홉 성읍을 내었고
/이 두 지파에서

17 또
기브온과 그 들과
게바와 그 들과
/베냐민 지파 중에서는
18 **아나돗과 그 들과**
알몬과 그 들
곧 **네 성읍을 내었으니**

19 성읍이 모두 **십삼 성읍과**
/제사장 아론 자손의
그 들이었더라

20 [그들이] 그 성읍들을 **주었으니**
/그 남은 레위 사람 그핫 자손의 가족
/곧 그핫 자손에게는
/제비뽑아
/에브라임 지파 중에서

21 곧
[그것은] **세겜과 그 들이요**
/에브라임 산지
/살인자의 도피성
또
게셀과 그 들과

자손에게 준 것은 살인자의 도피성 헤브론과 그 들이요
또 립나와 그들과 **14** 얏딜과 그 들과 에스드모아와 그
들과 **15** 홀론과 그 들과 드빌과 그 들과 **16** 아인과 그
들과 윳다와 그 들과 벧 세메스와 그 들이니 이 두 지파
에서 아홉 성읍을 내었고 **17** 또 베냐민 지파 중에서는
기브온과 그 들과 게바와 그 들과 **18** 아나돗과 그 들과
알몬과 그 들 곧 네 성읍을 내었으니 **19** 제사장 아론
자손의 성읍이 모두 십삼 성읍과 그 들이었더라 **20** 그
남은 레위 사람 그핫 자손의 가족 곧 그핫 자손에게는
제비 뽑아 에브라임 지파 중에서 그 성읍들을 주었으니
21 곧 살인자의 도피성 에브라임 산지 세겜과 그 들이
요 또 게셀과 그 들과 **22** 깁사임과 그 들과 벧 호론과

to the sons of Aaron the priest they gave Hebron, the
city of refuge for the manslayer, with its pasture lands,
and Libnah with its pasture lands, **14** and Jattir with
its pasture lands and Eshtemoa with its pasture lands,
15 and Holon with its pasture lands and Debir with its
pasture lands, **16** and Ain with its pasture lands and
Juttah with its pasture lands and Beth-shemesh with its pasture
lands; nine cities from these two tribes. **17** And from
the tribe of Benjamin, Gibeon with its pasture lands,
Geba with its pasture lands, **18** Anathoth with its pasture
lands and Almon with its pasture lands; four cities. **19**
All the cities of the sons of Aaron, the priests, were
thirteen cities with their pasture lands. **20** ¶ Then the
cities from the tribe of Ephraim were allotted to the
families of the sons of Kohath, the Levites, even to the
rest of the sons of Kohath. **21** And they gave them Shechem,
the city of refuge for the manslayer, with its pasture
lands, in the hill country of Ephraim, and Gezer with

수

22 깁사임과 그 들과
벧 호론과 그 들이니
네 성읍이요

23 또
준 것은 엘드게와 그 들과
/단 지파 중에서
깁브돈과 그 들과
24 아얄론과 그 들과
가드 림몬과 그 들이니
네 성읍이요

25 또
준 것은 다아낙과 그 들과
/므낫세 반 지파 중에서
가드 림몬과 그 들이니
두 성읍이라

26 성읍이 모두 열과 그 들이었더라
/그핫 자손의 남은 가족의

27 [그들이] 주었고
/레위 가족의 게르손 자손들에게는
/므낫세 반 지파 중에서
/살인자의 도피성 바산 골란과 그 들을

또
브에스드라와 그 들을 주었으니
두 성읍이요

28 [그들이] 주었으니
/잇사갈 지파 중에서는
/기시온과 그 들과
다브랏과 그 들과
29 야르뭇과 그 들과
언 간님과 그 들을

네 성읍이요

30 [그들이] 주었으니
/아셀 지파 중에서는
/미살과 그 들과
압돈과 그 들과

그 들이니 네 성읍이요 23 또 단 지파 중에서 준 것은
엘드게와 그 들과 깁브돈과 그 들과 24 아얄론과 그 들
과 가드 림몬과 그 들이니 네 성읍이요 25 또 므낫세 반
지파 중에서 준 것은 다아낙과 그 들과 가드림몬과 그 들
이니 두 성읍이라 26 그핫 자손의 남은 가족의 성읍이
모두 열과 그 들이었더라 27 레위 가족의 게르손 자손
들에게는 므낫세 반 지파 중에서 살인자의 도피성 바산
골란과 그 들을 주었고 또 브에스드라와 그 들을 주었으
니 두 성읍이요 28 잇사갈 지파 중에서는 기시온과 그
들과 다브랏과 그 들과 29 야르뭇과 그 들과 언 간님과
그 들을 주었으니 네 성읍이요 30 아셀 지파 중에서는
미살과 그 들과 압돈과 그 들과 31 헬갓과 그 들과 르홉

its pasture lands,
22 and Kibzaim with its pasture lands
and Beth-horon with its pasture lands; four cities.
23 And from the tribe of Dan, Elteke with its pasture lands,
Gibbethon with its pasture lands,
24 Aijalon with its pasture lands, Gath-rimmon with its pasture lands; four cities.
25 And from the half-tribe of Manasseh, they allotted
Taanach with its pasture lands and Gath-rimmon with
its pasture lands; two cities.
26 All the cities with their
pasture lands for the families of the rest of the sons of Kohath
were ten.
27 ¶ And to the sons of Gershon, one of the
families of the Levites, from the half-tribe of Manasseh, they
gave Golan in Bashan, the city of refuge for the manslayer,
with its pasture lands, and Be-eshterah with its pasture lands;
two cities.
28 And from the tribe of Issachar, they gave
Kishion with its pasture lands, Daberath with its pasture
lands,
29 Jarmuth with its pasture lands, En-gannim
with its pasture lands; four cities.
30 And from the
tribe of Asher, they gave Mishal with its pasture lands, Abdon

31 헬갓과 그 들과
르홉과 그 들을
네 성읍이요

32 [그들이] **주었고**
/납달리 지파 중에서는
/살인자의 도피성 갈릴리 게데스와 그 들을
또
주었으니
/함못 돌과 그 들과
가르단과 그 들을
세 성읍이라

33 성읍이 모두 **열세 성읍과 그 들이었더라**
/게르손 사람이 그 가족대로 얻은

34 준 것은 **욕느암과 그 들과**
/므라리 자손의 가족들에게
/그 남은 레위 사람
/스불론 지파 중에서
가르다와 그 들과
35 **딤나와 그 들과**
나할랄과 그 들이니
네 성읍이요

36 준 것은 **베셀과 그 들과**
/르우벤 지파 중에서
야하스와 그 들과
37 **그데못과 그 들과**
므바앗과 그 들이니
네 성읍이요

38 준 것은 **길르앗 라못과 그 들이요**
/갓 지파 중에서 /살인자의 도피성
또
마하나임과 그 들과
39 **헤스본과 그 들과**
야셀과 그 들이니
모두 **네 성읍이라**

40 이는 **성읍이니**
/곧 므라리 자손이-그 가족대로 얻은
/레위 가족의 남은 자

과 그 들을 주었으니 네 성읍이요 **32** 납달리 지파 중에
서는 살인자의 도피성 갈릴리 게데스와 그 들을 주었고
또 함못 돌과 그 들과 가르단과 그 들을 주었으니 세 성
읍이라 **33** 게르손 사람이 그 가족대로 얻은 성읍이 모
두 열세 성읍과 그 들이었더라 **34** 그 남은 레위 사람
므라리 자손의 가족들에게 준 것은 스불론 지파 중에서
욕느암과 그 들과 가르다와 그 들과 **35** 딤나와 그 들과
나할랄과 그 들이니 네 성읍이요 **36** 르우벤 지파 중에
서 준 것은 베셀과 그 들과 야하스와 그 들과 **37** 그데
못과 그 들과 므바앗과 그 들이니 네 성읍이요 **38** 갓
지파 중에서 준 것은 살인자의 도피성 길르앗 라못과 그
들이요 또 마하나임과 그 들과 **39** 헤스본과 그 들과 야
셀과 그 들이니 모두 네 성읍이라 **40** 이는 레위 가족의
남은 자 곧 므라리 자손이 그 가족대로 얻은 성읍이니

with its pasture lands, **31** Helkath with its pasture lands
and Rehob with its pasture lands; four cities. **32** And
from the tribe of Naphtali, they gave Kedesh in Galilee,
the city of refuge for the manslayer, with its pasture
lands and Hammoth-dor with its pasture lands and Kartan
with its pasture lands; three cities. **33** All the cities of
the Gershonites according to their families were thirteen
cities with their pasture lands. **34** ¶ And to the families
of the sons of Merari, the rest of the Levites, they gave
from the tribe of Zebulun, Jokneam with its pasture lands
and Kartah with its pasture lands. **35** Dimnah with its pasture
lands, Nahalal with its pasture lands; four cities. **36**
And from the tribe of Reuben, they gave Bezer with its
pasture lands and Jahaz with its pasture lands, **37** Kedemoth
with its pasture lands and Mephaath with its pasture
lands; four cities. **38** And from the tribe of Gad, they
gave Ramoth in Gilead, the city of refuge for the
manslayer, with its pasture lands and Mahanaim with its
pasture lands, **39** Heshbon with its pasture lands, Jazer with
its pasture lands; four cities in all. **40** All these were

성읍이 **십이 성읍이었더라**
/그 제비뽑아 얻은

41 성읍이 모두 **사십팔 성읍이요 또 그 들이라**
/레위 사람의 얻은
/이스라엘 자손의 기업 중에서

42 들이 **있었고**
/이 각 성읍의 사면에

모든 성읍이 다 **그러하였더라**

43 여호와께서 **주셨으므로**
/온 땅을
/이스라엘의 열조에게 맹세하사 주마 하신
/이와 같이
/이스라엘에게 다

그들이 그것을 **얻어**
거기 **거하였으며**

44 여호와께서 그들의 사방에 **안식을 주셨으되**
/그 열조에게 맹세하신 대로 (하셨으므로)

대적이 그들을 **당한 자가 하나도 없었으니**
/그 모든

//이는(이유: כִּי, for)
여호와께서 —— 그들의 손에 붙이셨음이라
/그들의 모든 대적을

45 선한 일이 하나도 남음이 없이 다 **응하였더라**
/여호와께서 말씀하신
/이스라엘 족속에게

22

1 그 때에
여호수아가 **불러서**
/르우벤 사람과
갓 사람과
므낫세 반 지파를

그 제비뽑아 얻은 성읍이 십이 성읍이었더라 **41** 레위
사람의 이스라엘 자손의 기업 중에서 얻은 성읍이 모두
사십팔 성읍이요 또 그 들이라 **42** 이 각 성읍의 사면에
들이 있었고 모든 성읍이 다 그러하였더라 **43** 여호와께
서 이스라엘의 열조에게 맹세하사 주마 하신 온 땅을 이
와 같이 이스라엘에게 다 주셨으므로 그들이 그것을 얻
어 거기 거하였으며 **44** 여호와께서 그들의 사방에 안식
을 주셨으되 그 열조에게 맹세하신 대로 하셨으므로 그
모든 대적이 그들을 당한 자가 하나도 없었으니 이는 여
호와께서 그들의 모든 대적을 그들의 손에 붙이셨음이라 **45**
여호와께서 이스라엘 족속에게 말씀하신 선한 일이 하나
도 남음이 없이 다 응하였더라

22:**1** 그 때에 여호수아가 르우벤 사람과 갓 사람과
므낫세 반 지파를 불러서 **2** 그들에게 이르되 여

the cities of the sons of Merari according to their families,
the rest of the families of the Levites; and their lot was twelve
cities. **41** ¶ All the cities of the Levites in the midst of
the possession of the sons of Israel were forty-eight cities
with their pasture lands. **42** These cities each had its
surrounding pasture lands; thus it was with all these
cities. **43** ¶ So the LORD gave Israel all the land which
He had sworn to give to their fathers, and they possessed
it and lived in it. **44** And the LORD gave them rest
on every side, according to all that He had sworn to
their fathers, and no one of all their enemies stood before
them; the LORD gave all their enemies into their hand.
45 Not one of the good promises which the LORD had
made to the house of Israel failed; all came to pass.

22:**1** ¶ Then Joshua summoned the Reubenites and
the Gadites and the half-tribe of Manasseh, **2** and
said to them, "You have kept all that Moses the servant
of the LORD commanded you, and have listened to my voice

수

2 그들에게 **이르되**
/너희가 — 다 지키며
/여호와의 종 모세가 너희에게 명한 것을
/또
너희가 — 청종하여
/내 말을
/내가 너희에게 명한 모든 일에

3 /너희가 — 너희 형제를 떠나지 아니하고
/오늘날까지
/날이 오래도록
— 그 책임을 지키도다
/오직 너희 하나님 여호와의 명하신

4 /여호와께서 안식을 주셨으니
/너희 하나님 /너희 형제에게
/이제는
/이미 말씀하신 대로

/그런즉
너희는 — 소유지로 가서
/이제
/여호와의 종 모세가 — 너희에게 준
/요단 저편에서
너희의 장막으로 돌아가되

5 /[너희는] — 크게 삼가
/명령과 율법을 행하여(=행하기를)
/여호와의 종 모세가 너희에게 명한

/여호와를 사랑하고(=사랑하기를)
/너희 하나님
/그 모든 길로 행하며(=행하기를)
/그 계명을 지켜(=지키기를)
/그에게 친근히 하고(=친근히 하기를)
/그를 섬길지니라(=섬기기를) 하고
/너희 마음을 다하며
성품을 다하여

6 여호수아가 그들에게 **축복하여**
보내매

그들이 자기 장막으로 **갔더라**

7 모세가 바산에서 기업을 **주었고**
/므낫세 반 지파에게는

호와의 종 모세가 너희에게 명한 것을 너희가 다 지키며
또 내가 너희에게 명한 모든 일에 내 말을 너희가 청종
하여 **3** 오늘날까지 날이 오래도록 너희가 너희 형제를
떠나지 아니하고 오직 너희 하나님 여호와의 명하신 그
책임을 지키도다 **4** 이제는 너희 하나님 여호와께서 이
미 말씀하신 대로 너희 형제에게 안식을 주셨으니 그런
즉 이제 너희는 여호와의 종 모세가 요단 저편에서 너희
에게 준 소유지로 가서 너희의 장막으로 돌아가되 **5** 크
게 삼가 여호와의 종 모세가 너희에게 명한 명령과 율법
을 행하여 너희 하나님 여호와를 사랑하고 그 모든 길로
행하며 그 계명을 지켜 그에게 친근히 하고 너희 마음을
다하며 성품을 다하여 그를 섬길지니라 하고 **6** 여호수
아가 그들에게 축복하여 보내매 그들이 자기 장막으로
갔더라 **7** 므낫세 반 지파에게는 모세가 바산에서 기업

in all that I commanded you. **3** "You have not forsaken
your brothers these many days to this day, but have kept
the charge of the commandment of the LORD your God.
4 "And now the LORD your God has given rest to your
brothers, as He spoke to them; therefore turn now and
go to your tents, to the land of your possession, which Moses
the servant of the LORD gave you beyond the Jordan.
5 "Only be very careful to observe the commandment
and the law which Moses the servant of the LORD
commanded you, to love the LORD your God and walk
in all His ways and keep His commandments and hold
fast to Him and serve Him with all your heart and with
all your soul." **6** So Joshua blessed them and sent them
away, and they went to their tents. **7** ¶ Now to the one

여호수아가 요단 이편 서편에서 기업을 **준지라**
/기타 반 지파에게는
/그 형제 중에서

여호수아가 그들을 돌려 보낼 때에(상황절, when)
/그 장막으로
그들에게 **축복하고**
8 **일러 가로되**
/너희는 ─ 너희의 장막으로 돌아가서
/많은 재산과
심히 많은 가축과
은, 금, 동, 철과
심히 많은 의복을 가지고
└ 너희 형제와 나눌지니라 하매
/너희 대적에게서 탈취한 것을

9 르우벤 자손과
갓 자손과
므낫세 반 지파가 ─ 이스라엘 자손을 **떠나**
/가나안 땅 실로에서
└ 길르앗으로 **가니라**
/얻은 땅 곧 그 소유지
/여호와께서 모세로 명하신 대로

10 르우벤 자손과
므낫세 반 지파가 가나안 땅 요단 언덕 가에 이르자 (상황절, when)
[그들이] 단을 **쌓았는데**
/볼 만한 큰 단(이었더라)
/거기서
/요단 가에

11 이스라엘 자손이 **들은즉**
/이르기를(=말하는것을)
/르우벤 자손과
갓 자손과
므낫세 반 지파가 – 단을 쌓았다 하는(지라)
/가나안 땅의 맨 앞편
/요단 언덕 가
/이스라엘 자손에게 속한 편에

12 이스라엘 자손이 이를 듣자(상황절, when)
온 회중이 실로에 모여서
/이스라엘 자손의 /곧

을 주었고 기타 반 지파에게는 여호수아가 요단 이편 서편에서 그 형제 중에서 기업을 준지라 여호수아가 그들을 그 장막으로 돌려보낼 때에 그들에게 축복하고 8 일러 가로되 너희는 많은 재산과 심히 많은 가축과 은, 금, 동, 철과 심히 많은 의복을 가지고 너희의 장막으로 돌아가서 너희 대적에게서 탈취한 것을 너희 형제와 나눌지니라 하매 9 르우벤 자손과 갓 자손과 므낫세 반 지파가 가나안 땅 실로에서 이스라엘 자손을 떠나 여호와께서 모세로 명하신 대로 얻은 땅 곧 그 소유지 길르앗으로 가니라 10 르우벤 자손과 므낫세 반 지파가 가나안 땅 요단 언덕 가에 이르자 거기서 요단 가에 단을 쌓았는데 볼 만한 큰 단이었더라 11 이스라엘 자손이 들은즉 이르기를 르우벤 자손과 갓 자손과 므낫세 반 지파가 가나안 땅의 맨 앞편 요단 언덕 가 이스라엘 자손에게 속한 편에 단을 쌓았다 하는지라 12 이스라엘 자손이 이를 듣자 곧 이스라엘 자손의 온 회중이 실로에 모여서 그들

half-tribe of Manasseh Moses had given a possession in Bashan, but to the other half Joshua gave a possession among their brothers westward beyond the Jordan. So when Joshua sent them away to their tents, he blessed them,
8 and said to them, "Return to your tents with great riches and with very much livestock, with silver, gold, bronze, iron, and with very many clothes; divide the spoil of your enemies with your brothers."
9 And the sons of Reuben and the sons of Gad and the half-tribe of Manasseh returned home and departed from the sons of Israel at Shiloh which is in the land of Canaan, to go to the land of Gilead, to the land of their possession which they had possessed, according to the command of the LORD through Moses.
10 ¶ And when they came to the region of the Jordan which is in the land of Canaan, the sons of Reuben and the sons of Gad and the half-tribe of Manasseh built an altar there by the Jordan, a large altar in appearance.
11 And the sons of Israel heard it said, "Behold, the sons of Reuben and the sons of Gad and the half-tribe of Manasseh have built an altar at the frontier of the land of Canaan, in the region of the Jordan, on the side belonging to the sons of Israel."
12 And when the

수

//(목적: ל, to)
그들과 싸우러 가려 (하니라)

13 이스라엘 자손이 길르앗 땅으로 **보내어**
/제사장 엘르아살의 아들 비느하스를
/르우벤 자손과 갓 자손과 므낫세 반 지파를 보게 (하되)
14 /이스라엘 각 지파에서 한 방백씩 열 방백을 그와 함께 (하게 하니)
/그들은 — 족속의 두령이라
/이스라엘 천만인 중
/각기

15 그들이 길르앗 땅에 **이르러**
나아가서
/르우벤 자손과 갓 자손과 므낫세 반 지파에게
그들에게 **말하여 가로되**
16 /온 회중이 — 말하기를
/여호와의 /너희가 - 어찌하여 이스라엘 하나님께 범죄하여
/오늘날 여호와를 좇는 데서 떠나서
/자기를 위하여 단을 쌓아
/여호와를 거역하고자 하느냐

17 /재앙이 — 내렸으나
/브올의 죄악으로 인하여
/여호와의 회중에
우리가 — 그 죄에서 정결함을 얻지 못하였거늘
/오늘날까지
/그 죄악이-우리에게 부족하여서
18 /오늘날
너희가 - 돌이켜 여호와를 좇지 않고자 하느냐?
/[만일]
너희가 — 오늘날 여호와를 배역하면
그가 — 내일은 진노하시리라
/이스라엘 온 회중에게

19 /그런데
만일]
너희 소유지가-깨끗지 아니하거든

과 싸우러 가려하니라 **13** 이스라엘 자손이 제사장 엘르
아살의 아들 비느하스를 길르앗 땅으로 보내어 르우벤
자손과 갓 자손과 므낫세 반 지파를 보게 하되 **14** 이스
라엘 각 지파에서 한 방백씩 열 방백을 그와 함께 하게
하니 그들은 각기 이스라엘 천만 인 중 족속의 두령이라
15 그들이 길르앗 땅에 이르러 르우벤 자손과 갓 자손
과 므낫세 반 지파에게 나아가서 그들에게 말하여 가로
되 **16** 여호와의 온 회중이 말하기를 너희가 어찌하여
이스라엘 하나님께 범죄하여 오늘날 여호와를 좇는 데서
떠나서 자기를 위하여 단을 쌓아 여호와를 거역하고자
하느냐 **17** 브올의 죄악으로 인하여 여호와의 회중에 재
앙이 내렸으나 오늘날까지 우리가 그 죄에서 정결함을
얻지 못하였거늘 그 죄악이 우리에게 부족하여서 **18** 오
늘날 너희가 돌이켜 여호와를 좇지 않고자 하느냐 너희
가 오늘날 여호와를 배역하면 내일은 그가 이스라엘 온
회중에게 진노하시리라 **19** 그런데 너희 소유지가 만일
깨끗지 아니하거든 여호와의 성막이 있는 여호와의 소유
지로 건너와 우리 중에서 소유를 취할 것이니라 오직 우

sons of Israel heard of it, the whole congregation of the
sons of Israel gathered themselves at Shiloh, to go up against
them in war. **13** ¶ Then the sons of Israel sent to the
sons of Reuben and to the sons of Gad and to the half-
tribe of Manasseh, into the land of Gilead, Phinehas the
son of Eleazar the priest, **14** and with him ten chiefs,
one chief for each father's household from each of the
tribes of Israel; and each one of them was the head of
his father's household among the thousands of Israel.
15 And they came to the sons of Reuben and to the
sons of Gad and to the half-tribe of Manasseh, to the
land of Gilead, and they spoke with them saying, **16**
"Thus says the whole congregation of the LORD, 'What
is this unfaithful act which you have committed against
the God of Israel, turning away from following the LORD
this day, by building yourselves an altar, to rebel against
the LORD this day? **17** 'Is not the iniquity of Peor
enough for us, from which we have not cleansed ourselves
to this day, although a plague came on the congregation
of the LORD, **18** that you must turn away this day
from following the LORD? And it will come about if
you rebel against the LORD today, that He will be angry
with the whole congregation of Israel tomorrow. **19** 'If,
however, the land of your possession is unclean, then
cross into the land of the possession of the LORD, where
the LORD's tabernacle stands, and take possession among

수

[너희는]─여호와의 소유지로 건너와
/여호와의 성막이 있는
소유를 취할 것이니라
/우리 중에서

/[너희가]─다른 단을 쌓음으로
/오직 우리 하나님 여호와의 단 외에
여호와께 패역하지 말며
우리에게도 패역하지 말라

20 /세라의 아들 아간이 ─ 범죄하므로
/바친 물건에 대하여
진노가 ── 임하지 아니하였었느냐?
/이스라엘 온 회중에
/망한 자가 ── 그 사람뿐이 아니었느니라
/그 죄악으로

21 르우벤 자손과
갓 자손과
므낫세 반 지파가 ─ **대답하여 가로되**
/이스라엘 천만인의 두령에게

22 /하나님 여호와
/전능하신 자
하나님 여호와께서 ─ 아시나니[10)]
/전능하신 자

/이스라엘도 ── 장차 알리라
/[만일]
이 일이 ─ 여호와께 패역함이거나
범죄함이거든
주는 오늘날 우리를 구원치 마시옵소서

23 /[만일]
우리가─ 단을 쌓은 것이(if)

//(목적)
돌이켜 여호와를 좇지 아니하려 함이거나
혹시 그 위에 번제나 소제를 드리려 함이거나
혹시 화목제물을 드리려 함이어든

여호와는 ── 친히 벌하시옵소서

24 /우리가 ─ 주의하고 이같이 하였노라
/목적이 있어서
/곧 생각하기를

10) 지면관계상 앞으로 당겨서 정리함. 22-29절까지.

리 하나님 여호와의 단 외에 다른 단을 쌓음으로 여호와
께 패역하지 말며 우리에게도 패역하지 말라 20 세라의
아들 아간이 바친 물건에 대하여 범죄하므로 이스라엘
온 회중에 진노가 임하지 아니하였었느냐 그 죄악으로
망한 자가 그 사람 뿐이 아니었느니라 21 르우벤 자손
과 갓 자손과 므낫세 반 지파가 이스라엘 천만 인의 두
령에게 대답하여 가로되 22 전능하신 자 하나님 여호와,
전능하신 자 하나님 여호와께서 아시나니 이스라엘도 장
차 알리라 이 일이 만일 여호와께 패역함이거나 범죄함
이거든 주는 오늘날 우리를 구원치 마시옵소서 23 우리
가 단을 쌓은 것이 돌이켜 여호와를 좇지 아니하려 함이
거나 혹시 그 위에 번제나 소제를 드리려 함이거나 혹시
화목 제물을 드리려 함이어든 여호와는 친히 벌하시옵소
서 24 우리가 목적이 있어서 주의하고 이같이 하였노라

us. Only do not rebel against the LORD, or rebel against
us by building an altar for yourselves, besides the altar
of the LORD our God. 20 'Did not Achan the son of
Zerah act unfaithfully in the things under the ban, and
wrath fall on all the congregation of Israel? And that
man did not perish alone in his iniquity.'" 21 ¶ Then
the sons of Reuben and the sons of Gad and the half-
tribe of Manasseh answered, and spoke to the heads of
the families of Israel. 22 "The Mighty One, God, the LORD,
the Mighty One, God, the LORD! He knows, and may
Israel itself know. If it was in rebellion, or if in an
unfaithful act against the LORD do not Thou save us
this day! 23 "If we have built us an altar to turn away
from following the LORD, or if to offer a burnt offering
or grain offering on it, or if to offer sacrifices of peace
offerings on it, may the LORD Himself require it. 24

수

/곧 생각하기를
/후일에
너희 자손이-우리 자손에게 말하여 이르기를
/너희가-무슨 상관이 있느냐?
/여호와와
/이스라엘 하나님

25 /너희 르우벤 자손!
갓 자손아!
여호와께서 — 경계를 삼으셨나니
/우리와 너희 사이에
/요단으로
너희는 —— 분의가 없느니라 하여
/여호와께
/너희 자손이 — 여호와 경외하기를 그치게 할까 하여
/우리 자손으로

26 /우리가— 말하기를
/우리가-한 단 쌓기를 예비하자 하였노니
/이제
/이는—번제를 위함도 아니요
—다른 제사를 위함도 아니라
27 —증거가 되게 할 뿐으로서
/우리가 —섬기는 것을
/여호와 앞에서
/우리 번제와
우리 다른 제사와
우리 화목제로
/우리와 너희 사이와
우리의 후대 사이에

//(목적)
자손으로— 이르기를 못하게 하려 함이로라
/너희 /후일에
/우리 자손에게
/너희는-분의가 없다

28 /우리가— 말하였거니와
/만일
그들이 — 이같이 말하면

곧 생각하기를 후일에 너희 자손이 우리 자손에게 말하
여 이르기를 너희가 이스라엘 하나님 여호와와 무슨 상
관이 있느냐
25 너희 르우벤 자손 갓 자손아 여호와께
서 우리와 너희 사이에 요단으로 경계를 삼으셨나니 너
희는 여호와께 분의가 없느니라 하여 너희 자손이 우리
자손으로 여호와 경외하기를 그치게 할까 하여
26 우리
가 말하기를 우리가 이제 한 단 쌓기를 예비하자 하였노
니 이는 번제를 위함도 아니요 다른 제사를 위함도 아니
라
27 우리가 여호와 앞에서 우리 번제와 우리 다른 제
사와 우리 화목제로 섬기는 것을 우리와 너희 사이와 우
리의 후대 사이에 증거가 되게 할 뿐으로서 너희 자손으
로 후일에 우리 자손에게 이르기를 너희는 여호와께 분
의가 없다 못하게 하려 함이로라
28 우리가 말하였거니
와 만일 그들이 후일에 우리에게나 우리 후대에게 이같
이 말하면 우리가 말하기를 우리 열조가 지은 여호와의
단 모형을 보라 이는 번제를 위한 것도 아니요 다른 제사
를 위한것도 아니라 오직 우리와 너희 사이에 증거만 되
게 할뿐이라
29 우리가 번제나 소제나 다른 제사를 위

"But truly we have done this out of concern, for a reason,
saying, In time to come your sons may say to our sons,"
What have you to do with the LORD, the God of Israel?
25 "For the LORD has made the Jordan a border between
us and you, you sons of Reuben and sons of Gad; you
have no portion in the LORD." So your sons may make
our sons stop fearing the LORD.
26 ¶ "Therefore we
said, 'Let us build an altar, not for burnt offering or for
sacrifice;
27 rather it shall be a witness between us
and you and between our generations after us, that we
are to perform the service of the LORD before Him with
our burnt offerings, and with our sacrifices and with our
peace offerings, that your sons may not say to our sons
in time to come, "You have no portion in the LORD."'
28 "Therefore we said, 'It shall also come about if they
say this to us or to our generations in time to come,
then we shall say, "See the copy of the altar of the
LORD which our fathers made, not for burnt offering
or for sacrifice; rather it is a witness between us and
you."'
29 "Far be it from us that we should rebel against

수

/만일
그들이 — 이같이 말하면
/후일에
/우리에게나 우리 후대에게
/우리가 — 말하기를
/[너희는] — 여호와의 단 모형을 보라
/우리 열조가 지은
/이는 — 번제를 위한 것도 아니요
— 다른 제사를 위한 것도 아니라
— 오직 증거만 되게 할 뿐이라
/우리와 너희 사이에

29 /우리가 — 여호와께 패역하고(함이 결코아니고)
/단 외에 단을 쌓음으로
/우리 하나님 여호와의 성막 앞에 있는
/번제나 소제나 다른 제사를 위하여
떠나려 함은 결단코 아니니라 하리라
/오늘날 여호와를 좇음에서

30 비느하스와 — 듣고(상황절, when)
/제사장
회중의 방백
/그와 함께한
/곧 두령들이
/이스라엘 천만인의
/르우벤 자손과 갓 자손과 므낫세 자손의 말을
좋게 여긴지라

31 비느하스가 **이르되**
/제사장
/엘르아살의 아들
/르우벤 자손과 갓 자손과 므낫세 자손에게
/우리가 — 아노니
/오늘날 여호와께서 우리 중에 계신 줄을

//이는(이유: כִּי, for)
너희가 — 이 죄를 범치 아니하였음이라
/여호와께

/너희가 — 이스라엘 자손을 건져내었느니라 하고
/이제
/여호와의 손에서

32 비느하스와 — 길르앗 땅에서 가나안 땅에 **돌아와**
/제사장
/엘르아살의 아들
방백들이
/르우벤 자손과 갓 자손을 떠나(from)

이스라엘 자손에게 **이르러**
회보하매

하여 우리 하나님 여호와의 성막 앞에 있는 단 외에 단
을 쌓음으로 여호와께 패역하고 오늘날 여호와를 좇음에
서 떠나려 함은 결단코 아니니라 하리라 **30** 제사장 비
느하스와 그와 함께한 회중의 방백 곧 이스라엘 천만 인
의 두령들이 르우벤 자손과 갓 자손과 므낫세 자손의 말
을 듣고 좋게 여긴지라 **31** 제사장 엘르아살의 아들 비
느하스가 르우벤 자손과 갓 자손과 므낫세 자손에게 이
르되 우리가 오늘날 여호와께서 우리 중에 계신 줄을 아
노니 이는 너희가 이 죄를 여호와께 범치 아니하였음이
라너희가 이제 이스라엘 자손을 여호와의 손에서 건져내
었느니라 하고 **32** 제사장 엘르아살의 아들 비느하스와
방백들이 르우벤 자손과 갓 자손을 떠나 길르앗 땅에서
가나안 땅에 돌아와 이스라엘 자손에게 이르러 회보하매
33 그 일이 이스라엘 자손을 즐겁게 한지라 이스라엘

the LORD and turn away from following the LORD this
day, by building an altar for burnt offering, for grain offering
or for sacrifice, besides the altar of the LORD our God which
is before His tabernacle." **30** ¶ So when Phinehas the
priest and the leaders of the congregation, even the heads
of the families of Israel who were with him, heard the
words which the sons of Reuben and the sons of Gad
and the sons of Manasseh spoke, it pleased them. **31**
And Phinehas the son of Eleazar the priest said to the
sons of Reuben and to the sons of Gad and to the sons
of Manasseh, "Today we know that the LORD is in our
midst, because you have not committed this unfaithful
act against the LORD; now you have delivered the sons
of Israel from the hand of the LORD." **32** Then Phinehas
the son of Eleazar the priest and the leaders returned
from the sons of Reuben and from the sons of Gad,

수

33 그 일이 이스라엘 자손을 **즐겁게 한지라**
이스라엘 자손이 하나님을 **찬송하고**
말을 다시 하지 아니하였더라
/가서
/르우벤 자손과 갓 자손의 거하는 땅에
/싸워
그것을 멸하자 하는

34 르우벤 자손과
갓 자손이 그 단을 칭하였으니
/엣이라

//(이유: כִּי, for)
[그들이] — 함이었더라
/이 단은 — 증거라
/여호와께서 하나님이 되시는
/우리 사이에

23

1 오랜 후에
/여호와께서 이스라엘의 사방 대적을 다 멸하시고
안식을 이스라엘에게 주신 지
여호수아가 **늙은지라**
/나이 많아

2 여호수아가 **불러다가**
/온 이스라엘
/곧 그 장로들과 두령들과 재판장들과 유사들을
그들에게 **이르되**
/나는 — 늙었도다
/나이 많아
3 /너희가 다 — 보았거니와
/여호와께서 — 행하신 일을
/너희 하나님 /너희를 위하여
/이 모든 나라에
/여호와 그는 — 싸우신 자시니라
/너희 하나님 /너희를 위하여

4 /보라
내가 — 기업이 되게 하였느니라
/남아 있는 나라들과
/요단에서부터 해지는 편 대해까지의
/이미 멸한 모든 나라를

자손이 하나님을 찬송하고 르우벤 자손과 갓 자손의 거
하는 땅에 가서 싸워 그것을 멸하자 하는 말을 다시 하
지 아니하였더라 **34** 르우벤 자손과 갓 자손이 그 단을
엣이라 칭하였으니 우리 사이에 이 단은 여호와께서 하
나님이 되시는 증거라 함이었더라
23:1 여호와께서 이스라엘의 사방 대적을 다 멸
하시고 안식을 이스라엘에게 주신 지 오랜 후
에 여호수아가 나이 많아 늙은지라 **2** 여호수아가 온 이
스라엘 곧 그 장로들과 두령들과 재판장들과 유사들을
불러다가 그들에게 이르되 나는 나이 많아 늙었도다 **3**
너희 하나님 여호와께서 너희를 위하여 이 모든 나라에
행하신 일을 너희가 다 보았거니와 너희 하나님 여호와
그는 너희를 위하여 싸우신 자시니라 **4** 보라 내가 요단
에서부터 해지는 편 대해까지의 남아있는 나라들과 이미

from the land of Gilead, to the land of Canaan, to the
sons of Israel, and brought back word to them. **33** And
the word pleased the sons of Israel, and the sons of
Israel blessed God; and they did not speak of going up against
them in war, to destroy the land in which the sons of
Reuben and the sons of Gad were living. **34** And the
sons of Reuben and the sons of Gad called the altar
Witness; "For," they said, "it is a witness between us
that the LORD is God."

23:1 ¶ Now it came about after many days, when
the LORD had given rest to Israel from all their
enemies on every side, and Joshua was old, advanced in
years, **2** that Joshua called for all Israel, for their elders
and their heads and their judges and their officers, and
said to them, "I am old, advanced in years. **3** "And you
have seen all that the LORD your God has done to all
these nations because of you, for the LORD your God
is He who has been fighting for you. **4** "See, I have

/내가 너희를 위하여
/제비뽑아
/너희 지파에게

5 /여호와 그가 ─ 너희 앞에서 그들을 쫓으사
/너희 하나님
─ 너희 목전에서 떠나게 하시리니

/너희가 ── 그 땅을 차지할 것이라
/너희 하나님 여호와께서 너희에게 말씀하신 대로

6 /그러므로
너희는 ─ 크게 힘써
/다 지켜 행하라(=지켜 행하기를)
/모세의 율법책에 기록된 것을

//(목적)
[너희는] ── 그것을 떠나 치우치지 말라
/좌로나 우로나

7 /[너희는] ── 이 나라들 중에 가지 말라
/너희 중에 남아 있는
그 신들의 이름을 부르지 말라
그것을 가리켜 맹세하지 말라
또
그것에게 절하지 말라
/그것을 섬겨서

8 /[너희는] ── 오늘날까지 행한 것같이 하라
/오직 너희 하나님 여호와를 친근히 하기를

9 //대저(이유: כִּי, for)
여호와께서 ─ 강대한 나라들을 쫓아내셨으므로
/너희 앞에서

/너희를 당한 자가 ─ 하나도 없었느니라
/오늘날까지

10 /사람이 ── 천명을 쫓으리니
/너희 중 한

//이는(이유: כִּי, for)
여호와 그가 ─── 너희를 위하여 싸우심이라
/너희 하나님 /너희에게 말씀하신 것같이

멸한 모든 나라를 내가 너희를 위하여 제비뽑아 너희 지
파에게 기업이 되게 하였느니라 5 너희 하나님 여호와
그가 너희 앞에서 그들을 쫓으사 너희 목전에서 떠나게
하시리니 너희 하나님 여호와께서 너희에게 말씀하신 대
로 너희가 그 땅을 차지할 것이라 6 그러므로 너희는
크게 힘써 모세의 율법 책에 기록된 것을 다 지켜 행하
라 그것을 떠나 좌로나 우로나 치우치지 말라 7 너희
중에 남아 있는 이 나라들 중에 가지 말라 그 신들의 이
름을 부르지 말라 그것을 가리켜 맹세하지 말라 또 그것
을 섬겨서 그것에게 절하지 말라 8 오직 너희 하나님
여호와를 친근히 하기를 오늘날까지 행한 것같이 하라
9 대저 여호와께서 강대한 나라들을 너희 앞에서 쫓아
내셨으므로 오늘날까지 너희를 당한 자가 하나도 없었느
니라 10 너희 중 한 사람이 천명을 쫓으리니 이는 너희
하나님 여호와 그가 너희에게 말씀하신 것 같이 너희를
위하여 싸우심이라 11 그러므로 스스로 조심하여 너희

apportioned to you these nations which remain as an
inheritance for your tribes, with all the nations which I
have cut off, from the Jordan even to the Great Sea
toward the setting of the sun. 5 "And the LORD your
God, He shall thrust them out from before you and drive
them from before you; and you shall possess their land,
just as the LORD your God promised you. 6 "Be very
firm, then, to keep and do all that is written in the book
of the law of Moses, so that you may not turn aside
from it to the right hand or to the left, 7 in order that
you may not associate with these nations, these which remain
among you, or mention the name of their gods, or make
anyone swear by them, or serve them, or bow down to
them. 8 "But you are to cling to the LORD your God,
as you have done to this day. 9 "For the LORD has
driven out great and strong nations from before you; and
as for you, no man has stood before you to this day.
10 "One of your men puts to flight a thousand, for the

수

11 /그러므로
[너희는] — 스스로 조심하여
/너희 하나님 여호와를 사랑하라(=사랑하기를)

12 //(이유: כִּי„ for)
[만일]
너희가 ┬ 퇴보하여
├ 친근히 하여
/너희 중에 빠져 남아 있는 이 민족들을
├ 더불어 혼인하며
└ 피차 왕래하면(if)

13 [너희는] — 정녕히 알라
/여호와께서 —— 쫓아내지 아니하시리니
/너희 하나님 /이 민족들을
/너희 목전에서

/그들이 ┬ 올무가 되며
/너희에게
├ 덫이 되며
├ 너희 옆구리에 채찍이 되며
└ 너희 눈에 가시가 되어서

//(결과)
너희가 — 멸절하리라
/필경은
/이 아름다운 땅에서
/여호와께서 - 너희에게 주신
/너희 하나님

14 /보라
나는 —— 온 세상이 가는 길로 가려니와
/오늘날
[너희가] — 아는 바라
/모든 선한 일이 — 하나도 틀리지 아니하고
/여호와께서 —— 말씀하신
/너희 하나님 /너희에게 대하여
다 ——— 너희에게 응하여
하나도 — 어김이 없음을
/그 중에
/너희 모든 사람의 마음과 뜻에

15 /여호와께서 — 너희에게 임하게 하사
/모든 불길한 일도
/모든 선한 일이 - 너희에게 임한 것같이
/여호와께서 - 너희에게 말씀하신
/너희 하나님

하나님 여호와를 사랑하라 **12** 너희가 만일 퇴보하여 너
희 중에 빠져 남아 있는 이 민족들을 친근히 하여 더불
어 혼인하며 피차 왕래하면 **13** 정녕히 알라 너희 하나
님 여호와께서 이 민족들을 너희 목전에서 다시는 쫓아
내지 아니하시리니 그들이 너희에게 올무가 되며 덫이
되며 너희 옆구리에 채찍이 되며 너희 눈에 가시가 되어
서 너희가 필경은 너희 하나님 여호와께서 너희에게 주
신 이 아름다운 땅에서 멸절하리라 **14** 보라 나는 오늘
날 온 세상이 가는 길로 가려니와 너희 하나님 여호와께
서 너희에게 대하여 말씀하신 모든 선한 일이 하나도 틀
리지 아니하고 다 너희에게 응하여 그중에 하나도 어김
이 없음을 너희 모든 사람의 마음과 뜻에 아는 바라 **15**

LORD your God is He who fights for you, just as He
promised you. **11** "So take diligent heed to yourselves
to love the LORD your God. **12** "For if you ever go
back and cling to the rest of these nations, these which remain
among you, and intermarry with them, so that you
associate with them and they with you, **13** know with
certainty that the LORD your God will not continue to
drive these nations out from before you; but they shall
be a snare and a trap to you, and a whip on your sides
and thorns in your eyes, until you perish from off this
good land which the LORD your God has given you.
14 ¶ "Now behold, today I am going the way of all
the earth, and you know in all your hearts and in all
your souls that not one word of all the good words which
the LORD your God spoke concerning you has failed;
all have been fulfilled for you, not one of them has
failed. **15** "And it shall come about that just as all the
good words which the LORD your God spoke to you

수

/너희를 멸절하기까지 (하실 것이라)
/이 아름다운 땅에서
/너희 하나님 여호와께서 너희에게 주신

16 /만일
너희가 ┬ 언약을 범하고
/너희 하나님 여호와께서 너희에게 명하신
├ 가서
├ 다른 신들을 섬겨
└ 그에게 절하면(if)
여호와의 진노가 ── 너희에게 미치리니
너희가 ─── 속히 망하리라
/너희에게 주신 아름다운 땅에서

24

1 여호수아가 이스라엘 모든 지파를 **모으고**
/세겜에
부르매
/이스라엘 장로들과
그 두령들과
재판장들과
유사들을

그들이 하나님 앞에 **보인지라**

2 여호수아가 모든 백성에게 **이르되**
/여호와의(가) ── 말씀(에, 하시매)
/이스라엘 하나님

/데라가 ── 강 저편에 거하여[11)]
/너희 조상들 /옛적에
/곧 아브라함의 아비,
나홀의 아비
└ 다른 신들을 섬겼으나

3 /내가 ── 너희 조상 아브라함을 이끌어 내어
/강 저편에서
├ 가나안으로 인도하여
├ 온 땅을 두루 행하게 하고
└ 그에게 이삭을 주었고

11) 말씀하셨다를 수식하는 수식부인데, 지면 관계상 앞으로 내어 정리했다. 15절까지 진행됨

너희 하나님 여호와께서 너희에게 말씀하신 모든 선한 일이 너희에게 임한 것같이 여호와께서 모든 불길한 일도 너희에게 임하게 하사 너희 하나님 여호와께서 너희에게 주신 이 아름다운 땅에서 너희를 멸절하기까지 하실 것이라 **16** 만일 너희가 너희 하나님 여호와께서 너희에게 명하신 언약을 범하고 가서 다른 신들을 섬겨 그에게 절하면 여호와의 진노가 너희에게 미치리니 너희에게 주신 아름다운 땅에서 너희가 속히 망하리라

24:1 여호수아가 이스라엘 모든 지파를 세겜에 모으고 이스라엘 장로들과 그 두령들과 재판장들과 유사들을 부르매 그들이 하나님 앞에 보인지라 **2** 여호수
아가 모든 백성에게 이르되 이스라엘 하나님 여호와의 말씀에 옛적에 너희 조상들 곧 아브라함의 아비, 나홀의 아비 데라가 강 저편에 거하여 다른 신들을 섬겼으나 **3**
내가 너희 조상 아브라함을 강 저편에서 이끌어 내어 가나안으로 인도하여 온 땅을 두루 행하게 하고 그 씨를 번

have come upon you, so the LORD will bring upon you all the threats, until He has destroyed you from off this good land which the LORD your God has given you.
16 "When you transgress the covenant of the LORD your God, which He commanded you, and go and serve other gods, and bow down to them, then the anger of the LORD will burn against you, and you shall perish quickly from off the good land which He has given you."

24:1 ¶ Then Joshua gathered all the tribes of Israel to Shechem, and called for the elders of Israel and for their heads and their judges and their officers; and they presented themselves before God. **2** And Joshua said to all the people, "Thus says the LORD, the God of Israel, From ancient times your fathers lived beyond the River, namely, Terah, the father of Abraham and the father of Nahor, and they served other gods. **3** Then I
took your father Abraham from beyond the River, and

수

4 이삭에게는 야곱과 에서를 주었으며
에서에게는 세일 산을 소유로 주었으나
/야곱과
그 자손들은 — 애굽으로 내려갔으므로
5 /내가 — 모세와 아론을 보내었고
또
애굽에 재앙을 내렸나니
/곧
/내가 — 그 가운데 행한 것과 같고
그 후에
너희를 인도하여 내었었노라

6 /내가 — 너희 열조를 인도하여 내어
/애굽에서
바다에 이르게 한즉
/애굽 사람이 — 병거와 마병을 거느리고
너희 열조를 홍해까지 따르므로
7 /너희 열조가 — 나 여호와께 부르짖기로
내가 — 너희와 애굽 사람 사이에 흑암을 두고
바다를 이끌어
그들을 덮었었나니
/너희가 — 목도하였으며
/내가 애굽에서 행한 일을
/또
너희가 — 여러 날을 광야에 거하였었느니라

8 /또
내가 — 너희를 인도하여 들어가게 하매
/아모리 사람의 땅으로
/요단 저편에 거하는
/그들이 너희와 싸우기로
/내가 — 그들을 너희 손에 붙이매

/너희가 — 그 땅을 점령하였고
/나는 — 그들을 멸절시켰으며
/너희 앞에서
9 /때에
발락이 — 일어나
/모압 왕
/십볼의 아들

성케 하려고 그에게 이삭을 주었고 4 이삭에게는 야곱과
에서를 주었으며 에서에게는 세일 산을 소유로 주었으나
야곱과 그 자손들은 애굽으로 내려갔으므로 5 내가 모세
와 아론을 보내었고 또 애굽에 재앙을 내렸나니 곧 내가
그 가운데 행한 것과 같고 그 후에 너희를 인도하여 내
었었노라 6 내가 너희 열조를 애굽에서 인도하여 내어
바다에 이르게 한즉 애굽 사람이 병거와 마병을 거느리
고 너희 열조를 홍해까지 따르므로 7 너희 열조가 나 여
호와께 부르짖기로 내가 너희와 애굽 사람 사이에 흑암
을 두고 바다를 이끌어 그들을 덮었었나니 내가 애굽에
서 행한 일을 너희가 목도하였으며 또 너희가 여러 날을
광야에 거하였었느니라 8 내가 또 너희를 인도하여 요단
저편에 거하는 아모리 사람의 땅으로 들어가게 하매 그
들이 너희와 싸우기로 내가 그들을 너희 손에 붙이매 너
희가 그 땅을 점령하였고 나는 그들을 너희 앞에서 멸절
시켰으며 9 때에 모압 왕 십볼의 아들 발락이 일어나 이

led him through all the land of Canaan, and multiplied
his descendants and gave him Isaac. 4 And to Isaac I
gave Jacob and Esau, and to Esau I gave Mount Seir,
to possess it; but Jacob and his sons went down to Egypt.
5 Then I sent Moses and Aaron, and I plagued Egypt
by what I did in its midst; and afterward I brought you
out. 6 And I brought your fathers out of Egypt, and
you came to the sea; and Egypt pursued your fathers
with chariots and horsemen to the Red Sea. 7 But when
they cried out to the LORD, He put darkness between
you and the Egyptians, and brought the sea upon them
and covered them; and your own eyes saw what I did
in Egypt. And you lived in the wilderness for a long
time. 8 Then I brought you into the land of the Amorites
who lived beyond the Jordan, and they fought with you;
and I gave them into your hand, and you took possession
of their land when I destroyed them before you. 9 Then
Balak the son of Zippor, king of Moab, arose and fought

[그가] ─ 이스라엘을 대적하여
사람을 보내어
발람을 불러다가
/브올의 아들
//(목적)
너희를 저주케 하려 (하였으나)

10 /내가 ─ 발람을 듣기를 원치 아니한 고로
/그가 ─ 오히려 너희에게 축복하였고
/나는 ─ 너희를 그 손에서 건져내었으며

11 /너희가 ─ 요단을 건너
여리고에 이른즉
여리고 사람과
아모리 사람과
브리스 사람과
가나안 사람과
헷 사람과
기르가스 사람과
히위 사람과
여부스 사람들이 ─ 너희와 싸우기로
내가 ─ 그들을 너희의 손에 붙였으며

12 /내가 ─ 왕벌을 너희 앞에 보내어
그 아모리 사람의 두 왕을 쫓아내게 하였나니
/너희 앞에서
/너희 칼로나 [한 것이 아니고]
너희 활로나 이같이 한 것이 아니며

13 /또
내가 ─ 너희에게 주었더니
/너희의 수고하지 아니한 땅과
너희가 건축지 아니한 성읍을
너희가 ─ 그 가운데 거하며
/또
너희가 ─ 먹는다 (하셨느니라)
/자기의 심지 아니한 포도원과
감람원의 과실을

14 /그러므로
[너희가] ─ 여호와를 경외하며
/이제는
그를 섬길 것이라
/성실과 진정으로
신들을 제하여 버리고
/너희의 열조가 ─ 섬기던
/강 저편과 애굽에서
여호와만 섬기라

스라엘을 대적하여 사람을 보내어 브올의 아들 발람을
불러다가 너희를 저주케 하려하였으나 10 내가 발람을
듣기를 원치 아니한 고로 그가 오히려 너희에게 축복하
였고 나는 너희를 그 손에서 건져 내었으며 11 너희가
요단을 건너 여리고에 이른즉 여리고 사람과 아모리 사
람과 브리스 사람과 가나안 사람과 헷 사람과 기르가스
사람과 히위 사람과 여부스 사람들이 너희와 싸우기로
내가 그들을 너희의 손에 붙였으며 12 내가 왕벌을 너
희 앞에 보내어 그 아모리 사람의 두 왕을 너희 앞에서
쫓아내게 하였나니 너희 칼로나 너희 활로나 이같이 한
것이 아니며 13 내가 또 너희의 수고하지 아니한 땅과
너희가 건축지 아니한 성읍을 너희에게 주었더니 너희가
그 가운데 거하며 너희가 또 자기의 심지 아니한 포도원
과 감람원의 과실을 먹는다 하셨느니라 14 그러므로 이

against Israel, and he sent and summoned Balaam the
son of Beor to curse you. 10 But I was not willing to
listen to Balaam. So he had to bless you, and I delivered
you from his hand. 11 And you crossed the Jordan and
came to Jericho; and the citizens of Jericho fought against
you, and the Amorite and the Perizzite and the Canaanite
and the Hittite and the Girgashite, the Hivite and the Jebusite.
Thus I gave them into your hand. 12 Then I sent the
hornet before you and it drove out the two kings of the
Amorites from before you, but not by your sword or
your bow. 13 And I gave you a land on which you
had not labored, and cities which you had not built, and
you have lived in them; you are eating of vineyards and
olive groves which you did not plant. 14 ¶ "Now, therefore,

수

15 /만일
섬기는 것이 —— 너희에게 좋지 않게 보이거든
/여호와를
[너희는] — 오늘날 택하라
/너희 열조가 강 저편에서 섬기던 신이든지
혹 너희의 거하는 땅 아모리 사람의 신이든지
/너희 섬길 자를
오직
나와
내 집은 — 여호와를 섬기겠노라

16 백성이 **대답하여 가로되**
/우리가 — 결단코 하지 아니하오리니
/여호와를 버리고
다른 신들 섬기는 일을

17 //이는(이유: כִּי, for)
여호와 그가 — 인도하여 나오게 하시고
/우리 하나님 /우리와 우리의 열조를
/애굽 땅 종 되었던 집에서

//[그가] — 그 큰 이적들을 행하시고
/우리 목전에서
우리를 보호하셨음이며
/우리가 행한 모든 길에서,
/우리의 지난 모든 백성 중에서
18 //또(계속되는 이유)
여호와께서 — 쫓아내셨음이라
/모든 백성
/곧 이 땅에 거하던 아모리 사람을
/우리 앞에서
/그러므로
우리도 — 여호와를 섬기리니

//(이유: כִּי, for)
그는 우리 하나님이심이니이다

19 여호수아가 백성에게 **이르되**
/너희가 —여호와를 능히 섬기지 못할 것은

//(이유: כִּי, for)

제는 여호와를 경외하며 성실과 진정으로 그를 섬길 것이
라 너희의 열조가 강 저편과 애굽에서 섬기던 신들을 제
하여버리고 여호와만 섬기라 **15** 만일 여호와를 섬기는
것이 너희에게 좋지 않게 보이거든 너희 열조가 강 저편
에서 섬기던 신이든지 혹 너희의 거하는 땅 아모리 사람
의 신이든지 너희 섬길 자를 오늘날 택하라 오직 나와 내
집은 여호와를 섬기겠노라 **16** 백성이 대답하여 가로되
여호와를 버리고 다른 신들 섬기는 일을 우리가 결단코
하지 아니하오리니 **17** 이는 우리 하나님 여호와 그가
우리와 우리 열조를 인도하여 애굽 땅 종 되었던 집에서
나오게 하시고 우리 목전에서 그 큰 이적들을 행하시고
우리가 행한 모든 길에서, 우리의 지난 모든 백성 중에서
우리를 보호하셨음이며 **18** 여호와께서 또 모든 백성 곧
이 땅에 거하던 아모리 사람을 우리 앞에서 쫓아내셨음이
라 그러므로 우리도 여호와를 섬기리니 그는 우리 하나님
이심이니이다 **19** 여호수아가 백성에게 이르되 너희가

fear the LORD and serve Him in sincerity and truth;
and put away the gods which your fathers served beyond
the River and in Egypt, and serve the LORD. **15** "And
if it is disagreeable in your sight to serve the LORD,
choose for yourselves today whom you will serve: whether
the gods which your fathers served which were beyond
the River, or the gods of the Amorites in whose land
you are living; but as for me and my house, we will
serve the LORD." **16** ¶ And the people answered and
said, "Far be it from us that we should forsake the LORD
to serve other gods; **17** for the LORD our God is He
who brought us and our fathers up out of the land of
Egypt, from the house of bondage, and who did these
great signs in our sight and preserved us through all the
way in which we went and among all the peoples through
whose midst we passed. **18** "And the LORD drove out
from before us all the peoples, even the Amorites who
lived in the land. We also will serve the LORD, for He
is our God." **19** ¶ Then Joshua said to the people, "You
will not be able to serve the LORD, for He is a holy

//(이유: כִּי, for)
그는 ─ 거룩하신 하나님이시요
질투하는 하나님이시니
사하지 아니하실 것임이라
/너희 허물과 죄를

20 /만일
너희가 ─ 여호와를 버리고
이방 신들을 섬기면
[그가] ─ 돌이켜
너희에게 화를 내리시고
너희를 멸하시리라
/너희에게 복을 내리신 후에라도

21 백성이 여호수아에게 **말하되**
/아니니이다
우리가 ─ 정녕 여호와를 섬기겠나이다

22 여호수아가 백성에게 **이르되**
/너희가 ─ 스스로 증인이 되었느니라

//(이유: כִּי, for)
[너희가] ─ 여호와를 택하고

//(목적)
그를 섬기리라(=섬기기위해) (하였으니)

그들이 **가로되**
/우리가 ─ 증인이 되었나이다

23 여호수아가 **가로되**
/그러면
[너희는] ─ 제하여 버리고
/이제
/너희 중에 있는 이방 신들을
너희 마음을 향하라
/이스라엘의 하나님 여호와께로

24 백성이 여호수아에게 **말하되**
/우리가 ─ 섬기고
/우리 하나님 여호와를
우리가 ─ 청종하리이다 한지라
/그 목소리를

25 그 날에
여호수아가 언약을 **세우고**
/세겜에서 백성으로 더불어

여호와를 능히 섬기지 못할 것은 그는 거룩하신 하나님
이시요 질투하는 하나님이시니 너희 허물과 죄를 사하
지 아니하실 것임이라 20 만일 너희가 여호와를 버리고
이방 신들을 섬기면 너희에게 복을 내리신 후에라도 돌
이켜 너희에게 화를 내리시고 너희를 멸하시리라 21 백
성이 여호수아에게 말하되 아니니이다 우리가 정녕 여호
와를 섬기겠나이다 22 여호수아가 백성에게 이르되 너
희가 여호와를 택하고 그를 섬기리라 하였으니 스스로
증인이 되었느니라 그들이 가로되 우리가 증인이 되었나
이다 23 여호수아가 가로되 그러면 이제 너희 중에 있
는 이방신들을 제하여 버리고 너희 마음을 이스라엘의
하나님 여호와께로 향하라 24 백성이 여호수아에게 말
하되 우리 하나님 여호와를 우리가 섬기고 그 목소리를
우리가 청종하리이다 한지라 25 그 날에 여호수아가 세

God. He is a jealous God; He will not forgive your
transgression or your sins. 20 "If you forsake the LORD
and serve foreign gods, then He will turn and do you
harm and consume you after He has done good to you."
21 And the people said to Joshua, "No, but we will
serve the LORD." 22 And Joshua said to the people,
"You are witnesses against yourselves that you have
chosen for yourselves the LORD, to serve Him." And
they said, "We are witnesses." 23 "Now therefore, put away
the foreign gods which are in your midst, and incline
your hearts to the LORD, the God of Israel." 24 And
the people said to Joshua, "We will serve the LORD
our God and we will obey His voice." 25 So Joshua
made a covenant with the people that day, and made for

수

율례와 법도를 **베풀었더라**
/그들을 위하여

26 여호수아가 이 모든 말씀을 **기록하고**
/하나님의 율법책에
큰 돌을 **취하여**
상수리나무 아래 **세우고**
/거기 여호와의 성소 곁에 있는
27 모든 백성에게 **이르되**
/보라
이 돌이 — 우리에게 증거가 되리니

//이는(이유: כִּי, for)
이 돌이 — 들었음이라
/모든 말씀을
/여호와께서 우리에게 하신
/그런즉
이 돌이 — 증거가 되리라 하고

//(목적: lest)
너희로 너희 하나님을 배반치 않게 하도록

28 [그가] 백성을 **보내어**
각기 기업으로 **돌아가게 하였더라**

29 이 일 후에
여호수아가 일백십 세에 **죽으매**
/여호와의 종
/눈의 아들

30 무리가 그를 **장사하였으니**
/그의 기업의 경내 딤낫 세라에

딤낫 세라는 가아스 산 **북이었더라**
/에브라임 산지

31 이스라엘이 여호와를 **섬겼더라**
/여호수아의 사는 날 동안과
여호수아 뒤에 생존한 장로들
/곧 모든 일을 아는 자의 사는 날 동안
/여호와께서 이스라엘을 위하여 행하신

32 이스라엘 자손이 세겜에 **장사하였으니**
/애굽에서 이끌어 낸 요셉의 뼈를

겜에서 백성으로 더불어 언약을 세우고 그들을 위하여
율례와 법도를 베풀었더라 26 여호수아가 이 모든 말씀
을 하나님의 율법책에 기록하고 큰 돌을 취하여 거기 여
호와의 성소 곁에 있는 상수리나무 아래 세우고 27 모
든 백성에게 이르되 보라 이 돌이 우리에게 증거가 되리
니 이는 여호와께서 우리에게 하신 모든 말씀을 이 돌이
들었음이라 그런즉 너희로 너희 하나님을 배반치 않게
하도록 이 돌이 증거가 되리라 하고 28 백성을 보내어
각기 기업으로 돌아가게 하였더라 29 이 일 후에 여호
와의 종 눈의 아들 여호수아가 일백십 세에 죽으매 30
무리가 그를 그의 기업의 경내 딤낫 세라에 장사하였으
니 딤낫 세라는 에브라임 산지 가아스산 북이었더라 31
이스라엘이 여호수아의 사는 날 동안과 여호수아 뒤에
생존한 장로들 곧 여호와께서 이스라엘을 위하여 행하신

them a statute and an ordinance in Shechem. 26 And Joshua
wrote these words in the book of the law of God; and
he took a large stone and set it up there under the oak
that was by the sanctuary of the LORD. 27 And Joshua
said to all the people, "Behold, this stone shall be for a
witness against us, for it has heard all the words of the LORD
which He spoke to us; thus it shall be for a witness
against you, lest you deny your God." 28 Then Joshua
dismissed the people, each to his inheritance. 29 ¶ And
it came about after these things that Joshua the son of
Nun, the servant of the LORD, died, being one hundred
and ten years old. 30 And they buried him in the
territory of his inheritance in Timnath-serah, which is in
the hill country of Ephraim, on the north of Mount
Gaash. 31 And Israel served the LORD all the days of
Joshua and all the days of the elders who survived Joshua,

수

이 곳은 **땅이라**
/야곱이——금 일백 개를 주고 산
/세겜의 아비 하몰의 자손에게

그것이 요셉 자손의 **기업이 되었더라**

33 엘르아살도 **죽으매**
/아론의 아들

무리가 그를 **장사하였더라**
/그 아들 비느하스가 에브라임 산지에서 받은 산에

모든 일을 아는 자의 사는 날 동안 여호와를 섬겼더라
32 이스라엘 자손이 애굽에서 이끌어 낸 요셉의 뼈를
세겜에 장사하였으니 이곳은 야곱이 세겜의 아비 하몰의
자손에게 금 일백 개를 주고 산 땅이라 그것이 요셉 자손
의 기업이 되었더라 **33** 아론의 아들 엘르아살도 죽으매
무리가 그를 그 아들 비느하스가 에브라임 산지에서 받은
산에 장사하였더라

and had known all the deeds of the LORD which He
had done for Israel. **32** ¶ Now they buried the bones
of Joseph, which the sons of Israel brought up from
Egypt, at Shechem, in the piece of ground which Jacob
had bought from the sons of Hamor the father of Shechem
for one hundred pieces of money; and they became the
inheritance of Joseph's sons. **33** And Eleazar the son
of Aaron died; and they buried him at Gibeah of Phinehas
his son, which was given him in the hill country of
Ephraim.

SBI 구문분석에 의한

사사기

삿

1

1 여호수아가 죽은 후에(after)
자손(子孫)이 여호와께 **묻자와 가로되**
/이스라엘 /누가 — 먼저 **올라가서?**
/우리 중

//(목적: כִּי, 부정사)
싸우리이까(=싸우기 위해)
/가나안 사람과

2 여호와께서 **가라사대** ...하시니라
/유다가 — 올라갈지니라
보라!
내가 — 이땅을 붙였노라
/그 손에

3 유다가 그 형제 시므온에게 **이르되**
/[너는] — 나와 함께 올라가서
/나의 제비 뽑아 얻은 땅에
[우리가] — 가나안 사람과 **싸우자**

//그리하면(결과)
나도 — 함께 가리라
/너의 제비 뽑아 얻은 땅에

이에
시므온이 그와 함께 **가니라**

4 유다가 **올라가매**

여호와께서 그들 손에 **붙이신지라**
/가나안 사람과
브리스 사람을

그들이 일만 명을 **죽이고**
/베섹에서

5 또 아도니 베섹을 **만나서**
/베섹에서

그와 **싸워**
죽이니
/가나안 사람과
브리스 사람을

1:1 여호수아가 죽은 후에 이스라엘 자손이 여호와께 묻자와 가로되 우리 중 누가 먼저 올라가서 가나안 사람과 싸우리이까 **2** 여호와께서 가라사대 유다가 올라갈지니라 보라 내가 이 땅을 그 손에 붙였노라 하시니라 **3** 유다가 그 형제 시므온에게 이르되 나의 제비 뽑아 얻은 땅에 나와 함께 올라가서 가나안 사람과 싸우자 그리하면 나도 너의 제비 뽑아 얻은 땅에 함께 가리라 이에 시므온이 그와 함께 가니라 **4** 유다가 올라가매 여호와께서 가나안 사람과 브리스 사람을 그들의 손에 붙이신지라 그들이 베섹에서 일만 명을 죽이고 **5** 또 베섹에서 아도니 베섹을 만나서 그와 싸워 가나안 사람과 브리스 사람을 죽이니 **6** 아도니 베섹이 도망하는지라 그를 쫓아가서

1:1 Now after the death of Joshua it came to pass, that the children of Israel asked the LORD, saying, Who shall go up for us against the Canaanites first, to fight against them? **2** And the LORD said, Judah shall go up: behold, I have delivered the land into his hand. **3** And Judah said unto Simeon his brother, Come up with me into my lot, that we may fight against the Canaanites; and I likewise will go with thee into thy lot. So Simeon went with him. **4** And Judah went up; and the LORD delivered the Canaanites and the Perizzites into their hand: and they slew of them in Bezek ten thousand men. **5** And they found Adoni-bezek in Bezek: and they fought against him, and they slew the Canaanites and the

6 아도니 베섹이 **도망하는지라**
[그들이] 그를 **쫓아가서**
잡아
끊으매
/그 수족(手足)의 엄지가락을

7 아도니 베섹이 옛적에 **가로되** ...하니라
/칠십 왕이 — 엄지 손가락을 찍히고
/그 수족의
먹을 것을 줍더니
/내 상 아래서
/하나님이 — 내게 갚으심이로다
/나의 행한 대로

무리가 그를 **끌고**
예루살렘에 **이르렀더니**

//(결과)
그가 거기서 죽었더라

8 자손이 예루살렘을 **쳐서**
/유다 [그것을] **취하여**
칼날로 **치고**
성을 **불살랐으며**

9 그 후에
유다 자손이 **내려가서**
싸웠고
/가나안 사람과
/산지(山地)와 남방과 평지에 거한

10 또
유다가 **가서**
쳐서
/가나안 사람을
/헤브론에 거한
죽였더라
/세새와 아히만과 달매를

헤브론의 본 이름은 **기럇 아르바이었더라**

11 거기서 **나아가서**
드빌의 거민들을 **쳤으니**
/드빌의 본 이름은 기럇 세벨이라

12 갈렙이 **말하기를** ...하였더니
/[내가] — 내 딸 악사를 주리라
/아내로
/기럇 세벨을 쳐서
그것을 취하는 자에게는

잡아 그 수족의 엄지 가락을 끊으매 7 아도니 베섹이
가로되 옛적에 칠십 왕이 그 수족의 엄지가락을 찍히고
내 상 아래서 먹을 것을 줍더니 하나님이 나의 행한 대
로 내게 갚으심이로다 하니라 무리가 그를 끌고 예루살
렘에 이르렀더니 그가 거기서 죽었더라 8 유다 자손이
예루살렘을 쳐서 취하여 칼날로 치고 성을 불살랐으며
9 그 후에 유다 자손이 내려가서 산지(山地)와 남방과
평지에 거한 가나안 사람과 싸웠고 10 유다가 또 가서
헤브론에 거한 가나안 사람을 쳐서 세새와 아히만과 달
매를 죽였더라 헤브론의 본 이름은 기럇 아르바이었더라
11 거기서 나아가서 드빌의 거민들을 쳤으니 드빌의
본 이름은 기럇 세벨이라 12 갈렙이 말하기를 기럇 세
벨을 쳐서 그것을 취하는 자에게는 내 딸 악사를 아내로
주리라 하였더니 13 갈렙의 아우요 그나스의 아들인

Perizzites. 6 But Adoni-bezek fled; and they pursued
after him, and caught him, and cut off his thumbs and
his great toes. 7 And Adoni-bezek said, Threescore and
ten kings, having their thumbs and their great toes cut
off, gathered their meat under my table: as I have done,
so God hath requited me. And they brought him to Jerusalem,
and there he died. 8 Now the children of Judah had
fought against Jerusalem, and had taken it, and smitten
it with the edge of the sword, and set the city on fire.
9 And afterward the children of Judah went down to
fight against the Canaanites, that dwelt in the mountain,
and in the south, and in the valley. 10 And Judah went
against the Canaanites that dwelt in Hebron: (now the
name of Hebron before was Kirjath-arba:) and they slew
Sheshai, and Ahiman, and Talmai. 11 And from thence
he went against the inhabitants of Debir: and the name

샷

13 옷니엘이 그것을 **취한 고로**
/갈렙의 아우요
/그나스의 아들인

갈렙이 그에게 **주었더라**
/그 딸 악사를
/아내로

14 악사가 출가할 때에(when)
[그녀가] 그에게 **청하여...**(하고)

//(목적: לְ, to)
자기 아비에게 밭을 구하자

[그녀가] 나귀에서 **내리매**
갈렙이 **묻되**
/네가 무엇을 원하느냐
15 [그녀가] **가로되**
/내게 복을 주소서
/[당신은] — 샘물도 내게 주소서 하매

//(이유: כִּי, for)
아버지께서 나를 남방으로 보내시니

갈렙이 윗샘과 아랫샘을 그에게 **주었더라**

16 모세의 장인은 **겐 사람이라**
그 자손이 종려나무 성읍에서 **올라가서**
/유다 자손과 함께
유다 황무지에 **이르러**
/아랏 남방의
그 백성 중에 **거하니라**

17 유다가 시므온과 함께 **가서**
/그 형제
가나안 사람을 **쳐서**
/스밧에 거한
그 곳을 **진멸하였으므로**

[유다가] 그 성읍 이름을 호르마라 **하니라**

18 유다가 또 **취하였고**
/가사와 그 경내와
아스글론과 그 경내와
에그론과 그 경내를

옷니엘이 그것을 취한 고로 갈렙이 그 딸 악사를 그에게
아내로 주었더라 14 악사가 출가할 때에 그에게 청하여
자기 아비에게 밭을 구하자 하고 나귀에서 내리매 갈렙
이 묻되 네가 무엇을 원하느냐 15 가로되 내게 복을 주
소서 아버지께서 나를 남방으로 보내시니 샘물도 내게
주소서 하매 갈렙이 윗샘과 아랫샘을 그에게 주었더라
16 모세의 장인은 겐 사람이라 그 자손이 유다 자손과
함께 종려나무 성읍에서 올라가서 아랏 남방의 유다 황
무지에 이르러 그 백성 중에 거하니라 17 유다가 그 형
제 시므온과 함께 가서 스밧에 거한 가나안 사람을 쳐서
그곳을 진멸(殄滅)하였으므로 그 성읍 이름을 호르마라
하니라 18 유다가 또 가사와 그 경내와 아스글론과 그

of Debir before was Kirjath-sepher: 12 And Caleb said,
He that smiteth Kirjath-sepher, and taketh it, to him will
I give Achsah my daughter to wife. 13 And Othniel
the son of Kenaz, Caleb's younger brother, took it: and
he gave him Achsah his daughter to wife. 14 And it
came to pass, when she came to him, that she moved
him to ask of her father a field: and she lighted from
off her ass; and Caleb said unto her, What wilt thou?
15 And she said unto him, Give me a blessing: for
thou hast given me a south land; give me also springs
of water. And Caleb gave her the upper springs and the
nether springs. 16 And the children of the Kenite, Moses'
father in law, went up out of the city of palm trees with
the children of Judah into the wilderness of Judah, which
lieth in the south of Arad; and they went and dwelt
among the people. 17 And Judah went with Simeon
his brother, and they slew the Canaanites that inhabited
Zephath, and utterly destroyed it. And the name of the
city was called Hormah. 18 Also Judah took Gaza with
the coast thereof, and Askelon with the coast thereof,

19 여호와께서 유다와 함께 **하신** 고로
그가 **쫓아내었으나**
/산지 거민을

[그가] 그들을 쫓아내지 못하였으며

//(이유: כִּי)
골짜기의 거민들은 — 철병거가 있으므로

20 무리가 헤브론을 갈렙에게 **주었더니**
/모세의 명한 대로
그가 아낙의 세 아들을 **쫓아내었고**
/거기서

21 베냐민 자손은 여부스 사람을 **쫓아내지 못하였으므로**
/예루살렘에 거한
여부스 사람이 베냐민 자손과 함께 **거하더라**
/오늘날까지
/예루살렘에

22 요셉 족속도 벧엘을 **치러 올라가니**
여호와께서 그와 함께 **하시니라**

23 요셉 족속이 벧엘을 **정탐케 하였는데**
/그 성읍의 본 이름은 루스라

24 탐정이 한 사람의 나오는 것을 **보고**
/그 성읍에서
그에게 **이르되**
/청하노니
/이 성읍의 입구를 우리에게 가르치라

//그리하면(결과)
너를 선대하리라 하매

25 그 사람이 성읍의 입구를 **가르친지라**
이에
[그가] — 칼날로 그 성읍을 **쳤으되**
— 오직 **놓아 보내매**
/그 사람과 그 가족을

26 그 사람이 — 헷 사람의 땅에 **가서**
— 성읍을 **건축하고**
— 그 이름을 루스라 **하였더니**
/오늘날까지 그 곳의 이름이더라

경내와 에그론과 그 경내를 취하였고 19 여호와께서 유
다와 함께하신 고로 그가 산지 거민을 쫓아내었으나 골
짜기의 거민들은 철병거가 있으므로 그들을 쫓아내지 못
하였으며 20 무리가 모세의 명한 대로 헤브론을 갈렙에
게 주었더니 그가 거기서 아낙의 세 아들을 쫓아내었고
21 베냐민 자손은 예루살렘에 거한 여부스 사람을 쫓아
내지 못하였으므로 여부스 사람이 베냐민 자손과 함께
오늘날까지 예루살렘에 거하더라 22 요셉 족속도 벧엘
을 치러 올라가니 여호와께서 그와 함께 하시니라 23
요셉 족속이 벧엘을 정탐케 하였는데 그 성읍의 본 이름
은 루스라 24 탐정이 그 성읍에서 한 사람의 나오는 것
을 보고 그에게 이르되 청하노니 이 성읍의 입구를 우리
에게 가르치라 그리하면 너를 선대하리라 하매 25 그
사람이 성읍의 입구를 가르친지라 이에 칼날로 그 성읍
을 쳤으되 오직 그 사람과 그 가족을 놓아 보내매 26
그 사람이 헷 사람의 땅에 가서 성읍을 건축하고 그 이

and Ekron with the coast thereof. 19 And the LORD
was with Judah; and he drave out the inhabitants of the
mountain; but could not drive out the inhabitants of the
valley, because they had chariots of iron. 20 And they
gave Hebron unto Caleb, as Moses said: and he expelled
thence the three sons of Anak. 21 And the children of
Benjamin did not drive out the Jebusites that inhabited
Jerusalem; but the Jebusites dwell with the children of
Benjamin in Jerusalem unto this day. 22 And the house
of Joseph, they also went up against Bethel: and the
LORD was with them. 23 And the house of Joseph
sent to descry Bethel. (Now the name of the city before
was Luz.) 24 And the spies saw a man come forth out
of the city, and they said unto him, Shew us, we pray
thee, the entrance into the city, and we will shew thee mercy.
25 And when he shewed them the entrance into the
city, they smote the city with the edge of the sword;
but they let go the man and all his family. 26 And the

상

27 므낫세가 **쫓아내지 못하매**
/벧스안과
그 향리(鄕里)의 거민과
/다나낙과
그 향리의 거민과
/돌과
그 향리의 거민(居民)과
/이블르암과
그 향리의 거민과
/므깃도와
그 향리의 거민들을

가나안 사람이 **결심하고**
그 땅에 **거하였더니**

28 강성(强盛)한 후에야
이스라엘이 **시켰고**
/사역(使役)을
/가나안 사람에게
쫓아내지 아니하였더라
/다

29 에브라임이 가나안 사람을 **쫓아내지 못하매**
/게셀에 거한

가나안 사람이 그들 중에 **거하였더라**
/게셀에서

30 스불론은 **쫓아내지 못하였으나**
/기드론 거민과
나할롤 거민을

가나안 사람이 ┬ 그들중에 **거하여**
└ 사역을 **하였더라**

31 아셀이 쫓아내지 못하고
/악고 거민(居民)과
시돈 거민과
알랍과 악십과 헬바와
아빅과 르홉 거민을

32 가나안 사람 가운데 거하였으니
/그 땅 거민

//이는(이유: כִּי)

름을 루스라 하였더니 오늘날까지 그곳의 이름이더라
27 므낫세가 벧스안과 그 향리의 거민과 다아낙과 그
향리의 거민과 돌과 그 향리의 거민과 이블르암과 그 향
리의 거민과 므깃도와 그 향리의 거민들을 쫓아내지 못
하매 가나안 사람이 결심하고 그 땅에 거하였더니 28
이스라엘이 강성한 후에야 가나안 사람에게 사역을 시켰
고 다 쫓아내지 아니하였더라 29 에브라임이 게셀에 거
한 가나안 사람을 쫓아내지 못하매 가나안 사람이 게셀
에서 그들 중에 거하였더라 30 스불론은 기드론 거민과
나할롤 거민을 쫓아내지 못하였으나 가나안 사람이 그들
중에 거하여 사역을 하였더라 31 아셀이 악고 거민과
시돈 거민과 알랍과 악십과 헬바와 아빅과 르홉 거민을
쫓아내지 못하고 32 그 땅 거민 가나안 사람 가운데 거
하였으니 이는 쫓아내지 못함이었더라 33 납달리가 벧

man went into the land of the Hittites, and built a city,
and called the name thereof Luz: which is the name
thereof unto this day. 27 Neither did Manasseh drive
out the inhabitants of Beth-shean and her towns, nor Taanach
and her towns, nor the inhabitants of Dor and her towns,
nor the inhabitants of Ibleam and her towns, nor the
inhabitants of Megiddo and her towns: but the Canaanites
would dwell in that land. 28 And it came to pass, when
Israel was strong, that they put the Canaanites to tribute,
and did not utterly drive them out. 29 Neither did
Ephraim drive out the Canaanites that dwelt in Gezer;
but the Canaanites dwelt in Gezer among them. 30
Neither did Zebulun drive out the inhabitants of Kitron,
nor the inhabitants of Nahalol; but the Canaanites dwelt
among them, and became tributaries. 31 Neither did
Asher drive out the inhabitants of Accho, nor the inhabitants
of Zidon, nor of Ahlab, nor of Achzib, nor of Helbah,
nor of Aphik, nor of Rehob: 32 But the Asherites dwelt

//이는(이유: 'כִּי')
쫓아내지 못함이었더라

33 납달리가 **쫓아내지 못하고**
/벧세메스 거민과
벧아낫 거민을
거하였으나
/가나안 사람 가운데
/그 땅 거민

벧세메스와 벧아낫 거민들이 사역을 **하였더라**
/그들에게

34 아모리 사람이 단 자손을 **쫓아들이고**
/산지로
용납지 아니하고
/골짜기에 내려오기를

35 [아모리 사람이] **결심하고**
거하였더니
/헤레스산과 아얄론과 사알빔에

요셉 족속이 강성하매(when)
아모리 사람이 **필경은 사역을 하였으며**

36 지계는 아그랍빔 비탈의 바위부터 **그 위였더라**
/아모리 사람의

2

1 여호와의 사자가 보김에 **이르러**
/길갈에서부터

가로되
/내가 너희를 나오게 하고
/애굽에서
[너희를]인도하여 이끌어 왔으며
/너희 열조(列祖)에게 맹세한 땅으로

/또 내가 이르기를
/내가 언약을 어기지 아니하리니
/너희에게 세운
/영원히

세메스 거민과 벧아낫 거민을 쫓아내지 못하고 그 땅 거민 가나안 사람 가운데 거하였으나 벧세메스와 벧아낫 거민들이 그들에게 사역을 하였더라 **34** 아모리 사람이 단 자손을 산지로 쫓아들이고 골짜기에 내려오기를 용납지 아니하고 **35** 결심하고 헤레스 산과 아얄론과 사알빔에 거하였더니 요셉 족속이 강성하매 아모리 사람이 필경은 사역을 하였으며 **36** 아모리 사람의 지계는 아그랍빔 비탈의 바위부터 그 위였더라

2:1 여호와의 사자가 길갈에서부터 보김에 이르러 가로되 내가 너희로 애굽에서 나오게 하고 인도하여 너희 열조에게 맹세한 땅으로 이끌어 왔으며 또 내가 이르기를 내가 너희에게 세운 언약을 영원히 어기지 아니

among the Canaanites, the inhabitants of the land: for they did not drive them out. **33** Neither did Naphtali drive out the inhabitants of Beth-shemesh, nor the inhabitants of Beth-anath; but he dwelt among the Canaanites, the inhabitants of the land: nevertheless the inhabitants of Beth-shemesh and of Beth-anath became tributaries unto them. **34** And the Amorites forced the children of Dan into the mountain: for they would not suffer them to come down to the valley: **35** But the Amorites would dwell in mount Heres in Aijalon, and in Shaalbim: yet the hand of the house of Joseph prevailed, so that they became tributaries. **36** And the coast of the Amorites was from the going up to Akrabbim, from the rock, and upward.

2:1 And an angel of the LORD came up from Gilgal to Bochim, and said, I made you to go up out of Egypt, and have brought you unto the land which I sware

삿

2 /너희는 – 언약을 세우지 말며
/이 땅 거민과
그들의 단을 헐라 ...하였거늘
/너희가 —— 청종치 아니하였도다
/내 목소리를
/그리함은 — 어찜이뇨?

3 /그러므로
내가 — 또 말하기를 ...하였노라
/내가 —— 그들을 **쫓**아내지 아니하리니
/너희 앞에서

//(결과)
그들이 — 가시가 될 것이며
/너희 옆구리에
신들이 — 너희에게 올무가 되리라
/그들의

4 사자(使者)가 이르매(상황절, when)
/여호와의 /이 말씀을
/이스라엘 모든 자손에게

백성이 소리를 **높여**
운지라

5 그러므로
[그들이] **하니라**
/이름하여(=이름을)
/그 곳을(=의)
/보김이라

무리가 제사를 **드렸더라**
/거기서
/여호와께

6 여호수아가 백성을 보내매(상황절, when)
/전에

자손이 그 기업으로 **가서**
/이스라엘 /각기
땅을 **차지하였고**

7 백성이 여호와를 **섬겼더라**
/사는 날 동안과
/여호수아의
사는 날 동안에
/생존한 장로들

하리니 2 너희는 이 땅 거민과 언약을 세우지 말며 그들
의 단을 헐라 하였거늘 너희가 내 목소리를 청종치 아니
하였도다 그리함은 어찜이뇨 3 그러므로 내가 또 말하기
를 내가 그들을 너희 앞에서 쫓아내지 아니하리니 그들
이 너희 옆구리에 가시가 될 것이며 그들의 신들이 너희
에게 올무가 되리라 하였노라 4 여호와의 사자가 이스라
엘 모든 자손에게 이 말씀을 이르매 백성이 소리를 높여
운지라 5 그러므로 그곳을 이름하여 보김이라 하니라 무
리가 거기서 여호와께 제사를 드렸더라 6 전에 여호수아
가 백성을 보내매 이스라엘 자손이 각기 그 기업으로 가
서 땅을 차지하였고 7 백성이 여호수아의 사는 날 동안
과 여호수아 뒤에 생존한 장로들 곧 여호와께서 이스라

unto your fathers; and I said, I will never break my
covenant with you. 2 And ye shall make no league with
the inhabitants of this land; ye shall throw down their
altars: but ye have not obeyed my voice: why have ye
done this? 3 Wherefore I also said, I will not drive them
out from before you; but they shall be as thorns in your
sides, and their gods shall be a snare unto you. 4 And
it came to pass, when the angel of the LORD spake
these words unto all the children of Israel, that the people
lifted up their voice, and wept. 5 And they called the
name of that place Bochim: and they sacrificed there
unto the LORD. 6 And when Joshua had let the people
go, the children of Israel went every man unto his inheritance
to possess the land. 7 And the people served the LORD

/생존한 장로들
/여호수아 뒤에
/곧 본 자의
/모든 큰 일을
/여호와께서 행하신
/이스라엘을 위하여

8 여호수아가 일백 십세에 **죽으매**
/여호와의 종
/눈의 아들

9 무리가 **장사하였고**
/그의 기업의 경내(境內)
/딤낫 헤레스에
/에브라임 산지
/가아스산 북

10 사람도 다 그 열조에게로 **돌아갔고**
/그 세대

다른 세대는 여호와를 **알지 못하며**
/그 후에 일어난

알지 못하였더라
/여호와께서 ― 행하신 일도
/이스라엘을 위하여

11 자손이 악을 **행하여**
/여호와의 목전에
바알을 **섬기며**

12 하나님 여호와를 **버리고**
/그 열조의
/그들을 인도하여 내신
/애굽 땅에서
다른 신을 **좇아**
/곧 백성의 신들을
/그 사방에 있는
그들에게 **절하여**
여호와를 **진노하시게 하였으되**

13 곧(and)
그들이 여호와를 **버리고**
섬겼으므로
/바알과 아스다롯을

엘을 위하여 행하신 모든 큰 일을 본 자의 사는 날 동안
에 여호아를 섬겼더라 8 여호아의 종 눈의 아들 여호수
아가 일백십 세에 죽으매 9 무리가 그의 기업의 경내 에
브라임 산지 가아스 산 북 딤낫 헤레스에 장사하였고
10 그 세대 사람도 다 그 열조에게로 돌아갔고 그 후에
일어난 다른 세대는 여호아를 알지 못하며 여호아께서
이스라엘을 위하여 행하신 일도 알지 못하였더라 11 이
스라엘 자손이 여호아의 목전에 악을 행하여 바알들을
섬기며 12 애굽 땅에서 그들을 인도하여 내신 그 열조
의 하나님 여호아를 버리고 다른 신 곧 그 사방에 있는
백성의 신들을 좇아 그들에게 절하여 여호아를 진노하시
게 하였으되 13 곧 그들이 여호아를 버리고 바알과 아

all the days of Joshua, and all the days of the elders
that outlived Joshua, who had seen all the great works
of the LORD, that he did for Israel. 8 And Joshua the
son of Nun, the servant of the LORD, died, being an hundred
and ten years old. 9 And they buried him in the border
of his inheritance in Timnath-heres, in the mount of Ephraim,
on the north side of the hill Gaash. 10 And also all
that generation were gathered unto their fathers: and
there arose another generation after them, which knew
not the LORD, nor yet the works which he had done
for Israel. 11 And the children of Israel did evil in the
sight of the LORD, and served Baalim: 12 And they forsook
the LORD God of their fathers, which brought them out
of the land of Egypt, and followed other gods, of the
gods of the people that were round about them, and
bowed themselves unto them, and provoked the LORD
to anger. 13 And they forsook the LORD, and served
Baal and Ashtaroth. 14 And the anger of the LORD

샷

14 여호와께서 이스라엘에게 **진노하사**
노략하는 자의 손에 **붙여**
그들로 **노략을 당케 하시며**
또
파시매
/사방 모든 대적의 손에
그들이 대적을 **당치 못하였으며**
/다시는[1)]

15여호와의 손이 재앙을 **내리시매**
/그들에게
/그들이 어디를 가든지
/곧 여호와께서 말씀하신 것과 같고
여호와께서 그들에게 맹세하신 것과 같아서

//(결과)
그들의 괴로움이 심하였더라

16 여호와께서 사사를 **세우사**
그들을 **건져내게 하셨으나**
/노략하는 자의 손에서

17 그들이 그 사사도 **청종치 아니하고**

//(이유: כִּי, for)
그들이 ─ 다른 신들을 좇아 절하고
/음란하듯 (돌이켜)
/그들에게
속히 치우쳐 떠나서
/그 열조가 행한 길을
//(목적: 부정사)
여호와의 명령을 순종하던
그와같이 행치 아니하였더라

18 여호와께서 그 사사와 함께 **하셨고**
/사사를 세우실 때에는
/그들을 위하여

여호와께서 그들을 **구원하였으니**
/대적의 손에서
/그 사사의 사는 날 동안에는

//이는(이유: כִּי, for)

1) 더 이상

스다롯을 섬겼으므로 **14** 여호아께서 이스라엘에게 진노하사 노략하는 자의 손에 붙여 그들로 노략을 당케하시며 또 사방 모든 대적의 손에 파시매 그들이 다시는 대적을 당치 못하였으며 **15** 그들이 어디를 가든지 여호아의 손이 그들에게 재앙을 내리시매 곧 여호아께서 말씀하신 것과 같고 여호아께서 그들에게 맹세하신 것과 같아서 그들의 괴로움이 심하였더라 **16** 여호아께서 사사를 세우사 노략하는 자의 손에서 그들을 건져내게 하셨으나 **17** 그들이 그 사사도 청종치 아니하고 돌이켜 다른 신들을 음란하듯 좇아 그들에게 절하고 여호아의 명령을 순종하던 그 열조의 행한 길을 속히 치우쳐 떠나서 그와 같이 행치 아니하였더라 **18** 여호아께서 그들을 위하여 사사를 세우실 때에는 그 사사와 함께 하셨고 그 사사의 사는 날 동안에는 여호아께서 그들을 대적의 손에서 구원하셨으니 이는 그들이 대적에게 압박과 괴롭게 함을 받아 슬피 부르짖으므로 여호아께서 뜻을 돌이키셨

was hot against Israel, and he delivered them into the hands of spoilers that spoiled them, and he sold them into the hands of their enemies round about, so that they could not any longer stand before their enemies. **15**
Whithersoever they went out, the hand of the LORD was against them for evil, as the LORD had said, and as the LORD had sworn unto them: and they were greatly distressed. **16** Nevertheless the LORD raised up judges, which delivered them out of the hand of those that spoiled them. **17** And yet they would not hearken unto their judges, but they went a whoring after other gods, and bowed themselves unto them: they turned quickly out of the way which their fathers walked in, obeying the commandments of the LORD; but they did not so. **18**
And when the LORD raised them up judges, then the LORD was with the judge, and delivered them out of the hand of their enemies all the days of the judge: for it repented the LORD because of their groanings by

//이는(이유: כִּי, for)
여호와께서 ── 뜻을 돌이키셨음이어늘

//(이유: מִן, because of)
그들이 ─ 슬피 부르짖으므로
/대적에게 압박(壓迫)과
괴롭게 함을 받아

19 그 사사가 죽은 후에는
그들이 **돌이켜**
더욱 패괴하여
/그 열조보다
/좇아(=좇는 일에)
/다른 신들을

//(목적: 부정사)
섬겨(=섬기기 위해)
그들에게 절하고(=절하기 위해)

그치지 아니하였으므로
/그 행위와
패역한 길을

20 여호와께서 이스라엘에게 **진노하여**
이르시되
/이 백성이 ─ 언약을 어기고
/내가 그 열조와 세운
나의 목소리를 청종치 아니하였은즉[2)]

21 /나도 ── 다시는 쫓아내지 아니하리니
/남겨둔 열국을
/여호수아가 죽을 때에
/그들의 앞에서
/하나도

22 //이는(목적: מַעַן, that...may)
시험하려 함이라 ...하시니라
/그들로[3)]
/이스라엘이 ─ 지켜 행하나
아니하나
/나 여호와의 도(道)를
/그 열조의 지킨 것같이

23 [여호와께서] **(머물러 두사)...이를 인함이었더라** [4)]
/그 열국(列國)을
/속히 쫓아내지 아니하시며
/여호수아의 손에 붙이지 아니하셨음이

2) 도치구문이다. 21절의 이유를 나타내는 종속문장이다.

3) 그들에 의해(by them)

4) 직역: 여호와께서 내어버려 두셨다.
여호와께서 그 열국을 남겨두셨다
/속히 쫓아내지 아니하니한 채로
/여호수아의 손에 붙이시지 않고

음이어늘 **19** 그 사사가 죽은 후에는 그들이 돌이켜 그
열조보다 더욱 패괴하여 다른 신들을 좇아 섬겨 그들에
게 절하고 그 행위와 패역한 길을 그치지 아니하였으므
로 **20** 여호아께서 이스라엘에게 진노하여 이르시되 이
백성이 내가 그 열조와 세운 언약을 어기고 나의 목소리
를 청종치 아니하였은즉 **21** 나도 여호수아가 죽을 때에
남겨 둔 열국을 다시는 그들의 앞에서 하나도 쫓아내지
아니하리니 **22** 이는 이스라엘이 그 열조의 지킨 것같이
나 여호와의 도를 지켜 행하나 아니하나 그들로 시험하
려 함이라 하시니라 **23** 그 열국을 머물러 두사 속히 쫓

reason of them that oppressed them and vexed them.
19 And it came to pass, when the judge was dead, that
they returned, and corrupted themselves more than their
fathers, in following other gods to serve them, and to
bow down unto them; they ceased not from their own doings,
nor from their stubborn way. **20** And the anger of the LORD
was hot against Israel; and he said, Because that this
people hath transgressed my covenant which I commanded
their fathers, and have not hearkened unto my voice;
21 I also will not henceforth drive out any from before
them of the nations which Joshua left when he died:
22 That through them I may prove Israel, whether they
will keep the way of the LORD to walk therein, as their
fathers did keep it, or not. **23** Therefore the LORD left
those nations, without driving them out hastily; neither
delivered he them into the hand of Joshua.

샷

3

1 [이들은] 열국은[5]
/여호와께서 남겨둔신

//(목적: 부정사)
시험하려 하시며
/이스라엘을
/가나안 전쟁을 알지 못한

2 //(목적: 부정사)
알게 하려하사
/아직 전쟁을 알지 못하는 자에게
/이스라엘 자손의 세대 중에
/그것을 가르쳐

3 //(동격)
블레셋 다섯 방백과
가나안 모든 사람과
시돈 사람과
히위 사람이라
/레바논산에 거하는
/바알헤르몬 산에서부터 하맛 입구까지

4 이 열국으로 이스라엘을 **시험하사**[6]
/(남겨두신)

//(목적: 부정사)
알고자 하셨더라
/[그들이] — 명령들을 청종하나
/여호와께서 — 모세로 명하신
/그들의 열조에게

5 마침내[7]
이스라엘 자손은 **거하여**
/가나안 사람과
헷 사람과
아모리 사람과
브리스 사람과
히위 사람과
여부스 사람 사이에

6 그들의 딸들을 **취하여**

//(목적: 부정사)

5) [이들은] 열국이다.
6) 이 열국들은 시험하려하신 것이었다.
7) ו(and)를 번역한 것이다.

아내지 아니하시며 여호수아의 손에 붙이지 아니하셨음
이 이를 인함이었더라
3:1 여호아께서 가나안 전쟁을 알지 못한 이스라엘
을 시험하려 하시며 2 이스라엘 자손의 세대 중에
아직 전쟁을 알지 못하는 자에게 그것을 가르쳐 알게
하려 하사 남겨 두신 열국은 3 블레셋 다섯 방백과 가
나안 모든 사람과 시돈 사람과 바알헤르몬 산에서부터
하맛 어구까지 레바논 산에 거하는 히위 사람이라 4 남
겨두신 이 열국으로 이스라엘을 시험하사 여호와께서
모세로 그들의 열조에게 명하신 명령들을 청종하나 알
고자 하셨더라 5 이스라엘 자손은 마침내 가나안 사람
과 헷 사람과 아모리 사람과 브리스 사람과 히위 사람
과 여브스 사람 사이에 거하여 6 그들의 딸들을 취하여
아내를 삼으며 자기 딸들을 그들의 아들에게 주며 또

3:1 Now these are the nations which the LORD left,
to prove Israel by them, even as many of Israel as
had not known all the wars of Canaan; 2 Only that the
generations of the children of Israel might know, to teach
them war, at the least such as before knew nothing
thereof; 3 Namely, five lords of the Philistines, and all
the Canaanites, and the Sidonians, and the Hivites that
dwelt in mount Lebanon, from mount Baal-hermon unto
the entering in of Hamath. 4 And they were to prove
Israel by them, to know whether they would hearken
unto the commandments of the LORD, which he commanded
their fathers by the hand of Moses. 5 And the children
of Israel dwelt among the Canaanites, Hittites, and Amorites,
and Perizzites, and Hivites, and Jebusites: 6 And they

//(목적: 부정사)
아내를 삼으며

자기의 딸들을 **주며**
/그들의 아들에게
또
그들의 신들을 **섬겼더라**

7 이스라엘 자손이 악을 **행하여**
/여호와 목전에
여호와를 **잊어버리고**
/자기들의 하나님
섬긴지라
/바알들과 아세라들을

8 여호와께서 이스라엘에게 **진노하사**
그들을 **파셨으므로**
/구산 리사다임의 손에
/메소보다미아 왕

이스라엘 자손이 구산 리사다임을 **섬겼더니**
/팔 년을

9 이스라엘 자손이 여호와께 부르짖으매(상황절, when)
여호와께서 한 구원자를 **세워**
/그들을 위하여
구원하게 하시니

그는 곧 **옷니엘이라**
/갈렙의 아우
/그나스의 아들

10 여호와의 신이 그에게 **임하셨으므로**
그가 이스라엘 사사가 되어

[그가] 나가서 싸울 때에(when)
여호와께서 구산 리사다임을 **붙이시매**
/메소보다미아 왕
/그 손에
옷니엘의 손이 구산 리사다임을 **이기니라**

11 그 땅이 **태평한지**
/사십년에(=사십년 동안)
옷니엘이 **죽었더라**
/그나스의 아들

그들의 신들을 섬겼더라 **7** 이스라엘 자손이 여호와 목
전에 악을 행하여 자기들의 하나님 여호와를 잊어버리고
바알들과 아세라들을 섬긴지라 **8** 여호와께서 이스라엘
에게 진노하사 그들을 메소보다미아 왕 구산 리사다임의
손에 파셨으므로 이스라엘 자손이 구산 리사다임을 팔
년을 섬겼더니 **9** 이스라엘 자손이 여호와께 부르짖으매
여호와께서 그들을 위하여 한 구원자를 세워 구원하게
하시니 그는 곧 갈렙의 아우 그나스의 아들 옷니엘이라
10 여호와의 신이 그에게 임하셨으므로 그가 이스라엘
사사가 되어 나가서 싸울 때에 여호와께서 메소보다미아
왕 구산 리사다임을 그 손에 붙이시매 옷니엘의 손이 구
산 리사다임을 이기니라 **11** 그 땅이 태평한 지 사십 년

took their daughters to be their wives, and gave their daughters
to their sons, and served their gods. **7** And the children
of Israel did evil in the sight of the LORD, and forgat
the LORD their God, and served Baalim and the groves.
8 Therefore the anger of the LORD was hot against
Israel, and he sold them into the hand of Chushan-rishathaim
king of Mesopotamia: and the children of Israel served
Chushan-rishathaim eight years. **9** And when the children
of Israel cried unto the LORD, the LORD raised up a deliverer
to the children of Israel, who delivered them, even Othniel
the son of Kenaz, Caleb's younger brother. **10** And the
Spirit of the LORD came upon him, and he judged Israel,
and went out to war: and the LORD delivered Chushan-
rishathaim king of Mesopotamia into his hand; and his
hand prevailed against Chushan-rishathaim. **11** And the
land had rest forty years. And Othniel the son of Kenaz

12 이스라엘 자손이 **또 악을 행하니라**
/여호와의 목전에

여호와께서 에글론을 강성케 하사
/모압 왕
/그들을 대적하게 (하시매)

//(이유: כִּי, for)
이스라엘 자손이 — 악을 행하므로
/여호와의 목전에

13 에글론이 암몬과 아말렉 자손들을 **모아가지고**
와서
이스라엘을 **쳐서**
종려나무 성읍을 **점령한지라**

14 이에
이스라엘 자손이 에글론을 **섬기니라**
/모압 왕
/십 팔년을

15 이스라엘 자손이 여호와께 **부르짖으매**
여호와께서 한 구원자를 **세우셨으니**
/그들을 위하여

그는 **에훗이라**
/곧 베냐민 사람 게라의 아들
/왼손잡이

이스라엘 자손이 그를 의탁하여
공물을 바칠 때에(when)
/모압 왕 에글론에게
16 에훗이 좌우에 날선 칼을 **만들어**
/장이 한 규빗 되는
옷 속에 **차고**
/우편 다리
17 공물을 **바쳤는데**
/모압 왕 에글론에게
에글론은 심히 **비둔한 자이었더라**

18 에훗이 공물 바치기를 마친 후에(after)
공물을 메고 온 자들을 **보내고**

에 그나스의 아들 옷니엘이 죽었더라 **12** 이스라엘 자손
이 또 여호와의 목전에 악을 행하니라 이스라엘 자손이
여호와의 목전에 악을 행하므로 여호와께서 모압 왕 에
글론을 강성케 하사 그들을 대적하게 하시매 **13** 에글론
이 암몬과 아말렉 자손들을 모아가지고 와서 이스라엘을
쳐서 종려나무 성읍을 점령한지라 **14** 이에 이스라엘 자
손이 모압 왕 에글론을 십팔 년을 섬기니라 **15** 이스라
엘 자손이 여호와께 부르짖으매 여호와께서 그들을 위하
여 한 구원자를 세우셨으니 그는 곧 베냐민 사람 게라의
아들 왼손잡이 에훗이라 이스라엘 자손이 그를 의탁하여
모압 왕 에글론에게 공물을 바칠 때에 **16** 에훗이 장이
한 규빗 되는 좌우에 날선 칼을 만들어 우편 다리 옷 속
에 차고 **17** 공물을 모압 왕 에글론에게 바쳤는데 에글
론은 심히 비둔한 자이었더라 **18** 에훗이 공물 바치기를
마친 후에 공물을 메고 온 자들을 보내고 **19** 자기는 길
갈 근처 돌 뜨는 곳에서부터 돌아와서 가로되 왕이여 내

died. **12** And the children of Israel did evil again in
the sight of the LORD: and the LORD strengthened
Eglon the king of Moab against Israel, because they had
done evil in the sight of the LORD. **13** And he gathered
unto him the children of Ammon and Amalek, and went
and smote Israel, and possessed the city of palm trees.
14 So the children of Israel served Eglon the king of
Moab eighteen years. **15** But when the children of Israel
cried unto the LORD, the LORD raised them up a
deliverer, Ehud the son of Gera, a Benjamite, a man
lefthanded: and by him the children of Israel sent a
present unto Eglon the king of Moab. **16** But Ehud
made him a dagger which had two edges, of a cubit
length; and he did gird it under his raiment upon his
right thigh. **17** And he brought the present unto Eglon
king of Moab: and Eglon was a very fat man. **18** And
when he had made an end to offer the present, he sent
away the people that bare the present. **19** But he himself

19 자기는 **돌아와서**
/길갈 근처 돌 뜨는 곳에서부터
가로되
/왕이여!
내가 은밀한 일을 왕에게 고하려 하나이다
왕이 **명하여 하매**
/종용케 하라

모셔 선 자들이 **물러간지라**
/다

20 에훗이 왕의 앞으로 **나아가니**
왕은 홀로 **앉아 있는 중이라**
/서늘한 다락방에
에훗이 **가로되**
/내가 ― 왕에게 고할 일이 있나이다 하매
/하나님의 명을 받들어(from)
왕이 그 좌석에서 **일어나니**

21 에훗이 칼을 **빼어**
/왼손으로
/우편 다리에서
왕의 몸을 **찌르매**

22 칼자루도 날을 따라 **들어가서**
그 끝이 등뒤까지 **나갔고**

기름이 칼날에 **엉기었더라**

//(이유: כִּי, for)
그가 ― 칼을 빼어내지 아니하였으므로
/그 몸에서

23 에훗이 ── 현관에 **나와서**
├ 다락문들을 **닫아**
└ **잠그니라**

24 에훗이 ── 나간 후에(after)
왕의 신하들이 ─ **와서**
├ 다락문이 잠겼음을 **보고**
└ **가로되**
/왕이 필연 다락방에서 발을 가리우신다 하고

25 그들이 오래 **기다려도**
왕이 다락문을 **열지 아니하는지라**

가 은밀한 일을 왕에게 고하려 하나이다 왕이 명하여 종
용케 하라 하매 모셔 선 자들이 다 물러간지라 **20** 에훗
이 왕의 앞으로 나아가니 왕은 서늘한 다락방에 홀로 앉
아 있는 중이라 에훗이 가로되 내가 하나님의 명을 받들
어 왕에게 고할 일이 있나이다 하매 왕이 그 좌석에서
일어나니 **21** 에훗이 왼손으로 우편 다리에서 칼을 빼어
왕의 몸을 찌르매 **22** 칼자루도 날을 따라 들어가서 그
끝이 등뒤까지 나갔고 그가 칼을 그 몸에서 빼어내지 아
니하였으므로 기름이 칼날에 엉기었더라 **23** 에훗이 현
관에 나와서 다락문들을 닫아 잠그니라 **24** 에훗이 나간
후에 왕의 신하들이 와서 다락문이 잠겼음을 보고 가로
되 왕이 필연 다락방에서 발을 가리우신다 하고 **25** 그
들이 오래 기다려도 왕이 다락문을 열지 아니하는지라
열쇠를 취하여 열고 본즉 자기 주(主)가 이미 죽어 땅에

turned again from the quarries that were by Gilgal, and
said, I have a secret errand unto thee, O king: who said,
Keep silence. And all that stood by him went out from
him. **20** And Ehud came unto him; and he was sitting
in a summer parlour, which he had for himself alone.
And Ehud said, I have a message from God unto thee.
And he arose out of his seat. **21** And Ehud put forth
his left hand, and took the dagger from his right thigh,
and thrust it into his belly: **22** And the haft also went
in after the blade; and the fat closed upon the blade, so
that he could not draw the dagger out of his belly; and
the dirt came out. **23** Then Ehud went forth through
the porch, and shut the doors of the parlour upon him,
and locked them. **24** When he was gone out, his

[그들이] — 열쇠를 **취하여**
— **열고**
— **본즉(=보았다)**
/자기 주가 이미 죽어 땅에 엎드러졌더라

26 에훗이 **피하여**
/그들의 기다리는 동안에
돌 뜨는 곳을 **지나**
스이라로 **도망하니라**

27 그가 **이르러서는**
나팔을 **불매**
/에브라임 산지에서

이스라엘 자손이 그를 따라 **내려오니**
/산지에서

에훗이 — 앞서 **가며**
28 — 무리에게 **이르되**
/[너희는] — 나를 따르라

//(이유: כִּי, for)
여호와께서 — 붙이셨느니라 하매
/너희 대적 모압 사람을
/너희의 손에

무리가 에훗을 따라 **내려가서**
요단강 나루를 **잡아 지켜**
/모압 맞은편
한 사람도 **건너지 못하게 하였고**

29 그 때에
[그들이] 일만명 가량을 **죽였으니**
/모압 사람
/다 역사요 용사라
한 사람도 **피하지 못하였더라**

30 그 날에
모압 사람이 이스라엘의 수하에 **항복하매**
그 땅이 팔십 년 동안 **태평하였더라**

31 에훗의 후에
삼갈이 사사로 **있어**
/아낫의 아들
[그가] 블레셋 사람 육백명을 **죽였고**
/소 모는 막대기로

엎드러졌더라 26 그들의 기다리는 동안에 에훗이 피하
여 돌 뜨는 곳을 지나 스이라로 도망하니라 27 그가 이
르러서는 에브라임 산지에서 나팔을 불매 이스라엘 자손
이 산지에서 그를 따라 내려오니 에훗이 앞서 가며 28
무리에게 이르되 나를 따르라 여호와께서 너희 대적 모
압 사람을 너희의 손에 붙이셨느니라 하매 무리가 에훗
을 따라 내려가서 모압 맞은편 요단 강 나루를 잡아 지켜
한 사람도 건너지 못하게 하였고 29 그때에 모압 사람
일만 명 가량을 죽였으니 다 역사요 용사라 한 사람도 피
하지 못하였더라 30 그날에 모압 사람이 이스라엘의 수
하에 항복하매 그 땅이 팔십 년 동안 태평하였더라 31
에훗의 후에 아낫의 아들 삼갈이 사사로 있어 소 모는 막
대기로 블레셋 사람 육백 명을 죽였고 그도 이스라엘을
구원하였더라

servants came; and when they saw that, behold, the doors
of the parlour were locked, they said, Surely he covereth
his feet in his summer chamber. 25 And they tarried
till they were ashamed: and, behold, he opened not the
doors of the parlour; therefore they took a key, and
opened them: and, behold, their lord was fallen down
dead on the earth. 26 And Ehud escaped while they tarried,
and passed beyond the quarries, and escaped unto Seirath.
27 And it came to pass, when he was come, that he
blew a trumpet in the mountain of Ephraim, and the
children of Israel went down with him from the mount,
and he before them. 28 And he said unto them, Follow
after me: for the LORD hath delivered your enemies the
Moabites into your hand. And they went down after him,
and took the fords of Jordan toward Moab, and suffered
not a man to pass over. 29 And they slew of Moab at
that time about ten thousand men, all lusty, and all men
of valour; and there escaped not a man. 30 So Moab

그도 이스라엘을 **구원하였더라**

4

1 에훗의 죽은 후에(상황절)
이스라엘 자손이 **또 악을 행하매**
/여호와의 목전에

2 여호와께서 그들을 **파셨는데**
/야빈의 손에
/가나안 왕
/하솔에 도읍한
/그[의] 군대 장관은 시스라요
/이방 하로셋에 거하는

3 이스라엘 자손이 여호와께 **부르짖었더라**

//(이유: כִּי, for)
야빈 왕은 ── 철병거 구백승이 있어서
└ 이스라엘 자손을 학대한 고로
/심히
/이십 년 동안

4 그 때에
드보라가 이스라엘의 **사사가 되었는데**
/랍비돗의 아내

5 그는 드보라의 종려나무 아래 **거하였고**
/에브라임 산지 라마와 벧엘 사이

이스라엘 자손은 그에게 **나아가**

//(목적: לְ, to)
재판을 받더라

6 드보라가 **보내어**
아비노암의 아들 바락을 **불러다가**
/납달리 게데스에서
그에게 **이르되**
/여호와께서 이같이 명하지 아니하셨느냐?
/이스라엘 하나님
/(이르시기를)

4:1 에훗의 죽은 후에 이스라엘 자손이 또 여호와의
목전에 악을 행하매 **2** 여호와께서 하솔에 도읍한 가
나안 왕 야빈의 손에 그들을 파셨는데 그 군대 장관은
이방 하로셋에 거하는 시스라요 **3** 야빈 왕은 철병거 구
백 승이 있어서 이십 년 동안 이스라엘 자손을 심히 학
대한 고로 이스라엘 자손이 여호와께 부르짖었더라 **4**
그 때에 랍비돗의 아내 여선지 드보라가 이스라엘의 사
사가 되었는데 **5** 그는 에브라임 산지 라마와 벧엘 사이
드보라의 종려나무 아래 거하였고 이스라엘 자손은 그에
게 나아가 재판을 받더라 **6** 드보라가 보내어 아비노암
의 아들 바락을 납달리 게데스에서 불러다가 그에게 이
르되 이스라엘 하나님 여호와께서 이같이 명하지 아니하

was subdued that day under the hand of Israel. And the
land had rest fourscore years. **31** And after him was Shamgar
the son of Anath, which slew of the Philistines six
hundred men with an ox goad: and he also delivered
Israel.
4:1 And the children of Israel again did evil in the
sight of the LORD, when Ehud was dead. **2** And
the LORD sold them into the hand of Jabin king of
Canaan, that reigned in Hazor; the captain of whose host
was Sisera, which dwelt in Harosheth of the Gentiles.
3 And the children of Israel cried unto the LORD: for
he had nine hundred chariots of iron; and twenty years
he mightily oppressed the children of Israel. **4** And Deborah,
a prophetess, the wife of Lapidoth, she judged Israel at
that time. **5** And she dwelt under the palm tree of
Deborah between Ramah and Bethel in mount Ephraim:
and the children of Israel came up to her for judgment.
6 And she sent and called Barak the son of Abinoam

샂

/(이르시기를)
/너는 ─ 일만 명을 거느리고[8]
/납달리 자손과
스불론 자손
다볼 산으로 가라

7 /내가 ─ 기손 강으로 이끌어
/야빈의 군대 장관 시스라와
그 병거들과
그 무리를
/네게 이르게 (하고)
그를 네 손에 붙이리라 (하셨느니라)

8 바락이 그에게 **이르되**
/당신이 나와 함께 가면
내가 ─ 가려니와
/당신이 나와 함께 가지 아니하면(if)
나는 ─ 가지 않겠노라

9 [드보라가] **가로되**
/내가 반드시 너와 함께 가리라
/그러나
네가 ─ 영광을 얻지 못하리니
/이제 가는 일로는
//이는(כִּי, for)
여호와께서 ─ 시스라를 파실 것임이니라 하고
/여인의 손에

드보라가 **일어나**
게데스로 **가니라**
/바락과 함께

10 바락이 스불론과 납달리를 **부르니**
/게데스로

일만 인이 그를 따라 **올라가고**
드보라도 그와 함께 **올라가니라**

11 헤벨이 ─ 자기 족속을 **떠나**
/겐사람
/호밥의 자손 중
/모세의 장인
장막을 **쳤더라**
/상수리나무 곁에 이르러
/게데스에 가까운 사아난님[의]

8) 원문은 가라--거느리라(취하라)는 순으로 기록되어 있다.

셨느냐 이르시기를 너는 납달리 자손과 스불론 자손 일만 명을 거느리고 다볼 산으로 가라 7 내가 야빈의 군대 장관 시스라와 그 병거들과 그 무리를 기손 강으로 이끌어 네게 이르게 하고 그를 네 손에 붙이리라 하셨느니라 8 바락이 그에게 이르되 당신이 나와 함께 가면 내가 가려니와 당신이 나와 함께 가지 아니하면 나는 가지 않겠노라 9 가로되 내가 반드시 너와 함께 가리라 그러나 네가 이제 가는 일로는 영광을 얻지 못하리니 이는 여호와께서 시스라를 여인의 손에 파실 것임이니라 하고 드보라가 일어나 바락과 함께 게데스로 가니라 10 바락이 스불론과 납달리를 게데스로 부르니 일만 인이 그를 따라 올라가고 드보라도 그와 함께 올라가니라 11 모세의 장인 호밥의 자손중 겐 사람 헤벨이 자기 족속을 떠나 게데스에 가까운 사아난님 상수리나무 곁에 이르러 장막을

out of Kedesh-naphtali, and said unto him, Hath not the LORD God of Israel commanded, saying, Go and draw toward mount Tabor, and take with thee ten thousand men of the children of Naphtali and of the children of Zebulun? 7 And I will draw unto thee to the river Kishon Sisera, the captain of Jabin's army, with his chariots and his multitude; and I will deliver him into thine hand. 8 And Barak said unto her, If thou wilt go with me, then I will go: but if thou wilt not go with me, then I will not go. 9 And she said, I will surely go with thee: notwithstanding the journey that thou takest shall not be for thine honour; for the LORD shall sell Sisera into the hand of a woman. And Deborah arose, and went with Barak to Kedesh. 10 And Barak called Zebulun and Naphtali to Kedesh; and he went up with ten thousand men at his feet: and Deborah went up with him. 11 Now Heber the Kenite, which was of the children of Hobab the father in law of Moses, had severed himself

12 혹이 시스라에게 **고하매**
/바락이 —— 다볼 산에 오른 것을
/아비노암의 아들

13 시스라가 **모은지라**
/모든 병거[를]
/곧 철병거 구백 승과
/온 군사를
/자기와 함께 있는
/이방 하로셋에서부터 기손 강으로

14 드보라가 바락에게 **이르되**
/[너는] —— 일어나라

//(이유: כִּי, for)
이는 — 날이라
/여호와께서 시스라를 네 손에 붙이신

/여호와께서 너의 앞서 행하지 아니하시느냐?

이에
바락이 일만 명을 **거느리고**
다볼 산에서 **내려가니**

15 여호와께서 칼날로 **쳐서 패하게 하시매**
/시스라와
그 모든 병거와
그 온 군대를
/바락의 앞에서

시스라가 병거에서 **내려**
도보로 **도망한지라**

16 바락이 그 병거들과 군대를 **추격하여**
이방 하로셋에 **이르니**

온 군대가 다 칼에 **엎드러졌고**
/시스라의
남은 자가 **없었더라**

17 시스라가 도보로 **도망하여**
야엘의 장막에 **이르렀으니**
/겐사람 헤벨의 아내

//(이유: כִּי, for)

쳤더라 12 아비노암의 아들 바락이 다볼산에 오른 것을
혹이 시스라에게 고하매 13 시스라가 모든 병거 곧 철
병거 구백 승과 자기와 함께 있는 온 군사를 이방 하로
셋에서부터 기손 강으로 모은지라 14 드보라가 바락에
게 이르되 일어나라 이는 여호와께서 시스라를 네 손에
붙이신 날이라 여호와께서 너의 앞서 행하지 아니하시느
냐 이에 바락이 일만 명을 거느리고 다볼 산에서 내려가
니 15 여호와께서 바락의 앞에서 시스라와 그 모든 병
거와 그 온 군대를 칼날로 쳐서 패하게 하시매 시스라가
병거에서 내려 도보로 도망한지라 16 바락이 그 병거들
과 군대를 추격하여 이방 하로셋에 이르니 시스라의 온
군대가 다 칼에 엎드러졌고 남은 자가 없었더라 17 시
스라가 도보로 도망하여 겐사람 헤벨의 아내 야엘의 장
막에 이르렀으니 하솔 왕 야빈은 겐 사람 헤벨의 집과

from the Kenites, and pitched his tent unto the plain of
Zaanaim, which is by Kedesh. 12 And they shewed
Sisera that Barak the son of Abinoam was gone up to
mount Tabor. 13 And Sisera gathered together all his
chariots, even nine hundred chariots of iron, and all the
people that were with him, from Harosheth of the Gentiles
unto the river of Kishon. 14 And Deborah said unto
Barak, Up; for this is the day in which the LORD hath
delivered Sisera into thine hand: is not the LORD gone
out before thee? So Barak went down from mount Tabor,
and ten thousand men after him. 15 And the LORD
discomfited Sisera, and all his chariots, and all his host,
with the edge of the sword before Barak; so that Sisera
lighted down off his chariot, and fled away on his feet.
16 But Barak pursued after the chariots, and after the
host, unto Harosheth of the Gentiles: and all the host of

//(이유: כִּי, for)
야빈은 —— 화평이 있음이라
/하솔 왕 /겐 사람 헤벨의 집과

18 야엘이 **나가**

//(목적: לְ, to)
시스라를 영접하며

[그가] 그에게 **말하되**
/나의 주여!
[당신은] ┬ 들어오소서
├ 내게로 들어오시고
└ 두려워하지 마소서 하매

[그가] 그 장막에 들어가니(when)
야엘이 이불로 **덮으니라**

19 시스라가 그에게 **말하되...** 하매
/청하노니
/내게 — 물을 조금 마시우라

//(이유: כִּי, for)
내가 목이 마르도다

[그가] 젖부대를 **열어**
그에게 **마시우고**
그를 **덮으니**

20 또
그가 **가로되**
/장막문에 섰다가
만일
사람이 ┬ 와서
└ 네게 묻기를
/여기 어떤 사람이 있느냐 (하거든)
너는 —— 없다 하라 (하고)

21 야엘이 ──┬ 장막 말뚝을 **취하고**
├ 손에 방망이를 **들고**
├ 그에게로 가만히 **가서**
└ 말뚝을 그 살쩍에 **박으매**

//(이유: כִּי, for)
그가 곤비하여 깊이 잠든지라

화평이 있음이라 18 야엘이 나가 시스라를 영접하며 그
에게 말하되 나의 주여 들어오소서 내게로 들어오시고
두려워하지 마소서 하매 그 장막에 들어가니 야엘이 이
불로 덮으니라 19 시스라가 그에게 말하되 청하노니 내
게 물을 조금 마시우라 내가 목이 마르도다 하매 젖부대
를 열어 그에게 마시우고 그를 덮으니 20 그가 또 가로
되 장막문에 섰다가 만일 사람이 와서 네게 묻기를 여기
어떤 사람이 있느냐 하거든 너는 없다 하라 하고 21 그
가 곤비하여 깊이 잠든지라 헤벨의 아내 야엘이 장막 말
뚝을 취하고 손에 방망이를 들고 그에게로 가만히 가서
말뚝을 그 살쩍에 박으매 말뚝이 꿰뚫고 땅에 박히니 시
스라가 기절하여 죽으니라 22 바락이 시스라를 따를 때

Sisera fell upon the edge of the sword; and there was
not a man left. 17 Howbeit Sisera fled away on his
feet to the tent of Jael the wife of Heber the Kenite: for
there was peace between Jabin the king of Hazor and
the house of Heber the Kenite. 18 And Jael went out
to meet Sisera, and said unto him, Turn in, my lord,
turn in to me; fear not. And when he had turned in unto
her into the tent, she covered him with a mantle. 19
And he said unto her, Give me, I pray thee, a little water
to drink; for I am thirsty. And she opened a bottle of
milk, and gave him drink, and covered him. 20 Again
he said unto her, Stand in the door of the tent, and it
shall be, when any man doth come and inquire of thee,
and say, Is there any man here? that thou shalt say, No.
21 Then Jael Heber's wife took a nail of the tent, and
took an hammer in her hand, and went softly unto him,

말뚝이	꿰뚫고 땅에 박히니
시스라가	기절하여 죽으니라
22 바락이 야엘이	시스라를 따를 때에(as) 나가서
//(목적: ל, to) 그를 맞아	
	가로되 /오라 내가 너의 찾는 사람을 네게 보이리라
바락이	그에게 **들어가** **보니** /시스라가 죽어 누웠고 /말뚝은 그 살쩍에 박혔더라
23 이와 같이 하나님이	가나안 왕 야빈을 **패하게 하신지라** /이스라엘 자손 앞에 /이 날에
24 손이 /이스라엘 자손의	가나안 왕 야빈을 **이기어서** /점점 더
	가나안 왕 야빈을 **진멸하였더라** /마침내

5

1 드보라와 바락이 /아비노암의 아들	**노래하여 가로되** /이 날에
2 [너희는]	여호와를 **찬송하라!**
두령(頭領)이 /이스라엘의 백성이	**영솔하였고** /그를 **헌신하였으니** /즐거이
3 너희 왕들아! [너희는]	**들으라**

에 야엘이 나가서 그를 맞아 가로되 오라 내가 너의 찾
는 사람을 네게 보이리라 바락이 그에게 들어가 보니 시
스라가 죽어 누웠고 말뚝은 그 살쩍에 박혔더라 23 이
와 같이 이 날에 하나님이 가나안 왕 야빈을 이스라엘
자손 앞에 패하게 하신지라 24 이스라엘 자손의 손이
가나안 왕 야빈을 점점 더 이기어서 마침내 가나안 왕
야빈을 진멸하였더라

5:1 이날에 드보라와 아비노암의 아들 바락이 노래하
여 가로되 2 이스라엘의 두령이 그를 영솔하였고 백
성이 즐거이 헌신하였으니 여호와를 찬송하라 3 너희

and smote the nail into his temples, and fastened it into
the ground: for he was fast asleep and weary. So he
died. 22 And, behold, as Barak pursued Sisera, Jael
came out to meet him, and said unto him, Come, and I
will shew thee the man whom thou seekest. And when
he came into her tent, behold, Sisera lay dead, and the
nail was in his temples. 23 So God subdued on that
day Jabin the king of Canaan before the children of
Israel. 24 And the hand of the children of Israel prospered,
and prevailed against Jabin the king of Canaan, until
they had destroyed Jabin king of Canaan.

5:1 Then sang Deborah and Barak the son of Abinoam
on that day, saying, 2 Praise ye the LORD for the
avenging of Israel, when the people willingly offered
themselves. 3 Hear, O ye kings; give ear, O ye princes;
I, even I, will sing unto the LORD; I will sing praise to

샷

방백(方伯)들아!
[너희는] 귀를 **기울이라**

나 곧 내가 여호와를 **노래할 것이요**
여호와를 **찬송하리로다**
/이스라엘의 하나님

4 여호와여!
주께서 나오시고(when)
/세일에서부터
진행하실 때에(when)
/에돔들에서 부터

땅이 **진동하고**
하늘도 **새어서**
구름이 물을 **내렸나이다**

5 산들이 여호와 앞에서 **진동하니**
저 시내산도 여호와 앞에서 **〈진동하였도다〉**
/이스라엘 하나님

6 삼갈의 날에
/아낫의 아들
또는 야엘의 날에는

대로가 **비었고**
행인들은 소로로 **다녔도다**

7 관원이 **그치고**
이스라엘에 **그쳤더니**
/나 드보라가 일어났고(...때까지)
내가 일어나서(...때까지)
어미가 되었도다(...때까지)
/이스라엘의

8 무리가 새 신들을 택하였으므로(상황절, when)
전쟁이 성문에 **미쳤으나**
/그 때에

방패와 ─┐ **보였던고**
창이 ──┘ /이스라엘 사만 명 중에

9 내 마음이 이스라엘의 방백을 **사모함은**
/그들이 ― 즐거이 헌신하였음이라[9)]
/백성 중에서

9) 이스라엘 방백을 수식한다.

왕들아 들으라 방백들아 귀를 기울이라 나 곧 내가 여호
와를 노래할 것이요 이스라엘의 하나님 여호와를 찬송하
리로다 4 여호와여 주께서 세일에서부터 나오시고 에돔
들에서부터 진행하실 때에 땅이 진동하고 하늘도 새어서
구름이 물을 내렸나이다 5 산들이 여호와 앞에서 진동하
니 저 시내 산도 이스라엘 하나님 여호와 앞에서 진동하
였도다 6 아낫의 아들 삼갈의 날에 또는 야엘의 날에는
대로가 비었고 행인들은 소로로 다녔도다 7 이스라엘에
관원이 그치고 그쳤더니 나 드보라가 일어났고 내가 일
어나서 이스라엘의 어미가 되었도다 8 무리가 새 신들을
택하였으므로 그 때에 전쟁이 성문에 미쳤으나 이스라엘
사만 명 중에 방패와 창이 보였던고 9 내 마음이 이스라

the LORD God of Israel. 4 LORD, when thou wentest
out of Seir, when thou marchedst out of the field of
Edom, the earth trembled, and the heavens dropped, the
clouds also dropped water. 5 The mountains melted
from before the LORD, even that Sinai from before the
LORD God of Israel. 6 In the days of Shamgar the son
of Anath, in the days of Jael, the highways were unoccupied,
and the travellers walked through byways. 7 The inhabitants
of the villages ceased, they ceased in Israel, until that I
Deborah arose, that I arose a mother in Israel. 8 They
chose new gods; then was war in the gates: was there a shield
or spear seen among forty thousand in Israel? 9 My
heart is toward the governors of Israel, that offered themselves
willingly among the people. Bless ye the LORD. Judg.

[너희는] 여호와를 **찬송하라**

10 흰 나귀를 탄 자들[아]!,
귀한 화문석에 앉은 자들[아]!,
길에 행하는 자들아!

[너희는] **선파할찌어다**

11 **칭술하라**
/여호와의 의로우신 일을
/활 쏘는 자의 지꺼림에서
멀리 떨어진 물긷는 곳에서도

칭술하라
/의로우신 일을
/그의 이스라엘을 다스리시는

여호와의 백성이 성문에 **내려갔도다**
/그 때에

12 [너는] **깰찌어다**
깰찌어다

드보라여!
[너는] **깰찌어다**
깰찌어다
너는 **노래할찌어다**
일어날지어다

바락이여!
아비노암의 아들이여!
[너는] **끌고 갈찌어다**
/네 사로잡은 자를

13 남은 귀인과 백성이 **내려왔고**
/그 때에

여호와께서 **강림하셨도다**
/나를 위하여

//(목적: ל, 부정사)
용사를 치시려고

14 나온 자는 아말렉에 **뿌리 박힌 자요**
/에브라임에게서

베냐민은 너희 백성 중에 **섞였으며**
/그 다음에

엘의 방백을 사모함은 그들이 백성 중에서 즐거이 헌신하였음이라 여호와를 찬송하라 **10** 흰 나귀를 탄 자들, 귀한 화문석에 앉은 자들, 길에 행하는 자들아 선파(宣播)할지어다 **11** 활 쏘는 자의 지꺼림에서, 멀리 떨어진 물긷는 곳에서도 여호와의 의로우신 일을 칭술하라 그의 이스라엘을 다스리시는 의로우신 일을 칭술하라 그 때에 여호와의 백성이 성문에 내려갔도다 **12** 깰지어다 깰지어다 드보라여 깰지어다 깰지어다 너는 노래할지어다 일어날지어다 바락이여 아비노암의 아들이여 네 사로잡은 자를 끌고 갈지어다 **13** 그 때에 남은 귀인과 백성이 내려왔고 여호와께서 나를 위하여 용사를 치시려고 강림하셨도다 **14** 에브라임에게서 나온 자는 아말렉에 뿌리 박

5:10 Speak, ye that ride on white asses, ye that sit in judgment, and walk by the way. Judg. **5:11** They that are delivered from the noise of archers in the places of drawing water, there shall they rehearse the righteous acts of the LORD, even the righteous acts toward the inhabitants of his villages in Israel: then shall the people of the LORD go down to the gates. Judg. **5:12** Awake, awake, Deborah: awake, awake, utter a song: arise, Barak, and lead thy captivity captive, thou son of Abinoam. Judg. **5:13** Then he made him that remaineth have dominion over the nobles among the people: the LORD made me have dominion over the mighty. **14** Out of Ephraim was there a root of them against Amalek; after thee, Benjamin, among thy people; out of Machir came down governors,

다스리는 자들이 마길에서(는) **내려왔고**

잡은 자가 스블론에게서(는) **내려왔도다**
/대장군의 지팡이를

15 방백들이 드보라와 **함께 하니**
/잇사갈의

바락도 잇사갈의 심사를 **(가졌도다)**
골짜기로 **달려 내려가니**
/그 발을 좇아

큰 결심이 르우벤 시냇가에 **있었도다**
/[마음의]

16 네가 **앉아서 어찜이뇨?**[10)]
/양의 우리 가운데

//(목적: ל, 부정사)
목자의 저 부는 소리를 들음은

크게 살핌이 르우벤 시냇가에서 **있도다**
/마음에

17 길르앗은 요단 저편에 **거하거늘**
[단은] 배에 **머무름은 어찜이뇨?**[11)]

아셀은 해빈에 **앉고**
자기 시냇가에 **거하도다**

18 스불론은 생명을 아끼지 아니한 **백성이요**
/죽음을 무릅쓰고

납달리도 들의 높은 곳에서 **〈그러하도다〉**[12)]

19 열왕이 — 와서
싸울(=싸웠다)
가나안 열왕이 — 므깃도 물가 다아낙에서 싸웠으나
/때에
돈을 **탈취하지 못하였도다**

20 별들이 하늘에서부터 **싸우되**
시스라와 **싸웠도다**
/그 다니는 길에서

10) 왜 네는 앉았는가?
11) 왜 단은 배에 머무는가?
12) 거한다는 뜻이다.

힌 자요 그 다음에 베냐민은 너희 백성 중에 섞였으며 마
길에게서는 다스리는 자들이 내려왔고 스불론에게서는
대장군의 지팡이를 잡은 자가 내려 왔도다 15 잇사갈의
방백들이 드보라와 함께 하니 잇사갈의 심사를 바락도
가졌도다 그 발을 좇아 골짜기로 달려 내려가니 르우벤
시냇가에 큰 결심이 있었도다 16 네가 양의 우리 가운
데 앉아서 목자의 저 부는 소리를 들음은 어찜이뇨 르우
벤 시냇가에서 마음에 크게 살핌이 있도다 17 길르앗은
요단 저편에 거하거늘 단은 배에 머무름은 어찜이뇨 아
셀은 해빈(海濱)에 앉고 자기 시냇가에 거하도다 18 스
불론은 죽음을 무릅쓰고 생명을 아끼지 아니한 백성이요
납달리도 들의 높은 곳에서 그러하도다 19 열왕이 와서
싸울 때에 가나안 열왕이 므깃도 물가 다아낙에서 싸웠
으나 돈을 탈취하지 못하였도다 20 별들이 하늘에서부

and out of Zebulun they that handle the pen of the writer.
15 And the princes of Issachar were with Deborah;
even Issachar, and also Barak: he was sent on foot into
the valley. For the divisions of Reuben there were great
thoughts of heart. 16 Why abodest thou among the
sheepfolds, to hear the bleatings of the flocks? For the
divisions of Reuben there were great searchings of heart.
17 Gilead abode beyond Jordan: and why did Dan
remain in ships? Asher continued on the sea shore, and abode
in his breaches. 18 Zebulun and Naphtali were a people
that jeoparded their lives unto the death in the high
places of the field. 19 The kings came and fought, then
fought the kings of Canaan in Taanach by the waters of
Megiddo; they took no gain of money. 20 They fought
from heaven; the stars in their courses fought against
Sisera. 21 The river of Kishon swept them away, that ancient

21 기손 강은 그 무리를 **표류시켰으니**
이 기손 강은 옛 강이라
내 영혼아!
네가 힘있는 자를 **밟았도다**

22 그 때에
군마가 빨리 **달리니**
말굽 소리는 땅을 **울리도다**

23 [너희는] 메로스를 **저주하라**

사자의 **말씀에** ...하시도다[13]
/여호와의 /너희가 —그 거민을 저주할 것은
/거듭거듭

//(이유: כִּי, because)
그들이 —— 와서

//(목적: 부정사)
여호와를 돕지 아니하며
여호와를 도와 용사를 치지 아니함이니라

24 야엘은 **복을 받을 것이니**
/헤벨의 아내 /다른 여인보다
/겐 사람
더욱 복을 받을 것이로다
/장막에 거한 여인보다

25 시스라가 물을 **구하매**
우유를 **주되**

//곧(동격)
엉긴 젖을 담아 주었고
/귀한 그릇에

26 장막 말뚝을 **잡으며**
/손으로

장인의 방망이를 **들고**
/오른손에
시스라를 **쳐서**
/그 방망이로
머리를 **뚫되**

//곧(동격)
살쩍을 꿰뚫었도다

13) 여호와의 사자가 말씀하셨다.

터 싸우되 그 다니는 길에서 시스라와 싸웠도다 21 기
손 강은 그 무리를 표류시켰으니 이 기손 강은 옛 강이
라 내 영혼아 네가 힘있는 자를 밟았도다 22 그 때에
군마가 빨리 달리니 말굽 소리는 땅을 울리도다 23 여
호와의 사자의 말씀에 메로스를 저주하라 너희가 거듭
거듭 그 거민을 저주할 것은 그들이 와서 여호와를 돕지
아니하며 여호와를 도와 용사를 치지 아니함이니라 하시
도다 24 겐 사람 헤벨의 아내 야엘은 다른 여인보다 복
을 받을 것이니 장막에 거한 여인보다 더욱 복을 받을
것이로다 25 시스라가 물을 구하매 우유를 주되 곧 엉
긴 젖을 귀한 그릇에 담아주었고 26 손으로 장막 말뚝
을 잡으며 오른손에 장인의 방망이를 들고 그 방망이로

river, the river Kishon. O my soul, thou hast trodden
down strength. 22 Then were the horsehoofs broken by
the means of the pransings, the pransings of their mighty
ones. 23 Curse ye Meroz, said the angel of the LORD,
curse ye bitterly the inhabitants thereof; because they
came not to the help of the LORD, to the help of the
LORD against the mighty. 24 Blessed above women
shall Jael the wife of Heber the Kenite be, blessed shall
she be above women in the tent. 25 He asked water,
and she gave him milk; she brought forth butter in a
lordly dish. 26 She put her hand to the nail, and her
right hand to the workmen's hammer; and with the

상

27 그가 **꾸부러지며**
/그의 발 앞에
엎드러지고
쓰러졌고
꾸부러져
/그의 발 앞에
엎드러져서
엎드러져
죽었도다
/그 꾸부러진 곳에

28 어미가 창문으로 **바라보며**
/시스라의
살창에서 **부르짖기를** ...하매
/어찌하여 그의 병거가 더디 오는고?
어찌하여 그의 병거 바퀴가 더디 구는고?

29 시녀들이 **대답하였겠고**
/그 지혜로운

그도 스스로 **대답하기를**
30 /그들이 ─ 어찌 노략물을 얻지 못하였으랴?
└ 그것을 나누지 못하였으랴?
사람마다-한 두 처녀를 얻었으리로다
시스라는 ─ 채색 옷을 노략하였으리니
/(동격/설명)
그것은 ─ 소놓은 채색 옷이리로다
/곧 채색 옷이리니
/양편에 수 높은
└ 꾸미리로다 하였으리라
/노략한 자의 목에

31 여호와여!
주의 대적은 **망하게 하시고**
/다 /이와 같이

사랑하는 자는 해가 힘 있게 돋음 같게 **하시옵소서** 하니라
/주를

그 땅이 **태평하였더라**
/사십 년 동안

시스라를 쳐서 머리를 뚫되 곧 살쩍을 꿰뚫었도다 **27**
그가 그의 발 앞에 꾸부러지며 엎드러지고 쓰러졌고 그
의 발 앞에 꾸부러져 엎드러져서 그 꾸부러진 곳에 엎드
러져 죽었도다 **28** 시스라의 어미가 창문으로 바라보며
살창에서 부르짖기를 그의 병거가 어찌하여 더디 오는고
그의 병거 바퀴가 어찌하여 더디 구는고 하매 **29** 그 지
혜로운 시녀들이 대답하였겠고 그도 스스로 대답하기를
30 그들이 어찌 노략물을 얻지 못하였으랴 그것을 나누
지 못하였으랴 사람마다 한 두 처녀를 얻었으리로다 시
스라는 채색 옷을 노략하였으리니 그것은 수놓은 채색
옷이리로다 곧 양편에 수놓은 채색 옷이리니 노략한 자
의 목에 꾸미리로다 하였으리라 **31** 여호와여 주의 대적
은 다 이와 같이 망하게 하시고 주를 사랑하는 자는 해가
힘있게 돋음 같게 하시옵소서 하니라 그땅이 사십 년 동
안 태평하였더라

hammer she smote Sisera, she smote off his head, when
she had pierced and stricken through his temples. **27**
At her feet he bowed, he fell, he lay down: at her feet
he bowed, he fell: where he bowed, there he fell down
dead. **28** The mother of Sisera looked out at a window,
and cried through the lattice, Why is his chariot so long
in coming? why tarry the wheels of his chariots? **29**
Her wise ladies answered her, yea, she returned answer
to herself, **30** Have they not sped? have they not divided
the prey; to every man a damsel or two; to Sisera a prey
of divers colours, a prey of divers colours of needlework,
of divers colours of needlework on both sides, meet for
the necks of them that take the spoil? **31** So let all
thine enemies perish, O LORD: but let them that love
him be as the sun when he goeth forth in his might.
And the land had rest forty years.

6

1 이스라엘 자손이 또 악을 **행하였으므로**
/여호와의 목전에

여호와께서 그들을 **붙이시니**
/미디안의 손에
/칠 년 동안

2 미디안의 손이 이스라엘을 **이긴지라**
이스라엘 자손이 자기를 위하여 **만들었으며**
/미디안을 인하여
/구멍과 굴과 산성을
/산에서

3 이스라엘이 파종한 때면(when)
미디안 사람, ┬ **치러 올라와서**
아말렉 사람, ┤
동방 사람이 ┘
4 ├ **진을 치고**
├ 토지 소산을 **멸하여**
/가사에 이르도록
├ 식물을 **남겨 두지 아니하며**
/이스라엘 가운데
└ 양이나 소나 나귀도 **남기지 아니하니**

5 //이는(이유: כִּי, for)
그들이 — 그 짐승과 장막을 가지고 올라와서
메뚜기 떼같이 들어오니
그 사람과 ┐
약대가 ──┴ 무수함이라
그들이 —— 그 땅에 들어와

//(목적: לְ, to)
멸하려 하니

6 이스라엘이 미디안을 인하여 **미약함이(=미약했다)**
/심한지라(=심히)

//이에(결과)
이스라엘 자손이 — 여호와께 부르짖었더라

7 이스라엘 자손이 여호와께 부르짖은 고로(when)[14]

14) 여기에 있는 כִּי,는 강조적 용법(NASB, NKJV) 혹은, 시간을 나타내는 부사 when으로(NIV,NRSV) 본다.

6:1 이스라엘 자손이 또 여호와의 목전에 악을 행하
였으므로 여호와께서 칠 년 동안 그들을 미디안의
손에 붙이시니 2 미디안의 손이 이스라엘을 이긴지라
이스라엘 자손이 미디안을 인하여 산에서 구멍과 굴과
산성을 자기를 위하여 만들었으며 3 이스라엘이 파종한
때면 미디안 사람, 아말렉 사람, 동방 사람이 치러 올라
와서 4 진을 치고 가사에 이르도록 토지 소산을 멸하여
이스라엘 가운데 식물을 남겨두지 아니하며 양이나 소나
나귀도 남기지 아니하니 5 이는 그들이 그 짐승과 장막
을 가지고 올라와서 메뚜기떼 같이 들어오니 그 사람과
약대가 무수함이라 그들이 그 땅에 들어와 멸하려 하니
6 이스라엘이 미디안을 인하여 미약함이 심한지라 이에
이스라엘 자손이 여호와께 부르짖었더라 7 이스라엘 자
손이 미디안을 인하여 여호와께 부르짖은 고로 8 여호

6:1 And the children of Israel did evil in the sight of
the LORD: and the LORD delivered them into the
hand of Midian seven years. 2 And the hand of Midian
prevailed against Israel: and because of the Midianites
the children of Israel made them the dens which are in
the mountains, and caves, and strong holds. 3 And so
it was, when Israel had sown, that the Midianites came
up, and the Amalekites, and the children of the east,
even they came up against them; 4 And they encamped
against them, and destroyed the increase of the earth,
till thou come unto Gaza, and left no sustenance for
Israel, neither sheep, nor ox, nor ass. 5 For they came
up with their cattle and their tents, and they came as
grasshoppers for multitude; for both they and their camels
were without number: and they entered into the land to
destroy it. 6 And Israel was greatly impoverished because

샷

8 여호와께서 — 한 선지자를 **보내사**
/이스라엘 자손에게
그들에게 **이르되**
/여호와의(께서) — 말씀에(말씀하셨다)
/이스라엘 하나님 /내가 — 너희를 인도하여 내며
/애굽에서
너희를 나오게 하여
/그 종 되었던 집에서
9 너희를 〈건져내고〉
/애굽 사람의 손(에서)(과)
너희를 건져내고
/모든 자의 손에서
/학대하는
그들을 너희 앞에서 쫓아내고
그 땅을 너희에게 주었으며

10 /또
내가 — 너희에게 이르기를 ..하였으나
/나는 —— 너희 하나님 여호와니
/[너희는] — 땅의 신들을 두려워 말라
/아모리 사람의
/너희의 거하는
/너희가 —— 내 목소리를 청종치 아니하였느니라
(하셨다 하니라)

11 여호와의 사자가 오브라에 **이르러**
/아비에셀 사람 요아스에게 속한
상수리나무 아래 **앉으니라**

마침
기드온이 밀을 **타작하더니**
/요아스의 아들 /포도주 틀에서

//(목적: ל, to)
미디안 사람에게 알리지 아니하려 하여

12 여호와의 사자가 기드온에게 **나타나**
이르되
/큰 용사여!
여호와께서--너와 함께 계시도다

13 기드온이 그에게 **대답하되**
/나의 주여!
[만일]

와께서 이스라엘 자손에게 한 선지자를 보내사 그들에게
이르되 이스라엘 하나님 여호와의 말씀에 내가 너희를
애굽에서 인도하여 내며 너희를 그 종 되었던 집에서 나
오게 하여 9 애굽 사람의 손과 너희를 학대하는 모든 자
의 손에서 너희를 건져 내고 그들을 너희 앞에서 쫓아내
고 그 땅을 너희에게 주었으며 10 내가 또 너희에게 이
르기를 나는 너희 하나님 여호와니 너희의 거하는 아모
리 사람의 땅의 신들을 두려워 말라 하였으나 너희가내
목소리를 청종치 아니하였느니라 하셨다 하니라 11 여
호와의 사자가 아비에셀 사람 요아스에게 속한 오브라에
이르러 상수리나무 아래 앉으니라 마침 요아스의 아들
기드온이 미디안 사람에게 알리지 아니하려 하여 밀을
포도주 틀에서 타작하더니 12 여호와의 사자가 기드온
에게 나타나 이르되 큰 용사여 여호와께서 너와 함께 계
시도다 13 기드온이 그에게 대답하되 나의 주여 여호와
께서 우리와 함께 계시면 어찌하여 이 모든 일이 우리에

of the Midianites; and the children of Israel cried unto
the LORD. 7 And it came to pass, when the children
of Israel cried unto the LORD because of the Midianites,
8 That the LORD sent a prophet unto the children of
Israel, which said unto them, Thus saith the LORD God
of Israel, I brought you up from Egypt, and brought you
forth out of the house of bondage; 9 And I delivered
you out of the hand of the Egyptians, and out of the
hand of all that oppressed you, and drave them out from
before you, and gave you their land; 10 And I said
unto you, I am the LORD your God; fear not the gods
of the Amorites, in whose land ye dwell: but ye have
not obeyed my voice. 11 And there came an angel of
the LORD, and sat under an oak which was in Ophrah,

[만일]
여호와께서 우리와 함께 계시면(if)
어찌하여(why)
이 모든 일이 우리에게 미쳤나이까?
또 그 모든 이적이 어디 있나이까?
/우리 열조가 ─ 일찍 우리에게 이르기를
/여호와께서 우리를 애굽에서
나오게 하신 것이 아니냐 한
/이제
여호께서 ┬ 우리를 버리사
└ 미디안의 손에 붙이셨나이다

14 여호와께서 그를 **돌아보아**
가라사대
/너는 ┬ 가서
/이 네 힘을 의지하고
└ 이스라엘을 구원하라
/미디안의 손에서
/내가 ─ 너를 보낸 것이 아니냐?

15 기드온이 그에게 **대답하되**
/주여!
내가 ─ 무엇으로 이스라엘을 구원하리이까?
보소서
나의 집은 므낫세 중에 극히 약하고
나는 ─ 내 아비 집에서 제일 작은 자니이다

16 여호와께서 그에게 **이르시되**
/내가 ─ 반드시 너와 함께 하리니
네가 ─ 한 사람을 치듯 하리라
/미디안 사람 치기를

17 기드온이 그에게 **대답하되**
/[만일]
내가 주께 은혜를 얻었사오면(if)
[당신은] ─ 표징을 내게 보이소서
/나와 말씀하신 이가 주 되시는
18 /[내가] ─ 이 곳을 떠나지 마시기를 원하나이다
/내가 ┬ 예물을 가지고
├ 다시 주께로 와서
└ 그것을 주 앞에 드리기까지

게 미쳤나이까 또 우리 열조가 일찍 우리에게 이르기를
여호와께서 우리를 애굽에서 나오게 하신 것이 아니냐
한 그 모든 이적이 어디 있나이까 이제 여호와께서 우리
를 버리사 미디안의 손에 붙이셨나이다 14 여호와께서
그를 돌아보아 가라사대 너는 이 네 힘을 의지하고 가서
이스라엘을 미디안의 손에서 구원하라 내가 너를 보낸
것이 아니냐 15 기드온이 그에게 대답하되 주여 내가
무엇으로 이스라엘을 구원하리이까 보소서 나의 집은 므
낫세 중에 극히 약하고 나는 내 아비 집에서 제일 작은
자니이다 16 여호와께서 그에게 이르시되 내가 반드시
너와 함께 하리니 네가 미디안 사람 치기를 한 사람을
치듯 하리라 17 기드온이 그에게 대답하되 내가 주께
은혜를 얻었사오면 나와 말씀하신 이가 주 되시는 표징
을 내게 보이소서 18 내가 예물을 가지고 다시 주께로
와서 그것을 주 앞에 드리기까지 이곳을 떠나지 마시기
를 원하나이다 그가 가로되 내가 너 돌아오기를 기다리

that pertained unto Joash the Abi-ezrite: and his son
Gideon threshed wheat by the winepress, to hide it from
the Midianites.
12 And the angel of the LORD appeared
unto him, and said unto him, The LORD is with thee,
thou mighty man of valour.
13 And Gideon said unto
him, Oh my Lord, if the LORD be with us, why then
is all this befallen us? and where be all his miracles
which our fathers told us of, saying, Did not the LORD bring
us up from Egypt? but now the LORD hath forsaken
us, and delivered us into the hands of the Midianites.
14 And the LORD looked upon him, and said, Go in
this thy might, and thou shalt save Israel from the hand
of the Midianites: have not I sent thee?
15 And he said
unto him, Oh my Lord, wherewith shall I save Israel? behold,
my family is poor in Manasseh, and I am the least in
my father's house.
16 And the LORD said unto him,
Surely I will be with thee, and thou shalt smite the Midianites
as one man.
17 And he said unto him, If now I have
found grace in thy sight, then shew me a sign that thou talkest
with me.
18 Depart not hence, I pray thee, until I come

그가　　　　**가로되**
　/내가 ─ 기다리리라
　　　/너 돌아오기를

19 기드온이　　**가서**
염소 새끼 하나를 **준비하고**
가루 한 에바로 무교전병을 〈**만들고**〉
고기를 소쿠리에 **담고**
국을 양푼에 **담아서**
상수리나무 아래 그에게로 **가져다가**
드리매

20 사자가　　그에게 **이르되**
　/하나님의　　/[너는] ┬ 고기와 무교전병을 가져
　　　　　　　　　├ 이 반석 위에 두고
　　　　　　　　　└ 그 위에 국을 쏟으라

기드온이　　그대로 **하니**

21 사자가 ──┬ 손에 잡은 지팡이 끝을 내밀어
　/여호와의　└ 고기와 무교전병에 대매

불이 ──┬ 반석에서 **나와**
　　　└ 고기와 무교전병을 **살랐고**

사자는 ──┬ **떠나서**
　/여호와의　└ **보이지 아니한지라**

22 기드온이　　그가 여호와의 사자인 줄 알고 (when)
가로되
　/슬프도소이다 주 여호와여!

　　//(이유: כִּי־עַל־כֵּן, for)
　　내가 여호와의 사자를 대면하여 보았나이다

23 여호와께서　　그에게 **이르시되**
　/너는 ┬ 안심하라
　　　└ 두려워 말라
　/[너는] ─ 죽지 아니하리라 (하시니라)

24 기드온이　　거기서 단을 **쌓고**
　/여호와를 위하여

리라 19 기드온이 가서 염소 새끼 하나를 준비하고 가
루 한 에바로 무교 전병을 만들고 고기를 소쿠리에 담고
국을 양푼에 담아서 상수리나무 아래 그에게로 가져다가
드리매 20 하나님의 사자가 그에게 이르되 고기와 무교
전병을 가져 이 반석 위에 두고 그 위에 국을 쏟으라 기
드온이 그대로 하니 21 여호와의 사자가 손에 잡은 지
팡이 끝을 내밀어 고기와 무교 전병에 대매 불이 반석에
서 나와 고기와 무교 전병을 살랐고 여호와의 사자는 떠
나서 보이지 아니한지라 22 기드온이 그가 여호와의 사
자인 줄 알고 가로되 슬프도소이다 주 여호와여 내가 여
호와의 사자를 대면하여 보았나이다 23 여호와께서 그
에게 이르시되 너는 안심하라 두려워 말라 죽지 아니하
리라 하시니라 24 기드온이 여호와를 위하여 거기서 단
을 쌓고 이름을 여호와 살롬이라 하였더라 그것이 오늘

unto thee, and bring forth my present, and set it before
thee. And he said, I will tarry until thou come again.
19 And Gideon went in, and made ready a kid, and
unleavened cakes of an ephah of flour: the flesh he put
in a basket, and he put the broth in a pot, and brought
it out unto him under the oak, and presented it. 20 And
the angel of God said unto him, Take the flesh and the
unleavened cakes, and lay them upon this rock, and pour
out the broth. And he did so. 21 Then the angel of the
LORD put forth the end of the staff that was in his
hand, and touched the flesh and the unleavened cakes;
and there rose up fire out of the rock, and consumed
the flesh and the unleavened cakes. Then the angel of
the LORD departed out of his sight. 22 And when
Gideon perceived that he was an angel of the LORD, Gideon
said, Alas, O Lord GOD! for because I have seen an
angel of the LORD face to face. 23 And the LORD
said unto him, Peace be unto thee; fear not: thou shalt

이름을 여호와살롬이라 **[말]하였더라**

그것이 오늘까지 **있더라**
/아비에셀 사람에게 속한 오브라에

25 이 날 밤에
여호와께서 기드온에게 **이르시되**
/[너는]── 네 아비의 수소(를) **취하고**
/곧 칠 년 된 둘째 수소를
── 바알의 단을 **헐며**
/네 아비에게 있는
── 아세라 상을 **찍고**
/단 곁의
26 /또
── 규례대로 한 단을 **쌓고**
/이 견고한 성 위에
/네 하나님 여호와를 위하여
── 그 둘째 수소를 **취하여**
── 번제를 **드릴지니라**
/네가 찍은 아세라나무로

27 이에
기드온이 종 열을 **데리고**
여호와의 말씀하신 대로 **행하되**
이 일을 감히 **하지 못하고**
/백주에 행
밤에 **행하니라**

//(이유: ר, because)
[그가]── 두려워하므로
/아비의 가족과
/그 성읍 사람들을

28 성읍 사람들이 아침에 일찌기 일어나(when)
본즉(보라!)[15)]
바알의 단이 **훼파되었으며**
아세라가 **찍혔고**
/단 곁의

수소를(가) **드렸는지라(=드려졌다)**
/그 둘째 /새로 쌓은 단 위에

29 [그들이] 서로 물어 **가로되**
/이것이 누구의 소위인고 (하고)
그들이 ──┬── 캐어 물은 후에(when)
└── **가로되**
/기드온이 ── 이를 행하였도다 (하고)
/요아스의 아들

15) 감탄사이다. 대부분의 번역본들은 이 부분을 번역하지 않았다.

까지 아비에셀 사람에게 속한 오브라에 있더라 25 이날 밤에 여호와께서 기드온에게 이르시되 네 아비의 수소 곧 칠 년 된 둘째 수소를 취하고 네 아비에게 있는 바알의 단을 헐며 단 곁의 아세라 상을 찍고 26 또 이 견고한 성 위에 네 하나님 여호와를 위하여 규례대로 한 단을 쌓고 그 둘째 수소를 취하여 네가 찍은 아세라 나무로 번제를 드릴지니라 27 이에 기드온이 종 열을 데리고 여호와의 말씀하신 대로 행하되 아비의 가족과 그 성읍 사람들을 두려워하므로 이 일을 감히 백주에 행하지 못하고 밤에 행하니라 28 성읍 사람들이 아침에 일찌기 일어나 본즉 바알의 단이 훼파되었으며 단 곁의 아세라가 찍혔고 새로 쌓은 단 위에 그 둘째 수소를 드렸는지라 29 서로 물어 가로되 이것이 누구의 소위인고 하고 그들이 캐어 물은 후에 가로되 요아스의 아들 기드온이

not die. 24 Then Gideon built an altar there unto the LORD, and called it Jehovah-shalom: unto this day it is yet in Ophrah of the Abi-ezrites. 25 And it came to pass the same night, that the LORD said unto him, Take thy father's young bullock, even the second bullock of seven years old, and throw down the altar of Baal that thy father hath, and cut down the grove that is by it: 26 And build an altar unto the LORD thy God upon the top of this rock, in the ordered place, and take the second bullock, and offer a burnt sacrifice with the wood of the grove which thou shalt cut down. 27 Then Gideon took ten men of his servants, and did as the LORD had said unto him: and so it was, because he feared his father's household, and the men of the city, that he could not do it by day, that he did it by night. 28 And when the men of the city arose early in the morning, behold, the

30 성읍 사람들이 요아스에게 **이르되**
/[너는] — 네 아들을 끌어내라

//(결과)
그는 —— 당연히 죽을지니

//이는(이유: כִּי, for)
[그가] ┬ 바알의 단을 훼파하고
└ 단 곁의 아세라를 찍었음이니라

31 요아스가 자기를 둘러선 모든 자에게 **이르되**
/너희가 바알을 위하여 쟁론하느냐?
너희가 바알을 구원하겠느냐?
/쟁론하는 자는 —— 이 아침에 죽음을 당하리라
/그를 위하여
/[만일]
바알이 —— 과연 신일진대(if)
[그가] —— 스스로 쟁론할 것이니라 (하니라)

//(이유: כִּי, for)
그 단을 훼파하였은즉

32 기드온을(이) 여룹바알이라 **하였으니(=불려졌다)**
/그 날에
/바알이 — 더불어 쟁론할 것이라 (함이었더라)

//이는(이유: כִּי, for)
그가 — 바알의 단을 훼파하였은즉

33 때에
미디안 사람과
아말렉 사람과
동방 사람들이 **모여**
요단을 **건너와서**
/다
이스르엘 골짜기에 **진을 친지라**

34 여호와의 신이 기드온에게 **강림하시니**
기드온이 나팔을 **불매**

아비에셀 족속이 **모여서**
/다 그를 **좇고**

이를 행하였도다 하고 30 성읍 사람들이 요아스에게 이
르되 네 아들을 끌어내라 그는 당연히 죽을지니 이는 바
알의 단을 훼파하고 단 곁의 아세라를 찍었음이니라 31
요아스가 자기를 둘러선 모든자에게 이르되 너희가 바알
을 위하여 쟁론하느냐 너희가 바알을 구원하겠느냐 그를
위하여 쟁론 하는 자는 이 아침에 죽음을 당하리라 바알
이 과연 신일진대 그 단을 훼파하였은즉 스스로 쟁론할
것이니라 하니라 32 그 날에 기드온을 여룹바알이라 하
였으니 이는 그가 바알의 단을 훼파하였은즉 바알이 더
불어 쟁론할 것이라 함이었더라 33 때에 미디안 사람과
아말렉 사람과 동방 사람들이 다 모여 요단을 건너와서
이스르엘 골짜기에 진을 친지라 34 여호와의 신이 기드
온에게 강림하시니 기드온이 나팔을 불매 아비에셀 족속
이 다 모여서 그를 좇고 35 기드온이 또 사자를 온 므
낫세에 두루 보내매 그들도 모여서 그를 좇고 또 사자를
아셀과 스불론과 납달리에 보내매 그 무리도 올라와서

altar of Baal was cast down, and the grove was cut down
that was by it, and the second bullock was offered upon
the altar that was built. 29 And they said one to another,
Who hath done this thing? And when they inquired and
asked, they said, Gideon the son of Joash hath done this
thing. 30 Then the men of the city said unto Joash,
Bring out thy son, that he may die: because he hath cast
down the altar of Baal, and because he hath cut down
the grove that was by it. 31 And Joash said unto all
that stood against him, Will ye plead for Baal? will ye
save him? he that will plead for him, let him be put to
death whilst it is yet morning: if he be a god, let him
plead for himself, because one hath cast down his altar.
32 Therefore on that day he called him Jerubbaal,
saying, Let Baal plead against him, because he hath
thrown down his altar. 33 Then all the Midianites and
the Amalekites and the children of the east were gathered
together, and went over, and pitched in the valley of
Jezreel. 34 But the Spirit of the LORD came upon
Gideon, and he blew a trumpet; and Abi-ezer was gathered

35 기드온이 또 사자를 **보내매**
/온 므낫세에 두루
그들도 **모여서**
/그를 좇고(=따라)
또
[그가] 사자를 **보내매**
/아셀과 스불론과 납달리에
그 무리도 **올라와서**
그를 **영접하더라**

36 기드온이 하나님께 **여짜오되**
/[만일]
주께서 — 내 손으로 이스라엘을 구원하려 하시거든(if)
/이미 말씀하심같이
37 /보소서!
내가 — 양털 한 뭉치를 타작마당에 두리니
[만일]
이슬이 — 양털에만 있고
사면 땅은 마르면(if)
내가 — 알겠나이다 (하였더니)
/주께서 — 내 손으로 이스라엘을 구원하실 줄
/이미 말씀하심같이

38 [그것이] **그대로 된지라**
이튿날
기드온이 일찌기 일어나서
양털을 취하여(when)
[그가] 이슬을 **짜니**
//(결과)
물이 그릇에 가득하더라

39 기드온이 또 하나님께 **여짜오되**
/주여!
내게 진노하지 마옵소서
내가 이번만 말하리이다
/구하옵나니
나로 다시 한번 양털로 시험하게 하소서
양털만 마르고
사면 땅에는 다 이슬이 있게 하옵소서 (하였더니)

40 이 밤에
하나님이 그대로 **행하시니**

//곧(동격)
양털만 마르고
사면 땅에는 다 이슬이 있었더라

그를 영접하더라 **36** 기드온이 하나님께 여짜오되 주께서 이미 말씀하심같이 내 손으로 이스라엘을 구원하려 하시거든 **37** 보소서 내가 양털 한 뭉치를 타작 마당에 두리니 이슬이 양털에만 있고 사면 땅은 마르면 주께서 이미 말씀하심 같이 내 손으로 이스라엘을 구원하실 줄 내가 알겠나이다 하였더니 **38** 그대로 된지라 이튿날 기드온이 일찌기 일어나서 양털을 취하여 이슬을 짜니 물이 그릇에 가득하더라 **39** 기드온이 또 하나님께 여짜오되 주여 내게 진노하지 마옵소서 내가 이번만 말하리이다 구하옵나니 나로 다시 한 번 양털로 시험하게 하소서 양털만 마르고 사면 땅에는 다 이슬이 있게 하옵소서 하였더니 **40** 이 밤에 하나님이 그대로 행하시니 곧 양털만 마르고 사면 땅에는 다 이슬이 있었더라

after him. **35** And he sent messengers throughout all Manasseh; who also was gathered after him: and he sent messengers unto Asher, and unto Zebulun, and unto Naphtali; and they came up to meet them. **36** And Gideon said unto God, If thou wilt save Israel by mine hand, as thou hast said, **37** Behold, I will put a fleece of wool in the floor; and if the dew be on the fleece only, and it be dry upon all the earth beside, then shall I know that thou wilt save Israel by mine hand, as thou hast said. **38** And it was so: for he rose up early on the morrow, and thrust the fleece together, and wringed the dew out of the fleece, a bowl full of water. **39** And Gideon said unto God, Let not thine anger be hot against me, and I will speak but this once: let me prove, I pray thee, but this once with the fleece; let it now be dry only upon the fleece, and upon all the ground let there be dew.

상

7

1 기드온과 —— 일찌기 **일어나서**
/여룹바알이라 하는
모든 백성이
/그를 좇은
—하롯샘 곁에 **진쳤고**

미디안의 진은 그들의 **북편이요**
모래산 앞 골짜기에 **있었더라**

2 여호와께서 기드온에게 **이르시되**
/너를 좇는 백성이 — 너무 많은즉
/내가 — 미디안 사람을 붙이지 아니하리니
/그들의 손에

//이는(목적: פֶּן, lest)
이스라엘이 — 자긍하기를. . 할까 함이니라
/나를 거스려
/내 손이 나를 구원하였다

3 /이제
너는 — 백성의 귀에 고하여 이르기를. . .(하라 하시니)
/누구든지 — 두려워서
떠는 자여든
/[그는] — 떠나
돌아가라

//이에(결과)
돌아간 백성이 — 이만 이천 명이요
남은 자가 — 일만 명이었더라

4 또 여호와께서 기드온에게 **이르시되**
/백성이 — 아직도 많으니
[너는] — 그들을 인도하여
물가로 내려가라

//(결과)
내가 — 너를 위하여 그들을 시험하리라
/거기서
/무릇
내가 — 누구를 가리켜 이르기를...하면
/이가 너와 함께 가리라
그는 — 너와 함께 갈 것이요
/내가 — 누구를 가리켜 이르기를...하면
/이는 너와 함께 가지 말 것이니라
그는 — 가지 말 것이니라

7:1 여룹바알이라 하는 기드온과 그를 좇은 모든 백
성이 일찌기 일어나서 하롯 샘 곁에 진쳤고 미디안의
진은 그들의 북편이요 모레 산 앞 골짜기에 있었더라 2
여호와께서 기드온에게 이르시되 너를 좇은 백성이 너무
많은즉 내가 그들의 손에 미디안 사람을 붙이지 아니하
리니 이는 이스라엘이 나를 거스려 자긍하기를 내 손이
나를 구원하였다 할까 함이니라 3 이제 너는 백성의 귀
에 고하여 이르기를 누구든지 두려워서 떠는 자여든 길
르앗 산에서 떠나 돌아가라 하라 하시니 이에 돌아간 백
성이 이만 이천 명이요 남은 자가 일만 명이었더라 4 여
호와께서 또 기드온에게 이르시되 백성이 아직도 많으니
그들을 인도하여 물가로 내려가라 거기서 내가 너를 위

40 And God did so that night: for it was dry upon the
fleece only, and there was dew on all the ground.
7:1 Then Jerubbaal, who is Gideon, and all the people
that were with him, rose up early, and pitched beside
the well of Harod: so that the host of the Midianites
were on the north side of them, by the hill of Moreh,
in the valley. 2 And the LORD said unto Gideon, The people
that are with thee are too many for me to give the
Midianites into their hands, lest Israel vaunt themselves
against me, saying, Mine own hand hath saved me. 3
Now therefore go to, proclaim in the ears of the people,
saying, Whosoever is fearful and afraid, let him return
and depart early from mount Gilead. And there returned
of the people twenty and two thousand; and there remained
ten thousand. 4 And the LORD said unto Gideon, The people

5 이에
[그가] 백성을 **인도하여 (내려가매)**
/물가에

여호와께서 기드온에게 **이르시되**
/너는 — 따로 세우고
/그 혀로 물을 핥는 자는(를)
/무릇 개의 핥는 것같이
/또
[너는] — 그같이 하라 (하시더니)
/무릇 무릎을 꿇고 마시는 자도(를)

6 핥는 자의 수는 **삼백 명이요**
/손으로 움켜 입에 대고

그 외의 백성은 물을 **마신지라**
/다 /무릎을 꿇고

7 여호와께서 기드온에게 **이르시되**
/내가 — 너희를 구원하며
/이 물을 핥아 먹은 삼백 명으로
미디안 사람을 네 손에 붙이리니
/남은 백성은 — 그 처소로 돌아갈 것이니라 하시니
/각각

8 이에
백성이 양식과 나팔을 손에 **든지라**
기드온이 이스라엘의 모든 사람을 **돌려 보내고**
/각각 그 장막으로

그 삼백 명은(을) **머물러 두니라**

미디안 진은 그 아래 골짜기 가운데 **있었더라**

9 이 밤에
여호와께서 기드온에게 **이르시되**
/[너는] — 일어나
— 내려가서
— 적진을 치라

//(이유: כִּי, for)
내가 — 그것을 네 손에 붙였느니라

10 /만일

하여 그들을 시험하리라 무릇 내가 누구를 가리켜 이르
기를 이가 너와 함께 가리라 하면 그는 너와 함께 갈 것
이요 내가 누구를 가리켜 이르기를 이는 너와 함께 가지
말 것이니라 하면 그는 가지 말 것이니라 5 이에 백성을
인도하여 물가에 내려가매 여호와께서 기드온에게 이르
시되 무릇 개의 핥는 것같이 그 혀로 물을 핥는 자는 너
는 따로 세우고 또 무릇 무릎을 꿇고 마시는 자도 그같
이 하라 하시더니 6 손으로 움켜 입에 대고 핥는 자의
수는 삼백 명이요 그 외의 백성은 다 무릎을 꿇고 물을
마신지라 7 여호와께서 기드온에게 이르시되 내가 이
물을 핥아 먹은 삼백 명으로 너희를 구원하며 미디안 사
람을 네 손에 붙이리니 남은 백성은 각각 그 처소로 돌
아갈 것이니라 하시니 8 이에 백성이 양식과 나팔을 손
에 든지라 기드온이 이스라엘의 모든 사람을 각각 그 장
막으로 돌려보내고 그 삼백 명은 머물러 두니라 미디안
진은 그 아래 골짜기 가운데 있었더라 9 이 밤에 여호와
께서 기드온에게 이르시되 일어나 내려가서 적진(敵陣)
을 치라 내가 그것을 네 손에 붙였느니라 10 만일 네가

are yet too many; bring them down unto the water, and
I will try them for thee there: and it shall be, that of
whom I say unto thee, This shall go with thee, the same
shall go with thee; and of whomsoever I say unto thee,
This shall not go with thee, the same shall not go. 5
So he brought down the people unto the water: and the
LORD said unto Gideon, Every one that lappeth of the water
with his tongue, as a dog lappeth, him shalt thou set by
himself; likewise every one that boweth down upon his knees
to drink. 6 And the number of them that lapped, putting
their hand to their mouth, were three hundred men: but
all the rest of the people bowed down upon their knees
to drink water. 7 And the LORD said unto Gideon, By
the three hundred men that lapped will I save you, and deliver
the Midianites into thine hand: and let all the other
people go every man unto his place. 8 So the people
took victuals in their hand, and their trumpets: and he
sent all the rest of Israel every man unto his tent, and retained
those three hundred men: and the host of Midian was beneath
him in the valley. 9 And it came to pass the same night,

샷

10 /만일
네가 ─ 내려가기를 두려워하거든(if)
[너는] ─ 네부하 부라를 데리고
─ 그 진으로 내려가서
11 ─ 그들의 하는 말을 들으라

//(결과)
그 후에
네 손이 ─ 강하여져서
─ 능히 내려가서
─ 그 진을 치리라

이에
기드온이 ─ 그 부하 부라를 **데리고**
─ 진 가에 **내려간즉**
/군대가 있는

12 미디안 사람과
아말렉 사람과
동방의 모든 사람이 ─ 골짜기에 **누웠는데**
/메뚜기의 중다함 같고(같이)
무수함이 해변의 모래가 수다함 **같은지라**
/그 약대의

13 기드온이 그 곳에 이른즉(when)
어떤 사람이 그 동무에게 꿈을 **말하여 이르기를**
/내가 ─ 한 꿈을 꾸었는데
[보라]
/한 덩어리가 ─ 미디안 진으로 굴러 들어와서
/보리떡 /꿈에
─ 한 장막에 이르러
─ 그것을 쳐서
─ 무너뜨려
─ 엎드러뜨리니
─ 곧 쓰러지더라

14 그 동무가 대답하여 **가로되**
/이는 ─ 다른 것이 아니라
─ 기드온의 칼날이라
/이스라엘 사람 요아스의 아들
하나님이 ─ 그의 손에 붙이셨느니라 (하더라)
/미디안과 그 모든 군대를

내려가기를 두려워 하거든 네 부하 부라를 데리고 그 진
으로 내려가서 11 그들의 하는 말을 들으라 그 후에 네
손이 강하여져서 능히 내려가서 그 진을 치리라 기드온
이 이에 그 부하 부라를 데리고 군대가 있는 진 가에 내
려간즉 12 미디안 사람과 아말렉 사람과 동방의 모든
사람이 골짜기에 누웠는데 메뚜기의 중다함 같고 그 약
대의 무수함이 해변의 모래가 수다함 같은지라 13 기드
온이 그 곳에 이른즉 어떤 사람이 그 동무에게 꿈을 말하
여 이르기를 내가 한 꿈을 꾸었는데 꿈에 보리떡 한 덩어
리가 미디안 진으로 굴러 들어와서 한 장막에 이르러 그
것을 쳐서 무너뜨려 엎드러뜨리니 곧 쓰러지더라 14 그
동무가 대답하여 가로되 이는 다른 것이 아니라 이스라
엘 사람 요아스의 아들 기드온의 칼날이라 하나님이 미
디안과 그 모든 군대를 그의 손에 붙이셨느니라 하더라
15 기드온이 그 꿈과 해몽하는 말을 듣고 경배하고 이
스라엘 진중에 돌아와서 이르되 일어나라 여호와께서 미

that the LORD said unto him, Arise, get thee down unto
the host; for I have delivered it into thine hand. 10 But
if thou fear to go down, go thou with Phurah thy servant
down to the host: 11 And thou shalt hear what they
say; and afterward shall thine hands be strengthened to
go down unto the host. Then went he down with Phurah
his servant unto the outside of the armed men that were
in the host. 12 And the Midianites and the Amalekites
and all the children of the east lay along in the valley
like grasshoppers for multitude; and their camels were without
number, as the sand by the sea side for multitude. 13
And when Gideon was come, behold, there was a man
that told a dream unto his fellow, and said, Behold, I dreamed
a dream, and, lo, a cake of barley bread tumbled into
the host of Midian, and came unto a tent, and smote it
that it fell, and overturned it, that the tent lay along.
14 And his fellow answered and said, This is nothing
else save the sword of Gideon the son of Joash, a man

15 기드온이 그 꿈과 해몽하는 말을 듣고(when)
경배하고
이스라엘 진중에 **돌아와서**
이르되 ...하고
/[너희는] ―― 일어나라

//(이유: כִּי, for)
여호와께서― 미디안의 군대를 붙이셨느니라
/너희 손에

16 [그가] 삼백명을 세대로 **나누고**
나팔과 빈 항아리를 **들리고**
/각 손에
횃불을 **감추게 하고**
/항아리 안에는

17 [그가] 그들에게 **이르되**
/너희는┬나만 보고
└나의 하는 대로 하되
/그 진 가에 이르러서(when)
너희도 ―― 내가 하는 대로 그리하여

18 /나와 ―― 나팔을 불거든(when)
나를 좇는 자가
/다
너희도 ┬ 또한 나팔을 불며
/그 진 사면에서
└ 이르기를 ...하라 하니라
/여호와를 위하라,
아비에셀의 기드온을 위하라

19 기드온과 진 가에 **이른즉**
일백 명이 /이경 초에
/그들을 좇은 /번병의 체번할 때라

[그들이] 나팔을 **불며**
손에 가졌던 항아리를 **부수니라**

20 세 대가 나팔을 **불며**
항아리를 **부수고**
좌수에 횃불을 **들고**
우수에 나팔을 **〈들어〉**

//(목적: לְ, to)
불며(=불기 위하여)

디안 군대를 너희 손에 붙이셨느니라 하고 **16** 삼백 명
을 세 대로 나누고 각 손에 나팔과 빈 항아리를 들리고
항아리 안에는 횃불을 감추게 하고 **17** 그들에게 이르되
너희는 나만 보고 나의 하는대로 하되 내가 그 진가에
이르러서 하는대로 너희도 그리하여 **18** 나와 나를 좇는
자가 다 나팔을 불거든 너희도 그 진 사면에서 또한 나
팔을 불며 이르기를 여호와를 위하라 기드온을 위하라
하라 하니라 **19** 기드온과 그들을 좇은 일백 명이 이경
초에 진 가에 이른즉 번병의 체번할 때라 나팔을 불며
손에 가졌던 항아리를 부수니라 **20** 세 대가 나팔을 불
며 항아리를 부수고 좌수에 횃불을 들고 우수에 나팔을
들어 불며 외쳐 가로되 여호와와 기드온의 칼이여 하고

of Israel: for into his hand hath God delivered Midian,
and all the host. **15** And it was so, when Gideon heard
the telling of the dream, and the interpretation thereof,
that he worshipped, and returned into the host of Israel,
and said, Arise; for the LORD hath delivered into your
hand the host of Midian. **16** And he divided the three
hundred men into three companies, and he put a trumpet
in every man's hand, with empty pitchers, and lamps
within the pitchers. **17** And he said unto them, Look
on me, and do likewise: and, behold, when I come to
the outside of the camp, it shall be that, as I do, so shall
ye do. **18** When I blow with a trumpet, I and all that
are with me, then blow ye the trumpets also on every
side of all the camp, and say, The sword of the LORD,
and of Gideon. **19** So Gideon, and the hundred men
that were with him, came unto the outside of the camp
in the beginning of the middle watch; and they had but newly
set the watch: and they blew the trumpets, and brake
the pitchers that were in their hands. **20** And the three
companies blew the trumpets, and brake the pitchers,

삿

[그들이] 외쳐 가로되
/여호와와 기드온의 칼이여 (하고)

21 각기 당처에 서서
/그 진을 사면으로 에워싸매(=에워싸면서)

그 온 적군이 달음질하고
부르짖으며
도망하였는데

22 삼백 명이 나팔을 불 때에(when)
여호와께서 그 온 적군으로 동무끼리 치게 하시므로
/칼날로
적군이 도망하여
스레라의 벧 싯다에 이르고
또
아벨므홀라의 경계에 이르렀으며
/답밧에 가까운

23 사람들은 모여서
/이스라엘 /납달리와 아셀과 므낫세에서부터
미디안 사람을 좇았더라

24 기드온이 사자를 보내어
/에브라임 온 산지로 두루 행하게 하여 이르기를
/[너희는] — 내려와서
— 미디안 사람을 치고
— 그들을 앞질러
— 나루턱을 취하라 (하매)
/벧 바라와 요단에 이르기까지

이에
사람들이 다 모여서
/에브라임
그 나루턱을 취하고
/벧 바라와 요단에 이르기까지

25 또
[그들이] 미디안 두 방백 오렙과 스엡을 사로잡아
오렙은(을) 오렙 바위에서 죽이고
스엡은(을) 스엡 포도주 틀에서 죽이고
미디안 사람을 추격하고
오렙과 스엡의 머리를 가지고
요단 저편에서 기드온에게로 나아오니라

21 각기 당처에 서서 그 진을 사면으로 에워싸매 그 온
적군이 달음질하고 부르짖으며 도망하였는데 22 삼백
명이 나팔을 불 때에 여호와께서 그 온 적군으로 동무끼
리 칼날로 치게 하시므로 적군이 도망하여 스레라의 벧
싯다에 이르고 또 답밧에 가까운 아벨므홀라의 경계에
이르렀으며 23 이스라엘 사람들은 납달리와 아셀과 므
낫세에서부터 모여서 미디안 사람을 좇았더라 24 기드
온이 사자를 보내어 에브라임 온 산지로 두루 행하게 하
여 이르기를 내려와서 미디안 사람을 치고 그들을 앞질
러 벧 바라와 요단에 이르기까지 나루턱을 취하라 하매
이에 에브라임 사람들이 다 모여서 벧 바라와 요단에 이
르기까지 그 나루턱을 취하고 25 또 미디안 두 방백 오
렙과 스엡을 사로잡아 오렙은 오렙 바위에서 죽이고 스
엡은 스엡 포도주 틀에서 죽이고 미디안 사람을 추격하
고 오렙과 스엡의 머리를 가지고 요단 저편에서 기드온
에게로 나아오니라

and held the lamps in their left hands, and the trumpets
in their right hands to blow withal: and they cried, The sword
of the LORD, and of Gideon. 21 And they stood every
man in his place round about the camp: and all the host
ran, and cried, and fled. 22 And the three hundred blew
the trumpets, and the LORD set every man's sword
against his fellow, even throughout all the host: and the
host fled to Beth-shittah in Zererath, and to the border
of Abel-meholah, unto Tabbath. 23 And the men of
Israel gathered themselves together out of Naphtali, and
out of Asher, and out of all Manasseh, and pursued after
the Midianites. 24 And Gideon sent messengers throughout
all mount Ephraim, saying, Come down against the
Midianites, and take before them the waters unto Beth-
barah and Jordan. Then all the men of Ephraim gathered
themselves together, and took the waters unto Beth-barah
and Jordan. 25 And they took two princes of the Midianites,
Oreb and Zeeb; and they slew Oreb upon the rock Oreb,
and Zeeb they slew at the winepress of Zeeb, and pursued
Midian, and brought the heads of Oreb and Zeeb to

8

1 사람들이 기드온에게 **이르되...**하고
/에브라임 /네가 미디안과 싸우러 갈 때에
우리를 부르지 아니하였으니
우리를 이같이 대접함은 어찌이뇨?

[그들이] 크게 **다투는지라**

2 기드온이 그들에게 **이르되**
/일이 — 너희의 한 것에 비교되겠느냐?
/나의 행한
/이제
/끝물 포도가 — 맏물보다 낫지 아니하냐?
/에브라임의 /아비에셀의

3 /하나님이 — 나의 손에 붙이셨으니
/미디안 방백 오렙과 스엡을
/나의 한 일이 — 어찌 능히 너희의 한 것에 비교되겠느냐?

기드온이 이 말을 하매(when)
그들의 노가 **풀리니라**

4 기드온과 — 요단에 **이르러**
삼백 명이
/그 좇은 자

건너고
/비록 피곤하나
따르며(=따르면서)

5 그가 숙곳 사람에게 **이르되**
/청컨대
/[너희는] — 떡 덩이를 그들에게 주라

//(이유: כִּי, for)
나의 종자가 피곤하여 하니

/나는 — 세바와 살문나를 따르노라
/미디안 두 왕

6 숙곳 방백들이 **가로되**
/세바와 살문나의 손이 지금 어찌 네 손에 있관대?
/우리가 네 군대에게 떡을 주겠느냐?

8:1 에브라임 사람들이 기드온에게 이르되 네가 미디
안과 싸우러 갈 때에 우리를 부르지 아니하였으니
우리를 이같이 대접함은 어찌이뇨 하고 크게 다투는지라
2 기드온이 그들에게 이르되 나의 이제 행한 일이 너희
의 한 것에 비교 되겠느냐 에브라임의 끝물 포도가 아비
에셀의 맏물 포도보다 낫지 아니하냐 3 하나님이 미디
안 방백 오렙과 스엡을 너희 손에 붙이셨으니 나의 한
일이 어찌 능히 너희의 한 것에 비교되겠느냐 기드온이
이 말을 하매 그들의 노가 풀리니라 4 기드온과 그 좇은
자 삼백 명이 요단에 이르러 건너고 비록 피곤하나 따르
며 5 그가 숙곳 사람들에게 이르되 나의 종자가 피곤하
여 하니 청컨대 그들에게 떡덩이를 주라 나는 미디안 두
왕 세바와 살문나를 따르노라 6 숙곳 방백들이 가로되
세바와 살문나의 손이 지금 어찌 네 손에 있관대 우리가

Gideon on the other side Jordan.
8:1 And the men of Ephraim said unto him, Why hast
thou served us thus, that thou calledst us not, when
thou wentest to fight with the Midianites? And they did chide
with him sharply. 2 And he said unto them, What have
I done now in comparison of you? Is not the gleaning
of the grapes of Ephraim better than the vintage of Abi-ezer?
3 God hath delivered into your hands the princes of
Midian, Oreb and Zeeb: and what was I able to do in
comparison of you? Then their anger was abated toward
him, when he had said that. 4 And Gideon came to
Jordan, and passed over, he, and the three hundred men
that were with him, faint, yet pursuing them. 5 And he
said unto the men of Succoth, Give, I pray you, loaves
of bread unto the people that follow me; for they be
faint, and I am pursuing after Zebah and Zalmunna,
kings of Midian. 6 And the princes of Succoth said,
Are the hands of Zebah and Zalmunna now in thine

샷

7 기드온이 **가로되**
/그러면
여호와께서-세바와 살문나를 내 손에 붙이신 후에
내가 — 너희 살을 찢으리라 (하고)
/들가시와 찔레로

8 [그가] 거기서 브누엘에 **올라가서**
그들에게도 그같이 **구한즉**

대답도 숙곳 사람들의 대답과 **같은지라**
/브누엘 사람들의

9 또 기드온이 브누엘 사람들에게 **일러 가로되**
/내가 — 평안이 돌아올 때에
— 이 망대를 헐리라 (하니라)

10 이 때에
세바와 살문나가 갈골에 **있는데**
십이만 명이 **죽었고**
/동방 사람의 모든 군대 중에 칼 든 자

일만 오천 명 가량은 — 그들을 좇아 거기 **있더라**
/그 남은

11 적군이 안연히 있는 중에(when)
기드온이 길로 **올라가서**
/노바와 욕브하 동편 장막에 거한 자의
적군을 **치니**

12 세바와 살문나가 **도망하는지라**
기드온이 **추격하여**
세바와 살문나를 **사로잡고**
/미디안 두 왕
그 온 군대를 **파하니라**

13 기드온이 헤레스 비날 전장에서 **돌아오다가**
/요아스의 아들

14 한 소년을 **잡아**
/숙곳 사람 중
신문하매

네 군대에게 떡을 주겠느냐 7 기드온이 가로되 그러면
여호와께서 세바와 살문나를 내 손에 붙이신 후에 내가
들가시와 찔레로 너희 살을 찢으리라 하고 8 거기서 브
누엘에 올라가서 그들에게도 그같이 구한즉 브누엘 사람
들의 대답도 숙곳 사람들의 대답과 같은지라 9 기드온이
또 브누엘 사람들에게 일러 가로되 내가 평안이 돌아올
때에 이 망대를 헐리라 하니라 10 이 때에 세바와 살문
나가 갈골에 있는데 동방 사람의 모든 군대 중에 칼 든
자 십이만 명이 죽었고 그들을 좇아 거기 있더라 11 적
군이 안연히 있는 중에 기드온이 노바와 욕브하 동편 장
막에 거한 자의 길로 올라가서 적군을 치니 12 세바와
살문나가 도망하는지라 기드온이 추격하여 미디안 두 왕
세바와 살문나를 사로잡고 그 온 군대를 파하니라 13
요아스의 아들 기드온이 헤레스 비날 전장에서 돌아오다
가 14 숙곳 사람 중 한 소년을 잡아 신문하매 숙곳 방
백과 장로 칠십칠 인을 그를 위하여 기록한지라 15 기

hand, that we should give bread unto thine army? 7
And Gideon said, Therefore when the LORD hath delivered
Zebah and Zalmunna into mine hand, then I will tear
your flesh with the thorns of the wilderness and with
briers. 8 And he went up thence to Penuel, and spake
unto them likewise: and the men of Penuel answered
him as the men of Succoth had answered him. 9 And
he spake also unto the men of Penuel, saying, When I
come again in peace, I will break down this tower. 10
Now Zebah and Zalmunna were in Karkor, and their
hosts with them, about fifteen thousand men, all that
were left of all the hosts of the children of the east: for
there fell an hundred and twenty thousand men that drew
sword. 11 And Gideon went up by the way of them
that dwelt in tents on the east of Nobah and Jogbehah,
and smote the host: for the host was secure. 12 And
when Zebah and Zalmunna fled, he pursued after them,
and took the two kings of Midian, Zebah and Zalmunna,
and discomfited all the host. 13 And Gideon the son
of Joash returned from battle before the sun was up, 14

그를 위하여 **기록한지라**
/숙곳 방백과
장로 칠십칠 인을

15 기드온이 숙곳 사람들에게 **이르러**
가로되
/너희가 — 그 세바와 살문나를 보라 하고
/전에 나를 기롱하여 이르기를...한
/손이 —지금 어찌 네 손에 있관대
/세바와 살문나의
/우리가-네 피곤한 사람에게 떡을 주겠느냐

16 [그가] 그 성읍 장로들을 **잡고**
숙곳 사람들을 **징벌하고**
/들가시와 찔레로

17 브누엘 망대를 **헐며**
그 성읍 사람들을 **죽이니라**

18 이에
[그가] 세바와 살문나에게 **묻되**
/너희가 다볼에서 죽인 자들은 어떠한 자이더뇨?
[그가] **대답하되**
/그들이 너와 같아서 모두 왕자 같더라

19 [그가] **가로되**
/그들은 내 형제 내 어머니의 아들이니라
/내가 — 여호와의 사심으로 맹세하노니
/만일 너희가 그들을 살렸더면(if)
나도 너희를 죽이지 아니하였으리라 (하고)

20 [그가] 그 장자 여델에게 **이르되**
/[너는] ┬ 일어나
└ 그들을 죽이라 (하였으나)
그 소년이 칼을 **빼지 못하였으니**

//이는(이유: כִּי, for)
[그가]—— 두려워함이었더라

//(이유: כִּי, for)
[그가] — 아직 어려서

21 세바와 살문나가 **가로되**
/네가 ┬ 일어나
└ 우리를 치라
//대저(이유: כִּי, for)

드온이 숙곳 사람들에게 이르러 가로되 너희가 전에 나
를 기롱하여 이르기를 세바와 살문나의 손이 지금 어찌
네 손에 있관대 우리가 네 피곤한 사람에게 떡을 주겠느
냐 한 그 세바와 살문나를 보라하고 **16** 그 성읍 장로들
을 잡고 들가시와 찔레로 숙곳 사람들을 징벌하고 **17**
브누엘 망대를 헐며 그 성읍 사람들을 죽이니라 **18** 이
에 세바와 살문나에게 묻되 너희가 다볼에서 죽인 자들
은 어떠한 자이더뇨 대답하되 그들이 너와 같아서 모두
왕자 같더라 **19** 가로되 그들은 내 형제 내 어머니의 아
들이니라 내가 여호와의 사심으로 맹세하노니 너희가 만
일 그들을 살렸더면 나도 너희를 죽이지 아니하였으리라
하고 **20** 그 장자 여델에게 이르되 일어나 그들을 죽이
라 하였으나 그 소년이 칼을 빼지 못하였으니 이는 아직
어려서 두려워함이었더라 **21** 세바와 살문나가 가로되

And caught a young man of the men of Succoth, and inquired
of him: and he described unto him the princes of Succoth,
and the elders thereof, even threescore and seventeen
men. **15** And he came unto the men of Succoth, and
said, Behold Zebah and Zalmunna, with whom ye did upbraid
me, saying, Are the hands of Zebah and Zalmunna now
in thine hand, that we should give bread unto thy men
that are weary? **16** And he took the elders of the city,
and thorns of the wilderness and briers, and with them
he taught the men of Succoth. **17** And he beat down
the tower of Penuel, and slew the men of the city. **18**
Then said he unto Zebah and Zalmunna, What manner
of men were they whom ye slew at Tabor? And they
answered, As thou art, so were they; each one resembled
the children of a king. **19** And he said, They were my
brethren, even the sons of my mother: as the LORD
liveth, if ye had saved them alive, I would not slay you.
20 And he said unto Jether his firstborn, Up, and slay

//대저(이유: כִּי, for)
사람이 어떠하면 그 힘도 그러하니라

기드온이 **일어나서**
세바와 살문나를 **죽이고**
새 달 형상의 장식을 **취하니라**
/그 약대 목에 꾸몄던

살

22 때에
사람들이 기드온에게 **이르되**
/이스라엘 /당신과 — 우리를 다스리소서
아들과
/당신의
손자가
/당신의

//(이유: כִּי, for)
당신이 — 우리를 구원하셨으니
/미디안의 손에서

23 기드온이 그들에게 **이르되**
/내가 — 너희를 다스리지 아니하겠고
아들도 — 너희를 다스리지 아니할 것이요
/나의
여호와께서 — 너희를 다스리시리라

24 기드온이 또 그들에게 **이르되**
/내가 — 한 일을 너희에게 청구하노니
/너희는 고리를 내게 줄지니라 하니
/각기

//(이유: כִּי, for)
금귀고리가 있었음이라

//(이유: כִּי, for)
그 대적은 이스마엘 사람이므로

25 무리가 **대답하되**...하고
/우리가 즐거이 드리리이다
겉옷을 **펴고**

각기 탈취한 귀고리를 **던지니**
/그 가운데

네가 일어나 우리를 치라 대저 사람이 어떠하면 그 힘도
그러하니라 기드온이 일어나서 세바와 살문나를 죽이고
그 약대 목에 꾸몄던 새 달 형상의 장식을 취하니라 22
때에 이스라엘 사람들이 기드온에게 이르되 당신이 우리
를 미디안의 손에서 구원하셨으니 당신과 당신의 아들과
당신의 손자가 우리를 다스리소서 23 기드온이 그들에
게 이르되 내가 너희를 다스리지 아니하겠고 나의 아들
도 너희를 다스리지 아니할 것이요 여호와께서 너희를
다스리시리라 24 기드온이 또 그들에게 이르되 내가 너
희에게 한 일을 청구하노니 너희는 각기 탈취한 귀고리
를 내게 줄지니라 하니 그 대적은 이스마엘 사람이므로
금 귀고리가 있었음이라 25 무리가 대답하되 우리가 즐
거이 드리리이다 하고 겉옷을 펴고 각기 탈취한 귀고리
를 그 가운데 던지니 26 기드온의 청한 바 금 귀고리

them. But the youth drew not his sword: for he feared,
because he was yet a youth. 21 Then Zebah and Zalmunna
said, Rise thou, and fall upon us: for as the man is, so
is his strength. And Gideon arose, and slew Zebah and
Zalmunna, and took away the ornaments that were on
their camels' necks. 22 Then the men of Israel said
unto Gideon, Rule thou over us, both thou, and thy son,
and thy son's son also: for thou hast delivered us from
the hand of Midian. 23 And Gideon said unto them, I
will not rule over you, neither shall my son rule over
you: the LORD shall rule over you. 24 And Gideon
said unto them, I would desire a request of you, that ye
would give me every man the earrings of his prey. (For
they had golden earrings, because they were Ishmaelites.)
25 And they answered, We will willingly give them.
And they spread a garment, and did cast therein every

26 금귀고리 중수가 **금 일천칠백 세겔이요**
/기드온의 청한 바

그 외에 또 **있었더라**
/새 달 형상의 장식과
패물과
자색 의복과
/미디안 왕들의 입었던
사슬이
/그 약대 목에 둘렀던

27 기드온이 에봇 하나를 **만들어서**
/그 금으로
오브라에 두었더니
/자기의 성읍

온 이스라엘이 그것을 **음란하게 위하므로**
그것이 기드온과 그 집에 **올무가 되니라**

28 미디안이 이스라엘 자손 앞에 **복종하여**
다시는 그 머리를 **들지 못하였으므로**

그 땅이 **태평하였더라**
/기드온의 사는 날 동안 사십 년에

29 여룹바알이 **돌아가서**
/요아스의 아들

자기 집에 **거하였는데**

30 기드온이 아들이 칠십인 **이었고**(=가졌다)
/몸에서 낳은

//(이유: כִּי, for)
아내가 많으므로

31 첩도 아들을 **낳았으므로**
/세겜에 있는

그 이름을 아비멜렉이라 **하였더라**

32 기드온이 나이많아 **죽으매**
/요아스의 아들

묘실에 **장사하였더라**
/요아스의
/그의 아비
/오브라에 있는
/아비에셀 사람의

중 수가 금 일천 칠백 세겔이요 그 외에 또 새 달 형상의 장식과 패물과 미디안 왕들의 입었던 자색 의복과 그 약대 목에 둘렀던 사슬이 있었더라 **27** 기드온이 그 금으로 에봇 하나를 만들어서 자기의 성읍 오브라에 두었더니 온 이스라엘이 그것을 음란하게 위하므로 그것이 기드온과 그 집에 올무가 되니라 **28** 미디안이 이스라엘 자손 앞에 복종하여 다시는 그 머리를 들지 못하였으므로 기드온의 사는 날 동안 사십 년에 그 땅이 태평하였더라 **29** 요아스의 아들 여룹바알이 돌아가서 자기 집에 거하였는데 **30** 기드온이 아내가 많으므로 몸에서 낳은 아들이 칠십 인이였고 **31** 세겜에 있는 첩도 아들을 낳았으므로 그 이름을 아비멜렉이라 하였더라 **32** 요아스

man the earrings of his prey. **26** And the weight of the golden earrings that he requested was a thousand and seven hundred shekels of gold; beside ornaments, and collars, and purple raiment that was on the kings of Midian, and beside the chains that were about their camels' necks.
27 And Gideon made an ephod thereof, and put it in his city, even in Ophrah: and all Israel went thither a whoring after it: which thing became a snare unto Gideon, and to his house. **28** Thus was Midian subdued before the children of Israel, so that they lifted up their heads no more. And the country was in quietness forty years in the days of Gideon. **29** And Jerubbaal the son of Joash went and dwelt in his own house. **30** And Gideon had threescore and ten sons of his body begotten: for he had many wives. **31** And his concubine that was in Shechem, she also bare him a son, whose name he called Abimelech.
32 And Gideon the son of Joash died in a good old age, and was buried in the sepulchre of Joash his father,

샷

33 기드온이 **이미 죽으매**
자손이 **돌이켜**
/이스라엘
바알들을 **음란하게 위하고**
또
바알브릿을 자기들의 신으로 **삼고**

34 [그들이] 자기들의 하나님을 **기억지 아니하며**
/사면 모든 대적의 손에서 자기들을 건져내신 여호와

35 또
그의 집을 **후대치도 아니하였더라**
/기드온의 이스라엘에게 베푼 모든 은혜를 따라서
/여룹바알이라 하는

9

1 아비멜렉이 세겜에 **가서**
그 어미의 형제에게 **이르러**
그들과 외조부의 온 가족에게 **말하여 가로되**
2 /[내가] —청하노니
/너희는 —— 세겜사람들의 귀에 말하라
/다스림과 —— 어느 것이 나으냐?
/칠십 인이 /너희에게한
/여룹바알의 아들
/다
/너희를
다스림이
/한 사람이
/너희를

/또
[너희는] — 나는 너희의 골육지친임을 생각하라

3 형제들이 이 모든 말을 **고하매**
/그 어미의 /그를 위하여
/온 세겜 사람들의 귀에

마음이 아비멜렉에게로 **기울어서**
/그들의

//(이유: כִּי, for)

의 아들 기드온이 나이 많아 죽으매 아비에셀 사람의 오
브라에 있는 그의 아비 요아스의 묘실에 장사하였더라
33 기드온이 이미 죽으매 이스라엘 자손이 돌이켜 바알
들을 음란하게 위하고 또 바알브릿을 자기들의 신으로
삼고 **34** 사면 모든 대적의 손에서 자기들을 건져내신
여호와 자기들의 하나님을 기억지 아니하며 **35** 또 여룹
바알이라 하는 기드온의 이스라엘에게 베푼 모든 은혜를
따라서 그의 집을 후대치도 아니하였더라

9:1 여룹바알의 아들 아비멜렉이 세겜에 가서 그 어
미의 형제에게 이르러 그들과 외조부의 온 가족에게
말하여 가로되 **2** 청하노니 너희는 세겜 사람들의 귀에
말하라 여룹바알의 아들 칠십 인이 다 너희를 다스림과
한 사람이 너희를 다스림이 어느 것이 너희에게 나으냐
또 나는 너희의 골육지친임을 생각하라 **3** 그 어미의 형

in Ophrah of the Abi-ezrites. **33** And it came to pass,
as soon as Gideon was dead, that the children of Israel turned
again, and went a whoring after Baalim, and made Baal-
berith their god. **34** And the children of Israel remembered
not the LORD their God, who had delivered them out
of the hands of all their enemies on every side: **35**
Neither shewed they kindness to the house of Jerubbaal,
namely, Gideon, according to all the goodness which he
had shewed unto Israel.

9:1 And Abimelech the son of Jerubbaal went to Shechem
unto his mother's brethren, and communed with them,
and with all the family of the house of his mother's
father, saying, **2** Speak, I pray you, in the ears of all
the men of Shechem, Whether is better for you, either
that all the sons of Jerubbaal, which are threescore and
ten persons, reign over you, or that one reign over you?

//(이유: כִּי, for)
[그들이] — 그는 우리 형제라 말하기를 ...하고

4 [그들이] 은 칠십를 **내어**
/바알브릿 묘에서
그에게 **주매**

아비멜렉이 경박한 유를 **사서**
/그것으로 (방탕하고)
자기를 **좇게 하고**

5 [그가] 그 아비의 집으로 **가서**
/오브라에 있는
여룹바알의 아들[들을] **죽였으되**
/곧 자기 형제 칠십 인을
/한 반석 위에서

말째 아들 요담은 오직 **남으니라**
/여룹바알의

//(이유: כִּי, for)
[그가] —— 스스로 숨었으므로

6 세겜 모든 사람과 밀로 모든 족속이 **모여**

가서
아비멜렉으로 왕을 **삼으니라**
/세겜에 있는 기둥 상수리나무 아래서

7 혹이 요담에게 그 일을 **고하매**

요담이 그리심 산 꼭대기로 **가서**
서서
소리를 **높이(=높였다)**
외쳐(=외쳤다)
그들에게 **이르되**
/세겜 사람들아!
[너희는] —— 나를 들으라

//그리하여야(결과)
하나님이 —— 너희를 들으시리라

8 /하루는
나무들이 — 나가서

//(목적)

제들이 그를 위하여 이 모든 말을 온 세겜 사람들의 귀
에 고하매 그들의 마음이 아비멜렉에게로 기울어서 말하
기를 그는 우리 형제라 하고 **4** 바알브릿 묘에서 은 칠십
개를 내어 그에게 주매 아비멜렉이 그것으로 방탕하고
경박(輕薄)한 유(類)를 사서 자기를 좇게 하고 **5** 오브라
에 있는 그 아비의 집으로 가서 여룹바알의 아들 곧 자
기 형제 칠십 인을 한 반석 위에서 죽였으되 오직 여룹
바알의 말째 아들 요담은 스스로 숨었으므로 남으니라
6 세겜 모든 사람과 밀로 모든 족속이 모여 가서 세겜에
있는 기둥 상수리나무 아래서 아비멜렉으로 왕을 삼으니
라 **7** 혹이 요담에게 그 일을 고하매 요담이 그리심 산
꼭대기로 가서 서서 소리를 높이 외쳐 그들에게 이르되
세겜 사람들아 나를 들으라 그리하여야 하나님이 너희를
들으시리라 **8** 하루는 나무들이 나가서 기름을 부어 왕

remember also that I am your bone and your flesh. **3**
And his mother's brethren spake of him in the ears of
all the men of Shechem all these words: and their hearts
inclined to follow Abimelech; for they said, He is our brother.
4 And they gave him threescore and ten pieces of silver
out of the house of Baal-berith, wherewith Abimelech
hired vain and light persons, which followed him. **5**
And he went unto his father's house at Ophrah, and slew
his brethren the sons of Jerubbaal, being threescore and
ten persons, upon one stone: notwithstanding yet Jotham
the youngest son of Jerubbaal was left; for he hid
himself. **6** And all the men of Shechem and all Beth-
millo assembled together, and they went and made Abimelech
king, by the oak of the pillar which was in Shechem. **7**
¶ Now when they told Jotham, he went and stood on
the top of Mount Gerizim, and lifted his voice and called

16) 직역: 왕을 기름붓기 위하여

삿

//(목적)
기름을 부어...하여[16)]
/왕을 삼으려

/[그들이] — 감람나무에게 이르되
/너는 우리 왕이 되라 하매

9 /감람나무가 –그들에게 이르되
/나의 기름은 — 영화롭게 하나니
/하나님과 사람을
/내가 ┬ 어찌 그것을 버리고 가서
└ 나무들 위에 요동하리요 한지라

10 /나무들이 또 – 무화과나무에게 이르되
/너는 와서 우리의 왕이 되라 하매

11 /무화과나무가 — 그들에게 이르되
/내가 ┬ 어찌 버리고 가서
/나의 단 것,
나의 아름다운 실과를
└ 나무들 위에 요동하리요(한지라)

12 /나무들이 또 —포도나무에게 이르되
/너는 와서 우리의 왕이 되라 하매
13 /포도나무가 — 그들에게 이르되..(한지라)
/내가 – 어찌 나의 새 술을 버리고 가서
/하나님과 사람을 기쁘게 하는

//(목적: ל, to)
나무들 위에 요동하리요

14 /이에
모든 나무가 — 가시나무에게 이르되..(하매)
/너는 와서 우리의 왕이 되라

15 /가시나무가 – 나무들에게 이르되
/너희가 — 참으로 내게 기름을 부어

//(목적: ל, to)
너희 왕을 삼겠거든

/[너희는] – 와서
– 내 그늘에 피하라

//그리하지 아니하면(결과)

을 삼으려 하여 감람나무에게 이르되 너는 우리 왕이 되
라 하매 **9** 감람나무가 그들에게 이르되 나의 기름은 하
나님과 사람을 영화롭게 하나니 내가 어찌 그것을 버리
고 가서 나무들 위에 요동하리요 한지라 **10** 나무들이
또 무화과나무에게 이르되 너는 와서 우리의 왕이 되라
하매 **11** 무화과나무가 그들에게 이르되 나의 단 것, 나
의 아름다운 실과를 내가 어찌 버리고 가서 나무들 위에
요동하리요 한지라 **12** 나무들이 또 포도나무에게 이르
되 너는 와서 우리의 왕이 되라 하매 **13** 포도나무가 그
들에게 이르되 하나님과 사람을 기쁘게 하는 나의 새 술
을 내가 어찌 버리고 가서 나무들 위에 요동하리요 한지
라 **14** 이에 모든 나무가 가시나무에게 이르되 너는 와
서 우리의 왕이 되라 하매 **15** 가시나무가 나무들에게
이르되 너희가 참으로 내게 기름을 부어 너희 왕을 삼겠

out. Thus he said to them, "Listen to me, O men of Shechem,
that God may listen to you. **8** "Once the trees went
forth to anoint a king over them, and they said to the
olive tree, 'Reign over us!' **9** "But the olive tree said
to them, 'Shall I leave my fatness with which God and
men are honored, and go to wave over the trees?' **10**
"Then the trees said to the fig tree, 'You come, reign
over us!' **11** "But the fig tree said to them, 'Shall I
leave my sweetness and my good fruit, and go to wave
over the trees?' **12** "Then the trees said to the vine,
'You come, reign over us!' **13** "But the vine said to
them, 'Shall I leave my new wine, which cheers God
and men, and go to wave over the trees?' **14** "Finally
all the trees said to the bramble, 'You come, reign over
us!' **15** "And the bramble said to the trees, 'If in truth
you are anointing me as king over you, come and take refuge

//그리하지 아니하면(결과)
불이 가시나무에서 나와서
사를 것이니라(하였느니라)
/레바논의 백향목을

16 /이제
[만일]
너희 행한 것이 과연 진실하고 의로우냐(if)[17)]
너희가 아비멜렉을 세워 왕을 삼았으니

이것이[만일]
여룹바알과 그 집을 선대함이냐(if)[18)]
이것이 그 행한 대로 그에게 보답함이냐

17 /우리 아버지가 −전에 죽음을 무릅쓰고
−너희를 위하여 싸워
−너희를 건져내었거늘
/미디안의 손에서

18 /너희가 ─ 오늘날 일어나서
─우리 아버지의 집을 쳐서
─그 아들 칠십 인을 한 반석 위에서 죽이고
/[너희가] ─ 그를 세워 세겜 사람의 왕을 삼았도다

//(이유: כִּי, for)
아비멜렉이 ── 너희 형제가 된다고
/그 여종의 아들

19 /만일
너희가 ── 오늘날 대접한 것이(=대접했다면,if)
/여룹바알과 그 집을
/진실과 의로움이면(=으로)
너희가 ── 아비멜렉을 인하여 즐길 것이요
아비멜렉도 − 너희를 인하여 즐기려니와

20 /그렇지 아니하면
불이 ── 나와서
/아비멜렉에게서
└ 세겜 사람들과 밀로 족속을 사를 것이요
불이 ── 나와서
/세겜 사람들과 밀로 족속에게서도
└ 아비멜렉을 사를 것이니라 (하고)

삿

17) 만일 너희가 진실하고 의롭게 행했다면, 아비멜렉을 왕으로 삼을 수 있는가?

18) 만일 너희가 여룹바알과 그 집을 선대하는 것이라면, 너희가 그 행한 대로 그에게 보답함인가?

거든 와서 내 그늘에 피하라 그리하지 아니하면 불이 가시나무에서 나와서 레바논의 백향목을 사를 것이니라 하였느니라 **16** 이제 너희가 아비멜렉을 세워 왕을 삼았으니 너희 행한 것이 과연 진실하고 의로우냐 이것이 여룹바알과 그 집을 선대함이냐 이것이 그 행한대로 그에게 보답함이냐 **17** 우리 아버지가 전에 죽음을 무릅쓰고 너희를 위하여 싸워 미디안의 손에서 너희를 건져내었거늘 **18** 너희가 오늘날 일어나서 우리 아버지의 집을 쳐서 그 아들 칠십 인을 한 반석 위에서 죽이고 그 여종의 아들 아비멜렉이 너희 형제가 된다고 그를 세워 세겜 사람의 왕을 삼았도다 **19** 만일 너희가 오늘날 여룹바알과 그 집을 대접한 것이 진실과 의로움이면 너희가 아비멜렉을 인하여 즐길 것이요 아비멜렉도 너희를 인하여 즐기려니와 **20** 그렇지 아니하면 아비멜렉에게서 불이 나와서 세겜 사람들과 밀로 족속을 사를 것이요 세겜 사람들과 밀로 족속에게서도 불이 나와서 아비멜렉을 사르

in my shade; but if not, may fire come out from the bramble and consume the cedars of Lebanon. **16** ¶ "Now therefore, if you have dealt in truth and integrity in making Abimelech king, and if you have dealt well with Jerubbaal and his house, and have dealt with him as he deserved — **17** for my father fought for you and risked his life and delivered you from the hand of Midian; **18** but you have risen against my father's house today and have killed his sons, seventy men, on one stone, and have made Abimelech, the son of his maidservant, king over the men of Shechem, because he is your relative — **19** if then you have dealt in truth and integrity with Jerubbaal and his house this day, rejoice in Abimelech, and let him also rejoice in you. **20** "But if not, let fire come out from Abimelech and consume the men of Shechem and Beth-millo; and let fire come out from the men of Shechem and from Beth-millo, and consume Abimelech." **21** Then Jotham escaped and fled, and went to Beer

21 요담이 그 형제 아비멜렉을 **두려워하여**
달려
도망하여
브엘로 **가서**
거기 **거하니라**

22 아비멜렉이 이스라엘을 다스린지 삼 년에(when)
23 하나님이 악한 신을 **보내시매**
/아비멜렉과 세겜 사람들 사이에

세겜 사람들이 아비멜렉을 **배반하였으니**

24 //이는(목적)
돌아가게 하심이라
/여룹바알의 아들 칠십 인에게 행한 포학한 일을(갚되)
/그 형제를 죽여 피 흘린 죄를
/그 형제를 죽이게 한 세겜 사람에게로
/아비멜렉과 아비멜렉의 손을 도와서

25 세겜 사람들이 산들 꼭대기에 사람을 **매복하여**
아비멜렉을 **엿보게 하고**
무릇 그 길로 지나는 자를 다 **겁탈하게 하니**
혹이 그것을 아비멜렉에게 **고하니라**

26 가알이 그 형제로 더불어 세겜에 **이르니**
/에벳의 아들
세겜 사람들이 그를 **의뢰하니라**

27 그들이 밭에 **가서**
포도를 **거두어다가**
밟아 **짜서**
연회를 **배설하고**
그 신당에 **들어가서**
먹고
마시며
아비멜렉을 **저주하니**

28 가알이 **가로되**
/에벳의 아들 /아비멜렉은—누구며
세겜은 —— 누구기에
우리가 —— 아비멜렉을 섬기리요

것이니라 하고 21 요담이 그 형제 아비멜렉을 두려워
하여 달려 도망하여 브엘로 가서 거기 거하니라 22 아
비멜렉이 이스라엘을 다스린지 삼 년에 23 하나님이
아비멜렉과 세겜 사람들 사이에 악한 신을 보내시매 세
겜 사람들이 아비멜렉을 배반하였으니 24 이는 여룹
바알의 아들 칠십 인에게 행한 포학한 일을 갚되 그 형
제를 죽여 피 흘린 죄를 아비멜렉과 아비멜렉의 손을
도와서 그 형제를 죽이게 한 세겜 사람에게로 돌아가게
하심이라 25 세겜 사람들이 산들 꼭대기에 사람을 매
복하여 아비멜렉을 엿보게 하고 무릇 그 길로 지나는
자를 다 겁탈하게 하니 혹이 그것을 아비멜렉에게 고하
니라 26 에벳의 아들 가알이 그 형제로 더불어 세겜에
이르니 세겜 사람들이 그를 의뢰하니라 27 그들이 밭
에 가서 포도를 거두어다가 밟아 짜서 연회를 배설하고
그 신당에 들어가서 먹고 마시며 아비멜렉을 저주하니
28 에벳의 아들 가알이 가로되 아비멜렉은 누구며 세
겜은 누구기에 우리가 아비멜렉을 섬기리요 그가 여룹
바알의 아들이 아니냐 그 장관은 스불이 아니냐 차라리

and remained there because of Abimelech his brother.
22 Now Abimelech ruled over Israel three years. 23
Then God sent an evil spirit between Abimelech and the
men of Shechem; and the men of Shechem dealt treacherously
with Abimelech, 24 in order that the violence done to
the seventy sons of Jerubbaal might come, and their
blood might be laid on Abimelech their brother, who
killed them, and on the men of Shechem, who strengthened
his hands to kill his brothers. 25 And the men of
Shechem set men in ambush against him on the tops of
the mountains, and they robbed all who might pass by
them along the road; and it was told to Abimelech. 26
¶ Now Gaal the son of Ebed came with his relatives,
and crossed over into Shechem; and the men of Shechem
put their trust in him. 27 And they went out into the
field and gathered the grapes of their vineyards and trod
them, and held a festival; and they went into the house
of their god, and ate and drank and cursed Abimelech.

그가 여룹바알의 아들이 아니냐?
그 장관은 스불이 아니냐?
차라리 세겜의 아비 하몰의 후손을 섬길 것이라
우리가 어찌 아비멜렉을 섬기리요

29 /아하,
이 백성이 내 수하에 있었더면
내가 아비멜렉을 제하였으리라 하고

아비멜렉에게 **말하니라**
/네 군대를 더하고 나오라고

30 스불이 에벳의 아들 가알의 말을 듣고 (when)
/그 성읍 장관

노하여

31 사자를 아비멜렉에게 가만히 **보내어 가로되**
/보소서!
에벳의 아들 가알과 그 형제가 세겜에 이르러
성읍 무리를 충동하여
당신을 대적하게 하나니

32 /당신은 ─ 밤에 일어나서
/당신을 좇은 백성으로 더불어
밭에 매복하였다가
33 /아침 해 뜰 때에
당신은 ─ 일찌기 일어나
이 성읍을 엄습하면

/가알과 ─
/백성이 ─ 나와서
/그를 좇는
당신을 대적하리니
당신은 ─ 기회를 보아
그들에게 행하소서

34 아비멜렉과 ─
모든 백성이 ─ 밤에 **일어나**
/그를 좇은

네 떼로 **나눠**
세겜을 대하여 **매복하였더니**

세겜의 아비 하몰의 후손을 섬길 것이라 우리가 어찌 아
비멜렉을 섬기리요 29 아하, 이 백성이 내 수하에 있었
더면 내가 아비멜렉을 제하였으리라 하고 아비멜렉에게
네 군대를 더하고 나오라고 말하니라 30 그 성읍 장관
스불이 에벳의 아들 가알의 말을 듣고 노하여 31 사자
를 아비멜렉에게 가만히 보내어 가로되 보소서 에벳의
아들 가알과 그 형제가 세겜에 이르러 성읍 무리를 충동
하여 당신을 대적하게 하나니 32 당신은 당신을 좇은
백성으로 더불어 밤에 일어나서 밭에 매복하였다가 33
아침 해 뜰 때에 당신은 일찌기 일어나 이 성읍을 엄습
하면 가알과 그를 좇은 백성이 나와서 당신을 대적하리
니 당신은 기회를 보아 그들에게 행하소서 34 아비멜
렉과 그를 좇은 모든 백성이 밤에 일어나 네 떼로 나눠
세겜을 대하여 매복하였더니 35 에벳의 아들 가알이

28 Then Gaal the son of Ebed said, "Who is Abimelech,
and who is Shechem, that we should serve him? Is he
not the son of Jerubbaal, and is Zebul not his lieutenant?
Serve the men of Hamor the father of Shechem; but why
should we serve him? 29 "Would, therefore, that this people
were under my authority! Then I would remove Abimelech."
And he said to Abimelech, "Increase your army, and
come out." 30 ¶ And when Zebul the ruler of the city
heard the words of Gaal the son of Ebed, his anger
burned. 31 And he sent messengers to Abimelech
deceitfully, saying, "Behold, Gaal the son of Ebed and
his relatives have come to Shechem; and behold, they
are stirring up the city against you. 32 "Now therefore,
arise by night, you and the people who are with you,
and lie in wait in the field. 33 "And it shall come about
in the morning, as soon as the sun is up, that you shall
rise early and rush upon the city; and behold, when he
and the people who are with him come out against you,
you shall do to them whatever you can." 34 ¶ So Abimelech
and all the people who were with him arose by night
and lay in wait against Shechem in four companies. 35
Now Gaal the son of Ebed went out and stood in the entrance

샷

35 가알이 — 나와서
/에벳의 아들 성읍문 입구에 설 때에(when)
아비멜렉과 ┐
백성이 ┘ 매복하였던 곳에서 **일어난지라**
/그를 좇은

36 가알이 ┬ 그 백성을 **보고**
└ 스불에게 **이르되**
/보라!
백성이 산꼭대기에서부터 내려오는도다

스불이 그에게 **대답하되**
/네가 산 그림자를 사람으로 보았느니라

37 가알이 다시 **말하여 가로되**
/보라!
백성이 밭 가운데로 좇아 내려오고
또
한 떼는 므오느님 상수리나무 길로 좇아오는도다

38 스불이 그에게 **이르되**
/네가 — 전에 말하기를
/그 입이 — 이제 어디 있느냐?
/아비멜렉이 누구관대
우리가 그를 섬기리요 하던

/이가 너의 업신여기던 백성이 아니냐
/청하노니
/이제 나가서 그들과 싸우라

39 가알이 ┬ **나가서**
/세겜 사람들의 앞서
├ 아비멜렉과 **싸우다가**
40 ├ 아비멜렉에게 **쫓겨**
└ 그 앞에서 **도망하였고**

엎드러진 자가 **많아서**[19]
/상하여 /성문 입구까지 (이르렀더라)

41 아비멜렉은 아루마에 **거하고**
스불은 가알과 그 형제를 **쫓아내어**

//(결과)
[그들이] — 세겜에 거하지 못하게 하더니

19) 많은 사람들이 성문어귀까지 상하여 엎드러졌다.

나와서 성읍문 입구에 설 때에 아비멜렉과 그를 좇은 백성이 매복하였던 곳에서 일어난지라 **36** 가알이 그 백성을 보고 스불에게 이르되 보라 백성이 산 꼭대기에서부터 내려오는도다 스불이 그에게 대답하되 네가 산 그림자를 사람으로 보았느니라 **37** 가알이 다시 말하여 가로되 보라 백성이 밭 가운데로 좇아 내려오고 또 한 떼는 므오느님 상수리나무 길로 좇아 오는도다 **38** 스블론이 그에게 이르되 네가 전에 말하기를 아비멜렉이 누군데 우리가 그를 섬기리요 하던 그 입이 이제 어디 있느냐 이가 너의 업신여기던 백성이 아니냐 청하노니 이제 나가서 그들과 싸우라 **39** 가알이 세겜 사람들의 앞서 나가서 아비멜렉과 싸우다가 **40** 아비멜렉에게 쫓겨 그 앞에서 도망하였고 상하여 엎드러진 자가 많아서 성문 입구까지 이르렀더라 **41** 아비멜렉

of the city gate; and Abimelech and the people who were with him arose from the ambush.
36 And when Gaal saw the people, he said to Zebul, "Look, people are coming down from the tops of the mountains." But Zebul said to him, "You are seeing the shadow of the mountains as if they were men."
37 And Gaal spoke again and said, "Behold, people are coming down from the highest part of the land, and one company comes by the way of the diviners' oak."
38 Then Zebul said to him, "Where is your boasting now with which you said, 'Who is Abimelech that we should serve him?' Is this not the people whom you despised? Go out now and fight with them!"
39 So Gaal went out before the leaders of Shechem and fought with Abimelech.
40 And Abimelech chased him, and he fled before him; and many fell wounded up to the entrance of the gate.
41 Then Abimelech

42 이튿날
백성이 — 밭으로 **나오매**
혹이 — 그것을 아비멜렉에게 고하니라

43 아비멜렉이 — 자기 백성을 세 떼로 **나눠**
— 밭에 **매복하였더니**

[그가] — 백성이 성에서 나오는 것을 보고(when)
— **일어나서**
— 그들을 **치되**

44 아비멜렉과
그를 좇은 떼는 — 앞으로 **달려가서**
— 성문 입구에 **서고**
두 떼는 — 밭에 있는 모든 자에게 **달려들어**
/그 나머지
— 그들을 **죽이니**

45 아비멜렉이 — 그 성을 **쳐서**
/그 날 종일토록
— 필경은 **취하고**
— 거기 있는 백성을 **죽이며**
— 그 성을 **헐고**
— 소금을 **뿌리니라**

46 사람들이 — 이를 듣고(when)
/세겜 망대의
— 엘브릿 신당의 보장으로 **들어갔더니**

47 모든 사람의 모인 것이 아비멜렉에게 **들리매**
/세겜 망대의

48 아비멜렉과
모든 백성이 — 살몬 산에 **오르고**
/그를 좇은

아비멜렉이 — 손에 도끼를 **들고**
— 나뭇가지를 **찍고**
— 그것을 **가져**
— 자기 어깨에 **메고**
— 좇은 백성에게 **이르되**
/너희는 — 나의 행하는 것을 보나니
— 빨리 나와 같이 행하라 (하니)

은 아루마에 거하고 스불은 가알과 그 형제를 쫓아내어
세겜에 거하지 못하게 하더니 42 이튿날 백성이 밭으
로 나오매 혹이 그것을 아비멜렉에게 고하니라 43 아
비멜렉이 자기 백성을 세 떼로 나눠 밭에 매복하였더니
백성이 성에서 나오는 것을 보고 일어나서 그들을 치되
44 아비멜렉과 그를 좇은 떼는 앞으로 달려가서 성문
입구에 서고 그 나머지 두 떼는 밭에 있는 모든 자에게
달려들어 그들을 죽이니 45 아비멜렉이 그날 종일토록
그 성을 쳐서 필경은 취하고 거기 있는 백성을 죽이며
그 성을 헐고 소금을 뿌리니라 46 세겜 망대의 사람들
이 이를 듣고 엘브릿 신당의 보장으로 들어갔더니 47
세겜 망대의 모든 사람의 모인 것이 아비멜렉에게 들리
매 48 아비멜렉과 그를 좇은 모든 백성이 살몬 산에
오르고 아비멜렉이 손에 도끼를 들고 나무가지를 찍고
그것을 가져 자기 어깨에 메고 좇은 백성에게 이르되 너
희는 나의 행하는 것을 보나니 빨리 나와 같이 행하라

remained at Arumah, but Zebul drove out Gaal and his
relatives so that they could not remain in Shechem. 42
¶ Now it came about the next day, that the people went
out to the field, and it was told to Abimelech. 43 So
he took his people and divided them into three companies,
and lay in wait in the field; when he looked and saw
the people coming out from the city, he arose against
them and slew them. 44 Then Abimelech and the
company who was with him dashed forward and stood
in the entrance of the city gate; the other two companies
then dashed against all who were in the field and slew
them. 45 And Abimelech fought against the city all
that day, and he captured the city and killed the people
who were in it; then he razed the city and sowed it with
salt. 46 ¶ When all the leaders of the tower of Shechem
heard of it, they entered the inner chamber of the temple
of El-berith. 47 And it was told Abimelech that all the
leaders of the tower of Shechem were gathered together. 48

49 모든 백성도 — 각각 나뭇가지를 **찍어서**
아비멜렉을 **좇아**
보장에 대어 **놓고**
그 곳에 불을 놓으매

사람들도 다 — **죽었으니**
/세겜 망대에 있는

남녀가 — 대략 **일천 명이었더라**

50 아비멜렉이 — 데베스에 **가서**
데베스를 대하여 **진치고**
그것을 **취하였더니**

51 견고한 망대가 — 성중에 **있으므로**

남녀가 모두 — 그리로 **도망하여**
/그 성 백성의
들어가서
문을 **잠그고**
망대 꼭대기로 **올라간지라**

52 아비멜렉이 — 망대 앞에 **이르러서**
치며
망대의 문에 가까이 **나아가서**

//(목적: ל, to)
그것을 불사르려 하더니

53 한 여인이 — 맷돌 윗짝을 **내려던져**
/아비멜렉의 머리 위에
그 두골을 **깨뜨리니**

54 아비멜렉이 — 자기의 병기 잡은 소년을 급히 **불러**
그에게 **이르되**
/너는 — 칼을 빼어
나를 죽이라

//(목적: פֶּן, so that...not)
사람들이 — 이르기를 할까 하노라
/나를 가리켜
/그가 여인에게 죽었다

소년이 — **찌르매**
그가 — 곧 **죽은지라**

하니 49 모든 백성도 각각 나무가지를 찍어서 아비멜렉을 좇아 보장에 대어 놓고 그곳에 불을 놓으매 세겜 망대에 있는 사람들도 다 죽었으니 남녀가 대략 일천 명이었더라 50 아비멜렉이 데베스에 가서 데베스를 대하여 진 치고 그것을 취하였더니 51 성중에 견고한 망대가 있으므로 그 성 백성의 남녀가 모두 그리로 도망하여 들어가서 문을 잠그고 망대 꼭대기로 올라간지라 52 한 여인이 맷돌 윗짝을 아비멜렉의 머리 위에 내려던져 그 두골을 깨뜨리니 54 아비멜렉이 자기의 병기 잡은 소년을 급히 불러 그에게 이르되 너는 칼을 빼어 나를 죽이라 사람들이 나를 가리켜 이르기를 그가 여인에게 죽었다 할까 하노라 소년이 찌르매 그가 곧 죽은

So Abimelech went up to Mount Zalmon, he and all the people who were with him; and Abimelech took an axe in his hand and cut down a branch from the trees, and lifted it and laid it on his shoulder. Then he said to the people who were with him, "What you have seen me do, hurry and do likewise."
49 And all the people also cut down each one his branch and followed Abimelech, and put them on the inner chamber and set the inner chamber on fire over those inside, so that all the men of the tower of Shechem also died, about a thousand men and women.

50 ¶ Then Abimelech went to Thebez, and he camped against Thebez and captured it.
51 But there was a strong tower in the center of the city, and all the men and women with all the leaders of the city fled there and shut themselves in; and they went up on the roof of the tower.
52 So Abimelech came to the tower and fought against it, and approached the entrance of the tower to burn it with fire.
53 But a certain woman threw an upper millstone on Abimelech's head, crushing his skull.
54 Then he called quickly to the young man, his armor

55 사람들이 /이스라엘	아비멜렉의 죽은 것을 보고(when)
각각	자기 처소로 **떠나갔더라**
56 하나님이	이같이 **갚으셨고** /아비멜렉이— 자기 아비에게 행한 악을 /그 형제 칠십 인을 죽여
57 또 하나님이	그들의 머리에 **갚으셨으니** /세겜 사람들의 모든 악을
요담의 저주가 /여룹바알의 아들	그들에게 **응하니라**

10

1 아비멜렉의 후에 돌라가 /도도의 손자 /잇사갈 사람 /부아의 아들	**일어나서**
//(목적: ל, to) 이스라엘을 구원하니라	
그가	에브라임 산지 사밀에 **거하여**
2 [그가]	이스라엘의 **사사가 된 지(되었다)** /이십삼 년 만에(동안) **죽으매** 사밀에 **장사되었더라**
3 그 후에 야일이 /길르앗 사람	**일어나서**
	이스라엘의 **사사가 되니라** /이십이 년 동안
4 그에게[그는]	아들 삼십이 **있어** /어린 나귀 삼십을 탔고(타는) 성읍 삼십을 **두었었는데**
그 성들은	길르앗 땅에 **있고** 하봇야일이라 **칭하더라** /오늘까지

지라 **55** 이스라엘 사람들이 아비멜렉의 죽은 것을 보
고 각각 자기 처소로 떠나갔더라 **56** 아비멜렉이 그 형
제 칠십 인을 죽여 자기 아비에게 행한 악을 하나님이
이같이 갚으셨고 **57** 또 세겜 사람들의 모든 악을 하
나님이 그들의 머리에 갚으셨으니 여룹바알의 아들 요
담의 저주가 그들에게 응하니라

10:1 아비멜렉의 후에 잇사갈 사람 도도의 손자 부
아의 아들 돌라가 일어나서 이스라엘을 구원하니
라 그가 에브라임 산지 사밀에 거하여 **2** 이스라엘의 사
사가 된지 이십삼 년 만에 죽으매 사밀에 장사되었더라
3 그 후에 길르앗 사람 야일이 일어나서 이십이 년 동
안 이스라엘의 사사가 되니라 **4** 그에게 아들 삼십이 있

bearer, and said to him, "Draw your sword and kill me,
lest it be said of me, 'A woman slew him.'" So the
young man pierced him through, and he died. **55** And when
the men of Israel saw that Abimelech was dead, each departed
to his home. **56** Thus God repaid the wickedness of
Abimelech, which he had done to his father, in killing
his seventy brothers. **57** Also God returned all the wickedness
of the men of Shechem on their heads, and the curse of Jotham
the son of Jerubbaal came upon them.

10:1 ¶ Now after Abimelech died, Tola the son of Puah,
the son of Dodo, a man of Issachar, arose to save
Israel; and he lived in Shamir in the hill country of
Ephraim. **2** And he judged Israel twenty-three years.
Then he died and was buried in Shamir. **3** ¶ And after
him, Jair the Gileadite arose, and judged Israel twenty-
two years. **4** And he had thirty sons who rode on thirty
donkeys, and they had thirty cities in the land of Gilead
that are called Havvoth-jair to this day. **5** And Jair died

삿

5 야일이 **죽으매**
가몬에 장사되었더라

6 다시
자손이 악을 **행하여**
/이스라엘 /여호와의 목전에

섬기고
/바알들과 아스다롯과
아람의 신들과 시돈의 신들과
모압의 신들과 암몬 자손의 신들과
블레셋 사람의 신들을

[그들은] 여호와를 **버려**
그를 **섬기지 아니하므로**

7 여호와께서 이스라엘에게 **진노하사**
파시매
/블레셋 사람의 손과
암몬 자손의 손에

8 그들이 이스라엘 자손을 **학대하니**
/그 해부터

//(결과)
이스라엘 자손이 —— 학대를 당하였고
/아모리 사람의 땅에 거한 /십 팔 년 동안
/요단 저편 길르앗

9 또
암몬 자손이 요단을 **건너서**

//(목적: 부정사)
치므로(=치기위해)
/유다와 베냐민과 에브라임 족속을

//(결과)
이스라엘의 곤고가 심하였더라

10 자손이 여호와께 부르짖어 **가로되**
/이스라엘 /우리가 — 주께 범죄하였나이다

//(이유: כִּי, for)
[우리가] — 우리 하나님을 버리고
바알들을 섬김으로

어 어린 나귀 삼십을 탔고 성읍 삼십을 두었었는데 그
성들은 길르앗 땅에 있고 오늘 까지 하봇야일이라 칭하
더라 5 야일이 죽으매 가몬에 장사되었더라 6 이스라
엘 자손이 다시 여호와의 목전에 악을 행하여 바알들과
아스다롯과 아람의 신들과 시돈의 신들과 모압의 신들
과 암몬 자손의 신들과 블레셋 사람의 신들을 섬기고 여
호와를 버려 그를 섬기지 아니하므로 7 여호와께서 이
스라엘에게 진노하사 블레셋 사람의 손과 암몬 자손의
손에 파시매 8 그들이 그 해부터 이스라엘 자손을 학대
하니 요단 저편 길르앗 아모리 사람의 땅에 거한 이스라
엘 자손이 십팔 년 동안 학대를 당하였고 9 암몬 자손
이 또 요단을 건너서 유다와 베냐민과 에브라임 족속을
치므로 이스라엘의 곤고가 심하였더라 10 이스라엘 자
손이 여호와께 부르짖어 가로되 우리가 우리 하나님을

and was buried in Kamon. 6 ¶ Then the sons of Israel
again did evil in the sight of the LORD, served the Baals
and the Ashtaroth, the gods of Aram, the gods of Sidon,
the gods of Moab, the gods of the sons of Ammon, and
the gods of the Philistines; thus they forsook the LORD
and did not serve Him. 7 And the anger of the LORD burned
against Israel, and He sold them into the hands of the
Philistines, and into the hands of the sons of Ammon.
8 And they afflicted and crushed the sons of Israel that
year; for eighteen years they afflicted all the sons of
Israel who were beyond the Jordan in Gilead in the land
of the Amorites. 9 And the sons of Ammon crossed the
Jordan to fight also against Judah, Benjamin, and the
house of Ephraim, so that Israel was greatly distressed.
10 ¶ Then the sons of Israel cried out to the LORD,
saying, "We have sinned against Thee, for indeed, we

11 여호와께서 이스라엘 자손에게 **이르시되**
/내가 — 너희를 구원하지 아니하였느냐?
/애굽 사람과
아모리 사람과
암몬 자손과
블레셋 사람에게서

12 /또
시돈 사람과 ─┬─ 너희를 압제할 때
아말렉 사람과 ─┤
마온 사람이 ─┘

너희가 — 내게 부르짖으므로
내가 — 너희를 구원하였거늘
/그들의 손에서

13 /너희가 ┬ 나를 버리고
└ 다른 신들을 섬기니
/그러므로
내가 — 너희를 구원치 아니하리라
/다시는

14 /[너희는] —가서
—너희가 택한 신들에게 부르짖어서
—그들로 너희를 구원하게 하라
/너희 환난 때에

15 자손이 여호와께 **여짜오되**
/이스라엘
/우리가 — 범죄하였사오니
[당신은] — 우리에게 행하시려니와
/주의 보시기에 좋은 대로
/오직 주께 구하옵나니
/오늘날 우리를 건져내옵소서 하고

16 [그들이] 이방 신들을 **제하여 버리고**
/자기 가운데서
여호와를 **섬기매**

여호와께서 마음에 **근심하시니라**
/이스라엘의 곤고를 인하여

17 그 때에(ו, and)
암몬 자손이 **모여서**
길르앗에 **진쳤으므로**

버리고 바알들을 섬김으로 주께 범죄하였나이다 11 여
호와께서 이스라엘 자손에게 이르시되 내가 애굽 사람과
아모리 사람과 암몬 자손과 블레셋 사람에게서 너희를
구원하지 아니하였느냐 12 또 시돈 사람과 아말렉 사람
과 마온 사람이 너희를 압제할 때에 너희가 내게 부르짖
으므로 내가 너희를 그들의 손에서 구원하였거늘 13 너
희가 나를 버리고 다른 신들을 섬기니 그러므로 내가 다
시는 너희를 구원치 아니하리라 14 가서 너희가 택한
신들에게 부르짖어서 환난 때에 그들로 너희를 구원하
게 하라 15 이스라엘 자손이 여호와께 여짜오되 우리가
범죄하였사오니 주의 보시기에 좋은 대로 우리에게 행하
시려니와 오직 주께 구하옵나니 오늘날 우리를 건져 내
옵소서 하고 16 자기 가운데서 이방 신들을 제하여 버
리고 여호와를 섬기매 여호와께서 이스라엘의 곤고를 인
하여 마음에 근심하시니라 17 그 때에 암몬 자손이 모
여서 길르앗에 진 쳤으므로 이스라엘 자손도 모여서 미

have forsaken our God and served the Baals." 11 And
the LORD said to the sons of Israel, "Did I not deliver
you from the Egyptians, the Amorites, the sons of Ammon,
and the Philistines? 12 "Also when the Sidonians, the
Amalekites and the Maonites oppressed you, you cried
out to Me, and I delivered you from their hands. 13
"Yet you have forsaken Me and served other gods;
therefore I will deliver you no more. 14 "Go and cry
out to the gods which you have chosen; let them deliver
you in the time of your distress." 15 And the sons of
Israel said to the LORD, "We have sinned, do to us whatever
seems good to Thee; only please deliver us this day."
16 So they put away the foreign gods from among
them, and served the LORD; and He could bear the
misery of Israel no longer. 17 ¶ Then the sons of
Ammon were summoned, and they camped in Gilead.
And the sons of Israel gathered together, and camped in
Mizpah. 18 And the people, the leaders of Gilead, said

이스라엘 자손도 ┌ **모여서**
└ 미스바에 **진치고**

18 길르앗 백성과 ┐
방백들이 ──── 서로 **이르되**
/누가 먼저 나가서
암몬 자손과 싸움을 시작할꼬?
/그가 길르앗 모든 거민의 머리가 되리라 하니라

11

1 입다는 기생이 길르앗에게 낳은 **아들이었고**
/길르앗 사람
/큰 용사

2 길르앗의 아내도 아들들을 **낳았더라**

아내의 아들들이 자라매(when)
입다를 **쫓아내며**
그에게 **이르되** ... (한지라)
/너는 ── 우리 아버지 집 기업을 잇지 못하리라

//(이유: כִּי, for)
[너는] ── 다른 여인의 자식이니

3 이에
입다가 그 형제를 **피하여**
돕 땅에 **거하매**

잡류가 그에게로 **모여와서**
그와 함께 **출입하였더라**

4 얼마 후에
암몬 자손이 이스라엘을 **치려 하니라**

5 암몬 자손이 이스라엘을 치려 할 때에(when)
길르앗 장로들이 돕 땅에 **가서**

//(목적: לְ, to)
입다를 데려오려고

6 [그들이] 입다에게 **이르되**
/당신은 ┌ 와서
└ 우리의 장관이 되라

//(결과)
▼

스바에 진 치고 **18** 길르앗 백성과 방백들이 서로 이르되 누가 먼저 나가서 암몬 자손과 싸움을 시작할꼬 그가 길르앗 모든 거민의 머리가 되리라 하니라

11:1 길르앗 사람 큰 용사 입다는 기생이 길르앗에게 낳은 아들이었고 **2** 길르앗의 아내도 아들들을 낳았더라 아내의 아들들이 자라매 입다를 쫓아내며 그에게 이르되 너는 다른 여인의 자식이니 우리 아버지 집 기업을 잇지 못하리라 한지라 **3** 이에 입다가 그 형제를 피하여 돕 땅에 거하매 잡류가 그에게로 모여와서 그와 함께 출입하였더라 **4** 얼마 후에 암몬 자손이 이스라엘을 치려 하니라 **5** 암몬 자손이 이스라엘을 치려 할 때에 길르앗 장로들이 입다를 데려 오려고 돕 땅에 가서 **6** 입다

to one another, "Who is the man who will begin to fight against the sons of Ammon? He shall become head over all the inhabitants of Gilead."

11:1 ¶ Now Jephthah the Gileadite was a valiant warrior, but he was the son of a harlot. And Gilead was the father of Jephthah. **2** And Gilead's wife bore him sons; and when his wife's sons grew up, they drove Jephthah out and said to him, "You shall not have an inheritance in our father's house, for you are the son of another woman." **3** So Jephthah fled from his brothers and lived in the land of Tob; and worthless fellows gathered themselves about Jephthah, and they went out with him. **4** ¶ And it came about after a while that the sons of Ammon fought against Israel. **5** And it happened when the sons of Ammon

//(결과)
우리가 암몬 자손과 싸우려 하나니

7 입다가 길르앗 장로들에게 **이르되**
/너희가 ┬전에 나를 미워하여
└내 아버지 집에서 쫓아내지 아니하였느냐?
/이제 너희가 환난을 당하였다고(when)
어찌하여 내게 왔느냐?

8 길르앗 장로들이 입다에게 **대답하되**
/이제
우리가 ── 당신을 찾아온 것은

//(목적: ֹ, that...may)
우리와 ┬함께 가서
└암몬 자손과 싸우게 하려 함이니
/그리하면
[네가] ── 머리가 되리라
/우리 길르앗 모든 거민의

9 입다가 길르앗 장로들에게 **이르되**
/너희가 ┬나를 데리고 본향으로 돌아가서
└암몬 자손과 싸우게 할 때에
만일
여호와께서 그들을 내게 붙이시면
내가 과연 너희 머리가 되겠느냐?

10 길르앗 장로들이 입다에게 **이르되**
/여호와는 우리 사이의 증인이시니
당신의 말대로 우리가 반드시 행하리이다

11 이에
입다가 길르앗 장로들과 **함께 가니**
백성이 그로 자기들의 머리와 장관을 **삼은지라**

입다가 자기의 말을 **고하니라**
/다 여호와 앞에
/미스바에서

12 입다가 암몬 자손의 왕에게 사자를 **보내어**
이르되
/네가 나와 무슨 상관이 있기에
내 땅을 치러 내게 왔느냐?

에게 이르되 우리가 암몬 자손과 싸우려 하나니 당신은
와서 우리의 장관이 되라 7 입다가 길르앗 장로들에게
이르되 너희가 전에 나를 미워하여 내 아버지 집에서 쫓
아내지 아니하였느냐 이제 너희가 환난을 당하였다고 어
찌하여 내게 왔느냐 8 길르앗 장로들이 대답하되 이제
우리가 당신을 찾아온 것은 우리와 함께 가서 암몬 자손
과 싸우려 하게 함이니 그리하면 우리 길르앗 모든 거민
의 머리가 되리라 9 입다가 길르앗 장로들에게 이르되
너희가 나를 데리고 본향으로 돌아가서 암몬 자손과 싸
우게 할 때에 만일 여호와께서 그들을 네게 붙이시면 내
가 과연 너희 머리가 되겠느냐 10 길르앗 장로들이 입
다에게 이르되 여호와는 우리 사이의 증인이시니 당신의
말대로 우리가 반드시 행하리이다 11 이에 입다가 길
르앗 장로들과 함께 가니 백성이 그로 자기들의 머리와
장관을 삼은지라 입다가 미스바에서 자기의 말을 다 여
호와 앞에 고하니라 12 입다가 암몬 자손의 왕에게 사

fought against Israel that the elders of Gilead went to
get Jephthah from the land of Tob; 6 and they said to
Jephthah, "Come and be our chief that we may fight
against the sons of Ammon." 7 Then Jephthah said to
the elders of Gilead, "Did you not hate me and drive
me from my father's house? So why have you come to
me now when you are in trouble?" 8 And the elders of
Gilead said to Jephthah, "For this reason we have now
returned to you, that you may go with us and fight with
the sons of Ammon and become head over all the inhabitants
of Gilead." 9 So Jephthah said to the elders of Gilead,
"If you take me back to fight against the sons of Ammon
and the LORD gives them up to me, will I become your
head?" 10 And the elders of Gilead said to Jephthah,
"The LORD is witness between us; surely we will do
as you have said." 11 Then Jephthah went with the
elders of Gilead, and the people made him head and
chief over them; and Jephthah spoke all his words before

샷

13 암몬 자손의 왕이 입다의 사자에게 **대답하되**
/이스라엘이 ─ 애굽에서 올라올 때에
└ 내 땅을 취한 연고니
/아르논에서부터 얍복과 요단까지
/이제 그것을 화평히 다시 돌리라

14 입다가 다시 사자를 **보내어**
/암몬 자손의 왕에게

15 [그가] 그에게 **이르되**
/입다가 ── 말하노라
/이스라엘이 ─ 취하지 아니하였느니라
/모압 땅과 암몬 자손의 땅을

//(이유: כִּי, for)
16 이스라엘이 애굽에서 올라올 때에(when)
[그들이] ── 광야로 행하여
/홍해에 이르고(까지)
└ 가데스에 이르러서는
17 //이스라엘이 ─ 사자를 보내어 이르기를..하였으나
/에돔 왕에게
/청컨대
[너희는] 나를 용납하여
네 땅 가운데로 지나게 하라

//에돔 왕이 ── 이를 듣지 아니하였고
또
//[그들이] ── 사람을 모압 왕에게 보내었으나
/그같이
//그도 ── 허락지 아니하므로

//(결과)
이스라엘이 가데스에 유하였더니

18 /그 후에
[그들이] ─ 광야를 지나
├ 에돔 땅과 모압 땅을 둘러 행하여
├ 모압 땅 동편으로부터 와서
├ 아르논 저편에 진쳤고
└ 그 경내에는 들어가지 아니하였으며

//(이유: כִּי, for)

자를 보내어 이르되 네가 나와 무슨 상관이 있기에 내 땅
을 치러 내게 왔느냐 13 암몬 자손의 왕이 입다의 사자
에게 대답하되 이스라엘이 애굽에서 올라올 때에 아르논
에서부터 얍복과 요단까지 내 땅을 취한 연고니 이제 그
것을 화평히 다시 돌리라 14 입다가 암몬 자손의 왕에
게 다시 사자를 보내어 15 그에게 이르되 입다가 말하
노라 이스라엘이 모압 땅과 암몬 자손의 땅을 취하지 아
니하였느니라 16 이스라엘이 애굽에서 올라올 때에 광
야로 행하여 홍해에 이르고 가데스에 이르러서는 17 이
스라엘이 사자를 에돔 왕에게 보내어 이르기를 청컨대
나를 용납하여 네 땅 가운데로 지나게 하라 하였으나 에
돔 왕이 이를 듣지 아니하였고 또 그같이 사람을 모압 왕
에게 보내었으나 그도 허락지 아니함으로 이스라엘이
아데스에 유하였더니 18 그후에 광야를 지나 에돔 땅과
모압 땅을 둘러 행하여 모압 땅 동편에서부터 와서 아르
논 저 편에 진 쳤고 아르논은 모압 경계이므로 그 경내에

the LORD at Mizpah. 12 ¶ Now Jephthah sent messengers
to the king of the sons of Ammon, saying, "What is
between you and me, that you have come to me to fight
against my land?" 13 And the king of the sons of
Ammon said to the messengers of Jephthah, "Because
Israel took away my land when they came up from
Egypt, from the Arnon as far as the Jabbok and the
Jordan; therefore, return them peaceably now." 14 But
Jephthah sent messengers again to the king of the sons
of Ammon, 15 and they said to him, "Thus says Jephthah,
'Israel did not take away the land of Moab, nor the land
of the sons of Ammon. 16 'For when they came up
from Egypt, and Israel went through the wilderness to
the Red Sea and came to Kadesh, 17 then Israel sent
messengers to the king of Edom, saying, "Please let us
pass through your land," but the king of Edom would
not listen. And they also sent to the king of Moab, but
he would not consent. So Israel remained at Kadesh.
18 'Then they went through the wilderness and around
the land of Edom and the land of Moab, and came to

//(이유: כִּי, for)
아르논은 — 모압 경계이므로

19 /이스라엘이 — 사자를 보내어
/헤스본 왕 곧 아모리 왕 시혼에게
— 그에게 이르되
/청컨대
우리를 용납하여
당신의 땅으로 지나
우리 곳에 이르게 하라 하였으나

20 /시혼이 — 이스라엘을 믿지 아니하여
— 그 지경으로 지나지 못하게 할 뿐 아니라
— 그 모든 백성을 모아 야하스에 진치고
— 이스라엘을 치므로

21 /여호와께서 —— 시혼과 그 모든 백성을 붙이시매
/이스라엘의 하나님 /이스라엘의 손에

[그들이] — 이스라엘이 쳐서
— 온 땅을 취하되
/그 땅 거민 아모리 사람의
22 — 온 지경을 취하였었느니라
/아모리 사람의
/아르논에서부터 얍복까지와
광야에서부터 요단까지

23 /여호와께서 —— 이같이 아모리 사람을 쫓아내셨거늘
/이스라엘 하나님 /자기 백성 이스라엘 앞에서
/네가 그 땅을 얻고자 하는 것이 가하냐?

24 /네가 — 얻지 않겠느냐?
/네 신 그모스가 네게 주어 얻게 한 땅을

/[만일]
여호와께서 —— 어떤 사람이든지 쫓아내시면
/우리 하나님 /우리 앞에서
우리가 —— 그 땅을 얻으리라

25 /이제
네가 — 나은 것이 있느냐?
/ 모압 왕 십볼의 아들 발락보다

는 들어가지 아니하였으며 19 이스라엘이 헤스본 왕 곧
아모리 왕 시혼에게 사자를 보내어 그에게 이르되 청컨
대 우리를 용납하여 당신의 땅으로 지나 우리 곳에 이르
게 하라 하였으나 20 시혼이 이스라엘을 믿지 아니하여
그 지경으로 지나지 못하게 할 뿐 아니라 그 모든 백성
을 모아 야하스에 진치고 이스라엘을 치므로 21 이스라
엘의 하나님 여호와께서 시혼과 그 모든 백성을 이스라
엘의 손에 붙이시매 이스라엘이 쳐서 그 땅 거민 아모리
사람의 온 땅을 취하되 22 아르논에서부터 얍복까지와
광야에서부터 요단까지 아모리 사람의 온 지경을 취하였
었느니라 23 이스라엘 하나님 여호와께서 이같이 아모
리 사람을 자기 백성 이스라엘 앞에서 쫓아내셨거늘 네
가 그 땅을 얻고자 하는 것이 가하냐 24 네 신 그모스
가 네게 주어 얻게 한 땅을 네가 얻지 않겠느냐 우리 하
나님 여호와께서 우리 앞에서 어떤 사람이든지 쫓아내시
면 그 땅을 우리가 얻으리라 25 이제 네가 모압 왕 십

the east side of the land of Moab, and they camped
beyond the Arnon; but they did not enter the territory
of Moab, for the Arnon was the border of Moab. 19
'And Israel sent messengers to Sihon king of the Amorites,
the king of Heshbon, and Israel said to him, "Please
let us pass through your land to our place." 20 'But
Sihon did not trust Israel to pass through his territory;
so Sihon gathered all his people and camped in Jahaz,
and fought with Israel. 21 'And the LORD, the God
of Israel, gave Sihon and all his people into the hand of
Israel, and they defeated them; so Israel possessed all
the land of the Amorites, the inhabitants of that country.
22 'So they possessed all the territory of the Amorites,
from the Arnon as far as the Jabbok, and from the wilderness
as far as the Jordan. 23 'Since now the LORD, the
God of Israel, drove out the Amorites from before His people
Israel, are you then to possess it? 24 'Do you not
possess what Chemosh your god gives you to possess?
So whatever the LORD our God has driven out before
us, we will possess it. 25 'And now are you any better

/그가 ─┬─ 이스라엘로 더불어 다툰 일이 있었느냐?
　　　└─ 싸운 일이 있었느냐?

26 /이스라엘이 ─ 모든 성읍에 거한 지
/헤스본과 그 향촌들과
아로엘과 그 향촌들과
아르논 연안에 있는
/삼백 년이어늘
/그 동안에 너희가 어찌하여 도로 찾지 아니하였느냐?

27 /내가 ─ 네게 죄를 짓지 아니하였거늘
/네가 ─ 나를 쳐서
내게 악을 행하고자 하는도다
/원컨대
여호와는 ── 오늘날 판결하시옵소서 하나
/심판하시는 /이스라엘 자손과 암몬 자손의 사이에

28 암몬 자손의 왕이 **듣지 아니하였더라**
/입다의 보내어 말한 것을

29 이에
여호와의 신이 입다에게 **임하시니**

입다가 길르앗과 므낫세를 **지나서**
길르앗 미스베에 **이르고**

[그가] 암몬 자손들에게로 나아갈 때에(=나아갔다)
/길르앗 미스베에서부터

30 그가 여호와께 **서원하여 가로되**
/과연(만일)
주께서 과연 암몬 자손을 내 손에 붙이시면(if)
31 내가 암몬 자손에게서 평안히 돌아올 때에
[내가] ─ 여호와께 돌릴 것이니
/누구든지 내 집 문에서 나와서
나를 영접하는 그는
내가 ─ 그를 번제로 드리겠나이다 하니라

32 이에
입다가 암몬 자손에게 **이르러**
그들과 **싸우더니**

볼의 아들 발락보다 나은 것이 있느냐 그가 이스라엘로
더불어 다툰 일이 있었느냐 싸운 일이 있었느냐 26 이
스라엘이 헤스본과 그 향촌들과 아로엘과 그 향촌들과
아르논 연안에 있는 모든 성읍에 거한 지 삼백 년이어늘
그 동안 너희가 어찌하여 도로 찾지 아니하였느냐 27
내가 네게 죄를 짓지 아니하였거늘 네가 나를 쳐서 내게
악을 행하고자 하는도다 원컨대 심판하시는 여호와는 오
늘날 이스라엘 자손과 암몬 자손의 사이에 판결하시옵소
서 하나 28 암몬 자손의 왕이 입다의 보내어 말한 것을
듣지 아니하였더라 29 이에 여호와의 신이 입다에게 임
하시니 입다가 길르앗과 므낫세를 지나서 길르앗 미스베
에 이르고 길르앗 미스베에서부터 암몬 자손들에게로 나
아갈 때에 30 그가 여호와께 서원하여 가로되 주께서
과연 암몬 자손을 내게 붙이시면 31 내가 암몬 자손에
게서 평안히 돌아올 때에 누구든지 내 집 문에서 나와서
나를 영접하는 그는 여호와께 돌릴 것이니 내가 그를 번
제로 드리겠나이다 하니라 32 이에 입다가 암몬 자손에
게 이르러 그들과 싸우더니 여호와께서 그들을 그 손에

than Balak the son of Zippor, king of Moab? Did he
ever strive with Israel, or did he ever fight against them?
26 'While Israel lived in Heshbon and its villages,
and in Aroer and its villages, and in all the cities that
are on the banks of the Arnon, three hundred years, why
did you not recover them within that time? 27 'I
therefore have not sinned against you, but you are doing
me wrong by making war against me; may the LORD,
the Judge, judge today between the sons of Israel and
the sons of Ammon.'" 28 But the king of the sons of Ammon
disregarded the message which Jephthah sent him. 29
¶ Now the Spirit of the LORD came upon Jephthah, so
that he passed through Gilead and Manasseh; then he
passed through Mizpah of Gilead, and from Mizpah of Gilead
he went on to the sons of Ammon. 30 And Jephthah
made a vow to the LORD and said, "If Thou wilt indeed
give the sons of Ammon into my hand, 31 then it shall
be that whatever comes out of the doors of my house
to meet me when I return in peace from the sons of
Ammon, it shall be the LORD's, and I will offer it up

여호와께서 그들을 그 손에 **붙이시매**

33 [그가] 이십 성읍을 **치고**
/아로엘에서부터 민닛에 이르기까지
또
아벨 그라밈까지 크게 **〈도륙하니〉(=쳤다)**
이에
암몬 자손이 이스라엘 자손 앞에 **항복하였더라**

34 입다가 미스바에 **돌아와**
자기 집에 이를 때에(when)
그 딸이 소고를 잡고 춤추며 **나와서**

//(목적: ל, to)
영접하니(영접하기 위해)

이는 그의 **무남독녀라**

35 입다가 이를 보고(when)
[그가] 자기 옷을 **찢으며**
가로되
/슬프다, 내 딸이여!
너는 ― 나로 하여금 참담케 하는 자요
너는 ― 나를 괴롭게 하는 자 중의 하나이로다
내가 ┬ 여호와를 향하여 입을 열었으니
└ 능히 돌이키지 못하리로다

36 딸이 그에게 **이르되**
/나의 아버지여!
아버지께서 ┬ 여호와를 향하여 입을 여셨으니
└ 내게 행하소서
/아버지 입에서 낸 말씀대로

//이는(이유: because)
여호와께서 ― 원수를 갚으셨음이니이다
/아버지를 위하여
/아버지의 대적 암몬 자손에게

37 [그녀가] 아비에게 또 **이르되**
/[당신은] ┬ 이 일만 내게 허락하사
└ 나를 두 달만 용납하소서

//(목적: that...may)

붙이시매 33 아로엘에서부터 민닛에 이르기까지 이십 성읍을 치고 또 아벨 그라밈까지 크게 도륙하니 이에 암몬 자손이 이스라엘 자손 앞에 항복하였더라 34 입다가 미스바에 돌아와 자기집에 이를 때에 그 딸이 소고를 잡고 춤추며 나와서 영접하니 그의 무남독녀라 35 입다가 이를 보고 자기 옷을 찢으며 가로되 슬프다 내 딸이여 너는 나로 하여금 참담케 하는 자요 너는 나를 괴롭게 하는 자 중의 하나이로다 내가 여호와를 향하여 입을 열었으니 능히 돌이키지 못하리로다 36 딸이 그에게 이르되 나의 아버지여 아버지께서 여호와를 향하여 입을 여셨으니 아버지 입에서 낸 말씀대로 내게 행하소서 이는 여호와께서 아버지를 위하여 아버지의 대적 암몬 자손에게 원수를 갚으셨음이니이다 37 아비에게 또 이르되 이 일만 내게 허락하사 나를 두 달만 용납하소서 내

as a burnt offering." 32 So Jephthah crossed over to
the sons of Ammon to fight against them; and the LORD
gave them into his hand. 33 And he struck them with
a very great slaughter from Aroer to the entrance of
Minnith, twenty cities, and as far as Abel-keramim. So
the sons of Ammon were subdued before the sons of
Israel. 34 ¶ When Jephthah came to his house at Mizpah,
behold, his daughter was coming out to meet him with
tambourines and with dancing. Now she was his one
and only child; besides her he had neither son nor
daughter. 35 And it came about when he saw her, that
he tore his clothes and said, "Alas, my daughter! You
have brought me very low, and you are among those
who trouble me; for I have given my word to the LORD,
and I cannot take it back." 36 So she said to him, "My
father, you have given your word to the LORD; do to
me as you have said, since the LORD has avenged you
of your enemies, the sons of Ammon." 37 And she

//(목적: that...may)
내가 ── 산에 올라가서
/나의 동무들과 함께
애곡하겠나이다
/나의 처녀로 죽음을 인하여

38 [그가] ── **이르되**
/가라 하고
두 달 위한하고 **보내니**

그[녀]가 ── 동무들과 함께 **가서**
산 위에서 **애곡하고**
/처녀로 죽음을 인하여
39 ── 그 아비에게로 **돌아온지라**
/두 달 만에

아비가 딸에게 **행하니**
/그 서원한 대로

딸이 **죽으니라**
/남자를 알지 못하고

[그것이] 이스라엘 가운데 **규례가 되어**
/이로부터

40 여자들이 ── 해마다 **가서**
/이스라엘
나흘씩 **애곡하더라**
/길르앗 사람 입다의 딸을 위하여

12

1 사람들이 **모여**
/에브라임
북으로 **가서**
입다에게 **이르되**
/네가 암몬 자손과 싸우러 건너갈 때에
[너는] 어찌하여 우리를 불러...하지 아니하였느냐?
/너와 함께 가게

/우리가 반드시 불로 너와 네 집을 사르리라

2 입다가 그들에게 **이르되**
/나와 나의 백성이 암몬 자손과 크게 다툴 때에

가 나의 동무들과 함께 산에 올라가서 나의 처녀로 죽음을 인하여 애곡하겠나이다 **38** 이르되 가라 하고 두 달 위한하고 보내니 그가 동무들과 함께 가서 산 위에서 처녀로 죽음을 인하여 애곡하고 **39** 두 달만에 그 아비에게로 돌아온지라 아비가 그 서원한 대로 딸에게 행하니 딸이 남자를 알지 못하고 죽으니라 이로부터 이스라엘 가운데 규례가 되어 **40** 이스라엘 여자들이 해마다 가서 길르앗 사람 입다의 딸을 위하여 나흘씩 애곡하더라

12:1 에브라임 사람들이 모여 북으로 가서 입다에게 이르되 네가 암몬자손과 싸우러 건너 갈 때에 어찌하여 우리를 불러 너와 함께 가게 하지 아니하였느냐 우리가 반드시 불로 너와 네 집을 사르리라 **2** 입다가 그들에게 이르되 나와 나의 백성이 암몬 자손과 크게 다툴 때에 내가 너희를 부르되 너희가 나를 그들의 손에서

said to her father, "Let this thing be done for me; let me alone two months, that I may go to the mountains and weep because of my virginity, I and my companions."
38 Then he said, "Go." So he sent her away for two months; and she left with her companions, and wept on the mountains because of her virginity. **39** And it came about at the end of two months that she returned to her father, who did to her according to the vow which he had made; and she had no relations with a man. Thus it became a custom in Israel, **40** that the daughters of Israel went yearly to commemorate the daughter of Jephthah the Gileadite four days in the year.

12:1 ¶ Then the men of Ephraim were summoned, and they crossed to Zaphon and said to Jephthah, "Why did you cross over to fight against the sons of Ammon without calling us to go with you? We will burn

내가 — 너희를 부르되(when)
너희가 — 나를 구원하지 아니한 고로
/그들의 손에서
3 /내가 너희의 구원치 아니하는 것을 보고(when)
[내가] — 내 생명을 돌아보지 아니하고
— 건너가서
— 암몬 자손을 쳤더니
/여호와께서 — 그들을 내 손에 붙이셨거늘
/너희가 — 어찌하여 오늘날 내게 올라와서
— 나로 더불어 싸우고자 하느냐 하고

4 입다가 길르앗 사람을 다 **모으고**
에브라임과 **싸웠더니**
길르앗 사람들이 에브라임을 쳐서 **파하였으니**

//이는(이유: כִּי, for)
에브라임의(이) — 말이(말했다) . . . 하였음이라
/길르앗 사람은 — 에브라임과 므낫세 중에 있다
/너희 /본래 도망한 자로서
/에브라임에서

5 길르앗 사람이 요단 나루턱을 **잡아 지키고**
/에브라임 사람 앞서

도망하는 자가 말하기를...하면(when)
/에브라임 사람의 /청컨대 나로 건너게 하라

[그들이] 그에게 **묻기를**...하여
/네가 에브라임 사람이냐?

만일
그가 아니라 [말]하면(if)
6 [그들이] 그에게 **이르기를** ...하여
/십볼렛이라 [말]하라

에브라임 사람이 씹볼렛이라 **[말하]면**

//(이유: ו, for)
[그가] — 능히 구음을 바로 하지 못하고

길르앗 사람이 곧 그를 **잡아서**
요단 나루턱에서 **죽였더라**

구원하지 아니한 고로 **3** 내가 너희의 구원치 아니하는
것을 보고 내 생명을 돌아보지 아니하고 건너가서 암몬
자손을 쳤더니 여호와께서 그들을 내 손에 붙이셨거늘
너희가 어찌하여 오늘날 내게 올라와서 나로 더불어 싸
우고자 하느냐 하고 **4** 입다가 길르앗 사람을 다 모으고
에브라임과 싸웠더니 길르앗 사람들이 에브라임을 쳐서
파하였으니 이는 에브라임의 말이 너희 길르앗 사람은
본래 에브라임에서 도망한 자로서 에브라임과 므낫세 중
에 있다 하였음이라 **5** 길르앗 사람이 에브라임 사람 앞
서 요단 나루턱을 잡아 지키고 에브라임 사람의 도망하
는 자가 말하기를 청컨대 나로 건너게 하라 하면 그에게
묻기를 네가 에브라임 사람이냐 하여 그가 만일 아니라
하면 **6** 그에게 이르기를 십볼렛이라 하라 하여 에브라
임 사람이 능히 구음(口音)을 바로 하지 못하고 씹볼렛
이라면 길르앗 사람이 곧 그를 잡아서 요단 나루턱에서
죽였더라 그 때에 에브라임 사람의 죽은 자가 사만 이천

your house down on you." **2** And Jephthah said to them,
"I and my people were at great strife with the sons of Ammon;
when I called you, you did not deliver me from their
hand. **3** "And when I saw that you would not deliver
me, I took my life in my hands and crossed over against
the sons of Ammon, and the LORD gave them into my hand.
Why then have you come up to me this day, to fight
against me?" **4** Then Jephthah gathered all the men of Gilead
and fought Ephraim; and the men of Gilead defeated Ephraim,
because they said, "You are fugitives of Ephraim, O
Gileadites, in the midst of Ephraim and in the midst of
Manasseh." **5** And the Gileadites captured the fords of
the Jordan opposite Ephraim. And it happened when any
of the fugitives of Ephraim said, "Let me cross over,"
the men of Gilead would say to him, "Are you an
Ephraimite?" If he said, "No," **6** then they would say
to him, "Say now, 'Shibboleth.'" But he said, "Sibboleth,"
for he could not pronounce it correctly. Then they seized
him and slew him at the fords of the Jordan. Thus there
fell at that time 42,000 of Ephraim. **7** And Jephthah

그 때에
죽은 자가 **사만 이천 명이었더라**
/에브라임 사람의

7 입다가 이스라엘 사사가 된(=되었다)
/지 육 년이라(=동안)

입다가 **죽으매**
/길르앗 사람
[그가] 길르앗 한 성읍에 **장사되었더라**

8 그의 뒤에는
베들레헴 입산이 이스라엘의 **사사이었더라**

9 그가 아들 삼십과 딸 삼십을 **두었더니**
[그가] 딸들은(을) 타국으로 **시집보내었고**
타국에서 여자 삼십을 **데려왔더라**
/아들들을 위하여는
그가 이스라엘 사사가 **된 지(되었다)**
/칠 년이라(동안)

10 입산이 **죽으매**
[그가] 베들레헴에 **장사되었더라**

11 엘론이 이스라엘의 사사가 **되어**
/스불론 사람 /그의 뒤에는
이스라엘을 **다스렸더라**
/십 년 동안

12 엘론이 **죽으매**
/스불론 사람
[그가] 스불론 땅 아얄론에 **장사되었더라**

13 그의 뒤에는(after)
압돈이 이스라엘의 **사사이었더라**
/힐렐의 아들
/비라돈 사람

14 그에게(그가) 아들 사십과 손자 삼십이 **있어서**
[그들이] 어린 나귀 칠십 필을 **탔었더라**

압돈이 이스라엘의 사사가 **된 지(되었다)**
/팔 년이라(동안)

명이었더라 7 입다가 이스라엘 사사가 된지 육 년이라 길르앗 사람 입다가 죽으매 길르앗 한 성읍에 장사되었더라 8 그의 뒤에는 베들레헴 입산이 이스라엘의 사사이었더라 9 그가 아들 삼십과 딸 삼십을 두었더니 딸들은 타국으로 시집 보내었고 아들들을 위하여는 타국에서 여자 삼십을 데려왔더라 그 가 이스라엘 사사가 된 지 칠 년이라 10 입산이 죽으매 베들레헴에 장사되었더라 11 그의 뒤에는 스불론 사람 엘론이 이스라엘의 사사가 되어 십 년 동안 이스라엘을 다스렸더라 12 스불론 사람 엘론이 죽으매 스불론 땅 아얄론에 장사되었더라 13 그의 뒤에는 비라돈 사람 힐렐의 아들 압돈이 이스라엘의 사사이었더라 14 그에게 아들 사십과 손자 삼십이 있어서 어린 나귀 칠십 필을 탔었더라 압돈이 이스라엘의 사사가 된지 팔 년이라 15 비라돈 사람 힐렐의 아들

judged Israel six years. Then Jephthah the Gileadite died and was buried in one of the cities of Gilead. 8 Now Ibzan of Bethlehem judged Israel after him. 9 And he had thirty sons, and thirty daughters whom he gave in marriage outside the family, and he brought in thirty daughters from outside for his sons. And he judged Israel seven years. 10 Then Ibzan died and was buried in Bethlehem. 11 ¶ Now Elon the Zebulunite judged Israel after him; and he judged Israel ten years. 12 Then Elon the Zebulunite died and was buried at Aijalon in the land of Zebulun. 13 Now Abdon the son of Hillel the Pirathonite judged Israel after him. 14 And he had forty sons and thirty grandsons who rode on seventy donkeys; and he judged Israel eight years. 15 Then Abdon the son of Hillel the Pirathonite died and was buried at Pirathon in the land of Ephraim, in the hill country of the Amalekites.

15 압돈이 죽으매
/비라돈 사람 힐렐의 아들

[그가] 비라돈에 **장사되었더라**
/에브라임 땅 아말렉 사람의 산지

13

1 이스라엘 자손이 다시 악을 **행하였으므로**
/여호와의 목전에

//(결과)
여호와께서 — 그들을 블레셋 사람의 손에 붙이시니라
/사십 년 동안

2 이름하는 자가 소라 땅에 **있더라**
/마노아라
/단 지파의 가족 중

그 아내가 **잉태하지 못하므로**
생산치 못하더니

3 여호와의 사자가 그 여인에게 **나타나시고**
그에게 **이르시되**
/보라!
네가 — 본래 잉태하지 못하므로
— 생산치 못하였으나
— 이제 잉태하여
— 아들을 낳으리니

4 /그러므로
너는 — 삼가서
— 포도주와 독주를 마시지 말지며
— 무릇 부정한 것을 먹지 말지니라

5 /보라.
네가 — 잉태하여
— 아들을 낳으리니
— 그 머리에 삭도를 대지 말라

//(כִּי, for)
이 아이는 — 나실인이 됨이라
/하나님께 바치운
/태에서 나옴으로부터

압돈이 죽으매 에브라임 땅 아말렉 사람의 산지 비라돈
에 장사되었더라
13:1 이스라엘 자손이 다시 여호와의 목전에 악을
행하였으므로 여호와께서 그들을 사십 년 동안
블레셋 사람의 손에 붙이시니라 2 소라 땅에 단 지파의
가족 중 마노아라 이름하는 자가 있더라 그 아내가 잉태
하지 못하므로 생산치 못하더니 3 여호와의 사자가 그
여인에게 나타나시고 그에게 이르시되 보라 네가 본래
잉태하지 못하므로 생산치 못하였으나 이제 잉태하여 아
들을 낳으리니 4 그러므로 너는 삼가서 포도주와 독주
를 마시지 말지며 무릇 부정한 것을 먹지 말지니라 5 보
라 네가 잉태하여 아들을 낳으리니 그 머리에 삭도를 대

13:1 ¶ Now the sons of Israel again did evil in the
sight of the LORD, so that the LORD gave them
into the hands of the Philistines forty years. 2 ¶ And
there was a certain man of Zorah, of the family of the Danites,
whose name was Manoah; and his wife was barren and
had borne no children. 3 Then the angel of the LORD
appeared to the woman, and said to her, "Behold now,
you are barren and have borne no children, but you shall
conceive and give birth to a son. 4 "Now therefore,
be careful not to drink wine or strong drink, nor eat any
unclean thing. 5 "For behold, you shall conceive and
give birth to a son, and no razor shall come upon his
head, for the boy shall be a Nazirite to God from the
womb; and he shall begin to deliver Israel from the

/그가 ─ 이스라엘을 구원하기 시작하리라
/블레셋 사람의 손에서

6 이에
그 여인이 가서
그 남편에게 고하여 **가로되**
/하나님의 사람이 ─ 내게 임하였는데
그 용모가 ┬ 하나님의 사자의 용모 같아서
└ 심히 두려우므로
내가 ── 어디서부터 온 것을 묻지 못하였고
그도 ── 자기 이름을 내게 이르지 아니하였으며

7 /그가 내게 이르기를
/보라!
네가 ┬ 잉태하여
├ 아들을 낳으리니
├ 포도주와 독주를 마시지 말며
└ 무릇 부정한 것을 먹지 말라

//(이유: כִּי, for)
이 아이는 ─ 나실인이 됨이라 하더이다
/하나님께 바치운
/태에서 나옴으로부터
죽을 날까지

8 마노아가 여호와께 **기도하여 가로되**
/주여!
구하옵나니
/하나님의 사람을(이) ─ 우리에게 다시 임하게 하사
/주의 보내셨던

//(목적: that...may)
그로 ─ 우리에게 가르치게 하소서
/우리가 ─ 어떻게 행할 것을
/그 낳을 아이에게

9 하나님이 마노아의 목소리를 **들으시니라**

여인이 밭에 앉았을 때에(when, 상황절)
하나님의 사자가 다시 그에게 **임하셨으나**

마노아는 **함께 있지 아니한지라**
/그 남편

지 말라 이 아이는 태에서 나옴으로부터 하나님께 바치
운 나실인이 됨이라 그가 블레셋 사람의 손에서 이스라
엘을 구원하기 시작하리라 6 이에 그 여인이 가서 그
남편에게 고하여 가로되 하나님의 사람이 내게 임하였
는데 그 용모가 하나님의 사자의 용모 같아서 심히 두
려우므로 어디서부터 온 것을 내가 묻지 못하였고 그도
자기 이름을 내게 이르지 아니하였으며 7 그가 내게 이
르기를 보라 네가 잉태하여 아들을 낳으리니 포도주와
독주를 마시지 말며 무릇 부정한 것을 먹지 말라 이 아
이는 태에서 나옴으로부터 죽을 날까지 하나님께 바치
운 나실인이 됨이라 하더이다 8 마노아가 여호와께 기
도하여 가로되 주여 구하옵나니 주의 보내셨던 하나님
의 사람을 우리에게 다시 임하게 하사 그로 우리가 그
낳을 아이에게 어떻게 행할 것을 우리에게 가르치게 하
소서 9 하나님이 마노아의 목소리를 들으시니라 여인이
밭에 앉았을 때에 하나님의 사자가 다시 그에게 임하셨

hands of the Philistines." 6 Then the woman came and
told her husband, saying, "A man of God came to me
and his appearance was like the appearance of the angel
of God, very awesome. And I did not ask him where
he came from, nor did he tell me his name. 7 "But he
said to me, 'Behold, you shall conceive and give birth
to a son, and now you shall not drink wine or strong
drink nor eat any unclean thing, for the boy shall be a Nazirite
to God from the womb to the day of his death.'" 8 ¶
Then Manoah entreated the LORD and said, "O Lord, please
let the man of God whom Thou hast sent come to us
again that he may teach us what to do for the boy who
is to be born." 9 And God listened to the voice of
Manoah; and the angel of God came again to the woman
as she was sitting in the field, but Manoah her husband
was not with her. 10 So the woman ran quickly and

10 여인이 급히 **달려가서**
그 남편에게 **고하여**
가로되
/보소서!
사람이 —— 또 내게 나타났나이다
/전일에 내게 임하였던

11 마노아가 **일어나**
아내를 **따라가서**
그 사람에게 **이르러**
그에게 **묻되**
/당신이 이 여인에게 말씀하신 사람이니이까?

[그가] **가라사대**
/그로라

12 마노아가 **가로되**
/당신의 말씀대로 되기를 원하나이다
[우리가] —이 아이를 어떻게 기르오며,
우리가 —— 그에게 어떻게 행하오리이까?

13 사자가 마노아에게 **이르시되**
/여호와의 /그가 — 다 삼가서
/내가 — 여인에게 말한 것들을
14 포도나무의 소산을 먹지 말며
포도주와 독주를 마시지 말며
무릇 부정한 것을 먹지 말아서
다 지킬 것이니라
/내가 그에게 명한 것은(을)

15 마노아가 여호와의 사자에게 **말씀하되**
/구하옵나니
/당신은 —— 우리에게 머물러서
//(목적)
우리가 —염소 새끼 하나를 준비하게 하소서
/당신을 위하여

16 사자가 마노아에게 **이르시되**
/여호와의 /비록
네가 —— 나를 머물리나(양보절,though)
내가 —— 너의 식물을 먹지 아니하리라
/[만일]

으나 그 남편 마노아는 함께 있지 아니한지라 **10** 여인
이 급히 달려가서 그 남편에게 고하여 가로되 보소서 전
일(前日)에 내게 임하였던 사람이 또 내게 나타났나이다
11 마노아가 일어나 아내를 따라가서 그 사람에게 이르
러 그에게 묻되 당신이 이 여인에게 말씀하신 사람이니
이까 가라사대 그로라 **12** 마노아가 가로되 당신의 말씀
대로 되기를 원하나이다 이 아이를 어떻게 기르오며 우
리가 그에게 어떻게 행하오리이까 **13** 여호와의 사자가
마노아에게 이르시되 내가 여인에게 말한 것들을 그가
다 삼가서 **14** 포도나무의 소산을 먹지 말며 포도주와
독주를 마시지 말며 무릇 부정한 것을 먹지 말아서 내가
그에게 명한 것은 다 지킬 것이니라 **15** 마노아가 여호
와의 사자에게 말씀하되 구하옵나니 당신은 우리에게 머
물러서 우리가 당신을 위하여 염소 새끼 하나를 준비하
게 하소서 **16** 여호와의 사자가 마노아에게 이르시되 네
가 비록 나를 머물리나 내가 너의 식물을 먹지 아니하리

told her husband, "Behold, the man who came the other
day has appeared to me." **11** Then Manoah arose and
followed his wife, and when he came to the man he said
to him, "Are you the man who spoke to the woman?"
And he said, "I am." **12** And Manoah said, "Now
when your words come to pass, what shall be the boy's mode
of life and his vocation?" **13** So the angel of the LORD
said to Manoah, "Let the woman pay attention to all
that I said. **14** "She should not eat anything that comes
from the vine nor drink wine or strong drink, nor eat
any unclean thing; let her observe all that I commanded."
15 ¶ Then Manoah said to the angel of the LORD,
"Please let us detain you so that we may prepare a kid
for you." **16** And the angel of the LORD said to Manoah,
"Though you detain me, I will not eat your food, but if
you prepare a burnt offering, then offer it to the LORD."

/[만일]
[네가] — 번제를 준비하려거든(조건절,if)
[너는] — 마땅히 여호와께 드릴지니라 하니

//이는(이유: כִּי)
마노아가 — 알지 못함을 인함이었더라
/여호와의 사자인 줄

삿

17 마노아가 또 여호와의 사자에게 **말씀하되**
/당신의 이름이 무엇이니이까?

//(결과: so that...may)
당신의 말씀이 이룰 때에(when)
우리가 — 당신을 존숭하리이다

18 사자가 /여호와의 그에게 **이르시되**
/어찌하여 이를 묻느냐 ?
/내 이름은 기묘니라

19 이에
마노아가 — **취하여**
/염소 새끼 하나와 소제물을
여호와께 **드리매**
/반석 위에서

사자가 이적을 **행한지라**

마노아와 그 아내가 — **본즉**
20 /불꽃이 — 단에서부터 하늘로 올라가는
여호와의 사자가 — 동시에 올라간지라
/단 불꽃 가운데로 좇아

마노아와 그 아내가 — 이것을 보고(when,상황절)
엎드리니라
/얼굴을 땅에 대고

21 사자가 /여호와의 다시 **나타나지 아니하니**
/마노아와 그 아내에게

이에
마노아가 그가 여호와의 사자인 줄 **알고**

22 [그가] 그 아내에게 **이르되**
/우리가 — 반드시 죽으리로다

//(이유: כִּי, for)

라 번제를 준비하려거든 마땅히 여호와께 드릴지니라 하
니 이는 마노아가 여호와의 사자인줄 알지 못함을 인함
이어었더라 17 마노아가 또 여호와의 사자에게 말씀하
되 당신의 이름이 무엇이니이까 당신의 말씀이 이룰 때
에 우리가 당신을 존숭하리이다 18 여호와의 사자가 그
에게 이르시되 어찌하여 이를 묻느냐 내 이름은 기묘(奇
妙)니라 19 이에 마노아가 염소 새끼 하나와 소제물을
취하여 반석 위에서 여호와께 드리매 사자가 이적을 행
한지라 마노아와 그 아내가 본즉 20 불꽃이 단에서부터
하늘로 올라가는 동시에 여호와의 사자가 단 불꽃 가운
데로 좇아 올라간지라 마노아와 그 아내가 이것을 보고
얼굴을 땅에 대고 엎드리니라 21 여호와의 사자가 마노
아와 그 아내에게 다시 나타나지 아니하니 마노아가 이
에 그가 여호와의 사자인 줄알고 22 그 아내에게 이르

For Manoah did not know that he was the angel of the LORD.
17 And Manoah said to the angel of the LORD, "What
is your name, so that when your words come to pass,
we may honor you?" 18 But the angel of the LORD
said to him, "Why do you ask my name, seeing it is
wonderful?" 19 So Manoah took the kid with the grain
offering and offered it on the rock to the LORD, and
He performed wonders while Manoah and his wife looked
on. 20 For it came about when the flame went up from
the altar toward heaven, that the angel of the LORD ascended
in the flame of the altar. When Manoah and his wife
saw this, they fell on their faces to the ground. 21 Now
the angel of the LORD appeared no more to Manoah or
his wife. Then Manoah knew that he was the angel of
the LORD. 22 So Manoah said to his wife, "We shall
surely die, for we have seen God." 23 But his wife

//(이유: כִּי, for)
[우리가] — 하나님을 보았으니

23 그 아내가　그에게 **이르되**... 하였더라
/[만일]
여호와께서 — 우리를 죽이려 하셨더면(if)
[여호와께서] — 번제와 소제를 받지 아니하셨을 것이요
/우리 손에서
— 보이지 아니하셨을 것이며
/이 모든 일을
— 이제 우리에게 이르지 아니하셨으리이다
/이런 말씀도

24 여인이　아들을 **낳으매**
이름을 삼손이라 **[말]하니라**

아이가　**자라매**
여호와께서　그에게 **복을 주시더니**

25 여호와의 신이　비로소 그에게 **감동하시니라**
/소라와 에스다올 사이 마하네단에서

14

1 삼손이　딤나에 **내려가서**
거기서 **보고**
/블레셋 딸 중 한 여자를

2 [그가]　도로 **올라와서**
자기 부모에게 **말하여**
가로되
/내가 — 딤나에서 보았사오니
/블레셋 사람의 딸 중 한 여자를
— 이제 그를 취하여 하소서[20)]
/내 아내를(로) (삼게)

3 부모가　그에게 **이르되**
/여자가 — 어찌 없어서?
/네 형제들의 딸 중에나 내 백성 중에
네가 — 아내를 취하려 하느냐?
/할례받지 아니한 블레셋 사람에게(가)서

삼손이　아비에게 **이르되**
/[당신은] — 나를 위하여 그를 데려오소서 하니

//(이유: כִּי, for)

20) 그를 내 아내로 취하게 하소서

되 우리가 하나님을 보았으니 반드시 죽으리로다 23 그
아내가 그에게 이르되 여호와께서 우리를 죽이려 하셨더
면 우리 손에서 번제와 소제를 받지 아니하셨을 것이며
이제 이런 말씀도 우리에게 이르지 아니하셨으리이다 하
였더라 24 여인이 아들을 낳으매 이름을 삼손이라 하니
라 아이가 자라매 여호와께서 그에게 복을 주시더니 25
소라와 에스다올 사이 마하네단에서 여호와의 신이 비로
소 그에게 감동하시니라
14:1 삼손이 딤나에 내려가서 거기서 블레셋 딸
중 한 여자를 보고 2 도로 올라와서 자기 부모
에게 말하여 가로되 내가 딤나에서 블레셋 사람의 딸 중
한 여자를 보았사오니 이제 그를 취하여 내 아내를 삼게
하소서 3 부모가 그에게 이르되 네 형제들의 딸 중에나
내 백성 중에 어찌 여자가 없어서 네가 할례받지 아니한

said to him, "If the LORD had desired to kill us, He
would not have accepted a burnt offering and a grain offering
from our hands, nor would He have shown us all these things,
nor would He have let us hear things like this at this
time." 24 ¶ Then the woman gave birth to a son and
named him Samson; and the child grew up and the LORD
blessed him. 25 And the Spirit of the LORD began to
stir him in Mahaneh-dan, between Zorah and Eshtaol.
14:1 ¶ Then Samson went down to Timnah and saw
a woman in Timnah, one of the daughters of the
Philistines. 2 So he came back and told his father and mother,
"I saw a woman in Timnah, one of the daughters of the
Philistines; now therefore, get her for me as a wife." 3
Then his father and his mother said to him, "Is there

//(이유: כִּי, for)
내가 ── 그 여자를 좋아하오니

21) 이 일을 수식함.

삿

4 그 부모는 **알지 못하였더라**
/이 일이 여호와께서 나온 것인 줄은
/삼손이 ── 블레셋 사람을 치려 함이었으나[21)]
/틈을 타서

//(이유: כִּי, for)
블레셋 사람이 ── 이스라엘을 관할한 고로
/이 때에

5 삼손이 그 부모와 함께 딤나에 **내려가서**
딤나의 포도원에 **이른즉**

어린 사자가 그를 맞아 **소리지르는지라**

6 삼손이 여호와의 신에게 **크게 감동되어**
그 사자를 **찢었으나**
/염소 새끼를 찢음같이
/손에 아무것도 없어도

그는 그 행한 일을 **고하지 아니하였고**
/부모에게도

7 그가 **내려가서**
그 여자와 **말하며**
그를 **기뻐하였더라**

8 삼손이 다시 **가더니**
/얼마 후에

//(목적: לְ, to)
그 여자를 취하려고

[그가] **돌이켜**

//(목적: לְ, to)
그 사자의 주검을 본즉(=보려고)
/사자의 몸에 벌 떼와 꿀이 있는지라

9 [그가] 손으로 그 꿀을 **취하여**
행하며
먹고

블레셋 사람에게 가서 아내를 취하려 하느냐 삼손이 아
비에게 이르되 내가 그 여자를 좋아 하오니 나를 위하여
그를 데려오소서 하니 4 이 때에 블레셋 사람이 이스라
엘을 관할한 고로 삼손이 틈을 타서 블레셋 사람을 치려
함이었으나 그 부모는 이 일이 여호와께서 나온 것인 줄
은 알지 못하였더라 5 삼손이 그 부모와 함께 딤나에 내
려가서 딤나의 포도원에 이른즉 어린 사자가 그를 맞아
소리지르는지라 6 삼손이 여호와의 신에게 크게 감동되
어 손에 아무 것도 없어도 그 사자를 염소 새끼를 찢음
같이 찢었으나 그는 그 행한 일을 부모에게도 고하지 아
니하였고 7 그가 내려가서 그 여자와 말하며 그를 기뻐
하였더라 8 얼마 후에 삼손이 그 여자를 취하려고 다시
가더니 돌이켜 그 사자의 주검을 본즉 사자의 몸에 벌떼
와 꿀이 있는지라 9 손으로 그 꿀을 취하여 행하며 먹고

no woman among the daughters of your relatives, or
among all our people, that you go to take a wife from
the uncircumcised Philistines?" But Samson said to his father,
"Get her for me, for she looks good to me." 4 However,
his father and mother did not know that it was of the
LORD, for He was seeking an occasion against the Philistines.
Now at that time the Philistines were ruling over Israel.
5 ¶ Then Samson went down to Timnah with his father
and mother, and came as far as the vineyards of Timnah;
and behold, a young lion came roaring toward him. 6
And the Spirit of the LORD came upon him mightily,
so that he tore him as one tears a kid though he had
nothing in his hand; but he did not tell his father or
mother what he had done. 7 So he went down and talked
to the woman; and she looked good to Samson. 8 When
he returned later to take her, he turned aside to look at
the carcass of the lion; and behold, a swarm of bees and
honey were in the body of the lion. 9 So he scraped

그 부모에게 **이르러**
그들에게 그것을 **드려서**
먹게 하였으나
고하지 아니하였더라
/그 꿀을 사자의 몸에서 취하였다고는

10 삼손의 아비가 여자에게로 **내려가매**
삼손이 거기서 잔치를 **배설하였으니**

//(이유: כִּי, for)
소년은 이렇게 행하는 풍속이 있음이더라

11 무리가 삼손을 보고(when,상황절)
[그들이] 삼십 명을 **데려다가** (한지라)
/동무를 삼아
/그와 함께 하게

12 삼손이 그들에게 **이르되**
/이제 내가 너희에게 수수께끼를 하리니
[만일]
너희가— 능히 그것을 풀어서 내게 고하면(조건, if)
/잔치하는 칠 일 동안에
내가 — 너희에게 주리라
/베옷 삼십 벌과 겉옷 삼십 벌을
13 /그러나
[만일]
[너희가] — 그것을 능히 내게 고하지 못하면(조건, if)
너희가 — 내게 줄지니라
/베옷 삼십 벌과 겉옷 삼십 벌을

그들이 **이르되**
/너는 — 수수께끼를 하여

//(목적: that...may)
우리로 듣게 하라

14 삼손이 그들에게 **이르되**
/먹는 자에게서 먹는 것이 나오고
강한 자에게서 단 것이 나왔느니라

그들이 수수께끼를 **풀지 못하였더라**
/삼 일이 되도록

삿

그 부모에게 이르러 그들에게 그것을 드려서 먹게 하였
으나 그 꿀을 사자의 몸에서 취하였다고는 고하지 아니
하였더라 **10** 삼손의 아비가 여자에게로 내려가매 삼손
이 거기서 잔치를 배설하였으니 소년은 이렇게 행하는
풍속이 있음이더라 **11** 무리가 삼손을 보고 삼십 명을
데려다가 동무를 삼아 그와 함께 하게 한지라 **12** 삼손
이 그들에게 이르되 이제 내가 너희에게 수수께끼를 하
리니 잔치하는 칠 일 동안에 너희가 능히 그것을 풀어서
내게 고하면 내가 베옷 삼십 벌과 겉옷 삼십 벌을 너희
에게 주리라 **13** 그러나 그것을 능히 내게 고하지 못하
면 너희가 내게 베옷 삼십 벌과 겉옷 삼십 벌을 줄지니
라 그들이 이르되 너는 수수께끼를 하여 우리로 듣게 하
라 **14** 삼손이 그들에게 이르되 먹는자에게서 먹는 것이
나오고 강한 자에게서 단 것이 나왔느니라 그들이 삼 일

the honey into his hands and went on, eating as he went.
When he came to his father and mother, he gave some
to them and they ate it; but he did not tell them that he
had scraped the honey out of the body of the lion. **10**
¶ Then his father went down to the woman; and Samson
made a feast there, for the young men customarily did
this. **11** And it came about when they saw him that
they brought thirty companions to be with him. **12** Then
Samson said to them, "Let me now propound a riddle
to you; if you will indeed tell it to me within the seven
days of the feast, and find it out, then I will give you
thirty linen wraps and thirty changes of clothes. **13**
"But if you are unable to tell me, then you shall give
me thirty linen wraps and thirty changes of clothes."
And they said to him, "Propound your riddle, that we
may hear it." **14** So he said to them, "Out of the eater
came something to eat, And out of the strong came something
sweet." But they could not tell the riddle in three days.

15 그들이 삼손의 아내에게 **이로되**
/제 칠 일에 이르러
/너는 —— 네 남편을 꾀어

//(목적: so that...may)
그 수수께끼를 우리에게 알리게 하라

//그렇지 아니하면(결과)
너와 네 아비의 집을 불사르리라

/너희가 — 우리를 청하였느냐 그렇지 아니하냐?
/우리의 소유를 취하고자 하여

16 삼손의 아내가 그의 앞에서 **울며**
가로되
/당신이 ┬ 나를 미워할 뿐이요
└ 사랑치 아니하는도다
/[당신은] ┬ 우리 민족에게 수수께끼를 말하고
└ 그 뜻을 내게 풀어 이르지 아니하도다

삼손이 그에게 **대답하되**...(하였으나)
/보라!
내가 ┬ 그것을 풀어 고하지 아니하였거든
└ 어찌 그대에게 풀어 이르리요

17 그 아내가 앞에서 **울며**
/칠 일 잔치할 동안에

그가 그 아내에게 수수께끼를 **풀어 이르매**
/제 칠 일에는

//(이유: כִּי, for)
강박함을 인하여

그 아내가 그것을 그 민족에게 **고하였더라**

18 성읍 사람들이 삼손에게 **이르되**...(한지라)
/제 칠 일 해지기 전에
/무엇이 꿀보다 달겠으며?
무엇이 사자보다 강하겠느냐?

이 되도록 수수께끼를 풀지 못하였더라 **15** 제칠일에 이
르러 그들이 삼손의 아내에게 이르되 너는 네 남편을 꾀
어 그 수수께끼를 우리에게 알리게 하라 그렇지 아니하
면 너와 네 아비의 집을 불사르리라 너희가 우리의 소유
를 취하고자 하여 우리를 청하였느냐 그렇지 아니하냐
16 삼손의 아내가 그의 앞에서 울며 가로되 당신이 나
를 미워할 뿐이요 사랑치 아니하는도다 우리 민족에게
수수께끼를 말하고 그 뜻을 내게 풀어 이르지 아니하도
다 삼손이 그에게 대답하되 보라 내가 그것을 나의 부모
에게도 풀어 고하지 아니하였거든 어찌 그대에게 풀어
이르리요 하였으나 **17** 칠 일 잔치할 동안에 그 아내가
앞에서 울며 강박함을 인하여 제칠일에는 그가 그 아내
에게 수수께끼를 풀어 이르매 그 아내가 그것을 그 민족
에게 고하였더라 **18** 제칠일 해지기 전에 성읍 사람들이
삼손에게 이르되 무엇이 꿀보다 달겠으며 무엇이 사자보
다 강하겠느냐 한지라 삼손이 그들에게 대답하되 너희가

15 ¶ Then it came about on the fourth day that they
said to Samson's wife, "Entice your husband, that he
may tell us the riddle, lest we burn you and your father's
house with fire. Have you invited us to impoverish us?
Is this not so?" **16** And Samson's wife wept before
him and said, "You only hate me, and you do not love
me; you have propounded a riddle to the sons of my
people, and have not told it to me." And he said to her,
"Behold, I have not told it to my father or mother; so
should I tell you?" **17** However she wept before him
seven days while their feast lasted. And it came about
on the seventh day that he told her because she pressed
him so hard. She then told the riddle to the sons of her people.
18 So the men of the city said to him on the seventh
day before the sun went down, "What is sweeter than honey?
And what is stronger than a lion?" And he said to them,
"If you had not plowed with my heifer, You would not
have found out my riddle." **19** Then the Spirit of the

삼손이 그들에게 **대답하되** ...(하니라)
/[만일]
너희가 ┬ 내 암송아지로 밭갈지 아니하였더면(조건,if)
└ 나의 수수께끼를 능히 풀지 못하였으리라

19 여호와의 신이 삼손에게 크게 **임하시매**
삼손이 아스글론에 **내려가서**
그 곳 사람 삼십 명을 **쳐죽이고**
노략하여
옷을 **주고**
/수수께끼 푼 자들에게
심히 **노하여**
아비 집으로 **올라갔고**

20 삼손의 아내는 — 그 동무에게 **준 바 되었더라**
/삼손의 친구되었던

15

1 얼마 후 밀 거둘 때에
삼손이 그 아내에게로 **찾아가서**
/염소 새끼를 가지고
가로되
/내가 — 침실에 들어가...하노라

//(목적: ל, to)
아내를 보고자

장인이 들어오지 **못하게 하고**
2 가로되
/[내가] — 그를 네 동무에게 주었노라

//(이유: כִּי, for)
내가 — 생각한 고로
/네가 그를 심히 미워하는 줄로

/그 동생이 그보다 더욱 아름답지 아니하냐?
/청하노니(please)
너는 그의 대신에 이를 취하라

3 삼손이 그들에게 **이르되**...(하고)
/이번은 내가 블레셋 사람을 해할지라도(when, 상황절)

내 암송아지로 밭갈지 아니하였더면 나의 수수께끼를 능
히 풀지 못하였으리라 하니라 19 여호와의 신이 삼손에
게 크게 임하시매 삼손이 아스글론에 내려가서 그 곳 사
람 삼십 명을 쳐 죽이고 노략하여 수수께끼 푼 자들에게
옷을 주고 심히 노하여 아비 집으로 올라갔고 20 삼손
의 아내는 삼손의 친구되었던 그 동무에게 준 바 되었더
라

15:1 얼마 후 밀 거둘 때에 삼손이 염소 새끼를 가
지고 그 아내에게로 찾아 가서 가로되 내가 침실
에 들어가 아내를 보고자 하노라 장인이 들어오지 못하
게 하고 2 가로되 네가 그를 심히 미워하는 줄로 내가
생각한 고로 그를 네 동무에게 주었노라 그 동생이 그보
다 더욱 아름답지 아니하냐 청하노니 너는 그의 대신에
이를 취하라 3 삼손이 그들에게 이르되 이번은 내가 블

LORD came upon him mightily, and he went down to
Ashkelon and killed thirty of them and took their spoil,
and gave the changes of clothes to those who told the
riddle. And his anger burned, and he went up to his
father's house. 20 But Samson's wife was given to his
companion who had been his friend.
15:1 ¶ But after a while, in the time of wheat harvest,
it came about that Samson visited his wife with a
young goat, and said, "I will go in to my wife in her
room." But her father did not let him enter. 2 And her
father said, "I really thought that you hated her intensely;
so I gave her to your companion. Is not her younger
sister more beautiful than she? Please let her be yours
instead." 3 Samson then said to them, "This time I
shall be blameless in regard to the Philistines when I do
them harm." 4 And Samson went and caught three

샷

내게(가) — 허물이 없을 것이니라
/그들에게 대하여

4 삼손이 **가서**
여우 삼백을 **붙들어서**
그 꼬리와 꼬리를 **매고**
홰를 **취하고**
그 두 꼬리 사이에 한 홰를 **달고**

5 홰에 **불을 켜고**
그것을 **몰아 들여서**
/블레셋 사람의 곡식 밭으로
사른지라
/곡식단과 아직 베지 아니한 곡식과 감람원을

6 블레셋 사람이 **가로되**
/누가 이 일을 행하였느냐?

혹이 **대답하되**
/딤나 사람의 사위 삼손이니
/장인이 ┬ 삼손의 아내를 취하여
└ 그 동무 되었던 자에게 준 연고니라

블레셋 사람이 **올라가서**
불사르니라
/그 여인과 그의 아비를

7 삼손이 그들에게 **이르되**...(하고)
/내가 ┬ 너희에게 원수를 갚은 후에야
└ 말리라

//(이유: since)
너희가 이같이 행하였은즉

8 [삼손이] 블레셋 사람을 크게 **도륙하고**
내려가서
에담 바위 틈에 **거하니라**

9 이에
블레셋 사람이 **올라와서**
유다에 **진을 치고**
레히에 **편만한지라**

10 유다 사람들이 **가로되**
/너희가 어찌하여 올라와서 우리를 치느냐?

레셋 사람을 해할지라도 그들에게 대하여 내게 허물이
없을 것이니라 하고 4 삼손이 가서 여우 삼백을 붙들어
서 그 꼬리와 꼬리를 매고 홰를 취하고 그 두 꼬리 사이
에 한 홰를 달고 5 홰에 불을 켜고 그것을 블레셋 사람
의 곡식 밭으로 몰아 들여서 곡식 단과 아직 베지 아니한
곡식과 감람원을 사른지라 6 블레셋 사람이 가로되 누가
이 일을 행하였느냐 혹이 대답하되 딤나 사람의 사위 삼
손이니 장인이 삼손의 아내를 취하여 그 동무 되었던 자
에게 준 연고니라 블레셋 사람이 올라가서 그 여인과 그
의 아비를 불사르니라 7 삼손이 그들에게 이르되 너희가
이같이 행하였은즉 내가 너희에게 원수를 갚은 후에야
말리라 하고 8 블레셋 사람을 크게 도륙하고 내려가서
에담 바위 틈에 거하니라 9 이에 블레셋 사람이 올라와
서 유다에 진을 치고 레히에 편만한지라 10 유다 사람

hundred foxes, and took torches, and turned the foxes
tail to tail, and put one torch in the middle between two
tails. 5 When he had set fire to the torches, he released
the foxes into the standing grain of the Philistines, thus
burning up both the shocks and the standing grain, along
with the vineyards and groves. 6 Then the Philistines
said, "Who did this?" And they said, "Samson, the
son-in-law of the Timnite, because he took his wife and gave
her to his companion." So the Philistines came up and burned
her and her father with fire. 7 And Samson said to them,
"Since you act like this, I will surely take revenge on
you, but after that I will quit." 8 And he struck them ruthlessly
with a great slaughter; and he went down and lived in
the cleft of the rock of Etam. 9 ¶ Then the Philistines
went up and camped in Judah, and spread out in Lehi.
10 And the men of Judah said, "Why have you come

그들이 **대답하되**
/우리가 올라오기는 삼손을 결박하여
그가 우리에게 행한 대로 그에게 행하려 함이로라

11 삼천 명이 —— 에담 바위 틈에 **내려가서**
/유다 사람
└ 삼손에게 **이르되**
/너는 — 알지 못하느냐?
/블레셋 사람이 우리를 관할하는 줄을
/네가 — 어찌하여 우리에게 이같이 행하였느냐?

삼손이 그들에게 **이르되**
/그들이 내게 행한 대로 나도 그들에게 행하였노라

12 그들이 삼손에게 **이르되**
/우리가 — 이제 내려왔노라

//(목적: ל, to)
너를 결박하여
블레셋 사람의 손에 붙이려고

삼손이 그들에게 **이르되**
/너희는 — 내게 맹세하라
/친히 나를 치지 않겠다고

13 그들이 삼손에게 **일러 가로되...**(하고)
/아니라
/우리가 — 다만 너를 단단히 결박하여
— 그들의 손에 붙일 뿐이요
우리가 — 결단코 너를 죽이지 아니하리라

[그들이] 새 줄 둘로 **결박하고**
그를 **끌어내니라**
/바위 틈에서

14 삼손이 레히에 이르매(when,상황절)
블레셋 사람이 **소리지르는 (동시에)**

//(목적: ל, to)
그에게로 마주 나가며

권능이 삼손에게 **임하매**
/여호와의 신의

샷

들이 가로되 너희가 어찌하여 올라와서 우리를 치느냐
그들이 대답하되 우리가 올라오기는 삼손을 결박하여 그
가 우리에게 행한 대로 그에게 행하려 함이로라 11 유
다 사람 삼천 명이 에담 바위 틈에 내려가서 삼손에게
이르되 너는 블레셋 사람이 우리를 관할하는 줄을 알지
못하느냐 네가 어찌하여 우리에게 이같이 행하였느냐 삼
손이 그들에게 이르되 그들이 내게 행한 대로 나도 그들
에게 행하였노라 12 그들이 삼손에게 이르되 우리가 너
를 결박하여 블레셋 사람의 손에 붙이려고 이제 내려왔
노라 삼손이 그들에게 이르되 너희는 친히 나를 치지 않
겠다고 내게 맹세하라 13 그들이 삼손에게 일러 가로되
아니라 우리가 다만 너를 단단히 결박하여 그들의 손에
붙일 뿐이요 우리가 결단코 너를 죽이지 아니하리라 하
고 새 줄 둘로 결박하고 바위 틈에서 그를 끌어내니라
14 삼손이 레히에 이르매 블레셋 사람이 그에게로 마주
나가며 소리지르는 동시에 여호와의 신의 권능이 삼손에

up against us?" And they said, "We have come up to
bind Samson in order to do to him as he did to us."
11 Then 3,000 men of Judah went down to the cleft
of the rock of Etam and said to Samson, "Do you not
know that the Philistines are rulers over us? What then
is this that you have done to us?" And he said to them,
"As they did to me, so I have done to them." 12 And
they said to him, "We have come down to bind you
so that we may give you into the hands of the Philistines."
And Samson said to them, "Swear to me that you will
not kill me." 13 So they said to him, "No, but we
will bind you fast and give you into their hands; yet
surely we will not kill you." Then they bound him with
two new ropes and brought him up from the rock.
14 ¶ When he came to Lehi, the Philistines shouted as they
met him. And the Spirit of the LORD came upon him mightily

그 팔 위의 줄이 불탄 **삼과 같아서**
손에서 **떨어진지라**
/그 결박되었던

15 삼손이 ── 나귀의 새 턱뼈를 **보고**
── 손을 **내밀어**
── **취하고**
── 그것으로 일천 명을 **죽이고**
16 └ **가로되**
/나귀의 턱뼈로 한 더미, 두 더미를 쌓았음이여
나귀의 턱뼈로 내가 일천 명을 죽였도다

17 [그가] 말을 마치고(when,상황절)
[그가] 턱뼈를 그 손에서 **내어던지고**
그 곳을 **이름하였더라**
/라맛 레히라

18 [삼손이] 심히 **목마르므로**
삼손이 여호와께 **부르짖어 가로되**
/주께서 ── 이 큰 구원을 베푸셨사오나
/종의 손으로
내가 ── 이제 목말라 죽어서
└ 할례받지 못한 자의 손에 빠지겠나이다

19 하나님이 레히에 한 우묵한 곳을 **터치시니**
물이 거기서 **솟아나오는지라**

삼손이 그것을 **마시고**
정신이 **회복되어**
소생하니

그러므로
그 샘 이름은 **엔학고레라**
이 샘이 레히에 오늘까지 **있더라**

20 블레셋 사람의 때에
삼손이 이스라엘 사사로 **지내었더라**
/이십 년을

게 임하매 그 팔 위의 줄이 불탄 삼과 같아서 그 결박되
었던 손에서 떨어진지라 **15** 삼손이 나귀의 새 턱뼈를
보고 손을 내밀어 취하고 그것으로 일천 명을 죽이고
16 가로되 나귀의 턱뼈로 한더미, 두더미를 쌓았음이여
나귀의 턱뼈로 내가 일천 명을 죽였도다 **17** 말을 마치
고 턱뼈를 그 손에서 내어던지고 그곳을 라맛 레히라 이
름하였더라 **18** 삼손이 심히 목마르므로 여호와께 부르
짖어 가로되 주께서 종의 손으로 이 큰 구원을 베푸셨사
오나 내가 이제 목말라 죽어서 할례 받지 못한 자의 손에
빠지겠나이다 **19** 하나님의 레히에 한 우묵한 곳을 터
치시니 물이 거기서 솟아나오는지라 삼손이 그것을 마시
고 정신이 회복되어 소생하니 그러므로 그 샘 이름은 엔
학고레라 이 샘이 레히에 오늘까지 있더라 **20** 블레셋
사람의 때에 삼손이 이스라엘 사사로 이십 년을 지내었
더라

so that the ropes that were on his arms were as flax that
is burned with fire, and his bonds dropped from his
hands. **15** And he found a fresh jawbone of a donkey,
so he reached out and took it and killed a thousand men
with it. **16** Then Samson said, "With the jawbone of
a donkey, Heaps upon heaps, With the jawbone of a
donkey I have killed a thousand men." **17** And it came
about when he had finished speaking, that he threw the
jawbone from his hand; and he named that place Ramath-
lehi. **18** Then he became very thirsty, and he called to
the LORD and said, "Thou hast given this great deliverance
by the hand of Thy servant, and now shall I die of thirst
and fall into the hands of the uncircumcised?" **19** But
God split the hollow place that is in Lehi so that water
came out of it. When he drank, his strength returned
and he revived. Therefore, he named it En-hakkore,
which is in Lehi to this day. **20** So he judged Israel
twenty years in the days of the Philistines.

16

1 삼손이 가사에 **가서**
거기서 한 기생을 **보고**
그에게로 **들어갔더니**

2 혹이 가사 사람에게 고하여 **가로되**
/삼손이 여기 왔다 하매
곧
[그들이] 그를 **에워싸고**
밤새도록 성문에 **매복하고**
밤새도록 **종용히 하며**
/이르기를(=말하면서)
/새벽이 되거든 그를 죽이리라 (하였더라)

3 삼손이 밤중까지 **누웠다가**
그 밤중에 **일어나**
성문짝들과 두 설주와 빗장을 **빼어**
그것을 모두 어깨에 **메고**
헤브론 앞산 꼭대기로 **가니라**

4 이 후에
삼손이 여인을 **사랑하매**
/소렉 골짜기의 들릴라라 이름하는

5 방백들이 그 여인에게로 **올라와서**
/블레셋 사람의
그에게 **이르되**
/[너는] ┬ 삼손을 꾀어서
└ 알아보라
/무엇으로 말미암아 그 큰 힘이 있는지
우리가 ┬ 어떻게 하면 그를 이기어서
└ 결박하여
//(목적: ל, to)
곤고케 할 수 있을는지
//그리하면(결과)
우리가 각각 은 일천일백을 네게 주리라

6 들릴라가 삼손에게 **말하되**
/청컨대
[당신은] — 내게 말하라
/당신의 큰 힘이 무엇으로 말미암아 있으며
/어떻게 하면 능히 당신을 결박하여

16:1 삼손이 가사에 가서 거기서 한 기생을 보고
그에게로 들어갔더니 2 혹이 가사 사람에게 고
하여 가로되 삼손이 여기 왔다 하매 곧 그를 에워싸고
밤새도록 성문에 매복하고 밤새도록 종용히 하며 이르기
를 새벽이 되거든 그를 죽이리라 하였더라 3 삼손이 밤
중까지 누웠다가 그 밤중에 일어나 성문짝들과 두 설주
와 빗장을 빼어 그것을 모두 어깨에 메고 헤브론 앞산
꼭대기로 가니라 4 이 후에 삼손이 소렉 골짜기의 들릴
라라 이름하는 여인을 사랑하매 5 블레셋 사람의 방백
들이 그 여인에게로 올라와서 그에게 이르되 삼손을 꾀
어서 무엇으로 말미암아 그 큰 힘이 있는지 우리가 어떻
게 하면 그를 이기어서 결박하여 곤고케 할 수 있을는지
알아보라 그리하면 우리가 각각 은 일천 일백을 네게 주
리라 6 들릴라가 삼손에게 말하되 청컨대 당신의 큰 힘

16:1 ¶ Now Samson went to Gaza and saw a harlot
there, and went in to her. 2 When it was told to
the Gazites, saying, "Samson has come here," they
surrounded the place and lay in wait for him all night
at the gate of the city. And they kept silent all night,
saying, "Let us wait until the morning light, then we
will kill him." 3 Now Samson lay until midnight, and
at midnight he arose and took hold of the doors of the
city gate and the two posts and pulled them up along
with the bars; then he put them on his shoulders and
carried them up to the top of the mountain which is
opposite Hebron. 4 ¶ After this it came about that he
loved a woman in the valley of Sorek, whose name was
Delilah. 5 And the lords of the Philistines came up to
her, and said to her, "Entice him, and see where his
great strength lies and how we may overpower him that
we may bind him to afflict him. Then we will each give
you eleven hundred pieces of silver." 6 So Delilah said
to Samson, "Please tell me where your great strength
is and how you may be bound to afflict you." 7 And Samson

샷

//(목적: ל, to)
곤고케 할 수 있을는지

7 삼손이 그에게 **이르되**
/만일
마르지 아니한 푸른 칡 일곱으로 나를 결박하면(if)
내가 ─ 약하여져서
─ 다른 사람과 같으리라

8 방백들이 여인에게로 **가져오매**
/블레셋 사람의 /마르지 아니한 푸른 칡 일곱을

그가 그것으로 삼손을 **결박하고**

9 [그녀가] 이미 사람을 내실에 **매복시켰으므로**
삼손에게 **말하되**
/삼손이여 블레셋 사람이 당신에게 미쳤느니라 하니

삼손이 그 칡 **끊기를**...(하였고)
/불탄 삼실을 끊음같이
[그가] 그 힘의 근본은 **여전히 알지 못하니라**

10 들릴라가 삼손에게 **이르되**
/보라!
당신이 ─ 나를 희롱하여
─ 내게 거짓말을 하였도다
/청컨대
[당신은] ─ 이제는 네게 말하라
/무엇으로 하면
─ 당신을 결박할 수 있을는지

11 삼손이 그에게 **이르되**
/만일
[그들이] ─ 나를 결박하면(if)
/쓰지 아니한 새 줄로
내가 ─ 약하여져서
─ 다른 사람과 같으리라

12 들릴라가 새 줄을 **취하고**
그것으로 그를 **결박하고**
그에게 **이르되**...(하니)
/삼손이여!
블레셋 사람이 당신에게 미쳤느니라

이 무엇으로 말미암아 있으며 어떻게 하면 능히 당신을
결박하여 곤고케 할 수 있을는지 내게 말하라 **7** 삼손이
그에게 이르되 만일 마르지 아니한 푸른 칡 일곱으로 나
를 결박하면 내가 약하여져서 다른 사람과 같으리라 **8**
블레셋 사람의 방백들이 마르지 아니한 푸른 칡 일곱을
여인에게로 가져오매 그가 그것으로 삼손을 결박하고 **9**
이미 사람을 내실에 매복시켰으므로 삼손에게 말하되 삼
손이여 블레셋 사람이 당신에게 미쳤느니라하니 삼손이
그 칡 끊기를 불탄 삼실을 끊음같이 하였고 그 힘의 근본
은 여전히 알지 못하니 라 **10** 들릴라가 삼손에게 이르
되 보라 당신이 나를 희롱하여 내게 거짓말을 하였도다
청컨대 무엇으로 하면 당신을 결박할 수 있을는지 이제
는 내게 말하라 **11** 삼손이 그에게 이르되 만일 쓰지 아
니한 새 줄로 나를 결박하면 내가 약하여져서 다른 사람
과 같으리라 **12** 들릴라가 새 줄을 취하고 그것으로 그
를 결박하고 그에게 이르되 삼손이여 블레셋 사람이 당

said to her, "If they bind me with seven fresh cords that have not been dried, then I shall become weak and be like any other man."
8 Then the lords of the Philistines brought up to her seven fresh cords that had not been dried, and she bound him with them.
9 Now she had men lying in wait in an inner room. And she said to him, "The Philistines are upon you, Samson!" But he snapped the cords as a string of tow snaps when it touches fire. So his strength was not discovered.
10 ¶ Then Delilah said to Samson, "Behold, you have deceived me and told me lies; now please tell me, how you may be bound."
11 And he said to her, "If they bind me tightly with new ropes which have not been used, then I shall become weak and be like any other man."
12 So Delilah took new ropes and bound him with them and said to him,

삼손이 팔 위의 줄 **끊기를**...(하였고)
/실을 끊음같이

사람이 내실에 **매복하였었더라**
/그 때에도

13 들릴라가 삼손에게 **이르되**
/당신이 ─┬─ 이 때까지 나를 희롱하여
└─ 내게 거짓말을 하였도다
/[당신은] ── 내게 말하라
/내가 무엇으로 하면
당신을 결박할 수 있을는지

삼손이 그에게 **이르되**
/만일
그대가 ── 나의 머리털 일곱 가닥을 짜면(if)
/위선에 섞어
되리라

14 들릴라가 바디로 그 머리털을 **단단히 짜고**
그에게 **이르되...**(하니)
/삼손이여!
블레셋 사람이 당신에게 미쳤느니라

삼손이 잠을 **깨어**
다 **빼어내니라**
/직조틀의 바디와 위선을

15 들릴라가 삼손에게 **이르되**
/당신이 어찌 나를 사랑한다 하느뇨?
/당신의 마음이 내게 있지 아니하면서
/당신이 ─┬─ 이 세 번 나를 희롱하고
└─ 내게 말하지 아니하였도다 하며
/당신 큰 힘이 무엇으로 말미암아 있는 것을

16 [그녀가] 그를 그말로 **재촉하여 조르매**
/날마다

삼손의 마음이 **번뇌하여**
죽을 지경이라

17 삼손이 진정을 **토하여**

신에게 미쳤느니라 하니 삼손이 팔 위의 줄 끊기를 실을
끊음같이 하였고 그 때에도 사람이 내실에 매복하였었더
라 **13** 들릴라가 삼손에게 이르되 당신이 이때까지 나를
희롱하여 내게 거짓말을 하였도다 내가 무엇으로 하면
당신을 결박할 수 있을는지 내게 말하라 삼손이 그에게
이르되 그대가 만일 나의 머리털 일곱 가닥을 위선에 섞
어 짜면 되리라 **14** 들릴라가 바디로 그 머리털을 단단
히 짜고 그에게 이르되 삼손이여 블레셋 사람이 당신에
게 미쳤느니라 하니 삼손이 잠을 깨어 직조틀의 바디와
위선을 다 빼어내니라 **15** 들릴라가 삼손에게 이르되 당
신의 마음이 내게 있지 아니하면서 당신이 어찌 나를 사
랑한다 하느뇨 당신이 이 세 번 나를 희롱하고 당신 큰
힘이 무엇으로 말미암아 있는 것을 말하지 아니하였도다
하며 **16** 날마다 그 말로 그를 재촉하여 조르매 삼손의
마음이 번뇌하여 죽을 지경이라 **17** 삼손이 진정을 토하
여 그에게 이르되 내 머리에는 삭도를 대지 아니하였나

"The Philistines are upon you, Samson!" For the men
were lying in wait in the inner room. But he snapped
the ropes from his arms like a thread. **13** ¶ Then Delilah
said to Samson, "Up to now you have deceived me and
told me lies; tell me how you may be bound." And he
said to her, "If you weave the seven locks of my hair
with the web and fasten it with a pin, then I shall become
weak and be like any other man." **14** So while he slept,
Delilah took the seven locks of his hair and wove them
into the web. And she fastened it with the pin, and said
to him, "The Philistines are upon you, Samson!" But
he awoke from his sleep and pulled out the pin of the
loom and the web. **15** ¶ Then she said to him, "How
can you say, 'I love you,' when your heart is not with
me? You have deceived me these three times and have
not told me where your great strength is." **16** And it
came about when she pressed him daily with her words
and urged him, that his soul was annoyed to death. **17**

샷

그에게 **이르되**
/내 머리에는 삭도를 대지 아니하였나니

//이는(이유: כִּי, for)
내가 모태에서 하나님의 나실인이 되었음이라

/만일
내 머리가 밀리우면(if)
내 힘이 ─ 내게서 떠나고
나는 ─┬ 약하여져서
　　　└ 다른 사람과 같으리라

18 들릴라가 삼손의 진정을 다 토함을 보고(when,상황절)
[그가] **보내어**
블레셋 사람의 방백들을 **불러 가로되**
/이제 한번만 올라오라

//(이유: כִּי, for)
삼손이 내게 진정을 토하였으니

방백들이 /블레셋 — 여인에게로 **올라오니라**
/손에 은을 가지고

19 들릴라가 — 삼손으로 **자게 하고**
/자기 무릎을 베고
사람을 **불러**
그 머리털 일곱 가닥을 **밀고**

[그녀가] **괴롭게 하여 본즉**
그 힘이 **없어졌더라**

20 들릴라가 **가로되**
/삼손이여!
블레셋 사람이 당신에게 미쳤느니라 하니

삼손이 — 잠을 **깨며**
이르기를
/내가 전과 같이 나가서 몸을 떨치리라 하여도
깨닫지 못하였더라
/여호와께서 이미 자기를 떠나신 줄을

21 블레셋 사람이 — 그를 **잡아**
그 눈을 **빼고**
가사에 **내려가**
/끌고

니 이는 내가 모태에서 하나님의 나실인이 되었음이라
만일 내 머리가 밀리우면 내 힘이 내게서 떠나고 나는 약
하여져서 다른 사람과 같으리라
18 들릴라가 삼손의 진
정을 다 토함을 보고 보내어 블레셋 사람의 방백들을 불
러 가로되 삼손이 내게 진정을 토하였으니 이제 한번만
올라오라 블레셋 방백들이 손에 은을 가지고 여인에게로
올라오니라
19 들릴라가 삼손으로 자기 무릎을 베고 자
게 하고 사람을 불러 그 머리털 일곱 가닥을 밀고 괴롭게
하여 본즉 그 힘이 없어졌더라
20 들릴라가 가로되 삼
손이여 블레셋 사람이 당신에게 미쳤느니라 하니 삼손이
잠을 깨며 이르기를 내가 전과 같이 나가서 몸을 떨치리
라 하여도 여호와께서 이미 자기를 떠나신 줄을 깨닫지
못하였더라
21 블레셋 사람이 그를 잡아 그 눈을 빼고
끌고 가사에 내려가 놋줄로 매고 그로 옥 중에서 맷돌을

So he told her all that was in his heart and said to her, "A razor has never come on my head, for I have been a Nazirite to God from my mother's womb. If I am shaved, then my strength will leave me and I shall become weak and be like any other man."
18 ¶ When Delilah saw that he had told her all that was in his heart, she sent and called the lords of the Philistines, saying, "Come up once more, for he has told me all that is in his heart." Then the lords of the Philistines came up to her, and brought the money in their hands.
19 And she made him sleep on her knees, and called for a man and had him shave off the seven locks of his hair. Then she began to afflict him, and his strength left him.
20 And she said, "The Philistines are upon you, Samson!" And he awoke from his sleep and said, "I will go out as at other times and shake myself free." But he did not know

놋줄로 **매고**
그로 옥중에서 맷돌을 **돌리게 하였더라**

22 그의 머리털이 밀리운 후에(after,상황절)
[그것이] 다시 **자라기 시작하니라**

23 방백이 **가로되**...(하고)
/블레셋 사람의 /우리의 신이 — 우리 손에 붙였다
/우리 원수 삼손을

다 **모여**

//(목적: ל, to)
큰 제사를 드리고
/그 신 다곤에게
즐거워하고

24 백성들도 — 삼손을 **보았으므로**
가로되
/우리의 신이 — 우리 손에 붙였다 하고
/우리 토지를 헐고
우리 많은 사람을 죽인 원수를
자기 신을 **찬송하며**

25 그들의 마음이 즐거울 때에(when,상황절)
[그들이] **이르되**
/[우리가] — 삼손을 불러다가
재주를 부리게 하자 하고
/우리를 위하여

[그들이] 옥에서 삼손을 **불러내매**
삼손이 재주를 **부리니라**
/그들을 위하여

그들이 삼손을 **세웠더니**
/두 기둥 사이에

26 삼손이 소년에게 **이르되..**하니라
/자기 손을 붙든
/나로 이 집을 버틴 기둥을 찾아서(=찾게하라)

//(목적: that...may)
그것을 의지하게 하라

27 남녀가 **가득하니**
/그 집에는

돌리게 하였더라 **22** 그의 머리털이 밀리운 후에 다시
자라기 시작하니라 **23** 블레셋 사람의 방백이 가로되 우
리의 신이 우리 원수 삼손을 우리 손에 붙였다 하고 다
모여 그 신 다곤에게 큰 제사를 드리고 즐거워하고 **24**
백성들도 삼손을 보았으므로 가로되 우리 토지를 헐고
우리 많은 사람을 죽인 원수를 우리의 신이 우리 손에
붙였다하고 자기 신을 찬송하며 **25** 그들의 마음이 즐거
울 때에 이르되 삼손을 불러다가 우리를 위하여 재주를
부리게 하자 하고 옥에서 삼손을 불러내매 삼손이 그들
을 위하여 재주를 부리니라 그들이 삼손을 두 기둥 사이
에 세웠더니 **26** 삼손이 자기 손을 붙든 소년에게 이르
되 나로 이집을 버틴 기둥을 찾아서 그것을 의지하게 하
라 하니라 **27** 그 집에는 남녀가 가득하니 블레셋 모든
방백도 거기 있고 지붕에 있는 남녀도 삼천명 가량이라

that the LORD had departed from him. **21** Then the
Philistines seized him and gouged out his eyes; and they
brought him down to Gaza and bound him with bronze
chains, and he was a grinder in the prison. **22** However,
the hair of his head began to grow again after it was
shaved off. **23** ¶ Now the lords of the Philistines
assembled to offer a great sacrifice to Dagon their god,
and to rejoice, for they said, "Our god has given Samson
our enemy into our hands." **24** When the people saw
him, they praised their god, for they said, "Our god
has given our enemy into our hands, Even the destroyer
of our country, Who has slain many of us." **25** It so happened
when they were in high spirits, that they said, "Call for
Samson, that he may amuse us." So they called for
Samson from the prison, and he entertained them. And
they made him stand between the pillars. **26** Then

삿

모든 방백도 /블레셋	**거기 있고**
남녀도 /지붕에 있는	**삼천 명 가량이라**
다	삼손의 재주 부리는 것을 **보더라**
28 삼손이	여호와께 **부르짖어** **가로되...**하고 /주 여호와여! 구하옵나니 [당신은] ── 나를 생각하옵소서! /하나님이여! 구하옵나니 이번만 나로 강하게 하사 //(목적: that...may) 원수를 단번에 갚게 하옵소서 /블레셋 사람이 나의 두 눈을 빼
29 [그가]	두 가운데 기둥을 **껴(=붙잡았다)** /집을 버틴 **의지하고** /하나는 왼손으로, 하나는 오른손으로
30	**가로되** /블레셋 사람과 함께 죽기를 원하노라 하고
[그가] 그 집이	힘을 다하여 **몸을 굽히매** 곧 **무너져** **덮이니** /그 안에 있는 모든 방백과 온 백성에게
죽인 자가 /삼손이 죽을 때에	더욱 **많았더라** /살았을 때에 죽인 자보다
31 그의 형제와 온 집이 다 /아비의	**내려가서** 그 시체를 **취하여 가지고** **올라와서** **장사하니라** /그 아비 마노아의 장지에 /소라와 에스다올 사이

다 삼손의 재주 부리는 것을 보더라 **28** 삼손이 여호와께 부르짖어 가로되 주 여호와여 구하옵나니 나를 생각하옵소서 하나님이여 구하옵나니 이번만 나로 강하게 하사 블레셋 사람이 나의 두 눈을 뺀 원수를 단번에 갚게 하옵소서 하고 **29** 집을 버틴 두 가운데 기둥을 하나는 왼손으로, 하나는 오른손으로 껴 의지하고 **30** 가로되 블레셋 사람과 함께 죽기를 원하노라 하고 힘을 다하여 몸을 굽히매 그 집이 곧 무너져 그 안에 있는 모든 방백과 온 백성에게 덮이니 삼손이 죽을 때에 죽인 자가 살았을 때에 죽인 자보다 더욱 많았더라 **31** 그의 형제와 아비의 온 집이 다 내려가서 그 시체를 취하여 가지고 올라와서 소라와 에스다올 사이 그 아비 마노아의 장지에 장사

Samson said to the boy who was holding his hand, "Let me feel the pillars on which the house rests, that I may lean against them." **27** Now the house was full of men and women, and all the lords of the Philistines were there. And about 3,000 men and women were on the roof looking on while Samson was amusing them. **28** ¶ Then Samson called to the LORD and said, "O Lord GOD, please remember me and please strengthen me just this time, O God, that I may at once be avenged of the Philistines for my two eyes." **29** And Samson grasped the two middle pillars on which the house rested, and braced himself against them, the one with his right hand and the other with his left. **30** And Samson said, "Let me die with the Philistines!" And he bent with all his might so that the house fell on the lords and all the people who were in it. So the dead whom he killed at his death were more than those whom he killed in his life. **31** Then his brothers and all his father's household

삼손이 이십 년을 **지내었더라**
/이스라엘 사사로

17

1 사람이 **있더니**
/미가라 이름하는 /에브라임 산지에

2 [그가] 그 어미에게 **이르되**
/어머니께서 ── 잃어버리셨으므로
/은 일천일백을
저주하시고
내 귀에도 말씀하셨더니

/보소서
그 은이 ── 내게 있나이다
내가 ── 그것을 취하였나이다

어미가 **가로되**..(하니라)
/내 아들이 여호와께 복 받기를 원하노라

3 미가가 은 일천일백을 **도로 주매**
/그 어미에게

어미가 **가로되**
/내가 ── 이 은을 여호와께 드리노라
/내 손에서
/거룩히

//(목적: ל, to)
한 신상을 새기며
/내 아들을 위하여
한 신상을 부어 만들 차로

/그러므로
내가 이제 이 은을 네게 도로 돌리리라

4 미가가 그 은을 도로 주었으므로 (when,상황절)
/어미에게

어미가 그 은 이백을 **취하여**
은장색에게 **주어**

하니라 삼손이 이스라엘 사사로 이십 년을 지내었더라
17:1 에브라임 산지에 미가라 이름하는 사람이 있
더니 2 그 어미에게 이르되 어머니께서 은 일천
일백을 잃어버리셨으므로 저주하시고 내 귀에도 말씀하
셨더니 보소서 그 은이 내게 있나이다 내가 그것을 취하
였나이다 어미가 가로되 내 아들이 여호와께 복 받기를
원하노라 하니라 3 미가가 은 일천 일백을 그 어미에게
도로 주매 어미가 가로되 내가 내 아들을 위하여 한 신
상을 새기며 한 신상을 부어 만들 차로 내 손에서 이 은
을 여호와께 거룩히 드리노라 그러므로 내가 이제 이 은
을 네게 도로 돌리리라 4 미가가 그 은을 어미에게 도
로 주었으므로 어미가 그 은 이백을 취하여 은장색에게
주어 한 신상을 새기며 한 신상을 부어 만들었더니 그
신상이 미가의 집에 있더라 5 이 사람 미가에게 신당이

came down, took him, brought him up, and buried him
between Zorah and Eshtaol in the tomb of Manoah his father.
Thus he had judged Israel twenty years.
17:1 ¶ Now there was a man of the hill country of
Ephraim whose name was Micah. 2 And he said to his
mother, "The eleven hundred pieces of silver which
were taken from you, about which you uttered a curse
in my hearing, behold, the silver is with me; I took it."
And his mother said, "Blessed be my son by the LORD."
3 He then returned the eleven hundred pieces of silver
to his mother, and his mother said, "I wholly dedicate
the silver from my hand to the LORD for my son to
make a graven image and a molten image; now therefore,
I will return them to you." 4 So when he returned the
silver to his mother, his mother took two hundred pieces
of silver and gave them to the silversmith who made

샂

[그가] **만들었더니**
/한 신상을 새기며
한 신상을 부어

그 신상이 미가의 집에 **있더라**

5 이 사람 미가에게 **신당이 있으므로**
또
[그가] 에봇과 드라빔을 **만들고**
한 아들을 **세워**

//(목적: that...may)
제사장을 삼았더라

6 왕이 이스라엘에 **없으므로**
/그 때에는

사람마다 옳은 대로 **행하였더라**
/자기 소견에

7 한 소년이 **있으니**
/유다 베들레헴에
/유다 가족에 속한
/레위인으로서

그는 거기 **우거하였더라**

8 이 사람이 유다 베들레헴을 **떠나서**
/그 성읍
//(목적: to)
거할 곳을 찾고자 하여

행하다가(상황절, as)
[그가] 에브라임 산지로 **가서**
미가의 집에 **〈이르매〉**[22)]

9 미가가 그에게 **묻되**
/너는 어디서부터 오느뇨?

그가 **이르되**
/나는 ┬유다 베들레헴의 레위인으로서,
└거할 곳을 찾으러 가노라

10 미가가 그에게 **이르되**...(하므로)
/네가 ┬나와 함께 거하여
└나를 위하여 아비와 제사장이 되라
/내가 ─해마다 은 열과 의복 한 벌과 식물을 주리라

22) 실제는 없는 단어지만 생략되어 있는 것으로 본다.

있으므로 또 에봇과 드라빔을 만들고 한 아들을 세워 제
사장을 삼았더라 6 그 때에는 이스라엘에 왕이 없으므로
사람마다 자기 소견에 옳은 대로 행하였더라 7 유다 가
족에 속한 유다 베들레헴에 한 소년이 있으니 그는 레위
인으로서 거기 우거하였더라 8 이 사람이 거할 곳을 찾
고자 하여 그 성읍 유다 베들레헴을 떠나서 행하다가 에
브라임 산지로 가서 미가의 집에 이르매 9 미가가 그에
게 묻되 너는 어디서부터 오느뇨 그가 이르되 나는 유다
베들레헴의 레위인으로서 거할 곳을 찾으러 가노라 10
미가가 그에게 이르되 네가 나와 함께 거하여 나를 위하

them into a graven image and a molten image, and they were
in the house of Micah. 5 And the man Micah had a
shrine and he made an ephod and household idols and
consecrated one of his sons, that he might become his
priest. 6 In those days there was no king in Israel; every
man did what was right in his own eyes. 7 ¶ Now there
was a young man from Bethlehem in Judah, of the family
of Judah, who was a Levite; and he was staying there.
8 Then the man departed from the city, from Bethlehem
in Judah, to stay wherever he might find a place; and
as he made his journey, he came to the hill country of Ephraim
to the house of Micah. 9 And Micah said to him, "Where
do you come from?" And he said to him, "I am a Levite
from Bethlehem in Judah, and I am going to stay wherever
I may find a place." 10 Micah then said to him, "Dwell
with me and be a father and a priest to me, and I will

레위인이 **들어갔더니**

11 레위인이 그 사람과 함께 거하기를 **만족히 여겼으니**
이는(and)
그 소년이 미가의 아들 중 **하나같이 됨이라**

12 미가가 레위인을 거룩히 **구별하매**
소년이 미가의 **제사장이 되어**
그 집에 **거한지라**

13 이에
미가가 **가로되**...(하니라)
/이제 여호와께서 내게 복 주실 줄을 아노라

//(이유: כִּי, for)
레위인이 내 제사장이 되었으니

18

1 왕이 이스라엘에 **없었고**
/그 때에

단 지파는 거할 기업의 땅을 **구하는 중이었으니**
/이 때에

//이는(이유: כִּי, for)
그들이 — 기업의 땅 분배함을 얻지 못하였음이라
/이스라엘 지파 중에서
/이 때까지

2 단 자손이 다섯 사람을 **보내어**
/자기 온 가족 중 용맹 있는
/소라와 에스다올에서부터

//(목적: לְ, to)
땅을 탐지하고
살피게 하며

[그들이] 그들에게 **이르되**...(하매)
/너희는 가서 땅을 살펴보라

그들이 에브라임 산지에 **가서**
/미 가의 집에 이르러(=까지)
거기서 **유숙하니라**

여 아비와 제사장이 되라 내가 해마다 은 열과 의복 한
벌과 식물을 주리라 하므로 레위인이 들어갔더니 11 레
위인이 그 사람과 함께 거하기를 만족히 여겼으니 이는
그 소년이 미가의 아들 중 하나같이 됨이라 12 미가가
레위인을 거룩히 구별하매 소년이 미가의 제사장이 되어
그 집에 거한지라 13 이에 미가가 가로되 레위인이 내
제사장이 되었으니 이제 여호와께서 내게 복 주실 줄을
아노라 하니라
18:1 그 때에 이스라엘에 왕이 없었고 단 지파는
이때에 거할 기업의 땅을 구하는 중이었으니 이
는 그들이 이스라엘 지파 중에서 이때까지 기업의 땅 분
배함을 얻지 못하였음이라 2 단 자손이 소라와 에스다
올에서부터 자기 온 가족 중 용맹 있는 다섯 사람을 보
내어 땅을 탐지하고 살피게 하며 그들에게 이르되 너희

give you ten pieces of silver a year, a suit of clothes,
and your maintenance." So the Levite went in. 11 And
the Levite agreed to live with the man; and the young
man became to him like one of his sons. 12 So Micah
consecrated the Levite, and the young man became his priest
and lived in the house of Micah. 13 Then Micah said, "Now
I know that the LORD will prosper me, seeing I have a
Levite as priest."

18:1 ¶ In those days there was no king of Israel;
and in those days the tribe of the Danites was
seeking an inheritance for themselves to live in, for until
that day an inheritance had not been allotted to them as
a possession among the tribes of Israel. 2 So the sons
of Dan sent from their family five men out of their
whole number, valiant men from Zorah and Eshtaol, to
spy out the land and to search it; and they said to them,

3 그들이 미가의 집에 가까이 올 때에(when,상황절)
[그들이] 레위 소년의 음성을 **알아듣고**
그리로 **돌이켜 가서**
그에게 **이르되**
/누가 너를 이리로 인도하였으며
네가 여기서 무엇을 하며
여기서 무엇을 얻었느냐

4 그가 그들에게 **이르되**
/미가가 여차여차히 나를 대접하여
나를 고빙하여
나로 자기 제사장을 삼았느니라

5 그들이 그에게 **이르되**
/청컨대
[너는] 하나님께 물어 보아서
/우리를 위하여

//(목적: that...may)
우리에게 알게 하라
/우리의 행하는 길이 형통할는지

6 그 제사장이 그들에게 **이르되**
/평안히 가라
/너희의 행하는 길은 여호와 앞에 있느니라

7 이에
다섯 사람이 **떠나**
라이스에 **이르러**

거기 있는 백성을 **본즉**
/염려 없이 거하여[23)]
/시돈 사람같이 한가하고 평안하니

//(이유: 의미상)
그 땅에는 권세 잡은 자가 없어서

/무슨 일에든지 괴롭게 함이 없고

//(이유:의미상)
시돈 사람과 상거가 멀며
아무 사람과도 상관하지 아니함이라

23) 백성를 수식함

는 가서 땅을 살펴보라 하매 그들이 에브라임 산지에 가
서 미가의 집에 이르러 거기서 유숙하니라 **3** 그들이 미
가의 집에 가까이 올 때에 레위 소년의 음성을 알아듣고
그리로 돌이켜 가서 그에게 이르되 누가 너를 이리로 인
도하였으며 네가 여기서 무엇을 하며 여기서 무엇을 얻
었느냐 **4** 그가 그들에게 이르되 미가가 여차여차히 나를
대접하여 나를 고빙(雇聘)하여 나로 자기 제사장을 삼았
느니라 **5** 그들이 그에게 이르되 청컨대 우리를 위하여
하나님께 물어 보아서 우리의 행하는 길이 형통할는지
우리에게 알게 하라 **6** 그 제사장이 그들에게 이르되 평
안히 가라 너희의 행하는 길은 여호와 앞에 있느니라 **7**
이에 다섯 사람이 떠나 라이스에 이르러 거기 있는 백성
을 본즉 염려 없이 거하여 시돈 사람같이 한가하고 평안
하니 그 땅에는 권세 잡은 자가 없어서 무슨 일에든지 괴
롭게 함이 없고 시돈 사람과 상거가 멀며 아무 사람과도
상관하지 아니함이라 **8** 그들이 소라와 에스다올에 돌아

"Go, search the land." And they came to the hill country
of Ephraim, to the house of Micah, and lodged there. **3**
When they were near the house of Micah, they recognized
the voice of the young man, the Levite; and they turned aside
there, and said to him, "Who brought you here? And
what are you doing in this place? And what do you have
here?" **4** And he said to them, "Thus and so has Micah
done to me, and he has hired me, and I have become
his priest." **5** And they said to him, "Inquire of God,
please, that we may know whether our way on which
we are going will be prosperous." **6** And the priest said
to them, "Go in peace; your way in which you are
going has the LORD's approval." **7** ¶ Then the five
men departed and came to Laish and saw the people
who were in it living in security, after the manner of
the Sidonians, quiet and secure; for there was no ruler
humiliating them for anything in the land, and they were
far from the Sidonians and had no dealings with anyone.

8 그들이 소라와 에스다올에 돌아와서
그 형제에게 이르매(when,상황절)
형제들이 그들에게 **묻되**
/너희 보기에 어떠하더뇨?

9 [그들이] **가로대**
/일어나서
/그들을 치러 올라가자

//(for, כִּי)
우리가 —— 그 땅을 본즉
/매우 좋더라
/너희는 가만히 있느냐
/게을리 말라
/나아가서 그 땅 얻기를

10 /너희가 가면(when, 상황절)
[너희는] —— 평안한 백성을 만날 것이요

//(이유: כִּי, for)
하나님이—너희 손에 붙이셨느니라
/그 땅은(을)
/넓고
/하나도 부족함이 없느니라
/그 곳에는
/세상에 있는 것이(것중)

11 육백 명이 병기를 띠고 **출발하여**
/단 지파 가족 중 /소라와 에스다올에서

12 [그들이] **올라가서**
유다 기럇여아림에 **진치니**

이러므로
그 곳 이름이 오늘까지 **마하네단이며**
그 곳은 기럇여아림 뒤에 **있더라**

13 무리가 거기서 **떠나서**
미가의 집에 **이르니라**
/에브라임 산지

14 다섯 사람이 그 형제들에게 **말하여**
/전에 탐지하러 갔던
/라이스 땅을

와서 그 형제에게 이르매 형제들이 그들에게 묻되 너희
보기에 어떠하더뇨 9 가로대 일어나서 그들을 치러 올
라가자 우리가 그 땅을 본즉 매우 좋더라 너희는 가만히
있느냐 나아가서 그 땅 얻기를 게을리말라 10 너희가
가면 평안한 백성을 만날 것이요 그 땅은 넓고 그 곳에
는 세상에 있는 것이 하나도 부족함이 없느니라 하나님
이 너희 손에 붙이셨느니라 11 단 지파 가족 중 육백
명이 병기를 띠고 소라와 에스다올에서 출발하여 12 올
라가서 유다 기럇여아림에 진 치니 이러므로 그곳 이름
이 오늘까지 마하네단이며 그 곳은 기럇여아림 뒤에 있
더라 13 무리가 거기서 떠나서 에브라임 산지 미가의
집에 이르니라 14 전에 라이스 땅을 탐지하러 갔던 다
섯 사람이 그 형제들에게 말하여 가로되 이 집에 에봇과
드라빔과 새긴 신상과 부어만든 신상이 있는 줄을 너희

8 When they came back to their brothers at Zorah and
Eshtaol, their brothers said to them, "What do you
report?" 9 And they said, "Arise, and let us go up
against them; for we have seen the land, and behold, it
is very good. And will you sit still? Do not delay to go,
to enter, to possess the land. 10 "When you enter, you
shall come to a secure people with a spacious land; for
God has given it into your hand, a place where there is
no lack of anything that is on the earth." 11 ¶ Then
from the family of the Danites, from Zorah and from Eshtaol,
six hundred men armed with weapons of war set out.
12 And they went up and camped at Kiriath-jearim in Judah.
Therefore they called that place Mahaneh-dan to this
day; behold, it is west of Kiriath-jearim. 13 And they passed
from there to the hill country of Ephraim and came to
the house of Micah. 14 ¶ Then the five men who went

가로되
/너희가 — 아느냐?
/신상이 —— 이 집에 있는 줄을
/에봇과 드라빔과
/새긴 신상과
/부어 만든
/그런즉 이제
너희는 마땅히 행할 것을 생각하라 하고

15 다섯 사람이 그편으로 **향하여(=돌았다)**
소년 레위 사람의 집[에] **이르러**
/곧 미가의 집에
문안하고

16 육백 명은 문 입구에 **서니라**
/단 자손 /병기를 띠고

17 다섯 사람이 그리로 **들어가서**
/땅을 탐지하러 갔던
취할 때에(when,상황절)[24]
/새긴 신상과 에봇과
/드라빔과
/부어 만든 신상을

제사장은 문 입구에 **섰더니**
/병기를 띤 육백 명과 함께

18 그 다섯 사람이 미가의 집에 들어가서(when,상황절)
취하여 내매(when)
/그 새긴 신상과 에봇과
/드라빔과
/부어 만든 신상을

제사장이 그들에게 **묻되**
/너희가 무엇을 하느냐?

19 그들이 그에게 **이르되**
/잠잠하라
네 손을 입에 대라
우리와 함께 가서
우리의 아비와 제사장이 되라
네가 —— 어느 것이 낫겠느냐?
/한 사람의 집의 제사장이 되는 것과
/제사장이 되는 것이
/이스라엘 한 지파,
/한 가족의

24) 17절은 의미상의 구조를 취하였다. NASB는 반대상황으로 번역했다. 제사장이 서 있는 동안에 그들이 들어가서 취했다고 번역하고 있다.

가 아느냐 그런즉 이제 너희는 마땅히 행할 것을 생각하라 하고 **15** 다섯 사람이 그 편으로 향하여 소년 레위 사람의 집 곧 미가의 집에 이르러 문안하고 **16** 단 자손 육백 명은 병기를 띠고 문 입구에 서니라 **17** 땅을 탐지하러 갔던 다섯 사람이 그리로 들어가서 새긴 신상과 에봇과 드라빔과 부어 만든 신상을 취할 때에 제사장은 병기를 띤 육백 명과 함께 문 입구에 섰더니 **18** 그 다섯 사람이 미가의 집에 들어가서 그 새긴 신상과 에봇과 드라빔과 부어 만든 신상을 취하여 내매 제사장이 그들에게 묻되 너희가 무엇을 하느냐 **19** 그들이 그에게 이르되 잠잠하라 네 손을 입에 대라 우리와 함께 가서 우리의 아비와 제사장이 되라 네가 한 사람의 집의 제사장이 되

to spy out the country of Laish answered and said to their kinsmen, "Do you know that there are in these houses an ephod and household idols and a graven image and a molten image? Now therefore, consider what you should do." **15** And they turned aside there and came to the house of the young man, the Levite, to the house of Micah, and asked him of his welfare. **16** And the six hundred men armed with their weapons of war, who were of the sons of Dan, stood by the entrance of the gate. **17** Now the five men who went to spy out the land went up and entered there, and took the graven image and the ephod and household idols and the molten image, while the priest stood by the entrance of the gate with the six hundred men armed with weapons of war. **18** And when these went into Micah's house and took the graven image, the ephod and household idols and the molten image, the priest said to them, "What are you doing?" **19** And they said to him, "Be silent, put your hand over your mouth and come with us, and be to us a father and a priest. Is it better for you to be a

20 제사장이 마음에 **기뻐하여**
에봇과 드라빔과 새긴 우상을 **취하고**
그 백성 중으로 **들어가니라**

21 그들이 **돌이켜서**
앞에 두고 **진행하더니**
/어린아이들과 가축과 물품을

22 미가의 집을 멀리 떠난 때에(when,상황절)
이웃집 사람들이 **모여서**
/미가의
단 자손을 **따라 미쳐서는**
23 단 자손을 **부르는지라**

그들이 낯을 **돌이켜**
미가에게 **이르되**
/네가 무슨 일로 이같이 모아 가지고 왔느냐?

24 미가가 **가로되**
/[너희가] — 취하여 갔으니
/나의 지은 신들과 제사장을
내게 오히려 있는 것이 무엇이냐?
너희가 어찌하여 나더러 무슨 일이냐 하느냐?

25 단 자손이 그에게 **이르되**
/[너는] — 네 목소리를 우리에게 들리게 말라
//(목적: lest)
노한 자들이 너희를 쳐서
잃게 할까 하노라 하고
/네 생명과 네 가족의 생명을

26 단 자손이 자기 길을 **행한지라**

미가가 단 자손이 자기보다 강한 것을 보고(when,상황절)
돌이켜 집으로 **돌아갔더라**

27 단 자손이 미가의 지은 것과 그 제사장을 **취하고**

는 것과 이스라엘 한 지파, 한 가족의 제사장이 되는 것
이 어느 것이 낫겠느냐 **20** 제사장이 마음에 기뻐하여
에봇과 드라빔과 새긴 우상을 취하고 그 백성 중으로 들
어가니라 **21** 그들이 돌이켜서 어린아이들과 가축과 물
품을 앞에 두고 진행하더니 **22** 미가의 집을 멀리 떠난
때에 미가의 이웃집 사람들이 모여서 단 자손을 따라 미
쳐서는 **23** 단 자손을 부르는지라 그들이 낯을 돌이켜
미가에게 이르되 네가 무슨 일로 이같이 모아가지고 왔
느냐 **24** 미가가 가로되 나의 지은 신들과 제사장을 취
하여 갔으니 내게 오히려 있는 것이 무엇이냐 너희가 어
찌하여 나더러 무슨 일이냐 하느냐 **25** 단 자손이 그에
게 이르되 네 목소리를 우리에게 들리게 말라 노한 자들
이 너희를 쳐서 네 생명과 네 가족의 생명을 잃게 할까
하노라 하고 **26** 단 자손이 자기 길을 행한지라 미가가
단 자손이 자기보다 강한 것을 보고 돌이켜 집으로 돌아
갔더라 **27** 단 자손이 미가의 지은 것과 그 제사장을 취
하고 라이스에 이르러 한가하고 평안한 백성을 만나 칼
날로 그들을 치며 불로 그 성읍을 사르되 **28** 그들을 구

priest to the house of one man, or to be priest to a tribe
and a family in Israel?" **20** And the priest's heart was
glad, and he took the ephod and household idols and
the graven image, and went among the people. **21** ¶
Then they turned and departed, and put the little ones
and the livestock and the valuables in front of them.
22 When they had gone some distance from the house
of Micah, the men who were in the houses near Micah's
house assembled and overtook the sons of Dan. **23** And
they cried to the sons of Dan, who turned around and
said to Micah, "What is the matter with you, that you
have assembled together?" **24** And he said, "You have
taken away my gods which I made, and the priest, and
have gone away, and what do I have besides? So how
can you say to me, What is the matter with you?" **25**
And the sons of Dan said to him, "Do not let your
voice be heard among us, lest fierce men fall upon you
and you lose your life, with the lives of your household."
26 So the sons of Dan went on their way; and when
Micah saw that they were too strong for him, he turned
and went back to his house. **27** ¶ Then they took what
Micah had made and the priest who had belonged to

샷

라이스에 **이르러**
/한가하고 평안한 백성을 만나(에게)

칼날로 그들을 **치며**
불로 그 성읍을 **사르되**

28 구원할 자가 **없었으니**
/그들을

//(이유: כִּי, for)
그 성읍이 ─┬ 베드르홉 가까운 골짜기에 있어서
└ 시돈과 상거가 멀고
상종하는 사람도 ── 없음이었더라

단 자손이 성읍을 **중건하고**
거기 **거하며**

29 [그들이] 그 성읍을 **단이라 하니라**
/이스라엘의 소생 그 조상 단의 이름을 따라

본 이름은 **라이스더라**
/그 성읍의

30 단 자손이 그 새긴 신상을 **세웠고**
/자기를 위하여

요나단과 ── 단 지파의 **제사장이 되어**...(이르렀더라)
/게르손의 아들 /이 백성이 사로잡히는 날까지
/모세의 손자
그 자손은

31 새긴 신상이 ── 단 자손에게 **있었더라**
/미가의 지은 바 /하나님의 집이 실로에 있을 동안에

19

1 이스라엘에 왕이 없을 그 때에(when,상황절)
어떤 레위 사람이 첩을 **취하였더니**
/우거하는 /유다 베들레헴에서
/에브라임 구석에

원할 자가 없었으니 그 성읍이 베드르홉 가까운 골짜기
에 있어서 시돈과 상거가 멀고 상종하는 사람도 없음이
었더라 단 자손이 성읍을 중건하고 거기 거하며 **29** 이
스라엘의 소생 그 조상 단의 이름을 따라 그 성읍을 단이
라 하니라 그 성읍의 본 이름은 라이스더라 **30** 단 자손
이 자기를 위하여 그 새긴 신상을 세웠고 모세의 손자 게
르손의 아들 요나단과 그 자손은 단 지파의 제사장이 되
어 이 백성이 사로 잡히는 날까지 이르렀더라 **31** 하나
님의 집이 실로에 있을 동안에 미가의 지은 바 새긴 신상
이 단 자손에게 있었더라

19:1 이스라엘에 왕이 없을 그 때에 에브라임 산지
구석에 우거하는 어떤 레위 사람이 유다 베들레

him, and came to Laish, to a people quiet and secure,
and struck them with the edge of the sword; and they
burned the city with fire. **28** And there was no one to deliver
them, because it was far from Sidon and they had no dealings
with anyone, and it was in the valley which is near Beth-
rehob. And they rebuilt the city and lived in it. **29** And
they called the name of the city Dan, after the name of
Dan their father who was born in Israel; however, the
name of the city formerly was Laish. **30** And the sons
of Dan set up for themselves the graven image; and Jonathan,
the son of Gershom, the son of Manasseh, he and his
sons were priests to the tribe of the Danites until the
day of the captivity of the land. **31** So they set up for
themselves Micah's graven image which he had made,
all the time that the house of God was at Shiloh.

19:1 ¶ Now it came about in those days, when there
was no king in Israel, that there was a certain
Levite staying in the remote part of the hill country of

2 그 첩이 **행음하고**
남편을 **떠나**
/그 아비의 집에 (돌아가서)
/유다 베들레헴
거기서 **보내매**
/넉 달의 날을

3 그 남편이 그에게로 **가매**
/하인 하나와
나귀 두 필을 데리고

//(목적: to)
그 여자에게 다정히 말하고
그를 데려오고자 하여

여자가 그글 **인도하여**
아비의 집에 **들어가니**

아비가 그를 보고(when)
환영하니라

4 그 첩장인[이] — 그를 **머물리매**
/곧 여자의 아비가

그가 — 그와 함께 **거하며**
/삼 일을
거기서 **유숙하다가**
/먹고 마시며

5 나흘 만에
[그들이] 일찌기 **일어나**

//(목적: to)
떠나고자 하매

여자의 아비가 그 사위에게 **이르되**
/그대의 기력을 도운 후에
/떡을 조금 먹어
그대의 길을 행하라

6 두 사람이 **앉아서**
함께 먹고
마시매

여자의 아비가 그 사람에게 **이르되**
/청하노니
이 밤을 여기서 유숙하여
그대의 마음을 즐겁게 하라

헴에서 첩을 취하였더니 2 그 첩이 행음하고 남편을 떠
나 유다 베들레헴 그 아비의 집에 돌아가서 거기서 넉
달의 날을 보내매 3 그 남편이 그 여자에게 다정히 말
하고 그를 데려오고자 하여 하인 하나와 나귀 두 필을
데리고 그에게로 가매 여자가 그를 인도하여 아비의 집
에 들어가니 그 여자의 아비가 그를 보고 환영하니라 4
그 첩장인 곧 여자의 아비가 그를 머물리매 그가 삼 일
을 그와 함께 거하며 먹고 마시며 거기서 유숙하다가 5
나흘 만에 일찍이 일어나 떠나고자 하매 여자의 아비가
그 사위에게 이르되 떡을 조금 먹어 그대의 기력을 도운
후에 그대의 길을 행하라 6 두 사람이 앉아서 함께 먹
고 마시매 여자의 아비가 그 사람에게 이르되 청하노니

Ephraim, who took a concubine for himself from Bethlehem
in Judah. 2 But his concubine played the harlot against
him, and she went away from him to her father's house
in Bethlehem in Judah, and was there for a period of
four months. 3 Then her husband arose and went after
her to speak tenderly to her in order to bring her back,
taking with him his servant and a pair of donkeys. So
she brought him into her father's house, and when the
girl's father saw him, he was glad to meet him. 4 And
his father-in-law, the girl's father, detained him; and he
remained with him three days. So they ate and drank
and lodged there. 5 Now it came about on the fourth
day that they got up early in the morning, and he prepared
to go; and the girl's father said to his son-in-law, "Sustain
yourself with a piece of bread, and afterward you may
go." 6 So both of them sat down and ate and drank

샷

7 그 사람이 **일어나서**
//(목적: ל, to)
가고자 하되

[그가] **다시 유숙하더니**
/첩장인의 간청으로

8 다섯째 날 아침에
[그가] 일찌기 **일어나**
//(목적: ל, to)
떠나고자 하매

여자의 아비가 **이르되**
/청하노니
그대의 기력을 돕고
해가 기울도록 머물라 하므로

두 사람이 함께 **먹고**

9 그 사람이 **일어나**
/첩과 하인으로 더불어
//(목적: ל, to)
떠나고자 하매

그 첩장인 그에게 **이르되**
/곧 여자의 아비가 /보라, 이제 해가 저물어가니
/청컨대, 이 밤도 유숙하라
/보라, 해가 기울었느니라
/그대는 여기서 유숙하여
/그대의 마음을 즐겁게 하고
/내일 일찌기 [일어나]
/그대의 길을 행하여
/그대의 집으로 돌아가라

10 그 사람이 다시 밤을 **지내고자 아니하여**
[그가] **일어나 떠나서**
여부스 맞은편에 **이르렀으니**

여부스는 곧 **예루살렘이라**

나귀 둘과 / 안장 지운 / 첩이 — 그와 **함께 하였더라**

이 밤을 여기서 유숙하여 그대의 마음을 즐겁게하라 7 그 사람이 일어나서 가고자 하되 첩장인의 간청으로 다시 유숙하더니 8 다섯째 날 아침에 일찍이 일어나 떠나고자 하매 여자의 아비가 이르되 청하노니 그대의 기력을 돕고 해가 기울도록 머물라 하므로 두 사람이 함께 먹고 9 그 사람이 첩과 하인으로 더불어 일어나 떠나고자 하매 그 첩장인 곧 여자의 아비가 그에게 이르되 보라 이제 해가 저물어가니 청컨대 이 밤도 유숙하라 보라 해가 기울었느니라 그대는 여기서 유숙하여 그대의 마음을 즐겁게 하고 내일 일찌기 그대의 길을 행하여 그대의 집으로 돌아가라 10 그 사람이 다시 밤을 지내고자 아니하여 일어나 떠나서 여부스 맞은 편에 이르렀으니 여부스

together; and the girl's father said to the man, "Please be willing to spend the night, and let your heart be merry." 7 Then the man arose to go, but his father-in-law urged him so that he spent the night there again. 8 And on the fifth day he arose to go early in the morning, and the girl's father said, "Please sustain yourself, and wait until afternoon"; so both of them ate. 9 When the man arose to go along with his concubine and servant, his father-in-law, the girl's father, said to him, "Behold now, the day has drawn to a close; please spend the night. Lo, the day is coming to an end; spend the night here that your heart may be merry. Then tomorrow you may arise early for your journey so that you may go home." 10 ¶ But the man was not willing to spend the night, so he arose and departed and came to a place opposite Jebus (that is, Jerusalem). And there were with him a

11 그들이 여부스에 가까왔을 때에
해가 **지려 하는지라**

종이 주인에게 **이르되**
/청컨대,
우리가 ─ 돌이켜
─ 이 성읍에 들어가서
/여부스 사람의
─ 유숙하사이다

12 주인이 그에게 **이르되**
/우리가 ─ 돌이켜
─ 외인의 성읍으로 들어갈 것이 아니니
/이스라엘 자손에게 속하지 아니한
─ 기브아로 나아가리라 하고

13 또
[그가] 그 종에게 **이르되**
/우리가 ─ 기브아나 라마 중 한 곳에 나아가
─ 거기서 유숙하자 하고

14 [그들이] 모두 앞으로 **행하더니**

해가 **진지라**
/베냐민에 속한 기브아에 가까이 이르러는

15 [그들이] 기브아에 **돌이켜 가서**

//(목적: ל, to)
유숙하려고

[그들이] 그리로 **들어가서**
성읍 거리에 **앉았으나**

유숙케 하는 자가 **없었더라**
/그를 집으로
/영접하여

16 한 노인이 밭에서 일하다가 **돌아오니**
/이미 저물매(때)

그 사람은 기브아에 **우거하는 자요**
/본래 에브라임 산지 사람으로서

는 곧 예루살렘이라 안장(安葬)지운 나귀 둘과 첩이 그
와 함께 하였더라 11 그들이 여부스에 가까왔을 때에
해가 지려 하는지라 종이 주인에게 이르되 청컨대 우리
가 돌이켜 여부스 사람의 이 성읍에 들어가서 유숙하사
이다 12 주인이 그에게 이르되 우리가 돌이켜 이스라
엘 자손에게 속하지 아니한 외인의 성읍으로 들어갈 것
이 아니니 기브아로 나아가리라 하고 13 또 그 종에게
이르되 우리가 기브아나 라마 중 한 곳에 나아가 거기서
유숙하자 하고 14 모두 앞으로 행하더니 베냐민에 속
한 기브아에 가까이 이르러는 해가 진지라 15 기브아
에 가서 유숙하려고 그리로 돌이켜 들어가서 성읍 거리
에 앉았으나 그를 집으로 영접하여 유숙케 하는 자가 없
었더라 16 이미 저물매 한 노인이 밭에서 일하다가 돌
아오니 그 사람은 본래 에브라임 산지 사람으로서 기브

pair of saddled donkeys; his concubine also was with
him. 11 When they were near Jebus, the day was almost
gone; and the servant said to his master, "Please come,
and let us turn aside into this city of the Jebusites and
spend the night in it." 12 However, his master said to
him, "We will not turn aside into the city of foreigners
who are not of the sons of Israel; but we will go on as
far as Gibeah." 13 And he said to his servant, "Come
and let us approach one of these places; and we will
spend the night in Gibeah or Ramah." 14 So they passed
along and went their way, and the sun set on them near
Gibeah which belongs to Benjamin. 15 And they turned
aside there in order to enter and lodge in Gibeah. When
they entered, they sat down in the open square of the
city, for no one took them into his house to spend the
night. 16 ¶ Then behold, an old man was coming out
of the field from his work at evening. Now the man was
from the hill country of Ephraim, and he was staying in

그 곳 사람들은 베냐민 **사람이더라**

17 노인이 눈을 들어(=들었을 때, 상황절)
[그가] 행객이 있는 것을 **본지라**
/성읍 거리에

노인이 **묻되**
/그대는 어디로 가며, 어디서 왔느뇨?

18 그가 그에게 **이르되**
/우리는 — 에브라임 산지 구석으로 가나이다
/유다 베들레헴에서

/나는 — 그 곳 사람으로서
유다 베들레헴에 갔다가
이제 여호와의 집으로 가는 중인데
/나를 자기 집으로 영접하는 사람이 없나이다
19 /우리에게는 나귀들에게 먹일 짚과 보리가 있고
/먹을 양식과 포도주가 있어
/나와 당신의 여종과
당신의 종 우리들과 함께한 소년의
/무엇이든지 부족함이 없나이다

20 노인이 **가로되**
/그대는 안심하라
/그대의 모든 쓸 것은 나의 담책이니[25)]
/거리에서는 자지 말라 하고

21 [노인이] 그를 데리고 **들어가서**
/자기 집에
나귀에게 **먹이니**

그들이 발을 **씻고**
먹고
마시니라

22 그들이 마음을 즐겁게 할 때에(while,상황절)
비류들이 그 집을 **에워싸고**
/그 성읍의

문을 **두들기며**
집주인 노인에게 말하여 **가로대**
/네 집에 들어온 사람을 끌어내라
우리가 그를 상관하리라

아에 우거하는 자요 그 곳 사람들은 베냐민 사람이더라
17 노인이 눈을 들어 성읍 거리에 행객이 있는 것을 본
지라 노인이 묻되 그대는 어디로 가며 어디서 왔느뇨
18 그가 그에게 이르되 우리는 유다 베들레헴에서 에브
라임 산지 구석으로 가나이다 나는 그 곳 사람으로서 유
다 베들레헴에 갔다가 이제 여호와의 집으로 가는 중인
데 나를 자기 집으로 영접하는 사람이 없나이다 19 우
리에게는 나귀들에게 먹일 짚과 보리가 있고 나와 당신
의 여종과 당신의 종 우리들과 함께한 소년의 먹을 양식
과 포도주가 있어 무엇이든지 부족함이 없나이다 20
노인이 가로되 그대는 안심하라 그대의 모든 쓸 것은 나
의 담책이니 거리에서는 자지 말라 하고 21 그를 데리
고 자기 집에 들어가서 나귀에게 먹이니 그들이 발을 씻
고 먹고 마시니라 22 그들이 마음을 즐겁게 할 때에
그 성읍의 비류(匪類)들이 그 집을 에워 싸고 문을 두들
기며 집 주인 노인에게 말하여 가로대 네 집에 들어온 사

Gibeah, but the men of the place were Benjamites. 17
And he lifted up his eyes and saw the traveler in the open square of the city; and the old man said, "Where are you going, and where do you come from?" 18 And
he said to him, "We are passing from Bethlehem in Judah to the remote part of the hill country of Ephraim, for I am from there, and I went to Bethlehem in Judah. But I am now going to my house, and no man will take me into his house. 19 "Yet there is both straw and fodder for our donkeys, and also bread and wine for me, your maidservant, and the young man who is with your servants; there is no lack of anything." 20 And the old
man said, "Peace to you. Only let me take care of all your needs; however, do not spend the night in the open square." 21 So he took him into his house and gave the donkeys fodder, and they washed their feet and ate and drank. 22 ¶ While they were making merry, behold, the men of the city, certain worthless fellows, surrounded the house, pounding the door; and they spoke to the owner of the house, the old man, saying, "Bring out

23 그 사람이 /집주인 — 들에게로 **나와서**

이르되
/아니라 내 형제들아!
청하노니, 악을 행치 말라
/이 사람이 내 집에 들었으니
[너희는] —— 이런 망령된 일을 행치 말라

24 /보라,
여기 내 처녀 딸과 이 사람의 첩이 있은즉
내가 그들을 끌어내리니
너희가 ── 그들을 임의로 하되
/욕보이든지 어찌하든지
└ 이런 망령된 일을 행치 말라 하나
/오직 이 사람에게는

25 무리가 — **듣지 아니하므로**
그 사람이 — 자기 첩을 **붙들어**
무리에게로 **내매**

그들이 — 그에게 **행음하여**
밤새도록 **욕보이다가**
새벽 미명에 **놓은지라**

26 동틀 때에
여인이 — 그 사람의 집 문에 **이르러**
/그 주인의 우거한
엎드러져
밝기까지 거기 <**누웠더라**>

27 그의 주인이 — 일찌기 **일어나**
집 문을 **열고**
떠나고자 하더니

[그가] — **보고**
/그 여인이 집 문에 엎드러지고
/그 두 손이 문지방에 있는 것을

28 [그가] — 그에게 **이르되**...(하나)
/일어나라
우리가 떠나가자

람을 끌어내라 우리가 그를 상관 하리라 23 집 주인
그 사람이 그들에게로 나와서 이르되 아니라 내 형제들
아 청하노니 악을 행치 말라 이 사람이 내 집에 들었으
니 이런 망령된 일을 행치 말라 24 보라 여기 내 처
녀 딸과 이 사람의 첩이 있은즉 내가 그들을 끌어 내리
니 너희가 그들을 욕보이든지 어찌하든지 임의로 하되
오직 이 사람에게는 이런 망령된 일을 행치 말라 하나
25 무리가 듣지 아니하므로 그 사람이 자기 첩을 무리
에게로 붙들어내매 그들이 그에게 행음하여 밤새도록 욕
보이다가 새벽 미명에 놓은지라 26 동틀 때에 여인이
그 주인의 우거한 그 사람의 집 문에 이르러 엎드러져
밝기까지 거기 누웠더라 27 그의 주인이 일찌기 일어
나 집 문을 열고 떠나고자 하더니 그 여인이 집 문에 엎
드러지고 그 두 손이 문지방에 있는 것을 보고 28 그
에게 이르되 일어나라 우리가 떠나가자 하나 아무 대답
이 없는지라 이에 그 시체를 나귀에 싣고 행하여 자기

the man who came into your house that we may have relations
with him." 23 Then the man, the owner of the house,
went out to them and said to them, "No, my fellows,
please do not act so wickedly; since this man has come
into my house, do not commit this act of folly. 24
"Here is my virgin daughter and his concubine. Please
let me bring them out that you may ravish them and do
to them whatever you wish. But do not commit such an
act of folly against this man." 25 But the men would
not listen to him, so the man seized his concubine and brought
her out to them. And they raped her and abused her all
night until morning, then let her go at the approach of
dawn. 26 As the day began to dawn, the woman came
and fell down at the doorway of the man's house where
her master was, until full daylight. 27 ¶ When her
master arose in the morning and opened the doors of
the house and went out to go on his way, then behold,
his concubine was lying at the doorway of the house,
with her hands on the threshold. 28 And he said to her,
"Get up and let us go," but there was no answer. Then

샷

아무 대답이 **없는지라**

이에
[그가] ── 그 시체를 나귀에 **싣고**
── **행하여(=일어나)**
── 자기 곳에 **돌아가서**

29 그 집에 이르러서는(when,상황절)
[그가] 칼을 **취하여**
첩의 시체를 **붙들어**
그 마디를 찍어 **나누고**
/열두 덩이에
그것을 두루 **보내매**
/이스라엘 사방에

30 보는 자가 다 **가로되**...(하니라)
/그것을 /이런 일은 ─ 행치도 아니하였고
─ 보지도 못하였도다
/이스라엘 자손이 애굽 땅에서 나온 날부터 오늘날까지
/생각하고 상의한 후에
[우리가] ── 말하자

20

1 이에
이스라엘 자손이 **나왔는데**
/모든 /단에서부터 브엘세바까지와
/길르앗 땅에서

그 회중이 여호와 앞에 **모였으니**
/일제히
/미스바에서

2 온 백성의 어른(은) 하나님 백성의 총회에 **섰고**
/곧 이스라엘 모든 지파의 어른들은

칼을 빼는 보병은 **사십만이었으며**

3 베냐민 자손이 **들었더라**
/이스라엘 자손의 미스바에 올라간 것을

곳에 돌아가서 29 그 집에 이르러서는 칼을 취하여 첩의 시체를 붙들어 그 마디를 찍어 열두 덩이에 나누고 그것을 이스라엘 사방에 두루 보내매 30 그것을 보는 자가 다 가로되 이스라엘 자손이 애굽 땅에서 나온 날부터 오늘날까지 이런 일은 행치도 아니하였고 보지도 못하였도다 생각하고 상의한 후에 말하자 하니라

20:1 이에 모든 이스라엘 자손이 단에서부터 브엘세바까지와 길르앗 땅에서 나왔는데 그 회중이 일제히 미스바에서 여호와 앞에 모였으니 2 온 백성의 어른 곧 이스라엘 모든 지파의 어른들은 하나님 백성의 총회에 섰고 칼을 빼는 보병은 사십만이었으며 3 이스라엘 자손의 미스바에 올라간 것을 베냐민 자손이 들었더라 이스라엘 자손이 가로되 이 악한 일의 정형을 우리

he placed her on the donkey; and the man arose and went to his home. 29 When he entered his house, he took a knife and laid hold of his concubine and cut her in twelve pieces, limb by limb, and sent her throughout the territory of Israel. 30 And it came about that all who saw it said, "Nothing like this has ever happened or been seen from the day when the sons of Israel came up from the land of Egypt to this day. Consider it, take counsel and speak up!" 20:1 ¶ Then all the sons of Israel from Dan to Beersheba, including the land of Gilead, came out, and the congregation assembled as one man to the LORD at Mizpah. 2 And the chiefs of all the people, even of all the tribes of Israel, took their stand in the assembly of the people of God, 400,000 foot soldiers who drew the sword. 3 (Now the sons of Benjamin heard that the sons of Israel had gone up to

이스라엘 자손이 **가로되**
/이 악한 일의 정형을 우리에게 고하라

4 레위 사람(이) **대답하여 가로되**
/곧 여인의 남편이 /내가 — 기브아에 갔더니
/죽임을 당한 /베냐민에 속한
/내 첩으로 더불어

//(목적: ל, to)
유숙하러

5 /사람들이 — 일어나서
/기브아 /나를 치러
밤에 에워싸고
/나의 우거한 집을

//(목적: ל, to)
나를 죽이려 하고

/[그들이] — 내 첩을 욕보여서

//(결과)
그로 죽게 한지라

6 /내가 — 내 첩의 시체를 취하여
쪼개어
온 땅에 보내었노니
/이스라엘 기업의

//이는(이유 כִּי, for)
그들이 — 음행과 망령된 일을 행하였음을 인함이로라
/이스라엘 중에서

7 /이스라엘 자손들아!
너희가 — 다 여기 있은즉
너희의 의견과 방책을 낼지니라

8 모든 백성이 일제히 일어나며 **가로되**
/우리가 — 하나라도 자기 장막으로 돌아가지 아니하며
하나라도 자기 집으로 들어가지 아니하고
9 /우리가 — 기브아 사람에게 이렇게 행하리니
곧
「우리가」 — 제비뽑아서
그들을 치되

에게 고하라 4 레위 사람 곧 죽임을 당한 여인의 남편이
대답하여 가로되 내가 내 첩으로 더불어 베냐민에 속한
기브아에 유숙하러 갔더니 5 기브아 사람들이 나를 치
러 일어나서 밤에 나의 우거한 집을 에워싸고 나를 죽이
려 하고 내 첩을 욕보여서 그로 죽게 한지라 6 내가 내
첩의 시체를 취하여 쪼개어 이스라엘 기업의 온 땅에 보
내었노니 이는 그들이 이스라엘 중에서 음행과 망령된
일을 행하였음을 인함이로라 7 이스라엘 자손들아 너희
가 다 여기 있은즉 너희의 의견과 방책을 낼지니라 8 모
든 백성이 일제히 일어나며 가로되 우리가 하나라도 자
기 장막으로 돌아가지 아니하며 하나라도 자기 집으로
들어가지 아니하고 9 우리가 기브아 사람에게 이렇게

Mizpah.) And the sons of Israel said, "Tell us, how did
this wickedness take place?" 4 So the Levite, the husband
of the woman who was murdered, answered and said,
"I came with my concubine to spend the night at Gibeah
which belongs to Benjamin. 5 "But the men of Gibeah
rose up against me and surrounded the house at night because
of me. They intended to kill me; instead, they ravished
my concubine so that she died. 6 "And I took hold of
my concubine and cut her in pieces and sent her throughout
the land of Israel's inheritance; for they have committed
a lewd and disgraceful act in Israel. 7 "Behold, all you
sons of Israel, give your advice and counsel here." 8 ¶
Then all the people arose as one man, saying, "Not one
of us will go to his tent, nor will any of us return to
his house. 9 "But now this is the thing which we will
do to Gibeah; we will go up against it by lot. 10 "And

샷

10 /우리가 ── 백에 열, 천에 백, 만에 천을 취하고
/이스라엘 모든 지파 중에서
양식을 예비하고
/그 백성을 위하여

//(결과: that...may)
그들로(이)── 베냐민의 기브아에 가서(when)
[그들이] ── 징계하게 하리라(하니라)
/그 무리의 행한 대로
/이스라엘 중에서 망령된 일을

11 이와 같이
모든 사람이 하나같이 **모였더라**
/이스라엘 /합심하여

//(목적 ל, to)
그 성읍을 치려고

12 지파들이 사람들을 보내어 두루 행하며(=보냈다)
/이스라엘 /베냐민 온 지파에
/이르기를(=말하므로)
/너희 중에서 생긴 이 악이 어찜이뇨?
13 /그런즉
[너희는] ── 우리에게 붙여서
/이제 기브아 사람
곧 그 비류를

//(결과: that....may)
우리로 ── 죽여
악을 제하여 버리게 하라 하나
/이스라엘 중에

베냐민 자손이 말을 **듣지 아니하고**
/그 형제 이스라엘 자손의

14 도리어(and)
[그들이] 기브아에 **모이고**
/각 성읍에서

//(목적: ל, to)
나가서
이스라엘 자손과 싸우고자 하니

15 베냐민 자손의(이) ── **수는(=세어졌다)** 26)
/성읍들에서 나온 /칼을 빼는 자가 모두 이만 육천이요
/그 때에

26) ~were numbered..."

행하리니 곧 제비 뽑아서 그들을 치되 **10** 우리가 이스라엘 모든 지파 중에서 백에 열, 천에 백, 만에 천을 취하고 그 백성을 위하여 양식을 예비하고 그들로 베냐민의 기브아에 가서 그 무리의 이스라엘 중에서 망령된 일을 행한 대로 징계하게 하리라 하니라 **11** 이와 같이 이스라엘 모든 사람이 하나 같이 합심하여 그 성읍을 치려고 모였더라 **12** 이스라엘 지파들이 베냐민 온 지파에 사람들을 보내어 두루 행하며 이르기를 너희 중에서 생긴 이 악이 어찜이뇨 **13** 그런즉 이제 기브아 사람 곧 그 비류를 우리에게 붙여서 우리로 죽여 이스라엘 중에 악을 제하여 버리게 하라 하나 베냐민 자손이 그 형제 이스라엘 자손의 말을 듣지 아니하고 **14** 도리어 각 성읍에서 기브아에 모이고 나가서 이스라엘 자손과 싸우고자 하니 **15** 그 때에 성읍들에서 나온 베냐민 자손의 수는 칼을

we will take 10 men out of 100 throughout the tribes of Israel, and 100 out of 1,000, and 1,000 out of 10,000 to supply food for the people, that when they come to Gibeah of Benjamin, they may punish them for all the disgraceful acts that they have committed in Israel." **11** Thus all the men of Israel were gathered against the city, united as one man. **12** ¶ Then the tribes of Israel sent men through the entire tribe of Benjamin, saying, "What is this wickedness that has taken place among you? **13** "Now then, deliver up the men, the worthless fellows in Gibeah, that we may put them to death and remove this wickedness from Israel." But the sons of Benjamin would not listen to the voice of their brothers, the sons of Israel. **14** And the sons of Benjamin gathered from the cities to Gibeah, to go out to battle against the sons of Israel. **15** And from the cities on that day the sons of Benjamin

〈세어졌다〉
/칠백인데
/그 외에 기브아 거민 중 택한 자가

16 칠백 명은 다 **왼손잡이라**
/이 모든 백성 중에서 택한

[각 사람은] 물매로 돌을 **던지면... 자더라(던지는 자더라)**
/호리도 틀림이 없는(=정확히)

17 칼을 빼는 자의(는) — **수는(=세어졌다)**
/이스라엘 사람의 /사십만 명이니
/베냐민 자손 외에

다 ——— **전사라**

18 이스라엘 자손이 –**일어나**
–벧엘에 **올라가서**
–하나님께 **묻자와 가로되**
/누가 — 먼저 올라가서...리이까?
/우리 중에

//(목적: ל, to)
베냐민 자손과 싸우(리이까)

여호와께서 **가라사대**
/유다가 먼저일지니라

19 이스라엘 자손이 아침에 **일어나**
기브아를 대하여 **진을 치니라**

20 사람들이 **나가서**
/이스라엘

//(목적: ל, to)
항오를 벌이고

//(목적: to)
거기서 그들과 싸우고자 하매

21 베냐민 자손이 기브아에서 **나와서**
땅에 **엎드러뜨렸으나**
/이스라엘 사람 이만 이천을
/당일에

빼는 자가 모두 이만 육천이요 그 외에 기브아 거민 중
택한 자가 칠백인데 16 이 모든 백성 중에서 택한 칠백
명은 다 왼손잡이라 물매로 돌을 던지면 호리도 틀림이
없는 자더라 17 베냐민 자손 외에 이스라엘 사람의 칼
을 빼는 자의 수는 사십만 명이니 다 전사라 18 이스라
엘 자손이 일어나 벧엘에 올라가서 하나님께 묻자와 가
로되 우리 중에 누가 먼저 올라가서 베냐민 자손과 싸우
리이까 여호와께서 가라사대 유다가 먼저일지니라 19
이스라엘 자손이 아침에 일어나 기브아를 대하여 진을
치니라 20 이스라엘 사람들이 나가서 항오를 벌이고 거
기서 그들과 싸우고자 하매 21 베냐민 자손이 기브아에
서 나와서 당일에 이스라엘 사람 이만 이천을 땅에 엎드
러뜨렸으나 22 이스라엘 사람들이 스스로 용기를 내어
첫날 항오를 벌였던 곳에 다시 항오를 벌이니라 23 이

were numbered, 26,000 men who draw the sword, besides
the inhabitants of Gibeah who were numbered, 700
choice men. 16 Out of all these people 700 choice
men were left-handed; each one could sling a stone at a
hair and not miss. 17 ¶ Then the men of Israel besides
Benjamin were numbered, 400,000 men who draw
the sword; all these were men of war. 18 Now the sons
of Israel arose, went up to Bethel, and inquired of God,
and said, "Who shall go up first for us to battle against
the sons of Benjamin?" Then the LORD said, "Judah
shall go up first." 19 ¶ So the sons of Israel arose in
the morning and camped against Gibeah. 20 And the
men of Israel went out to battle against Benjamin, and
the men of Israel arrayed for battle against them at
Gibeah. 21 Then the sons of Benjamin came out of
Gibeah and felled to the ground on that day 22,000 men

샷

22 사람들이 스스로 용기를 내어
/이스라엘 /다시 항오를 벌이니라(=벌이는 일에)
/첫날 항오를 벌였던 곳에

23 이스라엘 자손이 **올라가서**
여호와 앞에서 저물도록 **울며**
여호와께 **묻자와 가로되**
/내가 —— 다시 나아가서...리이까?
//(목적: ל, to)
베냐민 자손과 싸우(리이까)
/나의 형제

여호와께서 **가라사대...**하시니라
/올라가서 치라

24 이스라엘 자손이 **나아가매**
/베냐민 자손을 치러(에게)
/그 이튿날에

25 베냐민도 —— 그들을 치러(에게) **나와서**
/그 이튿날에
/기브아에서
다시 땅에 **엎드러뜨렸으니**
/이스라엘 자손 일만 팔천을

다 —— **칼을 빼는 자였더라**

26 이에
모든 백성이 —— **올라가서**
/온 이스라엘 자손

벧엘에 **이르러**
울며
거기서 여호와 앞에 **앉고**
그 날이 저물도록 **금식하고**
번제와 화목제를 **드리고**
/여호와 앞에

27 [그들이] 여호와께 **물으니라**

(그 때에는
하나님의 언약궤가 — **거기 있고**
28 비느하스가 —— 그 앞에 **모셨더라**)
/엘르아살의 아들
/아론의 손자

스라엘 자손이 올라가서 여호와 앞에서 저물도록 울며
여호와께 묻자와 가로되 내가 다시 나아가서 나의 형제
베냐민 자손과 싸우리이까 여호와께서 가라사대 올라가
서 치라 하시니라 24 그 이튿날에 이스라엘 자손이 베
냐민 자손을 치러 나아가매 25 베냐민도 그 이튿날에
기브아에서 그들을 치러 나와서 다시 이스라엘 자손 일
만 팔천을 땅에 엎드러뜨렸으니 다 칼을 빼는 자였더라
26 이에 온 이스라엘 자손 모든 백성이 올라가서 벧엘
에 이르러 울며 거기서 여호와 앞에 앉고 그 날이 저물도
록 금식하고 번제와 화목제를 여호와 앞에 드리고 27
여호와께 물으니라 (그 때에는 하나님의 언약궤가 거기
있고 28 아론의 손자 엘르아살의 아들 비느하스가 그

of Israel. 22 But the people, the men of Israel, encouraged
themselves and arrayed for battle again in the place
where they had arrayed themselves the first day. 23
And the sons of Israel went up and wept before the
LORD until evening, and inquired of the LORD, saying,
"Shall we again draw near for battle against the sons of
my brother Benjamin?" And the LORD said, "Go up against
him." 24 ¶ Then the sons of Israel came against the
sons of Benjamin the second day. 25 And Benjamin
went out against them from Gibeah the second day and felled
to the ground again 18,000 men of the sons of Israel;
all these drew the sword. 26 Then all the sons of Israel
and all the people went up and came to Bethel and wept;
thus they remained there before the LORD and fasted
that day until evening. And they offered burnt offerings
and peace offerings before the LORD. 27 And the sons

이스라엘 자손이 **묻자오되**
/내가 — 다시 나가...(리이까 말리이까)?

//(목적: ל, to)
베냐민 자손과 싸우(리이까 말리이까)[27)]
/나의 형제

여호와께서 **가라사대**
/[너희는] —— 올라가라

//(이유: כִּי, for)
내일은 내가 그를 네 손에 붙이리라

29 이스라엘이 군사를 **매복하니라**
/기브아 사면에

30 이스라엘 자손이 베냐민 자손에게로(치러) **올라가서**
/제 삼 일에
기브아를 대하여 항오를 **벌이매**
/전과 같이

31 베냐민 자손이 **나와서**

//(목적: ל, to)
백성을 맞더니

[그들이] 성읍을 **떠났더라**
/(꾀임에 빠져)

그들이 ┬ 백성을 **쳐서**
/큰 길에서
/곧 한편은 벧엘로 올라가는 길이요
한편은 기브아의 들로 가는 길(에서)

└ 죽이기 **시작하며**
/이스라엘 사람 삼십 명 가량을
/전과 같이

32 [그들이] **스스로 이르기를...** 하나
/이들이 처음과 같이 우리 앞에서 패한다(하나)

이스라엘 자손은 **이르기를**
/우리가 ┬ 도망하여
└ 그들을 큰 길로 꾀어내자 하고
/성읍에서

27) 싸우기 위하여

앞에 모셨더라) 이스라엘 자손이 묻자오되 내가 다시 나
가 나의 형제 베냐민 자손과 싸우리이까 말리이까 여호
와께서 가라사대 올라가라 내일은 내가 그를 네 손에 붙
이리라 29 이스라엘이 기브아 사면에 군사를 매복하니
라 30 이스라엘 자손이 제삼일에 베냐민 자손에게로 치
러 올라가서 전과 같이 기브아를 대하여 항오를 벌이매
31 베냐민 자손이 나와서 백성을 맞더니 꾀임에 빠져
성읍을 떠났더라 그들이 큰 길 곧 한편은 벧엘로 올라가
는 길이요 한편은 기브아의 들로 가는 길에서 백성을 쳐
서 전과 같이 이스라엘 사람 삼십 명 가량을 죽이기 시
작하며 32 스스로 이르기를 이들이 처음과 같이 우리
앞에서 패한다 하나 이스라엘 자손은 이르기를 우리가

of Israel inquired of the LORD (for the ark of the
covenant of God was there in those days, 28 and
Phinehas the son of Eleazar, Aaron's son, stood before
it to minister in those days), saying, "Shall I yet again
go out to battle against the sons of my brother Benjamin,
or shall I cease?" And the LORD said, "Go up, for tomorrow
I will deliver them into your hand." 29 So Israel set
men in ambush around Gibeah. 30 And the sons of
Israel went up against the sons of Benjamin on the third
day and arrayed themselves against Gibeah, as at other times.
31 And the sons of Benjamin went out against the
people and were drawn away from the city, and they
began to strike and kill some of the people, as at other
times, on the highways, one of which goes up to Bethel
and the other to Gibeah, and in the field, about thirty
men of Israel. 32 And the sons of Benjamin said, "They
are struck down before us, as at the first." But the sons
of Israel said, "Let us flee that we may draw them away

삿

33 이스라엘 사람이 /모두(=모든) 그 처소에서 **일어나서**
바알다말에 **항오를 벌였고**

그 복병은 그 처소쏟아져 나왔더라
/ 곧 기브아 초장에서

34 택한 사람 일만이 /온 이스라엘 사람 중에서 기브아에(치매) **이르러**[28]

싸움이 **심히 맹렬하나**
베냐민 사람은 **알지 못하였더라**
/화가 자기에게 미친 줄을

35 여호와께서 베냐민을 **쳐서 파하게 하시매**
/이스라엘 앞에서

이스라엘 자손이 이만 오천일백을 **죽였으니**
/베냐민 사람
/당일에

다 **칼을 빼는 자이었더라**

36 이에
베냐민 자손이 — 자기가 패한 것을 **깨달았으니**

//이는(이유: כִּי, for)
이스라엘 사람이 — 잠깐 베냐민 사람 앞을 피하매(when)
/기브아에 매복한 군사를 믿고

37 복병이
- 급히 나와
- 기브아에 돌입하고
- 나아가며
- 칼날로 온 성읍을 쳤음이더라

38 상약[이] **하기를...** 하고
/이스라엘 사람과 복병 사이에
/처음에
성읍에서 큰 연기가 치미는 것으로 군호를 삼자(하고)

39 이스라엘 사람은 **물러가고**
/싸우다가(=싸우는 중에)

28) 기브아에 대항하여(치매) 이르렀다

도망하여 그들을 성읍에서 큰 길로 꾀어 내자 하고 33
이스라엘 사람이 모두 그 처소에서 일어나서 바알다말
에 항오를 벌였고 그 복병은 그 처소 곧 기브아 초장
(草場)에서 쏟아져 나왔더라 34 온 이스라엘 사람 중
에서 택한 사람 일만이 기브아에 이르러 치매 싸움이
심히 맹렬하나 베냐민 사람은 화가 자기에게 미친 줄을
알지 못하였더라 35 여호와께서 이스라엘 앞에서 베
냐민을 쳐서 파하게 하시매 당일에 이스라엘 자손이 베
냐민 사람 이만 오천 일백을 죽였으니 다 칼을 빼는 자
이었더라 36 이에 베냐민 자손이 자기가 패한 것을 깨
달았으니 이는 이스라엘 사람이 기브아에 매복한 군사
를 믿고 잠간 베냐민 사람 앞을 피하매 37 복병이 급
히 나와 기브아에 돌입하고 나아가며 칼날로 온 성읍을
쳤음이더라 38 처음에 이스라엘 사람과 복병 사이에
상약하기를 성읍에서 큰 연기가 치미는 것으로 군호를
삼자 하고 39 이스라엘 사람은 싸우다가 물러가고 베

from the city to the highways." 33 Then all the men
of Israel arose from their place and arrayed themselves
at Baal-tamar; and the men of Israel in ambush broke
out of their place, even out of Maareh-geba. 34 When
ten thousand choice men from all Israel came against Gibeah,
the battle became fierce; but Benjamin did not know
that disaster was close to them. 35 And the LORD
struck Benjamin before Israel, so that the sons of Israel
destroyed 25,100 men of Benjamin that day, all who
draw the sword. 36 ¶ So the sons of Benjamin saw
that they were defeated. When the men of Israel gave ground
to Benjamin because they relied on the men in ambush whom
they had set against Gibeah, 37 the men in ambush
hurried and rushed against Gibeah; the men in ambush
also deployed and struck all the city with the edge of
the sword. 38 Now the appointed sign between the men
of Israel and the men in ambush was that they should
make a great cloud of smoke rise from the city. 39
Then the men of Israel turned in the battle, and Benjamin
began to strike and kill about thirty men of Israel, for

베냐민 사람은 쳐죽이기를 **시작하며**
/이스라엘 사람 삼십 명 가량을

//(이유: כִּי, for)
[그들이] — 이르기를. . . 하다가
/이들이 정녕 처음 싸움같이 우리에게 패한다(하다가)

40 연기 구름이 성읍 가운데서 일어날 때에(when)
/기둥같이
베냐민 사람이 **돌아보매**
[보라!]
연기가 하늘에 **닿았고**
/온 성읍에

41 이스라엘 사람은 **돌이키는지라**

베냐민 사람이 **심히 놀라**

//(이유: כִּי, for)
화가 자기에게 미친 것을 보고

42 [그들이] 이스라엘 사람 앞에서 **몸을 돌이켜**
/광야 길로 향하(였으나)

군사가 **급히 추격하며**
각 성읍에서 나온 자를 **진멸하니라**
/그 가운데서

43 그들이 베냐민 사람을 **에워쌌더니**
기브아 앞 동편까지 **쫓으며**
그 쉬는 곳에서 **짓밟으매**

44 엎드러진 자가 **일만 팔천이니**
/베냐민 중에서
다 **용사더라**

45 그들이 몸을 **돌이켜**
광야로 **도망하여**
또
이스라엘이 오천 명을 **이삭 줍듯 하고**
/림몬 바위에 이르는 큰 길에서
또
[그들이] 급히 따라 **이르러**
/기돔에(까지)

냐민 사람은 이스라엘 사람 삼십 명 가량을 쳐 죽이기를
시작하며 이르기를 이들이 정녕 처음 싸움같이 우리에
게 패한다 하다가 **40** 연기 구름이 기둥같이 성읍 가운
데서 일어날 때에 베냐민 사람이 돌아보매 온 성읍에 연
기가 하늘에 닿았고 **41** 이스라엘 사람은 돌이키는지라
베냐민 사람이 화가 자기에게 미친 것을 보고 심히 놀라
42 이스라엘 사람 앞에서 몸을 돌이켜 광야 길로 향하
였으나 군사가 급히 추격하며 각 성읍에서 나온 자를 그
가운데서 진멸하니라 **43** 그들이 베냐민 사람을 에워쌌
더니 기브아 앞 동편까지 쫓으며 그 쉬는 곳에서 짓밟으
매 **44** 베냐민 중에서 엎드러진 자가 일만 팔천이니 다
용사더라 **45** 그들이 몸을 돌이켜 광야로 도망하여 림
몬 바위에 이르는 큰 길에서 이스라엘이 또 오천명을 이
삭 줍듯 하고 또 급히 따라 기돔에이르러 또 이천 명을

they said, "Surely they are defeated before us, as in
the first battle." **40** But when the cloud began to rise
from the city in a column of smoke, Benjamin looked behind
them; and behold, the whole city was going up in smoke
to heaven. **41** Then the men of Israel turned, and the
men of Benjamin were terrified; for they saw that disaster
was close to them. **42** Therefore, they turned their backs
before the men of Israel toward the direction of the wilderness,
but the battle overtook them while those who came out
of the cities destroyed them in the midst of them. **43**
They surrounded Benjamin, pursued them without rest
and trod them down opposite Gibeah toward the east.
44 Thus 18,000 men of Benjamin fell; all these were valiant
warriors. **45** The rest turned and fled toward the wilderness
to the rock of Rimmon, but they caught 5,000 of them
on the highways and overtook them at Gidom and killed

삿

또 [그들이]	이천 명을 **죽였으니**
46 엎드러진 것이 /칼을 빼는 자의 /베냐민의	모두 **이만 오천이니** /이 날에
다	**용사더라**
47 육백 명이 /베냐민	**돌이켜**
	광야로 **도망하여... 이르러** /림몬 바위에(이르러, 까지) 거기서 넉 달을 **지내었더라**
48 이스라엘 사람이	베냐민 자손에게로 **돌아와서** 다 **칼날로 치고** /온 성읍과 가축과 만나는 자를 다 **불살랐더라** /닥치는 성읍마다

21

1 사람들이 /이스라엘	미스바에서 **맹세하여 이르기를...** 하였더라 /누구든지 —— 딸을 베냐민 사람에게 주지 아니하리라 /우리 중에 /아내로
2 백성이	벧엘에 **이르러** 하나님 앞에 **앉아서** /거기서 /저녁까지 **대성 통곡하여**
3	**가로되... 하더니** /이스라엘의 하나님 여호와여! 어찌하여 한 지파가 이즈러졌나이까? /오늘날 이스라엘 중에
4 백성이	일찌기 **일어나서** /이튿날에 거기 한 **단을 쌓고** 번제와 화목제를 **드렸더라**

죽였으니 46 이 날에 베냐민의 칼을 빼는 자의 엎드러
진 것이 모두 이만 오천이니 다 용사더라 47 베냐민
육백 명이 돌이켜 광야로 도망하여 림몬 바위에 이르러
거기서 넉 달을 지내었더라 48 이스라엘 사람이 베냐
민 자손에게로 돌아와서 온 성읍과 가축과 만나는 자를
다 칼날로 치고 닥치는 성읍마다 다 불살랐더라

21:1 이스라엘 사람들이 미스바에서 맹세하여 이르
기를 우리 중에 누구든지 딸을 베냐민 사람에게
아내로 주지 아니하리라 하였더라 2 백성이 벧엘에 이
르러 거기서 저녁까지 하나님 앞에 앉아서 대성 통곡하
여 3 가로되 이스라엘의 하나님 여호와여 오늘날 이스
라엘 중에 어찌하여 한 지파가 이즈러졌나이까 하더니
4 이튿날에 백성이 일찌기 일어나서 거기 한 단을 쌓고

2,000 of them. 46 So all of Benjamin who fell that day
were 25,000 men who draw the sword; all these were
valiant warriors. 47 But 600 men turned and fled toward
the wilderness to the rock of Rimmon, and they remained
at the rock of Rimmon four months. 48 The men of
Israel then turned back against the sons of Benjamin and
struck them with the edge of the sword, both the entire
city with the cattle and all that they found; they also set
on fire all the cities which they found.

21:1 ¶ Now the men of Israel had sworn in Mizpah,
saying, "None of us shall give his daughter to Benjamin
in marriage." 2 So the people came to Bethel and sat
there before God until evening, and lifted up their voices
and wept bitterly. 3 And they said, "Why, O LORD,
God of Israel, has this come about in Israel, so that one
tribe should be missing today in Israel?" 4 And it came
about the next day that the people arose early and built
an altar there, and offered burnt offerings and peace offerings.

5 이스라엘 자손이 **가로되...** 하니
/여호와 앞에 올라오지 아니한 자가 누구뇨?
/총회와 함께 하여
/이스라엘 온 지파 중에

//이는(이유: כִּי, for)
그들이 — 크게 맹세하기를...하였음이라
/[그는] — 반드시 죽일 것이라
/여호와 앞에 와서 이르지 아니하는 자는(를)
/미스바에

6 이스라엘 자손이 베냐민을 위하여 **뉘우쳐**
/그 형제
가로되
/오늘날 이스라엘 중에 한 지파가 끊쳤도다
7 /우리가 — 어떻게 하면...하리요
/아내를 얻게
/그 남은 자들에게

//(이유: since)
우리가 전에 여호와로 맹세하여...하였도다
/우리 딸을 그들의 아내로 주지 아니하리라

8 또
[그들이] **가로되...**하고
/여호와께 올라와서 이르지 아니한 자가 누구뇨?
/이스라엘 지파 중
/미스바에

본즉(보라!)
한 사람도 총회에 **참여치 아니하였으니**
/야베스 길르앗에서는
/진에 이르러

9 //(이유: כִּי, for)
백성을 계수할 때에
야베스 길르앗 거민이 하나도 거기 없음을 보았음이라

10 회중이 그리로 **보내며**
/큰 용사 일만 이천을
그들에게 **명하여 가로되...**하였더니
/[너희는] ┬ 가서
└ 칼날로 치라
/야베스 길르앗 거민과
및 부녀와 어린아이를

번제와 화목제를 드렸더라 5 이스라엘 자손이 가로되
이스라엘 온 지파 중에 총회와 함께하여 여호와 앞에 올
라오지 아니한 자가 누구뇨 하니 이는 그들이 크게 맹세
하기를 미스바에 와서 여호와 앞에 이르지 아니하는 자
는 반드시 죽일 것이라 하였음이라 6 이스라엘 자손이
그 형제 베냐민을 위하여 뉘우쳐 가로되 오늘날 이스라
엘 중에 한 지파가 끊쳤도다 7 그 남은 자들에게 우리
가 어떻게 하면 아내를 얻게 하리요 우리가 전에 여호와
로 맹세하여 우리 딸을 그들의 아내로 주지 아니하리라
하였도다 8 또 가로되 이스라엘 지파 중 미스바에 올라
와서 여호와께 이르지 아니한 자가 누구뇨 하고 본즉 야
베스 길르앗에서는 한 사람도 진에 이르러 총회에 참여
치 아니하였으니 9 백성을 계수할 때에 야베스 길르앗
거민이 하나도 거기 없음을 보았음이라 10 회중이 큰
용사 일만 이천을 그리로 보내며 그들에게 명하여 가로
되 가서 야베스 길르앗 거민과 및 부녀와 어린 아이를

5 ¶ Then the sons of Israel said, "Who is there among
all the tribes of Israel who did not come up in the
assembly to the LORD?" For they had taken a great
oath concerning him who did not come up to the LORD
at Mizpah, saying, "He shall surely be put to death."
6 And the sons of Israel were sorry for their brother Benjamin
and said, "One tribe is cut off from Israel today. 7
"What shall we do for wives for those who are left,
since we have sworn by the LORD not to give them
any of our daughters in marriage?" 8 ¶ And they said, "What
one is there of the tribes of Israel who did not come up
to the LORD at Mizpah?" And behold, no one had come
to the camp from Jabesh-gilead to the assembly. 9 For
when the people were numbered, behold, not one of the
inhabitants of Jabesh-gilead was there. 10 And the
congregation sent 12,000 of the valiant warriors there,
and commanded them, saying, "Go and strike the inhabitants
of Jabesh-gilead with the edge of the sword, with the women

11 /너희의 행할 일은—진멸할 것이니라 (하였더니)
/모든 남자와
남자와 잔 여자를

12 그들이 젊은 처녀 사백 인을 **얻었으니**
/야베스 길르앗 거민 중에서

이는 남자를 **알지 못하는 자라**
/아직 남자와 자지 아니하여서

그들이 실로 진으로 **끌어오니라**
이는 **가나안 땅이더라**

13 온 회중이 베냐민 자손에게 **보내어**
/림몬 바위에 있는
평화를 공포하게 **하였더니**

14 베냐민이 **돌아온지라**
/그 때에
이에
이스라엘 사람이 여자를 그들에게 **주었으나**
/야베스 길르앗 여인 중에서 살려둔

[그들이] 오히려 **부족하므로**

15 백성들이 베냐민을 위하여 **뉘우쳤으니**

//이는(이유: כִּי, for)
여호와께서 —— 한 지파가 궐이 나게 하셨음이더라
/이스라엘 지파들 중에

16 회중 장로들이 **가로되**
/베냐민의 여인이 다 멸절되었으니
/이제 어떻게 하여야 아내를 얻게 할꼬
/그 남은 자들에게

17 또
[그들이] **가로되**
/마땅히 기업이 있어야 하리니
/베냐민의 도망하여 면한 자에게

//그리하면(결과)
한 지파가 —— 사라짐이 없으리라
/이스라엘 중에

칼날로 치라 **11** 너희의 행할 일은 모든 남자와 남자와 잔 여자를 진멸할 것이니라 하였더니 **12** 그들이 야베스 길르앗 거민 중에서 젊은 처녀 사백 인을 얻었으니 이는 아직 남자와 자지 아니하여서 남자를 알지 못하는 자라 그들이 실로 진으로 끌어오니라 이는 가나안 땅이더라 **13** 온 회중이 림몬 바위에 있는 베냐민 자손에게 보내어 평화를 공포하게 하였더니 **14** 그 때에 베냐민이 돌아온지라 이에 이스라엘 사람이 야베스 길르앗 여인 중에서 살려둔 여자를 그들에게 주었으나 오히려 부족하므로 **15** 백성들이 베냐민을 위하여 뉘우쳤으니 이는 여호와께서 이스라엘 지파들 중에 한 지파가 궐(闕)이 나게 하셨음이더라 **16** 회중 장로들이 가로되 베냐

and the little ones. **11** "And this is the thing that you shall do: you shall utterly destroy every man and every woman who has lain with a man." **12** And they found among the inhabitants of Jabesh-gilead **400** young virgins who had not known a man by lying with him; and they brought them to the camp at Shiloh, which is in the land of Canaan. **13** ¶ Then the whole congregation sent word and spoke to the sons of Benjamin who were at the rock of Rimmon, and proclaimed peace to them. **14** And Benjamin returned at that time, and they gave them the women whom they had kept alive from the women of Jabesh-gilead; yet they were not enough for them. **15** And the people were sorry for Benjamin because the LORD had made a breach in the tribes of Israel. **16** ¶ Then the elders of the congregation said, "What shall we do for wives for those who are left, since the women are destroyed out of Benjamin?" **17** And they said, "There must be an inheritance for the survivors of Benjamin,

18 /그러나
우리가 ─ 우리의 딸을 주지 못하리니
/그들의 아내로

//이는(이유: כִּי, for)
자손이 ── 맹세하여 이르기를
/이스라엘 /딸을 베냐민에게 아내로
주는 자는 저주를 받으리라
(하였음이로다)

19 또
[그들이] **가로되...**(하고)
/보라!
실로에 매년 여호와의 절기가 있도다(하고)
/벧엘 북편, 르보나 남편
벧엘에서 세겜으로 올라가는 큰 길 동편

20 [그들이] 베냐민 자손에게 **명하여 가로되**
/[너희는] ─ 가서, 포도원에 숨어
21 ─ 보다가(=보라)
/[만일]
실로의 여자들이 무도하러 나오거든(if)
너희는 ─ 포도원에서 나와서
각각 그 아내로 붙들어 가지고
/실로의 딸 중에서
베냐민 땅으로 돌아가라
22 /만일
그 아비나 형제가 와서 우리에게 쟁론하면(if)
우리가 ─ 그에게 말하기를...하겠노라 하매
/청컨대
너희는 ─ 우리에게 은혜를 베풀어
─ 그들을 우리에게 줄지니라

//이는(이유: כִּי, for)
우리가 전쟁할 때에
[우리가] ─ 얻어 주지 못하였고
/그 아내를
/각 사람을 위하여
너희가 ─ 자의로 준 것이 아니니
/그들에게
너희에게 죄가 없을 것임이니라
(하겠노라 하매)

민의 여인이 다 멸절되었으니 이제 그남은 자들에게 어
떻게 하여야 아내를 얻게 할꼬 **17** 또 가로되 베냐민의
도망하여 면한 자에게 마땅히 기업이 있어야 하리니 그
리하면 이스라엘 중에 한 지파가 사라짐이 없으리라
18 그러나 우리가 우리의 딸을 그들의 아내로 주지 못
하리니 이는 이스라엘 자손이 맹세하여 이르기를 딸을
베냐민에게 아내로 주는 자는 저주를 받으리라 하였음
이로다 **19** 또 가로되 보라 벧엘 북편, 르보나 남편 벧
엘에서 세겜으로 올라가는 큰 길 동편 실로에 매년 여호
와의 절기가 있도다 하고 **20** 베냐민 자손에게 명하여
가로되 가서 포도원에 숨어 **21** 보다가 실로의 여자들
이 무도하러 나오거든 너희는 포도원에서 나와서 실로
의 딸 중에서 각각 그 아내로 붙들어 가지고 베냐민 땅
으로 돌아가라 **22** 만일 그 아비나 형제가 와서 우리에
게 쟁론하면 우리가 그에게 말하기를 청컨대 너희는 우
리에게 은혜를 베풀어 그들을 우리에게 줄지니라 이는
우리가 전쟁할 때에 각 사람을 위하여 그 아내를 얻어
주지 못하였고 너희가 자의로 그들에게 준 것이 아니니

that a tribe may not be blotted out from Israel. **18** "But
we cannot give them wives of our daughters." For the
sons of Israel had sworn, saying, "Cursed is he who
gives a wife to Benjamin." **19** ¶ So they said, "Behold,
there is a feast of the LORD from year to year in Shiloh,
which is on the north side of Bethel, on the east side of
the highway that goes up from Bethel to Shechem, and
on the south side of Lebonah." **20** And they commanded
the sons of Benjamin, saying, "Go and lie in wait in
the vineyards, **21** and watch; and behold, if the daughters
of Shiloh come out to take part in the dances, then you
shall come out of the vineyards and each of you shall
catch his wife from the daughters of Shiloh, and go to
the land of Benjamin. **22** "And it shall come about,
when their fathers or their brothers come to complain to
us, that we shall say to them, 'Give them to us voluntarily,
because we did not take for each man of Benjamin a
wife in battle, nor did you give them to them, else you

샷

23 베냐민 자손이	그같이 **행하여**
	아내로 **붙들어 가지고**
	/춤추는 여자 중에서
	/자기들의 수효대로
	자기 기업에 **돌아가서**
	성읍들을 **중건하고**
	거기 **거하니라**
24 이스라엘 자손이	그 곳을 **떠나**
/그 때에	
각각	그 지파, 그 가족에게로 **돌아가되**
곧	
각각	그 곳에서 **나와서**
	자기 기업으로 **돌아갔더라**
25 왕이	이스라엘에 **없으므로**
	/그 때에
사람이	각각 **행하였더라**
	/그 소견에 옳은 대로

너희에게 죄가 없을 것임이니라 하겠노라 하매 23 베
냐민 자손이 그같이 행하여 춤추는 여자 중에서 자기들
의 수효대로 아내로 붙들어 가지고 자기 기업에 돌아가
서 성읍들을 중건하고 거기 거하니라 24 그 때에 이스
라엘 자손이 그 곳을 떠나 각각 그 지파, 그 가족에게로
돌아가되 곧 각각 그곳에서 나와서 자기 기업으로 돌아
갔더라 25 그 때에 이스라엘에 왕이 없으므로 사람이
각각 그 소견에 옳은 대로 행하였더라

would now be guilty.'" 23 And the sons of Benjamin
did so, and took wives according to their number from
those who danced, whom they carried away. And they
went and returned to their inheritance, and rebuilt the
cities and lived in them. 24 And the sons of Israel
departed from there at that time, every man to his tribe
and family, and each one of them went out from there
to his inheritance. 25 ¶ In those days there was no king
in Israel; everyone did what was right in his own eyes.

SBI 구문분석에 의한

룻기

1

1 사사들의 치리하던 때에(설명구)
흉년이 **드니라**
/그 땅에

한 사람이 **데리고 가서**
/베들레헴에 /그[의] 아내와
/유다 /아들[들]을
/두
/[그의]
/우거하였는데(=우거하려고,부정사)
/모압 지방에

2 이름은 **엘리멜렉이요**
/그 사람의

이름은 **나오미요**
/그[의] 아내의

이름은 **말론과 기룐이니**
/아들의 /(동급/설명)에브랏 사람들(이더라)
/두 /유다 베들레헴(=의)
/그[의]

그들이 **들어가서**
/모압 지방에
유하더니
/거기

3 엘리멜렉이 **죽고**
/나오미의 남편

나오미와(가) **남았으며**
/아들[들]이(과)
/두
/그[의]

4 그들은 **취하였는데**
/아내를
/[그들에게]
/모압 여자 중에서

이름은 **오르바요**
/하나의

1:1 사사들의 치리하던 때에 그 땅에 흉년이 드니라
유다 베들레헴에 한 사람이 그 아내와 두 아들을 데
리고 모압 지방에 가서 우거하였는데 2 그 사람의 이름
은 엘리멜렉이요 그 아내의 이름은 나오미요 그 두 아들
의 이름은 말론과 기룐이니 유다 베들레헴 에브랏 사람들
이더라 그들이 모압 지방에 들어가서 거기 유하더니 3
나오미의 남편 엘리멜렉이 죽고 나오미와 그 두 아들이
남았으며 4 그들은 모압 여자 중에서 아내를 취하였는데
하나의 이름은 오르바요 하나의 이름은 룻이더라 거기 거
한 지 십 년 즈음에 5 말론과 기룐 두 사람이 다 죽고

1:1 ¶ Now it came about in the days when the judges
governed, that there was a famine in the land. And
a certain man of Bethlehem in Judah went to sojourn in
the land of Moab with his wife and his two sons. 2
And the name of the man was Elimelech, and the name
of his wife, Naomi; and the names of his two sons were
Mahlon and Chilion, Ephrathites of Bethlehem in Judah.
Now they entered the land of Moab and remained there.
3 Then Elimelech, Naomi's husband, died; and she was
left with her two sons. 4 And they took for themselves
Moabite women as wives; the name of the one was
Orpah and the name of the other Ruth. And they lived
there about ten years. 5 Then both Mahlon and Chilion

이름은 **룻이더라**
/하나의

[그들은] **거한 지(=거하였다)**(설명구)
/거기
/십 년 즈음에(=약 십년 정도)

5 두 사람이 **죽고**
/말론과 기룐 /다(역시)

그 여인은 (뒤에) **남았더라**
/아들과
/[그녀의]
/두
[그녀의] 남편의

6 이에
[그녀가] **일어나**
/두 자부와 함께
[그녀가] **돌아오려 하여**
/모압 지방에서

//(이유: כִּי, for)
그가(=녀가) —— 들었으므로
/모압 지방에 있어서
/여호와께서 — **권고하사**
/자기 백성을
/주셨다함을(=주시면서,부정사)
/양식을
/그들에게

7 [그녀가] **떠나고**
/있던 곳을
/[거기]
/두 자부도
/그와 함께 (하여)

[그들이] **행하다가**
/길을
/돌아오려고(부정사)
/유다 땅으로

8 나오미가 **이르되**
/두 자부에게
/너희는 — 돌아가라
/각각
/집으로
/어미의
/[그녀의]

룻

그 여인은 두 아들과 남편의 뒤에 남았더라 **6** 그가 모
압 지방에 있어서 여호와께서 자기 백성을 권고하사 그
들에게 양식을 주셨다 함을 들었으므로 이에 두 자부와
함께 일어나 모압 지방에서 돌아오려 하여 **7** 있던 곳을
떠나고 두 자부도 그와 함께 하여 유다 땅으로 돌아오려
고 길을 행하다가 **8** 나오미가 두 자부에게 이르되 너희
는 각각 어미의 집으로 돌아가라 너희가 죽은 자와 나를
선대한 것같이 여호와께서 너희를 선대하시기를 원하며
9 여호와께서 너희로 각각 남편의 집에서 평안함을 얻
게 하시기를 원하노라 하고 그들에게 입맞추매 그들이

also died; and the woman was bereft of her two children
and her husband. **6** ¶ Then she arose with her daughters-
in-law that she might return from the land of Moab, for
she had heard in the land of Moab that the LORD had visited
His people in giving them food. **7** So she departed from
the place where she was, and her two daughters-in-law
with her; and they went on the way to return to the land
of Judah. **8** And Naomi said to her two daughters-in-
law, "Go, return each of you to her mother's house.
May the LORD deal kindly with you as you have dealt
with the dead and with me. **9** "May the LORD grant
that you may find rest, each in the house of her husband."

룻

/여호와께서 — 선대하시기를 원하며
/너희를
/너희가 — 선대한 것같이
/죽은 자와 나를

9 /여호와께서 – 하시기를 원하노라 (하고)
/너희로 — 얻게
/평안함을
/집에서
/남편의
/[그녀의]
/각각

[그녀가] **입맞추매**
/그들에게

그들이 **높여**
/[그들의] 소리를
울며

10 [그들이] **이르되**
/나오미에게
/아니니이다
/우리는 — 돌아가겠나이다
/백성에게로
/어머니의
/어머니와 함께

11 나오미가 **가로되**
/내 딸들아!
/[너희는] — 돌아가라
/너희가 — (어찌) 가려느냐?
/나와 함께

//목적(that...may)
아들들 — 오히려 있느냐?
/될 /[네게]
/너희 남편
/나의 태중에

12 /내 딸들아!
/[너희는] — 돌이켜
/[너희는] — 가라
/너희 길로

//이유(כִּי, for)
나는 — 늙었으니
/두지 못할지라(부정사)
/남편을

/가령(만일)
내가 — 말한다든지(조건절, if)
/소망이 있다고(=가지고 있다)

소리를 높여 울며 **10** 나오미에게 이르되 아니니이다 우리는 어머니와 함께 어머니의 백성에게로 돌아가겠나이다 **11** 나오미가 가로되 내 딸들아 돌아가라 너희가 어찌 나와 함께 가려느냐 나의 태중에 너희 남편 될 아들들이 오히려 있느냐 **12** 내 딸들아 돌이켜 너희 길로 가라 나는 늙었으니 남편을 두지 못할지라 가령 내가 소망이 있다고 말한다든지 오늘밤에 남편을 두어서 아들들을 생산한다 하자 **13** 너희가 어찌 그것을 인하여 그들의 자

Then she kissed them, and they lifted up their voices and wept. **10** And they said to her, "No, but we will surely return with you to your people." **11** But Naomi said, "Return, my daughters. Why should you go with me? Have I yet sons in my womb, that they may be your husbands? **12** "Return, my daughters! Go, for I am too old to have a husband. If I said I have hope, if I should even have a husband tonight and also bear sons, **13** would you therefore wait until they were grown? Would you therefore refrain from marrying? No, my daughters;

/[내가] — 두어서
/남편을
/오늘 밤에
/[내게]
/[내가] — 생산한다 하자
/아들들을

13 /너희가 — (어찌) 기다리겠느냐?
/그것을 인하여(=그들을 위하여)
/그들의(=이) —— 자라기를
/[너희가] – (어찌) 멈추겠느냐?
/그것을 인하여(=그들을 위하여)
/두기를(=두는 것을) [않고]
/남편
/내 딸들아!
/그렇지 아니하니라

//(이유: כִּי, for)
[그것이] —— 마음이 아프도다
/더욱
/너희로 인하여
/나는(=나를)

//(이유: כִּי, for)
손이 —— 치셨으므로
/여호와의 /[나를]

14 그들이 **높여**
/[그들의] 소리를
울더니
/다시

오르바는 **입맞추되**
/그[의] 시모에게

룻은 **붙좇았더라**
/그를(=그녀를)

15 또
나오미가 **가로되**
/보라
/네 동서는 – 돌아가나니
/그[녀의] 백성과
그[녀의] 신에게로
/너도 —— 돌아가라
/[너의] 동서를 따라

16 룻이 **가로되**
/[당신은] — 강권하지 마옵소서
/나로(=나를)
/어머니를 떠나며
/어머니를 따르지 말고
/돌아가라

라기를 기다리겠느냐 어찌 그것을 인하여 남편 두기를
멈추겠느냐 내 딸들아 그렇지 아니하니라 여호와의 손이
나를 치셨으므로 나는 너희로 인하여 더욱 마음이 아프
도다 **14** 그들이 소리를 높여 다시 울더니 오르바는 그
시모에게 입맞추되 룻은 그를 붙좇았더라 **15** 나오미가
또 가로되 보라 네 동서는 그 백성과 그 신에게로 돌아
가나니 너도 동서를 따라 돌아가라 **16** 룻이 가로되 나
로 어머니를 떠나며 어머니를 따르지 말고 돌아가라 강
권하지 마옵소서 어머니께서 가시는 곳에 나도 가고 어
머니께서 유숙하시는 곳에서 나도 유숙하겠나이다 어머

for it is harder for me than for you, for the hand of the LORD
has gone forth against me." **14** And they lifted up their
voices and wept again; and Orpah kissed her mother-in-
law, but Ruth clung to her. **15** ¶ Then she said, "Behold,
your sister-in-law has gone back to her people and her
gods; return after your sister-in-law." **16** But Ruth said,
"Do not urge me to leave you or turn back from following
you; for where you go, I will go, and where you lodge,

//(이유: כִּי, for)
나도 —— 가고
/어머니께서 — 가시는 곳에
나도 —— 유숙하겠나이다
/어머니께서 — 유숙하시는 곳에서
백성이 —— 나의 백성이 되고
/어머니의
하나님이 — 나의 하나님이 되시리니
/어머니의

//(이유: 계속)
17 나도 —— 죽어
/어머니께서 죽으시는 곳에서
[나는] —— 거기 장사될 것이라

//(계속되는 이유)
/만일
죽는 일 외에 — 떠나면(=떠난다면,조건절, if)
/어머니와 내가
여호와께서 —— 벌을 내리시고[1)]
/내게
더 내리시기를 원하나이다

18 나오미가 보고(=보았을 때, 상황절,when)
/룻의(=이) —— 굳게 결심함을
/가기로
/자기와 함께
그치니라
/말하기를
/그에게

19 이에
그 두 사람이 **행하여**
/[그들이] —— 이르니라
/베들레헴까지

[그들이] 이를 때에(상황절,when)
/베들레헴에
온 성읍이 **떠들며**
/그들을 인하여
[그들이] **이르기를**(...하는지라)
/이가 —— 나오미냐?

20 나오미가 **이르되**
/그들에게
/[당신들은] —— 칭하지 말고
/나를
/나오미라

1) 여호와께서 벌을 내려주소서.....
더 내려주옵소서

니의 백성이 나의 백성이 되고 어머니의 하나님이 나의
하나님이 되시리니 **17** 어머니께서 죽으시는 곳에서 나
도 죽어 거기 장사될 것이라 만일 내가 죽는 일 외에 어
머니와 떠나면 여호와께서 내게 벌을 내리시고 더 내리
시기를 원하나이다 **18** 나오미가 룻의 자기와 함께 가기
로 굳게 결심함을 보고 그에게 말하기를 그치니라 **19**
이에 그 두 사람이 행하여 베들레헴까지 이르니라 베들
레헴에 이를 때에 온 성읍이 그들을 인하여 떠들며 이르
기를 이가 나오미냐 하는지라 **20** 나오미가 그들에게 이
르되 나를 나오미라 칭하지 말고 마라라 칭하라 이는 전

I will lodge. Your people shall be my people, and your
God, my God. **17** "Where you die, I will die, and
there I will be buried. Thus may the LORD do to me,
and worse, if anything but death parts you and me." **18**
When she saw that she was determined to go with her,
she said no more to her. **19** ¶ So they both went until
they came to Bethlehem. And it came about when they
had come to Bethlehem, that all the city was stirred
because of them, and the women said, "Is this Naomi?"
20 And she said to them, "Do not call me Naomi;
call me Mara, for the Almighty has dealt very bitterly
with me. **21** "I went out full, but the LORD has brought

칭하라
/[네게]
마라라

//이는(이유: כִּי, for)
전능자가 — 괴롭게 하셨음이니라
/나를
/심히

21 /내가 — 나갔더니
/풍족하게
/여호와께서 — 돌아오게 하셨느니라
/나로
/비어
/여호와께서 — 징벌하셨고
/나를
/전능자가 — 괴롭게 하셨거늘(since, 후에)
/나를
/너희가 — 어찌 칭하느뇨(하니라)
/나를
/나오미라

22 나오미가 **돌아왔는데**
/그[의] 자부 모압 여인 룻과 함께
/[돌아오는, 분사]
/모압 지방에서

그들이 **이르렀더라**
/베들레헴에
/보리 추수 시작할 때에

2

1 [나오미는] **있으니(=가지고 있다)**
/[친척으로]
/나오미의 남편(의)
/유력한 자가
/엘리멜렉의 친족 중
[그의] 이름은 **보아스더라**
2 룻이 **이르되**
/모압 여인 /나오미에게
/나로 — 가게 하소서
/밭에
/[제발]
/내가 — 입으면
/은혜를
/뉘게

능자가 나를 심히 괴롭게 하셨음이니라 21 내가 풍족하
게 나갔더니 여호와께서 나로 비어 돌아오게 하셨느니라
여호와께서 나를 징벌하셨고 전능자가 나를 괴롭게 하셨
거늘 너희가 어찌 나를 나오미라 칭하느뇨 하니라 22
나오미가 모압 지방에서 그 자부 모압 여인 룻과 함께
돌아왔는데 그들이 보리 추수 시작할 때에 베들레헴에
이르렀더라

2:1 나오미의 남편 엘리멜렉의 친족 중 유력한 자가
있으니 이름은 보아스더라 2 모압 여인 룻이 나오
미에게 이르되 나로 밭에 가게 하소서 내가 뉘게 은혜를

me back empty. Why do you call me Naomi, since the LORD
has witnessed against me and the Almighty has afflicted
me?" 22 ¶ So Naomi returned, and with her Ruth the
Moabitess, her daughter-in-law, who returned from the
land of Moab. And they came to Bethlehem at the
beginning of barley harvest.

2:1 ¶ Now Naomi had a kinsman of her husband, a
man of great wealth, of the family of Elimelech,
whose name was Boaz. 2 And Ruth the Moabitess said
to Naomi, "Please let me go to the field and glean
among the ears of grain after one in whose sight I may
find favor." And she said to her, "Go, my daughter."

/[내가] —— 이삭을 줍겠나이다
/곡물의]
/그를 따라서

나오미가 **이르되**(...하매)
/그에게(=그녀에게)
/내 딸아!
/[너는] —— 갈지어다

3 룻이 **가서**
[도착해]
이삭을 줍는데
/밭에서
/베는 자를 따라

[그가] **이르렀더라**
/우연히
/밭에
/보아스에게 속한
엘리멜렉의 친족

4 마침
보아스가 **와서**
/베들레헴에서부터
[그가] **이르되**
/베는 자들에게
/여호와께서 — (하시기를 원하노라)
/너희와 함께

그들이 **대답하되**
/[그에게]
/여호와께서 — 복 주시기를 원하나이다
/당신에게

5 보아스가 **이르되**
/사환에게
/[그의]
/거느린(분사)
/베는 자들을
/이는 — 뉘 소녀냐?

6 사환이 **대답하여**
/거느린
/베는 자[들]를
[그가] **가로되**
/이는 —— 모압 소녀인데
/돌아온
/모압 지방에서
/나오미와 함께

입으면 그를 따라서 이삭을 줍겠나이다 나오미가 그에게
이르되 내 딸아 갈지어다 하매 **3** 룻이 가서 베는 자를
따라 밭에서 이삭을 줍는데 우연히 엘리멜렉의 친족 보
아스에게 속한 밭에 이르렀더라 **4** 마침 보아스가 베들
레헴에서부터 와서 베는 자들에게 이르되 여호와께서 너
희와 함께 하시기를 원하노라 그들이 대답하되 여호와께
서 당신에게 복 주시기를 원하나이다 **5** 보아스가 베는
자들을 거느린 사환에게 이르되 이는 뉘 소녀냐 **6** 베는
자를 거느린 사환이 대답하여 가로되 이는 나오미와 함
께 모압 지방에서 돌아온 모압 소녀인데 **7** 그의 말이

3 So she departed and went and gleaned in the field
after the reapers; and she happened to come to the portion
of the field belonging to Boaz, who was of the family
of Elimelech. **4** Now behold, Boaz came from Bethlehem
and said to the reapers, "May the LORD be with you."
And they said to him, "May the LORD bless you." **5**
Then Boaz said to his servant who was in charge of the
reapers, "Whose young woman is this?" **6** And the
servant in charge of the reapers answered and said, "She
is the young Moabite woman who returned with Naomi from
the land of Moab. **7** "And she said, 'Please let me
glean and gather after the reapers among the sheaves.'

7 /그의(=그녀가) — 말이 하였고(=말하였다)
/나로 — 이삭을 줍게 하소서
/[청컨대]
/[내가] — [모으리라]
/단 사이에서
/베는 자를 따라
/[그녀가] ——— 와서는
/[그녀가] ——— 계속하는 중이니이다
/아침부터 지금까지
/쉰(=앉는것) 외에
/잠시 집에서

8 보아스가 **이르되**
/룻에게
/내 딸아!
/[너는] ——— 들으라
/[너는] ——— 가지 말며
/이삭을 주우러(부정사)
/다른 밭으로
/[너는] ——— 떠나지 말고
/여기서
/[너는] ——— 있으라
/[여기에]
/나의 소녀들과 함께

9 /[네가] ——— 보고
/밭을
/그들의(=이) 베는
/[너는] ——— 따르라
/그들을
/내가 ——— 명하여...하였느니라
/그 소년들에게
/[그들이] 건드리지 말라
/너를

/[네가] ——— 목이 마르거든(when,상황절)
[너는] ——— 가서
——— 마실지니라
/그릇에
/길어 온 것을
/소년들의

10 룻이 **엎드려**
/[그녀의 얼굴을]
절하며
/땅에
이르되
/그에게
/나는 ——이방 여인이어늘

룻

나로 베는 자를 따라 단 사이에서 이삭을 줍게 하소서
하였고 아침부터 와서는 잠시 집에서 쉰 외에 지금까지
계속하는 중이니이다 **8** 보아스가 룻에게 이르되 내 딸
아 들으라 이삭을 주우러 다른 밭으로 가지 말며 여기서
떠나지 말고 나의 소녀들과 함께 있으라 **9** 그들의 베는
밭을 보고 그들을 따르라 내가 그 소년들에게 명하여 너
를 건드리지 말라 하였느니라 목이 마르거든 그릇에 가
서 소년들의 길어 온 것을 마실지니라 **10** 룻이 땅에
엎드려 절하며 그에게 이르되 나는 이방 여인이어늘 당
신이 어찌하여 내게 은혜를 베푸시며 나를 돌아보시나이

Thus she came and has remained from the morning until
now; she has been sitting in the house for a little while."
8 ¶ Then Boaz said to Ruth, "Listen carefully, my daughter.
Do not go to glean in another field; furthermore, do not
go on from this one, but stay here with my maids. **9**
"Let your eyes be on the field which they reap, and go
after them. Indeed, I have commanded the servants not
to touch you. When you are thirsty, go to the water jars
and drink from what the servants draw." **10** Then she
fell on her face, bowing to the ground and said to him, "Why
have I found favor in your sight that you should take
notice of me, since I am a foreigner?" **11** And Boaz

/내게 —— 어찌하여 베푸시며
/은혜를
/당신이(=의 눈으로)
/돌아보시나이까(부정사)
/나를

11 보아스가 **대답하여**
가로되
/그에게(=그녀에게)
/분명히(부정사)
/그것이 —— 들렸느니라
/내게
/모든 것과
/네가 — 행한
/[너의] 시모에게
/네 남편이 죽은 후로
/[네가] — 떠나
/네 부모와 고국을
/[네가] — 온 일이
/백성에게로
/전에 알지 못하던

12 /여호와께서 —— 보응하시기를 원하며
/네 행한 일을
/여호와께서 —— 상 주시기를 원하노라
/하나님 /온전한
/이스라엘의 /네게(가) — 온(것을)
/보호를 받으러
/그 날개 아래

13 룻이 **가로되**
/내 주여
내가 —— 입기를 원하나이다
/은혜
/당신께(=의 얼굴로)

//(이유: כִּי, for)
나는 —— 못하오나
/하나와 같지
/당신의 시녀의
당신이 — 위로하시고
/이 시녀를
[당신은] — 말씀을 하셨나이다
/마음을 기쁘게 하는
/[당신 시녀의]

룻

까 11 보아스가 그에게 대답하여 가로되 네 남편이 죽
은 후로 네가 시모에게 행한 모든 것과 네 부모와 고국을
떠나 전에 알지 못하던 백성에게로 온 일이 내게 분명히
들렸느니라 12 여호와께서 네 행한 일을 보응하시기를
원하며 이스라엘의 하나님 여호와께서 그 날개 아래 보
호를 받으러 온 네게 온전한 상 주시기를 원하노라 13
룻이 가로되 내 주여 내가 당신께 은혜 입기를 원하나이
다 나는 당신의 시녀의 하나와 같지 못하오나 당신이 이
시녀를 위로하시고 마음을 기쁘게 하는 말씀을 하셨나이
다 14 식사할 때에 보아스가 룻에게 이르되 이리로 와

answered and said to her, "All that you have done for your mother-in-law after the death of your husband has been fully reported to me, and how you left your father and your mother and the land of your birth, and came to a people that you did not previously know.
12 "May the LORD reward your work, and your wages be full from the LORD, the God of Israel, under whose wings you have come to seek refuge."
13 Then she said, "I have found favor in your sight, my lord, for you have comforted me and indeed have spoken kindly to your maidservant, though I am not like one of your maidservants."
14 ¶ And at mealtime Boaz said to her, "Come here, that you may eat of the bread and dip your piece of bread in the vinegar." So she sat beside the reapers; and

14 보아스가 **이르되**
/룻에게
/식사할 때에
/[너는] —— 와서
/이리로
/[너는] —— 먹으며
/떡을
/[너는] —— 찍으라
/네 떡 조각을
/초에

룻이 **앉으니**
/곁에
/곡식 베는 자

그가 **주매**
/볶은 곡식을
/[그녀에게]

룻이 —— **먹고**
—— **배불리(=만족시켰다)**

[그것이] **남았더라**

15 룻이 일어날 때에(상황절,when)
/이삭을 주우러

보아스가 **명하여**(...하니라)
/자기 소년들에게
/가로되(=말하면서, 부정사)
/그로(=그녀가) — 줍게 하고
/곡식 단 사이에서
/[너희는] —— 책망하지 말며
/[그녀를]

또
16 /[너희는] — 뽑아
/[의도적으로]
/조금씩
/줌에서
/그를 위하여
/[너희는] — 버려서
/그로(=그녀가) — 줍게 하고
/[너희는] —— 꾸짖지 말라
/[그녀를]

17 룻이 **줍고**
/밭에서
/저녁까지

[그녀가] **떠니**
/[그녀가] —— 그 주운 것을

보리가 **되는지라**
/한 에바쯤

룻

서 떡을 먹으며 네 떡 조각을 초에 찍으라 룻이 곡식 베
는 자 곁에 앉으니 그가 볶은 곡식을 주매 룻이 배불리
먹고 남았더라 15 룻이 이삭을 주우러 일어날 때에 보
아스가 자기 소년들에게 명하여 가로되 그로 곡식 단 사
이에서 줍게 하고 책망하지 말며 16 또 그를 위하여
줌에서 조금씩 뽑아 버려서 그로 줍게 하고 꾸짖지 말라
하니라 17 룻이 밭에서 저녁까지 줍고 그 주운 것을
떠니 보리가 한 에바쯤 되는지라 18 그것을 가지고 성

he served her roasted grain, and she ate and was satisfied
and had some left. 15 When she rose to glean, Boaz
commanded his servants, saying, "Let her glean even among
the sheaves, and do not insult her. 16 "And also you
shall purposely pull out for her some grain from the
bundles and leave it that she may glean, and do not
rebuke her." 17 ¶ So she gleaned in the field until
evening. Then she beat out what she had gleaned, and
it was about an ephah of barley. 18 And she took it
up and went into the city, and her mother-in-law saw

룻

18 [그녀가] **가지고**
/그것을
[그녀가] **들어가서**
/성읍에
[그녀가] **보이고**
/[그녀의] 시모에게
/[그녀가] ──그 주운 것을
[그녀가] **내어**
[그녀가] **드리매**
/시모에게
/[그녀가] ── 먹고
/그 배불리
/[그녀가] ── 남긴 것을

19 [그녀의] 시모가 **이르되**
/그에게
/[너는] ──── 어디서 주웠느냐?
/오늘
/[너는] ──── 어디서 일을 하였느냐?
/[그가] ──── 복이 있기를 원하노라
/너를 돌아본 (자에게)

룻이 **알게 하여**
/[그녀의] 시모에게
/[그녀가] ── 일한 것을
/누구에게서
가로되
/이름은 ──── 보아스니이다
/사람의
/[나로] ─ 일하게 한
/오늘
/[그와 함께]

20 나오미가 **이르되**
/[그녀의] 자부에게
/복이 있기를 원하노라(분사)
/여호와의
/그에게
/그가 ───베풀기를 그치지 아니하도다
/[그의] 은혜
/생존한 자와
사망한 자에게

나오미가 **이르되**
/그에게(=그녀에게)
/그 사람은 ──근족이니
/우리의
──하나이니라
/우리 기업을 무를 자 중

읍에 들어가서 시모에게 그 주운 것을 보이고 그 배불리
먹고 남긴 것을 내어 시모에게 드리매 **19** 시모가 그에
게 이르되 오늘 어디서 주웠느냐 어디서 일을 하였느냐
너를 돌아본 자에게 복이 있기를 원하노라 룻이 누구에
게서 일한 것을 시모에게 알게 하여 가로되 오늘 일하게
한 사람의 이름은 보아스니이다 **20** 나오미가 자부에게
이르되 여호와의 복이 그에게 있기를 원하노라 그가 생
존한 자와 사망한 자에게 은혜 베풀기를 그치지 아니하
도다 나오미가 또 그에게 이르되 그 사람은 우리의 근족
이니 우리 기업을 무를 자 중 하나이니라 **21** 모압 여

what she had gleaned. She also took it out and gave
Naomi what she had left after she was satisfied. **19**
Her mother-in-law then said to her, "Where did you
glean today and where did you work? May he who took
notice of you be blessed." So she told her mother-in-
law with whom she had worked and said, "The name
of the man with whom I worked today is Boaz." **20**
And Naomi said to her daughter-in-law, "May he be blessed
of the LORD who has not withdrawn his kindness to
the living and to the dead." Again Naomi said to her,
"The man is our relative, he is one of our closest relatives."
21 Then Ruth the Moabitess said, "Furthermore, he

21 또
룻이 가로되
/모압 여인 /그가 ── 이르기를
/내게
/너는 ── 가까이 있으라(하더이다)
/내 소년들에게
/[그들이] ─ 마치기까지
/다
/내 추수를

22 나오미가 이르되
/[그녀의] 자부 룻에게
/내 딸아
/좋으니라
/너는 ── 나가고
/그 소녀들과 함께
/[그들이] ─ 만나지 아니하는 것이
/사람을
/다른
/밭에서

23 이에
룻이 가까이 있어서
/소녀들에게
/보아스의
[그녀가] 거하니라
/그[녀의] 시모와 함께
/이삭을 주우며
/보리 추수와
밀 추수를 마치기까지

3

1 나오미가 이르되
/룻의 시모 /그에게(=그녀에게)
/내 딸아!
/내가 ─── 구하여
/안식할 곳을
/너를 위하여
/[그것이] ── 복되게 하여야 하지 않겠느냐?
/너로

2 /보아스는 ── 우리의 친족이 아니냐?
/시녀들을 둔
/네가── 함께 하던
/그가 ─── 까불리라
/보리를
/타작 마당에서
/오늘 밤에

인 룻이 가로되 그가 내게 또 이르기를 내 추수를 다 마
치기까지 너는 내 소년들에게 가까이 있으라 하더이다
22 나오미가 자부 룻에게 이르되 내 딸아 너는 그 소녀
들과 함께 나가고 다른 밭에서 사람을 만나지 아니하는
것이 좋으니라 23 이에 룻이 보아스의 소녀들에게 가
까이 있어서 보리 추수와 밀 추수를 마치기까지 이삭을
주우며 그 시모와 함께 거하니라
3:1 룻의 시모 나오미가 그에게 이르되 내 딸아 내가
너를 위하여 안식할 곳을 구하여 너로 복되게 하여
야 하지 않겠느냐 2 네가 함께 하던 시녀들을 둔 보아스

said to me, 'You should stay close to my servants until
they have finished all my harvest.'" 22 And Naomi
said to Ruth her daughter-in-law, "It is good, my daughter,
that you go out with his maids, lest others fall upon you
in another field." 23 So she stayed close by the maids
of Boaz in order to glean until the end of the barley
harvest and the wheat harvest. And she lived with her mother-
in-law.
3:1 ¶ Then Naomi her mother-in-law said to her, "My
daughter, shall I not seek security for you, that it
may be well with you? 2 "And now is not Boaz our kinsman,
with whose maids you were? Behold, he winnows barley

룻

3 그런즉
/너는 —— 목욕하고
/[너는] —— 기름을 바르고
/[너는] —— 입고
/[너의] 의복을
/[너는] —— 내려가서
/타작 마당에
/[너는] —— 보이지 말고
/그에게
/(그 사람이) — 다하기까지는
/먹고(=먹기를,부정사)
마시기를(부정사)

4 /그가 —— 누울 때에(상황절,when)
/너는 —— 알았다가
/곳을
/그(=가) 눕는
/[너는] —— 들어가서
/[너는] —— 이불을 들고
/발치
/그[의]
/[너는] —— 거기 누우라
/그가 —— 고하리라
/네게
/너의 할 일을

5 룻이 **이르되...**(하니라)
/시모에게
/다
/어머니의 말씀대로(=당신이 말한대로)
/[나에게]
/내가 —— 행하리이다

6 그[녀]가 **내려가서**
/타작 마당으로
[그녀가] **하니라**
/[그녀의] 시모의 명대로 다

7 보아스가 **먹고**
[그가] **마시고**
[그가] 즐거워서(=즐거웠을 때, 상황절, when)
/[그의] 마음이
[그가] **가서**
/눕는지라(부정사)
/곁에
/노적가리

는 우리의 친족이 아니냐 그가 오늘 밤에 타작 마당에서
보리를 까불리라 **3** 그런즉 너는 목욕하고 기름을 바르고
의복을 입고 타작 마당에 내려가서 그 사람이 먹고 마시
기를 다하기까지는 그에게 보이지 말고 **4** 그가 누울 때
에 너는 그 눕는 곳을 알았다가 들어 가서 그 발치 이불
을 들고 거기 누우라 그가 너의 할 일을 네게 고하리라
5 룻이 시모에게 이르되 어머니의 말씀대로 내가 다 행
하리이다 하니라 **6** 그가 타작 마당으로 내려가서 시모의
명대로 다 하니라 **7** 보아스가 먹고 마시고 마음이 즐거
워서 가서 노적가리 곁에 눕는지라 룻이 가만히 가서 그

at the threshing floor tonight. **3** "Wash yourself therefore,
and anoint yourself and put on your best clothes, and
go down to the threshing floor; but do not make yourself
known to the man until he has finished eating and
drinking. **4** "And it shall be when he lies down, that
you shall notice the place where he lies, and you shall
go and uncover his feet and lie down; then he will tell
you what you shall do." **5** And she said to her, "All
that you say I will do." **6** ¶ So she went down to the threshing
floor and did according to all that her mother-in-law had
commanded her. **7** When Boaz had eaten and drunk and
his heart was merry, he went to lie down at the end of
the heap of grain; and she came secretly, and uncovered
his feet and lay down. **8** And it happened in the middle

룻이 **가서**
/가만히
[그녀가] **이불을 들고**
/그[의] 발치
[그녀가] **거기 누웠더라**

8 그 사람이 **놀라**
/밤중에
[그가] **몸을 돌이켜**

본즉(=보라)
한 여인이 **누웠는지라**
/자기 발치에

9 [그가] **가로되**
/네가 —— 누구뇨?
[그녀가] **대답하되**
/나는 —— 룻이오니
/당신의 시녀
/[당신은] — 덮으소서
/시녀를
/옷자락으로
/당신의

//(이유: כִּי, for)
당신은 —— 됨이니이다
/우리 기업을 무를 자가

10 [그가] **가로되**
/내 딸아!
/여호와께서 —복 주시기를 원하노라
/네게
/네가 ——— 좇지 아니하였으니
/연소한 자를
/빈부를 물론하고
/[너의] 인애가 —— 나중이 더하도다
/너의(=가) 베푼 /처음보다

11 /[그러므로 이제]
내 딸아!
[너는] —— 두려워 말라
/다(=모두)
/내가 —— 행하리라
/네게
/네 말대로

//(이유: כִּי, for)

발치 이불을 들고 거기 누웠더라 **8** 밤중에 그 사람이 놀라 몸을 돌이켜 본즉 한 여인이 자기 발치에 누웠는지라 **9** 가로되 네가 누구뇨 대답하되 나는 당신의 시녀 룻이오니 당신의 옷자락으로 시녀를 덮으소서 당신은 우리 기업을 무를 자가 됨이니이다 **10** 가로되 내 딸아 여호와께서 네게 복주시기를 원하노라 네가 빈부를 물론하고 연소한 자를 좇지 아니하였으니 너의 베푼 인애가 처음보다 나중이 더하도다 **11** 내 딸아 두려워말라 내가 네 말대로 네게 다 행하리라 네가 현숙한 여자인 줄 나의 성읍 백성이 다 아느니라 **12** 참으로 나는 네 기업을 무

of the night that the man was startled and bent forward; and behold, a woman was lying at his feet. **9** And he said, "Who are you?" And she answered, "I am Ruth your maid. So spread your covering over your maid, for you are a close relative." **10** Then he said, "May you be blessed of the LORD, my daughter. You have shown your last kindness to be better than the first by not going after young men, whether poor or rich. **11** "And now, my daughter, do not fear. I will do for you whatever you ask, for all my people in the city know that you are a woman of excellence. **12** "And now it is true I am a close relative; however, there is a relative closer

//(이유: כִּי, for)
백성이 ─── 아느니라(=알기 때문이다)
/나의 /네가 현숙한 여자인 줄
/성읍(=의)
/다(=모든)

12 /[그러므로 이제]
[그것은] ── 참으로[이다]
/나는 ┬ (네) 기업을 무를 자나
└ 더 가까운 친족이 있으니
/무를 자가 나보다

13 /[너는] ── (여기서) 머무르라
/이 밤에
/[만일, אִם]
그가 ─── 이행하려 하면(조건절,if)
/아침에
/(기업 무를 자의 책임을) 네게
/좋으니
/그가 ─── 행할 것이니라
/그 기업 무를 자의 책임을
/만일(אִם)
그가 ─── 이행코자 아니하면(조건절,if)
/기업 무를 자의 책임을
/네게
/내가 ─── 행하리라
/기업 무를 자의 책임을
/네게
/<내가>여호와의 사심으로 맹세하노니
/[너는] ─── 누울지니라
/아침까지

14 룻이 **누웠다가**
/발치에
/그[의]
/새벽까지
[그녀가] **일어났으니**
/어려울 때에
/사람이 ── 알아보기
/피차
보아스의(=가) **말에(=말했다)** ..(하였음이라)
/사람이 알지 못하여야 할 것이라
/여인이 ─ 들어온 것을
/타작 마당에

15 보아스가 **가로되**
/[너는] ─ 가져다가
/네 겉옷을
/[너는] ─ 펴서 잡으라
/[그것을]

룻

를 자나 무를 자가 나보다 더 가까운 친족이 있으니 **13** 이 밤에 여기서 머무르라 아침에 그가 기업 무를 자의 책임을 네게 이행하려 하면 좋으니 그가 그 기업 무를 자의 책임을 행할 것이니라 만일 그가 기업 무를 자의 책임을 네게 이행코자 아니하면 여호와의 사심으로 맹세하노니 내가 기업 무를 자의 책임을 네게 행하리라 아침까지 누울지니라 **14** 룻이 새벽까지 그 발치에 누웠다가 사람이 피차 알아보기 어려울 때에 일어났으니 보아스의 말에 여인이 타작 마당에 들어온 것을 사람이 알지 못하여야 할 것이라 하였음이라 **15** 보아스가 가로되 네 겉옷을

than I. **13** "Remain this night, and when morning comes, if he will redeem you, good; let him redeem you. But if he does not wish to redeem you, then I will redeem you, as the LORD lives. Lie down until morning." **14** ¶ So she lay at his feet until morning and rose before one could recognize another; and he said, "Let it not be known that the woman came to the threshing floor." **15** Again he said, "Give me the cloak that is on you and hold it." So she held it, and he measured six measures of barley and laid it on her. Then she went into the city.

[그녀가] **펴서 잡으니**
/[그것을]

[그가] **되어(=측정하다)**
/보리를
/여섯 번
[그가] **이워주고**
/룻에게
[그가] **들어가니라**
/성으로

16 룻이 **이르니**
/[그녀의] 시모에게
그[녀]가 **가로되**
/내 딸아!
/[너는] — 어떻게 되었느냐?

룻이 **고하고**
/[시모에게]
/다
/그 사람의(=이) — 행한 것을
/자기에게

17 [그녀가] **가로되**
/그가 — 주며
/이 보리를
/여섯 번 되어
/내게

//(이유: כִּי, for)
[그가] — 이르기를...(하더이다)
/[내게]
/[너는] — 가지 말라
/네 시모에게
/빈손으로

18 이에
시모가 **가로되**
/내 딸아!
/[너는] — 가만히 앉아 있으라
/[너는] — 알기까지
/이 사건이 어떻게 되는 것을

//(이유: כִּי, for)
그 사람이 — 쉬지 아니하리라
/[그가] — 성취하기 전에는
/이 일을
/오늘날

가져다가 펴서 잡으라 펴서 잡으니 보리를 여섯 번 되어 룻에게 이워 주고 성으로 들어가니라 **16** 룻이 시모에게 이르니 그가 가로되 내 딸아 어떻게 되었느냐 룻이 그 사람의 자기에게 행한 것을 다 고하고 **17** 가로되 그가 내게 이 보리를 여섯 번 되어 주며 이르기를 빈 손으로 네 시모에게 가지말라 하더이다 **18** 이에 시모가 가로되 내 딸아 이 사건이 어떻게 되는 것을 알기까지 가만히 앉아 있으라 그 사람이 오늘날 이 일을 성취하기 전에는 쉬지 아니하리라

16 And when she came to her mother-in-law, she said, "How did it go, my daughter?" And she told her all that the man had done for her. **17** And she said, "These six measures of barley he gave to me, for he said, 'Do not go to your mother-in-law empty-handed.'" **18** Then she said, "Wait, my daughter, until you know how the matter turns out; for the man will not rest until he has settled it today."

룻

4

1 보아스가 **올라가서**
/성문에
[그가] **앉았더니**
/거기
/마침

기업 무를 자가 **지나는지라**(분사)
/보아스의 말하던

보아스가 **이르되**
/(그에게)
/아무여!
[너는] —— 와서
/이리로
[너는] —— 앉으라
그가 **와서**
앉으매

2 보아스가 **청하여**
/성읍 장로 십 인을
[그가] **가로되**
/당신들은 — 앉으라
/여기
그들이 **앉으매**

3 보아스가 **이르되**
/그 기업 무를 자에게
/나오미가 —— 관할하므로
/돌아온 /소유지를
/모압 지방에서 /우리 형제 엘리멜렉의

4 /내가 ——고하여 알게 하려
/네게
/하였노라(=말하면서, 부정사)
/[네가] —— (그것을) 사라고
/여기 앉은 자들과
/장로들 앞에서
/내 백성의
/[만일, אִם]
네가 —— 무르려면(조건절, if)
[네가] —— 무르려니와

/[만일, אִם]
네[그]가 — 무르지 아니하려거든(조건절, if)
[네가] ——고하여
/내게
/[내가] ——알게 하라

4:1 보아스가 성문에 올라가서 거기 앉았더니 마침
보아스의 말하던 기업 무를 자가 지나는지라 보아스
가 그에게 이르되 아무여 이리로 와서 앉으라 그가 와서
앉으매 2 보아스가 성읍 장로 십 인을 청하여 가로되 당
신들은 여기 앉으라 그들이 앉으매 3 보아스가 그 기업
무를 자에게 이르되 모압 지방에서 돌아온 나오미가 우
리 형제 엘리멜렉의 소유지를 관할하므로 4 내가 여기
앉은 자들과 내 백성의 장로들 앞에서 그것을 사라고 네
게 고하여 알게 하려 하였노라 네가 무르려면 무르려니
와 네가 무르지 아니하려거든 내게 고하여 알게 하라 네

4:1 ¶ Now Boaz went up to the gate and sat down
there, and behold, the close relative of whom Boaz spoke
was passing by, so he said, "Turn aside, friend, sit down
here." And he turned aside and sat down. 2 And he
took ten men of the elders of the city and said, "Sit
down here." So they sat down. 3 Then he said to the
closest relative, "Naomi, who has come back from the
land of Moab, has to sell the piece of land which belonged
to our brother Elimelech. 4 "So I thought to inform
you, saying, 'Buy it before those who are sitting here,
and before the elders of my people. If you will redeem
it, redeem it; but if not, tell me that I may know; for
there is no one but you to redeem it, and I am after
you.'" And he said, "I will redeem it." 5 Then Boaz

//(이유; כִּי, for)
네 다음은 — 나요
그 외에는 — 무를 자가 없느니라

그가 **가로되**
/내가 — 무르리라

5 보아스가 **가로되**
/(네가) 날에
/사는
/그 밭을
/나오미의 손에서
/곧(동급/설명)
[네가] — 사서
/룻에게서
/모압 여인
/죽은 자의 아내

//(목적; in order to)
잇게 하여야 할지니라
/그 죽은 자의 기업을
/그 이름으로

6 그 기업 무를 자가 **가로되**
/나는 — 무르지 못하노니
/나를 위하여
/[내가] — 손해가 있을까 (하여)
/내 기업에
/네가 — 취하라
/나의 무를 권리를
/[너를 위하여]
/나는 — 무르지 못하겠노라

7 /사람이 — 벗어
/그[의] 신을
/모든 것을
/확정하기 위하여
/교환하는 일을
/무르거나
/옛적 이스라엘 중에
/[그가] — 주더니
/그 이웃에게
/이것이 — 된지라
/증명하는 전례가
/이스라엘의

8 이에
그 기업 무를 자가 **이르되**
/보아스에게
/네가 — 사라 (하고)
/너를 위하여

룻

다음은 나요 그 외에는 무를 자가 없느니라 그가 가로대
내가 무르리라 5 보아스가 가로되 네가 나오미의 손에
서 그 밭을 사는 날에 곧 죽은 자의 아내 모압 여인 룻에
게서 사서 그 죽은 자의 기업을 그 이름으로 잇게 하여
야 할지니라 6 그 기업 무를 자가 가로되 나는 내 기업
에 손해가 있을까 하여 나를 위하여 무르지 못하노니 나
의 무를 권리를 네가 취하라 나는 무르지 못하겠노라 7
옛적 이스라엘 중에 모든 것을 무르거나 교환하는 일을
확정하기 위하여 사람이 그 신을 벗어 그 이웃에게 주더
니 이것이 이스라엘의 증명하는 전례가 된지라 8 이에

said, "On the day you buy the field from the hand of Naomi, you must also acquire Ruth the Moabitess, the widow of the deceased, in order to raise up the name of the deceased on his inheritance."
6 And the closest relative said, "I cannot redeem it for myself, lest I jeopardize my own inheritance. Redeem it for yourself; you may have my right of redemption, for I cannot redeem it."
7 ¶ Now this was the custom in former times in Israel concerning the redemption and the exchange of land to confirm any matter: a man removed his sandal and gave it to another; and this was the manner of attestation in Israel.
8 So the closest relative said to Boaz, "Buy it for yourself." And he removed

룻

[그가] **벗는지라**
/그[의] 신을

9 보아스가 **이르되**
/장로들과
모든 백성에게
/너희가 ── 증인이 되었고
/오늘날
/내가 ─산 일에
/나오미의 손에서
/모든 것을
/말론에게 있던
[그리고]
/[모든 것을]
/기룐과(=에게 있던)
엘리멜렉과

10 /또
[내가] ─ (사서) 취하고
/나의 아내로
/말론의 아내 모압 여인 룻을

//(목적: 부정사)
잇게 하여(=일어서게 하려고, 부정사)
/기업을
/그 죽은 자의
/그 이름으로

//(목적; so that...may)
그 이름이 ─ 끊어지지 않게 함에
/그 형제 중과
/그 곳 성문에서

/너희가 ──증인이 되었느니라
/오늘날

11 장로들이 **가로되**
백성과
/모든
/성문에 있는
/(우리가) 증인이 되노니
/여호와께서 ─ 하시고(=만들다)
/여인으로
/네 집에 들어가는
/라헬, 레아 같게
두 사람과
/이스라엘 집을 세운
/너로 ── 유력하고
/에브랏에서
/[너가] ── 유명케 하시기를 원하며
/베들레헴에서

그 기업 무를 자가 보아스에게 이르되 네가 너를 위하여
사라하고 그 신을 벗는지라 9 보아스가 장로들과 모든
백성에게 이르되 내가 엘리멜렉과 기룐과 말론에게 있던
모든 것을 나오미의 손에서 산 일에 너희가 오늘날 증인
이 되었고 10 또 말론의 아내 모압 여인 룻을 사서 나
의 아내로 취하고 그 죽은 자의 기업을 그 이름으로 잇게
하여 그 이름이 그 형제 중과 그곳 성문에서 끊어지지 않
게 함에 너희가 오늘날 증인이 되었느니라 11 성문에
있는 모든 백성과 장로들이 가로되 우리가 증인이 되노
니 여호와께서 네 집에 들어가는 여인으로 이스라엘 집

his sandal. 9 Then Boaz said to the elders and all the
people, "You are witnesses today that I have bought
from the hand of Naomi all that belonged to Elimelech
and all that belonged to Chilion and Mahlon. 10 "Moreover,
I have acquired Ruth the Moabitess, the widow of Mahlon,
to be my wife in order to raise up the name of the
deceased on his inheritance, so that the name of the deceased
may not be cut off from his brothers or from the court
of his birth place; you are witnesses today." 11 And
all the people who were in the court, and the elders,
said, "We are witnesses. May the LORD make the
woman who is coming into your home like Rachel and Leah,
both of whom built the house of Israel; and may you
achieve wealth in Ephrathah and become famous in

12 /여호와께서 —— 주사
/후사를
/네게
/이 소년 여자로
/[그가] ——— 하시기를 원하노라
/집과 같게
/베레스의
/다말이 — 낳아준
/유다에게
/네 집으로

13 이에
보아스가 **취하여**
/룻을
[그가] **삼고**
/[그의] 아내를
[그가] **동침하였더니**
/그와
여호와께서 **그로 잉태케 하시므로**
그[녀]가 **낳은지라**
/아들을

14 여인들이 **이르되**
/나오미에게
/찬송할지로다(분사)
/[여호와를]
/여호와께서 —— 없게 아니하셨도다
/기업 무를 자가
/네게
/오늘날
/이름이 ——— 유명하게 되기를 원하노라
/이 아이의 /이스라엘 중에

15 /이는 ——— 회복자며
/네 생명의
/[네게]
/봉양자라(=이면서, 부정사)
/네 노년의

//곧(이유: כִּי, for)
[너의 자부가] — 사랑하며
/너를
자부가 ——— 낳은 자로다
/귀한
/일곱 아들보다
/[네게]

룻

을 세운 라헬, 레아 두 사람과 같게 하시고 너로 에브랏
에서 유력하고 베들레헴에서 유명케 하시기를 원하며
12 여호와께서 이 소년 여자로 네게 후사를 주사 네 집
으로 다말이 유다에게 낳아준 베레스의 집과 같게 하시
기를 원하노라 13 이에 보아스가 룻을 취하여 아내를
삼고 그와 동침하였더니 여호와께서 그로 잉태케 하시므
로 그가 아들을 낳은지라 14 여인들이 나오미에게 이르
되 찬송할지로다 여호와께서 오늘날 네게 기업 무를 자
가 없게 아니하셨도다 이 아이의 이름이 이스라엘 중에
유명하게 되기를 원하노라 15 이는 네 생명의 회복자며

Bethlehem. 12 "Moreover, may your house be like the
house of Perez whom Tamar bore to Judah, through the
offspring which the LORD shall give you by this young
woman." 13 ¶ So Boaz took Ruth, and she became his wife,
and he went in to her. And the LORD enabled her to conceive,
and she gave birth to a son. 14 Then the women said
to Naomi, "Blessed is the LORD who has not left you
without a redeemer today, and may his name become famous
in Israel. 15 "May he also be to you a restorer of life
and a sustainer of your old age; for your daughter-in-
law, who loves you and is better to you than seven sons,
has given birth to him." 16 Then Naomi took the child

16 나오미가 **취하여**
/아기를
품고
/[그녀의] 품에
양육자가 되니
/그의

17 그 이웃 여인들이 **주되**
/이름을
/그에게
/하여(=말하며, 분사)
/나오미가 아들을 낳았다

[그들이] **하였는데**
/그[의] 이름을
/오벳이라
그는 **아비였더라**
/이새의
/아비인
/다윗의

18 세계는 **이러하니라**
/베레스의
베레스는 **낳았고**
/헤스론을

19 헤스론은 **낳았고**
/람을
람은 **낳았고**
/암미나답을

20 암미나답은 **낳았고**
/나손을
나손은 **낳았고**
/살몬을

21 살몬은 **낳았고**
/보아스를
보아스는 **낳았고**
/오벳을

22 오벳은 **낳았고**
/이새를
이새는 **낳았더라**
/다윗을

네 노년의 봉양자라 곧 너를 사랑하며 일곱 아들보다 귀
한 자부가 낳은 자로다 16 나오미가 아기를 취하여 품
에 품고 그의 양육자가 되니 17 그 이웃 여인들이 그에
게 이름을 주되 나오미가 아들을 낳았다 하여 그 이름을
오벳이라 하였는데 그는 다윗의 아비인 이새의 아비였더
라 18 베레스의 세계는 이러하니라 베레스는 헤스론을
낳았고 19 헤스론은 람을 낳았고 람은 암미나답을 낳았
고 20 암미나답은 나손을 낳았고 나손은 살몬을 낳았고
21 살몬은 보아스를 낳았고 보아스는 오벳을 낳았고
22 오벳은 이새를 낳았고 이새는 다윗을 낳았더라

and laid him in her lap, and became his nurse. 17 And
the neighbor women gave him a name, saying, "A son
has been born to Naomi!" So they named him Obed.
He is the father of Jesse, the father of David. 18 Now
these are the generations of Perez: to Perez was born Hezron,
19 and to Hezron was born Ram, and to Ram, Amminadab,
20 and to Amminadab was born Nahshon, and to
Nahshon, Salmon, 21 and to Salmon was born Boaz,
and to Boaz, Obed, 22 and to Obed was born Jesse,
and to Jesse, David.

SBI 구문분석에 의한

사무엘상

사무엘상

1

1 엘가나라 하는 자가 **있으니**
/에브라임 사람 /에브라임 산지 라마다임소빔에

그는 여로함의 **아들이요**
엘리후의 **손자요**
도후의 **증손이요**
숩의 **현손이더라**

2 두 아내가 그에게 **있으니**

이름은 **한나요**
/하나의
이름은 **브닌나라**
/하나의

브닌나는 **자식이 있고**
한나는 **무자하더라**

3 이 사람이 실로에 **올라가서**
/자기 성읍에서 나와서(from)
/매년에

//(목적: לְ, to)
만군의 여호와께 경배하며
제사를 드렸는데

홉니와
비느하스가 **거기 있었더라**
/엘리의 두 아들 /여호와의 제사장으로

4 엘가나가 제사를 드리는 날에는(when)
[그가] 제물의 분깃을 **주고**
/그 아내 브닌나와
그 모든 자녀에게

5 [그가] 한나에게는 갑절을 **주니**

//이는(이유: כִּי, for)
[그가] —그를 사랑함이라

그러나
여호와께서 그로 **성태치 못하게 하시니**

1:1 에브라임 산지 라마다임소빔에 에브라임 사람 엘
가나라 하는 자가 있으니 그는 여로함의 아들이요 엘
리후의 손자요 도후의 증손이요 숩의 현손이더라 2 그에
게 두 아내가 있으니 하나의 이름은 한나요 하나의 이름
은 브닌나라 브닌나는 자식이 있고 한나는 무자(無子)하
더라 3 이 사람이 매년에 자기 성읍에서 나와서 실로에
올라가서 만군의 여호와께 경배하며 제사를 드렸는데 엘
리의 두 아들 홉니와 비느하스가 여호와의 제사장으로 거
기 있었더라 4 엘가나가 제사를 드리는 날에는 제물의
분깃을 그 아내 브닌나와 그 모든 자녀에게 주고 5 한나
에게는 갑절을 주니 이는 그를 사랑함이라 그러나 여호와
께서 그로 성태치 못하게 하시니 6 여호와께서 그로 성

1:1 Now there was a certain man from Ramathaim-zophim
from the hill country of Ephraim, and his name was
Elkanah the son of Jeroham, the son of Elihu, the son
of Tohu, the son of Zuph, an Ephraimite. 2 And he had
two wives: the name of one was Hannah and the name
of the other Peninnah; and Peninnah had children, but Hannah
had no children. 3 Now this man would go up from his
city yearly to worship and to sacrifice to the LORD of
hosts in Shiloh. And the two sons of Eli, Hophni and Phinehas
were priests to the LORD there. 4 And when the day
came that Elkanah sacrificed, he would give portions to
Peninnah his wife and to all her sons and her daughters;
5 but to Hannah he would give a double portion, for
he loved Hannah, but the LORD had closed her womb.

6 브닌나가 그를 심히 **격동하여... 하더라**
/그 대적 /번민케

//(이유: כִּי, for)
여호와께서 — 그로 성태치 못하게 하시므로

7 한나가 여호와의 집에 올라갈 때마다
/매년에
남편이 그같이 **하매**

브닌나가 그를 **격동시키므로**
그가 **울고**
먹지 아니하니

8 엘가나가 그에게 **이르되**
/그 남편 /한나여!
어찌하여(why) 울며?
어찌하여(why) 먹지 아니하며?
어찌하여(why) 그대의 마음이 슬프뇨?
내가 —— 그대에게 낫지 아니하뇨?
/열 아들보다

9 그들이 실로에서 먹고 마신 후에(after)
한나가 **일어나니**

때에(and)
엘리는 그 의자에 **앉았더라**
/제사장 /여호와의 전 문설주 곁

10 한나가 마음이 **괴로워서**
여호와께 **기도하고**
통곡하며
11 **서원하여**
가로되
/만군의 여호와여!
만일(אִם)
[당신이] ── 고통을 돌아 보시고
/주의 여종의
나를 생각하시고
주의 여종을 잊지 아니하사
아들을 주시면(if)
내가 ── 그를 여호와께 드리고
/그의 평생에
삭도를 대지 아니하겠나이다
/그 머리에

태치 못하게 하시므로 그 대적 브닌나가 그를 심히 격동
하여 번민케 하더라 **7** 매년에 한나가 여호와의 집에 올
라갈 때마다 남편이 그같이 하매 브닌나가 그를 격동시
키므로 그가 울고 먹지 아니하니 **8** 그 남편 엘가나가
그에게 이르되 한나여 어찌하여 울며 어찌하여 먹지 아
니하며 어찌하여 그대의 마음이 슬프뇨 내가 그대에게
열아들보다 낫지 아니하뇨 **9** 그들이 실로에서 먹고 마
신 후에 한나가 일어나니 때에 제사장 엘리는 여호와의
전 문설주 곁 그 의자에 앉았더라 **10** 한나가 마음이
괴로와서 여호와께 기도하고 통곡하며 **11** 서원하여 가
로되 만군의 여호와여 만일 주의 여종의 고통을 돌아보
시고 나를 생각하시고 주의 여종을 잊지 아니하사 아들
을 주시면 내가 그의 평생에 그를 여호와께 드리고 삭도
를 그 머리에 대지 아니하겠나이다 **12** 그가 여호와 앞

6 Her rival, however, would provoke her bitterly to
irritate her, because the LORD had closed her womb. **7**
And it happened year after year, as often as she went
up to the house of the LORD, she would provoke her,
so she wept and would not eat. **8** Then Elkanah her
husband said to her, "Hannah, why do you weep and
why do you not eat and why is your heart sad? Am I
not better to you than ten sons?" **9** ¶ Then Hannah rose
after eating and drinking in Shiloh. Now Eli the priest
was sitting on the seat by the doorpost of the temple of
the LORD. **10** And she, greatly distressed, prayed to
the LORD and wept bitterly. **11** And she made a vow
and said, "O LORD of hosts, if Thou wilt indeed look
on the affliction of Thy maidservant and remember me,

12 그가 오래 기도하는 동안에(as)
/여호와 앞에
엘리가 그의 입을 **주목한즉**

13 한나가 속으로 **말하매**
입술만 **동하고**
음성은 **들리지 아니하므로**

엘리는 그가 취한 줄로 **생각한지라**

14 엘리가 그에게 **이르되**
/네가 언제까지 취하여 있겠느냐?
[너는] —— 포도주를 끊으라

15 한나가 **대답하여**
가로되
/나의 주여!
그렇지 아니하니이다
/나는 —— 마음이 슬픈 여자라
— 포도주나 독주를 마신 것이 아니요
— 나의 심정을 통한것 뿐이오니
/여호와 앞에
16 /[당신은] — 당신의 여종을 여기지 마옵소서
/악한 여자로
/내가 —— 지금까지 말한 것은

//(이유: כִּי, for)
나의 원통함과 ┐
격동됨이 ———— 많음을 인함이니이다

17 엘리가 **대답하여**
가로되
/[너는] — 평안히 가라
/[내가] — 원하노라
/하나님이 —— 구한 것을 허락하시기를
/이스라엘의 /너의 기도하여

18 [한나가] **가로되** ...하고
/여종이 —— 당신께 은혜 입기를 원하나이다
/당신의

가서
먹고
얼굴에 다시는 **수색이 없으니라**

에 오래 기도하는 동안에 엘리가 그의 입을 주목한즉
13 한나가 속으로 말하매 입술만 동하고 음성은 들리지
아니하므로 엘리는 그가 취한 줄로 생각한지라 **14** 엘리
가 그에게 이르되 네가 언제까지 취하여 있겠느냐 포도
주를 끊으라 **15** 한나가 대답하여 가로되 나의 주여 그
렇지 아니하니이다 나는 마음이 슬픈 여자라 포도주나
독주를 마신 것이 아니요 여호와 앞에 나의 심정을 통한
것뿐이오니 **16** 당신의 여종을 악한 여자로 여기지 마옵
소서 내가 지금까지 말한 것은 나의 원통함과 격동됨이
많음을 인함이니이다 **17** 엘리가 대답하여 가로되 평안
히 가라 이스라엘의 하나님이 너의 기도하여 구한 것을
허락하시기를 원하노라 **18** 가로되 당신의 여종이 당신
께 은혜 입기를 원하나이다 하고 가서 먹고 얼굴에 다시
는 수색이 없으니라 **19** 그들이 아침에 일찌기 일어나

and not forget Thy maidservant, but wilt give Thy
maidservant a son, then I will give him to the LORD
all the days of his life, and a razor shall never come on
his head." **12** ¶ Now it came about, as she continued praying
before the LORD, that Eli was watching her mouth. **13**
As for Hannah, she was speaking in her heart, only her
lips were moving, but her voice was not heard. So Eli thought
she was drunk. **14** Then Eli said to her, "How long
will you make yourself drunk? Put away your wine from
you." **15** But Hannah answered and said, "No, my
lord, I am a woman oppressed in spirit; I have drunk
neither wine nor strong drink, but I have poured out my
soul before the LORD. **16** "Do not consider your
maidservant as a worthless woman; for I have spoken
until now out of my great concern and provocation."
17 Then Eli answered and said, "Go in peace; and
may the God of Israel grant your petition that you have asked
of Him." **18** And she said, "Let your maidservant find

19 그들이　　아침에 일찌기 **일어나**
여호와 앞에 **경배하고**
돌아가서
라마의 자기 집에 **이르니라**

엘가나가　　그 아내 한나와 **동침하매**
여호와께서　　그를 **생각하신지라**

20 한나가　　**잉태하고**
아들을 **낳아**
/때가 이르매
사무엘이라 **이름하였으니**

//이는(이유: כִּי, for)
내가 — 여호와께 그를 구하였다 함이더라

21 엘가나와
/그 사람
그 온 집이　　여호와께 올라갈 때에(when)

//(목적: לְ, to)
매년제와 그 서원제를 드리러

22 오직(but)
한나는　　**올라가지 아니하고**
그 남편에게 **이르되**
/아이를 젖 떼거든(as soon as)
내가 ┬ 그를 데리고 가서
├ 여호와 앞에 뵈게 하고
└ 거기 영영히 있게 하리이다

23 엘가나가　　그에게 **이르되**
/그 남편　　/[당신은] ┬ 선한 대로 하여
/그대의 소견에
└ 그를 젖 떼기까지 기다리라
/여호와께서 — 오직 이루시기를 원하노라
/그 말씀대로

이에
그 여자가　　그 아들을 **양육하며**
그 젖 떼기까지 **기다리다가**

24 [그녀가]　　젖을 뗀 후에(when)
그를 **데리고 올라갈새**
가지고
/수소 셋과
가루 한 에바와
포도주 한 가죽부대를

삼상

여호와 앞에 경배하고 돌아가서 라마의 자기 집에 이르
니라 엘가나가 그 아내 한나와 동침하매 여호와께서 그
를 생각하신지라 **20** 한나가 잉태하고 때가 이르매 아들
을 낳아 사무엘이라 이름하였으니 이는 내가 여호와께
그를 구하였다 함이더라 **21** 그 사람 엘가나와 그 온 집
이 여호와께 매년제와 그 서원제를 드리러 올라갈 때에
22 오직 한나는 올라가지 아니하고 그 남편에게 이르되
아이를 젖 떼거든 내가 그를 데리고 가서 여호와 앞에
뵈게 하고 거기 영영히 있게 하리이다 **23** 그 남편 엘가
나가 그에게 이르되 그대의 소견에 선한 대로하여 그를
젖 떼기까지 기다리라 오직 여호와께서 그 말씀대로 이
루시기를 원하노라 이에 그 여자가 그 아들을 양육하며
그 젖 떼기까지 기다리다가 **24** 젖을 뗀 후에 그를 데리
고 올라갈새 수소 셋과 가루 한 에바와 포도주 한 가죽

favor in your sight." So the woman went her way and
ate, and her face was no longer sad. **19** ¶ Then they
arose early in the morning and worshiped before the
LORD, and returned again to their house in Ramah. And
Elkanah had relations with Hannah his wife, and the
LORD remembered her. **20** And it came about in due
time, after Hannah had conceived, that she gave birth to
a son; and she named him Samuel, saying, "Because I
have asked him of the LORD." **21** ¶ Then the man
Elkanah went up with all his household to offer to the LORD
the yearly sacrifice and pay his vow. **22** But Hannah
did not go up, for she said to her husband, "I will not
go up until the child is weaned; then I will bring him,
that he may appear before the LORD and stay there forever."
23 And Elkanah her husband said to her, "Do what
seems best to you. Remain until you have weaned him;

실로 여호와의 집에 **나아갔는데**

아이가 **어리더라**

25 그들이 수소를 **잡고**
아이를 **데리고**
엘리에게 **가서**

26 한나가 **가로되**
/나의 주여!
당신의 사심으로 맹세하나이다
/나는 — 여기서 서서(=서있었던) 여자라
/나의 주 당신 곁에
/여호와께 기도하던(=기도하면서)
27 /내가 — 기도하였더니
/이 아이를 위하여
/여호와께서 — 허락하신지라
/나의 구하여 기도한 바를
28 /그러므로
나도 — 그를 여호와께 드리되
여호와께 드리나이다 하고
/그의 평생을

그 아이는 거기서 여호와께 **경배하니라**

2

1 한나가 **기도하여**
가로되
/내 마음이 — 즐거워하며
/여호와를 인하여
/내 뿔이 — 높아졌으며
/여호와를 인하여
/내 입이 — 크게 열렸으니
/내 원수들을 향하여

//이는(이유: כִּי, for)
내가— 기뻐함이니이다
/주의 구원을 인하여
2 /거룩하신 이가 없으시니
/여호와와 같이
/다른 이가 — 이는(참으로) 주 밖에 없고

부대를 가지고 실로 여호와의 집에 나아갔는데 아이가 어리더라 **25** 그들이 수소를 잡고 아이를 데리고 엘리에게 가서 **26** 한나가 가로되 나의 주여 당신의 사심으로 맹세하나이다 나는 여기서 나의 주 당신 곁에 서서 여호와께 기도하던 여자라 **27** 이 아이를 위하여 내가 기도하였더니 여호와께서 나의 구하여 기도한 바를 허락하신지라 **28** 그러므로 나도 그를 여호와께 드리되 그의 평생을 여호와께 드리나이다 하고 그 아이는 거기서 여호와께 경배하니라

2:1 한나가 기도하여 가로되 내 마음이 여호와를 인하여 즐거워 하며 내 뿔이 여호와를 인하여 높아졌으며 내 입이 내 원수들을 향하여 크게 열렸으니 이는 내가 주의 구원을 인하여 기뻐함이니이다 **2** 여호와와 같이 거룩하신 이가 없으시니 이는 주 밖에 다른 이가 없고 우리

only may the LORD confirm His word." So the woman remained and nursed her son until she weaned him. **24** Now when she had weaned him, she took him up with her, with a three-year-old bull and one ephah of flour and a jug of wine, and brought him to the house of the LORD in Shiloh, although the child was young. **25** Then they slaughtered the bull, and brought the boy to Eli. **26** And she said, "Oh, my lord! As your soul lives, my lord, I am the woman who stood here beside you, praying to the LORD. **27** "For this boy I prayed, and the LORD has given me my petition which I asked of Him. **28** "So I have also dedicated him to the LORD; as long as he lives he is dedicated to the LORD." And he worshiped the LORD there.

2:1 ¶ Then Hannah prayed and said, "My heart exults in the LORD; My horn is exalted in the LORD, My mouth speaks boldly against my enemies, Because I rejoice in Thy salvation. **2** "There is no one holy like

/반석도 —— 없으심이니이다
/우리 하나님 같은
3 /[너희는] —— 다시 하지 말 것이며
/심히 교만한 말을
너희 입에서 내지 말지어다
/오만한 말을

//(이유: כִּי, for)
여호와는 —— 지식의 하나님이시라
행동을 달아보시느니라

4 /용사의 활은 —— 꺾이고
넘어진 자는 —— 힘으로 띠를 띠도다
5 /유족하던 자들은 – 양식을 위하여 품을 팔고
주리던 자들은 – 다시 주리지 않도다
/전에 잉태치 못하던 자는 – 일곱을 낳았고
많은 자녀를 둔 자는 – 쇠약하도다
6 /여호와는 —— 죽이기도 하시고
살리기도 하시며
음부에 내리게도 하시고
올리기도 하시는도다
7 /여호와는 —— 가난하게도 하시고
부하게도 하시며
낮추기도 하시고
높이기도 하시는도다
8 가난한 자를 일으키시며
/진토에서
빈핍한 자를 드사
/거름더미에서

//(목적: לְ, to)
귀족들과 함께 앉게 하시며
영광의 위를 차지하게 하시는도다

/기둥들은 —— 여호와의 것이라
/땅의
/여호와께서 —— 세계를 그 위에 세우셨도다
9 /그가 —— 지키실 것이요
/그 거룩한 자들의 발을
악인으로 잠잠케 하시리니
/흑암 중에서

//(이유: כִּי, for)

하나님 같은 반석도 없으심이니이다 3 심히 교만한 말을 다시 하지 말 것이며 오만한 말을 너희 입에서 내지 말지어다 여호와는 지식의 하나님이시라 행동을 달아보시느니라 4 용사의 활은 꺾이고 넘어진 자는 힘으로 띠를 띠도다 5 유족하던 자들은 양식을 위하여 품을 팔고 주리던 자들은 다시 주리지 않도다 전에 잉태치 못하던 자는 일곱을 낳았고 많은 자녀를 둔 자는 쇠약하도다 6 여호와는 죽이기도 하시고 살리기도 하시며 음부에 내리게도 하시고 올리기도 하시는도다 7 여호와는 가난하게도 하시고 부하게도 하시며 낮추기도 하시고 높이기도 하시는도다 8 가난한 자를 진토에서 일으키시며 빈핍한 자를 거름더미에서 드사 귀족들과 함께 앉게 하시며 영광의 위를 차지하게 하시는도다 땅의 기둥들은 여호와의 것이라 여호와께서 세계를 그 위에 세우셨도다 9 그가 그 거룩한 자들의 발을 지키실 것이요 악인으로 흑암 중에서 잠잠케 하시리니 힘으로는 이길 사람이 없음이로다

the LORD, Indeed, there is no one besides Thee, Nor is there any rock like our God. 3 "Boast no more so very proudly, Do not let arrogance come out of your mouth; For the LORD is a God of knowledge, And with Him actions are weighed. 4 "The bows of the mighty are shattered, But the feeble gird on strength. 5 "Those who were full hire themselves out for bread, But those who were hungry cease to hunger. Even the barren gives birth to seven, But she who has many children languishes. 6 "The LORD kills and makes alive; He brings down to Sheol and raises up. 7 "The LORD makes poor and rich; He brings low, He also exalts. 8 "He raises the poor from the dust, He lifts the needy from the ash heap To make them sit with nobles, And inherit a seat of honor; For the pillars of the earth are the LORDS, And He set the world on them. 9 "He keeps the feet of His godly ones, But

//(이유: כִּי, for)
이길 사람이 없음이로다
/힘으로는

10 /대적하는 자는 — 산산이 깨어질 것이라
/여호와를
/[그가] — 하늘 우뢰로 그들을 치시리로다
/여호와께서 ┬ 땅 끝까지 심판을 베푸시고
├ 자기 왕에게 힘을 주시며
└ 뿔을 높이시리로다 (하니라)
/자기의 기름 부음을 받은 자의

11 엘가나는 라마의 자기 집으로 **돌아가고**
그 아이는 여호와를 **섬기니라**
/제사장 엘리 앞에서

12 아들들은 **불량자라**
/엘리의
여호와를 **알지 아니하더라**

13 습관은 **이러하니**
/그 제사장들이 백성에게 행하는

곧
아무 사람이 제사를 **드리고**
그 고기를 삶을 때에(while)
사환이 손에 세살 갈고리를 **가지고 와서**
/제사장의
14 그것으로 **찔러 넣어서**
/남비에나 솥에나 큰 솥에나 가마에

제사장이 자기 것으로 **취하되**
/갈고리에 걸려 나오는 것은(을)

[그들이] 실로에서 **이같이 할뿐 아니라**
/무릇 그곳에 온 이스라엘 사람에게

15 [그들이] 기름을 태우기 전에도(before)
사환이 **와서**
/제사장의

제사 드리는 사람에게 **이르기를**...하다가
/[너는] — 고기를 내라
/제사장에게 구워 드릴
/그가 ┬ 네게 삶은 고기를 원치 아니하고
└ 날 것을 원하신다

삼상

10 여호와를 대적하는 자는 산산이 깨어질 것이라 하늘 우뢰로 그들을 치시리로다 여호와께서 땅끝까지 심판을 베푸시고 자기 왕에 게 힘을 주시며 자기의 기름 부음을 받은 자의 뿔을 높이시리로다 하니라 **11** 엘가나는 라마의 자기 집으로 돌아가고 그 아이는 제사장 엘리 앞에서 여호와를 섬기니라 **12** 엘리의 아들들은 불량자라 여호와를 알지 아니하더라 **13** 그 제사장들이 백성에게 행하는 습관은 이러하니 곧 아무 사람이 제사를 드리고 그 고기를 삶을 때에 제사장의 사환이 손에 세살 갈고리를 가지고 와서 **14** 그것으로 남비에나 솥에나 큰 솥에나 가마에 찔러 넣어서 갈고리에 걸려 나오는 것은 제사장이 자기 것으로 취하되 실로에서 무릇 그곳에 온 이스라엘 사람에게 이같이 할 뿐 아니라 **15** 기름을 태우기 전에도 제사장의 사환이 와서 제사 드리는 사람에게 이르

the wicked ones are silenced in darkness; For not by might shall a man prevail. **10** "Those who contend with the LORD will be shattered; Against them He will thunder in the heavens, The LORD will judge the ends of the earth; And He will give strength to His king, And will exalt the horn of His anointed." **11** ¶ Then Elkanah went to his home at Ramah. But the boy ministered to the LORD before Eli the priest. **12** ¶ Now the sons of Eli were worthless men; they did not know the LORD **13** and the custom of the priests with the people. When any man was offering a sacrifice, the priest's servant would come while the meat was boiling, with a three-pronged fork in his hand. **14** Then he would thrust it into the pan, or kettle, or caldron, or pot; all that the fork brought up the priest would take for himself. Thus they did in Shiloh to all the Israelites who came there.

16 [만일]
그 사람이 이르기를 하면(if)
/[너는] ─┬ 반드시 먼저 기름을 태운 후에
└ 네 마음에 원하는 대로 취하라

그가 **말하기를** ...하였으니
/아니라 지금 내게 내라
/그렇지 아니하면
내가 ── 억지로 빼앗으리라

17 죄가 여호와 앞에 심히 **큰은**
/이 소년들의

//(이유: כִּי, for)
그들이 ─ 멸시함이었더라
/여호와의 제사를

18 사무엘이 어렸을 때에(when)
세마포 에봇을 **입고**
여호와 앞에 **섬겼더라**

19 그 어미가 그 남편과 함께 올라갈 때마다(when)
/매년제를 드리러
작은 겉옷을 **지어다가**
그에게 **주었더니**

20 엘리가 엘가나와 그 아내에게 **축복하여**
가로되 ...하였더니
/여호와께서 ─┬ 네게 후사를 주사
/이 여인으로 말미암아
└ 아들을 대신하게 하시기를 원하노라[1)]
/이가 여호와께 간구하여 얻어 드린

그들이 그 집으로 **돌아가매**
21 여호와께서 한나를 **권고하사**
그로 **잉태하여**
세 아들과 두 딸을 **낳게 하셨고**

아이 사무엘은 여호와 앞에서 **자라니라**

22 엘리가 매우 **늙었더니**

삼상

1) 대신하게 하소서

기를 제사장에게 구워 드릴 고기를 내라 그가 네게 삶은
고기를 원치 아니하고 날것을 원하신다 하다가 **16** 그
사람이 이르기를 반드시 먼저 기름을 태운 후에 네 마음
에 원하는 대로 취하라 하면 그가 말하기를 아니라 지금
내게 내라 그렇지 아니하면 내가 억지로 빼앗으리라 하
였으니 **17** 이 소년들의 죄가 여호와 앞에 심히 큰은 그
들이 여호와의 제사를 멸시함이었더라 **18** 사무엘이 어
렸을 때에 세마포 에봇을 입고 여호와 앞에 섬겨더라
19 그 어미가 매년제를 드리러 그 남편과 함께 올라갈
때마다 작은 겉옷을 지어다가 그에게 주었더니 **20** 엘리
가 엘가나와 그 아내에게 축복하여 가로되 여호와께서
이 여인으로 말미암아 네게 후사를 주사 이가 여호와께
간구하여 얻어 드린 아들을 대신하게 하시기를 원하노라
하였더니 그들이 그 집으로 돌아가매 **21** 여호와께서 한
나를 권고하사 그로 잉태하여 세 아들과 두 딸을 낳게
하셨고 아이 사무엘은 여호와 앞에서 자라니라 **22** 엘리

15 Also, before they burned the fat, the priest's servant
would come and say to the man who was sacrificing,
"Give the priest meat for roasting, as he will not take
boiled meat from you, only raw." **16** And if the man
said to him, "They must surely burn the fat first, and
then take as much as you desire," then he would say,
"No, but you shall give it to me now; and if not, I will
take it by force." **17** Thus the sin of the young men
was very great before the LORD, for the men despised
the offering of the LORD. **18** ¶ Now Samuel was ministering
before the LORD, as a boy wearing a linen ephod. **19**
And his mother would make him a little robe and bring
it to him from year to year when she would come up
with her husband to offer the yearly sacrifice. **20** Then
Eli would bless Elkanah and his wife and say, "May the
LORD give you children from this woman in place of
the one she dedicated to the LORD." And they went to
their own home. **21** And the LORD visited Hannah;
and she conceived and gave birth to three sons and two
daughters. And the boy Samuel grew before the LORD.

듣고
/그 아들들이 온 이스라엘에게 행한 모든 일과
[그들이]—— 여인과 동침하였음을
/회막문에서 수종드는

23 [그가] 그들에게 **이르되**
/너희가 어찌하여 이런 일을 하느냐?
/내가 —— 너희의 악행을 듣노라
/이 모든 백성에게서

24 /내 아들아!
[너희는] —— 그리 말라

//(이유: כִּי, for)
소문이 좋지 아니하니라
/내게 들리는

/너희가 — 범과케 하는도다
/여호와의 백성으로

25 /[만일](אִם)
사람이 —— 사람에게 범죄하면(if)
하나님이 — 판결하시려니와

/[만일](אִם)
사람이 —— 여호와께 범죄하면(if)
누가 —— 위하여 간구하겠느냐? (하되)

그들이 그 아비의 말을 **듣지 아니하였으니**

//이는(이유: כִּי, for)
여호와께서 — 뜻하셨음이었더라
/그들을 죽이기로

26 아이 사무엘이 점점 **자라매**
은총을 더욱 받더라
/여호와와 사람들에게

27 사람이 엘리에게 **와서**
/하나님의

그에게 **이르되**
/여호와의 — 말씀에(=말씀하셨다)
/집이 — 애굽에서 바로의 집에 속하였을 때에
/너희 조상의
내가 — 그들에게 나타나지 아니하였느냐?

삼상

가 매우 늙었더니 그 아들들이 온 이스라엘에게 행한 모
든 일과 회막문에서 수종드는 여인과 동침하였음을 듣고
23 그들에게 이르되 너희가 어찌하여 이런 일을 하느냐
내가 너희의 악행을 이 모든 백성에게서 듣노라 24 내
아들아 그리 말라 내게 들리는 소문이 좋지 아니하니라
너희가 여호와의 백성으로 범과케 하는도다 25 사람이
사람에게 범죄하면 하나님이 판결하시려니와 사람이 여
호와께 범죄하면 누가 위하여 간구하겠느냐 하되 그들이
그 아비의 말을 듣지 아니하였으니 이는 여호와께서 그
들을 죽이기로 뜻하셨음이었더라 26 아이 사무엘이 점
점 자라매 여호와와 사람들에게 은총을 더욱 받더라 27
하나님의 사람이 엘리에게 와서 그에게 이르되 여호와의
말씀에 너희 조상의 집이 애굽에서 바로의 집에 속하였
을 때에 내가 그들에게 나타나지 아니하였느냐 28 이스

22 ¶ Now Eli was very old; and he heard all that his
sons were doing to all Israel, and how they lay with the
women who served at the doorway of the tent of meeting.
23 And he said to them, "Why do you do such things,
the evil things that I hear from all these people? 24
"No, my sons; for the report is not good which I hear
the LORD's people circulating. 25 "If one man sins
against another, God will mediate for him; but if a man
sins against the LORD, who can intercede for him?"
But they would not listen to the voice of their father,
for the LORD desired to put them to death. 26 Now
the boy Samuel was growing in stature and in favor both
with the LORD and with men. 27 ¶ Then a man of
God came to Eli and said to him, "Thus says the LORD,

28 /내가 ─ 그를 택하여
/이스라엘 모든 지파 중에서
─ 나의 제사장을 삼아
─ 그로 내 단에 올라
─ 분향하며
─ 에봇을 입게 하지 아니하였느냐
/내 앞에서
/내가 ─ 네 조상의 집에 주지 아니하였느냐
/이스라엘 자손의 드리는 모든 화제를
29 /너희는 ─ 어찌하여 밟으며
/나의 제물과 예물을
/내가 나의 처소에서 명한
─ 네 아들들을 나보다 더 중히 여겨
─ 스스로 살찌게 하느냐
/가장 좋은 것으로
/내 백성 이스라엘의 드리는
30 /그러므로
나 여호와가 ─ 말하노라
/이스라엘의 하나님
/내가 ─ 전에 [말]하였으나
/네 집과
네 조상의 집이 ─ 내 앞에 영영히 행하리라
/나 여호와가 ─ 이제 말하노니
/결단코 그렇게 아니하리라

//(이유: כִּי, for)
내가 ─ 존중히 여기고
/나를 존중히 여기는 자를
내가 ─ 경멸히 여기리라
/나를 멸시하는 자를

31 /보라
날이 ─ 이를지라
/내가 ─ 끊어
/네 팔과
네 조상의 집 팔을
/노인이 ─ 하나도 없게 하는
/네 집에

32 /너는 ─ 내 처소의 환난을 볼 것이요
/이스라엘에게 모든 복을 베푸는 중에
/노인이 ─ 네 집에 없을 것이며
/영영토록

삼상

라엘 모든 지파 중에서 내가 그를 택하여 나의 제사장을
삼아 그로 내 단에 올라 분향하며 내 앞에서 에봇을 입
게 하지 아니하였느냐 이스라엘 자손의 드리는 모든 화
제를 내가 네 조상의 집에 주지 아니하였느냐 29 너희
는 어찌하여 내가 나의 처소에서 명한 나의 제물과 예물
을 밟으며 네 아들들을 나보다 더 중히 여겨 내 백성 이
스라엘의 드리는 가장 좋은 것으로 스스로 살지게 하느
냐 30 그러므로 이스라엘의 하나님 나 여호와가 말하노
라 내가 전에 네 집과 네 조상의 집이 내 앞에 영영히 행
하리라 하였으나 이제 나여호와가 말하노니 결단코 그렇
게 아니하리라 나를 존중히 여기는 자를 내가 존중히 여
기고 나를 멸시하는 자를 내가 경멸히 여기리라 31 보
라 내가 네 팔과 네 조상의 집 팔을 끊어 네 집에 노인이
하나도 없게 하는 날이 이를지라 32 이스라엘에게 모든
복을 베푸는 중에 너는 내 처소의 환난을 볼것이요 네
집에 영영토록 노인이 없을 것이며 33 내 단에서 내가

'Did I not indeed reveal Myself to the house of your
father when they were in Egypt in bondage to Pharaoh's
house? 28 'And did I not choose them from all the
tribes of Israel to be My priests, to go up to My altar,
to burn incense, to carry an ephod before Me; and did I
not give to the house of your father all the fire offerings
of the sons of Israel? 29 'Why do you kick at My
sacrifice and at My offering which I have commanded
in My dwelling, and honor your sons above Me, by
making yourselves fat with the choicest of every offering
of My people Israel?' 30 "Therefore the LORD God
of Israel declares, 'I did indeed say that your house and
the house of your father should walk before Me forever';
but now the LORD declares, 'Far be it from Me — for
those who honor Me I will honor, and those who despise
Me will be lightly esteemed. 31 'Behold, the days are
coming when I will break your strength and the strength
of your father's house so that there will not be an old

33 /너의 사람이 — 네 눈을 쇠잔케 하고
/내 단에서 내가 끊어 버리지 아니할
/[그가] —— 네 마음을 슬프게 할 것이요
/모든 자가 젊어서 죽으리라
/네 집에 생산하는

34 /홉니와 비느하스가 한날에 죽으리니
/네 두 아들
/그 일이 — 네게 표징이 되리라
/그 둘의 당할

35 /내가 —— 충실한 제사장을 일으키리니
/나를 위하여
/그 사람은 — 행할 것이라
/내 마음, 내 뜻대로
/내가 —— 견고한 집을 세우리니
/그를 위하여
/그가 —— 영구히 행하리라
/나의 기름 부음을 받은 자 앞에서

36 /남은 사람이 —— 각기 와서
/네 집에
/[그가] — 그에게 엎드려 가로되
/은 한 조각과 떡 한 덩이를 위하여
/청하노니
내게 한 제사장의 직분을 맡겨
나로 떡 조각을 먹게 하소서
(하리라 하셨다 하니라)

3

1 사무엘이 여호와를 **섬길 때에는(=섬겼다)**
/아이 /엘리 앞에서

말씀이 **희귀하여**
/여호와의

이상이 **흔히 보이지 않았더라**

2 그가 자기 처소에 **누웠고**
/그 때에
/엘리의 눈이 ┬ 점점 어두워가서
└ 잘 보지 못하는

끊어 버리지 아니할 너의 사람이 네 눈을 쇠잔케 하고 네 마음을 슬프게 할 것이요 네 집에 생산하는 모든 자가 젊어서 죽으리라 **34** 네 두 아들 홉니와 비느하스가 한날에 죽으리니 그 둘의 당할 그 일이 네게 표징이 되리라 **35** 내가 나를 위하여 충실한 제사장을 일으키리니 그 사람은 내 마음 내 뜻대로 행할 것이라 내가 그를 위하여 견고한 집을 세우리니 그가 나의 기름 부음을 받은 자 앞에서 영구히 행하리라 **36** 네 집에 남은 사람이 각기 와서 은 한 조각과 떡 한 덩이를 위하여 그에게 엎드려 가로되 청하노니 내게 한 제사장의 직분을 맡겨 나로 떡 조각을 먹게 하소서 하리라 하셨다 하니라

3:1 아이 사무엘이 엘리 앞에서 여호와를 섬길 때에는 여호와의 말씀이 희귀하여 이상이 흔히 보이지 않았더라 **2** 엘리의 눈이 점점 어두워 가서 잘 보지 못하는

man in your house. **32** 'And you will see the distress of My dwelling, in spite of all that I do good for Israel; and an old man will not be in your house forever. **33** 'Yet I will not cut off every man of yours from My altar that your eyes may fail from weeping and your soul grieve, and all the increase of your house will die in the prime of life. **34** 'And this will be the sign to you which shall come concerning your two sons, Hophni and Phinehas: on the same day both of them shall die. **35** 'But I will raise up for Myself a faithful priest who will do according to what is in My heart and in My soul; and I will build him an enduring house, and he will walk before My anointed always. **36** 'And it shall come about that everyone who is left in your house shall come and bow down to him for a piece of silver or a loaf of bread, and say, "Please assign me to one of the priest's offices so that I may eat a piece of bread."'" 1 Sam.

3:1 ¶ Now the boy Samuel was ministering to the LORD before Eli. And word from the LORD was rare in those days, visions were infrequent. **2** And it happened

3 등불은 아직 **꺼지지 아니하였으며**
/하나님의
사무엘은 여호와의 전 안에 **누웠더니**
/하나님의 궤 있는

4 여호와께서 사무엘을 **부르시는지라**
그가 **대답하되**...하고
/내가 —— 여기 있나이다

5 엘리에게로 **달려가서**
가로되
/내가 —— 여기 있나이다

//(이유: כִּי, for)
당신이 나를 부르셨기로

[엘리가] **가로되**
/나는 —— 부르지 아니하였으니
/[너는] —— 다시 누우라

그가 **가서**
누웠더니

6 여호와께서 다시 사무엘을 **부르시는지라**

사무엘이 **일어나서**
엘리에게로 **가서**
가로되
/내가 —— 여기 있나이다

//(이유: כִּי, for)
당신이 나를 부르셨기로

[엘리가] **대답하되**
/내 아들아!
내가 —— 부르지 아니하였으니
[너는] —— 다시 누우라 하니라

7 사무엘이 아직 여호와를 **알지 못하고**
여호와의 말씀도 아직 그에게 **나타나지 아니한 때라**

8 여호와께서 세번째 사무엘을 **부르시는지라**

그가 **일어나서**
엘리에게로 **가서**

삼상

그 때에 그가 자기 처소에 누웠고 3 하나님의 등불은 아
직 꺼지지 아니하였으며 사무엘은 하나님의 궤 있는 여
호와의 전 안에 누웠더니 4 여호와께서 사무엘을 부르
시는지라 그가 대답하되 내가 여기 있나이다 하고 5 엘
리에게로 달려가서 가로되 당신이 나를 부르셨기로 내가
여기 있나이다 가로되 나는 부르지 아니하였으니 다시
누우라 그가 가서 누웠더니 6 여호와께서 다시 사무엘
을 부르시는지라 사무엘이 일어나서 엘리에게로 가서 가
로되 당신이 나를 부르셨기로 내가 여기 있나이다 대답
하되 내 아들아 내가 부르지 아니하였으니 다시 누우라
하니라 7 사무엘이 아직 여호와를 알지 못하고 여호와
의 말씀도 아직 그에게 나타나지 아니한 때라 8 여호와
께서 세번째 사무엘을 부르시는지라 그가 일어나서 엘리
에게로 가서 가로되 당신이 나를 부르셨기로 내가 여기

at that time as Eli was lying down in his place (now
his eyesight had begun to grow dim and he could not
see well), 3 and the lamp of God had not yet gone out,
and Samuel was lying down in the temple of the LORD
where the ark of God was, 4 that the LORD called
Samuel; and he said, "Here I am." 5 Then he ran to
Eli and said, "Here I am, for you called me." But he
said, "I did not call, lie down again." So he went and
lay down. 6 And the LORD called yet again, "Samuel!"
So Samuel arose and went to Eli, and said, "Here I am,
for you called me." But he answered, "I did not call,
my son, lie down again." 7 Now Samuel did not yet
know the LORD, nor had the word of the LORD yet
been revealed to him. 8 So the LORD called Samuel

가로되
/내가 ── 여기 있나이다

//(이유: כִּי, for)
당신이 나를 부르셨기로

엘리가 여호와께서 이 아이를 부르신 줄을 **깨닫고**
9 이에

사무엘에게 **이르되**
/[너는] ── 가서
── 누웠다가
/[만일](אִם)
그가 ── 너를 부르시거든(if)
네가 ── 말하기를 ...하라
/여호와여 말씀하옵소서
/주의 종이 듣겠나이다

이에
사무엘이 **가서**
자기 처소에 **누우니라**

삼상

10 여호와께서 **임하여**
서서
전과 같이 **부르시는지라**
/사무엘아 사무엘아

사무엘이 **가로되**
/말씀하옵소서
주의 종이 듣겠나이다

11 여호와께서 사무엘에게 **이르시되**
/보라!
내가 ── 한 일을 행하리니
/이스라엘 중에
두 귀가 ── 울리리라
/그것을 듣는 자마다(자의)
12 /내가 ── 그에게 다 이루리라
/엘리의 집에 대하여 말한 것을
/처음부터 끝까지
/그 날에

13 /내가 ── 그에게 이른 것은
/그 집을 영영토록 심판하겠다고
/그의 아는 죄악을 인함이니

//이는(이유: כִּי, for)
그가 ── 금하지 아니하였음이니라
/자기 아들들이 저주를 자청하되

있나이다 엘리가 여호와께서 이 아이를 부르신 줄을 깨
닫고 9 이에 사무엘에게 이르되 가서 누웠다가 그가 너
를 부르시거든 네가 말하기를 여호와여 말씀하옵소서 주
의 종이 듣겠나이다 하라 이에 사무엘이 가서 자기 처소
에 누우니라 10 여호와께서 임하여 서서 전과 같이 사
무엘아 사무엘아 부르시는지라 사무엘이 가로되 말씀하
옵소서 주의 종이 듣겠나이다 11 여호와께서 사무엘에
게 이르시되 보라 내가 이스라엘 중에 한 일을 행하리니
그것을 듣는 자마다 두 귀가 울리리라 12 내가 엘리의
집에 대하여 말한 것을 처음부터 끝까지 그 날에 그에게
다 이루리라 13 내가 그 집을 영영토록 심판하겠다고
그에게 이른 것은 그의 아는 죄악을 인함이니 이는 그가

again for the third time. And he arose and went to Eli, and said, "Here I am, for you called me." Then Eli discerned that the LORD was calling the boy.
9 And Eli said to Samuel, "Go lie down, and it shall be if He calls you, that you shall say, 'Speak, LORD, for Thy servant is listening.'" So Samuel went and lay down in his place.
10 ¶ Then the LORD came and stood and called as at other times, "Samuel! Samuel!" And Samuel said, "Speak, for Thy servant is listening."
11 And the LORD said to Samuel, "Behold, I am about to do a thing in Israel at which both ears of everyone who hears it will tingle.
12 "In that day I will carry out against Eli all that I have spoken concerning his house, from beginning to end.
13 "For I have told him that I am

14 /그러므로
내가 ─ 엘리의 집에 대하여 **맹세하기를 ...하였노라**
/죄악은 ── 영영히 속함을 얻지 못하리라
/엘리 집의 /제물이나 예물로나

15 사무엘이 아침까지 **누웠다가**
여호와의 집 문을 **열었으나**
그 이상을 엘리에게 알게 하기를 **두려워하더니**

16 엘리가 사무엘을 **불러**
가로되...하니
/내 아들 사무엘아

대답하되
/내가 여기 있나이다

17 **가로되**
/네게 무엇을 말씀하셨느냐 ?
/청하노니
[너는] ── 내게 숨기지 말라
/[만일](אִם)
[네가] ── 하나라도 숨기면(if)
/네게 말씀하신 모든 것을
하나님이 ┬ 네게 벌을 내리시고
└ 또 내리시기를 원하노라

18 사무엘이 세세히 **말하고**
조금도 **숨기지 아니하니**

그가 **가로되**...하니라
/이는 여호와시니
/[그가] ── 선하신 소견대로 하실 것이니라

19 사무엘이 **자라매**
여호와께서 ┬ 그와 함께 **계셔서**
└ 그 말로 땅에 **떨어지지 않게 하시니**
/하나도

20 온 이스라엘이 **알았더라**
/단에서부터 /사무엘은 ─ 세우심을 입은 줄을
브엘세바까지의 /여호와의 선지자로

삼상

자기 아들들이 저주를 자청하되 금하지 아니하였음이니
라 **14** 그러므로 내가 엘리의 집에 대하여 맹세하기를
엘리 집의 죄악은 제물이나 예물로나 영영히 속함을 얻
지 못하리라 하였노라 **15** 사무엘이 아침까지 누웠다가
여호와의 집 문을 열었으나 그 이상을 엘리에게 알게 하
기를 두려워하더니 **16** 엘리가 사무엘을 불러 가로되 내
아들 사무엘아 하니 대답하되 내가 여기 있나이다 **17**
가로되 네게 무엇을 말씀하셨느냐 청하노니 내게 숨기지
말라 네게 말씀하신 모든 것을 하나라도 숨기면 하나님
이 네게 벌을 내 리시고 또 내리시기를 원하노라 **18** 사
무엘이 세세히 말하고 조금도 숨기지 아니하니 그가 가
로되 이는 여호와시니 선하신 소견대로 하실 것이니라
하니라 **19** 사무엘이 자라매 여호와께서 그와 함께 계셔
서 그 말로 하나도 땅에 떨어지지 않게 하시니 **20** 단에
서부터 브엘세바까지의 온 이스라엘이 사무엘은 여호와
의 선지자로 세우심을 입은 줄을 알았더라 **21** 여호와께

about to judge his house forever for the iniquity which
he knew, because his sons brought a curse on themselves
and he did not rebuke them. **14** "And therefore I have
sworn to the house of Eli that the iniquity of Eli's house
shall not be atoned for by sacrifice or offering forever."
15 ¶ So Samuel lay down until morning. Then he opened
the doors of the house of the LORD. But Samuel was
afraid to tell the vision to Eli. **16** Then Eli called Samuel
and said, "Samuel, my son." And he said, "Here I
am." **17** And he said, "What is the word that He spoke
to you? Please do not hide it from me. May God do so
to you, and more also, if you hide anything from me of
all the words that He spoke to you." **18** So Samuel
told him everything and hid nothing from him. And he
said, "It is the LORD; let Him do what seems good to Him."
19 ¶ Thus Samuel grew and the LORD was with him
and let none of his words fail. **20** And all Israel from
Dan even to Beersheba knew that Samuel was confirmed

21 여호와께서　실로에서 다시 **나타나시되**
여호와께서　실로에서 자기를 **나타내시니**
/여호와의 말씀으로
/사무엘에게

4

1 사무엘의 말이　온 이스라엘에 **전파되니라**

이스라엘은　**나가서**

//(목적: ל, to)
블레셋 사람과 싸우려고

에벤에셀 곁에 **진 치고**

블레셋 사람은　아벡에 **진 쳤더니**

삼상

2 [그들이]　이스라엘을 대하여 **항오를 벌이니라**

그 둘이　싸우다가(when)
이스라엘이　블레셋 사람 앞에서 **패하여**
군사가　**사천명 가량이라**
/죽임을 당한
/그들에게
/전쟁에서

3 백성이　진으로 돌아오매(when)
장로들이　**가로되** ...하니
/이스라엘
/어찌하여(why)
여호와께서 — 우리로 오늘 패하게 하셨는고?
/블레셋 사람 앞에
/[우리가] — 여호와의 언약궤를 가져다가
/우리에게로
/실로에서
— 우리 중에 있게 하여
— 그것으로 우리를 구원하게 하자
/우리 원수들의 손에서

4 이에
백성이　실로에 **보내어**
언약궤를 거기서 **가져왔고**
/만군의 여호와의
/그룹 사이에 계신

서 실로에서 다시 나타나시되 여호와께서 실로에서 여호
와의 말씀으로 사무엘에게 자기를 나타내시니
4:1 사무엘의 말이 온 이스라엘에 전파되니라 이스라
엘은 나가서 블레셋 사람과 싸우려고 에벤에셀 곁에
진 치고 블레셋 사람은 아벡에 진 쳤더니 2 이스라엘을
대하여 항오를 벌이니라 그 둘이 싸우다가 이스라엘이
블레셋 사람 앞에서 패하여 그들에게 전쟁에서 죽임을
당한 군사가 사천 명 가량이라 3 백성이 진으로 돌아오
매 이스라엘 장로들이 가로되 여호와께서 어찌하여 우리
로 오늘 블레셋 사람 앞에 패하게 하셨는고 여호와의 언
약궤를 실로에서 우리에게로 가져다가 우리 중에 있게
하여 그것으로 우리를 우리 원수들의 손에서 구원하게
하자 하니 4 이에 백성이 실로에 보내어 그룹 사이에 계
신 만군의 여호와의 언약궤를 거기서 가져 왔고 엘리의

as a prophet of the LORD. 21 And the LORD appeared
again at Shiloh, because the LORD revealed Himself to
Samuel at Shiloh by the word of the LORD.
4:1 ¶ Thus the word of Samuel came to all Israel.
Now Israel went out to meet the Philistines in battle
and camped beside Ebenezer while the Philistines camped
in Aphek. 2 And the Philistines drew up in battle array
to meet Israel. When the battle spread, Israel was defeated
before the Philistines who killed about four thousand
men on the battlefield. 3 When the people came into
the camp, the elders of Israel said, "Why has the LORD
defeated us today before the Philistines? Let us take to
ourselves from Shiloh the ark of the covenant of the
LORD, that it may come among us and deliver us from
the power of our enemies." 4 So the people sent to
Shiloh, and from there they carried the ark of the covenant

홉니와
비느하스는 거기 **있었더라**
/엘리의 두 아들 /하나님의 언약궤와 함께

5 언약궤가 진에 들어올 때에(when)
/여호와의
온 이스라엘이 큰 소리로 외치매
땅이 울린지라

6 블레셋 사람이 그 외치는 소리를 듣고(when)
가로되 ...하다가
히브리 진에서 큰 소리로 외침은 어찜이뇨?
깨달은지라
/여호와의 궤가 진에 들어온 줄을

7 블레셋 사람이 **두려워하여**
가로되 ...하고
/신이 진에 이르렀도다
또
가로되
/우리에게 화로다
/전일에는 이런 일이 없었도다
8 /우리에게 화로다
/누가 — 우리를 건지리요
/이 능한 신들의 손에서
/그들은 — 애굽인을 친 신들이니라
/광야에서
/여러가지 재앙으로
9 /너희 블레셋 사람들아!
[너희는] ─ 강하게 되며
─ 대장부가 되어라

/너희가 ─ 히브리 사람의 종이 되기를 말고
/그들이 너희의 종이 되었던 것같이
─ 대장부 같이 되어 싸우라 (하고)

10 블레셋 사람이 **쳤더니**
이스라엘이 **패하여**
각기 장막으로 **도망하였고**
살륙이 심히 **커**서
엎드러진 자가 **삼만이었으며**
/이스라엘 보병의

삼상

두 아들 홉니와 비느하스는 하나님의 언약궤와 함께 거
기 있었더라 5 여호와의 언약궤가 진에 들어 올 때에 온
이스라엘이 큰 소리로 외치매 땅이 울린지라 6 블레셋
사람이 그 외치는 소리를 듣고 가로되 히브리 진에서 큰
소리로 외침은 어찜이뇨 하다가 여호와의 궤가 진에 들
어온 줄을 깨달은지라 7 블레셋 사람이 두려워하여 가
로되 신이 진에 이르렀도다 하고 또 가로되 우리에게 화
로다 전일에는 이런 일이 없었도다 8 우리에게 화로다
누가 우리를 이 능한 신들의 손에서 건지리요 그들은 광
야에서 여러가지 재앙으로 애굽인을 친 신들이니라 9
너희 블레셋 사람들아 강하게 되며 대장부가 되어라 너
희가 히브리 사람의 종이 되기를 그들이 너희의 종이 되
었던 것 같이 말고대장부 같이 되어 싸우라 하고 10 블
레셋 사람이 쳤더니 이스라엘이 패하여 각기 장막으로

of the LORD of hosts who sits above the cherubim; and
the two sons of Eli, Hophni and Phinehas, were there
with the ark of the covenant of God. 5 ¶ And it happened
as the ark of the covenant of the LORD came into the
camp, that all Israel shouted with a great shout, so that
the earth resounded. 6 And when the Philistines heard
the noise of the shout, they said, "What does the noise
of this great shout in the camp of the Hebrews mean?"
Then they understood that the ark of the LORD had
come into the camp. 7 And the Philistines were afraid,
for they said, "God has come into the camp." And they
said, "Woe to us! For nothing like this has happened
before. 8 "Woe to us! Who shall deliver us from the
hand of these mighty gods? These are the gods who
smote the Egyptians with all kinds of plagues in the
wilderness. 9 "Take courage and be men, O Philistines,
lest you become slaves to the Hebrews, as they have
been slaves to you; therefore, be men and fight." 10
So the Philistines fought and Israel was defeated, and
every man fled to his tent, and the slaughter was very

11 하나님의 궤는 **빼앗겼고**

홉니와
비느하스는 **죽임을 당하였더라**
/엘리의 두 아들

12 베냐민 사람이 진에서 **달려나와**
/어떤 /당일에
실로에 **이르니라**
/그 옷을 찢고
/그 머리에 티끌을 무릅쓰고

13 그가 이를 때는(when)
엘리가 길 곁 자기 의자에 **앉아(~있었다)**
/기다리며

//(이유: כִּי, for)
그 마음이 — 떨릴 즈음이라
/여호와의 궤로 인하여

그 사람이 성에 **들어오며**
/고하매(=고하러)
온 성이 **부르짖는지라**

14 엘리가 그 부르짖는 소리를 듣고(when)
가로되
/이 훤화하는 소리는 어찜이뇨?

그 사람이 빨리 **와서**
엘리에게 **고하니**

15 때에(then)
엘리의 나이 **구십 팔이라**
그 눈이 **어두워서**
보지 못하더라

16 그 사람이 엘리에게 **고하되**
/나는 — 진중에서 나온 자라
/내가 — 오늘 진중에서 도망하여 왔나이다

엘리가 **가로되**
/내 아들아!
일이 어찌 되었느냐?

17 전하는 자가 **대답하여**
/소식을

도망하였고 살륙이 심히 커서 이스라엘 보병의 엎드러진
자가 삼 만이었으며 **11** 하나님의 궤는 빼앗겼고 엘리의
두 아들 홉니와 비느하스는 죽임을 당하였더라 **12** 당일
에 어떤 베냐민 사람이 진에서 달려나와 그 옷을 찢고 그
머리에 티끌을 무릅쓰고 실로에 이르니라 **13** 그가 이를
때는 엘리가 길 곁 자기 의자에 앉아 기다리며 그 마음이
여호와의 궤로 인하여 떨릴 즈음이라 그 사람이 성에 들
어 오며 고하매 온 성이 부르짖는지라 **14** 엘리가 그 부
르짖는 소리를 듣고 가로되 이 훤화하는 소리는 어찜이
뇨 그 사람이 빨리 와서 엘리에게 고하니 **15** 때에 엘리
의 나이 구십 팔이라 그 눈이 어두워서 보지 못하더라
16 그사람이 엘리에게 고하되 나는 진 중에서 나온 자
라 내가 오늘 진 중에서 도망하여 왔나이다 엘리가 가로
되 내 아들아 일이 어찌 되었느냐 **17** 소식을 전하는 자

great; for there fell of Israel thirty thousand foot soldiers.
11 And the ark of God was taken; and the two sons
of Eli, Hophni and Phinehas, died. **12** ¶ Now a man
of Benjamin ran from the battle line and came to Shiloh
the same day with his clothes torn and dust on his head.
13 When he came, behold, Eli was sitting on his seat
by the road eagerly watching, because his heart was trembling
for the ark of God. So the man came to tell it in the
city, and all the city cried out. **14** When Eli heard the
noise of the outcry, he said, "What does the noise of
this commotion mean?" Then the man came hurriedly
and told Eli. **15** Now Eli was ninety-eight years old,
and his eyes were set so that he could not see. **16** And
the man said to Eli, "I am the one who came from the

가로되
/이스라엘이 ── 도망하였고
/블레셋 사람 앞에서
/큰 살육이 ── 백성 중에는 있었고
/홉니와 비느하스도 ── 죽임을 당하였고
/당신의 두 아들
/하나님의 궤는 빼앗겼나이다

18 [그가] 하나님의 궤를 말할 때에(when)
엘리가 자기 의자에서 **자빠져**
/문 곁에서

목이 **부러져**
죽었으니

//(이유: כִּי, for)
나이 많고
비둔한 연고라

그가 이스라엘 **사사가 된지...이었더라**
/사십년(~동안)

19 아내가 **잉태하여**
/비느하스의
/그의 며느리
산기가 가까왔더니

[그녀가] 듣고(when)
/하나님의 궤 빼앗긴 것과
그 시부와 남편의 죽은 소문을
몸을 구푸려
해산하고

//(이유: כִּי, for)
갑자기 아파서

20 [그녀가] 죽어갈 때에(when)
여인들이 그에게 **이르되** ...하되
/곁에 섰던 /두려워 말라
/네가 아들을 낳았다

그가 **대답지도 아니하며**
관념치도 아니하고

가 대답하여 가로되 이스라엘이 블레셋 사람 앞에서 도
망하였고 백성 중에는 큰 살륙이 있었고 당신의 두 아들
홉니와 비느하스도 죽임을 당하였고 하나님의 궤는 빼앗
겼나이다
18 하나님의 궤를 말할 때에 엘리가 자기 의
자에서 자빠져 문 곁에서 목이 부러져 죽었으니 나이 많
고 비둔한 연고라 그가 이스라엘 사사가 된지 사십 년이
었더라
19 그의 며느리 비느하스의 아내가 잉태하여 산
기가 가까왔더니 하나님의 궤 빼앗긴 것과 그 시부와 남
편의 죽은 소문을 듣고 갑자기 아파서 몸을 구푸려 해산
하고
20 죽어갈 때에 곁에 섰던 여인들이 그에게 이르
되 두려워 말라 네가 아들을 낳았다 하되 그가 대답지도
아니하며 관념치도 아니하고
21 이르기를 영광이 이스

battle line. Indeed, I escaped from the battle line today."
And he said, "How did things go, my son?"
17 Then
the one who brought the news answered and said, "Israel
has fled before the Philistines and there has also been a
great slaughter among the people, and your two sons
also, Hophni and Phinehas, are dead, and the ark of God
has been taken."
18 And it came about when he mentioned
the ark of God that Eli fell off the seat backward beside
the gate, and his neck was broken and he died, for he
was old and heavy. Thus he judged Israel forty years.
19 ¶ Now his daughter-in-law, Phinehas' wife, was pregnant
and about to give birth; and when she heard the news
that the ark of God was taken and that her father-in-law
and her husband had died, she kneeled down and gave
birth, for her pains came upon her.
20 And about the
time of her death the women who stood by her said to

21 **이르기를** ...하고
/영광이----이스라엘에서 떠났다
이가봇이라 **하였으니**
/아이 이름을

//(이유: כִּי, for)
하나님의 궤가 빼앗겼고
그 시부와 남편이 죽었음을 인함이며

22 또
이르기를 ...하였더라
/영광이 —— 이스라엘에서 떠났다

//(이유: כִּי, for)
하나님의 궤를 빼앗겼으므로

5

1 사람이 하나님의 궤를 **빼앗아 가지고**
/블레셋

아스돗에 **이르니라**
/에벤에셀에서부터

2 블레셋 사람이 하나님의 궤를 **가지고**
다곤의 당에 **들어가서**
다곤의 곁에 **두었더니**

3 아스돗 사람이 이튿날 **일찌기 일어나**
본즉

다곤이 여호와의 궤 앞에서 **엎드러져**
그 얼굴이 땅에 **닿았는지라**

그들이 다곤을 **일으켜**
다시 그 자리에 **세웠더니**

4 그 이튿날 아침에
그들이 **일찌기 일어나**
본즉

다곤이 여호와의 궤 앞에서 **엎드러져**
얼굴이 땅에 **닿았고**
그 머리와
두 손목은 **끊어져**
문지방에 있고

라엘에서 떠났다 하고 아이 이름을 이가봇이라 하였으니
하나님의 궤가 빼앗겼고 그 시부와 남편이 죽었음을 인
함이며 **22** 또 이르기를 하나님의 궤를 빼앗겼으므로 영
광이 이스라엘에서 떠났다 하였더라

5:1 블레셋 사람이 하나님의 궤를 빼앗아 가지고 에
벤에셀에서부터 아스돗에 이르니라 **2** 블레셋 사람이
하나님의 궤를 가지고 다곤의 당에 들어가서 다곤의 곁
에 두었더니 **3** 아스돗 사람이 이튿날 일찌기 일어나 본
즉 다곤이 여호와의 궤 앞에서 엎드러져 그 얼굴이 땅에
닿았는지라 그들이 다곤을 일으켜 다시 그 자리에 세웠
더니 **4** 그 이튿날 아침에 그들이 일찌기 일어나 본즉 다
곤이 여호와의 궤 앞에서 엎드러져 얼굴이 땅에 닿았고

her, "Do not be afraid, for you have given birth to a
son." But she did not answer or pay attention. **21** And
she called the boy Ichabod, saying, "The glory has
departed from Israel," because the ark of God was taken
and because of her father-in-law and her husband. **22**
And she said, "The glory has departed from Israel, for
the ark of God was taken."

5:1 ¶ Now the Philistines took the ark of God and
brought it from Ebenezer to Ashdod. **2** Then the
Philistines took the ark of God and brought it to the
house of Dagon, and set it by Dagon. **3** When the Ashdodites
arose early the next morning, behold, Dagon had fallen
on his face to the ground before the ark of the LORD.
So they took Dagon and set him in his place again. **4**
But when they arose early the next morning, behold,

몸둥이만 — **남았더라**
/다곤의

5 그러므로
제사장들이나
/다곤의
들어가는 자는 — 다곤의 문지방을 **밟지 아니하더라**
/다곤의 당에 /아스돗에 있는
/오늘까지

6 여호와의 손이 — 아스돗 사람에게 **엄중히 더하사**
망하게 하니
/아스돗과 그 지경을 쳐서
/독종의 재앙으로

7 사람들이 — 이를 **보고**
/아스돗
가로되
/우리와 함께 있게 못할지라
/이스라엘 신의 궤를
/그 손이 — 우리와 우리 신 다곤을 친다 하고

8 이에
[그들이] — **보내어**
모든 방백을 **모으고**
/블레셋 사람의
가로되
/우리가 이스라엘 신의 궤를 어찌할꼬?

그들이 **대답하되** ...하므로
/이스라엘 신의 궤를 가드로 옮겨가라2)

[그들이] 이스라엘 신의 궤를 **옮겨 갔더니**

9 [그들이] 그것을 옮겨간 후에(after)
여호와의 손이 심히 큰 환난을 **더하사**
/그 성에

[여호와께서] — 작은 자와 큰 자를 다 **쳐서**
/성읍 사람의
독종이 **나게 하신지라**

삼상

2) 이스라엘 신의 궤가 옮겨지게 하라

그 머리와 두 손목은 끊어져 문지방에 있고 다곤의 몸둥
이만 남았더라 5 그러므로 다곤의 제사장들이나 다곤의
당에 들어가는 자는 오늘까지 아스돗에 있는 다곤의 문
지방을 밟지 아니하더라 6 여호와의 손이 아스돗 사람
에게 엄중히 더하사 독종의 재앙으로 아스돗과 그 지경
을 쳐서 망하게 하니 7 아스돗 사람들이 이를 보고 가로
되 이스라엘 신의 궤를 우리와 함께 있게 못할지라 그
손이 우리와 우리 신 다곤을 친다 하고 8 이에 보내어
블레셋 사람의 모든 방백을 모으고 가로되 우리가 이스
라엘 신의 궤를 어찌할꼬 그들이 대답하되 이스라엘 신
의 궤를 가드로 옮겨 가라 하므로 이스라엘 신의 궤를
옮겨 갔더니 9 그것을 옮겨간 후에 여호와의 손이 심히
큰 환난을 그 성에 더하사 성읍 사람의 작은 자와 큰 자
를 다 쳐서 독종이 나게 하신지라 10 이에 그들이 하나

Dagon had fallen on his face to the ground before the ark of the LORD. And the head of Dagon and both the palms of his hands were cut off on the threshold; only the trunk of Dagon was left to him.
5 Therefore neither the priests of Dagon nor all who enter Dagon's house tread on the threshold of Dagon in Ashdod to this day.
6 ¶ Now the hand of the LORD was heavy on the Ashdodites, and He ravaged them and smote them with tumors, both Ashdod and its territories.
7 When the men of Ashdod saw that it was so, they said, "The ark of the God of Israel must not remain with us, for His hand is severe on us and on Dagon our god."
8 So they sent and gathered all the lords of the Philistines to them and said, "What shall we do with the ark of the God of Israel?" And they said, "Let the ark of the God of Israel be brought around to Gath." And they brought the ark of the God of Israel around.
9 And it came about that after they had brought it around, the hand of the LORD was against the city with very great confusion; and He smote the men of the city, both young and old, so that tumors

10 이에
그들이 하나님의 궤를 **보내니라**
/에그론으로

하나님의 궤가 에그론에 이른즉(when)
사람이 **부르짖어 가로되** ...하고
/그들이 — 우리에게로 가져다가
/이스라엘 신의 궤를

//(목적: ל, to)
우리와 우리 백성을 죽이려 한다

11 이에
[그들이] **보내어**
모든 방백을 **모으고**
/블레셋
가로되 ...하니
/[우리가] ┬ 이스라엘 신의 궤를 보내어
└ 본처로 돌아가게 하고

//(목적: ל, to)
우리와 우리 백성 죽임을 면케 하자

//이는(이유: כִּי, for)
온 성이 사망의 환난을 당함이라

하나님의 손이 **엄중하시므로**
/거기서

12 사람들은 독종으로 **치심을 받아**
/죽지 아니한

부르짖음이 하늘에 **사무쳤더라**
/성읍의

6

1 여호와의 궤가 지방에 **있은 지. . . 이라**
/블레셋 사람의
/일곱 달

2 블레셋 사람이 제사장들과 복술자들을 **불러서**
이르되
/우리가 여호와의 궤를 어떻게 할꼬?
/[너희는] 우리에게 가르치라
/그것을 어떻게 본처로 보낼 것을

님의 궤를 에그론으로 보내니라 하나님의 궤가 에그론에
이른즉 에그론 사람이 부르짖어 가로되 그들이 이스라엘
신의 궤를 우리에게로 가져다가 우리와 우리 백성을 죽
이려 한다 하고 11 이에 보내어 블레셋 모든 방백을 모
으고 가로되 이스라엘 신의 궤를 보내어 본처로 돌아가
게 하고 우리와 우리 백성 죽임을 면케 하자 하니 이는
온 성이 사망의 환난을 당함이라 거기서 하나님의 손이
엄중하시므로 12 죽지 아니한 사람들은 독종으로 치심
을 받아 성읍의 부르짖음이 하늘에 사무쳤더라
6:1 여호와의 궤가 블레셋 사람의 지방에 있은지 일
곱 달이라 2 블레셋 사람이 제사장들과 복술자들을
불러서 이르되 우리가 여호와의 궤를 어떻게 할꼬 그것

broke out on them. 10 So they sent the ark of God to
Ekron. And it happened as the ark of God came to Ekron
that the Ekronites cried out, saying, "They have brought
the ark of the God of Israel around to us, to kill us and
our people." 11 They sent therefore and gathered all
the lords of the Philistines and said, "Send away the
ark of the God of Israel, and let it return to its own
place, that it may not kill us and our people." For there
was a deadly confusion throughout the city; the hand of
God was very heavy there. 12 And the men who did
not die were smitten with tumors and the cry of the city
went up to heaven.
6:1 ¶ Now the ark of the LORD had been in the
country of the Philistines seven months. 2 And the

3 그들이 가로되
/[만일](אִם)
[너희가] ── 이스라엘 신의 궤를 보내려거든(if)
── 거저 보내지 말고
── 속건제를 드려야 할지니라
/그에게

//그리하면(결과)
[너희가] ── 병도 낫고
── 연고도 알리라
/그 손을 너희에게서 옮기지 아니하는

4 그들이 가로되
/[우리가] ── 무엇으로 삼을꼬?
/그에게 드릴 속건제를
가로되
/금독종 다섯과 금쥐 다섯이라야 하리니
/블레셋 사람의 방백의 수효대로

//(이유: כִּי, for)
재앙이 ── 일반임이니라
/너희와 너희 방백에게 내린

5 /그러므로
너희는 ── 만들어
/너희 독종의 형상과
쥐의 형상을
/땅을 해롭게 하는
── 영화를 돌리라
/이스라엘 신께
/그가 ── 혹 그 손을 경하게 하실까 하노라
/너희와
너희 신들과
너희 땅에서

6 /어찌하여(why)
너희가 ── 너희 마음을 강퍅케 하겠느냐?
/애굽인과 바로가 그 마음을 강퍅케 한 것같이
/그가 ── 그들 중에서 기이하게 행한 후에(after)
그들이 ── 백성을 가게 하므로
백성이 ── 떠나지 아니하였느냐?

7 /그러므로
[너희는] ── 새 수레를 만들고

삼상

을 어떻게 본처로 보낼 것을 우리에게 가르치라 3 그들
이 가로되 이스라엘 신의 궤를 보내려거든 거저 보내지
말고 그에게 속건제를 드려야 할지니라 그리하면 병도
낫고 그 손을 너희에게서 옮기지 아니하는 연고도 알리
라 4 그들이 가로되 무엇으로 그에게 드릴 속건제를 삼
을꼬 가로되 블레셋 사람의 방백의 수효대로 금독종 다
섯과 금쥐 다섯이라야 하리니 너희와 너희 방백에게 내
린 재앙이 일반임이니라 5 그러므로 너희는 너희 독종
의 형상과 땅을 해롭게 하는 쥐의 형상을 만들어 이스라
엘 신께 영화를 돌리라 그가 혹 그 손을 너희와 너희 신
들과 너희 땅에서 경하게 하실까 하노라 6 애굽인과 바
로가 그 마음을 강퍅케 한 것같이 어찌하여 너희가 너희
마음을 강퍅케 하겠느냐 그가 그들 중에서 기이하게 행
한 후에 그들이 백성을 가게 하므로 백성이 떠나지 아니
하였느냐 7 그러므로 새 수레를 만들고 멍에 메어 보지
아니한 젖 나는 소 둘을 끌어다가 수레를 소에 메우고

Philistines called for the priests and the diviners, saying,
"What shall we do with the ark of the LORD? Tell us
how we shall send it to its place." 3 And they said,
"If you send away the ark of the God of Israel, do not
send it empty; but you shall surely return to Him a guilt
offering. Then you shall be healed and it shall be known
to you why His hand is not removed from you." 4 Then
they said, "What shall be the guilt offering which we
shall return to Him?" And they said, "Five golden
tumors and five golden mice according to the number
of the lords of the Philistines, for one plague was on all
of you and on your lords. 5 "So you shall make
likenesses of your tumors and likenesses of your mice
that ravage the land, and you shall give glory to the
God of Israel; perhaps He will ease His hand from you,
your gods, and your land. 6 "Why then do you harden
your hearts as the Egyptians and Pharaoh hardened their
hearts? When He had severely dealt with them, did they

소 둘을 끌어다가
/멍에 메어 보지 아니한 젖 나는
수레를 소에 메우고
그 송아지들은 떼어
집으로 돌려 보내고

8 /[너희는] — 여호와의 궤를 가져다가
수레에 싣고
금 보물은(을) 상자에 담아
/속건제 드릴
궤 곁에 두고
그것을 보내어
가게하고

9 /[너희는] — 보아서(=보아라)

/[만일](אִם)
궤가 — 그 본 지경 길로 올라가서
벧세메스로 가면(if)
큰 재앙은 — 그가 우리에게 내린 것이요
/이

/[만일]
그렇지 아니하면(if)
[우리가] — 알리라
/우리를 친 것이 그 손이 아니요
우연히 만난 것인 줄

10 그 사람들이 그 같이 **[행]하여**
젖나는 소 둘을 **끌어다가**
수레를 **메우고**
송아지들은(을) 집에 **가두고**
11 수레 위에 **실으니**
/여호와의 궤와
/및 상자를
/형상을 담은
/금쥐와 그들의 독종의

12 암소가 벧세메스 길로 **바로 행하여**
대로로 **가며**

[그들이] 갈 때에(when)
울고
좌우로 치우치지 **아니하였고**

방백들은 벧세메스 경계까지 **따라 가니라**
/블레셋

삼상

그 송아지들은 떼어 집으로 돌려 보내고 8 여호와의 궤를 가져다가 수레에 싣고 속건제 드릴 금 보물은 상자에 담아 궤 곁에 두고 그것을 보내어 가게 하고 9 보아서 궤가 그 본 지경 길로 올라가서 벧세메스로 가면 이 큰 재앙은 그가 우리에게 내린 것이요 그렇지 아니하면 우리를 친 것이 그 손이 아니요 우연히 만난 것인 줄 알리라 10 그 사람들이 그같이 하여 젖나는 소 둘을 끌어다가 수레를 메우고 송아지들은 집에 가두고 11 여호와의 궤와 및 금쥐와 그들의 독종의 형상을 담은 상자를 수레 위에 실으니 12 암소가 벧세메스 길로 바로 행하여 대

not allow the people to go, and they departed? 7 "Now therefore take and prepare a new cart and two milch cows on which there has never been a yoke; and hitch the cows to the cart and take their calves home, away from them. 8 "And take the ark of the LORD and place it on the cart; and put the articles of gold which you return to Him as a guilt offering in a box by its side. Then send it away that it may go. 9 "And watch, if it goes up by the way of its own territory to Beth-shemesh, then He has done us this great evil. But if not, then we shall know that it was not His hand that struck us; it happened to us by chance." 10 ¶ Then the men did so, and took two milch cows and hitched them to the cart, and shut up their calves at home. 11 And they put the ark of the LORD on the cart, and the box with the golden mice and the likenesses of their tumors. 12 And the cows

13 사람들이 골짜기에서 밀을 **베다가**
/벧세메스
눈을 **들어**
궤를 **보고**
그것의 보임을 **기뻐하더니**

14 수레가 여호수아의 밭 **이르러**
/벧세메스 사람
선지라
/큰 돌 있는 곳에

무리가 수레의 나무를 **패고**
그 소를 번제로 여호와께 **드리고**

15 레위인은 **내려다가**
/여호와의 궤와
금 보물 담긴 상자를
/그 궤와 함께 있는
큰 돌 위에 **두매**
사람들이 번제와 다른 제를 **드리니라**
/벧세메스 /그 날에
/여호와께

16 다섯 방백이 이것을 보고(when)
/블레셋
에그론으로 **돌아갔더라**
/그 날에

17 금독종은 **이러하니**
/사람이 — 여호와께 드린
/블레셋 /속건제로

/아스돗을 위하여 하나요
/가사를 위하여 하나요
/아스글론을 위하여 하나요
/가드를 위하여 하나요
/에그론을 위하여 하나이며

18 금쥐는 **수효대로였더라**
/드린바 /모든 견고한 성읍과 시골 동리
/여호와의 궤를 놓은 큰 돌에 이르기까지의
/곧 다섯 방백에게 속한 사람의 모든 성읍의

삼상

로로 가며 갈 때에 울고 좌우로 치우치지 아니하였고 블
레셋 방백들은 벧세메스 경계까지 따라가니라 13 벧세
메스 사람들이 골짜기에서 밀을 베다가 눈을 들어 궤를
보고 그것의 보임을 기뻐하더니 14 수레가 벧세메스 사
람 여호수아의 밭 큰 돌 있는 곳에 이르러 선지라 무리
가 수레의 나무를 패고 그 소를 번제로 여호와께 드리고
15 레위인은 여호와의 궤와 그 궤와 함께 있는 금 보물
담긴 상자를 내려다가 큰 돌 위에 두매 그 날에 벧세메
스 사람들이 여호와께 번제와 다른 제를 드리니라 16
블레셋 다섯 방백이 이것을 보고 그날에 에그론으로 돌
아갔더라 17 블레셋 사람이 여호와께 속건제로 드린 금
독종은 이러하니 아스돗을 위하여 하나요 가사를 위하여
하나요 아스글론을 위하여 하나요 가드를 위하여 하나요
에그론을 위하여 하나이며 18 드린 바 금쥐는 여호와의
궤를 놓은 큰 돌에 이르기까지의 모든 견고한 성읍과 시
골 동리 곧 다섯 방백에게 속한 사람의 모든 성읍의 수

took the straight way in the direction of Beth-shemesh;
they went along the highway, lowing as they went, and
did not turn aside to the right or to the left. And the
lords of the Philistines followed them to the border of
Beth-shemesh. 13 Now the people of Beth-shemesh
were reaping their wheat harvest in the valley, and they
raised their eyes and saw the ark and were glad to see
it. 14 And the cart came into the field of Joshua the
Beth-shemite and stood there where there was a large
stone; and they split the wood of the cart and offered
the cows as a burnt offering to the LORD. 15 And the
Levites took down the ark of the LORD and the box
that was with it, in which were the articles of gold, and
put them on the large stone; and the men of Beth-shemesh
offered burnt offerings and sacrificed sacrifices that day
to the LORD. 16 And when the five lords of the
Philistines saw it, they returned to Ekron that day. 17
¶ And these are the golden tumors which the Philistines
returned for a guilt offering to the LORD: one for Ashdod,
one for Gaza, one for Ashkelon, one for Gath, one for Ekron;
18 and the golden mice, according to the number of
all the cities of the Philistines belonging to the five lords,

그 돌은 오늘까지 **있더라**
/여호수아의 밭에
/벧세메스 사람

19 [여호와께서] 그들을 **치사**

//(이유: כִּי, for)
사람들이 —— 여호와의 궤를 들여다 본 고로
/벧세메스

//(결과)
(오만)칠십인을 죽이신지라

백성이 **애곡하였더라**

//(이유: כִּי, for)
여호와께서 —— 백성을 쳐서...셨으므로
/크게 살육하(=큰 살육으로)

20 사람들이 **가로되** ...하고
/벧세메스
/누가 능히 서리요?
/이 거룩하신 하나님 여호와 앞에
/그를 우리에게서 뉘게로 가시게 할꼬?

21 [그들이] 사자들을 **보내어**
/기럇여아림 거민에게
가로되
/블레셋 사람이-여호와의 궤를 도로 가져왔으니
/너희는 ┬ 내려와서
└ 그것을 너희에게로 옮겨 가라

7

1 사람들이 **와서**
/기럇여아림

여호와의 궤를 **옮겨**
아비나답의 집에 **들여 놓고**
/산에 사는
그 아들 엘리아살을 거룩히 **구별하여**

//(목적: לְ, to)
여호와의 궤를 지키게 하였더니

효 대로였더라 그 돌은 벧세메스 사람 여호수아의 밭에
오늘까지 있더라 **19** 벧세메스 사람들이 여호와의 궤를
들여다 본 고로 그들을 치사 (오만) 칠십 인을 죽이신지
라 여호와께서 백성을 쳐서 크게 살륙하셨으므로 백성이
애곡하였더라 **20** 벧세메스 사람들이 가로되 이 거룩하
신 하나님 여호와 앞에 누가 능히 서리요 그를 우리에게
서 뉘게로 가시게 할꼬 하고 **21** 사자들을 기럇여아림
거민에게 보내어 가로되 블레셋 사람이 여호와의 궤를
도로 가져왔으니 너희는 내려와서 그것을 너희에게로 옮
겨 가라

7:1 기럇여아림 사람들이 와서 여호와의 궤를 옮겨
산에 사는 아비나답의 집에 들여 놓고 그 아들 엘리

both of fortified cities and of country villages. The large
stone on which they set the ark of the LORD is a witness
to this day in the field of Joshua the Beth-shemite. **19**
¶ And He struck down some of the men of Beth-shemesh
because they had looked into the ark of the LORD. He struck
down of all the people, **50,070** men, and the people
mourned because the LORD had struck the people with
a great slaughter. **20** And the men of Beth-shemesh
said, "Who is able to stand before the LORD, this holy
God? And to whom shall He go up from us?" **21** So
they sent messengers to the inhabitants of Kiriath-jearim,
saying, "The Philistines have brought back the ark of
the LORD; come down and take it up to you."

7:1 ¶ And the men of Kiriath-jearim came and took
the ark of the LORD and brought it into the house
of Abinadab on the hill, and consecrated Eleazar his son

2 궤가 이십년 동안을 **오래 있은지라**
/기랴여아림에 들어간 날부터

온 족속이 여호와를 **사모하니라**
/이스라엘

3 사무엘이 이스라엘 온 족속에게 일러 가로되
/[만일](אִם)
너희가 여호와께 돌아오려거든(if)
/전심으로
너희 중에서 제하고
/이방 신들과 아스다롯을
그만 섬기라
/너희 마음을 여호와께로 향하여

//(결과)
[그가] — 너희를 건져내시리라
/블레셋 사람의 손에서

삼상

4 이에
자손이 바알들과 아스다롯을 **제하고**
/이스라엘
여호와만 **섬기니라**

5 사무엘이 **가로되** ...하매
/이스라엘은 — 미스바로 모이라
/온
/내가 — 여호와께 기도하리라
/너희를 위하여

6 그들이 미스바에 **모여**
물을 **길어**
여호와 앞에 **붓고**
그 날에 **금식하고**
거기서 **가로되** ...하니라
/우리가 여호와께 범죄하였나이다

사무엘이 이스라엘 자손을 **다스리니라**
/미스바에서

7 블레셋 사람이 듣고(when)
/이스라엘 자손이 미스바에 모였다 함을
그 방백들이 **올라온지라**

아살을 거룩히 구별하여 여호와의 궤를 지키게 하였더니
2 궤가 기랴여아림에 들어간 날부터 이십 년 동안을 오
래 있은지라 이스라엘 온 족속이 여호와를 사모하니라 3
사무엘이 이스라엘 온 족속에게 일러 가로되 너희가 전
심으로 여호와께 돌아오려거든 이방 신들과 아스다롯을
너희 중에서 제하고 너희 마음을 여호와께로 향하여 그
만 섬기라 너희를 블레셋 사람의 손에서 건져내시리라 4
이에 이스라엘 자손이 바알들과 아스다롯을 제하고 여호
와만 섬기니라 5 사무엘이 가로되 온 이스라엘은 미스
바로 모이라 내가 너희를 위하여 여호와께 기도하리라
하매 6 그들이 미스바에 모여 물을 길어 여호와 앞에 붓
고 그날에 금식하고 거기서 가로되 우리가 여호와께 범
죄하였나이다 하니라 사무엘이 미스바에서 이스라엘 자
손을 다스리니라 7 이스라엘 자손이 미스바에 모였다

to keep the ark of the LORD. 2 And it came about from
the day that the ark remained at Kiriath-jearim that the
time was long, for it was twenty years; and all the house
of Israel lamented after the LORD. 3 ¶ Then Samuel
spoke to all the house of Israel, saying, "If you return
to the LORD with all your heart, remove the foreign
gods and the Ashtaroth from among you and direct your
hearts to the LORD and serve Him alone; and He will deliver
you from the hand of the Philistines." 4 So the sons of
Israel removed the Baals and the Ashtaroth and served
the LORD alone. 5 ¶ Then Samuel said, "Gather all
Israel to Mizpah, and I will pray to the LORD for you."
6 And they gathered to Mizpah, and drew water and
poured it out before the LORD, and fasted on that day,
and said there, "We have sinned against the LORD."
And Samuel judged the sons of Israel at Mizpah. 7 Now

//(목적: ל, to)
이스라엘을 치러

자손이 듣고(when)
/이스라엘

블레셋 사람을 **두려워하여**

8 [그들이] 사무엘에게 **이르되**
/당신은— 쉬지 말고
/우리 하나님 여호와께
/우리를 위하여
/부르짖어(=부르짖기를)

//(결과: that...may)
[그가]— 우리를 구원하시게 하소서
/블레셋 사람의 손에서

9 사무엘이 젖 먹는 어린 양을 **취하여**
온전한 번제를 여호와께 **드리고**
이스라엘을 위하여 여호와께 **부르짖으매**

여호와께서 **응답하셨더라**

10 사무엘이 번제를 드릴 때에(when)
블레셋 사람이 **가까이 오매**

//(목적: ל, to)
이스라엘과 싸우려고

여호와께서 블레셋 사람에게 큰 우뢰를 **발하여**
/그 날에
그들을 **어지럽게 하시니**

//(결과)
그들이— 이스라엘 앞에 패한지라

11 사람들이 미스바에서 **나가서**
/이스라엘

블레셋 사람을 **따라**
벧갈 아래에 이르기까지 **쳤더라**

12 사무엘이 돌을 **취하여**
미스바와 센 사이에 **세워**

함을 블레셋 사람이 듣고 그 방백들이 이스라엘을 치러
올라온지라 이스라엘 자손이 듣고 블레셋 사람을 두려워
하여 8 사무엘에게 이르되 당신은 우리를 위하여 우리
하나님 여호와께 쉬지 말고 부르짖어 우리를 블레셋 사
람의 손에서 구원하시게 하소서 9 사무엘이 젖 먹는 어
린 양을 취하여 온전한 번제를 여호와께 드리고 이스라
엘을 위하여 여호와께 부르짖으매 여호와께서 응답하셨
더라 10 사무엘이 번제를 드릴 때에 블레셋 사람이 이
스라엘과 싸우려고 가까이 오매 그날에 여호와께서 블레
셋 사람에게 큰 우뢰를 발하여 그들을 어지럽게 하시니
그들이 이스라엘 앞에 패한지라 11 이스라엘 사람들이
미스바에서 나가서 블레셋 사람을 따라 벧갈 아래에 이
르기까지 쳤더라 12 사무엘이 돌을 취하여 미스바와 센
사이에 세워 가로되 여호와께서 여기까지 우리를 도우셨

when the Philistines heard that the sons of Israel had gathered to Mizpah, the lords of the Philistines went up against Israel. And when the sons of Israel heard it, they were afraid of the Philistines.
8 Then the sons of Israel said to Samuel, "Do not cease to cry to the LORD our God for us, that He may save us from the hand of the Philistines."
9 And Samuel took a suckling lamb and offered it for a whole burnt offering to the LORD; and Samuel cried to the LORD for Israel and the LORD answered him.
10 Now Samuel was offering up the burnt offering, and the Philistines drew near to battle against Israel. But the LORD thundered with a great thunder on that day against the Philistines and confused them, so that they were routed before Israel.
11 And the men of Israel went out of Mizpah and pursued the Philistines, and struck them down as far as below Beth-car.
12 ¶ Then Samuel took a stone and set it between Mizpah and Shen, and named it Ebenezer, saying, "Thus far the LORD has helped

그 이름을 에벤에셀이라 **[칭]하니라**
/가로되 ...하고
/여호와께서 여기까지 우리를 도우셨다

13 이에
블레셋 사람이 **굴복하여**
다시는 이스라엘 경내에 **들어오지 못하였으며**

여호와의 손이 블레셋 사람을 **막으시매**
/사무엘의 사는 날 동안에

14 성읍이 에그론부터 가드까지 이스라엘에게 **회복되니**
/블레셋 사람이 빼앗았던
/이스라엘에게서

이스라엘이 그 사방 지경을 **도로 찾았고**
/블레셋 사람의 손에서
또
평화가 **있었더라**
/이스라엘과 아모리 사람 사이에

15 사무엘이 이스라엘을 **다스렸으되**
/사는 날 동안에
16 벧엘과 길갈과 미스바로 **순회하여**
/해마다
이스라엘을 **다스렸고**
/그 모든 곳에서
17 라마로 **돌아왔으니**

//이는(이유: כִּי, for)
거기 자기 집이 있음이라

[사무엘이] 거기서도 이스라엘을 **다스렸으며**
또
거기[에] 단을 **쌓았더라**
/여호와를 위하여

삼상

8

1 사무엘이 늙으매(when)
그 아들들로 이스라엘 사사를 **삼으니**

다 하고 그이름을 에벤에셀이라 하니라 13 이에 블레셋
사람이 굴복하여 다시는 이스라엘 경내에 들어오지 못하
였으며 여호와의 손이 사무엘의 사는 날 동안에 블레셋
사람을 막으시매 14 블레셋 사람이 이스라엘에게서 빼
앗았던 성읍이 에그론부터 가드까지 이스라엘에게 회복
되니 이스라엘이 그 사방 지경을 블레셋 사람의 손에서
도로 찾았고 또 이스라엘과 아모리 사람 사이에 평화가
있었더라 15 사무엘이 사는 날 동안에 이스라엘을 다스
렸으되 16 해마다 벧엘과 길갈과 미스바로 순회하여 그
모든 곳에서 이스라엘을 다스렸고 17 라마로 돌아왔으
니 이는 거기 자기 집이 있음이라 거기서도 이스라엘을
다스렸으며 또 거기 여호와를 위하여 단을 쌓았더라

8:1 사무엘이 늙으매 그 아들들로 이스라엘 사사를
삼으니 2 장자의 이름은 요엘이요 차자의 이름은

us." 13 So the Philistines were subdued and they did
not come anymore within the border of Israel. And the
hand of the LORD was against the Philistines all the
days of Samuel. 14 And the cities which the Philistines
had taken from Israel were restored to Israel, from Ekron
even to Gath; and Israel delivered their territory from
the hand of the Philistines. So there was peace between Israel
and the Amorites. 15 Now Samuel judged Israel all the
days of his life. 16 And he used to go annually on
circuit to Bethel and Gilgal and Mizpah, and he judged Israel
in all these places. 17 Then his return was to Ramah,
for his house was there, and there he judged Israel; and
he built there an altar to the LORD.

8:1 ¶ And it came about when Samuel was old that
he appointed his sons judges over Israel. 2 Now
the name of his first-born was Joel, and the name of his

2 장자의 이름은 **요엘이요**
차자의 이름은 **아비야라**

그들이 브엘세바에서 **사사가 되니라**

3 그 아들들이 그 아비의 행위를 **따르지 아니하고**
이를 **따라서**
뇌물을 **취하고**
판결을 **굽게 하니라**

4 모든 장로가 **모여**
/이스라엘
사무엘에게 **나아가서**
/라마에 있는
5 그에게 **이르되**
/보소서!
당신은 — 늙고
/아들들은 — 당신의 행위를 따르지 아니하니
/당신의
/[당신은] — 우리에게 왕을 세워

//(목적: ל, to)
우리를 다스리게 하소서 한지라
/열방과 같이

6 사무엘이 그것을 **기뻐하지 아니하여**
/[당신은] — 우리에게 왕을 주어

//(목적: כִּי, to)
우리를 다스리게 하라 한

여호와께 **기도하매**

7 여호와께서 사무엘에게 **이르시되**
/[너는] — 다 들으라
/백성이 네게 한 말을

//(이유: כִּי, for)
그들이 — 너를 버림이 아니요

//(이유: כִּי, for)
[그들이] — 나를 버려 ...이니라

//(목적: ל, to)
자기들의 왕이 되지 못하게 함

아비야라 그들이 브엘세바에서 사사가 되니라 3 그 아들들이 그 아비의 행위를 따르지 아니하고 이를 따라서 뇌물을 취하고 판결을 굽게 하니라 4 이스라엘 모든 장로가 모여 라마에 있는 사무엘에게 나아가서 5 그에게 이르되 보소서 당신은 늙고 당신의 아들들은 당신의 행위를 따르지 아니하니 열방과 같이 우리에게 왕을 세워 우리를 다스리게 하소서 한지라 6 우리에게 왕을 주어 우리를 다스리게 하라 한 그것을 사무엘이 기뻐하지 아니하여 여호와께 기도하매 7 여호와께서 사무엘에게 이르시되 백성이 네게 한 말을 다 들으라 그들이 너를 버림이

second, Abijah; they were judging in Beersheba. 3 His sons, however, did not walk in his ways, but turned aside after dishonest gain and took bribes and perverted justice. 4 ¶ Then all the elders of Israel gathered together and came to Samuel at Ramah; 5 and they said to him, "Behold, you have grown old, and your sons do not walk in your ways. Now appoint a king for us to judge us like all the nations." 6 But the thing was displeasing in the sight of Samuel when they said, "Give us a king to judge us." And Samuel prayed to the LORD. 7 And the LORD said to Samuel, "Listen to the voice of the people in regard to all that they say to you, for they have not rejected you, but they have rejected Me from being king over them. 8 "Like all the deeds which they

8 /그들이 ─┬ 모든 행사로 나를 버리고
　　　　　│ /내가 그들을 애굽에서 인도하여 낸 날부터 오늘날까지
　　　　　└ 네게도 그리하는도다
　　　　　　 /다른 신들을 섬김 같이
9 /그러므로
[너는] ── 그들의 말을 듣되
너는 ─┬ 그들에게 엄히 경계하고
　　　└ 왕의 제도를 알게 하라
　　　　 /그들을 다스릴

10 사무엘이 여호와의 모든 말씀을 **일러**
/왕을 구하는 백성에게
11 **가로되**
/왕의 제도가 ── 이러하니라
/너희를 다스릴

/그가 ─┬ 너희 아들들을 취하여
　　　└ 그 병거와 말을 어거케 하리니
/그들이 ── 그 병거 앞에서 달릴 것이며
12 /또
그가 ─┬ 너희 아들들로 삼을 것이며
　　　│ /천부장과 오십부장을
　　　├ 자기 밭을 갈게 하고
　　　├ 자기 추수를 하게 할 것이며
　　　└ 만들게 할 것이며
　　　　 /자기 병기와
　　　　 병거의 제구를
13 /또
그가 ─┬ 너희 딸들을 취하여
　　　└ 삼을 것이며
　　　　 /향료 만드는 자와
　　　　 /요리하는 자와
　　　　 /떡 굽는 자를
14 /또
그가 ─┬ 취하여
　　　│ /너희 밭과
　　　│ /포도원과
　　　│ /감람원의 제일 좋은 것을
　　　└ 자기 신하들에게 줄 것이며
15 /또
그가 ─┬ 십일조를 취하여
　　　│ /너희 곡식과
　　　│ /포도원 소산의

아니요 나를 버려 자기들의 왕이 되지 못하게 함이니라
8 내가 그들을 애굽에서 인도하여 낸 날부터 오늘날까
지 그들이 모든 행사로 나를 버리고 다른 신들을 섬김같
이 네게도 그리하는도다 9 그러므로 그들의 말을 듣되
너는 그들에게 엄히 경계하고 그들을 다스릴 왕의 제도
를 알게 하라 10 사무엘이 왕을 구하는 백성에게 여호
와의 모든 말씀을 일러 11 가로되 너희를 다스릴 왕의
제도가 이러하니라 그가 너희 아들들을 취하여 그 병거
와 말을 어거케 하리니 그들이 그 병거 앞에서 달릴 것
이며 12 그가 또 너희 아들들로 천부장과 오십부장을
삼을 것이며 자기 밭을 갈게 하고 자기 추수를 하게 할
것이며 자기 병거와 병거의 제구를 만들게 할 것이며
13 그가 또 너희 딸들을 취하여 향료 만드는 자와 요리
하는 자와 떡굽는 자를 삼을 것이며 14 그가 또 너희
밭과 포도원과 감람원의 제일 좋은 것을 취하여 자기 신
하들에게 줄 것이며 15 그가 또 너희 곡식과 포도원 소

have done since the day that I brought them up from
Egypt even to this day — in that they have forsaken
Me and served other gods — so they are doing to you
also. 9 "Now then, listen to their voice; however, you
shall solemnly warn them and tell them of the procedure
of the king who will reign over them." 10 ¶ So Samuel
spoke all the words of the LORD to the people who had
asked of him a king. 11 And he said, "This will be
the procedure of the king who will reign over you: he
will take your sons and place them for himself in his
chariots and among his horsemen and they will run before
his chariots. 12 "And he will appoint for himself
commanders of thousands and of fifties, and some to do
his plowing and to reap his harvest and to make his
weapons of war and equipment for his chariots. 13
"He will also take your daughters for perfumers and
cooks and bakers. 14 "And he will take the best of
your fields and your vineyards and your olive groves,
and give them to his servants. 15 "And he will take a
tenth of your seed and of your vineyards, and give to

자기 관리와 신하에게 줄 것이며
16 /또
그가 취하여
/너희 노비와
가장 아름다운 소년과
나귀들을
자기 일을 시킬 것이며
17 /[그가] 너희 양떼의 십분 일을 취하리니
/너희가 그 종이 될 것이라

18 /너희가 그 날에 부르짖되
/너희 택한 왕을 인하여
/여호와께서 그 날에 응답지 아니하시리라
/너희에게

19 백성이 사무엘의 말 듣기를 **거절하여**
가로되
/아니로소이다
/우리도 우리 왕이 있어야 하리니
20 /우리도 열방과 같이 되어
/우리 왕이 우리를 다스리며
우리 앞에 나가서
우리의 싸움을 싸워야 할 것이니이다

21 사무엘이 백성의 모든 말을 **듣고**
여호와께 **고하매**

22 여호와께서 사무엘에게 **이르시되** ...하시니
/[너는] 그들의 말을 들어
왕을 세우라

사무엘이 이스라엘 사람들에게 **이르되** ...하니라
/너희는 각기 성읍으로 돌아가라

삼상

9

1 유력한 사람이 **있으니**
/기스라 이름하는
/베냐민 지파에

산의 십일조를 취하여 자기 관리와 신하에게 줄 것이며
16 그가 또 너희 노비와 가장 아름다운 소년과 나귀들
을 취하여 자기 일을 시킬 것이며 17 너희 양떼의 십분
일을 취하리니 너희가 그 종이 될 것이라 18 그날에 너
희가 너희 택한 왕을 인하여 부르짖되 그날에 여호와께
서 너희에게 응답지 아니하시리라 19 백성이 사무엘의
말 듣기를 거절하여 가로되 아니로소이다 우리도 우리
왕이 있어야 하리니 20 우리도 열방과 같이 되어 우리
왕이 우리를 다스리며 우리 앞에 나가서 우리의 싸움을
싸워야 할 것이니이다 21 사무엘이 백성의 모든 말을
듣고 여호와께 고하매 22 여호와께서 사무엘에게 이르
시되 그들의 말을 들어 왕을 세우라 하시니 사무엘이 이
스라엘 사람들에게 이르되 너희는 각기 성읍으로 돌아가
라 하니라
9:1 베냐민 지파에 기스라 이름하는 유력한 사람이
있으니 그는 아비엘의 아들이요 스롤의 손자요 베고

his officers and to his servants. 16 "He will also take
your male servants and your female servants and your
best young men and your donkeys, and use them for his
work. 17 "He will take a tenth of your flocks, and
you yourselves will become his servants. 18 "Then
you will cry out in that day because of your king whom
you have chosen for yourselves, but the LORD will not
answer you in that day." 19 ¶ Nevertheless, the people
refused to listen to the voice of Samuel, and they said,
"No, but there shall be a king over us, 20 that we also
may be like all the nations, that our king may judge us
and go out before us and fight our battles." 21 Now
after Samuel had heard all the words of the people, he
repeated them in the LORD's hearing. 22 And the
LORD said to Samuel, "Listen to their voice, and appoint
them a king." So Samuel said to the men of Israel, "Go
every man to his city."
9:1 ¶ Now there was a man of Benjamin whose name
was Kish the son of Abiel, the son of Zeror, the son
of Becorath, the son of Aphiah, the son of a Benjamite,

그는 아비엘의 **아들이요**
스롤의 **손자요**
베고랏의 **증손이요**
아비아의 **현손이라**
베냐민 **사람이더라**

2 기스가 아들이 **있으니**
/그 이름은 사울이요
/준수한 소년이라

준수한 자가 /그보다 더 이스라엘 자손 중에 **없고**

키는 어깨 위는 **더 하더라**
/모든 백성보다

3 기스가 /사울의 아비 암나귀들을 **잃고**
그 아들 사울에게 **이르되** ...하매
/너는 ── 한 사환을 데리고
── 일어나
── 가서
── 암나귀들을 찾으라

4 그가 **두루 다니되**
/에브라임 산지와 살리사 땅으로
찾지 못하고
사알림 땅으로 **두루 다니되**
[그들이] **없고**
[그가] 베냐민 사람의 땅으로 **두루 다니되**
찾지 못하니라

5 그들이 숩 땅에 이른 때에(when)
사울이 함께 하는 사환에게 **이르되**
/[우리가] ── 돌아가자
//(목적: ל, to)
내 부친이 ── 암나귀 생각은 고사하고
── 우리를 위하여 걱정하실까 두려워하노라

6 [그가] **대답하되**
/보소서!
사람이 ── 있는데
/하나님의 /이 성에
/[그는] ── 존중히 여김을 받는 사람이라
/다 ── 반드시 응하나니
/그가 말한 것은
/[우리가] ── 그리로 가사이다
/그가 ── 혹 우리의 갈 길을 가르칠까 하나이다

랏의 증손이요 아비아의 현손이라 베냐민 사람이더라 2
기스가 아들이 있으니 그 이름은 사울이요 준수한 소년
이라 이스라엘 자손 중에 그보다 더 준수한 자가 없고
키는 모든 백성보다 어깨 위는 더하더라 3 사울의 아비
기스가 암나귀들을 잃고 그 아들 사울에게 이르되 너는
한 사환을 데리고 일어나 가서 암나귀들을 찾으라 하매
4 그가 에브라임 산지와 살리사 땅으로 두루 다니되 찾
지 못하고 사알림 땅으로 두루 다니되 없고 베냐민 사람
의 땅으로 두루 다니되 찾지 못하니라 5 그들이 숩 땅에
이른 때에 사울이 함께 하는 사환에게 이르되 돌아가자
내 부친이 암나귀 생각은 고사하고 우리를 위하여 걱정
하실까 두려워하노라 6 대답하되 보소서 이 성에 하나
님의 사람이 있는데 존중히 여김을 받는 사람이라 그가
말한 것은 반드시 다 응하나니 그리로 가사이다 그가 혹

a mighty man of valor. 2 And he had a son whose name
was Saul, a choice and handsome man, and there was not a more handsome person than he among the sons of Israel; from his shoulders and up he was taller than any of the people. 3 Now the donkeys of Kish, Saul's father,
were lost. So Kish said to his son Saul, "Take now with you one of the servants, and arise, go search for the donkeys." 4 And he passed through the hill country
of Ephraim and passed through the land of Shalishah, but they did not find them. Then they passed through the land of Shaalim, but they were not there. Then he passed through the land of the Benjamites, but they did not find them. 5 ¶ When they came to the land of Zuph,
Saul said to his servant who was with him, "Come, and

삼상

7 사울이 그 사환에게 **이르되**
/[만일]
우리가 ── 가면(if)
└ 그 사람에게 무엇을 드리겠느냐?

//(이유: כִּי, for)
우리 그릇에 식물이 다 하였으니

/[우리가] ── 하나님의 사람에게 드릴 예물이 없도다
/무엇이 있느냐?

8 사환이 사울에게 다시 **대답하여**
가로되
/보소서
/[내가] ── 내 손에 있으니
/은 한 세겔의 사분 일이
/[내가] ── 하나님의 사람에게 드려
/[그가] ── 우리 길을 가르치게 하겠나이다

9 (사람이 하나님께 가서 물으려 하면(when)
/옛적
/이스라엘에
말하기를...하였으니
/선견자에게로 가자

//(이유: כִּי, for)
옛적에는 선견자라 일컬었더라)
/지금 선지자라 하는 자를

10 사울이 그 사환에게 **이르되** ...하고
/네 말이 옳다 가자

그들이 하나님의 사람 있는 성으로 **가니라**

11 그들이 성을 향한 비탈길로 올라가다가(as)
물 길러 나오는 소녀들을 **만나**
그들에게 **묻되**
/선견자가 여기 있느냐?

12 그들이 **대답하여**

우리의 갈 길을 가르칠까 하나이다 **7** 사울이 그 사환에
게 이르되 우리가 가면 그 사람에게 무엇을 드리겠느냐
우리 그릇에 식물이 다하였으니 하나님의 사람에게 드릴
예물이 없도다 무엇이 있느냐 **8** 사환이 사울에게 다시
대답하여 가로되 보소서 내손에 은 한 세겔의 사분 일이
있으니 하나님의 사람에게 드려 우리 길을 가르치게 하
겠나이다 **9** (옛적 이스라엘에 사람이 하나님께 가서 물
으려 하면 말하기를 선견자에게로 가자 하였으니 지금
선지자라 하는 자를 옛적에는 선견자라 일컬었더라) **10**
사울이 그 사환에게 이르되 네 말이 옳다 가자 하고 그들
이 하나님의 사람 있는 성으로 가니라 **11** 그들이 성을
향한 비탈길로 올라가다가 물 길러 나오는 소녀들을 만
나 그들에게 묻되 선견자가 여기 있느냐 **12** 그들이 대
답하여 가로되 있나이다 보소서 그가 당신보다 앞섰으니

let us return, lest my father cease to be concerned about
the donkeys and become anxious for us." **6** And he said
to him, "Behold now, there is a man of God in this
city, and the man is held in honor; all that he says surely
comes true. Now let us go there, perhaps he can tell us
about our journey on which we have set out." **7** Then
Saul said to his servant, "But behold, if we go, what
shall we bring the man? For the bread is gone from our
sack and there is no present to bring to the man of God.
What do we have?" **8** And the servant answered Saul
again and said, "Behold, I have in my hand a fourth
of a shekel of silver; I will give it to the man of God
and he will tell us our way." **9** (Formerly in Israel,
when a man went to inquire of God, he used to say,
"Come, and let us go to the seer"; for he who is called
a prophet now was formerly called a seer.) **10** Then
Saul said to his servant, "Well said; come, let us go."
So they went to the city where the man of God was.
11 ¶ As they went up the slope to the city, they found young
women going out to draw water, and said to them, "Is
the seer here?" **12** And they answered them and said,
"He is; see, he is ahead of you. Hurry now, for he has

가로되
/있나이다
/보소서
그가 —— 당신보다 앞섰으니
[당신은] —— 빨리 가소서

/그가 —— 오늘 성에 들어오셨나이다

//(이유: כִּי, for)
백성이 — 오늘 제사를 드리므로
/산당에서

13 /당신들이 ┬ 성으로 들어가면(as soon as)
└ 곧 만나리이다
/그가 먹으러 산당에 올라가기 전에

//(이유: כִּי, for)
그가 —— 오기 전에는
백성이 —— 먹지 아니하나니

//이는(이유: כִּי, for)
그가 제물을 축사한 후에야
청함을 받은 자가 먹음이라

/그러므로
[당신은] —— 지금 올라가소서

//(결과)
[당신은] —— 금시로 만나리이다 (하는지라)

14 그들이 성읍으로 **올라가서**

[그들이] 그리로 들어갈 때에(as)
사무엘이 **마주 나오더라**

//((목적: לְ, to)
마침 산당으로 올라가려고

15 여호와께서 사무엘에게 알게 하여 **가라사대**
/사울의 오기 전 날에
16 /내가 —— 한 사람을 네게 보내리니
/베냐민 땅에서
/내일 이맘때에
/너는 —— 그에게 기름을 부어
//(목적: לְ, to)
내 백성 이스라엘의 지도자를 삼으라

삼상

빨리 가소서 백성이 오늘 산당에서 제사를 드리므로 그
가 오늘 성에 들어오셨나이다 **13** 당신들이 성으로 들어
가면 그가 먹으러 산당에 올라가기 전에 곧 만나리이다
그가 오기 전에는 백성이 먹지 아니하나니 이는 그가 제
물을 축사한 후에야 청함을 받은 자가 먹음이라 그러므
로 지금 올라가소서 금시로 만나리이다 하는지라 **14** 그
들이 성읍으로 올라가서 그리로 들어갈 때에 사무엘이
마침 산당으로 올라가려고 마주 나오더라 **15** 사울의 오
기 전 날에 여호와께서 사무엘에게 알게 하여 가라사대
16 내일 이맘 때에 내가 베냐민 땅에서 한 사람을 네게
보내리니 너는 그에게 기름을 부어 내 백성 이스라엘의
지도자를 삼으라 그가 내 백성을 블레셋 사람의 손에서

come into the city today, for the people have a sacrifice
on the high place today. **13** "As soon as you enter the
city you will find him before he goes up to the high
place to eat, for the people will not eat until he comes,
because he must bless the sacrifice; afterward those who
are invited will eat. Now therefore, go up for you will
find him at once." **14** So they went up to the city. As
they came into the city, behold, Samuel was coming out
toward them to go up to the high place. **15** ¶ Now a
day before Saul's coming, the LORD had revealed this
to Samuel saying, **16** "About this time tomorrow I
will send you a man from the land of Benjamin, and
you shall anoint him to be prince over My people Israel;
and he shall deliver My people from the hand of the

/그가 —— 내 백성을 구원하리라
/블레셋 사람의 손에서

//(이유: כִּי, for)
내가 —— 그들을 돌아보았노라 하시더니

//(이유: כִּי, for)
부르짖음이 —— 내게 상달하였으므로
/내 백성의

17 사무엘이 여호와께서 | 사울을 볼 때에(when)
그에게 **이르시되** ...하시니라
/보라
이는 —— 내가 네게 말한 사람이니
/이가 —— 내 백성을 통할하리라

18 사울이 | 성문 가운데 사무엘에게 **나아가**
가로되
/청컨대 내게 가르치소서
/선견자의 집이 어디인지

19 사무엘이 | 사울에게 **대답하여**
가로되
/내가 —— 선견자니라
/너는 —— 내 앞서 산당으로 올라가라
/너희가 — 오늘날 나와 함께 먹을 것이요
/내가 —— 너를 보내되
/아침에는
네 마음에 있는 것을 네게 말하리라
/다

20 /[너는] —— 네 암나귀들을 염려하지 말라
/사흘 전에 잃은

//(이유: כִּי, for)
[그들이] —— 찾았느니라

/온 이스라엘의 사모하는 자가 누구냐?
/너와 네 아비의 온 집이 아니냐?

21 사울이 | **대답하여**
가로되
/나는 —— 사람이 아니오며?
/이스라엘 지파의 가장 작은 지파
/나의 가족은 가장 미약하지 아니하니이까?
/베냐민 지파 모든 가족 중에
/당신이 — 내게 이같이 말씀하시나이까?

구원하리라 내 백성의 부르짖음이 내게 상달하였으므로
내가 그들을 돌아 보았노라 하시더니 **17** 사무엘이 사울
을 볼 때에 여호와께서 그에게 이르시되 보라 이는 내가
네게 말한 사람이니 이가 내 백성을 통할하리라 하시니
라 **18** 사울이 성문 가운데 사무엘에게 나아가 가로되
선견자의 집이 어디인지 청컨대 내게 가르치소서 **19** 사
무엘이 사울에게 대답하여 가로되 내가 선견자니라 너는
내 앞서 산당으로 올라가라 너희가 오늘날 나와 함께 먹
을 것이요 아침에는 내가 너를 보내되 네 마음에 있는 것
을 다 네게 말하리라 **20** 사흘 전에 잃은 네 암나귀들을
염려하지 말라 찾았느니라 온 이스라엘의 사모하는 자가
누구냐 너와 네 아비의 온 집이 아니냐 **21** 사울이 대답

Philistines. For I have regarded My people, because their
cry has come to Me." **17** When Samuel saw Saul, the LORD
said to him, "Behold, the man of whom I spoke to you!
This one shall rule over My people." **18** Then Saul
approached Samuel in the gate, and said, "Please tell
me where the seer's house is." **19** And Samuel answered
Saul and said, "I am the seer. Go up before me to the
high place, for you shall eat with me today; and in the
morning I will let you go, and will tell you all that is
on your mind. **20** "And as for your donkeys which
were lost three days ago, do not set your mind on them,
for they have been found. And for whom is all that is desirable
in Israel? Is it not for you and for all your father's household?"
21 And Saul answered and said, "Am I not a Benjamite,

22 사무엘이 사울과 그 사환을 **인도하여**
객실로 **들어가서**
청한 자 중 수석에 **앉게 하였는데**

객은 **삼십명 가량이었더라**

23 사무엘이 요리인에게 **이르되**
/[너는] 그 부분을 가져오라
/내가 네게 주며 네게 두라고 말한

24 요리인이 넓적다리와 그것에 붙은 것을 **가져다가**
사울 앞에 놓는지라

사무엘이 **가로되**
/보라
/이는 두었던 것이니(=것을)
/[너는] ┬ 네 앞에 놓고
└ 먹으라

//(이유: כִּי, for)
내가 ┬ 너를 위하여 이것을 두어서
/백성을 청할 때부터
└ 이때를 기다리게 하였느니라

사울이 사무엘과 함께 **먹으니라**
/그 날에

25 그들이 산당에서 내려(when)
성에 들어가서는

사무엘이 사울과 함께 지붕에서 **담화하고**

26 그들이 **일찌기 일어날새**
/동틀 때 즈음(에,이라)

사무엘이 지붕에서 사울을 **불러 가로되**
/[너는] ── 일어나라

//(결과: that...may)
내가 너를 보내리라 하매

사울이 **일어나고**

삼상

하여 가로되 나는 이스라엘 지파의 가장 작은 지파 베냐
민 사람이 아니오며 나의 가족은 베냐민 지파 모든 가족
중에 가장 미약하지 아니하니이까 당신이 어찌하여 내게
이같이 말씀하시나이까 22 사무엘이 사울과 그 사환을
인도하여 객실로 들어가서 청한 자 중 수석에 앉게 하였
는데 객은 삼십 명 가량이었더라 23 사무엘이 요리인에
게 이르되 내가 네게 주며 네게 두라고 말한 그 부분을
가져오라 24 요리인이 넓적다리와 그것에 붙은 것을 가
져다가 사울 앞에 놓는지라 사무엘이 가로되 보라 이는
두었던 것이니 네 앞에 놓고 먹으라 내가 백성을 청할
때부터 너를 위하여 이것을 두어서 이때를 기다리게 하
였느니라 그 날에 사울이 사무엘과 함께 먹으니라 25
그들이 산당에서 내려 성에 들어가서는 사무엘이 사울과
함께 지붕에서 담화하고 26 그들이 일찌기 일어날새 동
틀 때 즈음이라 사무엘이 지붕에서 사울을 불러 가로되
일어나라 내가 너를 보내리라 하매 사울이 일어나고 그

of the smallest of the tribes of Israel, and my family the
least of all the families of the tribe of Benjamin? Why
then do you speak to me in this way?" 22 ¶ Then
Samuel took Saul and his servant and brought them into
the hall, and gave them a place at the head of those who
were invited, who were about thirty men. 23 And Samuel
said to the cook, "Bring the portion that I gave you,
concerning which I said to you, 'Set it aside.'" 24
Then the cook took up the leg with what was on it and
set it before Saul. And Samuel said, "Here is what has
been reserved! Set it before you and eat, because it has
been kept for you until the appointed time, since I said
I have invited the people." So Saul ate with Samuel that
day. 25 ¶ When they came down from the high place
into the city, Samuel spoke with Saul on the roof. 26
And they arose early; and it came about at daybreak
that Samuel called to Saul on the roof, saying, "Get
up, that I may send you away." So Saul arose, and both

사울과 사무엘이 함께 밖으로 **나가서**
/그 두 사람

27 [그들이] 성읍 끝에 이르매(as)
사무엘이 사울에게 **이르되**
/[너는] —— 사환으로 우리를 앞서게 하라

사환이 **앞서매**
또
[사무엘이] **가로되**
/너는 —— 이제 잠간 서 있으라
/내가 —— 하나님의 말씀을 네게 들리리라

10

1 이에
사무엘이 기름병을 **취하여**
사울의 머리에 **붓고**
입맞추어
가로되
/여호와께서 — 네게 기름을 부으사...아니하셨느냐?
/그 기업의 지도자를(=지도자로, 삼지)

2 /네가 —— 오늘 나를 떠나가다가(when)
두 사람을 만나리니
/라헬의 묘실 곁에서
/베냐민 경계 셀사에 있는

/그들이 —— 네게 이르기를
/네가 — 암나귀들을 찾은지라
/찾으러 갔던
네 아비가 - 암나귀들의 염려는 놓았으나
- 너희를 인하여 걱정하여 가로되
/내 아들을 위하여 어찌하리요
(하더라 할 것이요)

3 /네가 —— 거기서 더 나아가서
다볼 상수리나무에 이르면

/세 사람이 —— 너와 만나리니
/거기서 하나님께 뵈려고 벧엘로 올라가는

/하나는 —— 염소 새끼 셋을 이끌었고
하나는 —— 떡 세덩이를 가졌고
하나는 —— 포도주 한 가죽부대를 가진 자라

삼상

두 사람 사울과 사무엘이 함께 밖으로 나가서 **27** 성읍
끝에 이르매 사무엘이 사울에게 이르되 사환으로 우리를
앞서게 하라 사환이 앞서매 또 가로되 너는 이제 잠간 서
있으라 내가 하나님의 말씀을 네게 들리리라
10:1 이에 사무엘이 기름병을 취하여 사울의 머리
에 붓고 입맞추어 가로되 여호와께서 네게 기름
을 부으사 그 기업의 지도자를 삼지 아니하셨느냐 **2** 네
가 오늘 나를 떠나가다가 베냐민 경계 셀사에 있는 라헬
의 묘실 곁에서 두 사람을 만나리니 그들이 네게 이르기
를 네가 찾으러 갔던 암나귀들을 찾은지라 네 아비가 암
나귀들의 염려는 놓았으나 너희를 인하여 걱정하여 가로
되 내 아들을 위하여 어찌하리요 하더라 할 것이요 **3** 네

he and Samuel went out into the street. **27** As they
were going down to the edge of the city, Samuel said
to Saul, "Say to the servant that he might go ahead of
us and pass on, but you remain standing now, that I
may proclaim the word of God to you."
10:1 ¶ Then Samuel took the flask of oil, poured it
on his head, kissed him and said, "Has not the
LORD anointed you a ruler over His inheritance? **2**
"When you go from me today, then you will find two
men close to Rachel's tomb in the territory of Benjamin
at Zelzah; and they will say to you, 'The donkeys which
you went to look for have been found. Now behold,
your father has ceased to be concerned about the donkeys
and is anxious for you, saying, "What shall I do about
my son?"' **3** "Then you will go on further from there,
and you will come as far as the oak of Tabor, and there

4 /그들이 ── 네게 문안하고
떡 두덩이를 주겠고
/너는 ── 그 손에서 받으리라

5 /그 후에
네가 ── 하나님의 산에 이르리니
/그곳에는
블레셋 사람의 영문이 있느니라

/네가 ── 그리로 가서
그 성읍으로 들어갈 때에
만날 것이요
/선지자의 무리가(~를)
/산당에서부터 내려오는 것을
/예언하며
/비파와 소고와
저와 수금을 앞세우고

6 /신이 ── 네게는 크게 임하리니
/여호와의

/너도 ── 그들과 함께 예언을 하고
변하여 되리라
/새 사람이(=새 사람으로)

7 /이 징조가 네게 임하거든(when)
너는 ── 기회를 따라 행하라

//(이유: כִּי, for)
하나님이 너와 함께 하시느니라

8 /너는 ── 길갈로 내려가라
/나보다 앞서
/내가 ── 네게로 내려가서
번제와 화목제를 드리리니

/[너는] ── 칠일을 기다리라
/내가 ── 네게 가서
너의 행할 것을 가르칠 때까지

9 그가 몸을 돌이킬 때에(when)

//(목적: לְ, to)

가 거기서 더 나아가서 다볼 상수리나무에 이르면 거기
서 하나님께 뵈려고 벧엘로 올라가는 세 사람이 너와 만
나리니 하나는 염소 새끼 셋을 이끌었고 하나는 떡 세
덩이를 가졌고 하나는 포도주 한 가죽 부대를 가진 자라
4 그들이 네게 문안하고 떡 두 덩이를 주겠고 너는 그
손에서 받으리라 5 그 후에 네가 하나님의 산에 이르리
니 그곳에는 블레셋 사람의 영문이 있느니라 네가 그리
로 가서 그 성읍으로 들어갈 때에 선지자의 무리가 산당
에서부터 비파와 소고와 저와 수금을 앞세우고 예언하며
내려오는 것을 만날 것이요 6 네게는 여호와의 신이 크
게 임하리니 너도 그들과 함께 예언을 하고 변하여 새
사람이 되리라 7 이 징조가 네게 임하거든 너는 기회를
따라 행하라 하나님이 너와 함께 하시느니라 8 너는 나
보다 앞서 길갈로 내려가라 내가 네게로 내려가서 번제
와 화목제를 드리리니 내가 네게 가서 너의 행할 것을
가르칠 때까지 칠 일을 기다리라 9 그가 사무엘에게서

three men going up to God at Bethel will meet you, one
carrying three kids, another carrying three loaves of
bread, and another carrying a jug of wine; 4 and they
will greet you and give you two loaves of bread, which
you will accept from their hand. 5 "Afterward you will
come to the hill of God where the Philistine garrison is;
and it shall be as soon as you have come there to the
city, that you will meet a group of prophets coming
down from the high place with harp, tambourine, flute,
and a lyre before them, and they will be prophesying.
6 "Then the Spirit of the LORD will come upon you
mightily, and you shall prophesy with them and be
changed into another man. 7 "And it shall be when
these signs come to you, do for yourself what the occasion
requires; for God is with you. 8 "And you shall go
down before me to Gilgal; and behold, I will come down
to you to offer burnt offerings and sacrifice peace offerings.
You shall wait seven days until I come to you and show

//(목적: ל, to)
사무엘에게서 떠나려고

하나님이 새 마음을 **주셨고**
그 징조도 다 **응하니라**
/그 날

10 그들이 산에 이를 때에(when)
선지자의(~들이) 그를 **영접하고**
/무리가(=모든)
하나님의 신이 사울에게 크게 **임하므로**
그가 그들 중에서 **예언을 하니**

11 모든 사람이 사울의 선지자들과 함께 예언함을 보고(when)
/전에 사울을 알던
서로 **이르되**...하고
/기스의 아들의 당한 일이 무엇이뇨?
/사울도 선지자들 중에 있느냐?

12 어떤 사람은 **말하여 이르되**...한지라
/그곳의 /그들의 아비가 누구냐?

그러므로
속담이 **되어 가로되**...하더라
/사울도 선지자들 중에 있느냐?

13 사울이 예언하기를 **마치고**
산당으로 **가니라**

14 사울의 숙부가 사울과 그 사환에게 **이르되**
/너희가 어디로 갔더냐?

사울이 **가로되**
/암나귀들을 찾다가
[우리가] ┬ 얻지 못하므로(when)
└ 사무엘에게 갔었나이다

15 사울의 숙부가 **가로되**
/청하노니
[너는] — 내게 고하라
/사무엘이 — 너희에게 이른 말을

떠나려고 몸을 돌이킬 때에 하나님이 새 마음을 주셨고 그 날 그 징조도 다 응하니라 **10** 그들이 산에 이를 때에 선지자의 무리가 그를 영접하고 하나님의 신이 사울에게 크게 임하므로 그가 그들 중에서 예언을 하니 **11** 전에 사울을 알던 모든 사람이 사울의 선지자들과 함께 예언함을 보고 서로 이르되 기스의 아들의 당한 일이 무엇이뇨 사울도 선지자들 중에 있느냐 하고 **12** 그곳의 어떤 사람은 말하여 이르되 그들의 아비가 누구냐 한지라 그러므로 속담이 되어 가로되 사울도 선지자들 중에 있느냐 하더라 **13** 사울이 예언하기를 마치고 산당으로 가니라 **14** 사울의 숙부가 사울과 그 사환에게 이르되 너희가 어디로 갔더냐 사울이 가로되 암나귀들을 찾다가 얻지 못하므로 사무엘에게 갔었나이다 **15** 사울의 숙부가 가로되 청하노니 사무엘이 너희에게 이른 말을 내게

you what you should do." **9** ¶ Then it happened when he turned his back to leave Samuel, God changed his heart; and all those signs came about on that day. **10** When they came to the hill there, behold, a group of prophets met him; and the Spirit of God came upon him mightily, so that he prophesied among them. **11** And it came about, when all who knew him previously saw that he prophesied now with the prophets, that the people said to one another, "What has happened to the son of Kish? Is Saul also among the prophets?" **12** And a man there answered and said, "Now, who is their father?" Therefore it became a proverb: "Is Saul also among the prophets?" **13** When he had finished prophesying, he came to the high place. **14** ¶ Now Saul's uncle said to him and his servant, "Where did you go?" And he said, "To look for the donkeys. When we saw that they could not be found, we went to Samuel." **15** And Saul's uncle said, "Please tell me what Samuel said to you." **16** So Saul

16 사울이 그 숙부에게 **말하되**...하고
/그가 —— 우리에게 분명히 말하더이다
/암나귀들을 찾았다고

[그가] 나라의 일은 **고하지 아니하니라**
/사무엘의 말하던

17 사무엘이 백성을 미스바로 **불러**
여호와 앞에 **모으고**
18 이스라엘 자손에게 **이르되**
/여호와께서 — 이같이 **말씀하시기를...하셨거늘**
/하나님 /내가 ┌이스라엘을 애굽에서 인도하여 내고
/이스라엘 └너희를 건져내었느니라
/애굽인의 손과
/모든 나라의 손에서
/너희를 압제하는

19 /너희가 ┌너희 하나님을 오늘날 버리고
/너희를 친히 구원하여 내신
/모든 재난과 고통 중에서
└이르기를...하도다
/우리 위에 왕을 세우라
/그런즉
[너희는] – 이제 여호와 앞에 나아오라 (하고)
/너희 지파대로 천명씩

20 이에
사무엘이 가까이 오게 하였더니(when)
/이스라엘 모든 지파를
베냐민 지파가 **뽑혔고**

21 [그가] 가까이 오게 하였더니(when)
/베냐민 지파를
/그 가족대로
가족이 **뽑혔고**
/마드리의

사울이 **뽑혔으나**
/기스의 아들 /그 중에서

[그들이] 그를 찾아도(when)
만나지 못한지라

삼상

고하라 16 사울이 그 숙부에게 말하되 그가 암나귀들을
찾았다고 우리에게 분명히 말하더이다 하고 사무엘의 말
하던 나라의 일은 고하지 아니하니라 17 사무엘이 백성
을 미스바로 불러 여호와 앞에 모으고 18 이스라엘 자
손에게 이르되 이스라엘 하나님 여호와께서 이같이 말씀
하시기를 내가 이스라엘을 애굽에서 인도하여 내고 너희
를 애굽인의 손과 너희를 압제하는 모든 나라의 손에서
건져내었느니라 하셨거늘 19 너희가 너희를 모든 재난
과 고통 중에서 친히 구원하여 내신 너희 하나님을 오늘
날 버리고 이르기를 우리 위에 왕을 세우라 하도다 그런
즉 이제 너희 지파대로 천 명씩 여호와 앞에 나아오라
하고 20 사무엘이 이에 이스라엘 모든 지파를 가까이
오게 하였더니 베냐민 지파가 뽑혔고 21 베냐민 지파를
그 가족대로 가까이 오게 하였더니 마드리의 가족이 뽑

said to his uncle, "He told us plainly that the donkeys
had been found." But he did not tell him about the matter
of the kingdom which Samuel had mentioned. 17 ¶
Thereafter Samuel called the people together to the LORD
at Mizpah; 18 and he said to the sons of Israel, "Thus
says the LORD, the God of Israel, 'I brought Israel up
from Egypt, and I delivered you from the hand of the
Egyptians, and from the power of all the kingdoms that
were oppressing you.' 19 "But you today rejected your
God, who delivers you from all your calamities and your
distresses; yet you have said, 'No, but set a king over
us!' Now therefore, present yourselves before the LORD
by your tribes and by your clans." 20 Thus Samuel
brought all the tribes of Israel near, and the tribe of Benjamin
was taken by lot. 21 Then he brought the tribe of
Benjamin near by its families, and the Matrite family
was taken. And Saul the son of Kish was taken; but
when they looked for him, he could not be found. 22

삼상

22 그러므로
그들이 — 또 여호와께 **묻되**
/그 사람이 여기 왔나이까?

여호와께서 — **대답하시되**
/그가 행구 사이에 숨었느니라

23 그들이 — **달려 가서**
거기서 **데려오매**

그가 — 백성 중에 서니(when)
다른 사람보다 어깨 위나 더 **크더라**

24 사무엘이 — 모든 백성에게 **이르되** ...하니
/너희는 여호와의 택하신 자를 보느냐?
/모든 백성 중에 짝할 이가 없느니라

모든 백성이 — 왕의 만세를 **외쳐**
부르니라

25 사무엘이 — 나라의 제도를 백성에게 **말하고**
책에 **기록하여**
여호와 앞에 **두고**
모든 백성을 각기 집으로 **보내매**

26 사울도 — 기브아 자기 집으로 갈 때에(when)
유력한 자들은 — 그와 함께 **갔어도**
/마음이 하나님께 감동된

27 어떤 비류는 — **가로되**
/이 사람이 어떻게 우리를 구원하겠느냐? 하고
멸시하며
예물을 **드리지 아니하니라**

그러나
그는 — **잠잠하였더라**

혔고 그 중에서 기스의 아들 사울이 뽑혔으나 그를 찾아
도 만나지 못한지라 22 그러므로 그들이 또 여호와께
묻되 그 사람이 여기 왔나이까 여호와께서 대답하시되
그가 행구(行具) 사이에 숨었느니라 23 그들이 달려가
서 거기서 데려오매 그가 백성 중에 서니 다른 사람보다
어깨 위나 더 크더라 24 사무엘이 모든 백성에게 이르
되 너희는 여호와의 택하신 자를 보느냐 모든 백성중에
짝할 이가 없느니라 하니 모든 백성이 왕의 만세를 외쳐
부르니라 25 사무엘이 나라의 제도를 백성에게 말하고
책에 기록하여 여호와 앞에 두고 모든 백성을 각기 집으
로 보내매 26 사울도 기브아 자기 집으로 갈 때에 마음
이 하나님께 감동된 유력한 자들은 그와 함께 갔어도
27 어떤 비류는 가로되 이 사람이 어떻게 우리를 구원
하겠느냐 하고 멸시하며 예물을 드리지 아니하니라 그러
나 그는 잠잠하였더라

Therefore they inquired further of the LORD, "Has the
man come here yet?" So the LORD said, "Behold, he
is hiding himself by the baggage." 23 So they ran and
took him from there, and when he stood among the
people, he was taller than any of the people from his shoulders
upward. 24 And Samuel said to all the people, "Do
you see him whom the LORD has chosen? Surely there
is no one like him among all the people." So all the
people shouted and said, "Long live the king!" 25
Then Samuel told the people the ordinances of the
kingdom, and wrote them in the book and placed it
before the LORD. And Samuel sent all the people away,
each one to his house. 26 And Saul also went to his
house at Gibeah; and the valiant men whose hearts God
had touched went with him. 27 But certain worthless
men said, "How can this one deliver us?" And they despised
him and did not bring him any present. But he kept
silent.

11

1 나하스가 /암몬 사람 — **올라와서**
길르앗 야베스를 대하여 **진 치매**

모든 사람이 /야베스 — 나하스에게 **이르되**
/[당신은] — 우리와 언약하자

그리하면
우리가 너를 **섬기리라**

2 나하스가 /암몬 사람 — 그들에게 **이르되**
/내가 — 너희와 언약하리라
/너희 오른눈을 다 빼어야
/내가 — 온 이스라엘을 이같이 모욕하리라

3 장로들이 /야베스 — **이르되**
/[당신은] — 우리에게 이레 유예를 주어
/우리로 — 이스라엘 온 지경에 사자를 보내게 하라
/[만일]
[우리가] — 우리를 구원할 자가 없으면(if)
[우리가] — 네게 나아가리라 하니라

4 이에
사자가 — 사울의 기브아에 **이르러**
이 말을 백성에게 **고하매**
모든 백성이 — 소리를 높여 **울더니**

5 마침
사울이 — 밭에서 소를 **몰고 오다가**
가로되
/백성이 무슨 일로 우느냐?

그들이 — 야베스 사람의 말로 **고하니라**

6 사울이 — 이 말을 들을 때에(when)
하나님의 신에게 크게 **감동되매**

그 노가 — 크게 **일어나서**

7 [그가] — 한 겨리 소를 **취하여**
각을 뜨고

11:1 암몬 사람 나하스가 올라와서 길르앗 야베스
를 대하여 진 치매 야베스 모든 사람이 나하스에
게 이르되 우리와 언약하자 그리하면 우리가 너를 섬기
리라 2 암몬 사람 나하스가 그들에게 이르되 내가 너희
오른눈을 다 빼어야 너희와 언약하리라 내가 온 이스라
엘을 이같이 모욕하리라 3 야베스 장로들이 이르되 우
리에게 이레 유예를 주어 우리로 이스라엘 온 지경에 사
자를 보내게 하라 우리를 구원할 자가 없으면 네게 나아
가리라 하니라 4 이에 사자가 사울의 기브아에 이르러
이 말을 백성에게 고하매 모든 백성이 소리를 높여 울더
니 5 마침 사울이 밭에서 소를 몰고 오다가 가로되 백
성이 무슨 일로 우느냐 그들이 야베스 사람의 말로 고하
니라 6 사울이 이 말을 들을 때에 하나님의 신에게 크
게 감동되매 그 노가 크게 일어나서 7 한 겨리 소를 취

11:1 ¶ Now Nahash the Ammonite came up and
besieged Jabesh-gilead; and all the men of Jabesh said
to Nahash, "Make a covenant with us and we will serve
you." 2 But Nahash the Ammonite said to them, "I
will make it with you on this condition, that I will gouge
out the right eye of every one of you, thus I will make
it a reproach on all Israel." 3 And the elders of Jabesh
said to him, "Let us alone for seven days, that we may
send messengers throughout the territory of Israel. Then,
if there is no one to deliver us, we will come out to
you." 4 Then the messengers came to Gibeah of Saul
and spoke these words in the hearing of the people, and
all the people lifted up their voices and wept. 5 Now behold,
Saul was coming from the field behind the oxen; and
he said, "What is the matter with the people that they weep?"
So they related to him the words of the men of Jabesh.
6 ¶ Then the Spirit of God came upon Saul mightily
when he heard these words, and he became very angry.

그것을 두루 **보내어 가로되**
/사자의 손으로
/이스라엘 모든 지경에
/누구든지 ┌ 나와서
└ 사울과 사무엘을 좇지 아니하면(if)
그 소들도 이와 같이 하리라 (하였더니)

두려움이 /여호와의 — 백성에게 **임하매**

그들이 — 한 사람 같이 **나온지라**

8 사울이 — 베섹에서 그들을 **계수하니**
자손이 /이스라엘 — **삼십만이요**

유다 사람이 — **삼만이더라**

삼상

9 무리가 — 온 사자들에게 **이르되**
/너희는 — 길르앗 야베스 사람에게 이같이 이르기를
/내일 해가 더울 때에
너희가 구원을 얻으리라 하라

사자들이 — **돌아가서**
야베스 사람들에게 **고하매**

그들이 — **기뻐하니라**

10 이에
사람들이 /야베스 — 이에 **가로되** ...하니라
/우리가 —— 내일 너희에게 나아가리니
/[너희는] —— 우리에게 다 행하라
/너희 소견에 좋을대로

11 이튿날에
사울이 — 백성을 삼대에 **나누고**
새벽에 적진 중에 **들어가서**
암몬 사람을 **치매**
/날이 더울 때까지

남은 자가 — 다 **흩어져서**
함께 한 자가 — **둘도 없었더라**

하여 각을 뜨고 사자의 손으로 그것을 이스라엘 모든 지
경에 두루 보내어 가로되 누구든지 나와서 사울과 사무
엘을 좇지 아니하면 그 소들도 이와 같이 하리라 하였더
니 여호와의 두려움이 백성에게 임하매 그들이 한 사람
같이 나온지라 8 사울이 베섹에서 그들을 계수하니 이스
라엘 자손이 삼십만이요 유다 사람이 삼만이더라 9 무리
가 온 사자들에게 이르되 너희는 길르앗 야베스 사람에
게 이같이 이르기를 내일 해가 더울 때에 너희가 구원을
얻으리라 하라 사자들이 돌아가서 야베스 사람들에게 고
하매 그들이 기뻐하니라 10 야베스 사람들이 이에 가로
되 우리가 내일 너희에게 나아가리니 너희 소견에 좋을
대로 우리에게 다 행하라 하니라 11 이튿날에 사울이
백성을 삼대에 나누고 새벽에 적진 중에 들어가서 날이
더울 때까지 암몬 사람을 치매 남은 자가 다 흩어져서

7 And he took a yoke of oxen and cut them in pieces,
and sent them throughout the territory of Israel by the
hand of messengers, saying, "Whoever does not come
out after Saul and after Samuel, so shall it be done to
his oxen." Then the dread of the LORD fell on the
people, and they came out as one man. 8 And he
numbered them in Bezek; and the sons of Israel were 300,000,
and the men of Judah 30,000. 9 And they said to the
messengers who had come, "Thus you shall say to the
men of Jabesh-gilead, 'Tomorrow, by the time the sun
is hot, you shall have deliverance.'" So the messengers
went and told the men of Jabesh; and they were glad.
10 Then the men of Jabesh said, "Tomorrow we will
come out to you, and you may do to us whatever seems
good to you." 11 And it happened the next morning
that Saul put the people in three companies; and they
came into the midst of the camp at the morning watch,
and struck down the Ammonites until the heat of the

12 백성이 사무엘에게 **이르되**
/한 자가 누구니이까?
/사울이 어찌 우리를 다스리겠느냐
/그들을 끌어내소서
우리가 죽이겠나이다

13 사울이 **가로되**
/이 날에는 사람을 죽이지 못하리니
//(이유: כִּי, for)
여호와께서—오늘날 구원을 베푸셨음이니라
/이스라엘 중에

14 사무엘이 백성에게 **이르되**
/오라
우리가 ─ 길갈로 가서
└ 나라를 새롭게 하자

15 모든 백성이 길갈로 **가서**
거기서 사울로 왕을 **삼고**
/여호와 앞에
거기서 화목제를 **드리고**
/여호와 앞에

사울과 ─┐
모든 사람이 ─ 거기서 크게 **기뻐하니라**
/이스라엘

삼상

12

1 사무엘이 온 이스라엘에게 **이르되**
/보라
/내가 ─ 다 듣고
/너희가 내게 한 말을
└ 너희 위에 왕을 세웠더니
2 /이제
왕이 ─ 너희 앞에 출입하느니라
/보라
/나는 ─ 늙어
└ 머리가 희었고
/아들들도 ─ 너희와 함께 있느니라
/내
/내가 ─ 너희 앞에 출입하였거니와
/어려서부터 오늘날까지

둘도 함께 한 자가 없었더라 **12** 백성이 사무엘에게 이
르되 사울이 어찌 우리를 다스리겠느냐 한 자가 누구니
이까 그들을 끌어내소서 우리가 죽이겠나이다 **13** 사울
이 가로되 이 날에는 사람을 죽이지 못하리니 여호와께
서 오늘날 이스라엘 중에 구원을 베푸셨음이니라 **14** 사
무엘이 백성에게 이르되 오라 우리가 길갈로 가서 나라
를 새롭게 하자 **15** 모든 백성이 길갈로 가서 거기서 여
호와 앞에 사울로 왕을 삼고 거기서 여호와 앞에 화목제
를 드리고 사울과 이스라엘 모든 사람이 거기서 크게 기
뻐하니라

12:1 사무엘이 온 이스라엘에게 이르되 보라 너희
가 내게 한 말을 내가 다 듣고 너희 위에 왕을 세
웠더니 **2** 이제 왕이 너희 앞에 출입하느니라 보라 나는
늙어 머리가 희었고 내 아들들도 너희와 함께 있느니라

day. And it came about that those who survived were
scattered, so that no two of them were left together. **12**
¶ Then the people said to Samuel, "Who is he that said,
'Shall Saul reign over us?' Bring the men, that we may
put them to death." **13** But Saul said, "Not a man
shall be put to death this day, for today the LORD has
accomplished deliverance in Israel." **14** ¶ Then Samuel said
to the people, "Come and let us go to Gilgal and renew
the kingdom there." **15** So all the people went to Gilgal,
and there they made Saul king before the LORD in
Gilgal. There they also offered sacrifices of peace offerings
before the LORD; and there Saul and all the men of
Israel rejoiced greatly.

12:1 ¶ Then Samuel said to all Israel, "Behold, I
have listened to your voice in all that you said to
me, and I have appointed a king over you. **2** "And

3 /내가 —— 여기 있나니
/[너희는] —— 내게 대하여 증거하라
/여호와 앞과
그 기름 부음을 받은 자 앞에서
/내가 —— 뉘 소를 취하였느냐?
뉘 나귀를 취하였느냐?
누구를 속였느냐?
누구를 압제하였느냐?
뇌물을 뉘 손에서 취하였느냐?
/내 눈을 흐리게 하는
/그리하였으면(and)
내가 ——그것을 너희에게 갚으리라

4 그들이 **가로되**
/당신이 —— 우리를 속이지 아니하였고
압제하지 아니 하였고
뉘 손에서 아무 것도 취한 것이 없나이다

삼상

5 사무엘이 백성에게 **이르되**
/여호와께서 — 너희에게 대하여 증거하시며
/너희가 - 아무 것도 찾아낸 것이 없음을
/내 손에서
/그 기름 부음을 받은 자도 오늘날 증거하느니라

그들이 **가로되**
/그가 —— 증거하시나이다

6 사무엘이 백성에게 **이르되**
/세우시며
/모세와 아론을
인도하여 내신 이는 — 여호와시니
/너희 열조를
/애굽 땅에서

7 /그런즉
[너희는] —— 가만히 섰으라
/내가 —— 여호와 앞에서 너희와 담론하리라
/모든 의로운 일에 대하여
/여호와께서 —— 행하신
/너희와 너희 열조에게

내가 어려서부터 오늘날까지 너희 앞에 출입하였거니와
3 내가 여기 있나니 여호와 앞과 그 기름 부음을 받은
자 앞에서 내게 대하여 증거하라 내가 뉘 소를 취하였느
냐 뉘 나귀를 취하였느냐 누구를 속였느냐 누구를 압제
하였느냐 내 눈을 흐리게 하는 뇌물을 뉘 손에서 취하였
느냐 그리하였으면 내가 그것을 너희에게 갚으리라 4 그
들이 가로되 당신이 우리를 속이지 아니하였고 압제하지
아니하였고 뉘 손에서 아무 것도 취한 것이 없나이다 5
사무엘이 백성에게 이르되 너희가 내 손에서 아무 것도
찾아낸 것이 없음을 여호와께서 너희에게 대하여 증거하
시며 그 기름 부음을 받은 자도 오늘날 증거하느니라 그
들이 가로되 그가 증거하시나이다 6 사무엘이 백성에게
이르되 모세와 아론을 세우시며 너희 열조를 애굽 땅에
서 인도하여 내신 이는 여호와시니 7 그런즉 가만히 섰
으라 여호와께서 너희와 너희 열조에게 행하신 모든 의
로운 일에 대하여 내가 여호와 앞에서 너희와 담론하리

now, here is the king walking before you, but I am old
and gray, and behold my sons are with you. And I have
walked before you from my youth even to this day. 3
"Here I am; bear witness against me before the LORD
and His anointed. Whose ox have I taken, or whose
donkey have I taken, or whom have I defrauded? Whom
have I oppressed, or from whose hand have I taken a
bribe to blind my eyes with it? I will restore it to you."
4 And they said, "You have not defrauded us, or
oppressed us, or taken anything from any man's hand."
5 And he said to them, "The LORD is witness against
you, and His anointed is witness this day that you have found
nothing in my hand." And they said, "He is witness."
6 ¶ Then Samuel said to the people, "It is the LORD
who appointed Moses and Aaron and who brought your
fathers up from the land of Egypt. 7 "So now, take
your stand, that I may plead with you before the LORD
concerning all the righteous acts of the LORD which
He did for you and your fathers. 8 "When Jacob went
into Egypt and your fathers cried out to the LORD, then

8 /야곱이 —— 애굽에 들어간 후(when)
열조가 —— 여호와께 부르짖으매
/너희
/여호와께서 — 모세와 아론을 보내사
/그 두 사람으로 ┌ 너희 열조를 애굽에서 인도
하여 내어
└ 이곳에 거하게 하셨으나
9 /그들이 ——— 그 하나님 여호와를 잊은지라
/여호와께서 —— 그들을 붙이셨더니
/하솔 군장 시스라의 손과
블레셋 사람의 손과
모압 왕의 손에
/그들이 —— 치매
10 /백성이 — 여호와께 부르짖어 가로되
/우리가 —— 범죄하였나이다

//(이유: כִּי, for)
[우리가] ┬ 여호와를 버리고
└ 바알들과 아스다롯을 섬기므로
/그러하오나
[당신은] — 이제 우리를 원수들의 손에서 건져내소서

//그리하시면(결과)
우리가 —— 주를 섬기겠나이다 하매

11 /여호와께서 ┬ 보내사
/여룹바알과 베단과
입다와 나 사무엘을
└ 너희를 건져내사
/너희 사방 원수의 손에서
/너희로 —— 안전히 거하게 하셨거늘

12 /너희가 — 암몬 자손의 왕 나하스의 너희를 치러 옴을 보고(when)
/너희가 — 내게 이르기를...하였도다
/여호와께서는 — 너희의 왕이 되실지라도
/너희 하나님
/아니라
/우리를 다스릴 왕이 있어야 하겠다
13 /이제
[너희는] —— 너희의 구한 왕, 너희의 택한 왕을 보라
/여호와께서 — 너희 위에 왕을 세우셨느니라

라 8 야곱이 애굽에 들어간 후 너희 열조가 여호와께 부
르짖으매 여호와께서 모세와 아론을 보내사 그 두 사람
으로 너희 열조를 애굽에서 인도하여 내어 이곳에 거하
게 하셨으나 9 그들이 그 하나님 여호와를 잊은지라 여
호와께서 그들을 하솔 군장 시스라의 손과 블레셋 사람
의 손과 모압 왕의 손에 붙이셨더니 그들이 치매 10 백
성이 여호와께 부르짖어 가로되 우리가 여호와를 버리고
바알들과 아스다롯을 섬기므로 범죄하였나이다 그러하오
나 이제 우리를 원수들의 손에서 건져 내소서 그리하시
면 우리가 주를 섬기겠나이다 하매 11 여호와께서 여룹
바알과 베단과 입다와 나 사무엘을 보내사 너희를 너희
사방 원수의 손에서 건져내사 너희로 안전히 거하게 하
셨거늘 12 너희가 암몬 자손의 왕 나하스의 너희를 치
러 옴을 보고 너희 하나님 여호와께서는 너희의 왕이 되
실지라도 너희가 내게 이르기를 아니라 우리를 다스릴
왕이 있어야 하겠다 하였도다 13 이제 너희의 구한 왕

the LORD sent Moses and Aaron who brought your
fathers out of Egypt and settled them in this place. 9
"But they forgot the LORD their God, so He sold them
into the hand of Sisera, captain of the army of Hazor,
and into the hand of the Philistines and into the hand of
the king of Moab, and they fought against them. 10
"And they cried out to the LORD and said, 'We have
sinned because we have forsaken the LORD and have served
the Baals and the Ashtaroth; but now deliver us from
the hands of our enemies, and we will serve Thee.' 11
"Then the LORD sent Jerubbaal and Bedan and Jephthah
and Samuel, and delivered you from the hands of your
enemies all around, so that you lived in security. 12 "When
you saw that Nahash the king of the sons of Ammon
came against you, you said to me, 'No, but a king shall
reign over us,' although the LORD your God was your
king. 13 "Now therefore, here is the king whom you
have chosen, whom you have asked for, and behold, the

14 /만일(אִם)
너희가 ─ 여호와를 경외하여
─ 그를 섬기며
─ 그 목소리를 듣고
─ 여호와의 명령을 거역하지 아니하며

/또
너희와
왕이 ── 너희 하나님 여호와를 좇으면(if)
/너희를 다스리는
[너희가] ─ 좋으니라마는

15 /만일(אִם)
너희가 ─ 여호와의 목소리를 듣지 아니하고
─ 여호와의 명령을 거역하면(if)
손이 ── 너희를 치실 것이라
/여호와의 /너희의 열조를 치신 것같이

16 /너희는 ─ 이제 가만히 서서
─ 이 큰 일을 보라
/여호와께서 너희 목전에 행하시는

17 /오늘은 ── 밀 베는 때가 아니냐?
/내가 ── 여호와께 아뢰리니
/여호와께서 ─ 우뢰와 비를 보내사
/너희로 ── 밝히 알게 하시리라
/곧 죄악이 ── 큼을
/여호와의 목전에 범한
/너희가 왕을 구한 일

18 이에
사무엘이 여호와께 **아뢰매**
여호와께서 그 날에 우뢰와 비를 **보내시니**
모든 백성이 여호와와 사무엘을 크게 **두려워하니라**

19 백성이 사무엘에게 **이르되**
/모든 /[당신은] ─ 당신의 하나님 여호와께 기도하여
/당신의 종들을 위하여

//(목적)

삼상

너희의 택한 왕을 보라 여호와께서 너희 위에 왕을 세우
셨느니라 14 너희가 만일 여호와를 경외하여 그를 섬기
며 그 목소리를 듣고 여호와의 명령을 거역하지 아니하
며 또 너희와 너희를 다스리는 왕이 너희 하나님 여호와
를 좇으면 좋으니라마는 15 너희가 만일 여호와의 목소
리를 듣지 아니하고 여호와의 명령을 거역하면 여호와의
손이 너희의 열조를 치신 것같이 너희를 치실 것이라
16 너희는 이제 가만히 서서 여호와께서 너희 목전에
행하시는 이 큰 일을 보라 17 오늘은 밀 베는 때가 아
니냐 내가 여호와께 아뢰리니 여호와께서 우뢰와 비를
보내사 너희가 왕을 구한 일 곧 여호와의 목전에 범한
죄악이 큼을 너희로 밝히 알게 하시리라 18 이에 사무
엘이 여호와께 아뢰매 여호와께서 그 날에 우뢰와 비를
보내시니 모든 백성이 여호와와 사무엘을 크게 두려워하
니라 19 모든 백성이 사무엘에게 이르되 당신의 종들을
위하여 당신의 하나님 여호와께 기도하여 우리로 죽지
않게 하소서 우리가 우리의 모든 죄에 왕을 구하는 악을
더하였나이다 20 사무엘이 백성에게 이르되 두려워 말

LORD has set a king over you. 14 "If you will fear
the LORD and serve Him, and listen to His voice and
not rebel against the command of the LORD, then both
you and also the king who reigns over you will follow
the LORD your God. 15 "And if you will not listen
to the voice of the LORD, but rebel against the command
of the LORD, then the hand of the LORD will be against
you, as it was against your fathers. 16 "Even now,
take your stand and see this great thing which the LORD
will do before your eyes. 17 "Is it not the wheat harvest
today? I will call to the LORD, that He may send thunder
and rain. Then you will know and see that your wickedness
is great which you have done in the sight of the LORD
by asking for yourselves a king." 18 So Samuel called
to the LORD, and the LORD sent thunder and rain that
day; and all the people greatly feared the LORD and Samuel.
19 ¶ Then all the people said to Samuel, "Pray for
your servants to the LORD your God, so that we may

//(목적)
우리로 죽지 않게 하소서

//(이유: כִּי, for)
우리가── 왕을 구하는 악을 더하였나이다
/우리의 모든 죄에

20 사무엘이 백성에게 **이르되**
/[너희는]── 두려워 말라
/너희가 ──┬ 과연 이 모든 악을 행하였으나
├ 여호와를 좇는데서 돌이키지 말고
└ 오직 여호와를 섬기라
/너희 마음을 다하여

21 /[너희는]── 돌이켜 좇지 말라
/헛된 것을
/유익하게도 못하며
/구원하지도 못하는

//(이유: כִּי, for)
그들은 ── 헛되니라

22 //(이유: כִּי, for)
여호와께서는┬ 기뻐하신 고로
/너희로 자기 백성 삼으신 것을
└ 자기 백성을 버리지 아니하실 것이요
/그 크신 이름을 인하여

23 /나는──┬ 여호와 앞에 결단코 범치 아니하고
/너희를 위하여 기도하기를 쉬는 죄를
└ 선하고 의로운 도로 너희를 가르칠 것인즉

24 /너희는┬ 그 큰 일을 생각하여
/여호와께서 너희를 위하여 행하신
├ 오직 그를 경외하며
└ 진실히 섬기라
/너희의 마음을 다하여

25 /만일(אִם)
너희가── 여전히 악을 행하면(if)
너희와 ─┐
너희 왕이 ┴── 다 멸망하리라

삼상

라 너희가 과연 이 모든 악을 행하였으나 여호와를 좇는
데서 돌이키지 말고 오직 너희 마음을 다하여 여호와를
섬기라 **21** 돌이켜 유익하게도 못하며 구원하지도 못하
는 헛된 것을 좇지 말라 그들은 헛되니라 **22** 여호와께
서는 너희로 자기 백성 삼으신 것을 기뻐하신고로 그 크
신 이름을 인하여 자기 백성을 버리지 아니하실 것이요
23 나는 너희를 위하여 기도하기를 쉬는 죄를 여호와
앞에 결단코 범치 아니하고 선하고 의로운 도로 너희를
가르칠 것인즉 **24** 너희는 여호와께서 너희를 위하여 행
하신 그 큰 일을 생각하여 오직 그를 경외하며 너희의
마음을 다하여 진실히 섬기라 **25** 만일 너희가 여전히
악을 행하면 너희와 너희 왕이 다 멸망하리라

not die, for we have added to all our sins this evil by
asking for ourselves a king." **20** And Samuel said to
the people, "Do not fear. You have committed all this
evil, yet do not turn aside from following the LORD,
but serve the LORD with all your heart. **21** "And you
must not turn aside, for then you would go after futile
things which can not profit or deliver, because they are futile.
22 "For the LORD will not abandon His people on account
of His great name, because the LORD has been pleased
to make you a people for Himself. **23** "Moreover, as
for me, far be it from me that I should sin against the
LORD by ceasing to pray for you; but I will instruct
you in the good and right way. **24** "Only fear the
LORD and serve Him in truth with all your heart; for consider
what great things He has done for you. **25** "But if you
still do wickedly, both you and your king shall be swept
away."

13

1 사울이	왕이 될 때에(when)
	사십세라
그가	2 이스라엘 사람 삼천을 **택하여**
	/이스라엘을 다스린 지 이년에
	그 중에서 이천은 자기와 함께 **있게 하고**
	/믹마스와 벧엘산에
	일천은 베냐민 기브아에 **있게 하고**
	/요나단과 함께
	남은 백성은 **보내니라**
	/각기 장막으로
3 요나단이	블레셋 사람의 수비대를 **치매**
	/게바에 있는
블레셋 사람이	이를 **들은지라**
사울이	온 땅에 나팔을 **불어**
	/이르되 ...하니(=말하면서)
	/히브리 사람들은 들으라
4 온 이스라엘이	**듣고**
	/사울의(이) — 블레셋 사람의 수비대를 친 것과
	이스라엘이 — 가증히 여김이 되었다 함을
	/블레셋 사람의(에게)
	길갈로 **모여...니라**
	/사울을 좇으(=좇아)
5 블레셋 사람이	**모였는데**
//(목적: ל, to)	
이스라엘과 싸우려 하여	
병거가	**삼만이요**
마병이	**육천이요**
백성은	해변의 모래 같이 **많더라**
그들이	**올라와서**
	벧아웬 동편 믹마스에 **진 치매**
6 사람들이	위급함을 보고(when)
/이스라엘	
	절박하여

13:1 사울이 왕이 될 때에 사십 세라 그가 이스라엘
을 다스린지 이 년에 2 이스라엘 사람 삼천을 택
하여 그 중에서 이천은 자기와 함께 믹마스와 벧엘 산에
있게 하고 일천은 요나단과 함께 베냐민 기브아에 있게
하고 남은 백성은 각기 장막으로 보내니라 3 요나단이
게바에 있는 블레셋 사람의 수비대를 치매 블레셋 사람
이 이를 들은지라 사울이 온 땅에 나팔을 불어 이르되 히
브리 사람들은 들으라 하니 4 온 이스라엘이 사울의 블
레셋 사람의 수비대를 친 것과 이스라엘이 블레셋 사람
의 가증히 여김이 되었다 함을 듣고 길갈로 모여 사울을
좇으니라 5 블레셋 사람이 이스라엘과 싸우려 하여 모였
는데 병거가 삼만이요 마병이 육천이요 백성은 해변의
모래 같이 많더라 그들이 올라와서 벧아웬 동편 믹마스
에 진 치매 6 이스라엘 사람들이 위급함을 보고 절박하

13:1 ¶ Saul was forty years old when he began to
reign, and he reigned thirty-two years over Israel.
2 Now Saul chose for himself 3,000 men of Israel, of
which 2,000 were with Saul in Michmash and in the hill
country of Bethel, while 1,000 were with Jonathan at Gibeah
of Benjamin. But he sent away the rest of the people,
each to his tent. 3 And Jonathan smote the garrison of
the Philistines that was in Geba, and the Philistines heard
of it. Then Saul blew the trumpet throughout the land, saying,
"Let the Hebrews hear." 4 And all Israel heard the news
that Saul had smitten the garrison of the Philistines, and
also that Israel had become odious to the Philistines.
The people were then summoned to Saul at Gilgal. 5 ¶
Now the Philistines assembled to fight with Israel, 30,000
chariots and 6,000 horsemen, and people like the sand which
is on the seashore in abundance; and they came up and
camped in Michmash, east of Beth-aven. 6 When the
men of Israel saw that they were in a strait (for the

숨으며
/굴과 수풀과 바위틈과
은밀한 곳과 웅덩이에

7 사람들은 — 요단을 **건너 가되**
/어떤 히브리 — /갓과 길르앗 땅으로

사울은 — 아직 길갈에 **있고**
모든 백성은 — **떨더라**
/그를 좇은

8 사울이 — 이레를 **기다리되**
/사무엘의 정한 기한대로
사무엘이 — 길갈로 **오지 아니하매**

백성이 — 사울에게서 **흩어지는지라**

9 사울이 — **가로되** ...하여
/번제와 화목제물을 이리로 가져오라
번제를 **드렸더니**

10 [사울이] — 번제 드리기를 필하자(as soon as)
사무엘이 — **온지라**
사울이 — **나가**

//(목적: to)
맞으며
문안하매

11 사무엘이 — **가로되**
/왕의 행한 것이 무엇이뇨?

사울이 — **가로되**
12 /이에
내가 ─ 이르기를 ...하고
/블레셋 사람은 나를 치러 길갈로 내려오겠거늘
/내가 여호와께 은혜를 간구치 못하였다
─ 부득이하여
─ 번제를 드렸나이다

//(이유: כִּי, for)11b[3)]
백성은 ── 나에게서 흩어지고
당신은 ── 정한 날 안에 오지 아니하고
내가 ── 보았으므로
/블레셋 사람은 믹마스에 모였음을

3) 도치 강조된 구문임

여 굴과 수풀과 바위틈과 은밀한 곳과 웅덩이에 숨으며
7 어떤 히브리 사람들은 요단을 건너 갓과 길르앗 땅으
로 가되 사울은 아직 길갈에 있고 그를 좇은 모든 백성
은 떨더라 8 사울이 사무엘의 정한 기한대로 이레를 기
다리되 사무엘이 길갈로 오지 아니하매 백성이 사울에게
서 흩어지는지라 9 사울이 가로되 번제와 화목 제물을
이리로 가져오라 하여 번제를 드렸더니 10 번제 드리기
를 필하자 사무엘이 온지라 사울이 나가 맞으며 문안하
매 11 사무엘이 가로되 왕의 행한 것이 무엇이뇨 사울
이 가로되 백성은 나에게서 흩어지고 당신은 정한 날 안
에 오지 아니하고 블레셋 사람은 믹마스에 모였음을 내
가 보았으므로 12 이에 내가 이르기를 블레셋 사람은
나를 치러 길갈로 내려오겠거늘 내가 여호와께 은혜를
간구치 못하였다 하고 부득이하여 번제를 드렸나이다

people were hard-pressed), then the people hid themselves
in caves, in thickets, in cliffs, in cellars, and in pits. 7
Also some of the Hebrews crossed the Jordan into the
land of Gad and Gilead. But as for Saul, he was still in
Gilgal, and all the people followed him trembling. 8 ¶
Now he waited seven days, according to the appointed
time set by Samuel, but Samuel did not come to Gilgal;
and the people were scattering from him. 9 So Saul
said, "Bring to me the burnt offering and the peace offerings."
And he offered the burnt offering. 10 And it came
about as soon as he finished offering the burnt offering,
that behold, Samuel came; and Saul went out to meet
him and to greet him. 11 But Samuel said, "What
have you done?" And Saul said, "Because I saw that
the people were scattering from me, and that you did
not come within the appointed days, and that the Philistines

13 사무엘이 사울에게 **이르되**
/왕이 — 망령되이 행하였도다
/왕이 — 명령을 지키지 아니하였도다
/왕의 하나님 여호와께서 왕에게 명하신

//그리하였더면(이유: כִּי, for)
여호와께서 – 왕의 나라를 영영히 세우셨을 것이어늘
/이스라엘 위에

14 /왕의 나라가 — 길지 못할 것이라
/지금은

//(이유: כִּי, for)
왕이 — 지키지 아니하였으므로
/여호와께서 — 왕에게 명하신 바를

/여호와께서 ┬ 그 마음에 맞는 사람을 구하여
└ 그 백성의 지도자를 삼으셨느니라 하고

15 사무엘이 **일어나**
길갈에서 **떠나**
베냐민 기브아로 **올라가니라**

사울이 백성을 **계수하니**
/자기와 함께 한

//(결과)
육백명 가량이라

16 사울과 —
요나단과 —
/그 아들
백성 — 베냐민 게바에 **있고**
/그들과 함께 한

블레셋 사람은 믹마스에 **진 쳤더니**

17 노략군들이 삼대로 **나와서**
/블레셋 사람의 진에서

한 대는 수알 땅에 **이르렀고**
/오브라 길로 말미암아

13 사무엘이 사울에게 이르되 왕이 망령되이 행하였도
다 왕이 왕의 하나님 여호와께서 왕에게 명하신 명령을
지키지 아니하였도다 그리하였더면 여호와께서 이스라엘
위에 왕의 나라를 영영히 세우셨을 것이어늘 **14** 지금은
왕의 나라가 길지 못할 것이라 여호와께서 왕에게 명하
신 바를 왕이 지키지 아니하였으므로 여호와께서 그 마
음에 맞는 사람을 구하여 그 백성의 지도자를 삼으셨느
니라 하고 **15** 사무엘이 일어나 길갈에서 떠나 베냐민
기브아로 올라가니라 사울이 자기와 함께 한 백성을 계
수하니 육백 명 가량이라 **16** 사울과 그 아들 요나단과
그들과 함께한 백성은 베냐민 게바에 있고 블레셋 사람
은 믹마스에 진쳤더니 **17** 노략군들이 삼대로 블레셋 사
람의 진에서 나와서 한 대는 오브라길로 말미암아 수알
땅에 이르렀고 **18** 한 대는 벧호론 길로 향하였고 한 대

were assembling at Michmash, **12** therefore I said,
'Now the Philistines will come down against me at
Gilgal, and I have not asked the favor of the LORD.'
So I forced myself and offered the burnt offering." **13**
And Samuel said to Saul, "You have acted foolishly;
you have not kept the commandment of the LORD your
God, which He commanded you, for now the LORD
would have established your kingdom over Israel forever.
14 "But now your kingdom shall not endure. The
LORD has sought out for Himself a man after His own heart,
and the LORD has appointed him as ruler over His
people, because you have not kept what the LORD
commanded you." **15** ¶ Then Samuel arose and went
up from Gilgal to Gibeah of Benjamin. And Saul numbered
the people who were present with him, about six hundred
men. **16** Now Saul and his son Jonathan and the people
who were present with them were staying in Geba of
Benjamin while the Philistines camped at Michmash.
17 And the raiders came from the camp of the Philistines
in three companies: one company turned toward Ophrah,

18 한 대는　　　　벧호론 길로 **향하였고**
한 대는　　　　지경 길로 **향하였더라**
/광야를 향한 스보임 골짜기가 내려다 보이는

19 때에(ו, now)
철공이　　　　이스라엘 온 땅에 **없어졌으니**

//이는(이유: כִּי, for)
블레셋 사람이 ── 말하기를...하였음이라
/히브리 사람이 칼이나 창을 만들까 두렵다[4]

20 이스라엘 사람이　　블레셋 사람에게로 내려갔었는데
/온

//(목적: לְ, to)
각기 벼리려면(=벼리기 위해)
/보습이나 삽이나 도끼나 괭이를

21 곧
괭이나
삽이나
쇠스랑이나
도끼나
쇠채찍이 ── 무딜 때에(when)
그들이　　　　**그리하였으므로**

22 싸우는 날에[5]
칼이나 창이　　　백성의 손에는 **없고**
/사울과 요나단과 함께 한
오직 사울과 그 아들 요나단에게만 **있으니라**

23 부대가　　　　**나와서**
/블레셋 사람의
믹마스 어귀에 **이르렀더라**

14

1 요나단이　　　　소년에게 **이르되**
/사울의 아들　　/자기 병기를 든
/하루는[6]
/우리가 ─ 건너가자 하고
/건너편 블레셋 사람의 부대에게로

4) 직역: 이스라엘 사람들이 칼이나 창을 만들지 못하게 하자.
5) So it came about on the day of battle(NASB) ; So on the day of the battle(NRSV)
6) 어느 날

삼상

는 광야를 향한 스보임 골짜기가 내려다 보이는 지경 길로 향하였더라 **19** 때에 이스라엘 온 땅에 철공이 없어졌으니 이는 블레셋 사람이 말하기를 히브리 사람이 칼이나 창을 만들까 두렵다 하였음이라 **20** 온 이스라엘 사람이 각기 보습이나 삽이나 도끼나 괭이를 벼리려면 블레셋 사람에게로 내려갔었는데 **21** 곧 그들이 괭이나 삽이나 쇠스랑이나 도끼나 쇠채찍이 무딜 때에 그리하였으므로 **22** 싸우는 날에 사울과 요나단과 함께한 백성의 손에는 칼이나 창이 없고 오직 사울과 그 아들 요나단에게만 있으니라 **23** 블레셋 사람의 부대가 나와서 믹마스 어귀에 이르렀더라

14:1 하루는 사울의 아들 요나단이 자기 병기를 든 소년에게 이르되 우리가 건너편 블레셋 사람의 부대에게로 건너가자 하고 그 아비에게는 고하지 아니하

to the land of Shual, **18** and another company turned toward Beth-horon, and another company turned toward the border which overlooks the valley of Zeboim toward the wilderness. **19** ¶ Now no blacksmith could be found in all the land of Israel, for the Philistines said, "Lest the Hebrews make swords or spears." **20** So all Israel went down to the Philistines, each to sharpen his plowshare, his mattock, his axe, and his hoe. **21** And the charge was two-thirds of a shekel for the plowshares, the mattocks, the forks, and the axes, and to fix the hoes. **22** So it came about on the day of battle that neither sword nor spear was found in the hands of any of the people who were with Saul and Jonathan, but they were found with Saul and his son Jonathan. **23** And the garrison of the Philistines went out to the pass of Michmash.

14:1 ¶ Now the day came that Jonathan, the son of Saul, said to the young man who was carrying his armor, "Come and let us cross over to the Philistines' garrison

그 아비에게는 **고하지 아니하였더라**

2 사울이 석류나무 아래 **머물렀고**
/기브아 변경 미그론에 있는

백성은 **육백명 가량이며**
/함께 한

3 아히야는 에봇을 **입고** 거기 **있었으니**

그는 아히둡의 **아들이요**
/이가봇의 형제
비느하스의 **손자요**
엘리의 **증손이었더라**
/실로에서 여호와의 제사장이 되었던

백성은 요나단의 간 줄을 **알지 못하니라**

삼상

4 험한 바위가 이편에도 **있고**
/어귀 사이
/요나단이 — 건너가려 하는
/블레셋 사람의 부대에게로
험한 바위가 저편에도 **있는데**

하나의 이름은 **보세스요**
하나의 이름은 **세네라**

5 한 바위는 북에서 믹마스 앞에 **일어섰고**
하나는 남에서 게바 앞에 **일어섰더라**

6 요나단이 소년에게 **이르되**
/자기 병기 든
/우리가 — 부대에게로 건너가자
/이 할례 없는 자들의

//(결과)
여호와께서 — 일하실까 하노라
/우리를 위하여

//(이유: כִּי, for)
여호와의 구원은 – 달리지 아니하였느니라
/사람의 많고 적음에

였더라 2 사울이 기브아 변경 미그론에 있는 석류나무 아래 머물렀고 함께 한 백성은 육백 명 가량이며 3 아히야는 에봇을 입고 거기 있었으니 그는 이가봇의 형제 아히둡의 아들이요 비느하스의 손자요 실로에서 여호와의 제사장이 되었던 엘리의 증손이었더라 백성은 요나단의 간 줄을 알지 못하니라 4 요나단이 블레셋 사람의 부대에게로 건너가려 하는 어귀 사이 이 편에도 험한 바위가 있고 저편에도 험한 바위가 있는데 하나의 이름은 보세스요 하나의 이름은 세네라 5 한 바위는 북에서 믹마스 앞에 일어섰고 하나는 남에서 게바 앞에 일어섰더라 6 요나단이 자기 병기 든 소년에게 이르되 우리가 이 할례 없는 자들의 부대에게로 건너가자 여호와께서 우리를 위하여 일하실까 하노라 여호와의 구원은 사람의 많고 적음에 달리지 아니하였느니라 7 병기 든 자가 그에게 이

that is on yonder side." But he did not tell his father. 2 And Saul was staying in the outskirts of Gibeah under the pomegranate tree which is in Migron. And the people who were with him were about six hundred men, 3 and Ahijah, the son of Ahitub, Ichabod's brother, the son of Phinehas, the son of Eli, the priest of the LORD at Shiloh, was wearing an ephod. And the people did not know that Jonathan had gone. 4 And between the passes by which Jonathan sought to cross over to the Philistines' garrison, there was a sharp crag on the one side, and a sharp crag on the other side, and the name of the one was Bozez, and the name of the other Seneh. 5 The one crag rose on the north opposite Michmash, and the other on the south opposite Geba. 6 ¶ Then Jonathan said to the young man who was carrying his armor, "Come and let us cross over to the garrison of these uncircumcised; perhaps the LORD will work for us, for the LORD is not restrained to save by many or by few." 7 And his armor bearer said to him, "Do all that is in your heart; turn yourself, and here I am with you according

7 병기 든 자가 그에게 **이르되**
/다 행하여 앞서 가소서
/당신의 마음에 있는 대로
/내가 ── 당신과 마음을 같이하여
/따르리이다(=따르면서)

8 요나단이 **가로되**
/보라!
우리가 ┬ 그 사람들에게로 건너가서
└ 그들에게 보이리니

9 /만일(אִם)
그들이 ── 이같이 우리에게 이르기를..하면
/우리가 너희에게로 가기를 기다리라
우리는 ┬ 우리 곳에 가만히 서서
└ 그들에게로 올라가지 말 것이요

10 /만일(אִם)
그들이 ── 이같이 말하기를 ...하면
/우리에게로 올라오라
우리가 ── 올라갈 것은

//(이유: כִּי, for)
여호와께서 ── 그들을 붙이셨음이니
/우리 손에

/이것이 ── 우리에게 표징이 되리라 하고

11 둘이 다 블레셋 사람의 부대에게 보이매(when)
블레셋 사람이 **가로되**...하고
/보라
히브리 사람이 ── 구멍에서 나온다
/그 숨었던

12 사람들이 요나단과 그 병기 든 자를 대하여 **가로되**...한지라
/그 부대
/[너희는] ── 우리에게로 올라오라

//(결과)
[우리가] ── 너희에게 한 일을 보이리라

요나단이 자기 병든 든 자에게 **이르되**.... 하고
/[너희는] ── 나를 따라 올라오라

//(이유: כִּי, for)

르되 당신의 마음에 있는 대로 다 행하여 앞서 가소서
내가 당신과 마음을 같이하여 따르리이다 8 요나단이
가로되 보라 우리가 그 사람들에게로 건너가서 그들에게
보이리니 9 그들이 만일 이같이 우리에게 이르기를 우
리가 너희에게로 가기를 기다리라 하면 우리는 우리 곳
에 가만히 서서 그들에게로 올라가지 말 것이요 10 그
들이 만일 이같이 말하기를 우리에게로 올라오라 하면
우리가 올라갈 것은 여호와께서 그들을 우리 손에 붙이
셨음이니 이것이 우리에게 표징이 되리라 하고 11 둘이
다 블레셋 사람의 부대에게 보이매 블레셋 사람이 가로
되 보라 히브리 사람이 그 숨었던 구멍에서 나온다 하고
12 그 부대 사람들이 요나단과 그 병기 든 자를 대하여
가로되 우리에게로 올라오라 너희에게 한 일을 보이리라
한지라 요나단이 자기 병기든 자에게 이르되 나를 따라
올라오라 여호와께서 그들을 이스라엘의 손에 붙이셨느
니라 하고 13 요나단이 손발로 붙잡고 올라갔고 그 병

to your desire." 8 Then Jonathan said, "Behold, we
will cross over to the men and reveal ourselves to them.
9 "If they say to us, 'Wait until we come to you';
then we will stand in our place and not go up to them.
10 "But if they say, 'Come up to us,' then we will
go up, for the LORD has given them into our hands;
and this shall be the sign to us." 11 And when both of
them revealed themselves to the garrison of the Philistines,
the Philistines said, "Behold, Hebrews are coming out
of the holes where they have hidden themselves." 12
So the men of the garrison hailed Jonathan and his armor
bearer and said, "Come up to us and we will tell you
something." And Jonathan said to his armor bearer,
"Come up after me, for the LORD has given them into
the hands of Israel." 13 Then Jonathan climbed up on
his hands and feet, with his armor bearer behind him;

//(이유: כִּי, for)
여호와께서 — 그들을 붙이셨느니라
/이스라엘의 손에

13 요나단이 손발로 붙잡고 **올라갔고**

그 병기 든 자도 **따랐더라**

블레셋 사람들이 요나단 앞에서 **엎드러지매**

병기 든 자가 따라가며 **죽였으니**

14 도륙한 자가 **이십인 가량이라**
/요나단과 그 병기 든 자가
/반일경 지단 안에서
/처음으로

삼상

15 떨림이 **일어났고**
/들에 있는 진과
모든 백성 중에

부대와
노략군 들도 **떨었으며**

땅도 **진동하였으니**
이는 큰 **떨림이었더라**

16 파숫군이 **바라본즉**
/사울의
/베냐민 기브아에 있는

블레셋 사람이 **무너져**
/허다한
이리 저리 **흩어지더라**

17 사울이 백성에게 **이르되** ...하고
/자기와 함께 한
/[너희는] 점고하여 보라
/우리에게서 누가 나갔는지

[그들이] 점고한즉(when)
요나단과
병기 든 자가 **없어졌더라**
/그의

18 사울이 아히야에게 **이르되**
/[너는] — 하나님의 궤를 이리로 가져 오라 하니

//(이유: כִּי, for)

기 든 자도 따랐더라 블레셋 사람들이 요나단 앞에서 엎드러지매 병기 든 자가 따라가며 죽였으니 **14** 요나단과 그 병기 든 자가 반일경 지단 안에서 처음으로 도륙한 자가 이십 인 가량이라 **15** 들에 있는 진과 모든 백성 중에 떨림이 일어났고 부대와 노략군들도 떨었으며 땅도 진동하였으니 이는 큰 떨림이었더라 **16** 베냐민 기브아에 있는 사울의 파숫군이 바라본즉 허다한 블레셋 사람이 무너져 이리저리 흩어지더라 **17** 사울이 자기와 함께 한 백성에게 이르되 우리에게서 누가 나갔는지 점고하여 보라 하고 점고한즉 요나단과 그의 병기 든 자가 없어졌더라 **18** 사울이 아히아에게 이르되 하나님의 궤를 이리로 가져오라 하니 그 때에 하나님의 궤가 이스라엘 자손

and they fell before Jonathan, and his armor bearer put some to death after him. **14** And that first slaughter which Jonathan and his armor bearer made was about twenty men within about half a furrow in an acre of land. **15** And there was a trembling in the camp, in the field, and among all the people. Even the garrison and the raiders trembled, and the earth quaked so that it became a great trembling. **16** ¶ Now Saul's watchmen in Gibeah of Benjamin looked, and behold, the multitude melted away; and they went here and there. **17** And Saul said to the people who were with him, "Number now and see who has gone from us." And when they had numbered, behold, Jonathan and his armor bearer were not there. **18** Then Saul said to Ahijah, "Bring the ark of God here." For the

//(이유: כִּי, for)
하나님의 궤가 — 이스라엘 자손과 함께 있음이라
/그 때에

19 사울이 제사장에게 말할 때에(when)
소동이 **점점 더한지라**
/블레셋 사람의 진에

사울이 제사장에게 **이르되** ...하고
/네 손을 거두라

20 사울과
모든 백성이 — **모여**
/그와 함께 한
전장에 **가서**
본즉

블레셋 사람이 각각 칼로 그 동무를 **치므로**
크게 **혼란하였더라**

21 히브리 사람이 사방에서 블레셋 사람과 함께 **와서**
/전에 블레셋 사람과 함께 하던

진에 **들어 왔더니**

그들이 **돌이켜**
이스라엘 사람과 **합하였고**
/사울과 요나단과 함께 한

22 모든 사람도 블레셋 사람의 도망함을 듣고(when)
/이스라엘
/에브라임 산지에 숨었던
싸우러 **나와서**
그들을 **추격하였더라**

23 여호와께서 이스라엘을 **구원하시므로**
/그 날에

전쟁이 벧아웬을 **지나니라**

24 백성이 **피곤하였으니**
/이스라엘 /이 날에

//이는(כִּי, for)

삼상

과 함께 있음이라 19 사울이 제사장에게 말할 때에 블
레셋 사람의 진에 소동이 점점 더한지라 사울이 제사장
에게 이르되 네 손을 거두라 하고 20 사울과 그와 함께
한 모든 백성이 모여 전장에 가서 본즉 블레셋 사람이
각각 칼로 그 동무를 치므로 크게 혼란하였더라 21 전
에 블레셋 사람과 함께 하던 히브리 사람이 사방에서 블
레셋 사람과 함께 와서 진에 들어왔더니 그들이 돌이켜
사울과 요나단과 함께한 이스라엘 사람과 합하였고 22
에브라임 산지에 숨었던 이스라엘 모든 사람도 블레셋
사람의 도망함을 듣고 싸우러 나와서 그들을 추격하였더
라 23 여호와께서 그 날에 이스라엘을 구원하시므로 전
쟁이 벧아웬을 지나니라 24 이 날에 이스라엘 백성이
피곤하였으니 이는 사울이 백성에게 맹세시켜 경계하여
이르기를 저녁 곧 내가 내 원수에게 보수하는 때까지 아

ark of God was at that time with the sons of Israel. 19
And it happened while Saul talked to the priest, that the commotion in the camp of the Philistines continued and increased; so Saul said to the priest, "Withdraw your hand." 20 Then Saul and all the people who were with him rallied and came to the battle; and behold, every man's sword was against his fellow, and there was very great confusion. 21 Now the Hebrews who were with the Philistines previously, who went up with them all around in the camp, even they also turned to be with the Israelites who were with Saul and Jonathan. 22 When all the men of Israel who had hidden themselves in the hill country of Ephraim heard that the Philistines had fled, even they also pursued them closely in the battle. 23
So the LORD delivered Israel that day, and the battle spread beyond Beth-aven. 24 ¶ Now the men of Israel were hard-pressed on that day, for Saul had put the people under oath, saying, "Cursed be the man who

//이는(כִּי, for)
사울이 — 백성에게 맹세시켜...하였음이라
/경계하여 이르기를
/먹는 사람은 저주를 받을지어다
/아무 식물이든지
/저녁 곧 내가 내 원수에게 보수하는 때까지

그러므로
백성이 식물을 **맛보지 못하고**
25 그들이 다 수풀에 **들어간즉**
꿀이 땅에 **있더라**

26 백성이 수풀로 들어갈 때에(when)
꿀이 흐르는 것을 **보고도**
대는 자가 **없으나**
/손을
/그 입에

//(이유: כִּי, for)
그들이 — 맹세를 두려워하여

27 요나단은 **듣지 못하였으므로**
/그 아비가 맹세로 백성에게 명할 때에
손에 가진 지팡이 끝을 **내밀어**
꿀을 **찍고**
그 손을 **돌이켜** 입에 **대매**
눈이 **밝아졌더라**

28 때에(ו, then)
백성 중 하나가 **고하여 가로되** ...하셨나이다
/부친이 — 맹세로 백성에게 엄히 명하여
/당신의 /말씀하시기를
/오늘날 식물을 먹는 사람은 저주를 받을지어다

/그러므로
백성이 — 피곤하였나이다

29 요나단이 **가로되**
/내 부친이-이 땅으로 곤란케 하셨도다
/보라
내 눈이 — 이렇게 밝았거든

//(이유: כִּי, for)
내가 — 이 꿀 조금을 맛보고도

삼상

무 식물이든지 먹는 사람은 저주를 받을 지어다 하였음
이라 그러므로 백성이 식물을 맛보지 못하고 25 그들이
다 수풀에 들어간즉 땅에 꿀이 있더라 26 백성이 수풀
로 들어갈 때에 꿀이 흐르는 것을 보고도 그들이 맹세를
두려워하여 손을 그 입에 대는 자가 없으나 27 요나단
은 그 아비가 맹세로 백성에게 명할 때에 듣지 못하였으
므로 손에 가진 지팡이 끝을 내밀어 꿀을 찍고 그 손을
돌이켜 입에 대매 눈이 밝아졌더라 28 때에 백성 중 하
나가 고하여 가로되 당신의 부친이 맹세로 백성에게 엄
히 명하여 말씀하시기를 오늘날 식물을 먹는 사람은 저
주를 받을지어다 하셨나이다 그러므로 백성이 피곤하였
나이다 29 요나단이 가로되 내 부친이 이 땅으로 곤란
케 하셨도다 보라 내가 이 꿀 조금을 맛보고도 내 눈이
이렇게 밝았거든 30 하물며 백성이 오늘 그 대적에게서

eats food before evening, and until I have avenged myself
on my enemies." So none of the people tasted food. 25
And all the people of the land entered the forest, and
there was honey on the ground. 26 When the people entered
the forest, behold, there was a flow of honey; but no
man put his hand to his mouth, for the people feared
the oath. 27 But Jonathan had not heard when his father
put the people under oath; therefore, he put out the end
of the staff that was in his hand and dipped it in the
honeycomb, and put his hand to his mouth, and his eyes
brightened. 28 Then one of the people answered and
said, "Your father strictly put the people under oath,
saying, 'Cursed be the man who eats food today.'" And
the people were weary. 29 Then Jonathan said, "My

30 /[만일]
백성이 — 임의로 먹었더면(if)
/오늘 그 대적에게서 탈취하여 얻은 것을
하물며(how)
살육함이 — 더욱 많지 아니하였겠느냐?
/블레셋 사람을

31 그 날에
백성이 블레셋 사람을 **쳤으므로**
/믹마스에서부터 아얄론에 이르기까지
그들이 심히 **피곤한지라**

32 이에
백성이 탈취한 물건에 **달려가서**
양과 소와 송아지들을 **취하고**
그것을 땅에서 **잡아**
피 있는채 **먹었더니**

33 무리가 사울에게 **고하여 가로되**
/보소서
백성이 — 여호와께 범죄하였나이다
/고기를 피채 먹어

사울이 **가로되**
/너희가 — 무신하게 행하였도다
/[너희는] — 이제 큰 돌을 내게로 굴려 오라 하고

34 또
가로되
/너희는 — 이르기를
/백성 중에 흩어져 다니며
/사람은 — 각기 소와 각기 양을 끌어다가
/이리로
잡아 먹되
여호와께 범죄하지 말라 하매
/피 있는채 먹어서

그 밤에
모든 백성이 각각 자기의 소를 **끌어다가**
거기서 **잡으니라**

35 사울이 단을 **쌓았으니**
/여호와를 위하여
이는 **단이었더라**
/그가 — 처음 쌓은
/여호와를 위하여

탈취하여 얻은 것을 임의로 먹었더면 블레셋 사람을 살
륙함이 더욱 많지 아니하였겠느냐 **31** 그 날에 백성이
믹마스에서부터 아얄론에 이르기까지 블레셋 사람을 쳤
으므로 그들이 심히 피곤한지라 **32** 백성이 이에 탈취한
물건에 달려가서 양과 소와 송아지들을 취하고 그것을
땅에서 잡아 피 있는 채 먹었더니 **33** 무리가 사울에게
고하여 가로되 보소서 백성이 고기를 피채 먹어 여호와
께 범죄하였나이다 사울이 가로되 너희가 무신하게 행하
였도다 이제 큰 돌을 내게로 굴려오라 하고 **34** 또 가로
되 너희는 백성 중에 흩어져 다니며 이르기를 사람은 각
기 소와 각기 양을 이리로 끌어다가 잡아 먹되 피 있는
채 먹어서 여호와께 범죄하지 말라 하매 그 밤에 모든
백성이 각각 자기의 소를 끌어다가 거기서 잡으니라 **35**
사울이 여호와를 위하여 단을 쌓았으니 이는 그가 여호

father has troubled the land. See now, how my eyes
have brightened because I tasted a little of this honey.
30 "How much more, if only the people had eaten
freely today of the spoil of their enemies which they
found! For now the slaughter among the Philistines has
not been great." **31** ¶ And they struck among the
Philistines that day from Michmash to Aijalon. And the
people were very weary. **32** And the people rushed greedily
upon the spoil, and took sheep and oxen and calves, and
slew them on the ground; and the people ate them with
the blood. **33** Then they told Saul, saying, "Behold,
the people are sinning against the LORD by eating with
the blood." And he said, "You have acted treacherously;
roll a great stone to me today." **34** And Saul said, "Disperse
yourselves among the people and say to them, 'Each
one of you bring me his ox or his sheep, and slaughter

36 사울이 **가로되**
/우리가 ─ 블레셋 사람을 쫓아 내려가서
/밤에
─ 그들 중에서 탈취하고
/동틀 때까지
─ 한 사람도 남기지 말자

무리가 **가로되**...할 (때에)
/왕의 소견에 좋은 대로 하소서

제사장이 **가로되**...하매
/이리로 와서
하나님께로 나아가사이다

37 사울이 하나님께 **묻자오되**...하되
/내가 ─ 내려가리이까?
/블레셋 사람을 쫓아
/주께서 ─ 그들을 붙이시겠나이까?
/이스라엘의 손에

[주께서] **대답지 아니하시는지라**
/그 날에

38 사울이 **가로되**
/너희 백성의 어른들아!
[너희는] ─ 다 이리로 오라
[우리가] ─ 오늘 알아보자
/이 죄가 뉘게 있나

39 [내가] **맹세하노니**...하되
/여호와의 사심으로
/이스라엘을 구원하신
/[비록](כִּי)
[죄가] ─ 있다 할지라도(thuogh)
/내 아들 요나단에게
[그는] ─ 반드시 죽으리라

한 사람도 **대답지 아니하매**
/모든 백성 중

40 이에
그가 온 이스라엘에게 **이르되**
/너희는 저편에 있으라
/나와 내 아들 요나단은 이편에 있으리라

삼상

와를 위하여 처음 쌓은 단이었더라 36 사울이 가로되
우리가 밤에 블레셋 사람을 쫓아 내려가서 동틀 때까지
그들 중에서 탈취하고 한 사람도 남기지 말자 무리가 가
로대 왕의 소견에 좋은 대로 하소서 할 때에 제사장이 가
로되 이리로 와서 하나님께로 나아가사이다 하매 37 사
울이 하나님께 묻자오되 내가 블레셋 사람을 쫓아 내려
가리이까 주께서 그들을 이스라엘의 손에 붙이시겠나이
까 하되 그 날에 대답지 아니하시는지라 38 사울이 가
로되 너희 백성의 어른들아 다 이리로 오라 오늘 이 죄가
뉘게 있나 알아 보자 39 이스라엘을 구원하신 여호와의
사심으로 맹세하노니 내 아들 요나단에게 있다 할지라도
반드시 죽으리라 하되 모든 백성 중 한 사람도 대답지 아
니하매 40 이에 그가 온 이스라엘에게 이르되 너희는
저편에 있으라 나와 내 아들 요나단은 이편에 있으리라

it here and eat; and do not sin against the LORD by
eating with the blood.'" So all the people that night
brought each one his ox with him, and slaughtered it
there. 35 And Saul built an altar to the LORD; it was
the first altar that he built to the LORD. 36 ¶ Then
Saul said, "Let us go down after the Philistines by night
and take spoil among them until the morning light, and
let us not leave a man of them." And they said, "Do whatever
seems good to you." So the priest said, "Let us draw
near to God here." 37 And Saul inquired of God, "Shall
I go down after the Philistines? Wilt Thou give them
into the hand of Israel?" But He did not answer him on
that day. 38 And Saul said, "Draw near here, all you
chiefs of the people, and investigate and see how this
sin has happened today. 39 "For as the LORD lives,
who delivers Israel, though it is in Jonathan my son, he
shall surely die." But not one of all the people answered
him. 40 Then he said to all Israel, "You shall be on

백성이 사울에게 **말하되**...하니라
/왕의 소견에 좋은대로 하소서

41 이에
사울이 여호와께 **아뢰되** ...하였더니
/이스라엘의 하나님
/원컨대 실상을 보이소서

요나단과
사울이 **뽑히고**
백성은 **면한지라**

42 사울이 **가로되**...하였더니
/나와 내 아들 요나단 사이에 뽑으라

요나단이 **뽑히니라**

43 사울이 요나단에게 **가로되**
/너의 행한 것을 내게 고하라

요나단이 **고하여 가로되**
/내가 — 다만 꿀을 조금 맛보았을 뿐이오나
/내 손에 가진 지팡이 끝으로
/내가 — 죽을 수밖에 없나이다

44 사울이 **가로되**[7]
/요나단아!
하나님이 ─ 내게 벌을 내리시고
또 ─ 내리시기를 (원하노라)

//그렇지 않으면(이유: כִּי, for)
네가 반드시 죽으리라

45 백성이 사울에게 **말하되**...하여
/요나단이 — 죽겠나이까 ?
/이스라엘에 이 큰 구원을 이룬
결단코 그렇지 아니하니이다
/[우리가] — 여호와의 사심으로 맹세하옵나니
하나도 — 땅에 떨어지지 아니할 것은
/그의 머리털

//(이유: כִּי, for)

7) And Saul answered, “God do so and more also; for you shall surely die, Jonathan.”[NKJV]

And Saul said, “May God do this [to me] and more also, for you shall surely die, Jonathan.”[NASB]

Saul said, “God do so to me and more also; you shall surely die, Jonathan!”[NRSV]

삼상

백성이 사울에게 말하되 왕의 소견에 좋은 대로 하소서 하니라 **41** 이에 사울이 이스라엘의 하나님 여호와께 아뢰되 원컨대 실상을 보이소서 하였더니 요나단과 사울이 뽑히고 백성은 면한지라 **42** 사울이 가로되 나와 내 아들 요나단 사이에 뽑으라 하였더니 요나단이 뽑히니라 **43** 사울이 요나단에게 가로되 너의 행한 것을 내게 고하라 요나단이 고하여 가로되 내가 다만 내 손에 가진 지팡이 끝으로 꿀을 조금 맛보았을 뿐이오나 내가 죽을 수밖에 없나이다 **44** 사울이 가로되 요나단아 네가 반드시 죽으리라 그렇지 않으면 하나님이 내게 벌을 내리시고 또 내리시기를 원하노라 **45** 백성이 사울에게 말하되 이스라엘에 이 큰 구원을 이룬 요나단이 죽겠나이까 결단코 그렇지 아니하니이다 여호와의 사심으로 맹세하옵나니 그의 머리털 하나도 땅에 떨어지지 아니할 것은 그

one side and I and Jonathan my son will be on the other side.” And the people said to Saul, “Do what seems good to you.” **41** Therefore, Saul said to the LORD, the God of Israel, “Give a perfect lot.” And Jonathan and Saul were taken, but the people escaped. **42** And Saul said, “Cast lots between me and Jonathan my son.” And Jonathan was taken. **43** ¶ Then Saul said to Jonathan, “Tell me what you have done.” So Jonathan told him and said, “I indeed tasted a little honey with the end of the staff that was in my hand. Here I am, I must die!” **44** And Saul said, “May God do this to me and more also, for you shall surely die, Jonathan.” **45** But the people said to Saul, “Must Jonathan die, who has brought about this great deliverance in Israel? Far from it! As the LORD lives, there shall not one hair of his head fall to the ground, for he has worked with God this day.” So the people rescued Jonathan and he did not die. **46** Then Saul went up from pursuing the Philistines, and the Philistines went to their own place. **47** ¶ Now when Saul had taken the kingdom over Israel, he fought against

//(이유: כִּי, for)
그가 —— 오늘 하나님과 동사하였음이니이다

[그들이] 요나단을 **구원하여**
죽지 않게 하니라[8)]

46 사울이 블레셋 사람 따르기를 **그치고**
올라가매

사람이 자기 곳으로 **돌아가니라**
/블레셋

47 사울이 이스라엘 왕위에 나아간 후에(when)
모든 대적[을] **쳤는데**
/사방에 있는
/곧 모압과 암몬 자손과
에돔과 소바의 왕들과
블레셋 사람을
향하는 곳마다 **이기었고**

48 [그가] 아말렉 사람을 **치고**
/용맹 있게
이스라엘을 **건졌더라**
/그 약탈하는 자의 손에서

49 사울의 아들은 **요나단과**
리스위와
말기수아요

이름은 **이러하니**
/그 두 딸의

맏딸의 이름은 **메랍이요**
이름은 **미갈이며**
/작은 딸의

50 아내의 이름은 **아히노암이니**...이요
/사울의 /아히마아스의 딸

이름은 **아브넬이니**
/그 군장의 /넬의 아들(이며)
/사울의 숙부

51 사울의 아비는 **기스요**
아비는 **넬이니**...이었더라
/아브넬의 /아비엘의 아들

8) 그가 죽지 아니하니라(he did not die)

삼상

가 오늘 하나님과 동사(同事)하였음이니이다 하여 요나단
을 구원하여 죽지 않게 하니라 46 사울이 블레셋 사람
따르기를 그치고 올라가매 블레셋 사람이 자기 곳으로
돌아가니라 47 사울이 이스라엘 왕위에 나아간 후에 사
방에 있는 모든 대적 곧 모압과 암몬 자손과 에돔과 소바
의 왕들과 블레셋 사람을 쳤는데 향하는 곳마다 이기었
고 48 용맹 있게 아말렉 사람을 치고 이스라엘을 그 약
탈하는 자의 손에서 건졌더라 49 사울의 아들은 요나단
과 리스위와 말기수아요 그 두 딸의 이름은 이러하니 맏
딸의 이름은 메랍이요 작은 딸의 이름은 미갈이며 50
사울의 아내의 이름은 아히노암이니 아히마아스의 딸이
요 그 군장의 이름은 아브넬이니 사울의 숙부 넬의 아들
이며 51 사울의 아비는 기스요 아브넬의 아비는 넬이니
아비엘의 아들이었더라 52 사울의 사는 날 동안에 블레

all his enemies on every side, against Moab, the sons of Ammon, Edom, the kings of Zobah, and the Philistines; and wherever he turned, he inflicted punishment.
48 And he acted valiantly and defeated the Amalekites, and delivered Israel from the hands of those who plundered them.
49 ¶ Now the sons of Saul were Jonathan and Ishvi and Malchi-shua; and the names of his two daughters were these: the name of the first-born Merab and the name of the younger Michal.
50 And the name of Saul's wife was Ahinoam the daughter of Ahimaaz. And the name of the captain of his army was Abner the son of Ner, Saul's uncle.
51 And Kish was the father of Saul,

52 큰 싸움이 **있었으므로**
/블레셋 사람과
/사울의 사는 날 동안에

사울이 보면(when)
/힘 있는 자나
용맹 있는 자를
그들을 **모았더라**
/불러(=for himself)

15

1 사무엘이 사울에게 **이르되**
/여호와께서—나를 보내어 9)

//(목적: ל, to)
왕에게 기름을 부어

//(목적: ל, to)
왕을 삼으셨은즉
/그 백성 이스라엘 위에

/이제
왕은 —— 여호와의 말씀을 들으소서

2 /여호와께서 —— 이같이 말씀하시기를 ...하셨나이다
/만군의 /내가 — 추억하노니
/아말렉이 이스라엘에게 행한 일[을]
/곧 길에서 대적한 일을
/애굽에서 나올 때에
3 /[너는] —지금 가서
아말렉을 쳐서
남기지 말고
/그들의 모든 소유를
진멸하되
죽이라(하셨나이다)
/남녀와 소아와
젖먹는 아이와
우양과 약대와 나귀를

4 사울이 백성을 **소집하고**
그들을 **계수하니**
/들라임에서

삼상

9) 1절 주문장의 수식부(3절까지). 지면 관계상 앞으로 내어서 정리함

셋 사람과 큰 싸움이 있었으므로 사울이 힘 있는 자나
용맹 있는 자를 보면 그들을 불러 모았더라
15:1 사무엘이 사울에게 이르되 여호와께서 나를
보내어 왕에게 기름을 부어 그 백성 이스라엘 위
에 왕을 삼으셨은즉 이제 왕은 여호와의 말씀을 들으소
서 2 만군의 여호와께서 이같이 말씀하시기를 아말렉
이 이스라엘에게 행한 일 곧 애굽에서 나올 때에 길에서
대적한 일을 내가 추억하노니 3 지금 가서 아말렉을 쳐
서 그들의 모든 소유를 남기지 말고 진멸하되 남녀와 소
아와 젖먹는 아이와 우양과 약대와 나귀를 죽이라 하셨
나이다 4 사울이 백성을 소집하고 그들을 들라임에서
계수하니 보병이 이십만이요 유다 사람이 일만이라 5

and Ner the father of Abner was the son of Abiel. 52
¶ Now the war against the Philistines was severe all the
days of Saul; and when Saul saw any mighty man or
any valiant man, he attached him to his staff.
15:1 ¶ Then Samuel said to Saul, "The LORD sent
me to anoint you as king over His people, over
Israel; now therefore, listen to the words of the LORD.
2 "Thus says the LORD of hosts, 'I will punish Amalek
for what he did to Israel, how he set himself against
him on the way while he was coming up from Egypt.
3 'Now go and strike Amalek and utterly destroy all
that he has, and do not spare him; but put to death both
man and woman, child and infant, ox and sheep, camel
and donkey.'" 4 ¶ Then Saul summoned the people and

보병이 유다 사람이	**이십만이요** **일만이라**
5 사울이	아말렉성에 **이르러** 골짜기에 **복병하니라**
6 사울이	겐 사람에게 **이르되** /[너희는] ┬ 아말렉 사람 중에서 떠나 └ 내려가라 //(목적: פֶּן, lest) 그들과 함께 너희를 멸하게 될까 하노라[10)] /이스라엘 모든 자손이 애굽에서 올라올 때에(when) 너희가 — 그들을 선대하였느니라
이에 겐 사람이	**떠나니라** /아말렉 사람 중에서
7 사울이	아말렉 사람을 **치고** /하윌라에서부터 애굽 앞 술에 이르기까지
8 [그가]	아각을 **사로잡고** /아말렉 사람의 왕 그 모든 백성을 **진멸하였으되** /칼날로
9 사울과 백성이	**남기고** /아각과 그 양과 소의 가장 좋은 것 또는 기름진 것과 어린 양과 모든 좋은 것을 진멸키를 **즐겨 아니하고** 가치 없고 낮은 것은 **진멸하니라**
10 말씀이 /여호와의	사무엘에게 **임하니라** /가라사대(=saying)...하신지라 11 /내 — 후회하노니 /사울을 세워 왕 삼은 것을 //(이유: כִּי, for) ↓

10) 직역: 내가 그들과 함께 너희를 멸하지 않기 위하여

사울이 아말렉성에 이르러 골짜기에 복병하니라 6 사울
이 겐 사람에게 이르되 아말렉 사람 중에서 떠나 내려가
라 그들과 함께 너희를 멸하게 될까 하노라 이스라엘 모
든 자손이 애굽에서 올라올 때에 너희가 그들을 선대하
였느니라 이에 겐 사람이 아말렉 사람 중에서 떠나니라
7 사울이 하윌라에서부터 애굽 앞 술에 이르기까지 아말
렉 사람을 치고 8 아말렉 사람의 왕 아각을 사로잡고 칼
날로 그 모든 백성을 진멸하였으되 9 사울과 백성이 아
각과 그 양과 소의 가장 좋은 것 또는 기름진 것과 어린
양과 모든 좋은 것을 남기고 진멸키를 즐겨 아니하고 가
치 없고 낮은 것은 진멸하니라 10 여호와의 말씀이 사
무엘에게 임하니라 가라사대 11 내가 사울을 세워 왕
삼은 것을 후회하노니 그가 돌이켜서 나를 좇지 아니하
며 내 명령을 이루지 아니하였음이니라 하신지라 사무엘

numbered them in Telaim, 200,000 foot soldiers and
10,000 men of Judah. 5 And Saul came to the city of Amalek,
and set an ambush in the valley. 6 And Saul said to
the Kenites, "Go, depart, go down from among the
Amalekites, lest I destroy you with them; for you showed
kindness to all the sons of Israel when they came up
from Egypt." So the Kenites departed from among the
Amalekites. 7 So Saul defeated the Amalekites, from Havilah
as you go to Shur, which is east of Egypt. 8 And he captured
Agag the king of the Amalekites alive, and utterly
destroyed all the people with the edge of the sword. 9
But Saul and the people spared Agag and the best of
the sheep, the oxen, the fatlings, the lambs, and all that
was good, and were not willing to destroy them utterly;
but everything despised and worthless, that they utterly
destroyed. 10 Then the word of the LORD came to Samuel,

//(이유: כִּי, for)
그가 ─ 돌이켜서. . . 아니하며...아니하였음이니라
/나를 좇지(=좇음을)
/내 명령을 이루지(=이룸을)

사무엘이 **근심하여**
온 밤을 여호와께 **부르짖으니라**

12 사무엘이 아침에 일찌기 **일어났더니**

//(목적: לְ, to)
사울을 만나려고

혹이 사무엘에게 **고하여**
/가로되. . .(하는지라)
/사울이 ── 갈멜에 이르러
├ 기념비를 세우고
│ /자기를 위하여
├ 돌이켜
├ 행하여
└ 길갈로 내려갔다

13 사무엘이 사울에게 **이른즉**

사울이 그에게 **이르되**
/당신은 ── 원컨대 복을 받으소서
/여호와께
/내가 ──── 행하였나이다
/여호와의 명령을

14 사무엘이 **가로되**
/그러면
이 양의 소리와
/내 귀에 들어오는
소의 소리는 ── 어찜이니이까?
/내게 들리는

15 사울이 **가로되**
/그것은 ── 것인데
/무리가 ─ 끌어 온
/아말렉 사람에게서
/백성이 ── 남김이요
/양과 소의 가장 좋은 것을

//(목적: לְ, to)

이 근심하여 온 밤을 여호와께 부르짖으니라 **12** 사무엘
이 사울을 만나려고 아침에 일찌기 일어났더니 혹이 사
무엘에게 고하여 가로되 사울이 갈멜에 이르러 자기를
위하여 기념비를 세우고 돌이켜 행하여 길갈로 내려 갔
다 하는지라 **13** 사무엘이 사울에게 이른즉 사울이 그에
게 이르되 원컨대 당신은 여호와께 복을 받으소서 내가
여호와의 명령을 행하였나이다 **14** 사무엘이 가로되 그
러면 내 귀에 들어오는 이 양의 소리와 내게 들리는 소
의 소리는 어찜이니이까 **15** 사울이 가로되 그것은 무리
가 아말렉 사람에게서 끌어 온 것인데 백성이 당신의 하
나님 여호와께 제사하려 하여 양과 소의 가장 좋은 것을
남김이요 그 외의 것은 우리가 진멸하였나이다 **16** 사무

saying, **11** "I regret that I have made Saul king, for
he has turned back from following Me, and has not
carried out My commands." And Samuel was distressed
and cried out to the LORD all night. **12** And Samuel
rose early in the morning to meet Saul; and it was told
Samuel, saying, "Saul came to Carmel, and behold, he
set up a monument for himself, then turned and proceeded
on down to Gilgal." **13** And Samuel came to Saul, and
Saul said to him, "Blessed are you of the LORD! I
have carried out the command of the LORD." **14** But
Samuel said, "What then is this bleating of the sheep
in my ears, and the lowing of the oxen which I hear?"
15 And Saul said, "They have brought them from the
Amalekites, for the people spared the best of the sheep
and oxen, to sacrifice to the LORD your God; but the
rest we have utterly destroyed." **16** Then Samuel said

//(목적: ל, to)
제사하려 하여
/당신의 하나님 여호와께

/우리가 — 진멸하였나이다
/그 외의 것은

16 사무엘이 사울에게 **이르되**
/[당신은] — 가만히 계시옵소서
/[내가] — 왕에게 말하리이다
/여호와께서 — 내게 이르신 것을
/간 밤에

[사울이] **가로되**
/말씀하소서

17 사무엘이 **가로되**
/왕이 스스로 작게 여길 그 때에(when)
[당신은] — 머리가 되지 아니하셨나이까?
/이스라엘 지파의

/여호와께서 — (왕에게)기름을 부어
/이스라엘 왕을 삼으시고[11)]

18 /또
[여호와께서] ┬ 왕을 길로 보내시며
└ 이르시기를 ...하셨거늘
/가서
/죄인 아말렉 사람을 진멸하되(치라)
/다 없어지기까지

19 /어찌하여(why)
왕이 ┬ 여호와의 목소리를 청종치 아니하고
├ 탈취하기에만 급하여
└ 행하였나이까
/여호와의 악하게 여기시는 것을

20 사울이 사무엘에게 **이르되**
/나는 ┬ (실로)청종하여
/여호와의 목소리를
├ 길로 가서
/여호와께서 보내신
├ 끌어 왔고
/아말렉 왕 아각을
└ 진멸하였으나
/아말렉 사람을

삼상

11) 이스라엘의 왕으로 기름을 부으심

엘이 사울에게 이르되 가만히 계시옵소서 간 밤에 여호와께서 내게 이르신 것을 왕에게 말하리이다 가로되 말씀하소서 **17** 사무엘이 가로되 왕이 스스로 작게 여길 그 때에 이스라엘 지파의 머리가 되지 아니하셨나이까 여호와께서 왕에게 기름을 부어 이스라엘 왕을 삼으시고 **18** 또 왕을 길로 보내시며 이르시기를 가서 죄인 아말렉 사람을 진멸하되 다 없어지기까지 치라 하셨거늘 **19** 어찌하여 왕이 여호와의 목소리를 청종치 아니하고 탈취하기에만 급하여 여호와의 악하게 여기시는 것을 행하였나이까 **20** 사울이 사무엘에게 이르되 나는 실로 여호와의 목소리를 청종하여 여호와께서 보내신 길로 가서 아말렉왕 아각을 끌어 왔고 아말렉 사람을 진멸하였으나

to Saul, "Wait, and let me tell you what the LORD said to me last night." And he said to him, "Speak!" **17** ¶ And Samuel said, "Is it not true, though you were little in your own eyes, you were made the head of the tribes of Israel? And the LORD anointed you king over Israel, **18** and the LORD sent you on a mission, and said, Go and utterly destroy the sinners, the Amalekites, and fight against them until they are exterminated.' **19** "Why then did you not obey the voice of the LORD, but rushed upon the spoil and did what was evil in the sight of the LORD?" **20** ¶ Then Saul said to Samuel, "I did obey the voice of the LORD, and went on the mission on which the LORD sent me, and have brought back Agag the king of Amalek, and have utterly destroyed the Amalekites. **21** "But the people took some of the spoil, sheep and oxen, the choicest of the things devoted

21 /백성이 — 다만 취하였나이다
/양과 소를
/길갈에서

//(목적: ㄴ, to)
제사하려고
/당신의 하나님 여호와께
/가장 좋은 것으로
/그 마땅히 멸할 것 중에서

22 사무엘이 **가로되**
/여호와께서— 좋아하시겠나이까?
/번제와 다른 제사를
/그 목소리 순종하는 것을 좋아하심 같이

/순종이 —— 제사보다 낫고
/듣는 것이— 수양의 기름보다 나으니

23 //이는(이유: כִּי, for)
거역하는 것은—사술의 죄와 같고
완고한 것은 —죄와 같음이라
/사신 우상에게 절하는
/왕이 ——— 여호와의 말씀을 버렸으므로
/여호와께서도 — 왕을 버려...하셨나이다

//(목적: ㄴ, to)
왕이 되지 못하게

24 사울이 사무엘에게 **이르되**
/내가 —범죄하였나이다
/내가 —어긴 것은
/여호와의 명령과
/당신의 말씀을
/[내가]—그 말을 청종하였음이니이다

//(이유: כִּי, for)
내가 — 백성을 두려워하여

25 /청하오니
/[당신은] — 지금 내 죄를 사하고
— 나와 함께 돌아가서
— 나로 여호와께 경배하게 하소서

26 사무엘이 사울에게 **이르되** ...하고
/나는 —— 왕과 함께 돌아가지 아니하리니

//이는(이유: כִּי, for)

삼상

21 다만 백성이 그 마땅히 멸할 것 중에서 가장 좋은
것으로 길갈에서 당신의 하나님 여호와께 제사하려고 양
과 소를 취하였나이다 **22** 사무엘이 가로되 여호와께서
번제와 다른 제사를 그 목소리 순종하는 것을 좋아하심
같이 좋아하시겠나이까 순종이 제사보다 낫고 듣는 것이
숫양의 기름보다 나으니 **23** 이는 거역하는 것은 사술
(邪術)의 죄와 같고 완고한 것은 사신 우상에게 절하는
죄와 같음이라 왕이 여호와의 말씀을 버렸으므로 여호와
께서도 왕을 버려 왕이 되지 못하게 하셨나이다 **24** 사
울이 사무엘에게 이르되 내가 범죄하였나이다 내가 여호
와의 명령과 당신의 말씀을 어긴 것은 내가 백성을 두려
워하여 그 말을 청종하였음이니이다 **25** 청하오니 지금

to destruction, to sacrifice to the LORD your God at
Gilgal." **22** And Samuel said, "Has the LORD as much
delight in burnt offerings and sacrifices As in obeying
the voice of the LORD? Behold, to obey is better than
sacrifice, And to heed than the fat of rams. **23** "For rebellion
is as the sin of divination, And insubordination is as
iniquity and idolatry. Because you have rejected the word
of the LORD, He has also rejected you from being king."
24 ¶ Then Saul said to Samuel, "I have sinned; I have
indeed transgressed the command of the LORD and your
words, because I feared the people and listened to their voice.
25 "Now therefore, please pardon my sin and return
with me, that I may worship the LORD." **26** But Samuel
said to Saul, "I will not return with you; for you have rejected

//이는(이유: כִּי, for)
왕이 — 여호와의 말씀을 버렸으므로

/여호와께서 — 왕을 버려...하셨음이니이다

//(목적: לְ, to)
이스라엘 왕이 되지 못하게

27 사무엘이 가려고 돌이킬 때에(when)
사울이 그의 겉옷자락을 **붙잡으매**
[그것이] **찢어진지라**

28 사무엘이 그에게 **이르되**
/여호와께서 ┬ 오늘 이스라엘 나라를 떼어서
/왕에게서
└ 왕의 이웃에게 주셨나이다
/왕보다 나은

29 /지존자는 — 거짓이나 변개함이 없으시니
/이스라엘의

//(이유: כִּי, for)
그는 — 사람이 아니시므로

//(결과)
결코 변개치 않으심이니이다

30 사울이 **가로되**
/내가 — 범죄하였을지라도
/청하옵나니(please)
[당신은] ┬ 나를 높이사
/내 백성의 장로들의 앞과
/이스라엘의 앞에서
├ 나와 함께 돌아가서
└ 나로 경배하게 하소서
/당신의 하나님 여호와께

31 이에
사무엘이 **돌이켜**[12]
/사울을 따라(가매)

사울이 여호와께 **경배하니라**

12) turned back after Saul.

32 사무엘이 **가로되** ...하였더니
/너희는 — 내게로 이끌어 오라
/아말렉 사람의 왕 아각을

내 죄를 사하고 나와 함께 돌아가서 나로 여호와께 경배
하게 하소서 26 사무엘이 사울에게 이르되 나는 왕과
함께 돌아가지 아니하리니 이는 왕이 여호와의 말씀을
버렸으므로 여호와께서 왕을 버려 이스라엘 왕이 되지
못하게 하셨음이니이다 하고 27 사무엘이 가려고 돌이
킬 때에 사울이 그의 겉 옷자락을 붙잡으매 찢어진지라
28 사무엘이 그에게 이르되 여호와께서 오늘 이스라엘
나라를 왕에게서 떼어서 왕보다 나은 왕의 이웃에게 주
셨나이다 29 이스라엘의 지존자는 거짓이나 변개함이
없으시니 그는 사람이 아니시므로 결코 변개치 않으심이
니이다 30 사울이 가로되 내가 범죄하였을지라도 청하
옵나니 내 백성의 장로들의 앞과 이스라엘의 앞에서 나
를 높이사 나와 함께 돌아가서 나로 당신의 하나님 여호
와께 경배하게 하소서 31 이에 사무엘이 돌이켜 사울을

the word of the LORD, and the LORD has rejected you from
being king over Israel." 27 And as Samuel turned to
go, Saul seized the edge of his robe, and it tore. 28
So Samuel said to him, "The LORD has torn the kingdom
of Israel from you today, and has given it to your neighbor
who is better than you. 29 "And also the Glory of
Israel will not lie or change His mind; for He is not a
man that He should change His mind." 30 Then he
said, "I have sinned; but please honor me now before
the elders of my people and before Israel, and go back
with me, that I may worship the LORD your God." 31
So Samuel went back following Saul, and Saul worshiped
the LORD. 32 ¶ Then Samuel said, "Bring me Agag,
the king of the Amalekites." And Agag came to him

아각이 **즐거이 오며**
/가로되 ...하니라
/진실로 사망의 괴로움이 지났도다

33 사무엘이 **가로되** ...하고
/네 어미가 —무자하리라
/여인 중
/네 칼이 여인들로 무자케 한 것같이

그가 아각을 **찍어 쪼개니라**
/길갈에서
/여호와 앞에서

34 이에
사무엘은 라마로 **가고**
사울은 본집으로 **올라 가니라**
/사울 기브아

35 사무엘이 사울을 **보지 아니하였으니**[13)]
/죽는 날까지
/다시 (가서)

//이는(이유: כִּי, for)
그가 — 슬퍼함이었고
/사울을 위하여
여호와께서는 —후회하셨더라
/사울로 이스라엘 왕 삼으신 것을

16

1 여호와께서 사무엘에게 **이르시되**
/내가 — 이미 사울을 버려
되지 못하게 하였거늘
/이스라엘 왕이
/네가 — 언제까지 슬퍼 하겠느냐
/그를 위하여
/너는 — 기름을 뿔에 채워가지고
가라
/내가 — 너를 보내리니
/베들레헴 사람 이새에게로

//이는(이유: כִּי, for)

13) Samuel did not see Saul again until the day of his daeth.(NRSV)

삼상

따라가매 사울이 여호와께 경배하니라 **32** 사무엘이 가로되 너희는 아말렉 사람의 왕 아각을 내게로 이끌어 오라 하였더니 아각이 즐거이 오며 가로되 진실로 사망의 괴로움이 지났도다 하니라 **33** 사무엘이 가로되 네 칼이 여인들로 무자케 한 것같이 여인 중 네 어미가 무자하리라 하고 그가 길갈에서 여호와 앞에서 아각을 찍어 쪼개니라 **34** 이에 사무엘은 라마로 가고 사울은 사울 기브아 본집으로 올라가니라 **35** 사무엘이 죽는 날까지 사울을 다시 가서 보지 아니하였으니 이는 그가 사울을 위하여 슬퍼함이었고 여호와께서는 사울로 이스라엘왕 삼으신 것을 후회하셨더라

16:1 여호와께서 사무엘에게 이르시되 내가 이미 사울을 버려 이스라엘 왕이 되지 못하게 하였거늘 네가 그를 위하여 언제까지 슬퍼하겠느냐 너는 기름

cheerfully. And Agag said, "Surely the bitterness of death is past." **33** But Samuel said, "As your sword has made women childless, so shall your mother be childless among women." And Samuel hewed Agag to pieces before the LORD at Gilgal. **34** ¶ Then Samuel went to Ramah, but Saul went up to his house at Gibeah of Saul. **35** And Samuel did not see Saul again until the day of his death; for Samuel grieved over Saul. And the LORD regretted that He had made Saul king over Israel. 1 Sam.

16:1 ¶ Now the LORD said to Samuel, "How long will you grieve over Saul, since I have rejected him from being king over Israel? Fill your horn with oil, and go; I will send you to Jesse the Bethlehemite, for I have selected a king for Myself among his sons."

//이는(이유: כִּי, for)
내가 —— 한 왕을 예선하였음이니라
/그 아들 중에서

2 사무엘이 **가로되**
/내가 어찌 갈 수 있으리이까?
/사울이 ┬ 들으면(when)
└ 나를 죽이리이다

여호와께서 **가라사대**
/너는 ┬ 암송아지를 끌고 가서
└ 말하기를 ...하고
/내가 여호와께 제사를 드리러 왔다

3 /[너는] —— 이새를 청하라
/제사에

//(결과)
내가 —— 가르치리니
/너의 행할 일을

/[너는] —— 기름을 부을지니라
/내가 네게 알게 하는 자에게
/나를 위하여

4 사무엘이 여호와의 말씀대로 **행하여**
베들레헴에 **이르매**

성읍 장로들이 **떨며**
/그를 영접하여 14)
가로되
/평강을 위하여 오시나이까

5 [사무엘이] **가로되** ...하고
/평강을 위함이니라
/내가 —— 왔으니
/여호와께 제사하러
/[너희는] ┬ 스스로 성결케 하고
├ 와서
└ 나와 함께 제사하자

성결케 하고
/이새와
그 아들들을
제사에 **청하니라**

6 그들이 오매(when)
사무엘이 엘리압을 **보고**
마음에 **이르기를** ...하였더니
/기름 부으실 자가 과연 그 앞에 있도다
/여호와의

삼상

14) 그를 영접하기를

을 뿔에 채워 가지고 가라 내가 너를 베들레헴 사람 이새
에게로 보내리니 이는 내가 그 아들 중에서 한 왕을 예선
(豫選)하였음이니라 2 사무엘이 가로되 내가 어찌 갈수
있으리이까 사울이 들으면 나를 죽이리이다 여호와께서
가라사대 너는 암송아지를 끌고 가서 말하기를 내가 여
호와께 제사를 드리러 왔다 하고 3 이새를 제사에 청하
라 내가 너의 행할 일을 가르치리니 내가 네게 알게 하는
자에게 나를 위하여 기름을 부을지니라 4 사무엘이 여호
와의 말씀대로 행하여 베들레헴에 이르매 성읍 장로들이
떨며 그를 영접하여 가로되 평강을 위하여 오시나이까 5
가로되 평강을 위함이니라 내가 여호와께 제사하러 왔으
니 스스로 성결케 하고 와서 나와 함께 제사하자 하고 이

2 But Samuel said, "How can I go? When Saul hears
of it, he will kill me." And the LORD said, "Take a
heifer with you, and say, 'I have come to sacrifice to
the LORD.' 3 "And you shall invite Jesse to the
sacrifice, and I will show you what you shall do; and
you shall anoint for Me the one whom I designate to
you." 4 So Samuel did what the LORD said, and came
to Bethlehem. And the elders of the city came trembling
to meet him and said, "Do you come in peace?" 5
And he said, "In peace; I have come to sacrifice to the
LORD. Consecrate yourselves and come with me to the
sacrifice." He also consecrated Jesse and his sons, and invited

7 여호와께서 사무엘에게 **이르시되**
/[너는] ── 보지 말라
/그 용모와 신장을

//(이유: כִּי, for)
내가 ── 이미 그를 버렸노라

//(이유: כִּי, for)
나의 보는 것은 사람과 같지 아니하니

//(이유: כִּי, for)
사람은 ── 외모를 보거니와
나 여호와는 ── 중심을 보느니라

8 이새가 아비나답을 **불러**
사무엘의 앞을 **지나게 하매**

사무엘이 **가로되**
/이도 ── 여호와께서 택하지 아니하셨느니라

9 이새가 삼마로 **지나게 하매**

사무엘이 **가로되**
/이도 ── 여호와께서 택하지 아니하셨느니라

10 이새가 사무엘 앞을 **지나게 하나**
/그 아들 일곱으로 다

사무엘이 이새에게 **이르되** ...하고
/여호와께서 ── 이들을 택하지 아니하셨느니라

11 또 이새에게 **이르되**
/네 아들들이 다 여기 있느냐?

이새가 **가로되**
/아직 말째가 남았는데
/그가 양을 지키나이다

사무엘이 이새에게 **이르되**
/[너는] ┬ 보내어
└ 그를 데려오라

새와 그 아들들을 성결케 하고 제사에 청하니라 6 그들
이 오매 사무엘이 엘리압을 보고 마음에 이르기를 여호
와의 기름 부으실 자가 과연 그 앞에 있도다 하였더니 7
여호와께서 사무엘에게 이르시되 그 용모와 신장을 보지
말라 내가 이미 그를 버렸노라 나의 보는 것은 사람과
같지 아니하니 사람은 외모를 보거니와 나 여호와는 중
심을 보느니라 8 이새가 아비나답을 불러 사무엘의 앞
을 지나게 하매 사무엘이 가로되 이도 여호와께서 택하
지 아니하셨느니라 9 이새가 삼마로 지나게 하매 사무
엘이 가로되 이도 여호와께서 택하지 아니하셨느니라
10 이새가 그 아들 일곱으로 다 사무엘 앞을 지나게 하
나 사무엘이 이새에게 이르되 여호와께서 이들을 택하지
아니하셨느니라 하고 11 또 이새에게 이르되 네 아들들
이 다 여기 있느냐 이새가 가로되 아직 말째가 남았는데
그가 양을 지키나이다 사무엘이 이새에게 이르되 보내어
그를 데려오라 그가 여기 오기까지는 우리가 식사 자리

them to the sacrifice. 6 ¶ Then it came about when
they entered, that he looked at Eliab and thought, "Surely
the LORD's anointed is before Him." 7 But the LORD
said to Samuel, "Do not look at his appearance or at
the height of his stature, because I have rejected him;
for God sees not as man sees, for man looks at the
outward appearance, but the LORD looks at the heart."
8 Then Jesse called Abinadab, and made him pass before
Samuel. And he said, "Neither has the LORD chosen
this one." 9 Next Jesse made Shammah pass by. And
he said, "Neither has the LORD chosen this one." 10
Thus Jesse made seven of his sons pass before Samuel.
But Samuel said to Jesse, "The LORD has not chosen these."
11 And Samuel said to Jesse, "Are these all the
children?" And he said, "There remains yet the youngest,
and behold, he is tending the sheep." Then Samuel said
to Jesse, "Send and bring him; for we will not sit down
until he comes here." 12 So he sent and brought him

/그가 여기 오기까지는(until)
우리가 — 앉지 아니하겠노라
/식사 자리에

12 이에
[그가] **보내어**
그를 **데려오매**

그의 빛이 **붉고**
눈이 **빼어나고**
얼굴이 **아름답더라**

여호와께서 **가라사대**
/이가 — 그니
/[너는] — 일어나
기름을 부으라

13 사무엘이 기름 뿔을 **취하여**
그에게 **부었더니**
/그 형제 중에서

다윗이 크게 **감동되니라**
/여호와의 신에게
/이날 이후로

사무엘이 **떠나서**
라마로 **가니라**

14 신이 사울에게서 **떠나고**
/여호와의

악신이 그를 **번뇌케 한지라**
/여호와의 부리신

15 신하들이 그에게 **이르되**
/사울의
/보소서
/악신이 — 왕을 번뇌케 하온즉
/하나님의 부리신
16 /원컨대(now)
우리 주는 — 신하에게 명하여
/주의 앞에 모시는
사람을 구하게 하소서
/수금 잘 탈 줄 아는

/악신이 — 왕에게 이를 때에(when)
/하나님의 부리신
그가 — 손으로 타면
왕이 — 나으시리이다

삼상

에 앉지 아니하겠노라 **12** 이에 보내어 그를 데려오매
그의 빛이 붉고 눈이 빼어나고 얼굴이 아름답더라 여호
와께서 가라사대 이가 그니 일어나 기름을 부으라 **13**
사무엘이 기름 뿔을 취하여 그 형제 중에서 그에게 부었
더니 이 날 이후로 다윗이 여호와의 신에게 크게 감동되
니라 사무엘이 떠나서 라마로 가니라 **14** 여호와의 신이
사울에게서 떠나고 여호와의 부리신 악신이 그를 번뇌케
한지라 **15** 사울의 신하들이 그에게 이르되 보소서 하나
님의 부리신 악신이 왕을 번뇌케 하온즉 **16** 원컨대 우
리 주는 주의 앞에 모시는 신하에게 명하여 수금 잘 탈
줄 아는 사람을 구하게 하소서 하나님의 부리신 악신이
왕에게 이를 때에 그가 손으로 타면 왕이 나으시리이다

in. Now he was ruddy, with beautiful eyes and a handsome
appearance. And the LORD said, "Arise, anoint him;
for this is he." **13** Then Samuel took the horn of oil
and anointed him in the midst of his brothers; and the
Spirit of the LORD came mightily upon David from that
day forward. And Samuel arose and went to Ramah.
14 ¶ Now the Spirit of the LORD departed from Saul,
and an evil spirit from the LORD terrorized him. **15**
Saul's servants then said to him, "Behold now, an evil
spirit from God is terrorizing you. **16** "Let our lord
now command your servants who are before you. Let
them seek a man who is a skillful player on the harp;
and it shall come about when the evil spirit from God
is on you, that he shall play the harp with his hand, and

17 사울이 신하에게 **이르되**
/[너희는] ─ 잘 타는 사람을 구하여
/나를 위하여
내게로 데려오라

18 한 사람이 /소년 중 대답하여 **가로되**
/내가 ─ 이새의 아들을 본즉
/베들레헴 사람
/탈 줄을 알고
/준수한 자라
/호기와 무용과 구변이 있는

/여호와께서 ─ 그와 함께 계시더이다

19 이에
사울이 사자를 **보내어**
/이새에게
이르되 ...하매
/[너는] ─ 다윗을 내게로 보내라
/양 치는 네 아들

20 이새가 나귀에 **실리고**
/떡과
한 가죽부대의 포도주와
염소 새끼를

사울에게 **보내니**
/그 아들 다윗의 손으로

21 다윗이 사울에게 **이르러**
그 앞에 **모셔 서매**

사울이 그를 크게 **사랑하여**
자기의 병기 든 자를 **삼고**

22 이새에게 사람을 **보내어**
이르되 ...하니라
/청컨대(now)
다윗으로 내 앞에 모셔 서게 하라

//(이유: כִּי, for)
그가 내게 은총을 얻었느니라

23 악신이 /하나님의 부리신 사울에게 이를 때에

삼상

17 사울이 신하에게 이르되 나를 위하여 잘 타는 사람
을 구하여 내게로 데려오라 18 소년 중 한사람이 대답
하여 가로되 내가 베들레헴 사람 이새의 아들을 본즉 탈
줄을 알고 호기와 무용과 구변이 있는 준수한 자라 여호
와께서 그와 함께 계시더이다 19 사울이 이에 사자를
이새에게 보내어 이르되 양 치는 네 아들 다윗을 내게로
보내라 하매 20 이새가 떡과 한 가죽 부대의 포도주와
염소 새끼를 나귀에 실리고 그 아들 다윗의 손으로 사울
에게 보내니 21 다윗이 사울에게 이르러 그 앞에 모셔
서매 사울이 그를 크게 사랑하여 자기의 병기 든 자를
삼고 22 이새에게 사람을 보내어 이르되 청컨대 다윗으
로 내 앞에 모셔 서게 하라 그가 내게 은총을 얻었느니
라 하니라 23 하나님의 부리신 악신이 사울에게 이를
때에 다윗이 수금을 취하여 손으로 탄즉 사울이 상쾌하

you will be well." 17 So Saul said to his servants, "Provide
for me now a man who can play well, and bring him
to me." 18 Then one of the young men answered and
said, "Behold, I have seen a son of Jesse the Bethlehemite
who is a skillful musician, a mighty man of valor, a
warrior, one prudent in speech, and a handsome man;
and the LORD is with him." 19 So Saul sent messengers
to Jesse, and said, "Send me your son David who is
with the flock." 20 And Jesse took a donkey loaded
with bread and a jug of wine and a young goat, and
sent them to Saul by David his son. 21 Then David
came to Saul and attended him, and Saul loved him
greatly; and he became his armor bearer. 22 And Saul
sent to Jesse, saying, "Let David now stand before me;
for he has found favor in my sight." 23 So it came
about whenever the evil spirit from God came to Saul, David

다윗이 수금을 **취하여**
손으로 **탄주**

//(결과: then)
사울이 — 상쾌하여 낫고
악신은 — 그에게서 떠나더라

17

1 사람들이 그 군대를 **모으고**
/블레셋 /싸우고자 하여

소고에 **모여**
/유다에 속한
에베스담밈에 **진 치매**
/소고와 아세가 사이의

삼상

2 사울과
사람들이 **모여서**
/이스라엘

[그들이] 엘라 골짜기에 **진 치고**
항오를 벌였으니
/블레셋 사람을 대하여

3 블레셋 사람은 이편 산에 **섰고**
이스라엘은 저편 산에 **섰고**
골짜기가 사이에는 **있었더라**

4 돋우는 자가[15] **왔는데**
/싸움을 /블레셋 사람의 진에서
/그 이름은 골리앗이요
/가드 사람이라
/그 신장은 여섯 규빗 한 뼘이요
5 /머리에는 놋투구를 썼고
/몸에는 어린갑을 입었으니
/그 갑옷의 중수가 놋 오천 세겔이며
6 /그 다리에는 놋경갑을 쳤고
/어깨 사이에는 놋단창을 메었으니
7 /그 창 자루는 베틀 채 같고
/창날은 철 육백 세겔이며
/방패 든 자는 앞서 행하더라

15) 4-7절은 싸움을 돋우는 자를 수식하는 수식부, 즉 골리앗을 설명하는 설명 부분이다.

여 낫고 악신은 그에게서 떠나더라
17:1 블레셋 사람들이 그 군대를 모으고 싸우고자
하여 유다에 속한 소고에 모여 소고와 아세가 사
이의 에베스담밈에 진치매 2 사울과 이스라엘 사람들이
모여서 엘라 골짜기에 진 치고 블레셋 사람을 대하여 항
오를 벌였으니 3 블레셋 사람은 이편 산에 섰고 이스라
엘은 저편 산에 섰고 사이에는 골짜기가 있었더라 4 블
레셋 사람의 진에서 싸움을 돋우는 자가 왔는데 그 이름
은 골리앗이요 가드 사람이라 그 신장은 여섯 규빗 한 뼘
이요 5 머리에는 놋 투구를 썼고 몸에는 어린 갑을 입었
으니 그 갑옷의 중수가 놋 오천 세겔이며 6 그 다리에는
놋경갑을 쳤고 어깨 사이에는 놋 단창을 메었으니 7 그

would take the harp and play it with his hand; and Saul would be refreshed and be well, and the evil spirit would depart from him.
17:1 ¶ Now the Philistines gathered their armies for
battle; and they were gathered at Socoh which belongs
to Judah, and they camped between Socoh and Azekah,
in Ephes-dammim. 2 And Saul and the men of Israel
were gathered, and camped in the valley of Elah, and
drew up in battle array to encounter the Philistines. 3
And the Philistines stood on the mountain on one side
while Israel stood on the mountain on the other side,
with the valley between them. 4 Then a champion came
out from the armies of the Philistines named Goliath,
from Gath, whose height was six cubits and a span. 5
And he had a bronze helmet on his head, and he was
clothed with scale-armor which weighed five thousand
shekels of bronze. 6 He also had bronze greaves on his
legs and a bronze javelin slung between his shoulders.

8 그가 서서
외쳐 가로되
/이스라엘 군대를 향하여
/어찌하여(why)
너희가 ─ 나와서
─ 항오를 벌였느냐?

/나는 블레셋 사람이 아니며?
/너희는 사울의 신복이 아니냐?

/너희는 ─ 한 사람을 택하여
─ 내게로 내려보내라

9 /[만일]
그가 ─ 능히 싸워서
─ 나를 죽이면(if)
우리가 ─ 너희의 종이 되겠고

/만일
내가 ─ 이기어
─ 그를 죽이면(if)
너희가 ─ 우리의 종이 되어
─ 우리를 섬길 것이니라

10 또
사람이 가로되 ...한지라
/그 블레셋 /내가 ─ 오늘날 모욕하였으니
/이스라엘의 군대를
/[너희는] ─ 사람을 보내어

//(목적: that...may)
나로 ─ 더불어 싸우게 하라

11 사울과
온 이스라엘이 이 말을 듣고(when)
/블레셋 사람의
[그들이] 놀라
크게 두려워하니라

12 다윗은 아들이었는데
/이새라 하는 자의
/유다 베들레헴 에브랏 사람

이새는 나이 많아

삼상

창 자루는 베틀 채 같고 창 날은 철 육백 세겔이며 방패
든 자는 앞서 행하더라 8 그가 서서 이스라엘 군대를 향
하여 외쳐 가로되 너희가 어찌하여 나와서 항오를 벌였
느냐 나는 블레셋 사람이 아니며 너희는 사울의 신복이
아니냐 너희는 한 사람을 택하여 내게로 내려보내라 9
그가 능히 싸워서 나를 죽이면 우리가 너희의 종이 되겠
고 만일 내가 이기어 그를 죽이면 너희가 우리의 종이
되어 우리를 섬길 것이니라 10 그 블레셋 사람이 또 가
로되 내가 오늘날 이스라엘의 군대를 모욕하였으니 사람
을 보내어 나로 더불어 싸우게 하라 한지라 11 사울과
온 이스라엘이 블레셋 사람의 이 말을 듣고 놀라 크게
두려워하니라 12 다윗은 유다 베들레헴 에브랏 사람 이
새라 하는 자의 아들이었는데 이새는 사울 당시 사람 중
에 나이 많아 늙은 자로서 여덟 아들이 있는 중 13 그

7 And the shaft of his spear was like a weaver's beam,
and the head of his spear weighed six hundred shekels
of iron; his shield-carrier also walked before him. 8
And he stood and shouted to the ranks of Israel, and
said to them, "Why do you come out to draw up in
battle array? Am I not the Philistine and you servants
of Saul? Choose a man for yourselves and let him come
down to me. 9 "If he is able to fight with me and kill
me, then we will become your servants; but if I prevail
against him and kill him, then you shall become our
servants and serve us." 10 Again the Philistine said,
"I defy the ranks of Israel this day; give me a man that
we may fight together." 11 When Saul and all Israel
heard these words of the Philistine, they were dismayed
and greatly afraid. 12 ¶ Now David was the son of the
Ephrathite of Bethlehem in Judah, whose name was Jesse,

늙은 자로서
/사울 당시 사람 중에
여덟 아들이 있는 중

13 세 아들은 / 사울을 **따라**
/그 장성한
싸움에 **나갔으니**

이름은 / 장자 **엘리압이요**
/세 아들의
/싸움에 나간
그 다음은 **아비나답이요**
제 삼은 **삼마며**

14 다윗은 / **말째라**

삼인은 / 사울을 **좇았고**
/장성한

15 다윗은 / 사울에게로 왕래하며
그 아비의 양을 칠 때에(when)
/베들레헴에서

16 사람이 / 조석으로 **나와서**
/그 블레셋 / /사십일을
몸을 **나타내었더라**

17 이새가 / 그 아들 다윗에게 **이르되**
/[너는] ─ 네 형들을 위하여 가지고
/이 볶은 곡식 한 에바와
이 떡 열 덩이를
─ 진으로 속히 가서
─ 네 형들에게 주고
18 ─ 이 치스 열 덩이를 가져다가
─ 그들의 천부장에게 주고
─ 네 형들의 안부를 살피고
─ 증표를 가져오라

19 때에(now)
사울과 ─┐
그들과 ─┤
모든 사람이 ─┴─ **싸우는 중이더라**
/이스라엘 / /블레셋 사람과
/엘라 골짜기에서

20 다윗이 / 아침에 일찌기 **일어나서**

장성한 세 아들은 사울을 따라 싸움에 나갔으니 싸움에
나간 세 아들의 이름은 장자 엘리압이요 그 다음은 아비
나답이요 제 삼은 삼마며 14 다윗은 말째라 장성한 삼
인은 사울을 좇았고 15 다윗은 사울에게로 왕래하며 베
들레헴에서 그 아비의 양을 칠 때에 16 그 블레셋 사람
이 사십 일을 조석으로 나와서 몸을 나타내었더라 17
이새가 그 아들 다윗에게 이르되 네 형들을 위하여 이 볶
은 곡식 한 에바와 이 떡 열 덩이를 가지고 진으로 속히
가서 네 형들에게 주고 18 이 치스 열 덩이를 가져다가
그들의 천부장에게 주고 네 형들의 안부를 살피고 증표
를 가져오라 19 때에 사울과 그들과 이스라엘 모든 사
람이 엘라 골짜기에서 블레셋 사람과 싸우는 중이더라

and he had eight sons. And Jesse was old in the days
of Saul, advanced in years among men. 13 And the
three older sons of Jesse had gone after Saul to the
battle. And the names of his three sons who went to the
battle were Eliab the first-born, and the second to him
Abinadab, and the third Shammah. 14 And David was
the youngest. Now the three oldest followed Saul, 15
but David went back and forth from Saul to tend his
father's flock at Bethlehem. 16 And the Philistine came
forward morning and evening for forty days, and took
his stand. 17 ¶ Then Jesse said to David his son, "Take
now for your brothers an ephah of this roasted grain and
these ten loaves, and run to the camp to your brothers.
18 "Bring also these ten cuts of cheese to the commander
of their thousand, and look into the welfare of your
brothers, and bring back news of them. 19 "For Saul
and they and all the men of Israel are in the valley of
Elah, fighting with the Philistines." 20 ¶ So David arose

[다윗이] 양을 **맡기고**
/양 지키는 자에게
가지고 가서
/이새의 명한 대로
진영에 **이른즉**
/마침(while)
군대가 ┌ 전장에 나와서
└ 싸우려고 고함하며
21 이스라엘과 블레셋 사람이 항오를 벌이고
양군이 서로 대하였더라

22 다윗이 그 짐을 **맡기고**
/짐 지키는 자의 손에
군대로 **달려가서**
형들에게 **문안하고**

23 [그가] 그들과 함께 말할 때에(when)
마침(Behold)
자가 그 항오에서 **나와서**
/골리앗이라 하는
/가드 사람
/싸움 돋우는
/블레셋 사람의

[그가] 전과 같은 **말을 하매**

다윗이 **들으니라**

24 모든 사람이 그 사람을 보고(when)
/이스라엘
심히 **두려워하여**
그 앞에서 **도망하며**
25 더러는 **가로되**
/너희가 이 올라온 사람을 보았느냐
/참으로 이스라엘을 모욕하러 왔도다
/왕이 ── 많은 재물로 부하게 하고
/그를 죽이는 사람은[을]
├ 그 딸을 그에게 주고
└ 그 아비의 집을 자유하게 하시리라
/이스라엘 중에서

26 다윗이 **말하여 가로되**
/곁에 섰는 사람들에게

20 다윗이 아침에 일찌기 일어나서 양을 양 지키는 자
에게 맡기고 이새의 명한 대로 가지고 가서 진영에 이른
즉 싸우려고 고함하며 21 이스라엘과 블레셋 사람이 항
오를 벌이고 양군이 서로 대하였더라 22 다윗이 그 짐
을 짐 지키는 자의 손에 맡기고 군대로 달려가서 형들에
게 문안하고 23 그들과 함께 말할 때에 마침 블레셋 사
람의 싸움 돋우는 가드 사람 골리앗이라 하는 자가 그
항오에서 나와서 전과 같은 말을 하매 다윗이 들으니라
24 이스라엘 모든 사람이 그 사람을 보고 심히 두려워
하여 그 앞에서 도망하며 25 더러는 가로되 너희가 이
올라온 사람을 보았느냐 참으로 이스라엘을 모욕하러 왔
도다 그를 죽이는 사람은 왕이 많은 재물로 부하게 하고
그 딸을 그에게 주고 그 아비의 집은 이스라엘 중에서
자유하게 하시리라 26 다윗이 곁에 섰는 사람들에게 말

early in the morning and left the flock with a keeper
and took the supplies and went as Jesse had commanded
him. And he came to the circle of the camp while the
army was going out in battle array shouting the war cry.
21 And Israel and the Philistines drew up in battle
array, army against army. 22 Then David left his baggage
in the care of the baggage keeper, and ran to the battle
line and entered in order to greet his brothers. 23 As
he was talking with them, behold, the champion, the Philistine
from Gath named Goliath, was coming up from the army
of the Philistines, and he spoke these same words; and David
heard them. 24 When all the men of Israel saw the
man, they fled from him and were greatly afraid. 25
And the men of Israel said, "Have you seen this man
who is coming up? Surely he is coming up to defy Israel.
And it will be that the king will enrich the man who
kills him with great riches and will give him his daughter
and make his father's house free in Israel." 26 ¶ Then David

/어떠한 대우를 하겠느냐?
/이 블레셋 사람을 죽여
/제하는 사람에게는
/이스라엘의 치욕을
/블레셋 사람이 누구관대?
/이 할례 없는
/[그가] ― 하나님의 군대를 모욕하겠느냐?
/사시는

27 백성이 전과 같이 **말하여 가로되** ...하니라
/여차 여차히 하시리라
/그를 죽이는 사람에게는

28 장형 엘리압이 말을 들은지라
/다윗의 사람들에게 하는

그가 다윗에게 노를 **발하여**
가로되
/어찌하여(why)
네가 이리로 내려왔느냐?
/몇 양을 뉘게 맡겼느냐?
/들에 있는
/나는 ― 아노니
/네 교만과
/네 마음의 완악함을
/네가 ― 전쟁을 구경하러 왔도다

29 다윗이 **가로되** ...하고
/내가 무엇을 하였나이까?
/어찌 이유가 없으리이까?

30 [그가] **돌이켜**
/다른 사람을 향하여
전과 같이 **말하매**

백성이 전과 같이 **대답하니라**

31 혹이 다윗의 한 말을 듣고(when)
그것을 사울에게 **고하였으므로**

사울이 다윗을 **부른지라**

삼상

하여 가로되 이 블레셋 사람을 죽여 이스라엘의 치욕을
제하는 사람에게는 어떠한 대우를 하겠느냐 이 할례 없
는 블레셋 사람이 누구관대 사시는 하나님의 군대를 모
욕하겠느냐 27 백성이 전과 같이 말하여 가로되 그를
죽이는 사람에게는 여차여차히 하시리라 하니라 28 장
형(長兄) 엘리압이 다윗이 사람들에게 하는 말을 들은지
라 그가 다윗에게 노를 발하여 가로되 네가 어찌하여 이
리로 내려왔느냐 들에있는 몇 양을 뉘게 맡겼느냐 나는
네 교만과 네 마음의 완악함을 아노니 네가 전쟁을 구경
하러 왔도다 29 다윗이 가로되 내가 무엇을 하였나이까
어찌 이유가 없으리이까 하고 30 돌이켜 다른 사람을
향하여 전과 같이 말하매 백성이 전과 같이 대답하니라
31 혹이 다윗의 한 말을 듣고 그것을 사울에게 고하였
으므로 사울이 다윗을 부른지라 32 다윗이 사울에게 고

spoke to the men who were standing by him, saying,
"What will be done for the man who kills this Philistine,
and takes away the reproach from Israel? For who is
this uncircumcised Philistine, that he should taunt the armies
of the living God?" 27 And the people answered him
in accord with this word, saying, "Thus it will be done
for the man who kills him." 28 ¶ Now Eliab his oldest
brother heard when he spoke to the men; and Eliab's
anger burned against David and he said, "Why have
you come down? And with whom have you left those
few sheep in the wilderness? I know your insolence and
the wickedness of your heart; for you have come down
in order to see the battle." 29 But David said, "What
have I done now? Was it not just a question?" 30 Then
he turned away from him to another and said the same
thing; and the people answered the same thing as before.
31 ¶ When the words which David spoke were heard,
they told them to Saul, and he sent for him. 32 And

32 다윗이 사울에게 **고하되**
/사람이 —— 낙담하지 말 것이라
/그를 인하여
/주의 종이 ┬ 가서
└ 싸우리이다
/저 블레셋 사람과

33 사울이 다윗에게 **이르되**
/네가 ┬ 가서
└ 싸우기에 능치 못하리니
/저 블레셋 사람과

//(이유: כִּי, for)
너는 —— 소년이요
그는 —— 용사임이니라
/어려서부터

34 다윗이 사울에게 **고하되**
/주의 종이 아비의 양을 지킬 때에(when)
사자나 곰이 ─ 와서
─ 새끼를 움키면(when)
/양떼에서
35 내가 ┬ 따라가서
├ 그것을 치고
└ 새끼를 건져내었고
/그 입에서
/그것이 ┬ 일어나
└ 나를 해하고자 하면(when)
내가 ┬ 그 수염을 잡고
├ 그것을 쳐
└ 죽였었나이다
36 /주의 종이 사자와 곰도 쳤은즉
/블레셋 사람이리이까?
/이 할례 없는
/사시는 하나님의 군대를 모욕한
/그가 —— 되리이다
/그 짐승의 하나와 같이

37 또
[그가] **가로되**
/여호와께서 ┬ 나를 건져내셨은즉
/사자의 발톱과
/곰의 발톱에서
└ 나를 건져내시리이다
/이 블레셋 사람의 손에서도

하되 그를 인하여 사람이 낙담하지 말 것이라 주의 종이
가서 저 블레셋 사람과 싸우리이다 33 사울이 다윗에게
이르되 네가 가서 저 블레셋 사람과 싸우기에 능치 못하
리니 너는 소년이요 그는 어려서부터 용사임이니라 34
다윗이 사울에게 고하되 주의 종이 아비의 양을 지킬 때
에 사자나 곰이 와서 양떼에서 새끼를 움키면 35 내가
따라가서 그것을 치고 그 입에서 새끼를 건져 내었고 그
것이 일어나 나를 해하고자 하면 내가 그 수염을 잡고
그것을 쳐 죽였나이다 36 주의 종이 사자와 곰도 쳤은
즉 사시는 하나님의 군대를 모욕한 이 할례 없는 블레셋
사람이리이까 그가 그 짐승의 하나와 같이 되리이다 37
또 가로되 여호와께서 나를 사자의 발톱과 곰의 발톱에
서 건져 내셨은즉 나를 이 블레셋 사람의 손에서도 건져
내시리이다 사울이 다윗에게 이르되 가라 여호와께서 너

David said to Saul, "Let no man's heart fail on account
of him; your servant will go and fight with this Philistine."
33 Then Saul said to David, "You are not able to go against
this Philistine to fight with him; for you are but a youth
while he has been a warrior from his youth." 34 But
David said to Saul, "Your servant was tending his
father's sheep. When a lion or a bear came and took a
lamb from the flock, 35 I went out after him and
attacked him, and rescued it from his mouth; and when
he rose up against me, I seized him by his beard and
struck him and killed him. 36 "Your servant has killed
both the lion and the bear; and this uncircumcised
Philistine will be like one of them, since he has taunted
the armies of the living God." 37 And David said,
"The LORD who delivered me from the paw of the lion
and from the paw of the bear, He will deliver me from
the hand of this Philistine." And Saul said to David,
"Go, and may the LORD be with you." 38 Then Saul

사울이 다윗에게 **이르되**
/[너는] —— 가라
/[내가] —— 원하노라
/여호와께서 너와 함께 계시기를

38 이에
사울이 자기 군복을 **입히고**
/다윗에게
놋투구를 **씌우고**
/그 머리에
또
갑옷을 **입히매**
/그에게

39 다윗이 칼을 **차고는**
/군복 위에
시험적으로
/걸어보다가

//(이유: כִּי, for)
익숙치 못하므로

[그가] 사울에게 **고하되** ...하고
/이것을 입고 가지 못하겠나이다

//(이유: כִּי, for)
익숙치 못하니

[그가] 곧 **벗고**
40 손에 막대기를 **가지고**
돌 다섯을 **골라서**
/매끄러운
/시내에서
곧 주머니에 **넣고**
/자기 목자의 제구
물매를 **가지고**
/손에
블레셋 사람에게로 **나아가니라**

41 블레셋 사람이 점점 **행하여**
다윗에게로 **나아오는데**

방패 든 자가 **앞섰더라**

42 그 사람이 **둘러보다가**
/블레셋
다윗을 보고(when)
[그가] **업신여기니**

//이는(이유: כִּי, for)

삼상

와 함께 계시기를 원하노라 38 이에 사울이 자기 군복
을 다윗에게 입히고 놋 투구를 그 머리에 씌우고 또 그에
게 갑옷을 입히매 39 다윗이 칼을 군복 위에 차고는 익
숙치 못하므로 시험적으로 걸어 보다가 사울에게 고하되
익숙치 못하니 이것을 입고 가지 못하겠나이다 하고 곧
벗고 40 손에 막대기를 가지고 시내에서 매끄러운 돌
다섯을 골라서 자기 목자의 제구 곧 주머니에 넣고 손에
물매를 가지고 블레셋 사람에게로 나아가니라 41 블레
셋 사람이 점점 행하여 다윗에게로 나아오는데 방패 든
자가 앞섰더라 42 그 블레셋 사람이 둘러보다가 다윗을

clothed David with his garments and put a bronze helmet
on his head, and he clothed him with armor. 39 And
David girded his sword over his armor and tried to walk,
for he had not tested them. So David said to Saul, "I
cannot go with these, for I have not tested them." And
David took them off. 40 And he took his stick in his
hand and chose for himself five smooth stones from the
brook, and put them in the shepherd's bag which he
had, even in his pouch, and his sling was in his hand;
and he approached the Philistine. 41 ¶ Then the Philistine
came on and approached David, with the shield-bearer
in front of him. 42 When the Philistine looked and saw
David, he disdained him; for he was but a youth, and
ruddy, with a handsome appearance. 43 And the Philistine

//이는(이유: כִּי, for)
그가 —— 젊고
　　　 붉고
용모가 —— 아름다움이라

43 블레셋 사람이 다윗에게 **이르되** ...하고
/네가 —— 나를 개로 여기고... 느냐?

//(이유: כִּי, for)
막대기를 가지고 내게 나아왔(느냐)

[그가] 다윗을 **저주하고**
/그 신들의 이름으로

44 또
[그가] **이르되**
/[너는] —— 내게로 오라

//(결과)
내가 — 네 고기를 주리라
/공중의 새들과
들짐승들에게

45 다윗이 블레셋 사람에게 **이르되**
/너는 —— 내게 오거니와
/칼과 창과 단창으로
/나는 —— 네게 가노라
/만군의 여호와의 이름
/곧 하나님의 이름으로
/이스라엘 군대의
/네가 모욕하는

46 /여호와께서 —— 너를 붙이시리니
/오늘
/내 손에
/내가 —— 너를 쳐서
—— 네 머리를 베고
—— 시체로 주어
/블레셋 군대의
/오늘날
/공중의 새와
땅의 들짐승에게
—— 온 땅으로 알게 하겠고
/하나님이 —— 계신 줄
/이스라엘에

보고 업신여기니 이는 그가 젊고 붉고 용모가 아름다움
이라 **43** 블레셋 사람이 다윗에게 이르되 네가 나를 개
로 여기고 막대기를 가지고 내게 나아왔느냐 하고 그 신
들의 이름으로 다윗을 저주하고 **44** 또 이르되 내게로
오라 내가 네 고기를 공중의 새들과 들짐승들에게 주리
라 **45** 다윗이 블레셋 사람에게 이르되 너는 칼과 창과
단창으로 내게 오거니와 나는 만군의 여호와의 이름 곧
네가 모욕하는 이스라엘 군대의 하나님의 이름으로 네게
가노라 **46** 오늘 여호와께서 너를 내 손에 붙이시리니
내가 너를 쳐서 네 머리를 베고 블레셋 군대의 시체로
오늘날 공중의 새와 땅의 들짐승에게 주어 온 땅으로 이
스라엘에 하나님이 계신줄 알게 하겠고 **47** 또 여호와의

said to David, "Am I a dog, that you come to me with
sticks?" And the Philistine cursed David by his gods.
44 The Philistine also said to David, "Come to me,
and I will give your flesh to the birds of the sky and
the beasts of the field." **45** Then David said to the Philistine,
"You come to me with a sword, a spear, and a javelin,
but I come to you in the name of the LORD of hosts,
the God of the armies of Israel, whom you have taunted.
46 "This day the LORD will deliver you up into my
hands, and I will strike you down and remove your head
from you. And I will give the dead bodies of the army
of the Philistines this day to the birds of the sky and
the wild beasts of the earth, that all the earth may know
that there is a God in Israel, **47** and that all this assembly

47 /또
이 무리로 — 알게 하리라
/구원하심이 — 칼과 창에 있지 아니함을
/여호와의

//(이유: כִּי, for)
전쟁은 여호와께 속한 것인즉

/그가 — 너희를 붙이시리라
/우리 손에

48 블레셋 사람이 일어나
마주 가까이 올 때에(when)
/다윗에게로
다윗이 **빨리 달리며**
/마주
/블레셋 사람에게로
/그 항오를 향하여

49 손을 주머니에 **넣어**
돌을 **취하여**
물매로 **던져**
이마를 **치매**
/블레셋 사람의
돌이 그 이마에 **박히니**
[그가] 땅에 **엎드러지니라**

50 다윗이 블레셋 사람을 **이기고**
/이같이
/물매와 돌로
/그를 쳐 죽였으나
칼이 자기 손에는 **없었더라**

51 다윗이 **달려가서**
블레셋 사람을 **밟고**
그의 칼을 **빼어 내어**
/그 집에서
그를 **죽이고**
/그 칼로
그 머리를 **베니**

사람들이 자기 용사의 죽음을 보고(when)
/블레셋
도망하는지라

구원하심이 칼과 창에 있지 아니함을 이 무리로 알게 하
리라 전쟁은 여호와께 속한 것인즉 그가 너희를 우리 손
에 붙이시리라 **48** 블레셋 사람이 일어나 다윗에게로 마
주 가까이 올 때에 다윗이 블레셋 사람에게로 마주 그 항
오를 향하여 빨리 달리며 **49** 손을 주머니에 넣어 돌을
취하여 물매로 던져 블레셋 사람의 이마를 치매 돌이 그
이마에 박히니 땅에 엎드러지니라 **50** 다윗이 이같이 물
매와 돌로 블레셋 사람을 이기고 그를 쳐 죽였으나 자기
손에는 칼이 없었더라 **51** 다윗이 달려가서 블레셋 사람
을 밟고 그의 칼을 그 집에서 빼어 내어 그 칼로 그를 죽
이고 그 머리를 베니 블레셋 사람들이 자기 용사의 죽음
을 보고 도망하는지라 **52** 이스라엘과 유다 사람들이 일

may know that the LORD does not deliver by sword or
by spear; for the battle is the LORD's and He will give
you into our hands." **48** Then it happened when the Philistine
rose and came and drew near to meet David, that David
ran quickly toward the battle line to meet the Philistine.
49 And David put his hand into his bag and took from
it a stone and slung it, and struck the Philistine on his
forehead. And the stone sank into his forehead, so that
he fell on his face to the ground. **50** ¶ Thus David
prevailed over the Philistine with a sling and a stone,
and he struck the Philistine and killed him; but there
was no sword in David's hand. **51** Then David ran and
stood over the Philistine and took his sword and drew it
out of its sheath and killed him, and cut off his head

52 이스라엘과
유다 사람들이 **일어나서**
소리지르며
블레셋 사람을 **쫓아**
이르렀고
/가이와
에그론 성문까지

상한 자들은 **엎드러졌더라**
/블레셋 사람의 /사아라임 가는 길에서부터
/가드와 에그론까지

53 자손이 **돌아와서**
/이스라엘 /블레셋 사람을 쫓다가
그들의 진을 **노략하였고**

54 다윗은 머리를 **가져가고**
/블레셋 사람의
/예루살렘으로
갑주는 **두니라**
/자기 장막에

55 사울이 보고(when)
/다윗이 — 나감을
/블레셋 사람을 향하여
군장 아브넬에게 **묻되**
/아브넬아!
이 소년이 뉘 아들이냐

아브넬이 **가로되** ...하매
/왕이여
[내가] ──왕의 사심으로 맹세하옵나니
/내가 ── 알지 못하나이다

56 왕이 **가로되** ...하였더니
/너는 물어보라
/이 청년이 누구의 아들인가

57 다윗이 블레셋 사람을 죽이고
돌아올 때에(when)
아브넬이 **인도하니**
/그를 사울의 앞으로
/머리가 ──그 손에 있는 채
/블레셋 사람의

어나서 소리지르며 블레셋 사람을 쫓아 가이와 에그론
성문까지 이르렀고 블레셋 사람의 상한 자들은 사아라임
가는 길에서부터 가드와 에그론까지 엎드러졌더라 53
이스라엘 자손이 블레셋 사람을 쫓다가 돌아와서 그들의
진을 노략하였고 54 다윗은 블레셋 사람의 머리를 예루
살렘으로 가져 가고 갑주는 자기 장막에 두니라 55 다
윗이 블레셋 사람을 향하여 나감을 사울이 보고 군장 아
브넬에게 묻되 아브넬아 이 소년이 뉘 아들이냐 아브넬
이 가로되 왕이여 왕의 사심으로 맹세하옵나니 내가 알
지 못하나이다 하매 56 왕이 가로되 너는 이 청년이 누
구의 아들인가 물어보라 하였더니 57 다윗이 블레셋 사
람을 죽이고 돌아올 때에 블레셋 사람의 머리가 그 손에

with it. When the Philistines saw that their champion
was dead, they fled. 52 And the men of Israel and
Judah arose and shouted and pursued the Philistines as
far as the valley, and to the gates of Ekron. And the
slain Philistines lay along the way to Shaaraim, even to
Gath and Ekron. 53 And the sons of Israel returned
from chasing the Philistines and plundered their camps.
54 Then David took the Philistine's head and brought
it to Jerusalem, but he put his weapons in his tent. 55
¶ Now when Saul saw David going out against the Philistine,
he said to Abner the commander of the army, "Abner, whose
son is this young man?" And Abner said, "By your
life, O king, I do not know." 56 And the king said,
"You inquire whose son the youth is." 57 So when
David returned from killing the Philistine, Abner took
him and brought him before Saul with the Philistine's
head in his hand. 58 And Saul said to him, "Whose
son are you, young man?" And David answered, "I am

58 사울이 그에게 **묻되**
/소년이여!
누구의 아들이뇨

다윗이 **대답하되**
/나는 ── 이새의 아들이니이다
/베들레헴 사람
/주의 종

18

1 다윗이 마치매(when)
/사울에게 말하기를
마음이 다윗의 마음과 **연락되어**
/요나단의
요나단이 그를 **사랑하니라**
/자기 생명 같이

2 사울은 다윗을 **머무르게 하고**
/그 날에
허락지 아니하였고
/다시 돌아가기를
/그 아비의 집으로

3 요나단은 **더불어 언약을 맺었으며**
/다윗을 사랑하여
/자기 생명 같이

4 요나단이 겉옷을 **벗어**
/자기의 입었던
다윗에게 **주었고**
그리하였더라
/그 군복과
칼과 활과 띠도

5 다윗이 **가서**
/사울의 보내는 곳마다
지혜롭게 **행하매**

사울이 그로 **삼았더니**
/군대의 장을

온 백성이 **합당히 여겼고**
신하들도 **〈합당히 여겼더라〉**
/사울의

삼상

있는 채 아브넬이 그를 사울의 앞으로 인도하니 58 사
울이 그에게 묻되 소년이여 누구의 아들이뇨 다윗이 대
답하되 나는 주의 종 베들레헴 사람 이새의 아들이니이다
18:1 다윗이 사울에게 말하기를 마치매 요나단의
마음이 다윗의 마음과 연락되어 요나단이 그를
자기 생명같이 사랑하니라 2 그 날에 사울은 다윗을 머
무르게 하고 그 아비의 집으로 다시 돌아가기를 허락지
아니하였고 3 요나단은 다윗을 자기 생명같이 사랑하여
더불어 언약을 맺었으며 4 요나단이 자기의 입었던 겉옷
을 벗어 다윗에게 주었고 그 군복과 칼과 활과 띠도 그리

the son of your servant Jesse the Bethlehemite."
18:1 ¶ Now it came about when he had finished speaking
to Saul, that the soul of Jonathan was knit to the
soul of David, and Jonathan loved him as himself. 2
And Saul took him that day and did not let him return
to his father's house. 3 Then Jonathan made a covenant
with David because he loved him as himself. 4 And Jonathan
stripped himself of the robe that was on him and gave
it to David, with his armor, including his sword and his
bow and his belt. 5 So David went out wherever Saul
sent him, and prospered; and Saul set him over the men
of war. And it was pleasing in the sight of all the people
and also in the sight of Saul's servants. 6 ¶ And it
happened as they were coming, when David returned

6 무리가 돌아올 때(when)
곧 다윗이 돌아올 때에(when)
/블레셋 사람을 죽이고
여인들이 이스라엘 모든 성에서 **나와서**
/노래하며 춤추며
/소고와 경쇠를 가지고

//(목적: ל, to)
왕 사울을 환영하는데

7 여인들이 **창화하여**
/뛰놀며
가로되 ...한지라
/사울의 죽인 자는 천천이요
/다윗은 만만이로다

8 사울이 이 말에 **불쾌하여**
심히 **노하여**
가로되 ...하고
/다윗에게는 만만을 돌리고
/내게는 천천만 돌리니
/그의 더 얻을 것이 나라 밖에 무엇이냐

9 사울이 다윗을 **주목하였더라**
/그 날 후로

10 악신이 사울에게 **내리매**
/하나님의 부리신 /그 이튿날
/힘있게

그가 **야료하는 고로**
/집 가운데서
다윗이 손으로 **수금을 타는데**
/평일과 같이

창이 사울의 손에 **있는지라**
/때에

11 그가 그 창을 **던졌으나**
/스스로 이르기를 ...하고
/내가 다윗을 벽에 박으리라
다윗이 그 앞에서 **피하였더라**
/두번

삼상

하였더라 5 다윗이 사울의 보내는 곳마다 가서 지혜롭
게 행하매 사울이 그로 군대의 장을 삼았더니 온 백성이
합당히 여겼고 사울의 신하들도 합당히 여겼더라 6 무
리가 돌아올 때 곧 다윗이 블레셋 사람을 죽이고 돌아올
때에 여인들이 이스라엘 모든 성에서 나와서 노래하며
춤추며 소고와 경쇠를 가지고 왕 사울을 환영하는데 7
여인들이 뛰놀며 창화하여 가로되 사울의 죽인 자는 천
천이요 다윗은 만만이로다 한지라 8 사울이 이 말에 불
쾌하여 심히 노하여 가로되 다윗에게는 만만을 돌리고
내게는 천천만 돌리니 그의 더 얻을 것이 나라 밖에 무
엇이냐 하고 9 그 날 후로 사울이 다윗을 주목하였더라
10 그 이튿날 하나님의 부리신 악신이 사울에게 힘있게
내리매 그가 집 가운데서 야료하는고로 다윗이 평일과
같이 손으로 수금을 타는데 때에 사울의 손에 창이 있는
지라 11 그가 스스로 이르기를 내가 다윗을 벽에 박으
리라 하고 그 창을 던졌으나 다윗이 그 앞에서 두 번 피

from killing the Philistine, that the women came out of
all the cities of Israel, singing and dancing, to meet King
Saul, with tambourines, with joy and with musical
instruments. 7 And the women sang as they played, and
said, "Saul has slain his thousands, And David his ten
thousands." 8 Then Saul became very angry, for this
saying displeased him; and he said, "They have ascribed
to David ten thousands, but to me they have ascribed
thousands. Now what more can he have but the kingdom?"
9 And Saul looked at David with suspicion from that
day on. 10 ¶ Now it came about on the next day that
an evil spirit from God came mightily upon Saul, and
he raved in the midst of the house, while David was
playing the harp with his hand, as usual; and a spear
was in Saul's hand. 11 And Saul hurled the spear for
he thought, "I will pin David to the wall." But David escaped

12 사울이 그를 **두려워한지라**

//(이유: כִּי, for)
여호와께서 — 다윗과 함께 계시므로
/사울을 떠나

13 그러므로
사울이 그로 **떠나게 하고**
/자기를
천부장을 **삼으매**
그가 백성 앞에 **출입하며**
14 지혜롭게 **행하니라**
/그 모든 일을

여호와께서 그와 함께 **계시니라**

15 사울이 **보고**
/다윗의 크게 지혜롭게 행함을
그를 **두려워하였으나**

16 온 이스라엘과
유다는 다윗을 **사랑하였으니**

//(이유: כִּי, for)
그가 — 출입함을 인함이었더라
/자기들 앞에

17 사울이 다윗에게 **이르되** ...하니
/[내가] — 네게 아내로 주리니
/내 맏딸 메랍을
/너는 — 오직 용맹을 내어
/나를 위하여
/[너는] — 여호와의 싸움을 싸우라

//이는(이유: כִּי, for)
그가 — 생각하기를 ...함이라
/내 손을 그에게 대지 말고
손으로 그에게 대게 하리라
/블레셋 사람의

18 다윗이 사울에게 **이르되** ...하였더니
/내가 누구며
/내 친속이나
/이스라엘 중에
내 아비의 집이 — 무엇이관대
내가 왕의 사위가 되리이까?

하였더라 12 여호와께서 사울을 떠나 다윗과 함께 계시
므로 사울이 그를 두려워한지라 13 그러므로 사울이 그
로 자기를 떠나게 하고 천부장을 삼으매 그가 백성 앞에
출입하며 14 그 모든 일을 지혜롭게 행하니라 여호와께
서 그와 함께 계시니라 15 사울이 다윗의 크게 지혜롭
게 행함을 보고 그를 두려워하였으나 16 온 이스라엘과
유다는 다윗을 사랑하였으니 그가 자기들 앞에 출입함을
인함이었더라 17 사울이 다윗에게 이르되 내 맏딸 메랍
을 네게 아내로 주리니 오직 너는 나를 위하여 용맹을 내
어 여호와의 싸움을 싸우라 하니 이는 그가 생각하기를
내 손을 그에게 대지 말고 블레셋 사람의 손으로 그에게
대게 하리라 함이라 18 다윗이 사울에게 이르되 내가
누구며 이스라엘 중에 내 친속이나 내 아비의 집이 무엇
이관대 내가 왕의 사위가 되리이까 하였더니 19 사울의

from his presence twice. 12 Now Saul was afraid of
David, for the LORD was with him but had departed
from Saul. 13 Therefore Saul removed him from his
presence, and appointed him as his commander of a thousand;
and he went out and came in before the people. 14
And David was prospering in all his ways for the LORD
was with him. 15 When Saul saw that he was prospering
greatly, he dreaded him. 16 But all Israel and Judah
loved David, and he went out and came in before them.
17 ¶ Then Saul said to David, "Here is my older
daughter Merab; I will give her to you as a wife, only
be a valiant man for me and fight the LORD's battles."
For Saul thought, "My hand shall not be against him,
but let the hand of the Philistines be against him." 18

19 [그녀가] 아내로 **준 바 되었더라**
/므홀랏 사람 아드리엘에게
/다윗에게 줄 시기에
/사울의 딸 메랍을

20 미갈이 다윗을 **사랑하매**
/사울의 딸
혹이 사울에게 **고한지라**
사울이 그 일을 **좋게 여겨**

21 [그가] **스스로 이르되** ...하고
/내가 ── 딸을 그에게 주어서

//(목적: ㄱ, that...may)
[그녀가] ── 그에게 올무가 되게
손으로 ── 그를 치게 하리라
/블레셋 사람의

이에
[그가] 다윗에게 **이르되** ...하니라
/네가 오늘 다시 내 사위가 되리라

22 사울이 그 신하들에게 **명하되**
/너희는 ── 다윗에게 말하여
/비밀히
/이르기를 ...하라
/보라!
왕이 너를 기뻐하시고
/모든 신하도 너를 사랑하나니
/그런즉
네가 왕의 사위가 되는 것이 가하니라

23 신하들이 이 말로 **고하매**
/사울의 /다윗의 귀에

다윗이 **가로되** ...한지라
/너희는 ── 경한 일로 보느냐
/왕의 사위 되는 것을

//(이유: since)
나는 ┬ 가난하고
└ 천한 사람이로라

딸 메랍을 다윗에게 줄 시기에 므홀랏 사람 아드리엘에게 아내로 준 바 되었더라 **20** 사울의 딸 미갈이 다윗을 사랑하매 혹이 사울에게 고한지라 사울이 그 일을 좋게 여겨 **21** 스스로 이르되 내가 딸을 그에게 주어서 그에게 올무가 되게 하고 블레셋 사람의 손으로 그를 치게 하리라 하고 이에 다윗에게 이르되 네가 오늘 다시 내 사위가 되리라 하니라 **22** 사울이 그 신하들에게 명하되 너희는 다윗에게 비밀히 말하여 이르기를 보라 왕이 너를 기뻐하시고 모든 신하도 너를 사랑하나니 그런즉 네가 왕의 사위가 되는 것이 가하니라 하라 **23** 사울의 신하들이 이 말로 다윗의 귀에 고하매 다윗이 가로되 왕의 사위 되는 것을 너희는 경한 일로 보느냐 나는 가난하고

But David said to Saul, "Who am I, and what is my life or my father's family in Israel, that I should be the king's son-in-law?" **19** So it came about at the time when Merab, Saul's daughter, should have been given to David, that she was given to Adriel the Meholathite for a wife. **20** ¶ Now Michal, Saul's daughter, loved David. When they told Saul, the thing was agreeable to him. **21** And Saul thought, "I will give her to him that she may become a snare to him, and that the hand of the Philistines may be against him." Therefore Saul said to David, "For a second time you may be my son-in-law today." **22** Then Saul commanded his servants, "Speak to David secretly, saying, 'Behold, the king delights in you, and all his servants love you; now therefore, become the king's son-in-law.'" **23** So Saul's servants spoke these words to David. But David said, "Is it trivial in your sight to become the king's son-in-law, since I am a poor man and lightly esteemed?" **24**

24 신하들이 사울에게 **고하여**
/사울의 /가로되
/다윗이 — 여차여차히 말하더이다
25 사울이 **가로되** ...하였으니
/너희는 — 다윗에게 말하기를 ...하라
/이같이
/왕이 — 아무 폐백도 원치 아니하고
— 원하신다
/블레셋 사람의 양피 일백을
/다만 왕의 원수의 보복으로

//이는(이유: כִּי, for)
사울의[이] — 생각에...함이라
/다윗을 — 죽게 하리라
/블레셋 사람의 손에

26 신하들이 이 말로 고하매(when)
/사울의 /다윗에게

삼상

다윗이 **좋게 여기므로**
/왕의 사위 되는 것을

만기가 되지 못하여서(before)
27 다윗이 **일어나서**
그 종자와 함께 **가서**
이백명을 **죽이고**
/블레셋 사람
그 양피를 **가져다가**
왕께 **수대로 드려**

//(목적: לְ, to)
왕의 사위가 되고자 하니

사울이 그 딸 미갈을 **주었더라**
/다윗에게
/아내로

28 사울이 **보고**
알았고
/여호와께서 — 다윗과 함께 계심을

미갈도 그를 **사랑하므로**
/사울의 딸

29 사울이 다윗을 **두려워하여**
/더욱 더욱

천한 사람이로라 한지라 **24** 사울의 신하들이 사울에게
고하여 가로되 다윗이 여차여차히 말하더이다 **25** 사울
이 가로되 너희는 다윗에게 이같이 말하기를 왕이 아무
폐백(幣帛)도 원치 아니하고 다만 왕의 원수의 보복으로
블레셋 사람의 양피 일백을 원하신다 하라 하였으니 이
는 사울의 생각에 다윗을 블레셋 사람의 손에 죽게 하리
라 함이라 **26** 사울의 신하들이 이 말로 다윗에게 고하
매 다윗이 왕의 사위 되는 것을 좋게 여기므로 만기(滿
期)가 되지 못하여서 **27** 다윗이 일어나서 그 종자와 함
께 가서 블레셋 사람 이백 명을 죽이고 그 양피를 가져다
가 수대로 왕께 드려 왕의 사위가 되고자 하니 사울이 그
딸 미갈을 다윗에게 아내로 주었더라 **28** 여호와께서 다

And the servants of Saul reported to him according to
these words which David spoke. **25** Saul then said,
"Thus you shall say to David, 'The king does not desire
any dowry except a hundred foreskins of the Philistines,
to take vengeance on the king's enemies.'" Now Saul planned
to make David fall by the hand of the Philistines. **26**
When his servants told David these words, it pleased
David to become the king's son-in-law. Before the days
had expired **27** David rose up and went, he and his
men, and struck down two hundred men among the
Philistines. Then David brought their foreskins, and they
gave them in full number to the king, that he might
become the king's son-in-law. So Saul gave him Michal
his daughter for a wife. **28** When Saul saw and knew
that the LORD was with David, and that Michal, Saul's
daughter, loved him, **29** then Saul was even more afraid
of David. Thus Saul was David's enemy continually.
30 ¶ Then the commanders of the Philistines went out

다윗의 **대적이 되니라**
/평생에

30 방백들이 **나오면**
/블레셋 사람의

그들의[이] 나올 때마다(as open as)
다윗이 더 지혜롭게 **행하매**
/사울의 모든 신하보다

//이에(결과)
그 이름이 심히 귀중히 되니라

19

1 사울이 **말하였더니**
/다윗을 죽이라
/그 아들 요나단과
그 모든 신하에게

요나단이 다윗을 심히 **기뻐하므로**
/사울의 아들

2 그가 다윗에게 **고하여**
/가로되 ...하고
/사울이 —— 꾀하시느니라
/내 부친 /너를 죽이기를
/그러므로
이제 청하노니(please)
[너는] ┬ 아침에 조심하여
└ 은밀한 곳에 숨어 있으라

3 /내가 ┬ 나가서
├ 내 부친 곁에 서서
│ /너 있는 들에서
└ 내 부친과 말하다가
/네 일을
/[만일]
무엇을 보거든(if)
[내가] —— 네게 알게 하리라

4 요나단이 다윗을 포장하여 **가로되**
/그 아비 사울에게

윗과 함께 계심을 사울이 보고 알았고 사울의 딸 미갈도
그를 사랑하므로 29 사울이 다윗을 더욱 더욱 두려워하
여 평생에 다윗의 대적이 되니라 30 블레셋 사람의 방
백들이 나오면 그들의 나올 때마다 다윗이 사울의 모든
신하보다 더 지혜롭게 행하매 이에 그 이름이 심히 귀중
히 되니라
19:1 사울이 그 아들 요나단과 그 모든 신하에게
다윗을 죽이라 말하였더니 사울의 아들 요나단이
다윗을 심히 기뻐하므로 2 그가 다윗에게 고하여 가로
되 내 부친 사울이 너를 죽이기를 꾀하시느니라 그러므
로 이제 청하노니 아침에 조심하여 은밀한 곳에 숨어 있
으라 3 내가 나가서 너 있는 들에서 내 부친 곁에 서서
네 일을 내 부친과 말하다가 무엇을 보거든 네게 알게
하리라 하고 4 요나단이 그 아비 사울에게 다윗을 포장
하여 가로되 원컨대 왕은 신하 다윗에게 범죄치 마옵소
서 그는 왕께 득죄하지 아니하였고 그가 왕께 행한 일은

to battle, and it happened as often as they went out, that
David behaved himself more wisely than all the servants
of Saul. So his name was highly esteemed.
19:1 ¶ Now Saul told Jonathan his son and all his
servants to put David to death. But Jonathan,
Saul's son, greatly delighted in David. 2 So Jonathan
told David saying, "Saul my father is seeking to put
you to death. Now therefore, please be on guard in the
morning, and stay in a secret place and hide yourself. 3
"And I will go out and stand beside my father in the
field where you are, and I will speak with my father
about you; if I find out anything, then I shall tell you."
4 Then Jonathan spoke well of David to Saul his father,
and said to him, "Do not let the king sin against his

/왕은 —— (원컨대)범죄치 마옵소서
/신하 다윗에게

//(이유: כִּי, for)
그는 —— 왕께 득죄하지 아니하였고
일은 —— 심히 선함이니이다
/그가 왕께 행한

5 //(이유, 계속)
그가 ┬ 자기 생명을 아끼지 아니하고
└ 블레셋 사람을 죽였고
여호와께서는 — 큰 구원을 이루셨으므로
/온 이스라엘을 위하여
/왕이 ┬ 이를 보고
└ 기뻐하셨거늘
/어찌(why)
[당신은] — 범죄하려 하시나이까
/무고히 다윗을 죽여
/무죄한 피를 흘려

6 사울이 요나단의 말을 **듣고**
맹세하되
/그가 — 죽임을 당치 아니하리라
/여호와께서 사시거니와

7 요나단이 다윗을 **불러**
그 모든 일을 **알게 하고**
그를 사울에게로 **인도하니**

그가 사울 앞에 **있으니라**
/여전히

8 전쟁이 다시 **있으므로**
다윗이 **나가서**
블레셋 사람들과 **싸워**
그들을 크게 **도륙하매**
그들이 그 앞에서 **도망하니라**

9 사울이 손에 단창을 가지고
그 집에 앉았을 때에(as)
악신이 사울에게 **접하였으므로**
/여호와의 부리신

다윗이 손으로 수금을 탈 때에(while)
10 사울이 다윗을 벽에 **박으려 하였으나**
/단창으로

심히 선함이니이다 5 그가 자기 생명을 아끼지 아니하고
블레셋 사람을 죽였고 여호와께서는 온 이스라엘을 위하
여 큰 구원을 이루셨으므로 왕이 이를 보고 기뻐하셨거
늘 어찌 무고히 다윗을 죽여 무죄한 피를 흘려 범죄하려
하시나이까 6 사울이 요나단의 말을 듣고 맹세하되 여호
와께서 사시거니와 그가 죽임을 당치 아니하리라 7 요나
단이 다윗을 불러 그 모든 일을 알게 하고 그를 사울에게
로 인도하니 그가 사울 앞에 여전히 있으니라 8 전쟁이
다시 있으므로 다윗이 나가서 블레셋 사람들과 싸워 그
들을 크게 도륙하매 그들이 그 앞에서 도망하니라 9 사
울이 손에 단창을 가지고 그 집에 앉았을 때에 여호와의
부리신 악신이 사울에게 접하였으므로 다윗이 손으로 수
금을 탈 때에 10 사울이 단창으로 다윗을 벽에 박으려
하였으나 그는 사울의 앞을 피하고 사울의 창은 벽에 박

servant David, since he has not sinned against you, and since
his deeds have been very beneficial to you. 5 "For he
took his life in his hand and struck the Philistine, and
the LORD brought about a great deliverance for all
Israel; you saw it and rejoiced. Why then will you sin against
innocent blood, by putting David to death without a
cause?" 6 And Saul listened to the voice of Jonathan,
and Saul vowed, "As the LORD lives, he shall not be
put to death." 7 Then Jonathan called David, and Jonathan
told him all these words. And Jonathan brought David
to Saul, and he was in his presence as formerly. 8 ¶
When there was war again, David went out and fought
with the Philistines, and defeated them with great slaughter,
so that they fled before him. 9 Now there was an evil
spirit from the LORD on Saul as he was sitting in his
house with his spear in his hand, and David was playing

그는 사울의 앞을 **피하고**
사울의 창은 벽에 **박힌지라**
다윗이 그 밤에 **도피하매**

11 사울이 사자들을 **보내어** ...한지라
/다윗의 집에

//(목적: ל, to)
그를 지키다가
그를 죽이게 하려
/아침에

미갈이 다윗에게 **일러**
/다윗의 아내 /가로되
/[만일]
당신이 —— 구하지 아니하면(if)
/당신의 생명을
/이 밤에
[당신은] —— 죽임을 당하리라 하고
/내일에는

12 미갈이 다윗을 창에서 **달아내리우매**
그가 **도망하여**
피하니라

13 미갈이 우상을 **취하여**
침상에 **뉘고**
그 머리에 **씌우고**
/염소털로 엮은 것을
그것을 **덮었더니**
/의복으로

14 사울이 사자들을 **보내어**

//(목적: ל, to)
다윗을 잡으려 하매

미갈이 **가로되**
/그가 병들었느니라

15 사울이 또 사자들을 **보내어**
/다윗을 보라 하며
이르되
/그를 침상채 내게로 가져오라
/내가 그를 죽이리라

힌지라 다윗이 그 밤에 도피하매 11 사울이 사자들을
다윗의 집에 보내어 그를 지키다가 아침에 그를 죽이게
하려 한지라 다윗의 아내 미갈이 다윗에게 일러 가로되
당신이 이 밤에 당신의 생명을 구하지 아니하면 내일에
는 죽임을 당하리라 하고 12 미갈이 다윗을 창에서 달
아 내리우매 그가 도망하여 피하니라 13 미갈이 우상을
취하여 침상에 뉘고 염소털로 엮은 것을 그 머리에 씌우
고 의복으로 그것을 덮었더니 14 사울이 사자들을 보내
어 다윗을 잡으려 하매 미갈이 가로되 그가 병들었느니
라 15 사울이 또 사자들을 보내어 다윗을 보라 하며 이
르되 그를 침상(寢床)채 내게로 가져오라 내가 그를 죽
이리라 16 사자들이 들어가 본즉 침상에 우상이 있고

the harp with his hand. 10 And Saul tried to pin David
to the wall with the spear, but he slipped away out of
Saul's presence, so that he stuck the spear into the wall.
And David fled and escaped that night. 11 ¶ Then Saul
sent messengers to David's house to watch him, in order
to put him to death in the morning. But Michal, David's
wife, told him, saying, "If you do not save your life
tonight, tomorrow you will be put to death." 12 So
Michal let David down through a window, and he went
out and fled and escaped. 13 And Michal took the household
idol and laid it on the bed, and put a quilt of goats' hair
at its head, and covered it with clothes. 14 When Saul
sent messengers to take David, she said, "He is sick."
15 Then Saul sent messengers to see David, saying, "Bring
him up to me on his bed, that I may put him to death."
16 When the messengers entered, behold, the household

16 사자들이 **들어가**
본즉
/침상에 우상이 있고
/염소털로 엮은 것이 그 머리에 있었더라

17 사울이 미갈에게 **이르되**
/어찌하여(why)
너는 — 이처럼 나를 속여
— 내 대적을 놓아
— 피하게 하였느냐

미갈이 사울에게 **대답하되** ...하니라
/그가 — 내게 이르기를 ...하더이다
/나를 놓아 가게 하라
/어찌하여 나로 너를 죽이게 하겠느냐

18 다윗이 **도피하여**
라마로 **가서**
사무엘에게로 **나아가서**
다 **고하였고**
/사울이 자기에게 행한 일을

다윗과
사무엘이 나욧으로 **가서**
거하였더라

19 혹이 사울에게 **고하여**
/가로되 ...하매
/다윗이 라마 나욧에 있더이다

20 사울이 사자들을 **보내었더니**

//(목적: ל, to)
다윗을 잡으려

그들이 볼 때에(when)
/선지자 무리의 예언하는 것과
/사무엘이 그들의 수령으로 선 것을
신이 사자들에게 **임하매**
/하나님의 /사울의

//(결과: 의미상)
그들도 — 예언을 한지라

21 혹이 그것을 고하매(when)
/사울에게

염소털로 엮은 것이 그 머리에 있었더라 **17** 사울이 미
갈에게 이르되 너는 어찌하여 이처럼 나를 속여 내 대적
을 놓아 피하게 하였느냐 미갈이 사울에게 대답하되 그
가 내게 이르기를 나를 놓아 가게 하라 어찌하여 나로 너
를 죽이게 하겠느냐 하더이다 하니라 **18** 다윗이 도피하
여 라마로 가서 사무엘에게로 나아가서 사울이 자기에게
행한 일을 다 고하였고 다윗과 사무엘이 나욧으로 가서
거하였더라 **19** 혹이 사울에게 고하여 가로되 다윗이 라
마 나욧에 있더이다 하매 **20** 사울이 다윗을 잡으려 사
자들을 보내었더니 그들이 선지자 무리의 예언하는 것과
사무엘이 그들의 수령으로 선 것을 볼 때에 하나님의 신
이 사울의 사자들에게 임하매 그들도 예언을 한지라 **21**

idol was on the bed with the quilt of goats' hair at its
head. **17** So Saul said to Michal, "Why have you
deceived me like this and let my enemy go, so that he
has escaped?" And Michal said to Saul, "He said to
me, Let me go! Why should I put you to death?" **18** ¶
Now David fled and escaped and came to Samuel at
Ramah, and told him all that Saul had done to him. And
he and Samuel went and stayed in Naioth. **19** And it
was told Saul, saying, "Behold, David is at Naioth in
Ramah." **20** Then Saul sent messengers to take David,
but when they saw the company of the prophets prophesying,
with Samuel standing and presiding over them, the Spirit
of God came upon the messengers of Saul; and they
also prophesied. **21** And when it was told Saul, he sent

사울이 사자들을 **보내었더니**
/다른

//(결과: 의미상)
그들도 예언을 한 고로

사울이 사자들을 **보내었더니**
/세번째
/다시

//(결과: 의미상)
그들도 예언을 한지라

22 이에
사울도 라마로 **가서**
큰 우물에 **이르러**
/세구에 있는

물어
가로되
/사무엘과 다윗이 어디 있느냐?

혹이 **가로되**
/라마 나욧에 있나이다

23 사울이 라마 나욧으로 **가니라**

하나님의 신이 그에게도 **임하시니**

그가 **행하며**
/라마 나욧에 이르기까지
예언을 하였으며

24 또
그가 그 옷을 **벗고**
사무엘 앞에서 **예언을 하며**
누웠었더라
/종일 종야에
/벌거벗은 몸으로

그러므로
속담에 **이르기를** ...하니라
/사울도 선지자 중에 있느냐?

혹이 그것을 사울에게 고하매 사울이 다른 사자들을 보
내었더니 그들도 예언을 한고로 사울이 세번째 다시 사
자들을 보내었더니 그들도 예언을 한지라 **22** 이에 사울
도 라마로 가서 세구에 있는 큰 우물에 이르러 물어 가
로되 사무엘과 다윗이 어디 있느냐 혹이 가로되 라마 나
욧에 있나이다 **23** 사울이 라마 나욧으로 가니라 하나님
의 신이 그에게도 임하시니 그가 라마 나욧에 이르기까
지 행하며 예언을 하였으며 **24** 그가 또 그 옷을 벗고
사무엘 앞에서 예언을 하며 종일 종야에 벌거벗은 몸으
로 누웠었더라 그러므로 속담에 이르기를 사울도 선지자
중에 있느냐 하니라

other messengers, and they also prophesied. So Saul sent
messengers again the third time, and they also prophesied.
22 Then he himself went to Ramah, and came as far
as the large well that is in Secu; and he asked and said,
"Where are Samuel and David?" And someone said,
"Behold, they are at Naioth in Ramah." **23** And he proceeded
there to Naioth in Ramah; and the Spirit of God came
upon him also, so that he went along prophesying continually
until he came to Naioth in Ramah. **24** And he also
stripped off his clothes, and he too prophesied before Samuel
and lay down naked all that day and all that night.
Therefore they say, "Is Saul also among the prophets?"

삼상

20

1 다윗이 라마 나욧에서 **도망하여**
와서
요나단에게 **이르되**
/내가 무엇을 하였으며?
/내 죄악이 무엇이며?
/나의 죄가 무엇이관대?
/네 부친 앞에서

//(이유: כִּי, for)
그가 내 생명을 찾느뇨

2 요나단이 그에게 **이르되**
/결단코 아니라
/네가 죽지 아니하리라
/[보라]
내 부친이 ─ 행함이 없나니
/대소사를
/내게 알게 아니하고는
/어찌하여(why)
내 부친이 이 일은 내게 숨기리요
/그렇지 아니하니라

3 다윗이 또 **맹세하여**
가로되
/네 부친이 ─ 밝히 알고
/내가 네게 은혜 받은 줄을
스스로 **이르기를** ...함이니라
/그로 이를 알게 하지 아니하리라

//(목적: פֶּן, lest)
요나단이 슬퍼할까 두려운즉

/그러나
진실로 맹세하노니
/여호와의 사심과
/네 생명으로

//(이유: כִּי, for)
나와 사망의 사이는 한 걸음 뿐이니라

4 요나단이 다윗에게 **이르되**
/무엇이든지 ─── 그것을 이루리라
/소원이 /내가 너를 위하여
/네 마음의

20:1 다윗이 라마 나욧에서 도망하여 와서 요나단
에게 이르되 내가 무엇을 하였으며 내 죄악이 무
엇이며 네 부친 앞에서 나의 죄가 무엇이관대 그가 내 생
명을 찾느뇨 2 요나단이 그에게 이르되 결단코 아니라
네가 죽지 아니하리라 내 부친이 대소사를 내게 알게 아
니하고는 행함이 없나니 내 부친이 어찌하여 이 일은 내
게 숨기리요 그렇지 아니하니라 3 다윗이 또 맹세하여
가로되 내가 네게 은혜 받은 줄을 네 부친이 밝히 알고
스스로 이르기를 요나단이 슬퍼할까 두려운즉 그로 이를
알게 하지 아니하리라 함이니라 그러나 진실로 여호와의
사심과 네 생명으로 맹세하노니 나와 사망의 사이는 한
걸음 뿐이니라 4 요나단이 다윗에게 이르되 네 마음의
소원이 무엇이든지 내가 너를 위하여 그것을 이루리라 5
다윗이 요나단에게 이르되 내일은 월삭인즉 내가 마땅히

20:1 ¶ Then David fled from Naioth in Ramah, and
came and said to Jonathan, "What have I done? What
is my iniquity? And what is my sin before your father,
that he is seeking my life?" 2 And he said to him, "Far
from it, you shall not die. Behold, my father does nothing
either great or small without disclosing it to me. So why
should my father hide this thing from me? It is not so!"
3 Yet David vowed again, saying, "Your father knows
well that I have found favor in your sight, and he has
said, 'Do not let Jonathan know this, lest he be grieved.'
But truly as the LORD lives and as your soul lives, there
is hardly a step between me and death." 4 Then Jonathan
said to David, "Whatever you say, I will do for you."
5 So David said to Jonathan, "Behold, tomorrow is the

5 다윗이 요나단에게 **이르되**
/내일은 월삭인즉
/내가 ── 마땅히 앉아...(할 것이나)16)
/왕을 모시고
/식사를 하여야
/[너는] ┬ 나를 보내어
└ 들에 숨게 하고
/제 삼일 저녁까지
6 /만일(אִם)
네 부친이 ─ 나를 자세히 묻거든(if)
너는 ── 그 때에 말하기를 ...하라
/다윗이─간청하였사오니
/내게 허하라
/급히 가기를
/자기 성 베들레헴으로

//이는(이유: כִּי , for)
매년제를 드릴 때가 됨이니이다
/거기서
/온 가족을 위하여

7 /[만일](אִם)
그의 말이 좋다 하면(if)
네 종이 평안하려니와

/만일(אִם)
그가 노하면(if)
[너는] ─ 알지니
/나를 해하려고 결심한 줄을
8 /그런즉
원컨대 네 종에게 인자히 행하라

//(이유: כִּי, for)
네가 ─ 너와 맹약케 하였음이니라
/네 종으로
/여호와 앞에서

/그러나
[만일](אִם)
내게 죄악이 있거든(if)
네가 친히 나를 죽이라

/데려갈 것이 무엇이뇨?
/나를 네 부친에게로

9 요나단이 **가로되**
/이 일이 결코 네게 있지 아니하리라
/[만일](אִם)

16) 직역: 내가 앉아야 할 것이다

삼상

왕을 모시고 앉아 식사를 하여야 할 것이나 나를 보내어
제삼일 저녁까지 들에 숨게 하고 **6** 네 부친이 만일 나를
자세히 묻거든 그 때에 너는 말하기를 다윗이 자기 성
베들레헴으로 급히 가기를 내게 허하라 간청하였사오니
이는 온 가족을 위하여 거기서 매년제를 드릴 때가 됨이
니이다 하라 **7** 그의 말이 좋다하면 네 종이 평안하려니
와 그가 만일 노하면 나를 해하려고 결심한 줄을 알지니
8 그런즉 원컨대 네 종에게 인자히 행하라 네가 네 종으
로 여호와 앞에서 너와 맹약케 하였음이니라 그러나 내
게 죄악이 있거든 네가 친히 나를 죽이라 나를 네 부친
에게로 데려갈 것이 무엇이뇨 **9** 요나단이 가로되 이 일
이 결코 네게 있지 아니하리라 내 부친이 너를 해하려

new moon, and I ought to sit down to eat with the king.
But let me go, that I may hide myself in the field until
the third evening. **6** "If your father misses me at all,
then say, 'David earnestly asked leave of me to run to
Bethlehem his city, because it is the yearly sacrifice
there for the whole family.' **7** "If he says, 'It is good,'
your servant shall be safe; but if he is very angry, know
that he has decided on evil. **8** "Therefore deal kindly
with your servant, for you have brought your servant
into a covenant of the LORD with you. But if there is iniquity
in me, put me to death yourself; for why then should
you bring me to your father?" **9** And Jonathan said,

/[만일](אִם)
[내가] ── 알면(if)
/내 부친이─결심한 줄
/너를 해하려
내가 네게 이르지 아니하겠느냐

10 다윗이 요나단에게 **이르되**
/[만일](אִם)
네 부친이 혹 엄하게 네게 대답하면(if)
누가 그것을 내게 고하겠느냐

11 요나단이 다윗에게 **이르되**...하고
/오라
/우리가 들로 가자

두 사람이 들로 **가니라**

12 요나단이 다윗에게 **이르되**
/여호와께서 ─── 증거하시거니와
/이스라엘의 하나님
/내가 ─ 내 부친을 살펴서(when)
/내일이나 모레
/이맘때에
[만일]
너 다윗에게 대한 의향이 선하면(if)
내가 ┬ 보내어
└ 네게 알게 하지 않겠느냐?

13 /그러나
만일(אִם)
내 부친이 너를 해하려 하거늘(if)
내가 ┬ 이 일을 네게 알게 하여(if)
├ 너를 보내어(=보내지 아니하고)
└ 평안히 가게 하지 아니하면(if)
여호와께서 ┬ 벌을 내리시고
/나 요나단에게
└ 또 내리시기를 원하노라
/여호와께서 ─ 너와 함께 하시기를 원하노니
/내 부친과 함께 하신 것같이

14 /[만일]
나의 사는 날 동안에(if)
너는 ─── 내게 베풀어서
/여호와의 인자를

//(결과)

결심한 줄 알면 내가 네게 이르지 아니하겠느냐 **10** 다윗이 요나단에게 이르되 네 부친이 혹 엄하게 네게 대답하면 누가 그것을 내게 고하겠느냐 **11** 요나단이 다윗에게 이르되 오라 우리가 들로 가자 하고 두 사람이 들로 가니라 **12** 요나단이 다윗에게 이르되 이스라엘의 하나님 여호와께서 증거하시거니와 내가 내일이나 모레 이맘때에 내 부친을 살펴서 너 다윗에게 대한 의향이 선하면 내가 보내어 네게 알게 하지 않겠느냐 **13** 그러나 만일 내 부친이 너를 해하려 하거늘 내가 이 일을 네게 알게 하여 너를 보내어 평안히 가게 하지 아니하면 여호와께서 나 요나단에게 벌을 내리시고 또 내리시기를 원하노라 여호와께서 내 부친과 함께 하신 것같이 너와 함께 하시기를 원하노니 **14** 너는 나의 사는 날 동안에 여호와의 인자를 내게 베풀어서 나로 죽지 않게 할 뿐 아니라

"Far be it from you! For if I should indeed learn that evil has been decided by my father to come upon you, then would I not tell you about it?" **10** Then David said to Jonathan, "Who will tell me if your father answers you harshly?" **11** And Jonathan said to David, "Come, and let us go out into the field." So both of them went out to the field. **12** ¶ Then Jonathan said to David, "The LORD, the God of Israel, be witness! When I have sounded out my father about this time tomorrow, or the third day, behold, if there is good feeling toward David, shall I not then send to you and make it known to you? **13** "If it please my father to do you harm, may the LORD do so to Jonathan and more also, if I do not make it known to you and send you away, that

//(결과)
나로 죽지 않게 할뿐 아니라

15 /여호와께서 — 다 끊어버리신 때에도(when)
/너 다윗의 대적들을
/지면에서
너는 ——— 영영히 끊어 버리지 말라 하고
/네 인자를
/내 집에서

16 이에
요나단이 다윗의 집과 **언약하기를** ...하니라
/여호와께서는 — 치실지어다
/다윗의 대적들을

17 요나단이 그로 다시 **맹세케 하였으니**

//(이유: בְּ, because)
다윗을 사랑하므로

//이는(이유: כִּי, for)
그를 사랑함이었더라
/자기 생명을 사랑함 같이

18 요나단이 다윗에게 **이르되**
/내일은 월삭인즉
/자세히 물으실 것이라
/네가 없음을

//(이유: כִּי, for)
네 자리가 비므로

19 /너는 —— 사흘을 있다가
— 빨리 내려가서
— 숨었던 곳에 이르러
/그 일이 있던 날에
— 에셀 바위 곁에 있으라
20 /내가 —— 살 셋을 그 곁에 쏘고
/과녁을 쏘려 함 같이
21 /[내가] — 아이를 보내어
— 가서 살을 찾으라 하며
/짐짓(만일)

삼상

15 여호와께서 너 다윗의 대적들을 지면에서 다 끊어버리신 때에도 너는 네 인자를 내 집에서 영영히 끊어 버리지 말라 하고 16 이에 요나단이 다윗의 집과 언약하기를 여호와께서는 다윗의 대적들을 치실지어다 하니라 17 요나단이 다윗을 사랑하므로 그로 다시 맹세케 하였으니 이는 자기 생명을 사랑함같이 그를 사랑함이었더라 18 요나단이 다윗에게 이르되 내일은 월삭인즉 네 자리가 비므로 네가 없음을 자세히 물으실 것이라 19 너는 사흘을 있다가 빨리 내려가서 그 일이 있던 날에 숨었던 곳에 이르러 에셀 바위 곁에 있으라 20 내가 과녁을 쏘려 함같이 살 셋을 그 곁에 쏘고 21 아이를 보내어 가서 살을 찾으라 하며 내가 짐짓 아이에게 이르기를 보라 살이 네 이편에 있으니 가져오라 하거든 너는 돌아올 지니 여호와께서 사시거니와 네가 평안무사(平安無事)할

you may go in safety. And may the LORD be with you as He has been with my father. 14 "And if I am still alive, will you not show me the lovingkindness of the LORD, that I may not die? 15 "And you shall not cut off your lovingkindness from my house forever, not even when the LORD cuts off every one of the enemies of David from the face of the earth." 16 So Jonathan made a covenant with the house of David, saying, "May the LORD require it at the hands of David's enemies." 17 And Jonathan made David vow again because of his love for him, because he loved him as he loved his own life. 18 ¶ Then Jonathan said to him, "Tomorrow is the new moon, and you will be missed because your seat will be empty. 19 "When you have stayed for three days, you shall go down quickly and come to the place where you hid yourself on that eventful day, and you shall remain by the stone Ezel. 20 "And I will shoot three arrows to the side, as though I shot at a target. 21 "And behold,

/짐짓(만일)
내가 ── 아이에게 이르기를 ...하거든(if)
/보라
살이 네 이편에 있으니
가져오라
너는 ── 돌아올지니

//(이유: כִּי, for)
네가 ── 평안 무사할 것이요
/여호와께서 사시거니와

22 /만일
아이에게 이르기를 ...하거든(if)
/보라 살이 네 앞편에 있다
[너는] ── 네 길을 가라

//(이유: כִּי, for)
여호와께서 너를 보내셨음이니라

23 /여호와께서 ── 영영토록 계시느니라
/너와 나 사이에
/너와 내가 말한 일에 대하여는

24 다윗이 들에 **숨으니라**

월삭이 되매(when)
왕이 앉아
음식을 먹을 때에(when)
25 왕은 벽 곁 자기 자리에 **앉았고**
/평시와 같이
요나단은 **섰고**
아브넬은 사울의 곁에 **앉았고**
다윗의 자리는 **비었으나**

26 그러나
사울이 아무 말도 **아니하였으니**
/그 날에는

//이는(이유: כִּי, for)
생각하기를 ...하였음이더니
/그에게 무슨 사고가 있어서
/부정한가보다
/정녕히 부정한가보다

27 다윗의 자리가 오히려 **비었으므로**
/이튿날
/곧 달의 제 이일에도

것이요 **22** 만일 아이에게 이르기를 보라 살이 네 앞편
에 있다 하거든 네 길을 가라 여호와께서 너를 보내셨음
이니라 **23** 너와 내가 말한 일에 대하여는 여호와께서
너와 나 사이에 영영토록 계시느니라 **24** 다윗이 들에
숨으니라 월삭이 되매 왕이 앉아 음식을 먹을 때에 **25**
왕은 평시와 같이 벽 곁 자기 자리에 앉았고 요나단은 섰
고 아브넬은 사울의 곁에 앉았고 다윗의 자리는 비었으
나 **26** 그러나 그 날에는 사울이 아무 말도 아니하였으
니 이는 생각하기를 그에게 무슨 사고가 있어서 부정한
가보다 정녕히 부정한가보다 하였음이더니 **27** 이튿날
곧 달의 제이일에도 다윗의 자리가 오히려 비었으므로
사울이 그 아들 요나단에게 묻되 이새의 아들이 어찌하

I will send the lad, saying, 'Go, find the arrows.' If I
specifically say to the lad, 'Behold, the arrows are on
this side of you, get them,' then come; for there is safety
for you and no harm, as the LORD lives. **22** "But if
I say to the youth, 'Behold, the arrows are beyond you,'
go, for the LORD has sent you away. **23** "As for the
agreement of which you and I have spoken, behold, the
LORD is between you and me forever." **24** ¶ So David
hid in the field; and when the new moon came, the king
sat down to eat food. **25** And the king sat on his seat
as usual, the seat by the wall; then Jonathan rose up and
Abner sat down by Saul's side, but David's place was empty.
26 Nevertheless Saul did not speak anything that day,
for he thought, "It is an accident, he is not clean, surely

사울이 요나단에게 **묻되**
/그 아들
/어찌하여
이새의 아들이 — 나오지 아니하느뇨
/어제와 오늘 식사에

28 요나단이 사울에게 **대답하되**
/다윗이 ┌ 간청하여
/내게 베들레헴으로 가기를
29 └ 가로되 ...하였으므로
/청컨대 나로 가게 하라
/나의 형이 — 명하였으니
/내게 오기를

//(이유: כִּי, for)
우리 가족이 — 제사할 일이 있으므로
/그 성에서

/[만일]
내가 네게 사랑을 받거든(if)
나로 가서
내 형들을 보게 하라

/그가 — 오지 아니하였나이다
/왕의 식사 자리에

30 사울이 요나단에게 노를 **발하고**
그에게 **이르되**
/패역부도의 계집의 소생아!
내가 — 어찌 알지 못하랴?

//(이유: כִּי, for)
네가 이새의 아들을 택한 것이
네 수치와 네 어미의 벌거벗은 수치 됨을

31 /이새의 아들이 땅에 사는 동안은(for)
나라가 — 든든히 서지 못 하리라
/너와 네

/그런즉
[너는] ┌ 이제 보내어
└ 그를 내게로 끌어오라

//(이유: כִּי, for)

여 어제와 오늘 식사에 나오지 아니하느뇨 **28** 요나단이
사울에게 대답하되 다윗이 내게 베들레헴으로 가기를 간
청하여 **29** 가로되 청컨대 나로 가게 하라 우리 가족이
그 성에서 제사할 일이 있으므로 나의 형이 내게 오기를
명하였으니 내가 네게 사랑을 받거든 나로 가서 내 형들
을 보게 하라 하였으므로 그가 왕의 식사 자리에 오지
아니하였나이다 **30** 사울이 요나단에게 노를 발하고 그
에게 이르되 패역부도의 계집의 소생아 네가 이새의 아
들을 택한 것이 네 수치와 네 어미의 벌거벗은 수치됨을
내가 어찌 알지 못하랴 **31** 이새의 아들이 땅에 사는 동
안은 너와 네 나라가 든든히 서지 못하리라 그런즉 이제
보내어 그를 내게로 끌어오라 그는 죽어야 할 자니라
32 요나단이 그 부친 사울에게 대답하여 가로되 그가
죽을 일이 무엇이니이까 무엇을 행하였나이까 **33** 사울

he is not clean." **27** And it came about the next day,
the second day of the new moon, that David's place was
empty; so Saul said to Jonathan his son, "Why has the
son of Jesse not come to the meal, either yesterday or today?"
28 Jonathan then answered Saul, "David earnestly
asked leave of me to go to Bethlehem, **29** for he said,
'Please let me go, since our family has a sacrifice in
the city, and my brother has commanded me to attend.
And now, if I have found favor in your sight, please let
me get away that I may see my brothers.' For this reason
he has not come to the king's table." **30** ¶ Then Saul's
anger burned against Jonathan and he said to him, "You
son of a perverse, rebellious woman! Do I not know
that you are choosing the son of Jesse to your own
shame and to the shame of your mother's nakedness?
31 "For as long as the son of Jesse lives on the earth,

//(이유: כִּי, for)
그는 죽어야 할 자니라

32 요나단이 사울에게 **대답하여**
/그 부친
가로되
/그가 죽을 일이 무엇이니이까?
/[그가] — 무엇을 행하였나이까?

33 사울이 단창을 **던져**
/요나단에게

//(목적: לְ, to)
치려 한지라

요나단이 **알고**
/그 부친이 — 결심한 줄
/다윗을 죽이기로
34 심히 **노하여**
식사 자리에서 **떠나고**
먹지 아니 하였으니
/달의 제 이일에는

//이는(이유: כִּי, for)
[그가] —— 슬퍼함이었더라
/다윗을 위하여

//(이유: כִּי, for)
그 부친이 다윗을 욕되게 하였으므로

35 요나단이 작은 아이를 **데리고**
/아침에
들로 **나가서**
/다윗과 정한 시간에
36 아이에게 **이르되**...하고
/[너는] ┬ 달려가서
└ 나의 쏘는 살을 찾으라

아이가 달려갈 때에(when)
요나단이 살을 **쏘니라**
/그의 위로 지나치게

37 아이가 이를 즈음에(when)
/요나단의 쏜 살 있는 곳에
요나단이 아이 뒤에서 **외쳐**
가로되 ...하고
/살이 네 앞편에 있지 아니하냐?

삼상

이 요나단에게 단창을 던져 치려 한지라 요나단이 그 부
친이 다윗을 죽이기로 결심한 줄 알고 **34** 심히 노하여
식사 자리에서 떠나고 달의 제이일에는 먹지 아니하였으
니 이는 그 부친이 다윗을 욕되게 하였으므로 다윗을 위
하여 슬퍼함이었더라 **35** 아침에 요나단이 작은 아이를
데리고 다윗과 정한 시간에 들로 나가서 **36** 아이에게
이르되 달려가서 나의 쏘는 살을 찾으라 하고 아이가 달
려 갈 때에 요나단이 살을 그의 위로 지나치게 쏘니라
37 아이가 요나단의 쏜 살 있는 곳에 이를 즈음에 요나
단이 아이 뒤에서 외쳐 가로되 살이 네 앞편에 있지 아니

neither you nor your kingdom will be established. Therefore
now, send and bring him to me, for he must surely die."
32 But Jonathan answered Saul his father and said to
him, "Why should he be put to death? What has he
done?" **33** Then Saul hurled his spear at him to strike
him down; so Jonathan knew that his father had decided
to put David to death. **34** Then Jonathan arose from
the table in fierce anger, and did not eat food on the
second day of the new moon, for he was grieved over
David because his father had dishonored him. **35** ¶
Now it came about in the morning that Jonathan went
out into the field for the appointment with David, and a
little lad was with him. **36** And he said to his lad,
"Run, find now the arrows which I am about to shoot."
As the lad was running, he shot an arrow past him. **37**
When the lad reached the place of the arrow which

38 요나단이 아이 뒤에서 또 **외치되** ...하매
/[너는] ┬ 지체 말고
└ 빨리 달음질하라

아이가 살을 **주워가지고**
/요나단의
주인에게로 **돌아왔으나**

39 그 아이는 아무런지 **알지 못하고**

요나단과
다윗만 그 일을 **알았더라**

40 요나단이 그 병기를 **주며**
/아이에게
이르되
/이것을 가지고 성으로 가라

41 아이가 가매(when)
다윗이 곧 바위 남편에서 **일어나서**
땅에 **엎드려**
세번 **절한 후에**

피차 **입맞추고**
같이 **울되**
다윗이 더욱 **심하더니**

42 요나단이 다윗에게 **이르되**
/평안히 가라
/두 사람이 ─ 맹세하여
/우리 /여호와의 이름으로
/이르기를 ...하였느니라
/여호와께서 ┬ 계시고
/영원히
/나와 너 사이에
└ 계시리라
/내 자손과
네 자손 사이에

다윗은 **일어나**
떠나고

요나단은 성으로 **들어오니라**

삼상

하나 하고 **38** 요나단이 아이 뒤에서 또 외치되 지체 말
고 빨리 달음질하라 하매 요나단의 아이가 살을 주워가
지고 주인에게로 돌아왔으나 **39** 그 아이는 아무런지 알
지 못하고 요나단과 다윗만 그 일을 알았더라 **40** 요나
단이 그 병기를 아이에게 주며 이르되 이것을 가지고 성
으로 가라 **41** 아이가 가매 다윗이 곧 바위 남편에서 일
어나서 땅에 엎드려 세 번 절한 후에 피차 입맞추고 같
이 울되 다윗이 더욱 심하더니 **42** 요나단이 다윗에게
이르되 평안히 가라 우리 두 사람이 여호와의 이름으로
맹세하여 이르기를 여호와께서 영원히 나와 너 사이에
계시고 내 자손과 네 자손 사이에 계시리라 하였느니라
다윗은 일어나 떠나고 요나단은 성으로 들어오니라

Jonathan had shot, Jonathan called after the lad, and
said, "Is not the arrow beyond you?" **38** And Jonathan
called after the lad, "Hurry, be quick, do not stay!"
And Jonathan's lad picked up the arrow and came to
his master. **39** But the lad was not aware of anything;
only Jonathan and David knew about the matter. **40**
Then Jonathan gave his weapons to his lad and said to
him, "Go, bring them to the city." **41** When the lad
was gone, David rose from the south side and fell on
his face to the ground, and bowed three times. And they
kissed each other and wept together, but David more.
42 And Jonathan said to David, "Go in safety, inasmuch
as we have sworn to each other in the name of the
LORD, saying, 'The LORD will be between me and
you, and between my descendants and your descendants
forever.'" Then he rose and departed, while Jonathan
went into the city.

삼상

21

1 다윗이 놉에(가서) **이르니**
/제사장 아히멜렉에게

아히멜렉이 **떨며**
/다윗을 영접하며(=영접하기를)
그에게 **이르되**
/어찌하여(why)
네가 홀로 있고?
함께 하는 자가 아무도 없느냐?

2 다윗이 제사장 아히멜렉에게 **이르되**
/왕이 ─ 내게 일을 명하고
└ 이르시기를...하시기로
/아무 것이라도 사람에게 알게 하지 말라
/내가 ┬ 너를 보내는 바와
└ 네게 명한바 일의

/내가 ── 약정하였나이다
/나의 소년들을
/여차 여차한 곳으로

3 /이제 당신의 수중에 무엇이 있나이까?
/있는 대로 내 손에 주소서
/떡 다섯 덩이나
/무엇이든지

4 제사장이 다윗에게 **대답하여**
가로되
/항용 떡은 내 수중에 없으나
/거룩한 떡은 있나니
/[만일]
그 소년들이 부녀를 가까이만 아니하였으면(if)
[내가] ── 주리라

5 다윗이 제사장에게 **대답하여**
가로되 ...하매
/우리가 ── 가까이 하지 아니하였나이다
/참으로
/부녀를
/삼일 동안이나
/나의 떠난 길이 보통 여행이라도
소년들의 그릇이 성결하겠거든

21:1 다윗이 놉에 가서 제사장 아히멜렉에게 이르
니 아히멜렉이 떨며 다윗을 영접하며 그에게 이
르되 어찌하여 네가 홀로 있고 함께 하는 자가 아무도 없
느냐 2 다윗이 제사장 아히멜렉에게 이르되 왕이 내게
일을 명하고 이르시기를 내가 너를 보내는 바와 네게 명
한 바 일의 아무 것이라도 사람에게 알게 하지 말라 하시
기로 내가 나의 소년들을 여차여차한 곳으로 약정하였나
이다 3 이제 당신의 수중에 무엇이 있나이까 떡 다섯 덩
이나 무엇이든지 있는대로 내 손에 주소서 4 제사장이
다윗에게 대답하여 가로되 항용 떡은 내 수중에 없으나
거룩한 떡은 있나니 그 소년들이 부녀를 가까이만 아니
하였으면 주리라 5 다윗이 제사장에게 대답하여 가로되
우리가 참으로 삼 일 동안이나 부녀를 가까이 하지 아니
하였나이다 나의 떠난 길이 보통 여행이라도 소년들의

21:1 ¶ Then David came to Nob to Ahimelech the priest;
and Ahimelech came trembling to meet David,
and said to him, "Why are you alone and no one with
you?" 2 And David said to Ahimelech the priest, "The
king has commissioned me with a matter, and has said
to me, 'Let no one know anything about the matter on which
I am sending you and with which I have commissioned
you; and I have directed the young men to a certain
place.' 3 "Now therefore, what do you have on hand?
Give me five loaves of bread, or whatever can be found."
4 And the priest answered David and said, "There is
no ordinary bread on hand, but there is consecrated bread;
if only the young men have kept themselves from women."
5 And David answered the priest and said to him,
"Surely women have been kept from us as previously
when I set out and the vessels of the young men were
holy, though it was an ordinary journey; how much more
then today will their vessels be holy?" 6 So the priest

그들의 그릇이 성결치 아니하겠나이까?
/하물며 오늘날

6 제사장이 그 거룩한 떡을 **주었으니**

//(이유: כִּי, for)
거기는 진설병 밖에 없음이라
/곧 여호와 앞에서 물려낸 떡
/이 떡은 ── 물려낸 것이더라
/더운 떡을 드리는 날에

7 한 사람이 여호와 앞에 **머물러 있었는데**
/사울의 신하 /그 날에

그는 **에돔 사람이요**
/도엑이라 이름하는
사울의 **목자장이었더라**

8 다윗이 아히멜렉에게 **이르되**
/여기 창이나 칼이 없나이까?
/당신의 수중에

//(이유: כִּי, for)
내가 ── 가지지 못하였나이다
/내 칼과 병기를

//(이유: כִּי, for)
왕의 일이 급하므로

9 제사장이 **가로되**
/골리앗의 칼이 ─ 에봇 뒤에 있으니
/블레셋 사람 /보자기에 싸여
/네가 엘라 골짜기에서 죽인
/[만일]
네가 ┬ 그것을 가지려거든(if)
└ 가지라

//(이유: כִּי, for)
여기는 그 밖에 다른것이 없느니라

다윗이 **가로되**
/그 같은 것이 또 없나니
/내게 주소서

10 다윗이 **일어나**

그릇이 성결하겠거든 하물며 오늘날 그들의 그릇이 성결
치 아니하겠나이까 하매 6 제사장이 그 거룩한 떡을 주
었으니 거기는 진설병 곧 여호와 앞에서 물려 낸 떡밖에
없음이라 이 떡은 더운 떡을 드리는 날에 물려 낸것이더
라 7 그 날에 사울의 신하 한 사람이 여호와 앞에 머물
러 있었는데 그는 도엑이라 이름하는 에돔 사람이요 사
울의 목자장이었더라 8 다윗이 아히멜렉에게 이르되 여
기 당신의 수중에 창이나 칼이 없나이까 왕의 일이 급하
므로 내가 내 칼과 병기를 가지지 못하였나이다 9 제사
장이 가로되 네가 엘라 골짜기에서 죽인 블레셋 사람 골
리앗의 칼이 보자기에 싸여 에봇 뒤에 있으니 네가 그것
을 가지려거든 가지라 여기는 그 밖에 다른 것이 없느니
라 다윗이 가로되 그 같은 것이 또 없나니 내게 주소서
10 그 날에 다윗이 사울을 두려워하여 일어나 도망하여

gave him consecrated bread; for there was no bread there
but the bread of the Presence which was removed from before
the LORD, in order to put hot bread in its place when
it was taken away. 7 ¶ Now one of the servants of Saul
was there that day, detained before the LORD; and his
name was Doeg the Edomite, the chief of Saul's shepherds.
8 ¶ And David said to Ahimelech, "Now is there not
a spear or a sword on hand? For I brought neither my
sword nor my weapons with me, because the king's
matter was urgent." 9 Then the priest said, "The sword
of Goliath the Philistine, whom you killed in the valley
of Elah, behold, it is wrapped in a cloth behind the
ephod; if you would take it for yourself, take it. For
there is no other except it here." And David said, "There
is none like it; give it to me." 10 ¶ Then David arose
and fled that day from Saul, and went to Achish king

삼상

도망하여
/그 날에
/사울을 두려워하여
아기스에게로 **가니**
/가드 왕

11 신하들이 /아기스의
아기스에게 **고하되** ...한지라
/이는 — 다윗이 아니니이까?
/그 땅의 왕
/무리가 — 창화하여...하지 아니하였나이까
/춤추며
/가로되
/사울의 죽인 자는 천천이요
/다윗은 만만이로다

12 다윗이
그 마음에 **두고**
/이 말을
심히 **두려워하여**
/가드 왕 아기스를

13 [그가]
그 행동을 **변하여**
/그들의 앞에서
미친 체하고
대문짝에 **그적거리며**
침을 수염에 **흘리매**

14 아기스가
그 신하에게 **이르되**
/너희도 — 보거니와
/이 사람이 미치광이로다
/어찌하여(why)
그를 내게로 데려왔느냐?
15 /미치광이가 — 내게 부족하여서

//(이유: כִּי, for)
너희가 이 자를 데려다가

//(목적: לְ, to)
내 앞에서 미친 짓을 하게 하느냐

/어찌 이 자가 내 집에 들어오겠느냐? (하니라)

22

1 그러므로 다윗이
그곳을 **떠나**
아둘람 굴로 **도망하매**

가드 왕 아기스에게로 가니 11 아기스의 신하들이 아기
스에게 고하되 이는 그 땅의 왕 다윗이 아니니이까 무리
가 춤추며 이 사람의 일을 창화하여 가로되 사울의 죽인
자는 천천이요 다윗은 만만이로다 하지 아니하였나이까
한지라 12 다윗이 이 말을 그 마음에 두고 가드 왕 아
기스를 심히 두려워하여 13 그들의 앞에서 그 행동을
변하여 미친 체 하고 대문짝에 그적거리며 침을 수염에
흘리매 14 아기스가 그 신하에게 이르되 너희도 보거니
와 이 사람이 미치광이로다 어찌하여 그를 내게로 데려
왔느냐 15 내게 미치광이가 부족하여서 너희가 이 자를
데려다가 내 앞에서 미친 짓을 하게 하느냐 이 자가 어찌
내 집에 들어오겠느냐 하니라
22:1 그러므로 다윗이 그곳을 떠나 아둘람 굴로 도
망하매 그 형제와 아비의 온 집이 듣고는 그리로

of Gath. 11 But the servants of Achish said to him,
"Is this not David the king of the land? Did they not
sing of this one as they danced, saying, 'Saul has slain
his thousands, And David his ten thousands'?" 12 And
David took these words to heart, and greatly feared
Achish king of Gath. 13 So he disguised his sanity
before them, and acted insanely in their hands, and
scribbled on the doors of the gate, and let his saliva run
down into his beard. 14 Then Achish said to his servants,
"Behold, you see the man behaving as a madman. Why
do you bring him to me? 15 "Do I lack madmen, that
you have brought this one to act the madman in my presence?
Shall this one come into my house?"
22:1 ¶ So David departed from there and escaped
to the cave of Adullam; and when his brothers
and all his father's household heard of it, they went

그 형제와
아비의 온 집이 듣고는(when)
[그들이] 그리로 **내려가서**
그에게 **이르렀고**

2 모든 자와
/환난 당한
빚진 자와
원통한 자가 — 다 그에게로 **모였고**
/마음이
그는 그 장관이 **되었는데**

함께 한 자가 **사백명 가량이었더라**

3 다윗이 모압 미스베로 **가서**
/거기서
모압 왕에게 **이르되** ...하고
/나의 부모로 — 나와서
당신들과 함께 있게 하기를 청하나이다
/내가 알기까지
/하나님이 어떻게 하실 것을
/나를 위하여

4 [그가] 부모를 **인도하여 나아갔더니**
/모압 왕 앞에
그들이 모압 왕과 **함께 있었더라**
/다윗의 요새에 있을 동안에

5 선지자 갓이 다윗에게 **이르되**
/[너는] — 이 요새에 있지 말고
/[너는] — 떠나
유다땅으로 들어가라

다윗이 **떠나**
헤렛 수풀에 **이르니라**

6 사울이 **들으니라**
/다윗과
사람들이 — 나타났다 함을
/그와 함께 있는

때에(now)
사울이 에셀나무 아래 **앉았고**
/기브아 높은 곳에서
/손에 단창을 들고

삼상

내려가서 그에게 이르렀고 2 환난 당한 모든 자와 빚진
자와 마음이 원통한 자가 다 그에게로 모였고 그는 그
장관이 되었는데 그와 함께 한 자가 사백 명 가량이었더
라 3 다윗이 거기서 모압 미스베로 가서 모압 왕에게 이
르되 하나님이 나를 위하여 어떻게 하실 것을 내가 알기
까지 나의 부모로 나와서 당신들과 함께 있게 하기를 청
하나이다 하고 4 부모를 인도하여 모압 왕 앞에 나아갔
더니 그들이 다윗의 요새에 있을 동안에 모압 왕과 함께
있었더라 5 선지자(先知者) 갓이 다윗에게 이르되 이 요
새에 있지 말고 떠나 유다 땅으로 들어가라 다윗이 떠나
헤렛 수풀에 이르니라 6 사울이 다윗과 그와 함께 있는
사람들이 나타났다 함을 들으니라 때에 사울이 기브아

down there to him. 2 And everyone who was in distress,
and everyone who was in debt, and everyone who was
discontented, gathered to him; and he became captain
over them. Now there were about four hundred men with
him. 3 ¶ And David went from there to Mizpah of
Moab; and he said to the king of Moab, "Please let my
father and my mother come and stay with you until I
know what God will do for me." 4 Then he left them
with the king of Moab; and they stayed with him all the
time that David was in the stronghold. 5 And the prophet
Gad said to David, "Do not stay in the stronghold;
depart, and go into the land of Judah." So David departed
and went into the forest of Hereth. 6 ¶ Then Saul heard
that David and the men who were with him had been
discovered. Now Saul was sitting in Gibeah, under the
tamarisk tree on the height with his spear in his hand,

신하들은 그 곁에 **섰더니**
/모든

7 사울이 신하들에게 **이르되**
/곁에 선
/너희 베냐민 사람들아!
[너희는] — 들으라
/아들이 — 너희에게 각기 주며?
/이새의 /밭과 포도원을
너희로 삼겠느냐?
/천부장, 백부장을

8 /너희가 다 — 공모하여
/나를 대적하며
/고발하는 자가 하나도 없고
/내게 /내 아들이— 맹약하였으되
/이새의 아들과

/슬퍼하거나
/나를 위하여
/고발하는 자가— 하나도 없도다
/내게 /내 아들이 — 내 신하를 선동하여
오늘이라도 매복하였다가
나를 치려 하는 것을

9 때에(Now)
도엑이 **대답하여**
/에돔 사람
/사울의 신하 중에 섰더니

[그가] **가로되**
/내가 — 보았었는데
/이새의 아들이 놉에 와서
/아히멜렉에게 이른 것을
/아히둡의 아들
10 /아히멜렉이 — 그를 위하여 여호와께 묻고
그에게 식물도 주고
골리앗의 칼도 주더이다
/블레셋 사람

11 왕이 **보내어**
//(목적: ל, to)
부르매(=부르기 위해)
/제사장 아히멜렉과
/아히둡의 아들
/그 아비의 온 집[을]
/곧 놉에 있는 제사장들을

높은 곳에서 손에 단창을 들고 에셀나무 아래 앉았고 모
든 신하들은 그 곁에 섰더니 7 사울이 곁에 선 신하들에
게 이르되 너희 베냐민 사람들아 들으라 이새의 아들이
너희에게 각기 밭과 포도원을 주며 너희로 천부장, 백부
장을 삼겠느냐 8 너희가 다 공모하여 나를 대적하며 내
아들이 이새의 아들과 맹약하였으되 내게 고발하는 자가
하나도 없고 나를 위하여 슬퍼하거나 내 아들이 내 신하
를 선동하여 오늘이라도 매복하였다가 나를 치려 하는
것을 내게 고발하는 자가 하나도 없도다 9 때에 에돔 사
람 도엑이 사울의 신하 중에 섰더니 대답하여 가로되 이
새의 아들이 놉에 와서 아히둡의 아들 아히멜렉에게 이
른 것을 내가 보았었는데 10 아히멜렉이 그를 위하여
여호와께 묻고 그에게 식물도 주고 블레셋 사람 골리앗
의 칼도 주더이다 11 왕이 보내어 아히둡의 아들 제사

and all his servants were standing around him. 7 And
Saul said to his servants who stood around him, "Hear
now, O Benjamites! Will the son of Jesse also give to
all of you fields and vineyards? Will he make you all
commanders of thousands and commanders of hundreds?
8 "For all of you have conspired against me so that
there is no one who discloses to me when my son makes
a covenant with the son of Jesse, and there is none of
you who is sorry for me or discloses to me that my son
has stirred up my servant against me to lie in ambush,
as it is this day." 9 Then Doeg the Edomite, who was standing
by the servants of Saul, answered and said, "I saw the
son of Jesse coming to Nob, to Ahimelech the son of Ahitub.
10 "And he inquired of the LORD for him, gave him

삼상

그들이 다 왕께 **이른지라**

12 사울이 **가로되**
/너 아히둡의 아들아!
[너는] —— 들으라

[그가] **대답하되**
/내 주여!
내가 여기 있나이다

13 사울이 그에게 **이르되**
/어찌하여(why)
네가 —— 공모하여?
/이새의 아들과
/나를 대적하여
— 떡과 칼을 주고?
/그에게
— 하나님께 물어서…하였느냐?
/그를 위하여

//(목적: ל, to)
그로 나를 치게 하려
/오늘이라도 매복하였다가

14 아히멜렉이 왕에게 **대답하여**
가로되
/충실한 자가 — 누구인지요?
/다윗 같이 /왕의 모든 신하 중에

/그는 —— 왕의 사위도 되고
— 왕의 모신도 되고
— 존귀한 자가 아니니이까?
/왕실에서

15 /오늘이 처음이니이까?
/내가 —— 하나님께 물은 것이
/그를 위하여
/결단코 아니니이다

/왕은 —— 원컨대 돌리지 마옵소서
/아무 것도
/종과
종의 아비의 온 집에

//(이유: כִּי, for)

삼상

장 아히멜렉과 그 아비의 온 집 곧 놉에 있는 제사장들
을 부르매 그들이 다 왕께 이른지라 12 사울이 가로되
너 아히둡의 아들아 들으라 대답하되 내 주여 내가 여기
있나이다 13 사울이 그에게 이르되 네가 어찌하여 이새
의 아들과 공모하여 나를 대적하여 그에게 떡과 칼을 주
고 그를 위하여 하나님께 물어서 그로 오늘이라도 매복
하였다가 나를 치게 하려 하였느뇨 14 아히멜렉이 왕에
게 대답하여 가로되 왕의 모든 신하 중에 다윗 같이 충
실한 자가 누구인지요 그는 왕의 사위도 되고 왕의 모신
(謀臣)도 되고 왕실에서 존귀한 자가 아니니이까 15 내
가 그를 위하여 하나님께 물은 것이 오늘이 처음이니이
까 결단코 아니니이다 원컨대 왕은 종과 종의 아비의 온
집에 아무것도 돌리지 마옵소서 왕의 종은 이 모든 일의
대소간에 아는 것이 없나이다 16 왕이 가로되 아히멜렉

provisions, and gave him the sword of Goliath the Philistine."
11 ¶ Then the king sent someone to summon Ahimelech
the priest, the son of Ahitub, and all his father's household,
the priests who were in Nob; and all of them came to
the king. 12 And Saul said, "Listen now, son of
Ahitub." And he answered, "Here I am, my lord." 13
Saul then said to him, "Why have you and the son of
Jesse conspired against me, in that you have given him bread
and a sword and have inquired of God for him, that he should
rise up against me by lying in ambush as it is this day?"
14 Then Ahimelech answered the king and said, "And
who among all your servants is as faithful as David,
even the king's son-in-law, who is captain over your
guard, and is honored in your house? 15 "Did I just
begin to inquire of God for him today? Far be it from
me! Do not let the king impute anything to his servant

//(이유: כִּי, for)
왕의 종은 — 아는 것이 없나이다
/이 모든 일의 대소간에

16 왕이 **가로되** ...하고
/아히멜렉아!
네가 반드시 죽을 것이요
/네 아비의 온 집도 그러하리라

17 왕이 좌우의 시위자에게 **이르되**...하나
/[너희는] — 돌이켜 가서
— 여호와의 제사장들을 죽이라

//(이유: כִּי, for)
그들도 — 다윗과 합력하였고
또
그들이 — 내게 고발치 아니하였음이니라
/다윗의 도망한 것을 알고도

왕의 신하들이 **싫어한지라**
/손을 들어
여호와의 제사장들 죽이기를

18 왕이 도엑에게 **이르되** ...하매
/너는 돌이켜 제사장들을 죽이라

도엑이 **돌이켜**
/에돔 사람

제사장들을 **쳐서**
팔십 오인을 **죽였고**
/세마포 에봇 입은자
/그 날에

〈칼로 쳤더라〉
19 /남녀와
아이들과
젖먹는 자들과
소와 나귀와 양을

/제사장들의 성읍 놉의

20 하나가 **피하였으니**
/아히멜렉의 아들 중
/아히둡의 아들

아 네가 반드시 죽을 것이요 네 아비의 온 집도 그러하리
라 하고 17 왕이 좌우의 시위자에게 이르되 돌이켜 가
서 여호와의 제사장들을 죽이라 그들도 다윗과 합력하였
고 또 그들이 다윗의 도망한 것을 알고도 내게 고발치 아
니하였음이니라 하나 왕의 신하들이 손을 들어 여호와의
제사장들 죽이기를 싫어한지라 18 왕이 도엑에게 이르
되 너는 돌이켜 제사장들을 죽이라 하매 에돔 사람 도엑
이 돌이켜 제사장들을 쳐서 그 날에 세마포 에봇 입은 자
팔십 오인을 죽였고 19 제사장들의 성읍 놉의 남녀와
아이들과 젖먹는 자들과 소와 나귀와 양을 칼로 쳤더라
20 아히둡의 아들 아히멜렉의 아들 중 하나가 피하였으
니 그 이름은 아비아달이라 그가 도망하여 다윗에게로

or to any of the household of my father, for your servant
knows nothing at all of this whole affair." 16 But the
king said, "You shall surely die, Ahimelech, you and
all your father's household!" 17 And the king said to
the guards who were attending him, "Turn around and
put the priests of the LORD to death, because their hand
also is with David and because they knew that he was fleeing
and did not reveal it to me." But the servants of the
king were not willing to put forth their hands to attack
the priests of the LORD. 18 Then the king said to
Doeg, "You turn around and attack the priests." And
Doeg the Edomite turned around and attacked the priests,
and he killed that day eighty-five men who wore the
linen ephod. 19 And he struck Nob the city of the
priests with the edge of the sword, both men and women,
children and infants; also oxen, donkeys, and sheep, he struck
with the edge of the sword. 20 ¶ But one son of
Ahimelech the son of Ahitub, named Abiathar, escaped

그 이름은 **아비아달이라**
그가 **도망하여**
다윗에게로 **가서**
21 다윗에게 **고하매**
/사울이 여호와의 제사장들 죽인 일을

22 다윗이 아비아달에게 **이르되** ... 하니라
/내가 — 알았노라
/그 날에
/에돔 사람 도엑이 거기 있기로(when)
/그가 반드시 사울에게 고할 줄
/죽은 것이 — 나의 연고로다
/모든 사람
/네 아비 집의

23 /[너는] — 두려워 말고
— 내게 있으라

//(이유: כִּי, for)
찾는 자가 — 네 생명도 찾는 자니
/내 생명을

//(이유: כִּי, for)
네가 — 보전하리라 (하니라)
/나와 함께(있으면)

23

1 혹이 다윗에게 고하여 **가로되**
/보소서
/사람이 — 그일라를 쳐서
/블레셋
— 탈취하더이다
/그 타작마당을

2 이에(So)
다윗이 여호와께 묻자와 **가로되**
/내가 — 가서
— 이 블레셋 사람을 치리이까?

여호와께서 다윗에게 **이르시되** ...하시니
/[너는] — 가서
— 블레셋 사람을 치고
— 그일라를 구원하라

삼상

가서 21 사울이 여호와의 제사장들 죽인 일을 다윗에게
고하매 22 다윗이 아비아달에게 이르되 그 날에 에돔
사람 도엑이 거기 있기로 그가 반드시 사울에게 고할 줄
내가 알았노라 네 아비 집의 모든 사람 죽은 것이 나의
연고로다 23 두려워 말고 내게 있으라 내 생명을 찾는
자가 네 생명도 찾는 자니 네가 나와 함께 있으면 보전
하리라 하니라

23:1 혹이 다윗에게 고하여 가로되 보소서 블레셋
사람이 그일라를 쳐서 그 타작 마당을 탈취하더
이다 2 이에 다윗이 여호와께 묻자와 가로되 내가 가서
이 블레셋 사람을 치리이까 여호와께서 다윗에게 이르시
되 가서 블레셋 사람을 치고 그일라를 구원하라 하시니
3 다윗의 사람들이 그에게 이르되 보소서 우리가 유다
에 있기도 두렵거든 하물며 그일라에 가서 블레셋 사람

and fled after David. 21 And Abiathar told David that
Saul had killed the priests of the LORD. 22 Then David
said to Abiathar, "I knew on that day, when Doeg the
Edomite was there, that he would surely tell Saul. I have
brought about the death of every person in your father's
household. 23 "Stay with me, do not be afraid, for he
who seeks my life seeks your life; for you are safe with
me."

23:1 ¶ Then they told David, saying, "Behold, the
Philistines are fighting against Keilah, and are
plundering the threshing floors." 2 So David inquired
of the LORD, saying, "Shall I go and attack these
Philistines?" And the LORD said to David, "Go and
attack the Philistines, and deliver Keilah." 3 But David's
men said to him, "Behold, we are afraid here in Judah.
How much more then if we go to Keilah against the

3 사람들이 그에게 **이르되**
/다윗의 /보소서
우리가 —— 두렵거든
/유다에 있기도
/하물며(how)
[우리가] — 그일라에 가서
군대를 치는 일이리이까?
/블레셋 사람의

4 다윗이 여호와께 다시 **묻자온대**

여호와께서 **대답하여**
가라사대 ...하신지라
/[너는] — 일어나
그일라로 내려가라

//(이유: כִּי, for)
내가 —— 네 손에 붙이리라
/블레셋 사람을

5 다윗과
그의 사람들이 — 그일라로 **가서**
블레셋 사람과 **싸워**
그들을 크게 **도륙하고**
그들의 가축을 **끌어오니라**

다윗이 그일라 거민을 **구원하니라**
/이와 같이

6 아비아달이 다윗에게로 도망할 때에(when)
/아히멜렉의 아들 /그일라
[그가] **내려왔었더라**
/손에 에봇을 가지고

7 혹이 사울에게 **고하매**
/다윗이 그일라에 온 것을

사울이 **가로되**
/하나님이 — 그를 붙이셨도다
/내 손에

//(이유: כִּי, for)
그가 — 갇혔도다
/성에 들어갔으니
/문과 문빗장이 있는

8 사울이 모든 백성을 **불러 모으고**
/군사로

의 군대를 치는 일이리이까 **4** 다윗이 여호와께 다시 묻
자온대 여호와께서 대답하여 가라사대 일어나 그일라로
내려가라 내가 블레셋 사람을 네 손에 붙이리라하신지라
5 다윗과 그의 사람들이 그일라로 가서 블레셋 사람과
싸워 그들을 크게 도륙하고 그들의 가축을 끌어오니라
다윗이 이와 같이 그일라 거민을 구원하니라 **6** 아히멜렉
의 아들 아비아달이 그일라 다윗에게로 도망할 때에 손
에 에봇을 가지고 내려왔었더라 **7** 다윗이 그일라에 온
것을 혹이 사울에게 고하매 사울이 가로되 하나님이 그
를 내 손에 붙이셨도다 그가 문과 문빗장이 있는 성에 들

ranks of the Philistines?" **4** Then David inquired of the
LORD once more. And the LORD answered him and
said, "Arise, go down to Keilah, for I will give the Philistines
into your hand." **5** So David and his men went to Keilah
and fought with the Philistines; and he led away their livestock
and struck them with a great slaughter. Thus David delivered
the inhabitants of Keilah. **6** ¶ Now it came about, when
Abiathar the son of Ahimelech fled to David at Keilah,
that he came down with an ephod in his hand. **7** When
it was told Saul that David had come to Keilah, Saul
said, "God has delivered him into my hand, for he shut
himself in by entering a city with double gates and bars."

그일라로 **내려가서**

//(목적: ל, to)
에워싸려 하더니
/다윗과 그의 사람들을

9 다윗이 사울의 계교를 **알고**
/자기를 해하려 하는
아비아달에게 **이르되**...하고
/제사장
/에봇을 이리로 가져오라

10 다윗이 **가로되**
/이스라엘 하나님 여호와여!
주의 종이 — 분명히 들었나이다
/사울이 — 꾀한다 함을
/그일라로 내려오기를

//(목적: ל, to)
이 성을 멸하려고
/나의 연고로

11 /사람들이 —— 나를 붙이겠나이까?
/그일라 /그의 손에
/사울이 —— 내려 오겠나이까?
/주의 종의 들은 대로

/이스라엘의 하나님 여호와여!
원컨대 주의 종에게 일러 주옵소서

여호와께서 **가라사대**
/그가 내려 오리라

12 다윗이 **가로되**
/사람들이 — 사울의 손에 붙이겠나이까?
/그일라 /나와 내 사람들을

여호와께서 **가라사대**
/그들이 너를 붙이리라

13 다윗과
육백명 가량이 — **일어나**
/그의 사람

그일라를 **떠나서**
갈 수 있는 곳으로 **갔더니**

삼상

어갔으니 간혔도다 8 사울이 모든 백성을 군사로 불러
모으고 그일라로 내려가서 다윗과 그의 사람들을 에워싸
려 하더니 9 다윗이 사울의 자기를 해하려 하는 계교를
알고 제사장 아비아달에게 이르되 에봇을 이리로 가져
오라 하고 10 다윗이 가로되 이스라엘 하나님 여호와여
사울이 나의 연고로 이 성을 멸하려고 그일라로 내려오
기를 꾀한다 함을 주의 종이 분명히 들었나이다 11 그
일라 사람들이 나를 그의 손에 붙이겠나이까 주의 종의
들은대로 사울이 내려 오겠나이까 이스라엘의 하나님 여
호와여 원컨대 주의 종에게 일러 주옵소서 여호와께서
가라사대 그가 내려 오리라 12 다윗이 가로되 그일라
사람들이 나와 내 사람들을 사울의 손에 붙이겠나이까
여호와께서 가라사대 그들이 너를 붙이리라 13 다윗과
그의 사람 육백 명 가량이 일어나 그일라를 떠나서 갈

8 So Saul summoned all the people for war, to go down
to Keilah to besiege David and his men. 9 Now David
knew that Saul was plotting evil against him; so he said
to Abiathar the priest, "Bring the ephod here." 10 Then
David said, "O LORD God of Israel, Thy servant has
heard for certain that Saul is seeking to come to Keilah
to destroy the city on my account. 11 "Will the men
of Keilah surrender me into his hand? Will Saul come
down just as Thy servant has heard? O LORD God of
Israel, I pray, tell Thy servant." And the LORD said,
"He will come down." 12 Then David said, "Will the
men of Keilah surrender me and my men into the hand
of Saul?" And the LORD said, "They will surrender
you." 13 Then David and his men, about six hundred,

혹이 사울에게 **고하매**
/다윗이 그일라에서 피한 것을
사울이 가기를 **그치니라**

14 다윗이 황무지 요새에도 **있었고**
또
산골에도 **유하였으므로**
/십 황무지

사울이 매일 **찾되**
하나님이 그를 붙이지 아니하시니라
/그의 손에

15 다윗이 **보았으므로**
/사울의 나온 것을
/자기 생명을 찾으려고

그가 수풀에 **있었더니**
/십 황무지

16 요나단이 **일어나**
/사울의 아들
수풀에 **들어가서 이르러**
/다윗에게
그로 하나님을 **힘있게 의지하게 하였는데**

17 곧
요나단이 그에게 **이르기를** ...하니라
/[너는] —— 두려워 말라

//(이유: כִּי, for)
사울의 손이 —— 네게 미치지 못할 것이요
/내 부친

//(이유, 계속)
사울도 —— 안다
/내 부친 /너는 이스라엘 왕이 되고
/나는 네 다음이 될 것을

18 두 사람이 여호와 앞에서 **언약하고**
다윗은 수풀에 **거하고**
요나단은 자기 집으로 **돌아가니라**

19 때에
십 사람들이 기브아에 **이르러**

수 있는 곳으로 갔더니 다윗이 그일라에서 피한 것을 혹
이 사울에게 고하매 사울이 가기를 그치니라 **14** 다윗이
황무지 요새에도 있었고 또 십 황무지 산골에도 유하였
으므로 사울이 매일 찾되 하나님이 그를 그의 손에 붙이
지 아니하시니라 **15** 다윗이 사울의 자기 생명을 찾으려
고 나온 것을 보았으므로 그가 십 황무지 수풀에 있었더
니 **16** 사울의 아들 요나단이 일어나 수풀에 들어가서
다윗에게 이르러 그로 하나님을 힘있게 의지하게 하였는
데 **17** 곧 요나단이 그에게 이르기를 두려워 말라 내 부
친 사울의 손이 네게 미치지 못할 것이요 너는 이스라엘
왕이 되고 나는 네 다음이 될 것을 내 부친 사울도 안다
하니라 **18** 두사람이 여호와 앞에서 언약하고 다윗은 수

arose and departed from Keilah, and they went wherever
they could go. When it was told Saul that David had
escaped from Keilah, he gave up the pursuit. **14** And
David stayed in the wilderness in the strongholds, and
remained in the hill country in the wilderness of Ziph.
And Saul sought him every day, but God did not deliver
him into his hand. **15** ¶ Now David became aware that
Saul had come out to seek his life while David was in
the wilderness of Ziph at Horesh. **16** And Jonathan,
Saul's son, arose and went to David at Horesh, and
encouraged him in God. **17** Thus he said to him, "Do
not be afraid, because the hand of Saul my father shall
not find you, and you will be king over Israel and I will
be next to you; and Saul my father knows that also."
18 So the two of them made a covenant before the
LORD; and David stayed at Horesh while Jonathan went
to his house. **19** ¶ Then Ziphites came up to Saul at
Gibeah, saying, "Is David not hiding with us in the

사울에게 **나아와**
가로되
/다윗이 — 수풀 요새에 숨지 아니하였나이까?
/우리와 함께
/광야 남편 하길라산
20 /그러하온즉(now)
왕은 — 내려 오소서
/내려오시기를
/원하시는 대로
/붙일 것이 — 우리의 의무니이다
/그를 왕의 손에

21 사울이 **가로되**
/여호와께 복 받기를 원하노라

//(이유: כִּי, for)
너희가 나를 긍휼히 여겼으니

22 /혹이 — 내게 말하기를 ...하나니
/그가 심히 공교히 행동한다
/너희는 —가서
—더 자세히 살펴서
—알아보고
/그가 어디 은적하였으며
/누가 거기서 그를 보았는지
23 —모든 곳을 탐지하고
/그가 숨어 있는
—실상을 내게 회보하라
/내가 — 너희와 함께 가리니
/[만일](אִם)
그가 이 땅에 있으면(if)
[내가] — 그를 찾아내리라
/유다 천천인 중에서

24 그들이 **일어나**
십으로 **가니라**
/사울보다 먼저

다윗과
그의 사람들이 아라바에 **있더니**
/마온 황무지
/광야 남편

25 혹이 다윗에게 **고하매**
/사울과 그의 사람들이 찾으러 온 것을

풀에 거하고 요나단은 자기 집으로 돌아가니라 **19** 때에 십 사람들이 기브아에 이르러 사울에게 나아와 가로되 다윗이 우리와 함께 광야 남편 하길라산 수풀 요새에 숨지 아니하였나이까 **20** 그러하온즉 왕은 내려오시기를 원하시는 대로 내려오소서 그를 왕의 손에 붙일 것이 우리의 의무니이다 **21** 사울이 가로되 너희가 나를 긍휼히 여겼으니 여호와께 복받기를 원하노라 **22** 혹이 내게 말하기를 그가 심히 공교히 행동한다 하나니 너희는 가서 더 자세히 살펴서 그가 어디 은적하였으며 누가 거기서 그를 보았는지 알아보고 **23** 그가 숨어 있는 모든 곳을 탐지하고 실상을 내게 회보하라 내가 너희와 함께 가리니 그가 이 땅에 있으면 유다 천천인 중에서 그를 찾아내리라 **24** 그들이 일어나 사울보다 먼저 십으로 가니라 다윗과 그의 사람들이 광야 남편 마온 황무지 아라바에

strongholds at Horesh, on the hill of Hachilah, which is on the south of Jeshimon? **20** "Now then, O king, come down according to all the desire of your soul to do so; and our part shall be to surrender him into the king's hand." **21** And Saul said, "May you be blessed of the LORD; for you have had compassion on me. **22** "Go now, make more sure, and investigate and see his place where his haunt is, and who has seen him there; for I am told that he is very cunning. **23** "So look, and learn about all the hiding places where he hides himself, and return to me with certainty, and I will go with you; and it shall come about if he is in the land that I will search him out among all the thousands of Judah." **24** ¶ Then they arose and went to Ziph before Saul. Now David and his men were in the wilderness of Maon, in the Arabah to the south of Jeshimon. **25** When Saul

이에
다윗이 바위로 **내려**
마온 황무지에 **있더니**

사울이 **듣고**
다윗을 **따라가서는**
/마온 황무지로

26 사울이 산 이편으로 **가매**

다윗과
그의 사람들은 산 저편으로 **가며**

다윗이 급히 **피하려 하였으니**
/사울을 두려워하여

//이는(이유: כִּי, for)
사울과
사람들이 — 에워싸고 ...함이었더라
/그의

//(목적: לְ, to)
잡으려(잡기 위하여)
/다윗과 그의 사람들을

27 사자가 사울에게 와서 **가로되**
/급히 오소서

//(이유: כִּי, for)
사람이 — 땅을 침노하나이다
/블레셋

28 이에
사울이 다윗 쫓기를 **그치고**
돌아와서
갔으므로

//(목적: לְ, to)
블레셋 사람을 치러

[그들이] 셀라하마느곳이라 **칭하니라**
/그 곳을

29 다윗이 거기서 **올라가서**
엔게디 요새에 **거하니라**

삼상

있더니 25 사울과 그의 사람들이 찾으러 온 것을 혹이 다윗에게 고하매 이에 다윗이 바위로 내려 마온 황무지에 있더니 사울이 듣고 마온 황무지로 다윗을 따라가서는 26 사울이 산 이편으로 가매 다윗과 그의 사람들은 산 저편으로 가며 다윗이 사울을 두려워하여 급히 피하려 하였으니 이는 사울과 그의 사람들이 다윗과 그의 사람들을 에워싸고 잡으려 함이었더라 27 사자가 사울에게 와서 가로되 급히 오소서 블레셋 사람이 땅을 침노하나이다 28 이에 사울이 다윗 쫓기를 그치고 돌아와서 블레셋 사람을 치러 갔으므로 그 곳을 셀라하마느곳이라 칭하니라 29 다윗이 거기서 올라가서 엔게디 요새에 거하니라

and his men went to seek him, they told David, and he came down to the rock and stayed in the wilderness of Maon. And when Saul heard it, he pursued David in the wilderness of Maon. 26 And Saul went on one side of the mountain, and David and his men on the other side of the mountain; and David was hurrying to get away from Saul, for Saul and his men were surrounding David and his men to seize them. 27 But a messenger came to Saul, saying, "Hurry and come, for the Philistines have made a raid on the land." 28 So Saul returned from pursuing David, and went to meet the Philistines; therefore they called that place the Rock of Escape. 29 And David went up from there and stayed in the strongholds of Engedi.

24

1 사울이 **돌아오매**
/블레셋 사람을 따르다가

혹이 그에게 고하여 **가로되**
/보소서
다윗이 엔게디 황무지에 있더이다

2 사울이 삼천을 **거느리고**
/온 이스라엘에서 택한 사람
들염소 바위로 **갈새**

//(목적: ל, to)
다윗과 그의 사람들을 찾으러

3 [그가] 양의 우리에 **이른즉**
/길 가
/굴이 있는(지라)

사울이 **들어가니라**

//(목적: ל, to)
그 발을 가리우러

다윗과
그의 사람들이 **있더니**
/그 굴 깊은 곳에

4 사람들이 **가로되**
/다윗의
/보소서
여호와께서 — 이르시기를 ...하시더니
/당신에게
/내가 원수를 네 손에 붙이리니
/네 소견에 선한 대로 그에게 행하라
/이것이 — 그 날이니이다

다윗이 **일어나서**
겉옷자락을 **베니라**
/사울의
/가만히

5 그리한 후에(after)
다윗의 마음이 **찔려**
/사울의 옷자락 벰을 인하여

삼상

24:1 사울이 블레셋 사람을 따르다가 돌아오매 혹
이 그에게 고하여 가로되 보소서 다윗이 엔게디
황무지에 있더이다 **2** 사울이 온 이스라엘에서 택한 사
람 삼천을 거느리고 다윗과 그의 사람들을 찾으러 들염
소 바위로 갈새 **3** 길 가 양의 우리에 이른즉 굴이 있는
지라 사울이 그 발을 가리우러 들어가니라 다윗과 그의
사람들이 그 굴 깊은 곳에 있더니 **4** 다윗의 사람들이 가
로되 보소서 여호와께서 당신에게 이르시기를 내가 원수
를 네 손에 붙이리니 네 소견에 선한 대로 그에게 행하
라 하시더니 이것이 그 날이니이다 다윗이 일어나서 사

24:1 ¶ Now it came about when Saul returned from
pursuing the Philistines, he was told, saying, "Behold,
David is in the wilderness of Engedi." **2** Then Saul took
three thousand chosen men from all Israel, and went to
seek David and his men in front of the Rocks of the
Wild Goats. **3** And he came to the sheepfolds on the
way, where there was a cave; and Saul went in to relieve
himself. Now David and his men were sitting in the
inner recesses of the cave. **4** And the men of David
said to him, "Behold, this is the day of which the LORD
said to you, 'Behold; I am about to give your enemy
into your hand, and you shall do to him as it seems
good to you.'" Then David arose and cut off the edge
of Saul's robe secretly. **5** And it came about afterward

6 [그가] 자기 사람들에게 **이르되** ...하고
/여호와의 — 금하시는 것이니
/내가 — 내 주를 치는 것은
/여호와의 기름 부음을 받은
/손을 들어

//(이유: כִּי, for)
그는 여호와의 기름 부음을 받은 자가 됨이니라

7 다윗이 자기 사람들을 **금하여**
/이 말로
사울을 **해하지 못하게 하니라**

사울이 **일어나**
굴에서 **나가**
자기 길을 **가니라**

8 그 후에
다윗도 **일어나**
굴에서 **나가**
외쳐 **가로되** ...하매
/사울의 뒤에서
/내 주 왕이여!

사울이 **돌아보는지라**

다윗이 땅에 **엎드려**
절하고

9 [그가] 사울에게 **이르되**
/어찌하여(why)
왕은 — 사람들의 말을 **들으시나이까?**
/다윗이 왕을 해하려 한다고 하는
10 /왕이 — 아셨을 것이니이다
/오늘
/여호와께서 — 왕을 내 손에 붙이신 것을
/굴에서
/혹이 — 나를 권하여...하였으나
/왕을 죽이라
/내가 — 왕을 아껴
— 말하기를 ...하였나이다
/나는 — 내 손을 들어 아니하리니
/내 주를 해치(against)

//(이유: כִּי, for)

울의 겉옷자락을 가만히 베니라 5 그리한 후에 사울의
옷자락 벰을 인하여 다윗의 마음이 찔려 6 자기 사람들
에게 이르되 내가 손을 들어 여호와의 기름 부음을 받은
내 주를 치는 것은 여호와의 금하시는 것이니 그는 여호
와의 기름 부음을 받은 자가 됨이니라 하고 7 다윗이 이
말로 자기 사람들을 금하여 사울을 해하지 못하게 하니
라 사울이 일어나 굴에서 나가 자기 길을 가니라 8 그
후에 다윗도 일어나 굴에서 나가 사울의 뒤에서 외쳐 가
로되 내 주 왕이여 하매 사울이 돌아보는지라 다윗이 땅
에 엎드려 절하고 9 사울에게 이르되 다윗이 왕을 해하
려 한다고 하는 사람들의 말을 왕은 어찌하여 들으시나
이까 10 오늘 여호와께서 굴에서 왕을 내 손에 붙이신
것을 왕이 아셨을 것이니이다 혹이 나를 권하여 왕을 죽
이라 하였으나 내가 왕을 아껴 말하기를 나는 내 손을 들

that David's conscience bothered him because he had
cut off the edge of Saul's robe. 6 So he said to his
men, "Far be it from me because of the LORD that I
should do this thing to my lord, the LORD's anointed,
to stretch out my hand against him, since he is the
LORD's anointed." 7 And David persuaded his men
with these words and did not allow them to rise up
against Saul. And Saul arose, left the cave, and went on
his way. 8 ¶ Now afterward David arose and went out
of the cave and called after Saul, saying, "My lord the king!"
And when Saul looked behind him, David bowed with
his face to the ground and prostrated himself. 9 And
David said to Saul, "Why do you listen to the words
of men, saying, Behold, David seeks to harm you? 10

//(이유: כִּי, for)
그는 — 기름 부음을 받은 자가 됨이니라
/여호와의

11 /나의 아버지여!
보소서!
/왕의 옷자락을 보소서!
/내 손에 있는

//(이유: כִּי, for)
내가 ┬ 겉옷자락만 베었은즉
└ 왕을 죽이지 아니하고

/[당신은] — 아실지니이다
/나의 손에 악이나 죄과가 없는 줄을

/왕은 내 생명을 찾아 해하려 하시나
/나는 왕에게 범죄한 일이 없나이다
12 /여호와께서는 ─ 나와 왕 사이를 판단하사
─ 왕에게 보복하시려니와
/나를 위하여
/내 손으로는 왕을 해하지 않겠나이다

13 /옛 속담에 말하기를 ...하였으니
/악은 악인에게서 난다
/내 손이 왕을 해하지 아니하리이다

14 /왕이 ┬ 누구를 따라 나왔으며?
/이스라엘
└ 누구를 쫓나이까?
/죽은 개나 벼룩을 쫓음이니이다

15 /그런즉
여호와께서 ┬ 재판장이 되어
├ 나와 왕 사이에 판결하사
├ 나의 사정을 살펴
├ 신원하시고
└ 나를 건지시기를 원하나이다
/왕의 손에서

16 다윗이 마치매(when)
/사울에게 이같이 말하기를

어 내 주를 해치 아니하리니 그는 여호와의 기름 부음을
받은 자가 됨이니라 하였나이다 11 나의 아버지여 보소
서 내 손에 있는 왕의 옷자락을 보소서 내가 왕을 죽이
지 아니하고 겉옷자락만 베었은즉 나의 손에 악이나 죄
과가 없는 줄을 아실지니이다 왕은 내 생명을 찾아 해하
려 하시나 나는 왕에게 범죄한 일이 없나이다 12 여호
와께서는 나와 왕 사이를 판단하사 나를 위하여 왕에게
보복하시려니와 내 손으로는 왕을 해하지 않겠나이다
13 옛 속담에 말하기를 악은 악인에게서 난다 하였으니
내 손이 왕을 해하지 아니하리이다 14 이스라엘 왕이
누구를 따라 나왔으며 누구를 쫓나이까 죽은 개나 벼룩
을 쫓음이니이다 15 그런즉 여호와께서 재판장이 되어
나와 왕 사이에 판결하사 나의 사정을 살펴 신원하시고
나를 왕의 손에서 건지시기를 원하나이다 16 다윗이 사
울에게 이같이 말하기를 마치매 사울이 가로되 내 아들
다윗아 이것이 네 목소리냐 하고 소리를 높여 울며 17

"Behold, this day your eyes have seen that the LORD had given you today into my hand in the cave, and some said to kill you, but my eye had pity on you; and I said, 'I will not stretch out my hand against my lord, for he
is the LORD's anointed.' 11 "Now, my father, see! Indeed,
see the edge of your robe in my hand! For in that I cut off the edge of your robe and did not kill you, know and perceive that there is no evil or rebellion in my hands, and I have not sinned against you, though you
are lying in wait for my life to take it. 12 "May the
LORD judge between you and me, and may the LORD avenge me on you; but my hand shall not be against
you. 13 "As the proverb of the ancients says, 'Out of the wicked comes forth wickedness'; but my hand
shall not be against you. 14 "After whom has the king of Israel come out? Whom are you pursuing? A dead
dog, a single flea? 15 "The LORD therefore be judge and decide between you and me; and may He see and
plead my cause, and deliver me from your hand." 16 ¶ Now
it came about when David had finished speaking these words

사울이 **가로되** ...하고
/내 아들 다윗아!
이것이 네 목소리냐?

소리를 높여 **울며**
17 다윗에게 **이르되**
/너는 —— 나보다 의롭도다

//(이유: כִּי, for)
나는 —— 너를 학대하되(while)
너는 —— 나를 선대하니

18 /네가 —— 오늘 나타내었나니
/나 선대한 것을

/여호와께서 나를 네 손에 붙이셨으나
/네가 나를 죽이지 아니하였도다

19 //(이유: כִּי, for)
[만일]
사람이 ┬ 그 원수를 만나면(if)
└ 그를 평안히 가게 하겠느냐?

/여호와께서 — 네게 선으로 갚으시기를 원하노라
/네가 오늘날 내게 행한 일을 인하여

20 /보라
나는 ┬ 알고
/네가 반드시 왕이 될 것을
└ 아노니
/이스라엘 나라가 네 손에 견고히 설 것을

21 /그런즉
너는 —— 이제 내게 맹세하라
/여호와로
/내 후손을 끊지 아니하며
/내 이름을 멸하지 아니할 것을
/내 아비의 집에서

22 다윗이 사울에게 **맹세하매**
사울은 집으로 **돌아가고**

다윗과 ┐
그의 사람들은 ┘ 요새로 **올라가니라**

삼상

다윗에게 이르되 나는 너를 학대하되 너는 나를 선대하
니 너는 나보다 의롭도다 18 네가 나 선대한 것을 오늘
나타내었나니 여호와께서 나를 네 손에 붙이셨으나 네가
나를 죽이지 아니하였도다 19 사람이 그 원수를 만나면
그를 평안히 가게 하겠느냐 네가 오늘날 내게 행한 일을
인하여 여호와께서 네게 선으로 갚으시기를 원하노라
20 보라 나는 네가 반드시 왕이 될 것을 알고 이스라엘
나라가 네 손에 견고히 설 것을 아노니 21 그런즉 너는
내 후손을 끊지 아니하며 내 아비의 집에서 내 이름을 멸
하지 아니할 것을 이제 여호와로 내게 맹세하라 22 다
윗이 사울에게 맹세하매 사울은 집으로 돌아가고 다윗과
그의 사람들은 요새로 올라가니라

to Saul, that Saul said, "Is this your voice, my son
David?" Then Saul lifted up his voice and wept. 17
And he said to David, "You are more righteous than I;
for you have dealt well with me, while I have dealt
wickedly with you. 18 "And you have declared today
that you have done good to me, that the LORD delivered
me into your hand and yet you did not kill me. 19
"For if a man finds his enemy, will he let him go away
safely? May the LORD therefore reward you with good
in return for what you have done to me this day. 20
"And now, behold, I know that you shall surely be king,
and that the kingdom of Israel shall be established in
your hand. 21 "So now swear to me by the LORD
that you will not cut off my descendants after me, and
that you will not destroy my name from my father's
household." 22 And David swore to Saul. And Saul
went to his home, but David and his men went up to
the stronghold.

25

1 사무엘이 죽으매

무리가 모여
/온 이스라엘
그를 애곡하며
그를 장사한지라
/라마 그의 집에서

다윗이 일어나
바란 광야로 내려가니라

2 한 사람이 마온에 있는데
그 업이 갈멜에 있고

[그 사람이] 심히 부하여
양이 삼천이요
염소가 일천이므로
그가 그 양털을 깎고 있었으니
/갈멜에서

3 이름은 나발이요
/그 사람의
이름은 아비가일이라
/그 아내의

그 여자는 총명하고
용모가 아름다우나

남자는 완고하고
행사가 악하며
그는 갈멜 족속이었더라

4 다윗이 들은지라
/광야에(있어)서
/나발이 자기 양털을 깎는다 함을

5 이에
다윗이 열 소년을 보내며
그 소년들에게 이르되
/너희는 ─ 갈멜로 올라가
─ 나발에게 이르러
─ 그에게 문안하고
/내 이름으로

25:1 사무엘이 죽으매 온 이스라엘 무리가 모여
그를 애곡하며 라마 그의 집에서 그를 장사한지
라 다윗이 일어나 바란 광야로 내려가니라 2 마온에 한
사람이 있는데 그 업이 갈멜에 있고 심히 부하여 양이
삼천이요 염소가 일천이므로 그가 갈멜에서 그 양털을
깎고 있었으니 3 그 사람의 이름은 나발이요 그 아내의
이름은 아비가일이라 그 여자는 총명하고 용모가 아름다
우나 남자는 완고하고 행사가 악하며 그는 갈멜 족속이
었더라 4 다윗이 광야에 있어서 나발이 자기 양털을 깎
는다 함을 들은지라 5 다윗이 이에 열 소년을 보내며 그
소년들에게 이르되 너희는 갈멜로 올라가 나발에게 이르
러 내 이름으로 그에게 문안하고 6 이같이 그 부하게 사

25:1 ¶ Then Samuel died; and all Israel gathered together
and mourned for him, and buried him at his house
in Ramah. And David arose and went down to the wilderness
of Paran. 2 ¶ Now there was a man in Maon whose
business was in Carmel; and the man was very rich, and
he had three thousand sheep and a thousand goats. And
it came about while he was shearing his sheep in Carmel
3 (now the man's name was Nabal, and his wife's
name was Abigail. And the woman was intelligent and
beautiful in appearance, but the man was harsh and evil
in his dealings, and he was a Calebite), 4 that David
heard in the wilderness that Nabal was shearing his
sheep. 5 So David sent ten young men, and David said
to the young men, "Go up to Carmel, visit Nabal and

6 이같이 이르기를
/그 부하게 사는 자에게
/너는 —— 평강하라
/네 집도 —— 평강하라
/모든 것도 — 평강하라
/네 소유의
7 /내가 – 이제 들었노라
/네게 양털 깎는 자들이 있다 함을

/네 목자들이 우리와 함께 있었으나
/우리가 —— 그들을 상치 아니하였고
/그들이 —— 하나도 잃지 아니하였나니
/갈멜에 있는 동안에
/그들의 것을
8 /[만일]
네 소년들에게 물으면(if)
그들이 —— 네게 고하리라

/그런즉
네게 은혜를 얻게 하라
/내 소년들로

//(이유: כִּי, for)
우리가 좋은 날에 왔은즉

/주기를 원하노라 (하더라 하라)
/네 손에 있는 대로
/네 종들과
네 아들 다윗에게

9 소년들이 **가서**
/다윗의

고하기를
/이 모든 말을
/나발에게
/다윗의 이름으로

마치매

10 나발이 **대답하여**
/다윗의 사환들에게

가로되
/다윗은 **누구며?**
/이새의 아들은 **누구뇨?**
↓ /종이 —— 근일에 많도다
/억지로 떠나는
/각기 주인에게서

삼상

는 자에게 이르기를 너는 평강하라 네 집도 평강하라 네
소유의 모든것도 평강하라 **7** 네게 양털 깎는 자들이 있
다 함을 이제 내가 들었노라 네 목자들이 우리와 함께 있
었으나 우리가 그들을 상치 아니하였고 그들이 갈멜에
있는 동안에 그들의 것을 하나도 잃지 아니하였나니 **8**
네 소년들에게 물으면 그들이 네게 고하리라 그런즉 내
소년들로 네게 은혜를 얻게 하라 우리가 좋은 날에 왔은
즉 네 손에 있는 대로 네 종들과 네 아들 다윗에게 주기
를 원하노라 하더라 하라 **9** 다윗의 소년들이 가서 다윗
의 이름으로 이 모든 말을 나발에게 고하기를 마치매
10 나발이 다윗의 사환들에게 대답하여 가로되 다윗은
누구며 이새의 아들은 누구뇨 근일에 각기 주인에게서

greet him in my name; **6** and thus you shall say, 'Have
a long life, peace be to you, and peace be to your house,
and peace be to all that you have. **7** 'And now I have
heard that you have shearers; now your shepherds have
been with us and we have not insulted them, nor have
they missed anything all the days they were in Carmel.
8 'Ask your young men and they will tell you. Therefore
let my young men find favor in your eyes, for we have
come on a festive day. Please give whatever you find at hand
to your servants and to your son David.'" **9** ¶ When
David's young men came, they spoke to Nabal according
to all these words in David's name; then they waited.
10 But Nabal answered David's servants, and said,
"Who is David? And who is the son of Jesse? There

11 /내가 — 어찌 가져
/내 떡과 물과
잡은 고기를
/내 양털 깎는 자를 위하여
— 주겠느냐 (한지라)
/알지도 못하는 자들에게
/어디로서인지

12 이에
소년들이 **돌이켜**
/다윗의 /자기 길로 행하여
돌아와서
그에게 **고하매**
/이 모든 말로

13 다윗이 자기 사람들에게 **이르되**
/너희는 각기 칼을 차라
각기 칼을 **차매**

다윗도 자기 칼을 **차고**
올라가고
/사백명 가량은 데리고

이백명은 소유물 곁에 **있게 하니라**

14 하나가 아비가일에게 **고하여 가로되**
/소년 중 /나발의 아내
/다윗이 — 사자들을 보내었거늘
/광야에서

//(목적: ל, to)
우리 주인에게 문안하러

/주인이 —— 그들을 수욕하였나이다
15 /그 사람들이 — 우리를 매우 선대하였으므로
/우리가 들에 있어
그들과 상종할 동안에

/우리가 — 상하거나 <없었고>
— 잃은 것이 없었으니

16 /[그들은] —— 밤낮 담이 되었음이라
/우리에게
/그들이 우리와 함께 있어
/우리가 양을 지키는 동안에

억지로 떠나는 종이 많도다 11 내가 어찌 내 떡과 물
과 내 양털 깎는 자를 위하여 잡은 고기를 가져 어디로
서인지 알지도 못하는 자들에게 주겠느냐 한지라 12 이
에 다윗의 소년들이 돌이켜 자기 길로 행하여 돌아와서
이 모든 말로 그에게 고하매 13 다윗이 자기 사람들에
게 이르되 너희는 각기 칼을 차라 각기 칼을 차매 다윗
도 자기 칼을 차고 사백 명 가량은 데리고 올라가고 이
백 명은 소유물 곁에 있게 하니라 14 소년중 하나가 나
발의 아내 아비가일에게 고하여 가로되 다윗이 우리 주
인에게 문안하러 광야에서 사자들을 보내었거늘 주인이
그들을 수욕하였나이다 15 우리가 들에 있어 그들과 상
종할 동안에 그 사람들이 우리를 매우 선대하였으므로
우리가 상하거나 잃은 것이 없었으니 16 우리가 양을
지키는 동안에 그들이 우리와 함께 있어 밤낮 우리에게

are many servants today who are each breaking away
from his master. 11 "Shall I then take my bread and
my water and my meat that I have slaughtered for my
shearers, and give it to men whose origin I do not know?"
12 So David's young men retraced their way and went
back; and they came and told him according to all these
words. 13 And David said to his men, "Each of you
gird on his sword." So each man girded on his sword.
And David also girded on his sword, and about four
hundred men went up behind David while two hundred
stayed with the baggage. 14 ¶ But one of the young
men told Abigail, Nabal's wife, saying, "Behold, David
sent messengers from the wilderness to greet our master,
and he scorned them. 15 "Yet the men were very good
to us, and we were not insulted, nor did we miss anything
as long as we went about with them, while we were in
the fields. 16 "They were a wall to us both by night
and by day, all the time we were with them tending the

17 /그런즉 이제(now)
당신은 ─ 알아
└ 생각하실지니
/어떻게 할 것을

//이는(이유: כִּי, for)
다윗이 ─ 결정하였음이니이다
/해하기로
/우리 주인과
주인의 온 집을

/주인은 불량한 사람이라
/더불어 말할 수 없나이다

18 아비가일이 **취하여**
/급히 떡 이백덩이와
/포도주 두 가죽부대와
/잡아 준비한 양 다섯과
/볶은 곡식 다섯 세아와
/건포도 백송이와
/무화과뭉치 이백을
나귀들에게 **싣고**

19 [그녀가] 소년들에게 **이르되**
/내 앞서 가라
/나는 너희 뒤에 가리라 하고

나발에게는 **고하지 아니하니라**
/그 남편

20 아비가일이 나귀를 **타고**
좇아 **내려가더니**
/산 유벽한 곳으로

만나니라
/다윗과
그의 사람들이(것을)
/자기에게로 마주 내려오는

21 다윗이 이미 **말하기를**
/진실로 허사라
/내가 ─ 광야에서 지켜
/이 자의 소유물을
└ 하나도 손실이 없게 한 것이
/그 모든 것을

삼상

담이 되었음이라 17 그런즉 이제 당신은 어떻게 할 것
을 알아 생각하실지니 이는 다윗이 우리 주인과 주인의
온 집을 해하기로 결정하였음이니이다 주인은 불량한 사
람이라 더불어 말할 수 없나이다 18 아비가일이 급히
떡 이백 덩이와 포도주 두 가죽 부대와 잡아 준비한 양
다섯과 볶은 곡식 다섯 세아와 건포도 백 송이와 무화과
뭉치 이백을 취하여 나귀들에게 싣고 19 소년들에게 이
르되 내 앞서 가라 나는 너희 뒤에 가리라 하고 그남편
나발에게는 고하지 아니하니라 20 아비가일이 나귀를
타고 산 유벽한 곳으로 좇아 내려가더니 다윗과 그의 사
람들이 자기에게로 마주 내려오는 것을 만나니라 21 다
윗이 이미 말하기를 내가 이 자의 소유물을 광야에서 지
켜 그 모든 것을 하나도 손실이 없게 한 것이 진실로 허
사라 그가 악으로 나의 선을 갚는도다 22 내가 그에게

sheep. 17 "Now therefore, know and consider what
you should do, for evil is plotted against our master and
against all his household; and he is such a worthless
man that no one can speak to him." 18 ¶ Then Abigail
hurried and took two hundred loaves of bread and two
jugs of wine and five sheep already prepared and five
measures of roasted grain and a hundred clusters of
raisins and two hundred cakes of figs, and loaded them
on donkeys. 19 And she said to her young men, "Go
on before me; behold, I am coming after you." But she
did not tell her husband Nabal. 20 And it came about
as she was riding on her donkey and coming down by
the hidden part of the mountain, that behold, David and
his men were coming down toward her; so she met them.
21 Now David had said, "Surely in vain I have guarded
all that this man has in the wilderness, so that nothing

/그가 ── 나의 선을 갚는도다
/악으로

22 /[만일]
내가 ── 아침까지 남겨두면(if)
/한 남자라도
/그에게 속한 모든 것 중
하나님은┌다윗에게 벌을 내리시고
└또 내리시기를 원하노라 (하였더라)

23 아비가일이 다윗을 보고(when)
급히 나귀에서 **내려**
다윗의 앞에 **엎드려**
그 얼굴을 땅에 **대니라**

24 그가 다윗의 발에 **엎드려**
가로되
/내 주여!
청컨대
나 곧 내게로 돌리시고
/이 죄악을
/여종으로 주의 귀에 말하게 하시고
/이 여종의 말을 들으소서
25 /원하옵나니(please)
내 주는 ── 나발을 개의치 마옵소서
/이 불량한 사람

//(이유: כִּי, for)
그 이름이 그에게 적당하니

/그 이름이 나발이라
/그는 미련한 자니이다
/여종은 ── 보지 못하였나이다
/내 주의 보내신 소년들을
26 /내 주여
여호와께서 ── 사시고
/내 주도 ── 살아계시거니와
/여호와께서 ── 막으셨으니
/내 주의 손으로 피를 흘려
친히 보수하시는 일을
/원수들과 ┐
/내 주의 │
자들은 ┘── 나발과 같이 되기를 원하나이다
/내 주를 해하려 하는

삼상

속한 모든 것 중 한 남자라도 아침까지 남겨두면 하나님
은 다윗에게 벌을 내리시고 또 내리시기를 원하노라 하
였더라 **23** 아비가일이 다윗을 보고 급히 나귀에서 내려
다윗의 앞에 엎드려 그 얼굴을 땅에 대니라 **24** 그가 다
윗의 발에 엎드려 가로되 내 주여 청컨대 이 죄악을 나
곧 내게로 돌리시고 여종으로 주의 귀에 말하게 하시고
이 여종의 말을 들으소서 **25** 원하옵나니 내 주는 이 불
량한 사람 나발을 개의치 마옵소서 그 이름이 그에게 적
당하니 그 이름이 나발이라 그는 미련한 자니이다 여종
은 내 주의 보내신 소년들을 보지 못하였나이다 **26** 내
주여 여호와께서 사시고 내 주도 살아계시거니와 내 주
의 손으로 피를 흘려 친히 보수하시는 일을 여호와께서
막으셨으니 내 주의 원수들과 내 주를 해하려 하는 자들
은 나발과 같이 되기를 원하나이다 **27** 여종이 내 주에

was missed of all that belonged to him; and he has
returned me evil for good. **22** "May God do so to the
enemies of David, and more also, if by morning I leave
as much as one male of any who belong to him." **23**
¶ When Abigail saw David, she hurried and dismounted
from her donkey, and fell on her face before David, and
bowed herself to the ground. **24** And she fell at his
feet and said, "On me alone, my lord, be the blame.
And please let your maidservant speak to you, and listen
to the words of your maidservant. **25** "Please do not
let my lord pay attention to this worthless man, Nabal,
for as his name is, so is he. Nabal is his name and folly
is with him; but I your maidservant did not see the young
men of my lord whom you sent. **26** "Now therefore,
my lord, as the LORD lives, and as your soul lives,
since the LORD has restrained you from shedding blood,
and from avenging yourself by your own hand, now then
let your enemies, and those who seek evil against my

27 /[당신은] — 주게 하시고
/이 예물로
/여종이 내 주에게 가져온
/이 소년들에게
/내 주를 좇는
28 /[당신은] — 허물을 사하여 주옵소서
/주의 여종의

//(이유: כִּי, for)
여호와께서 — 세우시리니
/든든한 집을
/반드시 내 주를 위하여

//이는(이유: כִּי, for)
내 주께서 — 싸우심이요
/여호와의 싸움을
악한 일을 찾을 수 없음이니이다
/내 주에게서
/내 주의 일생에

삼상

29 /사람이 —— 일어나서

//(목적: לְ, to)
내 주를 쫓아
내 주의 생명을 찾을지라도

/생명은 —— 싸였을 것이요
/내 주의 /생명싸개 속에
/내 주의 하나님 여호와와 함께

/여호와께서 — 그것을 던지시리이다
/원수들의 생명은[을]
/내 주의
/물매로 던지듯

30 /여호와께서 ┬ 모든 선을 행하사
/내 주에게
/내 주에 대하여 하신 말씀대로
└ 지도자로 세우신 때에(when)
/이스라엘의
/내 주를
31 /슬퍼하실 것도 없고
/내 주께서 무죄한 피를 흘리셨다든지
/내 주께서 친히 보수하셨다든지 함을 인하여

게 가져온 이 예물로 내 주를 좇는 이 소년들에게 주게
하시고 28 주의 여종의 허물을 사하여 주옵소서 여호와
께서 반드시 내 주를 위하여 든든한 집을 세우시리니 이
는 내 주께서 여호와의 싸움을 싸우심이요 내 주의 일생
에 내 주에게서 악한 일을 찾을 수 없음이니이다 29 사
람이 일어나서 내 주를 쫓아 내 주의 생명을 찾을지라도
내 주의 생명은 내 주의 하나님 여호와와 함께 생명 싸개
속에 싸였을 것이요 내 주의 원수들의 생명은 물매로 던
지듯 여호와께서 그것을 던지시리이다 30 여호와께서
내 주에 대하여 하신 말씀대로 모든 선을 내 주에게 행하
사 내 주를 이스라엘의 지도자로 세우신 때에 31 내 주
께서 무죄한 피를 흘리셨다든지 내 주께서 친히 보수하

lord, be as Nabal. 27 "And now let this gift which
your maidservant has brought to my lord be given to
the young men who accompany my lord. 28 "Please forgive
the transgression of your maidservant; for the LORD
will certainly make for my lord an enduring house,
because my lord is fighting the battles of the LORD,
and evil shall not be found in you all your days. 29
"And should anyone rise up to pursue you and to seek
your life, then the life of my lord shall be bound in the bundle
of the living with the LORD your God; but the lives of
your enemies He will sling out as from the hollow of a
sling. 30 "And it shall come about when the LORD
shall do for my lord according to all the good that He
has spoken concerning you, and shall appoint you ruler
over Israel, 31 that this will not cause grief or a troubled
heart to my lord, both by having shed blood without

/걸리는 것도 없으시리니
/내 주의 마음에
/다만(and)
여호와께서 내 주를 후대하신 때에(when)
원컨대(please)
내 주의 여종을 생각하소서

32 다윗이 아비가일에게 **이르되**
/여호와를 찬송할지로다
/이스라엘의 하나님
/오늘날 너를 보내어

//(목적: ל, to)
나를 영접케 하신

33 /또 네 지혜를 칭찬할지며
/또 네게 복이 있을지로다
/네가 —— 막았느니라
/오늘날
/내가 ┬ 피를 흘릴 것과
└ 친히 보수하는 것을
34 /[내가] —— 맹세하노니
/여호와의 사심으로
/이스라엘의 하나님
/나를 막아 ...하신

//(목적: ל, to)
너를 해하지 않게

/[만일]
네가 급히 와서...아니하였더면(if)[17]

//(목적: ל, to)
나를 영접지

한 남자도 남겨두지 아니하였으리라
/밝는 아침에는
/과연 나발에게

35 다윗이 그의 손에서 **받고**
/그가 가져온 것을
그에게 **이르되**
/네 집으로 평안히 올라가라
/내가 네 말을 듣고
/네 청을 허락하노라

17) 급히 오지 않았다면,

삼상

셨다든지 함을 인하여 슬퍼하실 것도 없고 내 주의 마음
에 걸리는 것도 없으시리니 다만 여호와께서 내 주를 후
대하신 때에 원컨대 내 주의 여종을 생각하소서 **32** 다
윗이 아비가일에게 이르되 오늘날 너를 보내어 나를 영
접케 하신 이스라엘의 하나님 여호와를 찬송할지로다
33 또 네 지혜를 칭찬할지며 또 네게 복이 있을지로다
오늘날 내가 피를 흘릴 것과 친히 보수하는 것을 네가
막았느니라 **34** 나를 막아 너를 해하지 않게 하신 이스
라엘의 하나님 여호와의 사심으로 맹세하노니 네가 급히
와서 나를 영접지 아니하였더면 밝는 아침에는 과연 나
발에게 한 남자도 남겨두지 아니하였으리라 **35** 다윗이
그가 가져온 것을 그의 손에서 받고 그에게 이르되 네

cause and by my lord having avenged himself. When
the LORD shall deal well with my lord, then remember
your maidservant." **32** ¶ Then David said to Abigail,
"Blessed be the LORD God of Israel, who sent you this
day to meet me, **33** and blessed be your discernment,
and blessed be you, who have kept me this day from
bloodshed, and from avenging myself by my own hand.
34 "Nevertheless, as the LORD God of Israel lives,
who has restrained me from harming you, unless you
had come quickly to meet me, surely there would not
have been left to Nabal until the morning light as much
as one male." **35** So David received from her hand
what she had brought him, and he said to her, "Go up
to your house in peace. See, I have listened to you and

36 아비가일이 나발에게로 **돌아오니**

그가 그 집에 **배설하고**
/왕의 잔치 같은 잔치를
마음에 **기뻐하므로**
/대취하여

아비가일이 **말하지 아니하다가**
/밝는 아침까지는
/다소간

37 아침에 나발이 포도주가 깬 후에(after)
그 아내가 그에게 이 일을 **고하매**
그가 **낙담하여**
몸이 돌과 같이 **되었더니**

38 여호와께서 나발을 **치시매**
/한 열흘 후에

//(결과)
그가 죽으니라

39 다윗이 나발의 죽었다 함을 듣고(when)
[그가] **가로되** ...하니라
/여호와를 찬송할지로다
/나의 욕을 신설하사
/나발에게 당한
/종으로 악한 일을 하지 않게 하신

/여호와께서 ─ 그 머리에 돌리셨도다
/나발의 악행을

다윗이 **보내어**
그에게 **말하게 하매**

//(목적: ל, to)
아비가일로 자기 아내를 삼으려고

40 사환들이 갈멜에 **가서**
/다윗의

아비가일에게 **이르러**
그에게 일러 **가로되**
/다윗이 ── 우리를 당신께 보내더이다

//(목적: ל, to)
당신을 아내로 삼고자 하여

집으로 평안히 올라가라 내가 네 말을 듣고 네 청을 허락
하노라 36 아비가일이 나발에게로 돌아오니 그가 왕의
잔치 같은 잔치를 그집에 배설하고 대취하여 마음에 기
뻐하므로 아비가일이 밝는 아침까지는 다소간 말하지 아
니하다가 37 아침에 나발이 포도주가 깬 후에 그 아내
가 그에게 이 일을 고하매 그가 낙담하여 몸이 돌과 같이
되었더니 38 한 열흘 후에 여호와께서 나발을 치시매
그가 죽으니라 39 다윗이 나발의 죽었다 함을 듣고 가
로되 나발에게 당한 나의 욕을 신설하사 종으로 악한 일
을 하지 않게 하신 여호와를 찬송할지로다 여호와께서
나발의 악행을 그 머리에 돌리셨도다 하니라 다윗이 아
비가일로 자기 아내를 삼으려고 보내어 그에게 말하게하
매 40 다윗의 사환들이 갈멜에 가서 아비가일에게 이르
러 그에게 일러 가로되 다윗이 당신을 아내로 삼고자 하

granted your request." 36 ¶ Then Abigail came to Nabal,
and behold, he was holding a feast in his house, like
the feast of a king. And Nabal's heart was merry within
him, for he was very drunk; so she did not tell him
anything at all until the morning light. 37 But it came
about in the morning, when the wine had gone out of
Nabal, that his wife told him these things, and his heart
died within him so that he became as a stone. 38 And
about ten days later, it happened that the LORD struck Nabal,
and he died. 39 ¶ When David heard that Nabal was
dead, he said, "Blessed be the LORD, who has pleaded
the cause of my reproach from the hand of Nabal, and
has kept back His servant from evil. The LORD has
also returned the evildoing of Nabal on his own head."
Then David sent a proposal to Abigail, to take her as
his wife. 40 When the servants of David came to Abigail

41 그가 **일어나**
몸을 **굽혀**
얼굴을 땅에 **대고**
가로되 ...하고
/여종은 —— 종이니이다
/내 주의 /내 주의 사환들의 발 씻길
42 급히 **일어나서**
나귀를 **타고**
다윗의 사자들을 **따라가서**
/따르는 처녀 다섯과 함께
다윗의 **아내가 되니라**

43 다윗이 또 **취하였더니**
/이스르엘 아히노암을
두 사람이 자기 **아내가 되니라**
/그들

44 사울이 발디에게 **주었더라**
/라이스의 아들
/갈림에 사는
/미갈을
/그 딸
/다윗의 아내

삼상

26

1 십 사람이 기브아에 **와서**
사울에게 **이르러 가로되**
/다윗이 — 숨지 아니하였나이까?
/광야 앞 하길라산에

2 사울이 **일어나**
십 황무지로 **내려가서**
/삼천과 함께
/이스라엘에서 택한 사람

//(목적: ל, to)
다윗을 찾으려고
/십 황무지에서

3 [그가] 길 가에 **진 치니라**
/광야 앞 하길라산

여 우리를 당신께 보내더이다 41 그가 일어나 몸을 굽
혀 얼굴을 땅에 대고 가로되 내 주의 여종은 내 주의 사
환들의 발 씻길 종이니이다 하고 42 급히 일어나서 나
귀를 타고 따르는 처녀 다섯과 함께 다윗의 사자들을 따
라가서 다윗의 아내가 되니라 43 다윗이 또 이스르엘
아히노암을 취하였더니 그들 두 사람이 자기 아내가 되
니라 44 사울이 그 딸 다윗의 아내 미갈을 갈림에 사는
라이스의 아들 발디에게 주었더라
26:1 십 사람이 기브아에 와서 사울에게 이르러
가로되 다윗이 광야 앞 하길라 산에 숨지 아니
하였나이까 2 사울이 일어나 십 황무지에서 다윗을 찾
으려고 이스라엘에서 택한 사람 삼천과 함께 십 황무지
로 내려가서 3 광야 앞 하길라산 길 가에 진치니라 다윗
이 황무지에 있더니 사울이 자기를 따라 황무지로 들어

at Carmel, they spoke to her, saying, "David has sent
us to you, to take you as his wife." 41 And she arose
and bowed with her face to the ground and said, "Behold,
your maidservant is a maid to wash the feet of my lord's
servants." 42 Then Abigail quickly arose, and rode on
a donkey, with her five maidens who attended her; and
she followed the messengers of David, and became his
wife. 43 ¶ David had also taken Ahinoam of Jezreel,
and they both became his wives. 44 ¶ Now Saul had
given Michal his daughter, David's wife, to Palti the
son of Laish, who was from Gallim.
26:1 ¶ Then the Ziphites came to Saul at Gibeah, saying,
"Is not David hiding on the hill of Hachilah,
which is before Jeshimon?" 2 So Saul arose and went
down to the wilderness of Ziph, having with him three
thousand chosen men of Israel, to search for David in

다윗이 황무지에 **있더니**
깨닫고
/사울이 — 황무지로 들어옴을
/자기를 따라

4 이에
[그가] 탐정을 **보내어**
사울이 과연 이른 줄 알고

5 **일어나**
사울의 진 친 곳에 **이르러**
유하는 곳을 **본즉**
/사울과
/군대장관 아브넬의
/넬의 아들

사울이 진 가운데 **누웠고**
백성은 그를 둘러 **진 쳤더라**

삼상

6 이에
다윗이 **물어 가로되**
/헷 사람 아히멜렉과
/아비새에게
/스루야의 아들
/요압의 아우
/누가 — 진에 내려가서 이르겠느냐?
/사울에게
/나로 더불어

아비새가 **가로되**
/내가 함께 가겠나이다

7 다윗과
아비새가 밤에 **나아가**
/그 백성에게
본즉

사울이 진 가운데 누워 **자고**
창은 머리 곁 땅에 **꽂혔고**

아브넬과
백성들은 그를 둘러 **누웠는지라**

8 아비새가 다윗에게 **이르되**
/하나님이 — 오늘날 붙이셨나이다
/당신의 원수를
/당신의 손에

옴을 깨닫고 **4** 이에 탐정을 보내어 사울이 과연 이른 줄 알고 **5** 일어나 사울의 진 친 곳에 이르러 사울과 넬의 아들 군대 장관 아브넬의 유하는 곳을 본즉 사울이 진 가운데 누웠고 백성은 그를 둘러 진쳤더라 **6** 이에 다윗이 헷 사람 아히멜렉과 스루야의 아들 요압의 아우 아비새에게 물어 가로되 누가 나로 더불어 진에 내려가서 사울에게 이르겠느냐 아비새가 가로되 내가 함께 가겠나이다 **7** 다윗과 아비새가 밤에 그 백성에게 나아가 본즉 사울이 진 가운데 누워 자고 창은 머리 곁 땅에 꽂혔고 아브넬과 백성들은 그를 둘러 누웠는지라 **8** 아비새가 다윗에게 이르되 하나님이 오늘날 당신의 원수를 당신의 손에 붙이셨나이다 그러므로 청하오니 나로 창으로 그를 찔러

the wilderness of Ziph. **3** And Saul camped in the hill of Hachilah, which is before Jeshimon, beside the road, and David was staying in the wilderness. When he saw that Saul came after him into the wilderness, **4** David sent out spies, and he knew that Saul was definitely coming. **5** David then arose and came to the place where Saul had camped. And David saw the place where Saul lay, and Abner the son of Ner, the commander of his army; and Saul was lying in the circle of the camp, and the people were camped around him. **6** ¶ Then David answered and said to Ahimelech the Hittite and to Abishai the son of Zeruiah, Joab's brother, saying, "Who will go down with me to Saul in the camp?" And Abishai said, "I will go down with you." **7** So David and Abishai came to the people by night, and behold, Saul lay sleeping inside the circle of the camp, with his spear

/그러므로
청하오니(please)
나로 ——그를 찔러서 ...하소서
/창으로
/단번에
/땅에 꽂게
/내가 그를 두번 찌를 것이 없으리이다

9 다윗이 아비새에게 **이르되**
/[너는] ——— 죽이지 말라

//(이유: כִּי, for)
누구든지 죄가 없겠느냐?
/손을 들어 치면[는]
/여호와의 기름 부음을 받은 자를

10 또
가로되
/여호와께서 사시거니와
/여호와께서 그를 치시리니
/혹 죽을 날이 이르거나
/혹 전장에 들어 가서 망하리라
11 /여호와께서 —— 금하시나니
/내가 — 손을 들어 치는 것을
/여호와의 기름 부음을 받은 자를
/너는 —— 가지고 가자 (하고)
/그의 머리 곁에 있는 창과
/물병만

12 다윗이 **가지고**
/사울의 머리 곁에서 창과
/물병을
떠나가되

사람이 **없었으니**
/깨든지
/이를 보든지
/알든지 하는

//이는(이유: כִּי, for)
그들이 다 잠이었더라

//(이유: כִּי, for)
여호와께서 —— 깊이 잠들게 하셨으므로
/그들로

서 단번에 땅에 꽂게 하소서 내가 그를 두 번 찌를 것이
없으리이다 **9** 다윗이 아비새에게 이르되 죽이지 말라
누구든지 손을 들어 여호와의 기름 부음을 받은 자를 치
면 죄가 없겠느냐 **10** 또 가로되 여호와께서 사시거니와
여호와께서 그를 치시리니 혹 죽을 날이 이르거나 혹 전
장에 들어 가서 망하리라 **11** 내가 손을 들어 여호와의
기름 부음을 받은 자를 치는 것을 여호와께서 금하시나
니 너는 그의 머리 곁에 있는 창과 물병만 가지고 가자
하고 **12** 다윗이 사울의 머리 곁에서 창과 물병을 가지
고 떠나가되 깨든지 이를 보든지 알든지 하는 사람이 없
었으니 이는 여호와께서 그들로 깊이 잠들게 하셨으므로
그들이 다 잠이었더라 **13** 이에 다윗이 건너편으로 가서

stuck in the ground at his head; and Abner and the people
were lying around him. **8** Then Abishai said to David,
"Today God has delivered your enemy into your hand;
now therefore, please let me strike him with the spear
to the ground with one stroke, and I will not strike him
the second time." **9** But David said to Abishai, "Do
not destroy him, for who can stretch out his hand against
the LORD's anointed and be without guilt?" **10** David
also said, "As the LORD lives, surely the LORD will
strike him, or his day will come that he dies, or he will
go down into battle and perish. **11** "The LORD forbid
that I should stretch out my hand against the LORD's
anointed; but now please take the spear that is at his
head and the jug of water, and let us go." **12** So David
took the spear and the jug of water from beside Saul's
head, and they went away, but no one saw or knew it,
nor did any awake, for they were all asleep, because a
sound sleep from the LORD had fallen on them. **13** ¶

13 이에
다윗이 건너편으로 **가서**
멀리 산꼭대기에 **서니**
상거가 **멀더라**

14 다윗이 **외쳐 가로되**
/백성과
/아브넬을 대하여
/넬의 아들
/아브넬아!
너는 대답지 아니하느냐?

아브넬이 **대답하여 가로되**
/왕을 부르는 너는 누구냐?

15 다윗이 아브넬에게 **이르되**
/네가 용사가 아니냐?
/너 같은 자가 누구냐?
/이스라엘 중에
/그러한데
어찌하여(why)
네가 —— 네 주 왕을 보호하지 아니하느냐?

//(이유: כִּי, for)
한 사람이 —— 들어갔었느니라
/백성 중

//(목적: לְ, to)
네 주 왕을 죽이려고

16 /네 행한 이 일이 선치 못하도다
/여호와께서 사시거니와
/너희는 마땅히 죽을 자니라

//(이유: אֲשֶׁר, because)
너희 주를 보호하지 아니하였으니
/여호와의 기름 부음 받은

/이제 보라
/왕의 창과
물병이 —— 어디 있나
/왕의 머리 곁에 있던

17 사울이 다윗의 음성을 **알아 듣고**
가로되
/내 아들 다윗아!
이것이 네 음성이냐?

멀리 산꼭대기에 서니 상거가 멀더라 **14** 다윗이 백성과
넬의 아들 아브넬을 대하여 외쳐 가로되 아브넬아 너는
대답지 아니하느냐 아브넬이 대답하여 가로되 왕을 부르
는 너는 누구냐 **15** 다윗이 아브넬에게 이르되 네가 용
사가 아니냐 이스라엘 중에 너 같은 자가 누구냐 그러한
데 네가 어찌하여 네 주 왕을 보호하지 아니하느냐 백성
중 한 사람이 네 주 왕을 죽이려고 들어갔었느니라 **16**
네 행한 이 일이 선치 못하도다 여호와께서 사시거니와
여호와의 기름 부음 받은 너희 주를 보호하지 아니하였
으니 너희는 마땅히 죽을 자니라 이제 왕의 창과 왕의 머
리곁에 있던 물병이 어디있나 보라 **17** 사울이 다윗의
음성을 알아 듣고 가로되 내 아들 다윗아 이것이 네 음성

Then David crossed over to the other side, and stood on
top of the mountain at a distance with a large area
between them. **14** And David called to the people and
to Abner the son of Ner, saying, "Will you not answer,
Abner?" Then Abner answered and said, "Who are you who
calls to the king?" **15** So David said to Abner, "Are
you not a man? And who is like you in Israel? Why
then have you not guarded your lord the king? For one
of the people came to destroy the king your lord. **16**
"This thing that you have done is not good. As the
LORD lives, all of you must surely die, because you
did not guard your lord, the LORD's anointed. And now,
see where the king's spear is, and the jug of water that
was at his head." **17** ¶ Then Saul recognized David's
voice and said, "Is this your voice, my son David?"
And David said, "It is my voice, my lord the king."

다윗이 **가로되**
/내 주 왕이여!
내 음성이니이다

18 또
가로되
/어찌하여(why)
내 주는 주의 종을 쫓으시나이까?
/내가 무엇을 하였으며?
/내 손에 무슨 악이 있나이까?
19 /청컨대(please)
내 주 왕은 이제 종의 말을 들으소서
/만일(אִם)
나를 해하려 하는 이가 여호와시면(if)
/왕을 격동시켜
여호와께서는 제물을 받으시기를 원하나이다마는
/만일
인자들이면(if)
그들이—— 저주를 받으리니
/여호와 앞에

//이는(이유: כִּי, for)
그들이 —오늘날 나를 쫓아내어

//(결과: that...should)[18]
여호와의 기업에 붙지 못하게 함이니이다
/이르기를 ...하고
/너는 가서 다른 신들을 섬기라
20 /그런즉 청컨대(now)
이제 나의 피로 땅에 흐르지 말게 하옵소서
/여호와 앞에서 먼 이곳에서

//이는(이유: כִּי, for)
왕이 ——— 한 벼룩을 수색하러 나오셨음이니이다
/이스라엘 /메추라기를 사냥하는 자와 같이
/산에서

21 사울이 **가로되**
/내가 범죄하였도다
/내 아들 다윗아
돌아오라
/내가 다시는 너를 해하려 하지 아니하리라

//(이유: אֲשֶׁר, because)
네가 오늘 내 생명을 귀중히 여겼은즉

18) NASB

삼상

이냐 다윗이 가로되 내 주 왕이여 내 음성이니이다 **18**
또 가로되 내 주는 어찌하여 주의 종을 쫓으시나이까 내
가 무엇을 하였으며 내 손에 무슨 악이 있나이까 **19** 청
컨대 내 주 왕은 이제 종의 말을 들으소서 만일 왕을 격
동시켜 나를 해하려 하는 이가 여호와시면 여호와께서는
제물을 받으시기를 원하나이다마는 만일 인자들이면 그
들이 여호와 앞에 저주를 받으리니 이는 그들이 이르기
를 너는 가서 다른 신들을 섬기라하고 오늘날 나를 쫓아
내어 여호와의 기업에 붙지 못하게 함이니이다 **20** 그런
즉 청컨대 여호와 앞에서 먼 이곳에서 이제 나의 피로
땅에 흐르지 말게 하옵소서 이는 산에서 메추라기를 사
냥하는 자와 같이 이스라엘 왕이 한 벼룩을 수색하러 나
오셨음이니이다 **21** 사울이 가로되 내가 범죄하였도다
내 아들 다윗아 돌아오라 네가 오늘 내 생명을 귀중히

18 He also said, "Why then is my lord pursuing his servant?
For what have I done? Or what evil is in my hand? **19**
"Now therefore, please let my lord the king listen to the
words of his servant. If the LORD has stirred you up
against me, let Him accept an offering; but if it is men, cursed
are they before the LORD, for they have driven me out today
that I should have no attachment with the inheritance of
the LORD, saying, 'Go, serve other gods.' **20** "Now
then, do not let my blood fall to the ground away from
the presence of the LORD; for the king of Israel has
come out to search for a single flea, just as one hunts a
partridge in the mountains." **21** ¶ Then Saul said, "I
have sinned. Return, my son David, for I will not harm
you again because my life was precious in your sight

/내가 어리석은 일을 하였으니
/[내가] 대단히 잘못 되었도다

22 다윗이 **대답하여 가로되**
/왕은 창을 보소서
/한 소년을 보내어
/가져가게 하소서
23 /여호와께서 — 갚으시리니
/그 의와 신실을
/각 사람에게

//이는(이유: אֲשֶׁר, because)
여호와께서 — 왕을 내 손에 붙이셨으되
/오늘날
나는 — 원치 아니하였음이니이다
/손을 들어 치기를
/여호와의 기름 부음을 받은 자

24 /여호와께서 — 내 생명을 중히 여기셔서
/내가 오늘날 중히 여긴 것같이
/왕의 생명을
— 나를 구하여 내시기를 바라나이다
/모든 환난에서

25 사울이 다윗에게 **이르되** ...하니라
/내 아들 다윗아!
네게 복이 있을지로다
/네가 — 큰 일을 행하겠고
— 반드시 승리를 얻으리라

다윗은 자기 길로 **가고**
사울은 자기 곳으로 **돌아가니라**

27

1 다윗이 그 마음에 **생각하기를** ...하고
/내가 — 사울의 손에 망하리니
/후일에는

여겼은즉 내가 다시는 너를 해하려 하지 아니하리라 내
가 어리석은 일을 하였으니 대단히 잘못 되었도다 **22**
다윗이 대답하여 가로되 왕은 창을 보소서 한 소년을 보
내어 가져가게 하소서 **23** 여호와께서 각 사람에게 그
의와 신실을 갚으시리니 이는 여호와께서 오늘날 왕을
내 손에 붙이셨으되 나는 손을 들어 여호와의 기름 부음
을 받은 자 치기를 원치 아니하였음이니이다 **24** 오늘날
왕의 생명을 내가 중히 여긴 것같이 내 생명을 여호와께
서 중히 여기셔서 모든 환난에서 나를 구하여 내시기를
바라나이다 **25** 사울이 다윗에게 이르되 내 아들아 다윗
아 네게 복이 있을지로다 네가 큰 일을 행하겠고 반드시
승리를 얻으리라 하니라 다윗은 자기 길로 가고 사울은
자기 곳으로 돌아가니라

27:1 다윗이 그 마음에 생각하기를 내가 후일에는
사울의 손에 망하리니 블레셋 사람의 땅으로 피
하여 들어가는 것이 상책이로다 사울이 이스라엘 온 경

this day. Behold, I have played the fool and have
committed a serious error." **22** And David answered
and said, "Behold the spear of the king! Now let one
of the young men come over and take it. **23** "And the
LORD will repay each man for his righteousness and
his faithfulness; for the LORD delivered you into my
hand today, but I refused to stretch out my hand against
the LORD's anointed. **24** "Now behold, as your life
was highly valued in my sight this day, so may my life
be highly valued in the sight of the LORD, and may He
deliver me from all distress." **25** Then Saul said to
David, "Blessed are you, my son David; you will both
accomplish much and surely prevail." So David went on
his way, and Saul returned to his place.

27:1 ¶ Then David said to himself, "Now I will
perish one day by the hand of Saul. There is
nothing better for me than to escape into the land of the
Philistines. Saul then will despair of searching for me
anymore in all the territory of Israel, and I will escape
from his hand." **2** So David arose and crossed over, he

/상책이로다
/피하여 들어가는 것이
/블레셋 사람의 땅으로
/사울이 —나를 수색하다가 절망하리니
/이스라엘 온 경내에서
/내가 —— 그 손에서 벗어나리라

2 [그가] **일어나**
아기스에게로 **건너가니라**
/가드 왕 마옥의 아들
/함께 있는 육백인으로 더불어

3 다윗과 그의 사람들이 각기 가족을 **거느리고**
아기스와 **동거하였는데**
/가드에서

다윗이 그 두 아내[와] **함께 하였더니**
/이스르엘 여자 아히노암과
/갈멜 여자 아비가일과
/나발의 아내 되었던

4 혹이 사울에게 **고하매**
/다윗이 가드에 도망한 것을

사울이 다시는 그를 **수색하지 아니하니라**

5 다윗이 아기스에게 **이르되**
/[만일]
내가 당신께 은혜를 받았거든(if)
[당신은] —— 한 곳을 **주어**
/지방 성읍 중

//(결과: ו, that...may)
나로 거하게 하소서

/어찌(why)
당신의 종이 —왕도에 거하리이까?
/당신과 함께

6 아기스가 시글락을 그에게 **주었으므로**
/그 날에

시글락이 유다 왕에게 **속하니라**
/오늘까지

삼상

내에서 나를 수색하다가 절망하리니 내가 그 손에서 벗
어나리라 하고 2 일어나 함께 있는 육백인으로 더불어
가드 왕 마옥의 아들 아기스에게로 건너가니라 3 다윗
과 그의 사람들이 각기 가족을 거느리고 가드에서 아기
스와 동거하였는데 다윗이 그 두 아내 이스르엘 여자 아
히노암과 나발의 아내 되었던 갈멜 여자 아비가일과 함
께 하였더니 4 다윗이 가드에 도망한 것을 혹이 사울에
게 고하매 사울이 다시는 그를 수색하지 아니하니라 5
다윗이 아기스에게 이르되 내가 당신께 은혜를 받았거든
지방 성읍 중 한 곳을 주어 나로 거하게 하소서 당신의
종이 어찌 당신과 함께 왕도에 거하리이까 6 아기스가
그 날에 시글락을 그에게 주었으므로 시글락이 오늘까지
유다 왕에게 속하니라 7 다윗이 블레셋 사람의 지방에
거한 날 수는 일 년 넉달이었더라 8 다윗과 그의 사람들

and the six hundred men who were with him, to Achish
the son of Maoch, king of Gath. 3 And David lived
with Achish at Gath, he and his men, each with his household,
even David with his two wives, Ahinoam the Jezreelitess,
and Abigail the Carmelitess, Nabal's widow. 4 Now it
was told Saul that David had fled to Gath, so he no
longer searched for him. 5 ¶ Then David said to Achish,
"If now I have found favor in your sight, let them give
me a place in one of the cities in the country, that I
may live there; for why should your servant live in the
royal city with you?" 6 So Achish gave him Ziklag that
day; therefore Ziklag has belonged to the kings of Judah

7 날 수는 일년 넉달이었더라
/다윗이-거한
/블레셋 사람의 지방에

8 다윗과
그의 사람들이 올라가서
침노하였으니
/그술 사람과
/기르스 사람과
/아말렉 사람을

그들은 지방의 거민이라
/술과 애굽 땅으로 지나가는
/옛적부터

9 다윗이 그 땅을 쳐서
남녀를 살려두지 아니하고
취하고
/양과 소와 나귀와
/약대와 의복을
돌아와서
아기스에게 이르매

10 아기스가 가로되
/너희가 오늘은 누구를 침노하였느냐?

다윗이 가로되
/유다 남방과
여라무엘 사람의 남방과
겐 사람의 남방이니이다

11 다윗이 그 남녀를 살려[두지] 아니한 것은
/가드로 데려가(지)[려]
/그의 생각에(=생각하면서)
/그들이 — 이르기를...할까 두려워함이었더라
/우리에게 대하여
/다윗의 행사가 이러하여
/이같이 행하는 습관이 있다
/블레셋 사람의 지방에 거하는 동안에

12 아기스가 다윗을 믿고
/말하기를 ...하니라
/다윗이 — 심히 미움을 받게 하였으니
/자기 백성 이스라엘에게
/그는 영영히 내 사역자가 되리라

삼상

이 올라가서 그술 사람과 기르스 사람과 아말렉 사람을
침노하였으니 그들은 옛적부터 술과 애굽 땅으로 지나가
는 지방의 거민이라 9 다윗이 그 땅을 쳐서 남녀를 살려
두지 아니하고 양과 소와 나귀와 약대와 의복을 취하고
돌아와서 아기스에게 이르매 10 아기스가 가로되 너희
가 오늘은 누구를 침노하였느냐 다윗이 가로되 유다 남
방과 여라무엘 사람의 남방과 겐 사람의 남방이니이다
11 다윗이 그 남녀를 살려 가드로 데려가지 아니한 것
은 그의 생각에 그들이 우리에게 대하여 이르기를 다윗
의 행사가 이러하여 블레셋 사람의 지방에 거하는 동안
에 이같이 행하는 습관이 있다 할까 두려워함이었더라
12 아기스가 다윗을 믿고 말하기를 다윗이 자기 백성
이스라엘에게 심히 미움을 받게 하였으니 그는 영영히
내 사역자가 되리라 하니라

to this day. 7 And the number of days that David lived
in the country of the Philistines was a year and four
months. 8 ¶ Now David and his men went up and raided
the Geshurites and the Girzites and the Amalekites; for
they were the inhabitants of the land from ancient times,
as you come to Shur even as far as the land of Egypt.
9 And David attacked the land and did not leave a man
or a woman alive, and he took away the sheep, the cattle,
the donkeys, the camels, and the clothing. Then he
returned and came to Achish. 10 Now Achish said, "Where
have you made a raid today?" And David said, "Against
the Negev of Judah and against the Negev of the Jerahmeelites
and against the Negev of the Kenites." 11 And David
did not leave a man or a woman alive, to bring to Gath,
saying, "Lest they should tell about us, saying, 'So
has David done and so has been his practice all the time
he has lived in the country of the Philistines.'" 12 So Achish
believed David, saying, "He has surely made himself odious

28

1 그 때에
블레셋 사람이 군대를 **모집한 지라**

//(목적: ל, to)
이스라엘을 쳐서 싸우려고

아기스가 다윗에게 **이르되**
/너는 —— 밝히 알라

//(이유: כִּי, for)
너와
네 사람들이 — 나가서 군대에 참가할 것이니라
/나와 한가지로

2 다윗이 아기스에게 **이르되**
/당신이 — 그러면 아시리이다
/종의 행할 바를

아기스가 다윗에게 **이르되** ...하니라
/내가 —— 너로 그러면 삼으리라
/내 머리 지키는 자를
/영영히

3 사무엘이 **죽었으므로**

온 이스라엘이 그를 **애곡하며**
라마에 **장사하였고**
/그의 본성

사울은 그 땅에서 **쫓아 내었었더라**
/신접한 자와
/박수를

4 블레셋 사람이 **모여**
수넴에 **이르러**
진 **치매**

사울이 온 이스라엘을 **모아**
길보아에 **진 쳤더니**

5 사울이 군대를 보고(when)
/블레셋 사람의
두려워서

삼상

28:1 그 때에 블레셋 사람이 이스라엘을 쳐서 싸우
려고 군대를 모집한지라 아기스가 다윗에게 이르
되 너는 밝히 알라 너와 네 사람들이 나와 한 가지로 나
가서 군대에 참가할 것이니라 2 다윗이 아기스에게 이
르되 그러면 당신이 종의 행할 바를 아시리이다 아기스
가 다윗에게 이르되 그러면 내가 너로 영영히 내 머리
지키는 자를 삼으리라 하니라 3 사무엘이 죽었으므로
온 이스라엘이 그를 애곡하며 그의 본성 라마에 장사하
였고 사울은 신접한 자와 박수를 그 땅에서 쫓아 내었었
더라 4 블레셋 사람이 모여 수넴에 이르러 진치매 사울
이 온 이스라엘을 모아 길보아에 진쳤더니 5 사울이 블
레셋 사람의 군대를 보고 두려워서 그 마음이 크게 떨린

among his people Israel; therefore he will become my servant forever."

28:1 ¶ Now it came about in those days that the
Philistines gathered their armed camps for war,
to fight against Israel. And Achish said to David, "Know
assuredly that you will go out with me in the camp, you
and your men." 2 And David said to Achish, "Very
well, you shall know what your servant can do." So
Achish said to David, "Very well, I will make you my
bodyguard for life." 3 ¶ Now Samuel was dead, and all
Israel had lamented him and buried him in Ramah his
own city. And Saul had removed from the land those
who were mediums and spiritists. 4 So the Philistines
gathered together and came and camped in Shunem; and
Saul gathered all Israel together and they camped in
Gilboa. 5 When Saul saw the camp of the Philistines,

그 마음이 크게 **떨린지라**

6 사울이 여호와께 **묻자오되**
여호와께서 그에게 **대답지 아니하시므로**
/꿈으로도,
/우림으로도,
/선지자로도

7 사울이 그 신하들에게 **이르되**
/신접한 여인을 찾으라
/나를 위하여

//(결과)
내가 ┬ 그리로 가서
└ 그에게 물으리라

그 신하들이 그에게 **이르되**
/보소서
신접한 여인이 엔돌에 있나이다

8 사울이 **변장하고**
다른 옷을 **입어**
두 사람과 **함께 갈새**
그들이 밤에 **이르러는**
/그 여인에게

사울이 **가로되**
/청하노니(please)
사람을 불러올리라
/내가 네게 말하는
/나를 위하여
/신접한 술법으로

9 여인이 그에게 **이르되**
/네가 — 아나니
/사울의 행한 일[을]
/곧 그가 — 이 땅에서 멸절시켰음을
/신접한 자와 박수를
/어찌하여(why)
네가 —— 나를 죽게 하려느냐?
/내 생명에 올무를 놓아

10 사울이 그에게 **맹세하여**
/여호와로
/가로되
/여호와께서 사시거니와
/네가 이 일로는 벌을 당치 아니하리라

지라 6 사울이 여호와께 묻자오되 여호와께서 꿈으로도,
우림으로도, 선지자로도 그에게 대답지 아니하시므로 7
사울이 그 신하들에게 이르되 나를 위하여 신접한 여인
을 찾으라 내가 그리로 가서 그에게 물으리라 그 신하들
이 그에게 이르되 보소서 엔돌에 신접한 여인이 있나이
다 8 사울이 다른 옷을 입어 변장하고 두 사람과 함께
갈새 그들이 밤에 그 여인에게 이르러는 사울이 가로되
청하노니 나를 위하여 신접한 술법으로 내가 네게 말하
는 사람을 불러올리라 9 여인이 그에게 이르되 네가 사
울의 행한 일 곧 그가 신접한 자와 박수를 이 땅에서 멸
절시켰음을 아나니 네가 어찌하여 내 생명에 올무를 놓
아 나를 죽게 하려느냐 10 사울이 여호와로 그에게 맹

he was afraid and his heart trembled greatly. 6 When
Saul inquired of the LORD, the LORD did not answer
him, either by dreams or by Urim or by prophets. 7
Then Saul said to his servants, "Seek for me a woman
who is a medium, that I may go to her and inquire of
her." And his servants said to him, "Behold, there is a
woman who is a medium at En-dor." 8 ¶ Then Saul disguised
himself by putting on other clothes, and went, he and
two men with him, and they came to the woman by
night; and he said, "Conjure up for me, please, and
bring up for me whom I shall name to you." 9 But the
woman said to him, "Behold, you know what Saul has done,
how he has cut off those who are mediums and spiritists
from the land. Why are you then laying a snare for my
life to bring about my death?" 10 And Saul vowed to
her by the LORD, saying, "As the LORD lives, there

11 여인이 **가로되**
/내가 누구를 네게로 불러 올리랴?

사울이 **가로되**
/사무엘을 불러 올리라

12 여인이 사무엘을 **보고**
큰 소리로 **외치며**
사울에게 **말하여 가로되**
/당신이 어찌하여 나를 속이셨나이까?
/당신이 사울이시니이다

13 왕이 그에게 **이르되**
/두려워 말라
/네가 무엇을 보았느냐?

여인이 사울에게 **이르되**
/내가 보았나이다
/신이 땅에서 올라 오는 것을

14 사울이 그에게 **이르되**
/그 모양이 어떠하냐?

그가 **가로되**
/한 노인이 올라 오는데
/그가 겉옷을 입었나이다

사울이 **알고**
/그가 사무엘인 줄
그 얼굴을 땅에 **대고**
절하니라

15 사무엘이 사울에게 **이르되**
/어찌하여(why)
네가 —— 나로 분요케 하느냐?
/나를 불러 올려서

사울이 **대답하되**
/나는 ——심히 군급하니이다

//(이유: ˥, for)

세하여 가로되 여호와께서 사시거니와 네가 이 일로는
벌을 당치 아니하리라 **11** 여인이 가로되 내가 누구를
네게로 불러 올리랴 사울이 가로되 사무엘을 불러 올리
라 **12** 여인이 사무엘을 보고 큰 소리로 외치며 사울에
게 말하여 가로되 당신이 어찌하여 나를 속이셨나이까
당신이 사울이시니이다 **13** 왕이 그에게 이르되 두려워
말라 네가 무엇을 보았느냐 여인이 사울에게 이르되 내
가 신이 땅에서 올라오는 것을 보았나이다 **14** 사울이
그에게 이르되 그 모양이 어떠하냐 그가 가로되 한 노인
이 올라 오는데 그가 겉옷을 입었나이다 사울이 그가 사
무엘인줄 알고 그 얼굴을 땅에 대고 절하니라 **15** 사무
엘이 사울에게 이르되 네가 어찌하여 나를 불러 올려서
나로 분요케 하느냐 사울이 대답하되 나는 심히 군급하
니이다 블레셋 사람은 나를 향하여 군대를 일으켰고 하
나님은 나를 떠나서 다시는 선지자로도 꿈으로도 내게
대답지 아니하시기로 나의 행할 일을 배우려고 당신을

shall no punishment come upon you for this thing." **11**
Then the woman said, "Whom shall I bring up for you?"
And he said, "Bring up Samuel for me." **12** When the
woman saw Samuel, she cried out with a loud voice;
and the woman spoke to Saul, saying, "Why have you
deceived me? For you are Saul." **13** And the king said
to her, "Do not be afraid; but what do you see?" And
the woman said to Saul, "I see a divine being coming
up out of the earth." **14** And he said to her, "What is
his form?" And she said, "An old man is coming up,
and he is wrapped with a robe." And Saul knew that it
was Samuel, and he bowed with his face to the ground
and did homage. **15** ¶ Then Samuel said to Saul, "Why
have you disturbed me by bringing me up?" And Saul
answered, "I am greatly distressed; for the Philistines
are waging war against me, and God has departed from
me and answers me no more, either through prophets or
by dreams; therefore I have called you, that you may

//(이유: ו, for)
블레셋 사람은 ― 군대를 일으켰고
/나를 향하여
하나님은 ― 나를 떠나서
― 내게 대답지 아니하시기로
/다시는
/선지자로도, 꿈으로도

//(결과: therefore)
당신을 불러 올렸나이다

//(목적: ל, to)
나의 행할 일을 배우려고

16 사무엘이 **가로되**
/여호와께서 ― 너를 떠나
― 네 대적이 되셨거늘
/네가 어찌하여 내게 묻느냐?
17 /여호와께서 ― 네게 행하사
/나로 말씀하신 대로
― 나라를 떼어
/네 손에서
― 다윗에게 주셨느니라
/네 이웃
18 //(이유: כַּאֲשֶׁר, because)
네가 ― 순종치 아니하고
/여호와의 목소리를
― 아말렉에게 쏟지 아니하였으므로
/그의 진노를

/여호와께서 ― 이 일을 네게 행하셨고
/오늘날
19 /여호와께서 ― 붙이시리니
/이스라엘을
/블레셋 사람의 손에
/너와 함께
/너와
네 아들들이 ― 나와 함께 있으리라
/내일
/여호와께서 ― 또 붙이시리라
/이스라엘 군대를
/블레셋 사람의 손에

20 사울이 갑자기 **엎드러지니**
/땅에
/온전히
//이는(이유: כִּי, for)

불러 올렸나이다 16 사무엘이 가로되 여호와께서 너를
떠나 네 대적이 되셨거늘 네가 어찌하여 내게 묻느냐
17 여호와께서 나로 말씀하신 대로 네게 행하사 나라를
네 손에서 떼어 네 이웃 다윗에게 주셨느니라 18 네가
여호와의 목소리를 순종치 아니하고 그의 진노를 아말렉
에게 쏟지 아니하였으므로 여호와께서 오늘날 이 일을
네게 행하셨고 19 여호와께서 이스라엘을 너와 함께 블
레셋 사람의 손에 붙이시리니 내일 너와 네 아들들이 나
와 함께 있으리라 여호와께서 또 이스라엘 군대를 블레
셋 사람의 손에 붙이시리라 20 사울이 갑자기 땅에 온

make known to me what I should do." 16 And Samuel
said, "Why then do you ask me, since the LORD has departed
from you and has become your adversary? 17 "And
the LORD has done accordingly as He spoke through
me; for the LORD has torn the kingdom out of your
hand and given it to your neighbor, to David. 18 "As
you did not obey the LORD and did not execute His
fierce wrath on Amalek, so the LORD has done this
thing to you this day. 19 "Moreover the LORD will
also give over Israel along with you into the hands of
the Philistines, therefore tomorrow you and your sons
will be with me. Indeed the LORD will give over the
army of Israel into the hands of the Philistines!" 20 ¶
Then Saul immediately fell full length upon the ground

//이는(이유: כִּי, for)
심히 두려워함이요
/사무엘의 말을 인하여

//또(이유: 계속)
그 기력이 진하였으니
이는 그가 종일 종야에 식물을 먹지 못하였음이라

21 그 여인이 사울에게 **이르러**
그 심히 고통함을 **보고**
그에게 **이르되**
/여종이 ─ 왕의 말씀을 듣고
─ 나의 생명을 아끼지 아니하고
─ 말씀을 청종하였사오니
/왕이 내게 이르신

22 /그런즉
청컨대(please)
이제 여종의 말을 들으사
나로 ── 드리게 하시고
/한 조각 떡을
/왕의 앞에
/왕은 ── 잡수시고
기력을 얻으소서
/길 가실 때에

23 사울이 **거절하여**
가로되
/내가 먹지 아니하겠노라

그 신하들과
여인이 **강권하매**

[그가] 그 말을 **듣고**
땅에서 **일어나**
침상에 **앉으니라**

24 여인(의)[이] 살진 송아지가 **있으므로**
/집에
그것을 급히 **잡고**
가루를 **취하여**
뭉쳐 **만들고**
구워서
/무교병을

25 [그녀가] **드리니**
/사울의 앞에와
/그 신하들의 앞에

삼상

전히 엎드러지니 이는 사무엘의 말을 인하여 심히 두려
워함이요 또 그 기력이 진하였으니 이는 그가 종일 종야
에 식물을 먹지 못하였음이라 21 그 여인이 사울에게
이르러 그 심히 고통함을 보고 그에게 이르되 여종이 왕
의 말씀을 듣고 나의 생명을 아끼지 아니하고 왕이 내게
이르신 말씀을 청종하였사오니 22 그런즉 청컨대 이제
여종의 말을 들으사 나로 왕의 앞에 한 조각 떡을 드리
게 하시고 왕은 잡수시고 길 가실 때에 기력을 얻으소서
23 사울이 거절하여 가로되 내가 먹지 아니하겠노라 그
신하들과 여인이 강권하매 그 말을 듣고 땅에서 일어나
침상에 앉으니라 24 여인의 집에 살진 송아지가 있으므
로 그것을 급히 잡고 가루를 취하여 뭉쳐 무교병을 만들

and was very afraid because of the words of Samuel;
also there was no strength in him, for he had eaten no
food all day and all night. 21 And the woman came to
Saul and saw that he was terrified, and said to him, "Behold,
your maidservant has obeyed you, and I have taken my
life in my hand, and have listened to your words which
you spoke to me. 22 "So now also, please listen to
the voice of your maidservant, and let me set a piece of
bread before you that you may eat and have strength
when you go on your way." 23 But he refused and
said, "I will not eat." However, his servants together
with the woman urged him, and he listened to them. So
he arose from the ground and sat on the bed. 24 And
the woman had a fattened calf in the house, and she

그들이 먹고
일어나서
그 밤에 가니라

29

1 사람들은 /블레셋 — 아벡에 **모았고** /그 모든 군대를

사람들은 /이스라엘 — 샘 곁에 **진 쳤더라** /이스르엘에 있는

2 장관들은 /블레셋 사람의 — **영솔하여 나아가고** /수백씩 수천씩

다윗과 그의 사람들은 — 그 뒤에서 **나아가더니** /아기스와 함께

3 방백들이 /블레셋 사람의 — **가로되** /이 히브리 사람들이 무엇을 하려느냐?

아기스가 — 방백들에게 **이르되**
/블레셋 사람의
/이는 —— 다윗이 아니냐?
/사울의 신하
/이스라엘 왕
/그가 —— 나와 함께 있은 지
/여러 날 여러 해로되
/내가 —— 그의 허물을 보지 못하였노라
/오늘까지
/그가 망명하여 온 날부터

4 방백들이 /블레셋 사람의 — 그에게 **노한지라**

방백들이 /블레셋 — 그에게 **이르되**
/[당신은] —— 이 사람을 돌려보내어
그 처소로 가게 하소서
/왕이 그에게 정하신

고 구워서 25 사울의 앞에와 그 신하들의 앞에 드리니
그들이 먹고 일어나서 그 밤에 가니라
29:1 블레셋 사람들은 그 모든 군대를 아벡에 모
았고 이스라엘 사람들은 이스르엘에 있는 샘곁에
진쳤더라 2 블레셋 사람의 장관들은 수백씩 수천씩 영솔
하여 나아가고 다윗과 그의 사람들은 아기스와 함께 그
뒤에서 나아가더니 3 블레셋 사람의 방백들이 가로되 이
히브리 사람들이 무엇을 하려느냐 아기스가 블레셋 사람
의 방백들에게 이르되 이는 이스라엘 왕 사울의 신하 다
윗이 아니냐 그가 나와 함께 있은지 여러 날 여러 해로
되 그가 망명하여 온 날부터 오늘까지 내가 그의 허물을
보지 못하였노라 4 블레셋 사람의 방백들이 그에게 노한
지라 블레셋 방백들이 그에게 이르되 이 사람을 돌려보
내어 왕이 그에게 정하신 그 처소로 가게 하소서 그는 우
리와 함께 싸움에 내려가지 못하리니 그가 전장에서 우
리의 대적이 될까 하나이다 그가 무엇으로 그 주와 다시

quickly slaughtered it; and she took flour, kneaded it,
and baked unleavened bread from it. 25 And she brought
it before Saul and his servants, and they ate. Then they
arose and went away that night.
29:1 ¶ Now the Philistines gathered together all
their armies to Aphek, while the Israelites were
camping by the spring which is in Jezreel. 2 And the
lords of the Philistines were proceeding on by hundreds
and by thousands, and David and his men were proceeding
on in the rear with Achish. 3 Then the commanders of
the Philistines said, "What are these Hebrews doing
here?" And Achish said to the commanders of the Philistines,
"Is this not David, the servant of Saul the king of Israel,
who has been with me these days, or rather these years,
and I have found no fault in him from the day he deserted
to me to this day?" 4 But the commanders of the
Philistines were angry with him, and the commanders of
the Philistines said to him, "Make the man go back,

/그는 ——— 내려가지 못하리니
/우리와 함께
/싸움에
/그가 ——— 우리의 대적이 될까 하나이다
/전장에서
/그가 —— 그 주와 다시 화합하리이까?
/무엇으로
하지 아니하겠나이까?
/이 사람들의 머리로
5 /이 다윗이 **아니니이까?**
/그들이 — 가로되 ...하던
/춤추며 창화하여
/사울의 죽인 자는 천천이요
/다윗은 만만이로다

6 아기스가 다윗을 **불러**
그에게 **이르되**
/여호와께서 사시거니와
/네가 정직하여
/네게 악이 있음을 보지 못하였으니
/내게 온 날부터 오늘까지
/나의 소견에는 좋으나
/나와 함께 군중에 출입하는 것이
/장관들이 너를 좋아하지 아니하니
7 /너는 — 돌이켜
평안히 가서
/거슬려 보이게 말라
/블레셋 사람의 장관들에게

8 다윗이 아기스에게 **이르되**
/내가 무엇을 하였나이까?
/당신이 — 무엇을 보셨기에?
/종에게서
/내가 — 오늘까지 있는 동안에
/당신의 앞에

//(결과: that...may)
나로 가서
싸우지 못하게 하시나이까
/내 주 왕의 원수와

9 아기스가 다윗에게 **대답하여**

삼상

화합하리이까 이 사람들의 머리로 하지 아니하겠나이까
5 그들이 춤추며 창화하여 가로되 사울의 죽인 자는 천
천이요 다윗은 만만이로다 하던 이 다윗이 아니니이까 6
아기스가 다윗을 불러 그에게 이르되 여호와께서 사시거
니와 네가 정직하여 내게 온 날부터 오늘까지 네게 악이
있음을 보지 못하였으니 나와 함께 군중에 출입하는 것
이 나의 소견에는 좋으나 장관들이 너를 좋아하지 아니
하니 7 너는 돌이켜 평안히 가서 블레셋 사람의 장관들
에게 거슬려 보이게 말라 8 다윗이 아기스에게 이르되
내가 무엇을 하였나이까 내가 당신의 앞에 오늘까지 있
는 동안에 당신이 종에게서 무엇을 보셨기에 나로 가서
내 주 왕의 원수와 싸우지 못하게 하시나이까 9 아기스
가 다윗에게 대답하여 가로되 네가 내 목전에 하나님의
사자같이 선한 것을 내가 아나 블레셋 사람의 방백들은

that he may return to his place where you have assigned him, and do not let him go down to battle with us, lest in the battle he become an adversary to us. For with what could this man make himself acceptable to his lord? Would it not be with the heads of these men?
5 "Is this not David, of whom they sing in the dances, saying, 'Saul has slain his thousands, And David his ten thousands'?"
6 ¶ Then Achish called David and said to him, "As the LORD lives, you have been upright, and your going out and your coming in with me in the army are pleasing in my sight; for I have not found evil in you from the day of your coming to me to this day. Nevertheless, you are not pleasing in the sight of the lords.
7 "Now therefore return, and go in peace, that you may not displease the lords of the Philistines."
8 And David said to Achish, "But what have I done? And what have you found in your servant from the day when I came before you to this day, that I may not go and fight against the enemies of my lord the king?"
9 But Achish answered and said to David, "I know that you are pleasing in

```
                가로되
                  /내가 ─ 아나
                        /네가 - 선한 것을
                              /내 목전에
                              /하나님의 사자같이
                  /방백들은 ── 말하기를 ...하니
                    /블레셋 사람의   /그가 ─ 올라가지 못하리라
                                        /전장에
                                        /우리와 함께
                10 /그런즉
                  너는 ── 새벽에 일어나라
                          /네 주의 신하들로 더불어
                            /너와 함께 온

                  /너희는 ┬ 새벽에 일어나서
                          ├ 밝거든
                          └ 곧 떠나라

11 이에(so)
   다윗이          일찌기 아침에 일어나서

        //(목적: ל, to)
          자기 사람들로 더불어 떠나[기 위해]

        //(목적: ל, to)
          땅으로 돌아가(고)[기 위해]
            /블레셋 사람의

   블레셋 사람은    이스르엘로 올라가니라
```

30

```
1 다윗과
  그의 사람들이     시글락에 이를 때에(when)
                      /제 삼일에
  사람들이          이미 침노하였는데
    /아말렉           /남방과 시글락을

  그들이            시글락을 쳐서
                    불사르고
               2    다 사로잡아
                      /하나도 죽이지 아니하고
                        /거기 있는 대소 여인들을
                    끌고
                    자기 길을 갔더라
```

말하기를 그가 우리와 함께 전장에 올라가지 못하리라
하니 **10** 그런즉 너는 너와 함께 온 네 주의 신하들로
더불어 새벽에 일어나라 너희는 새벽에 일어나서 밝거든
곧 떠나라 **11** 이에 다윗이 자기 사람들로 더불어 일찌
기 아침에 일어나서 떠나 블레셋 사람의 땅으로 돌아가
고 블레셋 사람은 이스르엘로 올라가니라
30:1 다윗과 그의 사람들이 제삼일에 시글락에 이
를 때에 아말렉 사람들이 이미 남방과 시글락을
침노하였는데 그들이 시글락을 쳐서 불사르고 **2** 거기 있
는 대소 여인들을 하나도 죽이지 아니하고 다 사로잡아

my sight, like an angel of God; nevertheless the commanders
of the Philistines have said, 'He must not go up with
us to the battle.' **10** "Now then arise early in the
morning with the servants of your lord who have come
with you, and as soon as you have arisen early in the morning
and have light, depart." **11** So David arose early, he
and his men, to depart in the morning, to return to the
land of the Philistines. And the Philistines went up to Jezreel.
30:1 ¶ Then it happened when David and his men
came to Ziklag on the third day, that the Amalekites
had made a raid on the Negev and on Ziklag, and had
overthrown Ziklag and burned it with fire; **2** and they
took captive the women and all who were in it, both
small and great, without killing anyone, and carried them

3 다윗과
그의 사람들이 ┬ 성에 **이르러**
└ **본즉**

성이 **불탔고**

아내와
/자기들의
자녀들이 **사로잡혔는지라**

4 다윗과
백성이 **소리를 높여**
/그와 함께 한
[그들이] **울었더라**
/울 기력이 없도록

5 (두 아내[도] **사로잡혔더라)**
/다윗의
/아히노암과
/이스르엘 여인
/아비가일도
/나발의 아내 되었던
/갈멜 사람

6 다윗이 크게 **군급하였으나**

//(이유: כִּי, for)
백성이 — 다윗을 돌로 치자 하니

//(이유: כִּי, for)
마음이 슬퍼서
/각기 자녀들을 위하여

[그가] **용기를 얻었더라**
/여호와를 힘입고
/그[의] 하나님

7 다윗이 아비아달에게 **이르되**
/제사장
/아히멜렉의 아들
/청컨대(please)
에봇을 내게로 가져오라

아비아달이 에봇을 **가져오매**
/다윗에게로

8 다윗이 여호와께 **묻자와 가로되**
/내가 ┬ 이 군대를 쫓아 가면
└ 미치겠나이까

삼상

끌고 자기 길을 갔더라 3 다윗과 그의 사람들이 성에 이
르러 본즉 성이 불탔고 자기들의 아내와 자녀들이 사로
잡혔는지라 4 다윗과 그와 함께 한 백성이 울 기력이 없
도록 소리를 높여 울었더라 5 (다윗의 두 아내 이스르엘
여인 아히노암과 갈멜 사람 나발의 아내 되었던 아비가
일도 사로잡혔더라) 6 백성이 각기 자녀들을 위하여 마
음이 슬퍼서 다윗을 돌로 치자 하니 다윗이 크게 군급하
였으나 그 하나님 여호와를 힘입고 용기를 얻었더라 7
다윗이 아히멜렉의 아들 제사장 아비아달에게 이르되 청
컨대 에봇을 내게로 가져오라 아비아달이 에봇을 다윗에
게로 가져 오매 8 다윗이 여호와께 묻자와 가로되 내가
이 군대를 쫓아 가면 미치겠나이까 여호와께서 대답하시

off and went their way. 3 And when David and his men
came to the city, behold, it was burned with fire, and
their wives and their sons and their daughters had been taken
captive. 4 Then David and the people who were with
him lifted their voices and wept until there was no
strength in them to weep. 5 Now David's two wives
had been taken captive, Ahinoam the Jezreelitess and Abigail
the widow of Nabal the Carmelite. 6 Moreover David
was greatly distressed because the people spoke of stoning
him, for all the people were embittered, each one because
of his sons and his daughters. But David strengthened himself
in the LORD his God. 7 ¶ Then David said to Abiathar
the priest, the son of Ahimelech, "Please bring me the
ephod." So Abiathar brought the ephod to David. 8 And

여호와께서 **대답하시되**
/[너는] — 쫓아가라

//(결과: 명령문)
네가 — 반드시 미치고
정녕 도로 찾으리라

9 이에(so)
다윗과
육백명이 **가서**
/그와 함께 한

[그들이] 브솔 시내에 **이르러는**
거기 **머물렀으되**
/뒤떨어진 자를
10 이백인을 **머물렀고**
/곧 피곤하여
/브솔 시내를 건너지 못하는

삼상

다윗은 **쫓아가니라**
/사백인을 거느리고

11 무리가 들에서 **만나**
/애굽 사람 하나를
다윗에게로 **데려다가**
떡을 **주어**
먹게 하며
물을 **마시우고**
12 **주었으니**
/덩이 하나와
/무화과 뭉치에서 뗀
/건포도 두 송이를

그가 **먹고**
정신을 **차리매**

//(이유: כִּי, for)
그가 — 떡도 먹지 못하였고
/낮 사흘, 밤 사흘을
물도 마시지 못하였음이라

13 다윗이 그에게 **이르되**
/너는 — 뉘게 속하였으며
어디로서냐

되 쫓아가라 네가 반드시 미치고 정녕 도로 찾으리라 9
이에 다윗과 그와 함께 한 육백 명이 가서 브솔 시내에
이르러는 뒤 떨어진 자를 거기 머물렀으되 10 곧 피곤
하여 브솔 시내를 건너지 못하는 이백 인을 머물렀고 다
윗은 사백 인을 거느리고 쫓아가니라 11 무리가 들에서
애굽 사람 하나를 만나 다윗에게로 데려다가 떡을 주어
먹게 하며 물을 마시우고 12 무화과 뭉치에서 뗀 덩이
하나와 건포도 두 송이를 주었으니 그가 낮 사흘, 밤 사
흘을 떡도 먹지 못하였고 물도 마시지 못하였음이라 그
가 먹고 정신을 차리매 13 다윗이 그에게 이르되 너는
뉘게 속하였으며 어디로서냐 가로되 나는 애굽 소년이요
아말렉 사람의 종이더니 사흘 전에 병이 들매 주인이 나

David inquired of the LORD, saying, "Shall I pursue this band? Shall I overtake them?" And He said to him, "Pursue, for you shall surely overtake them, and you shall surely rescue all." 9 So David went, he and the six hundred men who were with him, and came to the brook Besor, where those left behind remained. 10 But David pursued, he and four hundred men, for two hundred who were too exhausted to cross the brook Besor, remained behind. 11 ¶ Now they found an Egyptian in the field and brought him to David, and gave him bread and he ate, and they provided him water to drink. 12 And they gave him a piece of fig cake and two clusters of raisins, and he ate; then his spirit revived. For he had not eaten bread or drunk water for three days and three nights.
13 And David said to him, "To whom do you belong? And where are you from?" And he said," I am a young

[그가] 가로되
/나는 ── 애굽 소년이요
└ 아말렉 사람의 종이더니
/주인이 ── 나를 버렸나이다

//(이유: כִּי, for)
사흘 전에 병이 들매

14 /우리가 ── 침노하고
/그렛 사람의 남방과
/유다에 속한 지방과
/갈멜 남방을
└ 시글락을 불살랐나이다

15 다윗이 그에게 **이르되**
/네가 ── 나를 인도하겠느냐?
/그 군대에게로

그가 **가로되**
/당신이 ── 하나님으로 맹세하소서
/나를 죽이지도 아니하고
/내 주인의 수중에 붙이지도 아니하겠다고

//그리하면(결과)
내가 ── 당신을 인도하리이다
/이 군대에게로

16 그가 인도하여 내려가니(when)
[보라]
그들이 온 땅에 **편만하여**
/먹고 마시며 춤추는(지라)
/크게 탈취하였음을 인하여
/블레셋 사람의 땅과
/유다 땅에서

17 다윗이 그들을 **치매**
/새벽부터 이튿날 저물 때까지

피한 사람이 **없었더라**
/소년 사백명 외에는
/약대 타고 도망한

18 다윗이 모든 것을 **도로 찾고**
/아말렉 사람의 취하였던
그 두 아내를 **구원하였고**

삼상

를 버렸나이다 14 우리가 그렛 사람의 남방과 유다에
속한 지방과 갈멜 남방을 침노하고 시글락을 불살랐나이
다 15 다윗이 그에게 이르되 네가 나를 그 군대에게로
인도하겠느냐 그가 가로되 당신이 나를 죽이지도 아니하
고 내 주인의 수중에 붙이지도 아니하겠다고 하나님으로
맹세하소서 그리하면 내가 당신을 이 군대에게로 인도하
리이다 16 그가 인도하여 내려가니 그들이 온 땅에 편
만하여 블레셋 사람의 땅과 유다 땅에서 크게 탈취하였
음을 인하여 먹고 마시며 춤추는지라 17 다윗이 새벽부
터 이튿날 저물때까지 그들을 치매 약대 타고 도망한 소
년 사백 명 외에는 피한 사람이 없었더라 18 다윗이 아
말렉 사람의 취하였던 모든 것을 도로 찾고 그 두 아내

man of Egypt, a servant of an Amalekite; and my master
left me behind when I fell sick three days ago. 14 "We
made a raid on the Negev of the Cherethites, and on
that which belongs to Judah, and on the Negev of Caleb,
and we burned Ziklag with fire." 15 Then David said
to him, "Will you bring me down to this band?" And
he said, "Swear to me by God that you will not kill
me or deliver me into the hands of my master, and I
will bring you down to this band." 16 ¶ And when he
had brought him down, behold, they were spread over
all the land, eating and drinking and dancing because of
all the great spoil that they had taken from the land of
the Philistines and from the land of Judah. 17 And
David slaughtered them from the twilight until the evening
of the next day; and not a man of them escaped, except
four hundred young men who rode on camels and fled.
18 So David recovered all that the Amalekites had
taken, and rescued his two wives. 19 But nothing of

19 다윗이 도로 찾아왔고
/그들의 탈취하였던 것
/곧 무리의 자녀들이나
대소를 물론하고
/빼앗겼던 것의
/아무 것도 잃은 것이 없이

20 또
[그가] 다 **탈취하였더니**
/양떼와 소떼를

무리가 **가로되** ...하였더라
/그 가축 앞에 몰고 가며
/이는 —— 다윗의 탈취한 것이라

21 다윗이 이백인에게 **오매**
/이왕에 피곤하여
/브솔 시내에 머물게 한
/능히 자기를 따르지 못하므로

그들이 **나온지라**
//(목적: ל, to)
영접하러
/다윗과
/그와 함께 한 백성을

다윗이 그 백성에게 **이르러**
문안하매

22 악한 자와
비류들이 다 **가로되** ...하는지라
/갔던 자 중에
/다윗과 함께
/우리가 — 무엇이든지 주지 말고
/그들에게
주어서
/도로 찾은 물건(은)[과]
/각 사람의 처자만
//(결과: that...may)
데리고 떠나가게 하라
//(이유: כִּי, for)
그들이 우리와 함께 가지 아니하였은즉

23 다윗이 **가로되**
/나의 형제들아!
너희가 — 이같이 못하리라
/그가 우리에게 주신 것을

삼상

를 구원하였고 19 그들의 탈취하였던 것 곧 무리의 자
녀들이나 빼앗겼던 것의 대소를 물론하고 아무것도 잃은
것이 없이 다윗이 도로 찾아왔고 20 또 양 떼와 소 떼
를 다 탈취하였더니 무리가 그 가축 앞에 몰고 가며 가로
되 이는 다윗의 탈취한 것이라 하였더라 21 다윗이 이
왕에 피곤하여 능히 자기를 따르지 못하므로 브솔 시내
에 머물게 한 이백 인에게 오매 그들이 다윗과 그와 함께
한 백성을 영접하러 나온지라 다윗이 그 백성에게 이르
러 문안하매 22 다윗과 함께 갔던 자 중에 악한 자와
비류들이 다 가로되 그들이 우리와 함께 가지 아니하였

theirs was missing, whether small or great, sons or daughters, spoil or anything that they had taken for themselves; David brought it all back.
20 So David had captured all the sheep and the cattle which the people drove ahead of the other livestock, and they said, "This is David's spoil."
21 ¶ When David came to the two hundred men who were too exhausted to follow David, who had also been left at the brook Besor, and they went out to meet David and to meet the people who were with him, then David approached the people and greeted them.
22 Then all the wicked and worthless men among those who went with David answered and said, "Because they did not go with us, we will not give them any of the spoil that we have recovered, except to every man his wife and

/여호와께서 ─┬─ 우리를 보호하시고
└─ 우리 손에 붙이셨은즉
/우리를 치러 온 그 군대를
24 /이 일에 누가 너희를 듣겠느냐?

//(이유: כִּי, for)
분깃이나
/전장에 내려갔던 자의
분깃이 ──── 일반일지니
/소유물 곁에 머물렀던 자의
같이 분배할 것이니라 하고

25 그 날부터
다윗이 이것으로 **삼았더니**
/이스라엘의 율례와 규례를

[그것이] 오늘까지 **이르니라**

26 다윗이 시글락에 **이르러**
탈취물을 **보내어**
/그 친구 유다 장로들에게
가로되 ...하고
/보라
너희에게 〈선사하노라〉
/여호와의 원수에게서 탈취한 것을
30 **보내었더라**
27 /벧엘에 있는 자와
/남방 라못에 있는 자와
/얏딜에 있는 자와
28 /아로엘에 있는 자와
/십못에 있는 자와
/에스드모아에 있는 자와
29 /라갈에 있는 자와
/여라므엘 사람의 성읍들에 있는 자와
/겐 사람의 성읍들에 있는 자와
30 /홀마에 있는 자와
/고라산에 있는 자와
/아닥에 있는 자와
/헤브론에 있는 자에게와

삼상

은즉 우리가 도로 찾은 물건은 무엇이든지 그들에게 주
지 말고 각 사람의 처자만 주어서 데리고 떠나가게 하라
하는지라 **23** 다윗이 가로되 나의 형제들아 여호와께서
우리를 보호하시고 우리를 치러 온 그 군대를 우리 손에
붙이셨은즉 그가 우리에게 주신 것을 너희가 이같이 못
하리라 **24** 이 일에 누가 너희를 듣겠느냐 전장에 내려
갔던 자의 분깃이나 소유물 곁에 머물렀던 자의 분깃이
일반일지니 같이 분배할 것이니라 하고 **25** 그 날부터
다윗이 이것으로 이스라엘의 율례와 규례를 삼았더니 오
늘까지 이르니라 **26** 다윗이 시글락에 이르러 탈취물을
그 친구 유다 장로들에게 보내어 가로되 보라 여호와의
원수에게서 탈취한 것을 너희에게 선사하노라 하고 **27**
벧엘에 있는 자와 남방 라못에 있는 자와 얏딜에 있는
자와 **28** 아로엘에 있는 자와 십못에 있는 자와 에스드
모아에 있는 자와 **29** 라갈에 있는 자와 여라므엘 사람
의 성읍들에 있는 자와 겐 사람의 성읍들에 있는 자와
30 홀마에 있는 자와 고라산에 있는 자와 아닥에 있는
자와 헤브론에 있는 자에게와 다윗과 그의 사람들의 왕

his children, that they may lead them away and depart."
23 Then David said, "You must not do so, my brothers,
with what the LORD has given us, who has kept us and
delivered into our hand the band that came against us.
24 "And who will listen to you in this matter? For as
his share is who goes down to the battle, so shall his
share be who stays by the baggage; they shall share
alike." **25** And so it has been from that day forward,
that he made it a statute and an ordinance for Israel to
this day. **26** ¶ Now when David came to Ziklag, he
sent some of the spoil to the elders of Judah, to his
friends, saying, "Behold, a gift for you from the spoil
of the enemies of the LORD: **27** to those who were in
Bethel, and to those who were in Ramoth of the Negev,
and to those who were in Jattir, **28** and to those who
were in Aroer, and to those who were in Siphmoth, and
to those who were in Eshtemoa, **29** and to those who
were in Racal, and to those who were in the cities of
the Jerahmeelites, and to those who were in the cities
of the Kenites, **30** and to those who were in Hormah,

/모든 곳에
/다윗과 그의 사람들의 왕래하던

31 (없음)

31

1 블레셋 사람이 이스라엘을 **치매**

사람들이 **도망하여**
/이스라엘 /블레셋 사람 앞에서
엎드러져
/죽으니라
/길보아 산에서

2 사람들이 **쫓아 미쳐서**
/블레셋 /사울과 그 아들들을
죽이니라
/요나단과
/아비나답과
/말기수아를

/사울의 아들

3 사울이 **패전하매**

활 쏘는 자가 **따라 미치니**
사울이 **중상한지라**
/그 활 쏘는 자를 인하여

4 그가 병기 든 자에게 **이르되**
/네 칼을 빼어 나를 찌르라

//(목적: פֶּן, lest)
두려워하노라[19)]
/할례 없는 자들이 — 와서
/[그들이] — 나를 찌르고
모욕할까

하나
병기든 자가 **즐겨 행치 아니하는지라**

//(이유: כִּי, for)
심히 두려워하여

이에
사울이 자기 칼을 **취하고**

19) ...lest these uncircumcised come and pierce me through and make sport of me.

래하던 모든 곳에 보내었더라
31:1 블레셋 사람이 이스라엘을 치매 이스라엘 사
람들이 블레셋 사람 앞에서 도망하여 길보아 산
에서 엎드러져 죽으니라 **2** 블레셋 사람들이 사울과 그
아들들을 쫓아 미쳐서 사울의 아들 요나단과 아비나답과
말기수아를 죽이니라 **3** 사울이 패전하매 활 쏘는 자가
따라 미치니 사울이 그 활 쏘는 자를 인하여 중상한지라
4 그가 병기 든 자에게 이르되 네 칼을 빼어 나를 찌르
라 할례 없는 자들이 와서 나를 찌르고 모욕할까 두려워
하노라 하나 병기 든 자가 심히 두려워하여 즐겨 행치 아

and to those who were in Bor-ashan, and to those who
were in Athach, **31** and to those who were in Hebron,
and to all the places where David himself and his men
were accustomed to go."
31:1 ¶ Now the Philistines were fighting against
Israel, and the men of Israel fled from before the
Philistines and fell slain on Mount Gilboa. **2** And the
Philistines overtook Saul and his sons; and the Philistines
killed Jonathan and Abinadab and Malchi-shua the sons
of Saul. **3** And the battle went heavily against Saul, and
the archers hit him; and he was badly wounded by the archers.
4 Then Saul said to his armor bearer, "Draw your
sword and pierce me through with it, lest these uncircumcised
come and pierce me through and make sport of me."

그 위에 **엎드러지매**

5 병기 든 자가 사울의 죽음을 보고(when)
자기도 자기 칼 위에 **엎드러져**
그와 함께 **죽으니라**

6 사울과
그 세 아들과
병기 든 자와
모든 사람이 다 함께 **죽었더라**
/그의 /그 날에

7 이스라엘 사람과
/골짜기 저편에 있는
있는 자들이 **보고**
/요단 건너편에 /이스라엘 사람들의 도망한 것과
/사울과 그 아들들의 죽었음을

[그들이] 성읍들을 **버리고**
도망하매

사람들이 **이르러**
/블레셋
거기 **거하니라**

8 사람들이 그 이튿날 왔다가(when)
/블레셋

//(목적: ל, to)
죽은 자를 벗기러

[그들이] **보고**
/사울과
그 세 아들이 죽은 것을
/길보아 산에서

9 [그들이] 사울의 머리를 **베고**
그 갑옷을 **벗기고**
그것을 **보내고**
/블레셋 사람의 땅 사방에

//(목적: ל, to)
전파하기 위하여
/자기들의 신당과
/백성에게

10 [그들이] 그 갑옷은 **두고**
/아스다롯의 집에

니하는지라 이에 사울이 자기 칼을 취하고 그 위에 엎드
러지매 5 병기 든 자가 사울의 죽음을 보고 자기도 자기
칼 위에 엎드러져 그와 함께 죽으니라 6 사울과 그 세
아들과 병기 든 자와 그의 모든 사람이 다 그 날에 함께
죽었더라 7 골짜기 저편에 있는 이스라엘 사람과 요단
건너편에 있는 자들이 이스라엘 사람들의 도망한 것과
사울과 그 아들들의 죽었음을 보고 성읍들을 버리고 도
망하매 블레셋 사람들이 이르러 거기 거하니라 8 그 이
튿날 블레셋 사람들이 죽은 자를 벗기러 왔다가 사울과
그 세 아들이 길보아 산에서 죽은 것을 보고 9 사울의
머리를 베고 그 갑옷을 벗기고 자기들의 신당과 백성에
게 전파하기 위하여 그것을 블레셋 사람의 땅 사방에 보

But his armor bearer would not, for he was greatly afraid.
So Saul took his sword and fell on it. 5 And when his
armor bearer saw that Saul was dead, he also fell on
his sword and died with him. 6 Thus Saul died with
his three sons, his armor bearer, and all his men on that
day together. 7 ¶ And when the men of Israel who were
on the other side of the valley, with those who were
beyond the Jordan, saw that the men of Israel had fled
and that Saul and his sons were dead, they abandoned
the cities and fled; then the Philistines came and lived
in them. 8 And it came about on the next day when
the Philistines came to strip the slain, that they found
Saul and his three sons fallen on Mount Gilboa. 9 And
they cut off his head, and stripped off his weapons, and

	그 시체는 **못박으매** /벧산 성벽에
11 거민들이 /길르앗 야베스	행한 일을 **듣고** /블레셋 사람들의 사울에게
12 모든 장사가	**일어나** 밤새도록 **가서** 시체를 **취하여 가지고** /사울과 그 아들들의 /벧산 성벽에서
	야베스에 **돌아와서** 거기서 **불사르고**
13 [그들이]	그 뼈를 **가져다가** **장사하고** /야베스 에셀나무 아래 칠일을 **금식하였더라**

내고 10 그 갑옷은 아스다롯의 집에 두고 그 시체는 벧산 성벽에 못 박으매 11 길르앗 야베스 거민들이 블레셋 사람들의 사울에게 행한 일을 듣고 12 모든 장사(壯士)가 일어나 밤새도록 가서 사울과 그 아들들의 시체를 벧산 성벽에서 취하여 가지고 야베스에 돌아와서 거기서 불사르고 13 그 뼈를 가져다가 야베스 에셀나무 아래 장사하고 칠 일을 금식하였더라

sent them throughout the land of the Philistines, to carry the good news to the house of their idols and to the people. 10 And they put his weapons in the temple of Ashtaroth, and they fastened his body to the wall of Beth-shan. 11 Now when the inhabitants of Jabesh-gilead heard what the Philistines had done to Saul, 12 all the valiant men rose and walked all night, and took the body of Saul and the bodies of his sons from the wall of Beth-shan, and they came to Jabesh, and burned them there. 13 And they took their bones and buried them under the tamarisk tree at Jabesh, and fasted seven days.

SBI 구문분석에 의한

사무엘하

사무엘하

1

1 사울의 죽은 후라(after)
다윗이 **돌아와서**
/아말렉 사람을 도륙하고
이틀을 **유하더니**
/시글락에서

2 한 사람이 사울의 진에서 **나왔는데**
/제 삼일에
/그 옷은 찢어졌고
/머리에는 흙이 있더라

저가 다윗에게 **나아와**
땅에 **엎드려**
절하매

3 다윗이 저에게 **묻되**
/너는 어디서 왔느냐?

[그가] **대답하되**
/이스라엘 진에서 도망하여 왔나이다

4 다윗이 **가로되**
/일이 어떻게 되었느뇨?
/너는 내게 고하라

저가 **대답하되**
/군사가 — 도망하기도 하였고
/전쟁 중에서
/죽은 자도 — 무리 중에 많았고
/엎드러져
/사울과
요나단도 — 죽었나이다
/그 아들

5 다윗이 소년에게 **묻되**
/자기에게 고하는
/네가 — 어떻게 아느냐?
/사울과
요나단의 — 죽은 줄을
/그 아들

6 소년이 **가로되**
/그에게 고하는
/내가 — 우연히 올라보니
/길보아산에
/사울이 — 자기 창을 의지하였고

1:1 사울의 죽은 후라 다윗이 아말렉 사람을 도륙하
고 돌아와서 시글락에서 이틀을 유하더니 2 제삼
일에 한 사람이 사울의 진에서 나왔는데 그 옷은 찢어졌
고 머리에는 흙이 있더라 저가 다윗에게 나아와 땅에 엎
드려 절하매 3 다윗이 저에게 묻되 너는 어디서 왔느냐
대답하되 이스라엘 진에서 도망하여 왔나이다 4 다윗이
가로되 일이 어떻게 되었느뇨 너는 내게 고하라 저가 대
답하되 군사가 전쟁 중에서 도망하기도 하였고 무리 중
에 엎드러져 죽은 자도 많았고 사울과 그 아들 요나단도
죽었나이다 5 다윗이 자기에게 고하는 소년에게 묻되 사
울과 그 아들 요나단의 죽은 줄을 네가 어떻게 아느냐 6
그에게 고하는 소년이 가로되 내가 우연히 길보아 산에

1:1 ¶ Now it came about after the death of Saul, when
David had returned from the slaughter of the Amalekites,
that David remained two days in Ziklag. 2 And it
happened on the third day, that behold, a man came out
of the camp from Saul, with his clothes torn and dust
on his head. And it came about when he came to David
that he fell to the ground and prostrated himself. 3 Then
David said to him, "From where do you come?" And
he said to him, "I have escaped from the camp of
Israel." 4 And David said to him, "How did things go?
Please tell me." And he said, "The people have fled
from the battle, and also many of the people have fallen
and are dead; and Saul and Jonathan his son are dead
also." 5 So David said to the young man who told him,
"How do you know that Saul and his son Jonathan are dead?"
6 And the young man who told him said, "By chance

/병거와 기병은 저를 촉급히 따르는데
7 /사울이 — 뒤로 돌이켜
　　　　　— 나를 보고
　　　　　— 부르시기로
/내가 — 대답하되 ...한즉
　　　　/내가 여기 있나이다

8 /[그가] — 내게 이르되 ...하시기로
　　　　/너는 누구냐
/내가 — 대답하되 ...한즉
　　　　/나는 아말렉 사람이니이다
9 /또
[그가] — 내게 이르되 ...하시기로
　　　　/내 목숨이 아직 내게 완전히 있으므로
　　　　/내가 고통에 들었나니
　　　　/너는 — 내 곁에 서서
　　　　　　　— 나를 죽이라
10 /내가 — 그 곁에 서서
　　　　— 죽이고

//(이유: כִּי, for)
내가 — 알고
　　　/살 수 없는 줄을
　　　　/저가 엎드러진 후에는
/[내가] — 벗겨서
　　　/그 머리에 있는 면류관과
　　　/팔에 있는 고리를
　　— 내 주께로 가져왔나이다

11 이에
다윗이 — 자기 옷을 **잡아**
　　　— **찢으매**
모든 사람도 — **그리하고**
/함께 있는

12 [그들이] — 저녁때까지 **슬퍼하여**
　　　　— **울며**
　　　　— **금식하니라**
/사울과
요나단과
　/그 아들
백성과
　/여호와의
족속이 — 칼에 죽음을 인하여
　/이스라엘

올라 보니 사울이 자기 창을 의지하였고 병거와 기병은
저를 촉급히 따르는데 7 사울이 뒤로 돌이켜 나를 보고
부르시기로 내가 대답하되 내가 여기 있나이다 한즉 8
내게 이르되 너는 누구냐 하시기로 내가 대답하되 나는
아말렉 사람이니이다 한즉 9 또 내게 이르되 내 목숨이
아직 내게 완전히 있으므로 내가 고통에 들었나니 너는
내 곁에 서서 나를 죽이라 하시기로 10 저가 엎드러진
후에는 살 수 없는 줄을 내가 알고 그 곁에 서서 죽이고
그 머리에 있는 면류관과 팔에 있는 고리를 벗겨서 내
주께로 가져 왔나이다 11 이에 다윗이 자기 옷을 잡아
찢으매 함께 있는 모든 사람도 그리하고 12 사울과 그
아들 요나단과 여호와의 백성과 이스라엘 족속이 칼에
죽음을 인하여 저녁때까지 슬퍼하여 울며 금식하니라
13 다윗이 그 고한 소년에게 묻되 너는 어디 사람이냐

I happened to be on Mount Gilboa, and behold, Saul
was leaning on his spear. And behold, the chariots and
the horsemen pursued him closely. 7 "And when he
looked behind him, he saw me and called to me. And I
said, 'Here I am.' 8 "And he said to me, 'Who are
you?' And I answered him, 'I am an Amalekite.' 9
"Then he said to me, 'Please stand beside me and kill
me; for agony has seized me because my life still lingers
in me.' 10 "So I stood beside him and killed him,
because I knew that he could not live after he had fallen.
And I took the crown which was on his head and the bracelet
which was on his arm, and I have brought them here to
my lord." 11 ¶ Then David took hold of his clothes
and tore them, and so also did all the men who were
with him. 12 And they mourned and wept and fasted
until evening for Saul and his son Jonathan and for the people

13 다윗이 그 고한 소년에게 **묻되**
/너는 어디 사람이냐?

[그가] **대답하되**
/나는 ┬ 아말렉 사람
└ 곧 외국인의 아들이니이다

14 다윗이 저에게 **이르되** ...하고
/어찌하여(why)
네가 ― 두려워하지 아니하였느냐?
/손을 들어
/여호와의 기름 부음 받은 자 죽이기를

15 하나를 **불러**
/소년 중
이르되 ...하매
/가까이 가서
/저를 죽이라

그가 **치매**

//(결과)
곧 죽으니라

16 다윗이 저에게 **이르기를** ...하였더라
/네 피가 ― 돌아갈지어다
/네 머리로

//(이유: כִּי, for)
네 입이 ― 증거하기를 ...함이니라
/네게 대하여
/내가 ― 죽였노라
/여호와의 기름 부음 받은 자를

17 다윗이 **조상하고**
/이 슬픈 노래로
/사울과 그 아들 요나단을
18 **명하여** ...하였으니
/그것을 유다 족속에게 가르치라

곧
[그것은] 활 **노래라**
/야살의 책에 기록되었으되

19 이스라엘아!
너의 영광이 **죽임을 당하였도다**
/산 위에서

대답하되 나는 아말렉 사람 곧 외국인의 아들이니이다
14 다윗이 저에게 이르되 네가 어찌하여 손을 들어 여
호와의 기름 부음 받은 자 죽이기를 두려워하지 아니하
였느냐 하고 **15** 소년 중 하나를 불러 이르되 가까이 가
서 저를 죽이라 하매 그가 치매 곧 죽으니라 **16** 다윗이
저에게 이르기를 네 피가 네 머리로 돌아갈지어다 네 입
이 네게 대하여 증거하기를 내가 여호와의 기름 부음 받
은 자를 죽였노라 함이니라 하였더라 **17** 다윗이 이 슬
픈 노래로 사울과 그 아들 요나단을 조상하고 **18** 명하
여 그것을 유다 족속에게 가르치라 하였으니 곧 활 노래

of the LORD and the house of Israel, because they had fallen
by the sword. **13** And David said to the young man
who told him, "Where are you from?" And he answered,
"I am the son of an alien, an Amalekite." **14** Then
David said to him, "How is it you were not afraid to
stretch out your hand to destroy the LORD's anointed?"
15 And David called one of the young men and said,
"Go, cut him down." So he struck him and he died. **16**
And David said to him, "Your blood is on your head,
for your mouth has testified against you, saying, 'I have
killed the LORD's anointed.'" **17** Then David chanted with
this lament over Saul and Jonathan his son, **18** and he
told them to teach the sons of Judah the song of the
bow; behold, it is written in the book of Jashar. **19**

오호라
두 용사가 **엎드러졌도다**

20 [너희는] 이 일을 **고하지 말며**
/가드에도
전파하지 말지어다
/아스글론 거리에도

//(목적: lest)
염려로다
/블레셋 사람의 딸들이 즐거워할까,
/할례 받지 못한 자의 딸들이 개가를 부를까

21 길보아산들아!
우로가 **내리지 아니하며**
/너희 위에
밭도 **없을지어다**
/제물 낼

//(이유: כִּי, for)
방패가 —— 거기서 버린바 됨이라
/두 용사의
//곧(이유: 동격)
방패가 —— 기름 부음을 받지 않음 같이 됨이로다
/사울의

22 요나단의 활이 **물러가지 아니하였으며**
/죽은 자의 피에서,
/용사의 기름에서
사울의 칼이 헛되이 **돌아오지 아니하였도다**

23 사울과
요나단이 **사랑스럽고 아름다운 자러니**
/생전에
[그들이] 서로 **떠나지 아니하였도다**
/죽을 때에도
저희는 독수리보다 **빠르고**
사자보다 **강하였도다**

24 이스라엘 딸들아!
[너희는] 사울을 **슬퍼하여 울지어다**
저가 너희에게 **입혔고**
/붉은 옷으로
/화려하게

삼하

라 야살의 책에 기록되었으되 **19** 이스라엘아 너의 영광
이 산 위에서 죽임을 당하였도다 오호라 두 용사가 엎드
러졌도다 **20** 이 일을 가드에도 고하지 말며 아스글론
거리에도 전파하지 말지어다 블레셋 사람의 딸들이 즐거
워할까, 할례 받지 못한 자의 딸들이 개가를 부를까 염려
로다 **21** 길보아 산들아 너희 위에 우로가 내리지 아니
하며 제물 낼 밭도 없을지어다 거기서 두 용사의 방패가
버린 바 됨이라 곧 사울의 방패가 기름 부음을 받지 않
음같이 됨이로다 **22** 죽은 자의 피에서, 용사의 기름에
서 요나단의 활이 물러가지 아니하였으며 사울의 칼이
헛되이 돌아오지 아니하였도다 **23** 사울과 요나단이 생
전에 사랑스럽고 아름다운 자러니 죽을 때에도 서로 떠
나지 아니하였도다 저희는 독수리보다 빠르고 사자보다
강하였도다 **24** 이스라엘 딸들아 사울을 슬퍼하여 울지

"Your beauty, O Israel, is slain on your high places!
How have the mighty fallen! **20** "Tell it not in Gath,
Proclaim it not in the streets of Ashkelon; Lest the
daughters of the Philistines rejoice, Lest the daughters
of the uncircumcised exult. **21** "O mountains of Gilboa,
Let not dew or rain be on you, nor fields of offerings;
For there the shield of the mighty was defiled, The shield
of Saul, not anointed with oil. **22** "From the blood of
the slain, from the fat of the mighty, The bow of Jonathan
did not turn back, And the sword of Saul did not return
empty. **23** "Saul and Jonathan, beloved and pleasant
in their life, And in their death they were not parted;
They were swifter than eagles, They were stronger than lions.
24 "O daughters of Israel, weep over Saul, Who clothed
you luxuriously in scarlet, Who put ornaments of gold
on your apparel. **25** "How have the mighty fallen in

삼하

너희 옷에 **채웠도다**
/금 노리개를

25 오호라!
두 용사가 전쟁 중에 **엎드러졌도다**
요나단이 **죽임을 당하였도다**
/너의 산 위에서

26 요나단이여!
/내 형
내가 그대를 **애통함은**
그대는 내게 심히 **아름다움이라**

사랑함이 **기이하여**
/그대가 나를
승하였도다
/여인의 사랑보다

27 오호라!
두 용사가 **엎드러졌으며**
병기가 **망하였도다** (하였더라)
/싸우는

2

1 다윗이 여호와께 **물어 가로되**
/그 후에
/내가 올라 가리이까
/유다 한 성으로

여호와께서 **가라사대**
/올라가라

다윗이 **가로되**
/어디로 가리이까?

[여호와께서] **가라사대**
/헤브론으로 갈지니라

2 다윗이 데리고 올라갈 때에(when)
/그 두 아내[를]
/아히노암과
/이스르엘 여인
/아비가일을
/나발의 아내 되었던
/갈멜 사람
/그리로

어다 저가 붉은 옷으로 너희에게 화려하게 입혔고 금 노
리개를 너희 옷에 채웠도다 **25** 오호라 두 용사가 전쟁
중에 엎드러졌도다 요나단이 너의 산 위에서 죽임을 당
하였도다 **26** 내 형 요나단이여 내가 그대를 애통함은
그대는 내게 심히 아름다움이라 그대가 나를 사랑함이
기이하여 여인의 사랑보다 승하였도다 **27** 오호라 두 용
사가 엎드러졌으며 싸우는 병기가 망하였도다 하였더라
2:1 그 후에 다윗이 여호와께 물어 가로되 내가 유
다 한 성으로 올라가리이까 여호와께서 가라사대 올
라가라 다윗이 가로되 어디로 가리이까 가라사대 헤브론
으로 갈지니라 **2** 다윗이 그 두 아내 이스르엘 여인 아히
노암과 갈멜 사람 나발의 아내 되었던 아비가일을 데리

the midst of the battle! Jonathan is slain on your high
places. **26** "I am distressed for you, my brother Jonathan;
You have been very pleasant to me. Your love to me
was more wonderful Than the love of women. **27** "How
have the mighty fallen, And the weapons of war perished!"
2:1 ¶ Then it came about afterwards that David inquired
of the LORD, saying, "Shall I go up to one of the
cities of Judah?" And the LORD said to him, "Go up."
So David said, "Where shall I go up?" And He said,
"To Hebron." **2** So David went up there, and his two
wives also, Ahinoam the Jezreelitess and Abigail the
widow of Nabal the Carmelite. **3** And David brought
up his men who were with him, each with his household;
and they lived in the cities of Hebron. **4** Then the men
of Judah came and there anointed David king over the
house of Judah. ¶ And they told David, saying, "It was

3 또 **데리고 올라가서**
/종자들과
/자기와 함께 한
/그들의 권속들을 다
거하게 하니라
/헤브론 각 성에

4 사람들이 **와서**
/유다

거기서 **기름을 부어**
/다윗에게

//(목적: לְ, to)
왕을 삼았더라
/유다 족속의

혹이 다윗에게 **고하여 가로되** ...하매
/사람은 —— 길르앗 야베스 사람들이니이다
/사울을 장사한

5 다윗이 사자들을 **보내어**
/길르앗 야베스 사람들에게
가로되
/너희가 —— 여호와께 복을 받을지어다

//(이유: אֲשֶׁר, because)
[너희가]—이처럼 은혜를 베풀어
/너희 주 사울에게
장사하였으니

6 /이제(now)
여호와께서 — 너희에게 베푸시기를 원하고
/은혜와 진리로

//(이유: אֲשֶׁר, because)
너희가 이 일을 하였으니

/나도 — 너희에게 갚으리니
/이 선한 일을

7 /이제(now)
너희는 —— 손을 강하게 하고
—— 담대히 할지어다

//(이유: כִּי, for)
너희 주 사울이 죽었고

//또(이유: 계속)

고 그리로 올라갈 때에 3 또 자기와 함께한 종자들과 그
들의 권속들을 다 데리고 올라가서 헤브론 각 성에 거하
게 하니라 4 유다 사람들이 와서 거기서 다윗에게 기름
을 부어 유다 족속의 왕을 삼았더라 혹이 다윗에게 고하
여 가로되 사울을 장사한 사람은 길르앗 야베스 사람들
이니이다 하매 5 다윗이 길르앗 야베스 사람들에게 사
자들을 보내어 가로되 너희가 너희 주 사울에게 이처럼
은혜를 베풀어 장사하였으니 여호와께 복을 받을지어다
6 너희가 이 일을 하였으니 이제 여호와께서 은혜와 진
리로 너희에게 베푸시기를 원하고 나도 이 선한 일을 너
희에게 갚으리니 7 이제 너희는 손을 강하게 하고 담대
히 할지어다 너희 주 사울이 죽었고 또 유다 족속이 내
게 기름을 부어 저희의 왕을 삼았음이니라 8 사울의 군
장 넬의 아들 아브넬이 이미 사울의 아들 이스보셋을 데

the men of Jabesh-gilead who buried Saul." 5 And David
sent messengers to the men of Jabesh-gilead, and said
to them, "May you be blessed of the LORD because
you have shown this kindness to Saul your lord, and
have buried him. 6 "And now may the LORD show
lovingkindness and truth to you; and I also will show
this goodness to you, because you have done this thing.
7 "Now therefore, let your hands be strong, and be
valiant; for Saul your lord is dead, and also the house
of Judah has anointed me king over them." 8 ¶ But
Abner the son of Ner, commander of Saul's army, had
taken Ish-bosheth the son of Saul, and brought him over
to Mahanaim. 9 And he made him king over Gilead,
over the Ashurites, over Jezreel, over Ephraim, and over

//또(이유: 계속)
유다 족속이 내게 기름을 부어

//(목적: ל, to)
저희의 왕을 삼았음이니라

8 아브넬이 이미 **데리고**
/사울의 군장 /이스보셋을
/넬의 아들 /사울의 아들

마하나임으로 **건너가서**
9 **왕을 삼았더라**
/길르앗과
아술과
이스르엘과
에브라임과
베냐민과
온 이스라엘의

10 이스보셋이 — 비로소 왕이 될 때에(when)
/사울의 아들 /이스라엘
나이 **사십세며**
위에 **있으니라**
/두해 동안

[그러나]
유다 족속은 다윗을 **따르니**

11 날 수는 — 일곱해 여섯달이더라
/다윗이 — 유다 족속의 왕이 된
/헤브론에서

12 아브넬과
/넬의 아들
신복들은 — 마하나임에서 **나와서**
/이스보셋의
/사울의 아들

기브온에 **이르고**

13 요압과
/스루야의 아들
신복들도 — **나와서**
/다윗의

저희를 **만나**
/기브온 못가에서
앉으니

리고 마하나임으로 건너가서 **9** 길르앗과 아술과 이스르
엘과 에브라임과 베냐민과 온 이스라엘의 왕을 삼았더라
10 사울의 아들 이스보셋이 비로소 이스라엘 왕이 될
때에 나이 사십 세며 두해 동안 위에 있으니라 유다 족속
은 다윗을 따르니 **11** 다윗이 헤브론에서 유다 족속의
왕이 된 날 수는 일곱해 여섯달이더라 **12** 넬의 아들 아
브넬과 사울의 아들 이스보셋의 신복들은 마하나임에서
나와서 기브온에 이르고 **13** 스루야의 아들 요압과 다윗
의 신복들도 나와서 기브온 못가에서 저희를 만나 앉으
니 이는 못 이편이요 저는 못 저편이라 **14** 아브넬이 요
압에게 이르되 청컨대 소년들로 일어나서 우리 앞에서
장난하게 하자 요압이 가로되 일어나게 하자 하매 **15**

Benjamin, even over all Israel. **10** Ish-bosheth, Saul's
son, was forty years old when he became king over
Israel, and he was king for two years. The house of
Judah, however, followed David. **11** And the time that
David was king in Hebron over the house of Judah was
seven years and six months. **12** ¶ Now Abner the son
of Ner, went out from Mahanaim to Gibeon with the servants
of Ish-bosheth the son of Saul. **13** And Joab the son
of Zeruiah and the servants of David went out and met
them by the pool of Gibeon; and they sat down, one on
the one side of the pool and the other on the other side
of the pool. **14** Then Abner said to Joab, "Now let
the young men arise and hold a contest before us." And
Joab said, "Let them arise." **15** So they arose and went

이는 못 **이편이요**
저는 못 **저편이라**

14 아브넬이 요압에게 **이르되**
/청컨대(please)
소년들로 일어나서
우리 앞에서 장난하게 하자

요압이 **가로되** ...하매
/일어나게 하자

15 저희가 **일어나**
그 수효대로 **나아가니**
열 둘이요
/베냐민과
이스보셋의 편에
/사울의 아들
열 둘이라
/다윗의 신복 중에

16 각기 적수의 머리를 **잡고**
칼로 **찌르매**
/적수의 옆구리를
[그들이] 일제히 **쓰러진지라**

그러므로
[그들이] 그곳을 **일컬었으며**
/헬갓핫수림이라
/기브온에 있더라

17 싸움이 심히 **맹렬하더니**
/그 날에

아브넬과
사람들이 **패하니라**
/이스라엘 /다윗의 신복들 앞에서

18 요압과
아비새와
아사헬이 그곳에 **있었는데**
/스루야의 세 아들

발은 들노루 같이 **빠르더라**
/아사헬의

19 아사헬이 아브넬을 **쫓아 달려가되**
좌우로 **치우치지 않고**
아브넬의 **뒤를 쫓으니**

저희가 일어나 그 수효대로 나아가니 베냐민과 사울의
아들 이스보셋의 편에 열둘이요 다윗의 신복 중에 열둘
이라 **16** 각기 적수의 머리를 잡고 칼로 적수의 옆구리
를 찌르매 일제히 쓰러진지라 그러므로 그 곳을 헬갓핫
수림이라 일컬었으며 기브온에 있더라 **17** 그날에 싸움
이 심히 맹렬하더니 아브넬과 이스라엘 사람들이 다윗의
신복들 앞에서 패하니라 **18** 그 곳에 스루야의 세 아들
요압과 아비새와 아사헬이 있었는데 아사헬의 발은 들노
루같이 빠르더라 **19** 아사헬이 아브넬을 쫓아 달려가되
좌우로 치우치지 않고 아브넬의 뒤를 쫓으니 **20** 아브넬

over by count, twelve for Benjamin and Ish-bosheth the
son of Saul, and twelve of the servants of David. **16**
And each one of them seized his opponent by the head,
and thrust his sword in his opponent's side; so they fell down
together. Therefore that place was called Helkath-hazzurim,
which is in Gibeon. **17** And that day the battle was
very severe, and Abner and the men of Israel were beaten
before the servants of David. **18** ¶ Now the three sons
of Zeruiah were there, Joab and Abishai and Asahel;
and Asahel was as swift-footed as one of the gazelles
which is in the field. **19** And Asahel pursued Abner
and did not turn to the right or to the left from following
Abner. **20** Then Abner looked behind him and said,
"Is that you, Asahel?" And he answered, "It is I." **21**

20 아브넬이 뒤를 **돌아 보며**
가로되
/아사헬아
너냐

[그가] **대답하되**
/내로라

21 아브넬이 저에게 **이르되**
/너는 ── 치우쳐서
/좌편으로나 우편으로나
├ 소년 하나를 잡아
└ 그 군복을 빼앗으라 하되

아사헬이 치우치기를 **원치 않고**

//(목적: ל, to)
그 뒤를 좇으매

22 아브넬이 다시 **이르되** ...하되
/아사헬에게
/너는 나 좇기를 그치라
/까닭이(why)
내가 ── 너를 쳐서 ...무엇이냐?
/땅에 엎드러지게 할
/그렇게 하면
어떻게(how)
내가 ── 대면하겠느냐?
/네 형 요압을

23 저가 치우치기를 **싫어하매**
아브넬이 그 배를 **찌르니**
/창 뒤끝으로
창이 **나간지라**
/그 등을 꿰뚫고
[그가] 곧 그곳에 **엎드러져**
죽으매
이르는 자마다 **머물러 섰더라**
/죽은 곳에
/아사헬의
/엎드러져

24 요압과
아비새가 아브넬의 뒤를 **좇아**

삼하

이 뒤를 돌아 보며 가로되 아사헬아 너냐 대답하되 내로
라 **21** 아브넬이 저에게 이르되 너는 좌편으로나 우편으
로나 치우쳐서 소년 하나를 잡아 그 군복을 빼앗으라 하
되 아사헬이 치우치기를 원치 않고 그 뒤를 좇으매 **22**
아브넬이 다시 아사헬에게 이르되 너는 나 좇기를 그치
라 내가 너를 쳐서 땅에 엎드러지게 할 까닭이 무엇이냐
그렇게 하면 내가 어떻게 네 형 요압을 대면하겠느냐 하
되 **23** 저가 치우치기를 싫어하매 아브넬이 창 뒤끝으로
그 배를 찌르니 창이 그 등을 꿰뚫고 나간지라 곧 그곳에
엎드러져 죽으매 아사헬의 엎드러져 죽은 곳에 이르는
자마다 머물러 섰더라 **24** 요압과 아비새가 아브넬의 뒤
를 좇아 기브온 거친 땅의 길 가 기아 맞은편 암마 산에

So Abner said to him, "Turn to your right or to your
left, and take hold of one of the young men for yourself,
and take for yourself his spoil." But Asahel was not
willing to turn aside from following him. **22** And Abner
repeated again to Asahel, "Turn aside from following
me. Why should I strike you to the ground? How then
could I lift up my face to your brother Joab?" **23**
However, he refused to turn aside; therefore Abner struck
him in the belly with the butt end of the spear, so that
the spear came out at his back. And he fell there and
died on the spot. And it came about that all who came
to the place where Asahel had fallen and died, stood
still. **24** ¶ But Joab and Abishai pursued Abner, and
when the sun was going down, they came to the hill of
Ammah, which is in front of Giah by the way of the
wilderness of Gibeon. **25** And the sons of Benjamin gathered

[그들이] 암마산에 이를 때에(when)
/기아 맞은편
/기브온 거친 땅의 길 가
해가 **졌고**

25 베냐민 족속은 **함께 모여**
한 떼를 **이루고**
/아브넬을 따라
작은 산 꼭대기에 **섰더라**

26 아브넬이 요압에게 **외쳐**
가로되
/칼이 ── 사람을 상하겠느냐?
/영영히
/[너는] ─ 알지 못하느냐?
/마침내 참혹한 일이 생길 줄을
/언제나(when)
네가 ─ 명하겠느냐?
/무리에게
/그 형제 쫓기를 그치라

27 요압이 **가로되** ...하고
/하나님이 ── 사시거니와
/[만일]
네가 ── 흔단의 말을 내지 아니 하였더면(if)
무리가 ┬ 아침에 다 돌아갔을 것이요
└ 그 형제를 쫓지 아니하였으리라

28 [그가] 나팔을 **불매**
온 무리가 **머물러 서고**
다시는 **쫓아가지 아니하고**
/이스라엘을
다시는 **싸우지도 아니하니라**

29 아브넬과
그 종자들이 밤새도록 **행하여**
아라바를 **지나**
요단을 **건너**
비드론 온 땅을 **지나**
마하나임에 **이르니라**

30 요압이 아브넬 쫓기를 그치고
돌아와서
무리를 다 모으니

삼하

이를 때에 해가 졌고 25 베냐민 족속은 함께 모여 아브
넬을 따라 한 떼를 이루고 작은 산꼭대기에 섰더라 26
아브넬이 요압에게 외쳐 가로되 칼이 영영히 사람을 상
하겠느냐 마침내 참혹한 일이 생길 줄을 알지 못하느냐
네가 언제나 무리에게 그 형제 쫓기를 그치라 명하겠느
냐 27 요압이 가로되 하나님이 사시거니와 네가 혼단의
말을 내지 아니하였더면 무리가 아침에 다 돌아갔을 것
이요 그 형제를 쫓지 아니하였으리라 하고 28 나팔을
불매 온 무리가 머물러 서고 다시는 이스라엘을 쫓아가
지 아니하고 다시는 싸우지도 아니하니라 29 아브넬과
그 종자들이 밤새도록 행하여 아라바를 지나 요단을 건
너 비드론 온 땅을 지나 마하나임에 이르니라 30 요압
이 아브넬 쫓기를 그치고 돌아와서 무리를 다 모으니 다
윗의 신복 중에 십구 인과 아사헬이 궐이 났으나 31 다

together behind Abner and became one band, and they
stood on the top of a certain hill. 26 Then Abner called
to Joab and said, "Shall the sword devour forever? Do
you not know that it will be bitter in the end? How long
will you refrain from telling the people to turn back
from following their brothers?" 27 And Joab said, "As
God lives, if you had not spoken, surely then the people
would have gone away in the morning, each from following
his brother." 28 So Joab blew the trumpet; and all the people
halted and pursued Israel no longer, nor did they continue
to fight anymore. 29 Abner and his men then went
through the Arabah all that night; so they crossed the
Jordan, walked all morning, and came to Mahanaim. 30
¶ Then Joab returned from following Abner; when he
had gathered all the people together, nineteen of David's
servants besides Asahel were missing. 31 But the servants
of David had struck down many of Benjamin and Abner's
men, so that three hundred and sixty men died. 32 And

십 구인과
아사헬이 궐이 났으나
/다윗의 신복 중에

31 신복들이 속한 자들을 **쳐서**
/다윗의 /베냐민과 아브넬에게
삼백 육십명을 **죽였더라**

32 무리가 아사헬을 **장사하고**
/그 아비 묘에
/베들레헴에 있는

요압과
그 종자들이 밤새도록 **행하여**

날이 **밝았더라**
/헤브론에 이를 때에

3

1 전쟁이 오래매
/사울의 집과
다윗의 집 사이에

다윗은 점점 **강하여가고**
사울의 집은 점점 **약하여가니라**

2 다윗이 아들들을 **낳았으되**
/헤브론에서
맏아들은 **암논이라**
/아히노암의 소생이요
/이스르엘 여인

3 둘째는 **길르압이라**
/아비가일의 소생이요
/나발의 아내 되었던
/갈멜 사람
세째는 **압살롬이라**
/마아가의 아들이요
/달매의 딸
/그술 왕

4 네째는 **아도니야라**
/학깃의 아들이요

윗의 신복들이 베냐민과 아브넬에게 속한 자들을 쳐서
삼백육십 명을 죽였더라 **32** 무리가 아사헬을 베들레헴
에 있는 그 아비 묘에 장사하고 요압과 그 종자들이 밤새
도록 행하여 헤브론에 이를 때에 날이 밝았더라\
3:1 사울의 집과 다윗의 집 사이에 전쟁이 오래매 다
윗은 점점 강하여 가고 사울의 집은 점점 약하여 가
니라 **2** 다윗이 헤브론에서 아들들을 낳았으되 맏아들은
암논이라 이스르엘 여인 아히노암의 소생이요 **3** 둘째는
길르압이라 갈멜 사람 나발의 아내 되었던 아비가일의
소생이요 세째는 압살롬이라 그술 왕 달매의 딸 마아가
의 아들이요 **4** 네째는 아도니야라 학깃의 아들이요 다섯
째는 스바댜라 아비달의 아들이요 **5** 여섯째는 이드르암

they took up Asahel and buried him in his father's tomb
which was in Bethlehem. Then Joab and his men went
all night until the day dawned at Hebron.
3:1 ¶ Now there was a long war between the house
of Saul and the house of David; and David grew
steadily stronger, but the house of Saul grew weaker
continually. **2** ¶ Sons were born to David at Hebron:
his first-born was Amnon, by Ahinoam the Jezreelitess;
3 and his second, Chileab, by Abigail the widow of
Nabal the Carmelite; and the third, Absalom the son of
Maacah, the daughter of Talmai, king of Geshur; **4** and
the fourth, Adonijah the son of Haggith; and the fifth,
Shephatiah the son of Abital; **5** and the sixth, Ithream,
by David's wife Eglah. These were born to David at Hebron.

다섯째는 **스바댜라**
/아비달의 아들이요

5 여섯째는 **이드르암이라**
/에글라의 소생이니
/다윗의 아내

이는 헤브론에서 **낳은 자들이더라**
/다윗이[에게]

6 전쟁이 있는 동안에(while)
/사울의 집과
다윗의 집 사이에
아브넬이 점점 권세를 **잡으니라**
/사울의 집에서

7 사울(에게)[이] **첩이 있었으니**
이름은 **리스바요**
/아야의 딸이더라

이스보셋이 아브넬에게 **이르되**
/어찌하여(why)
네가 — 통간하였느냐?
/내 아버지의 첩을

8 아브넬이 매우 **분히 여겨**
/이스보셋의 말을
가로되
/내가 — 유다의 개 대강이뇨?
/내가 — 오늘날 은혜를 베풀어서
/사울의 집과
/당신의 아버지
/그 형제와
/그 친구에게
당신을 내어주지 아니하였거늘
/다윗의 손에
/당신이 — 오늘날 내게 돌리는도다
/이 여인에게 관한 허물을

9 /[만일](אִם)
내가 — 이루게 아니하면(if)
/여호와께서 — 맹세하신 대로
/다윗에게
마땅하니라
/하나님이 — 내리심이
/벌 위에 벌을
/아브넬에게

삼하

이라 다윗의 아내 에글라의 소생이니 이는 다윗이 헤브론에서 낳은 자들이더라 6 사울의 집과 다윗의 집 사이에 전쟁이 있는 동안에 아브넬이 사울의 집에서 점점 권세를 잡으니라 7 사울에게 첩이 있었으니 이름은 리스바요 아야의 딸이더라 이스보셋이 아브넬에게 이르되 네가 어찌하여 내 아버지의 첩을 통간하였느냐 8 아브넬이 이스보셋의 말을 매우 분히 여겨 가로되 내가 유다의 개 대강이뇨 내가 오늘날 당신의 아버지 사울의 집과 그 형제와 그 친구에게 은혜를 베풀어서 당신을 다윗의 손에 내어주지 아니하였거늘 당신이 오늘날 이 여인에게 관한 허물을 내게 돌리는도다 9 여호와께서 다윗에게 맹세하신 대로 내가 이루게 아니하면 하나님이 아브넬에

6 ¶ And it came about while there was war between the house of Saul and the house of David that Abner was making himself strong in the house of Saul. 7 Now Saul had a concubine whose name was Rizpah, the daughter of Aiah; and Ish-bosheth said to Abner, "Why have you gone in to my father's concubine?" 8 Then Abner was very angry over the words of Ish-bosheth and said, "Am I a dog's head that belongs to Judah? Today I show kindness to the house of Saul your father, to his brothers and to his friends, and have not delivered you into the hands of David; and yet today you charge me with a guilt concerning the woman. 9 "May God do so to Abner, and more also, if as the LORD has sworn to David, I do not accomplish this for him, 10 to transfer the kingdom from the house of Saul, and to establish the throne of David over Israel and over Judah,

10 /그 맹세는 — 하신 것이니라 하매
/곧 이 나라를 옮겨서
/사울의 집에서 다윗에게
— 그 위를 세우리라
/이스라엘과 유다에
/단에서 브엘세바까지

11 이스보셋이 감히 **대답지 못하니라**
/한 말도

//(이유: כִּי, because)
아브넬을 두려워하여

12 아브넬이 사자들을 다윗에게 **보내어**
/자기를 대신하여
가로되
/이 땅이 뉘 것이니이까?
또 **가로되**
/당신은 —— 나로 더불어 언약하사이다
/내 손이 —— 당신을 도와 ...하리이다

//(목적: לְ, to)
온 이스라엘로 당신에게 돌아가게

삼하

13 다윗이 **가로되** ...하고
/좋다
/내가 — 너와 언약하려니와
/내가 — 네게 요구하노니
/한가지 일을
/나를 보러 올 때에(when)
[너는] —— 위선 데리고 오라
/사울의 딸 미갈을
/그렇지 않으면(כִּי אִם, unless)
[너는] —— 내 얼굴을 보지 못하리라

14 [다윗이] 사자들을 **보내어 이르되**
/사울의 아들 이스보셋에게
/[너는] —— 미갈을 내게로 돌리라
/내 처
/저는 —— 정혼한 자니라
/내가 전에
/블레셋 사람의 양피 일백으로

15 이스보셋이 **보내어**

게 벌 위에 벌을 내리심이 마땅하니라 **10** 그 맹세는 곧
이 나라를 사울의 집에서 다윗에게 옮겨서 그 위를 단에
서 브엘세바까지 이스라엘과 유다에 세우리라 하신 것이
니라 하매 **11** 이스보셋이 아브넬을 두려워하여 감히 한
말도 대답지 못하니라 **12** 아브넬이 자기를 대신하여 사
자들을 다윗에게 보내어 가로되 이 땅이 뉘 것이니이까
또 가로되 당신은 나로 더불어 언약하사이다 내 손이 당
신을 도와 온 이스라엘로 당신에게 돌아가게 하리이다
13 다윗이 가로되 좋다 내가 너와 언약하려니와 내가
네게 한 가지 일을 요구하노니 나를 보러 올 때에 위선
사울의 딸 미갈을 데리고 오라 그렇지 않으면 내 얼굴을
보지 못하리라 하고 **14** 사울의 아들 이스보셋에게 사자
들을 보내어 이르되 내 처 미갈을 내게로 돌리라 저는 내
가 전에 블레셋 사람의 양피 일백으로 정혼한 자니라

from Dan even to Beersheba." **11** And he could no
longer answer Abner a word, because he was afraid of
him. **12** ¶ Then Abner sent messengers to David in his
place, saying, "Whose is the land? Make your covenant
with me, and behold, my hand shall be with you to bring
all Israel over to you." **13** And he said, "Good! I will
make a covenant with you, but I demand one thing of
you, namely, you shall not see my face unless you first
bring Michal, Saul's daughter, when you come to see
me." **14** So David sent messengers to Ish-bosheth, Saul's
son, saying, "Give me my wife Michal, to whom I was
betrothed for a hundred foreskins of the Philistines." **15**
And Ish-bosheth sent and took her from her husband,
from Paltiel the son of Laish. **16** But her husband went
with her, weeping as he went, and followed her as far
as Bahurim. Then Abner said to him, "Go, return." So

발디엘에게서 **취하매**
/그 남편
/라이스의 아들

16 그 남편이 저와 함께 **오되**
울며 **따라 왔더니**
/바후림까지
아브넬이 저에게 [말]하매
/돌아가라

[그가] **돌아가니라**

17 아브넬이 말하여 **가로되**
/이스라엘 장로들에게
/너희가 ── 구하였으니
/다윗으로 너희 임금 삼기를
/여러번

18 /이제 그대로 하라

//(이유: כִּי, for)
여호와께서 ─ 이미 말씀하시기를 ...하셨음이니라(하고)
/다윗에 대하여
/내가 ─ 구원하여...벗어나게 하리라
/내 종 다윗의 손으로
/내 백성 이스라엘을
/블레셋 사람의 손과
/모든 대적의 손에서

19 또
아브넬이 베냐민 사람의 귀에 **말하고**
헤브론으로 **가니라**

//(목적: לְ, to)
모든 것을 다윗의 귀에 고하려고
/이스라엘과 ─┐
온 집이 ───┴─ 선히 여기는
/베냐민의

20 아브넬이 헤브론에 **이르러**
/종자 이십인으로 더불어
다윗에게 **나아가니**

삼하

15 이스보셋이 보내어 그 남편 라이스의 아들 발디엘에게서 취하매 **16** 그 남편이 저와 함께 오되 울며 바후림까지 따라 왔더니 아브넬이 저에게 돌아가라 하매 돌아가니라 **17** 아브넬이 이스라엘 장로들에게 말하여 가로되 너희가 여러 번 다윗으로 너희 임금 삼기를 구하였으니 **18** 이제 그대로 하라 여호와께서 이미 다윗에 대하여 말씀하시기를 내가 내 종 다윗의 손으로 내 백성 이스라엘을 구원하여 블레셋 사람의 손과 모든 대적의 손에서 벗어나게 하리라 하셨음이니라 하고 **19** 아브넬이 또 베냐민 사람의 귀에 말하고 이스라엘과 베냐민의 온 집이 선히 여기는 모든 것을 다윗의 귀에 고하려고 헤브론으로 가니라 **20** 아브넬이 종자 이십 인으로 더불어 헤브론에 이르러 다윗에게 나아가니 다윗이 아브넬과 그 함께한 사람을 위하여 잔치를 배설하였더라 **21** 아브넬

he returned. **17** ¶ Now Abner had consultation with the elders of Israel, saying, "In times past you were seeking for David to be king over you. **18** "Now then, do it! For the LORD has spoken of David, saying, 'By the hand of My servant David I will save My people Israel from the hand of the Philistines and from the hand of all their enemies.'" **19** And Abner also spoke in the hearing of Benjamin; and in addition Abner went to speak in the hearing of David in Hebron all that seemed good to Israel and to the whole house of Benjamin. **20** ¶ Then Abner and twenty men with him came to David at Hebron. And David made a feast for Abner and the men who were with him. **21** And Abner said to David, "Let me arise and go, and gather all Israel to my lord the king that they may make a covenant with you, and that you may be king over all that your soul desires."

다윗이 잔치를 **배설하였더라**
/아브넬과
그 함께 한 사람을 위하여

21 아브넬이 다윗에게 **고하되**
/내가 ┬ 일어나
├ 가서
├ 내 주 왕의 앞에 모아
│ /온 이스라엘 무리를
├ 더불어 언약하게 하고
└ 모든 것을 다스리시게 하리이다
/마음의 원하시는 대로

이에
다윗이 아브넬을 **보내매**
저가 **평안히 가니라**

22 신복들과
/다윗의
요압이 **돌아오니**
/적군을 치고
/크게 노략한 물건을 가지고

아브넬은 헤브론에 **있지 아니한 때라**
/다윗과 함께

//(이유: כִּי, for)
이미 보냄을 받아
평안히 갔고

23 요압과
모든 군사가 돌아오매(when)
/그 함께 한
혹이 요압에게 **고하여 가로되**
/아브넬이 ── 왕에게 왔더니
/넬의 아들
/왕이 보내매
/저가 평안히 갔나이다

24 요압이 왕에게 **나아가**
가로되
/어찌(what) 하심이니이까?
/아브넬이 왕에게 나아왔거늘
/어찌하여(why)
저를 보내어 잘 가게 하셨나이까?

삼하

이 다윗에게 고하되 내가 일어나 가서 온 이스라엘 무리
를 내 주 왕의 앞에 모아 더불어 언약하게 하고 마음의
원하시는 대로 모든 것을 다스리시게 하리이다 이에 다
윗이 아브넬을 보내매 저가 평안히 가니라 22 다윗의
신복들과 요압이 적군을 치고 크게 노략한 물건을 가지
고 돌아오니 아브넬은 이미 보냄을 받아 평안히 갔고 다
윗과 함께 헤브론에 있지 아니한 때라 23 요압과 그 함
께한 모든 군사가 돌아오매 혹이 요압에게 고하여 가로
되 넬의 아들 아브넬이 왕에게 왔더니 왕이 보내매 저가
평안히 갔나이다 24 요압이 왕에게 나아가 가로되 어찌
하심이니이까 아브넬이 왕에게 나아왔거늘 어찌하여 저
를 보내어 잘 가게 하셨나이까 25 왕도 아시려니와 넬

So David sent Abner away, and he went in peace. 22
¶ And behold, the servants of David and Joab came from
a raid and brought much spoil with them; but Abner
was not with David in Hebron, for he had sent him
away, and he had gone in peace. 23 When Joab and
all the army that was with him arrived, they told Joab, saying,
"Abner the son of Ner came to the king, and he has
sent him away, and he has gone in peace." 24 Then
Joab came to the king and said, "What have you done?
Behold, Abner came to you; why then have you sent
him away and he is already gone? 25 "You know
Abner the son of Ner, that he came to deceive you and
to learn of your going out and coming in, and to find

25 /왕도 — 아시려니와
/아브넬의 온 것은 왕을 속임이라
/넬의 아들

//(목적: ל, to)
왕의 출입하는 것을 알고

//(목적: ל, to)
모든 하시는 것을 알려 함이니이다 하고

26 이에
[그가] 다윗에게서 나와서(when)
사자들을 **보내어** ...하였더니
/아브넬을 쫓아가게
저를 데리고 **돌아왔으나**
/시라 우물 가에서
다윗은 **알지 못하였더라**

27 아브넬이 헤브론으로 돌아 오매(when)
요압이 저를 **데리고**
/더불어 종용히 말하려는 듯이
성문으로 **들어가서**
거기서 배를 찔러 **죽이니**

//이는(이유: כִּי, for)
아사헬의 피를 인함이더라
/자기의 동생

28 다윗이 그 후에 듣고(when)
이르되
/나와
내 나라는 — 영원히 무죄하니
/여호와 앞에
/아브넬의 피에 대하여
/넬의 아들

29 /그 죄가 — 돌아갈지어다
/요압의 머리와
/그 아비의 온 집으로
/또
백탁병자나
문둥병자나
의지하는 자나
/지팡이를
칼에 죽는 자나
양식이 핍절한 자가 — 끊어지지 아니할지로다 (하니라)
/요압의 집에서

삼하

의 아들 아브넬의 온 것은 왕을 속임이라 왕의 출입하는
것을 알고 모든 하시는 것을 알려 함이니이다 하고 26
이에 다윗에게서 나와서 사자들을 보내어 아브넬을 쫓아
가게 하였더니 시라 우물가에서 저를 데리고 돌아왔으나
다윗은 알지 못하였더라 27 아브넬이 헤브론으로 돌아
오매 요압이 더불어 종용히 말하려는듯이 저를 데리고
성문으로 들어가서 거기서 배를 찔러 죽이니 이는 자기
의 동생 아사헬의 피를 인함이더라 28 그 후에 다윗이
듣고 이르되 넬의 아들 아브넬의 피에 대하여 나와 내
나라는 여호와 앞에 영원히 무죄하니 29 그 죄가 요압
의 머리와 그 아비의 온 집으로 돌아갈지어다 또 요압의
집에서 백탁병자나 문둥병자나 지팡이를 의지하는 자나

out all that you are doing." 26 ¶ When Joab came out
from David, he sent messengers after Abner, and they brought
him back from the well of Sirah; but David did not
know it. 27 So when Abner returned to Hebron, Joab
took him aside into the middle of the gate to speak with
him privately, and there he struck him in the belly so
that he died on account of the blood of Asahel his brother.
28 And afterward when David heard it, he said, "I
and my kingdom are innocent before the LORD forever
of the blood of Abner the son of Ner. 29 "May it fall
on the head of Joab and on all his father's house; and
may there not fail from the house of Joab one who has
a discharge, or who is a leper, or who takes hold of a
distaff, or who falls by the sword, or who lacks bread."

30 요압과
아비새가 아브넬을 **죽인 것은**
/그 동생

//(이유: עַל, because)
저가 ─ 아사헬을 죽인 까닭이었더라
/자기 동생
/기브온 전쟁에서

31 다윗이 **이르되**
/요압과 및
/모든 백성에게
/자기와 함께 있는
/너희는 ─ 옷을 찢고
굵은 베를 띠고
아브넬 앞에서 애통하라 하니라

다윗 왕이 상여를 **따라 가서**
32 아브넬을 헤브론에 **장사하고**
소리를 **높여**
/아브넬의 무덤에서
울고

백성도 다 **우니라**

33 왕이 애가를 **지어**
/아브넬을 위하여
가로되
/죽음이 어찌하여 미련한 자의 죽음 같은고
/아브넬의
34 /네 손이 결박되지 아니하였고
/네 발이 착고에 채이지 아니하였거늘
/네가 ─ 엎드러졌도다 하매
/불의한 자식의 앞에 엎드러짐 같이

온 백성이 다시 그를 **슬퍼하여 우니라**

35 뭇 백성이 **나아와**
/석양에
음식을(먹기를) **〈권하니〉**
/다윗에게

다윗이 맹세하여 **가로되** ...하매
/[만일]
내가 ── 떡이나 다른 것을 맛보면
/해 지기 전에

칼에 죽는 자나 양식이 핍절한 자가 끊어지지 아니할지
로다 하니라 **30** 요압과 그 동생 아비새가 아브넬을 죽
인 것은 저가 기브온 전쟁에서 자기 동생 아사헬을 죽인
까닭이었더라 **31** 다윗이 요압과 및 자기와 함께 있는
모든 백성에게 이르되 너희는 옷을 찢고 굵은 베를 띠고
아브넬 앞에서 애통하라 하니라 다윗 왕이 상여를 따라
가서 **32** 아브넬을 헤브론에 장사하고 아브넬의 무덤에
서 소리를 높여 울고 백성도 다 우니라 **33** 왕이 아브넬
을 위하여 애가를 지어 가로되 아브넬의 죽음이 어찌하
여 미련한 자의 죽음 같은고 **34** 네 손이 결박되지 아니
하였고 네 발이 착고에 채이지 아니하였거늘 불의한 자
식의 앞에 엎드러짐 같이 네가 엎드러졌도다 하매 온 백
성이 다시 그를 슬퍼하여 우니라 **35** 석양에 뭇 백성이
나아와 다윗에게 음식을 권하니 다윗이 맹세하여 가로되

30 So Joab and Abishai his brother killed Abner because
he had put their brother Asahel to death in the battle at
Gibeon. **31** ¶ Then David said to Joab and to all the
people who were with him, "Tear your clothes and gird
on sackcloth and lament before Abner." And King David
walked behind the bier. **32** Thus they buried Abner in
Hebron; and the king lifted up his voice and wept at
the grave of Abner, and all the people wept. **33** And
the king chanted a lament for Abner and said, "Should
Abner die as a fool dies? **34** "Your hands were not
bound, nor your feet put in fetters; As one falls before
the wicked, you have fallen." And all the people wept
again over him. **35** Then all the people came to persuade
David to eat bread while it was still day; but David
vowed, saying, "May God do so to me, and more also,
if I taste bread or anything else before the sun goes

마땅하니라
/하나님이 내게 벌 위에 벌을 내리심이

36 온 백성이 **보고**
기뻐하며
무리가 다 **기뻐하므로**
/왕이 무슨 일을 하든지

37 온 백성과
온 이스라엘이 **아니라**
/죽인 것이 — 왕의 한바가 아닌 줄을
/넬의 아들 아브넬을
/이 날에야

38 왕이 그 신복에게 **이르되**
/알지 못하느냐
/방백이요
/이스라엘의
또는 대인이-오늘 죽은 것을
39 /[비록]
내가 — 왕이 되었으나(though)
/기름 부음을 받은
— 오늘날 약하여서
/제어하기가 너무 어려우니
/이 사람들을
/스루야의 아들인
/여호와는 — 갚으실지로다(하니라)
/악행한 자에게
/그 악한 대로

삼하

4

1 이스보셋이 듣고(when)
/사울의 아들 /아브넬의 헤브론에서 죽었다 함을
손맥이 **풀렸고**
온 이스라엘이 **놀라니라**
2 두 사람이 **있으니**
/군장 /이스보셋에게
/사울의 아들

하나의 이름은 **바아나요**
하나의 이름은 **레갑이라**

내가 해지기 전에 떡이나 다른 것을 맛보면 하나님이 내
게 벌 위에 벌을 내리심이 마땅하니라 하매 **36** 온 백성
이 보고 기뻐하며 왕이 무슨 일을 하든지 무리가 다 기
뻐하므로 **37** 이 날에야 온 백성과 온 이스라엘이 넬의
아들 아브넬을 죽인 것이 왕의 한 바가 아닌 줄을 아니
라 **38** 왕이 그 신복에게 이르되 오늘 이스라엘의 방백
이요 또는 대인이 죽은 것을 알지 못하느냐 **39** 내가 기
름 부음을 받은 왕이 되었으나 오늘날 약하여서 스루야
의 아들인 이 사람들을 제어하기가 너무 어려우니 여호
와는 악행한 자에게 그 악한 대로 갚으실지로다 하니라
4:1 사울의 아들 이스보셋이 아브넬의 헤브론에서 죽
었다 함을 듣고 손맥이 풀렸고 온 이스라엘이 놀라
니라 **2** 사울의 아들 이스보셋에게 군장 두 사람이 있으
니 하나의 이름은 바아나요 하나의 이름은 레갑이라 베

down." **36** Now all the people took note of it, and it
pleased them, just as everything the king did pleased all
the people. **37** So all the people and all Israel understood
that day that it had not been the will of the king to put
Abner the son of Ner to death. **38** Then the king said
to his servants, "Do you not know that a prince and a
great man has fallen this day in Israel? **39** "And I am
weak today, though anointed king; and these men the
sons of Zeruiah are too difficult for me. May the LORD
repay the evildoer according to his evil."
4:1 ¶ Now when Ish-bosheth, Saul's son, heard that Abner
had died in Hebron, he lost courage, and all Israel
was disturbed. **2** And Saul's son had two men who were
commanders of bands: the name of the one was Baanah
and the name of the other Rechab, sons of Rimmon the
Beerothite, of the sons of Benjamin (for Beeroth is also

삼하

[그들은]	림몬의 **아들들이더라** /브에롯 사람 /베냐민 족속
브에롯도	베냐민 지파에 **속하였으니**
3 사람들이 /브에롯	일찍 **도망하여** /깃다임으로 거기 **우거함이더라** /오늘까지
4 아들 하나가 /절뚝발이	요나단에게 **있으니** /사울의 아들
이름은	**므비보셋이라**
소식이 /사울과 요나단의 죽은	전에 이스르엘에서 올 때에(when)
그 나이	**다섯 살이었는데**
그 유모가	**안고** **도망하더니**
아이가	**떨어져** /급히 도망하므로 **절게 되었더라**
5 레갑과 바아나가 /림몬의 아들 /브에롯 사람	**행하여** 이스보셋의 집에 **이르니** /볕이 쬘 때 즈음에
저가	마침 낮잠을 **자는지라**
6 레갑과 바아나가 /그 형제	집 가운데로 **들어가서** /밀을 가지러 온 체(하고) 그 배를 **찌르고** **도망하였더라**
7 저희가 이스보셋이	집에 들어가니(when) 상 위에 **누웠는지라** /침실에서 저를 **쳐** **죽이고** 목을 **베어**

냐민 족속 브에롯 사람 림몬의 아들들이더라 브에롯도 베냐민 지파에 속하였으니 **3** 일찍 브에롯 사람들이 깃다임으로 도망하여 오늘까지 거기 우거함이더라 **4** 사울의 아들 요나단에게 절뚝발이 아들 하나가 있으니 이름은 므비보셋이라 전에 사울과 요나단의 죽은 소식이 이스르엘에서 올 때에 그 나이 다섯 살이었는데 그 유모가 안고 도망하더니 급히 도망하므로 아이가 떨어져 절게 되었더라 **5** 브에롯 사람 림몬의 아들 레갑과 바아나가 행하여 볕이 쬘 때 즈음에 이스보셋의 집에 이르니 마침 저가 낮잠을 자는지라 **6** 레갑과 그 형제 바아나가 밀을 가지러 온 체하고 집 가운데로 들어가서 그 배를 찌르고 도망하였더라 **7** 저희가 집에 들어가니 이스보셋이 침실에서 상

considered part of Benjamin, **3** and the Beerothites fled to Gittaim, and have been aliens there until this day). **4** ¶ Now Jonathan, Saul's son, had a son crippled in his feet. He was five years old when the report of Saul and Jonathan came from Jezreel, and his nurse took him up and fled. And it happened that in her hurry to flee, he fell and became lame. And his name was Mephibosheth. **5** ¶ So the sons of Rimmon the Beerothite, Rechab and Baanah, departed and came to the house of Ish-bosheth in the heat of the day while he was taking his midday rest. **6** And they came to the middle of the house as if to get wheat, and they struck him in the belly; and Rechab and Baanah his brother escaped. **7** Now when they came into the house, as he was lying on his bed in

그 머리를 **가지고**
아라바 길로 **행하여**
/밤새도록
8 헤브론에 **이르러**
다윗 왕에게 **드리며**
/이스보셋의 머리를
고하되
/머리가 —— 여기 있나이다
/이스보셋의
/사울의 아들
/왕의 생명을 해하려 하던 원수
/여호와께서 — 갚으셨나이다
/오늘
/왕의 원수를
/우리 주 되신
/사울과 그 자손에게
9 다윗이 **대답하여**
/레갑과
/림몬의 아들
/브에롯 사람
/바아나에게
/그 형제
가로되
/맹세하노니
/여호와의 사심을 가리켜
/내 생명을 건지신
/여러 환난 가운데서
10 /사람이 ┌ 내게 전에 고하기를
/사울이 죽었다 하며
└ 생각하였어도
/좋은 소식을 전하는 줄로
/내가 ┬ 저를 잡아
├ 시글락에서 죽여서
└ 그것으로 삼았거든
/그 기별의 갚음을
11 /하물며
악인이 —— 죽인 것이겠느냐
/의인을
/그 집 침상 위에서
/그런즉
내가 ┬ 너희에게 갚아서
/저의 피흘린 죄를
└ 너희를 없이 하지 아니하겠느냐 하고
/이 땅에서

위에 누웠는지라 저를 쳐 죽이고 목을 베어 그 머리를
가지고 밤새도록 아라바 길로 행하여 8 헤브론에 이르
러 다윗 왕에게 이스보셋의 머리를 드리며 고하되 왕의
생명을 해하려 하던 원수 사울의 아들 이스보셋의 머리
가 여기 있나이다 여호와께서 오늘 우리 주 되신 왕의
원수를 사울과 그 자손에게 갚으셨나이다 9 다윗이 브
레롯 사람 림몬의 아들 레갑과 그 형제 바아나에게 대답
하여 가로되 내 생명을 여러 환난 가운데서 건지신 여호
와의 사심을 가리켜 맹세하노니 10 전에 사람이 내게
고하기를 사울이 죽었다 하며 좋은 소식을 전하는 줄로
생각하였어도 내가 저를 잡아 시글락에서 죽여서 그것으
로 그 기별(奇別)의 갚음을 삼았거든 11 하물며 악인이
의인을 그 집 침상 위에서 죽인 것이겠느냐 그런즉 내가
저의 피 흘린 죄를 너희에게 갚아서 너희를 이 땅에서

his bedroom, they struck him and killed him and beheaded
him. And they took his head and traveled by way of the
Arabah all night. 8 Then they brought the head of Ish-
bosheth to David at Hebron, and said to the king, "Behold,
the head of Ish-bosheth, the son of Saul, your enemy,
who sought your life; thus the LORD has given my lord
the king vengeance this day on Saul and his descendants."
9 ¶ And David answered Rechab and Baanah his brother,
sons of Rimmon the Beerothite, and said to them, "As
the LORD lives, who has redeemed my life from all
distress, 10 when one told me, saying, 'Behold, Saul
is dead,' and thought he was bringing good news, I
seized him and killed him in Ziklag, which was the
reward I gave him for his news. 11 "How much more,
when wicked men have killed a righteous man in his
own house on his bed, shall I not now require his blood

12 [그가] 소년들을 **명하매**
곧 저희를 **죽이고**
수족을 **베어**
헤브론 못가에 **매어달고**
이스보셋의 머리를 **가져다가**
헤브론에서 **장사하였더라**
/아브넬의 무덤에

5

1 모든 지파가 /이스라엘 — 헤브론에 **이르러 나아와**
다윗에게 **말하여 가로되** ...하니라
/보소서
우리는 왕의 골육이니이다
2 /거느려
/이스라엘을
출입하게 한 자는 — 왕이시었고
/전일 에도
/곧 사울이 우리의 왕이 되었을 때
/여호와께서도 — 왕에게 말씀하시기를...하셨나이다
/네가 — 목자가 되며
/내 백성 이스라엘의
— 주권자가 되리라
/이스라엘의

3 이에
모든 장로가 /이스라엘 — 헤브론에 **이르러**
왕에게 **나아오매**

다윗 왕이 — 저희와 언약을 **세우매**
/헤브론에서
/여호와 앞에서

저희가 — 다윗에게 **기름을 부어**

//(목적: ל, to)
이스라엘 왕을 삼으니라

4 다윗이 — 삼십세에 위에 **나아가서**
사십년을 **다스렸으되**

없이 하지 아니하겠느냐 하고 **12** 소년들을 명하매 곧
저희를 죽이고 수족을 베어 헤브론 못가에 매어 달고 이
스보셋의 머리를 가져다가 헤브론에서 아브넬의 무덤에
장사하였더라
5:1 이스라엘 모든 지파가 헤브론에 이르러 다윗에게
나아와 말하여 가로되 보소서 우리는 왕의 골육이니
이다 **2** 전일 곧 사울이 우리의 왕이 되었을 때에도 이스
라엘을 거느려 출입하게 한 자는 왕이시었고 여호와께서
도 왕에게 말씀하시기를 네가 내 백성 이스라엘의 목자
가 되며 이스라엘의 주권자가 되리라 하셨나이다 하니라
3 이에 이스라엘 모든 장로가 헤브론에 이르러 왕에게
나아오매 다윗 왕이 헤브론에서 여호와 앞에서 저희와
언약을 세우매 저희가 다윗에게 기름을 부어 이스라엘
왕을 삼으니라 **4** 다윗이 삼십 세에 위에 나아가서 사십

from your hand, and destroy you from the earth?" **12**
Then David commanded the young men, and they killed
them and cut off their hands and feet, and hung them
up beside the pool in Hebron. But they took the head
of Ish-bosheth and buried it in the grave of Abner in
Hebron.
5:1 ¶ Then all the tribes of Israel came to David at Hebron
and said, "Behold, we are your bone and your flesh.
2 "Previously, when Saul was king over us, you were
the one who led Israel out and in. And the LORD said
to you, 'You will shepherd My people Israel, and you
will be a ruler over Israel.'" **3** So all the elders of Israel
came to the king at Hebron, and King David made a covenant
with them before the LORD at Hebron; then they anointed
David king over Israel. **4** David was thirty years old
when he became king, and he reigned forty years. **5** At

5 [그가] 유다를 **다스렸고**
/헤브론에서
/칠년 육개월 동안
다스렸더라
/예루살렘에서
/삼십 삼년 동안
/온 이스라엘과
유다를

6 왕과
그 종자들이 예루살렘으로 **가서** ...하매
/여부스 사람을 치려
/그 땅 거민

그 사람들이 다윗에게 **말하여 가로되** ...하니
/네가 —— 이리로 들어오지 못하리라

//(이유: כִּי, for)
소경과
절뚝발이라도 —— 너를 물리치리라

/저희 생각에는 ...함이나
/다윗이 이리로 들어오지 못하리라

7 다윗이 시온 산성을 **빼앗았으니**

이는 **다윗성이더라**

8 다윗이 그 날에 **이르기를** ...하였으므로
/누구든지 —— 수구로 올라가서
/여부스 사람을 치거든
— 치라
/절뚝발이와
소경을
/다윗의 마음에 미워하는
/속담이 되어 이르기를 ...하더라
/소경과
절뚝발이는 — 집에 들어 오지 못하리라

9 다윗이 그 산성에 **거하여**
다윗성이라 **이름하고**
성을 둘러 **쌓으니라**
/밀로에서부터 안으로

삼하

년을 다스렸으되 5 헤브론에서 칠 년 육 개월 동안 유다
를 다스렸고 예루살렘에서 삼십삼 년 동안 온 이스라엘
과 유다를 다스렸더라 6 왕과 그 종자들이 예루살렘으
로 가서 그 땅 거민 여부스 사람을 치려 하매 그 사람들
이 다윗에게 말하여 가로되 네가 이리로 들어 오지 못하
리라 소경과 절뚝발이라도 너를 물리치리라 하니 저희
생각에는 다윗이 이리로 들어오지 못하리라 함이나 7
다윗이 시온 산성(山城)을 빼앗았으니 이는 다윗 성이더
라 8 그 날에 다윗이 이르기를 누구든지 여부스 사람을
치거든 수구로 올라가서 다윗의 마음에 미워하는 절뚝발
이와 소경을 치라 하였으므로 속담이 되어 이르기를 소
경과 절뚝발이는 집에 들어오지 못하리라 하더라 9 다
윗이 그 산성에 거하여 다윗 성이라 이름하고 밀로에서
부터 안으로 성을 둘러 쌓으니라 10 만군의 하나님 여

Hebron he reigned over Judah seven years and six months, and in Jerusalem he reigned thirty-three years over all Israel and Judah. 6 ¶ Now the king and his men went to Jerusalem against the Jebusites, the inhabitants of the land, and they said to David, "You shall not come in here, but the blind and lame shall turn you away"; thinking, "David cannot enter here." 7 Nevertheless, David captured the stronghold of Zion, that is the city of David. 8 And David said on that day, "Whoever would strike the Jebusites, let him reach the lame and the blind, who are hated by David's soul, through the water tunnel." Therefore they say, "The blind or the lame shall not come into the house." 9 So David lived in the stronghold, and called it the city of David. And David built all around from the Millo and inward. 10 And David became greater and greater, for the LORD God of hosts was with him.

10 다윗이 점점 **강성하여 가니라**

//(이유: ׀, for)
여호와께서 — 함께 계시니
/만군의 하나님

11 히람이 다윗에게 **보내매**
/두로 왕 /사자들과
백향목과
목수와 석수를

저희가 집을 **지으니**
/다윗을 위하여

12 다윗이 **아니라**
/여호와께서 — 자기를 세우(사...삼으)신 것과
/이스라엘 왕을(으로)
— 그 나라를 높이신 것을
/이스라엘을 위하여
/그[의] 백성

13 다윗이 올라온 후에(after)
/헤브론에서
처첩들을 더 **취하였으므로**
/예루살렘에서

아들과
딸들이 또 다윗에게서 **나니**

14 이름은 **삼무아와**
/난 자의
/그에게서
/예루살렘에서
소밥과
나단과
솔로몬과
15 **입할과**
엘리수아와
네벡과
야비아와
16 **엘리사마와**
엘랴다와
엘리벨렛이었더라

17 사람이 듣고(when)
/블레셋 /이스라엘이 — 기름을 부어...함을
/다윗에게
//(목적: ל, to)

삼하

호와께서 함께 계시니 다윗이 점점 강성하여 가니라 **11**
두로 왕 히람이 다윗에게 사자들과 백향목과 목수와 석
수를 보내매 저희가 다윗을 위하여 집을 지으니 **12** 다
윗이 여호와께서 자기를 세우사 이스라엘 왕을 삼으신
것과 그 백성 이스라엘을 위하여 그 나라를 높이신 것을
아니라 **13** 다윗이 헤브론에서 올라온 후에 예루살렘에
서 처첩들을 더 취하였으므로 아들과 딸들이 또 다윗에
게서 나니 **14** 예루살렘에서 그에게서 난 자의 이름은
삼무아와 소밥과 나단과 솔로몬과 **15** 입할과 엘리수아
와 네벡과 야비아와 **16** 엘리사마와 엘랴다와 엘리벨렛
이었더라 **17** 이스라엘이 다윗에게 기름을 부어 이스라
엘 왕을 삼았다 함을 블레셋 사람이 듣고 다윗을 찾으러

11 ¶ Then Hiram king of Tyre sent messengers to David
with cedar trees and carpenters and stonemasons; and
they built a house for David. **12** And David realized
that the LORD had established him as king over Israel,
and that He had exalted his kingdom for the sake of His
people Israel. **13** ¶ Meanwhile David took more concubines
and wives from Jerusalem, after he came from Hebron;
and more sons and daughters were born to David. **14**
Now these are the names of those who were born to
him in Jerusalem: Shammua, Shobab, Nathan, Solomon, **15**
Ibhar, Elishua, Nepheg, Japhia, **16** Elishama, Eliada
and Eliphelet. **17** ¶ When the Philistines heard that they

//(목적: ל, to)
이스라엘 왕을 삼았다

다 ——— **올라오매**

//(목적: ל, to)
다윗을 찾으러

다윗이 듣고(when)
요해처로 **나가니라**

18 블레셋 사람이 이미 **이르러**
골짜기에 **편만한지라**
/르바임

19 다윗이 여호와께 **물어 가로되**
/내가 ——— 올라가리이까?
/블레셋 사람에게로
/여호와께서 — 저희를 붙이시겠나이까?
/내 손에

여호와께서 다윗에게 **말씀하시되** ...하신지라
/[너는] —— 올라가라

//(결과)
내가 — 단정코 붙이리라
/블레셋 사람을
/네 손에

20 다윗이 바알브라심에 **이르러**
거기서 저희를 **치고**
가로되 ...하므로
/여호와께서 — 내 대적을 흩으셨다
/물을 흩음 같이
/내 앞에서

[그러므로]
[그가] 바알브라심이라 **칭하니라**
/그곳 이름을

21 사람들이 그 우상을 **버렸으므로**
/블레셋 /거기서

다윗과
그 종자들이 **치우니라**

22 사람이 다시 **올라와서**
/블레셋

다 올라오매 다윗이 듣고 요해처로 나가니라 **18** 블레셋
사람이 이미 이르러 르바임 골짜기에 편만한지라 **19** 다
윗이 여호와께 물어 가로되 내가 블레셋 사람에게로 올
라가리이까 여호와께서 저희를 내 손에 붙이시겠나이까
여호와께서 다윗에게 말씀하시되 올라가라 내가 단정코
블레셋 사람을 네 손에 붙이리라 하신지라 **20** 다윗이
바알브라심에 이르러 거기서 저희를 치고 가로되 여호와
께서 물을 흩음같이 내 앞에서 내 대적을 흩으셨다 하므
로 그 곳 이름을 바알브라심이라 칭하니라 **21** 거기서
블레셋 사람들이 그 우상을 버렸으므로 다윗과 그 종자

had anointed David king over Israel, all the Philistines
went up to seek out David; and when David heard of
it, he went down to the stronghold. **18** Now the Philistines
came and spread themselves out in the valley of Rephaim.
19 Then David inquired of the LORD, saying, "Shall
I go up against the Philistines? Wilt Thou give them
into my hand?" And the LORD said to David, "Go up,
for I will certainly give the Philistines into your hand."
20 So David came to Baal-perazim, and defeated them
there; and he said, "The LORD has broken through my
enemies before me like the breakthrough of waters."
Therefore he named that place Baal-perazim. **21** And
they abandoned their idols there, so David and his men
carried them away. **22** ¶ Now the Philistines came up

골짜기에 **편만한지라**
/르바임

23 다윗이 여호와께 **묻자온대**

[여호와께서] **가라사대** ...하신지라
/올라가지 말고
/저희 뒤로 돌아서
/저희를 엄습하되
/뽕나무 수풀 맞은편에서
24 /소리가 —— 들리거든(when)
/걸음 걷는 /뽕나무 꼭대기에서
[너는]---곧 동작하라
/여호와가 — 네 앞서 나아가서
/그 때에
블레셋 군대를 치리라

25 이에
다윗이 여호와의 명대로 **행하여**
블레셋 사람을 **쳐서**
이르니라
/게바에서 게셀까지

삼하

6

1 다윗이 다시 **모으고**
/무리 삼만을
/이스라엘에서 뺀

2 [그가] **일어나서**
바알레유다로 **가서**
/모든 사람으로 더불어
/그 함께 있는

//(목적: ל, to)
하나님의 궤를 메어 오려하니
/거기서

그 궤는 **이름하는 것이라**
/여호와의 이름으로
/만군의
/그룹들 사이에 좌정하신

들이 치우니라 22 블레셋 사람이 다시 올라와서 르바임
골짜기에 편만한지라 23 다윗이 여호와께 묻자온대 가
라사대 올라가지 말고 저희 뒤로 돌아서 뽕나무 수풀 맞
은편에서 저희를 엄습(掩襲)하되 24 뽕나무 꼭대기에서
걸음 걷는 소리가 들리거든 곧 동작하라 그 때에 여호와
가 네 앞서 나아가서 블레셋 군대를 치리라 하신지라
25 이에 다윗이 여호와의 명대로 행하여 블레셋 사람을
쳐서 게바에서 게셀까지 이르니라
6:1 다윗이 이스라엘에서 뺀 무리 삼만을 다시 모으
고 2 일어나서 그 함께 있는 모든 사람으로 더불어
바알레유다로 가서 거기서 하나님의 궤를 메어 오려하니
그 궤는 그룹들 사이에 좌정하신 만군의 여호와의 이름

once again and spread themselves out in the valley of
Rephaim. 23 And when David inquired of the LORD,
He said, "You shall not go directly up; circle around
behind them and come at them in front of the balsam
trees. 24 "And it shall be, when you hear the sound
of marching in the tops of the balsam trees, then you
shall act promptly, for then the LORD will have gone
out before you to strike the army of the Philistines."
25 Then David did so, just as the LORD had commanded
him, and struck down the Philistines from Geba as far
as Gezer.
6:1 ¶ Now David again gathered all the chosen men
of Israel, thirty thousand. 2 And David arose and
went with all the people who were with him to Baale-
judah, to bring up from there the ark of God which is
called by the Name, the very name of the LORD of
hosts who is enthroned above the cherubim. 3 And they
placed the ark of God on a new cart that they might

3 저희가 새 수레에 **싣고**
/하나님의 궤를
집에서 **나오는데**
/아비나답의
/산에 있는

웃사와
/아비나답의 아들
아효가 그 새 수레를 **모니라**

4 저희가 싣고 나올 때에(when)
/하나님의 궤를
/아비나답의 집에서
/산에 있는
아효는 궤 앞에서 **행하고**

5 다윗과
온 족속이 **주악하더라**
/이스라엘 /여호와 앞에서
/여러가지 악기와
/잣나무로 만든
/수금과 비파와
/소고와 양금과
/제금으로

6 저희가 이르러서는(when)
/나곤의 타작 마당에

웃사가 손을 **들어**
하나님의 궤를 **붙들었더니**

//(이유: כִּי, for)
소들이 뛰므로

7 하나님이 **진노하사**
/여호와

저를 **치시니**
/그곳에서
/웃사의 잘못함을 인하여
저가 **죽으니라**
/거기 하나님의 궤 곁에서

8 다윗이 **분하여**

//(이유: עַל, because)

삼하

으로 이름하는 것이라 3 저희가 하나님의 궤를 새 수레
에 싣고 산에 있는 아비나답의 집에서 나오는데 아비나
답의 아들 웃사와 아효가 그 새 수레를 모니라 4 저희가
산에 있는 아비나답의 집에서 하나님의 궤를 싣고 나올
때에 아효는 궤 앞에서 행하고 5 다윗과 이스라엘 온 족
속이 잣나무로 만든 여러 가지 악기와 수금과 비파와 소
고와 양금과 제금으로 여호와 앞에서 주악하더라 6 저
희가 나곤의 타작 마당에 이르러서는 소들이 뛰므로 웃
사가 손을 들어 하나님의 궤를 붙들었더니 7 여호와 하
나님이 웃사의 잘못함을 인하여 진노하사 저를 그곳에서
치시니 저가 거기 하나님의 궤 곁에서 죽으니라 8 여호
와께서 웃사를 충돌하시므로 다윗이 분하여 그곳을 베레

bring it from the house of Abinadab which was on the hill; and Uzzah and Ahio, the sons of Abinadab, were leading the new cart.
4 So they brought it with the ark of God from the house of Abinadab, which was on the hill; and Ahio was walking ahead of the ark.
5 Meanwhile, David and all the house of Israel were celebrating before the LORD with all kinds of instruments made of fir wood, and with lyres, harps, tambourines, castanets and cymbals.
6 ¶ But when they came to the threshing floor of Nacon, Uzzah reached out toward the ark of God and took hold of it, for the oxen nearly upset it.
7 And the anger of the LORD burned against Uzzah, and God struck him down there for his irreverence; and he died there by the ark of God.
8 And David became angry because of the LORD's outburst against Uzzah, and that place is called Perez-uzzah to this day.
9 So David was afraid of the LORD

//(이유: על, because)
여호와께서 웃사를 충돌하시므로

[그가] 베레스웃사라 **칭하니**
/그곳을

그 이름이 오늘까지 **이르니라**

9 다윗이 여호와를 **두려워하여**
/그 날에
가로되 ...하고
/어찌(how)
여호와의 궤가 내게로 오리요

10 [그가] **즐겨하지 아니하고**
/자기에게로 옮겨 메어 가기를
/다윗성
/여호와의 궤를
치우쳐 메어 간지라
/오벧에돔의 집으로
/가드 사람

11 여호와의 궤가 석달을 **있었는데**
/오벧에돔의 집에
/가드 사람

여호와께서 **복을 주시니라**
/오벧에돔과
/그 온 집에

12 혹이 **고하여 가로되** ...한지라
/다윗 왕에게
/여호와께서 — 복을 주셨다
/하나님의 궤를 인하여
/오벧에돔의 집과
/그 모든 소유에

다윗이 **가서**
다윗성으로 **올라갈새**
/오벧에돔의 집에서
/기쁨으로 메고
/하나님의 궤를

13 사람들이 여섯 걸음을 행하매(when)
/여호와의 궤를 멘

스웃사라 칭하니 그 이름이 오늘까지 이르니라 9 다윗이
그 날에 여호와를 두려워하여 가로되 여호와의 궤가 어
찌 내게로 오리요 하고 10 여호와의 궤를 옮겨 다윗 성
자기에게로 메어 가기를 즐겨하지 아니하고 치우쳐 가드
사람 오벧에돔의 집으로 메어 간지라 11 여호와의 궤가
가드 사람 오벧에돔의 집에 석달을 있었는데 그 온 집에
복을 주시니라 12 혹이 다윗 왕에게 고하여 가로되 여
호와께서 하나님의 궤를 인하여 오벧에돔의 집과 그 모
든 소유에 복을 주셨다 한지라 다윗이 가서 하나님의 궤
를 기쁨으로 메고 오벧에돔의 집에서 다윗성으로 올라갈
새 13 여호와의 궤를 멘 사람들이 여섯 걸음을 행하매
다윗이 소와 살진 것으로 제사를 드리고 14 여호와 앞

that day; and he said, "How can the ark of the LORD
come to me?" 10 And David was unwilling to move
the ark of the LORD into the city of David with him;
but David took it aside to the house of Obed-edom the Gittite.
11 Thus the ark of the LORD remained in the house
of Obed-edom the Gittite three months, and the LORD
blessed Obed-edom and all his household. 12 ¶ Now it
was told King David, saying, "The LORD has blessed
the house of Obed-edom and all that belongs to him, on
account of the ark of God." And David went and brought
up the ark of God from the house of Obed-edom into
the city of David with gladness. 13 And so it was, that
when the bearers of the ark of the LORD had gone six
paces, he sacrificed an ox and a fatling. 14 And David

다윗이 **제사를 드리고**
/소와 살진 것으로

14 [그가] **춤을 추는데**
/여호와 앞에서
/힘을 다하여
베 에봇을 **입었더라**
/때에

15 다윗과
족속이 **메어 오니라**
/온 이스라엘 /여호와의 궤를
/즐거이 부르며
/나팔을 불고

16 여호와의 궤가 들어올 때에(when)
/다윗성으로
미갈이 창으로 **내다보다가**
/사울의 딸

보고
/다윗 왕이 뛰놀며 춤추는 것을
/여호와 앞에서
저를 **업신여기니라**
/심중에

17 [그들이] **메고 들어가서**
/여호와의 궤를
그 예비한 자리에 **두매**
/장막 가운데
/다윗이 위하여 친

다윗이 여호와 앞에 **드리니라**
/번제와
화목제를

18 다윗이 드리기를 마치고(when)
/번제와 화목제
백성에게 **축복하고**
/만군의 여호와의 이름으로
19 **나눠주매**
/모든 백성
/곧 무론 남녀하고
/온 이스라엘 무리의
/떡 한 개와
고기 한 조각과
건포도떡 한 덩이씩

삼하

에서 힘을 다하여 춤을 추는데 때에 베 에봇을 입었더라
15 다윗과 온 이스라엘 족속이 즐거이 부르며 나팔을
불고 여호와의 궤를 메어 오니라 16 여호와의 궤가 다
윗 성으로 들어올 때에 사울의 딸 미갈이 창으로 내다보
다가 다윗 왕이 여호와 앞에서 뛰놀며 춤추는 것을 보고
심중에 저를 업신여기니라 17 여호와의 궤를 메고 들어
가서 다윗이 위하여 친 장막 가운데 그 예비한 자리에
두매 다윗이 번제와 화목제를 여호와 앞에 드리니라 18
다윗이 번제와 화목제 드리기를 마치고 만군의 여호와의
이름으로 백성에게 축복하고 19 모든 백성 곧 온 이스
라엘 무리의 무론 남녀하고 떡 한개와 고기 한 조각과
건포도떡 한 덩이씩 나눠주매 모든 백성이 각기 집으로

was dancing before the LORD with all his might, and
David was wearing a linen ephod. 15 So David and
all the house of Israel were bringing up the ark of the
LORD with shouting and the sound of the trumpet. 16 Then
it happened as the ark of the LORD came into the city
of David that Michal the daughter of Saul looked out of
the window and saw King David leaping and dancing
before the LORD; and she despised him in her heart.
17 So they brought in the ark of the LORD and set it
in its place inside the tent which David had pitched for
it; and David offered burnt offerings and peace offerings
before the LORD. 18 And when David had finished offering
the burnt offering and the peace offering, he blessed the
people in the name of the LORD of hosts. 19 Further,
he distributed to all the people, to all the multitude of
Israel, both to men and women, a cake of bread and one

모든 백성이 **돌아가니라**
/각기 집으로

20 다윗이 돌아오매(when)
//(목적: ל, to)
자기의 가족에게 축복하러

미갈이 **나와서**
/사울의 딸
다윗을 **맞으며**
가로되
/어떻게(how)
왕이 ── 영화로우신지
/이스라엘
/오늘날
몸을 드러내셨도다
/오늘날
/계집종의 눈 앞에서
/그 신복의
/방탕한 자가 ─ 드러내는 것처럼
/자기의 몸을
/염치 없이

21 다윗이 미갈에게 **이르되** ...한지라
/이는 ── 여호와 앞에서 한 것이니라
/저가(접속사,여호와수식)
네 아비와 그 온 집을 버리시고
나를 택하사
나로 주권자를 삼으셨으니
/여호와의 백성 이스라엘의
/내가 ── 여호와 앞에서 뛰놀리라
22 /내가 ── 이보다 더 낮아져서
스스로 천하게 보일지라도
/내가 ── 높임을 받으리라
/네가 말한바 계집종에게는

23 그러므로
미갈이 자식이 **없으니라**
/사울의 딸
/죽는 날까지

7

1 여호와께서 모든 대적을 파하사
/사방의
궁에 평안히 거하게 하신 때에(when)
/왕으로

돌아가니라 **20** 다윗이 자기의 가족에게 축복하러 돌아오매 사울의 딸 미갈이 나와서 다윗을 맞으며 가로되 이스라엘 왕이 오늘날 어떻게 영화로우신지 방탕한 자가 염치 없이 자기의 몸을 드러내는 것처럼 오늘날 그 신복의 계집종의 눈 앞에서 몸을 드러내셨도다 **21** 다윗이 미갈에게 이르되 이는 여호와 앞에서 한 것이니라 저가 네 아비와 그 온 집을 버리시고 나를 택하사 나로 여호와의 백성 이스라엘의 주권자를 삼으셨으니 내가 여호와 앞에서 뛰놀리라 **22** 내가 이보다 더 낮아져서 스스로 천하게 보일지라도 네가 말한 바 계집종에게는 내가 높임을 받으리라 한지라 **23** 그러므로 사울의 딸 미갈이 죽는 날까지 자식이 없으니라

of dates and one of raisins to each one. Then all the people departed each to his house. **20** ¶ But when David returned to bless his household, Michal the daughter of Saul came out to meet David and said, "How the king of Israel distinguished himself today! He uncovered himself today in the eyes of his servants' maids as one of the foolish ones shamelessly uncovers himself!" **21** So David said to Michal, "It was before the LORD, who chose me above your father and above all his house, to appoint me ruler over the people of the LORD, over Israel; therefore I will celebrate before the LORD. **22** "And I will be more lightly esteemed than this and will be humble in my own eyes, but with the maids of whom you have spoken, with them I will be distinguished." **23** And Michal the daughter of Saul had no child to the day of her death.

삼하

2 왕이 선지자 나단에게 **이르되**
/볼지어다
나는 —— 백향목 궁에 거하거늘
/궤는 —— 휘장 가운데 있도다
/하나님의

3 나단이 왕께 **고하되**
/[당신은] —— 행하소서
/무릇 마음에 있는 바를

//(이유: כִּי, for)
여호와께서 — 왕과 함께 계시니

4 말씀이 나단에게 **임하여 가라사대**
/여호와의 /그 밤에
5 /[너는] ┬ 가서
└ 다윗에게 말하기를
/내 종
/여호와의 — 말씀이(=말씀하시니라)
/네가 — 건축하겠느냐?
/나를 위하여
/나의 거할 집을

6 //(이유: כִּי, for)
내가 ┬ 집에 거하지 아니하고
/인도하여 내던 날부터
/이스라엘 자손을
/애굽에서
/오늘날까지
└ 거하며 행하였나니
/장막과 회막에

7 /내가 — 말하기를 ...말하였느냐
/무릇 곳에서
/이스라엘 자손으로 더불어 행하는
/이스라엘 어느 지파에게
/내가 — 먹이라고 명한
/내 백성 이스라엘을

/어찌하여(why)
너희가 — 건축하지 아니하였느냐고
/나를 위하여
/백향목 집을

삼하

7:1 여호와께서 사방의 모든 대적을 파하사 왕으로
궁에 평안히 거하게 하신 때에 2 왕이 선지자 나단
에게 이르되 볼지어다 나는 백향목 궁에 거하거늘 하나
님의 궤는 휘장 가운데 있도다 3 나단이 왕께 고하되 여
호와께서 왕과 함께 계시니 무릇 마음에 있는 바를 행하
소서 4 그 밤에 여호와의 말씀이 나단에게 임하여 가라
사대 5 가서 내 종 다윗에게 말하기를 여호와의 말씀이
네가 나를 위하여 나의 거할 집을 건축하겠느냐 6 내가
이스라엘 자손을 애굽에서 인도하여 내던 날부터 오늘날
까지 집에 거하지 아니하고 장막과 회막에 거하며 행하
였나니 7 무릇 이스라엘 자손으로 더불어 행하는 곳에
서 내가 내 백성 이스라엘을 먹이라고 명한 이스라엘 어
느 지파에게 내가 말하기를 너희가 어찌하여 나를 위하
여 백향목 집을 건축하지 아니하였느냐고 말하였느냐 8

7:1 ¶ Now it came about when the king lived in his house,
and the LORD had given him rest on every side from
all his enemies, 2 that the king said to Nathan the
prophet, "See now, I dwell in a house of cedar, but the
ark of God dwells within tent curtains." 3 And Nathan
said to the king, "Go, do all that is in your mind, for
the LORD is with you." 4 But it came about in the
same night that the word of the LORD came to Nathan,
saying, 5 "Go and say to My servant David, 'Thus
says the LORD, "Are you the one who should build
Me a house to dwell in? 6 "For I have not dwelt in a
house since the day I brought up the sons of Israel from
Egypt, even to this day; but I have been moving about
in a tent, even in a tabernacle. 7 "Wherever I have
gone with all the sons of Israel, did I speak a word with
one of the tribes of Israel, which I commanded to shepherd
My people Israel, saying, 'Why have you not built Me
a house of cedar?'"' 8 "Now therefore, thus you shall

8 /그러므로
[너는] —— 이제 이처럼 말하라
/내 종 다윗에게
/여호와께서 —— 이처럼 말씀하시기를
/만군의
/내가 — 너를 취하여
/목장[에서]
/곧 양을 따르는데서
— 주권자를 삼고
/내 백성 이스라엘의
9 /내가 — 너와 함께 있어
/네가 어디를 가든지
— 네 앞에서 멸하였은즉
/네 모든 대적을
— 네 이름을 존귀케 만들어 주리라
/세상에서
/존귀한 자의 이름 같이
10 /또
내가 — 한 곳을 정하여
/이스라엘을 위하여
/내 백성
저희를 심고

//(목적: ו, so that...may)
저희로 자기 곳에 거하여

//(목적: ו, 계속)
다시 옮기지 않게 하며

//(목적: ו, 계속)
저희를 해하지 못하게 하여
/악한 유로
/전과 같이

11 /[내가] — 같지 않게 하고
/내가 — 다스리던 때와
/전에
/내 백성 이스라엘을
/사사를 명하여
/[내가] — 너를 평안케 하리라
/모든 대적에게서 벗어나

/또
여호와가 — 네게 이르노니

/여호와가 — 집을 이루고
/너를 위하여

그러므로 이제 내 종 다윗에게 이처럼 말하라 만군의 여
호와께서 이처럼 말씀하시기를 내가 너를 목장 곧 양을
따르는데서 취하여 내 백성 이스라엘의 주권자를 삼고 9
네가 어디를 가든지 내가 너와 함께 있어 네 모든 대적을
네 앞에서 멸하였은즉 세상에서 존귀한 자의 이름같이
네 이름을 존귀케 만들어 주리라 10 내가 또 내 백성
이스라엘을 위하여 한 곳을 정하여 저희를 심고 저희로
자기 곳에 거하여 다시 옮기지 않게 하며 악한 유(類)로
전과같이 저희를 해하지 못하게 하여 11 전에 내가 사
사를 명하여 내 백성 이스라엘을 다스리던 때와 같지 않
게 하고 너를 모든 대적에게서 벗어나 평안케 하리라 여
호와가 또 네게 이르노니 여호와가 너를 위하여 집을 이

say to My servant David, 'Thus says the LORD of
hosts, "I took you from the pasture, from following the
sheep, that you should be ruler over My people Israel.
9 "And I have been with you wherever you have gone
and have cut off all your enemies from before you; and
I will make you a great name, like the names of the
great men who are on the earth. 10 "I will also appoint
a place for My people Israel and will plant them, that
they may live in their own place and not be disturbed
again, nor will the wicked afflict them any more as formerly,
11 even from the day that I commanded judges to be
over My people Israel; and I will give you rest from all
your enemies. The LORD also declares to you that the LORD
will make a house for you. 12 "When your days are

12 /네 수한이 차서
네 조상들과 함께 잘 때에(when)
내가 ── 자식을 세워
/네 몸에서 날
/네 뒤에
그 나라를 견고케 하리라
13 /저는 ── 집을 건축할 것이요
/내 이름을 위하여
/나는 ── 영원히 견고케 하리라
/그 나라 위를
14 /나는 ── 그 아비가 되고
/그는 ── 내 아들이 되리니
/만일
저가 ── 죄를 범하면(if)
내가 ── 징계하려니와
/사람 막대기와
/인생 채찍으로
15/내가 ── 빼앗지 아니하리라
/내 은총을 빼앗은 것같이
/사울에게서
/네 앞에서 폐한
/그에게서는
16 /네 집과
네 나라가 ── 영원히 보전되고
/내 앞에서
/네 위가 ── 영원히 견고하리라 (하셨다 하라)

17 나단이 다윗에게 **고하니라**
/이 모든 말씀[대로]과
/이 모든 묵시대로

18 다윗 왕이 여호와 앞에 **들어가**
앉아서
가로되
/주 여호와여!
나는 누구오며?
내 집은 무엇이관대?
나로 이에 이르게 하셨나이까?

19 /주 여호와여!
주께서 ── 이것을 오히려 적게 여기시고
/또 ── 이를 일을 말씀하실 뿐 아니라
/종의 집에
/영구히

루고 12 네 수한이 차서 네 조상들과 함께 잘 때에 내
가 네 몸에서 날 자식을 네 뒤에 세워 그 나라를 견고케
하리라 13 저는 내 이름을 위하여 집을 건축할 것이요
나는 그 나라 위를 영원히 견고케 하리라 14 나는 그
아비가 되고 그는 내 아들이 되리니 저가 만일 죄를 범
하면 내가 사람 막대기와 인생 채찍으로 징계하려니와
15 내가 네 앞에서 폐한 사울에게서 내 은총을 빼앗은
것같이 그에게서는 빼앗지 아니하리라 16 네 집과 네
나라가 네 앞에서 영원히 보전되고 네 위가 영원히 견고
하리라 하셨다 하라 17 나단이 이 모든 말씀과 이 모든
묵시대로 다윗에게 고하니라 18 다윗 왕이 여호와 앞에
들어가 앉아서 가로되 주 여호와여 나는 누구오며 내 집
은 무엇이관대 나로 이에 이르게 하셨나이까 19 주 여
호와여 주께서 이것을 오히려 적게 여기시고 또 종의

complete and you lie down with your fathers, I will raise
up your descendant after you, who will come forth from
you, and I will establish his kingdom. 13 "He shall
build a house for My name, and I will establish the
throne of his kingdom forever. 14 "I will be a father
to him and he will be a son to Me; when he commits iniquity,
I will correct him with the rod of men and the strokes
of the sons of men, 15 but My lovingkindness shall
not depart from him, as I took it away from Saul, whom
I removed from before you. 16 "And your house and
your kingdom shall endure before Me forever; your
throne shall be established forever."'" 17 In accordance
with all these words and all this vision, so Nathan spoke
to David. 18 ¶ Then David the king went in and sat
before the LORD, and he said, "Who am I, O Lord
GOD, and what is my house, that Thou hast brought me
this far? 19 "And yet this was insignificant in Thine
eyes, O Lord GOD, for Thou hast spoken also of the

/주 여호와여!
[주께서] —— 인간의 규례대로 하셨나이다

20 /주 여호와는 종을 아시오니
/다윗이 —— 다시 무슨 말씀을 하오리이까?
/주께

21 /[주께서] ┬ 이 모든 큰 일을 행하사
/주의 말씀을 인하여
/주의 뜻대로
└ 주의 종에게 알게 하셨나이다

22 /여호와 하나님이여!
이러므로
주는 —— 광대하시니

//이는(이유: כִּי, for)
주와 같은 이가 없고
/우리 귀로 들은 대로는
주 외에는 참 신이 없음이니이다

23 /한 나라가 —— 이스라엘과 같으리이까?
/땅의 /주의 백성
/어느 /하나님이 ┬ 가서[1)]
└ 구속하사

//(목적: לְ, to)
자기 백성을 삼아

/[하나님이] ┬ 주의 명성을 내시며
└ 행하셨사오며
/저희를 위하여
/큰 일을,

/주의 땅을 위하여
/두려운 일을

/구속하신 백성 앞에서
/애굽[에게서]과
/열국[에게서]과
/그 신들에게서

24 /주께서 ┬ 이스라엘을 세우사
/주의 백성
└ 영원히 삼으셨사오니
/주의 백성을

1) 이스라엘을 수식함

삼하

집에 영구히 이를 일을 말씀하실 뿐 아니라 주 여호와여
인간의 규례 대로 하셨나이다 **20** 주 여호와는 종을 아
시오니 다윗이 다시 주께 무슨 말씀을 하오리이까 **21**
주의 말씀을 인하여 주의 뜻대로 이 모든 큰 일을 행하사
주의 종에게 알게 하셨나이다 **22** 여호와 하나님이여 이
러므로 주는 광대하시니 이는 우리 귀로 들은 대로는 주
와 같은 이가 없고 주 외에는 참 신이 없음이니이다 **23**
땅의 어느 한 나라가 주의 백성 이스라엘과 같으리이까
하나님이 가서 구속하사 자기 백성을 삼아 주의 명성을
내시며 저희를 위하여 큰 일을, 주의 땅을 위하여 두려운
일을 애굽과 열국과 그 신들에게서 구속하신 백성 앞에
서 행하셨사오며 **24** 주께서 주의 백성 이스라엘을 세우

house of Thy servant concerning the distant future. And
this is the custom of man, O Lord GOD. **20** "And
again what more can David say to Thee? For Thou
knowest Thy servant, O Lord GOD! **21** "For the sake
of Thy word, and according to Thine own heart, Thou
hast done all this greatness to let Thy servant know. **22**
"For this reason Thou art great, O Lord GOD; for there
is none like Thee, and there is no God besides Thee, according
to all that we have heard with our ears. **23** "And what
one nation on the earth is like Thy people Israel, whom
God went to redeem for Himself as a people and to
make a name for Himself, and to do a great thing for
Thee and awesome things for Thy land, before Thy
people whom Thou hast redeemed for Thyself from
Egypt, from nations and their gods? **24** "For Thou
hast established for Thyself Thy people Israel as Thine

/여호와여!
주께서 —— 저희 하나님이 되셨나이다

25 /여호와 하나님이여!
영원히 확실케 하옵시며
/이제
/말씀하신 것을
/주의 종[에 대하여]과
/종의 집에 대하여
/말씀하신 대로 행하사
26 /사람으로 높여 이르기를 ...하게 하옵시며
/영원히
/주의 이름을
/여호와는 —— 이스라엘의 하나님이라
/만군의
/다윗의 집으로 — 주 앞에 견고하게 하옵소서
/주의 종

27 //(이유: כִּי, for)
[당신은] — 만군의 여호와
— 이스라엘의 하나님이여

//(이유: 계속)
[당신이] — 알게 하여 이르시기를...하신 고로
/주의 종에게
/내가 — 집을 세우리라
/너를 위하여

/주의 종이 — 생겼나이다
/구할 마음이
/이 기도로
28 /주 여호와여!
오직(now)
주는 —— 하나님이시며
말씀이 —— 참되시니이다

/주께서 —— 종에게 허락하셨사오니
/이 좋은 것으로

29 /이제(now)
청컨대(therefore)
[주께서] — 복을 주사 ...하옵소서
/종의 집에

//(결과: לְ, that..may)
주 앞에 영원히 있게

//(이유: לְ, for)

삼하

사 영원히 주의 백성을 삼으셨사오니 여호와여 주께서
저희 하나님이 되셨나이다 25 여호와 하나님이여 이제
주의 종과 종의 집에 대하여 말씀하신 것을 영원히 확실
케 하옵시며 말씀하신 대로 행하사 26 사람으로 영원히
주의 이름을 높여 이르기를 만군의 여호와는 이스라엘의
하나님이라 하게 하옵시며 주의 종 다윗의 집으로 주 앞
에 견고하게 하옵소서 27 만군의 여호와 이스라엘의 하
나님이여 주의 종에게 알게 하여 이르시기를 내가 너를
위하여 집을 세우리라 하신고로 주의 종이 이 기도로 구
할 마음이 생겼나이다 28 주 여호와여 오직 주는 하나
님이시며 말씀이 참되시니이다 주께서 이 좋은 것으로
종에게 허락하셨사오니 29 이제 청컨대 종의 집에 복을

own people forever, and Thou, O LORD, hast become
their God. 25 "Now therefore, O LORD God, the word
that Thou hast spoken concerning Thy servant and his house,
confirm it forever, and do as Thou hast spoken, 26 that
Thy name may be magnified forever, by saying, 'The LORD
of hosts is God over Israel'; and may the house of Thy
servant David be established before Thee. 27 "For
Thou, O LORD of hosts, the God of Israel, hast made
a revelation to Thy servant, saying, 'I will build you a
house'; therefore Thy servant has found courage to pray
this prayer to Thee. 28 "And now, O Lord GOD, Thou
art God, and Thy words are truth, and Thou hast promised
this good thing to Thy servant. 29 "Now therefore,
may it please Thee to bless the house of Thy servant,
that it may continue forever before Thee. For Thou, O
Lord GOD, hast spoken; and with Thy blessing may the

//(이유: ל, for)
주 여호와께서 말씀하셨사오니

/종의 집이 —영원히 복을 받게 하옵소서 (하니라)
/주의 은혜로

8

2) After this

1 이 후에(after)[2)]
다윗이 블레셋 사람을 **쳐서**
항복 받고
메덱암마를 **빼앗으니라**
/블레셋 사람의 손에서

2 또
다윗이 모압을 **쳐서**
줄로 **재어**
/저희로 땅에 엎드리게 하고
사람은[을] **죽이고**
/그 두 줄 길이의
사람은[을] **살리니**
/한 줄 길이의

//(결과: ו, so)
모압 사람이 — 다윗의 종이 되어...니라
/조공을 바치[는]

삼하

3 하닷에셀이 — 유브라데강으로 갈 때에(when)
/소바 왕
/르홉의 아들

//(목적: ל, to)
자기 권세를 회복하려고

다윗이 — 저를 **쳐서**
4 **사로잡고**
/그 마병 일천 칠백과
/보병 이만을
말만 **남기고**
/병거 일백승의
(발의 힘줄을)**끊었더니**
/그 외의 병거의 말은 다

5 아람 사람들이 — **온지라**
/다메섹

//(목적: ל, to)

주사 주 앞에 영원히 있게 하옵소서 주 여호와께서 말씀하셨사오니 주의 은혜로 종의 집이 영원히 복을 받게 하옵소서 하니라

8:1 이 후에 다윗이 블레셋 사람을 쳐서 항복 받고 블레셋 사람의 손에서 메덱암마를 빼앗으니라 2 다윗이 또 모압을 쳐서 저희로 땅에 엎드리게 하고 줄로 재어 그 두 줄 길이의 사람은 죽이고 한 줄 길이의 사람은 살리니 모압 사람이 다윗의 종이 되어 조공을 바치니라
3 르홉의 아들 소바 왕 하닷에셀이 자기 권세를 회복하려고 유브라데 강으로 갈 때에 다윗이 저를 쳐서 4 그 마병 일천 칠백과 보병 이만을 사로잡고 병거 일백 승의 말만 남기고 그 외의 병거의 말은 다 발의 힘줄을 끊었더

house of Thy servant be blessed forever."

8:1 ¶ Now after this it came about that David defeated the Philistines and subdued them; and David took control of the chief city from the hand of the Philistines. 2 And he defeated Moab, and measured them with the line, making them lie down on the ground; and he measured two lines to put to death and one full line to keep alive. And the Moabites became servants to David, bringing tribute.
3 ¶ Then David defeated Hadadezer, the son of Rehob king of Zobah, as he went to restore his rule at the River. 4 And David captured from him 1,700 horsemen and 20,000 foot soldiers; and David hamstrung the chariot horses, but reserved enough of them for 100 chariots. 5 And when the Arameans of Damascus came to help Hadadezer, king of Zobah, David killed 22,000 Arameans. 6 Then David put garrisons among the Arameans of

//(목적: ל, to)
하닷에셀을 도우러
/소바 왕

다윗이 이만 이천을 **죽이고**
/아람 사람

6 수비대를 **두매**
/다메섹 아람에

아람 사람이 다윗의 **종이 되어**...니라
/조공을 바치[는]

여호와께서 **이기게 하시니라**
/다윗이 어디를 가든지

7 다윗이 금방패를 **빼앗아**
/하닷에셀의 신복들의 가진
예루살렘으로 **가져오고**

8 또
매우 많은 놋을 **빼앗으니라**
/베다와 베로대에서
/하닷에셀의 고을

9 도이가 듣고(when)
/하맛 왕
/다윗이 ― 쳐서 파하였다 함을
/하닷에셀의 온 군대를

10 [그가] 그 아들 요람을 **보내어**

//(목적: ל, to)
다윗 왕에게 문안하고
축복하게 하니

//이는(이유: על, because)
다윗이 ─ 하닷에셀을 쳐서
└ 파함이라
/하닷에셀이 ― 전쟁이 있던 터에
/도이로 더불어

요람이 **가지고 온지라**
/은 그릇과
/금 그릇과
/놋 그릇을

11 다윗 왕이 여호와께 **드리되**
/그것도

니 5 다메섹 아람 사람들이 소바 왕 하닷에셀을 도우러
온지라 다윗이 아람 사람 이만 이천을 죽이고 6 다메섹
아람에 수비대를 두매 아람 사람이 다윗의 종이 되어 조
공을 바치니라 다윗이 어디를 가든지 여호와께서 이기게
하시니라 7 다윗이 하닷에셀의 신복들의 가진 금방패(金
防牌)를 빼앗아 예루살렘으로 가져오고 8 또 하닷에셀
의 고을 베다와 베로대에서 매우 많은 놋을 빼앗으니라
9 하맛 왕 도이가 다윗이 하닷에셀의 온 군대를 쳐서 파
하였다 함을 듣고 10 그 아들 요람을 보내어 다윗 왕에
게 문안하고 축복하게 하니 이는 하닷에셀이 도이로 더
불어 전쟁이 있던 터에 다윗이 하닷에셀을 쳐서 파함이
라 요람이 은 그릇과 금 그릇과 놋 그릇을 가지고 온지
라 11 다윗왕이 그것도 여호와께 드리되 저가 정복한
모든 나라에서 얻은 은금 12 곧 아람과 모압과 암몬 자

Damascus, and the Arameans became servants to David,
bringing tribute. And the LORD helped David wherever
he went. 7 And David took the shields of gold which
were carried by the servants of Hadadezer, and brought them
to Jerusalem. 8 And from Betah and from Berothai,
cities of Hadadezer, King David took a very large amount
of bronze. 9 ¶ Now when Toi king of Hamath heard
that David had defeated all the army of Hadadezer, 10
Toi sent Joram his son to King David to greet him and
bless him, because he had fought against Hadadezer and
defeated him; for Hadadezer had been at war with Toi.
And Joram brought with him articles of silver, of gold
and of bronze. 11 King David also dedicated these to
the LORD, with the silver and gold that he had dedicated

저가 은금[을] **드리니라**
/정복한 모든 나라에서 얻은
12 /곧 얻은 것들[같이]과
/아람과
/모압과
/암몬 자손과
/블레셋 사람과
/아말렉에게서
/노략한 것과 같이
/하닷에셀에게서
/르홉의 아들
/소바 왕

13 다윗이 염곡에서 쳐죽이고
/에돔 사람 일만 팔천을
돌아와서(when)
[다윗이] 명예를 **얻으니라**

14 다윗이 수비대를 **두되**
/에돔에
수비대를 **두니**
/온 에돔에

에돔 사람이 /다(=모든) 다윗의 **종이 되니라**

여호와께서 **이기게 하셨더라**
/다윗이 어디를 가든지

15 다윗이 온 이스라엘을 **다스려**
공과 의를 **행할새**
/모든 백성에게

16 요압은 /스루야의 아들 **군대장관이 되고**

여호사밧은 /아힐룻의 아들 **사관이 되고**

17 사독과
/아히둡의 아들
아히멜렉은 **제사장이 되고**
/아비아달의 아들

스라야는 **서기관이 되고**

손과 블레셋 사람과 아말렉에게서 얻은 것들과 소바 왕
르홉의 아들 하닷에셀에게서 노략한 것과 같이 드리니라
13 다윗이 염곡(鹽谷)에서 에돔 사람 일만 팔천을 쳐
죽이고 돌아와서 명예를 얻으니라 14 다윗이 에돔에 수
비대를 두되 온 에돔에 수비대를 두니 에돔 사람이 다 다
윗의 종이 되니라 다윗이 어디를 가든지 여호와께서 이
기게 하셨더라 15 다윗이 온 이스라엘을 다스려 모든
백성에게 공(公)과 의(義)를 행할새 16 스루야의 아들
요압은 군대장관이 되고 아힐룻의 아들 여호사밧은 사관
이 되고 17 아히둡의 아들 사독과 아비아달의 아들 아
히멜렉은 제사장이 되고 스라야는 서기관이 되고 18 여
호야다의 아들 브나야는 그렛 사람과 블렛 사람을 관할

from all the nations which he had subdued: 12 from
Aram and Moab and the sons of Ammon and the Philistines
and Amalek, and from the spoil of Hadadezer, son of Rehob,
king of Zobah. 13 ¶ So David made a name for himself
when he returned from killing 18,000 Arameans in the Valley
of Salt. 14 And he put garrisons in Edom. In all Edom
he put garrisons, and all the Edomites became servants
to David. And the LORD helped David wherever he
went. 15 ¶ So David reigned over all Israel; and David
administered justice and righteousness for all his people. 16
And Joab the son of Zeruiah was over the army, and
Jehoshaphat the son of Ahilud was recorder. 17 And
Zadok the son of Ahitub and Ahimelech the son of
Abiathar were priests, and Seraiah was secretary. 18

18 브나야는 관할하고
/여호야다의 아들 /그렛 사람과
/블렛 사람을

아들들은 대신이 되니라
/다윗의

9

1 다윗이 가로되 ...하니라
/남은 사람이 – 오히려 있느냐?
/사울의 집에
/내가 ——— 그 사람에게 은총을 베풀리라
/요나단을 인하여

2 종 하나가 있으니
/사울의

그 이름은 시바라

[그들이] 저를 부르매
/다윗의 앞으로

왕이 저에게 묻되
/네가 — 시바냐?

[그가] 가로되
/종이 — 그로소이다

3 왕이 가로되
/남은 사람이 — 없느냐?
/사울의 집에

//(목적: ו, that...may)
내가 — 베풀고자 하노라
/하나님의 은총을
/그 사람에게

시바가 왕께 고하되
/요나단의 아들 하나가 있는데
/절뚝발이니이다

4 왕이 저에게 묻되
/그가 —— 어디 있느냐?

시바가 왕에게 고하되
/마길의 집에 있나이다
/로드발 암미엘의 아들

삼하

하고 다윗의 아들들은 대신이 되니라
9:1 다윗이 가로되 사울의 집에 오히려 남은 사람이
있느냐 내가 요나단을 인하여 그 사람에게 은총을
베풀리라 하니라 2 사울의 종 하나가 있으니 그 이름은
시바라 저를 다윗의 앞으로 부르매 왕이 저에게 묻되 네
가 시바냐 가로되 종이 그로소이다 3 왕이 가로되 사울
의 집에 남은 사람이 없느냐 내가 그 사람에게 하나님의
은총을 베풀고자 하노라 시바가 왕께 고하되 요나단의
아들 하나가 있는데 절뚝발이니이다 4 왕이 저에게 묻
되 그가 어디 있느냐 시바가 왕에게 고하되 로드발 암미

And Benaiah the son of Jehoiada was over the Cherethites
and the Pelethites; and David's sons were chief ministers.
9:1 ¶ Then David said, "Is there yet anyone left of
the house of Saul, that I may show him kindness for
Jonathan's sake?" 2 Now there was a servant of the
house of Saul whose name was Ziba, and they called
him to David; and the king said to him, "Are you Ziba?"
And he said, "I am your servant." 3 And the king said,
"Is there not yet anyone of the house of Saul to whom
I may show the kindness of God?" And Ziba said to the
king, "There is still a son of Jonathan who is crippled
in both feet." 4 So the king said to him, "Where is he?"
And Ziba said to the king, "Behold, he is in the house
of Machir the son of Ammiel in Lo-debar." 5 Then

5 다윗 왕이 사람을 **보내어**
저를 **데려오니**
/마길의 집에서
/로드발 암미엘의 아들

6 므비보셋이 다윗에게 **나아와서**
/요나단의 아들
/사울의 손자
엎드려
절하매

다윗이 **가로되** ...하니
/므비보셋이여!

[그가] **대답하되**
/주의 종이 여기 있나이다

7 다윗이 **가로되**
/[너는] —— 무서워 말라

//(이유: כִּי, for)
내가 — 반드시 은총을 베풀리라
/네게
/네 아비 요나단을 인하여

/내가 —— 네게 도로 주겠고
/사울의 밭을 다
/네 조부
/또
너는 —— 내 상에서 먹을지니라
/항상

8 저가 **절하여**
가로되
/이 종이 —— 무엇이관대?

//(결과: that...should)
왕께서 — 나를 돌아보시나이까
/죽은 개 같은

9 왕이 시바를 **불러서**
/사울의 사환
이르되 ...하니라
/내가 —— 속한 것은[을] 다 주었노니
/사울과 그 온 집에
/네 주인의 아들에게

엘의 아들 마길의 집에 있나이다 5 다윗 왕이 사람을 보
내어 로드발 암미엘의 아들 마길의 집에서 저를 데려오
니 6 사울의 손자 요나단의 아들 므비보셋이 다윗에게
나아와서 엎드려 절하매 다윗이 가로되 므비보셋이여 하
니 대답하되 주의 종이 여기 있나이다 7 다윗이 가로되
무서워 말라 내가 반드시 네 아비 요나단을 인하여 네게
은총을 베풀리라 내가 네 조부 사울의 밭을 다 네게 도로
주겠고 또 너는 항상 내 상에서 먹을지니라 8 저가 절하
여 가로되 이 종이 무엇이관대 왕께서 죽은 개같은 나를
돌아보시나이까 9 왕이 사울의 사환 시바를 불러서 이르
되 사울과 그 온 집에 속한 것은 내가 다 네 주인의 아들
에게 주었노니 10 너와 네 아들들과 네 종들은 저를 위

King David sent and brought him from the house of
Machir the son of Ammiel, from Lo-debar. 6 And
Mephibosheth, the son of Jonathan the son of Saul, came
to David and fell on his face and prostrated himself.
And David said, "Mephibosheth." And he said, "Here is
your servant!" 7 And David said to him, "Do not fear,
for I will surely show kindness to you for the sake of
your father Jonathan, and will restore to you all the land
of your grandfather Saul; and you shall eat at my table
regularly." 8 Again he prostrated himself and said, "What
is your servant, that you should regard a dead dog like
me?" 9 ¶ Then the king called Saul's servant Ziba, and
said to him, "All that belonged to Saul and to all his
house I have given to your master's grandson. 10 "And

10 /너와
네 아들들과
네 종들은 ── 밭을 갈고
/저를 위하여
거두어

//(목적: ו, so that...may)
네 주인의 아들을 공궤하라

/그러나
므비보셋은 ── 항상 내 상에서 먹으리라
/네 주인의 아들

시바는 아들이 **열 다섯이요**
종이 **스물이라**

11 시바가 왕께 **고하되** ...하니라
/종이 ── 준행하겠나이다
/내 주 왕께서 ─ 종에게 명하신 대로
/온갖 일을

므비보셋은 왕의 상에서 **먹으니라**
/왕자 중 하나처럼

12 아들 하나가 므비보셋에게 **있으니**
/젊은

이름은 **미가더라**
거하는 자들은 므비보셋의 **종이 되니라**
/시바의 집에
/무릇

13 므비보셋이 예루살렘에 **거하니라**

//(이유: כִּי, for)
항상 왕의 상에서 먹으므로

그는 두 발이 다 **절뚝이더라**

10

1 그 후에
왕이 **죽고**
/암몬 자손의

삼하

하여 밭을 갈고 거두어 네 주인의 아들을 공궤하라 그러
나 네 주인의 아들 므비보셋은 항상 내 상에서 먹으리라
하니라 시바는 아들이 열 다섯이요 종이 스물이라 11
시바가 왕께 고하되 내 주 왕께서 온갖 일을 종에게 명
하신 대로 종이 준행하겠나이다 하니라 므비보셋은 왕자
중 하나처럼 왕의 상에서 먹으니라 12 므비보셋에게 젊
은 아들 하나가 있으니 이름은 미가더라 무릇 시바의 집
에 거하는 자들은 므비보셋의 종이 되니라 13 므비보셋
이 항상 왕의 상에서 먹으므로 예루살렘에 거하니라 그
는 두 발이 다 절뚝이더라

10:1 그 후에 암몬 자손의 왕이 죽고 그 아들 하눈
이 대신하여 왕이 되니 2 다윗이 가로되 내가 나

you and your sons and your servants shall cultivate the
land for him, and you shall bring in the produce so that
your master's grandson may have food; nevertheless
Mephibosheth your master's grandson shall eat at my
table regularly." Now Ziba had fifteen sons and twenty
servants. 11 Then Ziba said to the king, "According to
all that my lord the king commands his servant so your
servant will do." So Mephibosheth ate at David's table
as one of the king's sons. 12 And Mephibosheth had a
young son whose name was Mica. And all who lived in
the house of Ziba were servants to Mephibosheth. 13
So Mephibosheth lived in Jerusalem, for he ate at the
king's table regularly. Now he was lame in both feet.

10:1 ¶ Now it happened afterwards that the king of
the Ammonites died, and Hanun his son became
king in his place. 2 Then David said, "I will show
kindness to Hanun the son of Nahash, just as his father
showed kindness to me." So David sent some of his

하눈이 대신하여 **왕이 되니**
/그 아들

2 다윗이 **가로되** ...하고
/내가 — 은총을 베풀되 ...하리라
/하눈에게
/나하스의 아들
/그 아비가 내게 은총을 베푼 것같이

[그가] 그 신복들을 **명하여** ...하니라
/그 아비 죽은 것을 조상하라

신복들이 암몬 자손의 땅에 **이르매**
/다윗의

3 방백들이 하눈에게 **고하되**
/암몬 자손의 /그 주
/왕은 — 여기시나이까?
/다윗이 — 공경함인 줄로
/왕의 부친을

//(이유: כִּי, for)
[그가] — 조객을 보낸 것이

/다윗이 — 그 신복을 보내어(아니니이까)

//(목적: עֲבוּר, in order to)
이 성을 엿보고

//(목적: לְ, to)
탐지하여

//(목적: לְ, to)
함락시키고자 함이

4 이에
하눈이 신복들을 **잡아**
/다윗의
그 수염 절반을 **깎고**
그 의복의 **자르고**
/중동볼기까지
돌려보내매

5 혹이 이 일을 **고하니라**
/다윗에게

왕이 **보내어**
/저희를 맞으러

하스의 아들 하눈에게 은총을 베풀되 그 아비가 내게 은총을 베푼 것같이 하리라 하고 그 신복들을 명하여 그 아비 죽은 것을 조상하라 하니라 다윗의 신복들이 암몬 자손의 땅에 이르매 **3** 암몬 자손의 방백들이 그 주 하눈에게 고하되 왕은 다윗이 조객을 보낸 것이 왕의 부친을 공경함인 줄로 여기시나이까 다윗이 그 신복을 보내어 이 성을 엿보고 탐지하여 함락시키고자 함이 아니니이까 **4** 이에 하눈이 다윗의 신복들을 잡아 그 수염 절반을 깎고 그 의복의 중동볼기까지 자르고 돌려보내매 **5** 혹이 이 일을 다윗에게 고하니라 그 사람들이 크게 부끄러워하므

servants to console him concerning his father. But when David's servants came to the land of the Ammonites, **3** the princes of the Ammonites said to Hanun their lord, "Do you think that David is honoring your father because he has sent consolers to you? Has David not sent his servants to you in order to search the city, to spy it out and overthrow it?" **4** So Hanun took David's servants and shaved off half of their beards, and cut off their garments in the middle as far as their hips, and sent them away. **5** When they told it to David, he sent to meet them, for the men were greatly humiliated. And the king said, "Stay at Jericho until your beards grow, and then return."

이르기를 ...하니라
/너희는 ─ 여리고에서 머물다가
/수염이 자라기까지
돌아오라

//(이유: כִּי, for)
그 사람들이 크게 부끄러워하므로

6 암몬 자손이 알고(when)
/자기가 ─ 미움이 된 줄
/다윗에게

사람을 **보내어**
고용한지라
/보병 이만과
/벧르홉 아람 사람과
소바 아람 사람의
/마아가 왕과
그 사람 일천과
/돕 사람 일만 이천을

7 다윗이 듣고(when)
보내매
/요압과
/용사의 온 무리를

8 암몬 자손은 **나와서**
진을 **쳤고**
/성문 어귀에

아람 사람과
/소바와 르홉
사람들은 ─ 따로 들에 **〈있더라〉**
/돕과 마아가

9 요압이 친 적진을 보고(when)
/앞 뒤에
[그가] 또 **빼서**
/이스라엘의 뺀 자 중에서
진 치고
/아람 사람을 대하여

10 [그가] 그 남은 무리는 **붙여**
/아비새의 수하에
/그 아우
진 치게 하고
/암몬 자손을 대하여

삼하

로 왕이 저희를 맞으러 보내어 이르기를 너희는 수염이
자라기까지 여리고에서 머물다가 돌아오라 하니라 6 암
몬 자손이 자기가 다윗에게 미움이 된 줄 알고 사람을
보내어 벧르홉 아람 사람과 소바 아람 사람의 보병 이만
과 마아가 왕과 그 사람 일천과 돕 사람 일만 이천을 고
용한지라 7 다윗이 듣고 요압과 용사의 온 무리를 보내
매 8 암몬 자손은 나와서 성문 어귀에 진을 쳤고 소바와
르홉 아람 사람과 돕과 마아가 사람들은 따로 들에 있더
라 9 요압이 앞뒤에 친 적진을 보고 이스라엘의 뺀 자
중에서 또 빼서 아람 사람을 대하여 진 치고 10 그 남
은 무리는 그 아우 아비새의 수하에 붙여 암몬 자손을
대하여 진 치게 하고 11 가로되 만일 아람 사람이 나보

6 ¶ Now when the sons of Ammon saw that they had become
odious to David, the sons of Ammon sent and hired the
Arameans of Beth-rehob and the Arameans of Zobah, 20,000
foot soldiers, and the king of Maacah with 1,000 men,
and the men of Tob with 12,000 men. 7 When David
heard of it, he sent Joab and all the army, the mighty
men. 8 And the sons of Ammon came out and drew up
in battle array at the entrance of the city, while the Arameans
of Zobah and of Rehob and the men of Tob and Maacah
were by themselves in the field. 9 ¶ Now when Joab
saw that the battle was set against him in front and in
the rear, he selected from all the choice men of Israel,
and arrayed them against the Arameans. 10 But the
remainder of the people he placed in the hand of Abishai

11 [그가] **가로되**
/만일
아람 사람이 나보다 강하면(if)
네가 —— 나를 돕고
/만일
암몬 자손이 너보다 강하면(if)
내가 ┬ 가서
└ 너를 도우리라

12 /너는 —— 담대하라
/우리가 —— 담대히 하자
/우리 백성[들을 위하여]과
/우리 하나님의 성읍들을 위하여

/여호와께서 — 행하시기를 원하노라 (하고)
/선히 여기시는 대로

13 요압과
그 종자가 **나아가니**

//(목적: ל, to)
아람 사람을 향하여 싸우려고

저희가 그 앞에서 **도망하고**

14 암몬 자손은 도망함을 보고(when)
/아람 사람의
저희도 아비새 앞에서 **도망하여**
성으로 **들어간지라**

요압이 암몬 자손을 **떠나**
예루살렘으로 **돌아오니라**

15 아람 사람이 보고(when)
/자기가 —— 패하였음을
/이스라엘 앞에서
다 **모이매**

16 하닷에셀이 사람을 **보내어**
아람 사람을 **불러내매**
/강 건너편에 있는

저희가 헬람에 **이르니**
소박이 저희를 **거느린지라**
/하닷에셀의 군대 장관

다 강하면 네가 나를 돕고 만일 암몬 자손이 너보다 강하면 내가 가서 너를 도우리라 **12** 너는 담대하라 우리가 우리 백성과 우리 하나님의 성읍들을 위하여 담대히 하자 여호와께서 선히 여기시는 대로 행하시기를 원하노라 하고 **13** 요압과 그 종자가 아람 사람을 향하여 싸우려고 나아가니 저희가 그 앞에서 도망하고 **14** 암몬 자손은 아람 사람의 도망함을 보고 저희도 아비새 앞에서 도망하여 성으로 들어간지라 요압이 암몬 자손을 떠나 예루살렘으로 돌아오니라 **15** 아람 사람이 자기가 이스라엘 앞에서 패하였음을 보고 다 모이매 **16** 하닷에셀이 사람을 보내어 강 건너편에 있는 아람 사람을 불러 내매 저희가 헬람에 이르니 하닷에셀의 군대 장관 소박이 저

his brother, and he arrayed them against the sons of Ammon. **11** And he said, "If the Arameans are too strong for me, then you shall help me, but if the sons of Ammon are too strong for you, then I will come to help you. **12** "Be strong, and let us show ourselves courageous for the sake of our people and for the cities of our God; and may the LORD do what is good in His sight." **13** So Joab and the people who were with him drew near to the battle against the Arameans, and they fled before him. **14** When the sons of Ammon saw that the Arameans fled, they also fled before Abishai and entered the city. Then Joab returned from fighting against the sons of Ammon and came to Jerusalem. **15** ¶ When the Arameans saw that they had been defeated by Israel, they gathered themselves together. **16** And Hadadezer sent and brought out the Arameans who were beyond the River, and they

17 혹이 저가	다윗에게 고하매(when) 온 이스라엘을 **모으고** 요단을 **건너** 헬람에 **이르매**
아람 사람들이	**진을 치고** /다윗을 향하여
	더불어 **싸우더니**
18 아람 사람이	**도망한지라** /이스라엘 앞에서
다윗이	**죽이고** /아람 병거 칠백승의 사람과 /마병 사만을
또	
	그 군대 장관 소박을 **치매** 거기서 **죽으니라**
19 왕들이 /하닷에셀에게 속한	패함을 보고(when) /자기가 /이스라엘 앞에서 이스라엘과 **화친하고** **섬기니**
이러므로 아람 사람들이	**두려워하여** (아니하니라)[3)] /다시는 암몬 자손을 돕지(=돕는 것을)

11

1 출전할 때가 /왕들의 다윗이	되매(when) /해가 돌아와서 **보내니** /요압과 /그 신복과 /온 이스라엘 군대를
저희가	암몬 자손을 **멸하고** 랍바를 **에워쌌고**
다윗은	예루살렘에 **그대로 있으니라**

삼하

3) 직역: 아람 사람들이 암몬 자손을 더 이상 돕는 것을 두려워했다.

희를 거느린지라 17 혹이 다윗에게 고하매 저가 온 이스라엘을 모으고 요단을 건너 헬람에 이르매 아람 사람들이 다윗을 향하여 진을 치고 더불어 싸우더니 18 아람 사람이 이스라엘 앞에서 도망한지라 다윗이 아람 병거 칠백 승의 사람과 마병 사만을 죽이고 또 그 군대 장관 소박을 치매 거기서 죽으니라 19 하닷에셀에게 속한 왕들이 자기가 이스라엘 앞에서 패함을 보고 이스라엘과 화친하고 섬기니 이러므로 아람 사람들이 두려워하여 다시는 암몬 자손을 돕지 아니하니라

11:1 해가 돌아와서 왕들의 출전할 때가 되매 다윗이 요압과 그 신복과 온 이스라엘 군대를 보내니 저희가 암몬 자손을 멸하고 랍바를 에워쌌고 다윗은 예루살렘에 그대로 있으니라 2 저녁 때에 다윗이 그 침상에서 일어나 왕궁 지붕 위에서 거닐다가 그곳에서 보니

came to Helam; and Shobach the commander of the army of Hadadezer led them. 17 Now when it was told David, he gathered all Israel together and crossed the Jordan, and came to Helam. And the Arameans arrayed themselves to meet David and fought against him. 18 But the Arameans fled before Israel, and David killed 700 charioteers of the Arameans and 40,000 horsemen and struck down Shobach the commander of their army, and he died there. 19 When all the kings, servants of Hadadezer, saw that they were defeated by Israel, they made peace with Israel and served them. So the Arameans feared to help the sons of Ammon anymore.

11:1 ¶ Then it happened in the spring, at the time when kings go out to battle, that David sent Joab and his servants with him and all Israel, and they destroyed the sons of Ammon and besieged Rabbah. But David

2 저녁때에(when)
다윗이 그 침상에서 **일어나**
왕궁 지붕 위에서 **거닐다가**
그곳에서 **보니** ...지라
/한 여인이[을]
/목욕을 하는데
/심히 아름다와 보이는

3 다윗이 **보내어**
그 여인을 **알아보게 하였더니**

[그가] **고하되**
/그는 엘리암의 딸이요
/밧세바가 아니니이까
/우리아의 아내
/헷 사람

4 다윗이 사자를 **보내어**
저를 **데려 오게 하고**
/자기에게로

저가 깨끗케 하였으므로(when)
/그 부정함을
[그가] 더불어 **동침하매**
저가 자기 집으로 **돌아가니라**

5 여인이 **잉태하매**
보내어
다윗에게 **고하여**
가로되 ...하니라
/내가 잉태하였나이다

6 다윗이 요압에게 **기별하여** ...하매
/우리아를 내게 보내라
/헷 사람

요압이 우리아를 **보내니**
/다윗에게로

7 우리아가 다윗에게 이르매(when)
다윗이 **묻고**
/요압의 안부와
/군사의 안부와
/싸움의 어떠한 것을

8 또
저가 우리아에게 **이르되** ...하니
/[너는] ┬ 네 집으로 내려가서
└ 발을 씻으라

한 여인이 목욕을 하는데 심히 아름다와 보이는지라 3
다윗이 보내어 그 여인을 알아보게 하였더니 고하되 그
는 엘리암의 딸이요 헷사람 우리아의 아내 밧세바가 아
니니이까 4 다윗이 사자를 보내어 저를 자기에게로 데려
오게 하고 저가 그 부정함을 깨끗케 하였으므로 더불어
동침하매 저가 자기 집으로 돌아가니라 5 여인이 잉태하
매 보내어 다윗에게 고하여 가로되 내가 잉태하였나이다
하니라 6 다윗이 요압에게 기별하여 헷사람 우리아를 내
게 보내라 하매 요압이 우리아를 다윗에게로 보내니 7
우리아가 다윗에게 이르매 다윗이 요압의 안부와 군사의
안부와 싸움의 어떠한 것을 묻고 8 저가 또 우리아에게
이르되 네 집으로 내려가서 발을 씻으라 하니 우리아가

stayed at Jerusalem. 2 ¶ Now when evening came David
arose from his bed and walked around on the roof of
the king's house, and from the roof he saw a woman bathing;
and the woman was very beautiful in appearance. 3 So
David sent and inquired about the woman. And one said,
"Is this not Bathsheba, the daughter of Eliam, the wife
of Uriah the Hittite?" 4 And David sent messengers and
took her, and when she came to him, he lay with her;
and when she had purified herself from her uncleanness,
she returned to her house. 5 And the woman conceived;
and she sent and told David, and said, "I am pregnant."
6 ¶ Then David sent to Joab, saying, "Send me Uriah
the Hittite." So Joab sent Uriah to David. 7 When Uriah
came to him, David asked concerning the welfare of

우리아가 왕궁에서 **나가매**
왕의 식물이 뒤따라 **가니라**

9 그러나
우리아는 집으로 **내려가지 아니하고**
왕궁 문에서 **잔지라**
/그 주의 신복들로 더불어

10 혹이
다윗에게 **고하여 가로되**
/우리아가 — 내려가지 아니 하였나이다
/그 집으로

다윗이 우리아에게 **이르되**
/네가 — 돌아온 것이 아니냐?
/길 갔다가[4)]
/어찌하여(why)
네 집으로 내려가지 아니하였느냐?

4) from a journey

11 우리아가 다윗에게 **고하되**
/언약궤와
이스라엘과
유다가 — 영채 가운데 유하고
/요압과
/내 주
신복들이 — 바깥 들에 유진하였거늘
/내 왕의
/내가 — 내 집으로 어찌 가서...리이까?

//(목적: ל, to)
먹고(=먹기 위해)
마시고(=마시기 위해)
내 처와 같이 자[기 위해]

내가 **맹세하나이다**
/이 일을 행치 아니하기로
/왕의 사심과
/왕의 혼의 사심을 가리켜

12 다윗이 우리아에게 **이르되**
/오늘도 여기 있으라
/내일은 내가 너를 보내리라

우리아가 그 날에 **유하니라**
/예루살렘에

삼하

왕궁에서 나가매 왕의 식물이 뒤따라 가니라 9 그러나
우리아는 집으로 내려가지 아니하고 왕궁 문에서 그 주
의 신복들로 더불어 잔지라 10 혹이 다윗에게 고하여
가로되 우리아가 그 집으로 내려가지 아니하였나이다 다
윗이 우리아에게 이르되 네가 길 갔다가 돌아온 것이 아
니냐 어찌하여 네 집으로 내려가지 아니하였느냐 11 우
리아가 다윗에게 고하되 언약궤와 이스라엘과 유다가 영
채 가운데 유하고 내 주 요압과 내 왕의 신복들이 바깥
들에 유진하였거늘 내가 어찌 내 집으로 가서 먹고 마시
고 내 처와 같이 자리이까 내가 이 일을 행치 아니하기
로 왕의 사심과 왕의 혼의 사심을 가리켜 맹세하나이다
12 다윗이 우리아에게 이르되 오늘도 여기 있으라 내일
은 내가 너를 보내리라 우리아가 그 날에 예루살렘에 유
하니라 이튿날 13 다윗이 저를 불러서 저로 그 앞에서

Joab and the people and the state of the war. 8 Then
David said to Uriah, "Go down to your house, and wash
your feet." And Uriah went out of the king's house, and
a present from the king was sent out after him. 9 But
Uriah slept at the door of the king's house with all the servants
of his lord, and did not go down to his house. 10 Now
when they told David, saying, "Uriah did not go down
to his house," David said to Uriah, "Have you not come
from a journey? Why did you not go down to your
house?" 11 And Uriah said to David, "The ark and
Israel and Judah are staying in temporary shelters, and
my lord Joab and the servants of my lord are camping
in the open field. Shall I then go to my house to eat
and to drink and to lie with my wife? By your life and
the life of your soul, I will not do this thing." 12 Then
David said to Uriah, "Stay here today also, and tomorrow

이튿날
13 다윗이 저를 **불러서**
저로 그 앞에서 **먹고**
마시고
취하게 하니

저녁때에
저가 **나가서**
침상에 **눕고**
/그 주의 신복으로 더불어
그 집으로 **내려가지 아니하니라**

14 아침이 되매(when)
다윗이 편지를 **써서** ...
/요압에게
우리아의 손에 **부쳐 (보내니)**

15 [그가] 그 편지에 써서 **이르기를** ...하였더라
/너희가 — 우리아를 앞세워 두고
/맹렬한 싸움에
/너희는 — 뒤로 물러가서
— 저로 맞아
— 죽게하라

16 요압이 그 성을 **살펴**
그곳에 우리아를 **두니**
/용사들의 있는 줄을 아는

17 성 사람들이 나와서
요압으로 더불어 싸울 때에(when)
몇 사람이 **엎드러지고**
/다윗의 신복중

우리아도 **죽으니라**
/헷 사람

18 요압이 **보내어**
다윗에게 **고할새**
/전쟁의 모든 일을

19 [그가] 그 사자에게 **명하여 가로되**
/네가 왕께 고하기를 마친 후에
/전쟁의 모든 일을

20 /혹시(אִם,만일)

먹고 마시고 취하게 하니 저녁 때에 저가 나가서 그 주의 신복으로 더불어 침상에 눕고 그 집으로 내려가지 아니하니라 **14** 아침이 되매 다윗이 편지를 써서 우리아의 손에 부쳐 요압에게 보내니 **15** 그 편지에 써서 이르기를 너희가 우리아를 맹렬한 싸움에 앞세워 두고 너희는 뒤로 물러가서 저로 맞아 죽게하라 하였더라 **16** 요압이 그 성을 살펴 용사들의 있는 줄을 아는 그 곳에 우리아를 두니 **17** 성 사람들이 나와서 요압으로 더불어 싸울 때에 다윗의 신복 중 몇 사람이 엎드러지고 헷 사람 우리아도 죽으니라 **18** 요압이 보내어 전쟁의 모든 일을 다윗에게 고할새 **19** 그 사자에게 명하여 가로되 전쟁의 모든 일을 네가 왕께 고하기를 마친 후에 **20** 혹시 왕이

I will let you go." So Uriah remained in Jerusalem that day and the next. **13** Now David called him, and he ate and drank before him, and he made him drunk; and in the evening he went out to lie on his bed with his lord's servants, but he did not go down to his house. **14** ¶ Now it came about in the morning that David wrote a letter to Joab, and sent it by the hand of Uriah. **15** And he had written in the letter, saying, "Place Uriah in the front line of the fiercest battle and withdraw from him, so that he may be struck down and die." **16** So it was as Joab kept watch on the city, that he put Uriah at the place where he knew there were valiant men. **17** And the men of the city went out and fought against Joab, and some of the people among David's servants fell; and Uriah the Hittite also died. **18** Then Joab sent and reported to David all the events of the war. **19** And he charged the messenger, saying, "When you have finished telling all the events of the war to the king,

20 /혹시(אִם,만일)
왕이 ─ 노하여
네게 말씀하기를...하시거든(if)
/어찌하여(why)
너희가 ─ 성에 그처럼 가까이 가서
─ 싸웠느냐?
/저희가 ─ 알지 못하였느냐?
/성 위에서 쏠 줄을

21 /아비멜렉을 쳐죽인 자가 누구냐?
/여룹베셋의 아들
/여인 하나가 ─ 그 위에 던지매
/맷돌 윗짝을
/성에서

//(결과: so)
저가 ─ 데벳스에서 죽지 아니하였느냐

/어찌하여(why)
성에 가까이 갔더냐?(하시거든)

/네가 ─ 말하기를 ...하라
/우리아도 죽었나이다
/왕의 종 헷 사람

22 사자가 **가서**
다윗에게 **이르러**
보낸 일을 **고하여**
/요압의 모든
23 **가로되**
/그 사람들이 ─ 우리보다 승하여
─ 들로 나온 고로
/우리를 향하여
/우리가 ─ 저희를 쳐서
─ 성문 어귀까지 미쳤더니

24 /쏘는 자들이 ─ 성 위에서 쏘매
/활 /왕의 신복들을 향하여
/몇 사람이 ─ 죽고
/왕의 신복 중
/우리아도 ─ 죽었나이다
/왕의 종
/헷 사람

노하여 네게 말씀하기를 너희가 어찌하여 성에 그처럼 가까이 가서 싸웠느냐 저희가 성 위에서 쏠 줄을 알지 못하였느냐 21 여룹베셋의 아들 아비멜렉을 쳐 죽인 자가 누구냐 여인 하나가 성에서 맷돌 윗짝을 그 위에 던지매 저가 데벳스에서 죽지 아니하였느냐 어찌하여 성에 가까이 갔더냐 하시거든 네가 말하기를 왕의 종 헷 사람 우리아도 죽었나이다 하라 22 사자가 가서 다윗에게 이르러 요압의 모든 보낸 일을 고하여 23 가로되 그 사람들이 우리보다 승하여 우리를 향하여 들로 나온고로 우리가 저희를 쳐서 성문 어귀까지 미쳤더니 24 활 쏘는 자들이 성 위에서 왕의 신복들을 향하여 쏘매 왕의 신복 중 몇 사람이 죽고 왕의 종 헷 사람 우리아도 죽었나이

20 and if it happens that the king's wrath rises and he says to you, 'Why did you go so near to the city to fight? Did you not know that they would shoot from the wall? 21 'Who struck down Abimelech the son of Jerubbesheth? Did not a woman throw an upper millstone on him from the wall so that he died at Thebez? Why did you go so near the wall?' — then you shall say, 'Your servant Uriah the Hittite is dead also.'" 22 ¶ So the messenger departed and came and reported to David all that Joab had sent him to tell. 23 And the messenger said to David, "The men prevailed against us and came out against us in the field, but we pressed them as far as the entrance of the gate. 24 "Moreover, the archers shot at your servants from the wall; so some of the king's servants are dead, and your servant Uriah the Hittite is also dead." 25 Then David said to the messenger,

25 다윗이 사자에게 **이르되** ...하니라
/너는 — 요압에게 **말하기를** ...하여
/이같이
/이 일로 걱정하지 말라
//(이유: כִּי, for)
칼은 — 죽이느니라
/이 사람이나
/저 사람이나
/더욱 힘써
/그 성을 향하여
/싸워 함락시키라 (하여)
/너는 — 저를 담대케 하라

26 처가 듣고(when)
/우리아의 /그 남편 우리아의 죽었음을
호곡하니라

27 [그녀가] 그 장사를 마치매(when)
다윗이 **보내어**
저를 **데려 오니**
/궁으로
저가 그 처가 **되어**
아들을 **낳으니라**

소위가 **악하였더라**
/다윗의 /여호와 보시기에[5)]

5) in the sight of the Lord

12

1 여호와께서 나단을 **보내시니**
/다윗에게

[그가] **와서**
저에게 **이르되**
/두 사람이 — 한 성에 있는데
/하나는 — 부하고
/하나는 — 가난하니

2 /그 부한 자는 — 양과 소가 심히 많으나
3 /가난한 자는 — 아무 것도 없고
— 새끼 하나 뿐이라
/작은 암양
/자기가 — 사서
— 기르는

다 25 다윗이 사자에게 이르되 너는 요압에게 이같이
말하기를 이 일로 걱정하지 말라 칼은 이 사람이나 저
사람이나 죽이느니라 그 성을 향하여 더욱 힘써 싸워 함
락시키라 하여 너는 저를 담대케 하라 하니라 26 우리
아의 처가 그 남편 우리아의 죽었음을 듣고 호곡(號哭)
하니라 27 그 장사를 마치매 다윗이 보내어 저를 궁으
로 데려 오니 저가 그 처가 되어 아들을 낳으니라 다윗
의 소위가 여호와 보시기에 악하였더라

12:1 여호와께서 나단을 다윗에게 보내시니 와서
저에게 이르되 한 성에 두 사람이 있는데 하나는
부하고 하나는 가난하니 2 그 부한 자는 양과 소가 심히
많으나 3 가난한 자는 아무것도 없고 자기가 사서 기르

"Thus you shall say to Joab, 'Do not let this thing
displease you, for the sword devours one as well as
another; make your battle against the city stronger and
overthrow it'; and so encourage him." 26 ¶ Now when
the wife of Uriah heard that Uriah her husband was
dead, she mourned for her husband. 27 When the time
of mourning was over, David sent and brought her to
his house and she became his wife; then she bore him a
son. But the thing that David had done was evil in the
sight of the LORD.

12: 1 ¶ Then the LORD sent Nathan to David. And
he came to him, and said, "There were two men
in one city, the one rich and the other poor. 2 "The
rich man had a great many flocks and herds. 3 "But
the poor man had nothing except one little ewe lamb
Which he bought and nourished; And it grew up together

/새끼는 — 함께 있어
 /그 암양 /저와
 저의 자식과
 — 자라며
 — 저의 먹는 것을 먹으며
 — 저의 잔에서 마시며
 — 저의 품에 누우므로
 — 딸처럼 되었거늘
 /저에게는

4 /행인이 — 그 부자에게 오매
 /어떤
/부자가 — 양과 소를 아껴
 /자기의
 — 잡지 아니하고
 /행인을 위하여
 /자기에게 온
 — 양 새끼를 빼앗아다가
 /가난한 사람의
 — 사람을 위하여 잡았나이다
 /자기에게 온

5 다윗이 크게 **노하여**
 /그 사람을
 나단에게 **이르되**
 /[내가] — 맹세하노니
 /여호와의 사심을 가리켜
 /사람은 — 마땅히 죽을 자라
 /이 일을 행한
 6 /저가 — 사배나 갚아 주어야 하리라
 /그 양 새끼를

//(이유: עֵקֶב, because)
불쌍히 여기지 않고

//(이유: עַל, because)
이 일을 행하였으니

7 나단이 다윗에게 **이르되**
 /당신이 — 그 사람이라
 /여호와께서 — 이처럼 이르시기를
 /이스라엘의 하나님
 /내가 — 네게 기름을 붓고

//(목적: לְ, to)

삼하

는 작은 암양 새끼 하나뿐이라 그 암양 새끼는 저와 저
의 자식과 함께 있어 자라며 저의 먹는 것을 먹으며 저
의 잔에서 마시며 저의 품에 누우므로 저에게는 딸처럼
되었거늘 4 어떤 행인이 그 부자에게 오매 부자가 자기
의 양과 소를 아껴 자기에게 온 행인을 위하여 잡지 아
니하고 가난한 사람의 양 새끼를 빼앗아다가 자기에게
온 사람을 위하여 잡았나이다 5 다윗이 그 사람을 크게
노하여 나단에게 이르되 여호와의 사심을 가리켜 맹세하
노니 이 일을 행한 사람은 마땅히 죽을 자라 6 저가 불
쌍히 여기지 않고 이 일을 행하였으니 그 양 새끼를 사
배나 갚아 주어야 하리라 7 나단이 다윗에게 이르되 당
신이 그 사람이라 이스라엘의 하나님 여호와께서 이처럼
이르시기를 내가 너로 이스라엘 왕을 삼기 위하여 네게
기름을 붓고 너를 사울의 손에서 구원하고 8 네 주인의

with him and his children. It would eat of his bread and drink of his cup and lie in his bosom, And was like a daughter
to him. 4 "Now a traveler came to the rich man, And he was unwilling to take from his own flock or his own herd, To prepare for the wayfarer who had come to him; Rather he took the poor man's ewe lamb and prepared it for the man who had come to him." 5 Then David's
anger burned greatly against the man, and he said to Nathan, "As the LORD lives, surely the man who has done this deserves to die. 6 "And he must make
restitution for the lamb fourfold, because he did this thing and had no compassion." 7 ¶ Nathan then said to
David, "You are the man! Thus says the LORD God of Israel, 'It is I who anointed you king over Israel and it is I who delivered you from the hand of Saul. 8 'I
also gave you your master's house and your master's

//(목적: ל, to)
너로 이스라엘 왕을 삼기 위하여

/[내가] —— 너를 구원하고
/사울의 손에서
8 —— 네게 주고
/네 주인의 집을
—— 네 품에 두고
/네 주인의 처들을
—— 네게 맡겼느니라
/이스라엘과
유다 족속을

/만일(אם)
그것이 부족하였을 것 같으면(if)
내가 —— 네게 더 주었으리라
/이것 저것을

9 /그러한데
어찌하여(why)
네가 —— 업신여기고 ...하였느뇨?
/여호와의 말씀을
/악을 행[함으로]
/나 보기에

/네가 —— 칼로 죽이되
/헷 사람 우리아를
—— 암몬 자손의 칼로 죽이고
—— 그 처를 빼앗아
—— 네 처를 삼았도다

10 /이제(now)
칼이 —— 영영히 떠나지 아니하리라 하셨고
/네 집에

//(이유: עֵקֶב כִּי, for)
네가 —— 나를 업신여기고
—— 처를 빼앗아
/헷 사람 우리아의
—— 네 처를 삼았은즉

11 /또
여호와께서 —— 이처럼 이르시기를

/내가 —— 재화를 일으키고
/네 집에

집을 네게 주고 네 주인의 처들을 네 품에 두고 이스라엘
과 유다 족속을 네게 맡겼느니라 만일 그것이 부족하였
을 것 같으면 내가 네게 이것 저것을 더 주었으리라 9
그러한데 어찌하여 네가 여호와의 말씀을 업신여기고 나
보기에 악을 행하였느뇨 네가 칼로 헷 사람 우리아를 죽
이되 암몬 자손의 칼로 죽이고 그 처를 빼앗아 네 처를
삼았도다 10 이제 네가 나를 업신여기고 헷 사람 우리
아의 처를 빼앗아 네 처를 삼았은즉 칼이 네 집에 영영히
떠나지 아니하리라 하셨고 11 여호와께서 또 이처럼 이
르시기를 내가 네 집에 재화를 일으키고 내가 네 처들을
가져 네 눈 앞에서 다른 사람에게 주리니 그 사람이 네
처들로 더불어 백주에 동침하리라 12 너는 은밀히 행하

wives into your care, and I gave you the house of Israel and Judah; and if that had been too little, I would have added to you many more things like these!
9 'Why have you despised the word of the LORD by doing evil in His sight? You have struck down Uriah the Hittite with the sword, have taken his wife to be your wife, and have killed him with the sword of the sons of Ammon.
10 'Now therefore, the sword shall never depart from your house, because you have despised Me and have taken the wife of Uriah the Hittite to be your wife.'
11 "Thus says the LORD, 'Behold, I will raise up evil against you from your own household; I will even take your wives before your eyes, and give them to your companion, and he shall lie with your wives in

/내가 ─── 네 처들을 가져
다른 사람에게 주리니
/네 눈앞에서

/그 사람이 ─ 백주에 동침하리라
/네 처들로 더불어

12 /너는 ─── 은밀히 행하였으나
/나는 ─── 백주에 행하리라(하셨나이다)
/이 일을
/이스라엘 무리 앞

13 다윗이 나단에게 **이르되** ...하매
/내가 ── 죄를 범하였노라
/여호와께

나단이 다윗에게 **대답하되**
/여호와께서도 ─ **사하셨나니**
/당신의 죄를
/당신이 ─── 죽지 아니하려니와
14 /아이가 ─── 정녕 죽으리이다 (하고)
/당신의 낳은

//(이유: כִּי, for)
[네가] ─ 얻게 하였으니
/훼방할 거리를
/여호와의 원수로
/크게
/이 일로 인하여

15 나단이 **돌아가니라**
/자기 집으로

여호와께서 아이를 **치시매**
/우리아의 처가 다윗에게 낳은

[그가] 심히 **앓는지라**

16 다윗이 하나님께 **간구하되**
/그 아이를 위하여
금식하고
안에 **들어가서**
땅에 **엎드렸으니**
/밤새도록

17 늙은 자들이 **하되(=섰다)**
/그 집의 /곁에 이르러

//(목적: לְ, to)

였으나 나는 이스라엘 무리 앞 백주에 이 일을 행하리라
하셨나이다 13 다윗이 나단에게 이르되 내가 여호와께
죄를 범하였노라 하매 나단이 다윗에게 대답하되 여호와
께서도 당신의 죄를 사하셨나니 당신이 죽지 아니하려니
와 14 이 일로 인하여 여호와의 원수로 크게 훼방할 거
리를 얻게 하였으니 당신의 낳은 아이가 정녕 죽으리이
다 하고 15 나단이 자기 집으로 돌아가니라 우리아의
처가 다윗에게 낳은 아이를 여호와께서 치시매 심히 앓
는 지라 16 다윗이 그 아이를 위하여 하나님께 간구하
되 금식하고 안에 들어가서 밤새도록 땅에 엎드렸으니
17 그 집의 늙은 자들이 곁에 이르러 다윗을 일으키려
하되 왕이 듣지 아니하고 저희로 더불어 먹지도 아니하

broad daylight. 12 'Indeed you did it secretly, but I
will do this thing before all Israel, and under the sun.'"
13 Then David said to Nathan, "I have sinned against
the LORD." And Nathan said to David, "The LORD
also has taken away your sin; you shall not die. 14
"However, because by this deed you have given occasion
to the enemies of the LORD to blaspheme, the child
also that is born to you shall surely die." 15 ¶ So
Nathan went to his house. Then the LORD struck the
child that Uriah's widow bore to David, so that he was
very sick. 16 David therefore inquired of God for the
child; and David fasted and went and lay all night on

//(목적: ל, to)
다윗을 일으키려

왕이 **듣지 아니하고**
먹지도 아니하더라
/저희로 더불어

18 그 아이가 **죽으니라**
/이레만에

그러나
신복들이 **두려워하니**
/다윗의 /왕에게 고하기를
/아이의 죽은 것을
//이는(이유: כִּי, for)
저희가 — 말하기를 ...함이라
/아이가 살았을 때에(while)
우리가 — **말하여도**
왕이 — 그 말을 듣지 아니하셨나니
/어떻게(how)
[우리가] — 고할 수 있으랴?
/그 아이의 죽은 것을
/왕이 — 훼상하시리로다

19 다윗이 보고(when)
/서로 수군거리는 것을
/그 신복들의
깨닫고
/그 아이가 죽은 줄을
그 신복들에게 **묻되**
/아이가 죽었느냐?

[그들이] **대답하되**
/죽었나이다

20 다윗이 땅에서 **일어나**
몸을 **씻고**
기름을 **바르고**
의복을 **갈아입고**
여호와의 전에 **들어가서**
경배하고
궁으로 **돌아와서**

[그가] 명하여(when)
[그들이] 음식을 **베풀게 하고**
/그 앞에

더라 **18** 이레만에 그 아이가 죽으니라 그러나 다윗의
신복들이 아이의 죽은 것을 왕에게 고하기를 두려워하니
이는 저희가 말하기를 아이가 살았을 때에 우리가 말하
여도 왕이 그 말을 듣지 아니하셨나니 어떻게 그 아이의
죽은 것을 고할 수 있으랴 왕이 훼상(毁傷)하시리로다
19 다윗이 그 신복들의 서로 수군 거리는 것을 보고 그
아이가 죽은 줄을 깨닫고 그 신복들에게 묻되 아이가 죽
었느냐 대답하되 죽었나이다 **20** 다윗이 땅에서 일어나
몸을 씻고 기름을 바르고 의복을 갈아입고 여호와의 전
에 들어가서 경배하고 궁으로 돌아와서 명하여 음식을
그 앞에 베풀게 하고 먹은지라 **21** 신복들이 왕께 묻되
아이가 살았을 때에는 위하여 금식하고 우시니 죽은 후

the ground. **17** And the elders of his household stood beside
him in order to raise him up from the ground, but he
was unwilling and would not eat food with them. **18**
Then it happened on the seventh day that the child died.
And the servants of David were afraid to tell him that
the child was dead, for they said, "Behold, while the
child was still alive, we spoke to him and he did not
listen to our voice. How then can we tell him that the
child is dead, since he might do himself harm!" **19** But
when David saw that his servants were whispering
together, David perceived that the child was dead; so
David said to his servants, "Is the child dead?" And
they said, "He is dead." **20** So David arose from the ground,
washed, anointed himself, and changed his clothes; and
he came into the house of the LORD and worshiped.
Then he came to his own house, and when he requested,

[그가] 먹은지라

21 신복들이 왕께 **묻되**
/[이것이] —— 어찜이니이까?
/아이가 살았을 때에는(while)
[당신은] ┌ 위하여 금식하고
└ 우시더니
/죽은 후에는 (after)
[당신이] ┌ 일어나서
└ 잡수시니

22 [다윗이] **가로되**
/아이가 살았을 때에(when)
내가 ┌ 금식하고
└ 운 것은

//혹시(이유: כִּי, for)
[내가] —생각함이어니와
/누가 알까?
/여호와께서 ┌ 나를 불쌍히 여기사
└ 아이를 살려 주실는지

23 /시방은(now)
[그가] — 죽었으니
/어찌(why)
[내가] — 금식하랴?

/내가 다시 돌아오게 할수 있느냐?

/나는 —— 저에게로 가려니와
/저는 —— 내게로 돌아오지 아니하리라

24 다윗이 밧세바를 **위로하고**
/그 처
저에게 **들어가**
동침하였더니

저가 아들을 **낳으매**
솔로몬이라 **하니라**
/그 이름을

여호와께서 그를 **사랑하사**
25 나단을 **보내사**
/선지자
여디디야라 **하시니**
/그 이름을

//이는(이유: בַּעֲבוּר, for)

삼하

에는 일어나서 잡수시니 어찜이니이까 **22** 가로되 아이
가 살았을 때에 내가 금식하고 운 것은 혹시 여호와께서
나를 불쌍히 여기사 아이를 살려 주실는지 누가 알까 생
각 함이어니와 **23** 시방은 죽었으니 어찌 금식하랴 내가
다시 돌아오게 할 수 있느냐 나는 저에게로 가려니와 저
는 내게로 돌아오지 아니하리라 **24** 다윗이 그 처 밧세
바를 위로하고 저에게 들어가 동침하였더니 저가 아들을
낳으매 그 이름을 솔로몬이라 하니라 여호와께서 그를
사랑하사 **25** 선지자 나단을 보내사 그 이름을 여디디야
라 하시니 이는 여호와께서 사랑하심을 인함이더라 **26**

they set food before him and he ate. **21** Then his servants
said to him, "What is this thing that you have done?
While the child was alive, you fasted and wept; but
when the child died, you arose and ate food." **22** And
he said, "While the child was still alive, I fasted and
wept; for I said, 'Who knows, the LORD may be
gracious to me, that the child may live.' **23** "But now
he has died; why should I fast? Can I bring him back
again? I shall go to him, but he will not return to me."
24 ¶ Then David comforted his wife Bathsheba, and
went in to her and lay with her; and she gave birth to a
son, and he named him Solomon. Now the LORD loved
him **25** and sent word through Nathan the prophet, and
he named him Jedidiah for the LORD's sake. **26** ¶ Now

//이는(이유: בַּעֲבוּר, for)
여호와께서 사랑하심을 인함이더라

26 요압이 랍바를 **쳐서**
/암몬 자손의 왕성
취하게 되매
27 사자를 **보내어**
/다윗에게
가로되
/내가 — 랍바[를] 쳐서
/곧 물들의 성을
취하게 되었으니
28 /이제
왕은 — 남은 군사를 모아
진 치고
이 성을 쳐서
취하소서

//(결과: 그렇지 않으면)
내가 이 성을 취하면
두려워 하나이다
/이 성이 — 일컬음을 받을까
/내 이름으로

29 다윗이 모든 군사를 **모아**
랍바로 **가서**
쳐서
취하고
30 보석 있는 면류관을 **취하니**
/그 왕의 머리에서
/그 중량이 금 한 달란트라

다윗이 머리에 **쓰니라**
또
다윗이 물건을 **내어오고**
/그 성에서 노략한
/무수히
31 백성들을 **끌어내어**
/그 가운데
하게 하니라
/톱질과 써레질과
/도끼질과 벽돌구이를

[다윗이] 모든 성을 **하고**
/암몬 자손의
/이같이

요압이 암몬 자손의 왕성 랍바를 쳐서 취하게 되매 **27** 사자를 다윗에게 보내어 가로되 내가 랍바 곧 물들의 성을 쳐서 취하게 되었으니 **28** 이제 왕은 남은 군사를 모아 진 치고 이 성을 쳐서 취하소서 내가 이 성을 취하면 이 성이 내 이름으로 일컬음을 받을까 두려워하나이다 **29** 다윗이 모든 군사를 모아 랍바로 가서 쳐서 취하고 **30** 그 왕의 머리에서 보석 있는 면류관을 취하니 그 중량이 금 한 달란트라 다윗이 머리에 쓰니라 다윗이 또 그 성에서 노략한 물건을 무수히 내어오고 **31** 그 가운데 백성들을 끌어 내어 톱질과 써레질과 도끼질과 벽돌구이를 하게 하니라 암몬 자손의 모든 성을 이같이 하고 다윗과 모든 백성이 예루살렘으로 돌아오니라

Joab fought against Rabbah of the sons of Ammon, and captured the royal city. **27** And Joab sent messengers to David and said, "I have fought against Rabbah, I have even captured the city of waters. **28** "Now therefore, gather the rest of the people together and camp against the city and capture it, lest I capture the city myself and it be named after me." **29** So David gathered all the people and went to Rabbah, fought against it, and captured it. **30** Then he took the crown of their king from his head; and its weight was a talent of gold, and in it was a precious stone; and it was placed on David's head. And he brought out the spoil of the city in great amounts. **31** He also brought out the people who were in it, and set them under saws, sharp iron

다윗과
모든 백성이 — 예루살렘으로 **돌아오니라**

13

1 그 후에
이 일이 **있으니라**
누이가 압살롬에게 **있으니**
/아름다운 /다윗의 아들

이름은 **다말이라**
암논이 저를 **연애하나**
/다윗의 아들

2 [그가] 어찌할 수 없는 줄을 **알고**

//(이유: כִּי, because of)
저는 처녀이므로

암논이 **심화로**
병이 되니라
/다말을 인하여
/그 누이

3 친구가 암논에게 **있으니**
/요나답이라 하는

저는 시므아의 **아들이요**
/다윗의 형
심히 **간교한 자라**

4 저가 암논에게 **이르되**
/왕자여!
어찌하여
[너는] — 나날이 파리하여 가느뇨?
/이렇게
/내게 고하지 아니하겠느뇨?

암논이 **말하되**
/내가 — 다말을 연애함이니라
/아우 압살롬의 누이

5 요나답이 저에게 **이르되**
/[너는] — 침상에 누워
/병든 체(하다가)

삼하

13:1 그 후에 이 일이 있으니라 다윗의 아들 압살
롬에게 아름다운 누이가 있으니 이름은 다말이라
다윗의 아들 암논이 저를 연애하나 2 저는 처녀이므로
어찌할 수 없는 줄을 알고 암논이 그 누이 다말을 인하
여 심화로 병이 되니라 3 암논에게 요나답이라 하는 친
구가 있으니 저는 다윗의 형 시므아의 아들이요 심히 간
교한 자라 4 저가 암논에게 이르되 왕자여 어찌하여 나
날이 이렇게 파리하여 가느뇨 내게 고하지 아니하겠느뇨
암논이 말하되 내가 아우 압살롬의 누이 다말을 연애함
이니라 5 요나답이 저에게 이르되 침상에 누워 병든 체

instruments, and iron axes, and made them pass through
the brickkiln. And thus he did to all the cities of the
sons of Ammon. Then David and all the people returned
to Jerusalem. 1 ¶ Now it was after this that Absalom
the son of David had a beautiful sister whose name was
Tamar, and Amnon the son of David loved her. 2 And
Amnon was so frustrated because of his sister Tamar
that he made himself ill, for she was a virgin, and it
seemed hard to Amnon to do anything to her. 3 But
Amnon had a friend whose name was Jonadab, the son
of Shimeah, David's brother; and Jonadab was a very shrewd
man. 4 And he said to him, "O son of the king, why
are you so depressed morning after morning? Will you
not tell me?" Then Amnon said to him, "I am in love
with Tamar, the sister of my brother Absalom." 5 Jonadab
then said to him, "Lie down on your bed and pretend

/네 부친이 너를 보러 오거든(when)
너는 — 말하기를 ...하라
/청컨대(please)
내 누이 — 다말로 와서
내게 식물을 먹이되
/[그녀가] — 식물을 차려
그 손으로 먹여주게 하옵소서

6 암논이 곧 **누워**
병든 체하다가

왕이 저를 볼[보러] 와서 ...때에(when)
[그가] 왕께 **고하되**
/청컨대(please)...하옵소서
다말로 — 와서
/내 누이
과자 두어개를 만들어
/내가 보는데서
내게 먹여 주게
/그 손으로

7 다윗이 사람을 **보내어**
/그 집으로
/다말에게 이르되 ...한지라
/[너는] — 암논의 집으로 가서
/네 오라비
음식을 차리라
/저를 위하여

8 다말이 암논의 집에 **이르매**
/그 오라비

암논이 **누웠더라**
다말이 밀가루를 **가지고**
반죽하여
과자를 **만들고**
/그 보는데서
그 과자를 **굽고**

9 [그녀가] 그 남비를 **가져다가**
그 앞에 **쏟아 놓아도**
암논이 먹기를 **싫어하고**
가로되 ...하니
/모든 사람을 나가게 하라

하다가 네 부친이 너를 보러 오거든 너는 말하기를 청컨
대 내 누이 다말로 와서 내게 식물을 먹이되 나 보는데서
식물을 차려 그 손으로 먹여 주게 하옵소서 하라 **6** 암논
이 곧 누워 병든 체하다가 왕이 와서 저를 볼 때에 왕께
고하되 청컨대 내 누이 다말로 와서 내가 보는데서 과자
두어 개를 만들어 그 손으로 내게 먹여 주게 하옵소서 **7**
다윗이 사람을 그 집으로 보내어 다말에게 이르되 네 오
라비 암논의 집으로 가서 저를 위하여 음식을 차리라 한
지라 **8** 다말이 그 오라비 암논의 집에 이르매 암논이 누
었더라 다말이 밀가루를 가지고 반죽하여 그 보는 데서
과자를 만들고 그 과자를 굽고 **9** 그 남비를 가져다가 그
앞에 쏟아 놓아도 암논이 먹기를 싫어하고 가로되 모든

to be ill; when your father comes to see you, say to
him, 'Please let my sister Tamar come and give me
some food to eat, and let her prepare the food in my
sight, that I may see it and eat from her hand.'" **6** So
Amnon lay down and pretended to be ill; when the king
came to see him, Amnon said to the king, "Please let
my sister Tamar come and make me a couple of cakes
in my sight, that I may eat from her hand." **7** ¶ Then
David sent to the house for Tamar, saying, "Go now
to your brother Amnon's house, and prepare food for
him." **8** So Tamar went to her brother Amnon's house,
and he was lying down. And she took dough, kneaded
it, made cakes in his sight, and baked the cakes. **9** And
she took the pan and dished them out before him, but
he refused to eat. And Amnon said, "Have everyone
go out from me." So everyone went out from him. **10**

다 — 저를 **떠나**
　　나가니라

10 암논이 다말에게 **이르되**
/[너는] — 침실로 들어오라
/식물을 가지고
/내가 — 네 손에서 먹으리라

다말이 과자를 **가지고**
/자기의 만든
침실에 **들어가**

//(목적: ל, to)
암논에게 이르러
/그 오라비

11 [그녀가] 가까이 가지고 갈 때에(when)

//(목적: ל, to)
저에게 먹이려고

암논이 그를 **붙잡고**
이르되
/누이야!
[너는] — 와서
　　— 나와 동침하자

12 저가 **대답하되**
/아니라
/내 오라비여!
[너는] — 나를 욕되게 말라

//(이유: כִּי, for)
이런 일은 — 마땅히 행치 못할 것이니
/이스라엘에서

/[너는] — 이 괴악한 일을 행치 말라
13 /내가 — 어디로 가겠느냐?
/이 수치를 무릅쓰고
/너도 — 하나가 되리라
/괴악한 자 중
/이스라엘에서
/청컨대(please)
[너는] — 왕께 말하라

//(결과: 명령문)
저가 —거절치 아니하시리라 (하되)
/나를 네게 주기를

삼하

사람을 나가게 하라 하니 다 저를 떠나 나가니라 **10** 암
논이 다말에게 이르되 식물을 가지고 침실로 들어오라
내가 네 손에서 먹으리라 다말이 자기의 만든 과자를 가
지고 침실에 들어가 그 오라비 암논에게 이르러 **11** 저
에게 먹이려고 가까이 가지고 갈 때에 암논이 그를 붙잡
고 이르되 누이야 와서 나와 동침하자 **12** 저가 대답하
되 아니라 내 오라비여 나를 욕되게 말라 이런 일은 이
스라엘에서 마땅히 행치 못할 것이니 이 괴악한 일을 행
치 말라 **13** 내가 이 수치를 무릅쓰고 어디로 가겠느냐
너도 이스라엘에서 괴악한 자 중 하나가 되리라 청컨대

Then Amnon said to Tamar, "Bring the food into the
bedroom, that I may eat from your hand." So Tamar
took the cakes which she had made and brought them
into the bedroom to her brother Amnon. **11** When she
brought them to him to eat, he took hold of her and said
to her, "Come, lie with me, my sister." **12** But she answered
him, "No, my brother, do not violate me, for such a
thing is not done in Israel; do not do this disgraceful
thing! **13** "As for me, where could I get rid of my reproach?
And as for you, you will be like one of the fools in
Israel. Now therefore, please speak to the king, for he
will not withhold me from you." **14** However, he would

14 암논이 그 말을 **듣지 아니하고**
억지로 **동침하니라**

//(이유: ו, since)
다말보다 힘이 세므로

15 그리하고(and)
암논이 저를 심히 **미워하니**

//이제(결과: so that)
미움이 —— 연애보다 더한지라
/미워하는 /이왕 연애하던

곧(and)
[그가] 저에게 **이르되**
/[너는] ┬ 일어나
└ 가라

16 다말이 **가로되** ...하되
/가치 아니하다
/이 큰 악은 —— 아까 내게 행한 그 악보다 더하다
/나를 쫓아 보내는

암논이 **듣지 아니하고**
17 종을 **불러**
이르되 ...하니
/그 부리는
/[너는] ┬ 이 계집을 내어보내고
└ 곧 문빗장을 지르라

18 하인이 저를 **끌어내고**
/암논의
곧 **문빗장을 지르니라**

다말이 채색 옷을 **입었으니**

//(이유: כִּי, for)
공주는 — 이런 옷으로 단장하는 법이라
/출가하지 아니한

19 다말이 재를 **무릅쓰고**
/그 머리에
그 채색옷을 **찢고**
손을 **얹고**
/머리 위에
가니라
/크게 울며

삼하

왕께 말하라 저가 나를 네게 주기를 거절치 아니하시리
라 하되 **14** 암논이 그 말을 듣지 아니하고 다말보다 힘
이 세므로 억지로 동침하니라 **15** 그리하고 암논이 저를
심히 미워하니 이제 미워하는 미움이 이왕 연애하던 연
애보다 더한지라 곧 저에게 이르되 일어나 가라 **16** 다
말이 가로되 가치 아니하다 나를 쫓아 보내는 이 큰 악은
아까 내게 행한 그 악보다 더하다 하되 암논이 듣지 아니
하고 **17** 그 부리는 종을 불러 이르되 이 계집을 내어보
내고 곧 문빗장을 지르라 하니 **18** 암논의 하인이 저를
끌어내고 곧 문빗장을 지르니라 다말이 채색 옷을 입었
으니 출가하지 아니한 공주는 이런 옷으로 단장하는 법
이라 **19** 다말이 재를 그 머리에 무릅쓰고 그 채색 옷을

not listen to her; since he was stronger than she, he
violated her and lay with her. **15** ¶ Then Amnon hated
her with a very great hatred; for the hatred with which
he hated her was greater than the love with which he
had loved her. And Amnon said to her, "Get up, go
away!" **16** But she said to him, "No, because this
wrong in sending me away is greater than the other that
you have done to me!" Yet he would not listen to her.
17 Then he called his young man who attended him
and said, "Now throw this woman out of my presence,
and lock the door behind her." **18** Now she had on a
long-sleeved garment; for in this manner the virgin daughters
of the king dressed themselves in robes. Then his attendant
took her out and locked the door behind her. **19** And

20 압살롬이 저에게 **이르되**
/그 오라비 /암논이 ── 너와 함께 있었느냐?
/네 오라비
/그러나
저는 네 오라비니
/누이야!
[너는] ── 시방은 잠잠히 있고
[너는] ── 근심하지 말라
/이것으로 인하여

이에
다말이 압살롬의 집에 **있어**
/그 오라비
처량하게 **지내니라**

21 다윗 왕이 이 모든 일을 **듣고**
심히 **노하니라**

22 압살롬이 시비간에 **말하지 아니하니라**

//(이유: כִּי, for)
저를 미워하여

//(이유: עַל, because)
암논이 ── 욕되게 하였으므로
/그 누이 다말을

23 이 주년 후에
압살롬(의)[이] 양털(을)깎는 일이 **있으매**
/바알하솔에서
/에브라임 곁

압살롬이 **청하고**
/왕의 모든 아들을

24 [그가] 왕께 **나아와**
말하되
/이제
종에게 양털 깎는 일이 있사오니
/청컨대(please)
왕은 ── 이 종과 함께 **가사이다**
/신복들을 데리시고

25 왕이 압살롬에게 **이르되**
/아니라

삼하

찢고 손을 머리 위에 얹고 크게 울며 가니라 20 그 오
라비 압살롬이 저에게 이르되 네 오라비 암논이 너와 함
께 있었느냐 그러나 저는 네 오라비니 누이야 시방은 잠
잠히 있고 이것으로 인하여 근심하지 말라 이에 다말이
그 오라비 압살롬의 집에 있어 처량하게 지내니라 21
다윗 왕이 이 모든 일을 듣고 심히 노하니라 22 압살롬
이 그 누이 다말을 암논이 욕되게 하였으므로 저를 미워
하여 시비 간에 말하지 아니하니라 23 이 주년 후에 에
브라임 곁 바알하솔에서 압살롬의 양털을 깎는 일이 있
으매 압살롬이 왕의 모든 아들을 청하고 24 왕께 나아
와 말하되 이제 종에게 양털 깎는 일이 있사오니 청컨대
왕은 신복들을 데리시고 이 종과 함께 가사이다 25 왕

Tamar put ashes on her head, and tore her long-sleeved
garment which was on her; and she put her hand on her
head and went away, crying aloud as she went. 20 ¶
Then Absalom her brother said to her, "Has Amnon
your brother been with you? But now keep silent, my
sister, he is your brother; do not take this matter to
heart." So Tamar remained and was desolate in her
brother Absalom's house. 21 Now when King David
heard of all these matters, he was very angry. 22 But
Absalom did not speak to Amnon either good or bad;
for Absalom hated Amnon because he had violated his
sister Tamar. 23 ¶ Now it came about after two full
years that Absalom had sheepshearers in Baal-hazor,
which is near Ephraim, and Absalom invited all the
king's sons. 24 And Absalom came to the king and
said, "Behold now, your servant has sheepshearers;

/내 아들아!
우리가 다 갈 것이 없다
네게 누를 끼칠까 하노라

압살롬이 **간청하되**

저가 **가지 아니하고**
위하여 복을 비는지라

26 압살롬이 **가로되**
/[만일]
그렇게 아니하시려거든(if)
/청컨대(please)
암논으로 ──가게 하옵소서
/내 형 /우리와 함께

왕이 저에게 **이르되** ...하되
/그가 너와 함께 갈 것이 무엇이냐?

27 압살롬이 간청하매(when)
왕이 저와 함께 **보내니라**
/암논과
/왕의 모든 아들을

28 압살롬이 이미 **분부하여 이르기를** ...한지라
/그 사환들에게
/너희는──자세히 보다가
/암논의 마음이 술로 즐거워할 때를
/내가 ──너희에게 하거든(when)
/암논을 치라
[너희는]── 저를 죽이라
/두려워 말라
/내가 너희에게 명한 것이 아니냐?
/너희는 담대히 용맹을 내라?

29 사환들이 암논에게 **행하매**
/압살롬의 /그 분부대로

모든 아들이 **일어나**
/왕의

각기 노새를 **타고**
도망하니라

30 저희가 길에 있을 때에(when)
소문이 다윗에게 **이르매**
/압살롬이┬ 모든 아들을 죽이고
/왕의
└ 남기지 아니하였다는
/하나도

이 압살롬에게 이르되 아니라 내 아들아 우리가 다 갈 것
이 없다 네게 누를 끼칠까 하노라 압살롬이 간청하되 저
가 가지 아니하고 위하여 복을 비는지라 **26** 압살롬이
가로되 그렇게 아니하시려거든 청컨대 내 형 암논으로
우리와 함께 가게 하옵소서 왕이 저에게 이르되 그가 너
와 함께 갈것이 무엇이냐 하되 **27** 압살롬이 간청하매
왕이 암논과 왕의 모든 아들을 저와 함께 보내니라 **28**
압살롬이 이미 그 사환들에게 분부하여 이르기를 너희는
암논의 마음이 술로 즐거워할 때를 자세히 보다가 내가
너희에게 암논을 치라 하거든 저를 죽이라 두려워 말라
내가 너희에게 명한 것이 아니냐 너희는 담대히 용맹을
내라 한지라 **29** 압살롬의 사환들이 그 분부대로 암논에

please let the king and his servants go with your servant."
25 But the king said to Absalom, "No, my son, we
should not all go, lest we be burdensome to you."
Although he urged him, he would not go, but blessed
him. **26** Then Absalom said, "If not, please let my
brother Amnon go with us." And the king said to him, "Why
should he go with you?" **27** But when Absalom urged
him, he let Amnon and all the king's sons go with him.
28 ¶ And Absalom commanded his servants, saying,
"See now, when Amnon's heart is merry with wine, and
when I say to you, 'Strike Amnon,' then put him to
death. Do not fear; have not I myself commanded you?
Be courageous and be valiant." **29** And the servants of
Absalom did to Amnon just as Absalom had commanded.

31 왕이 곧 **일어나서**
그 옷을 **찢고**
땅에 **엎드러지고**

그 신복들도 **모셔 선지라**
/다 /옷을 찢고

32 요나답이 **고하여**
/시므아의 아들
/다윗의 형

가로되
/내 주여!
[당신은] — 생각지 마옵소서
/왕자들이 다 — 죽임을 당한 줄로
/소년

//(이유: כִּי, for)
오직 암논만 죽었으리이다

//(이유: כִּי, because)
압살롬이 — 결심한 것이니이다
/저가 — 다말을 욕되게 한 날부터
/압살롬의 누이

33 /그러하온즉
내 주 왕이여!
[당시는] — 괘념하지 마옵소서
/생각하여
/왕자들이 다 죽은 줄로

//(이유: כִּי, for)
암논만 죽었으리이다

34 이에
압살롬은 **도망하니라**

소년이 눈을 **들어**
/파수하는

보니
/여러 사람이 — 오더라
/뒷산 언덕길로

35 요나답이 왕께 **고하되**
/왕자들이 오나이다
/종의 말한 대로 되었나이다

게 행하매 왕의 모든 아들이 일어나 각기 노새를 타고
도망하니라 **30** 저희가 길에 있을 때에 압살롬이 왕의
모든 아들을 죽이고 하나도 남기지 아니하였다는 소문이
다윗에게 이르매 **31** 왕이 곧 일어나서 그 옷을 찢고 땅
에 엎드러지고 그 신복들도 다 옷을 찢고 모셔 선지라
32 다윗의 형 시므아의 아들 요나답이 고하여 가로되
내 주여 소년 왕자들이 다 죽임을 당한 줄로 생각지 마
옵소서 오직 암논만 죽었으리이다 저가 압살롬의 누이
다말을 욕되게 한 날부터 압살롬이 결심한 것이니이다
33 그러하온즉 내 주 왕이여 왕자들이 다 죽은 줄로 생
각하여 괘념하지 마옵소서 암논만 죽었으리이다 **34** 이
에 압살롬은 도망하니라 파수하는 소년이 눈을 들어 보

Then all the king's sons arose and each mounted his
mule and fled. **30** ¶ Now it was while they were on
the way that the report came to David, saying, "Absalom
has struck down all the king's sons, and not one of them
is left." **31** Then the king arose, tore his clothes and
lay on the ground; and all his servants were standing by
with clothes torn. **32** And Jonadab, the son of Shimeah,
David's brother, responded, "Do not let my lord suppose
they have put to death all the young men, the king's
sons, for Amnon alone is dead; because by the intent of
Absalom this has been determined since the day that he
violated his sister Tamar. **33** "Now therefore, do not
let my lord the king take the report to heart, namely,
'all the king's sons are dead,' for only Amnon is dead."
34 ¶ Now Absalom had fled. And the young man who
was the watchman raised his eyes and looked, and behold,
many people were coming from the road behind him by
the side of the mountain. **35** And Jonadab said to the

6) 마치자마자

36 [그가] 말을 마치지[6)]
왕자들이 **이르러**
대성통곡하니

왕과
신복도 심히 **통곡하니라**
/그 모든

37 압살롬은 **도망하여**
달매에게로 **갔고**
/암미훌의 아들
/그술 왕

다윗은 날마다 **슬퍼하니라**
/그 아들을 인하여

38 압살롬이 **삼년이라**
/도망하여
그술로 가서
거한지

39 마음이 **간절하니**
/다윗 왕의 /압살롬에게 향하여

암논은 이미 **죽었으므로**
왕이 위로를 **받았음이더라**

삼하

14

1 요압이 **알고**
/스루야의 아들 /왕의 마음이 압살롬에게로 향하는 줄

2 [그가] 드고아에 **보내어**
거기서 **데려다가**
/슬기 있는 여인 하나를
이르되
/청컨대
너는 — 상제 된 것처럼 [하라]
— 상복을 **입고**
— 기름을 **바르지 말고**
— 오래 슬퍼하는 여인 같이 **하고**
/죽은 사람을 위하여
3 [너는] — 왕께 **들어가서**
— 여차여차히 **말하라고**

니 뒷산 언덕길로 여러 사람이 오더라 35 요나답이 왕
께 고하되 왕자들이 오나이다 종의 말한 대로 되었나이
다 36 말을 마치자 왕자들이 이르러 대성 통곡하니 왕
과 그 모든 신복도 심히 통곡하니라 37 압살롬은 도망
하여 그술 왕 암미훌의 아들 달매에게로 갔고 다윗은 날
마다 그 아들을 인하여 슬퍼하니라 38 압살롬이 도망하
여 그술로 가서 거한지 삼 년이라 39 다윗 왕의 마음이
압살롬에게 향하여 간절하니 암논은 이미 죽었으므로 왕
이 위로를 받았음이더라
14:1 스루야의 아들 요압이 왕의 마음이 압살롬에게
로 향하는 줄 알고 2 드고아에 보내어 거기서 슬
기있는 여인 하나를 데려다가 이르되 청컨대 너는 상제

king, "Behold, the king's sons have come; according to
your servant's word, so it happened." 36 And it came
about as soon as he had finished speaking, that behold,
the king's sons came and lifted their voices and wept;
and also the king and all his servants wept very bitterly.
37 ¶ Now Absalom fled and went to Talmai the son
of Ammihud, the king of Geshur. And David mourned
for his son every day. 38 So Absalom had fled and
gone to Geshur, and was there three years. 39 And the heart
of King David longed to go out to Absalom; for he was
comforted concerning Amnon, since he was dead.
14:1 ¶ Now Joab the son of Zeruiah perceived that
the king's heart was inclined toward Absalom. 2
So Joab sent to Tekoa and brought a wise woman from

[그가] 할 말을 **넣어주니라**
/그 입에

4 드고아 여인이 왕께 고할 때에(when)
얼굴을 땅에 **대고**
엎드려
가로되
/왕이여! 도우소서

5 왕이 저에게 **이르되**
/무슨 일이냐?

[그녀가] **대답하되**
/나는 ─── 참 과부니이다
/남편은 ─── 죽고
6 /아들[이] ─── 둘이 있더니
/저희가 ─── 들에서 싸우나
/사람이 ─── 아무도 없으므로
/말려 줄
/저가 ─── 이를 쳐 죽인지라

7 /온 족속이 ─── 일어나서
/나를 핍박하여
/왕의 계집종
말하기를
/그 동생을 죽인 자를 내어놓으라
/우리가 ┬ 그 동생 죽인 죄를 갚아
/저를 죽여
└ 사자 될 것까지 끊겠노라 하오니

/그러한즉
저희가 ┬ 숯불을 꺼서
/내게 남아 있는
└ 세상에 끼쳐두지 아니 하겠나이다
/내 남편의 이름과 씨를

8 왕이 여인에게 **이르되**
/[너는] ─── 네 집으로 가라

//(결과: 명령문)
내가 ─── 명령을 내리리라
/너를 위하여

삼하

된 것처럼 상복을 입고 기름을 바르지 말고 죽은 사람을
위하여 오래 슬퍼하는 여인같이 하고 3 왕께 들어가서
여차여차히 말하라고 할 말을 그 입에 넣어주니라 4 드
고아 여인이 왕께 고할 때에 얼굴을 땅에 대고 엎드려
가로되 왕이여 도우소서 5 왕이 저에게 이르되 무슨 일
이냐 대답하되 나는 참 과부니이다 남편은 죽고 6 아들
둘이 있더니 저희가 들에서 싸우나 말려 줄 사람이 아무
도 없으므로 저가 이를 쳐 죽인지라 7 온 족속이 일어나
서 왕의 계집종 나를 핍박하여 말하기를 그 동생을 죽인
자를 내어 놓으라 우리가 그 동생 죽인 죄를 갚아 저를
죽여 사자 될 것까지 끊겠노라 하오니 그러한즉 저희가
내게 남아 있는 숯불을 꺼서 내 남편의 이름과 씨를 세
상에 끼쳐두지 아니하겠나이다 8 왕이 여인에게 이르되
네 집으로 가라 내가 너를 위하여 명령을 내리리라 9 드
고아 여인이 왕께 고하되 내 주 왕이여 그 죄는 나와 내
아비의 집으로 돌릴 것이니 왕과 왕위는 허물이 없으리

there and said to her, "Please pretend to be a mourner,
and put on mourning garments now, and do not anoint
yourself with oil, but be like a woman who has been mourning
for the dead many days; 3 then go to the king and speak
to him in this manner. "So Joab put the words in her
mouth. 4 ¶ Now when the woman of Tekoa spoke to
the king, she fell on her face to the ground and prostrated
herself and said, "Help, O king." 5 And the king said
to her, "What is your trouble?" And she answered,
"Truly I am a widow, for my husband is dead. 6 "And
your maidservant had two sons, but the two of them struggled
together in the field, and there was no one to separate
them, so one struck the other and killed him. 7 "Now
behold, the whole family has risen against your maidservant,
and they say, 'Hand over the one who struck his brother,
that we may put him to death for the life of his brother whom
he killed, and destroy the heir also.' Thus they will extinguish
my coal which is left, so as to leave my husband neither
name nor remnant on the face of the earth." 8 ¶ Then
the king said to the woman, "Go to your house, and I

9 드고아 여인이 왕께 **고하되**
/내 주 왕이여!
그 죄는 —— 돌릴 것이니
/나와 내 아비의 집으로
/왕과
왕위는 —— 허물이 없으리이다

10 왕이 **가로되**
/누구든지 —— 내게로 데려오라
/네게 말하는 자를
//(결과: 명령문)
저가 다시는 너를 건드리지도 못하리라

11 여인이 **가로되**
/청컨대(please)
왕은 —— 여호와를 생각하사
/왕의 하나님
//(결과: so that)
갚는 자로 — 더 죽이지 못하게 하옵소서
/원수
내 아들을 죽일까 두려워 하나이다

왕이 **가로되**
/[내가] —— 맹세하노니
/여호와의 사심을 가리켜
/하나라도 — 땅에 떨어지지 아니하리라
/네 아들의 머리카락

12 여인이 **가로되**
/청컨대...용납하여 (please)
계집종(을)[이 — 여쭙게 하옵소서
/내 주 왕께
/한 말씀으로

[다윗이] **가로되**
/말하라

13 여인이 **가로되**
/그러면 어찌하여(why)
왕께서 — 이같은 도모를 하셨나이까?
/하나님의 백성에게 대하여
//(이유: for)
이 말씀을 하셨으니
/왕께서 — 죄 있는 사람 같이 되심은
//(이유: ᄀ, for)

이다 10 왕이 가로되 누구든지 네게 말하는 자를 내게
로 데려 오라 저가 다시는 너를 건드리지도 못하리라
11 여인이 가로되 청컨대 왕은 왕의 하나님 여호와를
생각하사 원수 갚는 자로 더 죽이지 못하게 하옵소서 내
아들을 죽일까 두려워 하나이다 왕이 가로되 여호와의
사심을 가리켜 맹세하노니 네 아들의 머리카락 하나라도
땅에 떨어지지 아니하리라 12 여인이 가로되 청컨대 계
집종을 용납하여 한 말씀으로 내 주 왕께 여쭙게 하옵소
서 가로되 말하라 13 여인이 가로되 그러면 어찌하여
왕께서 하나님의 백성에게 대하여 이같은 도모를 하셨나

will give orders concerning you." 9 And the woman of
Tekoa said to the king, "O my lord, the king, the iniquity
is on me and my father's house, but the king and his
throne are guiltless." 10 So the king said, "Whoever speaks
to you, bring him to me, and he will not touch you anymore."
11 Then she said, "Please let the king remember the LORD
your God, so that the avenger of blood may not continue
to destroy, lest they destroy my son." And he said, "As
the LORD lives, not one hair of your son shall fall to
the ground." 12 ¶ Then the woman said, "Please let
your maidservant speak a word to my lord the king."
And he said, "Speak." 13 And the woman said, "Why
then have you planned such a thing against the people
of God? For in speaking this word the king is as one

//(이유: ו, for)
집으로 돌아오게 아니하심이니이다
/그 내어쫓긴 자를

14 /우리는 ─ 필경 죽으리니
└ 땅에 쏟아진 물(을)같을 것이오나
/다시 모으지 못함(=못할)

/하나님은 ─ 생명을 빼앗지 아니하시고
├ 방책을 베푸사
└ 하나님께 버린 자가 되지 않게 하시나이다
/내어쫓긴 자로

15 /이제(now)
내가 ── 와서

//(목적: ל, to)
이 말씀을 여쭙는 것은
/내 주 왕께

//(이유: כִּי, for)
백성들이 ─ 나를 두렵게 하므로

/계집종이 스스로 말하기를
/[만일]
내가 ── 왕께 여쭈면
[그가] ── 혹시 시행하실 것이라
/종의 청하는 것을

16 /왕께서 ─ 들으시고
└ 종을 구원하시리라 (함이니이다)
/나와 내 아들을 함께
/끊을 자의 손에서
/하나님의 산업에서

17 계집종이 또 **스스로 말하기를**
/왕의 ── 말씀이 . . . 하였사오니
/내 주 /나의 위로가 되기를 원한다

//이는(이유: כִּי, for)
왕께서 ── 선과 악을 분간하심이니이다
/내 주 /하나님의 사자 같이

/원컨대(please)
여호와께서 ── 왕과 같이 계시옵소서
/왕의 하나님

이까 이 말씀을 하셨으니 왕께서 죄 있는 사람같이 되심
은 그 내어 쫓긴 자를 집으로 돌아오게 아니하심이니이
다 **14** 우리는 필경 죽으리니 땅에 쏟아진 물을 다시 모
으지 못함 같을 것이오나 하나님은 생명을 빼앗지 아니
하시고 방책을 베푸사 내어 쫓긴 자로 하나님께 버린 자
가 되지 않게 하시나이다 **15** 이제 내가 와서 내 주 왕
께 이 말씀을 여쭙는 것은 백성들이 나를 두렵게 하므로
계집종이 스스로 말하기를 내가 왕께 여쭈면 혹시 종의
청하는 것을 시행하실 것이라 **16** 왕께서 들으시고 나와
내 아들을 함께 하나님의 산업에서 끊을 자의 손에서 종
을 구원하시리라 함이니이다 **17** 계집종이 또 스스로 말
하기를 내 주 왕의 말씀이 나의 위로가 되기를 원한다
하였사오니 이는 내 주 왕께서 하나님의 사자같이 선과
악을 분간하심이니이다 원컨대 왕의 하나님 여호와께서

who is guilty, in that the king does not bring back his banished
one. **14** "For we shall surely die and are like water
spilled on the ground which cannot be gathered up again.
Yet God does not take away life, but plans ways so that
the banished one may not be cast out from him. **15**
"Now the reason I have come to speak this word to my
lord the king is because the people have made me afraid;
so your maidservant said, 'Let me now speak to the
king, perhaps the king will perform the request of his
maidservant. **16** 'For the king will hear and deliver
his maidservant from the hand of the man who would destroy
both me and my son from the inheritance of God.' **17** "Then
your maidservant said, 'Please let the word of my lord
the king be comforting, for as the angel of God, so is
my lord the king to discern good and evil. And may the
LORD your God be with you.'" **18** ¶ Then the king

18 왕이 그 여인에게 **대답하여**
이르되
/[너는] —— 숨기지 말라
/내가 네게 묻는 것을

여인이 **가로되**
/내 주 왕은 말씀하옵소서

19 왕이 **가로되**
/요압이 —— 너와 함께 하였느냐
/이 모든 일에

여인이 **대답하여**
가로되
/[내가] — 맹세하옵나니
/내 주 왕의 사심을 가리켜
/옮길 자가 없으리이다
/무릇 내 주 왕의 말씀을
/좌로나 우로나

/요압이 ——— 내게 명하였고
/왕의 종
/저가 ——— 이 모든 말을 넣어 주었사오니
/왕의 계집종의 입에

삼하

20 /요압이 ——— 이렇게 함이니이다
/왕의 종

//이는(목적: ל, to)
이 일의 형편을 변하려 하여

/지혜는 —— 하나님의 사자의 지혜와 같아서
/내 주 왕의
/[그가] —— 다 아시나이다 (하니라)
/땅에 있는 일을

21 왕이 요압에게 **이르되**
/내가 —— 이 일을 허락하였으니
/[너는] ┬ 가서
└ 소년 압살롬을 데려 오라

22 요압이 땅에 **엎드려**
절하고
왕을 위하여 복을 **빌고**

왕과 같이 계시옵소서 **18** 왕이 그 여인에게 대답하여
이르되 내가 네게 묻는 것을 숨기지 말라 여인이 가로되
내 주 왕은 말씀하옵소서 **19** 왕이 가로되 이 모든 일에
요압이 너와 함께 하였느냐 여인이 대답하여 가로되 내
주 왕의 사심을 가리켜 맹세하옵나니 무릇 내 주 왕의 말
씀을 좌로나 우로나 옮길 자가 없으리이다 왕의 종 요압
이 내게 명하였고 저가 이 모든 말을 왕의 계집종의 입에
넣어주었사오니 **20** 이는 왕의 종 요압이 이 일의 형편
을 변하려 하여 이렇게 함이니이다 내 주 왕의 지혜는 하
나님의 사자의 지혜와 같아서 땅에 있는 일을 다 아시나
이다 하니라 **21** 왕이 요압에게 이르되 내가 이 일을 허
락하였으니 가서 소년 압살롬을 데려오라 **22** 요압이 땅
에 엎드려 절하고 왕을 위하여 복을 빌고 가로되 내 주
왕이여 종의 구함을 허락하시니 종이 왕 앞에서 은혜 받

answered and said to the woman, "Please do not hide
anything from me that I am about to ask you." And the
woman said, "Let my lord the king please speak." **19**
So the king said, "Is the hand of Joab with you in all
this?" And the woman answered and said, "As your
soul lives, my lord the king, no one can turn to the right
or to the left from anything that my lord the king has
spoken. Indeed, it was your servant Joab who commanded
me, and it was he who put all these words in the mouth
of your maidservant; **20** in order to change the appearance
of things your servant Joab has done this thing. But my
lord is wise, like the wisdom of the angel of God, to
know all that is in the earth." **21** ¶ Then the king said
to Joab, "Behold now, I will surely do this thing; go therefore,
bring back the young man Absalom." **22** And Joab fell
on his face to the ground, prostrated himself and blessed

가로되
/내 주 왕이여!
종의 구함을 허락하시니
/종이 —— 오늘날 **아나이다** 하고
/은혜 받은 줄을
/왕 앞에서

23 [그가] **일어나**
그술로 **가서**
압살롬을 **데리고**
예루살렘으로 **오니**

24 왕이 **가로되** ...하매
/저를 그 집으로 물러가게 하고
/내 얼굴을 보지 말게 하라

압살롬이 자기 집으로 **가고**
왕의 얼굴을 **보지 못하니라**

25 칭찬 받는 자가 **없었으니**
/압살롬 같이 /온 이스라엘 가운데
/아름다움으로
/크게

저는 **흠이 없음이라**
/발바닥부터 정수리까지

26 [그가] 연말마다 **깎았으며**

//(이유: ן, for)
그 머리털이 무거우므로

그 머리 털을 깎을 때에(when)
[그가] **달아 본즉**
[그것이] **이백 세겔이었더라**
/왕의 저울로

27 압살롬이 아들 셋과 딸 하나를 **낳았는데**
딸의 이름은 **다말이라**
[그녀는] **여자더라**
/얼굴이 아름다운

28 압살롬이 예루살렘에 **있으되**
/이태 동안을
왕의 얼굴을 **보지 못하였으므로**

은 줄을 오늘날 아나이다 하고 23 일어나 그술로 가서
압살롬을 데리고 예루살렘으로 오니 24 왕이 가로되 저
를 그 집으로 물러가게 하고 내 얼굴을 보지 말게 하라
하매 압살롬이 자기 집으로 가고 왕의 얼굴을 보지 못하
니라 25 온 이스라엘 가운데 압살롬같이 아름다움으로
크게 칭찬 받는 자가 없었으니 저는 발바닥부터 정수리
까지 흠이 없음이라 26 그 머리털이 무거우므로 년말마
다 깎았으며 그 머리털을 깎을 때에 달아본즉 왕의 저울
로 이백 세겔이었더라 27 압살롬이 아들 셋과 딸 하나
를 낳았는데 딸의 이름은 다말이라 얼굴이 아름다운 여
자더라 28 압살롬이 이태 동안을 예루살렘에 있으되 왕
의 얼굴을 보지 못하였으므로 29 요압을 왕께 보내려

the king; then Joab said, "Today your servant knows
that I have found favor in your sight, O my lord, the
king, in that the king has performed the request of his servant."
23 So Joab arose and went to Geshur, and brought Absalom
to Jerusalem. 24 However the king said, "Let him turn
to his own house, and let him not see my face." So
Absalom turned to his own house and did not see the
king's face. 25 ¶ Now in all Israel was no one as
handsome as Absalom, so highly praised; from the sole
of his foot to the crown of his head there was no defect
in him. 26 And when he cut the hair of his head (and
it was at the end of every year that he cut it, for it was
heavy on him so he cut it), he weighed the hair of his
head at 200 shekels by the king's weight. 27 And to Absalom
there were born three sons, and one daughter whose
name was Tamar; she was a woman of beautiful appearance.

29 [그가] 사람을 **보내어 부르되**

//(목적: ל, to)
요압을 왕께 보내려 하여

[그가] **오지 아니하고**
또
[그가] 다시 **보내되**
[그가] **오지 아니하는지라**

30 압살롬이 그 종에게 **이르되**
/보라!
요압의 밭이 내 밭 근처에 있고
/거기 보리가 있으니
/[너는] ─ 가서
└ 불을 놓으라

종들이 그 밭에 불을 **놓았더니**
/압살롬의

31 요압이 **일어나**
압살롬의 집으로 **와서**
압살롬에게 **이르되**
/어찌하여(why)
네 종들이 내 밭에 불을 놓았느냐?

삼하

32 압살롬이 요압에게 **대답하되**
/내가 ── 사람을 네게 보내어...것은
/일찍

//(목적: ל, to)
너를 이리로 청한

//내가 너를 왕께 보내어

//고하게 하기를 ...하려 함이로라
/어찌하여
내가 그술에서 돌아오게 되었나이까
이때까지 거기 있는 것이 내게 나았으리이다

/이제는
네가 나로 왕의 얼굴을 보게 하라
/만일
내가 ── 죄가 있으면
왕이 나를 죽이시는 것이 가하니라

33 요압이 왕께 **나아가서**
그 말을 **고하매**

하여 사람을 보내어 부르되 오지 아니하고 또 다시 보내
되 오지 아니하는지라 **30** 압살롬이 그 종에게 이르되
보라 요압의 밭이 내 밭 근처에 있고 거기 보리가 있으니
가서 불을 놓으라 압살롬의 종들이 그 밭에 불을 놓았더
니 **31** 요압이 일어나 압살롬의 집으로 와서 압살롬에게
이르되 어찌하여 네 종들이 내 밭에 불을 놓았느냐 **32**
압살롬이 요압에게 대답하되 내가 일찍 사람을 보내어
너를 이리로 청한 것은 내가 너를 왕께 보내어 고하게 하
기를 어찌하여 내가 그술에서 돌아오게 되었나이까 이때
까지 거기 있는 것이 내게 나았으리이다 하려 함이로다
이제는 네가 나로 왕의 얼굴을 보게하라 내가 만일 죄가
있으면 왕이 나를 죽이시는 것이 가하니라 **33** 요압이

28 ¶ Now Absalom lived two full years in Jerusalem,
and did not see the king's face. **29** Then Absalom sent
for Joab, to send him to the king, but he would not
come to him. So he sent again a second time, but he
would not come. **30** Therefore he said to his servants, "See,
Joab's field is next to mine, and he has barley there; go
and set it on fire." So Absalom's servants set the field
on fire. **31** Then Joab arose, came to Absalom at his
house and said to him, "Why have your servants set
my field on fire?" **32** And Absalom answered Joab,
"Behold, I sent for you, saying, Come here, that I may
send you to the king, to say," Why have I come from Geshur?
It would be better for me still to be there. "Now therefore,
let me see the king's face; and if there is iniquity in

왕이	압살롬을 **부르니**
저가	왕께 **나아가**
	얼굴을 땅에 **대어**
	/그 앞에서
	절하매
왕이	압살롬과 **입을 맞추니라**

15

1 이 후에	
압살롬이	**준비하고**
	/병거와 말들을
	/자기를 위하여
	전배 오십명을 〈**세우니라**〉
2 압살롬이	일찌기 **일어나**
	성문 길 곁에 **서서**
사람이든지	왕에게 올 때에(when)
/어떤	/재판을 청하러
/송사가 있어	
[그가]	그 사람을 **불러서**
	이르되
	/너는 어느 성 사람이냐?
그 사람의	**대답이** ...하면
	/종은 이스라엘 아무 지파에 속하였나이다
3 압살롬이	저에게 **이르기를** ...하고
	/네 일이 — 옳고 바르다마는
	/왕께서 — 세우지 아니하셨다
	/네 송사 들을 사람을
4 또	
[압살롬이]	**이르기를** ...하고
	/내가 이 땅에서 재판관이 되고
	/내가 — 공의 베풀기를 원하노라
	/누구든지 내게로 오는 자에게
	/송사나 재판할 일이 있어
5 사람이	가까이 와서...하면(when)
	/절하려

삼하

왕께 나아가서 그 말을 고하매 왕이 압살롬을 부르니 저
가 왕께 나아가 그 앞에서 얼굴을 땅에 대어 절하매 왕
이 압살롬과 입을 맞추니라
15:1 이 후에 압살롬이 자기를 위하여 병거와 말들
을 준비하고 전배 오십 명을 세우니라 2 압살롬
이 일찌기 일어나 성문 길 곁에 서서 어떤 사람이든지
송사가 있어 왕에게 재판을 청하러 올 때에 그 사람을
불러서 이르되 너는 어느 성 사람이냐 그 사람의 대답이
종은 이스라엘 아무 지파에 속하였나이다 하면 3 압살
롬이 저에게 이르기를 네 일이 옳고 바르다마는 네 송사
들을 사람을 왕께서 세우지 아니하셨다 하고 4 또 이르
기를 내가 이 땅에서 재판관이 되고 누구든지 송사나 재
판할 일이 있어 내게로 오는 자에게 내가 공의 베풀기를
원하노라 하고 5 사람이 가까이 와서 절하려 하면 압살

me, let him put me to death." 33 So when Joab came
to the king and told him, he called for Absalom. Thus
he came to the king and prostrated himself on his face
to the ground before the king, and the king kissed
Absalom.
15:1 ¶ Now it came about after this that Absalom
provided for himself a chariot and horses, and fifty
men as runners before him. 2 And Absalom used to
rise early and stand beside the way to the gate; and it happened
that when any man had a suit to come to the king for
judgment, Absalom would call to him and say, "From
what city are you?" And he would say, "Your servant
is from one of the tribes of Israel." 3 Then Absalom
would say to him, "See, your claims are good and right,
but no man listens to you on the part of the king." 4
Moreover, Absalom would say, "Oh that one would
appoint me judge in the land, then every man who has
any suit or cause could come to me, and I would give

압살롬이 손을 **펴서**
그 사람을 **붙들고**
입을 맞추니

6 압살롬의[이] (무릇) **행함이**
/왕께 재판을 청하러 오는 자들에게
/이스라엘 무리 중에
/이 같아서
마음을 **도적하니라**
/이스라엘 사람의

7 압살롬이 왕께 **고하되**
/사년만에
/청컨대(please)
나로 ─ 헤브론에 가서
└ 그 서원을 이루게 하소서
/내가 여호와께 서원한 (것이 있사오니)

8 /종이 ── 아람 그술에 있을 때에(when)
서원하기를 ...하였나이다
/만일
여호와께서 ─ 나를 돌아가게 하시면(if)
/예루살렘으로
내가 ─── 여호와를 섬기리이다

9 왕이 저에게 **이르되**
/평안히 가라 하니

저가 **일어나**
헤브론으로 **가니라**

10 이에
압살롬이 정탐을 **두루 보내어**
/이스라엘 모든 지파 가운데
/이르기를 ... 하니라
/너희는 ─ 나팔소리를 듣거든
└ 곧 부르기를 ...하라
/압살롬이 헤브론에서 왕이 되었다

11 그 때에
이백명이 그 사기를 **알지 못하고**
/청함을 받은
/압살롬에게

저와 함께 **갔으며**
/아무 뜻 없이
/예루살렘에서

롬이 손을 펴서 그 사람을 붙들고 입을 맞추니 6 무릇
이스라엘 무리 중에 왕께 재판을 청하러 오는 자들에게
압살롬의 행함이 이같아서 이스라엘 사람의 마음을 도적
하니라 7 사년만에 압살롬이 왕께 고하되 내가 여호와께
서원한 것이 있사오니 청컨대 나로 헤브론에 가서 그 서
원을 이루게 하소서 8 종이 아람 그술에 있을 때에 서원
하기를 만일 여호와께서 나를 예루살렘으로 돌아가게 하
시면 내가 여호와를 섬기리이다 하였나이다 9 왕이 저에
게 이르되 평안히 가라 하니 저가 일어나 헤브론으로 가
니라 10 이에 압살롬이 정탐을 이스라엘 모든 지파 가
운데 두루 보내어 이르기를 너희는 나팔소리를 듣거든
곧 부르기를 압살롬이 헤브론에서 왕이 되었다 하라 하
니라 11 그 때에 압살롬에게 청함을 받은 이백 명이 그
사기(事機)를 알지 못하고 아무 뜻 없이 예루살렘에서 저

him justice." 5 And it happened that when a man came
near to prostrate himself before him, he would put out
his hand and take hold of him and kiss him. 6 And in
this manner Absalom dealt with all Israel who came to
the king for judgment; so Absalom stole away the hearts
of the men of Israel. 7 ¶ Now it came about at the end
of forty years that Absalom said to the king, "Please
let me go and pay my vow which I have vowed to the LORD,
in Hebron. 8 "For your servant vowed a vow while I
was living at Geshur in Aram, saying, 'If the LORD
shall indeed bring me back to Jerusalem, then I will
serve the LORD.'" 9 And the king said to him, "Go
in peace." So he arose and went to Hebron. 10 But Absalom
sent spies throughout all the tribes of Israel, saying, "As
soon as you hear the sound of the trumpet, then you
shall say, 'Absalom is king in Hebron.'" 11 Then two

12 제사 드릴 때에(while)
압살롬이 사람을 **보내어**...**청하여 온지라**
/아히도벨(을)[에게]
/다윗의 모사
/길로 사람
/그 성읍 길로에서

반역하는 일이 **커가매**
백성이 **많아지니라**
/압살롬에게로 돌아오는

13 사자가 다윗에게 **와서**
/고하되 ...한지라
/인심이 다 —— 압살롬에게로 돌아갔나이다
/이스라엘의

14 다윗이 **이르되**
/모든 신복에게
/예루살렘에 함께 있는
/[우리가] ─┬─ 일어나
└─ 도망하자

//그렇지 아니하면(כִּי, for)
한 사람도 —— 피하지 못하리라
/우리 /압살롬에게서

/[우리가] —— 빨리 가자

//두렵건대(목적: פֶּן, or)
저가 ─┬─ 우리를 급히 따라와서
├─ 해하고
└─ 칼로 성을 칠까 하노라

15 신복들이 왕께 **고하되** ...하더라
/왕의
/우리가 —— 행하리이다
/왕의[이] —— 하고자 하시는 대로
/우리 주
16 /왕이 ─┬─ 나갈 때에(when)
├─ 권속을 다 따르게 하고
└─ 후궁 열명을 남겨 두어 ...하니라
/궁을 지키게

17 왕이 **나가매**
백성이 다 **따라서**
/모든
벤메르학에 **이르러 머무니**

와 함께 갔으며 12 제사 드릴 때에 압살롬이 사람을 보
내어 다윗의 모사 길로 사람 아히도벨을 그 성읍 길로에
서 청하여 온지라 반역하는 일이 커가매 압살롬에게로
돌아오는 백성이 많아지니라 13 사자가 다윗에게 와서
고하되 이스라엘의 인심이 다 압살롬에게로 돌아갔나이
다 한지라 14 다윗이 예루살렘에 함께 있는 모든 신복
에게 이르되 일어나 도망하자 그렇지 아니하면 우리 한
사람도 압살롬에게서 피하지 못하리라 빨리 가자 두렵건
대 저가 우리를 급히 따라와서 해하고 칼로 성을 칠까
하노라 15 왕의 신복들이 왕께 고하되 우리 주 왕의 하
고자 하시는 대로 우리가 행하리이다 하더라 16 왕이
나갈 때에 권속을 다 따르게 하고 후궁 열명을 남겨 두
어 궁을 지키게 하니라 17 왕이 나가매 모든 백성이 다
따라서 벤메르학에 이르러 머무니 18 모든 신복이 그

hundred men went with Absalom from Jerusalem, who
were invited and went innocently, and they did not know
anything. 12 And Absalom sent for Ahithophel the Gilonite,
David's counselor, from his city Giloh, while he was offering
the sacrifices. And the conspiracy was strong, for the
people increased continually with Absalom. 13 ¶ Then
a messenger came to David, saying, "The hearts of the
men of Israel are with Absalom." 14 And David said
to all his servants who were with him at Jerusalem,
"Arise and let us flee, for otherwise none of us shall
escape from Absalom. Go in haste, lest he overtake us quickly
and bring down calamity on us and strike the city with
the edge of the sword." 15 Then the king's servants
said to the king, "Behold, your servants are ready to
do whatever my lord the king chooses." 16 So the king
went out and all his household with him. But the king
left ten concubines to keep the house. 17 And the king went
out and all the people with him, and they stopped at the

18 모든 신복이 그 곁으로 **지나가고**

그렛 사람과
/모든
블렛 사람과
/모든
및 육백인이 — 왕의 앞으로 **진행하니라**
/가드에서 온
/왕을 따라

19 그 때에(and)
왕이 잇대에게 **이르되**
/가드 사람
/어찌하여(why)
너도 우리와 함께 가느냐?

/[너는] — 돌아가서
— 네 곳에 있으라
/왕과 함께

//(이유: כִּי, for)
너는 쫓겨난 나그네니

20 /너는 — 어제 왔고
/나는 — 정처없이 가니
— 너로 어찌 유리하게 하리요
/오늘날
/우리와 함께
/너도 — 돌아가고
— 네 동포들도 데려가라

/은혜와
진리가 — 너와 함께 있기를 원하노라

21 잇대가 왕께 **대답하여**
가로되
/[내가] — 맹세하옵나니
/여호와의 사심[으로]과
/우리 주 왕의 사심으로

/종도 — 그곳에 있겠나이다
/진실로
/내 주 왕께서 어느 곳에 계시든지
/무론 사생하고

삼하

곁으로 지나가고 모든 그렛 사람과 모든 블렛 사람과 및
왕을 따라 가드에서 온 육백인이 왕의 앞으로 진행하니
라 19 그 때에 왕이 가드 사람 잇대에게 이르되 어찌하
여 너도 우리와 함께 가느냐 너는 쫓겨난 나그네니 돌아
가서 왕과 함께 네 곳에 있으라 20 너는 어제 왔고 나
는 정처없이 가니 오늘날 어찌 너로 우리와 함께 유리하
게 하리요 너도 돌아가고 네 동포들도 데려가라 은혜와
진리가 너와 함께 있기를 원하노라 21 잇대가 왕께 대
답하여 가로되 여호와의 사심과 우리 주 왕의 사심으로
맹세하옵나니 진실로 내 주 왕께서 어느 곳에 계시든지
무론 사생(無論 死生)하고 종도 그곳에 있겠나이다 22
다윗이 잇대에게 이르되 앞서 건너가라 하매 가드 사람

last house. 18 Now all his servants passed on beside
him, all the Cherethites, all the Pelethites, and all the Gittites,
six hundred men who had come with him from Gath,
passed on before the king. 19 ¶ Then the king said to
Ittai the Gittite, "Why will you also go with us? Return
and remain with the king, for you are a foreigner and
also an exile; return to your own place. 20 "You came
only yesterday, and shall I today make you wander with
us, while I go where I will? Return and take back your
brothers; mercy and truth be with you." 21 But Ittai answered
the king and said, "As the LORD lives, and as my lord
the king lives, surely wherever my lord the king may
be, whether for death or for life, there also your servant
will be." 22 Therefore David said to Ittai, "Go and
pass over." So Ittai the Gittite passed over with all his
men and all the little ones who were with him. 23

22 다윗이 잇대에게 **이르되** ...하매
/[너는] —— 앞서 건너가라

잇대와
/가드 사람
그 종자들과
아이들이 다 —— **건너가고**
/그와 함께 한

23 모든 인민이 앞서 **건너가매**
/사람이 —— 대성통곡하며
/온 땅

왕도 기드론 시내를 **건너가니**
모든 백성이 광야 길로 **향하니라**
/건너간

24 사독과
레위 사람이 언약궤를 **메어다가**
/모든 /하나님의
/그와 함께 한
내려놓고

아비아달도 **올라와서**
기다리더니
/모든 백성이 성에서 나오기를

25 왕이 사독에게 **이르되**
/[너는] —성으로 도로 메어 가라
/하나님의 궤를
/만일(אִם)
내가 —은혜를 얻으면(if)
/여호와 앞에서
—나를 도로 인도하사
—내게 보이시리라
/그 궤와
/그 계신 데를

26 그러나
저가 **말씀하시기를**
/[만일](אִם)
[그가] —— [말씀]하시면(if)
/내가 너를 기뻐하지 아니한다
[내가] —— [말]하리라
/종이 여기 있사오니
/내게 행하시옵소서
/선히 여기시는 대로

삼하

잇대와 그 종자들과 그와 함께 한 아이들이 다 건너가고
23 온 땅 사람이 대성통곡하며 모든 인민이 앞서 건너
가매 왕도 기드론 시내를 건너가니 건너간 모든 백성이
광야 길로 향하니라 24 사독과 그와 함께한 모든 레위
사람이 하나님의 언약궤를 메어다가 내려놓고 아비아달
도 올라와서 모든 백성이 성에서 나오기를 기다리더니
25 왕이 사독에게 이르되 하나님의 궤를 성으로 도로
메어 가라 만일 내가 여호와 앞에서 은혜를 얻으면 도로
나를 인도하사 내게 그 궤와 그 계신 데를 보이시리라
26 그러나 저가 말씀하시기를 내가 너를 기뻐하지 아니
한다 하시면 종이 여기 있사오니 선히 여기시는 대로 내
게 행하시옵소서 하리라 27 왕이 또 제사장 사독에게

While all the country was weeping with a loud voice, all the people passed over. The king also passed over the brook Kidron, and all the people passed over toward the way of the wilderness.
24 ¶ Now behold, Zadok also came, and all the Levites with him carrying the ark of the covenant of God. And they set down the ark of God, and Abiathar came up until all the people had finished passing from the city.
25 And the king said to Zadok, "Return the ark of God to the city. If I find favor in the sight of the LORD, then He will bring me back again, and show me both it and His habitation.
26 "But if He should say thus, 'I have no delight in you,' behold, here I am, let Him do to me as seems good to Him."
27 The king said also to Zadok the priest, "Are

27 왕이 또 **이르되**
/제사장 사독에게
/네가 선견자가 아니냐?
/너는 ── 평안히 성으로 돌아가라
/너희의 두 아들
/곧 아히마아스와
/네 아들
/요나단을 데리고(=함께)
/아비아달의 아들

28 /[보라]
내가 ── 기다리리라
/광야 나룻터에서
/기별이 올 때까지
/너희에게서 내게 고하는

29 사독과
아비아달이 하나님의 궤를 **도로 메어다놓고**
/예루살렘으로
거기 **유하니라**

30 다윗이 감람산 길로 올라갈 때에(when)
〈행하고〉
/머리를 가리우고
/맨발로 울며
백성들도 각각 **올라가니라**
/저와 함께 가는 /그 머리를 가리우고
/울며

31 혹이 다윗에게 **고하되** ...하니
/아히도벨이 ── 있나이다
/모반한 자들 가운데
/압살롬과 함께

다윗이 **가로되** ...하니라
/여호와여!
[내가] ── 원컨대
/아히도벨의 모략을 어리석게 하옵소서

32 다윗이 마루턱에 이를 때에(when)
/하나님을 경배하는
후새가 다윗을 맞으러 **〈온지라〉**
/아렉 사람 /옷을 찢고
/흙을 머리에 무릅쓰고

이르되 네가 선견자가 아니냐 너는 너희의 두 아들 곧 네
아들 아히마아스와 아비아달의 아들 요나단을 데리고 평
안히 성으로 돌아가라 **28** 너희에게서 내게 고하는 기별
이 올 때까지 내가 광야 나룻터에서 기다리리라 **29** 사
독과 아비아달이 하나님의 궤를 예루살렘으로 도로 메어
다 놓고 거기 유하니라 **30** 다윗이 감람산 길로 올라갈
때에 머리를 가리우고 맨발로 울며 행하고 저와 함께 가
는 백성들도 각각 그 머리를 가리우고 울며 올라가니라
31 혹이 다윗에게 고하되 압살롬과 함께 모반한 자들
가운데 아히도벨이 있나이다 하니 다윗이 가로되 여호와
여 원컨대 아히도벨의 모략을 어리석게 하옵소서 하니라
32 다윗이 하나님을 경배하는 마루턱에 이를 때에 아렉
사람 후새가 옷을 찢고 흙을 머리에 무릅쓰고 다윗을 맞
으러 온지라 **33** 다윗이 저에게 이르되 네가 만일 나와

you not a seer? Return to the city in peace and your
two sons with you, your son Ahimaaz and Jonathan the
son of Abiathar. **28** "See, I am going to wait at the
fords of the wilderness until word comes from you to
inform me." **29** Therefore Zadok and Abiathar returned
the ark of God to Jerusalem and remained there. **30** ¶
And David went up the ascent of the Mount of Olives,
and wept as he went, and his head was covered and he walked
barefoot. Then all the people who were with him each covered
his head and went up weeping as they went. **31** Now
someone told David, saying, "Ahithophel is among the
conspirators with Absalom." And David said, "O LORD,
I pray, make the counsel of Ahithophel foolishness."
32 It happened as David was coming to the summit,
where God was worshiped, that behold, Hushai the Archite
met him with his coat torn, and dust on his head. **33**

33 다윗이 저에게 **이르되**
/만일(אִם)
네가 ── 나와 함께 나아가면
└ 내게 누를 끼치리라

34 /그러나
만일
네가 ── 성으로 돌아가서
└ 압살롬에게 말하기를 ...하면(if)
/왕이여!
내가 왕의 종이니이다
/이왕에는 왕의 부친의 종이었더니
/내가 이제는 왕의 종이니이다

네가 ── 아히도벨의 모략을 패하게 하리라
/나를 위하여

35 /사독과 ──
아비아달 ──
두 제사장이 ── 너와 함께 거기 있지 아니하냐?

/네가 ── 두 제사장에게 고하라
/사독과 아비아달
/궁중에서 무엇을 듣든지

36 두 아들[이] ── 거기 **있나니**
/저희의 /저희와 함께
/곧 아히마아스와
/사독의
/요나단이
/아비아달의

[너희는] 내게 **기별할지니라**
/무릇 너희 듣는 것을
/저희 편으로

37 후새가 곧 **들어가고**
/다윗의 친구 /성으로

압살롬도 예루살렘으로 **들어갔더라**

함께 나아가면 내게 누를 끼치리라 34 그러나 네가 만
일 성으로 돌아가서 압살롬에게 말하기를 왕이여 내가
왕의 종이니이다 이왕에는 왕의 부친의 종이었더니 내가
이제는 왕의 종이니이다 하면 네가 나를 위하여 아히도
벨의 모략을 패하게 하리라 35 사독과 아비아달 두 제
사장이 너와 함께 거기 있지 아니하냐 네가 궁중에서 무
엇을 듣든지 사독과 아비아달 두 제사장에게 고하라 36
저희의 두 아들 곧 사독의 아히마아스와 아비아달의 요
나단이 저희와 함께 거기 있나니 무릇 너희 듣는 것을
저희 편으로 내게 기별할지니라 37 다윗의 친구 후새가
곧 성으로 들어가고 압살롬도 예루살렘으로 들어갔더라

And David said to him, "If you pass over with me,
then you will be a burden to me. 34 "But if you return
to the city, and say to Absalom, 'I will be your servant,
O king; as I have been your father's servant in time
past, so I will now be your servant,' then you can thwart
the counsel of Ahithophel for me. 35 "And are not
Zadok and Abiathar the priests with you there? So it
shall be that whatever you hear from the king's house,
you shall report to Zadok and Abiathar the priests. 36
"Behold their two sons are with them there, Ahimaaz,
Zadok's son and Jonathan, Abiathar's son; and by them
you shall send me everything that you hear." 37 So
Hushai, David's friend, came into the city, and Absalom
came into Jerusalem.

삼하

16

1 다윗이 마루턱을 조금 지나니(when)
시바가 다윗을 **맞는지라**
/므비보셋의 사환 /싣고
/떡 이백과
건포도 일백송이와
여름 실과 일백과
포도주 한 가죽부대를
/안장 지운 두 나귀에

2 왕이 시바에게 **이르되**
/네가 — 이것을 가져 왔느뇨?
/무슨 뜻으로

시바가 **가로되**

//(목적: ל, to)
나귀는 — 타게 하고
/왕의 권속들로
떡과 실과는 — 먹게 하고
/소년들로
포도주는 — 마시게 하려 함이니이다
/들에서 곤비한 자들로

3 왕이 **가로되**
/네 주인의 아들이 어디 있느뇨?

시바가 왕께 **고하되**
/[그가] — 예루살렘에 있는데
//(이유: כִּי, for)
저가 — 말하기를...하나이다
/이스라엘 족속이-오늘 내게 돌리리라
/내 아비의 나라를

4 왕이 시바더러 **이르되**
/므비보셋에게 있는 것이 다 네 것이니라

시바가 **가로되** ...하니라
/내가 절하나이다
/내 주 왕이여!
나로 — 은혜를 입게 하옵소서
/왕의 앞에서

16:1 다윗이 마루 턱을 조금 지나니 므비보셋의 사
환 시바가 안장 지운 두 나귀에 떡 이백과 건포도
일백 송이와 여름 실과 일백과 포도주 한 가죽부대를 싣
고 다윗을 맞는지라 **2** 왕이 시바에게 이르되 네가 무슨
뜻으로 이것을 가져 왔느뇨 시바가 가로되 나귀는 왕의
권속들로 타게 하고 떡과 실과는 소년들로 먹게 하고 포
도주는 들에서 곤비한 자들로 마시게 하려 함이니이다 **3**
왕이 가로되 네 주인의 아들이 어디 있느뇨 시바가 왕께
고하되 예루살렘에 있는데 저가 말하기를 이스라엘 족
속이 오늘 내 아비의 나라를 내게 돌리리라 하나이다 **4**
왕이 시바더러 이르되 므비보셋에게 있는 것이 다 네 것
이니라 시바가 가로되 내가 절하나이다 내 주 왕이여 나

16:1 ¶ Now when David had passed a little beyond
the summit, behold, Ziba the servant of Mephibosheth
met him with a couple of saddled donkeys, and on them
were two hundred loaves of bread, a hundred clusters of
raisins, a hundred summer fruits, and a jug of wine. **2**
And the king said to Ziba, "Why do you have these?"
And Ziba said, "The donkeys are for the king's household
to ride, and the bread and summer fruit for the young
men to eat, and the wine, for whoever is faint in the wilderness
to drink." **3** Then the king said, "And where is your master's
son?" And Ziba said to the king, "Behold, he is staying
in Jerusalem, for he said, 'Today the house of Israel
will restore the kingdom of my father to me.'" **4** So

5 다윗 왕이　　　바후림에 이르매(when)
족속 하나가　　　거기서 **나오니**
/사울의 집

이름은　　　**시므이라**
/게라의 아들(이요)

저가　　　연하여 **저주하고**
/나오면서

6 또
[그가]　　　돌을 **던지니**
/다윗[을 향하여]과
/다윗 왕의 모든 신복을 향하여

모든 백성과
용사들은　　　다 **있었더라**
/왕의 좌우에

7 시므이가　　　이와 같이 **말하니라**
/저주하는 가운데
/피를 흘린 자여!
비루한 자여!
[너는] ─┬─ 가거라
　　　　└─ 가거라
8 /여호와께서 ─ 네게로 돌리셨도다
/사울의 족속의 모든 피를
/네가 ──── 왕이 되었으나
/그 대신에
/여호와께서 ─ 나라를 붙이셨도다
/네 아들 압살롬의 손에

/보라
너는 ─── 화를 자취하였느니라

//(이유: כִּי, for)
피를 흘린 자인 고로

9 아비새가　　　왕께 **여짜오되**
/스루야의 아들　　　/이 죽은 개가 어찌 내 주 왕을 저주하리이까
/청컨대(please)
나로 ─┬─ 건너가서
　　　└─ 저의 머리를 베게 하소서

삼하

로 왕의 앞에서 은혜를 입게 하옵소서 하니라 5 다윗 왕
이 바후림에 이르매 거기서 사울의 집 족속 하나가 나오
니 게라의 아들이요 이름은 시므이라 저가 나오면서 연
하여 저주하고 6 또 다윗과 다윗 왕의 모든 신복을 향하
여 돌을 던지니 그 때에 모든 백성과 용사들은 다 왕의
좌우에 있었더라 7 시므이가 저주하는 가운데 이와 같
이 말하니라 피를 흘린 자여 비루한 자여 가거라 가거라
8 사울의 족속의 모든 피를 여호와께서 네게로 돌리셨
도다 그 대신에 네가 왕이 되었으나 여호와께서 나라를
네 아들 압살롬의 손에 붙이셨도다 보라 너는 피를 흘린
자인고로 화를 자취하였느니라 9 스루야의 아들 아비새
가 왕께 여짜오되 이 죽은 개가 어찌 내 주 왕을 저주하

the king said to Ziba, "Behold, all that belongs to
Mephibosheth is yours." And Ziba said, "I prostrate
myself; let me find favor in your sight, O my lord, the
king!" 5 ¶ When King David came to Bahurim, behold,
there came out from there a man of the family of the
house of Saul whose name was Shimei, the son of Gera;
he came out cursing continually as he came. 6 And he
threw stones at David and at all the servants of King
David; and all the people and all the mighty men were
at his right hand and at his left. 7 And thus Shimei said
when he cursed, "Get out, get out, you man of bloodshed,
and worthless fellow! 8 "The LORD has returned upon
you all the bloodshed of the house of Saul, in whose
place you have reigned; and the LORD has given the kingdom
into the hand of your son Absalom. And behold, you
are taken in your own evil, for you are a man of
bloodshed!" 9 ¶ Then Abishai the son of Zeruiah said
to the king, "Why should this dead dog curse my lord

10 왕이 **가로되**
/스루야의 아들들아!
내가 너희와 무슨 상관이 있느냐?
/저가 —— 저주하는 것은

//(이유: כִּי, for)
여호와께서 — [말씀]하심이니
/저에게 다윗을 저주하라

/[말]할 자가 누구겠느냐 하고
/네가 어찌 그리하였느냐?

11 또
[그가] 아비새와 모든 신복에게 **이르되**...하고
/아들도 내 생명을 해하려 하거든
/내 몸에서 난
/하물며 이 베냐민 사람이랴
/여호와께서 저에게 명하신 것이니
/저로 저주하게 버려두라

12 /혹시(perhaps)
여호와께서 —— 찰하시리니
/나의 원통함을
/[여호와께서] —— 선으로 내게 갚아주시리라 (하고)
/오늘날
/그 저주 까닭에

삼하

13 시므이는 저주하고
/산비탈로 따라가면서
돌을 던지며
/저를 향하여
티끌을 날리더라(while)

7) NRSV

다윗과
그 종자들이 **길을 갈 때에(=길을 갔다)**[7]

14 왕과
백성들이 다 —— 한 곳에 **이르러**
/그 함께 있는 /곤비하여

거기서 **쉬니라**

15 압살롬과
모든 백성들이 —— 예루살렘에 **이르고**
/이스라엘

리이까 청컨대 나로 건너가서 저의 머리를 베게 하소서
10 왕이 가로되 스루야의 아들들아 내가 너희와 무슨
상관이 있느냐 저가 저주하는 것은 여호와께서 저에게
다윗을 저주하라 하심이니 네가 어찌 그리하였느냐 할
자가 누구겠느냐 하고 11 또 아비새와 모든 신복에게
이르되 내 몸에서 난 아들도 내 생명을 해하려 하거든 하
물며 이 베냐민 사람이랴 여호와께서 저에게 명하신 것
이니 저로 저주하게 버려두라 12 혹시 여호와께서 나의
원통함을 감찰하시리니 오늘날 그 저주 까닭에 선으로
내게 갚아 주시리라 하고 13 다윗과 그 종자들이 길을
갈 때에 시므이는 산비탈로 따라가면서 저주하고 저를
향하여 돌을 던지며 티끌을 날리더라 14 왕과 그 함께
있는 백성들이 다 곤비하여 한 곳에 이르러 거기서 쉬니
라 15 압살롬과 모든 이스라엘 백성들이 예루살렘에 이

the king? Let me go over now, and cut off his head."
10 But the king said, "What have I to do with you,
O sons of Zeruiah? If he curses, and if the LORD has
told him, 'Curse David,' then who shall say, Why have
you done so?" 11 Then David said to Abishai and to
all his servants, "Behold, my son who came out from
me seeks my life; how much more now this Benjamite?
Let him alone and let him curse, for the LORD has told
him. 12 "Perhaps the LORD will look on my affliction
and return good to me instead of his cursing this day."
13 So David and his men went on the way; and Shimei
went along on the hillside parallel with him and as he
went he cursed, and cast stones and threw dust at him.
14 And the king and all the people who were with him
arrived weary and he refreshed himself there. 15 ¶ Then
Absalom and all the people, the men of Israel, entered

아히도벨도 저와 함께 **이른지라**

16 후새가 압살롬에게 나아올 때에(when)
/다윗의 친구
/아렉 사람

저에게 **말하기를**...하니
/왕이여 만세, 왕이여 만세

17 압살롬이 후새에게 **이르되**
/이것이 네가 친구를 후대하는 것이냐
/네가 어찌하여 네 친구와 함께 가지 아니하였느냐

18 후새가 압살롬에게 **이르되** ...하니라
/그렇지 아니하니이다

//(이유: כִּי, for)
내가 ─ 속하여
/여호와[에게]와
/이 백성[에게]
/모든 이스라엘의 택한 자에게
└ 그와 함께 거할 것이니이다

19 /또 내가 이제 누구를 섬기리이까?
/그 아들이 아니니이까?
/내가 ── 왕을 섬기리이다 (하니라)
/전에 왕의 아버지를 섬긴 것같이

20 압살롬이 아히도벨에게 **이르되**
/너는 어떻게 행할 모략을 우리에게 가르치라

21 아히도벨이 압살롬에게 **이르되**
/[당신은]— 동침하소서
/후궁들로 더불어
/왕의 아버지가 머물러 두어

//(목적: לְ, to)
궁을 지키게 한

//그리하면(결과)
온 이스라엘이 ─ 들으리니
/왕께서 왕의 부친의 미워하는바 됨을

모든 사람의 힘이 더욱 강하여지리이다
/왕과 함께 있는

삼하

르고 아히도벨도 저와 함께 이른지라 **16** 다윗의 친구
아렉 사람 후새가 압살롬에게 나아올 때에 저에게 하기
를 왕이여 만세, 왕이여 만세 하니 **17** 압살롬이 후새에
게 이르되 이것이 네가 친구를 후대하는 것이냐 네가 어
찌하여 네 친구와 함께 가지 아니하였느냐 **18** 후새가
압살롬에게 이르되 그렇지 아니하니이다 내가 여호와와
이 백성 모든 이스라엘의 택한 자에게 속하여 그와 함께
거할 것이니이다 **19** 또 내가 이제 누구를 섬기리이까
그 아들이 아니니이까 내가 전에 왕의 아버지를 섬긴 것
같이 왕을 섬기리이다 하니라 **20** 압살롬이 아히도벨에
게 이르되 너는 어떻게 행할 모략을 우리에게 가르치라
21 아히도벨이 압살롬에게 이르되 왕의 아버지가 머물
러 두어 궁을 지키게 한 후궁들로 더불어 동침하소서 그
리하면 왕께서 왕의 부친의 미워하는 바 됨을 온 이스라

Jerusalem, and Ahithophel with him. **16** Now it came about
when Hushai the Archite, David's friend, came to Absalom,
that Hushai said to Absalom, "Long live the king! Long
live the king!" **17** And Absalom said to Hushai, "Is
this your loyalty to your friend? Why did you not go
with your friend?" **18** Then Hushai said to Absalom,
"No! For whom the LORD, this people, and all the men
of Israel have chosen, his will I be, and with him I will
remain. **19** "And besides, whom should I serve? Should
I not serve in the presence of his son? As I have served
in your father's presence, so I will be in your presence."
20 ¶ Then Absalom said to Ahithophel, "Give your
advice. What shall we do?" **21** And Ahithophel said to
Absalom, "Go in to your father's concubines, whom he
has left to keep the house; then all Israel will hear that
you have made yourself odious to your father. The hands

22 이에
사람들이 지붕에 **장막을 치니**
/압살롬을 위하여

압살롬이 **동침하니라**
/온 이스라엘 무리의 눈 앞에서
/그 부친의 후궁들로 더불어

23 모략은 하나님께 물어 받은 말씀과 **일반이라**
/아히도벨의 베푸는
/그 때에

모든 모략은 다윗에게나 압살롬에게나 **이와 같더라**
/저의

17

1 아히도벨이 또 압살롬에게 **이르되**
/이제(please)
나로 하여금 — 택하게 하소서
/사람 일만 이천을
/내가 — 일어나서
/오늘 밤에
다윗의 뒤를 따라
2 /저가 곤하고 약할 때에
[내가] — 엄습하여
저를 무섭게 한즉

//(결과)
모든 백성이 도망하리니
/저와 함께 있는

/내가 — 다윗 왕만 쳐 죽이고
3 /[내가] — 왕께 돌아오게 하리니
/모든 백성으로

/돌아오기는 — 이 사람에게 달렸음이라
/무리의 /왕의 찾는
//그리하면(결과)
모든 백성이 평안하리이다

4 압살롬과
장로들이 그 말을 **옳게 여기더라**
/이스라엘
/다(=모든)

삼하

엘이 들으리니 왕과 함께 있는 모든 사람의 힘이 더욱 강
하여지리이다 **22** 이에 사람들이 압살롬을 위하여 지붕
에 장막을 치니 압살롬이 온 이스라엘 무리의 눈앞에서
그 부친의 후궁들로 더불어 동침하니라 **23** 그 때에 아
히도벨의 베푸는 모략은 하나님께 물어 받은 말씀과 일
반이라 저의 모든 모략은 다윗에게나 압살롬에게나 이와
같더라

17:1 아히도벨이 또 압살롬에게 이르되 이제 나로
하여금 사람 일만 이천을 택하게 하소서 오늘 밤
에 내가 일어나서 다윗의 뒤를 따라 **2** 저가 곤하고 약할
때에 엄습하여 저를 무섭게 한즉 저와 함께 있는 모든 백
성이 도망하리니 내가 다윗 왕만 쳐 죽이고 **3** 모든 백성

of all who are with you will also be strengthened." **22**
So they pitched a tent for Absalom on the roof, and
Absalom went in to his father's concubines in the sight
of all Israel. **23** And the advice of Ahithophel, which
he gave in those days, was as if one inquired of the
word of God; so was all the advice of Ahithophel regarded
by both David and Absalom.

17:1 ¶ Furthermore, Ahithophel said to Absalom,
"Please let me choose **12,000** men that I may
arise and pursue David tonight. **2** "And I will come
upon him while he is weary and exhausted and will
terrify him so that all the people who are with him will
flee. Then I will strike down the king alone, **3** and I
will bring back all the people to you. The return of

5 압살롬이 이르되 ...하니라
/[너는] 후새도 부르라
/아렉 사람
/우리가 저의 말도 듣자

6 후새가 압살롬에게 이르매(when)
압살롬이 저에게 말하여 가로되
/아히도벨이 —— 여차여차히 말하니
/우리가 —— 그 말대로 행하랴
/[만일]
그렇지 않거든(if)
너는 —— 말하라

7 후새가 압살롬에게 이르되 ...하고
/모략이 —— 이 때에는 선치 아니하니이다
/아히도벨의 베푼

8 또 말하되
/왕도 —— 아시거니와
/왕의 부친과
그 종자들은 —— 용사라
/저희는 —— 격분하였고
/곰이 새끼를 빼앗긴 것같이
/들에 있는
/부친은 —— 병법에 익은 사람인즉
/왕의
—— 백성과 함께 자지 아니하고
9 —— 이제 숨어 있으리니
/어느 굴에나
/어느 곳에

/혹(만일)
몇이 먼저 엎드러지면(if)
/무리 중에
듣는 자가 —— 말하기를 ...할지라
/그 소문을 /패함을 당하였다
/압살롬을 좇는자 가운데서

10 /비록(גַּם)
용감하여
사자 같은 자의 마음이라도(even)
[그는] —— 저상하리니

//이는(이유: כִּי, for)

삼하

으로 왕께 돌아오게 하리니 무리의 돌아오기는 왕의 찾
는 이 사람에게 달렸음이라 그리하면 모든 백성이 평안
하리이다 4 압살롬과 이스라엘 장로들이 다 그 말을 옳
게 여기더라 5 압살롬이 이르되 아렉 사람 후새도 부르
라 우리가 저의 말도 듣자 하니라 6 후새가 압살롬에게
이르매 압살롬이 저에게 말하여 가로되 아히도벨이 여차
여차히 말하니 우리가 그 말대로 행하랴 그렇지 않거든
너는 말하라 7 후새가 압살롬에게 이르되 이 때에는 아
히도벨의 베푼 모략이 선치 아니하니이다 하고 8 또 말
하되 왕도 아시거니와 왕의 부친과 그 종자들은 용사라
저희는 들에 있는 곰이 새끼를 빼앗긴 것 같이 격분하였
고 왕의 부친은 병법에 익은 사람인즉 백성과 함께 자지
아니하고 9 이제 어느 굴에나 어느 곳에 숨어 있으리니
혹 무리 중에 몇이 먼저 엎드러지면 그 소문을 듣는 자

everyone depends on the man you seek; then all the people shall be at peace." 4 So the plan pleased Absalom and all the elders of Israel. 5 ¶ Then Absalom said, "Now call Hushai the Archite also, and let us hear what he has to say." 6 When Hushai had come to Absalom, Absalom said to him, "Ahithophel has spoken thus. Shall we carry out his plan? If not, you speak." 7 So Hushai said to Absalom, "This time the advice that Ahithophel has given is not good." 8 Moreover, Hushai said, "You know your father and his men, that they are mighty men and they are fierce, like a bear robbed of her cubs in the field. And your father is an expert in warfare, and will not spend the night with the people. 9 "Behold, he has now hidden himself in one of the caves or in another place; and it will be when he falls on them at the first attack, that whoever hears it will say, 'There has been a slaughter among the people who follow Absalom.' 10 "And even the one who is valiant,

//이는(이유: כִּי, for)
무리가 —— 앎이니이다
/이스라엘 /왕의 부친은 영웅이요
/그 종자들도 용사인 줄

11 /나의 모략은 이러하니이다
/[당신은] —— 왕께로 모으고
/온 이스라엘을
/단부터 브엘세바까지
/바닷가의 많은 모래 같이
친히 전장에 나가시고
12 저를 엄습하기를
/우리가 그 만날만한 곳에서
저의 위에 덮여
/이슬이 땅에 내림 같이
하나도 남겨두지 아니할 것이요
/모든 사람을
/저와 그 함께 있는

13 /또 만일(אִם, if)
저가 어느 성에 들었으면(if)
이스라엘이 —— 줄을 가져다가
/온
그 성을 강으로 끌어들여서
그곳에 보이지 않게 할 것이니이다 하매
/한 작은 돌도

삼하

14 압살롬과
사람들이 **이르되** ...하니
/온 이스라엘 /후새의 모략은 —— 낫다
/아렉 사람 /아히도벨의 모략보다

//이는(이유: כִּי, for)
여호와께서 —— 작정하셨음이더라
/좋은 모략을 파하기로
/아히도벨의

//(목적: לְ, to)
압살롬에게 화를 내리려하사

가 말하기를 압살롬을 좇는 자 가운데서 패함을 당하였
다 할지라 **10** 비록 용감하여 사자같은 자의 마음이라도
저상하리니 이는 이스라엘 무리가 왕의 부친은 영웅이요
그 종자들도 용사인 줄 앎이니이다 **11** 나의 모략은 이
러하니이다 온 이스라엘을 단부터 브엘세바까지 바닷가
의 많은 모래같이 왕께로 모으고 친히 전장에 나가시고
12 우리가 그 만날 만한 곳에서 저를 엄습하기를 이슬
이 땅에 내림 같이 저의 위에 덮여 저와 그 함께 있는 모
든 사람을 하나도 남겨두지 아니할 것이요 **13** 또 만일
저가 어느 성에 들었으면 온 이스라엘이 줄을 가져다가
그 성을 강으로 끌어들여서 그곳에 한 작은 돌도 보이지
않게 할 것이니이다 하매 **14** 압살롬과 온 이스라엘 사
람들이 이르되 아렉 사람 후새의 모략은 아히도벨의 모
략보다 낫다 하니 이는 여호와께서 압살롬에게 화를 내
리려하사 아히도벨의 좋은 모략을 파하기로 작정하셨음
이더라 **15** 이에 후새가 사독과 아비아달 두 제사장에게

whose heart is like the heart of a lion, will completely
lose heart; for all Israel knows that your father is a
mighty man and those who are with him are valiant men.
11 "But I counsel that all Israel be surely gathered to
you, from Dan even to Beersheba, as the sand that is
by the sea in abundance, and that you personally go into
battle. **12** "So we shall come to him in one of the
places where he can be found, and we will fall on him
as the dew falls on the ground; and of him and of all
the men who are with him, not even one will be left.
13 "And if he withdraws into a city, then all Israel
shall bring ropes to that city, and we will drag it into
the valley until not even a small stone is found there."
14 Then Absalom and all the men of Israel said, "The
counsel of Hushai the Archite is better than the counsel
of Ahithophel." For the LORD had ordained to thwart
the good counsel of Ahithophel, in order that the LORD
might bring calamity on Absalom. **15** ¶ Then Hushai

15 이에
후새가 두 제사장에게 **이르되**
/사독과 아비아달
/아히도벨이 — 여차여차히 모략을 베풀었고
/압살롬[에게]과
/이스라엘 장로들에게
/나도 — 여차여차히 모략을 베풀었으니
16 /이제
너희는 — 빨리 사람을 보내어
/다윗에게 고하기를
/오늘 밤에 광야 나룻터에서 자지 마시고
/아무쪼록 건너 가소서 하라
/혹시
왕과 그 좇는 자들이 몰사할까 하노라(하니라)

17 그 때에(now)
요나단과
아히마아스가 에느로겔 가에 **머물고**

계집종은 저희에게 **나와서**
/어떤
고하고

저희는 **가서**
다윗에게 **고하더니**

//(이유: כִּי, for)
[그들이] — 감히 성에 들어가지 못하고
/사람이 볼까 두려워하여

18 한 소년이 저희를 **보고**
압살롬에게 **고한지라**

그 두 사람이 빨리 **달려서**
어떤 사람의 집으로 **들어가서**
/바후림
우물 속으로 **내려가니**
/그 뜰에 있는

19 그 집 여인이 덮을 것을 **가져다가**
우물 아구를 **덮고**
찧은 곡식을 **널매**
/그 위에

//(결과: so that)
도무지 알지 못할러라

이르되 아히도벨이 압살롬과 이스라엘 장로들에게 여차
여차히 모략을 베풀었고 나도 여차여차히 모략을 베풀었
으니 **16** 이제 너희는 빨리 사람을 보내어 다윗에게 고
하기를 오늘 밤에 광야 나룻터에서 자지 마시고 아무쪼
록 건너가소서 하라 혹시 왕과 그 좇는 자들이 몰사할까
하노라 하니라 **17** 그 때에 요나단과 아히마아스가 사람
이 볼까 두려워하여 감히 성에 들어가지 못하고 에느로
겔 가에 머물고 어떤 계집종은 저희에게 나와서 고하고
저희는 가서 다윗에게 고하더니 **18** 한 소년이 저희를
보고 압살롬에게 고한지라 그 두 사람이 빨리 달려서 바
후림 어떤 사람의 집으로 들어가서 그 뜰에 있는 우물속
으로 내려가니 **19** 그 집 여인이 덮을 것을 가져다가 우

said to Zadok and to Abiathar the priests, "This is what
Ahithophel counseled Absalom and the elders of Israel,
and this is what I have counseled. **16** "Now therefore,
send quickly and tell David, saying, 'Do not spend the
night at the fords of the wilderness, but by all means
cross over, lest the king and all the people who are with
him be destroyed.'" **17** Now Jonathan and Ahimaaz
were staying at En-rogel, and a maidservant would go
and tell them, and they would go and tell King David,
for they could not be seen entering the city. **18** But a
lad did see them, and told Absalom; so the two of them
departed quickly and came to the house of a man in Bahurim,
who had a well in his courtyard, and they went down
into it. **19** And the woman took a covering and spread
it over the well's mouth and scattered grain on it, so
that nothing was known. **20** Then Absalom's servants came

20 종들이 그 집에 **와서**
/압살롬의
여인에게 **묻되**
/아히마아스와
요나단이 — 어디 있느냐?

여인이 **가로되** ...하니
/그들이 시내를 건너 가더라

저희가 **찾아도**
만나지 못하고
예루살렘으로 **돌아가니라**

21 저희가 간 후에(after)
두 사람이 우물에서 **올라와서**
다윗 왕에게 **이르러**
고하여 **가로되**
/당신들은 — 일어나
빨리 물을 건너 가소서

//(이유: כִּי, for)
아히도벨이 모략을 베풀었나이다
/여차여차히
/당신들을 해하려고

삼하

22 다윗이 **일어나**
요단을 **건널새**
/모든 백성과 함께

자가 **한 사람도 없었더라**
/요단을 건너지 못한
/새벽에 미쳐서

23 아히도벨이 보고(when)
/자기 모략이 시행되지 못함을
나귀에 **안장을 지우고**
떠나
고향으로 **돌아가서**
자기 집에 **이르러**
집을 **정리하고**
스스로 **목매어**
죽으매
그 아비 묘에 **장사되니라**

24 이에
다윗은 마하나임에 **이르고**

물 아구를 덮고 찧은 곡식을 그 위에 널매 도무지 알지
못할러라 20 압살롬의 종들이 그 집에 와서 여인에게
묻되 아히마하스와 요나단이 어디 있느냐 여인이 가로되
그들이 시내를 건너가더라 하니 저희가 찾아도 만나지
못하고 예루살렘으로 돌아가니라 21 저희가 간 후에
두 사람이 우물에서 올라와서 다윗 왕에게 이르러 고하
여 가로되 당신들은 일어나 빨리 물을 건너가소서 아히
도벨이 당신들을 해하려고 여차여차히 모략을 베풀었나
이다 22 다윗이 일어나 모든 백성과 함께 요단을 건널
새 새벽에 미쳐서 한 사람도 요단을 건너지 못한 자가 없
었더라 23 아히도벨이 자기 모략이 시행되지 못함을 보
고 나귀에 안장을 지우고 떠나 고향으로 돌아가서 자기
집에 이르러 집을 정리하고 스스로 목매어 죽으매 그 아
비 묘에 장사되니라 24 이에 다윗은 마하나임에 이르고

to the woman at the house and said, "Where are Ahimaaz
and Jonathan?" And the woman said to them, "They
have crossed the brook of water." And when they searched
and could not find them, they returned to Jerusalem. 21
¶ And it came about after they had departed that they
came up out of the well and went and told King David;
and they said to David, "Arise and cross over the water
quickly for thus Ahithophel has counseled against you."
22 Then David and all the people who were with him
arose and crossed the Jordan; and by dawn not even one
remained who had not crossed the Jordan. 23 Now
when Ahithophel saw that his counsel was not followed,
he saddled his donkey and arose and went to his home,
to his city, and set his house in order, and strangled

압살롬은 요단을 **건너니라**
/모든 이스라엘 사람과 함께

25 압살롬이 아마사로 군장을 **삼으니라**
/요압을 대신하여

아마사는 이드라라 하는 자의 **아들이라**
/이스라엘 사람

이드라가 저를 **낳았으며**
/나하스의 딸 아비갈과 동침하여

아비갈은 스루야의 **동생이더라**
/요압의 어미

26 이에
무리와
/이스라엘
압살롬이 — 길르앗 땅에 **진 치니라**

27 다윗이 마하나임에 이르렀을 때에(when)
소비와
/나하스의 아들
/랍바 사람
/암몬 족속에게 속한
마길과
/암미엘의 아들
/로데발 사람
바실래가 — **가져다가**
/길르앗 사람
/로글림
28 /침상과 대야와 질그릇과
밀과 보리와 밀가루와
볶은 곡식과 콩과
팥과 볶은 녹두와
29 꿀과 뻐더와 양과 치스를
백성으로 **먹게 하였으니**
/다윗과 그 함께 한

//이는(이유: כִּי, for)
저희[가]-생각에... 함이더라(생각했다)
/백성이 — 들에서 시장하고
— 곤하고
— 목마르겠다

삼하

압살롬은 모든 이스라엘 사람과 함께 요단을 건너니라
25 압살롬이 아마사로 요압을 대신하여 군장을 삼으니
라 아마사는 이스라엘 사람 이드라라 하는 자의 아들이
라 이드라가 나하스의 딸 아비갈과 동침하여 저를 낳았
으며 아비갈은 요압의 어미 스루야의 동생이더라 26 이
에 이스라엘 무리와 압살롬이 길르앗 땅에 진 치니라
27 다윗이 마하나임에 이르렀을때에 암몬 족속에게 속
한 랍바 사람 나하스의 아들 소비와 로데발 사람 암미엘
의 아들 마길과 로글림 길르앗 사람 바르실래가 28 침
상과 대야와 질그릇과 밀과 보리와 밀가루와 볶은 곡식
과 콩과 팥과 볶은 녹두와 29 꿀과 뻐더와 양과 치스를
가져다가 다윗과 그 함께한 백성으로 먹게 하였으니 이
는 저희 생각에 백성이 들에서 시장하고 곤하고 목마르
겠다 함이더라

himself; thus he died and was buried in the grave of his
father. 24 ¶ Then David came to Mahanaim. And
Absalom crossed the Jordan, he and all the men of Israel
with him. 25 And Absalom set Amasa over the army
in place of Joab. Now Amasa was the son of a man
whose name was Ithra the Israelite, who went in to
Abigail the daughter of Nahash, sister of Zeruiah, Joab's
mother. 26 And Israel and Absalom camped in the land
of Gilead. 27 ¶ Now when David had come to Mahanaim,
Shobi the son of Nahash from Rabbah of the sons of Ammon,
Machir the son of Ammiel from Lo-debar, and Barzillai
the Gileadite from Rogelim, 28 brought beds, basins, pottery,
wheat, barley, flour, parched grain, beans, lentils, parched
seeds, 29 honey, curds, sheep, and cheese of the herd,
for David and for the people who were with him, to eat;
for they said, "The people are hungry and weary and
thirsty in the wilderness."

18

1 이에(And)
다윗이 한 백성을 **계수하고**
/그 함께
천부장과 백부장을 **세우고**
/그 위에

2 [그가] 그 백성을 **내어 보낼새**
/요압의 수하에 <붙이고>,
/삼분지 일은

/아비새의 수하에 <붙이고>
/요압의 동생
/스루야의 아들
/삼분지 일은

/가드 사람 잇대의 수하에 <붙이고>
/삼분지 일은

[그가] 백성에게 **이르되**
/나도 반드시 너희와 함께 나가리라

3 백성들이 **가로되**
/왕은 나가지 마소서

//(이유: כִּי, for)
[만일](אִם)
우리가 — 도망할지라도(if)
저희는 — 우리에게 주의하지 아니할 터이요

//(이유: כִּי, for)
[만일](אִם)
우리가 — 절반이나 죽을지라도(if)
[저희는] — 우리에게 주의하지 아니할 터이라

//(이유: כִּי, for)
왕은 — 중하시오니
/우리 만명보다

//(이유: כִּי, for)
좋으니이다
/왕은 성에 계시다가 우리를 도우심이

4 왕이 저희에게 **이르되**...하고
/내가 — 행하리라
/너희가 선히 여기는 대로

18:1 이에 다윗이 그 함께한 백성을 계수하고 천부
장과 백부장을 그 위에 세우고 2 그 백성을 내어
보낼새 삼분지 일은 요압의 수하에 삼분지 일은 스루야
의 아들 요압의 동생 아비새의 수하에 붙이고 삼분지 일
은 가드 사람 잇대의 수하에 붙이고 백성에게 이르되 나
도 반드시 너희와 함께 나가리라 3 백성들이 가로되 왕
은 나가지 마소서 우리가 도망할지라도 저희는 우리에게
주의하지 아니할 터이요 우리가 절반이나 죽을지라도 우
리에게 주의하지 아니할 터이라 왕은 우리 만명보다 중
하시오니 왕은 성에 계시다가 우리를 도우심이 좋으니이
다 4 왕이 저희에게 이르되 너희가 선히 여기는 대로 내
가 행하리라 하고 문 곁에 서매 모든 백성이 백 명씩 천

18:1 ¶ Then David numbered the people who were
with him and set over them commanders of thousands
and commanders of hundreds. 2 And David sent the
people out, one third under the command of Joab, one
third under the command of Abishai the son of Zeruiah,
Joab's brother, and one third under the command of Ittai
the Gittite. And the king said to the people, "I myself
will surely go out with you also." 3 But the people said,
"You should not go out; for if we indeed flee, they will
not care about us, even if half of us die, they will not
care about us. But you are worth ten thousand of us; therefore
now it is better that you be ready to help us from the
city." 4 Then the king said to them, "Whatever seems
best to you I will do." So the king stood beside the gate,

[그가] 문 곁에 **서매**
모든 백성이 **나가는지라**
/백명씩 천명씩 대를 지어

5 왕이 **명하여 가로되** ...하니
/요압과 아비새와 잇대에게
/소년 압살롬을 너그러이 대접하라 (하니)
/나를 위하여

왕이 모든 군장에게 명령할 때에(when)
/압살롬을 위하여
백성들이 다 **들으니라**

6 이에(ו)
백성이 들로 **나가서**

//(목적: ל, to)
이스라엘을 치러

[백성이] 에브라임 수풀에서 **싸우더니**

7 무리가 다윗의 신복들에게 **패하매**
/이스라엘 /거기서

살륙이 이만에 **이르렀고**
/커서(=큰) /그 날
/그곳에서

8 죽은 자가 칼에 죽은 자보다 **많았더라**
/그 날에
/수풀에서

//(이유: ו, for)
사면으로 퍼져 싸웠으므로

9 압살롬이 다윗의 신복과 **마주치니라**

압살롬이 노새를 **탔는데**

그 노새가 번성한 가지 아래로 지날 때에(when)
/큰 상수리나무
머리털이 그 상수리나무에 **걸리매**
/압살롬의

저가 공중에 **달리고**
노새는 그 아래로 **빠져나간지라**
/그 탔던

삼하

명씩 대를 지어 나가는지라 5 왕이 요압과 아비새와 잇
대에게 명하여 가로되 나를 위하여 소년 압살롬을 너그
러이 대접하라 하니 왕이 압살롬을 위하여 모든 군장에
게 명령할 때에 백성들이 다 들으니라 6 이에 백성이 이
스라엘을 치러 들로 나가서 에브라임 수풀에서 싸우더니
7 거기서 이스라엘 무리가 다윗의 심복들에게 패하매
그 날 그곳에서 살륙이 커서 이만에 이르렀고 8 그 땅에
서 사면으로 퍼져 싸웠으므로 그 날에 수풀에서 죽은 자
가 칼에 죽은 자보다 많았더라 9 압살롬이 다윗의 신복
과 마주치니라 압살롬이 노새를 탔는데 그 노새가 큰 상
수리나무 번성한 가지 아래로 지날 때에 압살롬의 머리
털이 그 상수리나무에 걸리매 저가 공중에 달리고 그 탔

and all the people went out by hundreds and thousands.
5 And the king charged Joab and Abishai and Ittai,
saying, "Deal gently for my sake with the young man
Absalom." And all the people heard when the king
charged all the commanders concerning Absalom. 6 ¶
Then the people went out into the field against Israel,
and the battle took place in the forest of Ephraim. 7
And the people of Israel were defeated there before the
servants of David, and the slaughter there that day was great,
20,000 men. 8 For the battle there was spread over the whole
countryside, and the forest devoured more people that
day than the sword devoured. 9 ¶ Now Absalom happened
to meet the servants of David. For Absalom was riding
on his mule, and the mule went under the thick branches

10 한 사람이 보고
요압에게 **고하여**
가로되
/내가 ── 보니
/압살롬이[을]
/상수리나무에 달렸(더이다)

11 요압이 그 고한 사람에게 **이르되**
/네가 ── 보고
어찌하여 당장에 쳐서 땅에 떨어뜨리지 아니하였느뇨?
/내가 네게 은 열개와 띠 하나를 주었으리라

12 그 사람이 요압에게 **대답하되**
/[비록]
내가 ── 은 천개를 받는다 할 지라도(even if)
/내 손에
나는 ── 손을 대지 아니하겠나이다
/왕의 아들에게

//(이유: כִּי, for)
왕이 ── 명하여 이르시기를 . . . 하셨나이다
/당신과 아비새와 잇대에게
/우리가 들었거니와(=듣는 중에)
/삼가 누구든지 소년 압살롬을 해하지 말라

13 /아무 일도 왕 앞에는 숨길 수 없나니
/만일(if)
내가 거역하여 그 생명을 해하였더면
당신도 나를 대적하였으리이다

14 요압이 **가로되**
/나는 너와 같이 지체할 수 없다 하고

[그가] 작은 창 셋을 **가지고 가서**
/손에
압살롬의 심장을 **찌르니**
/아직 살아 있는
/상수리나무 가운데서

15 소년 열이 **에워싸고**
/요압의 병기를 맡은
압살롬을 **쳐**
죽이니라

던 노새는 그 아래로 빠져 나간지라 10 한 사람이 보
고 요압에게 고하여 가로되 내가 보니 압살롬이 상수리
나무에 달렸더이다 11 요압이 그 고한 사람에게 이르되
네가 보고 어찌하여 당장에 쳐서 땅에 떨어뜨리지 아니
하였느뇨 내가 네게 은 열개와 띠 하나를 주었으리라12
그 사람이 요압에게 대답하되 내가 내 손에 은 천개를 받
는다 할지라도 나는 왕의 아들에게 손을 대지 아니하겠
나이다 우리가 들었거니와 왕이 당신과 아비새와 잇대에
게 명하여 이르시기를 삼가 누구든지 소년 압살롬을 해
하지 말라 하셨나이다 13 아무 일도 왕 앞에는 숨길
수 없나니 내가 만일 거역하여 그 생명을 해하였다면 당
신도 나를 대적하였으리이다 14 요압이 가로되 나는 너
와 같이 지체할 수 없다 하고 손에 작은 창 셋을 가지고
가서 상수리나무 가운데서 아직 살아 있는 압살롬의 심
장을 찌르니 15 요압의 병기를 맡은 소년 열이 압살롬
을 에워싸고 쳐죽이니라 16 요압이 나팔을 불어 백성

of a great oak. And his head caught fast in the oak, so
he was left hanging between heaven and earth, while
the mule that was under him kept going. 10 When a
certain man saw it, he told Joab and said, "Behold, I
saw Absalom hanging in an oak." 11 Then Joab said
to the man who had told him, "Now behold, you saw
him! Why then did you not strike him there to the
ground? And I would have given you ten pieces of silver
and a belt." 12 And the man said to Joab, "Even if I
should receive a thousand pieces of silver in my hand, I
would not put out my hand against the king's son; for
in our hearing the king charged you and Abishai and
Ittai, saying, 'Protect for me the young man Absalom!'
13 "Otherwise, if I had dealt treacherously against his
life (and there is nothing hidden from the king), then
you yourself would have stood aloof." 14 Then Joab
said, "I will not waste time here with you." So he took
three spears in his hand and thrust them through the
heart of Absalom while he was yet alive in the midst of
the oak. 15 And ten young men who carried Joab's

16 요압이 나팔을 **불어**

저희가 **돌아오니라**
/이스라엘을 따르지 아니하고

//(이유: כִּי, for)
[요압이] — 백성들로 그치게 하니

17 무리가 압살롬을 **옮겨다가**
큰 구멍에 던지고
/수풀 가운데
심히 큰 돌무더기를 **쌓으니라**
/그 위에
온 무리가 각기 **도망하니라**
/이스라엘 /장막으로

18 압살롬이 살았을 때에(when)
한 비석을 **가져**
세웠으니
/자기를 위하여

//이는(이유: כִּי, for)
저가 — 아들이 없음을 한탄함이라
/자기 이름을 전할

그러므로
[그가] 그 비석을 **이름하였으며**
/자기 이름으로

그 비석이 왕의 골짜기에 **있고**
이제까지 **일컫더라**
/압살롬의 기념비라

19 아히마아스가 **가로되**
/사독의 아들 /청컨대
나로 ┬ 빨리 왕에게 가서
└ 소식을 전하게 하소서
/여호와께서 왕의 원수 갚아 주신

20 요압이 저에게 **이르되**
/너는 ┬ 오늘 소식을 전하는 자가 되지 말고
└ 다른 날에 전할 것이니라

//(이유: כִּי, for)
왕의 아들이 죽었나니

/네가 오늘날 소식을 전하지 못하리라 하고

삼하

들로 그치게 하니 저희가 이스라엘을 따르지 아니하고
돌아오니라 **17** 무리가 압살롬을 옮겨다가 수풀 가운데
큰 구멍에 던지고 그 위에 심히 큰 돌무더기를 쌓으니라
온 이스라엘 무리가 각기 장막으로 도망하니라 **18** 압살
롬이 살았을 때에 자기를 위하여 한 비석을 가져 세웠으
니 이는 저가 자기 이름을 전할 아들이 없음을 한탄함이
라 그러므로 자기 이름으로 그 비석을 이름하였으며 그
비석이 왕의 골짜기에 있고 이제까지 압살롬의 기념비라
일컫더라 **19** 사독의 아들 아히마아스가 가로되 청컨대
나로 빨리 왕에게 가서 여호와께서 왕의 원수 갚아 주신
소식을 전하게 하소서 **20** 요압이 저에게 이르되 너는
오늘 소식을 전하는 자가 되지 말고 다른 날에 전할 것

armor gathered around and struck Absalom and killed
him. **16** ¶ Then Joab blew the trumpet, and the people
returned from pursuing Israel, for Joab restrained the people.
17 And they took Absalom and cast him into a deep
pit in the forest and erected over him a very great heap
of stones. And all Israel fled, each to his tent. **18** Now
Absalom in his lifetime had taken and set up for himself
a pillar which is in the King's Valley, for he said, "I
have no son to preserve my name." So he named the
pillar after his own name, and it is called Absalom's
monument to this day. **19** ¶ Then Ahimaaz the son of Zadok
said, "Please let me run and bring the king news that
the LORD has freed him from the hand of his enemies."
20 But Joab said to him, "You are not the man to

21 [요압이] 구스 사람에게 **이르되** ...하매
/네가 ─ 가서
└ 본 것을 왕께 고하라

구스 사람이 요압에게 **절하고**
달음질하여 가니

22 아히마아스가 다시 요압에게 **이르되**
/사독의 아들
/청컨대(please)
아무쪼록
나로 ─ 또한 달음질하게 하소서
/구스 사람의 뒤를 따라

요압이 **가로되**
/내 아들아!
왜
[너는] ── 달음질하려 하느냐?
/[네가] ── 상을 받지 못하리라 하되
/이 소식으로 인하여는

23 저가 **[말]하는지라**
/아무쪼록 달음질하겠노라

요압이 **가로되** ...하니
/그리하라

아히마아스가 들길로 **달음질하여**
구스 사람보다 **앞서니라**

24 때에(now)
다윗이 두 문 사이에 **앉았더라**

파숫군이 성문루에 **올라가서**
눈을 **들어**
보니

[보라]
어떤 사람이 홀로 **달음질하는지라**

25 파숫군이 **외쳐**
왕께 **고하매**

왕이 가로되...할 때에(when)
/저가 만일 혼자면
그 입에 소식이 있으리라

삼하

이니라 왕의 아들이 죽었나니 네가 오늘날 소식을 전하
지 못하리라 하고 21 구스 사람에게 이르되 네가 가서
본 것을 왕께 고하라 하매 구스 사람이 요압에게 절하고
달음질하여 가니 22 사독의 아들 아히마아스가 다시 요
압에게 이르되 청컨대 아무쪼록 나로 또한 구스 사람의
뒤를 따라 달음질하게 하소서 요압이 가로되 내 아들아
왜 달음질하려 하느냐 이 소식으로 인하여는 상을 받지
못하리라 하되 23 저가 아무쪼록 달음질하겠노라 하는
지라 요압이 가로되 그리하라 하니 아히마아스가 들길로
달음질하여 구스 사람보다 앞서니라 24 때에 다윗이
두 문 사이에 앉았더라 파숫군이 성문루에 올라가서 눈
을 들어 보니 어떤 사람이 홀로 달음질하는지라 25 파

carry news this day, but you shall carry news another
day; however, you shall carry no news today because
the king's son is dead." 21 Then Joab said to the
Cushite, "Go, tell the king what you have seen." So
the Cushite bowed to Joab and ran. 22 Now Ahimaaz
the son of Zadok said once more to Joab, "But whatever
happens, please let me also run after the Cushite." And
Joab said, "Why would you run, my son, since you will
have no reward for going?" 23 "But whatever happens,"
he said, "I will run." So he said to him, "Run." Then
Ahimaaz ran by way of the plain and passed up the
Cushite. 24 ¶ Now David was sitting between the two gates;
and the watchman went up to the roof of the gate by
the wall, and raised his eyes and looked, and behold, a

저가 차차 가까이 **오니라**

26 파숫군이 **본즉**
/한 사람이[을]
/또 달음질하는지라

[그가] 문지기에게 **외쳐**
이르되
/보라
한 사람이 또 혼자 달음질한다 하니

왕이 **가로되**
/저도 소식을 가져오느니라

27 파숫군이 **가로되**
/내[가] — 보기에는
/달음질이 — 아히마아스의 달음질과 같으니이다
/앞선 사람의 /사독의 아들

왕이 **가로되**
/저는 ─ 좋은 사람이니
└ 좋은 소식을 가져 오느니라

28 아히마아스가 **외쳐**
왕께 **말씀하되** ...하고
/평강하옵소서
얼굴을 땅에 **대고 절하여**
/왕의 앞에서
가로되
/왕의 하나님 여호와를 찬양 하리로소이다
/대적하는 자들을 붙여 주셨(나이다)
/내 주 왕을
/그 손을 들어

29 왕이 **가로되**
/소년 압살롬이 잘 있느냐?

아히마아스가 **대답하되**
/요압이 왕의 종 나를 보낼 때에(when)
[내가] — 크게 소동하는 것을 보았사오나
[나는] — 무슨 일인지 알지 못하였나이다

숫군이 외쳐 왕께 고하매 왕이 가로되 저가 만일 혼자면
그 입에 소식이 있으리라 할 때에 저가 차차 가까이 오니
라 26 파숫군이 본즉 한 사람이 또 달음질하는지라 문
지기에게 외쳐 이르되 보라 한사람이 또 혼자 달음질한
다 하니 왕이 가로되 저도 소식을 가져오느니라 27 파
숫군이 가로되 나 보기에는 앞선 사람의 달음질이 사독
의 아들 아히마아스의 달음질과 같으니이다 왕이 가로되
저는 좋은 사람이니 좋은 소식을 가져 오느니라 28 아
히마아스가 외쳐 왕께 말씀하되 평안하옵소서 하고 왕의
앞에서 얼굴을 땅에 대고 절하여 가로되 왕의 하나님 여
호와를 찬양하리로소이다 그 손을 들어 내 주 왕을 대적
하는 자들을 붙여 주셨나이다 29 왕이 가로되 소년 압
살롬이 잘 있느냐 아히마아스가 대답하되 요압이 왕의
종 나를 보낼 때에 크게 소동하는것을 보았사오나 무슨

man running by himself. 25 And the watchman called
and told the king. And the king said, "If he is by himself
there is good news in his mouth." And he came nearer
and nearer. 26 Then the watchman saw another man running;
and the watchman called to the gatekeeper and said, "Behold,
another man running by himself." And the king said,
"This one also is bringing good news." 27 And the
watchman said, "I think the running of the first one is
like the running of Ahimaaz the son of Zadok." And
the king said, "This is a good man and comes with
good news." 28 ¶ And Ahimaaz called and said to the
king, "All is well." And he prostrated himself before
the king with his face to the ground. And he said,
"Blessed is the LORD your God, who has delivered up
the men who lifted their hands against my lord the king."
29 And the king said, "Is it well with the young man
Absalom?" And Ahimaaz answered, "When Joab sent
the king's servant, and your servant, I saw a great tumult,

삼하

30 왕이 **가로되**
/물러나
/곁에 서 있으라 하매

[그가] **물러나서**
섰더라

31 구스 사람이 **이르러**
고하되
/내 주 왕께 보할 소식이 있나이다

//(이유: כִּי, for)
여호와께서 — 모든 원수를 갚으셨나이다
/왕을 대적하던
/오늘날

32 왕이 구스 사람에게 **묻되**
/소년 압살롬이 잘 있느냐?

구스 사람이 **대답하되**
/[내가] — 원하나이다
/원수와
/내 주 왕의
대적하는 자들은 — 그 소년과 같이 되기를
/일어나서 왕을
/다(=모든)

33 왕의 마음이 **심히 아파**
문루로 **올라가서**
우니라

저가 올라갈 때에(when)
말하기를 ...하였더라
/내 아들 압살롬아!
내 아들 내 아들 압살롬아!
/내가 너를 대신하여 죽었더면,
/압살롬 내 아들아!
/내 아들아!

19 [8]

1 혹이 요압에게 **고하되** ...하니
/왕이 — 울며 슬퍼하시나이다
/압살롬을 위하여

8) 원어 본문은 한 절 씩 뒤로 밀려 있음. 원문은 2절임.

일인지 알지 못하였나이다 **30** 왕이 가로되 물러나 곁에 서 있으라 하매 물러나서 섰더라**31** 구스 사람이 이르러 고하되 내 주 왕께 보할 소식이 있나이다 여호와께서 오늘날 왕을 대적하던 모든 원수를 갚으셨나이다**32** 왕이 구스 사람에게 묻되 소년 압살롬이 잘 있느냐 구스 사람이 대답하되 내 주 왕의 원수와 일어나서 왕을 대적하는 자들은 다 그 소년과 같이 되기를 원하나이다 **33** 왕의 마음이 심히 아파 문루로 올라가서 우니라 저가 올라갈 때에 말하기를 내 아들 압살롬아 내 아들 내 아들 압살롬아 내가 너를 대신하여 죽었더면, 압살롬 내 아들아 내 아들아 하였더라

19:1 혹이 요압에게 고하되 왕이 압살롬을 위하여 울며 슬퍼 하시나이다 하니 **2** 왕이 그 아들을 위하여 슬퍼한다 함이 그 날에 백성들에게 들리매 그 날의

but I did not know what it was." **30** Then the king said, "Turn aside and stand here." So he turned aside and stood still. **31** ¶ And behold, the Cushite arrived, and the Cushite said, "Let my lord the king receive good news, for the LORD has freed you this day from the hand of all those who rose up against you." **32** Then the king said to the Cushite, "Is it well with the young man Absalom?" And the Cushite answered, "Let the enemies of my lord the king, and all who rise up against you for evil, be as that young man!" **33** And the king was deeply moved and went up to the chamber over the gate and wept. And thus he said as he walked, "O my son Absalom, my son, my son Absalom! Would I had died instead of you, O Absalom, my son, my son!"

19:1 ¶ Then it was told Joab, "Behold, the king is weeping and mourns for Absalom." **2** And the

2 이김이 슬픔이 **된지라**
/그 날의 /모든 백성에게

//(이유: כִּי, for)
[말]함이 —— 백성들에게 들리매
/왕이 슬퍼한다 /그 날에
/그 아들을 위하여

3 백성들이 도망함 같이 **가만히**
/싸움에 쫓겨 부끄러워
/그 날에

성으로 **들어가니라**

4 왕이 얼굴을 **가리우고**
큰 소리로 **부르되** ...하니
/내 아들 압살롬아! 압살롬아!
/내 아들아!
/내 아들아!

5 요압이 집에 **들어 가서**
왕께 **말씀하되**
/왕께서—— 부끄럽게 하시니
/구원한 모든 신복의 얼굴을
/오늘 왕의 생명과
/왕의 자녀의 생명과
/처첩들의 생명을

6 //이는(이유: כִּי, for)
왕께서 - 오늘 나타내심이라
/미워하는 자는 사랑하시며(~하심을)
/사랑하는 자는 미워하시고(~하심을)
/장관들과 신복들을 멸시하심을

//(이유: כִּי, for)
내가 — 오늘 깨달으니
/만일(כִּי)
압살롬이 —— 살고
우리가 다 —— 오늘 죽었더면(if)
왕이 마땅히 여기실 뻔하였나이다

7 /[당신은] 이제 곧 **일어나**
나가서
말씀하옵소서
/왕의 신복들의 마음을 위로하여

삼하

이김이 모든 백성에게 슬픔이 된지라 **3** 그 날에 백성들
이 싸움에 쫓겨 부끄러워 도망함 같이 가만히 성으로 들
어가니라 **4** 왕이 얼굴을 가리우고 큰 소리로 부르되 내
아들 압살롬아 압살롬아 내 아들아 내 아들아 하니 **5** 요
압이 집에 들어가서 왕께 말씀하되 왕께서 오늘 왕의 생
명과 왕의 자녀의 생명과 처첩들의 생명을 구원한 모든
신복의 얼굴을 부끄럽게 하시니 **6** 이는 왕께서 미워하
는 자는 사랑하시며 사랑하는 자는 미워하시고 오늘 장
관들과 신복들을 멸시하심을 나타내심이라 오늘 내가 깨
달으니 만일 압살롬이 살고 오늘 우리가 다 죽었더면 왕
이 마땅히 여기실 뻔하였나이다 **7** 이제 곧 일어나 나가
서 왕의 신복들의 마음을 위로하여 말씀하옵소서 내가
여호와를 가리켜 맹세하옵나니 왕이 만일 나가지 아니하
시면 오늘 밤에 한 사람도 왕과 함께 머물지 아니할지라

victory that day was turned to mourning for all the
people, for the people heard it said that day, "The king
is grieved for his son." **3** So the people went by stealth
into the city that day, as people who are humiliated steal
away when they flee in battle. **4** And the king covered
his face and cried out with a loud voice, "O my son Absalom,
O Absalom, my son, my son!" **5** Then Joab came into
the house to the king and said, "Today you have covered
with shame the faces of all your servants, who today
have saved your life and the lives of your sons and daughters,
the lives of your wives, and the lives of your concubines,
6 by loving those who hate you, and by hating those
who love you. For you have shown today that princes
and servants are nothing to you; for I know this day
that if Absalom were alive and all of us were dead today,
then you would be pleased. **7** "Now therefore arise, go

//(이유: כִּי, for)
내가 ― 여호와를 가리켜 맹세하옵나니
/만일(כִּי)
왕이 나가지 아니하시면(if)
한 사람도 ― 왕과 함께 머물지 아니할지라
/오늘 밤에

//그리하면(결과)
그 화가 ― 더욱 심하리이다
/모든 화보다
/왕이 젊었을 때부터 지금까지 당하신

8 왕이 **일어나**
성문에 **앉으매**

혹이 모든 백성에게 **고하되** ...하니
/왕이 문에 앉아 계시다

모든 백성이 왕의 앞으로 **나아오니라**
이스라엘은 이미 도망하였더라
/각기 장막으로

9 백성들이 변론하여 **가로되**
/모든 지파
/이스라엘
/왕이 ― 우리를 구원하여 내셨고
/원수의 손에서
/또
[왕이] ― 우리를 구원하셨으나
/블레셋 사람의 손에서
[왕이] ― 이제 나라에서 나가셨고
/압살롬을 피하여
10 /압살롬은 ― 싸움에 죽었거늘
/우리가 ― 기름을 부어
우리를 다스리게 한
/어찌하여(why)
너희가 ― 이제 잠잠하고 있느냐?
/왕을 도로 모셔 올 일에
(하니라)

11 다윗 왕이 두 제사장에게 **기별하여 가로되**
/사독과 아비아달
/너희는 ― 고하여 이르기를
/유다 장로들에게
/왕의[이] ― 말씀이
/어찌하여(why)
너희는 ― 나중이 되느냐?
/궁으로 모시는 일에

삼하

그리하면 그 화가 왕이 젊었을 때부터 지금까지 당하신
모든 화보다 더욱 심하리이다 8 왕이 일어나 성문에 앉
으매 혹이 모든 백성에게 고하되 왕이 문에 앉아 계시다
하니 모든 백성이 왕의 앞으로 나아오니라 이스라엘은
이미 각기 장막으로 도망하였더라 9 이스라엘 모든 지파
백성들이 변론하여 가로되 왕이 우리를 원수의 손에서
구원하여 내셨고 또 우리를 블레셋 사람의 손에서 구원
하셨으나 이제 압살롬을 피하여 나라에서 나가셨고 10
우리가 기름을 부어 우리를 다스리게 한 압살롬은 싸움
에 죽었거늘 이제 너희가 어찌하여 왕을 도로 모셔 올 일
에 잠잠하고 있느냐 하니라 11 다윗 왕이 사독과 아비
아달 두 제사장에게 기별하여 가로되 너희는 유다 장로

out and speak kindly to your servants, for I swear by
the LORD, if you do not go out, surely not a man will
pass the night with you, and this will be worse for you
than all the evil that has come upon you from your youth
until now." 8 So the king arose and sat in the gate.
When they told all the people, saying, "Behold, the
king is sitting in the gate," then all the people came
before the king. Now Israel had fled, each to his tent.
9 And all the people were quarreling throughout all the
tribes of Israel, saying, "The king delivered us from
the hand of our enemies and saved us from the hand of
the Philistines, but now he has fled out of the land from
Absalom. 10 "However, Absalom, whom we anointed over
us, has died in battle. Now then, why are you silent
about bringing the king back?" 11 ¶ Then King David
sent to Zadok and Abiathar the priests, saying, "Speak

//(이유: ו, since)
말이 —— 왕께 들렸거늘
/온 이스라엘이-[말]하는
/왕을 궁으로 도로 모셔 오자

12 /너희는 —— 내 형제요
└ 내 골육이어늘
/어찌하여
[너희가] —— 나중이 되리요 하셨다 하고
/왕을 도로 모셔 오는 일에

13 /또
너희는 —— 아마사에게 이르기를 ...하셨다 하라 하여
/너는 내 골육이 아니냐?
/[만일](אִם)
네가 —— 군장이 되지 아니하면(if)
/요압을 대신하여
/내 앞에서
/항상
하나님이-내게 내리시기를 바라노라
/벌 위에 벌을

14 [그가] 마음을 **돌리게 하매**
/모든 유다 사람들로[위]
/일제히

저희가 왕께 **보내어 가로되** ...한지라
/왕은 — 돌아오소서
/모든 신복으로 더불어

15 왕이 **돌아와**
요단에 **이르매**

유다 족속이 왕을 **맞아**
길갈로 **오니라**

//(목적: ל, in order to)
요단을 건네려 하여

16 시므이가 —— 급히 내려올 때에
/게라의 아들 /유다 사람과 함께
/베냐민 사람
/바후림에 있는

//(목적: ל, to)
다윗 왕을 맞으려

삼하

들에게 고하여 이르기를 왕의 말씀이 온 이스라엘이 왕
을 궁으로 도로 모셔오자 하는 말이 왕께 들렸거늘 너희
는 어찌하여 궁으로 모시는 일에 나중이 되느냐 12 너
희는 내 형제요 내 골육이어늘 어찌하여 왕을 도로 모셔
오는 일에 나중이 되리요 하셨다 하고 13 너희는 또 아
마사에게 이르기를 너는 내 골육이 아니냐 네가 요압을
대신하여 항상 내 앞에서 군장이 되지 아니하면 하나님
이 내게 벌 위에 벌을 내리시기를 바라노라 하셨다 하라
하여 14 모든 유다 사람들로 마음을 일제히 돌리게 하
매 저희가 왕께 보내어 가로되 왕은 모든 신복으로 더불
어 돌아오소서 한지라 15 왕이 돌아와 요단에 이르매
유다 족속이 왕을 맞아 요단을 건네려 하여 길갈로 오니
라 16 바후림에 있는 베냐민 사람 게라의 아들 시므이
가 급히 유다 사람과 함께 다윗 왕을 맞으려 내려올 때

to the elders of Judah, saying, 'Why are you the last
to bring the king back to his house, since the word of
all Israel has come to the king, even to his house? 12
'You are my brothers; you are my bone and my flesh.
Why then should you be the last to bring back the king?'
13 "And say to Amasa, 'Are you not my bone and
my flesh? May God do so to me, and more also, if you
will not be commander of the army before me continually
in place of Joab.'" 14 Thus he turned the hearts of all
the men of Judah as one man, so that they sent word to
the king, saying, "Return, you and all your servants."
15 The king then returned and came as far as the Jordan.
And Judah came to Gilgal in order to go to meet the
king, to bring the king across the Jordan. 16 ¶ Then

17 일천명이 저와 함께 하고
/베냐민 사람

시바도 저와 함께 하여
/사울의 사환 /그 아들 열 다섯과
종 스무명으로 더불어
요단강을 **밟고 건너**
왕의 앞으로 **나아오니라**

18 나룻배가 **건너가니**

//(목적: ל, to)
왕의 가족을 건네려 하며
왕의 선히 여기는 대로 쓰게 하려하여

왕이 요단을 건너려 할 때에(when)
시므이가 왕의 앞에 **엎드려**
/게라의 아들

19 [시므이가] 왕께 **고하되**
/내 주여!
원컨대 내게 죄 주지 마옵소서
/[당신은] — 기억하지 마옵시며
/종의 패역한 일을
/내 주 왕께서 예루살렘에서 나오시던 날에
/[당신은] — 마음에 두지 마옵소서

20 //(이유: כִּי, for)
내가 —— 범죄한 줄 아옵는 고로
/왕의 종

/내가 — 오늘 먼저 내려와서
/요셉의 온 족속 중
내 주 왕을 영접하나이다

21 아비새가 **대답하여**
/스루야의 아들

가로되
/시므이가 — 저주하였으니
/여호와의 기름 부으신 자를
/그로 인하여 죽어야 마땅치 아니하니이까?

삼하

에 **17** 베냐민 사람 일천 명이 저와 함께 하고 사울의
사환 시바도 그 아들 열 다섯과 종 스무 명으로 더불어
저와 함께 하여 요단 강을 밟고 건너 왕의 앞으로 나아오
니라 **18** 왕의 가족을 건네려 하며 왕의 선히 여기는 대
로 쓰게 하려 하여 나룻배가 건너가니 왕이 요단을 건너
려 할 때에 게라의 아들 시므이가 왕의 앞에 엎드려 **19**
왕께 고하되 내 주여 원컨대 내게 죄 주지 마옵소서 내
주 왕께서 예루살렘에서 나오시던 날에 종의 패역한 일
을 기억하지 마옵시며 마음에 두지 마옵소서 **20** 왕의
종 내가 범죄한 줄 아옵는 고로 오늘 요셉의 온 족속 중
내가 먼저 내려와서 내 주 왕을 영접하나이다 **21** 스루
야의 아들 아비새가 대답하여 가로되 시므이가 여호와의
기름 부으신 자를 저주하였으니 그로 인하여 죽어야 마
땅치 아니하니이까 **22** 다윗이 가로되 스루야의 아들들

Shimei the son of Gera, the Benjamite who was from
Bahurim, hurried and came down with the men of Judah
to meet King David. **17** And there were a thousand
men of Benjamin with him, with Ziba the servant of the
house of Saul, and his fifteen sons and his twenty servants
with him; and they rushed to the Jordan before the king.
18 Then they kept crossing the ford to bring over the
king's household, and to do what was good in his sight.
And Shimei the son of Gera fell down before the king
as he was about to cross the Jordan. **19** So he said to
the king, "Let not my lord consider me guilty, nor remember
what your servant did wrong on the day when my lord
the king came out from Jerusalem, so that the king should
take it to heart. **20** "For your servant knows that I
have sinned; therefore behold, I have come today, the
first of all the house of Joseph to go down to meet my
lord the king." **21** But Abishai the son of Zeruiah
answered and said, "Should not Shimei be put to death
for this, because he cursed the LORD's anointed?" **22** David
then said, "What have I to do with you, O sons of

22 다윗이 가로되
/스루야의 아들들아!
/내가 너희와 무슨 상관이 있기로
//(결과: that...should)
너희가 오늘 나의 대적이 되느냐?
/어찌하여(why)
오늘 이스라엘 가운데서 사람을 죽이겠느냐?
/내가 알지 못하리요 하고
/내가 오늘날 이스라엘의 왕이 된 것을

23 [그가] 시므이에게 **이르되** ...하고
/네가 죽지 아니하리라
저에게 **맹세하니라**

24 므비보셋이 **내려와서**
/사울의 손자
//(목적: ל, to)
왕을 맞으니
저는 그 발을 **맵시 내지 아니하며**
/왕의 떠난 날부터
평안히 돌아오는 날까지
그 수염을 **깎지 아니하며**
옷을 **빨지 아니하였더라**

25 [그가] 예루살렘에서 와서...때에(when)
//(목적: ל, to)
왕을 맞을(=맞기 위하여)
왕이 저에게 **물어 가로되**
/므비보셋이여!
네가 어찌하여 나와 함께 가지 아니하였더뇨?

26 [그가] **대답하되**
/내 주 왕이여!
나의 종이 나를 속이고
//(이유: כִּי, for)
[그가 — 말하였으므로]
/내 나귀에 안장을 지워 타고
/왕과 함께 가려 하였더니
//(이유: כִּי, for)
왕의 종 나는 절뚝발이이므로

삼하

아 내가 너희와 무슨 상관이 있기로 너희가 오늘 나의
대적이 되느냐 오늘 어찌하여 이스라엘 가운데서 사람을
죽이겠느냐 내가 오늘날 이스라엘의 왕이 된 것을 내가
알지 못하리요 하고 **23** 시므이에게 이르되 네가 죽지
아니하리라 하고 저에게 맹세하니라 **24** 사울의 손자
므비보셋이 내려와서 왕을 맞으니 저는 왕의 떠난 날부
터 평안히 돌아오는 날까지 그 발을 맵시 내지 아니하며
그 수염을 깎지 아니하며 옷을 빨지 아니하였더라 **25**
예루살렘에서 와서 왕을 맞을 때에 왕이 저에게 물어 가
로되 므비보셋이여 네가 어찌하여 나와 함께 가지 아니
하였더뇨 **26** 대답하되 내 주 왕이여 왕의 종 나는 절뚝
발이이므로 내 나귀에 안장을 지워 타고 왕과 함께 가려

Zeruiah, that you should this day be an adversary to
me? Should any man be put to death in Israel today?
For do I not know that I am king over Israel today?"
23 And the king said to Shimei, "You shall not die."
Thus the king swore to him. **24** ¶ Then Mephibosheth
the son of Saul came down to meet the king; and he
had neither cared for his feet, nor trimmed his mustache,
nor washed his clothes, from the day the king departed
until the day he came home in peace. **25** And it was
when he came from Jerusalem to meet the king, that the
king said to him, "Why did you not go with me,
Mephibosheth?" **26** So he answered, "O my lord, the king,
my servant deceived me; for your servant said, 'I will saddle
a donkey for myself that I may ride on it and go with

27 /[그가] —— 종 나를 참소하였나이다
/내 주 왕께
/내 주 왕께서는 하나님의 사자와 같으시니
/왕의 처분대로 하옵소서

28 //(이유: כִּי, for)
온 집이 —— 다만 죽을 사람이 되지 아니하였었나이까
/내 아비의 /내 주 왕 앞에서는

/그러나
[당신은] —— 종을 두셨사오니
/왕의 상에서
/음식 먹는 자 가운데
/내게 오히려 무슨 옳음이 있어서
/다시 왕께 부르짖을 수 있사오리이까

29 왕이 저에게 **이르되**
/네가 어찌하여 또 네 일을 말하느냐?
/내가 —— 이르노니
/너는 시바와 밭을 나누라

30 므비보셋이 왕께 **고하되** ...하니라
/내 주 왕께서 평안히 궁에 돌아오시게 되었으니
/저로 그 전부를 차지하게 하옵소서

31 바실래가 왕을 **보내어**
/길르앗 사람
로글림에서 **내려와서**
요단을 **건네려고**
요단에 **함께 이르니**

32 바실래는 매우 **늙어**
나이 **팔십세라**

왕이 마하나임에 유할 때에(when)
[그가] 왕을 **공궤하였더라**

//(이유: כִּי, for)
저는 거부인 고로

33 왕이 바실래에게 **이르되**
/너는 나와 함께 건너가자
/예루살렘에서 내가 너를 공궤하리라

하였더니 나의 종이 나를 속이고 27 종 나를 내 주 왕께 참소하였나이다 내 주 왕께서는 하나님의 사자와 같으시니 왕의 처분대로 하옵소서 28 내 아비의 온 집이 내 주 왕 앞에서는 다만 죽을 사람이 되지 아니하였었나이까 그러나 종을 왕의 상에서 음식 먹는 자 가운데 두셨사오니 내게 오히려 무슨 옳음이 있어서 다시 왕께 부르짖을 수 있사오리이까 29 왕이 저에게 이르되 네가 어찌하여 또 네 일을 말하느냐 내가 이르노니 너는 시바와 밭을 나누라 30 므비보셋이 왕께 고하되 내 주 왕께서 평안히 궁에 돌아오시게 되었으니 저로 그 전부를 차지하게 하옵소서 하니라 31 길르앗 사람 바실래가 왕을 보내어 요단을 건네려고 로글림에서 내려와서 함께 요단에 이르니 32 바실래는 매우 늙어 나이 팔십세라 저는 거부인고로 왕이 마하나임에 유할 때에 왕을 공궤하였더라 33 왕이 바실래에게 이르되 너는 나와 함께 건너가자 예루살렘에서 내가 너를 공궤하리라 34 바실래가 왕

the king,' because your servant is lame. 27 "Moreover, he has slandered your servant to my lord the king; but my lord the king is like the angel of God, therefore do what is good in your sight. 28 "For all my father's household was nothing but dead men before my lord the king; yet you set your servant among those who ate at your own table. What right do I have yet that I should complain anymore to the king?" 29 So the king said to him, "Why do you still speak of your affairs? I have decided, 'You and Ziba shall divide the land.'" 30 And Mephibosheth said to the king, "Let him even take it all, since my lord the king has come safely to his own house." 31 ¶ Now Barzillai the Gileadite had come down from Rogelim; and he went on to the Jordan with the king to escort him over the Jordan. 32 Now Barzillai was very old, being eighty years old; and he had sustained the king

34 바실래가 왕께 **고하되**
/내 생명의 날이 얼마나 있삽관대
/어찌 왕과 함께 예루살렘으로 올라가리이까?

35 /내 나이 이제 팔십세라
/어떻게 좋고 흉한 것을 분간할 수 있사오며?
/음식의 맛을 알 수 있사오리이까?
/어떻게 다시 알아 들을 수 있사오리이까?
/노래하는 남자나 여인의 소리를
/어찌하여 종이 내 주 왕께 오히려 누를 끼치리이까?

36 /종은 왕을 모시고 요단을 건너려는 것 뿐이어늘
/왕께서 어찌하여 이같은 상으로 내게 갚으려 하시나이까

37 /청컨대 종을 돌려 보내옵소서
/내가 내 본성 부모의 묘 곁에서 죽으려 하나이다
/그러나 왕의 종 김함이 여기 있사오니
/청컨대 저로 내 주 왕과 함께 건너가게 하옵시고
/왕의 처분대로 저에게 베푸소서

38 왕이 **대답하되** ...하니라
/김함이 —— 나와 함께 건너가리니
/내가 —— 저에게 베풀겠고
/너의 좋아하는 대로
/또
[내가] —— 다 시행하리라
/네가 내게 구하는 것은
/너를 위하여

39 백성이 다 요단을 **건너매**
왕도 **건너가서**
바실래의 **입을 맞추고**
위하여 **복을 비니**

저가 자기 곳으로 **돌아가니라**

40 왕이 길갈로 **건너오고**
김함도 함께 **건너오니**

삼하

께 고하되 내 생명의 날이 얼마나 있삽관대 어찌 왕과
함께 예루살렘으로 올라가리이까 **35** 내 나이 이제 팔십
세라 어떻게 좋고 흉한 것을 분간할 수 있사오며 음식의
맛을 알 수 있사오리이까 어떻게 다시 노래하는 남자나
여인의 소리를 알아 들을 수 있사오리이까 어찌하여 종
이 내주 왕께 오히려 누를 끼치리이까 **36** 종은 왕을 모
시고 요단을 건너려는 것뿐이어늘 왕께서 어찌하여 이같
은 상으로 내게 갚으려 하시나이까 **37** 청컨대 종을 돌
려 보내옵소서 내가 내 본성 부모의 묘 곁에서 죽으려
하나이다 그러나 왕의 종 김함이 여기 있사오니 청컨대
저로 내 주 왕과 함께 건너가게 하옵시고 왕의 처분대로
저에게 베푸소서 **38** 왕이 대답하되 김함이 나와 함께
건너가리니 내가 너의 좋아하는 대로 저에게 베풀겠고
또 네가 내게 구하는 것은 다 너를 위하여 시행하리라
하니라 **39** 백성이 다 요단을 건너매 왕도 건너가서 바
실래의 입을 맞추고 위하여 복을 비니 저가 자기 곳으로
돌아가니라 **40** 왕이 길갈로 건너오고 김함도 함께 건너
오니 온 유다 백성과 이스라엘 백성의 절반이나 왕을 호

while he stayed at Mahanaim, for he was a very great
man. **33** And the king said to Barzillai, "You cross
over with me and I will sustain you in Jerusalem with
me." **34** But Barzillai said to the king, "How long
have I yet to live, that I should go up with the king to
Jerusalem? **35** "I am now eighty years old. Can I distinguish
between good and bad? Or can your servant taste what
I eat or what I drink? Or can I hear anymore the voice
of singing men and women? Why then should your
servant be an added burden to my lord the king? **36**
"Your servant would merely cross over the Jordan with
the king. Why should the king compensate me with this
reward? **37** "Please let your servant return, that I may
die in my own city near the grave of my father and my
mother. However, here is your servant Chimham, let him
cross over with my lord the king, and do for him what
is good in your sight." **38** And the king answered,
"Chimham shall cross over with me, and I will do for
him what is good in your sight; and whatever you require
of me, I will do for you." **39** All the people crossed
over the Jordan and the king crossed too. The king then
kissed Barzillai and blessed him, and he returned to his place.

백성과
/온 유다
절반이나 — 왕을 **호행하니라**
/이스라엘 백성의

41 사람이 — 왕께 **나아와서**
/온 이스라엘
— **고하되**
/어찌(why)
사람들이 — 왕을 도적하여
/유다
/우리 형제
— 요단을 건네었나이까 하매
/왕과 왕의 권속과
/모든 사람을 인도하여
/왕을 좇는

42 모든 사람이 이스라엘 사람에게 **대답하되**
/유다
/왕은 우리의 지친인 까닭이라
/너희가 어찌 이 일에 대하여 분내느냐?
/우리가 왕의 물건을 조금이라도 먹었느냐?
/왕께서 우리에게 선물 주신 것이 있느냐?

43 사람이 유다 사람에게 **대답하여 이르되**
/이스라엘
/우리는 왕에 대하여 십분을 가졌으니
/다윗에게 대하여 너희보다 더욱 관계가 있거늘
/너희가 어찌 우리를 멸시하여
/먼저 우리와 의논하지 아니하였느냐 하나
/우리 왕을 모셔오는 일에

말이 더 **강경하였더라**
/유다 사람의 /이스라엘 사람의 말보다

삼하

20

1 마침(and)
난류 하나가 거기 **있으니**

행(扈行)하니라 **41** 온 이스라엘 사람이 왕께 나아와서
고하되 우리 형제 유다 사람들이 어찌 왕을 도적하여 왕
과 왕의 권속과 왕을 좇는 모든 사람을 인도하여 요단을
건네었나이까 하매 **42** 유다 모든 사람이 이스라엘 사람
에게 대답하되 왕은 우리의 지친인 까닭이라 너희가 어
찌 이일에 대하여 분내느냐 우리가 왕의 물건을 조금이
라도 먹었느냐 왕께서 우리에게 선물 주신 것이 있느냐
43 이스라엘 사람이 유다 사람에게 대답하여 이르되 우
리는 왕에 대하여 십분을 가졌으니 다윗에게 대하여 너
희보다 더욱 관계가 있거늘 너희가 어찌 우리를 멸시하
여 우리 왕을 모셔 오는 일에 먼저 우리와 의논하지 아니
하였느냐 하나 유다 사람의 말이 이스라엘 사람의 말보
다 더 강경하였더라

20:1 마침 거기 난류 하나가 있으니 베냐민 사람
비그리의 아들 세바라 하는 자라 저가 나팔을 불
며 가로되 우리는 다윗과 함께 할 분의가 없으며 이새의

40 ¶ Now the king went on to Gilgal, and Chimham
went on with him; and all the people of Judah and also
half the people of Israel accompanied the king. **41** And
behold, all the men of Israel came to the king and said
to the king, "Why had our brothers the men of Judah
stolen you away, and brought the king and his household
and all David's men with him over the Jordan?" **42**
Then all the men of Judah answered the men of Israel,
"Because the king is a close relative to us. Why then
are you angry about this matter? Have we eaten at all
at the king's expense, or has anything been taken for
us?" **43** But the men of Israel answered the men of
Judah and said, "We have ten parts in the king, therefore
we also have more claim on David than you. Why then
did you treat us with contempt? Was it not our advice
first to bring back our king?" Yet the words of the men
of Judah were harsher than the words of the men of
Israel.

20:1 ¶ Now a worthless fellow happened to be there
whose name was Sheba, the son of Bichri, a Benjamite;
and he blew the trumpet and said, "We have no portion
in David, Nor do we have inheritance in the son of Jesse;

[이름]하는 —— **자라**
/세바라
/베냐민 사람
/비그리의 아들

저가 —— 나팔을 **불며**
가로되
/우리는 — 분의가 없으며
/다윗과 함께 할
/[우리는] — 업이 없도다
/이새의 아들과 함께 할

/이스라엘아!
각각 장막으로 돌아가라 하매

2 이에
사람들이 다윗 좇기를 **그치고**
/온 이스라엘

올라가
세바를 **좇으나**
/비그리의 아들

사람들은 왕에게 **합하여**
/유다

요단에서 예루살렘까지 **좇으니라**

3 다윗이 예루살렘 본궁에 **이르러**
후 궁 열명을 **잡아**
/전에 머물러 궁을 지키게 한
별실에 **가두고**
먹을 것만 **주고**
더불어 **동침치 아니하니**

저희가 죽는 날까지 **갇혀서**
생과부로 **지내니라**

4 왕이 아마사에게 **이르되**
/너는 — 유다 사람을 소집하고
/나를 위하여
/삼일 내로
/너도 — 여기 있으라

5 아마사가 **가더니**

//(목적: ל, to)
유다 사람을 소집하러

[그가] 기한에 **지체된지라**
/왕의 정한

아들과 함께 할 업이 없도다 이스라엘아 각각 장막으로
돌아가라 하매 **2** 이에 온 이스라엘 사람들이 다윗 좇기
를 그치고 올라가 비그리의 아들 세바를 좇으나 유다 사
람들은 왕에게 합하여 요단에서 예루살렘까지 좇으니라
3 다윗이 예루살렘 본궁에 이르러 전에 머물러 궁을 지
키게 한 후궁 열 명을 잡아 별실에 가두고 먹을 것만 주
고 더불어 동침치 아니하니 저희가 죽는 날까지 갇혀서
생과부로 지내니라 **4** 왕이 아마사에게 이르되 너는 나
를 위하여 삼 일 내로 유다 사람을 소집하고 너도 여기
있으라 **5** 아마사가 유다 사람을 소집하러 가더니 왕의

Every man to his tents, O Israel!" **2** So all the men of
Israel withdrew from following David, and followed
Sheba the son of Bichri; but the men of Judah remained
steadfast to their king, from the Jordan even to Jerusalem.
3 ¶ Then David came to his house at Jerusalem, and
the king took the ten women, the concubines whom he
had left to keep the house, and placed them under guard
and provided them with sustenance, but did not go in to
them. So they were shut up until the day of their death, living
as widows. **4** ¶ Then the king said to Amasa, "Call
out the men of Judah for me within three days, and be present
here yourself." **5** So Amasa went to call out the men

6 이에
다윗이 ——— 아비새에게 **이르되** ...하매
/이제
세바가 ——— 압살롬보다 우리를 더 해하리니
/비그리의 아들
/너는 ——— 네 주의 신복들을 거느리고
쫓아가라

//(목적: פֶּן, lest)
저가 견고한 성에 들어가서
우리들을 피할까 염려하노라

7 좇는 자들과
/요압을
그렛 사람들과
블렛 사람들과
모든 용사들이
다 ——— 아비새를 **따라**
예루살렘에서 **나와서**

//(목적: לְ, to)
세바를 쫓으려고
/비그리의 아들

삼하

8 [그들이] 큰 바위 곁에 이르매(when)
/기브온
아마사가 맞으러 **오니**
때에(and)
요압이 군복을 **입고**
띠를 **띠고**
허리에 **매었는데**
/집에 꽂은 칼을

저가 행할 때에(when)
칼이 빠져 **떨어졌더라**

9 요압이 아마사에게 **이르되** ...하며
/형은 평안하뇨

[그가] 아마사의 수염을 **잡고**
/오른손으로

//(목적: לְ, to)
그 입을 맞추려는 체하매

10 아마사가 **주의치 아니한지라**
/요압의 손에 있는 칼은

정한 기한에 지체된지라 **6** 다윗이 이에 아비새에게 이르
되 이제 비그리의 아들 세바가 압살롬보다 우리를 더 해
하리니 너는 네 왕의 신복들을 거느리고 좇아가라 저가
견고한 성에 들어가서 우리들을 피할까 염려하노라 하매
7 요압을 좇는 자들과 그렛 사람들과 블렛 사람들과 모
든 용사들이 **8** 기브온 큰 바위 곁에 이르매 아마사가 맞
으러 오니 때에 요압이 군복을 입고 띠를 띠고 집에 꽂은
칼을 허리에 매었는데 저가 행할 때에 칼이 빠져 떨어졌
더라 **9** 요압이 아마사에게 이르되 형은 평안하뇨 하며
오른손으로 아마사의 수염을 잡고 그 입을 맞추려는 체

of Judah, but he delayed longer than the set time which
he had appointed him. **6** And David said to Abishai,
"Now Sheba the son of Bichri will do us more harm
than Absalom; take your lord's servants and pursue him,
lest he find for himself fortified cities and escape from
our sight." **7** So Joab's men went out after him, along
with the Cherethites and the Pelethites and all the mighty
men; and they went out from Jerusalem to pursue Sheba
the son of Bichri. **8** When they were at the large stone which
is in Gibeon, Amasa came to meet them. Now Joab was
dressed in his military attire, and over it was a belt with
a sword in its sheath fastened at his waist; and as he
went forward, it fell out. **9** And Joab said to Amasa,
"Is it well with you, my brother?" And Joab took Amasa

요압이	칼로 그 배를 **찌르매**
그 창자가	땅에 **흐르니**
[그가]	**다시 치지 아니하여도**
[그가]	**죽으니라**
요압과	
아비새가	세바를 **쫓을새**
/그 동생	/비그리의 아들
11 하나가	아마사의 곁에 **서서**
/요압의 소년 중	
	가로되
	/요압을 좋아 하는 자와
	다윗을 위하는 자는 요압을 따르라 할 때에
12 아마사가	피 속에 **굴어졌는지라**
	/길 가운데
그 소년이	**보고**
	/모든 백성의 섰는 것을
	아마사를 밭으로 **옮겼으나**
	/큰 길에서부터
	보고
	/거기 이르는 자도 다 멈추어 서는 것을
	옷을 그 위에 **덮으니라**
13 [그가]	아마사를 큰 길에서 옮겨가매(when)
사람들이 다	요압을 **따라**
	세바를 **쫓아가니라**
	/비그리의 아들
14 요압이	**두루 행하여**
	/이스라엘 모든 지파 가운데
	이르니
	/아벨과 벧마아가와
	/베림 온 땅에
그 무리도 다	**모여**
	저를 **따르더라**
15 이에	
저희가	벧마아가 아벨로 **가서**

삼하

하매 10 아마사가 요압의 손에 있는 칼은 주의치 아니
한지라 요압이 칼로 그 배를 찌르매 그 창자가 땅에 흐
르니 다시 치지 아니하여도 죽으니라 요압과 그 동생 아
비새가 비그리의 아들 세바를 쫓을새11 요압의 소년 중
하나가 아마사의 곁에 서서 가로되 요압을 좋아하는 자
와 다윗을 위하는 자는 요압을 따르라 할 때에 12 아마
사가 길 가운데 피 속에 굴어졌는지라 그 소년이 모든
백성의 섰는 것을 보고 아마사를 큰 길에서부터 밭으로
옮겼으나 거기 이르는 자도 다 멈추어 서는 것을 보고
옷을 그 위에 덮으니라 13 아마사를 큰 길에서 옮겨가
매 사람들이 다 요압을 따라 비그리의 아들 세바를 쫓아
가니라 14 요압이 이스라엘 모든 지파 가운데 두루 행
하여 아벨과 벧마아가와 베림 온 땅에 이르니 그 무리도
다 모여 저를 따르더라 15 이에 저희가 벧마아가 아벨

by the beard with his right hand to kiss him. 10 But
Amasa was not on guard against the sword which was
in Joab's hand so he struck him in the belly with it and
poured out his inward parts on the ground, and did not
strike him again; and he died. Then Joab and Abishai
his brother pursued Sheba the son of Bichri. 11 Now
there stood by him one of Joab's young men, and said,
"Whoever favors Joab and whoever is for David, let him
follow Joab." 12 But Amasa lay wallowing in his blood
in the middle of the highway. And when the man saw
that all the people stood still, he removed Amasa from
the highway into the field and threw a garment over him
when he saw that everyone who came by him stood still.
13 As soon as he was removed from the highway, all
the men passed on after Joab to pursue Sheba the son
of Bichri. 14 Now he went through all the tribes of
Israel to Abel even to Beth-maacah and all the Berites;
and they were gathered together and also went after him.
15 And they came and besieged him in Abel Beth-
maacah, and they cast up a mound against the city, and

세바를 **에우고**
토성을 **쌓고**
/그 성읍을 향하여
/해자 언덕 위에

요압과
모든 백성이 —— 성벽을 **쳐서**...하더니
/함께 한

//(목적: ל, to)
헐고자

16 여인 하나가 그 성에서 **외쳐 가로되**
/지혜로운
/들을지어다
들을지어다
/청컨대
너희는 —— 압에게 이르기를 ...하라
/이리로 가까이 오라
/내가 네게 말하려 하노라 한다

17 요압이 그 여인에게 가까이 **가니**

여인이 **가로되**
/당신이 요압이니이까?

[그가] **대답하되**
/그러하다

여인이 저에게 **이르되**
/여종의 말을 들으소서

[그가] **대답하되**
/내가 들으리라

18 여인이 **말하여 가로되**
/옛 사람들이 — 흔히 말하기를 ...하고
/아벨에 가서 물을 것이라

//(결과)
그 일을 끝내었나이다

19 /나는 —— 하나이어늘
/이스라엘의 화평하고 충성된 자 중
/당신이 —— 어미 같은 성을 멸하고자 하시는도다
/이스라엘 가운데
/어찌하여
당신이 여호와의 기업을 삼키고자 하시나이까?

로 가서 세바를 에우고 그 성읍을 향하여 해자 언덕 위에 토성을 쌓고 요압과 함께한 모든 백성이 성벽을 쳐서 헐고자 하더니 **16** 그 성에서 지혜로운 여인 하나가 외쳐 가로되 들을지어다 들을지어다 청컨대 너희는 요압에게 이르기를 이리로 가까이 오라 내가 네게 말려 하노라 한다 하라 **17** 요압이 그 여인에게 가까이 가니 여인이 가로되 당신이 요압이니이까 대답하되 그러하다 여인이 저에게 이르되 여종의 말을 들으소서 대답하되 내가 들으리라 **18** 여인이 말하여 가로되 옛 사람들이 흔히 말하기를 아벨에 가서 물을 것이라 하고 그 일을 끝내었나이다 **19** 나는 이스라엘의 화평하고 충성된 자 중 하나이어늘 당신이 이스라엘 가운데 어미 같은 성을 멸하고자

it stood by the rampart; and all the people who were with Joab were wreaking destruction in order to topple the wall. **16** Then a wise woman called from the city, "Hear, hear! Please tell Joab, 'Come here that I may speak with you.'" **17** So he approached her, and the woman said, "Are you Joab?" And he answered, "I am." Then she said to him, "Listen to the words of your maidservant." And he answered, "I am listening." **18** Then she spoke, saying, "Formerly they used to say, 'They will surely ask advice at Abel,' and thus they ended the dispute. **19** "I am of those who are peaceable and faithful in Israel. You are seeking to destroy a city, even a mother in Israel. Why would you swallow up the inheritance of the LORD?" **20** And Joab answered and said, "Far be

20 요압이 **대답하여 가로되**
/결단코 그렇지 아니하다
/결단코 그렇지 아니하다
/삼키거나 멸하거나 하려함이 아니니

21 /그 일이 그러한 것이 아니니라
/세바라 하는 자가--손을 들어
/비그리의 아들 -왕 다윗을 대적하였나니
/에브라임 산지 사람
/너희가 저만 내어 주면
내가 이 성읍에서 떠나가리라

여인이 요압에게 **이르되**
/저의 머리를 성벽에서 당신에게 내어 던지리이다 하고

22 이에
여인이 모든 백성에게 **말하매**
/그 지혜로
저희가 세바의 머리를 **베어**
/비그리의 아들
요압에게 **던진지라**

이에
요압이 나팔을 **불매**
무리가 **흩어져**
성읍에서 **물러나서**
각기 장막으로 **돌아가고**
요압은 예루살렘으로 **돌아와서**
왕에게 **나아가니라**

23 요압은 **장관이 되고**
/이스라엘 온 군대의
브나야는 **장관이 되고**
/여호야다의 아들 /그렛 사람과 블렛 사람의

24 아도니람은 **감역관이 되고**

여호사밧은 **사관이 되고**
/아힐룻의 아들

25 스와는 **서기관이 되고**

삼하

하시는도다 어찌하여 당신이 여호와의 기업을 삼키고자
하시나이까 20 요압이 대답하여 가로되 결단코 그렇지
아니하다 결단코 그렇지 아니하다 삼키거나 멸하거나 하
려함이 아니니 21 그 일이 그러한 것이 아니니라 에브
라임 산지 사람 비그리의 아들 세바라 하는 자가 손을
들어 왕 다윗을 대적하였나니 너희가 저만 내어 주면 내
가 이 성읍에서 떠나가리라 여인이 요압에게 이르되 저
의 머리를 성읍에서 당신에게 내어 던지리이다 하고
22 이에 여인이 그 지혜로 모든 백성에게 말하매 저희
가 비그리의 아들 세바의 머리를 베어 요압에게 던진지
라 이에 요압이 나팔을 불매 무리가 흩어져 성읍에서 물
러나서 각기 장막으로 돌아가고 요압은 예루살렘으로 돌
아와서 왕에게 나아가니라 23 요압은 이스라엘 온 군대
의 장관이 되고 여호야다의 아들 브나야는 그렛 사람과
블렛 사람의 장관이 되고 24 아도니람은 감역관이 되고
아힐룻의 아들 여호사밧은 사관이 되고

it, far be it from me that I should swallow up or destroy!
21 "Such is not the case. But a man from the hill
country of Ephraim, Sheba the son of Bichri by name,
has lifted up his hand against King David. Only hand
him over, and I will depart from the city." And the
woman said to Joab, "Behold, his head will be thrown
to you over the wall." 22 Then the woman wisely came
to all the people. And they cut off the head of Sheba
the son of Bichri and threw it to Joab. So he blew the trumpet,
and they were dispersed from the city, each to his tent.
Joab also returned to the king at Jerusalem. 23 ¶ Now
Joab was over the whole army of Israel, and Benaiah
the son of Jehoiada was over the Cherethites and the
Pelethites; 24 and Adoram was over the forced labor,
and Jehoshaphat the son of Ahilud was the recorder;
25 and Sheva was scribe, and Zadok and Abiathar were

사독과
아비아달은 **제사장이 되고**

26 이라는 다윗의 **대신이 되니라**
/야일 사람

21

1 기근이 **있으므로**
/다윗의 시대에
/연부년 삼년

다윗이 여호와 앞에 **간구하매**
여호와께서 **가라사대** ...하시니라
/이는 —— 인함이니
/사울과
/피를 흘린 그 집을

//(이유: עַל, because)
저가 —— 죽였음이니라
/기브온 사람을

2 기브온 사람은 **족속이 아니요**
/이스라엘
남은 자라
/아모리 사람 중에서

족속들이 전에 **맹세하였거늘**
/이스라엘 /저희에게

사울이 저희 죽이기를 **꾀하였더라**
/열심이 있으므로
/이스라엘과 유다 족속을 위하여

이에
왕이 기브온 사람을 **불러**
물으니라

3 다윗이 저희에게 **묻되**
/내가 너희를 위하여 어떻게 하랴?
/내가 어떻게 속죄하여야?

//(결과: that...may)
너희가 —복을 빌겠느냐?
/여호와의 기업을 위하여

25 스와는 서기관이 되고 사독과 아비아달은 제사장이
되고 26 야일 사람 이라는 다윗의 대신이 되니라
21:1 다윗의 시대에 년부년 삼 년 기근이 있으므로
다윗이 여호와 앞에 간구하매 여호와께서 가라사
대 이는 사울과 피를 흘린 그 집을 인함이니 저가 기브온
사람을 죽였음이니라 하시니라 2 기브온 사람은 이스라
엘 족속이 아니요 아모리 사람 중에서 남은 자라 이스라
엘 족속들이 전에 저희에게 맹세하였거늘 사울이 이스라
엘과 유다 족속을 위하여 열심이 있으므로 저희 죽이기
를 꾀하였더라 이에 왕이 기브온 사람을 불러 물으니라
3 다윗이 저희에게 묻되 내가 너희를 위하여 어떻게 하
랴 내가 어떻게 속죄하여야 너희가 여호와의 기업을 위

priests; 26 and Ira the Jairite was also a priest to David.
21:1 ¶ Now there was a famine in the days of David
for three years, year after year; and David sought
the presence of the LORD. And the LORD said, "It is
for Saul and his bloody house, because he put the
Gibeonites to death." 2 So the king called the Gibeonites
and spoke to them (now the Gibeonites were not of the
sons of Israel but of the remnant of the Amorites, and
the sons of Israel made a covenant with them, but Saul
had sought to kill them in his zeal for the sons of Israel
and Judah). 3 Thus David said to the Gibeonites, "What
should I do for you? And how can I make atonement
that you may bless the inheritance of the LORD?" 4
Then the Gibeonites said to him, "We have no concern

삼하

4 기브온 사람이 **대답하되**
/일은 ── 은금에 있지 아니하오나
/사울과 그 집과 우리 사이의
/일은 ── 우리에게 있지 아니하니이다
/사람을 죽이는
/이스라엘 가운데서

왕이 **가로되**
/[내가] ─ 시행하리라
/너희의 말하는 대로

5 저희가 왕께 **고하되**
6 /자손 일곱을 내어 주소서
5 /우리를 학살하였고
/또 모해한 사람의
/우리를 멸하여
/머물지 못하게 하려고
/이스라엘 경내에

/우리가 ── 저희를 목매어 달겠나이다
/여호와 앞에서
/기브아에서
/사울의 고을
/여호와의 빼신

왕이 **가로되** ...하니라
/내가 내어 주리라

7 그러나
왕이 므비보셋은 **아끼고**
/요나단의 아들
/사울의 손자

//(이유: עַל, because)
서로 맹세한 것이 있으므로
/다윗과 사울의 아들 요나단 사이에
/여호와를 가리켜

8 이에
[왕이] **잡고**
/아야의 딸 리스바에게서 난 자
/곧 알모니와 므비보셋과
/사울의 두 아들
/사울의 딸 메랍에게서 난 자

삼하

하여 복을 빌겠느냐 **4** 기브온 사람이 대답하되 사울과 그 집과 우리 사이의 일은 은금에 있지 아니하오나 이스라엘 가운데서 사람을 죽이는 일은 우리에게 있지 아니하니이다 왕이 가로되 너희의 말하는 대로 시행하리라 **5** 저희가 왕께 고하되 우리를 학살하였고 또 우리를 멸하여 이스라엘 경내에 머물지 못하게 하려고 모해한 사람의 **6** 자손 일곱을 내어 주소서 여호와의 빼신 사울의 고을 기브아에서 우리가 저희를 여호와 앞에서 목매어 달겠나이다 왕이 가로되 내가 내어 주리라 하니라 **7** 그러나 다윗과 사울의 아들 요나단 사이에 서로 여호와를 가리켜 맹세한 것이 있으므로 왕이 사울의 손자 요나단의 아들 므비보셋은 아끼고 **8** 이에 아야의 딸 리스바에게서 난 자 곧 사울의 두 아들 알모니와 므비보셋과 사울의 딸 메랍에게서 난 자 곧 므홀랏 사람 바실래의 아들

of silver or gold with Saul or his house, nor is it for us to put any man to death in Israel." And he said, "I will do for you whatever you say." **5** So they said to the king, "The man who consumed us, and who planned to exterminate us from remaining within any border of Israel, **6** let seven men from his sons be given to us, and we will hang them before the LORD in Gibeah of Saul, the chosen of the LORD." And the king said, "I will give them."

7 ¶ But the king spared Mephibosheth, the son of Jonathan the son of Saul, because of the oath of the LORD which was between them, between David and Saul's son Jonathan. **8** So the king took the two sons of Rizpah the daughter of Aiah, Armoni and Mephibosheth whom she had born to Saul, and the five sons of Merab the daughter of Saul, whom she had born to Adriel the son of Barzillai the Meholathite. **9** Then he gave them

/곧 아드리엘의 다섯 아들을
/바실래의 아들
/므홀랏 사람

9 [왕이] 저희를 **붙이니**
/기브온 사람의 손에

기브온 사람이 저희를 **목매어 달매**
/산 위에서
/여호와 앞에

일곱 사람이 **함께 죽으니**
/저희

죽은 때는 곡식 베는 **처음날[이]더라**
/곧 보리 베기 시작하는 때

10 리스바가 굵은 베를 **가져다가**
/아야의 딸

반석 위에 **펴고**
/자기를 위하여

공중의 새가 **앉지 못하게 하고**
/그 시체에
/낮에는
/곡식 베기 시작할 때부터
하늘에서 비가 시체에 쏟아지기까지

들짐승이 **범하지 못하게 한지라**
/밤에는

11 이에
행한 일이 다윗에게 들리매(when)
/리스바의
/아야의 딸
/사울의 첩
12 다윗이 **가서**
취하니
/사울의 뼈와
/그 아들 요나단의 뼈를
/길르앗 야베스 사람에게서
/이는(who)[9]
저희가 ― 가만히 가져 온 것이라
/블레셋 사람이 ― 사울을 전에 죽여
/길보아에서
매어 단 것을
/벳산 거리에

9) 관계대명사, 선행사는 길르앗 야베스 사람

아드리엘의 다섯 아들을 잡고 **9** 저희를 기브온 사람의 손에 붙이니 기브온 사람이 저희를 산 위에서 여호와 앞에 목매어 달매 저희 일곱 사람이 함께 죽으니 죽은 때는 곡식 베는 처음 날 곧 보리 베기 시작하는 때더라 **10** 아야의 딸 리스바가 굵은 베를 가져다가 자기를 위하여 반석 위에 펴고 곡식 베기 시작할 때부터 하늘에서 비가 시체에 쏟아지기 까지 그 시체에 낮에는 공중의 새가 앉지 못하게 하고 밤에는 들짐승이 범하지 못하게 한지라 **11** 이에 아야의 딸 사울의 첩 리스바의 행한 일이 다윗에게 들리매 **12** 다윗이 가서 사울의 뼈와 그 아들 요나단의 뼈를 길르앗 야베스 사람에게서 취하니 이는 전에 블레셋 사람이 사울을 길보아에서 죽여 벳산 거리에 매

into the hands of the Gibeonites, and they hanged them in the mountain before the LORD, so that the seven of them fell together; and they were put to death in the first days of harvest at the beginning of barley harvest. **10** ¶ And Rizpah the daughter of Aiah took sackcloth and spread it for herself on the rock, from the beginning of harvest until it rained on them from the sky; and she allowed neither the birds of the sky to rest on them by day nor the beasts of the field by night. **11** When it was told David what Rizpah the daughter of Aiah, the concubine of Saul, had done, **12** then David went and took the bones of Saul and the bones of Jonathan his son from the men of Jabesh-gilead, who had stolen them from the open square of Bethshan, where the Philistines

13 다윗이 **가지고 올라 오매**
/사울의 뼈와
/그 아들 요나단의 뼈를
/그곳에서

사람들이 뼈를 **거두어다가**
/그 달려 죽은 자들의
14 뼈와 함께 장사하되
/사울과 그 아들 요나단의
/베냐민 땅 셀라에서
/그 아비기스의 묘에
좇아 행하니라
/모두(=모든 것을)
/왕의 명대로(=명령한)

하나님이 **기도를 들으시니라**
/그 땅을 위하여
/그 후에야

15 블레셋 사람이 다시 치거늘(when)
/이스라엘을
다윗이 **내려가서**
/그 신복들과 함께
블레셋 사람과 **싸우더니**

다윗이 **피곤하매**
16 이스비브놉이 다윗을 죽이려 **하므로**
/장대한 자의 아들 중에
/놋창을 들고
/삼백 세겔중 되는
/새 칼을 찬

17 아비새가 다윗을 **도와**
/스루야의 아들
그 블레셋 사람을 **쳐**
죽이니

종자들이 다윗에게 맹세하여 가로되 ...하니라
/다윗의 /왕은 — 다시 전장에 나가지 마옵소서
/우리와 함께

//(결과)
이스라엘의 등불이 꺼지지 말게 하옵소서

삼하

어 단 것을 저희가 가만히 가져 온 것이라 **13** 다윗이
그 곳에서 사울의 뼈와 그 아들 요나단의 뼈를 가지고
올라오매 사람들이 그 달려 죽은 자들의 뼈를 거두어다
가 **14** 사울과 그 아들 요나단의 뼈와 함께 베냐민 땅
셀라에서 그 아비 기스의 묘에 장사하되 모두 왕의 명대
로 좇아 행하니라 그 후에야 하나님이 그 땅을 위하여
기도를 들으시니라 **15** 블레셋 사람이 다시 이스라엘을
치거늘 다윗이 그 신복들과 함께 내려가서 블레셋 사람
과 싸우더니 다윗이 피곤하매 **16** 장대한 자의 아들 중
에 삼백세겔 중 되는 놋창을 들고 새 칼을 찬 이스비브
놉이 다윗을 죽이려 하므로 **17** 스루야의 아들 아비새
가 다윗을 도와 그 블레셋 사람을 쳐 죽이니 다윗의 종
자들이 다윗에게 맹세하여 가로되 왕은 다시 우리와 함
께 전장에 나가지 마옵소서 이스라엘의 등불이 꺼지지

had hanged them on the day the Philistines struck down
Saul in Gilboa. **13** And he brought up the bones of
Saul and the bones of Jonathan his son from there, and
they gathered the bones of those who had been hanged.
14 And they buried the bones of Saul and Jonathan his
son in the country of Benjamin in Zela, in the grave of
Kish his father; thus they did all that the king commanded,
and after that God was moved by entreaty for the land.

15 ¶ Now when the Philistines were at war again with
Israel, David went down and his servants with him; and
as they fought against the Philistines, David became
weary. **16** Then Ishbi-benob, who was among the
descendants of the giant, the weight of whose spear was
three hundred shekels of bronze in weight, was girded
with a new sword, and he intended to kill David. **17**
But Abishai the son of Zeruiah helped him, and struck

10) 의미상 상황절
11) 의미상 상황절
12) 의미상 상황절

18 그 후에
다시 블레셋 사람과 곱에서 전쟁할 때에(when)[10)]

십브개가 삽을 **쳐죽였고**
/후사 사람 /장대한 자의 아들 중에

19 또 다시 블레셋 사람과 곱에서 전쟁할 때에(when)[11)]

엘하난이 라흐미를 **죽였는데**
/야레오르김의 아들 /가드 골리앗의 아우
/베들레헴 사람 /그 자의 창 자루는 베틀채 같았더라

20 또 가드에서 전쟁할 때에(when)[12)]

하나는 그곳에 **〈있는데〉**
/키 큰 자
가락이 모두 스물 네 가락이 **있는데**
/매 손과 매 발에 여섯씩

저도 장대한 자의 **소생이라**

21 저가 이스라엘 사람을 능욕하므로(when)
요나단이 저를 **죽이니라**
/삼마의 아들
/다윗의 형

22 소생이 **다 죽었더라**
/장대한 자의 /다윗의 손과
/가드의 /그 신복의 손에
/이 네 사람

삼하

22

1 다윗이 여호와께 **아뢰어**
/이 노래의 말씀으로
/그 날에
/여호와께서 — 다윗을 구원하신
/모든 대적의 손과
/사울의 손에서

말게 하옵소서 하니라 18 그 후에 다시 블레셋 사람과
곱에서 전쟁할 때에 후사 사람 십브개가 장대한 자의 아
들 중에 삽을 쳐 죽였고 19 또 다시 블레셋 사람과 곱
에서 전쟁할 때에 베들레헴 사람 야레오르김의 아들 엘
하난이 가드 골리앗의 아우 라흐미를 죽였는데 그 자의
창 자루는 베틀채 같았더라 20 또 가드에서 전쟁할 때
에 그곳에 키 큰 자 하나는 매손과 매발에 가락이 여섯씩
모두 스물 네 가락이 있는데 저도 장대한 자의 소생이라
21 저가 이스라엘 사람을 능욕하므로 다윗의 형 삼마의
아들 요나단이 저를 죽이니라 22 이 네 사람 가드의
장대한 자의 소생이 다윗의 손과 그 신복의 손에 다 죽었
더라

22:1 여호와께서 다윗을 모든 대적의 손과 사울의
손에서 구원하신 그 날에 다윗이 이 노래의 말씀

the Philistine and killed him. Then the men of David
swore to him, saying, "You shall not go out again with
us to battle, that you may not extinguish the lamp of
Israel." 18 ¶ Now it came about after this that there
was war again with the Philistines at Gob; then Sibbecai
the Hushathite struck down Saph, who was among the
descendants of the giant. 19 And there was war with
the Philistines again at Gob, and Elhanan the son of
Jaare-oregim the Bethlehemite killed Goliath the Gittite,
the shaft of whose spear was like a weaver's beam. 20
And there was war at Gath again, where there was a
man of great stature who had six fingers on each hand
and six toes on each foot, twenty-four in number; and
he also had been born to the giant. 21 And when he
defied Israel, Jonathan the son of Shimei, David's brother,
struck him down. 22 These four were born to the giant
in Gath, and they fell by the hand of David and by the
hand of his servants.

22:1 ¶ And David spoke the words of this song to
the LORD in the day that the LORD delivered
him from the hand of all his enemies and from the hand
of Saul. 2 And he said, "The LORD is my rock and

2 [그가] 가로되
/여호와는 ── 나의 반석이시오
── 나의 요새시오
── 나를 건지시는 자시요
3 ── 나의 하나님이시오
── 나의 피할 바위시오
── 나의 방패시오
── 나의 구원의 뿔이시오
── 나의 높은 망대시오
── 나의 피란처시오
── 나의 구원자시라
── 나를 흉악에서 구원하셨도다

4 /내가 ── 여호와께 아뢰리니
/찬송 받으실

//(결과)
[내가] 구원을 얻으리로다
/내 원수들에게서

5 /물결이 ── 나를 에우고
/사망의
/창수가 ── 나를 두렵게 하였으며
/불의의
6 /줄이 ── 나를 두르고
/음부의
/올무가 ── 내게 이르렀도다
/사망의
7 /내가 ── 여호와께 아뢰며
/환난 중에서
── 나의 하나님께 아뢰었더니
/저가 ── 내 소리를 들으심이여
/그 전에서

/부르짖음이 ── 그 귀에 들렸도다
/나의

8 //이에(결과)
땅이 진동하고 떨며
기초가 요동하고 흔들렸으니
/하늘

//(이유: כִּי, for)
그의 진노를 인함이로다

9 /연기가 ── 그 코에서 오르고

으로 여호와께 아뢰어 2 가로되 여호와는 나의 반석이
시요 나의 요새시요 나를 건지시는 자시요 3 나의 하나
님이시요 나의 피할 바위시요 나의 방패시요 나의 구원
의 뿔이시요 나의 높은 망대시요 나의 피난처시요 나의
구원자시라 나를 흉악에서 구원하셨도다 4 내가 찬송받
으실 여호와께 아뢰리니 내 원수들에게서 구원을 얻으리
로다 5 사망의 물결이 나를 에우고 불의의 창수가 나를
두렵게 하였으며 6 음부의 줄이 나를 두르고 사망의 올
무가 내게 이르렀도다 7 내가 환난 중에서 여호와께 아
뢰며 나의 하나님께 아뢰었더니 저가 그 전에서 내 소리
를 들으심이여 나의 부르짖음이 그 귀에 들렸도다 8 이
에 땅이 진동하고 떨며 하늘 기초가 요동하고 흔들렸으
니 그의 진노를 인함이로다 9 그 코에서 연기가 오르고
입에서 불이 나와 사름이여 그 불에 숯이 피었도다 10

my fortress and my deliverer; 3 My God, my rock, in
whom I take refuge; My shield and the horn of my
salvation, my stronghold and my refuge; My savior,
Thou dost save me from violence. 4 "I call upon the LORD,
who is worthy to be praised; And I am saved from my
enemies. 5 "For the waves of death encompassed me;
The torrents of destruction overwhelmed me; 6 The
cords of Sheol surrounded me; The snares of death confronted
me. 7 "In my distress I called upon the LORD, Yes, I
cried to my God; And from His temple He heard my
voice, And my cry for help came into His ears. 8 "Then
the earth shook and quaked, The foundations of heaven were
trembling And were shaken, because He was angry. 9
"Smoke went up out of His nostrils, And fire from His mouth

/불이 — 입에서 나와
사름이여
/숯이 — 그 불에 피었도다
10 /또
저가 — 하늘을 드리우고
강림하시니
/그 발 아래는—어둑캄캄하도다

11 /[그가] — 그룹을 타고
날으심이여!
[그가] — 바람 날개 위에 나타나셨도다
12 /저가 — 장막을 삼으심이여
/흑암[으로 둘린]
/곧 모인 물과
공중의 빽빽한 구름으로 둘린

13 /숯불이 — 피었도다
/그 앞에 있는 광채로 인하여

14 /여호와께서 — 뇌성을 발하시며
/하늘에서
/지존하신 자가 음성을 내심이여

15 /[그가] — 살을 날려
저희를 흩으시며
번개로 파하셨도다
16 /이럴 때에
물 밑이 — 드러나고
/여호와의 꾸지람과
/콧김을 인하여
/기초가 — 나타났도다
/땅의
17 /저가 — 위에서 보내사
나를 취하심이여
나를 건져내셨도다
/많은 물에서
18 /[그가] — 나를 건지셨음이여
/강한 원수와
/미워하는 자에게서

//(이유: כִּי, for)
저희는 나보다 힘센 연고로다

19 /저희가 — 내게 이르렀으나
/나의 재앙의 날에

저가 또 하늘을 드리우고 강림하시니 그 발 아래는 어둑
캄캄하도다 11 그룹을 타고 날으심이여 바람 날개 위에
나타나셨도다 12 저가 흑암 곧 모인 물과 공중의 빽빽
한 구름으로 둘린 장막을 삼으심이여 13 그 앞에 있는
광채로 인하여 숯불이 피었도다 14 여호와께서 하늘에
서 뇌성을 발하시며 지존하신 자가 음성을 내심이여 15
살을 날려 저희를 흩으시며 번개로 파하셨도다 16 이럴
때에 여호와의 꾸지람과 콧김을 인하여 물 밑이 드러나
고 땅의 기초가 나타났도다 17 저가 위에서 보내사 나
를 취하심이여 많은 물에서 나를 건져내셨도다 18 나를
강한 원수와 미워하는 자에게서 건지셨음이여 저희는 나
보다 힘센 연고로다 19 저희가 나의 재앙의 날에 내게

devoured; Coals were kindled by it. 10 "He bowed
the heavens also, and came down With thick darkness
under His feet. 11 "And He rode on a cherub and
flew; And He appeared on the wings of the wind. 12
"And He made darkness canopies around Him, A mass
of waters, thick clouds of the sky. 13 "From the
brightness before Him Coals of fire were kindled. 14
"The LORD thundered from heaven, And the Most High
uttered His voice. 15 "And He sent out arrows, and scattered
them, Lightning, and routed them. 16 "Then the channels
of the sea appeared, The foundations of the world were
laid bare, By the rebuke of the LORD, At the blast of
the breath of His nostrils. 17 "He sent from on high,
He took me; He drew me out of many waters. 18 "He
delivered me from my strong enemy, From those who
hated me, for they were too strong for me. 19 "They

/여호와께서 ──나의 의지가 되셨도다
20 /또
[그가] ─┬─ 나를 인도하시고
/넓은 곳으로
└─ 구원하셨도다

//(이유: כִּי, for)
나를 기뻐하시므로

21 /여호와께서 ─┬ 상 주시며
/내 의를 따라
└ 갚으셨으니
/내 손의 깨끗함을 좇아

22 //이는(이유: כִּי, for)
내가 ┬ 여호와의 도를 지키고
└ 악을 행하여.. 아니하였으며
/내 하나님을 떠나지[13)]

23 //(이유: כִּי, for)
[내가] ┬ 그 모든 규례를 내 앞에 두고
└ 그 율례를 버리지 아니하였음이로다

24 /또
내가 ┬ 그 앞에 완전하여
└ 스스로 지켜
/죄악을 피하였나니(=죄악으로부터)

25 /그러므로
여호와께서 ──내게 갚으셨도다
/내 의대로,
/그 목전에
/내 깨끗한 대로

26 /[그가] ──┬ 주의 자비하심을 나타내시며
/자비한 자에게는
└ 주의 완전하심을 보이시며
/완전한 자에게는

27 /[그가] ──┬ 주의 깨끗하심을 보이시며
/깨끗한 자에게는
└ 주의 거스리심을 보이시리이다
/사특한 자에게는

28 /주께서 ─┬ 곤고한 백성은 구원하시고
├ 교만한 자를 살피사
└ 낮추시리이다

13) against my God

이르렀으나 여호와께서 나의 의지가 되셨도다 20 나를
또 넓은 곳으로 인도하시고 나를 기뻐하시므로 구원하셨
도다 21 여호와께서 내 의를 따라 상 주시며 내 손의
깨끗함을 좇아 갚으셨으니 22 이는 내가 여호와의 도를
지키고 악을 행하여 내 하나님을 떠나지 아니하였으며
23 그 모든 규례를 내 앞에 두고 그 율례를 버리지 아
니하였음이로다 24 내가 또 그 앞에 완전하여 스스로
지켜 죄악을 피하였나니 25 그러므로 여호와께서 내 의
대로, 그 목전에 내 깨끗한 대로 내게 갚으셨도다 26
자비한 자에게는 주의 자비하심을 나타내시며 완전한 자
에게는 주의 완전하심을 보이시며 27 깨끗한 자에게는
주의 깨끗하심을 보이시며 사특한 자에게는 주의 거스리

confronted me in the day of my calamity, But the LORD
was my support. 20 "He also brought me forth into a
broad place; He rescued me, because He delighted in
me. 21 "The LORD has rewarded me according to
my righteousness; According to the cleanness of my
hands He has recompensed me. 22 "For I have kept
the ways of the LORD, And have not acted wickedly
against my God. 23 "For all His ordinances were
before me; And as for His statutes, I did not depart from
them. 24 "I was also blameless toward Him, And I
kept myself from my iniquity. 25 "Therefore the LORD
has recompensed me according to my righteousness,
According to my cleanness before His eyes. 26 "With
the kind Thou dost show Thyself kind, With the blameless
Thou dost show Thyself blameless; 27 With the pure
Thou dost show Thyself pure, And with the perverted
Thou dost show Thyself astute. 28 "And Thou dost
save an afflicted people; But Thine eyes are on the

29 /여호와여!
주는 ——— 나의 등불이시니
/여호와께서 — 나의 흑암을 밝히시리이다

30 //(이유: כִּי, for)
내가 — 적군에 달리며
/주를 의뢰하고
성벽을 뛰어 넘나이다
/내 하나님을 의지하고

31 /도는 ——— 완전하고
/하나님의
/말씀은 ——— 정미하니
/여호와의
/저는 ——— 모든 자에게 방패시로다
/자기에게 피하는

32 /누가 ——— 하나님이며?
/여호와 외에
/누가 ——— 바위뇨?
/우리 하나님 외에

33 /하나님은 — 나의 견고한 요새시며
나를 인도하시며
/온전한 곳으로

34 /[그는] — 나의 발로 암사슴 발 같게 하시며
나를 나의 높은 곳에 세우시며
35 내 손을 가르쳐...하시니
/싸우게

//(결과)
내 팔이 놋활을 당기도다

36 /또
주께서 ——— 내게 주시며
/주의 구원의 방패를
/온유함이 — 나를 크게 하셨나이다
/주의

37 /[그가] — 내 걸음을 넓게 하셨고
나로 실족지 않게 하셨나이다

38 /내가 ——— 내 원수를 따라 멸하였사오며

삼하

심을 보이시리이다 28 주께서 곤고한 백성은 구원하시
고 교만한 자를 살피사 낮추시리이다 29 여호와여 주는
나의 등불이시니 여호와께서 나의 흑암을 밝히시리이다 30
내가 주를 의뢰하고 적군에 달리며 내 하나님을 의지하
고 성벽을 뛰어 넘나이다 31 하나님의 도는 완전하고
여호와의 말씀은 정미하니 저는 자기에게 피하는 모든
자에게 방패시로다 32 여호와 외에 누가 하나님이며 우
리 하나님 외에 누가 바위뇨 33 하나님은 나의 견고한
요새시며 나를 온전한 곳으로 인도하시며 34 나의 발로
암사슴 발같게 하시며 나를 나의 높은 곳에 세우시며
35 내 손을 가르쳐 싸우게 하시니 내 팔이 놋활을 당기
도다 36 주께서 또 주의 구원의 방패를 내게 주시며 주
의 온유함이 나를 크게 하셨나이다 37 내 걸음을 넓게
하셨고 나로 실족지 않게 하셨나이다 38 내가 내 원수

haughty whom Thou dost abase. 29 "For Thou art my
lamp, O LORD; And the LORD illumines my darkness.
30 "For by Thee I can run upon a troop; By my God
I can leap over a wall. 31 "As for God, His way is blameless;
The word of the LORD is tested; He is a shield to all
who take refuge in Him. 32 "For who is God, besides
the LORD? And who is a rock, besides our God? 33
"God is my strong fortress; And He sets the blameless
in His way. 34 "He makes my feet like hinds' feet,
And sets me on my high places. 35 "He trains my
hands for battle, So that my arms can bend a bow of
bronze. 36 "Thou hast also given me the shield of
Thy salvation, And Thy help makes me great. 37 "Thou
dost enlarge my steps under me, And my feet have not
slipped. 38 "I pursued my enemies and destroyed them,
And I did not turn back until they were consumed. 39 "And

돌이키지 아니하였나이다
/저희를 무찌르기 전에는
39 /내가 — 저희를 무찔러
파하였더니
/저희가 — 내 발 아래 엎드러지고
능히 일어나지 못하였나이다

40 //이는(이유: כִּי, for)
주께서 — 능력으로 내게 띠 띠우사
/나로 전쟁케 하려고
내게 굴복케 하셨사오며
/일어나 나를 치는 자로

41 /또
주께서 — 등을 내게로 향하게 하시고
/내 원수들로
나로 끊어버리게 하셨음이니이다
/나를 미워하는 자를

42 //(결과)
저희가 — 둘러보아도
구원할 자가 — 없었고

//(결과)
[저희가] — 여호와께 부르짖어도
[그가] — 대답지 아니하셨나이다

43 /내가 — 저희를 부스러뜨리고
/땅의 티끌 같이
밟아
/거리의 진흙 같이
헤쳤나이다

44 /또
주께서 — 나를 건지시고
/내 백성의 다툼에서
나를 보존하사
열방의 으뜸을 삼으셨으니

//(결과)
백성이 — 나를 섬기리이다
/내가 알지 못하는

45 /이방인들이 — 내게 굴복함이여
/저희가 — 내 풍성을 듣고
곧 순복하리로다

를 따라 멸하였사오며 저희를 무찌르기 전에는 돌이키지
아니하였나이다 39 내가 저희를 무찔러 파하였더니 저
희가 내 발 아래 엎드러지고 능히 일어나지 못하였나이
다 40 이는 주께서 나로 전쟁케 하려고 능력으로 내게
띠 띠우사 일어나 나를 치는 자로 내게 굴복케 하셨사오
며 41 주께서 또 내 원수들로 등을 내게로 향하게 하시
고 나로 나를 미워하는 자를 끊어 버리게 하셨음이니이
다 42 저희가 둘러보아도 구원할 자가 없었고 여호와께
부르짖어도 대답지 아니하셨나이다 43 내가 저희를 땅
의 티끌같이 부스러뜨리고 거리의 진흙같이 밟아 헤쳤나
이다 44 주께서 또 나를 내 백성의 다툼에서 건지시고
나를 보존하사 열방의 으뜸을 삼으셨으니 내가 알지 못
하는 백성이 나를 섬기리이다 45 이방인들이 내게 굴복
함이여 저희가 내 풍성을 듣고 곧 순복하리로다 46 이

I have devoured them and shattered them, so that they
did not rise; And they fell under my feet. 40 "For
Thou hast girded me with strength for battle; Thou hast
subdued under me those who rose up against me. 41 "Thou
hast also made my enemies turn their backs to me, And
I destroyed those who hated me. 42 "They looked,
but there was none to save; Even to the LORD, but He
did not answer them. 43 "Then I pulverized them as
the dust of the earth, I crushed and stamped them as the
mire of the streets. 44 "Thou hast also delivered me
from the contentions of my people; Thou hast kept me
as head of the nations; A people whom I have not known
serve me. 45 "Foreigners pretend obedience to me;
As soon as they hear, they obey me. 46 "Foreigners

46 /이방인들이 ─ 쇠미하여
떨며 나오리로다
/그 견고한 곳에서

47 /여호와는 ── 생존하시니

//(결과)
[너는] ── 나의 바위를 찬송하며
하나님을 높일지로다
/내 구원의 바위이신

48 /이 하나님이 ── 보수하시고
/나를 위하여
내게 복종케 하시며
/민족들로
49 나를 나오게 하시며
/원수들에게서
나를 드시고
/나를 대적하는 자 위에
나를 건지시는도다
/강포한 자에게서

50 /이러므로
여호와여
내가 ── 주께 감사하며
/열방 중에서
주의 이름을 찬양하리이다

51 /여호와께서 ── 큰 구원을 주시며
/그 왕에게
인자를 베푸심이여
/기름 부음 받은 자에게
영원토록 [베푸심이]로다 (하였더라)
/다윗과 그 후손에게

삼하

23

1 이는 다윗의 마지막 **말이라**
다윗[의](이) **말함이여**
/이새의 아들

높이 올리운 자,
기름 부음 받은 자,
/야곱의 하나님에게
노래 잘하는 자가 ── **말하도다**
/이스라엘의

방인들이 쇠미하여 그 견고한 곳에서 떨며 나오리로다
47 여호와는 생존하시니 나의 바위를 찬송하며 내 구원
의 바위이신 하나님을 높일지로다 48 이 하나님이 나를
위하여 보수하시고 민족들로 내게 복종케 하시며 49 나
를 원수들에게서 나오게 하시며 나를 대적하는 자 위에
나를 드시고 나를 강포한 자에게서 건지시는도다 50 이
러므로 여호와여 내가 열방 중에서 주께 감사하며 주의
이름을 찬양하리이다 51 여호와께서 그 왕에게 큰 구원
을 주시며 기름 부음 받은 자에게 인자를 베푸심이여 영
원토록 다윗과 그 후손에게로다 하였더라

23:1 이는 다윗의 마지막 말이라 이새의 아들 다
윗이 말함이여 높이 올리운 자, 야곱의 하나님에

lose heart, And come trembling out of their fortresses.
47 "The LORD lives, and blessed be my rock; And exalted
be God, the rock of my salvation, 48 It is God that avengeth
me, and that bringeth down the people under me, 49
And that bringeth me forth from mine enemies: thou
also hast lifted me up on high above them that rose up against
me: thou hast delivered me from the violent man. 50
Therefore I will give thanks unto thee, O LORD, among
the heathen, and I will sing praises unto thy name. 51
He is the tower of salvation for his king: and sheweth
mercy to his anointed, unto David, and to his seed for
evermore.

23:1 Now these be the last words of David. David
the son of Jesse said, and the man who was raised

2 신이 말씀하심이여
/여호와의 /나를 빙자하여
그 말씀이 내 혀에 있도다

3 하나님이 말씀하시며
/이스라엘의

바위가 내게 **이르시기를** ...하시도다
/이스라엘의 /사람을 다스리는 재[여]!,
/공의로
/다스리는 자여!
/하나님을 경외함으로
4 /저는 ─ 아침 빛 같고
/돋는 해
─ 아침 같고
/구름 없는
─ 새 풀 같으니라 (하시도다)
/땅에서 움이 돋는
/비 후의 광선으로

5 /내 집이 ─ 이 같지 아니하냐
/하나님 앞에
/하나님이 ─ 영원한 언약을 세우사
/나로 더불어
─ 만사에 구비하고
─ 견고케 하셨으니
─ 어찌 이루지 아니하시랴
/나의 모든 구원과
/나의 모든 소원을
6 /그러나
사악한 자는 ─ 가시나무 같으니
/내어 버리울
/다

//이는(이유: כִּי, for)
손으로 잡을 수 없음이로다

7 /만지는 자는 ── 철과 창자루를 가져야 하리니
/그것들을

/그것들이 ── 당장에 불사르이리로다 (하니라)

8 이름이 **이러하니라**
/다윗의 용사들의

삼하

게 기름 부음 받은자 이스라엘의 노래 잘하는 자가 말하
도다 2 여호와의 신이 나를 빙자하여 말씀하심이여 그
말씀이 내 혀에 있도다 3 이스라엘의 하나님이 말씀하
시며 이스라엘의 바위가 내게 이르시기를 사람을 공의로
다스리는 자, 하나님을 경외함으로 다스리는 자여 4 저
는 돋는 해 아침 빛 같고 구름 없는 아침 같고 비 후의
광선으로 땅에서 움이 돋는 새 풀 같으니라 하시도다 5
내 집이 하나님 앞에 이같지 아니하냐 하나님이 나로 더
불어 영원한 언약을 세우사 만사에 구비하고 견고케 하
셨으니 나의 모든 구원과 나의 모든 소원을 어찌 이루지
아니하시랴 6 그러나 사악한 자는 다 내어 버리울 가시
나무 같으니 이는 손으로 잡을 수 없음이로다 7 그것들
을 만지는 자는 철과 창자루를 가져야 하리니 그것들이
당장에 불사르이리로다 하니라 8 다윗의 용사들의 이름

up on high, the anointed of the God of Jacob, and the
sweet psalmist of Israel, said, 2 The Spirit of the LORD
spake by me, and his word was in my tongue. 3 The
God of Israel said, the Rock of Israel spake to me, He
that ruleth over men must be just, ruling in the fear of
God. 4 And he shall be as the light of the morning,
when the sun riseth, even a morning without clouds; as
the tender grass springing out of the earth by clear shining
after rain. 5 Although my house be not so with God;
yet he hath made with me an everlasting covenant,
ordered in all things, and sure: for this is all my salvation,
and all my desire, although he make it not to grow. 6
But the sons of Belial shall be all of them as thorns
thrust away, because they cannot be taken with hands:
7 But the man that shall touch them must be fenced
with iron and the staff of a spear; and they shall be

자는 군장의 **두목이라**
/요셉밧세벳이라고도 하고
/다그몬 사람
/아디노라고도 하는
/에센 사람

저가 팔백인을 **쳐죽였더라**
/한때에

9 그 다음은 **엘르아살이니**
/도대의 아들
/아호아 사람

[그는] 세 용사 중에 **하나이라**
/다윗과 함께 한

세 용사가 싸움을 돋우고(when)
/블레셋 사람[과](이)
/싸우려고 모이매

사람들이 **물러간지라**
/이스라엘

10 저가 **나가서**
블레셋 사람을 **치니라**
/손이 피곤하여 칼에 붙기까지

여호와께서 이기게 **하셨으므로**
/크게
/그 날에

백성들은 **돌아와서**
저의 뒤를 **〈따라가며〉**

//(목적: ל, to)
노략할 뿐이었더라

11 그 다음은 아게의 아들 **삼마라**
/하랄 사람

사람이 떼를 지어 **모이매**
/블레셋 /녹두나무가 가득한 밭에

백성들은 **도망하되**
/블레셋 사람 앞에서

12 저는 그 밭 가운데 **서서**

삼하

이 이러하니라 다그몬 사람 요셉밧세벳이라고도 하고 에
센 사람 아디노라고도 하는 자는 군장의 두목이라 저가
한 때에 팔백인을 쳐 죽였더라 **9** 그 다음은 아호아 사람
도대의 아들 엘르아살이니 다윗과 함께 한 세 용사 중에
하나이라 블레셋 사람이 싸우려고 모이매 이스라엘 사람
들이 물러간지라 세 용사가 싸움을 돋우고 **10** 저가 나
가서 손이 피곤하여 칼에 붙기까지 블레셋 사람을 치니
라 그 날에 여호와께서 크게 이기게 하셨으므로 백성들
은 돌아와서 저의 뒤를 따라가며 노략할 뿐이었더라 **11**
그 다음은 하랄 사람 아게의 아들 삼마라 블레셋 사람이
떼를 지어 녹두나무가 가득한 밭에 모이매 백성들은 블
레셋 사람 앞에서 도망하되 **12** 저는 그 밭 가운데 서서

utterly burned with fire in the same place. **8** These be
the names of the mighty men whom David had: The
Tachmonite that sat in the seat, chief among the captains;
the same was Adino the Eznite: he lift up his spear
against eight hundred, whom he slew at one time. **9**
And after him was Eleazar the son of Dodo the Ahohite,
one of the three mighty men with David, when they
defied the Philistines that were there gathered together
to battle, and the men of Israel were gone away: **10**
He arose, and smote the Philistines until his hand was weary,
and his hand clave unto the sword: and the LORD
wrought a great victory that day; and the people returned
after him only to spoil. **11** And after him was Shammah
the son of Agee the Hararite. And the Philistines were

막아
블레셋 사람을 **친지라**

여호와께서 큰 구원을 **이루시니라**

13 또
세 사람이 아둘람 굴에 **이르러**
/삼십 두목
다윗에게 **나아갔는데**
/곡식 벨 때에

때에(then)
떼가 르바임 골짜기에 **진쳤더라**
/블레셋 사람의

14 그 때에(then)
다윗은 산성에 **있고**

영채는 베들레헴에 **있는지라**
/블레셋 사람의

15 다윗이 **사모하여**
가로되 ...하매
/누가 —— 나로 마시게 할꼬
/우물 물을
/베들레헴 성문 곁

16 세 용사가 **충돌하고 지나가서**
/블레셋 사람의 군대를
우물 물을 **길어**
/베들레헴 성문 곁
가지고
다윗에게로 **왔으나**

다윗이 마시기를 **기뻐 아니하고**
그 물을 **부어드리며**
/여호와께

17 [그가] **가로되**
/여호와여!
내가 —— 이런 일을 **결단코 하지 아니하리이다**

/이는 —— 사람들의 피니이다 하고
/생명을 돌아보지 아니하고 갔던
[그가] 마시기를 **즐겨 아니하니라**

막아 블레셋 사람을 친지라 여호와께서 큰 구원을 이루
시니라 **13** 또 삼십 두목 중 세 사람이 곡식 벨 때에 아
둘람 굴에 이르러 다윗에게 나아갔는데 때에 블레셋 사
람의 떼가 르바임 골짜기에 진쳤더라 **14** 그 때에 다윗
은 산성에 있고 블레셋 사람의 영채는 베들레헴에 있는
지라 **15** 다윗이 사모하여 가로되 베들레헴 성문 곁 우
물 물을 누가 나로 마시게 할꼬 하매 **16** 세 용사가 블
레셋 사람의 군대를 충돌하고 지나가서 베들레헴 성문
곁 우물 물을 길어 가지고 다윗에게로 왔으나 다윗이 마
시기를 기뻐 아니하고 그 물을 여호와께 부어 드리며
17 가로되 여호와여 내가 결단코 이런 일을 하지 아니
하리이다 이는 생명을 돌아보지 아니하고 갔던 사람들의

gathered together into a troop, where was a piece of
ground full of lentiles: and the people fled from the Philistines.
12 But he stood in the midst of the ground, and defended
it, and slew the Philistines: and the LORD wrought a
great victory. **13** And three of the thirty chief went
down, and came to David in the harvest time unto the
cave of Adullam: and the troop of the Philistines pitched
in the valley of Rephaim. **14** And David was then in
an hold, and the garrison of the Philistines was then in
Bethlehem. **15** And David longed, and said, Oh that
one would give me drink of the water of the well of
Bethlehem, which is by the gate! **16** And the three
mighty men brake through the host of the Philistines,
and drew water out of the well of Bethlehem, that was
by the gate, and took it, and brought it to David: nevertheless
he would not drink thereof, but poured it out unto the LORD.
17 And he said, Be it far from me, O LORD, that I
should do this: is not this the blood of the men that

세 용사가 이런 일을 **행하였더라**

18 또
저는 그 삼인의 **두목이라**
/아비새니
/스루야의 아들
/요압의 아우

저가 창을 **들어**
삼백인을 **죽이고**
이름을 **얻었으니**
/그 삼인 중에

19 저는 가장 존귀한 **자가 아니냐**
/삼인 중에
저가 저희의 두목이 **되었으나**
그러나
[그는] 첫 삼인에게는 **미치지 못하였더라**

20 또
저는 효용한 일을 **행한 자라**
/브나야니
/갑스엘 용사의 손자
/여호야다의 아들

삼하

[그는] 아들 둘을 **일찌기 죽였고**
/모압 아리엘의
또
[그는] 함정에 **내려가서**
/눈 올 때에
한 사자를 **죽였으며**
21 또
[그는] 장대한 애굽 사람을 **죽였는데**
[비록]
그의 손에 창이 있어도(although)[14]

저가 **내려가서**
/막대를 가지고
창을 **빼앗아**
/그 애굽 사람의 손에서
그 창으로 **죽였더라**

22 브나야가 이런 일을 **행하였으므로**
/여호야다의 아들
이름을 〈**얻고**〉
/세 용사 중에
23 [그가] 삼십인보다 **존귀하나**

14) NIV

피니이다 하고 마시기를 즐겨 아니하니라 세 용사가 이
런 일을 행하였더라 **18** 또 스루야의 아들 요압의 아우
아비새니 저는 그 삼인의 두목이라 저가 창을 들어 삼백
인을 죽이고 그 삼인 중에 이름을 얻었으니 **19** 저는 삼
인 중에 가장 존귀한 자가 아니냐 저가 저희의 두목이 되
었으나 그러나 첫 삼인에게는 미치지 못하였더라 **20** 또
갑스엘 용사의 손자 여호야다의 아들 브나야니 저는 효
용한 일을 행한 자라 일찌기 모압 아리엘의 아들 둘을 죽
였고 또 눈 올 때에 함정에 내려가서 한 사자를 죽였으며
21 또 장대한 애굽 사람을 죽였는데 그의 손에 창이 있

went in jeopardy of their lives? therefore he would not
drink it. These things did these three mighty men. **18**
And Abishai, the brother of Joab, the son of Zeruiah,
was chief among three. And he lifted up his spear against
three hundred, and slew them, and had the name among
three. **19** Was he not most honourable of three? therefore
he was their captain: howbeit he attained not unto the
first three. **20** And Benaiah the son of Jehoiada, the
son of a valiant man, of Kabzeel, who had done many
acts, he slew two lionlike men of Moab: he went down
also and slew a lion in the midst of a pit in time of
snow: **21** And he slew an Egyptian, a goodly man: and
the Egyptian had a spear in his hand; but he went down
to him with a staff, and plucked the spear out of the Egyptian's

그러나
[그가] 첫 삼인에게는 **미치지 못하였더라**

다윗이 저를 **세워...삼았더라**
/시위대 장관을(...으로)

24 아사헬은 ——— 삼십인 중에 **하나요**
/요압의 아우
또
엘하난과
/베들레헴 도도의 아들
25 삼훗과
/하롯 사람
엘리가와
/하롯 사람
26 헬레스와
/발디 사람
이라와
/드고아 사람
/익게스의 아들
27 아비에셀과
/아나돗 사람
므분내와
/후사 사람
28 살몬과
/아호아 사람
마하래와
/느도바 사람
29 헬렙과
/느도바 사람
/바아나의 아들
잇대와
/기브아사람
/베냐민 자손에 속한
/리배의 아들
30 브나야와
/비라돈 사람
힛대와
/가아스 시냇가에 사는
31 아비알본과
/아르바 사람
아스마웻과
/바르훔 사람

어도 저가 막대를 가지고 내려가서 그 애굽 사람의 손에
서 창을 빼앗아 그 창으로 죽였더라 22 여호야다의 아
들 브나야가 이런 일을 행하였으므로 세 용사 중에 이름
을 얻고 23 삼십인보다 존귀하나 그러나 첫 삼인에게는
미치지 못하였더라 다윗이 저를 세워 시위대 장관을
삼았더라 24 요압의 아우 아사헬은 삼십인중에 하나요
또 베들레헴 도도의 아들 엘하난과 25 하롯 사람 삼훗
과 하롯 사람 엘리가와 26 발디 사람 헬레스와 드고아
사람 익게스의 아들 이라와 27 아나돗 사람 아비에셀과
후사사람 므분내와 28 아호아 사람 살몬과 느도바 사람
마하래와 29 느도바 사람 바아나의 아들 헬렙과 베냐민
자손에 속한 기브아 사람 리배의 아들 잇대와 30 비라
돈 사람 브나야와 가아스 시냇가에 사는 힛대와 31 아
르바 사람 아비알본과 바르훔 사람 아스마웻과 32 사알

hand, and slew him with his own spear. 22 These things
did Benaiah the son of Jehoiada, and had the name
among three mighty men. 23 He was more honourable than
the thirty, but he attained not to the first three. And
David set him over his guard. 24 Asahel the brother of
Joab was one of the thirty; Elhanan the son of Dodo of
Bethlehem, 25 Shammah the Harodite, Elika the Harodite,
26 Helez the Paltite, Ira the son of Ikkesh the Tekoite,
27 Abiezer the Anethothite, Mebunnai the Hushathite,
28 Zalmon the Ahohite, Maharai the Netophathite, 29
Heleb the son of Baanah, a Netophathite, Ittai the son
of Ribai out of Gibeah of the children of Benjamin, 30
Benaiah the Pirathonite, Hiddai of the brooks of Gaash,
31 Abi-albon the Arbathite, Azmaveth the Barhumite,
32 Eliahba the Shaalbonite, of the sons of Jashen, Jonathan,
33 Shammah the Hararite, Ahiam the son of Sharar the

삼하

32 엘리아바와
/사알본 사람
요나단과
/야센의 아들
33 삼마와
/하랄 사람
아히암과
/아랄 사람
/사랄의 아들
34 엘리벨렛과
/아하스배의 아들
/마아가 사람의 손자
엘리암과
/길로 사람
/아히도벨의 아들
35 헤스래와
/갈멜 사람
바아래와
/아랍 사람
36 이갈과
/소바 나단의 아들
바니와
/갓 사람
37 셀렉과
/암몬 사람
나하래와
/브에롯 사람
/요압의 병기 잡은 자
/스루야의 아들
38 이라와
/이델 사람
가렙과
/이델 사람
39 우리아라
/헷 사람

이상 도합이 —— **삼십 칠인이었더라**

24

1 여호와께서 다시 **진노하사**15)
/이스라엘을 향하여
다윗을 **감동시키사**
/저희를 치시려고

15) 영어 직역: Now again the anger of the LORD burned against Israel, and it incited David against them to say, "Go, number Israel and Judah."[NASB]

본 사람 엘리아바와 야센의 아들 요나단과 **33** 하랄 사람 삼마와 아랄 사람 사랄의 아들 아히암과 **34** 마아가 사람의 손자 아하스배의 아들 엘리벨렛과 길로 사람 아히도벨의 아들 엘리암과 **35** 갈멜사람 헤스래와 아랍 사람 바아래와 **36** 소바 나단의 아들 이갈과 갓 사람 바니와 **37** 암몬 사람 셀렉과 스루야의 아들 요압의 병기 잡은 자 브에롯 사람 나하래와 **38** 이델 사람 이라와 이델 사람 가렙과 **39** 헷 사람 우리아라 이상 도합이 삼십 칠인이었더라

24:1 여호와께서 다시 이스라엘을 향하여 진노하사 저희를 치시려고 다윗을 감동시키사 가서 이스라엘과 유다의 인구를 조사하라 하신지라 **2** 왕이 이에

Hararite, **34** Eliphelet the son of Ahasbai, the son of the Maachathite, Eliam the son of Ahithophel the Gilonite, **35** Hezrai the Carmelite, Paarai the Arbite, **36** Igal the son of Nathan of Zobah, Bani the Gadite, **37** Zelek the Ammonite, Naharai the Beerothite, armourbearer to Joab the son of Zeruiah, **38** Ira an Ithrite, Gareb an Ithrite, **39** Uriah the Hittite: thirty and seven in all.

24:1 And again the anger of the LORD was kindled against Israel, and he moved David against them to say, Go, number Israel and Judah. **2** For the king said to Joab the captain of the host, which was with him, Go now through all the tribes of Israel, from Dan

/[말하게]하신지라
/[너는] ── 가서
└ 조사하라
/이스라엘과
유다의 인구를

2 이에(so)
왕이 요압에게 **이르되**
/그 곁에 있는 군대 장관
/너는 ── 다니며
/이스라엘 모든 지파 가운데로
└ 인구를 조사하여
/단에서부터 브엘세바까지

//(결과: that...may)
내게[가] ─ 알게 하라
/그 도수를

3 요압이 왕께 **고하되**
/여호와께서 ── 백배나 더하게 하사
/왕의 하나님 /이 백성은[을]
/얼마든지
/눈으로[이] ── 보게 하시기를 원하나이다
/내 주 왕의
/그런데(but)
어찌하여(why)
내 주 왕은 이런 일을 기뻐하시나이까 하되

4 왕의 명령이 **재촉한지라**
/요압과 군대장관들을

요압과
장관들이 **〈물러나서〉**
/왕의 앞에서

//(목적: ל, to)
이스라엘 인구를 조사하려고

5 [그들이] 요단을 **건너**
이르러
/아로엘 우편
/갓 골짜기 가운데 성읍
/곧 야셀 맞은편에
장막을 **치고**

6 [그들이] 길르앗에 **이르고**
닷딤홋시 땅에 **〈이르고〉**

삼하

그 곁에 있는 군대 장관 요압에게 이르되 너는 이스라엘
모든 지파 가운데로 다니며 단에서부터 브엘세바까지 인
구를 조사하여 그 도수를 내게 알게 하라 **3** 요압이 왕께
고하되 이 백성은 얼마든지 왕의 하나님 여호와께서 백
배나 더하게 하사 내 주 왕의 눈으로 보게 하시기를 원
하나이다 그런데 내 주 왕은 어찌하여 이런 일을 기뻐하
시나이까 하되 **4** 왕의 명령이 요압과 군대 장관들을 재
촉한지라 요압과 장관들이 이스라엘 인구를 조사하려고
왕의 앞에서 물러나서 **5** 요단을 건너 갓 골짜기 가운데
성읍 아로엘 우편 곧 야셀 맞은편에 이르러 장막을 치고
6 길르앗에 이르고 닷딤홋시 땅에 이르고 또 다냐안에
이르러서는 시돈으로 돌아서 **7** 두로 견고한 성에 이르

even to Beer-sheba, and number ye the people, that I
may know the number of the people. **3** And Joab said
unto the king, Now the LORD thy God add unto the
people, how many soever they be, an hundredfold, and
that the eyes of my lord the king may see it: but why
doth my lord the king delight in this thing? **4** Notwithstanding
the king's word prevailed against Joab, and against the
captains of the host. And Joab and the captains of the
host went out from the presence of the king, to number
the people of Israel. **5** And they passed over Jordan,
and pitched in Aroer, on the right side of the city that
lieth in the midst of the river of Gad, and toward Jazer:
6 Then they came to Gilead, and to the land of Tahtim-
hodshi; and they came to Dan-jaan, and about to Zidon,

또
다냐안에 **이르러서는**
시돈으로 **돌아서**
7 두로 견고한 성에 **이르고**
모든 성읍에 **이르고**
/히위 사람과 가나안 사람의
유다 남편으로 **나와서**
브엘세바에 **〈이르니라〉**

8 저희 무리가 국중을 **두루 돌아**
예루살렘에 **이르러**
/아홉달 스무날만에

9 요압이 왕께 **고하니**
/인구 도수를
곧
담대한 자가 **팔십만이요**
/이스라엘에서
/칼을 빼는

유다 사람이 **오십만이었더라**

10 다윗이 인구 수를 조사한 후에(after)
그 마음에 **자책하고**
여호와께 아뢰되 ...하니라
/내가 ── 큰 죄를 범하였나이다
/이 일을 행함으로
/여호와여!
이제 간구하옵나니(please)
[당신은] ──── 종의 죄를 사하여 주옵소서

//(이유: כִּי, fter)
내가 심히 미련하게 행하였나이다

11 다윗이 아침에 일어날 때에(when)
말씀이 ──── 선지자 갓에게 **임하여 가라사대**
/여호와의 /다윗의 선견자 된
12 /[너는] ┌ 가서
└ 다윗에게 말하기를
/여호와의[께서] ─ 말씀에...하셨다 하라
/내가 ─ 네게 보이노니
/세가지를
/너는 ─ 하나를 택하라
/그 중에서
/내가 ─ 그것을 행하리라
/네게

고 히위 사람과 가나안 사람의 모든 성읍에 이르고 유다
남편으로 나와서 브엘세바에 이르니라 8 저희 무리가 국
중을 두루 돌아 아홉 달 스무 날 만에 예루살렘에 이르러
9 요압이 인구 도수를 왕께 고하니 곧 이스라엘에서 칼
을 빼는 담대한 자가 팔십만이요 유다 사람이 오십만이
었더라 10 다윗이 인구 수를 조사한 후에 그 마음에 자
책하고 여호와께 아뢰되 내가 이 일을 행함으로 큰 죄를
범하였나이다 여호와여 이제 간구하옵나니 종의 죄를 사
하여 주옵소서 내가 심히 미련하게 행하였나이다 하니라
11 다윗이 아침에 일어날 때에 여호와의 말씀이 다윗의
선견자 된 선지자 갓에게 임하여 가라사대 12 가서 다
윗에게 말하기를 여호와의 말씀에 내가 네게 세가지를

7 And came to the strong hold of Tyre, and to all the
cities of the Hivites, and of the Canaanites: and they
went out to the south of Judah, even to Beer-sheba. 8
So when they had gone through all the land, they came
to Jerusalem at the end of nine months and twenty days.
9 And Joab gave up the sum of the number of the
people unto the king: and there were in Israel eight
hundred thousand valiant men that drew the sword; and
the men of Judah were five hundred thousand men. 10
And David's heart smote him after that he had numbered
the people. And David said unto the LORD, I have
sinned greatly in that I have done: and now, I beseech
thee, O LORD, take away the iniquity of thy servant;
for I have done very foolishly. 11 For when David was
up in the morning, the word of the LORD came unto
the prophet Gad, David's seer, saying, 12 Go and say

13 갓이 다윗에게 **이르러**
고하여 **가로되**
/기근이 —— 있을 것이니이까?
/칠년 /왕의 땅에
/혹시
왕이 —— 도망하실 것이니이까?
/석달을
/왕의 대적에게 쫓겨
/그 앞에서
/혹시
온역이 —— 있을 것이니이까?
/삼일 동안
/왕의 땅에

/왕은 —— 생각하여 보고
대답하게 하소서
/나를 보내신 이에게

14 다윗이 갓에게 **이르되**
/내가 —— 곤경에 있도다
/우리가 —— 여호와의 손에 빠지고

//(이유: כִּי, for)
여호와께서는 긍휼이 크시니

/내가 —— 사람의 손에 빠지지 않기를 원하노라

15 이에
여호와께서 온역을 **내리시니**
/이스라엘에게
/그 아침부터 정하신 때까지

죽은 자가 **칠만인이라**
/백성의 /단부터 브엘세바까지

16 천사가 그 손을 **들어** ...하더니
/예루살렘을 향하여

//(목적: לְ, to)
멸하려

여호와께서 이 재앙 내림을 **뉘우치사**
천사에게 **이르시되**...하시니
/백성을 멸하는
/족하다
/이제는 네 손을 거두라

보이노니 너는 그 중에서 하나를 택하라 내가 그것을 네
게 행하리라 하셨다 하라 **13** 갓이 다윗에게 이르러 고
하여 가로되 왕의 땅에 칠 년 기근이 있을 것이니이까
혹시 왕이 왕의 대적에게 쫓겨 석 달을 그 앞에서 도망
하실 것이니이까 혹시 왕의 땅에 삼 일 동안 온역이 있
을 것이니이까 왕은 생각하여 보고 나를 보내신 이에게
대답하게 하소서 **14** 다윗이 갓에게 이르되 내가 곤경에
있도다 여호와께서는 긍휼이 크시니 우리가 여호와의 손
에 빠지고 내가 사람의 손에 빠지지 않기를 원하노라
15 이에 여호와께서 그 아침부터 정하신 때까지 온역을
이스라엘에게 내리시니 단부터 브엘세바까지 백성의 죽
은 자가 칠만 인이라 **16** 천사가 예루살렘을 향하여 그
손을 들어 멸하려 하더니 여호와께서 이 재앙 내림을 뉘
우치사 백성을 멸하는 천사에게 이르시되 족하다 이제는

unto David, Thus saith the LORD, I offer thee three
things; choose thee one of them, that I may do it unto
thee. **13** So Gad came to David, and told him, and said
unto him, Shall seven years of famine come unto thee
in thy land? or wilt thou flee three months before thine
enemies, while they pursue thee? or that there be three
days' pestilence in thy land? now advise, and see what answer
I shall return to him that sent me. **14** And David said
unto Gad, I am in a great strait: let us fall now into the
hand of the LORD; for his mercies are great: and let
me not fall into the hand of man. **15** So the LORD
sent a pestilence upon Israel from the morning even to
the time appointed: and there died of the people from
Dan even to Beer-sheba seventy thousand men. **16** And

때에(and)
사자가 타작마당 곁에 **있는지라**
/여호와의 /아라우나의
/여부스 사람

17 다윗이 천사를 보고(when)
/백성을 치는
곧(and)
[그가] 여호와께 **아뢰어 가로되** ...하니라
/나는 ── 범죄하였고
└ 악을 행하였삽거니와
/이 양 무리는 무엇을 행하였나이까?
/청컨대(please)
나와 내 아비의 집을 치소서
/주의 손으로

18 갓이 다윗에게 **이르러**
/이 날에
고하되 ...하매
/[당신은] ── 올라가서
└ 단을 쌓으소서
/여호와를 위하여
/아라우나의 타작마당에서
/여부스 사람

삼하

19 다윗이 갓의 말대로 **올라가니라**
/여호와의 명하신바

20 아라우나가 **바라보다가**
보고
/왕과 그 신복들이 자기를 향하여 옴을
나가서
왕의 앞에서 **절하며**
/얼굴을 땅에 대고

21 **가로되**
/어찌하여(why)
내 주 왕께서 종에게 임하시나이까?

다윗이 **가로되**
/[내가] ── 네게서 타작마당을 사서
└ 여호와께 단을 쌓아

//(결과: that...may)
재앙을 그치게 하려 함이로라
/백성에게 내리는

네 손을 거두라 하시니 때에 여호와의 사자가 여부스 사
람 아라우나의 타작 마당 곁에 있는지라 **17** 다윗이 백
성을 치는 천사를 보고 곧 여호와께 아뢰어 가로되 나는
범죄하였고 악을 행하였삽거니와 이 양무리는 무엇을 행
하였나이까 청컨대 주의 손으로 나와 내 아비의 집을 치
소서 하니라 **18** 이 날에 갓이 다윗에게 이르러 고하되
올라가서 여부스 사람 아라우나의 타작마당에서 여호와
를 위하여 단을 쌓으소서 하매 **19** 다윗이 여호와의 명
하신 바 갓의 말대로 올라가니라 **20** 아라우나가 바라보
다가 왕과 그 신복들이 자기를 향하여 옴을 보고 나가서
왕의 앞에서 얼굴을 땅에 대고 절하며 **21** 가로되 어찌
하여 내 주 왕께서 종에게 임하시나이까 다윗이 가로되

when the angel stretched out his hand upon Jerusalem
to destroy it, the LORD repented him of the evil, and
said to the angel that destroyed the people, It is enough:
stay now thine hand. And the angel of the LORD was
by the threshingplace of Araunah the Jebusite. **17** And
David spake unto the LORD when he saw the angel that
smote the people, and said, Lo, I have sinned, and I
have done wickedly: but these sheep, what have they
done? let thine hand, I pray thee, be against me, and
against my father's house. **18** And Gad came that day
to David, and said unto him, Go up, rear an altar unto
the LORD in the threshingfloor of Araunah the Jebusite. **19**
And David, according to the saying of Gad, went up as
the LORD commanded. **20** And Araunah looked, and
saw the king and his servants coming on toward him:
and Araunah went out, and bowed himself before the

22 아라우나가 다윗에게 **고하되**
/원컨대(plase)
내 주 왕은 좋게 여기시는 대로 취하여 드리소서
/소가 —— 있고
/번제에 대하여는
/제구와
/마당질하는
멍에가 —— 있나이다
/소의
/땔 나무에 대하여는

23 /왕이여!
아라우나가 — 이것을 드리나이다 (하고)
/다
/왕께

또
[그가] 왕께 **고하되**
/여호와께서 —— 왕을 기쁘게 받으시기를 원하나이다
/왕의 하나님

24 왕이 아라우나에게 **이르되**
/그렇지 아니하다
/내가 —— 네게서 사리라
/값을 주고
/[내가] —— 번제를 드리지 아니하리라 하고
/값 없이는
/내 하나님 여호와께

[그가] 타작마당과 소를 **사고**
/은 오십 세겔로

25 [다윗이] 단을 **쌓고**
/그곳에서
/여호와를 위하여
번제와 화목제를 **드렸더니**

이에
여호와께서 기도를 **들으시매**
/그 땅을 위하여

재앙이 **그쳤더라**
/이스라엘에게 내리는

삼하

네게서 타작 마당을 사서 여호와께 단을 쌓아 백성에게
내리는 재앙을 그치게 하려 함이로라 22 아라우나가 다
윗에게 고하되 원컨대 내 주 왕은 좋게 여기시는 대로
취하여 드리소서 번제에 대하여는 소가 있고 땔 나무에
대하여는 마당질하는 제구와 소의 멍에가 있나이다 23
왕이여 아라우나가 이것을 다 왕께 드리나이다 하고 또
왕께 고하되 왕의 하나님 여호와께서 왕을 기쁘게 받으
시기를 원하나이다 24 왕이 아라우나에게 이르되 그렇
지 아니하다 내가 값을 주고 네게서 사리라 값 없이는
내 하나님 여호와께 번제를 드리지 아니하리라 하고 은
오십 세겔로 타작 마당과 소를 사고 25 그 곳에서 여호
와를 위하여 단을 쌓고 번제와 화목제를 드렸더니 이에
여호와께서 그 땅을 위하여 기도를 들으시매 이스라엘에
게 내리는 재앙이 그쳤더라

king on his face upon the ground. 21 And Araunah
said, Wherefore is my lord the king come to his servant?
And David said, To buy the threshingfloor of thee, to
build an altar unto the LORD, that the plague may be
stayed from the people. 22 And Araunah said unto
David, Let my lord the king take and offer up what
seemeth good unto him: behold, here be oxen for burnt
sacrifice, and threshing instruments and other instruments
of the oxen for wood. 23 All these things did Araunah,
as a king, give unto the king. And Araunah said unto
the king, The LORD thy God accept thee. 24 And the
king said unto Araunah, Nay; but I will surely buy it of
thee at a price: neither will I offer burnt offerings unto
the LORD my God of that which doth cost me nothing.
So David bought the threshingfloor and the oxen for
fifty shekels of silver. 25 And David built there an
altar unto the LORD, and offered burnt offerings and
peace offerings. So the LORD was intreated for the land,
and the plague was stayed from Israel.

SBI 구문분석에 의한

열왕기상

열왕기상

1

1 다윗 왕이 늙으니
/나이가 많아
[그들이] 이불을 **덮어도**
따뜻하지 아니한지라

2 시종들이 왕께 **아뢰되** ...하고
/그의
/[우리가] 젊은 처녀 하나를 구하여
/우리 주 왕을 위하여
그로 왕을 받들어 모시게 하고
왕의 품에 누워 ...하리이다

//(목적: so that...may)
우리 주 왕으로 따뜻하시게

3 [그들이] 아리따운 처녀를 **구하던 중**
/이스라엘 사방 영토 내에
수넴 여자 아비삭을 **얻어**
왕께 데려왔으니

4 이 처녀는 심히 **아름다워**
그가 왕을 **받들어**
시중들었으나

왕이 **잠자리는 같이 하지 아니하였더라**

왕상

5 그 때에(now)
아도니야가 **스스로 높여서**
/학깃의 아들

이르기를 ...하고
/내가 왕이 되리라

[그가] 자기를 위하여 **준비하**니
/병거와 기병과
호위병 오십 명을

6 그는 압살롬 다음에 **태어난 자요**
용모가 심히 **준수한 자라**

아버지가 그를 섭섭하게 한 일이 **없었더라**
/그의
/네가 어찌하여 그리 하였느냐고 하는 말로
/한 번도

1:1 다윗 왕이 나이 많아 늙으니 이불을 덮어도 따뜻
하지 아니한지라 **2** 그 신복들이 왕께 고하되 우리
주 왕을 위하여 젊은 처녀 하나를 구하여 저로 왕을 도셔
봉양하고 왕의 품에 누워 우리 주 왕으로 따뜻하시게 하
리이다 하고 **3** 이스라엘 사방 경내에 아리따운 동녀를
구하다가 수넴 여자 아비삭을 얻어 왕께 데려 왔으니 **4**
이 동녀는 심히 아리따운 자라 저가 왕을 봉양하며 수종
하였으나 왕이 더불어 동침하지 아니하였더라 **5** 때에 학
깃의 아들 아도니야가 스스로 높여서 이르기를 내가 왕
이 되리라 하고 자기를 위하여 병거와 기병과 전배 오십
인을 예비하니 **6** 저는 압살롬의 다음에 난 자요 체용이
심히 준수한 자라 그 부친이 네가 어찌하여 그리하였느

1:1 Now King David was old, advanced in age; and
they covered him with clothes, but he could not keep
warm. **2** So his servants said to him, "Let them seek a young
virgin for my lord the king, and let her attend the king
and become his nurse; and let her lie in your bosom,
that my lord the king may keep warm." **3** So they
searched for a beautiful girl throughout all the territory
of Israel, and found Abishag the Shunammite, and brought
her to the king. **4** And the girl was very beautiful; and
she became the king's nurse and served him, but the
king did not cohabit with her. **5** ¶ Now Adonijah the
son of Haggith exalted himself, saying, "I will be king."
So he prepared for himself chariots and horsemen with
fifty men to run before him. **6** And his father had never
crossed him at any time by asking, "Why have you done
so?" And he was also a very handsome man; and he

7 아도니야가 **모의하니**
/요압과
/스루야의 아들
/아비아달과
/제사장

그들이 **도우나**
/따르고

8 사독과
/제사장
브나야와
/여호야다의 아들
나단과
/선지자
시므이와
레이와
용사들은 — **아도니야와 같이 하지 아니하였더라**
/다윗의

9 아도니야가 양과 소와 살찐 송아지를 **잡고**
/소헬렛 바위 곁에서
/에느로겔 근방
다 청하였으나
/왕자[들]
/곧 자기의 모든 동생과
/유다 모든 사람을
/왕의 신하 된

10 [그가] **청하지 아니하였더라**
/선지자 나단과
/브나야와
/용사들과
/자기 동생 솔로몬은

11 나단이 밧세바에게 **말하여 이르되**
/솔로몬의 어머니
/[당신은] — 듣지 못하였나이까?
/아도니야가 — 왕이 되었음을
/학깃의 아들
/우리 주 다윗은 알지 못하시나이다
12 /이제 내게 말하도록 허락하소서
/구할 계책을
/당신의 생명과
/솔로몬의 생명을
/당신의 아들

냐 하는 말로 한번도 저를 섭섭하게 한 일이 없었더라 **7**
아도니야가 스루야의 아들 요압과 제사장 아비아달과 모
의하니 저희가 좇아 도우나 **8** 제사장 사독과 여호야다
의 아들 브나야와 선지자 나단과 시므이와 레이와 다윗
에게 속한 용사들은 아도니야와 같이 하지 아니하였더라
9 아도니야가 에느로겔 근방 소헬렛 돌 곁에서 양과 소
와 살찐 송아지를 잡고 왕자 곧 자기의 모든 동생과 왕
의 신복 유다 모든 사람을 다 청하였으나 **10** 선지자 나
단과 브나야와 용사들과 자기 동생 솔로몬은 청하지 아
니하였더라 **11** 나단이 솔로몬의 모친 밧세바에게 고하
여 가로되 학깃의 아들 아도니야가 왕이 됨을 듣지 못하
였나이까 우리 주 다윗은 알지 못 하시나이다 **12** 이제

was born after Absalom. **7** And he had conferred with
Joab the son of Zeruiah and with Abiathar the priest;
and following Adonijah they helped him. **8** But Zadok
the priest, Benaiah the son of Jehoiada, Nathan the
prophet, Shimei, Rei, and the mighty men who belonged
to David, were not with Adonijah. **9** And Adonijah sacrificed
sheep and oxen and fatlings by the stone of Zoheleth,
which is beside En-rogel; and he invited all his brothers,
the king's sons, and all the men of Judah, the king's servants.
10 But he did not invite Nathan the prophet, Benaiah,
the mighty men, and Solomon his brother. **11** ¶ Then Nathan
spoke to Bathsheba the mother of Solomon, saying,
"Have you not heard that Adonijah the son of Haggith
has become king, and David our lord does not know it?
12 "So now come, please let me give you counsel and
save your life and the life of your son Solomon. **13**

13 /당신은—다윗 왕 앞에 들어가서
아뢰기를 ..하소서
/내 주 왕이여 !
왕이 — 전에 여종에게 맹세하여 하지 아니하셨나이까?
/이르시기를
/솔로몬이 — 반드시 왕이 되어
/네 아들 /나를 이어
내 왕위에 앉으리라
/그런데
무슨 이유로(why)
아도니야가 왕이 되었나이까? (하소서)

14 당신이 거기서 왕과 말씀하실 때에(while)
나도 뒤이어 **들어가서**
당신의 말씀을 **확증하리이다**

15 밧세바가 이에 침실에 **들어가**
왕에게 **이르니**
왕이 심히 **늙었으므로**
아비삭이 **시중들었더라**
/수넴 여자

16 밧세바가 몸을 **굽혀**
왕께 **절하니**

왕이 **이르되**
/어찌 됨이냐?

왕상

17 그가 왕께 **대답하되**
/내 주여!
왕이 —전에 여종에게 맹세하시기를 ...하셨거늘
/여호와를 가리켜
/왕의 하나님
/솔로몬이 — 반드시 나를 이어 왕이 되어
/네 아들
내 왕위에 앉으리라

18 /이제 [보세요]
/아도니야가 —왕이 되었어도
/내 주 왕은 —알지 못하시나이다

19 /그가 — 많이 잡고
/수소와
/살찐 송아지와
/양을

나로 당신의 생명과 당신의 아들 솔로몬의 생명 구원할
계교 베풀기를 허락하소서 **13** 당신은 다윗 왕 앞에 들
어가서 고하기를 내 주 왕이여 전에 왕이 계집종에게 맹
세하여 이르시기를 네 아들 솔로몬이 정녕 나를 이어 왕
이 되어 내 위에 앉으리라 하지 아니하셨나이까 그런데
아도니야가 무슨 연고로 왕이 되었나이까 하소서 **14** 당
신이 거기서 왕과 말씀할 때에 나도 이어 들어가서 당신
의 말씀을 증거하리이다 **15** 밧세바가 몸을 굽혀 왕께
절하니 왕이 이르되 어찜이냐 **17** 저가 왕께 대답하되
내 주여 왕이 전에 왕의 하나님 여호와를 가리켜 계집종
에게 맹세하시기를 네 아들 솔로몬이 정녕 나를 이어 왕
이 되어 내 위에 앉으리라 하셨거늘 **18** 이제 아도니야
가 왕이 되었어도 내 주 왕은 알지 못하시나이다 **19** 저
가 수소와 살진 송아지와 양을 많이 잡고 왕의 모든 아

"Go at once to King David and say to him, 'Have you not, my lord, O king, sworn to your maidservant, saying, "Surely Solomon your son shall be king after me, and he shall sit on my throne"? Why then has Adonijah become king?' **14** "Behold, while you are still there speaking with the king, I will come in after you and confirm your words." **15** ¶ So Bathsheba went in to the king in the bedroom. Now the king was very old, and Abishag the Shunammite was ministering to the king. **16** Then Bathsheba bowed and prostrated herself before the king. And the king said, "What do you wish?" **17** And she said to him, "My lord, you swore to your maidservant by the LORD your God, saying, 'Surely your son Solomon shall be king after me and he shall sit on my throne.' **18** "And now, behold, Adonijah is king; and now, my lord the king, you do not know it. **19** "And he has sacrificed

—청하였으나
/왕의 모든 아들과
/제사장 아비아달과
/군사령관 요압을
—왕의 종 솔로몬은 청하지 아니하였나이다

20 /내 주 왕이여!
온 이스라엘이—왕에게 다 주목하고
—공포하시기를 기다리나이다
/누가 — 그 왕위에 앉을지를
/내 주 왕을 이어

21 /그렇지 아니하면
내 주 왕께서 그의 조상들과 함께 잘 때에(when)
나와 내 아들 솔로몬은 죄인이 되리이다

22 밧세바가 왕과 말할 때에(when)
선지자 나단이 **들어온지라**

23 어떤 사람이 왕께 **말하여 이르되**
/선지자 나단이 여기 있나이다 하니

그가 왕 앞에 **들어와서**
왕께 **절하고**
/얼굴을 땅에 대고
24 **이르되**
/왕께서 — 이르시기를 ...하셨나이까?
/내 주 /아도니야가 —나를 이어 왕이 되어
—내 왕위에 앉으리라
25 /그가 —오늘 내려가서
—많이 잡고
/수소와
/살찐 송아지와
/양을
—청하였는데
/왕의 모든 아들과
/군사령관들과
/제사장 아비아달을
/그들이 — 아도니야 앞에서 먹고
— 마시며
— [말]하였나이다
/아도니야 왕은 만세수를 하옵소서

왕상

들과 제사장 아비아달과 군대장관 요압을 청하였으나 왕
의 종 솔로몬은 청치 아니하였나이다 **20** 내 주 왕이여
온 이스라엘이 왕에게 다 주목하고 누가 내 주 왕을 이
어 그 위에 앉을 것을 반포하시기를 기다리나이다 **21**
그렇지 아니하면 내 주 왕께서 그 열조와 함께 잘 때에
나와 내 아들 솔로몬은 죄인이 되리이다 **22** 밧세바가
왕과 말씀할 때에 선지자 나단이 들어온지라 **23** 혹이
왕께 고하여 가로되 선지자 나단이 여기 있나이다 하니
저가 왕 앞에 들어와서 얼굴을 땅에 대어 왕께 절하고
24 가로되 내 주 왕께서 이르시기를 아도니야가 나를
이어 왕이 되어 내 위에 앉으리라 하셨나이까 **25** 저가
오늘 내려가서 수소와 살진 송아지와 양을 많이 잡고 왕
의 모든 아들과 군대 장관들과 제사장 아비아달을 청하
였는데 저희가 아도니야 앞에서 먹고 마시며 아도니야

oxen and fatlings and sheep in abundance, and has invited
all the sons of the king and Abiathar the priest and Joab
the commander of the army; but he has not invited
Solomon your servant. **20** "And as for you now, my
lord the king, the eyes of all Israel are on you, to tell
them who shall sit on the throne of my lord the king
after him. **21** "Otherwise it will come about, as soon
as my lord the king sleeps with his fathers, that I and
my son Solomon will be considered offenders." **22** ¶
And behold, while she was still speaking with the king,
Nathan the prophet came in. **23** And they told the king,
saying, "Here is Nathan the prophet." And when he came
in before the king, he prostrated himself before the king
with his face to the ground. **24** Then Nathan said, "My
lord the king, have you said, Adonijah shall be king
after me, and he shall sit on my throne? **25** "For he
has gone down today and has sacrificed oxen and fatlings
and sheep in abundance, and has invited all the king's
sons and the commanders of the army and Abiathar the
priest, and behold, they are eating and drinking before

26 /그러나
나와
/왕의 종
사독과
/제사장
브나야와
/여호야다의 아들
솔로몬은 — 청하지 아니하였사오니
/왕의 종

27 /이것이 내 주 왕께서 정하신 일이니이까?
/그런데
왕께서 —— 종에게 알게 하지 아니하셨나이다
/그 왕위에 앉을 자를
/내 주 왕을 이어

28 다윗 왕이 **명령하여**
이르되 ...하매
/밧세바를 내 앞으로 부르라

그가 왕의 앞으로 **들어가**
그 앞에 **서는지라**

29 왕이 **이르되**
/[내가] — 맹세하노라
/여호와께서 살아 계심을 두고
/내 생명을 구하신
/모든 환난에서

30 /내가 — 이전에 네게 맹세하여 이르기를 ...하였으니
/여호와를 가리켜
/이스라엘의 하나님
/솔로몬이 — 반드시 왕이 되고
/네 아들 /나를 이어
내 왕위에 앉으리라
/나를 대신하여
/내가 —— 오늘 그대로 행하리라

31 밧세바가 얼굴을 땅에 **대고**
절하며
[말]하니라
/내 주 다윗 왕은 만세수를 하옵소서

32 다윗 왕이 **이르되** ...하니
/사독과
/제사장
나단과
/선지자
브나야를 — 내 앞으로 부르라
/여호야다의 아들

왕상

왕 만세를 불렀나이다 26 그러나 왕의 종 나와 제사장 사독과 여호야다의 아들 브나야와 왕의 종 솔로몬은 청치 아니하였사오니 27 이것이 내 주 왕의 하신 일이니이까 그런데 왕께서 내 주 왕을 이어 그 위에 앉을 자를 종에게 알게 하지 아니하셨나이다 28 다윗 왕이 명하여 가로되 밧세바를 내 앞으로 부르라 하매 저가 왕의 앞으로 들어와 그 앞에 서는지라 29 왕이 가로되 내 생명을 모든 환난에서 구원하신 여호와의 사심을 가리켜 맹세하노라 30 내가 이전에 이스라엘 하나님 여호와를 가리켜 네게 맹세하여 이르기를 네 아들 솔로몬이 정녕 나를 이어 왕이 되고 나를 대신하여 내 위에 앉으리라 하였으니 내가 오늘날 그대로 행하리라 31 밧세바가 얼굴을 땅에

him; and they say, 'Long live King Adonijah!' 26 "But me, even me your servant, and Zadok the priest and Benaiah the son of Jehoiada and your servant Solomon, he has not invited. 27 "Has this thing been done by my lord the king, and you have not shown to your servants who should sit on the throne of my lord the king after him?" 28 ¶ Then King David answered and said, "Call Bathsheba to me." And she came into the king's presence and stood before the king. 29 And the king vowed and said, "As the LORD lives, who has redeemed my life from all distress, 30 surely as I vowed to you by the LORD the God of Israel, saying, 'Your son Solomon shall be king after me, and he shall sit on my throne in my place'; I will indeed do so this day." 31 Then

그들이 왕 앞에 **이른지라**

33 왕이 그들에게 **이르되**
/너희는 ── 신하들을 데리고
/너희 주의
내 노새에 태우고
/내 아들 솔로몬을
기혼으로 인도하여 내려가고
34 /사독과
/제사장
나단은 ── 거기서 그에게 기름을 부어
/선지자

//(목적: לְ, to)
이스라엘 왕으로 삼고

/너희는 ── 뿔나팔을 불며
[말]하고
/솔로몬 왕은 만세수를 하옵소서
35 /[너희는] ── 올라오라
/그를 따라

/그가 ── 와서
내 왕위에 앉아
왕이 되리라
/나를 대신하여

//(이유: כִּי, for)
내가 ─ 그를 세워 지명하였느니라
/이스라엘과 유다의 통치자로

36 브나야가 왕께 **대답하여**
/여호야다의 아들

이르되
/아멘
/여호와께서도 ── 이렇게 말씀하시기를 원하오며
/주 왕의 하나님
37 /또
여호와께서 ── 솔로몬과 함께 계셔서
/내 주 왕과 함께 계심 같이
더 크게 하시기를 원하나이다 하니라
/그의 왕위를
/내 주 다윗 왕의 왕위보다

왕상

대어 절하며 내 주 다윗 왕은 만세수를 하옵소서 하니라
32 다윗왕이 가로되 제사장 사독과 선지자 나단과 여호
야다의 아들 브나야를 내 앞으로 부르라 하니 저희가 왕
앞에 이른지라 33 왕이 저희에게 이르되 너희는 너희
주의 신복들을 데리고 내 아들 솔로몬을 나의 노새에 태
우고 기혼으로 인도하여 내려가고 34 거기서 제사장 사
독과 선지자 나단은 저에게 기름을 부어 이스라엘 왕을
삼고 너희는 양각을 불며 솔로몬 왕 만세를 부르고 35
저를 따라 올라오라 저가 와서 내 위에 앉아 나를 대신
하여 왕이 되리라 내가 저를 세워 이스라엘과 유다의 주
권자가 되게 하기로 작정하였느니라 36 여호야다의 아
들 브나야가 왕께 대답하여 가로되 아멘 내 주 왕의 하
나님 여호와께서도 이렇게 말씀하시기를 원하오며 37
또 여호와께서 내 주 왕과 함께 계심같이 솔로몬과 함께
계셔서 그 위를 내 주 다윗 왕의 위보다 더 크게 하시기
를 원하나이다 하니라 38 제사장 사독과 선지자 나단과

Bathsheba bowed with her face to the ground, and prostrated
herself before the king and said, "May my lord King
David live forever." 32 ¶ Then King David said, "Call
to me Zadok the priest, Nathan the prophet, and Benaiah
the son of Jehoiada." And they came into the king's presence.
33 And the king said to them, "Take with you the
servants of your lord, and have my son Solomon ride
on my own mule, and bring him down to Gihon. 34
"And let Zadok the priest and Nathan the prophet anoint
him there as king over Israel, and blow the trumpet and
say, 'Long live King Solomon!' 35 "Then you shall
come up after him, and he shall come and sit on my
throne and be king in my place; for I have appointed
him to be ruler over Israel and Judah." 36 And Benaiah
the son of Jehoiada answered the king and said, "Amen!
Thus may the LORD, the God of my lord the king, say.
37 "As the LORD has been with my lord the king, so
may He be with Solomon, and make his throne greater

38 사독과
/제사장
나단과
/선지자
브나야와
/여호야다의 아들
그렛 사람과
블렛 사람이 내려가서
솔로몬을 **태우고**
/다윗 왕의 노새에
인도하여 가서
/기혼으로

39 제사장 사독이 **가져다가**
/기름 담은 뿔을
/성막 가운데에서
솔로몬에게 기름을 **부으니**

이에
[그들이] 뿔나팔을 **불고**
모든 백성이 **[말]하니라**
/솔로몬 왕은 만세수를 하옵소서

40 모든 백성이 **올라와서**
/그를 따라
피리를 **불며**
크게 **즐거워하므로**

//(결과)
땅이 ─ 갈라질 듯하니
/그들의 소리로 말미암아

41 아도니야와
손님들이 먹기를 마칠 때에(when)
/그와 함께 한
다 **들은지라**

요압이 뿔나팔 소리를 **듣고**
이르되
/어찌하여 성읍 중에서 소리가 요란하냐?

42 [그가]말할 때에(while)
요나단이 오는지라
/제사장 아비아달의 아들

아도니야가 **이르되**
/들어오라
/너는 용사라
/아름다운 소식을 가져오는도다

왕상

여호야다의 아들 브나야와 그렛 사람과 블렛 사람이 내려가서 솔로몬을 다윗 왕의 노새에 태우고 인도하여 기혼으로 가서 **39** 제사장 사독이 성막 가운데서 기름 뿔을 가져다가 솔로몬에게 기름을 부으니 이에 양각을 불고 모든 백성이 솔로몬 왕 만세를 부르니라 **40** 모든 백성이 왕을 따라 올라와서 피리를 불며 크게 즐거워하므로 땅이 저희 소리로 인하여 갈라질 듯하니 **41** 아도니야와 저와 함께 한 손들이 먹기를 마칠 때에 다 들은지라 요압이 양각 소리를 듣고 가로되 성중에서 소리가 어찌하여 요란하뇨 **42** 말할 때에 제사장 아비아달의 아들 요나단이 오는지라 아도니야가 가로되 들어오라 너는 용사라 아름다운 소식을 가져오는도다 **43** 요나단이 아도

than the throne of my lord King David!" **38** ¶ So Zadok the priest, Nathan the prophet, Benaiah the son of Jehoiada, the Cherethites, and the Pelethites went down and had Solomon ride on King David's mule, and brought him to Gihon. **39** Zadok the priest then took the horn of oil from the tent and anointed Solomon. Then they blew the trumpet, and all the people said, "Long live King Solomon!" **40** And all the people went up after him, and the people were playing on flutes and rejoicing with great joy, so that the earth shook at their noise. **41** ¶ Now Adonijah and all the guests who were with him heard it, as they finished eating. When Joab heard the sound of the trumpet, he said, "Why is the city making such an uproar?" **42** While he was still speaking, behold, Jonathan the son of Abiathar the priest came. Then Adonijah said, "Come in, for you are a valiant man and bring

43 요나단이 아도니야에게 **대답하여**
이르되
/다윗 왕이 — 과연 솔로몬을 왕으로 삼으셨나이다
/우리 주
44 /왕께서 — 솔로몬과 함께 보내셨는데
/제사장 사독과
/선지자 나단과
/브나야와
/여호야다의 아들
/그렛 사람과
/블렛 사람을

/무리가 — 솔로몬을 태워다가
/그들 /왕의 노새에

45 /사독과
/제사장
나단이 — 기름을 부어
/선지자 /기혼에서
왕으로 삼고

/무리가 — 그 곳에서 올라오며
/즐거워하므로
/성읍이 — 진동하였나니
/소리가 — 이것이라
/당신들에게 들린

46 /또
솔로몬도 — 왕좌에 앉아 있고
47 /신하들도 — 와서
/왕의
축복하여 이르기를
/우리 주 다윗 왕에게
/하나님이 — 더 아름답게 하시고
/왕의 /솔로몬의 이름을
/왕의 이름보다
크게 하시기를 원하나이다(하매)
/그의 왕위를
/왕의 위보다
/왕이 — 침상에서 몸을 굽히고
48 /또한
이르시기를 ...하셨나이다
/여호와를 찬송하리로다
/이스라엘의 하나님

왕상

니야에게 대답하여 가로되 과연 우리 주 다윗 왕이 솔로
몬으로 왕을 삼으셨나이다 **44** 왕께서 제사장 사독과 선
지자 나단과 여호야다의 아들 브나야와 그렛 사람과 블
렛 사람을 솔로몬과 함께 보내셨는데 저희 무리가 왕의
노새에 솔로몬을 태워다가 **45** 제사장 사독과 선지자 나
단이 기혼에서 기름을 부어 왕을 삼고 무리가 그곳에서
올라오며 즐거워하므로 성중이 진동하였나니 당신들에게 들
린 소리가 이것이라 **46** 솔로몬이 나라 위에 앉았고 **47**
또 왕의 신복들이 와서 우리 주 다윗 왕에게 축복하여
이르기를 왕의 하나님이 솔로몬의 이름을 왕의 이름보다
아름답게 하시고 그 위를 왕의 위보다 크게 하시기를 원
하나이다 하매 왕이 침상 에서 몸을 굽히고 **48** 이르시
기를 이스라엘의 하나님 여호와를 찬송하리로다 여호와
께서 오늘날 내 위에 앉을 자를 주사 나로 목도하게 하

good news." **43** But Jonathan answered and said to
Adonijah, "No! Our lord King David has made Solomon
king. **44** "The king has also sent with him Zadok the
priest, Nathan the prophet, Benaiah the son of Jehoiada,
the Cherethites, and the Pelethites; and they have made
him ride on the king's mule. **45** "And Zadok the priest
and Nathan the prophet have anointed him king in Gihon,
and they have come up from there rejoicing, so that the
city is in an uproar. This is the noise which you have
heard. **46** "Besides, Solomon has even taken his seat
on the throne of the kingdom. **47** "And moreover, the king's
servants came to bless our lord King David, saying,
'May your God make the name of Solomon better than
your name and his throne greater than your throne!' And

/여호와께서 ─ 오늘 주사
/내 왕위에 앉을 자를
└ 내 눈으로 보게 하셨도다
(하셨나이다 하니)

49 아도니야와
손님들이 **다 놀라**
/함께 한
일어나
각기 갈 길로 **간지라**

50 아도니야도 솔로몬을 **두려워하여**
일어나
가서
제단 뿔을 **잡으니**

51 어떤 사람이 솔로몬에게 **말하여 이르되**
/아도니야가 ─ 솔로몬 왕을 두려워하여
├ 지금 제단 뿔을 잡고
└ 말하기를 ...하나이다
/솔로몬 왕이 ─ 오늘 내게 맹세하기를 원한다
/칼로 자기 종을 죽이지 않겠다고

52 솔로몬이 **이르되** ...하고
/만일
그가 선한 사람일진대(if)
하다도 ─── 땅에 떨어지지 아니하려니와
/그의 머리털
/[만일]
그에게 악한 것이 보이면(if)
/[그는]─── 죽으리라

53 [그가] 사람을 **보내어**
그를 제단에서 **이끌어 내리니**

그가 **와서**
솔로몬 왕께 **절하매**

솔로몬이 **이르기를** ...하였더라
/네 집으로 가라

왕상

셨도다 하셨나이다 하니 **49** 아도니야와 함께 한 손들이 다 놀라 일어나 각기 갈 길로 간지라 **50** 아도니야도 솔로몬을 두려워하여 일어나 가서 제단 뿔을 잡으니 **51** 혹이 솔로몬에게 고하여 가로되 아도니야가 솔로몬 왕을 두려워하여 지금 제단 뿔을 잡고 말하기를 솔로몬 왕이 오늘날 칼로 자기 종을 죽이지 않겠다고 내게 맹세하기를 원한다 하나이다 **52** 솔로몬이 가로되 저가 만일 선한 사람이 될진대 그 머리카락 하나라도 땅에 떨어지지 아니하려니와 저의 가운데 악한 것이 보이면 죽으리라 하고 **53** 사람을 보내어 저를 제단에서 이끌어 내리니 저가 와서 솔로몬 왕께 절하매 솔로몬이 이르기를 네 집으로 가라 하였더라

the king bowed himself on the bed. **48** "The king has also said thus, 'Blessed be the LORD, the God of Israel, who has granted one to sit on my throne today while my own eyes see it.'" **49** ¶ Then all the guests of Adonijah were terrified; and they arose and each went on his way. **50** And Adonijah was afraid of Solomon, and he arose, went and took hold of the horns of the altar. **51** Now it was told Solomon, saying, "Behold, Adonijah is afraid of King Solomon, for behold, he has taken hold of the horns of the altar, saying, 'Let King Solomon swear to me today that he will not put his servant to death with the sword.'" **52** And Solomon said, "If he will be a worthy man, not one of his hairs will fall to the ground; but if wickedness is found in him, he will die." **53** So King Solomon sent, and they brought him down from the altar. And he came and prostrated himself before King Solomon, and Solomon said to him, "Go to your house."

2

1 날이 임박하매(when)
/다윗이 죽을
[그가] 솔로몬에게 **명령하여 이르되**
/그의 아들

2 /내가 —— 이제 가게 되었노니
/세상 모든 사람이 가는 길로
/너는 —— 힘써 대장부가 되고
3 /[너는] —— 여호와의 명령을 지켜[라]
/네 하나님
/그 길로 행하여
/모세의 율법에 기록된 대로 지키(라)
/그 법률과 계명과 율례와 증거를

//그리하면(결과: that...may)
네가 —형통할지라
/무엇을 하든지
/어디로 가든지

4 //(결과,계속: so that...may)
여호와께서 —확실히 이루게 하시리라
/말씀하시기를...하신 말씀을
/내 일에 대하여
/만일(if)
네 자손들이 —그들의 길을 삼가[면]

//(목적: ל, to)
행하(면)[하기 위해]

사람이 — 네게서 끊어지지 아니하리라(하신)
/이스라엘 왕위에 오를

5 /네가 —— 알거니와
/요압이 —— 내게 행한 일
/스루야의 아들
/곧
[요압이] —— 행한 일을
/넬의 아들 아브넬과
/예델의 아들 아마사에게

/이스라엘 군대의 두 사령관

왕상

2:1 다윗이 죽을 날이 임박하매 그 아들 솔로몬에게
명하여 가로되 2 내가 이제 세상 모든 사람의 가는
길로 가게 되었노니 너는 힘써 대장부가 되고 3 네 하나
님 여호와의 명을 지켜 그 길로 행하여 그 법률과 계명
과 율례와 증거를 모세의 율법에 기록된대로 지키라 그
리하면 네가 무릇 무엇을 하든지 어디로 가든지 형통할
지라 4 여호와께서 내 일에 대하여 말씀하시기를 만일
네 자손이 그 길을 삼가 마음을 다하고 성품을 다하여
진실히 내 앞에서 행하면 이스라엘 왕위에 오를 사람이
네게서 끊어지지 아니하리라 하신 말씀을 확실히 이루게
하시리라 5 스루야의 아들 요압이 내게 행한 일 곧 이스
라엘 군대의 두 장관 넬의 아들 아브넬과 예델의 아들

2:1 ¶ As David's time to die drew near, he charged
Solomon his son, saying, 2 "I am going the way of
all the earth. Be strong, therefore, and show yourself a
man. 3 "And keep the charge of the LORD your God,
to walk in His ways, to keep His statutes, His commandments,
His ordinances, and His testimonies, according to what
is written in the law of Moses, that you may succeed in
all that you do and wherever you turn, 4 so that the
LORD may carry out His promise which He spoke
concerning me, saying, 'If your sons are careful of their way,
to walk before Me in truth with all their heart and with
all their soul, you shall not lack a man on the throne of
Israel.' 5 "Now you also know what Joab the son of
Zeruiah did to me, what he did to the two commanders
of the armies of Israel, to Abner the son of Ner, and to Amasa
the son of Jether, whom he killed; he also shed the blood
of war in peace. And he put the blood of war on his
belt about his waist, and on his sandals on his feet. 6

/그가 ── 그들을 죽여
전쟁의 피를 흘리고
/태평 시대에
전쟁의 피를 묻혔으니
/자기의 허리에 띤 띠와
/발에 신은 신에

6 /[너는] ── 네 지혜대로 행하여
/[너는] ── 스올에 내려가지 못하게 하라
/그의 백발이[로]
/평안히

7 /[너는] ── 마땅히 은총을 베풀어
/길르앗 바르실래의 아들들에게
/그들이 네 상에서 먹는 자 중에 참여하게 하라

//(이유: כִּי, for)
내가 ── 도망할 때에(when)
/네 형 압살롬의 낯을 피하여
그들이 ─ 내게 나왔느니라

8 /[보라]
시므이가 ── 너와 함께 있나니
/바후림 베냐민 사람
/게라의 아들
/내가 ── 마하나임으로 갈 때에(when)
그는 ── 나를 저주하였느니라
/악독한 말로
/그러나
그가 ── 요단에 내려와서(when)

//(목적: לְ, to)
나를 영접하므로

내가 ── 맹세하여 이르기를 ...하였노라
/여호와를 두고
/내가 칼로 너를 죽이지 아니하리라

9 /그러나
[너는] ── 그를 무죄한 자로 여기지 말지어다
그에게 행할 일을 알지니

//(이유: כִּי, for)
너는 지혜 있는 사람이므로

/[너는] ── 스올에 내려가게 하라
/그의 백발이
/피 가운데

왕상

아마사에게 행한 일을 네가 알거니와 저가 저희를 죽여
태평 시대에 전쟁의 피를 흘리고 전쟁의 피로 자기의 허
리에 띤 띠와 발에 신은 신에 묻혔으니 6 네 지혜대로
행하여 그 백발로 평안히 음부에 내려가지 못하게 하라
7 마땅히 길르앗 바실래의 아들들에게 은총을 베풀어 저
희로 네 상에서 먹는 자 중에 참예하게 하라 내가 네 형
압살롬의 낯을 피하여 도망할 때에 저희가 내게 나아왔
었느니라 8 바후림 베냐민 사람 게라의 아들 시므이가
너와 함께 있나니 저는 내가 마하나임으로 갈때에 독한
말로 나를 저주하였느니라 그러나 저가 요단에 내려와서
나를 영접하기로 내가 여호와를 가리켜 맹세하여 이르기
를 내가 칼로 너를 죽이지 아니하리라 하였노라 9 그러
나 저를 무죄한 자로 여기지 말지어다 너는 지혜있는 사
람인즉 저에게 행할 일을 알지니 그 백발의 피를 흘려 저

"So act according to your wisdom, and do not let his
gray hair go down to Sheol in peace. 7 "But show
kindness to the sons of Barzillai the Gileadite, and let
them be among those who eat at your table; for they
assisted me when I fled from Absalom your brother. 8
"And behold, there is with you Shimei the son of Gera
the Benjamite, of Bahurim; now it was he who cursed
me with a violent curse on the day I went to Mahanaim.
But when he came down to me at the Jordan, I swore
to him by the LORD, saying, 'I will not put you to death
with the sword.' 9 "Now therefore, do not let him go
unpunished, for you are a wise man; and you will know
what you ought to do to him, and you will bring his
gray hair down to Sheol with blood." 10 ¶ Then David

10 다윗이 그의 조상들과 함께 **누워**
다윗 성에 **장사되니**

11 지[날들이] **사십 년이라**
/다윗이 이스라엘 왕이 된
[그가] 헤브론에서 **다스렸고**
/칠 년 동안
예루살렘에서 **다스렸더라**
/삼십삼 년 동안

12 솔로몬이 왕위에 **앉으니**
/그의 아버지 다윗의
그의 나라가 심히 **견고하니라**

13 아도니야가 밧세바에게 **나아온지라**
/학깃의 아들 /솔로몬의 어머니

밧세바가 **이르되**
/네가 화평한 목적으로 왔느냐?
[그가] **대답하되**
/화평한 목적이니이다

14 또
[그가] **이르되**
/내가 말씀드릴 일이 있나이다
밧세바가 **이르되**
/말하라

15 그가 **이르되**
/당신도 — 아시는 바이거니와
/이 왕위는 내 것이었고
/온 이스라엘은 다 얼굴을 내게로 향하여...하였는데

//(목적: ל, to)
왕으로 삼으려
/그 왕권이 — 돌아가
내 아우의 것이 되었음은

//(이유: כִּי, for)
여호와께로 말미암음이니이다

16 /이제(now)
내가 — 한 가지 소원을 구하오니
/당신에게
/[당신은] — 내 청을 거절하지 마옵소서

왕상

로 음부에 내려가게 하라 10 다윗이 그 열조와 함께 누
워 자서 다윗 성에 장사되니 11 다윗이 이스라엘 왕이
된지 사십 년이라 헤브론에서 칠 년을 치리하였고 예루
살렘에서 삼십삼 년을 치리하였더라 12 솔로몬이 그 아
비 다윗의 위에 앉으니 그 나라가 심히 견고 하니라 13
학깃의 아들 아도니야가 솔로몬의 모친 밧세바에게 나아
온지라 밧세바가 이르되 네가 화평한 목적으로 왔느뇨
대답하되 화평한 목적이니이다 14 또 가로되 내가 말씀
할 일이 있나이다 밧세바가 가로되 말하라 15 저가 가
로되 당신도 아시는 바여니와 이 왕위는 내 것이었고 온
이스라엘은 다 얼굴을 내게로 향하여 왕을 삼으려 하였
는데 그 왕위가 돌이켜 내 아우의 것이 되었음은 여호와
께로 말미암음이니이다 16 이제 내가 한가지 소원을 당
신에게 구하오니 내 얼굴을 괄시하지 마옵소서 밧세바가

slept with his fathers and was buried in the city of David.
11 And the days that David reigned over Israel were
forty years: seven years he reigned in Hebron, and thirty-
three years he reigned in Jerusalem. 12 And Solomon
sat on the throne of David his father, and his kingdom
was firmly established. 13 ¶ Now Adonijah the son of
Haggith came to Bathsheba the mother of Solomon. And
she said, "Do you come peacefully?" And he said,
"Peacefully." 14 Then he said, "I have something to
say to you." And she said, "Speak." 15 So he said,
"You know that the kingdom was mine and that all Israel
expected me to be king; however, the kingdom has turned
about and become my brothers, for it was his from the LORD.
16 "And now I am making one request of you; do not refuse

밧세바가 이르되
/말하라

17 그가 이르되
/청하건대(please)
[당신은] —— 솔로몬 왕에게 말씀하여 ...하소서
/그가 수넴 여자 아비삭을 내게 주어
//(목적: ל, to)
아내를 삼게

//(이유: כִּי, for)
왕이 — 거절하지 아니하리이다
/당신의 청을

18 밧세바가 이르되
/좋다
/내가 —— 왕께 말하리라
/너를 위하여

19 이에
밧세바가 솔로몬 왕에게 **이르니**

//(목적: ל, to)
아도니야를 위하여 말하려고

왕이 **일어나**
//(목적: ל, to)
영접하여

[그가] **절한 후에**
다시 왕좌에 **앉고**
자리를 **베푸니**
/그의 어머니를 위하여

그가 그의 오른쪽에 **앉는지라**

20 밧세바가 **이르되**
/내가 — 왕께 구하오니
/한 가지 작은 일로
/내 청을 거절하지 마소서

왕이 **대답하되**
/내 어머니여!
[당신은] —— 구하소서

//(이유: כִּי, for)
내가 — 거절하지 아니하리이다
/어머니의 청을

왕상

가로되 말하라 17 가로되 청컨대 솔로몬 왕에게 말씀하여 저로 수넴 여자 아비삭을 내게 주어 아내를 삼게 하소서 왕이 당신의 얼굴을 괄시치 아니하리이다 18 밧세바가 가로되 좋다 내가 너를 위하여 왕께 말하리라 19 밧세바가 이에 아도니야를 위하여 말하려고 솔로몬 왕에게 이르니 왕이 일어나 영접하여 절한 후에 다시 위에 앉고 그 모친을 위하여 자리를 베풀게 하고 그 우편에 앉게 하는지라 20 밧세바가 이르되 내가 한가지 작은 일로 왕께 구하오니 내 얼굴을 괄시하지 마소서 왕이 대답하되 내 어머니여 구하시옵소서 내가 어머니의 얼굴을 괄시하지 아니하리이다 21 가로되 청컨대 수넴 여자 아비삭을 아도니야에게 주어 아내를 삼게 하소서 22 솔로몬 왕이

me." And she said to him, "Speak." 17 Then he said, "Please speak to Solomon the king, for he will not refuse you, that he may give me Abishag the Shunammite as a wife." 18 And Bathsheba said, "Very well; I will speak to the king for you." 19 ¶ So Bathsheba went to King Solomon to speak to him for Adonijah. And the king arose to meet her, bowed before her, and sat on his throne; then he had a throne set for the king's mother, and she sat on his right. 20 Then she said, "I am making one small request of you; do not refuse me." And the king said to her, "Ask, my mother, for I will not refuse you." 21 So she said, "Let Abishag the Shunammite be given to

21 [그녀가] **이르되**
/청하건대(please)
[당신은] — 아도니야에게 주어 ...주소서
/수넴 여자 아비삭을
/아내로 삼게

22 솔로몬 왕이 **대답하여 이르되** ...하고
/그의 어머니에게
/어찌하여(why)
[당신은] — 구하시나이까?
/수넴 여자 아비삭을
/아도니야를 위하여
/[당신은] — 왕권도 구하옵소서
/그를 위하여

//(이유: כִּי,, for)
그는 나의 형이오니

/그뿐 아니라
<구하옵소서>
/제사장 아비아달과
/요압을 위해서도
/스루야의 아들

23 [솔로몬 왕이] **맹세하여 이르되**
/여호와를 두고
/[만일](כִּי)
그의 생명을 잃지 아니하면(if)
하나님은 — 내게 내리심이 마땅하니이다
/벌 위에 벌을

//(이유: כִּי, for)
아도니야가 이런 말을 하였은즉

24 /그러므로
[내가] — 맹세하노니
/여호와께서 살아 계심을 두고
/이제 나를 세워
/내 아버지 다윗의 왕위에 오르게...하시고
/집을 세우신
/허락하신 말씀대로
/나를 위하여

/아도니야는 — 죽임을 당하리라 하고
/오늘

25 [다윗이] 브나야를 **보내매**
/여호야다의 아들

왕상

그 모친에게 대답하여 가로되 어찌하여 아도니야를 위하
여 수넴 여자 아비삭을 구하시나이까 저는 나의 형이오
니 저를 위하여 왕위도 구하옵소서 저뿐 아니라 제사장
아비아달과 스루야의 아들 요압도 위하여 구하옵소서 하
고 **23** 여호와를 가리켜 맹세하여 가로되 아도니야가 이
런 말을 하였은즉 그 생명을 잃지 아니하면 하나님은 내
게 벌 위에 벌을 내리심이 마땅하니이다 **24** 나를 세워
내 부친 다윗의 위에 오르게 하시고 허락하신 말씀대로
나를 위하여 집을 세우신 여호와의 사심을 가리켜 맹세
하노니 아도니야는 오늘날 죽임을 당하리라 하고 **25** 여

Adonijah your brother as a wife." **22** And King Solomon
answered and said to his mother, "And why are you
asking Abishag the Shunammite for Adonijah? Ask for
him also the kingdom — for he is my older brother —
even for him, for Abiathar the priest, and for Joab the
son of Zeruiah!" **23** Then King Solomon swore by the
LORD, saying, "May God do so to me and more also,
if Adonijah has not spoken this word against his own
life. **24** "Now therefore, as the LORD lives, who has
established me and set me on the throne of David my
father, and who has made me a house as He promised, surely
Adonijah will be put to death today." **25** So King

그가 아도니야를 **쳐서**
죽였더라

26 왕이 제사장 아비아달에게 **이르되**
/[너는] ── 아나돗으로 가라
/네 고향
//(이유: כִּי, for)
너는 마땅히 죽을 자이로되
/내가 ──너를 죽이지 아니하노라 하고
/오늘
//(이유: כִּי, for)
네가 ─ 주 여호와의 궤를 메었고
/내 아버지 다윗 앞에서
//또(이유: כִּי, for)
내 아버지가 모든 환난을 받을 때에(when)
너도 ── 환난을 받았은즉

27 [다윗이] 아비아달을 **쫓아내어**
제사장 직분을 **파면하니**
/여호와의
//(목적: ל, to)
말씀을 응하게 함이더라
/여호와께서 ─실로에서 하신
/엘리의 집에 대하여

왕상

28 그 소문이 요압에게 **들리매**
그가 여호와의 장막으로 **도망하여**
제단 뿔을 **잡으니**
//이는(이유: כִּי, for)
<비록>
[그가] ┬ 다윗을 떠나
└ 압살롬을 따르지 아니하였으나(양보절)
그가 ── 아도니야를 따랐음이더라

29 어떤 사람이 솔로몬 왕에게 **아뢰되**
/요압이 ┬ 여호와의 장막으로 도망하여
└ 제단 곁에 (있나이다)

솔로몬이 브나야를 **보내며**
/여호야다의 아들

호야다의 아들 브나야를 보내매 저가 아도니야를 쳐서
죽였더라 26 왕이 제사장 아비아달에게 이르되 네 고향
아나돗으로 가라 너는 마땅히 죽을 자로되 네가 내 부친
다윗 앞에서 주 여호와의 궤를메었고 또 내 부친이 모든
환난을 받을 때에 너도 환난을 받았은즉 내가 오늘날 너
를 죽이지 아니하노라 하고 27 아비아달을 쫓아내어 여
호와의 제사장 직분을 파면하니 여호와께서 실로에서 엘
리의 집에 대하여 하신 말씀을 응하게 함이더라 28 그
소문이 요압에게 들리매 저가 여호와의 장막으로 도망하
여 단 뿔을 잡으니 이는 저가 다윗을 떠나 압살롬을 좇지
아니하였으나 아도니야를 좇았음이더라 29 혹이 솔로몬
왕에게 고하되 요압이 여호와의 장막으로 도망하여 단

Solomon sent Benaiah the son of Jehoiada; and he fell
upon him so that he died. 26 ¶ Then to Abiathar the
priest the king said, "Go to Anathoth to your own field,
for you deserve to die; but I will not put you to death
at this time, because you carried the ark of the Lord
GOD before my father David, and because you were afflicted
in everything with which my father was afflicted." 27
So Solomon dismissed Abiathar from being priest to the
LORD, in order to fulfill the word of the LORD, which
He had spoken concerning the house of Eli in Shiloh.
28 ¶ Now the news came to Joab, for Joab had followed
Adonijah, although he had not followed Absalom. And
Joab fled to the tent of the LORD and took hold of the
horns of the altar. 29 And it was told King Solomon
that Joab had fled to the tent of the LORD, and behold,
he is beside the altar. Then Solomon sent Benaiah the

이르되
/너는 ── 가서
　　　└ 그를 치라

30 브나야가 여호와의 장막에 **이르러**
그에게 **이르되**
/왕께서 나오라 하시느니라

그가 **대답하되**
/아니라
/내가 여기서 죽겠노라

브나야가 **돌아가서**
왕께 아뢰어 **이르되**[1]
/요압이 이리이리 내게 대답하더이다

31 왕이 **이르되**
/[너는] ── 그의 말과 같이 하여
　　　├ 그를 죽여
　　　└ 묻으라

//(결과: that...may)
네가 ── 제하리라
/요압이 까닭 없이 흘린 피를
/나와 내 아버지의 집에서

32 /여호와께서 ── 돌려보내실 것은
/요압의 피를
/그의 머리로

//(이유: אשר, because)
그가 ─ 두 사람을 쳤음이니
/자기보다 의롭고 선한

//곧(이유 동격,계속)
[그가] ─ 칼로 죽였음이라
/아브넬과
/이스라엘 군사령관
/넬의 아들
/아마사를
/유다 군사령관
/예델의 아들

/다윗은 ── 알지 못하셨나니
/내 아버지 /이 일을

1) And Benaiah brought the king word again, saying, ...(NASB)

왕상

곁에 있나이다 솔로몬이 여호야다의 아들 브나야를 보내
며 가로되 너는 가서 저를 치라 30 브나야가 여호와의
장막에 이르러 저에게 이르되 왕께서 나오라 하시느니라
저가 대답하되 아니라 내가 여기서 죽겠노라 브나야가
돌아가서 왕께 고하여 가로되 요압이 이리이리 내게 대
답하더이다 31 왕이 이르되 저의 말과 같이 하여 저를
죽여 묻으라 요압이 까닭 없이 흘린 피를 나와 내 부친
의 집에서 네가 제하리라 32 여호와께서 요압의 피를
그 머리로 돌려 보내실 것은 저가 자기보다 의롭고 선한
두 사람을 쳤음이니 곧 이스라엘 군대 장관 넬의 아들
아브넬과 유다 군대 장관 예델의 아들 아마사를 칼로 죽
였음이라 이 일을 내 부친 다윗은 알지 못하셨나니 33

son of Jehoiada, saying, "Go, fall upon him." 30 So Benaiah
came to the tent of the LORD, and said to him, "Thus
the king has said, 'Come out.'" But he said, "No, for I
will die here." And Benaiah brought the king word again,
saying, "Thus spoke Joab, and thus he answered me."
31 And the king said to him, "Do as he has spoken
and fall upon him and bury him, that you may remove
from me and from my father's house the blood which
Joab shed without cause. 32 "And the LORD will return
his blood on his own head, because he fell upon two
men more righteous and better than he and killed them
with the sword, while my father David did not know it:
Abner the son of Ner, commander of the army of Israel,
and Amasa the son of Jether, commander of the army
of Judah. 33 "So shall their blood return on the head

33 /피는 ——— 영영히 돌아갈지라도
/그들의 /요압의 머리와
/그의 자손의 머리로
/말미암는 평강이 — 영원히 있으리라
/여호와께로 /다윗과
그의 자손과
그의 집과
그의 왕위에는

34 브나야가 곧 **올라가서**
/여호아다의 아들

그를 **쳐죽이매**

//(결과)
그가 — 매장되니라
/자기의 집에
/광야에 있는

35 이에
왕이 군사령관으로 **삼고**
/여호야다의 아들 브나야를
/요압을 대신하여
또
[그가] **[임명]하니라**
/제사장 사독으로
/아비아달을 대신하게

왕상

36 왕이 사람을 **보내어**
시므이를 **불러서**
이르되
/너는 — 예루살렘에서 집을 짓고
/너를 위하여
— 거기서 살고
— 어디든지 나가지 말라

37 /너는 — 분명히 알라
/[너는] — 반드시 죽임을 당하리니
/네가 — 나가서
— 기드론 시내를 건너는 날에는
/네 피가 — 네 머리로 돌아가리라

38 시므이가 왕께 **대답하되**
/이 말씀이 좋사오니
/종이 — 그리 하겠나이다 하고
/내 주 왕의 말씀대로

저희의 피는 영영히 요압의 머리와 그 자손의 머리로 돌아갈지라도 다윗과 그 자손과 그 집과 그 위에는 여호와께로 말미암은 평강이 영원히 있으리라 **34** 여호야다의 아들 브나야가 곧 올라가서 저를 쳐 죽이매 저가 거친 땅에 있는 자기의 집에 매장되니라 **35** 왕이 이에 여호야다의 아들 브나야로 요압을 대신하여 군대 장관을 삼고 또 제사장 사독으로 아비아달을 대신하게 하니라 **36** 왕이 보내어 시므이를 불러서 이르되 너는 예루살렘에서 너를 위하여 집을 짓고 거기서 살고 어디든지 나가지 말라 **37** 너는 분명히 알라 네가 나가서 기드론 시내를 건너는 날에는 정녕 죽임을 당하리니 네 피가 네 머리로 돌아가리라 **38** 시므이가 왕께 대답하되 이 말씀이 좋사오

of Joab and on the head of his descendants forever; but to David and his descendants and his house and his throne, may there be peace from the LORD forever."
34 Then Benaiah the son of Jehoiada went up and fell upon him and put him to death, and he was buried at his own house in the wilderness. **35** And the king appointed Benaiah the son of Jehoiada over the army in his place, and the king appointed Zadok the priest in the place of Abiathar. **36** ¶ Now the king sent and called for Shimei and said to him, "Build for yourself a house in Jerusalem and live there, and do not go out from there to any place. **37** "For it will happen on the day you go out and cross over the brook Kidron, you will know for certain that you shall surely die; your blood shall be on

이에
[그가] 예루살렘에 **머무니라**
/날이 오래도록

39 삼 년 후에
두 종이 **도망하여 간지라**
/시므이의 /아기스에게로
/가드 왕 마아가의 아들

어떤 사람이 시므이에게 **말하여 이르되**
/당신의 종이 가드에 있나이다

40 시므이가 **일어나**
그의 나귀에 **안장을 지우고**
가드로 **가서** ...(나아가)
/아기스에게

//(목적: ל, to)
그 종을 찾으려고

[그가] 그의 종을 **데려왔더니**
/가드에서

41 어떤 사람이 솔로몬에게 **말한지라**
/시므이가 ─ 가드에 갔다가
/예루살렘에서부터
돌아온 일을

42 왕이 사람을 **보내어**
시므이를 **불러서**
이르되
/내가 ── 너에게 맹세하게 하고
/여호와를 두고
경고하여 이르기를 ...하지 아니하였느냐?
/너는 분명히 알라
/네가 ─ 죽임을 당하리라
/[네가] ─ 밖으로 나가서
어디든지 가는 날에는

/너도 ─ 내게 말하기를 ...하였거늘
/내가 들은 말씀이 좋으니이다

43 /어찌하여(why)
네가 ── 지키지 아니하였느냐?
/여호와를 두고 한 맹세와
/내가 네게 이른 명령을

왕상

니 내 주 왕의 말씀대로 종이 그리하겠나이다 하고 이에
날이 오래도록 예루살렘에 머무니라 **39** 삼년 후에 시므
이의 두 종이 가드 왕 마아가의 아들 아기스에게로 도망
하여 간지라 혹이 시므이에게 고하여 가로되 당신의 종
이 가드에 있나이다 **40** 시므이가 그 종을 찾으려고 일
어나 그 나귀에 안장을 지우고 가드로 가서 아기스에게
나아가 그 종을 가드에서 데려왔더니 **41** 시므이가 예루
살렘에서부터 가드에 갔다가 돌아온 일을 혹이 솔로몬에
게 고한지라 **42** 왕이 사람을 보내어 시므이를 불러서
이르되 내가 너로 여호와를 가리켜 맹세하게 하고 경계
하여 이르기를 너는 분명히 알라 네가 밖으로 나가서 어
디든지 가는 날에는 죽임을 당하리라 하지 아니하였느냐
너도 내게 말하기를 내가 들은 말씀이 좋으니이다 하였
거늘 **43** 네가 어찌하여 여호와를 가리켜 한 맹세와 내

your own head." **38** Shimei then said to the king, "The
word is good. As my lord the king has said, so your
servant will do." So Shimei lived in Jerusalem many
days. **39** ¶ But it came about at the end of three years,
that two of the servants of Shimei ran away to Achish
son of Maacah, king of Gath. And they told Shimei,
saying, "Behold, your servants are in Gath." **40** Then Shimei
arose and saddled his donkey, and went to Gath to Achish
to look for his servants. And Shimei went and brought
his servants from Gath. **41** And it was told Solomon
that Shimei had gone from Jerusalem to Gath, and had
returned. **42** So the king sent and called for Shimei
and said to him, "Did I not make you swear by the
LORD and solemnly warn you, saying, 'You will know
for certain that on the day you depart and go anywhere,
you shall surely die'? And you said to me, 'The word
which I have heard is good.' **43** "Why then have you
not kept the oath of the LORD, and the command which

44 또
왕이 시므이에게 **이르되**
/네가 — 스스로 아나니
/네가 네 마음으로 아는 모든 악[을]
/곧 내 아버지에게 행한 바를
/여호와께서 — 네 악을 돌려보내시리라
/네 머리로

45 /그러나
왕은 — 복을 받고
/솔로몬
/왕위는 — 영원히 서리라 하고
/다윗의 /여호와 앞에서
/견고히

46 [솔로몬이] 브나야에게 **명령하매**
/여호야다의 아들

그가 **나가서**
시므이를 **치니**

그가 **죽은지라**

이에
나라가 **견고하여지니라**
/솔로몬의 손에

왕상

3

1 솔로몬이 **혼인 관계를 맺어**
/애굽의 왕 바로와 더불어
그의 딸을 **맞이하고**
다윗 성에 **데려다가 두고**
/공사가 끝나기[까지](를 기다리니라)2)
/자기의 왕궁과
/여호와의 성전과
/예루살렘 주위의 성의

2 백성들이 산당에서 **제사하며**

//(이유: כִּי, for)
[그가] — 성전을 아직 건축하지 아니하였으므로
/그 때까지
/여호와의 이름을 위하여

2) brought her to the city of David, until he had finished building his own house and the house of the LORD and the wall around Jerusalem.[NASB]

가 네게 이른 명령을 지키지 아니하였느냐 **44** 왕이 또 시므이에게 이르되 네가 무릇 네 마음의 아는 모든 악 곧 내 부친에게 행한 바를 네가 스스로 아나니 여호와께서 네 악을 네 머리로 돌려 보내시리라 **45** 그러나 솔로몬 왕은 복을 받고 다윗의 위는 영원히 여호와 앞에서 견고히 서리라 하고 **46** 여호야다의 아들 브나야에게 명하매 저가 나가서 시므이를 쳐서 죽게 한지라 이에 나라가 솔로몬의 손에 견고하여지니라

3:1 솔로몬이 애굽 왕 바로로 더불어 인연을 맺어 그 딸을 취하고 데려다가 다윗 성에 두고 자기의 궁과 여호와의 전과 예루살렘 주위의 성이 필역(畢役)되기를 기다리니라 **2** 그 때까지 여호와의 이름을 위하여 전을

I have laid on you?" **44** The king also said to Shimei, "You know all the evil which you acknowledge in your heart, which you did to my father David; therefore the LORD shall return your evil on your own head. **45** "But King Solomon shall be blessed, and the throne of David shall be established before the LORD forever." **46** So the king commanded Benaiah the son of Jehoiada, and he went out and fell upon him so that he died. Thus the kingdom was established in the hands of Solomon.

3:1 ¶ Then Solomon formed a marriage alliance with Pharaoh king of Egypt, and took Pharaoh's daughter and brought her to the city of David, until he had finished building his own house and the house of the LORD and the wall around Jerusalem. **2** The people were still sacrificing

3 솔로몬이 여호와를 **사랑하고**
/다윗의 법도를 행하였으나(=행하며)
/그의 아버지
산당에서 **제사하며**
분향하더라

4 이에
왕이 기브온으로 **가니**

//(목적: לְ, to)
제사하러

//(이유: כִּי, for)
거기는 산당이 큼이라

솔로몬이 일천 번제를 **드렸더니**
/그 제단에

5 여호와께서 솔로몬의 꿈에 **나타나시니라**
/기브온에서
/밤에

하나님이 **이르시되**
/너는 — 구하라
/내가 네게 무엇을 줄꼬

6 솔로몬이 **이르되**
/주께서 — 큰 은혜를 베푸셨고
/그에게[다윗에게]
/주의 종
/내 아버지

//(이유: כַּאֲשֶׁר, because)
[그가] — 주 앞에서 행하므로
/성실과 공의와
/정직한 마음으로
/주와 함께

/또
주께서 — 이 큰 은혜를 항상 주사
/그를 위하여
/[주께서] — 아들을 그에게 주셨나이다
/그의 자리에 앉을
/오늘과 같이

왕상

아직 건축하지 아니하였으므로 백성들이 산당에서 제사
하며 3 솔로몬이 여호와를 사랑하고 그 부친 다윗의 법
도를 행하되 오히려 산당에서 제사하며 분향하더라 4
이에 왕이 제사하러 기브온으로 가니 거기는 산당이 큼
이라 솔로몬이 그 단에 일천 번제를 드렸더니 5 기브온
에서 밤에 여호와께서 솔로몬의 꿈에 나타나시니라 하나
님이 이르시되 내가 네게 무엇을 줄꼬 너는 구하라 6 솔
로몬이 가로되 주의 종 내 아비 다윗이 성실과 공의와
정직한 마음으로 주와 함께 주의 앞에서 행하므로 주께
서 저에게 큰 은혜를 베푸셨고 주께서 또 저를 위하여
이 큰 은혜를 예비하시고 오늘날과 같이 저의 위에 앉을
아들을 저에게 주셨나이다 7 나의 하나님 여호와여 주

on the high places, because there was no house built for
the name of the LORD until those days. 3 ¶ Now
Solomon loved the LORD, walking in the statutes of his
father David, except he sacrificed and burned incense
on the high places. 4 And the king went to Gibeon to sacrifice
there, for that was the great high place; Solomon offered
a thousand burnt offerings on that altar. 5 In Gibeon
the LORD appeared to Solomon in a dream at night;
and God said, "Ask what you wish me to give you." 6
Then Solomon said, "Thou hast shown great lovingkindness
to Thy servant David my father, according as he walked
before Thee in truth and righteousness and uprightness
of heart toward Thee; and Thou hast reserved for him
this great lovingkindness, that Thou hast given him a
son to sit on his throne, as it is this day. 7 "And now,
O LORD my God, Thou hast made Thy servant king in

7 /여호와여!
/나의 하나님
주께서 — 왕이 되게 하셨사오나
/종으로(을)
/다윗을 대신하여
/종의 아버지

/종은 — 작은 아이라
— 알지 못하고
/출입할 줄을

8 /[종은] — 백성 가운데 있나이다
/그들은 — 큰 백성이라
— 셀 수도 없고
— 기록할 수도 없사오니
/수효가 많아서

9 /누가 — 재판할 수 있사오리이까
/주의 이 많은 백성을
/[당신은] — 듣는 마음을 종에게 주사

//(목적: לְ, to)
재판하여...하옵소서
/주의 백성을
/선악을 분별하게

10 그 말씀이 주의 마음에 **든지라**

//(이유: כִּי, for)
솔로몬이 — 이것을 구하매

11 이에
하나님이 그에게 **이르시되**

//(이유: יַעַן אֲשֶׁר, because)
네가 — 이것을 구하도다

//(이유, 계속)
[네가] — 장수하기를 구하지 아니하며
/자기를 위하여
— 부도 구하지 아니하며
— 생명을 멸하기도 구하지 아니하고
/자기 원수의

오직
//([네가] — 지혜를 구하였으니
/송사를 듣고 분별하는

왕상

께서 종으로 종의 아비 다윗을 대신하여 왕이 되게 하셨
사오나 종은 작은 아이라 출입할 줄을 알지 못하고 8 주
의 빼신 백성 가운데 있나이다 저희는 큰 백성이라 수효
가 많아서 셀 수도 없고 기록할 수도 없사오니 9 누가
주의 이 많은 백성을 재판할 수 있사오리이까 지혜로운
마음을 종에게 주사 주의 백성을 재판하여 선악을 분별
하게 하옵소서 10 솔로몬이 이것을 구하매 그 말씀이
주의 마음에 맞은지라 11 이에 하나님이 저에게 이르시
되 네가 이것을 구하도다 자기를 위하여 수(壽)도 구하지
아니하며 부도 구하지 아니하며 자기의 원수의 생명 멸
하기도 구하지 아니하고 오직 송사를 듣고 분별하는 지
혜를 구하였은즉 12 내가 네 말대로 하여 네게 지혜롭

place of my father David, yet I am but a little child; I
do not know how to go out or come in. 8 "And Thy
servant is in the midst of Thy people which Thou hast chosen,
a great people who cannot be numbered or counted for
multitude. 9 "So give Thy servant an understanding
heart to judge Thy people to discern between good and
evil. For who is able to judge this great people of Thine?"

10 ¶ And it was pleasing in the sight of the Lord that
Solomon had asked this thing. 11 And God said to
him, "Because you have asked this thing and have not
asked for yourself long life, nor have asked riches for yourself,
nor have you asked for the life of your enemies, but
have asked for yourself discernment to understand justice,
12 behold, I have done according to your words. Behold,

12 /내가 — 네 말대로 하여
/[보라]
[내가] — 네게 주노니
/지혜롭고 총명한 마음을
/자가 — 네 앞에도 없었거니와
/너와 같은
/일어남이 — 네 뒤에도 없으리라
/너와 같은 자가

13 /또
내가 — 부귀와 영광도 네게 주노니
/네가 구하지 아니한
/자가 — 네 평생에 왕들 중에 없을 것이라
/너와 같은

14 /만일
네가 — 내 길로 행하며
/네 아버지 다윗이 행함 같이
내 법도와 명령을 지키면
내가 — 또 네 날을 길게 하리라

15 솔로몬이 **깨어**
보니(=보라)
<그것은> **꿈이더라**

이에
[그가] 예루살렘에 **이르러**
언약궤 앞에 **서서**
/여호와의

드리고
/번제와
/감사의 제물을

잔치하였더라
/모든 신하들을 위하여

16 그 때에(now)
두 여자가 왕에게 **와서**
/창기

그 앞에 **서며**

17 한 여자는 **말하되**
/내 주여!
나와
이 여자가 — 한집에서 사는데

고 총명한 마음을 주노니 너의 전에도 너와 같은 자가
없었거니와 너의 후에도 너와 같은 자가 일어남이 없으
리라 13 내가 또 너의 구하지 아니한 부와 영광도 네게
주노니 네 평생에 열왕 중에 너와 같은 자가 없을 것이
라 14 네가 만일 네 아비 다윗의 행함같이 내 길로 행
하며 내 법도와 명령을 지키면 내가 또 네 날을 길게 하
리라 15 솔로몬이 깨어보니 꿈이더라 이에 예루살렘에
이르러 여호와의 언약궤 앞에 서서 번제와 수은제를 드
리고 모든 신복을 위하여 잔치하였더라 16 때에 창기
두 계집이 왕에게 와서 그 앞에 서며 17 한 계집은 말
하되 내 주여 나와 이 계집이 한 집에서 사는데 내가 저
와 함께 집에 있으며 아이를 낳았더니 18 나의 해산한

I have given you a wise and discerning heart, so that
there has been no one like you before you, nor shall
one like you arise after you. 13 "And I have also given
you what you have not asked, both riches and honor, so
that there will not be any among the kings like you all
your days. 14 "And if you walk in My ways, keeping
My statutes and commandments, as your father David
walked, then I will prolong your days." 15 ¶ Then Solomon
awoke, and behold, it was a dream. And he came to Jerusalem
and stood before the ark of the covenant of the Lord,
and offered burnt offerings and made peace offerings,
and made a feast for all his servants. 16 ¶ Then two
women who were harlots came to the king and stood
before him. 17 And the one woman said, "Oh, my

/내가 —— 해산하였더니
/그와 함께 집에 있으며

18 /내가 해산한 지 사흘 만에
이 여자도 — 해산하고
/우리가 —— 함께 있었고
/다른 사람이 — 집에 없었나이다
/우리 둘 외에는

19 /그런데
그의 아들이 —— 밤에 죽으니
//(이유: אֲשֶׁר, because)
저 여자가 — 누우므로
/그의 아들 위에

20 /그가 — 밤중에 일어나서
— 내 아들을 가져다가
/이 여종 내가 잠든 사이에
/내 곁에서
— 자기의 품에 누이고
— 내 품에 뉘었나이다
/자기의 죽은 아들을

21 /내가 —— 아침에 일어나
//(לְ, to)
내 아들을 젖 먹이려고

/본즉(보라)
[그가] —— 죽었기로

/내가 —— 아침에 자세히 보니
/내가 낳은 아들이 아니더이다 하매

22 다른 여자는 **이르되** ...하고
/아니라
/산 것은 내 아들이요
/죽은 것은 네 아들이라

이 여자는 **이르되** ...하며
/아니라
/죽은 것이 네 아들이요
/산 것이 내 아들이라

지 삼일에 이 계집도 해산하고 우리가 함께 있었고 우리
둘 외에는 집에 다른 사람이 없었나이다 **19** 그런데 밤
에 저 계집이 그 아들 위에 누우므로 그 아들이 죽으니
20 저가 밤중에 일어나서 계집종 나의 잠든 사이에 내
아들을 내 곁에서 가져다가 자기의 품에 뉘이고 자기의
죽은 아들을 내 품에 뉘었나이다 **21** 미명에 내가 내 아
들을 젖 먹이려고 일어나 본즉 죽었기로 내가 아침에 자
세히 보니 내가 낳은 아들이 아니더이다 하매 **22** 다른
계집은 이르되 아니라 산것은 내 아들이요 죽은 것은 네
아들이라 하고 이 계집은 이르되 아니라 죽은 것이 네 아
들이요 산 것이 내 아들이라 하매 왕 앞에서 그와 같이
쟁론하는지라 **23** 왕이 가로되 이는 말하기를 산 것은

lord, this woman and I live in the same house; and I
gave birth to a child while she was in the house. **18**
"And it happened on the third day after I gave birth,
that this woman also gave birth to a child, and we were
together. There was no stranger with us in the house,
only the two of us in the house. **19** "And this woman's
son died in the night, because she lay on it. **20** "So
she arose in the middle of the night and took my son
from beside me while your maidservant slept, and laid
him in her bosom, and laid her dead son in my bosom.
21 "And when I rose in the morning to nurse my son,
behold, he was dead; but when I looked at him carefully
in the morning, behold, he was not my son, whom I had
borne." **22** Then the other woman said, "No! For the
living one is my son, and the dead one is your son."
But the first woman said, "No! For the dead one is
your son, and the living one is my son." Thus they spoke
before the king. **23** ¶ Then the king said, "The one

[그들이] 그와 같이 **쟁론하는지라**
/왕 앞에서

23 왕이 **이르되**
/이 여자는 — 말하기를 ...하고
/산 것은 내 아들이요
/죽은 것은 네 아들이라
/저 여자는 — 말하기를 ...하고
/아니라
/죽은 것이 네 아들이요
/산 것이 내 아들이라 하는도다

24 또
[왕이] **이르되** ...하니
/칼을 내게로 가져오라

[그들이] 칼을 **가져온지라**
/왕 앞으로

25 왕이 **이르되**
/[너희는] — 산 아이를 둘로 나누어
— 반은 이 여자에게 주고
— 반은 저 여자에게 주라

26 여자가 왕께 **아뢰어** ...하되
/어머니 되는 /마음이 불붙는 것 같아서
/그 산 아들의 /그 아들을 위하여
/청하건대(please)
내 주여!
산 아이를 그에게 주시고
아무쪼록 죽이지 마옵소서

다른 여자는 **말하기를** ...하는지라
/내 것도 되게 말고
/네 것도 되게 말고
/나누게 하라

27 왕이 **대답하여**
이르되 ...하매
/산 아이를 저 여자에게 주고
/결코 죽이지 말라
/저가 그의 어머니이니라

28 온 이스라엘이 판결함을 듣고(when)
/왕이 심리하여
왕을 **두려워하였으니**

//이는(이유: כִּי, for)

내 아들이요 죽은 것은 네 아들이라 하고 저는 말하기를
아니라 죽은 것이 네 아들이요 산 것이 내 아들이라 하
는도다 하고 **24** 또 가로되 칼을 내게로 가져오라 하니
칼을 왕의 앞으로 가져온지라 **25** 왕이 이르되 산 아들
을 둘에 나눠 반은 이에게 주고 반은 저에게 주라 **26**
그 산 아들의 어미되는 계집이 그 아들을 위하여 마음이
불 붙는것 같아서 왕께 아뢰어 가로되 청컨대 내 주여
산 아들을 저에게 주시고 아무쪼록 죽이지 마옵소서 하
되 한 계집은 말하기를 내것도 되게 말고 네 것도 되게
말고 나누게 하라 하는지라 **27** 왕이 대답하여 가로되
산 아들을 저 계집에게 주고 결코 죽이지말라 저가 그
어미니라 하매 **28** 온 이스라엘이 왕의 심리하여 판결함
을 듣고 왕을 두려워하였으니 이는 하나님의 지혜가 저
의 속에 있어 판결함을 봄이더라

says, 'This is my son who is living, and your son is
the dead one'; and the other says, 'No! For your son
is the dead one, and my son is the living one.'" **24**
And the king said, "Get me a sword." So they brought
a sword before the king. **25** And the king said, "Divide
the living child in two, and give half to the one and half
to the other." **26** Then the woman whose child was the
living one spoke to the king, for she was deeply stirred
over her son and said, "Oh, my lord, give her the living
child, and by no means kill him." But the other said,
"He shall be neither mine nor yours; divide him!" **27**
Then the king answered and said, "Give the first woman
the living child, and by no means kill him. She is his mother."
28 When all Israel heard of the judgment which the
king had handed down, they feared the king; for they
saw that the wisdom of God was in him to administer justice.

//이는(이유: כִּי, for)
[그들이]── 봄이더라
/하나님의 지혜가 그의 속에 있어 판결함을

4

1 솔로몬 왕이 왕이 **되었고**
/온 이스라엘의

2 그의 신하들은 **이러하니라**

아사리아는 **제사장이요**
/사독의 아들

3 엘리호렙과
아히야는 ── **서기관이요**

/시사의 아들

여호사밧은 **사관이요**
/아힐룻의 아들

4 브나야는 **군사령관이요**
/여호야다의 아들

사독과
아비아달은 **제사장이요**

5 아사리아는 지방 관장의 **두령이요**
/나단의 아들

사붓은 **제사장이니**
/나단의 아들

왕의 **벗이요**

6 아히살은 **궁내대신이요**
아도니람은 노동 **감독관이더라**
/압다의 아들

7 또
솔로몬이 열두 지방 관장을 **두매**
/온 이스라엘에

그 사람들이 양식을 **공급하되**
/왕과 왕실을 위하여

4:1 솔로몬 왕이 온 이스라엘의 왕이 되었고 2 그의 신하들은 이러하니라 사독의 아들 아사리아는 제사장이요 3 시사의 아들 엘리호렙과 아히야는 서기관이요 아힐룻의 아들 여호사밧은 사관이요 4 여호야다의 아들 브나야는 군대장관이요 사독과 아비아달은 제사장이요 5 나단의 아들 아사리아는 관리장이요 나단의 아들 사붓은 대신이니 왕의 벗이요 6 아히살은 궁내 대신이요 압다의 아들 아도니람은 감역관이더라 7 솔로몬이 또 온 이스라엘 위에 열두 관장을 두매 그 사람들이 왕과 왕실을 위하여 식물을 예비하되 각기 일년에 한달씩 식물을 예비하

4:1 ¶ Now King Solomon was king over all Israel. 2 And these were his officials: Azariah the son of Zadok was the priest; 3 Elihoreph and Ahijah, the sons of Shisha were secretaries; Jehoshaphat the son of Ahilud was the recorder; 4 and Benaiah the son of Jehoiada was over the army; and Zadok and Abiathar were priests; 5 and Azariah the son of Nathan was over the deputies; and Zabud the son of Nathan, a priest, was the king's friend; 6 and Ahishar was over the household; and Adoniram the son of Abda was over the men subject to forced labor. 7 ¶ And Solomon had twelve deputies over all Israel, who provided for the king and his household;

양식을 **공급하였으니**
/각기 일 년에 한 달씩

8 이름은 **이러하니라**
/그들의

벤훌이요
/에브라임 산지에는
9 **벤데겔이요**
/마가스와 사알빔과
벧세메스와 엘론벧하난에는

10 **벤헤셋이니**
/아룹봇에는
/그가 —— 주관하였으며
/소고와
/헤벨 온 땅을

11 **벤아비나답이니**
/나밧 돌[에는]
/높은 땅
/온 지방
/그는 —— 아내로 삼았으며
/솔로몬의 딸 다밧을

12 **바아나가 맡았으니**
/아힐룻의 아들
/다아낙과
므깃도와
벧스안 온 땅은
/이스르엘 아래
/사르단 가에 있는

/벧스안에서부터 아벨므홀라에 이르고
/욕느암 바깥까지 (미쳤으며)

13 **벤게벨이니**
/길르앗 라못에는
/그는 —— 모든 마을을 주관하였고
/므낫세의 아들 야일의
/길르앗에 있는
/또
주관하였으며
/바산 아르곱 땅의 성벽과
/큰 성읍을
/놋빗장 있는 육십 개의

였으니 8 그 이름은 이러하니라 에브라임 산지에는 벤
훌이요 9 마가스와 사알빔과 벧세메스와 엘론벧하난에
는 벤데겔이요 10 아룹봇에는 벤헤셋이니 소고와 헤벨
온 땅을 저가 주관하였으며 11 돌 높은 땅 온 지방에는
벤아비나답이니 저는 솔로몬의 딸 다밧으로 아내를 삼았
으며 12 다아낙과 므깃도와 이스르엘 아래 사르단 가에
있는 벧스안 온 땅은 아힐룻의 아들 바아나가 맡았으니
벧스안에서부터 아벨므홀라에 이르고 욕느암 바깥까지
미쳤으며 13 길르앗 라못에는 벤게벨이니 저는 길르앗
에 있는 므낫세의 아들 야일의 모든 촌을 주관하였고 또
바산 아르곱 땅의 성벽과 놋빗장 있는 큰 성읍 육십을
주관하였으며 14 마하나임에는 잇도의 아들 아히나답이

each man had to provide for a month in the year. 8
And these are their names: Ben-hur, in the hill country
of Ephraim; 9 Ben-deker in Makaz and Shaalbim and
Beth-shemesh and Elonbeth-hanan; 10 Ben-hesed, in
Arubboth (Socoh was his and all the land of Hepher);
11 Ben-abinadab, in all the height of Dor (Taphath the
daughter of Solomon was his wife); 12 Baana the son
of Ahilud, in Taanach and Megiddo, and all Beth-shean
which is beside Zarethan below Jezreel, from Beth-shean
to Abel-meholah as far as the other side of Jokmeam;
13 Ben-geber, in Ramoth-gilead (the towns of Jair, the
son of Manasseh, which are in Gilead were his: the
region of Argob, which is in Bashan, sixty great cities
with walls and bronze bars were his); 14 Ahinadab the

14 **아히나답이요**
/마하나임에는
/잇도의 아들

15 **아히마아스이니**
/납달리에는
/그는 — 아내로 삼았으며
/솔로몬의 딸 바스맛을
16 **바아나요**
/아셀과 아롯에는
/후새의 아들

17 **여호사밧이요**
/잇사갈에는
/바루아의 아들

18 **시므이요**
/베냐민에는
/엘라의 아들

19 **게벨이니**
/길르앗 땅에는
/시혼과
/아모리 사람의 왕
/옥의 나라
/바산 왕
/우리의 아들
/그 한 사람만 —— 지방 관장이 되었더라
/그 땅에서는

20 인구가 **많게 되매**
/유다와 /바닷가의 모래 같이
이스라엘의

[그들이] **먹고**
마시며
즐거워하였으며

21 솔로몬이 **다스리므로**[3)]
/모든 나라를
/그 강에서부터 블레셋 사람의 땅에 이르기까지와
/애굽 지경에 미치기까지의

그 나라들이 조공을 **바쳐**
섬겼더라
/솔로몬이 사는 동안에

22 음식물은 가는 밀가루가 **삼십 고르요**
/솔로몬의 하루의

3) 원문은 이곳부터 5장 1절.

요 15 납달리에는 아히마아스니 저는 솔로몬의 딸 바스
맛으로 아내를 삼았으며 16 아셀과 아롯에는 후새의 아
들 바아나요 17 잇사갈에는 바루아의 아들 여호사밧이
요 18 베냐민에는 엘라의 아들 시므이요 19 아모리 사
람의 왕 시혼과 바산 왕 옥의 나라 길르앗 땅에는 우리의
아들 게벨이니 그 땅에서는 저 한사람만 관장이 되었더
라 20 유다와 이스라엘의 인구가 바닷가의 모래 같이
많게 되매 먹고 마시며 즐거워하였으며 21 솔로몬이 하
수에서부터 블레셋 사람의 땅에 이르기까지와 애굽 지경
에 미치기까지의 모든 나라를 다스리므로 그 나라들이
공을 바쳐 솔로몬의 사는 동안에 섬겼더라 22 솔로몬의
일 일분 식물은 가는 밀가루가 삼십 석이요 굵은 밀가루

son of Iddo, in Mahanaim; 15 Ahimaaz, in Naphtali
(he also married Basemath the daughter of Solomon);
16 Baana the son of Hushai, in Asher and Bealoth; 17
Jehoshaphat the son of Paruah, in Issachar; 18 Shimei
the son of Ela, in Benjamin; 19 Geber the son of Uri,
in the land of Gilead, the country of Sihon king of the
Amorites and of Og king of Bashan; and he was the
only deputy who was in the land. 20 ¶ Judah and Israel
were as numerous as the sand that is on the seashore in
abundance; they were eating and drinking and rejoicing.
21 ¶ Now Solomon ruled over all the kingdoms from
the River to the land of the Philistines and to the border

굵은 밀가루가 **육십 고르요**

23 살진 소가 **열 마리요**
초장의 소가 **스무 마리요**
양이 **백 마리이며**
수사슴과
/그 외에
노루와
암사슴과
살진 **새들이었더라**

24 //(이유: כִּי, for)
솔로몬이 — 다스리므로
/그 강 건너편을
/딥사에서부터 가사까지 모두,
/그 강 건너편의 왕을 모두

//(이유: 계속)
그가 — 평화를 누렸으니
/사방에 둘린 민족과

25 솔로몬이 사는 동안에(상황절,During)
유다와
이스라엘이 평안히 **살았더라**
/단에서부터 브엘세바에 이르기까지
/각기
/포도나무 아래와
/무화과나무 아래에서

26 외양간이 **사만이요**
/솔로몬의 병거의 말

마병이 **만 이천 명이며**

27 관장들은 먹을 것을 **공급하여** ...하였으며
/그 지방
/각각 자기가 맡은 달에
/모든 자를 위하여
/솔로몬 왕과
/왕의 상에 참여하는
/부족함이 없게

28 또
그들이 **가져왔더라**
/보리와 꼴을
/말과 준마에게 먹일
/각기 직무를 따라
/그 말들이 있는 곳으로

왕상

가 육십 석이요 23 살진 소가 열이요 초장의 소가 스물
이요 양이 일백이며 그 외에 수사슴과 노루와 암사슴과
살진 새들이었더라 24 솔로몬이 하수 이편을 딥사에서
부터 가사까지 모두 다스리므로 하수 이편의 모든 왕이
다 관할한 바 되매 저가 사방에 둘린 민 족과 평화가 있
었으니 25 솔로몬의 사는 동안에 유다와 이스라엘이 단
에서부터 브엘세바에 이르기까지 각기 포도나무 아래와
무화과나무 아래서 안연히 살았더라 26 솔로몬의 병거
의 말의 외양간이 사만이요 마병이 일만 이천이며 27
그 관장들은 각각 자기 달에 솔로몬 왕과 왕의 상에 참
여하는 모든 자를 위하여 먹을 것을 예비하여 부족함이
없게 하였으며 28 또 저희가 각기 직무를 따라 말과 준
마에게 먹일 보리와 꼴을 그 말의 있는 곳으로 가져왔더
라 29 하나님이 솔로몬에게 지혜와 총명을 심히 많이

of Egypt; they brought tribute and served Solomon all
the days of his life. 22 And Solomon's provision for
one day was thirty kors of fine flour and sixty kors of
meal, 23 ten fat oxen, twenty pasture-fed oxen, a hundred
sheep besides deer, gazelles, roebucks, and fattened fowl.
24 For he had dominion over everything west of the
River, from Tiphsah even to Gaza, over all the kings
west of the River; and he had peace on all sides around about
him. 25 So Judah and Israel lived in safety, every man
under his vine and his fig tree, from Dan even to
Beersheba, all the days of Solomon. 26 And Solomon
had 40,000 stalls of horses for his chariots, and 12,000
horsemen. 27 And those deputies provided for King
Solomon and all who came to King Solomon's table,
each in his month; they left nothing lacking. 28 They
also brought barley and straw for the horses and swift

29 하나님이 지혜와 총명을 **주시고**
/솔로몬에게
/심히 많이

또
넓은 마음을 (**주시되**) ...하시니
/바닷가의 모래 같이

30 지혜가 **뛰어난지라**
/솔로몬의
/동쪽 모든 사람의 지혜와
/애굽의 모든 지혜보다

31 그의 이름이 **들렸더라**
/사방 모든 나라에

//(이유: כִּי, for)
그는 — 지혜로워서
/모든 사람보다

//(이유, 계속)
[그는] — 나으므로
/예스라 사람 에단과
/마홀의 아들 헤만과
/갈골과 다르다보다

32 그가 잠언 삼천 가지를 **말하였고**
그의 노래는 **천다섯 편이며**

33 또
그가 초목에 대하여 **말하되** ...하고
/레바논의 백향목으로부터
/담에 나는 우슬초까지

또
그가 **말한지라**
/짐승과
/새와
/기어다니는 것과
/물고기에 대하여

34 사람들이 **왔으니**

//(목적: לְ, to)
솔로몬의 지혜를 들으러

이는 **자들이더라**
/천하 모든 왕들이 — 보낸
/그의 지혜의 소문을 들은

왕상

주시고 또 넓은 마음을 주시되 바닷가의 모래 같이 하시
니 **30** 솔로몬의 지혜가 동양 모든 사람의 지혜와 애굽
의 모든 지혜보다 뛰어난지라 **31** 저는 모든 사람보다
지혜로와서 예스라 사람 에단과 마홀의 아들 헤만과 갈
골과 다르다보다 나으므로 그 이름이 사방 모든 나라에
들렸더라 **32** 저가 잠언 삼천을 말하였고 그 노래는 일
천 다섯이며 **33** 저가 또 초목을 논하되 레바논 백향목
으로부터 담에 나는 우슬초까지 하고 저가 또 짐승과 새
와 기어다니는 것과 물고기를 논한지라 **34** 모든 민족
중에서 솔로몬의 지혜의 소문을 들은 천하 모든 왕 중에
서 그 지혜를 들으러 왔더라

steeds to the place where it should be, each according
to his charge. **29** ¶ Now God gave Solomon wisdom
and very great discernment and breadth of mind, like
the sand that is on the seashore. **30** And Solomon's wisdom
surpassed the wisdom of all the sons of the east and all
the wisdom of Egypt. **31** For he was wiser than all
men, than Ethan the Ezrahite, Heman, Calcol and Darda,
the sons of Mahol; and his fame was known in all the
surrounding nations. **32** He also spoke 3,000 proverbs,
and his songs were 1,005. 33 And he spoke of trees,
from the cedar that is in Lebanon even to the hyssop
that grows on the wall; he spoke also of animals and
birds and creeping things and fish. **34** And men came
from all peoples to hear the wisdom of Solomon, from
all the kings of the earth who had heard of his wisdom.

5

1 히람이 /두로 왕 듣고(when)[4] /솔로몬이 ── 기름 부음을 받고 / 왕이 되었다 함을 /그의 아버지를 이어
그의 신하들을 **보냈으니** /솔로몬에게
//이는(이유: כִּי, for) 히람이 ─ 다윗을 사랑하였음이라 /평생에

2 이에 솔로몬이 사람을 **보내어** /히람에게 /이르되
3 /당신도 ─ 알거니와 /다윗이 ── 성전을 건축하지 못하고 /내 아버지 /여호와의 이름을 위하여 /그의 하나님 /사방의 전쟁으로 말미암아
(기다렸나이다) /여호와께서 ─ 두시기를 /그의 원수들을 /그의 발바닥 밑에
4 /여호와께서 ── 내게 사방의 태평을 주시매 /내 하나님 /이제
/원수도 없고 /재앙도 없도다
5 /내가 ─ 성전을 건축하려 하오니 /내 하나님 여호와의 이름을 위하여 /여호와께서 ── 하신 말씀에...하신 대로 /내 아버지 다윗에게 /그가 ── 성전을 건축하리라 /네 아들 /내 이름을 위하여 /내가 ─ 네 자리에 오르게 할 /너를 이어
6 /당신은 ── 명령을 내려 ...하소서 /나를 위하여 /[그들이] ── 백향목을 베어내게 /레바논에서

4) 원문은 5장 15절

5:1 솔로몬이 기름 부음을 받고 그 부친을 이어 왕이
되었다 함을 두로 왕 히람이 듣고 그 신복을 솔로몬
에게 보내었으니 이는 히람이 평일에 다윗을 사랑하였음
이라 2 이에 솔로몬이 히람에게 기별하여 가로되 3 당
신도 알거니와 내 부친 다윗이 사방의 전쟁으로 인하여
전을 건축하지 못하고 여호와께서 그 원수들을 그 발바
닥 밑에 두시기를 기다렸나이다 4 이제 내 하나님 여호
와께서 내게 사방의 태평을 주시매 대적도 없고 재앙도
없도다 5 여호와께서 내 부친 다윗에게 하신 말씀에 내
가 너를 이어 네 위에 오르게 할 네 아들 그가 내 이름을
위하여 전을 건축하리라 하신 대로 내가 내 하나님 여호
와의 이름을 위하여 전을 건축하려하오니 6 당신은 영
을 내려 나를 위하여 레바논에서 백향목을 베어내게 하
소서 나의 종과 당신의 종이 함께할 것이요 또 내가 당

5:1 ¶ Now Hiram king of Tyre sent his servants to
Solomon, when he heard that they had anointed him king
in place of his father, for Hiram had always been a
friend of David. 2 Then Solomon sent word to Hiram, saying,
3 "You know that David my father was unable to build
a house for the name of the LORD his God because of
the wars which surrounded him, until the LORD put
them under the soles of his feet. 4 "But now the LORD
my God has given me rest on every side; there is neither
adversary nor misfortune. 5 "And behold, I intend to
build a house for the name of the LORD my God, as
the LORD spoke to David my father, saying, 'Your son,
whom I will set on your throne in your place, he will
build the house for My name.' 6 "Now therefore,
command that they cut for me cedars from Lebanon,
and my servants will be with your servants; and I will

/내 종과-
당신의 종이-함께 할 것이요
/또
내가 —— 당신에게 드리리이다
/당신의 종의 삯을
/당신의 모든 말씀대로
//(이유: כִּי, for)
당신도 — 알거니와
/잘하는 자가 — 없나이다
/벌목을 /우리 중에는
/시돈 사람처럼

7 히람이 솔로몬의 말을 듣고(when)
크게 **기뻐하여**
이르되 ...하고
/[너희는] — 여호와를 찬양할지로다
/오늘
/그가 — 지혜로운 아들을 주사...하셨도다
/다윗에게
/<다스리게>[5)]
/그 많은 백성을

8 이에
[그가] 사람을 **보내어**
/솔로몬에게
이르되
/내가 — 들었거니와
/당신이 — 하신 말씀을
/사람을 보내어
당신이 바라시는 대로 할지라
/내 백향목 재목과
잣나무 재목에 대하여는

9 /내 종이 — 바다로 운반하겠고
/레바논에서
/내가 — 그것을 뗏목으로 엮어
/바다에서
당신이 지정하는 곳으로 보내고
거기서 그것을 풀리니
/당신은 — 받으시고
내 원을 이루어
음식물을 주소서 하고
/나의 궁정을 위하여

10 [그가] **주매**
/백향목 재목과
잣나무 재목을
/솔로몬의 모든 원대로

왕상

5) NIV, 그러나 직역하면, '그 많은 백성들 위에'(=over this great people, NASB, NKJV, NRSV)

신의 모든 말씀대로 당신의 종의 삯을 당신에게 붙이리
이다 당신도 알거니와 우리 중에는 시돈 사람처럼 벌목
을 잘하는 자가 없나이다 7 히람이 솔로몬의 말을 듣고
크게 기뻐하여 가로되 오늘날 여호와를 찬양할지로다 저
가 다윗에게 지혜로운 아들을 주사 그 많은 백성을 다스
리게 하셨도다 하고 8 이에 솔로몬에게 기별하여 가로되
당신의 기별하신 말씀을 내가 듣고 내 백향목 재목과 잣
나무 재목에 대하여는 당신의 바라시는 대로 할지라 9
내 종이 레바논에서 바다로 수운하겠고 내가 그것을 바
다에서 떼로 엮어 당신이 지정하는 곳으로 보내고 거기
서 그것을 풀리니 당신은 받으시고 나의 원을 이루어서
나의 궁정을 위하여 식물을 주소서 하고 10 솔로몬의

give you wages for your servants according to all that
you say, for you know that there is no one among us
who knows how to cut timber like the Sidonians." 7 ¶
And it came about when Hiram heard the words of Solomon,
that he rejoiced greatly and said, "Blessed be the LORD
today, who has given to David a wise son over this great
people." 8 So Hiram sent word to Solomon, saying, "I
have heard the message which you have sent me; I will
do what you desire concerning the cedar and cypress
timber. 9 "My servants will bring them down from Lebanon
to the sea; and I will make them into rafts to go by sea
to the place where you direct me, and I will have them broken
up there, and you shall carry them away. Then you shall
accomplish my desire by giving food to my household."

11 솔로몬이 히람에게 **주고**
/그의 궁정의 음식물로
/밀 이만 고르와
/맑은 기름 이십 고르를

해마다 **주었더라**
/그와 같이

12 여호와께서 지혜를 **주신 고로**
/솔로몬에게
/그의 말씀대로

히람과
솔로몬이 **친목하여**

두 사람이 (함께)약조를 **맺었더라**

13 이에
솔로몬 왕이 역군을 **불러일으키니**
/온 이스라엘 가운데서

수가 **삼만 명이라**
/그 역군의

14 솔로몬이 그들을 **보내매**
/레바논으로
/한 달에 만 명씩
/번갈아

그들이 한 달은 레바논에 **있고**
두 달은 집에 **있으며**
아도니람은 **감독이 되었고**

15 또
짐꾼이 **칠만 명이요**
/솔로몬에게
돌을 뜨는 자가 **팔만 명이며**
/산에서

16 이 외에
관리가 **삼천삼백 명이라**
/그 사역을 감독하는

그들이 **거느렸더라**
/일하는 백성을

왕상

모든 원대로 백향목 재목과 잣나무 재목을 주매 11 솔
로몬이 히람에게 그 궁정의 식물로 밀 이만 석과 맑은
기름 이십 석을 주고 해마다 그와 같이 주었더라 12 여
호와께서 그 말씀대로 솔로몬에게 지혜를 주시므로 히람
과 솔로몬이 친목하여 두 사람이 함께 약조를 맺었더라
13 이에 솔로몬 왕이 온 이스라엘에서 역군을 불러 일
으키니 그 역군의 수가 삼만이라 14 솔로몬이 저희들을
한 달에 일만 인씩 번갈아 레바논으로 보내매 저희들이
한 달은 레바논에 있고 두 달은 집에 있으며 아도니람은
감독이 되었고 15 솔로몬에게 또 담군(擔軍)이 칠만 인
이요 산에서 돌을 뜨는 자가 팔만 인이며 16 이 외에
그 역사를 동독하는 관리가 삼천 삼백 인이라 저희가 일

10 So Hiram gave Solomon as much as he desired of
the cedar and cypress timber. 11 Solomon then gave
Hiram 20,000 kors of wheat as food for his household,
and twenty kors of beaten oil; thus Solomon would give
Hiram year by year. 12 And the LORD gave wisdom
to Solomon, just as He promised him; and there was
peace between Hiram and Solomon, and the two of them
made a covenant. 13 ¶ Now King Solomon levied forced
laborers from all Israel; and the forced laborers numbered
30,000 men. 14 And he sent them to Lebanon, 10,000
a month in relays; they were in Lebanon a month and
two months at home. And Adoniram was over the forced
laborers. 15 Now Solomon had 70,000 transporters, and
80,000 hewers of stone in the mountains, 16 besides
Solomon's 3,300 chief deputies who were over the project
and who ruled over the people who were doing the work.
17 Then the king commanded, and they quarried great

17 이에
왕이 **명령을 내려**...하매
/[그들이] —— 크고 귀한 돌을 떠다가
//(목적: ל, to)
성전의 기초석으로 놓게
/다듬어서

18 건축자와
/솔로몬의
건축자와
/히람의
그발 사람이 —— 그 돌을 **다듬고**
재목과 돌들을 **갖추니라**
//(목적: ל, to)
성전을 건축하기 위하여

6

1 사백팔십 년이요
/이스라엘 자손이 애굽 땅에서 나온 지
사 년 시브월 곧 둘째 달에
/솔로몬이 이스라엘 왕이 된 지

솔로몬이 성전 건축하기를 **시작하였더라**
/여호와를 위하여

2 성전은[6]
/왕이 ─ 여호와를 위하여 건축한
/솔로몬
길이가 **육십 규빗이요**[7]
너비가 **이십 규빗이요**
높이가 **삼십 규빗이며**

3 길이는 **이십 규빗이요**
/주랑의 /성전의 너비와 같이
/성전의 성소 앞

그 너비는 **십 규빗이며**
/성전 앞에서부터

4 [그가] 붙박이 창문을 **내고**
/창틀 있는
/성전을 위하여

왕상

6) 주어
7) 동사

하는 백성을 거느렸더라 17 이에 왕이 영을 내려 크고 귀한 돌을 떠다가 다듬어서 전의 기초석으로 놓게 하매 18 솔로몬의 건축자와 히람의 건축자와 그발 사람이 그 돌을 다듬고 전을 건축하기 위하여 재목과 돌들을 갖추니라

6:1 이스라엘 자손이 애굽 땅에서 나온지 사백 팔십 년이요 솔로몬이 이스라엘 왕이 된 지 사년 시브 월 곧 이월에 솔로몬이 여호와를 위하여 전 건축하기를 시작하였더라 2 솔로몬왕이 여호와를 위하여 건축한 전은 장이 육십 규빗이요 광이 이십 규빗이요 고가 삼십 규빗이며 3 전의 성소 앞 낭실의 장은 전의 광과 같이 이십 규빗이요 그 광은 전 앞에서부터 십 규빗이며 4 전을 위하여 붙박이 고창을 내고 5 또 전의 벽 곧 성소와 지성소의 벽에 연접하여 돌아가며 다락들을 건축하되 다락마

stones, costly stones, to lay the foundation of the house with cut stones. 18 So Solomon's builders and Hiram's builders and the Gebalites cut them, and prepared the timbers and the stones to build the house.

6:1 ¶ Now it came about in the four hundred and eightieth year after the sons of Israel came out of the land of Egypt, in the fourth year of Solomon's reign over Israel, in the month of Ziv which is the second month, that he began to build the house of the LORD. 2 As for the house which King Solomon built for the LORD, its length was sixty cubits and its width twenty cubits and its height thirty cubits. 3 And the porch in front of the nave of the house was twenty cubits in length, corresponding to the width of the house, and its depth

5 또
[그가] 다락들을 **건축하되**
/곧 연접하여 돌아가며
/성소와 지성소의 벽에

골방들을 **만들었으니**
/다락마다 돌아가며

6 너비는 **다섯 규빗이요**
/하층 다락의

너비는 **여섯 규빗이요**
/중층 다락의

너비는 **일곱 규빗이라**
/셋째 층 다락의

[그가] 턱을 **내어**
/성전의 벽 바깥으로
/돌아가며

//(목적 : ל, to)
성전의 벽에 박히지 아니하게 하였으며
/골방 들보들로

7 건축할 때에(while)
이 성전은 **건축하였으므로**
/돌을 다듬고 가져다가
/그 뜨는 곳에서

건축하는 동안에(while)
소리가 **들리지 아니하였으며**
/방망이나
/도끼나
/모든 철 연장

8 문은 성전 오른쪽에 **〈있는데〉**
중층 골방의

[그들이] 하층에서 중층에 **오르고**
/나사 모양 층계로 말미암아

중층에서 셋째 층에 **〈오르게 하였더라〉**

9 [그가] 성전의 건축을 **마치니라**

다 돌아가며 골방들을 만들었으니 **6** 하층 다락의 광은
다섯 규빗이요 중층 다락의 광은 여섯 규빗이요 제삼층
다락의 광은 일곱 규빗이라 전의 벽 바깥으로 돌아가며
턱을 내어 골방 들보들로 전의 벽에 박히지 않게 하였으
며 **7** 이 전은 건축할 때에 돌을 뜨는 곳에서 치석하고
가져다가 건축하였으므로 건축하는 동안에 전 속에서는
방망이나 도끼나 모든 철 연장 소리가 들리지 아니하였
으며 **8** 중층 골방의 문은 전 오른편에 있는데 나사모양
사닥다리로 말미암아 하층에서 중층에 오르고 중층에서
제삼층에 오르게 하였더라 **9** 전의 건축이 마치니라 그

along the front of the house was ten cubits. **4** Also for
the house he made windows with artistic frames. **5** And
against the wall of the house he built stories encompassing
the walls of the house around both the nave and the
inner sanctuary; thus he made side chambers all around.
6 The lowest story was five cubits wide, and the middle
was six cubits wide, and the third was seven cubits wide;
for on the outside he made offsets in the wall of the
house all around in order that the beams should not be inserted
in the walls of the house. **7** And the house, while it
was being built, was built of stone prepared at the quarry,
and there was neither hammer nor axe nor any iron tool
heard in the house while it was being built. **8** The
doorway for the lowest side chamber was on the right
side of the house; and they would go up by winding
stairs to the middle story, and from the middle to the
third. **9** So he built the house and finished it; and he
covered the house with beams and planks of cedar. **10**

[그가] 그 성전은(을) **덮었고**
/서까래와
/널판으로

/백향목

10 또
[그가] 다락방을 **건축하되**
/온 성전으로 돌아가며
/높이가 다섯 규빗 되는

백향목 들보로 **연접하게 하였더라**
/성전에

11 말씀이 솔로몬에게 **임하여**
/여호와의 **이르시되**
12 /네가 ― 이 성전을 건축하니
/지금
/만일(אִם)
네가 ― 내 법도를 따르며
― 내 율례를 행하며
― 내 모든 계명을 지켜[면](if,조건절)
/그대로 행하(면)[여]
내가 ― 네게 확실히 이룰 것이요
/네 아버지 다윗에게 한 말을

13 /또한
내가 ― 이스라엘 자손 가운데에 거하며
― 내 백성 이스라엘을 버리지 아니하리라
(하셨더라)

14 솔로몬이 성전 건축하기를 **마치고**
15 백향목 널판으로 **입히고**
/성전의 안벽
/곧 성전 마루에서 천장까지의 벽에

또
[그가] 성전 마루를 **놓고**
/잣나무 널판으로

16 또
[그가] 백향목 널판으로 **가로막아**
/성전 뒤쪽에서부터 이십 규빗 되는 곳에
/마루에서 천장까지

왕상

전은 백향목 서까래와 널판으로 덮었고 **10** 또 온 전으로 돌아가며 고가 다섯 규빗 되는 다락방을 건축하되 백향목 들보로 전에 연접하게 하였더라 **11** 여호와의 말씀이 솔로몬에게 임하여 가라사대 **12** 네가 이제 이 전을 건축하니 네가 만일 내 법도를 따르며 내 율례를 행하며 나의 모든 계명을 지켜 그대로 행하면 내가 네 아비 다윗에게 한 말을 네게 확실히 이룰 것이요 **13** 내가 또한 이스라엘 자손 가운데 거하며 내 백성 이스라엘을 버리지 아니하리라 하셨더라 **14** 솔로몬이 전 건축하기를 마치고 **15** 백향목 널판으로 전의 안 벽 곧 전 마루에서 천장까지의 벽에 입히고 또 잣나무 널판으로 전 마루를 놓고 **16** 또 전 뒤편에서부터 이십 규빗 되는 곳에 마루에서 천장까지 백향목 널판으로 가로막아 전의 내소 곧 지성소를 만들었으며 **17** 내소 앞에 있는 외소 곧 성소

He also built the stories against the whole house, each five cubits high; and they were fastened to the house with timbers of cedar. **11** Now the word of the LORD came to Solomon saying, **12** "Concerning this house which you are building, if you will walk in My statutes and execute My ordinances and keep all My commandments by walking in them, then I will carry out My word with you which I spoke to David your father. **13** "And I will dwell among the sons of Israel, and will not forsake My people Israel." **14** So Solomon built the house and finished it. **15** Then he built the walls of the house on the inside with boards of cedar; from the floor of the house to the ceiling he overlaid the walls on the inside with wood, and he overlaid the floor of the house with boards of cypress. **16** And he built twenty cubits on the rear part of the house with boards of cedar from the floor to the ceiling; he built them for it on the inside as an inner sanctuary, even as the most holy place. **17** And the

성전의 내소를 **만들었으며**
/ (곧 지성소)

17 길이가 **사십 규빗이며**
/외소
/내소 앞에 있는
/곧 성소의
18 백향목에는 박과 핀 꽃을 **아로새겼고**
/성전 안에 입힌

모두 **백향목이라**
돌이 **보이지 아니하며**

19 [그가] 내소를 **마련하였는데**
/성전 안에

//(목적: ל, to)
여호와의 언약궤를 두기 위하여

20 안은 길이가 **이십 규빗이요**
/그 내소의
너비가 **이십 규빗이요**
높이가 **이십 규빗이라**

[그가] 정금으로 **입혔고**
백향목 제단에도 **입혔더라**

21 솔로몬이 정금으로 **입히고**
/외소 안에
금사슬로 **건너지르고**
/내소 앞에
내소를 **입히고**
/금으로

22 [그가] 금으로 입히기를 마치고(=until)[8]
/온 성전을
금으로 **입혔더라**
/제단의 전부를
/내소에 속한

23 [그가] 두 그룹을 **만들었는데**
/내소 안에
/감람나무로

그 높이가 각각 **십 규빗이라**

8) NKJV, NKJV

왕상

의 장이 사십 규빗이며 18 전 안에 입힌 백향목에는 박
과 핀 꽃을 아로새겼고 모두 백향목이라 돌이 보이지 아
니하며 19 여호와의 언약궤를 두기 위하여 전 안에 내
소를 예비하였는데 20 그 내소의 속이 장이 이십 규빗
이요 광이 이십 규빗이요 고가 이십 규빗이라 정금으로
입혔고 백향목 단에도 입혔더라 21 솔로몬이 정금으로
외소 안에 입히고 내소 앞에 금사슬로 건너지르고 내소
를 금으로 입히고 22 온 전을 금으로 입히기를 마치고
내소에 속한 단의 전부를 금으로 입혔더라 23 내소 안
에 감람목으로 두 그룹을 만들었는데 그 고가 각각 십

house, that is, the nave in front of the inner sanctuary,
was forty cubits long. 18 And there was cedar on the
house within, carved in the shape of gourds and open flowers;
all was cedar, there was no stone seen. 19 Then he prepared
an inner sanctuary within the house in order to place
there the ark of the covenant of the LORD. 20 And
the inner sanctuary was twenty cubits in length, twenty cubits
in width, and twenty cubits in height, and he overlaid it
with pure gold. He also overlaid the altar with cedar.
21 So Solomon overlaid the inside of the house with
pure gold. And he drew chains of gold across the front
of the inner sanctuary; and he overlaid it with gold. 22
And he overlaid the whole house with gold, until all the
house was finished. Also the whole altar which was by
the inner sanctuary he overlaid with gold. 23 ¶ Also in
the inner sanctuary he made two cherubim of olive wood,

24 이쪽 날개도 **다섯 규빗이요**
/한 그룹의
저쪽 날개도 **다섯 규빗이니**
십 규빗이며
/이쪽 날개 끝으로부터
저쪽 날개 끝까지
25 다른 그룹도 **십 규빗이니**
그 두 그룹은 **같은 크기와**
같은 모양이요

26 높이가 **십 규빗이요**
/이 그룹의

저 그룹도 **같았더라**

27 솔로몬이 그룹을 **두었으니**
/내소 가운데에

날개가 **펴져 있는데**
/그룹들의

날개는 이쪽 벽에 **닿았고**
/이쪽 그룹의

날개는 저쪽 벽에 **닿**았으며
/저쪽 그룹의

두 날개는 서로 **닿았더라**
/성전의 중앙에서

28 그가 금으로 **입혔더라**
/그룹을
29 **아로 새겼고**
/모두 그룹들과
/종려와
/핀 꽃 형상을
/내 외소 사방 벽에는

30 [그가] 금으로 **입혔으며**
/내외 성전 마루에는

31 [그가] 문을 **만들었는데**
/감람나무로
/내소에 들어가는 곳에는

왕상

규빗이라 **24** 한 그룹의 이 날개는 다섯 규빗이요 저 날개도 다섯 규빗이니 이날개 끝으로부터 저 날개 끝까지 십 규빗이며 **25** 다른 그룹도 십 규빗이니 그 두 그룹은 한 척수, 한 모양이요 **26** 이 그룹의 고가 십 규빗이요 저 그룹도 일반이라 **27** 솔로몬이 내소 가운데 그룹을 두었으니 그룹들의 날개가 폐었는데 이 그룹의 날개는 이 벽에 닿았고 저 그룹의 날개는 저 벽에 닿았으며 두 날개는 전의 중앙에서 서로 닿았더라 **28** 저가 금으로 그룹에 입혔더라 **29** 내외소 사면 벽에는 모두 그룹들과 종려와 핀 꽃 형상을 아로새겼고 **30** 내외 전 마루에는 금으로 입혔으며 **31** 내소에 들어가는 곳에는 감람목으로 문을 만들었는데 그 문 인방과 문설주는 벽의 오분지

each ten cubits high. **24** And five cubits was the one wing of the cherub and five cubits the other wing of the cherub; from the end of one wing to the end of the other wing were ten cubits. **25** And the other cherub was ten cubits; both the cherubim were of the same measure and the same form. **26** The height of the one cherub was ten cubits, and so was the other cherub. **27** And he placed the cherubim in the midst of the inner house, and the wings of the cherubim were spread out, so that the wing of the one was touching the one wall, and the wing of the other cherub was touching the other wall. So their wings were touching each other in the center of the house. **28** He also overlaid the cherubim with gold. **29** ¶ Then he carved all the walls of the house round about with carved engravings of cherubim, palm trees, and open flowers, inner and outer sanctuaries. **30** And he overlaid the floor of the house with gold, inner and outer sanctuaries. **31** And for the entrance of the inner

그 문인방과
문설주는 — 벽의 **오분의 일이요**

32 [그가] **아로새기고**
/그룹과
/종려와
/핀 꽃을
/그 두 문짝에
/감람나무로 만든

금으로 **입히되**

곧
[그가] 금으로 **입혔더라**
/그룹들과 종려에

33 또
[그가] 문설주를 **만들었으니**
/감람나무로
/외소의 문을 위하여
/곧 벽의 사분의 일이며

34 그 두 문짝은 **잣나무라**
이쪽 문짝도 두 짝으로 **접게 되었고**
저쪽 문짝도 두 짝으로 **접게 되었으며**

35 [그가] **아로새기고**
/그룹들과
/종려와
/핀 꽃을
/그 문짝에

금으로 **입히되** ...하였고
/그 새긴 데에 맞게

36 또
[그가] 안뜰을 **만들었더라**
/다듬은 돌 세 켜와
/백향목 두꺼운 판자 한 켜로 둘러

37 [그가] 여호와의 성전 기초를 **쌓았고**
/넷째 해 시브월에

38 성전 건축이 **다 끝났으니**
/그 설계[대로]와
/식양대로

/열한째 해 불월
/곧 여덟째 달에

솔로몬이 성전을 **건축하였더라**
/칠 년 동안

왕상

일이요 **32** 감람목으로 만든 그 두 문짝에 그룹과 종려
와 핀 꽃을 아로새기고 금으로 입히되 곧 그룹들과 종려
에 금으로 입혔더라 **33** 또 외소의 문을 위하여 감람목
으로 문설주를 만들었으니 곧 벽의 사분지 일이며 **34**
그 두 문짝은 잣나무라 이 문짝도 두 짝으로 접게 되었
고 저 문짝도 두 짝으로 접게 되었으며 **35** 그 문짝에
그룹들과 종려와 핀 꽃을 아로새기고 금으로 입히되 그
새긴 데 맞게 하였고 **36** 또 다듬은 돌 세 켜와 백향목
두꺼운 판자 한 켜로 둘러 안뜰을 만들었더라 **37** 제사
년 시브월에 여호와의 전 기초를 쌓았고 **38** 제십일년

sanctuary he made doors of olive wood, the lintel and
five-sided doorposts. **32** So he made two doors of olive
wood, and he carved on them carvings of cherubim,
palm trees, and open flowers, and overlaid them with
gold; and he spread the gold on the cherubim and on
the palm trees. **33** So also he made for the entrance of
the nave four-sided doorposts of olive wood **34** and
two doors of cypress wood; the two leaves of the one
door turned on pivots, and the two leaves of the other
door turned on pivots. **35** And he carved on it cherubim,
palm trees, and open flowers; and he overlaid them with
gold evenly applied on the engraved work. **36** And he
built the inner court with three rows of cut stone and a
row of cedar beams. **37** ¶ In the fourth year the foundation
of the house of the LORD was laid, in the month of
Ziv. **38** And in the eleventh year, in the month of Bul,

7

1 솔로몬이 **건축하여**
/자기의 왕궁을
/십삼 년 동안
그 전부를 **준공하니라**

2 그가 왕궁을 **지었으니**
/레바논 나무로

길이가 **백 규빗이요**
너비가 **오십 규빗이요**
높이가 **삼십 규빗이라**

기둥이 **네 줄이요**
/백향목
들보가 기둥 위에 **있으며**
/백향목

3 [그가] 백향목으로 **덮었는데**
/들보 사십오 개를
/기둥 위에 있는

들보는 **열 다섯이요**
/한 줄에
4 또
창틀이 세 줄로 **〈있는데〉**
창과 창이 **서로 마주 대하였고**
/세 층으로

5 [그가] 네모지게 **만들었는데**
/문과 문설주를
/모든
/다 큰 나무로

창과 창이 **〈서로 마주 대하였으며〉**
/세 층으로

6 또
[그가] 주랑을 **지었으니**
/기둥을 세워

길이가 **오십 규빗이요**
너비가 **삼십 규빗이며**

왕상

불 월 곧 팔월에 그 설계와 식양대로 전이 다 필역되었으
니 솔로몬이 전을 건축한 동안이 칠년이었더라
7:1 솔로몬이 자기의 궁을 십삼년 동안 건축하여 그
전부를 준공하니라 **2** 저가 레바논 나무로 궁을 지
었으니 장이 일백 규빗이요 광이 오십규빗이요 고가 삼
십 규빗이라 백향목 기둥이 네 줄이요 기둥 위에 백향목
들보가 있으며 **3** 기둥 위에 있는 사십 오개 들보를 백향
목으로 덮었는데 들보는 한줄에 열 다섯이요 **4** 또 창틀
이 세 줄로 있는데 창과 창이 세 층으로 서로 대하였고
5 모든 문과 문설주를 다 큰 나무로 네모지게 만들었는
데 창과 창이 세 층으로 서로 대하였으며 **6** 또 기둥을
세워 낭실을 지었으니 장이 오십 규빗이요 광이 삼십 규

which is the eighth month, the house was finished throughout
all its parts and according to all its plans. So he was
seven years in building it.
7:1 ¶ Now Solomon was building his own house
thirteen years, and he finished all his house. **2** And
he built the house of the forest of Lebanon; its length
was 100 cubits and its width 50 cubits and its height 30
cubits, on four rows of cedar pillars with cedar beams
on the pillars. **3** And it was paneled with cedar above
the side chambers which were on the 45 pillars, 15 in
each row. 4 And there were artistic window frames in
three rows, and window was opposite window in three ranks.
5 And all the doorways and doorposts had squared
artistic frames, and window was opposite window in
three ranks. **6** Then he made the hall of pillars; its length
was 50 cubits and its width 30 cubits, and a porch was

또
한 주랑이 기둥 앞에 **있고**
또
기둥과 섬돌이 그 앞에 **있으며**

7 또
[그가] 보좌의 주랑[을] **짓고**
/곧 재판하는 주랑을
/심판하기 위하여
백향목으로 **덮었고**
/온 마루를

8 왕궁은 다른 뜰에 **〈있으니〉**
/솔로몬이 거처할 /그 주랑 뒤

그 양식이 **동일하며**
또
솔로몬이 집을 **지었는데**
/바로의 딸을 위하여
/그가 장가 든
/이 주랑과 같[은](더라)

9 이 집들은 안팎을 **지었으니**
/모두 /귀하고 다듬은 돌로
톱으로 **켠 것이라**
/크기대로

다 **그러하니**
/그 초석에서 처마까지와
/외면에서 큰 뜰에 이르기까지

10 그 초석은 **돌이라**
/귀하고 큰 돌
/곧 십 규빗 되는 돌과
/여덟 규빗 되는

11 귀한 돌도 그 위에는 **있고**
/크기대로 다듬은

백향목도 **있으며**

12 또
주위에는 **〈놓았으니〉**
/큰 뜰 /다듬은 돌 세 켜와
/백향목 두꺼운 판자 한 켜를
/마치 여호와의 성전 안뜰과 주랑에 놓은 것 같[은](더라)

왕상

빗이며 또 기둥 앞에 한 낭실이 있고 또 그 앞에 기둥과
섬돌이 있으며 7 또 심판하기 위하여 보좌의 낭실 곧 재
판하는 낭실을 짓고 온 마루를 백향목으로 덮었고 8 솔
로몬의 거처할 궁은 그 낭실 뒤 다른 뜰에 있으니 그 공
작이 일반이며 솔로몬이 또 그 장가 든 바로의 딸을 위
하여 집을 지었는데 이 낭실과 같더라 9 이 집들은 안팎
을 모두 귀하고 다듬은 돌로 지었으니 척수대로 톱으로
켠 것이라 그 기초석에서 처마까지와 외면에서 큰 뜰에
이르기까지 다 그러하니 10 그 기초석인 귀하고 큰 돌
곧 십 규빗 되는 돌과 여덟 규빗 되는 돌이라 11 그 위
에는 척수대로 다듬은 귀한 돌도 있고 백향목도 있으며
12 또 큰 뜰 주위에는 다듬은 돌 세 켜와 백향목 두꺼

in front of them and pillars and a threshold in front of
them. 7 And he made the hall of the throne where he
was to judge, the hall of judgment, and it was paneled
with cedar from floor to floor. 8 And his house where
he was to live, the other court inward from the hall, was
of the same workmanship. He also made a house like
this hall for Pharaoh's daughter, whom Solomon had married.
9 ¶ All these were of costly stones, of stone cut according
to measure, sawed with saws, inside and outside; even
from the foundation to the coping, and so on the outside
to the great court. 10 ¶ And the foundation was of
costly stones, even large stones, stones of ten cubits and
stones of eight cubits. 11 And above were costly stones,
stone cut according to measure, and cedar. 12 So the
great court all around had three rows of cut stone and a
row of cedar beams even as the inner court of the house

13 솔로몬 왕이 사람을 **보내어**
히람을 **데려오니**
/두로에서

14 그는 과부의 **아들이요**
/납달리 지파

아버지는 두로 **사람이니**
/그의

놋쇠 **대장장이라**

이 히람은 **구비한 자이더니**
/지혜와 총명과 재능을
/모든 놋 일에

[그가] 솔로몬 왕에게 **와서**
그 모든 **공사를 하니라**

15 그가 놋기둥 둘을 **만들었으니**

그 높이는 각각 **십팔 규빗이라**
/두를 만하며
/십이 규빗 되는 줄을
/각각

16 또
[그가] 기둥 머리를 **만들어**
/놋을 녹여 부어서

//(목적: ל, to)
기둥 꼭대기에 두었으니

높이도 **다섯 규빗이요**
한쪽 머리의

높이도 **다섯 규빗이며**
/다른쪽 머리의

17 [그가] **만들었으니**
/그물과
/바둑판 모양으로 얽은
/땋은 것을
/사슬 모양으로
/머리를 위하여
/기둥 꼭대기에 있는

왕상

운 판자 한 켜를 놓았으니 마치 여호와의 전 안뜰과 낭실
에 놓은 것 같더라 13 솔로몬 왕이 보내어 히람을 두로
에서 데려오니 14 저는 납달리 지파 과부의 아들이요
그 아비는 두로 사람이니 놋점장이라 이 히람은 모든 놋
일에 지혜와 총명과 재능이 구비한 자더니 솔로몬 왕에
게 와서 그 모든 공작을 하니라 15 저가 놋기둥 둘을
만들었으니 그 고는 각각 십팔 규빗이라 각각 십이 규빗
되는 줄을 두를만하며 16 또 놋을 녹여 부어서 기둥 머
리를 만들어 기둥 꼭대기에 두었으니 이 머리의 고도 다
섯 규빗이요 저 머리의 고도 다섯 규빗이며 17 기둥 꼭
대기에 있는 머리를 위하여 바둑판 모양으로 얽은 그물
과 사슬 모양의 땋은 것을 만들었으니 이 머리에 일곱이

of the LORD, and the porch of the house. 13 Now
King Solomon sent and brought Hiram from Tyre. 14
He was a widow's son from the tribe of Naphtali, and
his father was a man of Tyre, a worker in bronze; and
he was filled with wisdom and understanding and skill
for doing any work in bronze. So he came to King
Solomon and performed all his work. 15 ¶ And he fashioned
the two pillars of bronze; eighteen cubits was the height
of one pillar, and a line of twelve cubits measured the
circumference of both. 16 He also made two capitals
of molten bronze to set on the tops of the pillars; the
height of the one capital was five cubits and the height
of the other capital was five cubits. 17 There were nets
of network and twisted threads of chainwork for the
capitals which were on the top of the pillars; seven for
the one capital and seven for the other capital. 18 So

/이 머리에 일곱이요
/저 머리에 일곱이라

18 [그가] 기둥을 이렇게 **만들었고**
또
[그가] 두 줄 석류를 **만들어서**...하였고
/한 그물 위에 둘러
/머리에 두르게
/기둥 꼭대기에 있는

그렇게 **하였으며**
/다른 기둥 머리에도

19 머리(의)[는] **만들었으며**
/꼭대기에 있는 /백합화 모양으로
/주랑 기둥 /네 규빗(은)[의]

20 석류가 **줄을 지었더라**
/이백 개
/그물 곁
/이 두 기둥 머리에 있는
/곧 둥근 곳으로 돌아가며
/그 머리의 공 같이
/각기

21 [그가] 이 두 기둥을 **세우되**
/성전의 주랑 앞에

[그가] 오른쪽 기둥을 **세우고**
야긴이라 하고
/그 이름을

왼쪽의 기둥을 **세우고**
보아스라 **하였으며**
/그 이름을

22 백합화 형상이 **있더라**
/그 두 기둥 꼭대기에는

공사가 **끝나니라**
/두 기둥의

23 또
[그가] 바다를 **만들었으니**
/부어

요 저 머리에 일곱이라 18 기둥을 이렇게 만들었고 또
두 줄 석류를 한 그물 위에 둘러 만들어서 기둥 꼭대기
에 있는 머리에 두르게 하였고 다른 기둥 머리에도 그렇
게 하였으며 19 낭실 기둥 꼭대기에 있는 머리의 네 규
빗은 백합화 모양으로 만들었으며 20 이 두 기둥 머리
에 있는 그물 곁 곧 그 머리의 공같이 둥근 곳으로 돌아
가며 각기 석류 이백이 줄을 지었더라 21 이 두 기둥을
전의 낭실 앞에 세우되 우편의 기둥을 세우고 그 이름을
야긴이라 하고 좌편의 기둥을 세우고 그 이름을 보아스
라 하였으며 22 그 두 기둥 꼭대기에 백합화 형상이 있
더라 두 기둥의 공역이 마치니라 23 또 바다를 부어 만
들었으니 그 직경이 십 규빗이요 그 모양이 둥글며 그

he made the pillars, and two rows around on the one network
to cover the capitals which were on the top of the
pomegranates; and so he did for the other capital. 19
And the capitals which were on the top of the pillars in
the porch were of lily design, four cubits. 20 And there
were capitals on the two pillars, even above and close
to the rounded projection which was beside the network;
and the pomegranates numbered two hundred in rows around
both capitals. 21 Thus he set up the pillars at the porch
of the nave; and he set up the right pillar and named it Jachin,
and he set up the left pillar and named it Boaz. 22 And
on the top of the pillars was lily design. So the work of
the pillars was finished. 23 ¶ Now he made the sea of
cast metal ten cubits from brim to brim, circular in form,
and its height was five cubits, and thirty cubits in
circumference. 24 And under its brim gourds went

왕상

/그 직경이 십 규빗이요
/그 모양이 둥글며
/그 높이는 다섯 규빗이요
/주위는 삼십 규빗 줄을 두를 만하며

24 박이 **있는데**
/그 가장자리 아래에는
/돌아가며

/열 개씩 (있어서)
/매 규빗에
/바다 주위에 둘렸으니

그 박은 바다를 부어 만들 때에(when)
부어 **만들었으며**
두 줄로

25 열두 마리가 그 바다를 **받쳤으니**
/소

/셋은 북쪽을 향하였고
/셋은 서쪽을 향하였고
/셋은 남쪽을 향하였고
/셋은 동쪽을 향하였으며

/바다를 그 위에 놓았고
/소의 뒤는 다 안으로 두었으며

왕상

26 두께는 한 손 너비만 〈**하고**〉
/바다의

그것의 가는 **만들었으니**
/백합화의 양식으로 잔 가와 같이

그 바다에는 이천 밧을 **담겠더라**

27 또
[그가] 놋으로 **만들었으니**
/받침 수레 열을
/매 받침 수레의 길이가 네 규빗이요
/너비가 네 규빗이요
/높이가 세 규빗이라

28 수레의 구조는 **이러하니**
/그 받침

고는 다섯 규빗이요 주위는 삼십 규빗 줄을 두를만하며
24 그 가장자리 아래에는 돌아가며 박이 있는데 매 규
빗에 열 개씩 있어서 바다 주위에 둘렸으니 그 박은 바다
를 부어 만들 때에 두 줄로 부어 만들었으며 25 그 바
다를 열두 소가 받쳤으니 셋은 북을 향하였고 셋은 서를
향하였고 셋은 남을 향하였고 셋은 동을 향하였으며 바
다를 그 위에 놓았고 소의 뒤는 다 안으로 두었으며 26
바다의 두께는 한 손 넓이만하고 그 가는 백합화의 식양
으로 잔(盞)가와 같이 만들었으니 그 바다에는 이천 밧을
담겠더라 27 또 놋으로 받침 열을 만들었으니 매 받침
의 장이 네 규빗이요 광이 네 규빗이요 고가 세 규빗이라
28 그 받침의 제도는 이러하니 사면 옆 변죽 가운데 판

around encircling it ten to a cubit, completely surrounding
the sea; the gourds were in two rows, cast with the rest.
25 It stood on twelve oxen, three facing north, three
facing west, three facing south, and three facing east;
and the sea was set on top of them, and all their rear
parts turned inward. 26 And it was a handbreadth thick,
and its brim was made like the brim of a cup, as a lily
blossom; it could hold two thousand baths. 27 ¶ Then
he made the ten stands of bronze; the length of each
stand was four cubits and its width four cubits and its
height three cubits. 28 And this was the design of the
stands: they had borders, even borders between the frames,

판이	가운데에는 **〈있고〉**
	/사면 옆 가장자리
29 사자와	
소와	
그룹들이	판에는 **〈있고〉**
	/가장자리 가운데
또	
놓는 자리가	가장자리 위에는 **있고**
화환 모양이	아래에는 **있으며**
	/사자와 소
30 네 놋바퀴와	
놋축이	받침 수레에 **〈있고〉**
	/각각
어깨 같은 것이	밑에는 **〈있으며〉**
	받침 수레 네 발
어깨 같은 것은	부어 **만들었고**
/그	/물두멍 아래쪽에
화환은	그 옆에 **〈있으며〉**
	/각각
31 내민 것이	위로 **있고**
/들이켜	/그 받침 수레
/높이가 한 규빗 되게	
그 면은	반원형으로 **우묵하며**
	/직경 한 규빗 반 되게
아로새긴 것이	**〈있으며〉**
	/그 나머지 면에는
판들은	**네모지고**
/그 내민	
	둥글지 아니하며
32 네 바퀴는	옆판 밑에 **있고**
바퀴 축은	받침 수레에 **연결되었는데**
바퀴의 높이는	**한 규빗 반이며**
	/각각
33 구조는	병거 바퀴의 구조 **같은데**
/그 바퀴의	

왕상

이 있고 **29** 변죽 가운데 판에는 사자와 소와 그룹들이
있고 또 변죽 위에는 놓는 자리가 있고 사자와 소 아래
에는 화환 모양이 있으며 **30** 그 받침에 각각 네 놋바퀴
와 놋축(軸)이 있고 받침 네 발 밑에는 어깨 같은 것이
있으며 그 어깨 같은 것은 물두멍 밑편에 부어 만들었고
화환은 각각 그 옆에 있으며 **31** 그 받침 위로 들이켜
고가 한 규빗 되게 내민 것이 있고 그 면은 직경 한 규빗
반 되게 반원형으로 우묵하며 그 나머지 면에는 아로새
긴 것이 있으며 그 내민 판들은 네모지고 둥글지 아니하
며 **32** 네 바퀴는 옆판 밑에 있고 바퀴 축은 받침에 연
하였는데 바퀴의 고는 각각 한 규빗 반이며 **33** 그 바퀴
의 제도는 병거 바퀴의 제도 같은데 그 축과 테와 살과

29 and on the borders which were between the frames
were lions, oxen and cherubim; and on the frames there
was a pedestal above, and beneath the lions and oxen
were wreaths of hanging work. **30** Now each stand had
four bronze wheels with bronze axles, and its four feet
had supports; beneath the basin were cast supports with
wreaths at each side. **31** And its opening inside the
crown at the top was a cubit, and its opening was round
like the design of a pedestal, a cubit and a half; and
also on its opening there were engravings, and their
borders were square, not round. **32** And the four wheels
were underneath the borders, and the axles of the wheels
were on the stand. And the height of a wheel was a
cubit and a half. **33** And the workmanship of the wheels
was like the workmanship of a chariot wheel. Their
axles, their rims, their spokes, and their hubs were all

그 축과 테와 살과 통이	**부어 만든 것이며** /다
34 넷이 /어깨 같은 것	네 모퉁이에 **〈있는데〉** /받침 수레
그 어깨는	받침 수레와 **연결되었고**
35 둥근 테두리가	**〈있는데〉** /받침 수레 위에
높이가 또 버팀대와 옆판들이 /받침 수레 위의	**반 규빗이요** 받침 수레와 **연결되었고**
36 [그가]	**아로새겼고** /그룹들과 /사자와 /종려나무를 /버팀대 판과 옆판에는 /각각 /빈 곳을 따라
또 화환 모양이	 **〈있더라〉** /그 둘레에
37 [그가]	열 개를 **만들었는데** /받침 수레 /이와 같이
	동일하게 **만들었더라** /그 부어 만든 법과 /크기와 /양식을 /다
38 또 [그가]	 물두멍[을] **만들었는데** /열 개[의](를) /놋으로
	물두멍마다 **담게 하였으며** /사십 밧을 /각각

통이 다 부어 만든 것이며 **34** 받침 네 모퉁이에 어깨
같은 것 넷이 있는데 그 어깨는 받침과 연하였고 **35** 받
침 위에 둥근 테두리가 있는데 고가 반 규빗이요 또 받침
위의 버팀대와 옆판들이 받침과 연하였고 **36** 버팀대 판
과 옆판에는 각각 빈 곳을 따라 그룹들과 사자와 종려나
무를 아로새겼고 또 그 사면으로 화환 모양이 있더라
37 이와 같이 받침 열을 만들었는데 그 부어 만든 법과
척수와 식양을 다 동일하게 하였더라 **38** 또 물두멍 열
을 놋으로 만들었는데 물두멍마다 각각 사십 밧을 담게
하였으며 매 물두멍의 직경이 네 규빗이라 열 받침 위에

cast. **34** Now there were four supports at the four corners
of each stand; its supports were part of the stand itself.
35 And on the top of the stand there was a circular
form half a cubit high, and on the top of the stand its
stays and its borders were part of it. **36** And he engraved
on the plates of its stays and on its borders, cherubim,
lions and palm trees, according to the clear space on
each, with wreaths all around. **37** He made the ten
stands like this: all of them had one casting, one measure
and one form. **38** And he made ten basins of bronze,
one basin held forty baths; each basin was four cubits,
and on each of the ten stands was one basin. **39** Then

직경은 **네 규빗이라**
/매 물두멍의

물두멍이 **하나씩이더라**
/열 받침 수레 위에
/각각

39 [그가] 성전 오른쪽에 **두었고**
그 받침 수레 다섯은

성전 왼쪽에 **두었고**
/다섯은

동남쪽에는 **두었더라**
/성전 오른쪽
/그 바다를

40 또
히람이 **만들었더라**
/물두멍과
/부삽과
/대접들을

이와 같이
히람이 일을 **마쳤으니**
/여호와의 전의
/솔로몬 왕을 위하여

41 /곧 기둥 둘과
/공 같은 머리 둘과
/그 기둥 꼭대기의
/또 머리를 가리는 그물 둘과
/기둥 꼭대기의 공 같은
42 /또 석류 사백 개와
/그 그물들을 위하여 만든 바
/매 그물에 두 줄씩으로
/두 머리를 가리게 한
기둥 위의 공 같은
43 /또 열 개의 받침 수레와
/열 개의 물두멍과
/받침 수레 위의
44 /한 바다와
/소 열두 마리와
/그 바다 아래의
45 /솥과 부삽과 대접들이라

각각 물두멍이 하나씩이더라 **39** 그 받침 다섯은 전 우
편에 두었고 다섯은 전 좌편에 두었고 전 우편 동남에는
그 바다를 두었더라 **40** 히람이 또 물두멍과 부삽과 대
접들을 만들었더라 이와 같이 히람이 솔로몬 왕을 위하
여 여호와의 전의 모든 일을 마쳤으니 **41** 곧 기둥 둘과
그 기둥 꼭대기의 공같은 머리 둘과 또 기둥 꼭대기의
공같은 머리를 가리우는 그물 둘과 **42** 또 그 그물들을
위하여 만든 바 매 그물에 두 줄씩으로 기둥 위의 공같
은 두 머리를 가리우게 한 사백 석류와 **43** 또 열 받침
과 받침 위의 열 물두멍과 **44** 한 바다와 그 바다 아래
열두 소와 **45** 솥과 부삽과 대접들이라 히람이 솔로몬
왕을 위하여 여호와의 전에 이 모든 그릇을 빛난 놋으로

he set the stands, five on the right side of the house and
five on the left side of the house; and he set the sea of
cast metal on the right side of the house eastward toward
the south. **40** ¶ Now Hiram made the basins and the shovels
and the bowls. So Hiram finished doing all the work
which he performed for King Solomon in the house of
the LORD: **41** the two pillars and the two bowls of
the capitals which were on the top of the two pillars,
and the two networks to cover the two bowls of the
capitals which were on the top of the pillars; **42** and
the four hundred pomegranates for the two networks,
two rows of pomegranates for each network to cover
the two bowls of the capitals which were on the tops of
the pillars; **43** and the ten stands with the ten basins
on the stands; **44** and the one sea and the twelve oxen under
the sea; **45** and the pails and the shovels and the bowls;

히람이 **만드니라**
/이 모든 그릇을
/빛난 놋으로
/솔로몬 왕을 위하여
/여호와의 성전에

46 왕이 그것들을 **부어 내었더라**
/요단 평지에서
/차진 흙에
/숙곳과 사르단 사이의

47 솔로몬이 **두었으니**
/달아보지 아니하고
/기구가 다(=모든 기구를)
/심히 많으므로

능히 측량할 수 없었더라
/그 놋 무게를

48 또
솔로몬이 모든 기구를 **만들었으니**
/여호와의 성전의

/곧 금 단과
/진설병의 금 상과
49 /정금 등잔대며
/내소 앞에 좌우로 다섯씩 둘
/또 금 꽃과
/등잔과
/불집게며
50 /또 정금 대접과
/불집게와
/주발과
/숟가락과
/불을 옮기는 그릇이며
/또 금 돌쩌귀와
/내소 곧 지성소 문의
/금 돌쩌귀더라
/성전 곧 외소 문의

51 솔로몬 왕이 모든 일을 **마친지라**
/여호와의 성전을 위하여 만드는

이에
솔로몬이 **가져다가**
/그의 아버지 다윗이 드린 물건
/곧 은과 금과 기구들을
여호와의 성전 곳간에 **두었더라**

왕상

만드니라 **46** 왕이 요단 평지에서 숙곳과 사르단 사이의
차진 흙에 그것들을 부어 내었더라 **47** 기구가 심히 많
으므로 솔로몬이 다 달지 아니하고 두었으니 그 놋 중수
를 능히 측량할 수 없었더라 **48** 솔로몬이 또 여호와의
전의 모든 기구를 만들었으니 곧 금단과 진설병의 금상
과 **49** 내소 앞에 좌우로 다섯씩 둘 정금 등대며 또 금
꽃과 등잔과 불집게며 **50** 또 정금 대접과 불집게와 주
발과 숟가락과 불을 옮기는 그릇이며 또 내소 곧 지성소
문의 금돌쩌귀와 전 곧 외소 문의 금돌쩌귀더라 **51** 솔
로몬 왕이 여호와의 전을 위하여 만드는 모든 것을 마친
지라 이에 솔로몬이 그 부친 다윗의 드린 물건 곧 은과
금과 기구들을 가져다가 여호와의 전 곳간에 두었더라

even all these utensils which Hiram made for King
Solomon in the house of the LORD were of polished bronze.
46 In the plain of the Jordan the king cast them, in the
clay ground between Succoth and Zarethan. **47** And
Solomon left all the utensils unweighed, because they
were too many; the weight of the bronze could not be
ascertained. **48** ¶ And Solomon made all the furniture which
was in the house of the LORD: the golden altar and the
golden table on which was the bread of the Presence;
49 and the lampstands, five on the right side and five
on the left, in front of the inner sanctuary, of pure gold;
and the flowers and the lamps and the tongs, of gold;
50 and the cups and the snuffers and the bowls and
the spoons and the firepans, of pure gold; and the hinges
both for the doors of the inner house, the most holy
place, and for the doors of the house, that is, of the
nave, of gold. **51** ¶ Thus all the work that King Solomon
performed in the house of the LORD was finished. And

8

1 이에
솔로몬이　　　자기에게로 **소집하니**
　　　/예루살렘에 있는
　　　/이스라엘 장로와
　　　/모든 지파의 우두머리
　　　/곧 이스라엘 자손의 족장들을

//(목적ל, to)
메어 올리고자 하여
/여호와의 언약궤를
/다윗 성 곧 시온에서

2 모든 사람이　　　다 **모이고**
/이스라엘　　　/솔로몬 왕에게
　　　/에다님월
　　　/곧 일곱째 달 절기에

3 장로들이　　　다 **이르매**
/이스라엘

제사장들이　　　궤를 **메니라**

4 [그들이]　　　**메고 올라가되**
　　　/여호와의 궤와
　　　/모든 거룩한 기구들을
　　　　/회막과 성막 안의

제사장과
레위 사람이　　　그것들을 **메고 올라가매**

5 솔로몬 왕과
이스라엘 회중이　　　그 궤 앞에 **〈있어〉**
/그 앞에 모인　　　/그와 함께

[그들이]　　　**제사를 지냈으니**
　　　/양과 소로
　　　/기록할 수도 없고
　　　/셀 수도 없었더라
　　　　/그 수가 많아

6 제사장들이　　　**메어 들였으니**
　　　/여호와의 언약궤를
　　　/자기의 처소로
　　　/곧 성전의 내소인 지성소
　　　/그룹들의 날개 아래(라)

8:1 이에 솔로몬이 여호와의 언약궤를 다윗 성 곧 시
온에서 메어 올리고자 하여 이스라엘 장로와 모든
지파의 두목 곧 이스라엘 자손의 족장들을 예루살렘 자
기에게로 소집하니 2 이스라엘 모든 사람이 다 에다님
월 곧 칠월 절기에 솔로몬왕에게 모이고 3 이스라엘 장
로들이 다 이르매 제사장들이 궤를 메니라 4 여호와의
궤와 회막과 성막 안의 모든 거룩한 기구들을 메고 올라
가되 제사장과 레위 사람이 그것들을 메고 올라가매 5
솔로몬 왕과 그 앞에 모인 이스라엘 회중이 저와 함께
궤 앞에 있어 양과 소로 제사를 드렸으니 그 수가 많아
기록할 수도 없고 셀 수도 없었더라 6 제사장들이 여호
와의 언약궤를 그 처소로 메어 들였으니 곧 내전 지성소

Solomon brought in the things dedicated by his father David,
the silver and the gold and the utensils, and he put them
in the treasuries of the house of the LORD.

8:1 ¶ Then Solomon assembled the elders of Israel
and all the heads of the tribes, the leaders of the
fathers' households of the sons of Israel, to King Solomon
in Jerusalem, to bring up the ark of the covenant of the
LORD from the city of David, which is Zion. 2 And
all the men of Israel assembled themselves to King
Solomon at the feast, in the month Ethanim, which is
the seventh month. 3 Then all the elders of Israel came,
and the priests took up the ark. 4 And they brought up
the ark of the LORD and the tent of meeting and all
the holy utensils, which were in the tent, and the priests

7 //(이유: כִּי, for)
그룹들이 ── 날개를 펴서
/그 궤 처소 위에서
궤와 그 채를 덮었는데

8 //(이유, 계속)
채가 ── 길므로

//(결과: that...could not)
채 끝이 ── 내소 앞 성소에서 보이나
밖에서는 보이지 아니하며
그 채는 ── 오늘까지 그 곳에 있으며
9 /아무것도 없으니
/그 궤 안에는
/두 돌판 외에
/이것은[9)]
이스라엘 자손이 애굽 땅에서 나온 후(when)
모세가 ─ 그 안에 넣은 것이더라
/호렙에서
/여호와께서 ─ 언약을 맺으[신](실 때에)
/저희와

10 제사장이 성소에서 나올 때에(when)
구름이 여호와의 성전에 **가득하매**

11 제사장이 능히 서(서)지 못하였으니
/그 구름으로 말미암아

//(목적: לְ, to)
섬기[기 위해]

//이는(이유: כִּי, for)
여호와의 영광이 ─ 가득함이었더라
/여호와의 성전에

12 그 때에
솔로몬이 **이르되**
/여호와께서 ── 말씀하셨사오나
/캄캄한 데 계시겠다

13 /내가 ── 참으로 건축하였사오니
/주를 위하여
/계실 성전을
/주께서 영원히 계실 처소[를](로소이다) 하고

9) 관계대명사, 선행사는 돌판

왕상

그룹들의 날개 아래라 7 그룹들이 궤 처소 위에서 날개
를 펴서 궤와 그 채를 덮었는데 8 채가 긴 고로 채 끝이
내전 앞 성소에서 보이나 밖에서는 보이지 아니하며 그
채는 오늘까지 그곳에 있으며 9 궤 안에는 두 돌판 외에
아무것도 없으니 이것은 이스라엘 자손이 애굽 땅에서
나온 후 여호와께서 저희와 언약을 세우실 때에 모세가
호렙에서 그 안에 넣은 것이더라 10 제사장이 성소에서
나올 때에 구름이 여호와의 전에 가득하매 11 제사장이
그 구름으로 인하여 능히 서서 섬기지 못하였으니 이는
여호와의 영광이 여호와의 전에 가득함이었더라 12 그
때에 솔로몬이 가로되 여호와께서 캄캄한데 계시겠다 말
씀하셨사오나 13 내가 참으로 주를 위하여 계실 전을

and the Levites brought them up. 5 And King Solomon
and all the congregation of Israel, who were assembled
to him, were with him before the ark, sacrificing so
many sheep and oxen they could not be counted or numbered.
6 Then the priests brought the ark of the covenant of
the LORD to its place, into the inner sanctuary of the
house, to the most holy place, under the wings of the
cherubim. 7 For the cherubim spread their wings over
the place of the ark, and the cherubim made a covering
over the ark and its poles from above. 8 But the poles
were so long that the ends of the poles could be seen
from the holy place before the inner sanctuary, but they
could not be seen outside; they are there to this day. 9
There was nothing in the ark except the two tablets of
stone which Moses put there at Horeb, where the LORD
made a covenant with the sons of Israel, when they came
out of the land of Egypt. 10 And it came about when
the priests came from the holy place, that the cloud filled
the house of the LORD, 11 so that the priests could
not stand to minister because of the cloud, for the glory

14 [그 왕이] 얼굴을 **돌이켜**
축복하니
/이스라엘의 온 회중을 위하여

온 회중이 **서 있더라**
/이스라엘의 /그 때에

15 왕이 **이르되**
/[너희는] — 여호와를 송축할지로다
/이스라엘의 하나님
/여호와께서[10]
이제 이루셨도다
/말씀하신 것을
/그의 입으로
/내 아버지 다윗에게
/그의 손으로

/이르시기를[11] ...(하신지라)
16 /내가—아무 성읍도 택하지 아니하고
/애굽에서 인도하여 낸 날부터
/내 백성 이스라엘을
/이스라엘 모든 지파 가운데에서

//(목적: ל, to)
집을 건축하기 위하여
/내 이름을 둘 만한

다만 다윗을 택하여

//(목적: ל, to)
이스라엘을 다스리게 하였노라(하신지라)
/내 백성

17 /다윗이 —— 마음이 있었더니
/내 아버지 /성전을 건축할
/여호와의 이름을 위하여
/이스라엘의 하나님

18 /여호와께서 — 다윗에게 이르시되...(하시더니)
/내 아버지
/네가 — 마음이 있으니
/성전을 건축할
/내 이름을 위하여
/이 마음이 네게 있는 것이 좋도다

10) 관계대명사, 선행사는 여호와
11) 말씀하신 것을

왕상

건축하였사오니 주께서 영원히 거하실 처소로소이다 하
고 14 얼굴을 돌이켜 이스라엘의 온 회중을 위하여 축
복하니 때에 이스라엘의 온 회중이 섰더라 15 왕이 가
로되 이스라엘 하나님 여호와를 송축할지로다 여호와께
서 그 입으로 나의 부친 다윗에게 말씀하신 것을 이제
그 손으로 이루셨도다 이르시기를 16 내가 내 백성 이
스라엘을 애굽에서 인도하여 낸 날부터 내 이름을 둘 만
한 집을 건축하기 위하여 이스라엘 모든 지파 가운데서
아무 성읍도 택하지 아니하고 다만 다윗을 택하여 내 백
성 이스라엘을 다스리게 하였노라 하신지라 17 내 부친
다윗이 이스라엘 하나님 여호와의 이름을 위하여 전을
건축할 마음이 있었더니 18 여호와께서 내 부친 다윗에
게 이르시되 네가 내 이름을 위하여 전을 건축할 마음이
있으니 이 마음이 네게 있는 것이 좋도다 19 그러나 너

of the LORD filled the house of the LORD. 12 ¶ Then
Solomon said, "The LORD has said that He would dwell
in the thick cloud. 13 "I have surely built Thee a lofty
house, A place for Thy dwelling forever." 14 Then the
king faced about and blessed all the assembly of Israel, while
all the assembly of Israel was standing. 15 And he said,
"Blessed be the LORD, the God of Israel, who spoke
with His mouth to my father David and has fulfilled it
with His hand, saying, 16 'Since the day that I brought
My people Israel from Egypt, I did not choose a city
out of all the tribes of Israel in which to build a house
that My name might be there, but I chose David to be
over My people Israel.' 17 "Now it was in the heart
of my father David to build a house for the name of the
LORD, the God of Israel. 18 "But the LORD said to
my father David, 'Because it was in your heart to build

19 /그러나
너는 ——— 그 성전을 건축하지 못할 것이요
그가 ——— 성전을 건축하리라 (하시더니)
/네 아들 /내 이름을 위하여
/네 몸에서 낳을

20 이제
여호와께서 **이루시도다**
/[그의 말씀을]
/말씀하신 대로

내가 다윗을 이어서 **일어나**
/내 아버지
/여호와께서 말씀하신 대로

이스라엘의 왕위에 **앉고**

성전을 **건축하고**
/여호와의 이름을 위하여
/이스라엘의 하나님

21 또
내가 한 처소를 **설치하였노라**
/그 곳에
/궤를 위하여
/여호와의 언약을 넣은
/그들과 세우신 바
/우리 조상들을 애굽 땅에서 인도하여 내실 때에

왕상

22 솔로몬이 온 회중과 **마주서서**
/이스라엘의
/여호와의 제단 앞에서
손을 **펴고**
/하늘을 향하여

23 [그가] **이르되**
/하나님 여호와여!
/이스라엘의
/신이 ——— 없나이다
/주와 같은 /위로 하늘과
/아래로 땅에
/주께서는 — 언약을 지키시고
/온 마음으로
/종들에게
/주의 앞에서 행하는
은혜를 베푸시나이다

는 그 전을 건축하지 못할 것이요 네 몸에서 낳을 네 아
들 그가 내 이름을 위하여 전을 건축하리라 하시더니
20 이제 여호와께서 말씀하신 대로 이루시도다 내가 여
호와의 허하신 대로 내 부친 다윗을 대신하여 일어나서
이스라엘 위에 앉고 이스라엘 하나님 여호와의 이름을
위하여 전을 건축하고 21 내가 또 그곳에 우리 열조를
애굽 땅에서 인도하여 내실 때에 저희와 세우신 바 여호
와의 언약 넣은 궤를 위하여 한 처소를 설치하였노라
22 솔로몬이 여호와의 단 앞에서 이스라엘의 온 회중을
마주서서 하늘을 향하여 손을 펴고 23 가로되 이스라엘
하나님 여호와여 상천 하지에 주와 같은 신이 없나이다
주께서는 온 마음으로 주의 앞에서 행하는 종들에게 언

a house for My name, you did well that it was in your
heart. 19 'Nevertheless you shall not build the house,
but your son who shall be born to you, he shall build
the house for My name.' 20 "Now the LORD has
fulfilled His word which He spoke; for I have risen in
place of my father David and sit on the throne of Israel,
as the LORD promised, and have built the house for the
name of the LORD, the God of Israel. 21 "And there
I have set a place for the ark, in which is the covenant
of the LORD, which He made with our fathers when
He brought them from the land of Egypt." 22 ¶ Then
Solomon stood before the altar of the LORD in the
presence of all the assembly of Israel and spread out his
hands toward heaven. 23 And he said, "O LORD, the

24 /주께서 — 말씀을 지키사
/다윗에게 하신
/주의 종
/내 아버지
손으로 이루심이
/주의 입으로 말씀하신 것을
/오늘과 같으니이다

25 /하나님 여호와여!
/이스라엘의
[당신은] — 지키시옵소서
/그 하신 말씀을
/이제 다윗을 위하여
/주께서 — 다윗에게 말씀하시기를 ...하셨사오니12)
/주의 종 내 아버지
/[만일](אִם)
네 자손이 ┌ 자기 길을 삼가서
└ 내 앞에서 행하기만 하면(if)
/네가 내 앞에서 행한 것 같이
사람이 — 내 앞에서 끊어지지 아니하리라
/이스라엘의 왕위에 앉을

26 /그런즉
이스라엘의 하나님이여!
[내가] — 원하건대
/주는 — 말씀이 확실하게 하옵소서
/다윗에게 하신
/주의 종 내 아버지

27 /하나님이 — 참으로 땅에 거하시리이까?
/하늘과
하늘이라도 — 주를 용납하지 못하겠거든
/하늘들의
/하물며 이 성전이오리이까?
/내가 건축한

28 /그러나
내 하나님 여호와여!
[당신은] — 돌아보시며
/주의 종의 기도와
/간구를
들으시옵소서
/부르짖음과
/기도를
/이 종이 — 오늘 주 앞에서 비는

12) 말씀하셨사오니

왕상

약을 지키시고 은혜를 베푸시나이다 24 주께서 주의 종
내 아비 다윗에게 허하신 말씀을 지키사 주의 입으로 말
씀하신 것을 손으로 이루심이 오늘날과 같으니이다 25
이스라엘 하나님 여호와여 주께서 주의 종 내 아비 다윗
에게 말씀하시기를 네 자손이 자기 길을 삼가서 네가 내
앞에서 행한 것같이 내 앞에서 행하기만 하면 네게로 좇
아나서 이스라엘 위에 앉을 사람이 내 앞에서 끊어지지
아니하리라 하셨사오니 이제 다윗을 위하여 그 허하신
말씀을 지키시옵소서 26 그런즉 이스라엘 하나님이여
원컨대 주는 주의 종 내 아비 다윗에게 하신 말씀이 확
실하게 하옵소서 27 하나님이 참으로 땅에 거하시리이
까 하늘과 하늘들의 하늘이라도 주를 용납지 못하겠거든
하물며 내가 건축한 이 전이오리이까 28 그러나 나의
하나님 여호와여 종의 기도와 간구를 돌아보시며 종이

God of Israel, there is no God like Thee in heaven above
or on earth beneath, who art keeping covenant and
showing lovingkindness to Thy servants who walk before
Thee with all their heart, 24 who hast kept with Thy servant,
my father David, that which Thou hast promised him; indeed,
Thou hast spoken with Thy mouth and hast fulfilled it
with Thy hand as it is this day. 25 "Now therefore, O
LORD, the God of Israel, keep with Thy servant David
my father that which Thou hast promised him, saying,
'You shall not lack a man to sit on the throne of Israel,
if only your sons take heed to their way to walk before
Me as you have walked.' 26 "Now therefore, O God
of Israel, let Thy word, I pray Thee, be confirmed which
Thou hast spoken to Thy servant, my father David. 27
¶ "But will God indeed dwell on the earth? Behold,
heaven and the highest heaven cannot contain Thee, how
much less this house which I have built! 28 "Yet have
regard to the prayer of Thy servant and to his supplication,

29 /주의 눈이 ── 주야로 보시오며
/이 성전을 향하여
/주께서 ─ 전에 말씀하시기를...하신 곳[13)]
/내 이름이 거기 있으리라
기도를 들으시옵소서
/주의 종이 ─ 이 곳을 향하여 비는

30 /주는 ── 그 간구함을 들으시되
/주의 종과
이스라엘이 ─ 이 곳을 향하여 기도할 때에
/주의 백성
하늘에서 들으시고
/주께서 계신 곳
들으시사
사하여 주옵소서

31 /만일(אֲשֶׁר)
사람이 ── 범죄함으로
/어떤
맹세시킴을 받고
/그 이웃에게
그가 ── 와서
주의 제단 앞에서 맹세하거든(if)
/이 성전에 있는

32 /주는 ── 하늘에서 들으시고
행하시되
주의 종들을 심판하사 ...시옵소서[14)]
/악한 자의 죄를 정하여
/그 머리에 돌리시고
/그 행위대로
/공의로운 자를 의롭다 하사
/그의 의로운 바대로 갚으(시옵소서)

33 /이스라엘이 ── 적국 앞에 패하게 되므로(when, 상황절)
/주의 백성

//만일(이유: כִּי, for)
[그들이] ─ 주께 범죄하여

[그들이] ── 주께로 돌아와서
주의 이름을 인정하고
주께 기도하며
/이 성전에서
간구하거든(when, 상황절)

왕상

13) 말씀하신 곳

14) 심판하시옵소서
/죄를 정하심으로
/돌리심으로
/의롭다하심으로
/갚으심으로

오늘날 주의 앞에서 부르짖음과 비는 기도를 들으시옵소
서 29 주께서 전에 말씀하시기를 내 이름이 거기 있으
리라 하신 곳 이 전을 향하여 주의 눈이 주야로 보옵시며
종이 이곳을 향하여 비는 기도를 들으시옵소서 30 종과
주의 백성 이스라엘이 이곳을 향하여 기도할 때에 주는
그 간구함을 들으시되 주의 계신 곳 하늘에서 들으시고
들으시사 사하여 주옵소서 31 만일 어떤 사람이 그 이
웃에게 범죄함으로 맹세시킴을 받고 저가 와서 이 전에
있는 주의 단 앞에서 맹세하거든 32 주는 하늘에서 들
으시고 행하시되 주의 종들을 국문하사 악한 자의 죄를
정하여 그 행위대로 그 머리에 돌리시고 의로운 자를 의
롭다 하사 그 의로운 대로 갚으시옵소서 33 만일 주의
백성 이스라엘이 주께 범죄하여 적국 앞에 패하게 되므
로 주께로 돌아와서 주의 이름을 안정하고 이 전에서 주

O LORD my God, to listen to the cry and to the prayer
which Thy servant prays before Thee today; 29 that
Thine eyes may be open toward this house night and
day, toward the place of which Thou hast said, 'My
name shall be there,' to listen to the prayer which Thy servant
shall pray toward this place. 30 "And listen to the
supplication of Thy servant and of Thy people Israel,
when they pray toward this place; hear Thou in heaven
Thy dwelling place; hear and forgive. 31 ¶ "If a man
sins against his neighbor and is made to take an oath,
and he comes and takes an oath before Thine altar in
this house, 32 then hear Thou in heaven and act and
judge Thy servants, condemning the wicked by bringing
his way on his own head and justifying the righteous
by giving him according to his righteousness. 33 ¶
"When Thy people Israel are defeated before an enemy,

34 /주는 ── 하늘에서 들으시고
이스라엘의 죄를 사하시고
/주의 백성
땅으로 돌아오게 하옵소서
/그들의 조상들에게 주신

35 /하늘이 ── 닫히고
비가 ── 없어서(when, 상황절)

//만일(이유: כִּי, for)
그들이 주께 범죄함으로 말미암아

/[네가] ── 주께 벌을 받을 때에(when, 상황절)
[너희가] ── 이 곳을 향하여 기도하며
주의 이름을 찬양하고
그들의 죄에서 떠나거든

36 //(결과)
주는 ── 하늘에서 들으사
죄를 사하시고
/주의 종들과
/주의 백성 이스라엘의
선한 길을 가르쳐 주시오며
/그들이 마땅히 행할
비를 내리시옵소서

37 /만일(כִּי)
기근이나
전염병이 ── 이 땅에 있거나(if)
/[만일](כִּי)
곡식이 ── 시들거나
깜부기가 ── 나거나(if)
/[만일](כִּי)
메뚜기나
황충이 ── 나거나(if)
/[만일](כִּי)
적국이 ── 성읍을 에워싸거나(if)
/와서

38 /한 사람이나
혹
이스라엘이 ── 재앙을 (다) 깨닫고
/온 백성 /무슨 재앙이나
/주의 /무슨 질병이 있든지 막론하고
/각각
/자기의 마음에

께 빌며 간구하거든 34 주는 하늘에서 들으시고 주의
백성 이스라엘의 죄를 사하시고 그 열조에게 주신 땅으
로 돌아오게 하옵소서 35 만일 저희가 주께 범죄함을
인하여 하늘이 닫히고 비가 없어서 주의 벌을 받을 때에
이곳을 향하여 빌며 주의 이름을 인정하고 그 죄에서 떠
나거든 36 주는 하늘에서 들으사 주의 종들과 주의 백
성 이스라엘의 죄를 사하시고 그 마땅히 행할 선한 길을
가르쳐 주옵시며 주의 백성에게 기업으로 주신 주의 땅
에 비를 내리시옵소서 37 만일 이 땅에 기근이나 온역
이 있거나 곡식이 시들거나 깜부기가 나거나 메뚜기나
황충이 나거나 적국이 와서 성읍을 에워싸거나 무슨 재
앙이나 무슨 질병이 있든지 무론하고 38 한 사람이나

because they have sinned against Thee, if they turn to
Thee again and confess Thy name and pray and make
supplication to Thee in this house, 34 then hear Thou
in heaven, and forgive the sin of Thy people Israel, and bring
them back to the land which Thou didst give to their
fathers. 35 ¶ "When the heavens are shut up and there
is no rain, because they have sinned against Thee, and
they pray toward this place and confess Thy name and
turn from their sin when Thou dost afflict them, 36
then hear Thou in heaven and forgive the sin of Thy
servants and of Thy people Israel, indeed, teach them
the good way in which they should walk. And send rain
on Thy land, which Thou hast given Thy people for an
inheritance. 37 ¶ "If there is famine in the land, if there

손을 펴고
/이 성전을 향하여
무슨 기도[를 하게]나
무슨 간구를 하거든

39 /주는 —— 하늘에서 들으시고
/계신 곳
사하시며
행하사
갚으시옵소서
/그들의 모든 행위대로
/[주는] —— 마음을 아시오니
/각 사람의

//(이유: כִּי, for)
주만 홀로 — 다 아심이니이다
/사람의 마음을

40 /그리하시면
그들이 —— 주를 경외하리이다
/항상
/땅에서 사는 동안에
/주께서 우리 조상들에게 주신

41 /또
속하지 아니한 자
/주의 백성 이스라엘에
곧 이방인이라도
/먼 지방에서 온
/주의 이름을 위하여

42 //(이유: כִּי, for)[15)]
그들이 —— 소문을 듣고
/주의 크신 이름과
/주의 능한 손과
/주의 펴신 팔의
/[그들이] — 와서
기도하거든(when)
/이 성전을 향하여

43 /주는 —— 하늘에서 들으시고
/계신 곳
이루사
/이방인이 주께 부르짖는 대로
//(결과)

15) 뒷 부분의 문장인 '그들이 와서 기도하는' 이유. 도치된 문장

혹 주의 온 백성 이스라엘이 다 각각 자기의 마음에 재앙
을 깨닫고 이 전을 향하여 손을 펴고 무슨 기도나 무슨
간구를 하거든 39 주는 계신 곳 하늘에서 들으시고 사
유하시며 각 사람의 마음을 아시오니 그 모든 행위대로
행하사 갚으시옵소서 주만 홀로 인생의 마음을 다 아심
이니이다 40 그리하시면 저희가 주께서 우리 열조에게
주신 땅에서 사는 동안에 항상 주를 경외하리이다 41
또 주의 백성 이스라엘에 속하지 아니한 자 곧 주의 이름
을 위하여 먼 지방에서 온 이방인이라도 42 저희가 주
의 광대한 이름과 주의 능한 손과 주의 펴신 팔의 소문을
듣고 와서 이 전을 향하여 기도하거든 43 주는 계신 곳
하늘에서 들으시고 무릇 이방인이 주께 부르짖는 대로

is pestilence, if there is blight or mildew, locust or
grasshopper, if their enemy besieges them in the land of their
cities, whatever plague, whatever sickness there is, 38
whatever prayer or supplication is made by any man or
by all Thy people Israel, each knowing the affliction of
his own heart, and spreading his hands toward this house;
39 then hear Thou in heaven Thy dwelling place, and forgive
and act and render to each according to all his ways,
whose heart Thou knowest, for Thou alone dost know
the hearts of all the sons of men, 40 that they may fear
Thee all the days that they live in the land which Thou
hast given to our fathers. 41 ¶ "Also concerning the foreigner
who is not of Thy people Israel, when he comes from a
far country for Thy name's sake 42 (for they will hear
of Thy great name and Thy mighty hand, and of Thine
outstretched arm); when he comes and prays toward this
house, 43 hear Thou in heaven Thy dwelling place,
and do according to all for which the foreigner calls to

//(결과)
만민이 ── 주의 이름을 알고
/땅의
경외하게 하시오며
/주의 백성 이스라엘처럼
//또(결과, 계속)
[만민이]── 이 성전을 알게 하옵소서
/내가 건축한
/주의 이름으로 일컫는 줄을

44 /주의 백성이 — 길로 나갈 때에(when)
/주께서 보내신

//(목적: ל, to)
싸우고자 하여
/그들의 적국과 더불어

/그들이 ─── 여호와께 기도하거든(when)
/주께서 택하신 성읍[쪽을 향하여]과
/건축한 성전이 있는 쪽을 향하여
/내가 주의 이름을 위하여

45 /주 ── 하늘에서 들으시고
/그들의 기도와
/간구를
그들의 일을 돌아보옵소서

46 /사람이 ── 없사오니
/범죄하지 아니하는

/주께서 ── 그들에게 진노하사

//(이유: כִּי, for)
그들이 주께 범죄함으로

/[주께서] ─── 그들을 적국에게 넘기시매

//(결과: so that)
적국이 ── 그들을 사로잡아
적국의 땅으로 끌어간(후에)
/원근을 막론하고

47 /[만일]
그들이 ─── 스스로 깨닫고
/사로잡혀 간 땅에서
땅에서 돌이켜
/그 사로잡은 자의
주께 간구하기를 ...하며(if)

왕상

이루사 땅의 만민으로 주의 이름을 알고 주의 백성 이스라엘처럼 경외하게 하옵시며 또 내가 건축한 이 전을 주의 이름으로 일컫는 줄을 알게 하옵소서 **44** 주의 백성이 그 적국으로 더불어 싸우고자 하여 주의 보내신 길로 나갈 때에 저희가 주의 빼신 성과 내가 주의 이름을 위하여 건축한 전 있는 편을 향하여 여호와께 기도하거든 **45** 주는 하늘에서 저희의 기도와 간구를 들으시고 그 일을 돌아보옵소서 **46** 범죄치 아니하는 사람이 없사오니 저희가 주께 범죄함으로 주께서 저희에게 진노하사 저희를 적국에게 붙이시매 적국이 저희를 사로잡아 원근

Thee, in order that all the peoples of the earth may know Thy name, to fear Thee, as do Thy people Israel, and that they may know that this house which I have built is called by Thy name. **44** ¶ "When Thy people go out to battle against their enemy, by whatever way Thou shalt send them, and they pray to the LORD toward the city which Thou hast chosen and the house which I have built for Thy name, **45** then hear in heaven their prayer and their supplication, and maintain their cause. **46** ¶ "When they sin against Thee (for there is no man who does not sin) and Thou art angry with them and dost deliver them to an enemy, so that they take them away captive to the

주께 간구하기를 ...하며(if)
/우리가 ─ 범죄하여
반역을 행하며
악을 지었나이다

48 /[만일]
[그들이] ─ 주께 돌아와서
/적국의 땅에서
/자기를 사로잡아 간
/온 마음과 온 뜻으로
주께 기도하거든(if)
/주께서 그들의 조상들에게 주신 땅
/곧 주께서 택하신 성읍과
/성전 있는 쪽을 향하여
/내가 — 건축한
/주의 이름을 위하여

49 /주는 ─ 들으시고
/계신 곳 하늘에서
/그들의 기도와 간구를
그들의 일을 돌아보시오며

50 /[주는] ─ 백성을 용서하시며
/주께 범죄한
허물을 사하시고
/주께 범한
/그 모든
그들로 불쌍히 여김을 얻게 하사
/그들을
/사로잡아 간 자 앞에서
그들을 불쌍히 여기게 하옵소서
/그 사람들로

51 //(이유: כִּי, for)
그들은 ─ 주의 백성[이 되고],
/주께서 - 애굽에서 인도하여 내신
/철 풀무 같은
주의 소유가 됨이니이다

52 /주는 ─ 원하건대 보시고
/눈을 들어
/종의 간구함과
/주의 백성 이스라엘의 간구함을

을 물론하고 적국의 땅으로 끌어간 후에 47 저희가 사
로잡혀 간 땅에서 스스로 깨닫고 그 사로잡은 자의 땅에
서 돌이켜 주께 간구하기를 우리가 범죄하여 패역을 행
하며 악을 지었나이다 하며 48 자기를 사로잡아 간 적
국의 땅에서 온 마음과 온 뜻으로 주께 돌아와서 주께서
그 열조에게 주신 땅 곧 주의 빼신 성과 내가 주의 이름
을 위하여 건축한 전 있는 편을 향하여 주께 기도하거든
49 주는 계신 곳 하늘에서 저희 기도와 간구를 들으시
고 저희의 일을 돌아보옵시며 50 주께 범죄한 백성을
용서하시며 주께 범한 그 모든 허물을 사하시고 저희를
사로잡아 간 자의 앞에서 저희로 불쌍히 여김을 얻게 하
사 그 사람들로 저희를 불쌍히 여기게 하옵소서 51 저
희는 주께서 철 풀무 같은 애굽에서 인도하여 내신 주의
백성, 주의 산업이 됨이니이다 52 원컨대 주는 눈을 들

land of the enemy, far off or near; 47 if they take
thought in the land where they have been taken captive,
and repent and make supplication to Thee in the land of
those who have taken them captive, saying, 'We have sinned
and have committed iniquity, we have acted wickedly';
48 if they return to Thee with all their heart and with
all their soul in the land of their enemies who have taken
them captive, and pray to Thee toward their land which Thou
hast given to their fathers, the city which Thou hast
chosen, and the house which I have built for Thy name;
49 then hear their prayer and their supplication in heaven
Thy dwelling place, and maintain their cause, 50 and forgive
Thy people who have sinned against Thee and all their
transgressions which they have transgressed against Thee,
and make them objects of compassion before those who have
taken them captive, that they may have compassion on
them 51 (for they are Thy people and Thine inheritance
which Thou hast brought forth from Egypt, from the

들으시옵소서
/주께 부르짖는 대로

53 //(이유: כִּי, for)
주 여호와여!
주께서——우리 조상을 인도하여 내실 때에
/애굽에서
주께서——그들을 구별하여
/세상 만민 가운데에서
/말씀하심 같이
/주의 종 모세를 통하여
주의 기업으로 삼으셨나이다

54 /솔로몬이——여호와께 아뢰기를 마치고
/무릎을 꿇고
/손을 펴서 하늘을 향하여
/이 기도와 간구로
여호와의 제단 앞에서 일어나

55 /[그가]——서서
축복하며
/큰 소리로
/이스라엘의 온 회중을 위하여
이르되
56 /여호와를 찬송할지로다
/그가——태평을 주셨으니
/말씀하신 대로
/그의 백성 이스라엘에게
/좋은 약속이—하나도 이루어지지 아니함이 없도다
/무릇 말씀하신
/그 종 모세를 통하여
/그 모든

57 /여호와께서——우리와 함께 계시옵고
/우리 하나님
/우리 조상들과 함께 계시던 것 같이
우리를 떠나지 마시오며
버리지 마시옵고

58 //(목적: ל, to)
주께로 향하여
/우리의 마음을

//(목적: ל, to)

왕상

어 종의 간구함과 주의 백성 이스라엘의 간구함을 보시
고 무릇 주께 부르짖는 대로 들으시옵소서 53 주 여호
와여 주께서 우리 조상을 애굽에서 인도하여 내실 때에
주의 종 모세로 말씀하심 같이 주께서 세상 만민 가운데
서 저희를 구별하여 주의 산업을 삼으셨나이다 54 솔로
몬이 무릎을 꿇고 손을 펴서 하늘을 향하여 이 기도와
간구로 여호와께 아뢰기를 마치고 여호와의 단 앞에서
일어나 55 서서 큰 소리로 이스라엘의 온 회중을 위하
여 축복하며 가로되 56 여호와를 찬송할지로다 저가 무
릇 허하신 대로 그 백성 이스라엘에게 태평을 주셨으니
그 종 모세를 빙자하여 무릇 허하신 그 선한 말씀이 하
나도 이루지 않음이 없도다 57 우리 하나님 여호와께서
우리 열조와 함께 계시던 것같이 우리와 함께 계시옵고
우리를 떠나지 마옵시며 버리지 마옵시고 58 우리의 마

midst of the iron furnace), 52 that Thine eyes may be
open to the supplication of Thy servant and to the supplication
of Thy people Israel, to listen to them whenever they
call to Thee. 53 "For Thou hast separated them from
all the peoples of the earth as Thine inheritance, as Thou
didst speak through Moses Thy servant, when Thou didst
bring our fathers forth from Egypt, O Lord GOD." 54
¶ And it came about that when Solomon had finished praying
this entire prayer and supplication to the LORD, he arose
from before the altar of the LORD, from kneeling on
his knees with his hands spread toward heaven. 55 And
he stood and blessed all the assembly of Israel with a
loud voice, saying, 56 "Blessed be the LORD, who has
given rest to His people Israel, according to all that He
promised; not one word has failed of all His good promise,
which He promised through Moses His servant. 57
"May the LORD our God be with us, as He was with
our fathers; may He not leave us or forsake us, 58 that

//(목적: ל, to)
행하게 하시오며
/그의 모든 길로

//(목적: ל, to)
지키게 하시기를 원하오며
/계명과 법도와 율례를
/우리 조상들에게 명령하신

59 /이 말씀이 — 주야로 가까이 있게 하시옵고
/내가 간구한 /우리 하나님 여호와께
/여호와 앞에서

/또
날마다 필요한 대로 돌아보사
/주의 종의 일과
/주의 백성 이스라엘의 일을

60 /이에
알게 하시기를 원하노라
/세상 만민에게
/여호와께서만 하나님이시고
/그 외에는 없는 줄을

61 /그런즉
너희의 마음을 온전히 바쳐
/우리 하나님 여호와께
/완전하게 하여

//(목적: ל, to)
그의 법도를 행하며
/오늘과 같이

//(목적: ל, to)
그의 계명을 지킬지어다

62 이에
왕과 및
이스라엘이 — 희생제물을 **드리니라**
/왕과 함께 한 /여호와 앞에
/다(=모든)

63 솔로몬이 — 희생제물을 **드렸으니**
/화목제의
/곧 여호와께 드린 소가 이만 이천 마리요
/양이 십이만 마리라

왕상

음을 자기에게로 향하여 그 모든 길로 행하게 하옵시며
우리 열조에게 명하신 계명과 법도와 율례를 지키게 하
시기를 원하오며
59 여호와의 앞에서 나의 간구한 이
말씀을 주야로 우리 하나님 여호와께 가까이 있게 하옵
시고 또 주의 종의 일과 주의 백성 이스라엘의 일을 날마
다 당하는 대로 돌아보사
60 이에 세상 만민에게 여호
와께서만 하나님이시고 그 외에는 없는 줄을 알게 하시
기를 원하노라
61 그런즉 너희 마음을 우리 하나님 여
호와와 화합하여 완전케 하여 오늘날과 같이 그 법도를
행하며 그 계명을 지킬지어다
62 이에 왕과 왕과 함께
한 이스라엘이 다 여호와 앞에 희생을 드리니라
63 솔
로몬이 화목제의 희생을 드렸으니 곧 여호와께 드린 소

He may incline our hearts to Himself, to walk in all His
ways and to keep His commandments and His statutes
and His ordinances, which He commanded our fathers.
59 "And may these words of mine, with which I have
made supplication before the LORD, be near to the
LORD our God day and night, that He may maintain
the cause of His servant and the cause of His people
Israel, as each day requires,
60 so that all the peoples
of the earth may know that the LORD is God; there is
no one else.
61 "Let your heart therefore be wholly
devoted to the LORD our God, to walk in His statutes
and to keep His commandments, as at this day."
62 ¶
Now the king and all Israel with him offered sacrifice
before the LORD.
63 And Solomon offered for the sacrifice
of peace offerings, which he offered to the LORD, 22,000
oxen and 120,000 sheep. So the king and all the sons

왕과
자손이 봉헌식을 **행하였는데**
/모든 이스라엘 /여호와의 성전의
/이와 같이

64 왕이 가운데를 **거룩히 구별하고**
/여호와의 성전 앞뜰
/그 날에

//(이유: כִּי, for)
[그가] ── 거기서 드렸으니
/번제와
/소제와
/감사제물의 기름을

//이는(이유: כִּי, for)
놋제단이 ── 작으므로
/여호와의 앞
── 다 용납할 수 없음이라
/번제물과
/소제물과
/화목제의 기름을

65 그 때에
솔로몬이 절기로 **지켰는데**
/십사 일간을
/칠 일과 칠 일 도합
/우리 하나님 여호와 앞에서

큰 회중이 (모여)**그와 함께 〈하였더니〉**
/온 이스라엘의
/하맛 어귀에서부터 애굽 강까지의

66 여덟째 날에
솔로몬이 백성을 **돌려보내매**

백성이 왕을 위하여 **축복하고**
자기 장막으로 **돌아가는데**
모든 은혜로 말미암아 **기뻐하며**
/여호와께서 ── 베푸신
/그의 종 다윗과
/그의 백성 이스라엘에게
마음에 **즐거워하였더라**

왕상

가 이만 이천이요 양이 십 이만이라 이와 같이 왕과 모
든 이스라엘 자손 이 여호와의 전의 낙성식을 행하였는
데 **64** 그 날에 왕이 여호와의 전 앞뜰 가운데를 거룩히
구별하고 거기서 번제와 소제와 감사제의 기름을 드렸으
니 이는 여호와의 앞 놋단이 작으므로 번제물과 소제물
과 화목제의 기름을 다 용납할 수 없음이라 **65** 그 때에
솔로몬이 칠일 칠일 합 십사 일을 우리 하나님 여호와
앞에서 절기로 지켰는데 하맛 어귀에서부터 애굽 하수까
지의 온 이스라엘의 큰 회중이 모여 저와 함께 하였더니
66 제팔일에 솔로몬이 백성을 돌려 보내매 백성이 왕을
위하여 축복하고 자기 장막으로 돌아가는데 여호와께서
그 종 다윗과 그 백성 이스라엘에게 베푸신 모든 은혜
를 인하여 기뻐하며 마음에 즐거워하였더라

of Israel dedicated the house of the LORD. **64** On the
same day the king consecrated the middle of the court
that was before the house of the LORD, because there
he offered the burnt offering and the grain offering and
the fat of the peace offerings; for the bronze altar that
was before the LORD was too small to hold the burnt offering
and the grain offering and the fat of the peace offerings.
65 So Solomon observed the feast at that time, and all Israel
with him, a great assembly from the entrance of Hamath
to the brook of Egypt, before the LORD our God, for
seven days and seven more days, even fourteen days.
66 On the eighth day he sent the people away and they
blessed the king. Then they went to their tents joyful
and glad of heart for all the goodness that the LORD
had shown to David His servant and to Israel His people.

9

1 솔로몬이 건축하기를 마치며
/여호와의 성전과 왕궁
모든 것을 마친 때에(when)
/자기가 이루기를 원하던
2 여호와께서 다시 솔로몬에게 **나타나사**
/전에 기브온에서 나타나심 같이

3 여호와께서 그에게 **이르시되**
/내가 — 들었은즉
/네 기도와
/네가 — 간구한 바를
/내 앞에서
/나는 — 이 성전을 거룩하게 구별하여
/네가 건축한
— 내 이름을 그 곳에 두며
/영원히
/내 눈길과
내 마음이 — 항상 있으리니
/거기에

4 /만일(אִם)
네가 — 내 앞에서 행하며
/네 아버지 다윗이 행함 같이
/마음을 온전히 하고
/바르게 하여

//(목적: לְ, to)
온갖 일에 순종하여
/내가 네게 명령한 대로

[네가] 내 법도와 율례를 지키면(if)

5 /[내가] — 영원히 견고하게 하려니와
/네 이스라엘의 왕위를
/내가 — 말하기를...한 대로
/네 아버지 다윗에게
/사람이 — 네게서 끊어지지 아니하리라
/이스라엘의 왕위에 오를

6 /만일(אִם)
너희나
자손이 — 아주 돌아서서
/너희의 /나를 따르지 아니하며

9:1 솔로몬이 여호와의 전과 왕궁 건축하기를 마치며
자기의 무릇 이루기를 원하던 일이 마친 때에 2 여
호와께서 전에 기브온에서 나타나심 같이 다시 솔로몬에
게 나타나사 3 저에게 이르시되 네가 내 앞에서 기도하
며 간구함을 내가 들었은즉 내가 너의 건축한 이 전을 거
룩하게 구별하여 나의 이름을 영영히 그곳에 두며 나의
눈과 나의 마음이 항상 거기 있으리니 4 네가 만일 네
아비 다윗의 행함같이 마음을 온전히 하고 바르게 하여
내 앞에서 행하며 내가 네게 명한 대로 온갖 것을 순종하
여 나의 법도와 율례를 지키면 5 내가 네 아비 다윗에게
허하여 이르기를 이스라엘 위에 오를 사람이 네게서 끊
어지지 아니하리라 한대로 너의 이스라엘의 왕위를 영원
히 견고하게 하려니와 6 만일 너희나 너희 자손이 아주
돌이켜 나를 좇지 아니하며 내가 너희 앞에 둔 나의 계명

9:1 ¶ Now it came about when Solomon had finished
building the house of the LORD, and the king's
house, and all that Solomon desired to do, 2 that the
LORD appeared to Solomon a second time, as He had
appeared to him at Gibeon. 3 And the LORD said to
him, "I have heard your prayer and your supplication,
which you have made before Me; I have consecrated
this house which you have built by putting My name
there forever, and My eyes and My heart will be there
perpetually. 4 "And as for you, if you will walk before
Me as your father David walked, in integrity of heart
and uprightness, doing according to all that I have
commanded you and will keep My statutes and My
ordinances, 5 then I will establish the throne of your kingdom
over Israel forever, just as I promised to your father
David, saying, 'You shall not lack a man on the throne

나의 계명과 법도를 지키지 아니하고
/내가 너희 앞에 둔
가서
다른 신을 섬겨
그것을 경배하면(if)

7 /내가 —— 이스라엘을 끊어 버릴 것이요
/내가 그들에게 준 땅에서
/[내가] —— 내 앞에서 던져버리리니
/이 성전이라도
/내가 — 거룩하게 구별한
/내 이름을 위하여

/이스라엘은 —— 될 것이며
/속담거리와
/이야기거리가
/모든 민족 가운데에서

8 /이 성전이 —— 높을지라도
/자마다 — 놀라며
/지나가는
— 비웃어 이르되 ...하면
/무슨 까닭으로
여호와께서 — 이같이 행하셨는고
/이 땅과
/이 성전에

9 /[그들이] —— 대답하기를 ...하리라
/그들이 — 그들의 하나님 여호와를 버리고
/애굽 땅에서 인도하여 내신
/그들의 조상들을
— 다른 신을 따라가서
— 그를 경배하여 섬기므로
/여호와께서 - 이 모든 재앙을 내리심이라 (하셨더라)
/그들에게

10 솔로몬이 건축하기를 **마치고**
/두 집
/곧 여호와의 성전과
/왕궁을
/이십 년 만에

11 [그가] 스무 곳을 히람에게 **주었으니**
/갈릴리 땅의 성읍

//이는(이유: כִּי, for)

과 법도를 지키지 아니하고 가서 다른 신을 섬겨 그것을
숭배하면 7 내가 이스라엘을 나의 준 땅에서 끊어 버릴
것이요 내 이름을 위하여 내가 거룩하게 구별한 이 전이
라도 내 앞에서 던져 버리리니 이스라엘은 모든 민족 가
운데 속담거리와 이야기거리가 될 것이며 8 이 전이 높
을지라도 무릇 그리로 지나가는 자가 놀라며 비웃어 가
로되 여호와께서 무슨 까닭으로 이 땅과 이 전에 이같이
행하셨는고 하면 9 대답하기를 저희가 자기 열조를 애
굽 땅에서 인도하여 내신 자기 하나님 여호와를 버리고
다른 신에게 부종하여 그를 숭배하여 섬기므로 여호와께
서 이 모든 재앙을 저희에게 내리심이라 하리라 하셨더
라 10 솔로몬이 두 집 곧 여호와의 전과 왕궁을 이십년
만에 건축하기를 마치고 11 갈릴리 땅의 성읍 이십을
히람에게 주었으니 이는 두로 왕 히람이 솔로몬에게 그

of Israel.' 6 "But if you or your sons shall indeed turn
away from following Me, and shall not keep My
commandments and My statutes which I have set before
you and shall go and serve other gods and worship them,
7 then I will cut off Israel from the land which I have
given them, and the house which I have consecrated for
My name, I will cast out of My sight. So Israel will
become a proverb and a byword among all peoples. 8
"And this house will become a heap of ruins; everyone
who passes by will be astonished and hiss and say, 'Why
has the LORD done thus to this land and to this house?'
9 "And they will say, 'Because they forsook the LORD
their God, who brought their fathers out of the land of Egypt,
and adopted other gods and worshiped them and served them,
therefore the LORD has brought all this adversity on them.'"
10 ¶ And it came about at the end of twenty years in

왕상

//이는(이유: כִּי, for)
히람이 ——— 솔로몬에게 제공하였음이라
/두로 왕 /백향목과
/잣나무와
/금을
/그 온갖 소원대로

12 히람이 두로에서 **와서**

//(목적: לְ, to)
성읍들을 보고
/솔로몬이 자기에게 준

[그가] **눈에 들지 아니하여**
13 **이르기를** ...하고
/내 형제여!
내게 준 이 성읍들이 이러한가

이름하여. . . 하였더니
/가불 땅이라

그 이름이 오늘까지 **있느니라**

14 히람이 왕에게 **보내었더라**
/금 일백이십 달란트를

15 까닭은 **이러하니**
/왕이 역군을 일으킨
/솔로몬

//(목적: לְ, to)[16]
건축하려 하였음이라
/여호와의 성전과
/자기 왕궁과
/밀로와
/예루살렘 성과
/하솔과
/므깃도와
/게셀을

16 바로가 **전에 올라와서**
/애굽 왕

게셀을 **탈취하여**
불사르고
가나안 사람을 **죽이고**
/그 성읍에 사는

16) 역군을 일으킨 목적

왕상

온갖 소원대로 백향목과 잣나무와 금을 지공하였음이라
12 히람이 두로에서 와서 솔로몬이 자기에게 준 성읍들
을 보고 눈에 들지 아니하여 13 이르기를 나의 형이여
내게 준 이 성읍들이 이러하뇨 하고 이름하여 가불 땅이
라 하였더니 그 이름이 오늘까지 있으니라 14 히람이
금 일백 이십 달란트를 왕에게 보내었더라 15 솔로몬
왕이 역군을 일으킨 까닭은 여호와의 전과 자기 궁과 밀
로와 예루살렘 성과 하솔과 므깃도와 게셀을 건축하려
하였음이라 16 전에 애굽 왕 바로가 올라와서 게셀을
탈취하여 불사르고 그 성에 사는 가나안 사람을 죽이고

which Solomon had built the two houses, the house of the LORD and the king's house
11 (Hiram king of Tyre had supplied Solomon with cedar and cypress timber and gold according to all his desire), then King Solomon gave Hiram twenty cities in the land of Galilee.
12 So Hiram came out from Tyre to see the cities which Solomon had given him, and they did not please him.
13 And he said, "What are these cities which you have given me, my brother?" So they were called the land of Cabul to this day.
14 And Hiram sent to the king 120 talents of gold.
15 ¶ Now this is the account of the forced labor which King Solomon levied to build the house of the LORD, his own house, the Millo, the wall of Jerusalem, Hazor, Megiddo, and Gezer.
16 For Pharaoh king of Egypt had gone up and captured Gezer, and burned it with fire, and killed the Canaanites who lived in the city, and had

그 성읍을 **주었더니**
/솔로몬의 아내에게
/자기 딸
/예물로

17 솔로몬이 **건축하고**
/게셀과
/아래 벧호론을
18 또 〈**건축하고**〉
/바알랏과
/그 땅의 들에 있는 다드몰과
19 /자기에게 있는 모든 국고성과
/병거성들과
/마병의 성들을

또
솔로몬이 **다 〈건축하였는데〉**
/예루살렘과
/레바논과
/건축하고자 하던 것을
/그가 다스리는 온 땅에

20-21
21 솔로몬이 노예로 **역군을 삼아**
20 /남아 있는 모든 사람[을]
/아모리 사람과
/헷 사람과
/브리스 사람과
/히위 사람과

/이스라엘 자손이 아닌

/여부스 사람 중
21 /곧 그들의 자손들을
/그 땅에 남아 있는
/이스라엘 자손이 다 멸하지 못하므로
/오늘까지(이르렀으되)

22 다만
솔로몬이 노예를 **삼지 아니하였으니**
/이스라엘 자손은

//(이유: כִּי, for)
그들은 ─ 군사와
─ 그 신하와
─ 고관과

왕상

그 성읍을 자기 딸 솔로몬의 아내에게 예물로 주었더니
17 솔로몬이 게셀과 아래 벧호론을 건축하고 18 또 바
알랏과 그 땅의 들에 있는 다드몰과 19 자기에게 있는
모든 국고성과 병거성들과 마병의 성들을 건축하고 솔로
몬이 또 예루살렘과 레바논과 그 다스리는 온 땅에 건축
하고자 하던 것을 다 건축하였는데 20 무릇 이스라엘
자손이 아닌 아모리 사람과 헷 사람과 브리스 사람과 히
위 사람과 여부스 사람의 남아있는 자 21 곧 이스라엘
자손이 다 멸하지 못하므로 그 땅에 남아 있는 그 자손
들을 솔로몬이 노예로 역군을 삼아 오늘까지 이르렀으되 22
오직 이스라엘 자손은 솔로몬이 노예를 삼지 아니하였으
니 저희는 군사와 그 신복과 방백과 대장이며 병거와 마

given it as a dowry to his daughter, Solomon's wife.
17 So Solomon rebuilt Gezer and the lower Beth-horon
18 and Baalath and Tamar in the wilderness, in the
land of Judah, 19 and all the storage cities which
Solomon had, even the cities for his chariots and the
cities for his horsemen, and all that it pleased Solomon
to build in Jerusalem, in Lebanon, and in all the land
under his rule. 20 As for all the people who were left
of the Amorites, the Hittites, the Perizzites, the Hivites
and the Jebusites, who were not of the sons of Israel,
21 their descendants who were left after them in the
land whom the sons of Israel were unable to destroy
utterly, from them Solomon levied forced laborers, even
to this day. 22 But Solomon did not make slaves of
the sons of Israel; for they were men of war, his servants,
his princes, his captains, his chariot commanders, and

대장이며
지휘관이 됨이었더라
/병거와 마병의

23 우두머리[가] 솔로몬에게 **있어**
/일을 감독하는
/오백오십 명(이)

일하는 백성을 **다스렸더라**

24 바로의 딸이 다윗 성에서부터 올라와
궁에 이를 때에(when)
/솔로몬이 그를 위하여 건축한
솔로몬이 밀로를 **건축하였더라**

25 솔로몬이 제단 위에 **드리고**
/여호와를 위하여 쌓은
/번제와 감사의 제물을
/해마다 세 번씩
또
제단에 **분향하니라**
/여호와 앞에 있는

이에
[그가] 성전 짓는 일을 **마치니라**

26 솔로몬 왕이 배들을 **지은지라**
/에시온게벨에서
/에돔 땅
/엘롯 근처
/홍해 물 가의

27 히람이 그 배로 **보내매**
/자기 종[을]
곧 바다에 익숙한 사공들을
/솔로몬의 종과 함께

28 그들이 오빌에 **이르러**
거기서 **얻고**
/금 사백이십 달란트를
솔로몬 왕에게로 **가져왔더라**

왕상

병의 장관이 됨이었더라 23 솔로몬에게 역사를 감독하
는 두목 오백오십 인이 있어 역사하는 백성을 다스렸더
라 24 바로의 딸이 다윗 성에서부터 올라와 솔로몬이
저를 위하여 건축한 궁에 이를 때에 솔로몬이 밀로를 건
축하였더라 25 솔로몬이 여호와를 위하여 쌓은 단 위에
해마다 세 번씩 번제와 감사제를 드리고 또 여호와 앞에
있는 단에 분향하니라 이에 전 역사가 마치니라 26 솔
로몬 왕이 에돔 땅 홍해 물가 엘롯 근처 에시온게벨에서
배들을 지은지라 27 히람이 자기 종 곧 바다에 익숙한
사공들을 솔로몬의 종과 함께 그 배로 보내매 28 저희
가 오빌에 이르러 거기서 금 사백 이십 달란트를 얻고 솔
로몬 왕에게로 가져왔더라

his horsemen. 23 ¶ These were the chief officers who
were over Solomon's work, five hundred and fifty, who
ruled over the people doing the work. 24 ¶ As soon as
Pharaoh's daughter came up from the city of David to
her house which Solomon had built for her, then he built
the Millo. 25 ¶ Now three times in a year Solomon
offered burnt offerings and peace offerings on the altar which
he built to the LORD, burning incense with them on the
altar which was before the LORD. So he finished the
house. 26 ¶ King Solomon also built a fleet of ships
in Ezion-geber, which is near Eloth on the shore of the
Red Sea, in the land of Edom. 27 And Hiram sent his
servants with the fleet, sailors who knew the sea, along
with the servants of Solomon. 28 And they went to
Ophir, and took four hundred and twenty talents of gold
from there, and brought it to King Solomon.

10

1 여왕이 솔로몬의 명성을 **듣고**
/스바의 /여호와의 이름으로 말미암은
와서

//(목적: ל, to)
그를 시험하고자 하여
/어려운 문제로

2 [그녀가] 예루살렘에 **이르니** ...었더라
/수행하는 자(가)[와 함께]
/심히 많(고)[은]
/낙타에 실[어서]
/향품과
/금과 보석을
/심히 많은

그가 솔로몬에게 **나아와**
다(모든 것을] **말하매**
/자기 마음에 있는 것을

3 솔로몬이 다(모든 것을) **대답하였으니**
/그가 묻는 말에

하나도 **없었더라**
/왕이 대답하지 못한 것이
/알지 못하여

4 여왕이 보고(when)
/스바의 /솔로몬의 모든 지혜와
/그 건축한 왕궁과
5 /그 상의 식물과
/그의 신하들의 좌석과
/그의 시종들이 시립한 것과
/그들의 관복과
/술 관원들과
/여호와의 성전에 올라가는 층계를
크게 **감동되어**

6 왕께 **말하되**
/소문이 사실이로다
/내가 내 나라에서 들은
/당신의 행위[에 대하여]와
/당신의 지혜에 대하여

왕상

10:1 스바 여왕이 여호와의 이름으로 말미암은 솔로몬의 명예를 듣고 와서 어려운 문제로 저를 시험코자 하여 **2** 예루살렘에 이르니 수원이 심히 많고 향품과 심히 많은 금과 보석을 약대에 실었더라 저가 솔로몬에게 나아와 자기 마음에 있는 것을 다 말하매 **3** 솔로몬이 그 묻는 말을 다 대답하였으니 왕이 은미하여 대답지 못한 것이 없었더라 **4** 스바 여왕이 솔로몬의 모든 지혜와 그 건축한 궁과 **5** 그 상의 식물과 그 신복들의 좌석과 그 신하들의 시립한 것과 그들의 공복과 술 관원들과 여호와의 전에 올라가는 층계를 보고 정신이 현황하여 **6** 왕께 고하되 내가 내 나라에서 당신의 행위와 당신의 지혜에 대하여 들은 소문이 진실하도다 **7** 내가 그 말

10:1 ¶ Now when the queen of Sheba heard about the fame of Solomon concerning the name of the LORD, she came to test him with difficult questions. **2**
So she came to Jerusalem with a very large retinue, with camels carrying spices and very much gold and precious stones. When she came to Solomon, she spoke with him about all that was in her heart. **3** And Solomon answered all her questions; nothing was hidden from the king which he did not explain to her. **4** When the queen of Sheba perceived all the wisdom of Solomon, the house that he had built, **5** the food of his table, the seating of his servants, the attendance of his waiters and their attire, his cupbearers, and his stairway by which he went up to the house of the LORD, there was no more spirit in her. **6** Then she said to the king, "It was a true report which I heard in my own land about your words and

7 /내가 ─┬ 그 말들을 믿지 아니하였더니
├ 이제 와서
└ 친히 본즉

/[보라]
말한 것은 절반도 못되니
/내게
/지혜와 복이 — 소문보다 더하도다
당신의 /내가 들은

8 /복되도다
당신의 사람들이여!
/복되도다
당신의 이 신하들이여!
/항상 당신 앞에 서서
/당신의 지혜를 들음이로다

9 /여호와를 송축할지로다
/당신의 하나님
/여호와께서[17)]
당신을 기뻐하사
이스라엘 왕위에 올리셨고
당신을 세워 왕으로 삼아...하셨도다

//(이유: בְּ, because)
여호와께서 — 이스라엘을 사랑하시므로
/영원히

//(목적: לְ, to)
정의와 공의를 행하게 하고

왕상

10 이에
그가 왕에게 **드렸으니**
/금 일백이십 달란트와
/심히 많은 향품과 보석을

많은 향품이 다시 **오지 아니하였더라**
/스바의 여왕이 - 솔로몬 왕에게 드린 것처럼

11 히람의 배들이 오빌에서 **운반하여 오매**
/금을 실어온 /많은 백단목과 보석을
/오빌에서부터

12 왕이 난간을 **만들고**
/여호와의 성전과 왕궁의
/백단목으로

17) 관계대명사, who, 선행사는 여호와

들을 믿지 아니하였더니 이제 와서 목도한즉 내게 말한 것은 절반도 못되니 당신의 지혜와 복이 나의 들은 소문에 지나도다 8 복되도다 당신의 사람들이여 복되도다 당신의 이 신복들이여 항상 당신의 앞에 서서 당신의 지혜를 들음이로다 9 당신의 하나님 여호와를 송축할지로다 여호와께서 당신을 기뻐하사 이스라엘 위에 올리셨고 여호와께서 영영히 이스라엘을 사랑하시므로 당신을 세워 왕을 삼아 공과 의를 행하게 하셨도다 하고 10 이에 저가 금 일백 이십 달란트와 심히 많은 향품과 보석을 왕께 드렸으니 스바 여왕이 솔로몬 왕께 드린 것처럼 많은 향품이 다시 오지 아니하였더라 11 (오빌에서부터 금을 실어 온 히람의 배들이 오빌에서 많은 백단목과 보석을 운반하여 오매 12 왕이 백단목으로 여호와의 전과 왕궁의 난간을 만들고 또 노래하는 자를 위하여 수금과 비파

your wisdom. 7 "Nevertheless I did not believe the reports, until I came and my eyes had seen it. And behold, the half was not told me. You exceed in wisdom and prosperity the report which I heard. 8 "How blessed are your men, how blessed are these your servants who stand before you continually and hear your wisdom. 9 "Blessed be the LORD your God who delighted in you to set you on the throne of Israel; because the LORD loved Israel forever, therefore He made you king, to do justice and righteousness." 10 And she gave the king a hundred and twenty talents of gold, and a very great amount of spices and precious stones. Never again did such abundance of spices come in as that which the queen of Sheba gave King Solomon. 11 ¶ And also the ships of Hiram, which brought gold from Ophir, brought in from Ophir a very great number of almug trees and precious stones. 12 And the king made of the almug trees supports for the house of the LORD and for the king's house, also lyres

또
수금과 비파를 **만들었으니**
/노래하는 자를 위하여

백단목은 /이같은
온 일이 **없었고**
/전에도
보지 못하였더라
/오늘까지도

13 솔로몬 왕이
주니
/또 그의 소원대로 구하는 것을
/물건을 준 것 외에
/스바의 여왕에게
/왕의 규례대로

이에
그가
본국으로 **돌아갔더라**
/그의 신하들과 함께

14 무게가
/세입금의
금 **육백육십육 달란트요**
15 /그 외에 또 가져온(지라)
/상인들과
/무역하는 객상과
/아라비아의 모든 왕들과
/나라의 고관들에게서도

16 솔로몬 왕이
큰 방패를 **만들었으니**
/이백 개[의]
/쳐서 늘인 금으로
/매 방패에 든 금이 육백 세겔이며

17 또
[그가]
작은 방패를 **만들었으니**
/삼백 개[의]
/쳐서 늘인 금으로
/매 방패에 든 금이 삼 마네라

왕이
이것들을 **두었더라**
/레바논 나무 궁에

18 또
왕이
큰 보좌를 **만들고**
/상아로
정금으로 **입혔으니**

19 여섯 층계가
그 보좌에는 **있고**

왕상

를 만들었으니 이같은 백단목은 전에도 온 일이 없었고
오늘까지도 보지 못하였더라) 13 솔로몬 왕이 왕의 규
례대로 스바 여왕에게 물건을 준 외에 또 저의 소원대로
무릇 구하는 것을 주니 이에 저가 그 신복들로 더불어
본국으로 돌아갔더라 14 솔로몬의 세입금의 중수가 육
백 륙십 륙 금 달란트요 15 그 외에 또 상고와 무역하
는 객상과 아라비아 왕들과 나라의 방백들에게서도 가져
온지라 16 솔로몬 왕이 쳐서 늘인 금으로 큰 방패 이백
을 만들었으니 매 방패에 든 금이 육백 세겔이며 17 또
쳐서 늘인 금으로 작은 방패 삼백을 만들었으니 매 방패
에 든금이 삼 마네라 왕이 이것들을 레바논 나무 궁에
두었더라 18 왕이 또 상아로 큰 보좌를 만들고 정금으

and harps for the singers; such almug trees have not
come in again, nor have they been seen to this day. 13
¶ And King Solomon gave to the queen of Sheba all
her desire which she requested, besides what he gave
her according to his royal bounty. Then she turned and
went to her own land together with her servants. 14 ¶
Now the weight of gold which came in to Solomon in
one year was 666 talents of gold, 15 besides that from
the traders and the wares of the merchants and all the
kings of the Arabs and the governors of the country.
16 And King Solomon made 200 large shields of beaten
gold, using 600 shekels of gold on each large shield.
17 And he made 300 shields of beaten gold, using three
minas of gold on each shield, and the king put them in
the house of the forest of Lebanon. 18 Moreover, the
king made a great throne of ivory and overlaid it with refined

둥근 머리가 보좌 뒤에 **있고**
팔걸이가 양쪽에는 **있고**
/앉는 자리
사자가 하나씩 **서 있으며**
/팔걸이 곁에는

20 또
열두 사자가 **있어**
/좌우편에 서 있으니
/그 여섯 층계
만든 것이 어느 나라에도 **없었더라**
/이같이

21 그릇은 다 **금이요**
/솔로몬 왕이 마시는

그릇들도 다 **정금이라**
/레바논 나무 궁의

은 기물이 **없으니**
<아무도> 은을 **귀히 여기지 아니함은**
/솔로몬의 시대에

22 왕이 바다에 **두어**
/다시스 배들을
함께 있게 하고
/히람의 배와
그 다시스 배로 **실어 왔음이더라**
/금과 은과
/상아와 원숭이와 공작을
/삼 년에 한 번씩

23 재산과 지혜가 그 어느 왕보다 **큰지라**
/솔로몬 왕의 /세상의

24 사람들이 다 **보기 원하여**
/온 세상 /그의 얼굴을

//(목적: ל, to)
지혜를 들으며
/하나님께서 - 주신
/솔로몬의 마음에

25 그들이 각각 예물을 **가지고 왔으니**
/곧 은 그릇과 금 그릇과
/의복과 갑옷과

로 입혔으니 **19** 그 보좌에는 여섯 층계가 있고 보좌 뒤에 둥근 머리가 있고 앉는 자리 양편에는 팔걸이가 있고 팔걸이 곁에는 사자가 하나씩 섰으며 **20** 또 열두 사자가 있어 그 여섯층계 좌우편에 섰으니 아무 나라에도 이같이 만든 것이 없었더라 **21** 솔로몬 왕의 마시는 그릇은 다 금이요 레바논 나무 궁의 그릇들도 다 정금이라 은 기물이 없으니 솔로몬의 시대에 은을 귀히 여기지 아니함은 **22** 왕이 바다에 다시스 배들을 두어 히람의 배와 함께 있게 하고 그 다시스 배로 삼년에 일차씩 금과 은과 상아와 잔나비와 공작을 실어 왔음이더라 **23** 솔로몬 왕의 재산과 지혜가 천하 열왕보다 큰지라 **24** 천하가 다 하나님께서 솔로몬의 마음에 주신 지혜를 들으며

gold. **19** There were six steps to the throne and a round top to the throne at its rear, and arms on each side of the seat, and two lions standing beside the arms. **20** And twelve lions were standing there on the six steps on the one side and on the other; nothing like it was made for any other kingdom. **21** And all King Solomon's drinking vessels were of gold, and all the vessels of the house of the forest of Lebanon were of pure gold. None was of silver; it was not considered valuable in the days of Solomon. **22** For the king had at sea the ships of Tarshish with the ships of Hiram; once every three years the ships of Tarshish came bringing gold and silver, ivory and apes and peacocks. **23** ¶ So King Solomon became greater than all the kings of the earth in riches and in wisdom. **24** And all the earth was seeking the presence of Solomon, to hear his wisdom which God had put in his heart.

/향품과 말과 노새라
/해마다 그리(하였더라)[18]

26 솔로몬이 병거와 마병을 **모으매**

병거가 **천사백 대요**
마병이 **만이천 명이라**

[그가] 병거성에도 **두고**
예루살렘 왕에게도 **두었으며**

27 왕이 은을 **흔하게 하고**
/돌 같이
/예루살렘에서
백향목을 많게 **하였더라**
/평지의 뽕나무 같이

28 말들은 애굽에서 **들여왔으니**
/솔로몬의
상인들이 값주고 **산 것이며**
/왕의

29 병거는 한 대에 은 **육백 세겔이요**
/애굽에서 들여온

말은 한 필에 **백오십 세겔이라**

[그들이] 그것들을 **되팔기도 하였더라**
/헷 사람의 모든 왕과
/아람 왕들에게
/이와 같이

11

1 솔로몬 왕이 바로의 딸 외에 **사랑하였으니**
/이방의 많은 여인을
/곧 모압과
암몬과
에돔과
시돈과
헷 여인이라

18) so much every year(NIV, NASB,NRSV)

왕상

그 얼굴을 보기 원하여 25 각기 예물을 가지고 왔으니
곧 은 그릇과 금 그릇과 의복과 갑옷과 향품과 말과 노
새라 해마다 정한 수가 있었더라 26 솔로몬이 병거와
마병을 모으매 병거가 일천 사백이요 마병이 일만 이천
이라 병거성에도 두고 예루살렘 왕에게도 두었으며 27
왕이 예루살렘에서 은을 돌같이 흔하게 하고 백향목을
평지의 뽕나무 같이 많게 하였더라 28 솔로몬의 말들은
애굽에서 내어왔으니 왕의 상고들이 떼로 정가하여 산
것이며 29 애굽에서 내어 올린 병거는 하나에 은 육백
세겔이요 말은 일백 오십 세겔이라 이와 같이 헷 사람의
모든 왕과 아람 왕들을 위하여도 그 손으로 내어왔더라
11:1 솔로몬 왕이 바로의 딸 외에 이방의 많은 여인을
사랑하였으니 곧 모압과 암몬과 에돔과 시돈과 헷
여인이라 2 여호와께서 일찍이 이 여러 국민에게 대하여

25 And they brought every man his gift, articles of
silver and gold, garments, weapons, spices, horses, and mules,
so much year by year. 26 ¶ Now Solomon gathered chariots
and horsemen; and he had 1,400 chariots and 12,000
horsemen, and he stationed them in the chariot cities
and with the king in Jerusalem. 27 And the king made
silver as common as stones in Jerusalem, and he made cedars
as plentiful as sycamore trees that are in the lowland.
28 Also Solomon's import of horses was from Egypt
and Kue, and the king's merchants procured them from
Kue for a price. 29 And a chariot was imported from
Egypt for 600 shekels of silver, and a horse for 150;
and by the same means they exported them to all the
kings of the Hittites and to the kings of the Arameans. 1 Kings
11:1 ¶ Now King Solomon loved many foreign
women along with the daughter of Pharaoh: Moabite,
Ammonite, Edomite, Sidonian, and Hittite women, 1 Kings

2 여호와께서 **일찍이 말씀하시기를** ...하셨으나
/이스라엘 자손에게
/이 여러 백성에 대하여
/너희는 —— 서로 통혼하지 말며
/그들도 —— 너희와 서로 통혼하게 하지 말라
/그들이 ┬ 반드시 너희의 마음을 돌려
└ 그들의 신들을 따르게 하리라

솔로몬이 그들을 **사랑하였더라**

3 왕은 후궁이 **칠백 명이요**
첩이 **삼백 명이라**

여인들이 왕의 마음을 **돌아서게 하였더라**
/그의

4 //이는(이유: ˀ, for)
나이가 — 많을 때에(when)
/솔로몬의
여인들이 — 그의 마음을 돌려 ...하였으므로
/그의 /다른 신들을 따르게
/왕의 마음이 — 온전하지 못하였으니
/그의 하나님 여호와 앞에
/다윗의 마음과 같지 아니하여
/그의 아버지

5 이는(이유: ˀ, for)
[그가] ┬ 아스다롯을 따르고
/시돈 사람의 여신
└ 가증한 밀곰을 따름이라
/암몬 사람의

6 솔로몬이 악을 **행하여**
/여호와의 눈앞에서
온전히 따르지 아니하고
/다윗이 —— 여호와를 따름같이
/그의 아버지

7 [솔로몬이] 산당을 **지었고**
/예루살렘 앞 산에
/가증한 그모스를 위하여
/모압의

또
그와 같이 **하였으며**
/가증한 몰록을 위하여
/암몬 자손의

이스라엘 자손에게 말씀하시기를 너희는 서로 통하게 말
라 저희가 정녕코 너희의 마음을 돌이켜 저희의 신들을
좇게 하리라 하셨으나 솔로몬이 저희를 연애하였더라 3
왕은 후비가 칠백 인이요 빈장이 삼백 인이라 왕비들이
왕의 마음을 돌이켰더라 4 솔로몬의 나이 늙을 때에 왕
비들이 그 마음을 돌이켜 다른 신들을 좇게 하였으므로
왕의 마음이 그 부친 다윗의 마음과 같지 아니하여 그 하
나님 여호와 앞에 온전치 못하였으니 5 이는 시돈 사람
의 여신 아스다롯을 좇고 암몬 사람의 가증한 밀곰을 좇
음이라 6 솔로몬이 여호와의 눈 앞에서 악을 행하여 그
부친 다윗이 여호와를 온전히 좇음같이 좇지 아니하고 7
모압의 가증한 그모스를 위하여 예루살렘 앞 산에 산당

2 from the nations concerning which the LORD had
said to the sons of Israel, "You shall not associate with
them, neither shall they associate with you, for they will
surely turn your heart away after their gods." Solomon
held fast to these in love. 3 And he had seven hundred
wives, princesses, and three hundred concubines, and his
wives turned his heart away. 4 For it came about when
Solomon was old, his wives turned his heart away after other
gods; and his heart was not wholly devoted to the LORD
his God, as the heart of David his father had been. 5
For Solomon went after Ashtoreth the goddess of the
Sidonians and after Milcom the detestable idol of the
Ammonites. 6 And Solomon did what was evil in the
sight of the LORD, and did not follow the LORD fully,
as David his father had done. 7 Then Solomon built a
high place for Chemosh the detestable idol of Moab, on

8 또
그가 그와 같이 **한지라**
/그의 이방 여인들을 위하여
/다(=모든)

그들이 자기의 신들에게 **분향하며 제사하였더라**

9 여호와께서 그에게 **진노하시니라**

//(이유: כִּי, for)
솔로몬이 ─ 마음을 돌려
└ 여호와를 떠나므로
/이스라엘의 하나님

여호와께서 그에게 **일찍이 나타나시고**
/두 번이나
10 이 일에 대하여 **명령하사** ...하셨으나
/다른 신을 따르지 말라

그가 여호와의 명령을 **지키지 않았으므로**

11 여호와께서 솔로몬에게 **말씀하시되**
/내가 ─ 이 나라를 반드시 빼앗아
/네게서
└ 네 신하에게 주리라

//(이유: יַעַן, because)
네게 이러한 일이 있었고

//또(이유, 계속)
네가 ─ 지키지 아니하였으니
/내 언약과
/법도를
/내가 네게 명령한
12 /그러나
[내가] ─ 이 일을 행하지 아니하고
/네 세대에는
/네 아버지 다윗을 위하여
└ 네 아들의 손에서 빼앗으려니와

13 /내가 ─ 오직 빼앗지 아니하고
/이 나라를 다

을 지었고 또 암몬 자손의 가증한 몰록을 위하여 그와
같이 하였으며 8 저가 또 이족 후비들을 위하여 다 그와
같이 한지라 저희가 자기의 신들에게 분향하며 제사하였
더라 9 솔로몬이 마음을 돌이켜 이스라엘 하나님 여호
와를 떠나므로 여호와께서 저에게 진노하시니라 여호와
께서 일찍이 두 번이나 저에게 나타나시고 10 이 일에
대하여 명하사 다른 신을 좇지 말라 하셨으나 저가 여호
와의 명령을 지키지 않았으므로 11 여호와께서 솔로몬
에게 말씀하시되 네게 이러한 일이 있었고 또 네가 나의
언약과 내가 네게 명한 법도를 지키지 아니하였으니 내
가 결단코 이 나라를 네게서 빼앗아 네 신복에게 주리라
12 그러나 네 아비 다윗을 위하여 네 세대에는 이 일을
행치 아니하고 네 아들의 손에서 빼앗으려니와 13 오직
내가 이 나라를 다 빼앗지 아니하고 나의 종 다윗과 나

the mountain which is east of Jerusalem, and for Molech
the detestable idol of the sons of Ammon. 8 Thus also
he did for all his foreign wives, who burned incense and
sacrificed to their gods. 9 ¶ Now the LORD was angry
with Solomon because his heart was turned away from
the LORD, the God of Israel, who had appeared to him
twice, 10 and had commanded him concerning this
thing, that he should not go after other gods; but he did
not observe what the LORD had commanded. 11 So
the LORD said to Solomon, "Because you have done
this, and you have not kept My covenant and My statutes,
which I have commanded you, I will surely tear the kingdom
from you, and will give it to your servant. 12 "Nevertheless
I will not do it in your days for the sake of your father
David, but I will tear it out of the hand of your son.
13 "However, I will not tear away all the kingdom,
but I will give one tribe to your son for the sake of My
servant David and for the sake of Jerusalem which I

└한 지파를 주리라 (하셨더라)
/네 아들에게
/내 종 다윗[을 위하여]과
/내가 택한 예루살렘을 위하여

14 여호와께서 — 하닷을 **일으켜** ...하시니
/에돔 사람
/솔로몬의 대적이 되게

그는 — 왕의 **자손으로서**
에돔에 **거하였더라**

15 다윗이 — 에돔에 전에 있을 때에(when)
요압이 — **가서**
/군대 지휘관
죽임을 당한 자들을 **장사하고**
쳐서 죽였는데
/에돔의 남자를 다

16 요압은 — 그 곳에 **머물렀더라**
/에돔의 남자를 다 없애기까지
/이스라엘 무리와 함께
/여섯 달 동안

17 그 때에(while)
하닷은 — 작은 아이라(상황절)
몇몇과 함께 **도망하여**
/에돔 사람
/그의 아버지 신하 중

//(목적: ל, to)
애굽으로 가려 하여

18 [그가] — 미디안을 **떠나**
바란에 **이르고**
거기서 사람을 **데리고**
애굽으로 **가서**
바로에게 **나아가매**
/애굽 왕
바로가 — 집과 먹을 양식을 **주며**
/그에게
또
토지를 **주었더라**

19 하닷이 — 크게 은총을 **얻었으므로**
/바로의 눈 앞에

//(결과: so...that)

왕상

의 뺀 예루살렘을 위하여 한 지파를 네 아들에게 주리라
하셨더라 14 여호와께서 에돔 사람 하닷을 일으켜 솔로
몬의 대적이 되게 하시니 저는 왕의 자손으로서 에돔에
거하였더라 15 전에 다윗이 에돔에 있을 때에 군대 장
관 요압이 가서 죽임을 당한 자들을 장사하고 에돔의 남
자를 다 쳐서 죽였는데 16 요압은 에돔의 남자를 다 없
이 하기까지 이스라엘 무리와 함께 여섯 달을 그 곳에
유하였었더라 17 그 때에 하닷은 작은 아이라 그 아비
의 신복 중 두어 에돔 사람과 함께 도망하여 애굽으로
가려 하여 18 미디안에서 발행하여 바란에 이르고 거기
서 사람을 데리고 애굽으로 가서 애굽 왕 바로에게 나아
가매 바로가 저에게 집을 주고 먹을 양식을 정하며 또

have chosen." 14 ¶ Then the LORD raised up an
adversary to Solomon, Hadad the Edomite; he was of
the royal line in Edom. 15 For it came about, when
David was in Edom, and Joab the commander of the
army had gone up to bury the slain, and had struck down
every male in Edom 16 (for Joab and all Israel stayed
there six months, until he had cut off every male in
Edom), 17 that Hadad fled to Egypt, he and certain Edomites
of his father's servants with him, while Hadad was a
young boy. 18 And they arose from Midian and came
to Paran; and they took men with them from Paran and
came to Egypt, to Pharaoh king of Egypt, who gave him

//(결과: so...that)
바로가 ── 그의 아내로 삼으매
/자기의 처제
/곧 왕비 다브네스의 아우를

20 아우가 아들 그누밧을 **낳았더니**
/다브네스의 /그로 말미암아

다브네스가 그 아이를 **젖을 떼게 하매**
/바로의 궁중에서

그누밧이 바로의 아들 가운데 **있었더라**
/바로의 궁에서

21 하닷이 듣고(when)
/애굽에 있어서
/다윗이 그의 조상들과 함께 잔 것과
/군대 지휘관 요압이 죽은 것을
바로에게 **아뢰되**
/[당신은] ── 나를 보내어 ..하옵소서

//(목적: ㄱ, that...may)
내 고국으로 가게

22 바로가 그에게 **이르되**
/네가 ── 무슨 부족함이 있기에?
/나와 함께 있어
네 고국으로 가기를 구하느냐

[그가] **대답하되** ...하였더라
/없나이다
/그러나
아무쪼록 나를 보내옵소서

23 또
하나님이 르손을 **일으켜** ...하시니
/엘리아다의 아들
/솔로몬의 대적자가 되게

그는 하닷에셀에게서 **도망한 자라**
/그의 주인
/소바 왕

24 다윗이 소바 사람을 죽일 때에(when)

왕상

토지를 주었더라 **19** 하닷이 바로의 눈앞에 크게 은총을
얻었으므로 바로가 자기의 처제 곧 왕비 다브네스의 아
우로 저의 아내를 삼으매 **20** 다브네스의 아우가 그로
말미암아 아들 그누밧을 낳았더니 다브네스가 그 아이를
바로의 궁중에서 젖을 떼게 하매 그누밧이 바로의 궁에
서 바로의 아들 가운데 있었더라 **21** 하닷이 애굽에 있
어서 다윗이 그 열조와 함께 잔 것과 군대 장관 요압의
죽은 것을 듣고 바로에게 고하되 나를 보내어 내 고국으
로 가게 하옵소서 **22** 바로가 저에게 이르되 네가 나와
함께 있어 무슨 부족함이 있기에 네 고국으로 가기를 구
하느뇨 대답하되 없나이다 그러나 아무쪼록 나를 보내옵
소서 하였더라 **23** 하나님이 또 엘리아다의 아들 르손을
일으켜 솔로몬의 대적이 되게 하시니 저는 그 주인 소바
왕 하닷에셀에게서 도망한 자라 **24** 다윗이 소바 사람을

a house and assigned him food and gave him land. **19**
Now Hadad found great favor before Pharaoh, so that
he gave him in marriage the sister of his own wife, the
sister of Tahpenes the queen. **20** And the sister of
Tahpenes bore his son Genubath, whom Tahpenes weaned
in Pharaoh's house; and Genubath was in Pharaoh's
house among the sons of Pharaoh. **21** But when Hadad
heard in Egypt that David slept with his fathers, and
that Joab the commander of the army was dead, Hadad
said to Pharaoh, "Send me away, that I may go to my
own country." **22** Then Pharaoh said to him, "But
what have you lacked with me, that behold, you are
seeking to go to your own country?" And he answered,
"Nothing; nevertheless you must surely let me go." **23**
¶ God also raised up another adversary to him, Rezon
the son of Eliada, who had fled from his lord Hadadezer

르손이	사람들을 자기에게 **모으고** 그 무리의 괴수가 **되어** 다메섹으로 **가서** **살다가** 거기서 왕이 **되었더라**
25 르손이	이스라엘을 **대적하고** /솔로몬의 일평생에 /하닷이 끼친 환난 외에
	미워하였더라 /[이스라엘을]
	수리아 왕이 **되어**
26 또한 여로보암이 /솔로몬의 신하 /느밧의 아들	손을 **들어** /왕을 대적하였으니[19]
그는	**스레다 사람이요** /에브라임 족속인
이름은 /그의 어머니의	**스루아이니** /과부더라
27 까닭은 /그가--손을 들어 /왕을 대적하는	**이러하니라**
솔로몬이	밀로를 **건축하고** 성읍이[의] 무너진 것을 **수축하였는데** /그의 아버지 다윗의
28 여로보암은 /이 사람	**큰 용사라**
솔로몬이	이 청년의 부지런함을 보고(when) **세워. . . 감독하게 하였더니** /요셉 족속의 일을
29 그 즈음에(상황절) 여로보암이 아히야가 /선지자 /실로 사람	예루살렘에서 나갈 때에(when) 길에서 그를 **만나니**

19) against the king

왕상

죽일 때에 르손이 사람들을 모으고 그 떼의 괴수가 되며 다메섹으로 가서 웅거하고 거기서 왕이 되었더라 **25** 솔로몬의 일평생에 하닷의 끼친 환난 외에 르손이 수리아 왕이 되어 이스라엘을 대적하고 미워하였더라 **26** 솔로몬의 신복 느밧의 아들 여로보암이 또한 손을 들어 왕을 대적하였으니 저는 에브라임 족속인 스레다 사람이요 그 어미의 이름은 스루아니 과부더라 **27** 저가 손을 들어 왕을 대적하는 까닭은 이러하니라 솔로몬이 밀로를 건축하고 그 부친 다윗의 성의 무너진 것을 수축하였는데 **28** 이 사람 여로보암은 큰 용사라 솔로몬이 이 소년의 부지런함을 보고 세워 요셉 족속의 역사를 감독하게 하였더니 **29** 그 즈음에 여로보암이 예루살렘에서 나갈 때

king of Zobah. **24** And he gathered men to himself and became leader of a marauding band, after David slew them of Zobah; and they went to Damascus and stayed there, and reigned in Damascus. **25** So he was an adversary to Israel all the days of Solomon, along with the evil that Hadad did; and he abhorred Israel and reigned over Aram. **26** ¶ Then Jeroboam the son of Nebat, an Ephraimite of Zeredah, Solomon's servant, whose mother's name was Zeruah, a widow, also rebelled against the king. **27** Now this was the reason why he rebelled against the king: Solomon built the Millo, and closed up the breach of the city of his father David. **28** Now the man Jeroboam was a valiant warrior, and when Solomon saw that the young man was industrious, he appointed him over all the forced labor of the house of Joseph. **29** And it came about at that time, when Jeroboam went out of Jerusalem, that the prophet Ahijah the Shilonite found him on the road. Now Ahijah had clothed himself

아히야가 새 의복을 **입었고**
그 두 사람만 들에 **있었더라**

30 아히야가 새 옷을 **잡**아
/자기가 입은
열두 조각으로 **찢고**
31 여로보암에게 **이**르되
/너는 — 열 조각을 가지라

//(이유: כִּי, for)
여호와의 — [이같이] 말씀이
/이스라엘의 하나님

/내가 — 이 나라를 찢어[20]
/솔로몬의 손에서
— 빼앗아
— 열 지파를 네게 주고
32 /[내가] — 한 지파를 솔로몬에게 주리니
/오직 내 종 다윗을 위하고
/택한 성읍 예루살렘을 위하여
/이스라엘 모든 지파 중에서

33 //이는(이유: יַעַן, because)
그들이 — 나를 버리고
— 경배하며
/아스다롯과
/시돈 사람의 여신
/그모스와
/모압의 신
/밀곰을
/암몬 자손의 신
— 내 길로 행하지 아니하며
/행하지 아니함이니라
/나 보기에 정직한 일과
/내 법도와
/내 율례를
/다윗이 행함 같지 아니하여
/그의 아버지

34 /그러나
내가 — 온 나라를 빼앗지 아니하고
/그의 손에서

20) 말씀하신 내용, 39절까지.

왕상

에 실로 사람 선지자 아히야가 길에서 저를 만나니 아히
야가 새 의복을 입었고 그 두 사람만 들에 있었더라 **30**
아히야가 그 입은 새 옷을 잡아 열두 조각에 찢고 **31**
여로보암에게 이르되 너는 열 조각을 취하라 이스라엘
하나님 여호와의 말씀이 내가 이 나라를 솔로몬의 손에
서 찢어 빼앗아 열 지파를 네게 주고 **32** 오직 내 종 다
윗을 위하고 이스라엘 모든 지파 중에서 뺀 성 예루살렘
을 위하여 한 지파를 솔로몬에게 주리니 **33** 이는 저희
가 나를 버리고 시돈 사람의 여신 아스다롯과 모압의 신
그모스와 암몬 자손의 신 밀곰을 숭배하며 그 아비 다윗
의 행함 같지 아니하여 내 길로 행치 아니하며 나 보기
에 정직한 일과 나의 법도와 나의 율례를 행치 아니함이
니라 **34** 그러나 내가 뺀 내 종 다윗이 내 명령과 내 법
도를 지켰으므로 내가 저를 위하여 솔로몬의 생전에는

with a new cloak; and both of them were alone in the
field. **30** Then Ahijah took hold of the new cloak which
was on him, and tore it into twelve pieces. **31** And he
said to Jeroboam, "Take for yourself ten pieces; for
thus says the LORD, the God of Israel, 'Behold, I will
tear the kingdom out of the hand of Solomon and give
you ten tribes **32** (but he will have one tribe, for the
sake of My servant David and for the sake of Jerusalem,
the city which I have chosen from all the tribes of Israel),
33 because they have forsaken Me, and have worshiped
Ashtoreth the goddess of the Sidonians, Chemosh the
god of Moab, and Milcom the god of the sons of Ammon;
and they have not walked in My ways, doing what is
right in My sight and observing My statutes and My
ordinances, as his father David did. **34** 'Nevertheless I
will not take the whole kingdom out of his hand, but I
will make him ruler all the days of his life, for the sake
of My servant David whom I chose, who observed My

주관하게 하려니와
/솔로몬의 생전에는
/내 종 다윗(이)[을] (그를) 위하여
/내가 택한
/내 명령과 내 법도를 지켰으므로

35 /내가 ── 나라를 빼앗아
/그의 아들의 손에서
그 열 지파를 네게 줄 것이요

36 /내가 ── 한 지파를 주어서 ...하리라
/그의 아들에게는

//(목적: לְ, to)
다윗이 ── 항상 등불을 가지고 있게
/내 종 /내 앞에
/택한 성읍 예루살렘에서
/내가 ─ 내 이름을 두고자 하여
/거기에

37 /내가 ── 너를 취하리니
/너는 ── 네 마음에 원하는 대로 다스려
이스라엘 위에 왕이 되되

38 /만일(אִם)
네가 ── 모든 일에 순종하고
/내가 명령한
내 길로 행하며
합당한 일을 하며
/내 눈에
내 율례와 명령을 지키면(if)
/내 종 다윗이 행함 같이
내가 ── 너와 함께 있어
내가 ── 견고한 집을 세우고
/너를 위하여
/다윗을 위하여 세운 것 같이
이스라엘을 네게 주리라

39 /내가 ── 괴롭게 할 것이나
/다윗의 자손을
/이로 말미암아
영원히 하지는 아니하리라
(하셨느니라 한지라)

40 이러므로
솔로몬이 여로보암을 **죽이려 하매**

왕상

온 나라를 그 손에서 빼앗지 아니하고 주관하게 하려니
와 **35** 내가 그 아들의 손에서 나라를 빼앗아 그 열 지
파를 네게 줄 것이요 **36** 그 아들에게는 내가 한 지파를
주어서 내가 내 이름을 두고자 하여 택한 성 예루살렘에
서 내 종 다윗에게 한 등불이 항상 내 앞에 있게 하리라
37 내가 너를 취하리니 너는 무릇 네 마음에 원하는 대
로 다스려 이스라엘 위에 왕이 되되 **38** 네가 만일 내가
명한 모든 일에 순종하고 내 길로 행하며 내 눈에 합당한
일을 하며 내 종 다윗의 행함같이 내 율례와 명령을 지키
면 내가 너와 함께 있어 내가 다윗을 위하여 세운 것같이
너를 위하여 견고한 집을 세우고 이스라엘을 네게 주리
라 **39** 내가 이로 인하여 다윗의 자손을 괴롭게 할터이

commandments and My statutes; **35** but I will take the
kingdom from his son's hand and give it to you, even
ten tribes. **36** 'But to his son I will give one tribe,
that My servant David may have a lamp always before
Me in Jerusalem, the city where I have chosen for Myself
to put My name. **37** 'And I will take you, and you
shall reign over whatever you desire, and you shall be
king over Israel. **38** 'Then it will be, that if you listen
to all that I command you and walk in My ways, and
do what is right in My sight by observing My statutes
and My commandments, as My servant David did, then
I will be with you and build you an enduring house as
I built for David, and I will give Israel to you. **39**
'Thus I will afflict the descendants of David for this,

여로보암이 **일어나**
애굽으로 **도망하여**
시삭에게 **이르러**
/애굽 왕
애굽에 **있으니라**
/솔로몬이 죽기까지

41 남은 사적과
/솔로몬의
모든 일과
/그의 행한
그의 지혜는 — **기록되지 아니하였느냐**
/솔로몬의 실록에

42 날 수가 — **사십 년이라**
/솔로몬이 — 다스린
/예루살렘에서
/온 이스라엘을

43 솔로몬이 — 그의 조상들과 함께 **자매**
다윗의 성읍에 **장사되고**
/그의 아버지

르호보암이 대신하여 **왕이 되니라**
/그의 아들

12

1 르호보암이 세겜으로 **갔으니**

//이는(이유: כִּי, for)
온 이스라엘이 — 세겜에 이르렀음이더라

//(목적: לְ, to)
그를 왕으로 삼고자 하여

2 여로보암이 (그)소문을 듣고(when)
/느밧의 아들 /이제
/애굽에 있는 중에
/전에 솔로몬 왕의 얼굴을 피하여[21)]
/애굽으로 도망하여 여전히 있었더니

왕상

21) 애굽을 수식함

나 영원히 하지는 아니하리라 하셨느니라 한지라 **40** 이
러므로 솔로몬이 여로보암을 죽이려 하매 여로보암이 일
어나 애굽으로 도망하여 애굽 왕 시삭에게 이르러 솔로
몬의 죽기까지 애굽에 있으니라 **41** 솔로몬의 남은 사적
과 무릇 저의 행한 일과 그 지혜는 솔로몬의 행장에 기
록되지 아니하였느냐 **42** 솔로몬이 예루살렘에서 온 이
스라엘을 다스린 날수가 사십 년이라 **43** 솔로몬이 그
열조와 함께 자매 그 부친 다윗의 성에 장사되고 그 아
들 르호보암이 대신하여 왕이 되니라
12:1 르호보암이 세겜으로 갔으니 이는 온 이스라
엘이 저로 왕을 삼고자 하여 세겜에 이르렀음이
더라 **2** 느밧의 아들 여로보암이 전에 솔로몬 왕의 얼굴
을 피하여 애굽으로 도망하여 있었더니 이제 그 소문을
듣고 오히려 애굽에 있는 중에 **3** 무리가 보내어 저를 불

but not always.'" **40** Solomon sought therefore to put
Jeroboam to death; but Jeroboam arose and fled to Egypt
to Shishak king of Egypt, and he was in Egypt until the
death of Solomon. **41** ¶ Now the rest of the acts of Solomon
and whatever he did, and his wisdom, are they not written
in the book of the acts of Solomon? **42** Thus the time
that Solomon reigned in Jerusalem over all Israel was
forty years. **43** And Solomon slept with his fathers and
was buried in the city of his father David, and his son
Rehoboam reigned in his place.
12:1 ¶ Then Rehoboam went to Shechem, for all
Israel had come to Shechem to make him king. **2**
Now it came about when Jeroboam the son of Nebat
heard of it, that he was living in Egypt (for he was yet

3 무리가 사람을 **보내**
그를 **불렀더라**

여로보암과 ─┐
온 회중이 ──┴── **와서**
/이스라엘의

르호보암에게 **말하여 이르되**
4 /아버지가 ── 무겁게 하였으나
/왕의 /우리의 멍에를
/왕은 ──── 이제 가볍게 하소서
/고역과
/왕의 아버지가 우리에게 시킨
/메운 무거운 멍에를

//그리하시면(결과)
우리가 왕을 섬기겠나이다

5 르호보암이 **대답하되** ...하매
/[너희는] ─┬─ 갔다가
└─ 다시 내게로 오라
/삼 일 후에

백성이 **가니라**

6 르호보암 왕이 의논하여 **이르되**
/노인들과
/그 앞에 모셨던
/그의 아버지 솔로몬의 생전에
/너희는 ── 어떻게 충고하여 하겠느냐?
/이 백성에게 대답하게

7 [그들이] **대답하여 이르되**
/만일(אִם)
왕이 ──┬─ 오늘 섬기는 자가 되어
/이 백성을
├─ 그들을 섬기고
└─ 좋은 말로 대답하여 이르시면(if)
그들이 ── 왕의 종이 되리이다 하나
/영원히

8 왕이 노인들이 자문하는 것을 **버리고**
어린 사람들과 **의논하여**
/자기 앞에 모셔 있는
/자기와 함께 자라난

렀더라 여로보암과 이스라엘의 온 회중이 와서 르호보암
에게 고하여 가로되 4 왕의 부친이 우리의 멍에를 무겁
게 하였으나 왕은 이제 왕의 부친이 우리에게 시킨 고역
과 메운 무거운 멍에를 가볍게 하소서 그리하시면 우리
가 왕을 섬기겠나이다 5 르호보암이 대답하되 갔다가 삼
일 후에 다시 내게로 오라 하매 백성이 가니라 6 르호보
암 왕이 그 부친 솔로몬의 생전에 그 앞에 모셨던 노인들
과 의논하여 가로되 너희는 어떻게 교도하여 이 백성에
게 대답하게 하겠느뇨 7 대답하여 가로되 왕이 만일 오
늘날 이 백성의 종이 되어 저희를 섬기고 좋은 말로 대답
하여 이르시면 저희가 영영히 왕의 종이 되리이다 하나
8 왕이 노인의 교도하는 것을 버리고 그 앞에 모셔 있는

in Egypt, where he had fled from the presence of King
Solomon). 3 Then they sent and called him, and Jeroboam
and all the assembly of Israel came and spoke to Rehoboam,
saying, 4 "Your father made our yoke hard; now
therefore lighten the hard service of your father and his heavy
yoke which he put on us, and we will serve you." 5
Then he said to them, "Depart for three days, then
return to me." So the people departed. 6 ¶ And King
Rehoboam consulted with the elders who had served his
father Solomon while he was still alive, saying, "How
do you counsel me to answer this people?" 7 Then they
spoke to him, saying, "If you will be a servant to this
people today, will serve them, grant them their petition,
and speak good words to them, then they will be your servants
forever." 8 But he forsook the counsel of the elders
which they had given him, and consulted with the young

9 **이르되**
/너희는 ── 어떻게 자문하여?
이 백성에게 대답하게 하겠느냐?
/백성이[22)]
내게 말하기를 ...하였느니라
/멍에를 가볍게 하라
/왕의 아버지가 우리에게 메운

22) 관계 대명사, 선행사는 백성

10 소년들이 /함께 자라난
왕께 **아뢰어 이르되**
/이 백성들이 ─ 왕께 아뢰기를 ...하였은즉
/왕의 부친이 우리의 멍에를 무겁게 하였으나
/왕은 우리를 위하여 가볍게 하라
/왕은 ── 대답하기를
/내 손가락이 ── 굵으니
/새끼 /내 아버지의 허리보다
11 /아버지께서 ── 무거운 멍에를 메게 하였으나
/내 /너희에게
/나는 ── 더욱 무겁게 할지라
/너희의 멍에를
/이제(whereas)
/아버지는 ─ 너희를 징계하였으나
/내 /채찍으로
/나는 ── 너희를 징계하리라 (하소서)
/전갈 채찍으로

12 여로보암과 모든 백성이 ── 르호보암에게 **나아왔으니**
/삼 일 만에

//이는(이유: כַּאֲשֶׁר, as)
왕이 ── 명령하여 이르기를 ...하였음이라
/삼 일 만에 내게로 다시 오라

13 왕이
백성에게 **대답할새**
/포학한 말로
노인의 자문을 **버리고**
14 그들에게 말하여 **이르되**
/어린 사람들의 자문을 따라
/아버지는 ── 무겁게 하였으나
/내 /너희의 멍에를
/나는 ── 더욱 무겁게 할지라
/너희의 멍에를

왕상

자기와 함께 자라난 소년들과 의논하여 9 가로되 너희
는 어떻게 교도하여 이 백성에게 대답하게 하겠느뇨 백
성이 내게 말하기를 왕의 부친이 우리에게 메운 멍에를
가볍게 하라 하였느니라 10 함께 자라난 소년들이 왕께
고하여 가로되 이 백성들이 왕께 소하기를 왕의 부친이
우리의 멍에를 무겁게 하였으나 왕은 우리를 위하여 가
볍게 하라 하였은즉 왕은 대답하기를 나의 새끼 손가락
이 내 부친의 허리보다 굵으니 11 내 부친이 너희로 무
거운 멍에를 메게 하였으나 이제 나는 너희의 멍에를 더
욱 무겁게 할지라 내 부친은 채찍으로 너희를 징치(懲治)
하였으나 나는 전갈로 너희를 징치하리라 하소서 12 삼
일 만에 여로보암과 모든 백성이 르호보암에게 나아왔으
니 이는 왕이 명하여 이르기를 삼 일 만에 내게로 다시
오라 하였음이라 13 왕이 포학한 말로 백성에게 대답할
새 노인의 교도(教導)를 버리고 14 소년의 가르침을 좇
아 저희에게 고하여 가로되 내 부친은 너희의 멍에를 무

men who grew up with him and served him. 9 So he
said to them, "What counsel do you give that we may answer
this people who have spoken to me, saying, 'Lighten
the yoke which your father put on us'?" 10 And the
young men who grew up with him spoke to him, saying,
"Thus you shall say to this people who spoke to you,
saying, 'Your father made our yoke heavy, now you
make it lighter for us!' But you shall speak to them,
My little finger is thicker than my father's loins! 11
'Whereas my father loaded you with a heavy yoke, I
will add to your yoke; my father disciplined you with
whips, but I will discipline you with scorpions.'" 12 ¶
Then Jeroboam and all the people came to Rehoboam
on the third day as the king had directed, saying, "Return
to me on the third day." 13 And the king answered the
people harshly, for he forsook the advice of the elders
which they had given him, 14 and he spoke to them
according to the advice of the young men, saying, "My

/아버지는 —— 너희를 징계하였으나
/내 /채찍으로
/나는 ——— 너희를 징치하리라 (하니라)
/전갈 채찍으로

15 왕이 이같이 **듣지 아니하였으니**
/백성의 말을

//(이유: כִּי, for)
이 일은 여호와께로 말미암아 난 것이라

//(목적: לְ, to)
말씀을 이루게 하심이더라
/여호와께서 — 전에 하신 말씀을
/여로보암에게
/느밧의 아들
/실로 사람 아히야로

16 온 이스라엘이 보고(when)
/왕이—— 듣지 아니함을
/자기들의 말을
왕에게 **대답하여 이르되**
/우리가 다윗과 무슨 관계가 있느냐
/이새의 아들에게서 받을 유산이 없도다
/이스라엘아
너희의 장막으로 돌아가라
/다윗이여
이제 너는 네 집이나 돌아보라 하고

이스라엘이 그 장막으로 **돌아가니라**

17 그러나
르호보암이 그들의 **왕이 되었더라**
/이스라엘 자손에게는
/유다 성읍들에 사는

18 르호보암 왕이 아도람을 **보냈더니**
/역꾼의 감독
온 이스라엘이 그를 **쳐**
/돌로
죽인지라

르호보암 왕이 **급히**

//(목적: לְ; to)

겁게 하였으나 나는 너희의 멍에를 더욱 무겁게 할지라
내 부친은 채찍으로 너희를 징치하였으나 나는 전갈로
너희를 징치하리라 하니라 **15** 와이 이같이 백성의 말을
듣지 아니하였으니 이 일은 여호와께로 말미암아 난 것
이라 여호와께서 전에 실로 사람 아히야로 느밧의 아들
여로보암에게 고한 말씀을 응하게 하심이더라 **16** 온 이
스라엘이 자기들의 말을 왕이 듣지 아니함을 보고 왕에
게 대답하여 가로되 우리가 다윗과 무슨 관계가 있느뇨
이새의 아들에게서 업이 없도다 이스라엘아 너희의 장막
으로 돌아가라 다윗이여 이제 너는 네 집이나 돌아보라
하고 이스라엘이 그 장막으로 돌아가니라 **17** 그러나 유
다 성읍들에 사는 이스라엘 자손에게는 르호보암이 그
왕이 되었더라 **18** 르호보암 왕이 역군의 감독 아도니람
을 보내었더니 온 이스라엘이 저를 돌로 쳐 죽인지라 르

father made your yoke heavy, but I will add to your
yoke; my father disciplined you with whips, but I will
discipline you with scorpions." **15** So the king did not listen
to the people; for it was a turn of events from the LORD,
that He might establish His word, which the LORD
spoke through Ahijah the Shilonite to Jeroboam the son
of Nebat. **16** ¶ When all Israel saw that the king did
not listen to them, the people answered the king, saying,
"What portion do we have in David? We have no inheritance
in the son of Jesse; To your tents, O Israel! Now look
after your own house, David!" So Israel departed to their
tents. **17** But as for the sons of Israel who lived in the
cities of Judah, Rehoboam reigned over them. **18** Then
King Rehoboam sent Adoram, who was over the forced

//(목적: ל; to)
수레에 올라

//(목적: ל, to)
예루살렘으로 도망하였더라

19 이에
이스라엘이 다윗의 집을 **배반하여** ...이르렀더라
/오늘까지

20 이스라엘이 여로보암이 돌아왔다 함을 **듣고**
/온
사람을 **보내**
그를 공회로 **청하여**
왕으로 **삼았으니**
/온 이스라엘의
따르는 자가 **없으니라**
/다윗의 집을 /유다 지파 외에는

21 르호보암이 예루살렘에 **이르러**
모으니
/유다 온 족속과
/베냐민 지파를

택한 용사가 **십팔만 명이라**
/이스라엘 족속과 싸워(=싸우기 위해)
/나라를 회복하여(=회복하기 위해)
/르호보암에게 돌리려 하더니(=돌리기 위해)
/솔로몬의 아들

22 말씀이 스마야에게 **임하여 이르시되**...(하신지라)
/하나님의 /하나님의 사람
23 /[너는] — 말하여 이르기를
/유다 왕 르호보암과
/솔로몬의 아들
/유다와 베냐민 온 족속과
/또 그 남은 백성에게

24 /여호와[가](의) — 말씀이...하셨다 하라[23)]
/너희는 ┬ 올라가지 말라
├ 이스라엘 자손과 싸우지 말고
│ /너희 형제
└ 각기 집으로 돌아가라

23) 23절, 말하여 이르다의 내용인 수식부

//(이유: כִּי, for)

호보암 왕이 급히 수레에 올라 예루살렘으로 도망하였더
라 19 이에 이스라엘이 다윗의 집을 배반하여 오늘날까
지 이르렀더라 20 온 이스라엘이 여로보암의 돌아왔다
함을 듣고 보내어 저를 공회로 청하여다가 온 이스라엘
의 왕을 삼았으니 유다 지파 외에는 다윗의 집을 좇는
자가 없으니라 21 르호보암이 예루살렘에 이르러 유다
온 족속과 베냐민 지파를 모으니 택한 용사가 십팔만이
라 이스라엘 족속과 싸워 나라를 회복하여 솔로몬의 아
들 르호보암에게 돌리려 하더니 22 하나님의 말씀이 하
나님의 사람 스마야에게 임하여 가라사대 23 솔로몬의
아들 유다 왕 르호보암과 유다와 베냐민 온 족속과 또
그 남은 백성에게 고하여 이르기를 24 여호와의 말씀이
너희는 올라가지 말라 너희 형제 이스라엘 자손과 싸우
지 말고 각기 집으로 돌아가라 이 일이 내게로 말미암아

labor, and all Israel stoned him to death. And King Rehoboam
made haste to mount his chariot to flee to Jerusalem.
19 So Israel has been in rebellion against the house of
David to this day. 20 And it came about when all Israel
heard that Jeroboam had returned, that they sent and
called him to the assembly and made him king over all Israel.
None but the tribe of Judah followed the house of David.
21 ¶ Now when Rehoboam had come to Jerusalem, he
assembled all the house of Judah and the tribe of Benjamin,
180,000 chosen men who were warriors, to fight against
the house of Israel to restore the kingdom to Rehoboam
the son of Solomon. 22 But the word of God came to
Shemaiah the man of God, saying, 23 "Speak to Rehoboam
the son of Solomon, king of Judah, and to all the house

//(이유: כִּי, for)
이 일이--나로 말미암아 난 것 이라
(하신지라)

그들이 여호와의 말씀을 **듣고**
그 말씀을 따라 **돌아 갔더라**

25 여로보암이 세겜을 **건축하고**
/에브라임 산지에
거기서 **살며**
또
거기서 **나가서**
부느엘을 **건축하고**

26 [그가] 스스로 **이르기를**
/그의 마음에
/나라가 —— 이제 돌아가리로다
/다윗의 집으로

27 /만일(אִם)
이 백성이 —— 올라가면(if)
/여호와의 성전에
/예루살렘에 있는

//(목적: לְ, to)
제사를 드리고자 하여

마음이 —— 르호보암에게로 돌아가서
/이 백성의 /그들의 주
/유다 왕 된
[그들이] —— 나를 죽이고
르호보암에게로 돌아가리로다 하고
/유다의 왕

28 이에
[그 왕이] **계획하고**
두 금송아지를 **만들고**
무리에게 **말하기를**...하고
/너희가 —— 다시는 올라갈 것이 없도다
/예루살렘에
/이스라엘아!
이는 —— 너희의 신들이라
/너희를 인도하여 올린
/애굽 땅에서

왕상

난 것이라 하셨다 하라 하신지라 저희가 여호와의 말씀
을 듣고 그 말씀을 좇아 돌아갔더라 **25** 여로보암이 에
브라임 산지에 세겜을 건축하고 거기서 살며 또 거기서
나가서 부느엘을 건축하고 **26** 그 마음에 스스로 이르기
를 나라가 이제 다윗의 집으로 돌아가리로다 **27** 만일
이 백성이 예루살렘에 있는 여호와의 전에 제사를 드리
고자 하여 올라가면 이 백성의 마음이 유다 왕 된 그 주
르호보암에게로 돌아가서 나를 죽이고 유다 왕 르호보암
에게로돌아가리로다 하고 **28** 이에 계획하고 두 금송아
지를 만들고 무리에게 말하기를 너희가 다시는 예루살렘
에 올라갈 것이 없도다 이스라엘아 이는 너희를 애굽 땅
에서 인도하여 올린 너희 신이라 하고 **29** 하나는 벧엘

of Judah and Benjamin and to the rest of the people,
saying, **24** 'Thus says the LORD, "You must not go
up and fight against your relatives the sons of Israel;
return every man to his house, for this thing has come
from Me."'" So they listened to the word of the LORD,
and returned and went their way according to the word
of the LORD. **25** ¶ Then Jeroboam built Shechem in
the hill country of Ephraim, and lived there. And he
went out from there and built Penuel. **26** And Jeroboam
said in his heart, "Now the kingdom will return to the
house of David. **27** "If this people go up to offer
sacrifices in the house of the LORD at Jerusalem, then
the heart of this people will return to their lord, even to
Rehoboam king of Judah; and they will kill me and
return to Rehoboam king of Judah." **28** So the king
consulted, and made two golden calves, and he said to

29 [그가] 벧엘에 **두고**
하나는 단에 **둔지라**

30 이 일이 죄가 **되었으니**

//이는(이유: כִּי, for)
백성들이 — 단까지 가서 경배함이더라
/그 하나에게

31 또
그가 산당들을 **짓고**
제사장을 **삼고**
/보통 백성으로
/레위 자손 아닌

32 [여로보암이] 절기를 **정하여**...하고
/여덟째 달[를]
/곧 그 달 열다섯째 날로
/유다의 절기와 비슷하게

제단에 **올라가되**
벧엘에서 그와 같이 **행하여**
제사를 **드렸으며**
/그가 만든 송아지에게

제사장을 **세웠더라**
/그가 지은 산당의
/벧엘에서

33 그가 제단에 **[올라갔다]**
/벧엘에 쌓은
/곧 여덟째 달 열다섯째 날로
/자기 마음대로 정한 달

절기로 **정하고**
/이스라엘 자손을 위하여

올라가서

//(목적: ל, to)
분향하였더라

에 두고 하나는 단에 둔지라 30 이 일이 죄가 되었으니
이는 백성들이 단까지 가서 그 하나에게 숭배함이더라
31 저가 또 산당들을 짓고 레위 자손 아닌 보통 백성으
로 제사장을 삼고 32 팔 월 곧 그 십오 일로 절기를 정
하여 유다의 절기와 비슷하게 하고 단에 올라가되 벧엘
에서 그와 같이 행하여 그 만든 송아지에게 제사를 드렸
으며 그 지은 산당의 제사장은 벧엘에서 세웠더라 33
저가 자기 마음대로 정한 달 곧 팔 월 십오 일로 이스라
엘 자손을 위하여 절기로 정하고 벧엘에 쌓은 단에 올라
가서 분향하였더라

them, "It is too much for you to go up to Jerusalem;
behold your gods, O Israel, that brought you up from
the land of Egypt." 29 And he set one in Bethel, and
the other he put in Dan. 30 Now this thing became a
sin, for the people went to worship before the one as
far as Dan. 31 And he made houses on high places,
and made priests from among all the people who were
not of the sons of Levi. 32 And Jeroboam instituted a
feast in the eighth month on the fifteenth day of the
month, like the feast which is in Judah, and he went up
to the altar; thus he did in Bethel, sacrificing to the
calves which he had made. And he stationed in Bethel
the priests of the high places which he had made. 33
Then he went up to the altar which he had made in
Bethel on the fifteenth day in the eighth month, even in
the month which he had devised in his own heart; and
he instituted a feast for the sons of Israel, and went up
to the altar to burn incense.

왕상

13

1 보라
(그 때에)
사람이 유다에서부터 **이르니**
/하나님의 /여호와의 말씀으로 말미암아
/벧엘에
/마침(while)
여로보암이 제단 곁에 서서 분향하는지라

2 사람이 **외쳐**
/하나님의 /제단을 향하여
/여호와의 말씀으로
이르되
/제단아 제단아
/여호와께서 — 말씀하시기를 ..하셨느니라
/이와 같이
/[보라]
아들을 낳으리니
/다윗의 집에
/요시야라 이름하는
/그가 — 제물로 바칠 것이요
/산당 제사장을
/네 위에 분향하는
/네 위에서

/또
사람의 뼈를 사르리라
/네 위에서
(하셨느니라 하고)

3 /그가 —— 징조를 들어 이르되
/그 날에
/이는 여호와께서 말씀하신 징조라
/제단이 갈라지며
/그 위에 있는 재가 쏟아지리라 하매

4 여로보암 왕이 들을 때에(when)
/하나님의 사람이— 외쳐 말함을
/제단을 향하여
/벧엘에 있는

[여로보암이] 손을 **펴며**
/제단에서
/그를 잡으라 [말]하더라[24)]

24) 말하면서(saying)

13:1 때에 하나님의 사람이 여호와의 말씀으로 인하
여 유다에서 부터 벧엘에 이르니 마침 여로보암이
단 곁에 서서 분향하는지라 2 하나님의 사람이 단을 향
하여 여호와의 말씀으로 외쳐 가로되 단아 단아 여호와
께서 말씀하시기를 다윗의 집에 요시야라 이름하는 아들
을 낳으리니 저가 네 위에 분향하는 산당 제사장을 네 위
에 제사할 것이요 또 사람의 뼈를 네 위에 사르리라 하셨
느니라 하고 3 그 날에 저가 예조(豫兆)를 들어 가로되
이는 여호와의 말슴하신 예조라 단이 갈라지며 그 위에
있는 재가 쏟아지리라 하매 4 여로보암 왕이 하나님의
사람의 벧엘에 있는 단을 향하여 외쳐 말함을 들을 때에
단에서 손을 펴며 저를 잡으라 하더라 저를 향하여 편 손

13:1 ¶ Now behold, there came a man of God from
Judah to Bethel by the word of the LORD, while
Jeroboam was standing by the altar to burn incense. 2
And he cried against the altar by the word of the LORD,
and said, "O altar, altar, thus says the LORD, 'Behold,
a son shall be born to the house of David, Josiah by
name; and on you he shall sacrifice the priests of the
high places who burn incense on you, and human bones
shall be burned on you.'" 3 Then he gave a sign the
same day, saying, "This is the sign which the LORD
has spoken, 'Behold, the altar shall be split apart and
the ashes which are on it shall be poured out.'" 4 Now
it came about when the king heard the saying of the
man of God, which he cried against the altar in Bethel,
that Jeroboam stretched out his hand from the altar,
saying, "Seize him." But his hand which he stretched

손이 **말라**
/그를 향하여 편
다시 **거두지 못하며**
5 제단이 **갈라지며**
/징조대로
/하나님의 사람이 여호와의 말씀으로 보인

재가 제단에서 **쏟아진지라**

6 왕이 하나님의 사람에게 **말하여**
이르되
/청하건대(please)
너는 ── 은혜를 구하여
/나를 위하여
/네 하나님 여호와께
└ 기도하라
/내 손이 다시 성하게

사람이 여호와께 은혜를 **구하니**
/하나님의

왕의 손이 다시 **성하도록**
전과 같이 **되니라**

7 왕이 하나님의 사람에게 **이르되**
/[너는] ── 나와 함께 집에 가서
└ [몸을] 쉬라
/내가 ── 네게 예물을 주리라

8 사람이 왕께 **대답하되** ...하고
/하나님의
/[만일](אִם)
왕께서 ── 내게 준다 할지라도(if)
/왕의 집 절반을
나는 ── 들어가지도 아니하고
/왕과 함께
떡도 먹지 아니하고
/이 곳에서는
└ 물도 마시지 아니하리니

9 //이는 곧(이유: כִּי, for)
내게 명령하여 이르시기를...하셨음이니이다
/여호와의 말씀이[으로]
/떡도 먹지 말며
/물도 마시지 말고
/왔던 길로 되돌아가지 말라

왕상

이 말라 다시 거두지 못하며 **5** 하나님의 사람의 여호와
의 말씀으로 보인 예조대로 단이 갈라지며 재가 단에서
쏟아진지라 **6** 왕이 하나님의 사람에게 말하여 가로되
청컨대 너는 나를 위하여 네 하나님 여호와께 은혜를 구
하여 내 손으로 다시 성하게 기도하라 하나님의 사람이
여호와께 은혜를 구하니 왕의 손이 다시 성하여 전과 같
이 되니라 **7** 왕이 하나님의 사람에게 이르되 나와 함께
집에 가서 몸을 쉬라 내가 네게 예물을 주리라 **8** 하나님
의 사람이 왕께 대답하되 왕께서 왕의 집 절반으로 내게
준다 할지라도 나는 왕과 함께 들어가지도 아니하고 이
곳에서는 떡도 먹지 아니하고 물도 마시지 아니하리니 **9**
이는 곧 여호와의 말씀이 내게 명하여 이르시기를 떡도

out against him dried up, so that he could not draw it
back to himself. **5** The altar also was split apart and
the ashes were poured out from the altar, according to
the sign which the man of God had given by the word
of the LORD. **6** And the king answered and said to the
man of God, "Please entreat the LORD your God, and
pray for me, that my hand may be restored to me." So
the man of God entreated the LORD, and the king's
hand was restored to him, and it became as it was before.
7 Then the king said to the man of God, "Come home
with me and refresh yourself, and I will give you a
reward." **8** But the man of God said to the king, "If
you were to give me half your house I would not go
with you, nor would I eat bread or drink water in this
place. **9** "For so it was commanded me by the word
of the LORD, saying, 'You shall eat no bread, nor drink

10 이에
[그가] 다른 길로 **가고**
되돌아가지도 아니하니라
/자기가 벧엘에 오던 길로

11 한 선지자가 벧엘에 **살더니**
/늙은

그의 아들들이 **와서**
모든 일을 그에게 **말하고**
/하나님의 사람이 이 날에 벧엘에서 행한
또
그들이 그들의 아버지에게 **말한지라**
/그가 왕에게 드린 말씀도

12 아버지가 그들에게 **이르되** ...하니
/그들의 /그가 어느 길로 가더냐

아들들이 **보았음이라**
/그의 /하나님의 사람의 간 길을
/유다에서부터 온

13 그가 그의 아들들에게 **이르되**
/나귀에 안장을 지우라
/나를 위하여

그들이 나귀에 **안장을 지우니**
그가 **타고**

왕상

14 [그가] 뒤따라 **가서**
/하나님의 사람을
앉은 것을 **보고**
/상수리나무 아래에
이르되
/그대가 — 하나님의 사람이냐?
/유다에서 온

[그가] **대답하되**
/그러하다

15 그가 그 사람에게 **이르되**
/나와 함께 집으로 가서 떡을 먹으라

먹지 말며 물도 마시지 말고 왔던 길로 도로 가지도 말라
하셨음이니이다 하고 **10** 이에 다른 길로 가고 자기가
벧엘에 오던 길로 좇아 돌아가지 아니하니라 **11** 벧엘에
한 늙은 선지자가 살더니 그 아들들이 와서 이 날에 하나
님의 사람이 벧엘에서 행한 모든 일을 저에게 고하고 또
그가 왕에게 고한 말씀도 저희가 그 아비에게 고한지라
12 그 아비가 저희에게 이르되 그가 어느 길로 가더냐
하니 그 아들들이 유다에서부터 온 하나님의 사람의 간
길을 보았음이라 **13** 저가 그 아들들에게 이르되 나를
위하여 나귀에 안장을 지우라 저희가 나귀에 안장을 지
우니 저가 타고 **14** 하나님의 사람의 뒤를 좇아가서 상
수리나무 아래 앉은 것을 보고 이르되 그대가 유다에서
온 하나님의 사람이뇨 대답하되 그러하다 **15** 저가 그
사람에게 이르되 나와 함께 집으로 가서 떡을 먹으라

water, nor return by the way which you came.'" **10** So
he went another way, and did not return by the way
which he came to Bethel. **11** ¶ Now an old prophet
was living in Bethel; and his sons came and told him
all the deeds which the man of God had done that day
in Bethel; the words which he had spoken to the king,
these also they related to their father. **12** And their
father said to them, "Which way did he go?" Now his
sons had seen the way which the man of God who came
from Judah had gone. **13** Then he said to his sons,
"Saddle the donkey for me." So they saddled the donkey
for him and he rode away on it. **14** So he went after
the man of God and found him sitting under an oak;
and he said to him, "Are you the man of God who
came from Judah?" And he said, "I am." **15** Then he
said to him, "Come home with me and eat bread." **16**

16 [그가] **대답하되**
/나는 ─ 돌아가지도 못하겠고
/그대와 함께
└ 들어가지도 못하겠으며
/그대와 함께
/내가 ─ 이 곳에서 떡도 먹지 아니하고
/그대와 함께
└ 물도 마시지 아니하리니

17 //이는(이유: כִּי, for)
내게 이르시기를 ...하셨음이로다
/여호와의 말씀이
/네가 ─ 거기서 떡도 먹지 말고
└ 물도 마시지 말며
/또
네가 ─ 오던 길로 되돌아가지도 말라

18 그가 그 사람에게 **이르되**
/나도 ─ 선지자라
/그대와 같은
/천사가 ─ 내게 이르기를 ...하였느니라
/여호와의 말씀으로
/[너는] ─ 그를 돌아가서
/네 집으로 데리고
─ 그에게 떡을 먹이고
─ 물을 마시게 하라 (하니)

[그러나]
이는 그 사람을 **속임이라**

19 이에
그 사람이 그와 함께 **돌아가서**
떡을 **먹으며**
/그의 집에서
물을 **마시니라**

20 그들이 상 앞에 앉아 있을 때에(while)
말씀이 선지자에게 **임하니**
/여호와의 /그 사람을 데려온

21 그가 **외쳐 이르되**
/하나님의 사람을 향하여
/유다에서부터 온
/여호와[가](의) ─ 말씀에(말씀하셨다)
/네가 여호와의 말씀을 어기며
/명령을 지키지 아니하고
/네 하나님 여호와께서 네게 내리신

16 대답하되 나는 그대와 함께 돌아가지도 못하겠고 그대와 함께 들어가지도 못하겠으며 내가 이곳에서 그대와 함께 먹지 아니하고 물도 마시지 아니하리니 **17** 이는 여호와의 말씀이 내게 이르시기를 내가 거기서 떡도 먹지 말고 물도 마시지 말며 또 네가 오던 길로 돌아가지도 말라 하셨음이로라 **18** 저가 그 사람에게 이르되 나도 그대와 같은 선지자라 천사가 여호와의 말씀으로 내게 이르기를 그를 네 집으로 데리고 돌아가서 그에게 떡을 먹이고 물을 마시우라 하였느니라 하니 이는 그 사람을 속임이라 **19** 이에 그 사람이 저와 함께 돌아가서 그 집에서 떡을 먹으며 물을 마시니라 **20** 저희가 상 앞에 앉았을 때에 여호와의 말씀이 그 사람을 데려온 선지자에게 임하니 **21** 저가 유다에서부터 온 하나님의 사람을 향하여 외쳐 가로되 여호와의 말씀에 네가 여호와의 말

And he said, "I cannot return with you, nor go with you, nor will I eat bread or drink water with you in this place. **17** "For a command came to me by the word of the LORD, 'You shall eat no bread, nor drink water there; do not return by going the way which you came.'" **18** And he said to him, "I also am a prophet like you, and an angel spoke to me by the word of the LORD, saying, 'Bring him back with you to your house, that he may eat bread and drink water.'" But he lied to him. **19** So he went back with him, and ate bread in his house and drank water. **20** ¶ Now it came about, as they were sitting down at the table, that the word of the LORD came to the prophet who had brought him back; **21** and he cried to the man of God who came from Judah, saying, "Thus says the LORD, 'Because you have disobeyed the command of the LORD, and have not observed the

22 /돌아와서
/떡을 먹고
/여호와가－너더러 [말씀]하신 곳에서
/떡도 먹지 말고
/물도 마시지 말라
/물을 마셨으니
/네 시체가 －들어가지 못하리라
/네 조상들의 묘실에
(하셨느니라 하니라)

23 그리고
선지자가 떡을 먹고
/자기가 데리고 온
물을 마신 후에(after)
[그가] 나귀에 **안장을 지우니라**
/그를 위하여

24 이에
그 사람이 **가더니**
사자가 길에서 그를 **만나**
물어 죽이매

그의 시체가 길에 **버린 바 되니**
나귀는 그 곁에 **서 있고**
사자도 그 시체 곁에 **서 있더라**

25 사람들이 **보고**
/지나가는 /길에 버린 시체와
/그 시체 곁에 선 사자를
성읍에 **가서**
/그 늙은 선지자가 사는
말한지라

26 선지자가 듣고(when)
/그 사람을 길에서 데리고 돌아간
말하되
/이는 ── 하나님의 사람이로다
/여호와의 말씀을 어긴
/여호와께서－그를 사자에게 넘기시매
/여호와께서 그에게 하신 말씀과 같이
/사자가 ──그를 찢어 죽였도다 하고

27 이에
[그가] 그의 아들들에게 **말하여 이르되**
/나를 위하여 나귀에 안장을 지우라
그들이 **안장을 지우매**

씀을 어기며 네 하나님 여호와가 네게 명한 명령을 지키
지 아니하고 22 돌아와서 여호와가 너더러 떡도 먹지
말고 물도 마시지 말라 한 곳에서 떡을 먹고 물을 마셨으
니 네 시체가 네 열조의 묘실에 들어가지 못하리라 하셨
느니라 하니라 23 자기가 데리고 온 선지자가 떡을 먹
고 물을 마신 후에 그를 위하여 나귀에 안장을 지우니라
24 이에 그 사람이 가더니 사자가 길에서 저를 만나 죽
이매 그 시체가 길에 버린 바 되니 나귀는 그 곁에 섰고
사자도 그 시체 곁에 섰더라 25 지나가는 사람들이 길
에 버린 시체와 그 시체 곁에 선 사자를 보고 그 늙은 선
지자가 사는 성읍에 와서 말한지라 26 그 사람을 길에
서 데리고 돌아간 선지자가 듣고 말하되 이는 여호와의

commandment which the LORD your God commanded you,
22 but have returned and eaten bread and drunk water
in the place of which He said to you, "Eat no bread
and drink no water"; your body shall not come to the
grave of your fathers.'" 23 And it came about after he
had eaten bread and after he had drunk, that he saddled
the donkey for him, for the prophet whom he had brought
back. 24 Now when he had gone, a lion met him on
the way and killed him, and his body was thrown on
the road, with the donkey standing beside it; the lion
also was standing beside the body. 25 And behold, men
passed by and saw the body thrown on the road, and
the lion standing beside the body; so they came and told
it in the city where the old prophet lived. 26 ¶ Now

28 그가 **가서**
본즉
/그의 시체가 길에 버린 바 되었고
/나귀와 사자는 그 시체 곁에 서 있는데
/사자가 ─┬ 시체를 먹지도 아니하였고
└ 나귀를 찢지도 아니하였더라

29 선지자가 시체를 **들어**
/늙은 /하나님의 사람의
나귀에 **실어 가지고**
돌아와
자기 성읍으로 **들어가서**

//(목적: ל, to)
슬피 울며
장사하되

30 곧
[그가] 그의 시체를 **두고**
/자기의 묘실에
그를 위하여 **슬피우니라**
/오호라
내 형제여 하며

31 [그가] 그 사람을 장사한 후에
그가 그 아들들에게 **말하여 이르되**
/내가 ─── 죽거든(when)
[너희는] ─┬ 나를 장사하되
│ /하나님의 사람을 장사한 묘실에
└ 내 뼈를 그의 뼈 곁에 두라

32 //(이유: כִּי, for)
말한 것이 ─ 반드시 이룰 것임이니라
/그가 ─ 외쳐
/여호와의 말씀으로
/벧엘에 있는 제단을 향하고
/또 모든 산당을 향하여
/사마리아 성읍들에 있는

33 여로보암이 **돌이키지 아니하고**
/이 일 후에도
/그의 악한 길에서 떠나

왕상

말씀을 어긴 하나님의 사람이로다 여호와께서 그에게 하
신 말씀과 같이 여호와께서 그를 사자에게 붙이시매 사
자가 그를 찢어 죽였도다 하고 27 이에 그 아들들에게
말하여 가로되 나를 위하여 나귀에 안장을 지우라 저희
가 안장을 지우매 28 저가 가서 본즉 그 시체가 길에
버린 바 되었고 나귀와 사자는 그 시체 곁에 섰는데 사
자가 시체를 먹지도 아니하였고 나귀를 찢지도 아니하였
더라 29 늙은 선지자가 하나님의 사람의 시체를 떠들어
나귀에 실어가지고 돌아와 자기 성읍으로 들어가서 슬피
울며 장사하되 30 곧 그 시체를 자기의 묘실에 두고 그
를 위하여 슬피 울며 가로되 오호라 나의 형제여 하니라
31 그 사람을 장사한 후에 저가 그 아들들에게 말하여
가로되 내가 죽거든 하나님의 사람을 장사한 묘실에 나
를 장사하되 내 뼈를 그의 뼈 곁에 두라 32 그가 여호
와의 말씀으로 벧엘에 있는 단을 향하고 또 사마리아 성
읍들에 있는 모든 산당을 향하여 외쳐 말한 것이 반드시

when the prophet who brought him back from the way
heard it, he said, "It is the man of God, who disobeyed
the command of the LORD; therefore the LORD has
given him to the lion, which has torn him and killed
him, according to the word of the LORD which He
spoke to him." 27 Then he spoke to his sons, saying, "Saddle
the donkey for me." And they saddled it. 28 And he
went and found his body thrown on the road with the donkey
and the lion standing beside the body; the lion had not
eaten the body nor torn the donkey. 29 So the prophet
took up the body of the man of God and laid it on the donkey,
and brought it back and he came to the city of the old prophet
to mourn and to bury him. 30 And he laid his body in
his own grave, and they mourned over him, saying,
"Alas, my brother!" 31 And it came about after he had
buried him, that he spoke to his sons, saying, "When I
die, bury me in the grave in which the man of God is
buried; lay my bones beside his bones. 32 "For the

다시 산당의 제사장으로 **삼되**
/일반 백성을
그 사람을 **삼았으므로**
/누구든지 자원하면
/산당의 제사장으로

34 이 일이 여로보암 집에 **죄가 되어**
그 집이 땅 위에서 **끊어져**
멸망하게 되니라

14

1 아비야가 **병든지라**
/여로보암의 아들 /그 때에

2 여로보암이 자기 아내에게 **이르되**
/청하건대(now)
[너는] ── 일어나
변장하여

//(목적: ˥, that...may)
사람들이 ── 알지 못하게 하고
/그대가 여로보암의 아내임을

/[너는] ── 실로로 가라
/[보라]
거기 선지자 아히야가 있나니
/그는 ── 내게 말한 사람이니라
/이전에
/내가 이 백성의 왕이 될 것을

3 /[너는] ── 그대의 손에 가지고
/떡 열 개와
/과자와
/꿀 한 병을
그에게로 가라

//(결과)
그가 ── 그대에게 알게 하리라
/이 아이가 어떻게 될지를

4 아내가 **그대로 하여**
/여로보암의
일어나

왕상

이룰 것임이니라 **33** 여로보암이 이 일 후에도 그 악한 길에서 떠나 돌이키지 아니하고 다시 보통 백성으로 산당의 제사장을 삼되 누구든지 자원하면 그 사람으로 산당의 제사장을 삼았으므로 **34** 이 일이 여로보암 집에 죄가 되어 그 집이 지면에서 끊어져 멸망케 되니라

14:1 그때에 여로보암의 아들 아비야가 병든지라 **2** 여로보암이 그 아내에게 이르되 청컨대 일어나 변장하여 사람으로 그대가 여로보암의 아내임을 알지 못하게 하고 실로로 가라 거기 선지자 아히야가 있나니 저는 이전에 내가 이 백성의 왕이 될 것을 내게 고한 사람이니라 **3** 그대의 손에 떡 열과 과자와 꿀 한 병을 가지

thing shall surely come to pass which he cried by the word of the LORD against the altar in Bethel and against all the houses of the high places which are in the cities of Samaria." **33** ¶ After this event Jeroboam did not return from his evil way, but again he made priests of the high places from among all the people; any who would, he ordained, to be priests of the high places. **34** And this event became sin to the house of Jeroboam, even to blot it out and destroy it from off the face of the earth.

14:1 ¶ At that time Abijah the son of Jeroboam became sick. **2** And Jeroboam said to his wife, "Arise now, and disguise yourself so that they may not know that you are the wife of Jeroboam, and go to Shiloh;

실로로 **가서**
아히야의 집에 **이르니**

아히야는 **보지 못하더라**

//(이유: כִּי, for)
눈이 어두워
/나이가 많아

5 여호와께서 아히야에게 **이르시되**
/여로보암의 아내가 — 오나니

//(목적: לְ, to)
네게 물으러

//(이유: כִּי, for)
자기 아들이 병 들었으므로

/너는 — 이러이러하게 대답하라

//(이유: כִּי, for)
그가 — 들어올 때에(when)
— 다른 사람인 체함이니라

6 아히야가 그 발소리를 듣고(when)
/그가 문으로 들어올 때에
말하되
/여로보암의 아내여!
들어오라
/네가 어찌하여 다른 사람인 체하느냐?
/내가 명령을 받아 흉한 일을 네게 전하리니

7 /[너는] — 가서
— 여로보암에게 말하라
/여호와[께서](의) — 말씀(이)[하셨다]
/이스라엘의 하나님

/내가 — 너를 백성 중에서 들어
— 주권자가 되게 하고
/내 백성 이스라엘의
8 /[내가] — 나라를 다윗의 집에서 찢어내어
— 네게 주었거늘

고 그에게로 가라 저가 그대에게 이 아이의 어떻게 될
것을 알게 하리라 4 여로보암의 아내가 그대로 하여 일
어나 실로로 가서 아히야의 집에 이르니 아히야는 나이
로 인하여 눈이 어두워 보지 못하더라 5 여호와께서 아
히야에게 이르시되 여로보암의 아내가 그 아들이 병듦을
인하여 네게 물으러 오나니 너는 이리이리 대답하라 저
가 들어올 때에 다른 사람인 체 함이니라 6 저가 문으로
들어올 때에 아히야가 그 발소리를 듣고 말하되 여로보
암의 처여 들어오라 네가 어찌하여 다른 사람인 체 하느
뇨 내가 명령을 받아 흉한 일로 네게 고하리니 7 가서
여로보암에게 고하라 이스라엘 하나님 여호와의 말씀이
내가 너를 백성 중에서 들어 내 백성 이스라엘의 주권자
가 되게 하고 8 나라를 다윗의 집에서 찢어 내어 네게
주었거늘 너는 내 종 다윗이 나의 명령을 지켜 전심으로
나를 좇으며 나 보기에 정직한 일만 행하였음과 같지 아
니하고 9 너의 이전 사람들보다도 악을 행하고 가서 너

behold, Ahijah the prophet is there, who spoke concerning
me that I would be king over this people. 3 "And take
ten loaves with you, some cakes and a jar of honey, and
go to him. He will tell you what will happen to the
boy." 4 And Jeroboam's wife did so, and arose and
went to Shiloh, and came to the house of Ahijah. Now Ahijah
could not see, for his eyes were dim because of his age.
5 Now the LORD had said to Ahijah, "Behold, the wife
of Jeroboam is coming to inquire of you concerning her
son, for he is sick. You shall say thus and thus to her,
for it will be when she arrives that she will pretend to
be another woman." 6 ¶ And it came about when Ahijah
heard the sound of her feet coming in the doorway, that
he said, "Come in, wife of Jeroboam, why do you pretend
to be another woman? For I am sent to you with a harsh
message. 7 "Go, say to Jeroboam, 'Thus says the LORD
God of Israel, "Because I exalted you from among the people
and made you leader over My people Israel, 8 and tore
the kingdom away from the house of David and gave it
to you — yet you have not been like My servant David,

/너는 — 같지 아니하고
/다윗이 — 내 명령을 지켜
/내 종
전심으로 나를 따르며
정직한 일만 행하였음과
/나 보기에

9 /[너는] — 더 악을 행하고
/네 이전 사람들보다도
가서
너를 위하여 다른 신을 만들며
우상을 부어 만들어
나를 노엽게 하고
나를 버렸도다
/네 등 뒤에

10 /그러므로
내가 — 재앙을 내려
/여로보암의 집에
다 끊어 버리되
/여로보암에게 속한 사내는
/이스라엘 가운데 매인 자나
/놓인 자나
말갛게 쓸어 버릴지라
/거름 더미를 쓸어 버림 같이
/여로보암의 집을

11 /개가 — 먹고
/속한 자가[를]
/여로보암에게
/성읍에서 죽은(즉)

/새가 — 먹으리니
/공중의 /들에서 죽은(즉) [자를]

//이는(이유: כִּי, for)
여호와께서 말씀하셨음이니라
(하셨나니)

12 /너는 — 일어나
네 집으로 가라
/네 발이 – 성읍에 들어갈 때에(when)
그 아이가 죽을지라

13 /이스라엘이 — 슬퍼하며
/온 /그를 위하여
장사하려니와
//(이유: כִּי, for)

왕상

를 위하여 다른 신을 만들며 우상을 부어 만들어 나의 노
를 격발하고 나를 네 등 뒤에 버렸도다 **10** 그러므로 내
가 여로보암의 집에 재앙을 내려 여호보암에게 속한 사
내는 이스라엘 가운데 매인 자나 놓인 자나 다 끊어 버리
되 거름을 쓸어 버림같이 여로보암의 집을 말갛게 쓸어
버릴지라 **11** 여호보암에게 속한 자가 성에서 죽은즉 개
가 먹고 들에서 죽은즉 공중의 새가 먹으리니 이는 여호
와가 말하였음이니라 하셨나니 **12** 너는 일어나 네 집으
로 가라 네 발이 성에 들어갈 때에 그 아이가 죽을지라
13 온 이스라엘이 저를 위하여 슬퍼하며 장사하려니와

who kept My commandments and who followed Me with all his heart, to do only that which was right in My sight;
9 you also have done more evil than all who were before you, and have gone and made for yourself other gods and molten images to provoke Me to anger, and have cast Me behind your back —
10 therefore behold, I am bringing calamity on the house of Jeroboam, and will cut off from Jeroboam every male person, both bond and free in Israel, and I will make a clean sweep of the house of Jeroboam, as one sweeps away dung until it is all gone.
11 "Anyone belonging to Jeroboam who dies in the city the dogs will eat. And he who dies in the field the birds of the heavens will eat; for the LORD has spoken it."'
12 "Now you arise, go to your house. When

//(이유: כִּי, for)
이 아이만 — 오직 묘실에 들어가리니
/속한 자는
/여로보암에게

//이는(이유: יַעַן, because)
그가 — 선한 뜻을 품었음이니라
/여호와를 향하여
/이스라엘의 하나님
/여로보암의 집 가운데에서

14 /여호와께서 — 한 왕을 일으키신즉
/이스라엘 위에
/그가[25)]
여로보암의 집을 끊어 버리리라[26)]
/그 날에
/언제냐 하니
/곧 이제라

15 //(이유: כִּי, for)
여호와께서 ┬ 이스라엘을 쳐서 ...하시고
/물에서 흔들리는 갈대 같이 되게
├ 이스라엘을 뽑아
/이 좋은 땅에서
/그의 조상들에게 주신
└ 그들을 흩으시리니
/강 너머로

//(이유: יַעַן, because)
그들이 — 아세라 상을 만들어 ...하였음이니라
/여호와를 진노하게

16 /여호와께서 — 이스라엘을 버리시리니
/여로보암의 죄로 말미암아

//이는(이유: כִּי, for)
그도 ┬ 범죄하고
└ 이스라엘로 범죄하게 하였음이니라 하니라

17 아내가 **일어나**
/여로보암의
디르사로 돌아가서
집 문지방에 이를 때에(when)
그 아이가 **죽은지라**

왕상

25) 관계대명사, 선행사는 '한 왕'

26) 여로보암의 집을 끊어버릴, 한 왕

여로보암에게 속한 자는 오직 이 아이만 묘실에 들어가리니 이는 여로보암의 집 가운데서 저가 이스라엘 하나님 여호와를 향하여 선한 뜻을 품었음이니라 **14** 여호와께서 이스라엘의 위에 한 왕을 일으키신즉 저가 그 날에 여로보암의 집을 끊어 버리리라 어느 때냐 곧 이제라 **15** 여호와께서 이스라엘을 쳐서 물에서 흔들리는 갈대 같이 되게 하시고 이스라엘을 그 열조에게 주신 이 좋은 땅에서 뽑아 저희를 하수 밖으로 흩으시리니 저희가 아세라 목상(木像)을 만들어 여호와를 진노케 하였음이니라 **16** 여호와께서 여로보암의 죄로 인하여 이스라엘을 버리시리니 이는 저도 범죄하고 이스라엘로 범죄케 하였음이니라 하니라 **17** 여로보암의 처가 일어나 디르사로 돌아가서 집 문지방에 이를 때에 아이가 죽은지라 **18** 온 이스라엘이 저를 장사하고 저를 위하여 슬퍼하니 여

your feet enter the city the child will die. **13** "And all Israel shall mourn for him and bury him, for he alone of Jeroboam's family shall come to the grave, because in him something good was found toward the LORD God of Israel in the house of Jeroboam. **14** "Moreover, the LORD will raise up for Himself a king over Israel who shall cut off the house of Jeroboam this day and from now on. **15** "For the LORD will strike Israel, as a reed is shaken in the water; and He will uproot Israel from this good land which He gave to their fathers, and will scatter them beyond the Euphrates River, because they have made their Asherim, provoking the LORD to anger. **16** "And He will give up Israel on account of the sins of Jeroboam, which he committed and with which he made Israel to sin." **17** ¶ Then Jeroboam's wife arose and departed and came to Tirzah. As she was

18 온 이스라엘이 그를 **장사하고**
그를 위하여 **슬퍼하니**
/말씀과 같이(되었더라)[27]
/여호와께서 — [말씀]하신
/선지자 아히야를 통하여
/그의 종

19 행적[은] 역대지략에 **기록되니라**
/그 남은 /이스라엘 왕
/여로보암의
/곧 그가 어떻게 싸웠는지와
/어떻게 다스렸는지는

20 여로보암이 **이십이 년이라**
/왕이 된 지
그가 그의 조상들과 함께 **자매**
나답이 대신하여 **왕이 되니라**
/그의 아들

21 르호보암은 유다 왕이 **되었으니**
/솔로몬의 아들
르호보암이 왕위에 오를 때에(when)
나이가 **사십일 세라**
[그가] 십칠 년 동안 **다스리니라**
/예루살렘에서
/여호와께서 — 택하신 성읍
/이스라엘 모든 지파 가운데에서
//(목적: ל, to)
자기 이름을 두시려고

이름은 **나아마요**
/그의 어머니의 /암몬 사람(이더라)

22 유다가 악을 **행하되**
/여호와 보시기에
여호와를 **노엽게 하였으니**
/뛰어나게 하여
/그의 조상들이 행한 모든 일보다
/그 범한 죄로

27) 12절의 말씀이 이루어졌음

23 //이는(이유: כִּי, for)

호와께서 그 종 선지자 아히야로 하신 말씀과 같이 되었더라 **19** 여로보암의 그 남은 행적 곧 저가 어떻게 싸운 것과 어떻게 다스린 것은 이스라엘 왕 역대 지략(歷代 志略)에 기록되니라 **20** 여로보암이 왕이 된 지 이십이 년이라 저가 그 열조와 함께 자매 그 아들 나답이 대신하여 왕이 되니라 **21** 솔로몬의 아들 르호보암은 유다 왕이 되었으니 르호보암이 위에 나아갈 때에 나이 사십일 세라 여호와께서 자기 이름을 두시려고 이스라엘 모든 지파 가운데서 빼신 성 예루살렘에서 십칠 년을 치리하니라 그 모친의 이름은 나아마라 암몬 사람이더라 **22** 유다가 여호와 보시기에 악을 행하되 그 열조의 행한 모든 일보다 뛰어나게 하여 그 범한 죄로 여호와의 노를 격발

entering the threshold of the house, the child died. **18** And all Israel buried him and mourned for him, according to the word of the LORD which He spoke through His servant Ahijah the prophet. **19** ¶ Now the rest of the acts of Jeroboam, how he made war and how he reigned, behold, they are written in the Book of the Chronicles of the Kings of Israel. **20** And the time that Jeroboam reigned was twenty-two years; and he slept with his fathers, and Nadab his son reigned in his place. **21** ¶ Now Rehoboam the son of Solomon reigned in Judah. Rehoboam was forty-one years old when he became king, and he reigned seventeen years in Jerusalem, the city which the LORD had chosen from all the tribes of Israel to put His name there. And his mother's name was Naamah the Ammonitess. **22** And Judah did evil in the sight of the LORD, and they provoked Him to jealousy more than all that their fathers

23 //이는(이유: כִּי, for)
그들도 ── 세웠음이라
/산당과
/우상과
/아세라 상을

/산 위에와
/모든 푸른 나무 아래에

24 또
남색하는 자가 **있었고**
/그 땅에

무리가 본받아 **행하였더라**
/모든 가증한 일을
/국민의
/여호와께서 ─ 쫓아내신
/이스라엘 자손 앞에서

25 시삭이 **올라와서**
/애굽의 왕 /르호보암 왕 제오년에
예루살렘을 **치고**

26 [그가] 모두 **빼앗고**
/여호와의 성전의 보물과
/왕궁의 보물을

또
[그가] 다 **빼앗은지라**
/금 방패를
/솔로몬이 만든

27 르호보암 왕이 놋으로 방패를 **만들어**
/그 대신
시위대 대장의 손에 **맡기매**
/왕궁 문을 지키는

28 왕이 들어갈 때마다(whenever)
/여호와의 성전에
시위하는 자가 그 방패를 **들고 갔다가**
시위소로 **도로 가져갔더라**

29 남은 사적과
/르호보암의
모든 일은 ── **기록되지 아니하였느냐?**
/그가 행한 /유다 왕 역대지략에

하였으니 23 이는 저희도 산 위에와 모든 푸른 나무 아
래 산당과 우상과 아세라 목상을 세웠음이라 24 그 땅
에 또 남색하는 자가 있었고 여호와께서 이스라엘 자손
앞에서 쫓아내신 국민의 모든 가증한 일을 무리가 본받
아 행하였더라 25 르호보암 왕 제오년에 애굽 왕 시삭
이 올라와서 예루살렘을 치고 26 여호와의 전의 보물과
왕궁의 보물을 몰수히 빼앗고 또 솔로몬의 만든 금방패
를 다 빼앗은지라 27 르호보암 왕이 그 대신 놋으로 방
패를 만들어 왕궁 문을 지키는 시위대 장관의 손에 맡기
매 28 왕이 여호와의 전에 들어갈 때마다 시위하는 자
가 그 방패를 들고 갔다가 시위소로 도로 가져갔더라
29 르호보암의 남은 사적과 무릇 그 행한 일이 유다 왕

had done, with the sins which they committed. 23 For
they also built for themselves high places and sacred
pillars and Asherim on every high hill and beneath every
luxuriant tree. 24 And there were also male cult prostitutes
in the land. They did according to all the abominations
of the nations which the LORD dispossessed before the
sons of Israel. 25 ¶ Now it came about in the fifth year
of King Rehoboam, that Shishak the king of Egypt came
up against Jerusalem. 26 And he took away the treasures
of the house of the LORD and the treasures of the king's
house, and he took everything, even taking all the shields
of gold which Solomon had made. 27 So King Rehoboam
made shields of bronze in their place, and committed
them to the care of the commanders of the guard who guarded
the doorway of the king's house. 28 Then it happened
as often as the king entered the house of the LORD,
that the guards would carry them and would bring them back
into the guards' room. 29 ¶ Now the rest of the acts

30 전쟁이 **있으니라**
/르호보암과 여로보암 사이에
/항상

31 르호보암이 그의 조상들과 함께 **자니**
다윗 성에 **장사되니라**
/그의 조상들과 함께

이름은 **나아마요**
/그의 어머니의 /암몬 사람(이더라)

아비얌이 대신하여 **왕이 되니라**
/그의 아들

15

1 아비얌이 유다 왕이 **되고**
/열여덟째 해에
/여로보암 왕
/느밧의 아들

2 [그가] 삼 년 동안 **다스리니라**
/예루살렘에서

이름은 **마아가요**
/그의 어머니의 /아비살롬의 딸(이더라)

왕상

3 아비얌이 모든 죄를 **행하고**
/그의 아버지가 이미 행한

그의 마음이 온전하지 **못하였으나**
/그의 하나님 여호와 앞에
/그의 조상 다윗의 마음과 같지 아니하여

4 여호와께서 그에게 등불을 **주시되**
/그의 하나님 /다윗을 위하여
/예루살렘에서
/그의 아들을 세워
/뒤를 잇게 하사

예루살렘을 견고하게 하셨으니

5 //이는(이유: אֲשֶׁר, because)

역대 지략에 기록되지 아니하였느냐 **30** 르호보암과 여
로보암 사이에 항상 전쟁이 있으니라 **31** 르호보암이 그
열조와 함께 자니 그 열조와 함께 다윗 성에 장사 되니라
그 모친의 이름은 나아마라 암몬 사람이더라 그 아들 아
비얌이 대신하여 왕이 되니라
15:1 느밧의 아들 여로보암 왕 제십팔년에 아비얌
이 유다 왕이 되고 **2** 예루살렘에서 삼 년을 치리
하니라 그 모친의 이름은 마아가라 아비살롬의 딸이더라
3 아비얌이 그 부친의 이미 행한 모든 죄를 행하고 그
마음이 그 조상 다윗의 마음 같지 아니하여 그 하나님 여
호와 앞에 온전치 못하였으나 **4** 그 하나님 여호와께서
다윗을 위하여 예루살렘에서 저에게 등불을 주시되 그
아들을 세워 후사가 되게 하사 예루살렘을 견고케 하셨
으니 **5** 이는 다윗이 헷 사람 우리아의 일 외에는 평생에

of Rehoboam and all that he did, are they not written
in the Book of the Chronicles of the Kings of Judah?
30 And there was war between Rehoboam and Jeroboam
continually. **31** And Rehoboam slept with his fathers,
and was buried with his fathers in the city of David;
and his mother's name was Naamah the Ammonitess.
And Abijam his son became king in his place.

15:1 ¶ Now in the eighteenth year of King Jeroboam,
the son of Nebat, Abijam became king over Judah.
2 He reigned three years in Jerusalem; and his mother's
name was Maacah the daughter of Abishalom. **3** And
he walked in all the sins of his father which he had committed
before him; and his heart was not wholly devoted to the
LORD his God, like the heart of his father David. **4**
But for David's sake the LORD his God gave him a

5 //이는(이유: אֲשֶׁר, because)
다윗이 ─ 정직하게 행하고
/여호와 보시기에
└ 모든 일을 어기지 아니하였음이라
/자기에게 명령하신
/평생에
/헷 사람 우리아의 일 외에는

6 전쟁이 **있었더니**
/르호보암과 여로보암 사이에
/사는 날 동안

7 전쟁이 **있으니라**
/아비얌과 여로보암 사이에도

남은 사적과
/아비얌의
모든 일은 **기록되지 아니하였느냐?**
/그 행한 /유다 왕 역대지략에

8 아비얌이 그의 조상들과 **함께 자니**
다윗 성에 **장사되고**

아사가 대신하여 **왕이 되니라**
/그 아들

9 아사가 유다 **왕이 되어**
/여로보암 왕 제이십년에
/이스라엘의

10 [그가] 사십일 년 동안 **다스리니라**
/예루살렘에서

이름은 **마아가라**
/그의 어머니의 /아비살롬의 딸(이더라)

11 아사가 정직하게 **행하여**
/여호와 보시기에
/그의 조상 다윗 같이

12 [그가] 남색하는 자를 **쫓아내고**
/그 땅에서
모든 우상을 **없애고**
/그의 조상들이 지은

왕상

여호와 보시기에 정직히 행하고 자기에게 명하신 모든
일을 어기지 아니하였음이라 6 르호보암과 여로보암 사
이에 사는 날 동안 전쟁이 있었더니 7 아비얌과 여로보
암 사이에도 전쟁이 있으니라 아비얌의 남은 사적과 무
릇 행한 일이 유다 왕 역대 지략에 기록되지 아니하였느
냐 8 아비얌이 그 열조와 함께 자니 다윗 성에 장사되고
그 아들 아사가 대신하여 왕이 되니라 9 이스아엘 왕 여
로보암 제이십년에 아사가 유다 왕이 되어 10 예루살렘
에서 사십일 년을 치리하니라 그 모친의 이름은 마아가
라 아비살롬의 딸이더라 11 아사가 그 조상 다윗같이
여호와 보시기에 정직하게 행하여 12 남색하는 자를 그
땅에서 쫓아내고 그 열조의 지은 모든 우상을 없이 하고

lamp in Jerusalem, to raise up his son after him and to
establish Jerusalem; 5 because David did what was
right in the sight of the LORD, and had not turned aside
from anything that He commanded him all the days of
his life, except in the case of Uriah the Hittite. 6 And
there was war between Rehoboam and Jeroboam all the days
of his life. 7 ¶ Now the rest of the acts of Abijam and
all that he did, are they not written in the Book of the
Chronicles of the Kings of Judah? And there was war between
Abijam and Jeroboam. 8 And Abijam slept with his
fathers and they buried him in the city of David; and
Asa his son became king in his place. 9 ¶ So in the
twentieth year of Jeroboam the king of Israel, Asa began
to reign as king of Judah. 10 And he reigned forty-one
years in Jerusalem; and his mother's name was Maacah
the daughter of Abishalom. 11 And Asa did what was
right in the sight of the LORD, like David his father.
12 He also put away the male cult prostitutes from the
land, and removed all the idols which his fathers had
made. 13 And he also removed Maacah his mother

13 또
[그가] 태후의 위를 **폐하고**

//(이유: אֲשֶׁר, because)
마아가가 —— 아세라 상을 만들었으므로
/그의 어머니 /혐오스러운

[그가] 그 우상을 **찍어**
기드론 시냇가에서 **불살랐으나**

14 다만(but)
[그가] 산당은 **없애지 아니하니라**
그러나
마음이 여호와 앞에 **온전하였으며**
/아사의 /일평생

15 그가 여호와의 성전에 **받들어 드렸으니**
/그의 아버지가 성별한 것과
/자기가 성별한 것을
/곧 은과 금과 그릇들[을](이더라)

16 전쟁이 일생 동안 **있으니라**
/아사와 이스라엘의 왕 바아사 사이에

17 바아사가 유다를 치러 **올라와서**
/이스라엘의 왕
라마를 **건축하여** ...한지라

//(목적: לְ, to)
사람을 왕래하지 못하게 하려
/유다 왕 아사와

18 아사가 모두 **가져다가**
/여호와의 성전 곳간과
/왕궁 곳간에 남은 은금을

그 신하의 손에 **넘겨**
벤하닷에게 **보내며**
/다브림몬의 아들
/아람의 왕 헤시온의 손자
/다메섹에 거주하고 있는
/이르되(=말하여)
19 /약조가 ┬ 나와 당신 사이에 있고
└ 있었느니라
/내 아버지와
당신의 아버지 사이에도

왕상

13 또 그 모친 마아가가 아세라의 가증한 우상을 만들
었으므로 태후의 위를 폐하고 그 우상을 찍어서 기드론
시냇가에서 불살랐으나 14 오직 산당은 없이 하지 아니
하니라 그러나 아사의 마음이 일평생 여호와 앞에 온전
하였으며 15 저가 그 부친의 구별한 것과 자기의 구별
한 것을 여호와의 전에 받들어 드렸으니 곧 은과 금과 기
명(器皿)들이더라 16 아사와 이스라엘 왕 바아사 사이
에 일생 전쟁이 있으니라 17 이스라엘 왕 바아사가 유
다를 치러 올라와서 라마를 건축하여 사람을 유다 왕 아
사에게 왕래하지 못하게 하려 한지라 18 아사가 여호와
의 전 곳간과 왕궁 곳간에 남은 은금을 몰수히 취하여 그
신복의 손에 붙여 다메섹에 거한 아람 왕 헤시온의 손자

from being queen mother, because she had made a horrid
image as an Asherah; and Asa cut down her horrid image
and burned it at the brook Kidron. 14 But the high
places were not taken away; nevertheless the heart of
Asa was wholly devoted to the LORD all his days. 15
And he brought into the house of the LORD the dedicated
things of his father and his own dedicated things: silver
and gold and utensils. 16 ¶ Now there was war between
Asa and Baasha king of Israel all their days. 17 And Baasha
king of Israel went up against Judah and fortified Ramah
in order to prevent anyone from going out or coming in
to Asa king of Judah. 18 Then Asa took all the silver
and the gold which were left in the treasuries of the
house of the LORD and the treasuries of the king's
house, and delivered them into the hand of his servants.
And King Asa sent them to Ben-hadad the son of Tabrimmon,

/내가 — 당신에게 은금 예물을 보냈으니
와서
약조를 깨뜨려서
/이스라엘의 왕 바아사와 세운

//(목적:], that...may)
그가 나를 떠나게 하라 하매

20 벤하닷이 아사 왕의 말을 **듣고**
그의 군대 지휘관들을 **보내**
이스라엘 성읍들을 **치되**
쳤더니
/이욘과
/단과
/아벨벧마아가와
/긴네렛 온 땅과
/납달리 온 땅을

21 바아사가 듣고(when)
일을 **중단하고**
/라마를 건축하는
디르사에 **거주하니라**

22 이에
아사 왕이 온 유다에 명령을 **내려**
/한 사람도 모면하지 못하게 하여

돌과 재목을 **가져오게 하고**
/바아사가 라마를 건축하던

그것으로 **건축하였더라**
/베냐민의 게바와
/미스바를

23 남은 사적과
/아사의
모든 권세와
모든 일과
/그가 행한
건축한 일이 — **기록되지 아니하였느냐?**
/성읍을 /유다 왕 역대지략에

그러나
그는 발에 **병이 들었더라**
/늘그막에

왕상

다브림몬의 아들 벤하닷에게 보내며 가로되 19 나와 당
신 사이에 약조가 있고 내 부친과 당신의 부친 사이에도
있었느니라 내가 당신에게 은 금 예물을 보내었으니 와
서 이스라엘 왕 바아사와 세운 약조를 깨뜨려서 저로 나
를 떠나게 하라 하매 20 벤하닷이 아사 왕의 말을 듣고
그 군대 장관들을 보내어 이스라엘 성들을 치되 이욘과
단과 아벨벧마아가와 긴네렛 온 땅과 납달리 온 땅을 쳤
더니 21 바아사가 듣고 라마 건축하는 일을 그치고 디
르사에 거하니라 22 이에 아사 왕이 온 유다에 영을 내
려 한 사람도 모면하지 못하게 하여 바아사가 라마를 건
축하던 돌과 재목을 가져오게 하고 그것으로 베냐민의
게바와 미스바를 건축하였더라 23 아사의 남은 사적과
모든 권세와 무릇 그 행한 일과 성읍을 건축한 것이 유
다 왕 역대 지략에 기록되지 아니하였느냐 그러나 저가

the son of Hezion, king of Aram, who lived in Damascus,
saying, 19 "Let there be a treaty between you and me,
as between my father and your father. Behold, I have
sent you a present of silver and gold; go, break your
treaty with Baasha king of Israel so that he will withdraw
from me." 20 So Ben-hadad listened to King Asa and
sent the commanders of his armies against the cities of Israel,
and conquered Ijon, Dan, Abel-beth-maacah and all
Chinneroth, besides all the land of Naphtali. 21 And it came
about when Baasha heard of it that he ceased fortifying
Ramah, and remained in Tirzah. 22 Then King Asa
made a proclamation to all Judah — none was exempt
— and they carried away the stones of Ramah and its
timber with which Baasha had built. And King Asa built
with them Geba of Benjamin and Mizpah. 23 ¶ Now
the rest of all the acts of Asa and all his might and all

24 아사가 그의 조상들과 함께 **자매**
장사되고
/그의 조상 다윗의 성읍에
/그의 조상들과 함께

여호사밧이 대신하여 **왕이 되니라**
/그의 아들

25 나답이 이스라엘 **왕이 되어**
/아들 /유다의 아사 왕 둘째 해에
/여로보암의
이 년 동안 **다스리니라**
/이스라엘을

26 그가 악을 **행하되**
/여호와 보시기에
그의 아버지의 길로 **행하며**
그[의] 죄 중에 <**행한지라**>
/그가 이스라엘에게 범하게 한

27 이에
바아사가 그를 **모반하여**
/아히야의 아들
/잇사갈 족속

그를 **죽였으니**
/깁브돈에서
/블레셋 사람에게 속한

//이는(이유: ִ, for)[28]
나답과
이스라엘이 ─ 깁브돈을 에워싸고 있었음이더라
/온

28 바아사가 나답을 **죽이고**
/유다의 아사 왕 셋째 해에
대신하여 **왕이 되고**

29 왕이 될 때에(as soon as)
[그가] 온 집을 **쳐서**
/여로보암의
한 사람도 **남기지 아니하고**
/생명 있는 자를

28) NRSV

늙을 때에 발에 병이 있었더라 **24** 아사가 그 열조와 함
께 자매 그 열조와 함께 그 조상 다윗의 성에 장사되고
그 아들 여호사밧이 대신하여 왕이 되니라 **25** 유다 왕
아사 제이년에 여로보암의 아들 나답이 이스라엘 왕이
되어 이 년을 이스라엘을 다스리니라 **26** 저가 여호와
보시기에 악을 행하되 그 아비의 길로 행하며 그가 이스
라엘로 범하게 한 그 죄중에 행한지라 **27** 이에 잇사갈
족속 아히야의 아들 바아사가 저를 모반하여 블레셋 사
람에게 속한 깁브돈에서 저를 죽였으니 이는 나답과 온
이스라엘이 깁브돈을 에워싸고 있었음이더라 **28** 유다
왕 아사 제삼년에 바아사가 나답을 죽이고 대신하여 왕
이 되고 **29** 왕이 될 때에 여로보암의 온 집을 쳐서 생
명 있는 자를 하나도 남기지 아니하고 다 멸하였는데 여
호와께서 그 종 실로 사람 아히야로 하신 말씀과 같이 되

that he did and the cities which he built, are they not
written in the Book of the Chronicles of the Kings of
Judah? But in the time of his old age he was diseased
in his feet. **24** And Asa slept with his fathers and was buried
with his fathers in the city of David his father; and
Jehoshaphat his son reigned in his place. **25** Now Nadab
the son of Jeroboam became king over Israel in the
second year of Asa king of Judah, and he reigned over
Israel two years. **26** And he did evil in the sight of the
LORD, and walked in the way of his father and in his
sin which he made Israel sin. **27** Then Baasha the son
of Ahijah of the house of Issachar conspired against him,
and Baasha struck him down at Gibbethon, which belonged
to the Philistines, while Nadab and all Israel were laying
siege to Gibbethon. **28** So Baasha killed him in the
third year of Asa king of Judah, and reigned in his place.
29 And it came about, as soon as he was king, he
struck down all the household of Jeroboam. He did not

다 **멸하였는데** ...되었으니
/말씀과 같이
/여호와께서 – [말씀]하신
/아히야를 통하여
/그의 종
/실로 사람

30 //이는(이유: עַל, because)
여로보암이 ─ 범죄하고
또
─ 죄로 말미암음이며
/이스라엘에게 범하게 한
또
그가 ─ 여호와를 노엽게 한 일 때문이었더라
/이스라엘의 하나님

31 남은 사적과
/나답의
모든 일은 **기록되지 아니하였느냐?**
/행한 /이스라엘 왕 역대지략에

32 전쟁이 **있으니라**
/아사와 이스라엘의 바아사 왕 사이에
/일생 동안

33 바아사가 모든 이스라엘의 **왕이 되어**
/아히야의 아들 /유다의 아사 왕 셋째 해에
/디르사에서
이십사 년 동안 **다스리니라**

34 바아사가 악을 **행하되**
/여호와 보시기에
여로보암의 길로 **행하며**
그[의] 죄 중에 **행하였더라**
/그가 이스라엘에게 범하게 한

16

1 말씀이 예후에게 **임하여**
/여호와의 /하나니의 아들
바아사를 꾸짖어 **이르시되**
2 /내가 ─ 너를 들어
/티끌에서
─ 주권자가 되게 하였거늘
/내 백성 이스라엘 위에

었으니 30 이는 여로보암이 범죄하고 또 이스라엘로 범
하게 한 죄로 인함이며 또 저가 이스라엘 하나님 여호와
의 노를 격동시킨 일을 인함이었더라 31 나답의 남은
사적과 무릇 행한 일이 이스라엘 왕 역대 지략에 기록되
지 아니하였느냐 32 아사와 이스라엘 왕 바아사 사이에
일생 전쟁이 있으니라 33 유다 왕 아사 제삼년에 아히
야의 아들 바아사가 디르사에서 온 이스라엘의 왕이 되
어 이십사 년을 치리(治理)하니라 34 바아사가 여호와
보시기에 악을 행하되 여로보암의 길로 행하며 그가 이
스라엘로 범하게 한 그 죄중에 행하였더라
16:1 여호와의 말씀이 하나니의 아들 예후에게 임
하여 바아사를 꾸짖어 가라사대 2 내가 너를 진

leave to Jeroboam any persons alive, until he had destroyed
them, according to the word of the LORD, which He
spoke by His servant Ahijah the Shilonite, 30 and
because of the sins of Jeroboam which he sinned, and
which he made Israel sin, because of his provocation
with which he provoked the LORD God of Israel to
anger. 31 ¶ Now the rest of the acts of Nadab and all
that he did, are they not written in the Book of the Chronicles
of the Kings of Israel? 32 And there was war between
Asa and Baasha king of Israel all their days. 33 ¶ In
the third year of Asa king of Judah, Baasha the son of Ahijah
became king over all Israel at Tirzah, and reigned twenty-
four years. 34 And he did evil in the sight of the LORD,
and walked in the way of Jeroboam and in his sin which
he made Israel sin.
16:1 ¶ Now the word of the LORD came to Jehu
the son of Hanani against Baasha, saying, 2

/네가 ─ 여로보암의 길로 행하며
이스라엘에게 범죄하게 하여
/내 백성
나를 노엽게 하였은즉
/그들의 죄로

3 /내가 ─ 쓸어버려
/너 바아사와
/네 집을
네 집이 되게 하리니
/여로보암의 집 같이
/느밧의 아들

4 /개가 ── 먹고
/바아사에게 속한 자[를](가)
/성읍에서 죽은(즉)
/새가 ── 먹으리라 (하셨더라)
/공중의 /그에게 속한 자[를](가)
/들에서 죽은(즉)

5 남은 사적과
/바아사의
모든 일과
/행한
권세는 ── **기록되지 아니하였느냐?**
/이스라엘 왕 역대지략에

6 바아사가 그의 조상들과 함께 **자매**
디르사에 **장사되고**

엘라가 대신하여 **왕이 되니라**

7 말씀이 예후에게도 **임하사**
/여호와의 /하나니의 아들
/선지자
/바아사[를 꾸짖음으로]와
/그의 집을 꾸짖으심[으로]은

//(이유: עַל, because)
그가 ── 모든 악을 행하며
/여호와 보시기에
/여로보암의 집과 같이
여호와를 노엽게 하였음이며
/그의 손의 행위로
또
그의 집을 쳤음이더라

왕상

토(塵土)에서 들어 나의 백성 이스라엘 위에 주권자가
되게 하였거늘 네가 여로보암의 길로 행하며 내 백성 이
스라엘로 범죄케 하여 저희 죄로 나의 노를 격동하였은
즉 3 내가 너 바아사와 네 집을 쓸어버려 네 집으로 느
밧의 아들 여로보암의 집같이 되게 하리니 4 바아사에게
속한 자가 성읍에서 죽은즉 개가 먹고 들에서 죽은즉 공
중의 새가 먹으리라 하셨더라 5 바아사의 남은 사적과
무릇 행한 일과 권세는 이스라엘 왕 역대 지략에 기록되
지 아니하였느냐 6 바아사가 그 열조와 함께 자매 디르
사에 장사되고 그 아들 엘라가 대신하여 왕이 되니라 7
여호와의 말씀이 하나니의 아들 선지자 예후에게 임하사
바아사와 그 집을 꾸짖으심은 저가 여로보암의 집을 본
받아 여호와 보시기에 모든 악을 행하며 그 손의 소위로
여호와의 노를 격동하였음이며 또 그 집을 쳤음이더라 8

"Inasmuch as I exalted you from the dust and made you
leader over My people Israel, and you have walked in
the way of Jeroboam and have made My people Israel
sin, provoking Me to anger with their sins, 3 behold, I
will consume Baasha and his house, and I will make
your house like the house of Jeroboam the son of Nebat.
4 "Anyone of Baasha who dies in the city the dogs
shall eat, and anyone of his who dies in the field the
birds of the heavens will eat." 5 ¶ Now the rest of the
acts of Baasha and what he did and his might, are they
not written in the Book of the Chronicles of the Kings
of Israel? 6 And Baasha slept with his fathers and was buried
in Tirzah, and Elah his son became king in his place. 7
Moreover, the word of the LORD through the prophet

8 엘라가 이스라엘의 **왕이 되어**
/바아사의 아들 /디르사에서
/유다의 아사 왕 제이십육년에
이 년 동안 **있으니라**
/그 왕위에

9 엘라가 마시고 취할 때에(when)
/아르사의 집에서
/왕궁 맡은 자
/디르사에 있어
시므리가 왕을 **모반하여**
/그 신하
/곧 지휘관
/병거 절반을 통솔한

10 시므리가 **들어가서**
그를 **쳐**
죽이고
그를 대신하여 **왕이 되니**
/곧 유다의 아사 왕 제이십칠년이라

11 시므리가 **왕이 되어**
왕위에 오를 때에(when)
사람들을 **죽이되**
/바아사의
/온 집안
/남자는 한 사람도 남기지 아니하고
/그의 친족이든지
/그의 친구든지
12 온 집을 **멸하였는데**
/바아사의
/여호와의 말씀 같이 (되었으니)
/바아사를 꾸짖어 하신
/선지자 예후를 통하여

13 //이는(이유: עַל, because of)
바아사의 모든 죄[때문이고]와
그의 아들 엘라의 죄 때문이라
//[즉]
그들이 — 범죄하고
또
— 이스라엘에게 범죄하게 하여
— 여호와를 노하시게 하였더라
/이스라엘의 하나님
/그들의 헛된 것들로

왕상

유다 왕 아사 제이십육년에 바아사의 아들 엘라가 디르
사에서 이스라엘 왕이 되어 이 년을 위에 있으니라 **9** 엘
라가 디르사에 있어 궁내 대신 아르사의 집에서 마시고
취할 때에 그 신복 곧 병거 절반을 통솔한 장관 시므리
가 왕을 모반하여 **10** 들어가서 저를 쳐 죽이고 대신하
여 왕이 되니 곧 유다 왕 아사 제이십칠년이라 **11** 시므
리가 왕이 되어 그 위에 오를 때에 바아사의 온 집을 죽
이되 남자는 그 족속이든지 그 친구든지 하나도 남기지
아니하고 **12** 바아사의 온 집을 멸하였는데 여호와께서
선지자 예후로 바아사를 꾸짖어 하신 말씀같이 되었으니 **13**

Jehu the son of Hanani also came against Baasha and
his household, both because of all the evil which he did
in the sight of the LORD, provoking Him to anger with
the work of his hands, in being like the house of Jeroboam,
and because he struck it. **8** ¶ In the twenty-sixth year
of Asa king of Judah, Elah the son of Baasha became
king over Israel at Tirzah, and reigned two years. **9** And
his servant Zimri, commander of half his chariots,
conspired against him. Now he was at Tirzah drinking himself
drunk in the house of Arza, who was over the household
at Tirzah. **10** Then Zimri went in and struck him and
put him to death, in the twenty-seventh year of Asa king
of Judah, and became king in his place. **11** And it came
about, when he became king, as soon as he sat on his
throne, that he killed all the household of Baasha; he
did not leave a single male, neither of his relatives nor
of his friends. **12** Thus Zimri destroyed all the household
of Baasha, according to the word of the LORD, which

14 남은 사적과
/엘라의
모든 일은 기록되지 아니하였느냐?
/행한 /이스라엘 왕 역대지략에

15 시므리가 칠 일 동안 **왕이 되니라**
/디르사에서
/유다의 아사 왕 제이십칠년에

그 때에(and)
백성들이 진을 치고 **있더니**
/깁브돈을 향하여
/블레셋 사람에게 속한

16 백성들이 말을 **들은지라**
/진 중 /시므리가 모반하여
왕을 죽였다는

무리가 이스라엘의 **왕으로 삼으매**
/이스라엘의 /오므리를
/군대 지휘관
/진에서

17 이에(and)
오므리가 깁브돈에서부터 **올라와서**
/이스라엘의 무리를 거느리고
디르사를 **에워 쌌더라**

18 시므리가 성읍이 함락됨을 보고(when)
왕궁 요새에 **들어가서**
왕궁에 불을 **지르고**
그 가운데에서 **죽었으니**

19 //이는(이유: עַל, because)
그가 —— 범죄하였기 때문이니라
/악을 행하여
/여호와 보시기에
//(이유, 계속)
그가 —— 여로보암의 길로 행하며
그가 —— 그 죄 중에 행하였더라
/이스라엘에게 죄를 범하게 한

이는 바아사의 모든 죄와 그 아들 엘라의 죄를 인함이라
저희가 범죄하고 또 이스라엘로 범죄케 하여 그 헛된 것
으로 이스라엘 하나님 여호와의 노를 격발하였더라 14
엘라의 남은 사적과 무릇 행한 일이 이스라엘 왕 역대 지
략에 기록되지 아니하였느냐 15 유다 왕 아사 제이십칠
년에 시므리가 디르사에서 칠 일 동안 왕이 되니라 때에
백성들이 블레셋 사람에게 속한 깁브돈을 향하여 진을
치고 있더니 16 진중 백성들이 시므리가 모반하여 왕을
죽였다는 말을 들은지라 그 날에 이스라엘의 무리가 진
에서 군대 장관 오므리로 이스라엘 왕을 삼으매 17 오
므리가 이에 이스라엘 무리를 거느리고 깁브돈에서부터
올라와서 디르사를 에워쌌더라 18 시므리가 성이 함락
됨을 보고 왕궁 위소에 들어가서 왕궁에 불을 놓고 그 가
운데서 죽었으니 19 이는 저가 여호와 보시기에 악을
행하여 범죄함을 인함이라 저가 여로보암의 길로 행하며
그가 이스라엘로 죄를 범하게 한 그 죄중에 행하였더라

He spoke against Baasha through Jehu the prophet, 13
for all the sins of Baasha and the sins of Elah his son,
which they sinned and which they made Israel sin, provoking
the LORD God of Israel to anger with their idols. 14
Now the rest of the acts of Elah and all that he did, are
they not written in the Book of the Chronicles of the
Kings of Israel? 15 ¶ In the twenty-seventh year of
Asa king of Judah, Zimri reigned seven days at Tirzah.
Now the people were camped against Gibbethon, which
belonged to the Philistines. 16 And the people who
were camped heard it said, "Zimri has conspired and
has also struck down the king." Therefore all Israel made
Omri, the commander of the army, king over Israel that
day in the camp. 17 Then Omri and all Israel with him
went up from Gibbethon, and they besieged Tirzah. 18 And
it came about, when Zimri saw that the city was taken,
that he went into the citadel of the king's house and
burned the king's house over him with fire, and died,
19 because of his sins which he sinned, doing evil in
the sight of the LORD, walking in the way of Jeroboam,

20 남은 행위와
/시므리의
반역한 일은 기록되지 아니하였느냐?
/그가 /이스라엘 왕 역대지략에

21 그 때에(then)
백성이 둘로 **나뉘어**
/이스라엘
그 절반은 디브니를 **따라**...하고
/기낫의 아들

//(목적: ל, to)
그를 왕으로 삼으려

그 절반은 오므리를 **따랐더니**

22 백성이 **이긴지라**
/오므리를 따른 /디브니를 따른 백성을
/기낫의 아들

디브니가 **죽으매**
오므리가 **왕이 되니라**

23 오므리가 이스라엘의 **왕이 되어**
/유다의 아사 왕 제삼십일년에
/십이 년 동안 왕위에 있으며

육 년 동안 **다스리니라**
/디르사에서

24 그가 사마리아 **산을 사고**
/은 두 달란트로
/세멜에게서
성읍을 **건축하고**
/그 산 위에
사마리아라 **일컬었더라**
/그 건축한 성읍 이름을
/세멜의 이름을 따라
/그 산 주인이었던

25 오므리가 악을 **행하되**
/여호와 보시기에
더욱 악하게 행하여
/그 전의 모든 사람보다

왕상

20 시므리의 남은 행위와 그 모반한 일이 이스라엘 왕
역대 지략에 기록되지 아니하였느냐 21 그 때에 이스라
엘 백성이 둘에 나뉘어 그 절반은 기낫의 아들 디브니를
좇아 저로 왕을 삼으려 하고 그 절반은 오므리를 좇았더
니 22 오므리를 좇은 백성이 기낫의 아들 디브니를 좇
은 백성을 이긴지라 디브니가 죽으매 오므리가 왕이 되
니라 23 유다왕 아사 제삼십일년에 오므리가 이스라엘
왕이 되어 십이 년을 위에 있으며 디르사에서 육 년 동
안 치리하니라 24 저가 은 두 달란트로 세멜에게서 사
마리아 산을 사고 그 산 위에 성을 건축하고 그 건축한
성 이름을 그 산 주인이 되었던 세멜의 이름을 좇아 사
마리아라 일컬었더라 25 오므리가 여호와 보시기에 악
을 행하되 그 전의 모든 사람보다 더욱 악하게 행하여
26 느밧의 아들 여로보암의 모든 길로 행하며 그가 이

and in his sin which he did, making Israel sin. 20 Now
the rest of the acts of Zimri and his conspiracy which
he carried out, are they not written in the Book of the
Chronicles of the Kings of Israel? 21 ¶ Then the people
of Israel were divided into two parts: half of the people
followed Tibni the son of Ginath, to make him king;
the other half followed Omri. 22 But the people who
followed Omri prevailed over the people who followed Tibni
the son of Ginath. And Tibni died and Omri became
king. 23 In the thirty-first year of Asa king of Judah,
Omri became king over Israel, and reigned twelve years;
he reigned six years at Tirzah. 24 And he bought the
hill Samaria from Shemer for two talents of silver; and
he built on the hill, and named the city which he built Samaria,
after the name of Shemer, the owner of the hill. 25
And Omri did evil in the sight of the LORD, and acted

26 [그가] 모든 길로 **행하며**
/여로보암의
/느밧의 아들

그가 그 죄 중에 **행하여**
/이스라엘에게 죄를 범하게 한

여호와를 **노하시게 하였더라**
/이스라엘의 하나님
/그들의 헛된 것들로

27 사적과
/그 남은
/오므리가 행한
권세는 **기록되지 아니하였느냐?**
/그가 부린 /이스라엘 왕 역대지략에

28 오므리가 그의 조상들과 함께 **자매**
사마리아에 장사되고

아합이 대신하여 **왕이 되니라**
/그의 아들

29 아합이 이스라엘의 **왕이 되니라**
/오므리의 아들 /유다의 아사 왕 제삼십팔년에
아합이 이스라엘을 **다스리니라**
/오므리의 아들 /이십이 년 동안
/사마리아에서

30 아합이 악을 더욱 **행하여**
/오므리의 아들 /여호와 보시기에
/그의 이전의 모든 사람보다
31 /오히려 가볍게 **여기며**
/여로보암의 죄를 따라 행하는 것을
/느밧의 아들
이세벨을 아내로 **삼고**
/엣바알의 딸
/시돈 사람의 왕
가서
바알을 **섬겨**
예배하고

32 [그가] 제단을 **쌓으며**
/바알을 위하여
/바알의 신전 안에
/사마리아에 건축한

스라엘로 죄를 범하게 한 그 죄 중에 행하여 그 헛된 것
으로 이스라엘 하나님 여호와의 노를 격발케 하였더라
27 오므리의 행한 그 남은 사적과 그 베푼 권세가 이스
라엘 왕 역대 지략에 기록되지 아니하였느냐 28 오므리
가 그 열조와 함께 자매 사마리아에 장사되고 그 아들 아
합이 대신하여 왕 되니라 29 유다 왕 아사 제삼십팔년
에 오므리의 아들 아합이 이스라엘 왕이 되니라 오므리
의 아들 아합이 사마리아에서 이십이 년을 이스라엘을
다스리니라 30 오므리의 아들 아합이 그 전의 모든 사
람보다 여호와 보시기에 악을 더욱 행하여 31 느밧의
아들 여로보암의 죄를 따라 행하는 것을 오히려 가볍게
여기며 시돈 사람의 왕 엣바알의 딸 이세벨로 아내를 삼

more wickedly than all who were before him. 26 For
he walked in all the way of Jeroboam the son of Nebat
and in his sins which he made Israel sin, provoking the
LORD God of Israel with their idols. 27 Now the rest
of the acts of Omri which he did and his might which
he showed, are they not written in the Book of the Chronicles
of the Kings of Israel? 28 So Omri slept with his fathers,
and was buried in Samaria; and Ahab his son became
king in his place. 29 ¶ Now Ahab the son of Omri
became king over Israel in the thirty-eighth year of Asa
king of Judah, and Ahab the son of Omri reigned over
Israel in Samaria twenty-two years. 30 And Ahab the
son of Omri did evil in the sight of the LORD more
than all who were before him. 31 And it came about,
as though it had been a trivial thing for him to walk in
the sins of Jeroboam the son of Nebat, that he married Jezebel
the daughter of Ethbaal king of the Sidonians, and went
to serve Baal and worshiped him. 32 So he erected an

33 또
[그가] 아세라 상을 **만들었으니**
그는 여호와를 노하시게 **심히 . . . 하였더라**
/이스라엘 하나님
/모든 왕보다
/이스라엘의
/그 이전의

34 히엘이 여리고를 **건축하였는데**
/벧엘 사람 /그 시대에

그가 그 터를 쌓을 때에(when)
만아들 아비람을 **잃었고**

[그가] 그 성문을 세울 때에(when)
막내 아들 스굽을 **잃었으니** ...되었더라

/여호수아를 통하여 하신 말씀과 같이
/여호와께서 눈의 아들

17

1 엘리야가 아합에게 **말하되**...하니라
/디셉 사람 /내가 —— <맹세하노니>
/우거하는 자 중에 /여호와께서 살아 계심을 두고
/길르앗에 /이스라엘의 하나님
/내가 섬기는
/내 말이 없으면(except)
비도 이슬도 있지 아니하리라
/수 년 동안

2 말씀이 엘리야에게 **임하여 이르시되**
/여호와의 3 /너는 — 여기서 떠나
— 동쪽으로 가서
— 요단 앞 그릿 시냇가에 숨고
4 — 그 시냇물을 마시라

//(결과)
내가 — 까마귀들에게 명령하여 ...하리라
/거기서 너를 먹이게

왕상

고 가서 바알을 섬겨 숭배하고 **33** 또 아세라 목상을 만
들었으니 저는 그 전의 모든 이스라엘 왕보다 심히 이스
라엘 하나님 여호와의 노를 격발하였더라 **34** 그 시대에
벧엘 사람 히엘이 여리고를 건축하였는데 저가 그 터를
쌓을 때에 만아들 아비람을 잃었고 그 문을 세울 때에
말째 아들 스굽을 잃었으니 여호와께서 눈의 아들 여호
수아로 하신 말씀과 같이 되었더라

17:1 길르앗에 우거하는 자 중에 디셉 사람 엘리야
가 아합에게 고하되 나의 섬기는 이스라엘 하나
님 여호와의 사심을 가리켜 맹세하노니 내 말이 없으면
수년 동안 우로가 있지 아니하리라 하니라 **2** 여호와의
말씀이 엘리야에게 임하여 가라사대 **3** 너는 여기서 떠
나 동으로 가서 요단 앞 그릿 시냇가에 숨고 **4** 그 시냇
물을 마시라 내가 까마귀들을 명하여 거기서 너를 먹이

altar for Baal in the house of Baal, which he built in Samaria.
33 And Ahab also made the Asherah. Thus Ahab did
more to provoke the LORD God of Israel than all the
kings of Israel who were before him. **34** In his days
Hiel the Bethelite built Jericho; he laid its foundations
with the loss of Abiram his first-born, and set up its
gates with the loss of his youngest son Segub, according
to the word of the LORD, which He spoke by Joshua
the son of Nun.

17:1 ¶ Now Elijah the Tishbite, who was of the
settlers of Gilead, said to Ahab, "As the LORD,
the God of Israel lives, before whom I stand, surely
there shall be neither dew nor rain these years, except
by my word." **2** And the word of the LORD came to
him, saying, **3** "Go away from here and turn eastward,
and hide yourself by the brook Cherith, which is east of
the Jordan. **4** "And it shall be that you shall drink of
the brook, and I have commanded the ravens to provide

5 그가 　 여호와의 말씀과 같이 **하여**
곧
[그가] 　 **가서**
그릿 시냇가에 **머물매**
/요단 앞
6 까마귀들이 　 아침에도 <가져왔고>
/떡과 고기를,
저녁에도 가져왔고
/떡과 고기를
그가 　 시냇물을 마셨으나

7 //(이유: כִּי, for)
비가 ── 내리지 아니하므로
/땅에

얼마 후에
그 시내가 　 **마르니라**

8 말씀이 　 엘리야에게 **임하여 이르시되**
/여호와의 　 9 /너는 ── 일어나
사르밧으로 가서
/시돈에 속한
거기 머물라

//(결과)
내가 ─ 그 곳 과부에게 명령하여 ...하였느니라
/네게 음식을 주게

10 그가 　 일어나
사르밧으로 가서
성문에 이를 때에(when)

한 과부가 　 나뭇가지를 **줍는지라**
/그 곳에서
이에
[그가] 　 **불러**
이르되
/청하건대(please)
[너는] ── 물을 조금 가져다가...하라
/그릇에
/내가 마시게

11 그가 　 가지러 갈 때에(when)
엘리야가 　 그를 **불러**

게 하리라 **5** 저가 여호와의 말씀과 같이 하여 곧 가서 요단 앞 그릿 시냇가에 머물매 **6** 까마귀들이 아침에도 떡과 고기를, 저녁에도 떡과 고기를 가져왔고 저가 시내를 마셨더니 **7** 땅에 비가 내리지 아니하므로 얼마 후에 그 시내가 마르니라 **8** 여호와의 말씀이 엘리야에게 임하여 가라사대 **9** 너는 일어나 시돈에 속한 사르밧으로 가서 거기 유하라 내가 그 곳 과부에게 명하여 너를 공궤하게 하였느니라 **10** 저가 일어나 사르밧으로 가서 성문에 이를 때에 한 과부가 그 곳에서 나뭇가지를 줍는지라 이에 불러 가로되 청컨대 그릇에 물을 조금 가져다가 나로 마시게 하라 **11** 저가 가지러 갈 때에 엘리야가 저를 불러 가로되 청컨대 네 손에 떡 한 조각을 내게로 가져오라

for you there." **5** So he went and did according to the word of the LORD, for he went and lived by the brook Cherith, which is east of the Jordan. **6** And the ravens brought him bread and meat in the morning and bread and meat in the evening, and he would drink from the brook. **7** And it happened after a while, that the brook dried up, because there was no rain in the land. **8** Then the word of the LORD came to him, saying, **9** "Arise, go to Zarephath, which belongs to Sidon, and stay there; behold, I have commanded a widow there to provide for you." **10** So he arose and went to Zarephath, and when he came to the gate of the city, behold, a widow was there gathering sticks; and he called to her and said, "Please get me a little water in a jar, that I may drink." **11** And as she was going to get it, he called to her and said, "Please bring me a piece of bread in your hand." **12** But she

이르되
/청하건대(please)
[너는] — 떡 한 조각을 내게로 가져오라
/네 손의

12 그가 **이르되**
/살아 계심을 두고 <맹세하노니>
/당신의 하나님 여호와께서
/나는 ── 떡이 없고
└ 다만 뿐이라
/통에 가루 한 움큼과
/병에 기름 조금
/내가 ── 나뭇가지 둘을 주워다가
├ 음식을 만들어 먹고
/나와 내 아들을 위하여
└ 그 후에는 죽으리라

13 엘리야가 그에게 **이르되**
/[너는] ── 두려워하지 말고
├ 가서
└ 네 말대로 하려니와
/[너는] ── 먼저 작은 떡 한 개를 만들어
/그것으로
/나를 위하여
├ 내게로 가져오고
└ 그 후에 만들라
/너와 네 아들을 위하여

14 //(이유: כִּי, for)
여호와의 — 말씀이...하셨느니라
/하나님 /그 통의 가루가 떨어지지 아니하고
/이스라엘의 /그 병의 기름이 없어지지 아니하리라
/나 여호와가 비를 지면에 내리는 날까지

15 그가 **가서**
엘리야의 말대로 **하였더니**

그와
엘리야와
그의 식구가 여러 날 **먹었으나**

16 통의 가루가 **떨어지지 아니하고**
/여호와께서 — 하신 말씀 같이
/엘리야를 통하여

12 저가 가로되 당신의 하나님 여호와의 사심을 가리켜
맹세하노니 나는 떡이 없고 다만 통에 가루 한 움큼과
병에 기름 조금 뿐이라 내가 나뭇가지 두엇을 주워다가
나와 내 아들을 위하여 음식을 만들어 먹고 그 후에는
죽으리라 13 엘리야가 저에게 이르되 두려워 말고 가서
네 말대로 하려니와 먼저 그것으로 나를 위하여 작은 떡
하나를 만들어 내게로 가져오고 그 후에 너와 네 아들을
위하여 만들라 14 이스라엘 하나님 여호와의 말씀이 나
여호와가 비를 지면에 내리는 날까지 그 통의 가루는 다
하지 아니하고 그 병의 기름은 없어지지 아니하리라 하
셨느니라 15 저가 가서 엘리야의 말대로 하였더니 저와
엘리야와 식구가 여러 날 먹었으나 16 여호와께서 엘리
야로 하신 말씀같이 통의 가루가 다하지 아니하고 병의
기름이 없어지지 아니하니라 17 이 일 후에 그 집 주모

said, "As the LORD your God lives, I have no bread,
only a handful of flour in the bowl and a little oil in
the jar; and behold, I am gathering a few sticks that I
may go in and prepare for me and my son, that we may
eat it and die." 13 Then Elijah said to her, "Do not
fear; go, do as you have said, but make me a little bread
cake from it first, and bring it out to me, and afterward
you may make one for yourself and for your son. 14
"For thus says the LORD God of Israel, 'The bowl of
flour shall not be exhausted, nor shall the jar of oil be
empty, until the day that the LORD sends rain on the
face of the earth.'" 15 So she went and did according
to the word of Elijah, and she and he and her household
ate for many days. 16 The bowl of flour was not
exhausted nor did the jar of oil become empty, according
to the word of the LORD which He spoke through Elijah.

병의 기름이 **없어지지 아니하니라**

17 이 일 후에
아들이 **병들어**
/여인의
/그 집 주인 되는
증세가 심히 **위중하다가**
숨이 **끊어진지라**

18 여인이 **엘리야에게** 이르되
/하나님의 사람이여!
당신이—— 무슨 상관이 있기로
/나와 더불어
/또
[당신은] —— 내게 오셨나이까

//(목적: ל, to)
내 죄를 생각나게 하고

//(목적: ל, to)
내 아들을 죽게 하려고

19 엘리야가 그에게 **[말]하여**
/그의 아들을 달라
그를 **받아**
/그 여인의 품에서
안고
다락에 **올라가서**
/자기가 거처하는
자기 침상에 누이고

20 [그가] 여호와께 **부르짖어**
이르되...하고
/내 하나님 여호와여!
주께서 —또 재앙을 내리사 ...하셨나이까?
/과부에게
/내가 우거하는 집

//(목적: ל, to)
그 아들이 죽게

21 [그가] **몸을 펴서 엎드리고**
/그 아이 위에
/세 번

왕상

되는 여인의 아들이 병들어 증세가 심히 위중하다가 숨이 끊어진지라 **18** 여인이 엘리야에게 이르되 하나님의 사람이여 당신이 나로 더불어 무슨 상관이 있기로 내 죄를 생각나게 하고 또 내 아들을 죽게 하려고 내게 오셨나이까 **19** 엘리야가 저에게 그 아들을 달라 하여 그를 그 여인의 품에서 취하여 안고 자기의 거처하는 다락에 올라가서 자기 침상에 누이고 **20** 여호와께 부르짖어 가로되 나의 하나님 여호와여 주께서 또 내가 우거하는 집 과부에게 재앙을 내리사 그 아들로 죽게 하셨나이까 하고 **21** 그 아이 위에 몸을 세 번 펴서 엎드리고 여호와께 부르짖어 가로되 나의 하나님 여호와여 원컨대 이 아이의 혼으로 그 몸에 돌아 오게 하옵소서 하니 **22** 여호와

17 ¶ Now it came about after these things, that the son of the woman, the mistress of the house, became sick; and his sickness was so severe, that there was no breath left in him. **18** So she said to Elijah, "What do I have to do with you, O man of God? You have come to me to bring my iniquity to remembrance, and to put my son to death!" **19** And he said to her, "Give me your son." Then he took him from her bosom and carried him up to the upper room where he was living, and laid him on his own bed. **20** And he called to the LORD and said, "O LORD my God, hast Thou also brought calamity to the widow with whom I am staying, by causing her son to die?" **21** Then he stretched himself upon the child three times, and called to the LORD, and said, "O LORD my God, I pray Thee, let this child's life return to him." **22** And the LORD heard the voice of Elijah,

여호와께 **부르짖어**
이르되
/내 하나님 여호와여!
원하건대(please)
이 아이의 혼으로 돌아오게 하옵소서 하니
/그의 몸에

22 여호와께서 소리를 **들으시므로**
/엘리야의
혼이 몸으로 **돌아오고**
/그 아이의

[그가] **살아난지라**

23 엘리야가 그 아이를 **안고**
방으로 **내려가서**
/다락에서
그의 어머니에게 **주며**
이르되
/보라!
네 아들이 살아났느니라

24 여인이 엘리야에게 **이르되** ...하니라
/내가 — 이제야 아노라
/당신은 — 하나님의 사람이시오
/여호와의 말씀이 — 진실한 줄
/당신의 입에 있는

18

1 많은 날이 **지나고**
말씀이 엘리야에게 **임하여 이르시되**
/여호와의 /제삼년에
/너는 — 가서
└ 아합에게 보이라

//(결과)
내가 비를 지면에 내리리라

2 엘리야가 **가니**

//(목적: ל, to)
아합에게 보이려고

그 때에(now)
기근이 사마리아에 **심하였더라**

께서 엘리야의 소리를 들으시므로 그 아이의 혼이 몸으
로 돌아 오고 살아난지라 **23** 엘리야가 그 아이를 안고
다락에서 방으로 내려가서 그 어미에게 주며 이르되 보
라 네 아들이 살았느니라 **24** 여인이 엘리야에게 이르되
내가 이제야 당신은 하나님의 사람이시요 당신의 입에
있는 여호와의 말씀이 진실한 줄 아노라 하니라
18:1 많은 날을 지내고 제삼년에 여호와의 말씀이
엘리야에게 임하여 가라사대 너는 가서 아합에게
보이라 내가 비를 지면에 내리리라 **2** 엘리야가 아합에
게 보이려고 가니 그 때에 사마리아에 기근이 심하였더

and the life of the child returned to him and he revived.
23 And Elijah took the child, and brought him down
from the upper room into the house and gave him to
his mother; and Elijah said, "See, your son is alive."
24 Then the woman said to Elijah, "Now I know that
you are a man of God, and that the word of the LORD
in your mouth is truth."

18:1 ¶ Now it came about after many days, that the word
of the LORD came to Elijah in the third year,
saying, "Go, show yourself to Ahab, and I will send
rain on the face of the earth." **2** So Elijah went to show
himself to Ahab. Now the famine was severe in Samaria.
3 And Ahab called Obadiah who was over the household.
(Now Obadiah feared the LORD greatly; **4** for it came about,

3 아합이 오바댜를 **불렀으니**
/왕궁 맡은 자

이 오바댜는 여호와를 **경외하는 자라**
/지극히

4 //(이유: ꞌ, for)
이세벨이 — 선지자들을 멸할 때에(when)
/여호와의
오바댜가 ┌ 선지자 백 명을 가지고
├ 오십 명씩 굴에 숨기고
└ 떡과 물을 먹였더라

5 아합이 오바댜에게 **이르되**...하고
/[너는] — 가자
/모든 물 근원과
/이 땅의
/모든 내로

//혹시(결과)
[우리가] — 꼴을 얻으리라

//그리하면(결과)
[우리가] — 말과 노새를 살리리니
[우리가] — 짐승을 다 잃지 않게 되리라

6 두 사람이 땅을 **나누어**
/두루 다닐
아합은 이 길로 **가고**
/홀로
오바댜는 저 길로 **가니라**
/홀로

7 오바댜가 길에 있을 때에(as)
엘리야가 그를 **만난지라**

그가 **알아보고**
엎드려
말하되
/내 주 엘리야여!
당신이시니이까?

8 그가 그에게 **대답하되**
/그러하다
/[너는] — 가서
/[너는] — 네 주에게 말하기를...하라
/엘리야가 여기 있다

왕상

라 3 아합이 궁내 대신 오바댜를 불렀으니 이 오바댜는
크게 여호와를 경외하는 자라 4 이세벨이 여호와의 선지
자들을 멸할 때에 오바댜가 선지자 일백 인을 가져 오십
인씩 굴에 숨기고 떡과 물을 먹였었더라 5 아합이 오바
댜에게 이르되 이땅의 모든 물 근원과 모든 내로 가자 혹
시 꼴을 얻으리라 그러면 말과 노새를 살리리니 짐승을
다 잃지 않게 되리라 하고 6 두 사람이 두루 다닐 땅을
나누어 아합은 홀로 이 길로 가고 오바댜는 홀로 저 길로
가니라 7 오바댜가 길에 있을 대에 엘리야가 저를 만난
지라 저가 알아보고 엎드려 말하되 내 주 엘리야여 당신
이시니이까 8 대답하되 그러하다 가서 네 주에게 고하기
를 엘리야가 여기 있다 하라 9 가로되 내가 무슨 죄를

when Jezebel destroyed the prophets of the LORD, that Obadiah took a hundred prophets and hid them by fifties in a cave, and provided them with bread and water.)
5 Then Ahab said to Obadiah, "Go through the land to all the springs of water and to all the valleys; perhaps we will find grass and keep the horses and mules alive,
and not have to kill some of the cattle."
6 So they divided the land between them to survey it; Ahab went one way by himself and Obadiah went another way by himself.
7 ¶ Now as Obadiah was on the way, behold, Elijah met him, and he recognized him and fell on his face and said, "Is this you, Elijah my master?"
8 And he

9 [오바댜가] **이르되**
/내가 무슨 죄를 범하였기에

//(결과)
당신이 ── 당신의 종을 넘겨…하시나이까
/아합의 손에
/죽이게(하려)

10 /여호와께서 살아 계심을 두고 맹세하노니
/당신의 하나님
/내 주께서 ── 사람을 보내어
── 족속이나 나라가 없었는데
/당신을 찾지 아니한
/그들이 ── 말하기를…하면(when)
/엘리야가 없다
/맹세를 하게 하였거늘
/당신을 보지 못하였다는
/그 나라와 그 족속으로

11 /이제(now)
당신(의)[이] ── 말씀이…하시나
/[너는] ── 가서
── 네 주에게 말하기를…하라
/엘리야가 여기 있다

12 /내가 당신을 떠나간 후에(as)
영이 ── 당신을 이끌어 가시리니
/여호와의 /내가 알지 못하는 곳으로
/내가 ── 가서
── 아합에게 말하였다가(when)
/그가 당신을 찾지 못하면

//(결과)
내가 죽임을 당하리이다

/종은 ── 여호와를 경외하는 자라
/당신의 /어려서부터

13 /일이 ── 내 주에게 들리지 아니하였나이까?
/이세벨이 여호와의 선지자들을 죽일 때에
내가 ── 백 명을 굴에 숨기고
/여호와의 선지자 중에
/오십 명씩
── 떡과 물로 먹인

범하였기에 당신이 당신의 종을 아합의 손에 붙여 죽이
게 하려 하시나이까 **10** 당신의 하나님 여호와의 사심을
가리켜 맹세하노니 내 주께서 사람을 보내어 당신을 찾
지 아니한 족속이나 나라가 없었는데 저희가 말하기를
엘리야가 없다 하면 그 나라와 그 족속으로 당신을 보지
못하였다는 맹세를 하게 하였거늘 **11** 이제 당신의 말씀
이 가서 네 주에게 고하기를 엘리야가 여기 있다 하라
하시나 **12** 내가 당신을 떠나간 후에 여호와의 신이 나
의 알지 못하는 곳으로 당신을 이끌어 가시리니 내가 가
서 아합에게 고하였다가 저가 당신을 찾지 못하면 내가
죽임을 당하리이다 당신의 종은 어려서부터 여호와를 경
외하는 자라 **13** 이세벨이 여호와의 선지자들을 죽일 때

said to him, "It is I. Go, say to your master, 'Behold,
Elijah is here.'" **9** And he said, "What sin have I committed,
that you are giving your servant into the hand of Ahab,
to put me to death? **10** "As the LORD your God lives,
there is no nation or kingdom where my master has not
sent to search for you; and when they said, 'He is not
here,' he made the kingdom or nation swear that they
could not find you. **11** "And now you are saying, 'Go,
say to your master, "Behold, Elijah is here."' **12** "And
it will come about when I leave you that the Spirit of
the LORD will carry you where I do not know; so when
I come and tell Ahab and he cannot find you, he will
kill me, although I your servant have feared the LORD
from my youth. **13** "Has it not been told to my master
what I did when Jezebel killed the prophets of the LORD,
that I hid a hundred prophets of the LORD by fifties in

왕상

14 /이제(now)
당신(의)[이] — 말씀이 ...하시니
/[너는] ┬ 가서
└ 네 주에게 말하기를 ...하라
/엘리야가 여기 있다
//그리하면(결과)
그가 나를 죽이리이다

15 엘리야가 **이르되**
/여호와께서 살아 계심을(두고 맹세하노니)
/만군의
/내가 섬기는
/내가 오늘 아합에게 보이리라

16 오바댜가 **가서**
아합을 **만나**
그에게 **말하매**

아합이 가다가
(목적: לְ, to)
엘리야를 만나러

17 [아합이] 엘리야를 볼 때에(when)
아합이 그에게 **이르되**
/이스라엘을 괴롭게 하는 자여!
너냐

18 그가 **대답하되**
/내가 — 괴롭게 한 것이 아니라
/이스라엘을
/당신과 ┐
집이 ┴ 괴롭게 하였으니
/당신의 아버지의
//이는(이유: כִּי, for)
[그들이] — 여호와의 명령을 버렸고
당신이 — 바알들을 따랐음이라

19 /그런즉
[당신은] ┬ 사람을 보내
└ 갈멜 산으로 모아(...나아오게 하소서)
/온 이스라엘과
/사백오십 명과
/바알의 선지자
/이세벨의 상에서 먹는
/사백 명을
/아세라의 선지자
/내게로

왕상

에 내가 여호와의 선지자 중에 일백 인을 오십 인씩 굴에
숨기고 떡과 물로 먹인 일이 내 주께 들리지 아니하였나
이까 **14** 이제 당신의 말씀이 가서 네 주에게 고하기를
엘리야가 여기 있다 하라 하시니 그리하면 저가 나를 죽
이리이다 **15** 엘리야가 이르되 내가 모시는 만군의 여호
와의 사심을 가리켜 맹세하노니 내가 오늘날 아합에게
보이리라 **16** 오바댜가 가서 아합을 만나 고하매 아합이
엘리야를 만나려 하여 가다가 **17** 엘리야를 볼 때에 저
에게 이르되 이스라엘을 괴롭게 하는 자여 네냐 **18** 저
가 대답하되 내가 이스라엘을 괴롭게 한 것이 아니라 당
신과 당신의 아비의 집이 괴롭게 하였으니 이는 여호와
의 명령을 버렸고 당신이 바알들을 좇았음이라 **19** 그런

a cave, and provided them with bread and water? **14**
"And now you are saying, 'Go, say to your master, "Behold,
Elijah is here"'; he will then kill me." **15** And Elijah
said, "As the LORD of hosts lives, before whom I
stand, I will surely show myself to him today." **16** ¶
So Obadiah went to meet Ahab, and told him; and Ahab
went to meet Elijah. **17** And it came about, when Ahab
saw Elijah that Ahab said to him, "Is this you, you
troubler of Israel?" **18** And he said, "I have not troubled
Israel, but you and your father's house have, because
you have forsaken the commandments of the LORD,
and you have followed the Baals. **19** "Now then send
and gather to me all Israel at Mount Carmel, together
with 450 prophets of Baal and 400 prophets of the

20 이에
아합이　　사람을 **보내**
/모든 자손에게로
/이스라엘의
선지자들을 **모으니라**
/갈멜 산으로

21 엘리야가　　가까이 **나아가**
/모든 백성에게
이르되
/너희가 — 머뭇머뭇 하려느냐?
/어느 때까지
/둘 사이에서
/만일(אִם)
여호와가 — 하나님이면(if)
[너희는] — 그를 따르고
/만일(אִם)
바알이 — 하나님이면(if)
[너희는] — 그를 따를지니라 하니

백성이　　**대답하지 아니하는지라**
/말 한마디도

22 엘리야가　　백성에게 **이르되**
/선지자는 — 나만 홀로 남았으나
/여호와의
/선지자는 — 사백오십 명이로다
/바알의

23 그런즉
[너희는]　　송아지 둘을 **가져오게 하고**
/우리에게
그들은　　한 마리를 **택하여**
/송아지
각을 떠서
나무 위에 **놓고**
불은 **붙이지 말며**

나도　　한 마리를 **잡아**
/송아지
나무 위에 **놓고**
불은 **붙이지 않고**

24 너희는　　이름을 **부르라**
/너희 신의

즉 보내어 온 이스라엘과 이세벨의 상에서 먹는 바알의
선지자 사백오십 인과 아세라의 선지자 사백 인을 갈멜
산으로 모아 내게로 나오게 하소서 20 아합이 이에 이
스라엘 모든 자손에게로 보내어 선지자들을 갈멜 산으로
모으니라 21 엘리야가 모든 백성에게 가까이 나아가 이
르되 너희가 어느 때까지 두 사이에서 머뭇머뭇 하려느
냐 여호와가 만일 하나님이면 그를 좇고 바알이 만일 하
나님이면 그를 좇을지니라 하니 백성이 한 말도 대답지
아니하는지라 22 엘리야가 백성에게 이르되 여호와의
선지자는 나만 홀로 남았으나 바알의 선지자는 사백오십
인이로다 23 그런즉 두 송아지를 우리에게 가져 오게
하고 저희는 한 송아지를 택하여 각을 떠서 나무 위에

Asherah, who eat at Jezebel's table." 20 ¶ So Ahab
sent a message among all the sons of Israel, and brought
the prophets together at Mount Carmel. 21 And Elijah came
near to all the people and said, "How long will you
hesitate between two opinions? If the LORD is God,
follow Him; but if Baal, follow him." But the people
did not answer him a word. 22 Then Elijah said to the
people, "I alone am left a prophet of the LORD, but
Baal's prophets are 450 men. 23 "Now let them give
us two oxen; and let them choose one ox for themselves
and cut it up, and place it on the wood, but put no fire
under it; and I will prepare the other ox, and lay it on
the wood, and I will not put a fire under it. 24 "Then
you call on the name of your god, and I will call on
the name of the LORD, and the God who answers by
fire, He is God." And all the people answered and said,

나는 이름을 **부르리니**
/여호와의

이에
그가 **하나님이니라**
/불로 응답하는 신

백성이 다 **대답하되** ...하니라
/그 말이 옳도다

25 엘리야가 선지자들에게 **이르되**
/바알의
/[너희는] ── 송아지 한 마리를 택하여
먼저 잡고

//(이유: כִּי, for)
너희는 많으니

/[너희는] ── 이름을 부르라
/너희 신의
/그러나
[너희는] ── 불을 붙이지 말라

26 그들이 **가져다가**
/받은 송아지를
잡고
바알의 이름을 **불러 이르되**
/아침부터 낮까지
/바알이여!
우리에게 응답하소서 하나

[그러나]
아무 소리도 **없고**
응답하는 자도 **없으므로**
/아무
그들이 주위에서 **뛰놀더라**
/그 쌓은 제단

27 정오에 이르러는(at)
엘리야가 그들을 **조롱하여**
이르되
/[너희는] ── 큰 소리로 부르라

//(이유: כִּי, for)
그는 신인즉
//(이유: כִּי, for)
묵상하고 있는지

왕상

놓고 불은 놓지 말며 나도 한 송아지를 잡아 나무 위에 놓고 불은 놓지 말고 **24** 너희는 너희 신의 이름을 부르라 나는 여호와의 이름을 부르리니 이에 불로 응답하는 신 그가 하나님이니라 백성이 다 대답하되 그 말이 옳도다 **25** 엘리야가 바알의 선지자들에게 이르되 너희는 많으니 먼저 한 송아지를 택하여 잡고 너희 신의 이름을 부르라 그러나 불을 놓지 말라 **26** 저희가 그 받은 송아지를 취하여 잡고 아침부터 낮까지 바알의 이름을 불러 가로되 바알이여 우리에게 응답하소서 하나 아무 소리도 없고 아무 응답하는 자도 없으므로 저희가 그 쌓은 단 주위에서 뛰놀더라 **27** 오정에 이르러는 엘리야가 저희를 조롱하여 가로되 큰 소리로 부르라 저는 신인즉 묵상하

"That is a good idea." **25** ¶ So Elijah said to the prophets of Baal, "Choose one ox for yourselves and prepare it first for you are many, and call on the name of your god, but put no fire under it." **26** Then they took the ox which was given them and they prepared it and called on the name of Baal from morning until noon saying, "O Baal, answer us." But there was no voice and no one answered. And they leaped about the altar which they made. **27** And it came about at noon, that Elijah mocked them and said, "Call out with a loud voice, for he is a god; either he is occupied or gone aside, or is on a journey, or perhaps he is asleep and needs to be awakened." **28** So they cried with a loud voice and cut themselves according to their custom with swords and lances until the blood gushed out on them. **29** And it came about when midday was past, that they raved until the time of

//혹은(이유: כִּי, for)
그가 잠깐 나갔는지

//혹은(이유: כִּי, for)
그가 길을 행하는지

//혹은(이유: כִּי, for)
그가 잠이 들어서 깨워야 할 것인지 하매

28 이에
그들이 큰 소리로 **부르고**
그들의 몸을 **상하게 하더라**
/그들의 규례를 따라
/칼과 창으로
/피가 흐르기까지

29 이같이 하여 정오가 지났고(when)
그들이 **미친 듯이 떠들어**...이르렀으나
/저녁 소제 드릴 때까지
아무 소리도 **없고**

응답하는 자나
돌아보는 자가 **아무도 없더라**

30 엘리야가 모든 백성을 **향하여 이르되**
/[너희는] 내게로 가까이 오라

백성이 다 그에게 **가까이 가매**
그가 여호와의 제단을 **수축하되**
/무너진

31 엘리야가 돌 열두 개를 **취하니**
/야곱의 아들들의 지파의 수효를 따라

이 야곱은 **이르시기를 ...하신 자더라**
/옛적에
/여호와의 말씀이 임하여
/네 이름을 이스라엘이라 하리라

32 그가 그 돌로 제단을 **쌓고**
/여호와의 이름을 의지하여
도랑을 **만들고**
/곡식 종자 두 세아를 둘 만한
/제단을 돌아가며

왕상

고 있는지 혹 잠깐 나갔는지 혹 길을 행하는지 혹 잠이
들어서 깨워야 할 것인지 하매 **28** 이에 저희가 큰 소리
로 부르고 그 규례를 따라 피가 흐르기까지 칼과 창으로
그 몸을 상하게 하더라 **29** 이같이 하여 오정이 지났으
나 저희가 오히려 진언을 하여 저녁 소제 드릴 때까지
이를지라도 아무 소리도 없고 아무 응답하는 자도 없고
아무 돌아보는 자도 없더라 **30** 엘리야가 모든 백성을
향하여 이르되 내게로 가까이 오라 백성이 다 저에게 가
까이 오매 저가 무너진 여호와의 단을 수축하되 **31** 야
곱의 아들들의 지파의 수효를 따라 열두 돌을 취하니 이
야곱은 여호와께서 옛적에 저에게 임하여 이르시기를 네
이름을 이스라엘이라 하리라 하신 자더라 **32** 저가 여호
와의 이름을 의지하여 그 돌로 단을 쌓고 단으로 돌아가
며 곡식 종자 두 세아를 용납할 만한 도랑을 만들고 **33**

the offering of the evening sacrifice; but there was no
voice, no one answered, and no one paid attention. **30**
¶ Then Elijah said to all the people, "Come near to
me." So all the people came near to him. And he repaired
the altar of the LORD which had been torn down. **31**
And Elijah took twelve stones according to the number
of the tribes of the sons of Jacob, to whom the word of
the LORD had come, saying, "Israel shall be your
name." **32** So with the stones he built an altar in the
name of the LORD, and he made a trench around the
altar, large enough to hold two measures of seed. **33**
Then he arranged the wood and cut the ox in pieces and

33 또
[그가] 나무를 **벌이고**
송아지의 **각을 떠서**
나무 위에 **놓고**
이르되
/통 넷에 물을 채워다가
/번제물과 나무 위에 부으라 하고

34 또
[그가] **이르되**
/다시 그리하라 하여

[그들이] 다시 **그리하니**
또
[그가] **이르되**
/세 번째로 그리하라 하여

[그들이] 세 번째로 **그리하니**

35 물이 제단으로 **두루 흐르고**
물이 도랑에도 **가득 찼더라**

36 저녁 소제 드릴 때에 이르러(when)
엘리야가 **나아가서**
/선지자

말하되
/하나님 여호와여!
/아브라함과
/이삭과
/이스라엘의

/오늘 알게 하옵소서
/주께서 —— 하나님이신 것과
/이스라엘 중에서
/내가 —— 주의 종인 것과
/내가 —— 이 모든 일을 행하는 것을
/주의 말씀대로

37 /여호와여!
내게 응답하옵소서
내게 응답하옵소서
이 백성에게 알게 하옵소서 하매
/주 여호와는 하나님이신 것과
/주는 그들의 마음을 되돌이키심을

왕상

또 나무를 벌이고 송아지의 각을 떠서 나무 위에 놓고 이
르되 통 넷에 물을 채워다가 번제물과 나무 위에 부으라
하고 **34** 또 이르되 다시 그리하라 하여 다시 그리하니
또 이르되 세 번 그리하라 하여 세 번 그리하니 **35** 물
이 단으로 두루 흐르고 도랑에도 물이 가득하게 되었더
라 **36** 저녁 소제 드릴 때에 이르러 선지자 엘리야가 나
아가서 말하되 아브라함과 이삭과 이스라엘의 하나님 여
호와여 주께서 이스라엘 중에서 하나님이 되심과 내가
주의 종이 됨과 내가 주의 말씀대로 이 모든 일을 행하는
것을 오늘날 알게 하옵소서 **37** 여호와여 내게 응답하옵
소서 내게 응답하옵소서 이 백성으로 주 여호와는 하나
님이신 것과 주는 저희의 마음으로 돌이키게 하시는 것

laid it on the wood. And he said, "Fill four pitchers with water and pour it on the burnt offering and on the wood."
34 And he said, "Do it a second time," and they did it a second time. And he said, "Do it a third time," and they did it a third time.
35 And the water flowed around the altar, and he also filled the trench with water.
36 Then it came about at the time of the offering of the evening sacrifice, that Elijah the prophet came near and said, "O LORD, the God of Abraham, Isaac and Israel, today let it be known that Thou art God in Israel, and that I am Thy servant, and that I have done all these things at Thy word.
37 "Answer me, O LORD, answer me, that this people may know that Thou, O LORD, art God, and that Thou hast turned their heart back again."
38 Then the fire of the LORD fell, and consumed the burnt offering and the wood and the stones and the dust, and licked up the water that was in the trench.
39 And when all the people saw it, they fell on their faces; and they said, "The LORD, He is God; the LORD, He is God."
40 Then Elijah said to them, "Seize

38 이에
여호와의 불이 **내려서**
태우고
/번제물과
/나무와
/돌과
/흙을
또
도랑의 물을 **핥은지라**

39 모든 백성이 보고(when)
엎드려
말하되
/여호와 그는 하나님이시로다
/여호와 그는 하나님이시로다 하니

40 엘리야가 그들에게 **이르되**
/바알의 선지자를 잡되
/하나도 도망하지 못하게 하라 하매
/그들 중
[그들이] 곧 **잡은지라**

엘리야가 그들을 **내려다가**
/기손 시내로
거기서 **죽이니라**

41 엘리야가 아합에게 **이르되**
/올라가서
/먹고
/마시소서

//(이유: כִּי, for)
큰 비 소리가 있나이다

42 아합이 **올라가니라**

//(목적: לְ, to)
먹고
//(목적: לְ, to)
마시러

엘리야가 갈멜 산 꼭대기로 **올라가서**
땅에 **꿇어 엎드려**
그의 얼굴을 무릎 사이에 **넣고**

43 [그가] 그의 사환에게 **이르되**
/올라가
/바다쪽을 바라보라

을 알게 하옵소서 하매 38 이에 여호와의 불이 내려서
번제물과 나무와 돌과 흙을 태우고 또 도랑의 물을 핥은
지라 39 모든 백성이 보고 엎드려 말하되 여호와 그는
하나님이시로다 여호와 그는 하나님이시로다 하니 40
엘리야가 저희에게 이르되 바알의 선지자를 잡되 하나도
도망하지 못하게 하라 하매 곧 잡은지라 엘리야가 저희
를 기손 시내로 내려다가 거기서 죽이니라 41 엘리야가
아합에게 이르되 올라 가서 먹고 마시소서 큰 비의 소리
가 있나이다 42 아합이 먹고 마시러 올라가니라 엘리야
가 갈멜 산 꼭대기로 올라가서 땅에 꿇어엎드려 그 얼굴
을 무릎 사이에 넣고 43 그 사환에게 이르되 올라가 바
다편을 바라보라 저가 올라가 바라보고 고하되 아무것도

the prophets of Baal; do not let one of them escape."
So they seized them; and Elijah brought them down to
the brook Kishon, and slew them there. 41 ¶ Now Elijah
said to Ahab, "Go up, eat and drink; for there is the
sound of the roar of a heavy shower." 42 So Ahab
went up to eat and drink. But Elijah went up to the top
of Carmel; and he crouched down on the earth, and put
his face between his knees. 43 And he said to his
servant, "Go up now, look toward the sea." So he went
up and looked and said, "There is nothing." And he

그가 **올라가**
바라보고
말하되
/아무것도 없나이다

[엘리야가] **이르되**
/일곱 번까지 다시 가라

44 일곱 번째 이르러서는(when)
그가 **말하되**
/작은 구름이 —— 일어나나이다
/손 만한 /바다에서
/사람의
[엘리야가] **이르되** ...하니라
/[너는] —— 올라가
아합에게 말하기를 ...하라
/[당신은] —— 내려가소서
/마차를 갖추고

//(목적: ל, to)
비에 막히지 아니하도록

45 조금 후에
구름과 바람이 **일어나서**
하늘이 **캄캄해지며**
큰 비가 **내리는지라**

아합이 마차를 **타고**
이스르엘로 **가니**

46 능력이 엘리야에게 **임하매**
/여호와의
그가 허리를 **동이고**
아합 앞에서 **달려갔더라**
/이스르엘로 들어가는 곳까지

19

1 아합이 이세벨에게 **말하니**
/엘리야가 행한 모든 일과
/그가 어떻게 모든 선지자를 칼로 죽였는지를

2 이세벨이 사신을 엘리야에게 **보내어**
/이르되 ...한지라
/신들이 내게 벌 위에 벌을 내림이 마땅하니라

없나이다 가로되 일곱 번까지 다시 가라 **44** 일곱 번째
이르러서는 저가 고하되 바다에서 사람의 손만한 작은
구름이 일어나나이다 가로되 올라가 아합에게 고하기를
비에 막히지 아니하도록 마차를 갖추고 내려가소서 하라
하니라 **45** 조금 후에 구름과 바람이 일어나서 하늘이
캄캄하여지며 큰 비가 내리는지라 아합이 마차를 타고
이스르엘로 가니 **46** 여호와의 능력이 엘리야에게 임하
매 저가 허리를 동이고 이스르엘로 들어가는 곳까지 아
합 앞에서 달려갔더라

19:1 아합이 엘리야의 무릇 행한 일과 그가 어떻게
모든 선지자를 칼로 죽인 것을 이세벨에게 고하
니 **2** 이세벨이 사자를 엘리야에게 보내어 이르되 내가

said, "Go back" seven times. **44** And it came about at
the seventh time, that he said, "Behold, a cloud as small
as a man's hand is coming up from the sea." And he
said, "Go up, say to Ahab, 'Prepare your chariot and
go down, so that the heavy shower does not stop you.'"
45 So it came about in a little while, that the sky grew
black with clouds and wind, and there was a heavy
shower. And Ahab rode and went to Jezreel. **46** Then
the hand of the LORD was on Elijah, and he girded up
his loins and outran Ahab to Jezreel.

19:1 ¶ Now Ahab told Jezebel all that Elijah had
done, and how he had killed all the prophets with
the sword. **2** Then Jezebel sent a messenger to Elijah, saying,
"So may the gods do to me and even more, if I do not

/그렇게 하지 아니하면
내가 — 반드시 네 생명을 하리라
/한 사람의 생명과 같게
/저 사람들 중
/내일 이맘때에는

3 그가 이 형편을 **보고**
일어나
도망하여
/자기의 생명을 위해
브엘세바에 **이르러**
/유다에 속한
자기의 사환을 **머물게 하고**
/그 곳에

4 자기 자신은 광야로 **들어가**
하룻길쯤 **가서**
한 로뎀 나무 아래에 **앉아서**
자기가 죽기를 **원하여**
이르되 ...하고
/여호와여!
넉넉하오니
/지금 내 생명을 거두시옵소서

//(이유: כִּי, for)
나는 — 낫지 못하니이다
/내 조상들보다

5 [그가] 로뎀 나무 아래에 **누워**
자더니

천사가 그를 **어루만지며**
그에게 **이르되** ...하는지라
/일어나서
/먹으라

6 [그가] **본즉**
/[보라!]
구운 떡과
/숯불에
한 병 물이 — 머리맡에 있더라

이에
[그가] **먹고**
마시고
다시 **누웠더니**

왕상

내일 이맘 때에는 정녕 네 생명으로 저 사람들 중 한 사
람의 생명 같게 하리라 아니하면 신들이 내게 벌 위에
벌을 내림이 마땅하니라 한지라
3 저가 이 형편을 보고
일어나 그 생명을 위하여 도망하여 유다에 속한 브엘세
바에 이르러 자기의 사환을 그곳에 머물게 하고
4 스스
로 광야로 들어가 하룻길쯤 행하고 한 로뎀 나무 아래
앉아서 죽기를 구하여 가로되 여호와여 넉넉하오니 지금
내 생명을 취하옵소서 나는 내 열조보다 낫지 못하니이
다 하고
5 로뎀 나무 아래 누워 자더니 천사가 어루만지
며 이르되 일어나서 먹으라 하는지라
6 본즉 머리맡에
숯불에 구운 떡과 한병 물이 있더라 이에 먹고 마시고
다시 누웠더니
7 여호와의 사자가 또 다시 와서 어루만

make your life as the life of one of them by tomorrow
about this time."
3 And he was afraid and arose and
ran for his life and came to Beersheba, which belongs
to Judah, and left his servant there.
4 But he himself
went a day's journey into the wilderness, and came and
sat down under a juniper tree; and he requested for
himself that he might die, and said, "It is enough; now,
O LORD, take my life, for I am not better than my
fathers."
5 And he lay down and slept under a juniper
tree; and behold, there was an angel touching him, and
he said to him, "Arise, eat."
6 Then he looked and
behold, there was at his head a bread cake baked on hot
stones, and a jar of water. So he ate and drank and lay
down again.
7 And the angel of the LORD came again

29) 왕상 19:7
- "..., because the journey is too great for you."(NKJV)
- "..., for the journey is too much for you."[NIV]
- "..., because the journey is too great for you."[NASB]
- "..., otherwise the journey will be too much for you."[NRSV]

왕상

7 또
천사가 다시 **와서**
/여호와의
어루만지며
이르되 ...하는지라
/일어나
/먹으라

//(이유: כִּי, for)[29]
네가 갈 길을 다 가지 못할까 하노라

8 이에
[그가] **일어나**
먹고
마시고
사십 주 사십 야를 **가서**
/그 음식물의 힘을 의지하여
호렙에 **이르니라**
/하나님의 산

9 엘리야가 그 곳 굴에 **들어가**
거기서 **머물더니**

말씀이 그에게(임하여) **이르시되**
/여호와의 /엘리야야!
네가 어찌하여 여기 있느냐?

10 그가 **대답하되**
/내가 —— 열심이 유별하오니
/만군의 하나님 여호와께

//이는(이유: כִּי, for)
자손이 ┬ 주의 언약을 버리고
/이스라엘
├ 주의 제단을 헐며
└ 주의 선지자들을 죽였음이오며
/칼로
나만 —— 오직 남았거늘
그들이 —— 내 생명을 찾아...하나이다

//(목적: לְ, to)
빼앗으려

11 여호와께서 **이르시되** ...하시더니
/너는 나가서
/여호와 앞에서 산에 서라

지며 이르되 일어나서 먹으라 네가 길을 이기지 못할까
하노라 하는지라 8 이에 일어나 먹고 마시고 그 식물의
힘을 의지하여 사십 주 사십 야를 향하여 하나님의 산 호
렙에 이르니라 9 엘리야가 그 곳 굴에 들어가 거기서 유
하더니 여호와의 말씀이 저에게 임하여 이르시되 엘리야
야 네가 어찌하여 여기 있느냐 10 저가 대답하되 내가
만군의 하나님 여호와를 위하여 열심히 특심하오니 이는
이스라엘 자손이 주의 언약을 버리고 주의 단을 헐며 칼
로 주의 선지자들을 죽였음이오며 오직 나만 남았거늘
저희가 내 생명을 찾아 취하려 하나이다 11 여호와께서

a second time and touched him and said, "Arise, eat, because
the journey is too great for you." 8 So he arose and ate
and drank, and went in the strength of that food forty
days and forty nights to Horeb, the mountain of God. 9
¶ Then he came there to a cave, and lodged there; and behold,
the word of the LORD came to him, and He said to
him, "What are you doing here, Elijah?" 10 And he
said, "I have been very zealous for the LORD, the God
of hosts; for the sons of Israel have forsaken Thy covenant,
torn down Thine altars and killed Thy prophets with the
sword. And I alone am left; and they seek my life, to
take it away." 11 So He said, "Go forth, and stand
on the mountain before the LORD." And behold, the
LORD was passing by! And a great and strong wind

여호와께서 **지나가시는데**
/바람이 ── 산을 가르고
/크고 /여호와 앞에
/강한
── 바위를 부수나

여호와께서 **계시지 아니하며**
/바람 가운데에

지진이 **있으나**
/바람 후에

여호와께서 **계시지 아니하며**
/지진 가운데에도

12 또
불이 지진 후에 **있으나**
여호와께서 **계시지 아니하더니**
/불 가운데에도

세미한 소리가 불 후에 **있는지라**

13 엘리야가 **듣고**
얼굴을 **가리고**
/겉옷으로
나가
굴 어귀에 **서매**

[보라!]
소리가 그에게(임하여) **이르시되**
/엘리야야!
네가 어찌하여 여기 있느냐?

14 그가 **대답하되**
/내가 ── 열심이 유별하오니
/만군의 하나님 여호와께

//이는(이유: כִּי, for)
자손이 ── 주의 언약을 버리고
/이스라엘
── 주의 제단을 헐며
── 주의 선지자들을 죽였음이오며
/칼로
나만 ── 오직 남았거늘
그들이 ── 내 생명을 찾아 . . . 하나이다

//(목적: לְ, to)
빼앗으려

가라사대 너는 나가서 여호와의 앞에서 산에 섰으라 하시더니 여호와께서 지나가시는데 여호와의 앞에 크고 강한 바람이 산을 가르고 바위를 부수나 바람 가운데 여호와께서 계시지 아니하며 바람 후에 지진이 있으나 지진 가운데도 여호와께서 계시지 아니하며 **12** 또 지진 후에 불이 있으나 불 가운데도 여호와께서 계시지 아니하더니 불 후에 세미한 소리가 있는지라 **13** 엘리야가 듣고 겉옷으로 얼굴을 가리우고 나가 굴 어귀에 서매 소리가 있어 저에게 임하여 가라사대 엘리야야 네가 어찌하여 여기 있느냐 **14** 저가 대답하되 내가 만군의 하나님 여호와를 위하여 열심이 특심하오니 이는 이스라엘 자손이 주의 언약을 버리고 주의 단을 헐며 칼로 주의 선지자들

was rending the mountains and breaking in pieces the rocks before the LORD; but the LORD was not in the wind. And after the wind an earthquake, but the LORD was not in the earthquake. **12** And after the earthquake a fire, but the LORD was not in the fire; and after the fire a sound of a gentle blowing. **13** And it came about when Elijah heard it, that he wrapped his face in his mantle, and went out and stood in the entrance of the cave. And behold, a voice came to him and said, "What are you doing here, Elijah?" **14** Then he said, "I have been very zealous for the LORD, the God of hosts; for the sons of Israel have forsaken Thy covenant, torn down Thine altars and killed Thy prophets with the sword. And I alone am left; and they seek my life, to take it

15 여호와께서 그에게 **이르시되**
/너는 ┬ 네 길을 돌이켜
└ 다메섹에 가서
/광야를 통하여
/[네가] ┬ 이르거든(when)
└ 하사엘에게 기름을 부어..하고

//(목적: ל, to)
아람의 왕이 되게

16 /또
너는 — 예후에게 기름을 부어...하고
/님시의 아들

//(목적: ל, to)
이스라엘의 왕이 되게
/또
[너는] — 엘리사에게 기름을 부어 ...하라
/아벨므홀라 사밧의 아들

//(목적: ל, to)
선지자가 되게
/너를 대신하여

17 /예후가 — 죽일 것이요
/하사엘의 칼을 피하는 자를

/엘리사가 — 죽이리라
/예후의 칼을 피하는 자를

18 /그러나
내가 — 칠천 명을 남기리니
/이스라엘 가운데에
/다 바알에게 무릎을 꿇지 아니하고
/다 바알에게 입맞추지 아니한 자니라

19 엘리야가 거기서 **떠나**
엘리사를 **만나니**
/사밧의 아들

그가 **밭을 가는데**
/열두 겨릿소를 앞세우고
자기는 열두째 겨릿소와 **함께 있더라**

엘리야가 그리로 **건너가서**
겉옷을 **던졌더니**
/그의 위에

왕상

을 죽였음이오며 오직 나만 남았거늘 저희가 내 생명을
찾아 취하려 하나이다 **15** 여호와께서 저에게 이르시되
너는 네 길을 돌이켜 광야로 말미암아 다메섹에 가서 이
르거든 하사엘에게 기름을 부어 아람 왕이 되게 하고
16 너는 또 님시의 아들 예후에게 기름을 부어 이스라
엘 왕이 되게 하고 또 아벨므홀라 사밧의 아들 엘리사
에게 기름을 부어 너를 대신하여 선지자가 되게 하라
17 하사엘의 칼을 피하는 자를 예후가 죽일 것이요 예
후의 칼을 피하는 자를 엘리사가 죽이리라 **18** 그러나
내가 이스라엘 가운데 칠천 인을 남기리니 다 무릎을 바
알에게 꿇지 아니하고 다 그 입을 바알에게 맞추지 아니
한 자니라 **19** 엘리야가 거기서 떠나 사밧의 아들 엘리
사를 만나니 저가 열두 겨리 소를 앞세우고 밭을 가는데
자기는 열두째 겨리와 함께 있더라 엘리야가 그리로 건

away." **15** ¶ And the LORD said to him, "Go, return
on your way to the wilderness of Damascus, and when
you have arrived, you shall anoint Hazael king over
Aram; **16** and Jehu the son of Nimshi you shall anoint
king over Israel; and Elisha the son of Shaphat of Abel-
meholah you shall anoint as prophet in your place. **17** "And
it shall come about, the one who escapes from the sword
of Hazael, Jehu shall put to death, and the one who
escapes from the sword of Jehu, Elisha shall put to death.
18 "Yet I will leave 7,000 in Israel, all the knees that
have not bowed to Baal and every mouth that has not
kissed him." **19** ¶ So he departed from there and found
Elisha the son of Shaphat, while he was plowing with twelve
pairs of oxen before him, and he with the twelfth. And Elijah
passed over to him and threw his mantle on him. **20**

20 그가 소를 **버리고**
엘리야에게로 **달려가서**
이르되
/청하건대(please)
나를 내 부모와 입맞추게 하소서
/그리한 후에
내가 당신을 따르리이다

엘리야가 그에게 **이르되** ...하니라
/[너는] 돌아가라
/내가 네게 어떻게 행하였느냐?

21 엘리사가 **돌아가서**
/그를 떠나
한 겨릿소를 **가져다가**
잡고
소의 기구를 **불살라**
백성에게 **주어**
/그 고기를(삶아)
먹게 하고
일어나
엘리야를 **따르며**
수종 들었더라

20

1 왕이 그의 군대를 다 **모으니**
/아람의 벤하닷

왕이 그와 함께 **있고**
/삼십이 명
또
말과 병거들이 **있더라**

이에
[그가] **올라가서**
사마리아를 **에워싸고**
그 곳을 **치며**

2 [그가] 사자들을 **보내**
/이스라엘의 아합 왕에게
/성 안에 있는

너가서 겉옷을 그의 위에 던졌더니 20 저가 소를 버리
고 엘리야에게로 달려가서 이르되 청컨대 나로 내 부모
와 입맞추게 하소서 그리한 후에 내가 당신을 따르리이
다 엘리야가 저에게 이르되 돌아가라 내가 네게 어떻게
행하였느냐 하니라 21 엘리사가 저를 떠나 돌아가서 소
한 겨리를 취하여 잡고 소의 기구를 불살라 그 고기를
삶아 백성에게 주어 먹게 하고 일어나 가서 엘리야를 좇
으며 수종들었더라

20:1 아람 왕 벤하닷이 그 군대를 다 모으니 왕 삼
십이 인이 저와 함께 있고 또 말과 병거들이 있
더라 이에 올라가서 사마리아를 에워싸고 치며 2 사자
들을 성중 이스라엘 왕 아합에게 보내어 이르기를 벤하

And he left the oxen and ran after Elijah and said,
"Please let me kiss my father and my mother, then I
will follow you." And he said to him, "Go back again,
for what have I done to you?" 21 So he returned from
following him, and took the pair of oxen and sacrificed
them and boiled their flesh with the implements of the
oxen, and gave it to the people and they ate. Then he
arose and followed Elijah and ministered to him.

20:1 ¶ Now Ben-hadad king of Aram gathered all
his army, and there were thirty-two kings with
him, and horses and chariots. And he went up and
besieged Samaria, and fought against it. 2 Then he sent
messengers to the city to Ahab king of Israel, and said
to him, "Thus says Ben-hadad, 3 'Your silver and

이르기를
/벤하닷이 — 그에게 이르되...하매
3 /네 은금은 — 내 것이요
/네 아내들과
네 자녀들(의)(자)도 — 내 것이니라
/아름다운

4 왕이 **대답하여**
/이스라엘의

말하기를 ...하였더니
/내 주 왕이여!
나와
내 것은 — 왕의 것이니이다
/다(=모든)

5 사신들이 **다시 와서**
이르되
/벤하닷이 — 이르노라 ...하였거니와
/말하기를(=말함으로)
/내가 이미 네게 사람을 보내어
/너는 — 내게 넘기라
/네 은금과
/아내들과
/자녀들을
6 /내가 — 내 신하들을 네게 보내리니
/내일 이맘때에
/그들이 — 수색하여
/네 집과
/네 신하들의 집을
— 네 눈이 기뻐하는 것을 잡아
/그들의 손으로
— 가져가리라 (한지라)

7 이에
이스라엘 왕이 **불러**
/나라의 장로를 다
이르되
/너희는 — 자세히 알라
/이 사람이 악을 도모하고 있는 줄을

//(이유: כִּי, for)
그가 — 사람을 내게 보냈으나
/빼앗으려고
/내 아내들과
/내 자녀들과
/내 은금을

닷은 이르노니 **3** 네 은금은 내 것이요 네 처들과 네 자녀들의 아름다운 자도 내 것이니라 하매 **4** 이스라엘 왕이 대답하여 말하기를 내 주 왕이여 왕의 말씀같이 나와 나의 것은 다 왕의 것이니이다 하였더니 **5** 사자가 다시 와서 이르기를 벤하닷은 이르노라 내가 이미 네게 보내어 말하기를 너는 네 은금과 처들과 자녀들을 내게 붙이라 하였거니와 **6** 내일 이맘 때에 내가 내 신복을 네게 보내리니 저희가 네 집과 네 신복의 집을 수탐하여 무릇 네 눈이 기뻐하는 것을 그 손으로 잡아 가져가리라 한지라 **7** 이에 이스라엘 왕이 나라의 장로를 다 불러 이르되 너희는 이 사람이 잔해하려고 구하는 줄을 자세히 알라 저가 나의 처들과 자녀들과 은금을 취하려고 사람을 내게 보내었으나 내가 거절치 못하였노라 **8** 모든 장로와 백성들이 다 왕께 고하되 왕은 듣지도 말고 허락지도 마

your gold are mine; your most beautiful wives and children are also mine.'" **4** And the king of Israel answered and said, "It is according to your word, my lord, O king; I am yours, and all that I have." **5** Then the messengers returned and said, "Thus says Ben-hadad, 'Surely, I sent to you saying, "You shall give me your silver and your gold and your wives and your children," **6** but about this time tomorrow I will send my servants to you, and they will search your house and the houses of your servants; and it shall come about, whatever is desirable in your eyes, they will take in their hand and carry away.'" **7** ¶ Then the king of Israel called all the elders of the land and said, "Please observe and see how this man is looking for trouble; for he sent to me for my wives and my children and my silver and my gold, and I did not refuse him." **8** And all the elders

//(이유, 계속)
내가 ── 거절하지 못하였노라

8 모든 장로와
백성들이 왕께 **아뢰되** ...한지라
/다 /왕은 ┬ 듣지도 말고
└ 허락하지도 마옵소서

9 그러므로
왕이 벤하닷의 사신들에게 **이르되**
/너희는 ── 내 주 왕께 말하기를
/내가 ── 다 그대로 하려니와
/왕이─보내 구하신 것(은)[을]
/처음에
/종에게

/이것은 내가 할 수 없나이다 (하라 하니)

사자들이 **돌아가서**
보고하니라

10 그 때에
벤하닷이 그에게 사람을 **다시 보내어**
이르되...하매
/[만일]
부스러진 것이 ── 족할 것 같으면
/사마리아의 /백성의 무리의 손에 채우기에
/나를 따르는
신들이 내게 벌 위에 벌을 내림이 마땅하니라

11 이스라엘 왕이 **대답하여**
이르되 ...하라 하니라
/[아무도] ── 자랑하지 못할 것이라
/갑옷 입는 자가 갑옷 벗는 자 같이

12 그 때에
벤하닷이 왕들과 마시다가(when)
/장막에서
이 말을 **듣고**
그의 신하들에게 **이르되**...하매
/너희는 진영을 치라

곧
[그들이] 성읍을 향하여 **진영을 치니라**

13 한 선지자가 아합 왕에게 **나아가서**
/이스라엘의

옵소서 한지라 **9** 그러므로 왕이 벤하닷의 사자에게 이
르되 너희는 내 주 왕께 고하기를 왕이 처음에 보내어
종에게 구하신 것은 내가 다 그대로 하려니와 이것은 내
가 할 수 없나이다 하라 사자들이 돌아가서 고하니라
10 벤하닷이 다시 저에게 보내어 이르되 사마리아의 부
스러진 것이 나를 좇는 백성의 무리의 손에 채우기에 족
할 것 같으면 신들이 내게 벌 위에 벌을 내림이 마땅하
니라 하매 **11** 이스라엘 왕이 대답하여 가로되 갑옷 입
는 자가 갑옷 벗는 자같이 자랑치 못할 것이라 하라 하
니라 **12** 벤하닷이 왕들과 장막에서 마시다가 이 말을
듣고 그 신복에게 이르되 너희는 진을 베풀라 하매 곧
성을 향하여 진을 베푸니라 **13** 한 선지자가 이스라엘

and all the people said to him, "Do not listen or consent."
9 So he said to the messengers of Ben-hadad, "Tell
my lord the king, 'All that you sent for to your servant
at the first I will do, but this thing I cannot do.'" And
the messengers departed and brought him word again.
10 And Ben-hadad sent to him and said, "May the
gods do so to me and more also, if the dust of Samaria
shall suffice for handfuls for all the people who follow
me." **11** Then the king of Israel answered and said,
"Tell him, 'Let not him who girds on his armor boast
like him who takes it off.'" **12** And it came about when
Ben-hadad heard this message, as he was drinking with
the kings in the temporary shelters, that he said to his servants,
"Station yourselves." So they stationed themselves against
the city. **13** ¶ Now behold, a prophet approached Ahab king
of Israel and said, "Thus says the LORD, 'Have you

이르되
/여호와(의)[께서] — 말씀(이)하셨나이다
/네가 이 큰 무리를 보느냐
/내가 오늘 그들을 네 손에 넘기리니
/너는 내가 여호와인 줄을 알리라

14 아합이 이르되
/누구를 통하여 그렇게 하시리이까
대답하되
/여호와(의)[께서] — 말씀(이)하셨나이다
/각 지방 고관의 청년들로 하리라

아합이 이르되
/누가 싸움을 시작하리이까

[그가] 대답하되
/왕이니이다

15 이에
아합이 청년들을 계수하니
/각 지방 고관의

이백삼십이 명이요

[아합이] 그 외에 계수하니
/모든 백성[을]
/곧 이스라엘의 모든 자손을
칠천 명이더라

16 그들이 정오에 나가니
벤하닷은 장막에서 마시고
/돕는 왕 삼십이 명과 더불어
취한 중이라

17 청년들이 먼저 나갔더라
/각 지방의 고관의

벤하닷이 정탐꾼을 보냈더니
그들이 보고하여 이르되 ...하매
/사람들이 — 나오더이다
/사마리아에서

18 그가 이르되 ...하니라
/[만일]
[그들이] — 나올지라도(if)
/화친하러

왕상

왕 아합에게 나아가서 가로되 여호와의 말씀이 네가 이 큰 무리를 보느냐 내가 오늘 저희를 네 손에 붙이리니 너는 내가 여호와인 줄 알리라 하셨나이다 14 아합이 가로되 누구로 하시리이까 대답하되 여호와의 말씀이 각 도의 방백의 소년들로 하리라 하셨나이다 아합이 가로되 누가 싸움을 시작하리이까 대답하되 왕이니이다 15 아합이 이에 각 도의 방백의 소년들을 계수하니 이백삼십이 인이요 그 외에 모든 백성 곧 이스라엘의 모든 자손을 계수하니 칠천 인이더라 16 저희가 오정에 나가니 벤하닷은 장막에서 돕는 왕 삼십이 인으로 더불어 마시고 취한 중이라 17 각 도의 방백의 소년들이 먼저 나갔더라 벤하닷이 탐지군을 보내었더니 저희가 회보하여 가로되

seen all this great multitude? Behold, I will deliver them into your hand today, and you shall know that I am the LORD.'" 14 And Ahab said, "By whom?" So he said, "Thus says the LORD, 'By the young men of the rulers of the provinces.'" Then he said, "Who shall begin the battle?" And he answered, "You." 15 Then he mustered the young men of the rulers of the provinces, and there were 232; and after them he mustered all the people, even all the sons of Israel, 7,000. 16 ¶ And they went out at noon, while Ben-hadad was drinking himself drunk in the temporary shelters with the thirty-two kings who helped him. 17 And the young men of the rulers of the provinces went out first; and Ben-hadad sent out and they told him, saying, "Men have come out from Samaria." 18 Then he said, "If they have come out for peace, take them alive; or if they have come out for war, take them

[너는] —— 사로잡고

/[만일]
[그들이] — 나올지라도(if)
/싸우러
[너는] —— 사로잡으라

19 청년들과
/각 지방 고관의
군대가 성읍에서 **나가서**
/그들을 따르는

20 각각 적군을 **쳐죽이매**
아람 사람이 **도망하는지라**

이스라엘이 **쫓으니**
벤하닷이 도망하여 **피하니라**
/아람 왕 /말을 타고
/마병과 더불어

21 이스라엘 왕이 **나가서**
말과 병거를 **치고**
또
아람 사람을 **쳐서**
크게 **이겼더라**

22 그 선지자가 이스라엘 왕에게 **나아와**
이르되 ...하니라
/왕은 —— 가서
힘을 기르고
왕께서 행할 일을 알고
준비하소서

//(이유: כִּי, for)
아람 왕이 — 왕을 치러 오리이다
/해가 바뀌면

23 신하들이 왕께 **아뢰되**
/아람 왕의 /신은 —— 산의 신이므로
/그들의
/그들이 —— 강하였거니와
/우리보다
/만일
우리가 —— 평지에서 그들과 싸우면(if)

사마리아에서 사람들이 나오더이다 하매 18 저가 이르
되 화친하러 나올지라도 사로잡고 싸우러 나올지라도 사
로잡으라 하니라 19 각 도의 방백의 소년들과 저희를
좇는 군대들이 성에서 나가서 20 각각 적군을 쳐 죽이
매 아람 사람이 도망하는지라 이스라엘이 쫓으니 아람
왕 벤하닷이 말을 타고 마병으로 더불어 도망하여 면하
니라 21 이스라엘 왕이 나가서 말과 병거를 치고 또 아
람 사람을 쳐서 크게 도륙하였더라 22 그 선지자가 이
스라엘 왕에게 나아와 가로되 왕은 가서 힘을 기르고 왕
의 행할 일을 알고 준비하소서 해가 돌아오면 아람 왕이
왕을 치러 오리이다 하니라 23 아람 왕의 신복들이 왕
께 고하되 저희의 신은 산의 신이므로 저희가 우리보다
강하였거니와 우리가 만일 평지에서 저희와 싸우면 정녕
저희보다 강할지라 24 왕은 이 일을 행하실지니 곧 왕

alive." 19 So these went out from the city, the young
men of the rulers of the provinces, and the army which
followed them. 20 And they killed each his man; and
the Arameans fled, and Israel pursued them, and Ben-
hadad king of Aram escaped on a horse with horsemen.
21 And the king of Israel went out and struck the horses
and chariots, and killed the Arameans with a great
slaughter. 22 ¶ Then the prophet came near to the king
of Israel, and said to him, "Go, strengthen yourself and
observe and see what you have to do; for at the turn of
the year the king of Aram will come up against you."
23 Now the servants of the king of Aram said to him,
"Their gods are gods of the mountains, therefore they
were stronger than we; but rather let us fight against
them in the plain, and surely we shall be stronger than
they. 24 "And do this thing: remove the kings, each

[우리가] — 반드시 강할지라
/그들보다

24 /또
왕은 — 이 일을 행하실지니
곧
[왕은] — 왕들을 제하여 ...하고
/각각
/그 곳에서 떠나게
총독들을 두시고
/그들 대신에

25 /또
[왕은] — 군대를 보충하고
/왕의 잃어버린 군대와 같은
/왕을 위하여
보충하고
/말은 말대로,
/병거는 병거대로

/[만일]
우리가 — 그들과 싸우면
/평지에서
반드시 강하리이다
/그들보다

왕이 그 말을 **듣고**
그리하니라

26 해가 **바뀌니**
벤하닷이 아람 사람을 **소집하고**
아벡으로 **올라와서** ...하매

//(목적: ל, to)
이스라엘과 싸우려

27 자손도 **소집되어**
/이스라엘

군량을 받고
마주 **나가서**
그들 앞에 **진영을 치니**

자손은 적은 **염소 떼와 같고**
/이스라엘 /두 무리의

아람 사람은 그 땅에 **가득하였더라**

들을 제하여 각각 그 곳에서 떠나게 하고 저희 대신에 장
관들을 두시고 **25** 또 왕의 잃어버린 군대와 같은 군대
를 왕을 위하여 충수하고 말도 말대로, 병거도 병거대로
충수하고 우리가 평지에서 저희와 싸우면 정녕 저희보다
강하리이다 왕이 그 말을 듣고 그리하니라 **26** 해가 돌
아오매 벤하닷이 아람 사람을 점고하고 아벡으로 올라와
서 이스라엘과 싸우려 하매 **27** 이스라엘 자손도 점고함
을 입고 군량을 받고 마주 나가서 저희 앞에 진을 치니
이스라엘은 염소새끼의 두 적은 떼와 같고 아람 사람은
그 땅에 가득하였더라 **28** 때에 하나님의 사람이 이스라

from his place, and put captains in their place, **25** and muster
an army like the army that you have lost, horse for horse,
and chariot for chariot. Then we will fight against them
in the plain, and surely we shall be stronger than they.
"And he listened to their voice and did so. **26** ¶ So it
came about at the turn of the year, that Ben-hadad
mustered the Arameans and went up to Aphek to fight against
Israel. **27** And the sons of Israel were mustered and
were provisioned and went to meet them; and the sons
of Israel camped before them like two little flocks of
goats, but the Arameans filled the country. **28** Then a
man of God came near and spoke to the king of Israel

28 그 때에
사람이 나아와 **말하여 이르되**...하니라
/하나님의 /이스라엘 왕에게
/여호와(의)[께서] — 말씀(에)...하셨나이다
/아람 사람이 — 말하기를...하는도다
/여호와는 산의 신이요
/골짜기의 신은 아니라
/그러므로
내가 — 이 큰 군대를 다 넘기리니
/네 손에
/너희는 – 내가 여호와인 줄을 알리라

29 진영이 **서로 대치한 지라**
/칠 일(이)[동안]
[그들이] 일곱째 날에 **접전하여**
자손이 십만 명을 **죽이매**
/이스라엘 /아람 보병
/하루에

30 그 남은 자는 아벡으로 **도망하여**
성읍으로 **〈들어갔더니〉**

그 성벽이 이만 칠천 명 위에 **무너지고**
/그 남은 자

벤하닷은 **도망하여**
성읍에 **이르러**
골방으로 **〈들어가니라〉**

31 신하들이 그에게 **말하되**...하고
/그의 /우리가 — 들은즉
/왕들은 — 인자한 왕이라 하니
/이스라엘 집의
/만일(please)
우리가 — 허리를 동이고
/굵은 베로
/테두리를 머리에 쓰고
/이스라엘의 왕에게로 나아가면

//(결과)
그가 – 혹시 왕의 생명을 살리리이다

32 그들이 허리를 **동이고**
/굵은 베로
머리에 테두리를 **〈쓰고〉**

엘 왕에게 나아와 고하여 가로되 여호와의 말씀이 아람
사람이 말하기를 여호와는 산의 신이요 골짜기의 신은
아니라 하도다 그러므로 내가 이 큰 군대를 다 네 손에
붙이리니 너희는 내가 여호와인 줄 알리라 하셨나이다
하니라 **29** 진이 서로 대한 지 칠 일이라 제칠일에 접전
하여 이스라엘 자손이 하루에 아람 보병 십만을 죽이매
30 그 남은 자는 아벡으로 도망하여 성읍으로 들어갔더
니 그 성이 그 남은 자 이만 칠천 위에 무너지고 벤하닷
은 도망하여 성읍에 이르러 골방으로 들어가니라 **31** 그
신복들이 저에게 고하되 우리가 들은즉 이스라엘 집의
왕들은 인자한 왕이라 하니 만일 우리가 굵은 베로 허리
를 묶고 테두리를 머리에 이고 이스라엘 왕에게로 나아

and said, "Thus says the LORD, 'Because the Arameans
have said, "The LORD is a god of the mountains, but
He is not a god of the valleys"; therefore I will give all
this great multitude into your hand, and you shall know
that I am the LORD.'" **29** So they camped one over
against the other seven days. And it came about that on
the seventh day, the battle was joined, and the sons of
Israel killed of the Arameans 100,000 foot soldiers in
one day. **30** But the rest fled to Aphek into the city,
and the wall fell on 27,000 men who were left. And
Ben-hadad fled and came into the city into an inner chamber.
31 ¶ And his servants said to him, "Behold now, we
have heard that the kings of the house of Israel are
merciful kings, please let us put sackcloth on our loins
and ropes on our heads, and go out to the king of Israel;
perhaps he will save your life." **32** So they girded

이스라엘의 왕에게 **이르러**
이르되
/벤하닷이 —— 청하기를...하더이다
/왕의 종 /내 생명을 살려 주옵소서

아합이 **이르되**
/그가 —— 아직도 살아 있느냐?
/그는 —— 내 형제이니라

33 그 사람들이 좋은 징조로 **여기고**
그 말을 **얼른 받아**
대답하여 이르되
/벤하닷은 왕의 형제니이다

왕이 **이르되**
/너희는 ┬가서
└그를 인도하여 오라

이에
벤하닷이 왕에게 **나아오니**
왕이 그를 병거에 **올린지라**

34 벤하닷이 왕께 **아뢰되**
/내가 —돌려보내리이다
/모든 성읍을
/내 아버지께서 — 빼앗은
/당신의 아버지에게서
/또
당신도 —— 다메섹에서 거리를 만드소서
/당신을 위하여
/내 아버지께서 — 만든 것 같이
/사마리아에서

아합이 **이르되** ...하고
/내가 —— 당신을 놓으리라
/이 조약으로 인해
이에
[아합이] 더불어 **조약**을 **맺고**
그를 놓았더라

35 한 사람이 여호와의 말씀을 **이르되** ...하였더니
/선지자의 무리 중 /그의 친구에게
/너는 나를 치라

그 사람이 치기를 **싫어하는지라**

가면 저가 혹시 왕의 생명을 살리리이다 하고 32 저희
가 굵은 베로 허리를 묶고 테두리를 머리에 이고 이스라
엘 왕에게 이르러 가로되 왕의 종 벤하닷이 청하기를 나
의 생명을 살려주옵소서 하더이다 아합이 가로되 저가
오히려 살았느냐 저는 나의 형제니라 33 그 사람들이
징조로 여기고 그 말을 얼른 받아 대답하여 가로되 벤하
닷은 왕의 형제니이다 왕이 가로되 너희는 가서 저를 인
도하여 오라 벤하닷이 이에 왕에게 나아오니 왕이 저를
병거에 올린지라 34 벤하닷이 왕께 고하되 내 부친이
당신의 부친에게서 빼앗은 모든 성읍을 내가 돌려 보내
리이다 또 나의 부친이 사마리아에서 만든 것 같이 당신
도 다메섹에서 당신을 위하여 거리를 만드소서 아합이
가로되 내가 이 약조로 당신을 놓으리라 하고 이에 더불
어 약조하고 저를 놓았더라 35 선지자의 무리 중 한 사

sackcloth on their loins and put ropes on their heads,
and came to the king of Israel and said, "Your servant
Ben-hadad says, 'Please let me live.'" And he said, "Is
he still alive? He is my brother." 33 Now the men took
this as an omen, and quickly catching his word said,
"Your brother Ben-hadad." Then he said, "Go, bring
him." Then Ben-hadad came out to him, and he took
him up into the chariot. 34 And Ben-hadad said to him,
"The cities which my father took from your father I will
restore, and you shall make streets for yourself in Damascus,
as my father made in Samaria." Ahab said, "And I will
let you go with this covenant." So he made a covenant
with him and let him go. 35 ¶ Now a certain man of
the sons of the prophets said to another by the word of
the LORD, "Please strike me." But the man refused to strike
him. 36 Then he said to him, "Because you have not

36 그가 그 사람에게 **이르되**
/네가 —— 듣지 아니하였으니
/여호와의 말씀을
/네가 나를 떠나갈 때에(as soon as)
사자가 —— 너를 죽이리라

그 사람이 그의 곁을 **떠나가더니**

사자가 그를 **만나**
죽였더라

37 또
그가 다른 사람을 **만나**
이르되 ...하매
/너는 나를 치라

그 사람이 그를 **치되**
상하도록 **친지라**

38 선지자가 **가서**
왕을 **기다리다가**
/길 가에서
수건으로 **변장하고**
/자기의 눈을 가리어

39 왕이 지나갈 때에(while)
그가 **소리 질러 불러**
/왕을[에게]
이르되
/종이 —— 전장 가운데에 나갔더니
/한 사람이 ┬ 돌이켜
├ 어떤 사람을 끌고 와서
│ /내게로
└ 말하기를 ...하였거늘
/[너는]--이 사람을 지키라
/만일
[네가] ┬ 그를 잃어 버리면(if)
└ 그의 생명을 대신하거나
/네 생명으로

/그렇지 아니하면(if)
네가 —— 은 한 달란트를 내어야 하리라

40 종이 일을 볼 동안에(while)
/이리 저리

람이 여호와의 말씀으로 그 동무에게 이르되 너는 나를
치라 하였더니 그 사람이 치기를 싫어하는지라 **36** 저가
그 사람에게 이르되 네가 여호와의 말씀을 듣지 아니하
였으니 네가 나를 떠나갈 때에 사자가 너를 죽이리라 그
사람이 저의 곁을 떠나 가더니 사자가 그를 만나 죽였더
라 **37** 저가 또 다른 하람을 만나 가로되 너는 나를 치
라 하매 그 사람이 저를 치되 상하도록 친지라 **38** 선지
자가 가서 수건으로 그 눈을 가리워 변형하고 길가에서
왕을 기다리다가 **39** 왕이 지나갈 때에 소리질러 왕을
불러 가로되 종이 전장 가운데 나갔더니 한 사람이 돌이
켜 어떤 사람을 끌고 내게로 와서 말하기를 이 사람을
지키라 만일 저를 잃어버리면 네 생명으로 저의 생명을

listened to the voice of the LORD, behold, as soon as
you have departed from me, a lion will kill you." And
as soon as he had departed from him a lion found him,
and killed him. **37** Then he found another man and
said, "Please strike me." And the man struck him, wounding
him. **38** So the prophet departed and waited for the
king by the way, and disguised himself with a bandage
over his eyes. **39** And as the king passed by, he cried
to the king and said, "Your servant went out into the
midst of the battle; and behold, a man turned aside and
brought a man to me and said, 'Guard this man; if for
any reason he is missing, then your life shall be for his
life, or else you shall pay a talent of silver.' **40** "And
while your servant was busy here and there, he was
gone." And the king of Israel said to him, "So shall
your judgment be; you yourself have decided it." **41**

그가	**없어졌나이다**
이스라엘 왕이	그에게 **이르되** /네가 스스로 결정하였으니 /그대로 당하여야 하리라
41 그가	**급히** 수건을 **벗으니** /자기의 눈을 가린
이스라엘 왕이	**알아본지**라 /그는 —— 한 사람인 줄을 /선지자 중의
42 그가	왕께 **아뢰되** /여호와(의)[께서] — 말씀이 ...하셨나이다 /네 손으로 놓았은즉 /내가 멸하기로 작정한 사람을 /네 목숨은 그의 목숨을 대신하고 /네 백성은 그의 백성을 대신하리라
43 이스라엘 왕이	그의 왕궁으로 **돌아가려고** /근심하고 /답답하여
	사마리아에 **이르니라**

왕상

21

1 그 후에 이 일이	**있으니라**
포도원이	이스르엘에 **있어** /이스르엘 사람 나봇에게 아합의 왕궁에서 **가깝더니** /사마리아의 왕
2 아합이	나봇에게 말하여 **이르되** /[너는] —— 내게 주어 /[포도원을] //(목적: ו, that...may) 채소 밭을 삼게 하라

대신하거나 그렇지 아니하면 네가 은 한 달란트를 내어야 하리라 하였거늘 **40** 종이 이리저리 일 볼 동안에 저가 없어졌나이다 이스라엘 왕이 저에게 이르되 네가 스스로 결정하였으니 그대로 당하여야 하리라 **41** 저가 급히 그 눈에 가리운 수건을 벗으니 이스라엘 왕이 저는 선지자 중 한 사람인 줄 알아본지라 **42** 저가 왕께 고하되 여호와의 말씀이 내가 멸하기로 작정한 사람을 네 손으로 놓았은즉 네 목숨은 저의 목숨을 대신하고 네 백성은 저의 백성을 대신하리라 하셨나이다 **43** 이스라엘 왕이 근심하고 답답하여 그 궁으로 돌아가려고 사마리아에 이르니라

21:1 그 후에 이 일이 있으니라 이스르엘 사람 나봇이 이스르엘에 포도원이 있어 사마리아 왕 아합의 궁에서 가깝더니 **2** 아합이 나봇에게 일러 가로되

Then he hastily took the bandage away from his eyes, and the king of Israel recognized him that he was of the prophets. **42** And he said to him, "Thus says the LORD, 'Because you have let go out of your hand the man whom I had devoted to destruction, therefore your life shall go for his life, and your people for his people.'" **43** So the king of Israel went to his house sullen and vexed, and came to Samaria.

21:1 ¶ Now it came about after these things, that Naboth the Jezreelite had a vineyard which was in Jezreel beside the palace of Ahab king of Samaria. **2** And Ahab spoke to Naboth, saying, "Give me your vineyard, that I may have it for a vegetable garden because it is close beside my house, and I will give you a better vineyard than it in its place; if you like, I will give you the price of it in money." **3** But Naboth said to Ahab, "The LORD

//(이유: כִּי, for)
네 포도원이 ㅡ가까이 있으니
/내 왕궁 곁에
/내가 —그 대신에 네게 줄 것이요
/그보다 더 아름다운 포도원을
/만일(אִם)
네가 —— 좋게 여기면(if)
[내가] ——그 값을 네게 주리라
/돈으로

3 나봇이 아합에게 **말하되**
/여호와께서 ——금하실지로다 하니
/왕에게 주기를
/내 조상의 유산을

4 아합이 왕궁으로 **돌아와**
/근심하고
/답답하여

//(이유: עַל, because)
나봇이 ——— 아합에게 대답하여... 하므로
/이스르엘 사람 /이르기를
/내 조상의 유산을 왕께 줄 수 없다

[아합이] 침상에 **누워**
얼굴을 **돌리고**
식사를 **아니하니**

5 이세벨이 그에게 **나아와**
/그의 아내
이르되
/왕의 마음에 무엇을 근심하여?
/식사를 아니하나이까?

6 왕이 그에게 **이르되**
//(이유: כִּי, for)
내가ㅡ 말하여 이르기를 ...한즉
/이스르엘 사람 나봇에게
/[너는] ——네 포도원을 내게 주되
/돈으로 바꾸거나
/만일
네가 —— 좋아하면(if)
내가 —— 그 대신에 포도원을 네게 주리라
//(이유, 계속)
그가 ㅡ대답하기를...하기 때문이로다
/내가 —— 네게 주지 아니하겠노라
/내 포도원을

네 포도원이 내 궁 곁에 가까이 있으니 내게 주어 나물
밭을 삼게 하라 내가 그 대신에 그보다 더 아름다운 포
도원을 네게 줄 것이요 만일 합의하면 그 값을 돈으로
네게 주리라 **3** 나봇이 아합에게 말하되 내 열조의 유업
을 왕에게 주기를 여호와께서 금하실지로다 하니 **4** 이
스르엘 사람 나봇이 아합에게 대답하여 이르기를 내 조
상의 유업을 왕께 줄 수 없다함을 인하여 아합이 근심하
고 답답하여 궁으로 돌아와서 침상에 누워 얼굴을 돌이
키고 식사를 아니하니 **5** 그 아내 이세벨이 저에게 나아
와 가로되 왕의 마음에 무엇을 근심하여 식사를 아니하
나이까 **6** 왕이 이르되 내가 이스르엘 사람 나봇에게 말
하여 이르기를 네 포도원을 내게 주되 돈으로 바꾸거나

forbid me that I should give you the inheritance of my
fathers." **4** So Ahab came into his house sullen and
vexed because of the word which Naboth the Jezreelite
had spoken to him; for he said, "I will not give you
the inheritance of my fathers." And he lay down on his
bed and turned away his face and ate no food. **5** ¶ But
Jezebel his wife came to him and said to him, "How
is it that your spirit is so sullen that you are not eating
food?" **6** So he said to her, "Because I spoke to Naboth
the Jezreelite, and said to him, 'Give me your vineyard
for money; or else, if it pleases you, I will give you a vineyard
in its place.' But he said, 'I will not give you my

7 이세벨이 그에게 **이르되**
/그의 아내 /왕이 지금 이스라엘 나라를 다스리시나이까
/[당신은] ─ 일어나
─ 식사를 하시고
─ 마음을 즐겁게 하소서

//(결과: 그러면)
내가 ── 왕께 드리리이다 하고
/나봇의 포도원을
/이스르엘 사람

8 [그녀가] 편지들을 **쓰고**
/아합의 이름으로
그 인을 **치고 봉하여**
장로와 귀족들에게 **보내니**
/나봇과 함께 사는
/그의 성읍에서

9 [그녀가] 그 편지 사연에 **이르기를** ...하였더라
/[너희는] ─ 금식을 선포하고
─ 나봇을 높이 앉힌 후에
/백성 가운데에
10 /[너희는] ─ 불량자 두 사람을 마주 앉히고
/그의 앞에
─ 그에게 대하여 증거하기를 ...하게 하고
/네가 하나님과 왕을 저주하였다

/[너희는] ─ 곧 그를 끌고 나가서
─ 돌로 쳐죽이라 (하였더라)

왕상

11 성읍 사람[들이] **[행]하여**
/그의 /이세벨의 지시[대로]
/곧 장로와 /곧 그가 자기들에게 보낸 편지에 쓴 대로
귀족들이
/그의 성읍에 사는

12 [그들이] 금식을 **선포하고**
나봇을 높이 **앉히매**
/백성 가운데

13 때에(then)
두 사람이 **들어와**
/불량자

만일 네가 좋아하면 내가 그 대신에 포도원을 네게 주리
라 한즉 저가 대답하기를 내가 내 포도원을 네게 주지 않
겠노라 함을 인함이로라 7 그 아내 이세벨이 저에게 이
르되 왕이 이제 이스라엘 나라를 다스리시나이까 일어나
식사를 하시고 마음을 즐겁게 하소서 내가 이스르엘 사
람 나봇의 포도원을 왕께 드리리이다 하고 8 아합의 이
름으로 편지들을 쓰고 그 인을 쳐서 그 성에서 나봇과 함
께 사는 장로와 귀인들에게 보내니 9 그 편지 사연에 이
르기를 금식을 선포하고 나봇을 백성 가운데 높이 앉힌
후에 10 비류 두 사람을 그 앞에 마주 앉히고 저에게
대하여 증거하기를 네가 하나님과 왕을 저주하였다 하게
하고 곧 저를 끌고 나가서 돌로 쳐 죽이라 하였더라 11
그 성 사람 곧 그 성에 사는 장로와 귀인들이 이세벨의
분부 곧 저가 자기들에게 보낸 편지에 쓴대로 하여 12
금식을 선포하고 나봇을 백성 가운데 높이 앉히매 13
때에 비류 두 사람이 들어와서 그 앞에 앉고 백성 앞에서

vineyard.'" 7 And Jezebel his wife said to him, "Do
you now reign over Israel? Arise, eat bread, and let your
heart be joyful; I will give you the vineyard of Naboth
the Jezreelite." 8 So she wrote letters in Ahab's name
and sealed them with his seal, and sent letters to the
elders and to the nobles who were living with Naboth
in his city. 9 Now she wrote in the letters, saying, "Proclaim
a fast, and seat Naboth at the head of the people; 10
and seat two worthless men before him, and let them
testify against him, saying, 'You cursed God and the
king.' Then take him out and stone him to death." 11
¶ So the men of his city, the elders and the nobles who
lived in his city, did as Jezebel had sent word to them,
just as it was written in the letters which she had sent
them. 12 They proclaimed a fast and seated Naboth at
the head of the people. 13 Then the two worthless men
came in and sat before him; and the worthless men
testified against him, even against Naboth, before the people,

그의 앞에 **앉고**
백성 앞에서 증언을 하여 **이르기를**
/나봇에게 대하여
/나봇이 하나님과 왕을 저주하였다 하매

무리가 그를 **끌고 나가서**
/성읍 밖으로
돌로 **쳐죽이고**

14 [그들이] 이세벨에게 **통보하기를** ...하니
/나봇이 돌에 맞아 죽었나이다

15 이세벨이 듣고(when)
/나봇이 돌에 맞아 죽었다 함을
이세벨이 아합에게 **이르되**
/[당신은] ── 일어나
└ 나봇의 포도원을 차지하소서
/나봇이 ── 돈으로 바꾸어 주기를 싫어하던
/그 이스르엘 사람

//(이유: כִּי, for)
나봇이 ── 살아 있지 아니하고

//(이유: כִּי, for)
[나봇이] ─ 죽었나이다

16 아합은 나봇이 죽었다 함을 듣고(when)
곧 **일어나**
그리로 내려갔더라

//(목적: לְ, to)
나봇의 포도원을 차지하러
/이스르엘 사람

17 말씀이 엘리야에게 **임하여 이르시되**
/여호와의 /디셉 사람
18 /너는 ── 일어나
├ 내려가서
└ 아합 왕을 만나라
/사마리아에 있는
/이스라엘의
/[보라]
그가 ── 그리로 내려갔나니
//(목적: לְ, to)
나봇의 포도원을 차지하러

왕상

나봇에게 대하여 증거를 지어 이르기를 나봇이 하나님과
왕을 저주하였다 하매 무리가 저를 성 밖으로 끌고 나가
서 돌로 쳐 죽이고 14 이세벨에게 통보하기를 나봇이
돌에 맞아 죽었나이다 하니 15 이세벨이 나봇이 돌에
맞아 죽었다 함을 듣고 아합에게 이르되 일어나서 그 이
스르엘 사람 나봇이 돈으로 바꾸어 주기를 싫어하던 포
도원을 취하소서 나봇이 살아 있지 아니하고 죽었나이다 16
아합이 나봇의 죽었다 함을 듣고 곧 일어나 이스르엘 사
람 나봇의 포도원을 취하러 그리로 내려갔더라 17 여호
와의 말씀이 디셉 사람 엘리야에게 임하여 가라사대 18
너는 일어나 내려가서 사마리아에 거하는 이스라엘 왕
아합을 만나라 저가 나봇의 포도원을 취하러 그리로 내

saying, "Naboth cursed God and the king." So they
took him outside the city and stoned him to death with stones.
14 Then they sent word to Jezebel, saying, "Naboth
has been stoned, and is dead." 15 And it came about
when Jezebel heard that Naboth had been stoned and
was dead, that Jezebel said to Ahab, "Arise, take
possession of the vineyard of Naboth, the Jezreelite,
which he refused to give you for money; for Naboth is
not alive, but dead." 16 And it came about when Ahab
heard that Naboth was dead, that Ahab arose to go down
to the vineyard of Naboth the Jezreelite, to take possession
of it. 17 Then the word of the LORD came to Elijah
the Tishbite, saying, 18 "Arise, go down to meet Ahab
king of Israel, who is in Samaria; behold, he is in the vineyard
of Naboth where he has gone down to take possession
of it. 19 "And you shall speak to him, saying, 'Thus

19 /너는 — 그에게 말하여 이르기를 ...하고
/여호와(의)[가] — 말씀이...하셨다
/네가 — 죽이고
/또
빼앗았느냐고

/또
[너는] — 그에게 이르기를 ...하라
/여호와(의)[가] — 말씀(이)...하였다
/개들이 — 네 피[를] 핥으리라
/곧 네 몸의 피도
/개들이 - 핥은 곳에서
/나봇의 피를

20 아합이 엘리야에게 **이르되**
/내 대적자여!
네가 나를 찾았느냐?

[엘리야가] **대답하되**
/내가 — 찾았노라

//(이유: יַעַן, because)
네가 — 네 자신을 팔아 . . . 으므로
/여호와 보시기에 악을 행하(였)[여]

21 /여호와(의)[가] — 말씀이 ...하셨고
/내가 — 재앙을 네게 내려
너를 쓸어 버리되
다 멸할 것이요
/네게 속한 남자(는)[를]
/매인 자나
/놓인 자를
/이스라엘 가운데에

22 /또
[내가] — 네 집이 되게 하고
/여로보암의 집처럼
/느밧의 아들
되게 하리니
/바아사의 집처럼
/아히야의 아들

//이는(이유: עַל, because)
네가 나를 노하게 하고
이스라엘이 범죄하게 한 까닭이니라
(하셨고)

왕상

려갔나니 **19** 너는 저에게 말하여 이르기를 여호와의 말
씀이 네가 죽이고 또 빼앗았느냐 하셨다 하고 또 저에게
이르기를 여호와의 말씀이 개들이 나봇의 피를 핥은 곳
에서 개들이 네 피 곧 네 몸의 피도 핥으리라 하셨다 하
라 **20** 아합이 엘리야에게 이르되 나의 대적이여 네가
나를 찾았느냐 대답하되 내가 찾았노라 네가 스스로 팔
려 여호와 보시기에 악을 행하였으므로 **21** 여호와의 말
씀이 내가 재앙을 네게 내려 너를 쓸어버리되 네게 속한
남자는 이스라엘 가운데 매인 자나 놓인 자를 다 멸할 것
이요 **22** 또 네 집으로 느밧의 아들 여로보암의 집처럼
되게 하고 아히야의 아들 바아사의 집처럼 되게 하리니
이는 네가 나의 노를 격동하고 이스라엘로 범죄케 한 까

says the LORD, "Have you murdered, and also taken
possession?"' And you shall speak to him, saying, 'Thus
says the LORD, "In the place where the dogs licked
up the blood of Naboth the dogs shall lick up your blood,
even yours."'" **20** And Ahab said to Elijah, "Have
you found me, O my enemy?" And he answered, "I
have found you, because you have sold yourself to do
evil in the sight of the LORD. **21** "Behold, I will bring
evil upon you, and will utterly sweep you away, and
will cut off from Ahab every male, both bond and free
in Israel; **22** and I will make your house like the house
of Jeroboam the son of Nebat, and like the house of
Baasha the son of Ahijah, because of the provocation
with which you have provoked Me to anger, and because

23 여호와께서 **말씀하여 이르시되**
/이세벨에게 대하여도
/개들이 — 이세벨을 먹을지라
/이스르엘 성읍 곁에서

24 /개들이 — 먹고
/성읍에서 죽은 자(는)[를]
/아합에게 속한 자로서
/새가 — 먹으리라고 하셨느니라 (하니)
/공중의 /들에서 죽은 자(는)[를]

25 행한 자가 예로부터 **없음은**
/악을
/아합과 같이
/그 자신을 팔아
/여호와 앞에서

//(이유:אשר, because)
이세벨이 — 그를 충동하였음이라
/그의 아내

26 그가 심히 가증하게 행하였더라
/우상에게 복종하여
/아모리 사람의 모든 행함 같이
/여호와께서 이스라엘 자손 앞에서 쫓아내신

27 아합이 이 모든 말씀을 들을 때에(when)
그의 옷을 **찢고**
굵은 베로 몸을 **동이고**
금식하고
굵은 베에 **누우며**
또
풀이 죽어 다니더라

28 말씀이 엘리야에게 **임하여 이르시되** ...하셨더라
/여호와의 /디셉 사람
29 /네가 — 보느냐?
/아합이 내 앞에서 겸비함을

/내가 — 재앙을 내리지 아니하고
/저의 시대에는
재앙을 내리리라
/그 아들의 시대에야
/그의 집에
//(이유: because)

왕상

닭이니라 하셨고 23 이세벨에게 대하여도 여호와께서
말씀하여 가라사대 개들이 이스르엘 성 곁에서 이세벨을
먹을지라 24 아합에게 속한 자로서 성읍에서 죽은 자는
개들이 먹고 들에서 죽은 자는 공중의 새가 먹으리라 하
셨느니라 하니 25 예로부터 아합과 같이 스스로 팔려
여호와 보시기에 악을 행한 자가 없음은 저가 그 아내
이세벨에게 충동되었음이라 26 저가 여호와께서 이스라
엘 자손 앞에서 쫓아내신 아모리 사람의 모든 행한 것같
이 우상에게 복종하여 심히 가증하게 행하였더라 27 아
합이 이 모든 말씀을 들을 때에 그 옷을 찢고 굵은 베로
몸을 동이고 금식하고 굵은 베에 누우며 행보도 천천히
한지라 28 여호와의 말씀이 디셉 사람 엘리야에게 임하
여 가라사대 29 아합이 내 앞에서 겸비함을 네가 보느
냐 저가 내 앞에서 겸비함을 인하여 내가 재앙을 저의

you have made Israel sin. 23 "And of Jezebel also
has the LORD spoken, saying, 'The dogs shall eat
Jezebel in the district of Jezreel.' 24 "The one belonging
to Ahab, who dies in the city, the dogs shall eat, and
the one who dies in the field the birds of heaven shall
eat." 25 ¶ Surely there was no one like Ahab who sold
himself to do evil in the sight of the LORD, because
Jezebel his wife incited him. 26 And he acted very
abominably in following idols, according to all that the
Amorites had done, whom the LORD cast out before
the sons of Israel. 27 ¶ And it came about when Ahab
heard these words, that he tore his clothes and put on sackcloth
and fasted, and he lay in sackcloth and went about
despondently. 28 Then the word of the LORD came to
Elijah the Tishbite, saying, 29 "Do you see how Ahab
has humbled himself before Me? Because he has humbled
himself before Me, I will not bring the evil in his days,
but I will bring the evil upon his house in his son's

//(이유: יַעַן כִּי, because)
그가 내 앞에서 겸비하므로

22

1 삼 년(을)[이] 지냈더라
/전쟁이 없이
/아람과 이스라엘 사이에

2 셋째 해에
여호사밧 왕이 왕에게 **내려가매**
/유다의 /이스라엘의

3 왕이 신하들에게 **이르되**
/이스라엘의 /그의
/너희가 — 알지 못하느냐?
/길르앗 라못은 본래 우리의 것인 줄을
/우리가 — 어찌 잠잠히 있으리요 하고
/도로 찾지 아니하고
/아람의 왕의 손에서

4 [그가] 여호사밧에게 **이르되**
/당신은 — 나와 함께 가서
/길르앗 라못으로
//(목적: לְ, to)
싸우시겠느냐

여호사밧이 이스라엘 왕에게 **이르되**
/나는 당신과 같고
/내 백성은 당신의 백성과 같고
/내 말들도 당신의 말들과 같으니이다

5 또
여호사밧이 이스라엘의 왕에게 **이르되**
/청하건대(please)
[당신은] — 먼저 물어 보소서
/여호와의 말씀이 어떠하신지

6 이에
왕이 사백 명쯤 **모으고**
/이스라엘의 /선지자
그들에게 **이르되**
/내가 —— 길르앗 라못에 가서(=가랴?)
//(목적: to)

시대에 내리지 아니하고 그 아들의 시대에야 그 집에 재앙을 내리리라 하셨더라

22:1 아람과 이스라엘 사이에 전쟁이 없이 삼 년을 지내었더라 **2** 제삼년에 유다 왕 여호사밧이 이스라엘 왕에게 내려가매 **3** 이스라엘 왕이 그 신복에게 이르되 길르앗 라못은 본래 우리의 것인 줄을 너희가 알지 못하느냐 우리가 어찌 아람 왕의 손에서 취하지 아니하고 잠잠히 있으리요 하고 **4** 여호사밧에게 이르되 당신은 나와 함께 길르앗 라못으로 가서 싸우시겠느뇨 여호사밧이 이스라엘 왕에게 이르되 나는 당신과 일반이요 내 백성은 당신의 백성과 일반이여요 내 말들도 당신의 말들과 일반이니이다 **5** 여호사밧이 또 이스라엘 왕에게 이르되 청컨대 먼저 여호와의 말씀이 어떠하신지 물어 보소서 **6** 이스라엘 왕이 이에 선지자 사백 인쯤 모으고

days." **1** ¶ And three years passed without war between Aram and Israel. **2** And it came about in the third year, that Jehoshaphat the king of Judah came down to the king of Israel. **3** Now the king of Israel said to his servants, "Do you know that Ramoth-gilead belongs to us, and we are still doing nothing to take it out of the hand of the king of Aram?" **4** And he said to Jehoshaphat, "Will you go with me to battle at Ramoth-gilead?" And Jehoshaphat said to the king of Israel, "I am as you are, my people as your people, my horses as your horses." **5** ¶ Moreover, Jehoshaphat said to the king of Israel, "Please inquire first for the word of the LORD." **6** Then the king of Israel gathered the prophets together, about four hundred men, and said to them, "Shall I go against

//(목적: to)
싸우라(=싸우기 위해)

/<내가>--말랴?

그들이 **이르되**
/[당신은] — 올라가소서

//(결과)
주께서 — 왕의 손에 넘기시리이다
/그 성읍을

7 여호사밧이 **이르되**
/선지자가 — 이 외에 여기 있지 아니하니이까?
/우리가 물을 만한
/여호와의

8 왕이 여호사밧 왕에게 **이르되**
/이스라엘의 /한 사람이 아직도 있으니
/미가야
/이믈라의 아들
/여호와께 물을 수 있으나
/그로 말미암아
/내가 — 그를 미워하나이다

//(이유: כִּי, for)
그는 — 길한 일은 예언하지 아니하고
/내게 대하여
흉한 일만 예언하기로

여호사밧이 **이르되**
/왕은 그런 말씀을 마소서

9 왕이 한 내시를 **불러**
/이스라엘의

이르되 ...하니라
/[너는] — 미가야를 속히 오게 하라
/이믈라의 아들

10 이스라엘의 왕과
여호사밧 왕이 **앉아 있고**
/유다의 /각기 왕좌에
/왕복을 입고
/사마리아 성문 어귀 광장에서

선지자가 **예언을 하고 있는데**
/모든 /그들의 앞에서

저희에게 이르되 내가 길르앗 라못에 가서 싸우랴 말랴
저희가 가로되 올라가소서 주께서 그 성을 왕의 손에 붙
이시리이다 7 여호사밧이 가로되 이 외에 우리가 물을
만한 여호와의 선지자가 여기 있지 아니하니이까 8 이
스라엘 왕이 여호사밧에게 이르되 오히려 이믈라의 아들
미가야 한 사람이 있으니 저로 말미암아 여호와께 물을
수 있으나 저는 내게 대하여 길한 일은 예언하지 아니하
고 흉한 일만 예언하기로 내가 저를 미워하나이다 여호
사밧이 가로되 왕은 그런 말씀을 마소서 9 이스라엘 왕
이 한 내시를 불러 이르되 이믈라의 아들 미가야로 속히
오게 하라 하니라 10 이스라엘 왕과 유다 왕 여호 왕
여호사밧이 왕복을 입고 사마리아 문어귀 광장에서 각기

Ramoth-gilead to battle or shall I refrain?" And they
said, "Go up, for the Lord will give it into the hand of
the king." 7 But Jehoshaphat said, "Is there not yet a prophet
of the LORD here, that we may inquire of him?" 8 And
the king of Israel said to Jehoshaphat, "There is yet
one man by whom we may inquire of the LORD, but I
hate him, because he does not prophesy good concerning
me, but evil. He is Micaiah son of Imlah." But Jehoshaphat
said, "Let not the king say so." 9 Then the king of
Israel called an officer and said, "Bring quickly Micaiah
son of Imlah." 10 Now the king of Israel and Jehoshaphat
king of Judah were sitting each on his throne, arrayed
in their robes, at the threshing floor at the entrance of
the gate of Samaria; and all the prophets were prophesying

11 시드기야는 철로 뿔들을 **만들어 가지고**
/아들 /철로
/그나아나의 /자기를 위하여
말하되 ...하고
/여호와(의)[께서] — 말씀이 ...하셨다
/왕이 — 아람 사람을 찔러
/이것들로
진멸하리라

12 선지자도 **예언하여 이르기를** ...하더라
/모든 /그와 같이
/[당신은] ┬ 길르앗 라못으로 올라가
└ 승리를 얻으소서

//(이유:ㄱ, for)
여호와께서 — 왕의 손에 넘기시리이다
/그 성읍을

13 사신이 **일러 이르되**
/부르러 간 /[보라!]
/미가야를 말이 — 왕에게 길하게 하니
/선지자들의 /하나 같이
/청하건대
당신의 말도 — 길하게 하소서
/그들 중 한 사람의 말처럼

14 미가야가 **이르되** ...하고
/[내가 — 맹세하노니
/여호와께서 살아 계심을 두고
/내가 — 말하리라
/여호와께서 내게 말씀하시는 것
/곧 그것을

15 이에
[그가] 왕에게 **이르니**
왕이 그에게 **이르되**
/미가야야!
우리가 — 길르앗 라못으로 가랴?

//(목적: ל, to)
싸우러
/또는
[우리가] — 말랴?

왕상

보좌에 앉았고 모든 선지자가 그 앞에서 예언을 하는데
11 그나아나의 아들 시드기야는 철로 뿔들을 만들어 가
지고 말하되 여호와의 말씀이 왕이 이것들로 아람 사람
을 찔러 진멸하리라 하셨다 하고 이르기를 길르앗 라못
으로 올라가 승리를 얻으소서 여호와께서 그 성을 왕의
손에 붙이시리이다 하더라 **12** 모든 선지자도 그와 같
이 예언하여 이르기를 길르앗 라못으로 올라가 승리를
얻으소서 여호와께서 그 성을 왕의 손에 붙이시리이다
하더라 **13** 미가야를 부르러 간 사자가 일러 가로되 선
지자들의 말이 여출 일구하여 왕에게 길하게 하니 청컨
대 당신의 말도 저희 중 한 사람의 말처럼 길하게 하소서
14 미가야가 가로되 여호와의 사심을 가리켜 맹세하노
니 여호와께서 내게 말씀하시는 것 곧 그것을 내가 말하
리라 하고 **15** 이에 왕에게 이르니 왕이 저에게 이르되
미가야야 우리가 길르앗 라못으로 싸우러 가랴 말랴 저
가 왕께 이르되 올라가서 승리를 얻으소서 여호와께서

before them. **11** Then Zedekiah the son of Chenaanah made
horns of iron for himself and said, "Thus says the
LORD, 'With these you shall gore the Arameans until
they are consumed.'" **12** And all the prophets were
prophesying thus, saying, "Go up to Ramoth-gilead and
prosper, for the LORD will give it into the hand of the
king." **13** ¶ Then the messenger who went to summon
Micaiah spoke to him saying, "Behold now, the words
of the prophets are uniformly favorable to the king.
Please let your word be like the word of one of them,
and speak favorably." **14** But Micaiah said, "As the
LORD lives, what the LORD says to me, that I will
speak." **15** When he came to the king, the king said to
him, "Micaiah, shall we go to Ramoth-gilead to battle,

그가 왕께 **이르되**
/[당신은] —— 올라가서
/[당신은] —— 승리를 얻으소서

//(이유: ו, for)
여호와께서 — 왕의 손에 넘기시리이다
/그 성읍을

16 왕이 그에게 **이르되**
/내가 —— 네게 맹세하게 하여야?
/몇 번이나

//(목적: ו, that/to)
네가 — 내게 말하겠느냐
/진실한 것으로만
/여호와의 이름으로

17 그가 **이르되**
/내가 —보니
/이스라엘이 — 산에 흩어졌는데
/온 /목자 없는 양 같이
/여호와(의)[께서] — 말씀이...하셨나이다
/이 무리에게 주인이 없으니
/각각 평안히 돌아갈 것이니라
/자기의 집으로

18 왕이 여호사밧 왕에게 **이르되**
/이스라엘의
/[내가] — 당신에게 말씀하지 아니하였나이까?
/저 사람이 ┬ 길한 것을 예언하지 아니하고
/내게 대하여
└ 흉한 것을 예언하겠다고

19 미가야가 **이르되**
/그런즉
왕은 — 여호와의 말씀을 들으소서
/내가 — 보니
/여호와께서 — 그의 보좌에 앉으셨고
/만군이 —— 모시고 서 있는데
/하늘의 /그의 좌우편에
20 /여호와께서 — 말씀하시기를 ...하시니
/누가 – 아합을 꾀어...할꼬?
/그를 올라가서
/길르앗 라못에
/죽게

그 성을 왕의 손에 붙이시리이다 **16** 왕이 저에게 이르
되 내가 몇 번이나 너로 맹세케 하여야 네가 여호와의
이름으로 진실한 것으로만 내게 고하겠느냐 **17** 저가 가
로되 내가 보니 온 이스라엘이 목자 없는 양같이 산에
흩어졌는데 여호와의 말씀이 이 무리가 주인이 없으니
각각 평안히 그 집으로 돌아갈 것이니라 하셨나이다 **18**
이스라엘 왕이 여호사밧에게 이르되 저 사람이 내게 대
하여 길한 것을 예언하지 아니하고 흉한 것을 예언하겠
다고 당신에게 말씀하지 아니하였나이까 **19** 미가야가
가로되 그런즉 왕은 여호와의 말씀을 들으소서 내가 보
니 여호와께서 그 보좌에 앉으셨고 하늘의 만군이 그 좌
우편에 모시고 서 있는데 **20** 여호와께서 말씀하시기를
누가 아합을 꾀어 저로 길르앗 라못에 올라 가서 죽게
할꼬 하시니 하나는 이렇게 하겠다 하고 하나는 저렇게

or shall we refrain?" And he answered him, "Go up
and succeed, and the LORD will give it into the hand
of the king." **16** Then the king said to him, "How
many times must I adjure you to speak to me nothing
but the truth in the name of the LORD?" **17** So he
said, "I saw all Israel Scattered on the mountains, Like sheep
which have no shepherd. And the LORD said, 'These
have no master. Let each of them return to his house in
peace.'" **18** Then the king of Israel said to Jehoshaphat,
"Did I not tell you that he would not prophesy good
concerning me, but evil?" **19** And Micaiah said, "Therefore,
hear the word of the LORD. I saw the LORD sitting on
His throne, and all the host of heaven standing by Him
on His right and on His left. **20** "And the LORD said,

/하나는 — [말]하고
/이렇게 하겠다
/또
하나는 — [말]하였는데
/저렇게 하겠다

21 /한 영이 — 나아와
— 여호와 앞에 서서
— 말하되
/내가 그를 꾀겠나이다

22 /여호와께서 그에게 이르시되
/어떻게 하겠느냐
/[그가] — 이르되
/내가 — 나가서
— 거짓말하는 영이 되어
— 입에 있겠나이다
/그의 모든 선지자들의
/여호와께서 — 이르시되 ...하셨은즉
/너는 꾀겠고
/또 이루리라
/나가서
/그리하라

23 /이제
여호와께서 — 넣으셨고
/거짓말하는 영을
/선지자의 입에
/왕의
/이 모든
/또
여호와께서 — 화를 말씀하셨나이다
/왕에 대하여

24 시드기야가 **가까이 와서**
/그나아나의 아들
미가야의 뺨을 **치며**
이르되
/영이 — 나를 떠나?
/여호와의
— 어디로 가서?
— 네게 말씀하시더냐?

25 미가야가 이르되
/네가 — 그 날에 보리라
/[네가] — 골방에 들어가서
//(목적: ל, to)

하겠다 하였는데 21 한 영이 나아와 여호와 앞에 서서
말하되 내가 저를 꾀이겠나이다 22 여호와께서 저에게
이르시되 어떻게 하겠느냐 가로되 내가 나가서 거짓말하
는 영이 되어 그 모든 선지자의 입에 있겠나이다 여호와
께서 가라사대 너는 꾀이겠고 또 이루리라 나가서 그리
하라 하셨은즉 23 이제 여호와께서 거짓말하는 영을 왕
의 이 모든 선지자의 입에 넣으셨고 또 여호와께서 왕에
게 대하여 화를 말씀하셨나이다 24 그나아나의 아들 시
드기야가 가까이 와서 미가야의 뺨을 치며 이르되 여호
와의 영이 나를 떠나 어디로 말미암아 가서 네게 말씀하
더냐 25 미가야가 가로되 네가 골방에 들어 가서 숨는
그 날에 보리라 26 이스라엘 왕이 가로되 미가야를 잡

'Who will entice Ahab to go up and fall at Ramoth-
gilead?' And one said this while another said that. 21 "Then
a spirit came forward and stood before the LORD and
said, 'I will entice him.' 22 "And the LORD said to
him, 'How?' And he said, 'I will go out and be a
deceiving spirit in the mouth of all his prophets.' Then
He said, 'You are to entice him and also prevail. Go
and do so.' 23 "Now therefore, behold, the LORD has
put a deceiving spirit in the mouth of all these your
prophets; and the LORD has proclaimed disaster against
you." 24 ¶ Then Zedekiah the son of Chenaanah came
near and struck Micaiah on the cheek and said, "How
did the Spirit of the LORD pass from me to speak to
you?" 25 And Micaiah said, "Behold, you shall see

//(목적: ל, to)
숨는

26 왕이 **이르되**
/이스라엘의 /[너희는]—미가야를 잡아
끌고
/성주 아몬과
/왕자 요아스에게로
돌아가서
27 말하기를 ...하라
/왕(의)[이]—말씀이 ...하였다
/[너희는]—이 놈을 옥에 가두고
/[너희는]—먹이라
/고생의 떡과
/고생의 물을
/내가 평안히 돌아올 때까지

28 미가야가 **이르되**
/[만일](אִם)
왕이—참으로 돌아오시게 될진대(if)
/평안히
/여호와께서—말씀하지 아니하셨으리이다
/나를 통하여

또
이르되 ...하니라
/너희 백성들아!
다 들을지어다

29 왕과
/이스라엘의
여호사밧 왕이—길르앗 라못으로 **올라가니라**
/유다의

30 왕이 여호사밧에게 **이르되** ...하고
/이스라엘의 /나는—변장하고
전쟁터로 들어가려 하노니
/당신은—왕복을 입으소서

왕이—**변장하고**
/이스라엘의
전쟁터로 **들어가니라**

31 아람 왕이 **명령하여 이르기를** ...한지라
/삼십이 명에게
/그의 병거의 지휘관
/너희는—싸우지 말고
/작은 자나
/큰 자와 더불어

왕상

아 부윤 아몬과 왕자 요아스에게로 끌고 돌아가서 **27**
말하기를 왕의 말씀이 이놈을 옥에 가두고 내가 평안히
돌아올 때까지 고생의 떡과 고생의 물로 먹이라 하라
28 미가야가 가로되 왕이 참으로 평안히 돌아오시게 될
진대 여호와께서 나로 말씀하지 아니하셨으리이다 또 가
로되 너희 백성들아 다 들을지어다 하니라 **29** 이스라엘
왕과 유다 왕 여호사밧이 길르앗 라못으로 올라가니라
30 이스라엘 왕이 여호사밧에게 이르되 나는 변장하고
군중으로 들어가려 하노니 당신은 왕복을 입으소서 하고
이스라엘 왕이 변장하고 군중으로 들어가니라 **31** 아람
왕이 그 병거의 장관 삼십이 인에게 명하여 이르기를 너
희는 작은 자나 큰 자나 더불어 싸우지 말고 오직 이스

on that day when you enter an inner room to hide
yourself." **26** Then the king of Israel said, "Take
Micaiah and return him to Amon the governor of the
city and to Joash the king's son; **27** and say, 'Thus
says the king, "Put this man in prison, and feed him sparingly
with bread and water until I return safely."'" **28** And Micaiah
said, "If you indeed return safely the LORD has not
spoken by me." And he said, "Listen, all you people."
29 ¶ So the king of Israel and Jehoshaphat king of
Judah went up against Ramoth-gilead. **30** And the king
of Israel said to Jehoshaphat, "I will disguise myself
and go into the battle, but you put on your robes." So
the king of Israel disguised himself and went into the
battle. **31** Now the king of Aram had commanded the thirty-

	오직 싸우라 /이스라엘 왕과
32 지휘관들이 /병거의 그들이	여호사밧을 보고(when) **이르되** ...하고 /이가 —이스라엘의 왕이라 /틀림없이 **돌이켜** ...한즉
	//(목적: ל, to) 그와 싸우려
여호사밧이	**소리를 지르는지라**
33 지휘관들이 /병거의 [그들이]	보고(when) /그가 이스라엘의 왕이 아님을 쫓기를 그치고 **돌이켰더라**
34 한 사람이	활을 **당겨** /무심코 갑옷 솔기를 **맞힌지라** /이스라엘 왕의
왕이	그 병거 모는 자에게 **이르되** ...하였으나 /[너는] —— 네 손을 돌려 /내가 ——— 전쟁터에서 나가게 하라 //(이유: כִּי, for) 내가 부상하였으니
35 전쟁이	**맹렬하였으므로** /이 날에
왕이	붙들려 **서서** /병거 가운데에 /아람 사람을 막다가 저녁에 이르러 **죽었는데**
상처의 피가	**흘러** 병거 바닥에 **고였더라**
36 외치는 소리가	진중에서 **있어** /해가 질 녘에

왕상

라엘 왕과 싸우라 하지라 **32** 병거의 장관들이 여호사밧
을 보고 이르되 이가 필연 이스라엘 왕이라 하고 돌이켜
저와 싸우려 한즉 여호사밧이 소리지르는지라 **33** 병거
의 장관들이 저가 이스라엘 왕이 아님을 보고 쫓기를 그
치고 돌이켰더라 **34** 한 사람이 우연히 활을 당기어 이
스라엘 왕의 갑옷 솔기를 쏜지라 왕이 그 병거 모는 자에
게 이르되 내가 부상하였으니 네 손을 돌이켜 나로 군중
에서 나가게 하라 하였으나 **35** 이 날에 전쟁이 맹렬하
였으므로 왕이 병거 가운데 붙들려 서서 아람 사람을 막
다가 저녁에 이르러 죽었는데 상처의 피가 흘러 병거 바
닥에 고였더라 **36** 해가 질 즈음에 군중에서 외치는 소
리 있어 가로되 각기 성읍으로, 각기 본향으로 하더라

two captains of his chariots, saying, "Do not fight with small or great, but with the king of Israel alone."
32 So it came about, when the captains of the chariots saw Jehoshaphat, that they said, "Surely it is the king of Israel," and they turned aside to fight against him, and Jehoshaphat cried out.
33 Then it happened, when the captains of the chariots saw that it was not the king of Israel, that they turned back from pursuing him.
34 ¶ Now a certain man drew his bow at random and struck the king of Israel in a joint of the armor. So he said to the driver of his chariot, "Turn around, and take me out of the fight; for I am severely wounded."
35 And the battle raged that day, and the king was propped up in his chariot in front of the Arameans, and died at evening, and the blood from the wound ran into the bottom of the chariot.
36 Then a cry passed throughout

이르되 ...하더라
/각기 성읍으로 <가라>
/또는
각기 본향으로 **가라**

37 왕이 — 이미 **죽으매**
그의 시체를 **메어... 이르러**
/사마리아에

[그들이] — 왕을 사마리아에 **장사하니라**

38 [그들이] — 그 병거를 **씻으매**
/사마리아 못에서

개들이 — 그의 피를 **핥았으니**
거기는(and)
창기들이 — **목욕하는 곳이었더라**
/여호와께서 하신 말씀과 같이(되었더라)

39 남은 행적과
/아합의
모든 일과
/그가 행한
상아궁과
/그가 건축한
모든 성읍은 — **기록되지 아니하였느냐?**
/그가 건축한 — /역대지략에
/이스라엘 왕

40 아합이 — **자매**
/그의 조상들과 함께
아하시야가 — 대신하여 **왕이 되니라**
/그의 아들

41 여호사밧이 — 유다의 **왕이 되니**
/아사의 아들 — /아합 왕 제사년에
/이스라엘의

42 여호사밧이 — 왕이 될 때에(when)
나이가 **삼십오 세라**
이십오 년 동안 **다스리니라**
/예루살렘에서

이름은 — **아수바라**
/그의 어머니의 — /실히의 딸(이더라)

37 왕이 이미 죽으매 그 시체를 메어 사마리아에 이르러 거기 장사하니라 **38** 그 병거를 사마리아 못에 씻으매 개들이 그 피를 핥았으니 여호와의 하신 말씀과 같이 되었더라 거기는 창기들의 목욕하는 곳이었더라 **39** 아합의 남은 행적과 무릇 그 행한 일과 그 건축한 상아궁과 그 건축한 모든 성은 이스라엘 왕 역대 지략에 기록되지 아니하였느냐 **40** 아합이 그 열조와 함께 자매 그 아들 아하시야가 대신하여 왕이 되니라 **41** 이스라엘 왕 아합 제사년에 아사의 아들 여호사밧이 유다 왕이 되니 **42** 여호사밧이 왕이 될 때에 나이 삼십오 세라 예루살렘에서 이십오 년을 치리하니라 그 모친의 이름은 아수바라 실히의 딸이더라 **43** 여호사밧이 그 부친 아사의

the army close to sunset, saying, "Every man to his city and every man to his country." **37** ¶ So the king died and was brought to Samaria, and they buried the king in Samaria. **38** And they washed the chariot by the pool of Samaria, and the dogs licked up his blood (now the harlots bathed themselves there), according to the word of the LORD which He spoke. **39** Now the rest of the acts of Ahab and all that he did and the ivory house which he built and all the cities which he built, are they not written in the Book of the Chronicles of the Kings of Israel? **40** So Ahab slept with his fathers, and Ahaziah his son became king in his place. **41** ¶ Now Jehoshaphat the son of Asa became king over Judah in the fourth year of Ahab king of Israel. **42** Jehoshaphat was thirty-five years old when he became king, and he reigned twenty-five years in Jerusalem. And his mother's name

43 여호사밧이 모든 길로 **행하며**
/그의 아버지 아사의
돌이키지 아니하고
정직히 **행하였으나**
/여호와 앞에서
산당은 **폐하지 아니하였으므로**

백성이 산당에서 **제사를 드리며**
/아직도
분향하였더라

44 여호사밧이 **화평하니라**
/이스라엘의 왕과 더불어

45 남은 사적과
/여호사밧의
권세와
/그가 부린
전쟁하였는지는
/그가 어떻게
다 **기록되지 아니하였느냐?**
/역대지략에
/유다 왕

46 그가 그 땅에서 **쫓아내었더라**
/남색하는 자들을
/남아 있던
/아사의 시대에
/그의 아버지

47 그 때에(and)
왕이 에돔에는 **없고**
섭정 왕이 **있었더라**

48 여호사밧이 선박을 **제조하고**
/다시스의
//(목적: ל, to)
오빌로 금을 구하러
//(목적: ל, to)
보내려 하였더니

[그들이] **가지 못하게 되매**

//(이유: כִּי, for)
그 배가 — 파선하였으므로
/에시온게벨에서

모든 길로 행하며 돌이켜 떠나지 아니하고 여호와 보시
기에 정직히 행하였으나 산당은 폐하지 아니하였으므로
백성이 오히려 산당에서 제사를 드리며 분향하였더라
44 여호사밧이 이스라엘 왕으로 더불어 평화하니라 45
여호사밧의 남은 사적과 그 베푼 권세와 그 어떻게 전쟁
한 것은 다 유다 왕 역대 지략에 기록되지 아니하였느냐
46 저가 그 부친 아사의 시대에 남아 있던 남색하는 자
를 그 땅에서 쫓아내었더라 47 그 때에 에돔에는 왕이
없고 섭정왕이 있었더라 48 여호사밧이 다시스의 선척
을 제조하고 오빌로 금을 취하러 보내려 하였더니 그 배

was Azubah the daughter of Shilhi. 43 And he walked
in all the way of Asa his father; he did not turn aside
from it, doing right in the sight of the LORD. However,
the high places were not taken away; the people still sacrificed
and burnt incense on the high places. 44 Jehoshaphat
also made peace with the king of Israel. 45 ¶ Now the
rest of the acts of Jehoshaphat, and his might which he
showed and how he warred, are they not written in the
Book of the Chronicles of the Kings of Judah? 46 And
the remnant of the sodomites who remained in the days
of his father Asa, he expelled from the land. 47 Now
there was no king in Edom; a deputy was king. 48
Jehoshaphat made ships of Tarshish to go to Ophir for
gold, but they did not go for the ships were broken at

49 아하시야가 여호사밧에게 **이르되** ...하나
/아합의 아들 /내 종으로—배에 가게 하라
/당신의 종과 함께

여호사밧이 **허락하지 아니하였더라**

50 여호사밧이 **자매**
/그의 조상들과 함께
장사되고
/다윗 성에
/그의 조상
/그의 조상들과 함께

여호람이 대신하여 **왕이 되니라**
/그의 아들

51 아하시야가 이스라엘의 **왕이 되어**
/아합의 아들 /사마리아에서
/여호사밧 왕 제십칠년에
/유다의

이스라엘을 **다스리니라**
/이 년 동안

52 그가 악을 **행하여**
/여호와 앞에서
행하며
/그의 아버지의 길과
/그의 어머니의 길과
/여로보암의 길로
/느밧의 아들
/이스라엘에게 범죄하게 한

53 [그가] 바알을 **섬겨**
그에게 **예배하여**
여호와를 **노하시게 하기를** ... 하였더라
/이스라엘의 하나님
/그의 아버지의 온갖 행위 같이

가 에시온게벨에서 파선하였으므로 가지 못하게 되매
49 아합의 아들 아하시야가 여호사밧에게 이르되 나의
종으로 당신의 종과 함께 배에 가게 하라 하나 여호사밧
이 허락지 아니하였더라 50 여호사밧이 그 열조와 함께
자매 그 조상 다윗 성에 그 열조와 함께 장사되고 그 아
들 여호람이 대신하여 왕이 되니라 51 유다 왕 여호사
밧 제십칠년에 아합의 아들 아하시야가 사마리아에서 이
스라엘 왕이 되어 이 년을 이스라엘을 다스리니라 52
저가 여호와 보시기에 악을 행하여 그 아비의 길과 그
어미의 길과 이스라엘로 범죄케 한 느밧의 아들 여로보
암의 길로 행하며 53 바알을 섬겨 숭배하여 이스라엘
하나님 여호와의 노를 격동하기를 그 아비의 온갖 행위
같이 하였더라

Ezion-geber. 49 Then Ahaziah the son of Ahab said to
Jehoshaphat, "Let my servants go with your servants in
the ships." But Jehoshaphat was not willing. 50 And
Jehoshaphat slept with his fathers and was buried with
his fathers in the city of his father David, and Jehoram
his son became king in his place. 51 ¶ Ahaziah the
son of Ahab became king over Israel in Samaria in the
seventeenth year of Jehoshaphat king of Judah, and he reigned
two years over Israel. 52 And he did evil in the sight
of the LORD and walked in the way of his father and
in the way of his mother and in the way of Jeroboam
the son of Nebat, who caused Israel to sin. 53 So he
served Baal and worshiped him and provoked the LORD
God of Israel to anger according to all that his father
had done.

SBI 구문분석에 의한

열왕기하

열왕기하

1

1 아합이 / 죽은 후에(after)
모압이 / 이스라엘을 **배반하였더라**

2 아하시야가 / 그의 다락 난간에서 **떨어져**
/사마리아에 있는
병들매

[그가] / 사자를 **보내며**
저희에게 **이르되** ...하니라
/[너희는] ─┬ 가서
└ 물어 보라
/에그론의 신 바알세붑에게
/이 병이 낫겠냐

3 사자가 / 엘리야에게 **이르시되**
/여호와의
/디셉 사람
/너는 ─┬ 일어나
├ 올라가서
├ 사자를 만나서
│ /사마리아 왕의
└ 그에게 이르기를
/너희가 ── 바알세붑에게 물으러 가느냐?
/에그론의 신

//(이유: כִּי, because)
이스라엘에 하나님이 없어서

4 /그러므로
여호와(의)[께서] ── 말씀이 ...하셨다
/네가 ── 내려오지 못할지라
/올라간 침상에서
/네가 ── 반드시 죽으리라 (하라)

이에
엘리야가 / **가니라**

5 사자들이 / 왕에게 **돌아오니**

왕이 / 그들에게 **이르되** ...하니
/너희는 어찌하여 돌아왔느냐

왕하

1:1 아합이 죽은 후에 모압이 이스라엘을 배반하였더
라 2 아하시야가 사마리아에 있는 그 다락 난간에서
떨어져 병들매 사자를 보내며 저희더러 이르되 가서 에
그론의 신 바알세붑에게 이 병이 낫겠나 물어 보라 하니
라 3 여호와의 사자가 디셉 사람 엘리야에게 이르시되
너는 일어나 올라가서 사마리아 왕의 사자를 만나서 저
에게 이르기를 이스라엘에 하나님이 없어서 너희가 에그
론의 신 바알세붑에게 물으러 가느냐 4 그러므로 여호
와의 말씀이 네가 올라간 침상에서 내려오지 못할지라
네가 반드시 죽으리라 하셨다 하라 엘리야가 이에 가니
라 5 사자들이 왕에게 돌아오니 왕이 이르되 너희는 어
찌하여 돌아왔느냐 6 저희가 고하되 한 사람이 올라와

1:1 ¶ Now Moab rebelled against Israel after the death
of Ahab. 2 And Ahaziah fell through the lattice in
his upper chamber which was in Samaria, and became
ill. So he sent messengers and said to them, "Go, inquire
of Baal-zebub, the god of Ekron, whether I shall recover
from this sickness." 3 But the angel of the LORD said
to Elijah the Tishbite, "Arise, go up to meet the
messengers of the king of Samaria and say to them, 'Is
it because there is no God in Israel that you are going
to inquire of Baal-zebub, the god of Ekron?' 4 "Now
therefore thus says the LORD, 'You shall not come
down from the bed where you have gone up, but you
shall surely die.'" Then Elijah departed. 5 ¶ When the
messengers returned to him he said to them, "Why have

6 그들이 **고하되**
/한 사람이 ── 올라와서
── 우리를 만나
── 이르되 ...하라 하더이다
/너희는 ─ 왕에게로 돌아가서
/너희를 보낸
└그에게 고하기를
/여호와(의)[가] – 말씀이 ...하셨다
/네가 ── 물으려고 보내느냐?
/바알세붑에게
/에그론의 신

//(이유: כִּי, because)
이스라엘에 하나님이 없어서

/그러므로
네가 ─ 내려오지 못할지라
/올라간 침상에서
네가 ─ 반드시 죽으리라

7 왕이 저희에게 **이르되**
/모양이 ─ 어떠하더냐?
/사람의
/올라와서
/너희를 만나
/이 말을 너희에게 한

8 저희가 [그에게] **고하되** ...하니
/그는 ── 털이 많은 사람인데
└가죽 띠를 띠었더이다
/허리에

왕이 **가로되**
/그는 ─ 엘리야로다
/디셉 사람

9 이에
[왕이] 엘리야에게로 **보내매**
/오십부장과
/그 오십 인을

그가 엘리야에게로 **올라가서**
본즉
/산 꼭대기에 앉아 있는지라

서 우리를 만나 이르되 너희는 너희를 보낸 왕에게로 돌
아가서 저에게 고하기를 여호와의 말씀이 이스라엘에 하
나님이 없어서 네가 에그론의 신 바알세붑에게 물으려고
보내느냐 그러므로 네가 올라간 침상에서 내려오지 못할
지라 네가 반드시 죽으리라 하셨다 하라 하더이다 7 왕
이 저희에게 이르되 올라와서 너희를 만나 이 말을 너희
에게 고한 그 사람의 모양이 어떠하더냐 8 저희가 대답
하되 그는 털이 많은 사람인데 허리에 가죽 띠를 띠었더
이다 왕이 가로되 그는 디셉 사람 엘리야로다 9 이에 오
십부장과 그 오십 인을 엘리야에게로 보내매 저가 엘리
야에게로 올라가서 본즉 산 꼭대기에 앉았는지라 저가
엘리야에게 이르되 하나님의 사람이여 왕의 말씀이 내

you returned?" 6 And they said to him, "A man came
up to meet us and said to us, 'Go, return to the king
who sent you and say to him, "Thus says the LORD,
'Is it because there is no God in Israel that you are
sending to inquire of Baal-zebub, the god of Ekron? Therefore
you shall not come down from the bed where you have
gone up, but shall surely die.'"'" 7 And he said to them,
"What kind of man was he who came up to meet you
and spoke these words to you?" 8 And they answered
him, "He was a hairy man with a leather girdle bound
about his loins." And he said, "It is Elijah the Tishbite."
9 ¶ Then the king sent to him a captain of fifty with
his fifty. And he went up to him, and behold, he was
sitting on the top of the hill. And he said to him, "O
man of God, the king says, 'Come down.'" 10 And
Elijah answered and said to the captain of fifty, "If I

그가 엘리야에게 **이르되**
/하나님의 사람이여!
왕(의)[이] ── 말씀이 ...하셨나이다
/내려오라

10 엘리야가 오십부장에게 **대답하여**
가로되 ...하매
/만일(אִם)
내가 ── 하나님의 사람이면(if)
불이 ┬ 하늘에서 내려와
└ 사를지로다
/너와 너의 오십 인을

불이 곧 하늘에서 **내려와**
살랐더라
/그와
/그의 오십 인을

11 왕이 다시 엘리야에게로 **보내니**
/다른 오십부장과
/그의 오십 인을

그가 엘리야에게 **일러**
가로되 ...하니
/하나님의 사람이여!
왕(의)[이] ─ 말씀이 ...하셨나이다
/속히 내려오라

12 엘리야가 그들에게 **대답하여**
가로되 ...하매
/만일(אִם)
내가 ── 하나님의 사람이면(if)
불이 ┬ 하늘에서 내려와
└ 사를지로다

불이 곧 하늘에서 **내려와**
/하나님의
살랐더라
/저와
/그의 오십 인을

13 왕이 세 번째 **보낸지라**
/오십부장과
/그의 오십 인을

왕하

려오라 하셨나이다 **10** 엘리야가 오십부장에게 대답하여 가로되 내가 만일 하나님의 사람이면 불이 하늘에서 내려와서 너와 너의 오십인을 사를지로다 하매 불이 곧 하늘에서 내려와서 저와 그 오십 인을 살랐더라 **11** 왕이 다시 다른 오십부장과 그 오십 인을 엘리야에게로 보내니 저가 엘리야에게 일러 가로되 하나님의 사람이여 왕의 말씀이 속히 내려오라 하셨나이다 **12** 엘리야가 저희에게 대답하여 가로되 내가 만일 하나님의 사람이면 불이 하늘에서 내려와서 너와 너의 오십 인을 사를지로다 하매 하나님의 불이 곧 하늘에서 내려와서 저와 그 오십 인을 살랐더라 **13** 왕이 세 번째 오십부장과 그 오십 인을 보낸지라 세째 오십부장이 올라가서 엘리야의 앞에

am a man of God, let fire come down from heaven and consume you and your fifty." Then fire came down from heaven and consumed him and his fifty. **11** So he again sent to him another captain of fifty with his fifty. And he answered and said to him, "O man of God, thus says the king, 'Come down quickly.'" **12** And Elijah answered and said to them, "If I am a man of God, let fire come down from heaven and consume you and your fifty." Then the fire of God came down from heaven and consumed him and his fifty. **13** So he again sent the captain of a third fifty with his fifty. When the third captain of fifty went up, he came and bowed down on his knees before Elijah, and begged him and said to him, "O man of God, please let my life and the lives of these fifty servants of yours be precious in your sight. **14** "Behold fire came down from heaven, and consumed the first

오십부장이 **올라가서**
/셋째
엘리야 앞에 **이르러**
그의 무릎을 **꿇어 엎드려**
간구하여
가로되 ...하매
/하나님의 사람이여!
원하건대(please)
당신은 —— 귀히 보소서
/나의 생명과
/이 오십 인의 생명을
/당신의 종인

14 /불이 ┬ 하늘에서 내려와
└ 살랐거니와
/전번의 오십부장 둘과
/그의 오십 인을
/당신은 —귀히 보소서(하매)
/나의 생명을

15 사자가 엘리야에게 **이르되** ...하신지라
/여호와의
/너는 — 그를 두려워하지 말고
함께 내려가라

엘리야가 곧 **일어나**
그와 함께 **내려와**
왕에게 **이르러**

16 [그가] **고하되** ...하니라
/여호와(의)[가] —말씀이 ...하셨다
/네가 — 사자를 보내...하니
//(목적: ל, to)
바알세붑에게 물으려
/에그론의 신
/하나님이 —— 이스라엘에 없음이냐 ?
/그의 말을 물을 만한
/그러므로
네가 —— 내려오지 못할지라
/그 올라간 침상에서
네가 —— 반드시 죽으리라

17 왕이 여호와의 말씀대로 **죽고**
/엘리야가 전한

이르러 꿇어 엎드려 간구하여 가로되 하나님의 사람이여 원컨대 나의 생명과 당신의 종인 이 오십 인의 생명을 당신은 귀히 보소서 **14** 불이 하늘에서 내려와서 전번의 오십부장 둘과 그 오십 인들을 살랐거니와 나의 생명을 당신은 귀히 보소서 하매 **15** 여호와의 사자가 엘리야에게 이르되 너는 저를 두려워 말고 함께 내려가라 하신지라 엘리야가 곧 일어나 저와 함께 내려와서 왕에게 이르러 **16** 고하되 여호와의 말씀이 네가 사자를 보내어 에그론의 신 바알세붑에게 물으려 하니 이스라엘에 그 말을 물을 만한 하나님이 없음이냐 그러므로 네가 그 올라간 침상에서 내려오지 못할지라 네가 반드시 죽으리라 하셨다 하니라 **17** 왕이 엘리야의 전한 여호와의 말씀대

two captains of fifty with their fifties; but now let my life be precious in your sight." **15** And the angel of the LORD said to Elijah, "Go down with him; do not be afraid of him." So he arose and went down with him to the king. **16** Then he said to him, "Thus says the LORD, 'Because you have sent messengers to inquire of Baal-zebub, the god of Ekron — is it because there is no God in Israel to inquire of His word? — therefore you shall not come down from the bed where you have gone up, but shall surely die.'" **17** ¶ So Ahaziah died according to the word of the LORD which Elijah had spoken. And because he had no son, Jehoram became king in

여호람이 그를 대신하여 왕이 **되니**
/여호람의 둘째 해(였더라)
/유다 왕
/여호사밧의 아들

//(이유: כִּי, for)
그가 아들이 없으므로

18 사적은 모두 **기록되지 아니하였느냐?**
/그 남은 /이스라엘 왕 역대지략에
/아하시야가 행한

2

1 여호와께서 엘리야를 올리고자 하실 때에(when)
/하늘로
/회오리 바람으로
엘리야가 길갈에서 **나가더니**
/엘리사와 더불어

2 엘리야가 엘리사에게 **이르되** ...하니
/청하건대(please)
너는 여기 머물라

//(이유: כִּי, for)
여호와께서 — 나를 보내시느니라
/벧엘로

엘리사가 **가로되** ...맹세하노니 하는지라
/여호와께서 살아 계심과
/당신의 영혼이 살아 있음을 두고
/내가 — 당신을 떠나지 아니하겠나이다
이에
두 사람이 벧엘로 **내려가니**

3 생도들이 엘리사에게로 **나아와**
/선지자[들]의
/벧엘에 있는

그에게 **이르되** ...하니
/[당신은]–아시나이까
/여호와께서 — 당신의 선생을 데려가실 줄을
/오늘
/당신의 머리 위로

[그가] **가로되** ...하니라
/나도 또한 아노니
/너희는 잠잠하라

왕하

로 죽고 저가 아들이 없으므로 여호람이 대신하여 왕이 되니 유다 왕 여호사밧의 아들 여호람의 제 이년이었더라 18 아하시야의 남은 사적은 모두 이스라엘 왕 역대지략에 기록되지 아니하였느냐
2:1 여호와께서 회리바람으로 엘리야를 하늘에 올리고자 하실 때에 엘리야가 엘리사로 더불어 길갈에서 나가더니 2 엘리야가 엘리사에게 이르되 청컨대 너는 여기 머물라 여호와께서 나를 벧엘로 보내시느니라 엘리사가 가로되 여호와의 사심과 당신의 혼의 삶을 가리켜 맹세하노니 내가 당신을 떠나지 아니하겠나이다 이에 두 사람이 벧엘로 내려가니 3 벧엘에 있는 선지자의 생도들이 엘리사에게로 나아와 이르되 여호와께서 오늘날 당신

his place in the second year of Jehoram the son of Jehoshaphat, king of Judah. 18 Now the rest of the acts of Ahaziah which he did, are they not written in the Book of the Chronicles of the Kings of Israel?
2:1 ¶ And it came about when the LORD was about to take up Elijah by a whirlwind to heaven, that Elijah went with Elisha from Gilgal. 2 And Elijah said to Elisha, "Stay here please, for the LORD has sent me as far as Bethel." But Elisha said, "As the LORD lives and as you yourself live, I will not leave you." So they went down to Bethel. 3 Then the sons of the prophets who were at Bethel came out to Elisha and said to him, "Do you know that the LORD will take away your master from over you today?" And he said, "Yes, I know; be

4 엘리야가 그에게 **이르되**
/엘리사야!
/청하건대(please)
너는 —— 여기 머물라

//(이유: כִּי, for)
여호와께서 — 나를 보내시느니라
/여리고로

엘리사가 **가로되** ...맹세하노니 ...하니라
/여호와께서 살아 계심과
/당신의 영혼이 살아 있음을 두고
/내가 —당신을 떠나지 아니하겠나이다

그들이 여리고에 **이르매**

5 생도들이 엘리사에게 **나아와**
/선지자의
/여리고에 있는
이르되
/당신은] —아시나이까 하니
/여호와께서 — 당신의 선생을 데려가실 줄을
/오늘
/당신의 머리 위로

엘리사가 **가로되**
/나도 아노니
/너희는 잠잠하라

6 엘리야가 또 엘리사에게 **이르되** ...하니
/청하건대(please)
너는—— 여기 머물라

//(이유: כִּי, for)
여호와께서 – 나를 보내시느니라
/요단으로

그가 **가로되** ...맹세하노니 ...하는지라
/여호와께서 살아 계심과
/당신의 영혼이 살아 있음을 두고
/내가 —— 당신을 떠나지 아니하겠나이다

이에
두 사람이 **가니라**

의 선생을 당신의 머리 위로 취하실 줄을 아나이까 가로
되 나도 아노니 너희는 잠잠하라 4 엘리야가 저에게 이
르되 엘리사야 청컨대 너는 여기 머물라 여호와께서 나
를 여리고로 보내시느니라 엘리사가 가로되 여호와의 사
심과 당신의 혼의 삶을 가리켜 맹세하노니 내가 당신을
떠나지 아니하겠나이다 하니라 저희가 여리고에 이르매
5 여리고에 있는 선지자의 생도들이 엘리사에게 나아와
이르되 여호와께서 오늘날 당신의 선생을 당신의 머리
위로 취하실 줄을 아나이까 엘리사가 가로되 나도 아노
니 너희는 잠잠하라 6 엘리야가 또 엘리사에게 이르되
청컨대 너는 여기 머물라 여호와께서 나를 요단으로 보
내시느니라 저가 가로되 여호와의 사심과 당신의 혼의
삶을 가리켜 맹세하노니 내가 당신을 떠나지 아니하겠나
이다 이에 두 사람이 행하니라 7 선지자의 생도 오십 인

still." 4 And Elijah said to him, "Elisha, please stay
here, for the LORD has sent me to Jericho." But he
said, "As the LORD lives, and as you yourself live, I
will not leave you." So they came to Jericho. 5 And
the sons of the prophets who were at Jericho approached
Elisha and said to him, "Do you know that the LORD
will take away your master from over you today?" And
he answered, "Yes, I know; be still." 6 Then Elijah
said to him, "Please stay here, for the LORD has sent
me to the Jordan." And he said, "As the LORD lives,
and as you yourself live, I will not leave you." So the
two of them went on. 7 ¶ Now fifty men of the sons
of the prophets went and stood opposite them at a distance,
while the two of them stood by the Jordan. 8 And Elijah

7 오십 명이 가서
/선지자의 생도
멀리 **서서**
/바라보매

그 두 사람이 요단 가에 **서 있더니**

8 엘리야가 겉옷을 **취하여**
말아
물을 **치매**

물이 이리 저리 **갈라지고**
두 사람이 육지 위로 **건너더라**

9 [그들이] 건너매(when)
엘리야가 엘리사에게 **이르되**
/나를 네게서 데려감을 당하기 전에(when)
[너는] — 구하라
/내가 네게 어떻게 할 것을

엘리사가 **가로되** ...하는지라
/영감이 ——갑절이나 내게 있기를 구하나이다
/당신의

10 [그가] **가로되** ...하고
/네가 —어려운 일을 구하는도다
/그러나
[만일](אִם)
네가 —— 보면(if)
/나를 네게서 취하시는 것을
그 일이—네게 이루어지려니와
/그렇지 아니하면(אִם, if)
[그 일이]-이루어지지 아니하리라

왕하

11 두 사람이 길을 가며
말하더니(as)

불수레와
불말들이 두 사람을 **격하고**

엘리야가 하늘로 **승천하더라**
/회오리 바람을 타고

12 엘리사가 **보고**
소리 지르되 ...하더니
/내 아버지여
내 아버지여
이스라엘의 병거와
그 마병이여

이 가서 멀리 서서 바라보매 그 두 사람이 요단 가에 섰
더니 8 엘리야가 겉옷을 취하여 말아 물을 치매 물이 이
리 저리 갈라지고 두 사람이 육지 위로 건너더라 9 건너
매 엘리야가 엘리사에게 이르되 나를 네게서 취하시기
전에 내가 네게 어떻게 할 것을 구하라 엘리사가 가로되
당신의 영감이 갑절이나 내게 있기를 구하나이다 10 가
로되 네가 어려운 일을 구하는도다 그러나 나를 네게서
취하시는 것을 네가 보면 그 일이 네게 이루려니와 그렇
지 않으면 이루지 아니하리라 하고 11 두 사람이 행하
며 말하더니 홀연히 불수레와 불말들이 두 사람을 격하
고 엘리야가 회리바람을 타고 승천하더라 12 엘리사가
보고 소리 지르되 내 아버지여 내 아버지여 이스라엘의

took his mantle and folded it together and struck the
waters, and they were divided here and there, so that
the two of them crossed over on dry ground. 9 Now it
came about when they had crossed over, that Elijah said
to Elisha, "Ask what I shall do for you before I am
taken from you." And Elisha said, "Please, let a double
portion of your spirit be upon me." 10 And he said,
"You have asked a hard thing. Nevertheless, if you see
me when I am taken from you, it shall be so for you;
but if not, it shall not be so." 11 Then it came about
as they were going along and talking, that behold, there
appeared a chariot of fire and horses of fire which
separated the two of them. And Elijah went up by a whirlwind
to heaven. 12 And Elisha saw it and cried out, "My
father, my father, the chariots of Israel and its horsemen!"
And he saw him no more. Then he took hold of his own

[그가] 다시 **보이지 아니하는지라**

이에
엘리사가 자기의 옷을 **잡아**
둘로 **찢고**
13 겉옷을 **주워 가지고**
/엘리야의 몸에서 떨어진
돌아와서
요단 언덕에 **서서**
14 그의 겉옷을 **가지고**
/엘리야의 몸에서 떨어진
물을 **치며**
가로되 ...하고
/여호와는 —— 어디 계시니이까
/엘리야의 하나님
그도 물을 **치매**
물이 이리 저리 **갈라지고**
엘리사가 **건너니라**

15 생도들이 그를 **보며**
/선지자의
/여리고에 있는
/맞은편
말하기를 ...하고
/영감이 —— 엘리사 위에 머물렀다
/엘리야의
[그들이] **가서**
//(목적: ל, to)
저를 영접하여
땅에 **엎드려**
/그 앞에서

16 [그들이] 그에게 **가로되** ...하니라
/오십 명이 —— 당신의 종들에게 있으니
/용감한 사람
/청하건대(please)
그들이 ┬ 가서
└ 당신의 주인을 찾게 하소서
/염려하건대(perhaps)[1)]
/산이 ┬ 그를 들고 가다가
/여호와의
└ 던지셨을까 하나이다
/어느 산에나
/어느 골짜기에

1) NASB

병거와 그 마병이여 하더니 다시 보이지 아니하는지라
이에 엘리사가 자기의 옷을 잡아 둘에 찢고 13 엘리야
의 몸에서 떨어진 겉옷을 주워가지고 돌아와서 요단 언
덕에 서서 14 엘리야의 몸에서 떨어진 그 겉옷을 가지
고 물을 치며 가로되 엘리야의 하나님 여호와는 어디 계
시니이까 하고 저도 물을 치매 물이 이리 저리 갈라지
고 엘리사가 건너니라 15 맞은편 여리고에 있는 선지자
의 생도들이 저를 보며 말하기를 엘리야의 영감이 엘리
사의 위에 머물렀다 하고 가서 저를 영접하여 그 앞에서
땅에 엎드리고 16 가로되 당신의 종들에게 용사 오십
인이 있으니 청컨대 저희로 가서 당신의 주를 찾게 하소
서 염려컨대 여호와의 신이 저를 들어가다가 어느 산에

clothes and tore them in two pieces. 13 He also took
up the mantle of Elijah that fell from him, and returned
and stood by the bank of the Jordan. 14 And he took
the mantle of Elijah that fell from him, and struck the
waters and said, "Where is the LORD, the God of
Elijah?" And when he also had struck the waters, they
were divided here and there; and Elisha crossed over.
15 ¶ Now when the sons of the prophets who were at Jericho
opposite him saw him, they said, "The spirit of Elijah
rests on Elisha." And they came to meet him and bowed
themselves to the ground before him. 16 And they said
to him, "Behold now, there are with your servants fifty
strong men, please let them go and search for your
master; perhaps the Spirit of the LORD has taken him
up and cast him on some mountain or into some valley."
And he said, "You shall not send." 17 But when they urged

```
엘리사가              가로되 ...하나
                         /보내지 말라

17 무리가             강청하매(when)
                         /그로 부끄러워하도록
   [그가]             [말]한지라
                         /보내라

   그들이             오십 명을 보내었더니
                      사흘 동안을 찾되
                      발견하지 못하고

18 엘리사가           여리고에 머무는 중에(while)
   무리가             그에게 돌아오니
   엘리사가           그들에게 이르되 ...하였더라
                         /내가— 너희에게 이르지 아니하였느냐
                                  /가지 말라고

19 사람들이           엘리사에게 고하되
    /그 성               /터는 ——— 아름다우나
                           /이 성읍의     /우리 주인께서 보시는 바와 같이
                         /물이——— 좋지 못하므로
                         /토산이 ┬— 익지 못하고
                                 └— 떨어지나이다

20 엘리사가           가로되 ...하매
                         /[너희는] ┬— 소금을 담아
                                   │     /새 그릇에
                                   └— 내게로 가져오라

   [그들이]           곧 가져온지라

21 엘리사가           물 근원으로 나아가서
                      소금을 던지며
                         /그 가운데에
                      이르되 ...하니
                         /여호와(의)[가]— 말씀이 ...하셨느니라
                                            /내가 —이 물을 고쳤으니
                                            /죽음이나 ———┐
                                            열매 맺지 못함이┴다시는 없을지니라
                                                                  /이로부터

22 그 물이            고쳐져서
                         /엘리사가 한 말과 같이
                      오늘날에 이르렀더라
```

왕하

나 어느 골짜기에 던지셨을까 하나이다 엘리사가 가로되
보내지 말라 하나 17 무리가 저로 부끄러워하도록 강청
하매 보내라 한지라 저희가 오십 인을 보내었더니 사흘
을 찾되 발견하지 못하고 18 엘리사가 여리고에 머무는
중에 무리가 저에게 돌아오니 엘리사가 저희에게 이르되
내가 가지 말라고 너희에게 이르지 아니하였느냐 하였더
라 19 그 성 사람들이 엘리사에게 고하되 우리 주께서
보시는 바와 같이 이 성읍의 터는 아름다우나 물이 좋지
못하므로 토산이 익지 못하고 떨어지나이다 20 엘리사
가 가로되 새 그릇에 소금을 담아 내게로 가져오라 하매
곧 가져온지라 21 엘리사가 물 근원으로 나아가서 소금
을 그 가운데 던지며 가로되 여호와의 말씀이 내가 이 물
을 고쳤으니 이로 좇아 다시는 죽음이나 토산이 익지 못
하고 떨어짐이 없을지니라 하셨느니라 하니 22 그 물이

him until he was ashamed, he said, "Send." They sent
therefore fifty men; and they searched three days, but
did not find him. 18 And they returned to him while
he was staying at Jericho; and he said to them, "Did I
not say to you, 'Do not go'?" 19 ¶ Then the men of
the city said to Elisha, "Behold now, the situation of
this city is pleasant, as my lord sees; but the water is
bad, and the land is unfruitful." 20 And he said, "Bring
me a new jar, and put salt in it." So they brought it to
him. 21 And he went out to the spring of water, and
threw salt in it and said, "Thus says the LORD, 'I
have purified these waters; there shall not be from there
death or unfruitfulness any longer.'" 22 So the waters
have been purified to this day, according to the word of

23 엘리사가 벧엘로 **올라가더니**
/거기서

그가 길에서 올라갈 때에(while)
작은 아이들이 성읍에서 **나와**
그를 **조롱하여**
가로되 ...하는지라
/대머리여!
[너는]— 올라가라
/대머리여!
[너는]— 올라가라

24 엘리사가 **돌이켜**
저희를 **보고**
여호와의 이름으로 **저주하매**

암곰 둘이 곧 **나와서**
/수풀에서
사십이 명을 **찢었더라**
/아이들 중의

25 엘리사가 갈멜 산으로 **가고**
/거기서부터
사마리아로 **돌아왔더라**
/거기서

3

1 여호람이 이스라엘 왕이 **되어**
/아합의 아들 /사마리아에서
/여호사밧 왕 열여덟째 해에
/유다 왕

[그가] 이스라엘을 **다스리니라**
/열두 해 동안

2 저가 악을 **행하였으나**
/여호와 보시기에
[행]하지는 아니하였으니
/그의 부모와 같이

//이는(이유: כִּי, for)
그가 —바알의 주상을 없이하였음이라
/그의 아버지가 만든

왕하

엘리사의 말과 같이 고쳐져서 오늘날에 이르렀더라 **23**
엘리사가 거기서 벧엘로 올라가더니 길에 행할 때에 젊
은 아이들이 성에서 나와서 저를 조롱하여 가로되 대머
리여 올라가라 대머리여 올라가라 하는지라 **24** 엘리사
가 돌이켜 저희를 보고 여호와의 이름으로 저주하매 곧
수풀에서 암콤 둘이 나와서 아이들 중에 사십이 명을 찢
었더라 **25** 엘리사가 거기서부터 갈멜 산으로 가고 거기
서 사마리아로 돌아왔더라

3:**1** 유다 왕 여호사밧의 십팔년에 아합의 아들 여호
람이 사마리아에서 이스라엘 왕이 되어 십 이년을
치리하니라 **2** 저가 여호와 보시기에 악을 행하였으나
그 부모와 같이 하지는 아니하였으니 이는 저가 그 아비

Elisha which he spoke. **23** ¶ Then he went up from
there to Bethel; and as he was going up by the way,
young lads came out from the city and mocked him and
said to him, "Go up, you baldhead; go up, you baldhead!"
24 When he looked behind him and saw them, he cursed
them in the name of the LORD. Then two female bears came
out of the woods and tore up forty-two lads of their
number. **25** And he went from there to Mount Carmel,
and from there he returned to Samaria.

3:**1** ¶ Now Jehoram the son of Ahab became king
over Israel at Samaria in the eighteenth year of
Jehoshaphat king of Judah, and reigned twelve years. **2**
And he did evil in the sight of the LORD, though not
like his father and his mother; for he put away the sacred

3 그러나
저가 그 죄를 따라 **행하고**
/여로보암이 이스라엘에게 범하게 한
/느밧의 아들
떠나지 아니하였더라

4 메사는 양을 **치는 자라**
/모압 왕
이스라엘 왕에게 **바치더니**
/새끼 양 털과
/십만 마리의
/숫양 털을
/십만 마리의

5 아합이 죽은 후에(when)
모압 왕이 이스라엘 왕을 **배반한지라**

6 여호람 왕이 사마리아에서 **나가서**
/그 때에
온 이스라엘을 **점고하고**

7 또
[그가] **가서**
사신을 **보내어**
/여호사밧에게
/유다의 왕
가로되 ...하니
/모압 왕이 — 나를 배반하였으니
/당신은 — 나와 함께 가서
모압을 치시겠느뇨?

그가 **가로되** ...하는지라
/내가—— 올라가리이다
/나는—— 당신과 같고
/내 백성은—당신의 백성과 같고
/내 말들도—당신의 말들과 같으니이다

8 여호람이 **가로되** ...하니
/우리가 어느 길로 올라가리이까?

그가 **대답하되** ...하니라
/에돔 광야 길로니이다

9 이스라엘 왕이 **행하더니**
/유다 왕과
에돔 왕으로 더불어

왕하

의 만든 바알의 주상을 제하였음이라 **3** 그러나 저가 느
밧의 아들 여로보암이 이스라엘로 범하게 한 그 죄를 따
라 행하고 떠나지 아니하였더라 **4** 모압 왕 메사는 양을
치는 자라 새끼 양 십만의 털과 수양 십만의 털을 이스라
엘 왕에게 바치더니 **5** 아합이 죽은 후에 모압 왕이 이스
라엘 왕을 배반한지라 **6** 그 때에 여호람 왕이 사마리아
에서 나가서 온 이스라엘을 점고하고 **7** 또 가서 유다 왕
여호사밧에게 보내어 이르되 모압 왕이 나를 배반하였으
니 당신은 나와 함께 가서 모압을 치시겠느뇨 저가 가로
되 내가 올라가리이다 나는 당신과 일반이요 내 백성은
당신의 백성과 일반이요 내 말들도 당신의 말들과 일반
이니이다 **8** 여호람이 가로되 우리가 어느 길로 올라가리

pillar of Baal which his father had made. **3** Nevertheless,
he clung to the sins of Jeroboam the son of Nebat, which
he made Israel sin; he did not depart from them. **4** ¶
Now Mesha king of Moab was a sheep breeder, and
used to pay the king of Israel 100,000 lambs and
the wool of 100,000 rams. **5** But it came about,
when Ahab died, the king of Moab rebelled against the
king of Israel. **6** And King Jehoram went out of Samaria
at that time and mustered all Israel. **7** Then he went
and sent word to Jehoshaphat the king of Judah, saying,
"The king of Moab has rebelled against me. Will you
go with me to fight against Moab?" And he said, "I
will go up; I am as you are, my people as your people,
my horses as your horses." **8** And he said, "Which
way shall we go up?" And he answered, "The way of
the wilderness of Edom." **9** So the king of Israel went

먹일 물이 **없는지라**
/군사와 /칠 일에
/따라가는 가축을 /길을 둘러 간 지

10 이스라엘 왕이 **가로되** ...하니
/슬프다

//(이유: כִּי, for)
여호와께서 ── 이 세 왕을 불러 모아

//(목적: לְ, to)
모압의 손에 넘기려 하시는도다

11 여호사밧이 **가로되** ...하는지라
/선지자가 ── 여기 없느냐?
/여호와의
/우리가 여호와께 물을 만한

한 사람이 **대답하여**
/신복 중의
/이스라엘 왕의

가로되 ...하니
/엘리사가 ── 여기 있나이다
/사밧의 아들
/전에 엘리야의 손에 물을 붓던

12 여호사밧이 **가로되** ...하는지라
/말씀이 ── 그에게 있도다
/여호와의

이에
이스라엘 왕이 그에게로 **내려가니라**
/여호사밧과
에돔 왕으로 더불어

13 엘리사가 이스라엘 왕에게 **이르되**
/내가 당신과 무슨 상관이 있나이까?
/[당신은] ─ 가소서 하니
/당신의 부친의 선지자들과
/당신의 모친의 선지자들에게로

이스라엘 왕이 그에게 **이르되** ...하니라
/그렇지 아니하니이다

//(이유: כִּי, for)
여호와께서 ─ 이 세 왕을 불러 모아

//(목적: לְ, to)
모압의 손에 넘기려 하시나이다

왕하

이까 저가 대답하되 에돔 광야 길로니이다 9 이스라엘
왕이 유다 왕과 에돔 왕으로 더불어 행하더니 길을 둘러
행한 지 칠 일에 군사와 따라가는 생축을 먹일 물이 없
는지라 10 이스라엘 왕이 가로되 슬프다 여호와께서 이
세 왕을 불러 모아 모압의 손에 붙이려 하시는도다 11
여호사밧이 가로되 우리가 여호와께 물을 만한 여호와의
선지자가 여기 없느냐 이스라엘 왕의 신복 중에 한 사
람이 대답하여 가로되 전에 엘리야의 손에 물을 붓던 사
밧의 아들 엘리사가 여기 있나이다 12 여호사밧이 가로
되 여호와의 말씀이 저에게 있도다 이에 이스라엘 왕이
여호사밧과 에돔 왕으로 더불어 그에게로 내려가니라
13 엘리사가 이스라엘 왕에게 이르되 내가 당신과 무슨

with the king of Judah and the king of Edom; and they
made a circuit of seven days' journey, and there was no
water for the army or for the cattle that followed them.
10 Then the king of Israel said, "Alas! For the LORD
has called these three kings to give them into the hand
of Moab." 11 But Jehoshaphat said, "Is there not a
prophet of the LORD here, that we may inquire of the LORD
by him?" And one of the king of Israel's servants answered
and said, "Elisha the son of Shaphat is here, who used
to pour water on the hands of Elijah." 12 And Jehoshaphat
said, "The word of the LORD is with him." So the
king of Israel and Jehoshaphat and the king of Edom
went down to him. 13 ¶ Now Elisha said to the king
of Israel, "What do I have to do with you? Go to the prophets
of your father and to the prophets of your mother." And
the king of Israel said to him, "No, for the LORD has

2) loo lay 루레, if~not

14 엘리사가 **가로되** ...맹세하노니 ...하니라
/여호와께서 —— 살아 계심을 두고
/만군의
/내가 섬기는
/만일(לוּלֵי)2)
내가 — 여호사밧의 얼굴을 봄이 아니면(if ~not)
/유다의 왕
당신을 향하지도 아니하고
/그 앞에서
보지도 아니하였으리이다

15 /이제
내게로 불러오소서(하니라)
/거문고 탈 자를

타는 자가 /거문고 — 거문고를 탈 때에(when)
여호와께서 — 엘리사를 **감동하시니**

16 그가 **가로되**
/여호와(의)[가]—말씀이 ...하셨나이다
/이 골짜기에 개천을 많이 파라

17 /여호와께서 — 이르시기를 ...하셨나이다
/너희가 — 바람도 보지 못하고
— 비도 보지 못하되
/물이 —— 가득하여
/이 골짜기에
/너희와
너희 가축과
짐승이 — 마시리라

18 /이것은 — 작은 일이라
/여호와께서 보시기에
/여호와께서—모압 사람도 넘기시리니
/당신의 손에

19 /당신들이 — 치고
/모든 견고한 성읍과
/모든 아름다운 성읍을
—베고
/모든 좋은 나무를

왕하

상관이 있나이까 당신의 부친의 선지자들과 당신의 모친
의 선지자들에게로 가소서 이스라엘 왕이 저에게 이르되
그렇지 아니하니이다 여호와께서 이 세 왕을 불러 모아
모압의 손에 붙이려 하시나이다 **14** 엘리사가 가로되 내
가 섬기는 만군의 여호와의 사심을 가리켜 맹세하노니
내가 만일 유다 왕 여호사밧의 낯을 봄이 아니면 당신을
향하지도 아니하고 보지도 아니하였으리이다 **15** 이제
내게로 거문고 탈 자를 불러 오소서 하니라 거문고 타는
자가 거문고를 탈 때에 여호와께서 엘리사를 감동하시니
16 저가 가로되 여호와의 말씀이 이 골짜기에 개천을
많이 파라 하셨나이다 **17** 여호와께서 이르시기를 너희
가 바람도 보지 못하고 비도 보지 못하되 이 골짜기에 물
이 가득하여 너희와 너희 육축과 짐승이 마시리라 하셨
나이다 **18** 이것은 여호와 보시기에 오히려 작은 일이라
여호와께서 모압 사람도 당신의 손에 붙이시리니 **19** 당
신들이 모든 견고한 성과 모든 아름다운 성을 치고 모든

called these three kings together to give them into the
hand of Moab." **14** And Elisha said, "As the LORD
of hosts lives, before whom I stand, were it not that I
regard the presence of Jehoshaphat the king of Judah, I would
not look at you nor see you. **15** "But now bring me a
minstrel." And it came about, when the minstrel played,
that the hand of the LORD came upon him. **16** And
he said, "Thus says the LORD, 'Make this valley full
of trenches.' **17** "For thus says the LORD, 'You shall
not see wind nor shall you see rain; yet that valley shall
be filled with water, so that you shall drink, both you
and your cattle and your beasts. **18** 'And this is but a
slight thing in the sight of the LORD; He shall also give
the Moabites into your hand. **19** 'Then you shall strike
every fortified city and every choice city, and fell every good

—메우고
/모든 샘을
—돌로 헐리이다 하더니
/모든 좋은 밭을

20 소제 드릴 때에(when)
/아침이 되어
물이 에돔 편에서부터 흘러와서
그 땅에 **가득하였더라**

21 모든 사람은 **듣고**
/모압의 /왕들이 — 올라와서 ...함을

//(목적: ל, to)
자기를 치려 한다

다 **모여**
/갑옷 입을 만한 자로부터
/그 이상이
그 경계에 **섰더라**

22 모압 사람이 일찍이 일어나서(when)
/아침에

해가 물에 **비치므로**
맞은편 물이 붉어 피와 같음을 **보고**

23 [그들이] **이르되**
/이는 —— 피라
/저 왕들이 — 틀림없이 싸워
— 서로 죽인 것이로다
/모압 사람들아!
이제 노략하러 가자 하고

24 [그들이] 이스라엘 진에 이르니(when)
사람이 **일어나**
/이스라엘

모압 사람을 **쳐서**
그들 앞에서 **도망하게 하고**
그 지경에 **들어가며**
모압 사람을 **치고**

25 [그들이] 그 성읍들을 쳐서 **헐고**
각기 돌을 **던져**
가득하게 하고
/모든 좋은 밭에

왕하

좋은 나무를 베고 모든 샘을 메우고 돌로 모든 좋은 밭
을 헐리이다 하더니 20 아침에 미쳐 소제 드릴 때에 물
이 에돔 편에서부터 흘러와서 그 땅에 가득하였더라 21
모압 모든 사람이 왕들이 올라와서 자기를 치려 한다 함
을 듣고 갑옷 입을 만한 자로부터 그 이상이 다 모여 그
경계에 섰더라 22 아침에 모압 사람이 일찌기 일어나서
해가 물에 비취므로 맞은편 물이 붉어 피와 같음을 보고
23 가로되 이는 피라 필연 저 왕들이 싸워 서로 죽인
것이로다 모압 사람들아 이제 노략하러 가자 하고 24
이스라엘 진에 이르니 이스라엘 사람이 일어나 모압 사
람을 쳐서 그 앞에서 도망하게 하고 그 지경에 들어가며
모압 사람을 치고 25 그 성읍을 쳐서 헐고 각기 돌을

tree and stop all springs of water, and mar every good
piece of land with stones.'" 20 And it happened in the
morning about the time of offering the sacrifice, that
behold, water came by the way of Edom, and the country
was filled with water. 21 ¶ Now all the Moabites heard
that the kings had come up to fight against them. And
all who were able to put on armor and older were summoned,
and stood on the border. 22 And they rose early in the
morning, and the sun shone on the water, and the Moabites
saw the water opposite them as red as blood. 23 Then
they said, "This is blood; the kings have surely fought
together, and they have slain one another. Now therefore,
Moab, to the spoil!" 24 But when they came to the
camp of Israel, the Israelites arose and struck the Moabites,
so that they fled before them; and they went forward
into the land, slaughtering the Moabites. 25 Thus they

모든 샘을 **메우고**
모든 좋은 나무를 **베고**
길하레셋의 돌들은 **남기고**
물매꾼이 **두루 다니며**
치니라

26 모압 왕이 보고(when)
/전세가 극렬하여
/당하기 어려움을
칠백 명을 **거느리고**
/칼찬 군사

//(목적: ל, to)
충돌하여 지나서 ...하되
/에돔 왕에게로 가고자

[그가] **능히 못하고**

27 이에
[그가] 맏아들을 **취하여**
/자기 왕위를 이어 왕이 될
번제를 **드린지**라
/성 위에서

크게 격노함이 **임하매**
/이스라엘에게

그들이 **떠나**
각기 고국으로 **돌아갔더라**

4

1 한 여인이 엘리사에게 **부르짖어**
/아내 중의
/선지자의 생도의

이르되 ...하니
/나의 남편이 — 이미 죽었는데
/당신의 종
/당신이 ——— 아시는 바니이다
/당신의 종이 여호와를 경외한 줄은
/이제(and)
채주가 —— 이르러

//(목적: ל, to)

던져 모든 좋은 밭에 가득하게 하고 모든 샘을 메우고 모
든 좋은 나무를 베고 길하라셋의 돌들은 남기고 물맷군
이 두루 다니며 치니라 26 모압 왕이 전세가 극렬하여
당하기 어려움을 보고 칼 찬 군사 칠백을 거느리고 충돌
하여 지나서 에돔 왕에게로 가고자 하되 능히 못하고
27 이에 자기 위를 이어 왕이 될 맏아들을 취하여 성
위에서 번제를 드린지라 이스라엘에게 크게 통분함이 임
하매 저희가 떠나 각기 고국으로 돌아갔더라
4:1 선지자의 생도의 아내 중에 한 여인이 엘리사에
게 부르짖어 가로되 당신의 종 나의 남편이 이미 죽
었는데 당신의 종이 여호와를 경외한 줄은 당신이 아시
는 바니이다 이제 채주가 이르러 나의 두 아이를 취하여

destroyed the cities; and each one threw a stone on every
piece of good land and filled it. So they stopped all the
springs of water and felled all the good trees, until in
Kir-hareseth only they left its stones; however, the slingers
went about it and struck it. 26 When the king of Moab
saw that the battle was too fierce for him, he took with
him 700 men who drew swords, to break through to
the king of Edom; but they could not. 27 Then he took
his oldest son who was to reign in his place, and offered
him as a burnt offering on the wall. And there came
great wrath against Israel, and they departed from him
and returned to their own land.
4:1 ¶ Now a certain woman of the wives of the sons
of the prophets cried out to Elisha, "Your servant
my husband is dead, and you know that your servant
feared the LORD; and the creditor has come to take my

//(목적: ל, to)
나의 두 아이를 취하여

//(목적: ל, to)
그의 종을 삼고자 하나이다

2 엘리사가 그에게 **이르되**
/내가 너를 위하여 어떻게 하랴?
/[너는] ——내게 말하라
/네 집에 무엇이 있는지

저가 **이르되** ...하니
/계집종의 집에 아무것도 없나이다
/기름 한 그릇 외에는

3 [엘리사가] 저에게 **이르되** ...하니라
/너는—— 밖에 나가서
그릇을 빌리라
/모든 이웃에게
/[너는]—— 빈 그릇을 빌리되
조금 빌리지 말고
4 /너는—— 들어가서
/네 두 아들과 함께
문을 닫고
기름을 부어서
/그 모든 그릇에
차는 대로 옮겨 놓으라(하니라)

5 여인이 **물러가서**
문을 **닫은 후에**
/그의 두 아들과 함께

그들은 그릇을 그에게로 **가져오고**
그는 **부었더니**

6 그릇(에)[이] 다 찬지라(when)
여인이 아들에게 **이르되** ...하니
/또 그릇을 내게로 가져오라

아들이 **가로되** ...하니
/다른 그릇이 없나이다
기름이 곧 **그쳤더라**

7 그 여인이 하나님의 사람에게 **나아가서**
고한대

그 종을 삼고자 하나이다 2 엘리사가 저에게 이르되 내
가 너를 위하여 어떻게 하랴 네 집에 무엇이 있는지 내
게 고하라 저가 가로되 계집종의 집에 한 병 기름 외에
는 아무 것도 없나이다 3 가로되 너는 밖에 나가서 모든
이웃에게 그릇을 빌라 빈 그릇을 빌되 조금 빌지 말고 4
너는 네 두 아들과 함께 들어가서 문을 닫고 그 모든 그
릇에 기름을 부어서 차는 대로 옮겨 놓으라 5 여인이 물
러가서 그 두 아들과 함께 문을 닫은 후에 저희는 그릇
을 그에게로 가져 오고 그는 부었더니 6 그릇에 다 찬지
라 여인이 아들에게 이르되 또 그릇을 내게로 가져오라
아들이 가로되 다른 그릇이 없나이다 하니 기름이 곧 그
쳤더라 7 그 여인이 하나님의 사람에게 나아가서 고한

two children to be his slaves." 2 And Elisha said to
her, "What shall I do for you? Tell me, what do you
have in the house?" And she said, "Your maidservant
has nothing in the house except a jar of oil." 3 Then
he said, "Go, borrow vessels at large for yourself from
all your neighbors, even empty vessels; do not get a
few. 4 "And you shall go in and shut the door behind
you and your sons, and pour out into all these vessels;
and you shall set aside what is full." 5 So she went
from him and shut the door behind her and her sons;
they were bringing the vessels to her and she poured. 6
And it came about when the vessels were full, that she
said to her son, "Bring me another vessel." And he said
to her, "There is not one vessel more." And the oil
stopped. 7 Then she came and told the man of God.
And he said, "Go, sell the oil and pay your debt, and

그가 가로되 ...하였더라
/너는 — 가서
— 기름을 팔아
— 빚을 갚고

/너와
아들이 — 생활하라
/네 두

8 하루는(상황절)[3)]
엘리사가 수넴에 이르렀더니(when)

여인이 그를 간권하여 ...하였으므로
/한 귀한 /거기에
/음식을 먹게

엘리사가 그 곳을 지날 때마다(whenever)
그리로 들어갔더라

//(목적: ל, to)
음식을 먹으러

9 여인이 그의 남편에게 이르되 ...하였더라
/내가 — 아노니
/이 사람은 —하나님의 거룩한 사람인 줄을
/항상 우리에게로 지나가는

10 /[청하건대](please)
우리가 — 작은 방을 짓고
/그를 위하여
/담 위에

/[우리가] — 진설하사이다
/침상과 책상과
/의자와 촛대를

/[만일]
그가 우리에게 이르면(if)
[그가] — 거기에 머물리이다(하였더라)

11 하루는(상황절)[4)]
엘리사가 거기에 이르러
그 방에 들어가서
누웠더니

12 [그가] 게하시에게 이르되 ...하니
/자기 사환
/이 수넴 여인을 불러오라

3) Now there came a day ,
상황절

4) Now there came a day ,
상황절

대 저가 가로되 너는 가서 기름을 팔아 빚을 갚고 남은
것으로 너와 네 두 아들이 생활하라 하였더라 8 하루는
엘리사가 수넴에 이르렀더니 거기 한 귀한 여인이 저를
간권(懇勸)하여 음식을 먹게 한고로 엘리사가 그곳을 지
날 때마다 음식을 먹으러 그리로 들어갔더라 9 여인이
그 남편에게 이르되 항상 우리에게로 지나는 이 사람은
하나님의 거룩한 사람인 줄을 내가 아노니 10 우리가
저를 위하여 작은 방을 담 위에 짓고 침상과 책상과 의자
와 촛대를 진설하사이다 저가 우리에게 이르면 거기 유
하리이다 하였더라 11 하루는 엘리사가 거기 이르러 그
방에 들어가서 누웠더니 12 자기 사환 게하시에게 이르
되 이 수넴 여인을 불러오라 곧 부르매 여인이 그 앞에

you and your sons can live on the rest." 8 ¶ Now there
came a day when Elisha passed over to Shunem, where there
was a prominent woman, and she persuaded him to eat
food. And so it was, as often as he passed by, he turned
in there to eat food. 9 And she said to her husband,
"Behold now, I perceive that this is a holy man of God
passing by us continually. 10 "Please, let us make a
little walled upper chamber and let us set a bed for him there,
and a table and a chair and a lampstand; and it shall
be, when he comes to us, that he can turn in there." 11
One day he came there and turned in to the upper chamber
and rested. 12 Then he said to Gehazi his servant,

[그가] 곧 여인을 부르매(when)
여인이 그 앞에 **선지라**

13 엘리사가 자기 사환에게 **이르되** ...하니
/너는 —— 그에게 이르라
/네가 —— 생각이 주밀하도다
/이같이
/우리를 위하여
/내가 —— 어떻게 하랴?
/너를 위하여
/[네가] — 무슨 구할 것이 있느냐?
/왕에게나
/사령관에게

여인이 **가로되** ...하니라
/나는 내 백성 중에 거주하나이다

14 엘리사가 **가로되** ...하니
/그러면 그를 위하여 무엇을 하여야 할까

게하시가 **대답하되** ...하니
/참으로 이 여인은 아들이 없고
/그 남편은 늙었나이다

15 [엘리사가] **가로되** ...하여
/다시 부르라

[그가] 부르매(when)
여인이 문에 **서니라**

16 엘리사가 **이르되** ...하니
/네가 —— 아들을 안으리라
/돐이 되면[5]

여인이 **이르되** ...하니라
/아니로소이다
/내 주 하나님의 사람이여!
당신의 계집종을 속이지 마옵소서

17 여인이 **과연 잉태하여**
아들을 **낳았더라**
/돐이 돌아오매
/엘리사가 여인에게 말한 대로

18 그 아이가 자라매(when)
하루는(상황절)[6]

왕하

5) 한 해가 지나 이 때즘에

6) ...Now it happened one day
... , 어느날

선지라 13 엘리사가 자기 사환에게 이르되 너는 저에게
이르라 네가 이같이 우리를 위하여 생각이 주밀하도다
내가 너를 위하여 어떻게 하랴 왕에게나 군대 장관에게
무슨 구할 것이 있느냐 여인이 가로되 나는 내 백성 중
에 거하나이다 하니라 14 엘리사가 가로되 그러면 저를
위하여 무엇을 하여야 할꼬 게하시가 대답하되 참으로
이 여인은 아들이 없고 그 남편은 늙었나이다 15 가로
되 다시 부르라 부르매 여인이 문에 서니라 16 엘리사
가 가로되 돐이 되면 네가 아들을 안으리라 여인이 가로
되 아니로소이다 내 주 하나님의 사람이여 당신의 계집
종을 속이지 마옵소서 하니라 17 여인이 과연 잉태하여
돐이 돌아오매 엘리사의 말한대로 아들을 낳았더라 18

"Call this Shunammite." And when he had called her,
she stood before him. 13 And he said to him, "Say
now to her, Behold, you have been careful for us with
all this care; what can I do for you? Would you be
spoken for to the king or to the captain of the army?"
And she answered, "I live among my own people." 14
So he said, "What then is to be done for her?" And
Gehazi answered, "Truly she has no son and her husband
is old." 15 And he said, "Call her." When he had
called her, she stood in the doorway. 16 Then he said,
"At this season next year you shall embrace a son." And
she said, "No, my lord, O man of God, do not lie to
your maidservant." 17 And the woman conceived and
bore a son at that season the next year, as Elisha had

[그 아이가] 곡식 베는 자에게 **나가서**
그의 아비에게 **이르렀더니**

19 [그 아이가] 그의 아비에게 **이르되** ...하는지라
/내 머리야 내 머리야

그의 아비가 사환에게 **말하여** ...하매
/[너희는] ──그의 어미에게로 데려가라

20 [그들이] 곧 어미에게로 데려갔더니(when)
[그가] 낮까지 **앉아 있다가**
/어머니의 무릎에
죽은지라

21 어머니가 **올라가서**
/그의 아들을 **두고**
/하나님의 사람의 침상 위에
문을 **닫고**
나와
22 그 남편을 **불러**
이르되 ...하니
/청하건대(please)
[당신은] ── 내게로 보내소서
/사환 한 명과
/나귀 한 마리를

//(결과: that...may)
내가 ─┬ 달려갔다가
/하나님의 사람에게
└ 돌아오리이다

23 그 남편이 **가로되** ...하는지라
/어찌하여(why)
그대가 ──그에게 나아가고자 하느냐?
/오늘
/초하루도 아니요
/안식일도 아니거늘

여인이 **가로되** ...하니라
/평안이니이다

24 이에
[그녀가] 나귀에 안장을 **지우고**
자기 사환에게 **이르되** ...하고
/[너는] ┬ 몰고
└ 가라
/내가 말하지 아니하거든(unless)
[너는] ── 멈추지 말라
/달려가기를
/나를 위하여

그 아이가 저으기 자라매 하루는 곡식 베는 자에게 나가
서 그 아비에게 이르렀더니 19 그 아비에게 이르되 내
머리야 내 머리야 하는지라 그 아비가 사환에게 명하여
그 어미에게로 데려가라 하매 20 곧 어미에게로 데려갔
더니 낮까지 어미의 무릎에 앉았다가 죽은지라 21 그
어미가 올라가서 아들을 하나님의 사람의 침상 위에 두
고 문을 닫고 나와서 22 그 남편을 불러 이르되 청컨대
한 사환과 한 나귀를 내게로 보내소서 내가 하나님의 사
람에게 달려갔다가 돌아오리이다 23 그 남편이 가로되
초하루도 아니요 안식일도 아니어늘 그대가 오늘날 어찌
하여 저에게 나아가고자 하느뇨 여인이 가로되 평안이니
이다 24 이에 나귀에 안장을 지우고 자기 사환에게 이

said to her. 18 ¶ When the child was grown, the day
came that he went out to his father to the reapers. 19
And he said to his father, "My head, my head." And
he said to his servant, "Carry him to his mother." 20
When he had taken him and brought him to his mother,
he sat on her lap until noon, and then died. 21 And
she went up and laid him on the bed of the man of God,
and shut the door behind him, and went out. 22 Then
she called to her husband and said, "Please send me
one of the servants and one of the donkeys, that I may
run to the man of God and return." 23 And he said,
"Why will you go to him today? It is neither new moon
nor sabbath." And she said, "It will be well." 24 Then
she saddled a donkey and said to her servant, "Drive

25 드디어(so)
[그녀가] 갈멜 산으로 **가서**
하나님의 사람에게로 **나아가니라**

사람이 /하나님의 멀리서 그를 보고(when)
게하시에게 **이르되** ...하였더니
/자기 사환
/저기 수넴 여인이 있도다
26 /너는 ── 달려가서
── 그를 맞아
── 이르기를 ...하라
/너는 평안하냐
/네 남편이 평안하냐
/아이가 평안하냐(하였더니)

여인이 **대답하되** ...하고
/평안하다

27 [여인이] 산에 **이르러**
하나님의 사람에게 **〈나아가서〉**
그 발을 **안은지라**

게하시가 **가까이 와서** ...하매

//(목적: ל, to)
그를 물리치고자

사람이 /하나님의 **가로되** ...하니라
/[너는] ── 가만 두라

//(이유: כִּי, for)
그의 영혼이 괴로워하지마는

/여호와께서 ── 내게 숨기시고
── 이르지 아니하셨도다

28 여인이 **가로되** ...하니
/내가 ── 아들을 구하더이까?
/내 주께
/내가 ── 말하지 아니하더이까?
/나를 속이지 말라고

29 엘리사가 게하시에게 **이르되** ...하는지라
/[너는] ── 네 허리를 묶고
/[너는] ── 내 지팡이를 손에 들고
── 가라

왕하

르되 몰아 앞으로 나아가라 내가 말하지 아니하거든 나
의 달려가기를 천천하게 하지 말라 하고 25 드디어 갈
멜 산으로 가서 하나님의 사람에게로 나아가니라 하나님
의 사람이 멀리서 저를 보고 자기 사환 게하시에게 이르
되 저기 수넴 여인이 있도다 26 너는 달려가서 저를 맞
아 이르기를 너는 평안하냐 네 남편이 평안하냐 아이가
평안하냐 하라 하였더니 여인이 대답하되 평안하다 하고 27
산에 이르러 하나님의 사람에게 나아가서 그 발을 안은
지라 게하시가 가까이 와서 저를 물리치고자 하매 하나
님의 사람이 가로되 가만 두라 그 중심에 괴로움이 있다
마는 여호와께서 내게 숨기시고 이르지 아니하셨도다
28 여인이 가로되 내가 내 주께 아들을 구하더이까 나
를 속이지 말라고 내가 말하지 아니하더이까 29 엘리사
가 게하시에게 이르되 네 허리를 묶고 내 지팡이를 손에

and go forward; do not slow down the pace for me
unless I tell you." 25 So she went and came to the
man of God to Mount Carmel. And it came about when
the man of God saw her at a distance, that he said to
Gehazi his servant, "Behold, yonder is the Shunammite.
26 "Please run now to meet her and say to her, Is it
well with you? Is it well with your husband? Is it well
with the child?" And she answered, "It is well." 27
When she came to the man of God to the hill, she caught
hold of his feet. And Gehazi came near to push her
away; but the man of God said, "Let her alone, for her
soul is troubled within her; and the LORD has hidden it
from me and has not told me." 28 Then she said, "Did
I ask for a son from my lord? Did I not say, 'Do not
deceive me'?" 29 ¶ Then he said to Gehazi, "Gird up
your loins and take my staff in your hand, and go your

/[만일](כִּי)
[네가] — 사람을 만나거든(if)
[너는] — 인사하지 말며

/[만일](כִּי)
사람이 __ 네게 인사할지라도(if)
[너는] __ 대답하지 말고
/[너는] __ 내 지팡이를 놓으라
/그 아이 얼굴에

30 어머니가 **가로되** ...맹세하노니
/아이의
/여호와께서 살아 계심(as)과
/당신의 영혼이 살아 계심을 두고(as)
내가 당신을 떠나지 아니하리이다

이에
엘리사가 **일어나**
여인을 **좇아가니라**

31 게하시가 그들보다 앞서 **가서**
지팡이를 **놓았으나**
/그 아이의 얼굴에

소리도 **없고**
듣지도 **아니하는지라**

[게하시가] **돌아와서**

//(목적: לְ, to)
엘리사를 맞아

[게하시가] 그에게 **말하여** ...하니라
/아이가 깨지 아니하였나이다

32 엘리사가 집에 들어가(when)
보니(behold)
아이가 **죽었는데**
자기의 침상에 **눕혔는지라**

33 [그가] **들어가서는**
문을 **닫으니**

//(결과)
두 사람 뿐이라

엘리사가 — 여호와께 **기도하고**
— 34 아이 위에 **올라**
— **엎드려**
— **대고**
/자기 입을 그의 입에
/자기 눈을 그의 눈에
/자기 손을 그의 손에

왕하

들고 가라 사람을 만나거든 인사하지 말며 사람이 네게 인사할지라도 대답하지 말고 내 지팡이를 그 아이 얼굴에 놓으라 **30** 아이의 어미가 가로되 여호와의 사심과 당신의 혼의 사심을 가리켜 맹세하노니 내가 당신을 떠나지 아니하리이다 엘리사가 이에 일어나 여인을 좇아가니라 **31** 게하시가 저희의 앞서 가서 지팡이를 그 아이의 얼굴에 놓았으나 소리도 없고 듣는 모양도 없는지라 돌아와서 엘리사를 맞아 가로되 아이가 깨지 아니하였나이다 **32** 엘리사가 집에 들어가 보니 아이가 죽었는데 자기의 침상에 눕혔는지라 **33** 들어가서는 문을 닫으니 두 사람 뿐이라 엘리사가 여호와께 기도하고 **34** 아이의 위에 올라 엎드려 자기 입을, 그 입에 자기 눈을, 그 눈에

way; if you meet any man, do not salute him, and if anyone salutes you, do not answer him; and lay my staff on the lad's face." **30** And the mother of the lad said, "As the LORD lives and as you yourself live, I will not leave you." And he arose and followed her. **31** Then Gehazi passed on before them and laid the staff on the lad's face, but there was neither sound nor response. So he returned to meet him and told him, "The lad has not awakened." **32** When Elisha came into the house, behold the lad was dead and laid on his bed. **33** So he entered and shut the door behind them both, and prayed to the LORD. **34** And he went up and lay on the child, and put his

그의 몸에 **엎드리니**

살이 /아이의	차차 **따뜻하더라**
35 엘리사가	**내려서** 집 안에서 **다니고** /한 번 이리 저리 다시 아이 위에 **올라** **엎드리니**
아이가	일곱 번 **재채기 하고** 눈을 **뜨는지라**
36 엘리사가	게하시를 **불러** **[말]하니** /저 수넴 여인을 불러오라
곧(so) [그가]	**부르매**
여인이	들어가니(when)
엘리사가	**가로되** ...하니라 /네 아들을 취하라
37 여인이	**들어가서** 땅에 **엎드려** /엘리사의 발 앞에서 **절하고** 아들을 **안고** **나가니라**
38 엘리사가	다시 길갈에 이르니(when)
흉년이	그 땅에 **들었는데**
생도가 /선지자의	엘리사의 앞에 **앉은지라**
엘리사가	자기 사환에게 **이르되** ...하매 /[너는] ─ 큰 솥을 걸고 └ 국을 끓이라 /선지자의 제자들을 위하여
39 한 사람이	들에 **나가**

//(목적: ל, to)
채소를 캐러

왕하

자기 손을, 그 손에 대고 그 몸에 엎드리니 아이의 살이
차차 따뜻하더라 **35** 엘리사가 내려서 집 안에서 한 번
이리 저리 다니고 다시 아이 위에 올라 엎드리니 아이가
일곱 번 재채기 하고 눈을 뜨는지라 **36** 엘리사가 게하
시를 불러서 저 수넴 여인을 불러오라 하니 곧 부르매
여인이 들어가니 엘리사가 가로되 네 아들을 취하라 **37**
여인이 들어가서 엘리사의 발 앞에서 땅에 엎드려 절하
고 아들을 안고 나가니라 **38** 엘리사가 다시 길갈에 이
르니 그 땅에 흉년이 들었는데 선지자의 생도가 엘리사
의 앞에 앉은지라 엘리사가 자기 사환에게 이르되 큰 솥
을 걸고 선지자의 생도들을 위하여 국을 끓이라 하매
39 한 사람이 채소를 캐러 들에 나가서 야등덩굴을 만

mouth on his mouth and his eyes on his eyes and his
hands on his hands, and he stretched himself on him;
and the flesh of the child became warm. **35** Then he returned
and walked in the house once back and forth, and went
up and stretched himself on him; and the lad sneezed
seven times and the lad opened his eyes. **36** And he
called Gehazi and said, "Call this Shunammite." So he called
her. And when she came in to him, he said, "Take up
your son." **37** Then she went in and fell at his feet and
bowed herself to the ground, and she took up her son
and went out. **38** ¶ When Elisha returned to Gilgal,
there was a famine in the land. As the sons of the
prophets were sitting before him, he said to his servant,
"Put on the large pot and boil stew for the sons of the
prophets." **39** Then one went out into the field to gather
herbs, and found a wild vine and gathered from it his

[그가] 들포도덩굴을 **만나**
들호박을 **따서**
/그것에서
/옷자락에 채워가지고
돌아와
썰어 **넣되**
/국 끓이는 솥에

저희는 무엇인지 **알지 못한지라**

40 이에(so)
[그들이] **퍼다가 주어**
/무리에게

//(목적: ל, to)
먹게 하였더니

무리가 국을 먹다가(while)
그들이 **외쳐**
이르되 ...하고
/하나님의 사람이여!
솥에 죽음의 독이 있나이다

[그들이] **능히 먹지 못하는지라**

41 엘리사가 **가로되** ...하여
/그러면 가루를 가져오라

[그가] 솥에 **던지고**
가로되 ...하매
/[너는] — 퍼다가 주어 ...하라
/무리에게

//(결과: that...may)
[그들이] —— 먹게

이에
해독이 솥 가운데 **없어지니라**

42 한 사람이 바알 살리사에서부터 **와서**
하나님의 사람에게 **드린지라**
/처음 만든 떡[을]
/곧 보리떡 이십과
/또 자루에 담은 채소를

저가 **가로되**
/[너는] ——무리에게 주어

//(결과: that...may)

나 그것에서 들외를 따서 옷자락에 채워가지고 돌아와서
썰어 국 끓이는 솥에 넣되 저희는 무엇인지 알지 못한지
라 **40** 이에 퍼다가 무리에게 주어 먹게 하였더니 무리
가 국을 먹다가 외쳐 가로되 하나님의 사람이여 솥에 사
망의 독이 있나이다 하고 능히 먹지 못하는지라 **41** 엘
리사가 가로되 그러면 가루를 가져오라 하여 솥에 던지
고 가로되 퍼다가 무리에게 주어 먹게 하라 하매 이에 솥
가운데 해독이 없어지니라 **42** 한 사람이 바알살리사에
서부터 와서 처음 익은 식물 곧 보리떡 이십과 또 자루에
담은 채소를 하나님의 사람에게 드린지라 저가 가로되

lap full of wild gourds, and came and sliced them into
the pot of stew, for they did not know what they were.
40 So they poured it out for the men to eat. And it
came about as they were eating of the stew, that they
cried out and said, "O man of God, there is death in
the pot." And they were unable to eat. **41** But he said,
"Now bring meal." And he threw it into the pot, and he
said, "Pour it out for the people that they may eat."
Then there was no harm in the pot. **42** ¶ Now a man
came from Baal-shalishah, and brought the man of God
bread of the first fruits, twenty loaves of barley and
fresh ears of grain in his sack. And he said, "Give them

//(결과: that...may)
먹게 하라

43 그 사환이 **가로되** ...하나
/내가 어찌 이것을 백 명에게 주겠나이까

또
엘리사는 **가로되**
/[너는] —— 무리에게 주어

//(결과: that...may)
먹게 하라

//(이유: כִּי, for)
여호와(의)[가] —말씀이 ...하셨느니라
/그들이 먹고 남으리라

44 저가 그들 앞에 **주었더니**
[그들이] **먹고**
/여호와께서 말씀하신 대로
남았더라

5

1 나아만은 **크고**
/군대 장관 /그의 주인 앞에서
/아람 왕의
존귀한 자니

//이는(이유: כִּי, for)
여호와께서 — 아람을 구원하게 하셨음이라
/전에
/그에게

저는 큰 **용사이나**
나병환자더라

2 아람 사람이 전에 **나가서**
/떼를 지어

이스라엘 땅에서 **사로잡으매**
/어린 소녀 하나를
그가 **수종들더니**
/나아만의 아내에게

3 [그가] [그의] 주모에게 **이르되** ...하는지라
/[내가] — 좋겠나이다(wish)
/우리 주인이—선지자 앞에 계셨으면
/사마리아에 계신
/그가 —— 그 나병을 고치리이다

왕하

무리에게 주어 먹게하라 43 그 사환이 가로되 어찜이니
이까 이것을 일백명에게 베풀겠나이까 하나 엘리사는 또
가로되 무리에게 주어 먹게 하라 여호와의 말씀이 무리
가 먹고 남으리라 하셨느니라 44 저가 드디어 무리 앞
에 베풀었더니 여호와의 말씀과 같이 다 먹고 남았더라

5:1 아람 왕의 군대 장관 나아만은 그 주인 앞에서
크고 존귀한 자니 이는 여호와께서 전에 저로 아람
을 구원하게 하셨음이라 저는 큰 용사나 문둥병자더라 2
전에 아람 사람이 떼를 지어 나가서 이스라엘 땅에서 작
은 계집아이 하나를 사로잡으매 저가 나아만의 아내에게

to the people that they may eat." 43 And his attendant
said, "What, shall I set this before a hundred men?"
But he said, "Give them to the people that they may
eat, for thus says the LORD, 'They shall eat and have
some left over.'" 44 So he set it before them, and they
ate and had some left over, according to the word of
the LORD.

5:1 ¶ Now Naaman, captain of the army of the king
of Aram, was a great man with his master, and highly
respected, because by him the LORD had given victory
to Aram. The man was also a valiant warrior, but he
was a leper. 2 Now the Arameans had gone out in bands,

4 나아만이 들어가서
그의 주인께 고하여 **가로되** ...하니
/소녀(의)[가] —— 말이...하더이다
/이러이러

5 아람 왕이 **가로되** ...하더라
/[너는] —— 갈지어다

//이제(결과, 그러면)
내가 —— 글을 보내리라
/이스라엘 왕에게

나아만이 **곧 떠날새**
가지고 가서
/은 십 달란트와
/금 육천 개와
/의복 열 벌을

6 [그가] 그 글을 **전하니**
/이스라엘 왕에게
/일렀으되 ...하였더라(saying)
/내가 —— 당신에게 보내오니
/내 신하 나아만을
/이 글이 당신에게 이르거든(when)
당신은 —— 그의 나병을 고쳐 주소서

7 왕이 그 글을 읽고(when)
/이스라엘

자기 옷을 **찢으며**
이르되 ...하니라
/내가 —— 하나님이냐?
/사람을 죽이고 살리는
/어찌하여(why)
그가 —— 사람을 내게로 보내...하느냐?

//(목적: ל, to)
그의 나병을 고치라

/너희는 ┌ 깊이 생각하고
└ 알라
/저 왕이 ┌ 틈을 타서
└ 나와 더불어 시비하려 함인줄

8 엘리사가 듣고(when)
/하나님의 사람 /이스라엘 왕이 자기의 옷을 찢었다 함을
왕에게 **보내어**

왕하

수종들더니 3 그 주모에게 이르되 우리 주인이 사마리아
에 계신 선지자 앞에 계셨으면 좋겠나이다 저가 그 문둥
병을 고치리이다 4 나아만이 들어가서 그 주인에게 고하
여 가로되 이스라엘 땅에서 온 계집아이의 말이 이러이
러하더이다 5 아람 왕이 가로되 갈지어다 이제 내가 이
스라엘 왕에게 글을 보내리라 나아만이 곧 떠날새 은 십
달란트와 금 육천 개와 의복 열 벌을 가지고 가서 6 이
스라엘 왕에게 그 글을 전하니 일렀으되 내가 내 신하 나
아만을 당신에게 보내오니 이 글이 당신에게 이르거든
당신은 그 문둥병을 고쳐 주소서 하였더라 7 이스라엘
왕이 그 글을 읽고 자기 옷을 찢으며 가로되 내가 어찌
하나님이관대 능히 사람을 죽이며 살릴 수 있으랴 저가
어찌하여 사람을 내게 보내어 그 문둥병을 고치라 하느
냐 너희는 깊이 생각하고 저 왕이 틈을 타서 나로 더불어
시비하려 함인줄 알라 하니라 8 하나님의 사람 엘리사가
이스라엘 왕이 자기 옷을 찢었다 함을 듣고 왕에게 보내

and had taken captive a little girl from the land of Israel;
and she waited on Naaman's wife. 3 And she said to
her mistress, "I wish that my master were with the
prophet who is in Samaria! Then he would cure him of
his leprosy." 4 And Naaman went in and told his master,
saying, "Thus and thus spoke the girl who is from the
land of Israel." 5 Then the king of Aram said, "Go
now, and I will send a letter to the king of Israel." And
he departed and took with him ten talents of silver and
six thousand shekels of gold and ten changes of clothes.
6 And he brought the letter to the king of Israel, saying,
"And now as this letter comes to you, behold, I have
sent Naaman my servant to you, that you may cure him
of his leprosy." 7 And it came about when the king of
Israel read the letter, that he tore his clothes and said,
"Am I God, to kill and to make alive, that this man is sending
word to me to cure a man of his leprosy? But consider
now, and see how he is seeking a quarrel against me."

가로되 ...하니라
/왕이 어찌하여 옷을 찢었나이까?
/[당신은] ―그 사람을 오게 하소서
/내게로

//(결과: 그러면)
그가 ―알리이다
/선지자가 ― 있는 줄을
/이스라엘 중에

9 이에
나아만이 **이르러**
/말들과 병거들을 거느리고
엘리사의 집 문에 **서니**

10 엘리사가 사자를 그에게 **보내어**
가로되 ...하는지라
/너는 ―가서
몸을 씻으라
/요단 강에
/일곱 번

//(결과: 그러면)
네 살이 ― 회복되어
깨끗하리라

11 나아만이 **노하여**
물러가며
이르되
/내[나는]―생각에는 ...하였도다[7)]
/그가 ― 내게로 나와
서서
여호와의 이름을 부르고
/그의 하나님
그의 손을 흔들어
/그 부위 위에
나병을 고칠까

12 /아바나와
바르발은 ――― 강물보다 낫지 아니하냐?
/다메섹 강 /이스라엘

/내가 거기서 몸을 씻으면
깨끗하게 되지 아니하랴 하고

몸을 돌려
분노하여 **떠나니**

7) 나는 생각하였다

어 가로되 왕이 어찌하여 옷을 찢었나이까 그 사람을
내게로 오게 하소서 저가 이스라엘 중에 선지자가 있는
줄을 알리이다 9 나아만이 이에 말들과 병거들을 거느
리고 이르러 엘리사의 집 문에 서니 10 엘리사가 사자
를 저에게 보내어 가로되 너는 가서 요단 강에 몸을 일
곱 번 씻으라 네 살이 여전하여 깨끗하리라 11 나아만
이 노하여 물러가며 가로되 내 생각에는 저가 내게로 나
아와 서서 그 하나님 여호와의 이름을 부르고 당처 위에
손을 흔들어 문둥병을 고칠까 하였도다 12 다메섹 강
아바나와 바르발은 이스라엘 모든 강물보다 낫지 아니하
냐 내가 거기서 몸을 씻으면 깨끗하게 되지 아니하랴 하
고 몸을 돌이켜 분한 모양으로 떠나니 13 그 종들이 나

8 ¶ And it happened when Elisha the man of God heard
that the king of Israel had torn his clothes, that he sent
word to the king, saying, "Why have you torn your
clothes? Now let him come to me, and he shall know
that there is a prophet in Israel." 9 So Naaman came
with his horses and his chariots, and stood at the doorway
of the house of Elisha. 10 And Elisha sent a messenger
to him, saying, "Go and wash in the Jordan seven times,
and your flesh shall be restored to you and you shall be
clean." 11 But Naaman was furious and went away and
said, "Behold, I thought, 'He will surely come out to
me, and stand and call on the name of the LORD his
God, and wave his hand over the place, and cure the
leper.' 12 "Are not Abanah and Pharpar, the rivers of

13 그의 종들이 **나아와서**
말하여
가로되 ...하니
/내 아버지여!
선지자가 — 당신에게 말하였더면(if)
/큰 일을 행하라
[당신은] — 행하지 아니하였으리이까?
/하물며 당신에게 이르기를 ...함이리이까?
/[너는] —— 씻어
/[너는] —— 깨끗하게 하라

14 이에
나아만이 **내려가서**
일곱 번 몸을 **잠그니**
/요단 강에
/하나님의 사람의 말대로

//(결과)
그의 살이 — 여전하여
/어린 아이의 살 같이
— 깨끗하게 되었더라

15 나아만이 하나님의 사람에게로 도로 와서(when)
/모든 군대와 함께
그의 앞에 **서서**
이르되 ...하니
/내가 — 이제 아나이다
/온 천하에 신이 없는 줄을
/이스라엘 외에는
/청하건대(please)
당신의 종에게서 예물을 받으소서

왕하

16 [그가] **이르되** ...하였더라
/여호와께서 —— 살아 계심을 (두고 맹세하노니)
/내가 섬기는
/내가 ———— 그 앞에서 받지 아니하리라

나아만이 받으라고 **강권하되**
저가 **고사한지라**

17 나아만이 **이르되**
/그러면 청하건대(please)
[당신은] — 흙을 주소서
/노새 두 마리에 실을
/당신의 종에게

아와서 말하여 가로되 내 아버지여 선지자가 당신을 명
하여 큰 일을 행하라 하였더면 행치 아니하였으리이까
하물며 당신에게 이르기를 씻어 깨끗하게 하라 함이리이
까 **14** 나아만이 이에 내려가서 하나님의 사람의 말씀대
로 요단 강에 일곱 번 몸을 잠그니 그 살이 여전하여 어
린아이의 살 같아서 깨끗하게 되었더라 **15** 나아만이 모
든 종자와 함께 하나님의 사람에게로 도로 와서 그 앞에
서서 가로되 내가 이제 이스라엘 외에는 온 천하에 신이
없는 줄을 아나이다 청컨대 당신의 종에게서 예물을 받
으소서 **16** 가로되 나의 섬기는 여호와의 사심을 가리켜
맹세하노니 내가 받지 아니하리라 나아만이 받으라 강권
하되 저가 고사한지라 **17** 나아만이 가로되 그러면 청컨

Damascus, better than all the waters of Israel? Could I
not wash in them and be clean?" So he turned and went
away in a rage. **13** Then his servants came near and
spoke to him and said, "My father, had the prophet told
you to do some great thing, would you not have done
it? How much more then, when he says to you, 'Wash,
and be clean'?" **14** So he went down and dipped himself
seven times in the Jordan, according to the word of the
man of God; and his flesh was restored like the flesh of
a little child, and he was clean. **15** ¶ When he returned
to the man of God with all his company, and came and
stood before him, he said, "Behold now, I know that
there is no God in all the earth, but in Israel; so please
take a present from your servant now." **16** But he said,
"As the LORD lives, before whom I stand, I will take
nothing." And he urged him to take it, but he refused.
17 And Naaman said, "If not, please let your servant
at least be given two mules' load of earth; for your

//(이유: כִּי, for)
종이 ┬ 다른 신에게는 드리지 아니하고
/번제물과
/다른 희생제사를
/여호와 외
/이제부터는(=더 이상)
└ 다만 여호와께 드리겠나이다

18 /여호와께서 ― 사유하시기를 원하나이다
/당신의 종을
/오직 한 가지 일(이)[을] (있사오니)
/곧
내 주인께서 ― 림몬의 신당에 들어가(when)
― 거기서 경배하며(when)
그가 ――― 내 손을 의지하시매
내가 ――― 몸을 굽히오니
/림몬의 신당에서
/내가 ――― 몸을 굽힐 때에(when)
/림몬의 신당에서
여호와께서 ― 사유하시기를 원하나이다 하니
/당신의 종을
/이 일에 대하여

19 엘리사가 **가로되** ...하니라
/너는 평안히 가라

그가 조금 **진행하니라**
/엘리사를 떠나

20 게하시가 스스로 **이르되**
/엘리사의 사환 /내 주인이 ┬ 면하여 주고
/하나님의 사람 /이 아람 사람 나아만에게
└ 받지 아니하였도다
/그가 가지고 온 것을
/그의 손에서
/여호와께서 ― 살아 계심을 (두고 맹세하노니)
내가 ┬ 그를 좇아가서
└ 그에게서 취하리라 하고
/무엇이든지

21 [그가] 나아만의 뒤를 **좇아가니**

나아만이 자기 뒤에 달려옴을 보고(when)
수레에서 **내려서**

왕하

대 노새 두 바리에 실을 흙을 당신의 종에게 주소서 이
제부터는 종이 번제든지 다른 제든지 다른 신에게는 드
리지 아니하고 다만 여호와께 드리겠나이다 18 오직 한
가지 일이 있사오니 여호와께서 당신의 종을 사유하시기
를 원하나이다 곧 내 주인께서 림몬의 당에 들어가 거기
서 숭배하며 내 손을 의지하시매 내가 림몬의 당에서 몸
을 굽히오니 내가 림몬의 당에서 몸을 굽힐 때에 여호와
께서 이 일에 대하여 당신의 종을 사유하시기를 원하나
이다 19 엘리사가 가로되 너는 평안히 가라 저가 엘리
사를 떠나 조금 진행하니라 20 하나님의 사람 엘리사의
사환 게하시가 스스로 이르되 내 주인이 이 아람 사람
나아만에게 면하여 주고 그 가지고 온 것을 그 손에서
받지 아니하였도다 여호와의 사심을 가리켜 맹세하노니
내가 저를 좇아가서 무엇이든지 그에게서 취하리라 하고 21

servant will no more offer burnt offering nor will he sacrifice
to other gods, but to the LORD. 18 "In this matter
may the LORD pardon your servant: when my master
goes into the house of Rimmon to worship there, and
he leans on my hand and I bow myself in the house of
Rimmon, when I bow myself in the house of Rimmon,
the LORD pardon your servant in this matter." 19 And
he said to him, "Go in peace." So he departed from
him some distance. 20 ¶ But Gehazi, the servant of
Elisha the man of God, thought, "Behold, my master
has spared this Naaman the Aramean, by not receiving
from his hands what he brought. As the LORD lives, I
will run after him and take something from him." 21
So Gehazi pursued Naaman. When Naaman saw one running

//(목적: ל, to)
맞이하여

이르되 ...하니
/평안이냐

22 저가 **가로되**
/평안하나이다
/주인께서 — 나를 보내시며
/우리 — 말씀하시기를 ...하시더이다
/두 청년이 — 지금 내게로 왔으니
/제자 중에 /에브라임 산지에서부터
/선지자의
/청하건대(please)
당신은 — 그들에게 주라
/은 한 달란트와
/옷 두 벌을

23 나아만이 **이르되**
/바라건대 두 달란트를 받으라 하고
그를 **강권하여**
은 두 달란트를 **넣어 매고**
/두 전대에
옷 두 벌을 **아울러 지우매**
/두 사환에게

그들이 게하시 앞에서 **지고 가니라**

24 [그들이] 언덕에 이르러서는(when)
게하시가 그 물건을 **취하여**
/두 사환의 손에서
집에 **감추고**
그들을 보내 **가게 한 후**

25 [그가] **들어가서**
그의 주인 앞에 **서니**

엘리사가 **이르되** ...하니
/게하시야!
네가 어디서 오느냐?

[그가] **대답하되** ...하니라
/당신의 종이 아무데도 가지 아니하였나이다

왕하

나아만의 뒤를 쫓아가니 나아만이 자기 뒤에 달려옴을
보고 수레에 내려서 맞아 가로되 평안이냐 22 저가 가
로되 평안이니이다 우리 주인께서 나를 보내시며 말씀하
시기를 지금 선지자의 생도 중에 두 소년이 에브라임 산
지에서부터 내게 왔으니 청컨대 당신은 저희에게 은 한
달란트와 옷 두벌을 주라 하시더이다 23 나아만이 가로
되 바라건대 두 달란트를 받으라 하고 저를 억제하여 은
두 달란트를 두 전대에 넣어 매고 옷 두 벌을 아울러 두
사환에게 지우매 저희가 게하시 앞에서 지고 가니라 24
언덕에 이르러는 게하시가 그 물건을 두 사환의 손에서
취하여 집에 감추고 저희를 보내어 가게 한 후 25 들어
가서 그 주인 앞에 서니 엘리사가 이르되 게하시야 네가

after him, he came down from the chariot to meet him
and said, "Is all well?"
22 And he said, "All is well.
My master has sent me, saying, 'Behold, just now two young
men of the sons of the prophets have come to me from
the hill country of Ephraim. Please give them a talent
of silver and two changes of clothes.'"
23 And Naaman
said, "Be pleased to take two talents." And he urged
him, and bound two talents of silver in two bags with
two changes of clothes, and gave them to two of his servants;
and they carried them before him.
24 When he came
to the hill, he took them from their hand and deposited
them in the house, and he sent the men away, and they
departed.
25 But he went in and stood before his master.
And Elisha said to him, "Where have you been, Gehazi?"

26 엘리사가 **이르되**
/한 사람이 ┬ 수레에서 내려
└ 너를 맞이할 때에
내 마음이 함께 가지 아니하였느냐?
/지금이 어찌 때이냐?
/은을 받으며
/옷을 받으며
/받을
/감람원이나 포도원이나
/양이나 소나
/남종이나 여종을

27 /그러므로
나병이 ┬ 네게 들어
/나아만의
└ 네 자손에게 미쳐 ...이르리라 (하니)
/영원토록

게하시가 그 앞에서 **물러나오매**
문둥병이 **발하여** ...되었더라
/눈같이

6

1 생도가 엘리사에게 **이르되**
/선지자의
/보소서
이 곳이 — 우리에게는 좁으니
/우리가 당신과 함께 거주하는
2 /[제발]
우리가 ┬ 요단으로 가서
├ 거기서 한 재목을 가져다가
/각각
└ 처소를 그 곳에 세우사이다 하니
/우리가 거주할

엘리사가 **가로되** ...하는지라
/가라

3 그 하나가 **가로되**
/청하건대(please)
당신도 종들과 함께 하소서 하니

엘리사가 **가로되** ...하고
/내가 — 가리라

왕하

어디서 오느냐 대답하되 종이 아무데도 가지 아니하였나
이다 26 엘리사가 이르되 그 사람이 수레에서 내려 너
를 맞을 때에 내 심령이 감각되지 아니하였느냐 지금이
어찌 은을 받으며 옷을 받으며 감람원이나 포도원이나
양이나 소나 남종이나 여종을 받을 때냐 27 그러므로
나아만의 문둥병이 네게 들어 네 자손에게 미쳐 영원토
록 이르리라 게하시가 그 앞에서 물러 나오매 문둥병이
발하여 눈같이 되었더라

6:1 선지자의 생도가 엘리사에게 이르되 보소서 우리
가 당신과 함께 거한 곳이 우리에게는 좁으니 2 우
리가 요단으로 가서 거기서 각각 한 재목을 취하여 그곳
에 우리의 거할 처소를 세우사이다 엘리사가 가로되 가

And he said, "Your servant went nowhere." 26 Then
he said to him, "Did not my heart go with you, when
the man turned from his chariot to meet you? Is it a
time to receive money and to receive clothes and olive groves
and vineyards and sheep and oxen and male and female
servants? 27 "Therefore, the leprosy of Naaman shall cleave
to you and to your descendants forever." So he went
out from his presence a leper as white as snow.

6:1 ¶ Now the sons of the prophets said to Elisha, "Behold
now, the place before you where we are living is
too limited for us. 2 "Please let us go to the Jordan,
and each of us take from there a beam, and let us make
a place there for ourselves where we may live." So he
said, "Go." 3 Then one said, "Please be willing to go
with your servants." And he answered, "I shall go." 4
So he went with them; and when they came to the Jordan,

4 드디어(so)	
[그가]	그들과 함께 **가니라**
무리가	요단에 이르러(when)
[그들이]	나무를 **베더니**
5 한 사람이	나무를 벨 때에
쇠도끼가	물에 **떨어진지라**
이에	
[그가]	**외쳐**
	가로되 ...하니
	/아아, 내 주여
	이는 빌려온 것이니이다
6 사람이	**가로되** ...하매
/하나님의	/어디 빠졌느냐
[그가]	그 곳을 **보이는지라**
엘리사가	나뭇가지를 **베어**
	물에 **던져**
	쇠도끼를 **떠오르게 하고**
7 [그가]	**가로되** ...하니
	/너는 그것을 집으라
그 사람이	손을 **내밀어**
	그것을 집으니라
8 그 때에(now)	
아람 왕이	이스라엘과 더불어 **싸우며**
	의논하여
	/그의 신복들과
	이르기를 ...하였더니
	/우리가 아무데 아무데 진을 치리라
9 사람이	이스라엘 왕에게 **기별하여**
/하나님의	
	가로되...하는지라
	/왕은 —— 삼가 지나가지 마소서
	/아무 곳으로
	//(이유: כִּי, for)
	아람 사람이 —— 나오나이다
	/그 곳으로

라 3 그 하나가 가로되 청컨대 당신도 종들과 함께 하소
서 엘리사가 가로되 내가 가리라 하고 4 드디어 저희와
함께 가니라 무리가 요단에 이르러 나무를 베더니 5 한
사람이 나무를 벨 때에 도끼가 자루에서 빠져 물에 떨어
진지라 이에 외쳐 가로되 아아 내 주여 이는 빌어온 것이
니이다 6 하나님의 사람이 가로되 어디 빠졌느냐 하매
그 곳을 보이는지라 엘리사가 나무가지를 베어 물에 던
져서 도끼로 떠오르게 하고 7 가로되 너는 취하라 그 사
람이 손을 내밀어 취하니라 8 때에 아람 왕이 이스라엘
로 더불어 싸우며 그 신복들과 의논하여 이르기를 우리
가 아무데 아무데 진을 치리라 하였더니 9 하나님의 사
람이 이스라엘 왕에게 기별하여 가로되 왕은 삼가 아무
곳으로 지나가지 마소서 아람 사람이 그곳으로 나오나이
다 10 이스라엘 왕이 하나님의 사람의 자기에게 고하여

they cut down trees. 5 But as one was felling a beam,
the axe head fell into the water; and he cried out and
said, "Alas, my master! For it was borrowed." 6 Then
the man of God said, "Where did it fall?" And when
he showed him the place, he cut off a stick, and threw
it in there, and made the iron float. 7 And he said,
"Take it up for yourself." So he put out his hand and
took it. 8 ¶ Now the king of Aram was warring against
Israel; and he counseled with his servants saying, "In
such and such a place shall be my camp." 9 And the

10 이스라엘 왕이 사람을 **보내어**
/하나님의 사람이 — 경계한 곳으로
/자기에게 말하여
방비하기가
/한두 번이 아닌지라

11 이러므로
마음이 **번뇌하여**
/아람 왕의
그 신복들을 **불러**
이르되 ...하니
/[너는] — 내게 말하지 아니하느냐?
/누가 — 이스라엘 왕과 내통하는 것을
/우리 중에

12 한 사람이 **가로되** ...하는지라
/그 신복 중의 /우리 주 왕이여!
아니로소이다
/오직 엘리사가 — 고하나이다
/이스라엘 선지자 /이스라엘의 왕에게
/왕이 침실에서 하신 말씀을

13 왕이 **가로되**
/너희는 ┌ 가서
└ 보라
/엘리사가 어디 있나
//(결과)
내가 ┌ 사람을 보내어
└ 그를 잡으리라

[그것이] 왕에게 **고하여**
이르되 ...하나이다
/보라
그가 도단에 있도다

14 이에
왕이 **보내매**
/말과 병거와
/많은 군사를
그들이 밤에 **가서**
그 성읍을 **에워쌌더라**

15 사환이 일찍이 일어나서(when)
/하나님의 사람의

왕하

경계한 곳으로 사람을 보내어 방비하기가 한 두번이 아닌지라 **11** 이러므로 아람 왕의 마음이 번뇌하여 그 신복들을 불러 이르되 우리 중에 누가 이스라엘 왕의 내응이 된 것을 내게 고하지 아니하느냐 **12** 그 신복 중에 하나가 가로되 우리 주 왕이여 아니로소이다 오직 이스라엘 선지자 엘리사가 왕이 침실에서 하신 말씀이라도 이스라엘 왕에게 고하나이다 **13** 왕이 가로되 너희는 가서 엘리사가 어디 있나 보라 내가 보내어 잡으리라 혹이 왕에게 고하여 가로되 엘리사가 도단에 있나이다 **14** 왕이 이에 말과 병거와 많은 군사를 보내매 저희가 밤에 가서 그 성을 에워쌌더라 **15** 하나님의 사람의 수종드는 자가 일찌기 일어나서 나가보니 군사와 말과 병거가 성

man of God sent word to the king of Israel saying, "Beware that you do not pass this place, for the Arameans are coming down there." **10** And the king of Israel sent to the place about which the man of God had told him; thus he warned him, so that he guarded himself there, more than once or twice. **11** Now the heart of the king of Aram was enraged over this thing; and he called his servants and said to them, "Will you tell me which of us is for the king of Israel?" **12** And one of his servants said, "No, my lord, O king; but Elisha, the prophet who is in Israel, tells the king of Israel the words that you speak in your bedroom." **13** So he said, "Go and see where he is, that I may send and take him." And it was told him, saying, "Behold, he is in Dothan." **14** And he sent horses and chariots and a great army there, and they came by night and surrounded the city. **15** ¶ Now when the attendant of the man of God had risen early and gone out, behold, an army with horses and chariots

나가보니
[보라]
군사와
말과
병거가 — 성읍을 **에워쌌는지라**

사환이 엘리사에게 **말하되** ...하니
/그의 /아아, 내 주여
우리가 어찌하리이까

16 [엘리사가] **대답하되** ...하고
/[너는] — 두려워하지 말라

//(이유: כִּי, for)
함께 한 자가 — 많으니라
/우리와 /그들과 함께 한 자보다

17 [그가] **기도하여**
가로되 ...하니
/여호와여!
원하건대(please)
그의 눈을 열어서
보게 하옵소서

여호와께서 눈을 **여시매**
/그 청년의
그가 **보니**

[보라]
불말과
불병거가 산에 **가득하여**
/엘리사를 둘렀(더라)

18 아람 사람이 엘리사에게 내려오매(when)
엘리사가 여호와께 **기도하여**
가로되 ...하매
/원하건대(please)
저 무리의 눈을 어둡게 하옵소서

[그가] 그들의 눈을 **어둡게 하신지라**
/엘리사의 말대로
19 엘리사가 그들에게 **이르되** ...하고
/이는 그 길이 아니요
/이는 그 성읍도 아니니
/[너희는] — 나를 따라 오라

//(결과)
내가 — 너희를 인도하여 ...나아가리라
/너희가 찾는 사람에게로

을 에워쌌는지라 그 사환이 엘리사에게 고하되 아아 내
주여 우리가 어찌하리이까 16 대답하되 두려워하지 말
라 우리와 함께한 자가 저와 함께한 자보다 많으니라 하
고 17 기도하여 가로되 여호와여 원컨대 저의 눈을 열
어서 보게 하옵소서 하니 여호와께서 그 사환의 눈을 여
시매 저가 보니 불말과 불병거가 산에 가득하여 엘리사
를 둘렀더라 18 아람 사람이 엘리사에게 내려오매 엘리
사가 여호와께 기도하여 가로되 원컨대 저 무리의 눈을
어둡게 하옵소서 하매 엘리사의 말대로 그 눈을 어둡게
하신지라 19 엘리사가 저희에게 이르되 이는 그 길이

was circling the city. And his servant said to him, "Alas,
my master! What shall we do?" 16 So he answered,
"Do not fear, for those who are with us are more than
those who are with them." 17 Then Elisha prayed and
said, "O LORD, I pray, open his eyes that he may see."
And the LORD opened the servant's eyes, and he saw;
and behold, the mountain was full of horses and chariots
of fire all around Elisha. 18 And when they came down
to him, Elisha prayed to the LORD and said, "Strike
this people with blindness, I pray." So He struck them
with blindness according to the word of Elisha. 19 Then
Elisha said to them, "This is not the way, nor is this

[그가] 그들을 **인도하여** ...이르니라
/사마리아에

20 [그들이] 사마리아에 들어갈 때에(when)
엘리사가 **이르되** ...하니
/여호와여!
이 무리의 눈을 열어서
보게 하옵소서

여호와께서 저희의 눈을 **여시매**
저희가 **보니**
/[보라]
자기들이 사마리아 가운데에 있더라

21 이스라엘 왕이 그들을 보고(when)
엘리사에게 **이르되** ...하니
/내 아버지여
내가 치리이까?
내가 치리이까?

22 [그가] **대답하되** ...하는지라
/치지 마소서
/칼과 활로 사로잡은 자인들 어찌 치리이까?
/[당신은] —— 떡과 물을 두어
/그들 앞에

//(목적: that...may)
[그들이] ┬ 먹고
└ 마시게 하고

/[당신은] — 돌려보내소서
/그들의 주인에게로

23 왕이 음식을 많이 **베풀고**
/[그들을] 위하여

그들이 **먹고**
마시매(when)
[왕이] **놓아보내니**

그들이 **돌아가니라**
/그들의 주인에게로

이로부터(so)
부대가 다시는 **들어오지 못하니라**
/아람 군사의 /이스라엘 땅에

왕하

아니요 이는 그 성도 아니니 나를 따라 오라 내가 너희
를 인도하여 너희의 찾는 사람에게로 나아가리라 하고
저희를 인도하여 사마리아에 이르니라 20 사마리아에
들어갈 때에 엘리사가 가로되 여호와여 이 무리의 눈을
열어서 보게 하옵소서 하니 여호와께서 저희의 눈을 여
시매 저희가 보니 자기가 사마리아 가운데 있더라 21
이스라엘 왕이 저희를 보고 엘리사에게 이르되 내 아버
지여 내가 치리이까 내가 치리이까 22 대답하되 치지
마소서 칼과 활로 사로잡은 자인들 어찌 치리이까 떡과
물을 그 앞에 두어 먹고 마시게 하고 그 주인에게로 돌
려 보내소서 23 왕이 위하여 식물을 많이 베풀고 저희
가 먹고 마시매 놓아보내니 저희가 그 주인에게로 돌아

the city; follow me and I will bring you to the man
whom you seek." And he brought them to Samaria. 20
¶ And it came about when they had come into Samaria,
that Elisha said, "O LORD, open the eyes of these men,
that they may see." So the LORD opened their eyes,
and they saw; and behold, they were in the midst of Samaria.
21 Then the king of Israel when he saw them, said to Elisha,
"My father, shall I kill them? Shall I kill them?" 22
And he answered, "You shall not kill them. Would you
kill those you have taken captive with your sword and
with your bow? Set bread and water before them, that
they may eat and drink and go to their master." 23 So
he prepared a great feast for them; and when they had
eaten and drunk he sent them away, and they went to
their master. And the marauding bands of Arameans did
not come again into the land of Israel. 24 ¶ Now it

24 이 후에
벤하닷이 그의 온 군대를 **모아**
/아람 왕

올라와서
사마리아를 **에워싸니**

25 성중이 크게 **주려서**[8]
아람 사람이 사마리아를 **에워싸므로**
/은 팔십 세겔이요 [하기까지]
/나귀 머리 하나에
/은 다섯 세겔이라 하(니)[기까지]
/비둘기 똥 사분의 일 갑에

26 왕이 성 위로 지나갈 때에(when)
/이스라엘
한 여인이 **외쳐**
이르되
/나의 주 왕이여!
도우소서

27 왕이 **가로되** ...하니라
/[만일]
여호와께서 너를 돕지 아니하시면(if)
내가 무엇으로 너를 도우랴
/타작 마당으로 말미암아 하겠느냐?
/포도주 틀로 말미암아 하겠느냐?

28 또
[그가] **가로되** ...하니
/무슨 일이냐?

여인이 **대답하되**
/이 여인이 —— 내게 이르기를 ...하매
/네 아들을 내놓아라

//(목적: ן, that...may)
우리가 오늘 먹고
내일은 내 아들을 먹자

29 /드디어(so)
우리가 —— 내 아들을 삶아 먹었더니
/이튿날에
내가 —— 그 여인에게 이르되 ...하나
/네 아들을 내놓아라

//(목적: ן, that...may)
우리가 먹으리라

8) 직역: And there was a great famine in Samaria;... 성 안에 큰 주림이 있었다.

왕하

가니라 이로부터 아람 군사의 부대가 다시는 이스라엘 땅에 들어오지 못하니라 24 이후에 아람 왕 벤하닷이 그 온 군대를 모아 올라와서 사마리아를 에워싸니 25 아람 사람이 사마리아를 에워싸므로 성중이 크게 주려서 나귀 머리 하나에 은 팔십 세겔이요 합분태 사분 일 갑에 은 다섯 세겔이라 26 이스라엘 왕이 성 위로 통과할 때에 한 여인이 외쳐 가로되 나의 주 왕이여 도우소서 27 왕이 가로되 여호와께서 너를 돕지 아니하시면 내가 무엇으로 너를 도우랴 타작마당으로 말미암아 하겠느냐 포도주 틀로 말미암아 하겠느냐 28 또 가로되 무슨 일이냐 여인이 대답하되 이 여인이 내게 이르기를 네 아들을 내라 우리가 오늘날 먹고 내일은 내 아들을 먹자 하매 29 우리가 드디어 내 아들을 삶아 먹었더니 이튿날에 내가 이르되 네 아들을 내라 우리가 먹으리라 하나 저가

came about after this, that Ben-hadad king of Aram gathered all his army and went up and besieged Samaria. 25 And there was a great famine in Samaria; and behold, they besieged it, until a donkey's head was sold for eighty shekels of silver, and a fourth of a kab of dove's dung for five shekels of silver. 26 And as the king of Israel was passing by on the wall a woman cried out to him, saying, "Help, my lord, O king!" 27 And he said, "If the LORD does not help you, from where shall I help you? From the threshing floor, or from the wine press?" 28 And the king said to her, "What is the matter with you?" And she answered, "This woman said to me, 'Give your son that we may eat him today, and we will eat my son tomorrow.' 29 "So we boiled my son and ate him; and I said to her on the next day, 'Give your son, that we may eat him'; but she has hidden

/그가— 그의 아들을 숨겼나이다 (하는지라)

30 왕이 그 여인의 말을 듣고(when)
자기 옷을 **찢으니라**

그가 성 위로 지나갈 때에(when)
백성이 **본즉**
/굵은 베를 입었더라
/그의 속살에

31 왕이 **가로되** ...하니라
/[만일]
머리가 —— 오늘 그 몸에 붙어 있으면(if)
/엘리사의
/사밧의 아들
하나님이 — 내게 내리실지로다
/벌 위에 벌을

32 그 때에
엘리사가 그의 집에 **앉았고**
장로들이 그와 함께 **앉았는데**

왕이 사람을 **보냈더니**
/자기 처소에서

그 사자가 이르기 전에(before)
엘리사가 장로들에게 **이르되** ...하고
/너희는 —보느냐?
/아들이 —— 사람을 보내는 것을
/이 살인한 자의

//(목적: ל, to)
내 머리를 베려고

/너희는 ——보다가
/사자가 —— 오거든(when)
[너희는] ┌ 문을 닫고
└ 문 안에 들이지 말라

/발소리가 — 그의 뒤에서 나지 아니하느냐?
/그의 주인의

33 [그가] 무리와 말을 할 때에(while)
그 사자가 그에게 **이르니라**

그 아들을 숨겼나이다 **30** 왕이 그 여인의 말을 듣고 자
기 옷을 찢으니라 저가 성 위로 지나갈 때에 백성이 본
즉 그 속살에 굵은 베를 입었더라 **31** 왕이 가로되 사밧
의 아들 엘리사의 머리가 오늘날 그 몸에 붙어 있으면
하나님이 내게 벌 위에 벌을 내리실지로다 하니라 **32**
그때에 엘리사가 그집에 앉았고 장로들이 저와 함께 앉
았는데 왕이 자기 처소에서 사람을 보내었더니 그 사자
가 이르기 전에 엘리사가 장로들에게 이르되 너희는 이
살인한 자의 자식이 내 머리를 취하려고 사람을 보내는
것을 보느냐 너희는 보다가 사자가 오거든 문을 닫고 문
안에 들이지 말라 그 주인의 발소리가 그 뒤에서 나지
아니하느냐 하고 **33** 무리와 말씀할 때에 그 사자가 이

her son." **30** And it came about when the king heard
the words of the woman, that he tore his clothes — now
he was passing by on the wall — and the people looked,
and behold, he had sackcloth beneath on his body. **31**
Then he said, "May God do so to me and more also,
if the head of Elisha the son of Shaphat remains on him
today." **32** ¶ Now Elisha was sitting in his house, and
the elders were sitting with him. And the king sent a
man from his presence; but before the messenger came
to him, he said to the elders, "Do you see how this son
of a murderer has sent to take away my head? Look,
when the messenger comes, shut the door and hold the
door shut against him. Is not the sound of his master's
feet behind him?" **33** And while he was still talking

왕이 **이르되**
/이 재앙이-여호와께로부터 나왔으니
/어찌(why)
[내가] — 더 여호와를 기다리리요

7

1 엘리사가 **가로되**
/여호와의 말씀을 들을지어다

여호와께서 **이르시되** ...하셨느니라
/한 세겔로 매매하고
/고운 밀가루 한 스아를
/사마리아 성문에서
/내일 이맘때에
/한 세겔로 매매하리라
/보리 두 스아를

2 그 때에(and)
의지하는 자 하나님의 사람에게 **대답하여**
/왕이 그의 손에
/곧 한 장관이

가로되 ...하더라
/[만일]
여호와께서 —창을 내신들(if)
/하늘에
어찌 이런 일이 있으리요

엘리사가 **이르되** ...하니라
/네가 네 눈으로 보리라
/그러나
그것을 먹지는 못하리라

3 네 사람이 성문 어귀에 **있더니**
/문둥이

서로 **말하되**
/그 친구에게
/어찌하여(why)
우리가 ─ 여기 앉아서
└ 죽기를 기다리랴

4 /만일(אִם)

왕하

르니라 왕이 가로되 이 재앙이 여호와께로부터 나왔으니
어찌 더 여호와를 기다리리요
7:1 엘리사가 가로되 여호와의 말씀을 들을지어다 여
호와께서 가라사대 내일 이맘때에 사마리아 성문에
서 고운 가루 한 스아에 한 세겔을 하고 보리 두 스아에
한 세겔을 하리라 하셨느니라 **2** 그 때에 한 장관 곧 왕
이 그 손에 의지하는 자가 하나님의 사람에게 대답하여
가로되 여호와께서 하늘에 창을 내신들 어찌 이런 일이
있으리요 엘리사가 가로되 네가 네 눈으로 보리라 그러
나 그것을 먹지는 못하리라 하니라 **3** 성문 어귀에 문둥
이 네 사람이 있더니 서로 말하되 우리가 어찌하여 여기
앉아서 죽기를 기다리랴 **4** 우리가 성에 들어가자고 할지

with them, behold, the messenger came down to him,
and he said, "Behold, this evil is from the LORD; why
should I wait for the LORD any longer?"
7:1 ¶ Then Elisha said, "Listen to the word of the
LORD; thus says the LORD, 'Tomorrow about this time
a measure of fine flour shall be sold for a shekel, and
two measures of barley for a shekel, in the gate of Samaria.'"
2 And the royal officer on whose hand the king was
leaning answered the man of God and said, "Behold, if
the LORD should make windows in heaven, could this
thing be?" Then he said, "Behold you shall see it with
your own eyes, but you shall not eat of it." **3** ¶ Now
there were four leprous men at the entrance of the gate;
and they said to one another, "Why do we sit here until
we die? **4** "If we say, 'We will enter the city,' then
the famine is in the city and we shall die there; and if

4 /만일(אִם)
우리가 — 말한다면(if)
/성읍으로 가자고
성읍에는 굶주림이 있으니
우리가 거기서 죽을 것이요

/만일(אִם)
우리가 — 여기서 머무르면(if)
역시 우리가 죽을 것이라

/그런즉
우리가 가서
아람 군대에게 항복하자

//(결과)
[만일]
그들이 — 우리를 살려 두면
[우리가] — 살 것이요

//(결과)
[만일]
[그들이] — 우리를 죽이면
[우리가] — 죽을 것이라 하고

5 [그들이] 해 질 무렵에 **일어나**

//(목적: לְ, to)
아람 진으로 가려 하여

[그들이] 아람 진영 끝에 이르러서(when)
본즉
한 사람도 그 곳에 **없으니**

6 //이는(이유: כִּי, for)
주께서 — 듣게 하셨으므로
/아람 군대로
/병거 소리와
말 소리와
큰 군대의 소리를

아람 사람이 서로 **말하기를** ...하고
/왕이 — 값을 주고 ...하였다
/이스라엘 /우리를 치려 하여
/헷 사람의 왕들과
/애굽 왕들에게

//(목적: לְ, to)
그들을 우리에게 오게[하기 위해]

라도 성중은 주리니 우리가 거기서 죽을 것이요 여기 앉
아 있어도 죽을지라 그런즉 우리가 가서 아람 군대에게
항복하자 저희가 우리를 살려 두면 살려니와 우리를 죽
이면 죽을 따름이라 하고 **5** 아람 진으로 가려하여 황혼
에 일어나서 아람 진 가에 이르러 본즉 그 곳에 한 사람
도 없으니 **6** 이는 주께서 아람 군대로 병거 소리와 말
소리와 큰 군대의 소리를 듣게 하셨으므로 아람 사람이
서로 말하기를 이스라엘 왕이 우리를 치려하여 헷 사람
의 왕들과 애굽 왕들에게 값을 주고 저희로 우리에게 오
게 하였다 하고 **7** 황혼에 일어나서 도망하되 그 장막과

we sit here, we die also. Now therefore come, and let
us go over to the camp of the Arameans. If they spare
us, we shall live; and if they kill us, we shall but die."
5 And they arose at twilight to go to the camp of the
Arameans; when they came to the outskirts of the camp
of the Arameans, behold, there was no one there. **6** For
the Lord had caused the army of the Arameans to hear
a sound of chariots and a sound of horses, even the
sound of a great army, so that they said to one another,
"Behold, the king of Israel has hired against us the kings
of the Hittites and the kings of the Egyptians, to come
upon us." **7** Therefore they arose and fled in the twilight,

7 [그들이] 해질 무렵에 **일어나서**
도망하되
그 장막과 말과 나귀를 **버리고**
/진영을 그대로 두고
목숨을 위하여 **도망하였음이라**

8 문둥이들이 진영 끝에 이르자(when)
/그

한 장막에 **들어가서**
먹고
마시고
거기서 **가지고**
/은과 금과 의복을
가서
감추고
다시 **와서**
다른 장막에 **들어가**
거기서도 **가지고**
가서
감추니라

9 문둥이들이 서로 **말하되** ...하고
/그 친구에게
/우리가 이렇게 해서는 아니되겠도다
/오늘은 아름다운 소식이 있는 날이거늘
/우리가 침묵하고 있도다

/만일
밝은 아침까지 기다리면(if)
벌이 우리에게 미칠지니

/이제 떠나
/왕궁에 가서
/알리자

10 [그래서]
[그들이] **가서**
성읍 문지기를 **불러**
그들에게 **고하여**
가로되 ...하는지라
/우리가 아람 진에 이르러서
/보니
/거기에 한 사람도 없고
/사람의 소리도 없고
/오직 말과 나귀만 매여 있고
/장막들이 그대로 있더이다

왕하

말과 나귀를 버리고 진을 그대로 두고 목숨을 위하여 도망하였음이라 8 그 문둥이들이 진 가에 이르자 한 장막에 들어가서 먹고 마시고 거기서 은과 금과 의복을 가지고 가서 감추고 다시 와서 다른 장막에 들어가서 거기서도 가지고 가서 감추니라 9 문둥이가 서로 말하되 우리의 소위가 선치 못하도다 오늘날은 아름다운 소식이 있는 날이어늘 우리가 잠잠하고 있도다 만일 밝은 아침까지 기다리면 벌이 우리에게 미칠지니 이제 떠나 왕궁에 가서 고하자 하고 10 드디어 가서 성 문지기를 불러 고하여 가로되 우리가 아람 진에 이르러 보니 거기 한 사람도 없고 사람의 소리도 없고 오직 말과 나귀만 매여 있고 장막들이 그대로 있더이다 11 저가 문지기들을 부르매

and left their tents and their horses and their donkeys, even the camp just as it was, and fled for their life. 8
When these lepers came to the outskirts of the camp, they entered one tent and ate and drank, and carried from there silver and gold and clothes, and went and hid them; and they returned and entered another tent and carried from there also, and went and hid them. 9 ¶
Then they said to one another, "We are not doing right. This day is a day of good news, but we are keeping silent; if we wait until morning light, punishment will overtake us. Now therefore come, let us go and tell the king's household." 10 So they came and called to the gatekeepers of the city, and they told them, saying, "We came to the camp of the Arameans, and behold, there was no one there, nor the voice of man, only the horses tied and the donkeys tied, and the tents just as they were."

11 저가 문지기들을 **부르매**
저희가 왕궁에 있는 자에게 **고하니**

12 왕이 밤에 **일어나**
그의 신복들에게 **이르되** ...하니
/내가 — 너희에게 알게 하노니
/아람 사람이 — 행한 것을
/우리에게
/그들이 — 알고 있으므로
/우리가 주린 것을
/[그들은] — 그 진영을 떠나서
— 들에 매복하고
— 스스로 이르기를 ...한 것이니라
/그들이 성읍에서 나오거든(when)
우리가 사로잡고 성읍에 들어가겠다

13 한 사람이 **대답하여**
/그의 신복 중
가로되
/청하건대(please)
[우리가] — 다섯 마리를 취하고
/아직 성중에 남아 있는 말
— 사람을 보내
— 정탐하게 하소서
/그것들이 — 같으니이다 하고
/이스라엘 온 무리[와]
/성중에 남아 있는
/곧 멸망한 이스라엘 온 무리와

14 저희가 **취한지라**
/병거 둘과
/그 말들을

왕이 아람 군대 뒤로 **보내며**
[명]하였더니
/가서 정탐하라

15 그들이 요단에 이른즉(when)
/그들의 뒤를 따라
의복과-
병기가 길에 **가득하였더라**
/아람 사람이 버린
/급히 도망하느라고

왕하

저희가 왕궁에 있는 자에게 고하니 **12** 왕이 밤에 일어나 그 신복들에게 이르되 아람 사람이 우리에게 행한 것을 내가 너희에게 알게 하노니 저희가 우리의 주린 것을 아는고로 그 진을 떠나서 들에 매복하고 스스로 이르기를 저희들이 성에서 나오거든 우리가 사로잡고 성에 들어가겠다 한 것이니라 **13** 그 신복중 하나가 대답하여 가로되 청컨대 아직 성중에 남아 있는 말 다섯 필을 취하고 사람을 보내어 정탐하게 하소서 이 말들이 성중에 남아 있는 이스라엘 온 무리 곧 멸망한 이스라엘 온 무리와 같으니이다 하고 **14** 저희가 병거 둘과 그 말을 취한지라 왕이 아람 군대 뒤로 보내며 가서 정탐하라 하였더니 **15** 저희가 그 뒤를 따라 요단에 이른즉 아람 사람

11 And the gatekeepers called, and told it within the king's household. **12** Then the king arose in the night and said to his servants, "I will now tell you what the Arameans have done to us. They know that we are hungry; therefore they have gone from the camp to hide themselves in the field, saying, 'When they come out of the city, we shall capture them alive and get into the city.'" **13** And one of his servants answered and said, "Please, let some men take five of the horses which remain, which are left in the city. Behold, they will be in any case like all the multitude of Israel who are left in it; behold, they will be in any case like all the multitude of Israel who have already perished, so let us send and see." **14** They took therefore two chariots with horses, and the king sent after the army of the Arameans, saying, "Go and see." **15** And they went after them to the Jordan, and behold, all the way was full of clothes and equipment, which the Arameans had thrown away in

사자가	**돌아와서** 왕에게 **고하매**
16 백성들이	**나가서** 아람 사람의 진영을 **노략한지라**
이에 한 스아(에)[가] /고운 밀가루	한 세겔이 **되고**
두 스아가 /보리	한 세겔이 **되니** ...되었고 /여호와의 말씀과 같이
17 왕이	그의 장관을 **세워** ...하였더니 /그의 손에 의지하였던 /성문을 지키게
백성이	그를 **밟으매** /성문에서
[그가]	말대로 **죽었으니** /하나님의 사람의 /곧 왕이 —— 내려왔을 때에(when) 그가 —— 말한 대로(라)
18 사람이 /하나님의	왕에게 **고하여**
	이르기를 ...한즉 /내일 이맘 때에 두 스아를 —— 한 세겔로 매매하고 /보리 /사마리아 성문에서 /한 스아를 —— 한 세겔로 매매하리라 /고운 밀가루
19 그 때에 이 장관이	**대답하여** /하나님의 사람에게 **가로되** ...하매 /[만일] 여호와께서 하늘에 창을 내신들(if) 어찌 이 일이 있으랴?
[그가]	**대답하기를** ...하였더니 /네가 네 눈으로 보리라 /그러나 그것을 먹지는 못하리라

이 급히 도망하느라고 버린 의복과 군물이 길에 가득하
였더라 사자가 돌아와서 왕에게 고하매 16 백성들이 나
가서 아람 사람의 진을 노략한지라 이에 고운 가루 한 스
아에 한 세겔이 되고 보리 두 스아에 한 세겔이 되니 여
호와의 말씀과 같이 되었고 17 왕이 그 손에 의지하였
던 그 장관을 세워 성문을 지키게 하였더니 백성이 성문
에서 저를 밟으매 하나님의 사람의 말대로 죽었으니 곧
왕이 내려왔을 때에 그의 한 말대로라 18 일찌기 하나
님의 사람이 왕에게 고하여 이르기를 내일 이맘때에 사
마리아 성문에서 보리 두 스아에 한 세겔을 하고 고운 가
루 한스아에 한 세겔을 하리라 한즉 19 그 때에 이 장
관이 하나님의 사람에게 대답하여 가로되 여호와께서 하

their haste. Then the messengers returned and told the
king. 16 ¶ So the people went out and plundered the
camp of the Arameans. Then a measure of fine flour
was sold for a shekel and two measures of barley for a shekel,
according to the word of the LORD. 17 Now the king
appointed the royal officer on whose hand he leaned to
have charge of the gate; but the people trampled on him
at the gate, and he died just as the man of God had said,
who spoke when the king came down to him. 18 And
it came about just as the man of God had spoken to the
king, saying, "Two measures of barley for a shekel and
a measure of fine flour for a shekel, shall be sold
tomorrow about this time at the gate of Samaria." 19
Then the royal officer answered the man of God and
said, "Now behold, if the LORD should make windows
in heaven, could such a thing be?" And he said, "Behold,

20 [그것이] 그대로 **이루어졌으니**
/그의 장관에게
곧
백성이 저를 **밟으매**
/성문에서
죽었더라

8

1 엘리사가 여인에게 **이르되**
/이전에 아들을 다시 살려 준
/너는 ── 일어나서
거주할 만한 곳으로 가서
/네 가족과 함께
거주하라

//(이유: כִּי, for)
여호와께서 ── 기근을 부르셨으니

/[그것이] ── 이 땅에 그대로 임하리라 하니
/칠 년 동안

2 여인이 **일어나서**
말대로 **행하여**
/하나님의 사람의
그의 가족과 함께 **가서**
땅에 **우거하다가**
/블레셋 사람들의
/칠 년을

3 여인이 땅에서 **돌아와**
/블레셋 사람들의
/칠 년이 다하매(at)

왕에게 나아갔더라

//(목적: לְ, to)
호소하려 하여
/자기 집과 전토를 위하여

4 그 때에(now)
왕이 게하시와 서로 **말씀하여**
/하나님의 사람의 사환

왕하

늘에 창을 내신들 어찌 이 일이 있으랴 하매 대답하기를
네가 네 눈으로 보리라 그러나 그것을 먹지는 못하리라
하였더니 20 그 장관에게 그대로 이루었으되 곧 백성이
성문에서 저를 밟으매 죽었더라
8:1 엘리사가 이전에 아들을 다시 살려준 여인에게
이르되 너는 일어나서 네 권속과 함께 거할만한 곳
으로 가서 거하라 여호와께서 기근을 명하셨으니 그대로
이 땅에 칠 년 동안 임하리라 2 여인이 일어나서 하나님
의 사람의 말대로 행하여 그 권속과 함께 가서 블레셋
사람의 땅에 칠년을 우거하다가 3 칠년이 다하매 여인
이 블레셋 사람의 땅에서 돌아와서 자기 집과 전토를 위
하여 호소하려 하여 왕에게 나아갔더라 4 때에 왕이 하

you shall see it with your own eyes, but you shall not
eat of it." 20 And so it happened to him, for the people
trampled on him at the gate, and he died.
8:1 ¶ Now Elisha spoke to the woman whose son he
had restored to life, saying, "Arise and go with your
household, and sojourn wherever you can sojourn; for
the LORD has called for a famine, and it shall even
come on the land for seven years." 2 So the woman
arose and did according to the word of the man of God,
and she went with her household and sojourned in the
land of the Philistines seven years. 3 And it came about
at the end of seven years, that the woman returned from
the land of the Philistines; and she went out to appeal
to the king for her house and for her field. 4 Now the
king was talking with Gehazi, the servant of the man of God,
saying, "Please relate to me all the great things that

	가로되 ...하니
	/너는 ―내게 설명하라
	/모든 큰 일을
	/엘리사가 행한
5 게하시가	곧 왕에게 이야기할 때에(when)
	/엘리사가 죽은 자를 다시 살린 일을
어머니가	왕에게 **호소하는지라**
/그 아이의	/자기 집과 전토를 위하여
/다시 살린	
게하시가	**가로되** ...하니라
	/내 주 왕이여!
	이는 그 여인이요
	저는 그의 아들이니
	곧 엘리사가 다시 살린 자니이다
6 왕이	그 여인에게 **물으매**
여인이	**고한지라**
왕이	한 관리를 **임명하여**
	/그를 위하여
	가로되 ...하였더라
	/다 돌려 주라
	/모든 것과
	/이 여인에게 속한
	/그의 밭의 소출을
	/이 땅에서 떠날 때부터 이제까지
7 엘리사가	다메섹에 갔을 때에(when)
벤하닷이	**병들었더니**
/아람 왕	
[혹이]	왕에게 **들리기를**
	이르되 ...하니
	/하나님의 사람이 여기 이르렀나이다
8 왕이	하사엘에게 **이르되**
	/너는 ┌ 손에 예물을 가지고
	├ 가서
	├ 하나님의 사람을 맞이하고
	└ 여호와께 물으라
	/그를 통하여
	/내가 이 병에서 살아나겠는지

왕하

나님의 사람의 사환 게하시와 서로 말씀하며 가로되 너
는 엘리사의 행한 모든 큰 일을 내게 고하라 하니 5 게
하시가 곧 엘리사가 죽은 자를 다시 살린 일을 왕에게 이
야기할 때에 그 다시 살린 아이의 어미가 자기 집과 전토
를 위하여 왕에게 호소하는지라 게하시가 가로되 내 주
왕이여 이는 그 여인이요 저는 그 아들이니 곧 엘리사가
다시 살린 자니이다 6 왕이 그 여인에게 물으매 여인이
고한지라 왕이 저를 위하여 한 관리를 임명하여 가로되
무릇 이 여인에게 속한 것과 이 땅에서 떠날 때부터 이제
까지 그 밭의 소출을 다 돌려주라 하였더라 7 엘리사가
다메섹에 갔을 때에 아람 왕 벤하닷이 병들었더니 혹이
왕에게 고하여 가로되 하나님의 사람이 여기 이르렀나이
다 8 왕이 하사엘에게 이르되 너는 손에 예물을 가지고
가서 하나님의 사람을 맞고 저로 말미암아 여호와께 나

Elisha has done." 5 And it came about, as he was relating
to the king how he had restored to life the one who was
dead, that behold, the woman whose son he had restored
to life, appealed to the king for her house and for her
field. And Gehazi said, "My lord, O king, this is the
woman and this is her son, whom Elisha restored to
life." 6 When the king asked the woman, she related it
to him. So the king appointed for her a certain officer, saying,
"Restore all that was hers and all the produce of the
field from the day that she left the land even until now."
7 ¶ Then Elisha came to Damascus. Now Ben-hadad
king of Aram was sick, and it was told him, saying,
"The man of God has come here." 8 And the king said
to Hazael, "Take a gift in your hand and go to meet the
man of God, and inquire of the LORD by him, saying,
Will I recover from this sickness?" 9 So Hazael went

9 하사엘이 그를 맞이하러 **갈새**
[그가] 예물을 **삼아 가지고**
/다메섹의 모든 좋은 물품으로
낙타 사십 마리에 **싣고**
나아가서
그의 앞에 **서서**
가로되 ...하니
/벤하닷이 ── 나를 당신에게 보내
/아람 왕
/당신의 아들
└ 이르되 ...하더이다
/나의 이 병이 낫겠나이까?

10 엘리사가 **가로되**
/너는 ── 가서
└ 그에게 말하기를 ...하라
/왕이 반드시 나으리라
/그러나
여호와께서 ─ 내게 알게 하셨느니라 하고
/그가 반드시 죽으리라고

11 사람이 그의 얼굴을 **쏘아보다가**
/하나님의 /그가 부끄러워하기까지
우니

12 하사엘이 **가로되** ...하는지라
/내 주여!
어찌하여 우시나이까?

[그가] **대답하되** ....하니
/내가 ── 모든 악을 앎이라
/네가 이스라엘 자손에게 행할
/네가 ── 그들의 성에 불을 지르며
├ 장정을 칼로 죽이며
├ 어린 아이를 메치며
└ 아이 밴 부녀를 가르리라

13 하사엘이 **가로되** ...하더라
/당신의 종이 ── 무엇이기에
/개 같은

//(결과: that...should)
[그가] ── 이런 큰일을 행하오리이까

왕하

의 이 병이 낫겠나 물으라 9 하사엘이 드디어 맞으러 갈새 다메섹 모든 아름다운 물품으로 예물을 삼아가지고 약대 사십에 싣고 나아가서 저의 앞에 서서 가로되 당신의 아들 아람 왕 벤하닷이 나를 당신에게 보내어 가로되 나의 이 병이 낫겠나이까 하더이다 10 엘리사가 가로되 너는 가서 저에게 고하기를 왕이 정녕 나으리라 하라 그러나 여호와께서 저가 정녕 죽으리라고 내게 알게 하셨느니라 하고 11 하나님의 사람이 저가 부끄러워하기까지 쏘아보다가 우니 12 하사엘이 가로되 내 주여 어찌하여 우시나이까 대답하되 네가 이스라엘 자손에게 행할 모든 악을 내가 앎이라 네가 저희 성에 불을 놓으며 장정을 칼로 죽이며 어린 아이를 메어치며 아이 밴 부녀를 가르리라 13 하사엘이 가로되 당신의 개 같은 종이 무엇이관대 이런 큰 일을 행하오리이까 엘리사가 대답하되

to meet him and took a gift in his hand, even every kind of good thing of Damascus, forty camels' loads; and he came and stood before him and said, "Your son Ben-hadad king of Aram has sent me to you, saying, Will I recover from this sickness?" 10 Then Elisha said to him, "Go, say to him, 'You shall surely recover,' but the LORD has shown me that he will certainly die." 11 And he fixed his gaze steadily on him until he was ashamed, and the man of God wept. 12 And Hazael said, "Why does my lord weep?" Then he answered, "Because I know the evil that you will do to the sons of Israel: their strongholds you will set on fire, and their young men you will kill with the sword, and their little ones you will dash in pieces, and their women with child you will rip up." 13 Then Hazael said, "But what is your servant, who is but a dog, that he should do this great thing?"

엘리사가　대답하되 ...하더라
/여호와께서　내게 알게 하셨느니라
/네가 아람 왕이 될 것을

14 그가　엘리사를 **떠나가서**
그의 주인에게 **나아가니**

왕이　그에게 **묻되** ...하니
/엘리사가 네게 무슨 말을 하더냐

[그가]　**대답하되** ...하더라
/그가　내게 이르기를 ...하더이다
/왕이 반드시 살아나시리이다

15 그 이튿날에
하사엘이　이불을 물에 **적시어**
왕의 얼굴에 **덮으매**

왕이　**죽은지라**
그가　대신하여 **왕이 되니라**

16 여호사밧이　유다의 왕이었을 때에(when)
여호람이　**왕이 되니라**
/여호사밧의 아들　/요람 제오년에
/유다의 왕　/이스라엘의 왕
/아합의 아들

17 여호람이 왕이 될 때에(when)
나이가　**삼십이 세라**
[그가]　팔 년 동안 **통치하니라**
/예루살렘에서

18 저가　이스라엘 왕들의 길을 **가서**
아합의 집과 같이 **하였으니**

//이는(이유: כִּי, for)
딸이 ― 그의 아내가 되었음이라
/아합의

저가　악을 **행하였으나**
/여호와 보시기에

19 여호와께서　**즐겨하지 아니하셨으니**
/유다 멸하기를
/그의 종 다윗을 위하여

//이는(이유: כִּי, for)

여호와께서 네가 아람 왕이 될 것을 내게 알게 하셨느니
라 14 저가 엘리사를 떠나가서 그 주인에게 나아가니
왕이 묻되 엘리사가 네게 무슨 말을 하더냐 대답하되 저
가 내게 이르기를 왕이 정녕 나으시리라 하더이다 15
그 이튿날에 하사엘이 이불을 물에 적시어 왕의 얼굴에
덮으매 왕이 죽은지라 저가 대신하여 왕이 되니라 16
이스라엘 왕 아합의 아들 요람 제오년에 유다 왕 여호사
밧이 오히려 위에 있을 때에 그 아들 여호람이 왕이 되니
라 17 여호람이 위에 나아갈 때에 나이 삼십이세라 예
루살렘에서 팔 년을 치리하니라 18 저가 이스라엘 왕들
의 길로 행하여 아합의 집과 같이 하였으니 이는 아합의
딸이 그 아내가 되었음이라 저가 여호와 보시기에 악을

And Elisha answered, "The LORD has shown me that
you will be king over Aram." 14 So he departed from Elisha
and returned to his master, who said to him, "What did Elisha
say to you?" And he answered, "He told me that you
would surely recover." 15 And it came about on the morrow,
that he took the cover and dipped it in water and spread
it on his face, so that he died. And Hazael became king
in his place. 16 ¶ Now in the fifth year of Joram the
son of Ahab king of Israel, Jehoshaphat being then the
king of Judah, Jehoram the son of Jehoshaphat king of Judah
became king. 17 He was thirty-two years old when he
became king, and he reigned eight years in Jerusalem.
18 And he walked in the way of the kings of Israel,
just as the house of Ahab had done, for the daughter of
Ahab became his wife; and he did evil in the sight of
the LORD. 19 However, the LORD was not willing to

//이는(이유:כִּי, for)
[그가] — 허하셨음이더라
/그와 그의 자손에게
/항상 등불을 주겠다고

20 에돔이 유다의 손에서 **배반하여**
/여호람 때에
왕을 **세운 고로**
/자기 위에

21 여호람이 사일로 **갔더니**
/모든 병거를 거느리고
밤에 **일어나**
치니
/에돔 사람과
/자기를 에워싼
/그 병거의 장관들을

이에
백성이 **도망하여**
그들의 장막들로 **돌아갔더라**
/각각

22 이와 같이
에돔이 **배반하였더니**
/유다의 수하에서
/오늘까지 (그러하였으며)

립나도 그 때에 **배반하였더라**

23 남은 사적과
/여호람의
모든 일은 기록되지 **아니하였느냐**
/그가 행한 /유다 왕 역대지략에

24 여호람이 그의 조상들과 **함께 자매**
다윗 성에 **장사되고**
/그의 조상들과 함께

아하시야가 대신하여 **왕이 되니라**
/그의 아들

25 아하시야가 **왕이 되니**
/여호람의 아들 /요람 제십이년에
/유다 왕 /아합의 아들
/이스라엘의 왕

왕하

행하였으나 19 여호와께서 그 종 다윗을 위하여 유다
멸하기를 즐겨하지 아니하셨으니 이는 저와 그 자손에게
항상 등불을 주겠다고 허하셨음이더라 20 여호람 때에
에돔이 배반하여 유다의 수하에서 벗어나 자기 위에 왕
을 세운고로 21 여호람이 모든 병거를 거느리고 사일로
갔더니 밤에 일어나 자기를 에워싼 에돔 사람과 그 병거
의 장관들을 치니 이에 백성이 도망하여 각각 그 장막으
로 돌아갔더라 22 이와 같이 에돔이 배반하여 유다의
수하에서 벗어났더니 오늘날까지 그러하였으며 그 때에
립나도 배반하였더라 23 여호람의 남은 사적과 그 행한
모든 일은 유다 왕 역대 지략에 기록되지 아니하였느냐
24 여호람이 그 열조와 함께 자매 그 열조들과 함께 다
윗 성에 장사되고 그 아들 아하시야가 대신하여 왕이 되
니라 25 이스라엘 왕 아합의 아들 요람 제십이년에 유

destroy Judah, for the sake of David His servant, since
He had promised him to give a lamp to him through his
sons always. 20 ¶ In his days Edom revolted from
under the hand of Judah, and made a king over themselves.
21 Then Joram crossed over to Zair, and all his chariots
with him. And it came about that he arose by night and
struck the Edomites who had surrounded him and the captains
of the chariots; but his army fled to their tents. 22 So
Edom revolted against Judah to this day. Then Libnah
revolted at the same time. 23 And the rest of the acts
of Joram and all that he did, are they not written in the
Book of the Chronicles of the Kings of Judah? 24 So
Joram slept with his fathers, and was buried with his
fathers in the city of David; and Ahaziah his son became
king in his place. 25 ¶ In the twelfth year of Joram
the son of Ahab king of Israel, Ahaziah the son of

26 아하시야가 왕이 될 때에(when)
나이가 이십이 세라

[그가] 일 년을 **통치하니라**
/예루살렘에서

이름은 **아달랴라**
/그의 어머니의 /오므리의 손녀이더라
/이스라엘 왕

27 아하시야가 아합의 집 길로 **행하여**
악을 **행하였으니**
/여호와 보시기에
/아합의 집과 같이

//(이유: כִּי, for)
그는 — 사위가 되었음이러라
/아합의 집의

28 그가 길르앗 라못으로 **가서**
/아합의 아들 요람과 함께

//(목적: לְ, to)
하사엘과 더불어 싸우더니
/아람 왕

사람들이 요람에게 **부상을 입힌지라**
/아람

29 요람 왕이 하사엘과 싸울 때에(when)
/아람 왕
이스르엘로 **돌아왔더라**

//(목적: לְ, to)
부상을 치료하려 하여
/아람 사람에게 당한
/라마에서

아하시야가 **내려갔으니**
/여호람의 아들
/유다의 왕

//(목적: לְ, to)
요람을 보기 위하여
/아합의 아들

//이는(이유: כִּי, for)
그에게 병이 생겼음이더라

왕하

다 왕 여호람의 아들 아하시야가 왕이 되니 **26** 아하시야가 위에 나아갈 때에 나이 이십이세라 예루살렘에서 일 년을 치리하니라 그 모친의 이름은 아달랴라 이스라엘 왕 오므리의 손녀더라 **27** 아하시야가 아합의 집 길로 행하여 아합의 집과 같이 여호와 보시기에 악을 행하였으니 저는 아합의 집의 사위가 되었음이러라 **28** 저가 아합의 아들 요람과 함께 길르앗 라못으로 가서 아람 왕 하사엘로 더불어 싸우더니 아람 사람들이 요람을 상하게 한지라 **29** 요람 왕이 아람 왕 하사엘과 싸울 때에 라마에서 아람 사람에게 맞아 상한 것을 치료하려 하여 이스르엘로 돌아왔더라 아합의 아들 요람이 병이 있으므로 유다 왕 여호람의 아들 아하시야가 이스르엘에 내려가서

Jehoram king of Judah began to reign. **26** Ahaziah was twenty-two years old when he became king, and he reigned one year in Jerusalem. And his mother's name was Athaliah the granddaughter of Omri king of Israel. **27** And he walked in the way of the house of Ahab, and did evil in the sight of the LORD, like the house of Ahab had done, because he was a son-in-law of the house of Ahab. **28** Then he went with Joram the son of Ahab to war against Hazael king of Aram at Ramoth-gilead, and the Arameans wounded Joram. **29** So King Joram returned to be healed in Jezreel of the wounds which the Arameans had inflicted on him at Ramah, when he fought against Hazael king of Aram. Then Ahaziah the son of Jehoram king of Judah went down to see Joram the son of Ahab in Jezreel because he was sick.

9

1 엘리사가 생도 중 하나를 **불러**
/선지자 /선지자의
이르되
/너는 —— 허리를 동이고
/[너는] — 이 기름병을 손에 가지고
/[너는] — 길르앗 라못으로 가라

2 /거기에 이르거든(when)
[너는] — 예후를 찾아
/여호사밧의 아들
/님시의 손자
— 들어가서
— 일어나게 하고
/그의 형제 중에서
— 그를 데리고 들어가
/골방으로
3 — 기름병을 가지고
— 그의 머리에 부으며
— 이르기를 ...하고
/여호와의 — 말씀이...하셨느니라
/내가 — 네게 기름을 부어
//(목적: ל, to)
이스라엘 왕으로 삼노라
/[너는] — 곧 문을 열고
도망하되
지체하지 말지니라 (하니)

4 곧
그 소년이 길르앗 라못으로 **가니라**
/곧 소년 선지자가

5 그가 이르러(when)
보니(보라!)
장관들이 **앉아 있는지라**
/군대
소년이 **가로되**
/장관이여!
내가 — 당신에게 할 말이 있나이다

예후가 **가로되** ...하니
/우리 모든 사람 중에 누구에게 하려느냐?

왕하

방문하였더라
9:1 선지자 엘리사가 선지자의 생도 중 하나를 불러
이르되 너는 허리를 동이고 이 기름병을 손에 가지
고 길르앗 라못으로 가라 2 거기 이르거든 님시의 손자
여호사밧의 아들 예후를 찾아 들어가서 그 형제 중에서
일어나게 하고 데리고 골방으로 들어가서 3 기름병을
가지고 그 머리에 부으며 이르기를 여호와의 말씀이 내
가 네게 기름을 부어 이스라엘 왕을 삼노라 하셨느니라
하고 곧 문을 열고 도망하되 지체치 말지니라 4 그 소년
곧 소년 선지자가 드디어 길르앗 라못으로 가니라 5 저
가 이르러 보니 군대 장관들이 앉았는지라 소년이 가로
되 장관이여 내가 당신에게 할 말씀이 있나이다 예후가

9:1 ¶ Now Elisha the prophet called one of the sons
of the prophets, and said to him, "Gird up your loins,
and take this flask of oil in your hand, and go to Ramoth-
gilead. 2 "When you arrive there, search out Jehu the
son of Jehoshaphat the son of Nimshi, and go in and
bid him arise from among his brothers, and bring him
to an inner room. 3 "Then take the flask of oil and pour
it on his head and say, Thus says the LORD," I have anointed
you king over Israel. "Then open the door and flee and
do not wait." 4 So the young man, the servant of the prophet,
went to Ramoth-gilead. 5 When he came, behold, the
captains of the army were sitting, and he said, "I have
a word for you, O captain." And Jehu said, "For which
one of us?" And he said, "For you, O captain." 6 And

[소년이] **가로되** ...하는지라
/장관이여!
당신에게니이다

6 예후가 **일어나**
집으로 **들어가니**

소년이 기름을 **부으며**
/그의 머리에
그에게 **이르되**
/하나님 여호와의 — 말씀이[9)]
/이스라엘 /내가 — 네게 기름을 부어
//(목적: ל, to)
왕으로 삼노니
/여호와의 백성[의]
/곧 이스라엘의
7 /너는 — 아합의 집을 치라
/네 주
/내가 — 이세벨에게 갚아 주리라
/나의 종[의] 피와
/곧 선지자들의
/여호와의 종들의 피를
8 //(결과)
온 집이 멸망하리니
/아합의
//(결과)
내가 — 다 멸절하되 ...할지라
/매인자나 놓인 자나
/모든 남자는
/아합에게 속한
/이스라엘 중에
9 /여로보암의 집과 같게 하며
/느밧의 아들
/아합의 집을
/또
바아사의 집과 같게
/아히야의 아들
10 /개들이 — 이세벨을 먹으리니
/이스르엘 지방에서
/사람이 — 없으리라 하셨느니라 (하고)
/그를 장사할

9) 여호와께서 말씀하셨다.

왕하

가로되 우리 모든 사람중에 뉘게 하려느냐 가로되 장관
이여 당신에게니이다 6 예후가 일어나 집으로 들어가니
소년이 그 머리에 기름을 부으며 이르되 이스라엘 하나
님 여호와의 말씀이 내가 네게 기름을 부어 여호와의 백
성 곧 이스라엘의 왕을 삼노니 7 너는 네 주 아합의 집
을 치라 내가 나의 종 곧 선지자들의 피와 여호와의 종들
의 피를 이세벨에게 갚아주리라 8 아합의 온 집이 멸망
하리니 이스라엘 중에 매인 자나 놓인 자나 아합에게 속
한 모든 남자는 내가 다 멸절하되 9 아합의 집을 느밧의
아들 여로보암의 집과 같게 하며 또 아히야의 아들 바아
사의 집과 같게 할지라 10 이스르엘 지방에서 개들이
이세벨을 먹으리니 저를 장사할 사람이 없으리라 하셨느

he arose and went into the house, and he poured the oil on his head and said to him, "Thus says the LORD, the God of Israel, 'I have anointed you king over the people of the LORD, even over Israel. 7 'And you shall strike the house of Ahab your master, that I may avenge the blood of My servants the prophets, and the blood of all the servants of the LORD, at the hand of Jezebel. 8
'For the whole house of Ahab shall perish, and I will cut off from Ahab every male person both bond and free in Israel. 9 'And I will make the house of Ahab like the house of Jeroboam the son of Nebat, and like the house of Baasha the son of Ahijah. 10 'And the dogs shall eat Jezebel in the territory of Jezreel, and none shall bury her.'" Then he opened the door and fled.

곧
[소년이] 문을 **열고**
도망하니라

11 예후가 **나와서**
신복들에게 **이르니**
/그의 주인의
/한 사람이 그에게 묻되
/평안하냐
/그 미친 자가 무슨 까닭으로 그대에게 왔더냐
대답하되 ...하더라
/그대들이 그 사람과 그가 말한 것을 알리라

12 무리가 **가로되** ...하니
/당치 아니한 말이라
/청하건대
그대는 우리에게 이르라

[예후가] **대답하되** ...하는지라
/그가 — 이리 이리 내게 말하여
/이르기를 ...하더라
/여호와의 — 말씀이 ...하셨다
/내가 — 네게 기름을 부어

//(목적: ל, to)
이스라엘 왕으로 삼는다

13 무리가 **급히**
취하여
/자기의 옷을
/각각
깔고
/섬돌 위[에]
/곧 예후의 밑에
나팔을 **불며**
가로되 ...하니라
/예후는 왕이라

14 이에
예후가 요람을 **배반하였으니**
/님시의 손자
/여호사밧의 아들

곧
요람이 길르앗 라못을 **지키다가**
/온 이스라엘과 더불어
/하사엘과 맞서서
↓ /아람의 왕

니라 하고 곧 문을 열고 도망하니라 **11** 예후가 나와서
그 주의 신복들에게 이르니 한 사람이 묻되 평안이뇨 그
미친 자가 무슨 까닭으로 그대에게 왔더뇨 대답하되 그
대들이 그 사람과 그 말한 것을 알리라 **12** 무리가 가로
되 당치 않은 말이라 그대는 우리에게 이르라 대답하되
저가 이리 이리 내게 말하여 이르기를 여호와의 말씀이
내가 네게 기름을 부어 이스라엘 왕을 삼는다 하셨다 하
더라 **13** 무리가 각각 자기의 옷을 급히 취하여 섬돌 위
곧 예후의 밑에 깔고 나팔을 불며 가로되 예후는 왕이라
하니라 **14** 이에 님시의 손자 여호사밧의 아들 예후가
요람을 배반하였으니 곧 요람이 온 이스라엘로 더불어
아람 왕 하사엘을 인하여 길르앗 라못을 지키다가 **15**

11 ¶ Now Jehu came out to the servants of his master,
and one said to him, "Is all well? Why did this mad
fellow come to you?" And he said to them, "You know
very well the man and his talk." **12** And they said, "It
is a lie, tell us now." And he said, "Thus and thus he
said to me, 'Thus says the LORD, "I have anointed you
king over Israel."'" **13** Then they hurried and each man
took his garment and placed it under him on the bare
steps, and blew the trumpet, saying, "Jehu is king!" **14**
¶ So Jehu the son of Jehoshaphat the son of Nimshi conspired
against Joram. Now Joram with all Israel was defending
Ramoth-gilead against Hazael king of Aram, **15** but

15 /하사엘과 더불어 싸울 때에(when)
/아람의 왕
이스르엘로 **돌아왔던 때라**

//(목적: ל, to)
치료하려 하여
/아람 사람에게 부상한 것을

예후가 **이르되** ...하니라
/[만일](??)
너희 뜻에 합당하거든(if)
한 사람이라도—도망하여...가지 못하게 하라
/이 성에서

//(목적: ל, to)
이스르엘에 알리러

16 예후가 병거를 **타고**
이스르엘로 **가니**

요람 왕이 거기에 **누워 있었음이라**
아하시야는 **내려왔더라**
/유다의 왕

//(목적: ל, to)
요람을 보러

17 하나가 **섰더니**
/파수꾼 /이스르엘 망대에

무리가 오는 것을 **보고**
/예후의

가로되 ...하니
/내가 한 무리를 보나이다

요람이 **가로되** ...하는지라
/[너는] — 한 사람을 말에 태워
— 보내어

//(목적: ל, to)
맞이하여

— 묻게 하라
/평안하냐

18 한 사람이 **가서**
/말을 타고

//(목적: ל, to)

왕하

아람왕 하사엘로 더불어 싸울 때에 아람 사람에게 상한 것을 치료하려 하여 이스르엘로 돌아왔던 때라 예후가 이르되 너희 뜻에 합당하거든 한 사람이라도 이 성에서 도망하여 이스르엘에 전하러 가지 못하게 하라 하니라
16 예후가 병거를 타고 이스르엘로 가니 요람이 거기 누웠음이라 유다 왕 아하시야는 요람을 보러 내려 왔더
라 **17** 이스르엘 망대에 파숫군 하나가 섰더니 예후의 무리의 오는 것을 보고 가로되 내가 한 무리를 보나이다 요람이 가로되 한 사람을 말을 태워 보내어 맞아 평안이냐 묻게 하라 **18** 한 사람이 말을 타고 가서 만나 가로

King Joram had returned to Jezreel to be healed of the wounds which the Arameans had inflicted on him when he fought with Hazael king of Aram. So Jehu said, "If this is your mind, then let no one escape or leave the city to go tell it in Jezreel."
16 Then Jehu rode in a chariot and went to Jezreel, for Joram was lying there. And Ahaziah king of Judah had come down to see Joram.
17 ¶ Now the watchman was standing on the tower in Jezreel and he saw the company of Jehu as he came, and said, "I see a company." And Joram said, "Take a horseman and send him to meet them and let him say, Is it peace?"
18 So a horseman went to meet him and said, "Thus says the king, Is it peace?" And Jehu said, "What have you to do with peace? Turn behind me." And the watchman

//(목적: ל, to)
만나

가로되 ...하매
/왕(의)[이] ── 말씀이 ...하시더이다
/평안하냐

예후가 가로되 ...하니라
/평안이 네게 상관이 있느냐
/내 뒤로 물러나라

파수꾼이 전하여
이르되 ...하는지라
/사자가 ┬ 그들에게 갔으나
└ 돌아오지 아니하나이다

19 [그가] 다시 **보내었더니**
/한 사람을 말에 태워

[그가] 그들에게 **가서**
가로되 ...하매
/왕(의)[이] ── 말씀이...하시더이다
/평안하냐?

예후가 **가로되** ...하더라
/평안이 네게 상관이 있느냐?
/[너는]---내 뒤를 따르라

20 파수꾼이 또 **전하여**
가로되 ...하니
/그도 ┬ 그들에게까지 갔으나
└ 돌아오지 아니하고
/모는 것이 ── 예후가 모는 것 같(이)[습니다]
/(그 병거) /님시의 손자

//(이유: כִּי, for)
[그가] ── 미치게 모나이다

21 요람이 **이르되** ...하매
/메우라

[그가] 그의 병거를 **메운지라**

요람과
/이스라엘 왕
아하시야가 ── 각각 **가서**
/유다 왕 /그의 병거를 타고

//(목적: ל, to)

되 왕의 말씀이 평안이냐 하시더이다 하매 예후가 가로되 평안이 네게 상관이 있느냐 내 뒤로 돌이키라 하니라 파숫군이 고하여 가로되 사자가 저희에게 갔으나 돌아오지 아니하나이다 하는지라 19 다시 한 사람을 말을 태워 보내었더니 저희에게 가서 가로되 왕의 말씀이 평안이냐 하시더이다 하매 예후가 가로되 평안이 네게 상관이 있느냐 내 뒤로 돌이키라 하니라 20 파숫군이 또 고하여 가로되 저도 저희에게까지 갔으나 돌아오지 아니하고 그 병거 모는 것이 님시의 손자 예후의 모는 것같이 미치게 모나이다 21 요람이 가로되 메우라 하매 그 병거를 메운지라 이스라엘 왕 요람과 유다 왕 아하시야가 각각 그 병거를 타고 가서 예후를 맞을새 이스르엘 사람

reported, "The messenger came to them, but he did not return." 19 Then he sent out a second horseman, who came to them and said, "Thus says the king, Is it peace?" And Jehu answered, "What have you to do with peace? Turn behind me." 20 And the watchman reported, "He came even to them, and he did not return; and the driving is like the driving of Jehu the son of Nimshi, for he drives furiously." 21 ¶ Then Joram said, "Get ready." And they made his chariot ready. And Joram king of Israel and Ahaziah king of Judah went out, each in his chariot, and they went out to meet Jehu and found him in the property of Naboth the Jezreelite. 22 And it came about, when Joram

//(목적: ל, to)
예후를 맞을새

[그들이] 나봇의 토지에서 **만나매**
/이스르엘 사람

22 요람이 예후를 보고(when)
가로되 ...하니
/예후야 평안하냐

[그가] **대답하되**...하더라
/음행과 술수가 — 이렇게 많으니
/이세벨의
/네 어머니
/어찌 평안이 있으랴?

23 요람이 곧 손을 **돌이켜**
도망하며
아하시야에게 **이르되** ...하니
/아하시야여!
반역이로다

24 예후가 힘을 다하여 **당겨**
/활을
요람의 두 팔 사이를 **쏘니**
화살이 그의 염통을 **꿰뚫고 나오매**
저가 병거 가운데에 **엎드러진지라**

25 예후가 빗갈에게 **이르되** ...하는지라
/그의 장관
/[너는] — 그 시체를 가져다가
— 나봇의 밭에 던지라
/이스르엘 사람

//(이유: כִּי, for)
네가 — 기억하려니와
/너와
내가 — 이전에 함께 타(고)...았을 때에
/그의 아버지 아합을 좇[아]
여호와께서 — 이같이 예언하셨느니라
/그의 일을

26 /여호와께서 — 말씀하시기를
/내가 — 어제 분명히 보았노라
/나봇의 피와
/그의 아들들의 피를

왕하

나봇의 토지에서 만나매 22 요람이 예후를 보고 가로되 예후야 평안이냐 대답하되 네 어미 이세벨의 음행과 술수가 이렇게 많으니 어찌 평안이 있으랴 23 요람이 곧 손을 돌이켜 도망하며 아하시야에게 이르되 아하시야여 반역이로다 24 예후가 힘을 다하여 활을 당기어 요람의 두 팔 사이를 쏘니 살이 그 염통을 꿰뚫고 나오매 저가 병거 가운데 엎드러진지라 25 예후가 그 장관 빗갈에게 이르되 그 시체를 취하여 이스르엘 사람 나봇의 밭에 던지라 네가 기억하려니와 이전에 너와 내가 함께 타고 그 아비 아합을 좇았을 때에 여호와께서 이 아래 같이 저의 일을 예언하셨느니라 26 여호와께서 말씀하시기를 내가 어젯날에 나봇의 피와 그 아들들의 피를 분명히 보았노

saw Jehu, that he said, "Is it peace, Jehu?" And he answered, "What peace, so long as the harlotries of your mother Jezebel and her witchcrafts are so many?" 23 So Joram reined about and fled and said to Ahaziah, "There is treachery, O Ahaziah!" 24 And Jehu drew his bow with his full strength and shot Joram between his arms; and the arrow went through his heart, and he sank in his chariot. 25 Then Jehu said to Bidkar his officer, "Take him up and cast him into the property of the field of Naboth the Jezreelite, for I remember when you and I were riding together after Ahab his father, that the LORD laid this oracle against him: 26 'Surely I have seen yesterday the blood of Naboth and the blood of his sons,' says the LORD, 'and I will repay you in this property,' says the LORD. Now then, take and cast him into the property, according to the word of the LORD." 27 ¶ When Ahaziah the

/또
여호와께서 — 말씀하시기를 ...하셨으니
/이 토지에서 네게 갚으리라
/그런즉
[너는] — 그의 시체를 가져다가
/여호와의 말씀대로
이 밭에 던질지니라 (하는지라)

27 아하시야가 /유다의 왕 — 이를 **보고**
정자 길로 **도망하니**
/정원의

예후가 — 그 뒤를 **쫓아가며**
이르되 ...하매
/그도 병거 가운데서 죽이라

[그들이] — 구르 비탈에서 **치니**
/이블르암 가까운

그가 — 므깃도까지 **도망하여**
거기서 **죽은지라**

28 신복들이 /그의 — 그를 병거에 싣고 **이르러**
/예루살렘에
그의 묘실에 **장사하니라**
/다윗 성에서
/그들의 조상들과 함께

29 아하시야가 — 유다 왕이 **되었었더라**
/요람의 제십일년에
/아합의 아들

30 예후가 — 이스르엘에 **이르니**

이세벨이 — **듣고**
눈을 **그리고**
머리를 **꾸미고**
창에서 **바라보다가**

31 예후가 — 문에 들어오매(as)
가로되 ...하니
/너 시므리여!
/주인을 죽인
/평안하냐?

왕하

라 또 말씀하시기를 이 토지에서 네게 갚 으리라 하셨으
니 그런즉 여호와의 말씀대로 그 시체를 취하여 이 밭에
던질지니라 27 유다 왕 아하시야가 이를 보고 동산 정
자 길로 도망하니 예후가 쫓아가며 이르되 저도 병거 가
운데서 죽이라 하매 이블르암 가까운 구르 비탈에서 치
니 저가 므깃도까지 도망하여 거기서 죽은지라 28 그
신복들이 저를 병거에 싣고 예루살렘에 이르러 다윗 성
에서 그 열조와 함께 그 묘실에 장사하니라 29 아합의
아들 요람의 십일년에 아하시야가 유다 왕이 되었었더라 30
예후가 이스르엘에 이르니 이세벨이 듣고 눈을 그리고
머리를 꾸미고 창에서 바라보다가 31 예후가 문에 들어
오매 가로되 주인을 죽인 너 시므리여 평안하냐 32 예

king of Judah saw this, he fled by the way of the garden
house. And Jehu pursued him and said, "Shoot him too,
in the chariot." So they shot him at the ascent of Gur,
which is at Ibleam. But he fled to Megiddo and died
there. 28 Then his servants carried him in a chariot to
Jerusalem, and buried him in his grave with his fathers
in the city of David. 29 ¶ Now in the eleventh year of
Joram, the son of Ahab, Ahaziah became king over
Judah. 30 ¶ When Jehu came to Jezreel, Jezebel heard
of it, and she painted her eyes and adorned her head,
and looked out the window. 31 And as Jehu entered
the gate, she said, "Is it well, Zimri, your master's murderer?"
32 Then he lifted up his face to the window and said, "Who
is on my side? Who?" And two or three officials looked

32 예후가 얼굴을 **들어**
/창을 향하고
가로되 ...하니
/내 편이 될 자가 누구냐 누구냐

내시가 예후를 **내다보는지라**
/두어

33 [그가] **가로되** ...하니
/그를 내려던지라

[그들이] **내려던지매**
그의 피가 담과 말에게 **튀더라**

예후가 그의 시체를 **밟으니라**

34 예후가 **들어가서**
먹고
마시고
가로되 ...하매
/[너희는] ─ 가서 ...(찾아)
/이 저주 받은 여자(를)[에게]
└ 장사하라

//(이유: כִּי, for)
그는 왕의 딸이니라

35 [그들이] **가서** ...한즉

//(목적: לְ, to)
장사하려

[그들이] **찾지 못한지라**
/그 두골과 발[외에는] 과
/그의 손 외에는

36 [그러므로]
[그들이] **돌아와서**
고한데

예후가 **가로되** ...하였더라
/이는 ─ 여호와께서 말씀하신 바라
/엘리야를 통하여
/그 종
/디셉 사람

후가 얼굴을 들어 창을 향하고 가로되 내 편이 될 자가
누구냐 누구냐 하니 두어 내시가 예후를 내다보는지라
33 가로되 저를 내려던지라 하니 내려던지매 그 피가
담과 말에게 뛰더라 예후가 그 시체를 밟으니라 34 예
후가 들어가서 먹고 마시고 가로되 가서 이 저주 받은 계
집을 찾아 장사하라 저는 왕의 딸이니라 하매 35 가서
장사하려 한즉 그 두골과 발과 손바닥 외에는 찾지 못한
지라 36 돌아와서 고한대 예후가 가로되 이는 여호와께
서 그 종 디셉 사람 엘리야로 말씀하신바라 이르시기를
이스르엘 토지에서 개들이 이세벨의 고기를 먹을지라
37 그 시체가 이스르엘 토지에서 거름같이 밭 면에 있
으리니 이것이 이세벨이라고 가리켜 말하지 못하게 되리
라 하셨느니라

down at him. 33 And he said, "Throw her down." So
they threw her down, and some of her blood was sprinkled
on the wall and on the horses, and he trampled her under
foot. 34 When he came in, he ate and drank; and he
said, "See now to this cursed woman and bury her, for
she is a king's daughter." 35 And they went to bury
her, but they found no more of her than the skull and
the feet and the palms of her hands. 36 Therefore they
returned and told him. And he said, "This is the word
of the LORD, which He spoke by His servant Elijah the
Tishbite, saying, 'In the property of Jezreel the dogs
shall eat the flesh of Jezebel; 37 and the corpse of
Jezebel shall be as dung on the face of the field in the property
of Jezreel, so they cannot say, "This is Jezebel."'"

/[그가] — 이르시기를 ...하셨느니라
/개들이 —— 이세벨의 살을 먹을지라
/이스르엘 토지에서
37 /그 시체가 — 밭에 있으리니
/이스르엘 토지에서
/거름같이
/[그들이] —— 가리켜 말하지 못하게 되리라
/이것이 이세벨이라고

10

1 아합(의)[은] 아들[이] **있는지라**
/칠십 인(이)[의]
/사마리아에

예후가 편지들을 **써서**
사마리아에 **보내서**
전하니
/이스르엘 방백들[에게]
/곧 장로들과
/교육하는 자들에게
/아합의 여러 아들을
/일렀으되 ...하였더라
2 /아들들이 —— 너희와 함께 있고
/너희 주의
/또
이 편지가 —— 너희에게 이르거든(when)
병거와 —
말과 —
성과 —
/견고한
무기가 —— 너희에게 <있으니>
3 /[너희는 —— 택하여
/가장 어질고 정직한 자를
/너희 주의 아들들 중에서
— 왕좌에 두고
/그의 아버지의
— 싸우라
/너희 주의 집을 위하여

4 그들이 심히 **두려워하여**
가로되 ...하고
/두 왕이 —— 그를 당하지 못하였거든
/우리가 —— 어찌 당하리요

5 궁내 대신과 —
부윤과 —
장로들과 —
교육하는 자들이 — 예후에게 **말을 전하여**
/왕자를

왕하

10:1 아합의 아들 칠십 인이 사마리아에 있는지라
예후가 편지들을 써서 사마리아에 보내어 이스르
엘 방백 곧 장로들과 아합의 여러 아들을 교육하는 자들
에게 전하니 일렀으되 2 너희 주의 아들들이 너희와 함
께 있고 또 병거와 말과 견고한 성과 병기가 너희에게
있으니 이 편지가 너희에게 이르거든 3 너희 주의 아들
들 중에서 가장 어질고 정직한 자를 택하여 그 아비의
위에 두고 너희 주의 집을 위하여 싸우라 하였더라 4
저희가 심히 두려워하여 가로되 두 왕이 저를 당치 못하
였거든 우리가 어찌 당하리요 하고 5 궁내 대신과 부윤

10:1 ¶ Now Ahab had seventy sons in Samaria. And
Jehu wrote letters and sent them to Samaria, to
the rulers of Jezreel, the elders, and to the guardians of
the children of Ahab, saying, 2 "And now, when this
letter comes to you, since your master's sons are with
you, as well as the chariots and horses and a fortified
city and the weapons, 3 select the best and fittest of
your master's sons, and set him on his father's throne,
and fight for your master's house." 4 But they feared greatly
and said, "Behold, the two kings did not stand before

가로되 ...한지라
/우리는 —— 당신의 종이라
/우리가 ┬— 모든 것을 행하고
 │ /당신이 말하는
 └— 왕으로 세우지 아니하리니
 /어떤 사람이든지
/당신이 보기에 좋은 대로 행하라

6 예후가 다시 편지를 **부치니**
/그들에게
일렀으되 ...하였더라
/만일(אִם)
너희가 —— 내 편이 되어
너희가 —— 내 말을 들으려거든(if)
[너희는] ┬— 머리를 가지고
 │ /너희 주의 아들된 사람들의
 ├— 이스르엘에 이르러
 │ /내일 이맘때에
 └— 내게 나아오라

왕자[들이] **함께 있는 중에**
/칠십 인 /그 성읍의 귀족들[과],
/곧 그들을 양육하는 자들과

7 편지가 그들에게 **이르매**
그들이 왕자 칠십 명을 **잡아**
죽이고
광주리에 **담아**
/그들의 머리를
예후에게로 **보내니라**
/이스르엘

8 사자가 **와서**
예후에게 **전하여**
이르되
/그 무리가 왕자들의 머리를 가지고 왔나이다

[예후가] **가로되** 하고
/두 무더기로 쌓아
/내일 아침까지 문 어귀에 두라

9 그가 **나가**
/이튿날 아침에
서서

과 장로들과 왕자를 교육하는 자들이 예후에게 말을 전
하여 가로되 우리는 당신의 종이라 무릇 명하는 것을 우
리가 행하고 아무 사람이든지 왕으로 세우지 아니하리니
당신의 소견에 좋은 대로 행하라 한지라 6 예후가 다시
저희에게 편지를 부치니 일렀으되 만일 너희가 내 편이
되어 내 말을 들으려거든 너희 주의 아들된 사람들의 머
리를 취하고 내일 이맘때에 이스르엘에 이르러 내게 나
아오라 하였더라 왕자 칠십 인이 성중에서 그 교육하는
존귀한 자들과 함께 있는 중에 7 편지가 이르매 저희가
왕자 칠십 인을 잡아 몰수히 죽이고 그 머리를 광주리에
담아 이스르엘 예후에게로 보내니라 8 사자가 와서 예
후에게 고하여 가로되 무리가 왕자들의 머리를 가지고
왔나이다 가로되 두 무더기로 쌓아 내일 아침까지 문 어
귀에 두라 하고 9 이튿날 아침에 저가 나가 서서 뭇 백

him; how then can we stand?" 5 And the one who was
over the household, and he who was over the city, the
elders, and the guardians of the children, sent word to
Jehu, saying, "We are your servants, all that you say
to us we will do, we will not make any man king; do
what is good in your sight." 6 Then he wrote a letter
to them a second time saying, "If you are on my side,
and you will listen to my voice, take the heads of the
men, your master's sons, and come to me at Jezreel tomorrow
about this time." Now the king's sons, seventy persons, were
with the great men of the city, who were rearing them.
7 And it came about when the letter came to them, that
they took the king's sons, and slaughtered them, seventy
persons, and put their heads in baskets, and sent them
to him at Jezreel. 8 When the messenger came and told
him, saying, "They have brought the heads of the king's
sons," he said, "Put them in two heaps at the entrance
of the gate until morning." 9 Now it came about in the

뭇 백성에게 **이르되** ...하니라
/너희는 의롭도다
/나는 ── 내 주를 배반하여
└ 죽였거니와
/이 여러 사람을 죽인 자는 누구냐?

10 그런즉
너희는 이제 **알라**
곧
말씀은 땅에 **하나도 떨어지지 아니하리라**
/여호와께서 - 하신
/아합의 집에 대하여

여호와께서 이제 **이루셨도다** (하니라)
/[말씀]하신 말씀을
/그의 종 엘리야를 통하여

11 예후가 다 **죽이고**
/남아 있는 자를
/아합의 집에 속한
/이스르엘에

또
[그가] **죽이되**
/그의 귀족들과
/신뢰 받는 자들과
/제사장들을
생존자를 **하나도 남기지 아니하였더라**
/그에게 속한 자를

12 예후가 **일어나서**
사마리아로 **가더니**
도중에 **이르러**
/목자가 양털 깎는 집에

13 예후가 형제들을 **만나**
/유다의 왕 아하시야의
묻되 ...하니
/너희는 누구냐?

[그들이] **대답하되** ...하는지라
/우리는 ── 아하시야의 형제라
/[우리가] ── 이제 내려가노라
//(목적: ל, to)

성에게 이르되 너희는 의롭도다 나는 내 주를 배반하여 죽였거니와 이 여러 사람을 죽인 자는 누구냐 10 그런즉 너희는 알라 곧 여호와께서 아합의 집에 대하여 하신 말씀은 하나도 땅에 떨어지지 아니하리라 여호와께서 그 종 엘리야로 하신 말씀을 이제 이루셨도다 하니라 11 예후가 무릇 아합의 집에 속한 이스르엘에 남아 있는 자를 다 죽이고 또 그 존귀한 자와 가까운 친구와 제사장들을 죽이되 저에게 속한 자를 하나도 남기지 아니하였더라 12 예후가 일어나서 사마리아로 가더니 노중에 목자가 양털 깎는 집에 이르러 13 유다 왕 아하시야의 형제들을 만나 묻되 너희는 누구냐 대답하되 우리는 아하시야의 형제라 이제 왕자들과 태후의 아들들에게 문안

morning, that he went out and stood, and said to all the people, "You are innocent; behold, I conspired against my master and killed him, but who killed all these? 10 "Know then that there shall fall to the earth nothing of the word of the LORD, which the LORD spoke concerning the house of Ahab, for the LORD has done what He spoke through His servant Elijah." 11 So Jehu killed all who remained of the house of Ahab in Jezreel, and all his great men and his acquaintances and his priests, until he left him without a survivor. 12 ¶ Then he arose and departed, and went to Samaria. On the way while he was at Beth-eked of the shepherds, 13 Jehu met the relatives of Ahaziah king of Judah and said, "Who are you?" And they answered, "We are the relatives of Ahaziah; and we have come down to greet the sons of the king and the sons of the queen mother." 14 And he said,

//(목적: ל, to)
문안하러
/왕자들과
/태후의 아들들에게

14 [예후가] **가로되** ...하매
/사로잡으라

곧
[그들이] **사로잡아**
웅덩이 곁에서 **죽이니**
/목자가 양털 깎는 집
사십이 명이 **하나도 남지 아니하였더라**

15 예후가 거기에서 떠나가다가(when)
여호나답을 **만난지라**
/레갑의 아들
/자기를 맞이하러 오는

[그가] 그의 안부를 **묻고**
그에게 **가로되** ...하니
/네 마음도 진실하냐?
/내 마음이 네 마음을 향하여 진실함과 같이

여호나답이 **대답하되**
/그러하니이다

[예후가] **가로되**
/그러면 나와 손을 잡자

[그가] 손을 **잡으니**

예후가 **끌어 올리며**
/병거에

16 [그가] **가로되** ...하고
/나와 함께 가서
/여호와를 위한 나의 열심을 보라

이에
[그가] 자기 병거에 **태우고**
17 사마리아에 **이르러**
아합에게 속한 자들을 **죽여**
/거기에 남아 있는 바
진멸하였으니 ...되었더라
/말씀과 같이
/여호와께서 엘리야에게 이르신

18 예후가 뭇 백성을 **모으고**

하러 내려가노라 **14** 가로되 사로잡으라 하매 곧 사로잡아 목자가 양털 깎는 집 웅덩이 곁에서 죽이니 사십 이인이 하나도 남지 아니하였더라 **15** 예후가 거기서 떠나가다가 레갑의 아들 여호나답이 맞으러 오는 것을 만난지라 그 안부를 묻고 가로되 내 마음이 네 마음을 향하여 진실함과 같이 네 마음도 진실하냐 여호나답이 대답하되 그러하니이다 가로되 그러면 나와 손을 잡자 손을 잡으니 예후가 끌어 병거에 올리며 **16** 가로되 나와 함께 가서 여호와를 위한 나의 열심을 보라 하고 이에 자기 병거에 태우고 **17** 사마리아에 이르러 거기 남아있는 바 아합에게 속한 자를 죽여 진멸하였으니 여호와께서 엘리야에게 이르신 말씀과 같이 되었더라 **18** 예후가

"Take them alive." So they took them alive, and killed them at the pit of Beth-eked, forty-two men; and he left none of them. **15** ¶ Now when he had departed from there, he met Jehonadab the son of Rechab coming to meet him; and he greeted him and said to him, "Is your heart right, as my heart is with your heart?" And Jehonadab answered, "It is." Jehu said, "If it is, give me your hand." And he gave him his hand, and he took him up to him into the chariot. **16** And he said, "Come with me and see my zeal for the LORD." So he made him ride in his chariot. **17** And when he came to Samaria, he killed all who remained to Ahab in Samaria, until he

그들에게 **이르되**
/아합은 —— 바알을 조금 섬겼으나
/예후는 —— 많이 섬기리라
19 /그러므로
내가 —— 이제 큰 제사를 드리고자 하노니
/바알에게
/[너희는] — 한 사람도 빠뜨리지 말고 불러 ...하라
/바알의 모든 선지자와
/모든 섬기는 자와
/모든 제사장들을

//(목적: ל, to)
내게로 나아오게

/[내가] — 살려 두지 아니하리라 하니
/모든 오지 아니하는 자(는)[를]

이는
예후가 계책을 **씀이라**

//(목적: ל, in order to)
바알 섬기는 자를 멸하려 하여

20 예후가 **[말]하매**
/거룩히 열라
/바알을 위하는 대회를

드디어
[그들이] **공포되었더라**

21 예후가 사람을 **보냈더니**
/온 이스라엘에 두루

사람이 **이르렀고**
/바알을 섬기는 /하나도 빠진 자가 없이
/모든 다

무리가 바알의 신당에 들어가매(when)
가득하였더라
/이쪽부터 저쪽까지
/바알의 신당

22 예후가 예복 맡은 자에게 **이르되** ...하매
/[너는] — 예복을 내다가 주라
/모든 자에게
/바알을 섬기는

뭇 백성을 모으고 이르되 아합은 바알을 조금 섬겼으나
예후는 많이 섬기리라 19 그러므로 내가 이제 큰 제사
를 바알에게 드리고자 하노니 바알의 모든 선지자와 모
든 섬기는 자와 모든 제사장들을 한 사람도 빠치지 말고
불러 내게로 나오게 하라 무릇 오지 아니하는 자는 살리
지 아니하리라 하니 이는 예후가 바알 섬기는 자를 멸하
려 하여 궤계를 씀이라 20 예후가 바알을 위하는 대회
를 거룩히 열라 하매 드디어 공포하였더라 21 예후가
온 이스라엘에 두루 보내었더니 무릇 바알을 섬기는 사
람이 하나도 빠진 자가 없이 다 이르렀고 무리가 바알의
당에 들어가매 이편부터 저편까지 가득하였더라 22 예
후가 예복 맡은 자에게 이르되 예복을 내어다가 무릇 바

had destroyed him, according to the word of the LORD,
which He spoke to Elijah. 18 ¶ Then Jehu gathered all
the people and said to them, "Ahab served Baal a little;
Jehu will serve him much. 19 "And now, summon all
the prophets of Baal, all his worshipers and all his priests;
let no one be missing, for I have a great sacrifice for
Baal; whoever is missing shall not live." But Jehu did it
in cunning, in order that he might destroy the worshipers
of Baal. 20 And Jehu said, "Sanctify a solemn assembly
for Baal." And they proclaimed it. 21 Then Jehu sent
throughout Israel and all the worshipers of Baal came,
so that there was not a man left who did not come. And
when they went into the house of Baal, the house of
Baal was filled from one end to the other. 22 And he
said to the one who was in charge of the wardrobe,
"Bring out garments for all the worshipers of Baal." So

[그가] 예복을 **가져온지라**
/그들에게로

23 예후가 바알의 신당에 **들어가서**
/여호나답과 더불어
/레갑의 아들
바알을 섬기는 자들에게 **이르되**
/너희는 – 살펴 보아
/섬기는 자들만-여기 있게 하고
/바알을
/하나도–여기 너희 중에 있지 못하게 하라 하고
/여호와의 종은

24 무리가 들어간 때에
//(목적: ל, to)
번제와 다른 제사를 드리려고

예후가 밖에 **두며**
/팔십 명을
이르되 ...하니라
/도망하게 하는 자는 ── 자기의 생명으로 대신하리라
/사람을 /그 사람의 생명을
/내가 너희 손에 넘겨 주는
/한 사람이라도

25 [그가] 번제 드리기를 다하매(as soon as)
예후가 호위병과 지휘관들에게 **이르되**
/[너희는] ── 들어가서
├ 한 사람도 나가지 못하게 하고
└ 죽이라 하매

왕하

호위병과 지휘관들이 칼로 그들을 **죽여**
밖에 **던지고**

26 [그들이] 성으로 **가서**
/바알의 신당 있는
목상들을 **가져다가**
/바알의 신당에서
불사르고
27 바알의 목상을 **헐며**
바알의 신당을 **헐어서**
변소를 **만들었더니**

알 섬기는 자에게 주라 하매 저희에게로 예복을 가져온
지라 23 예후가 레갑의 아들 여호나답으로 더불어 바
알의 당에 들어가서 바알을 섬기는 자에게 이르되 너희
는 살펴보아 바알을 섬기는 자만 여기 있게 하고 여호와
의 종은 하나도 너희 중에 있지 못하게 하라 하고 24
무리가 번제와 다른 제사를 드리려고 들어간 때에 예후
가 팔십 인을 밖에 두며 이르되 내가 너희 손에 붙이는
사람을 한 사람이라도 도망하게 하는 자는 자기의 생명
으로 그 사람의 생명을 대신하리라 하니라 25 번제 드
리기를 다하매 예후가 호위병과 장관들에게 이르되 들어
가서 한 사람도 나가지 못하게 하고 죽이라 하매 호위병
과 장관들이 칼로 저희를 죽여 밖에 던지고 당있는 성으
로 가서 26 바알의 당에서 목상들을 가져다가 불사르
고 27 바알의 목상을 헐며 바알의 당을 훼파하여 변소

he brought out garments for them. 23 And Jehu went
into the house of Baal with Jehonadab the son of Rechab;
and he said to the worshipers of Baal, "Search and see
that there may be here with you none of the servants of
the LORD, but only the worshipers of Baal." 24 Then
they went in to offer sacrifices and burnt offerings. Now
Jehu had stationed for himself eighty men outside, and
he had said, "The one who permits any of the men
whom I bring into your hands to escape, shall give up
his life in exchange." 25 ¶ Then it came about, as soon
as he had finished offering the burnt offering, that Jehu
said to the guard and to the royal officers, "Go in, kill
them; let none come out." And they killed them with
the edge of the sword; and the guard and the royal
officers threw them out, and went to the inner room of
the house of Baal. 26 And they brought out the sacred

<그것이> 오늘까지 **이르니라**

28 예후가 바알을 **멸하였으나**
/이와 같이
/이스라엘 중에서

29 [그가] **떠나지 아니하였더라**
/여로보암의 죄[에서는]
/느밧의 아들
/이스라엘에게 범죄하게 한
/곧 금송아지를 섬기는 죄에서는
/벧엘과 단에 있는

30 여호와께서 예후에게 **이르시되** ...하시니라
/네 자손이 ── 사대를 지내리라[10]
/이스라엘 왕위를 이어

//(이유: יַעַן, because)
네가 ── 정직한 일을 행하되
/나보기에
── 잘 행하여
── 아합 집에 다 행하였은즉
/내 마음에 있는 대로

31 그러나
예후가 **지켜 아니하며**[11]

//(목적: ל, to)
여호와의 율법을 행하지[12]
/이스라엘 하나님
/전심으로

[그가] 그 죄에서 **떠나지 아니하였더라**
/여로보암이 이스라엘에게 범하게 한

32 여호와께서 이 때에 **찢으시매**
/이스라엘을

하사엘이 그 사방을 **치되** ...하였더라
33 /요단 동쪽 길르앗 온 땅
/곧 아로엘에서부터
/갓 사람[의 땅]과
/르우벤 사람[의 땅]과
/므낫세 사람의 땅
/길르앗과 바산까지
/아르논 골짜기에 있는

10) 도치된 문장
11) 주의하지 아니하였다
12) 율법을 행하기 위해

왕하

를 만들었더니 오늘날까지 이르니라 28 예후가 이와
같이 이스라엘 중에서 바알을 멸하였으나 29 이스라엘
로 범죄케 한 느밧의 아들 여로보암의 죄 곧 벧엘과 단
에 있는 금송아지를 섬기는 죄에서는 떠나지 아니하였더
라 30 여호와께서 예후에게 이르시되 네가 나 보기에
정직한 일을 행하되 잘 행하여 내 마음에 있는대로 아합
집에 다 행하였은즉 네 자손이 이스라엘 왕위를 이어 사
대를 지나리라 하시니라 31 그러나 예후가 전심으로
이스라엘 하나님 여호와의 율법을 지켜 행하지 아니하며
여로보암이 이스라엘로 범하게 한 그 죄에서 떠나지 아
니하였더라 32 이때에 여호와께서 비로소 이스라엘을
찢으시매 하사엘이 그 사방을 치되 33 요단 동편 길르

pillars of the house of Baal, and burned them. 27 They
also broke down the sacred pillar of Baal and broke
down the house of Baal, and made it a latrine to this
day. 28 Thus Jehu eradicated Baal out of Israel. 29 ¶
However, as for the sins of Jeroboam the son of Nebat, which
he made Israel sin, from these Jehu did not depart, even
the golden calves that were at Bethel and that were at
Dan. 30 And the LORD said to Jehu, "Because you
have done well in executing what is right in My eyes,
and have done to the house of Ahab according to all
that was in My heart, your sons of the fourth generation shall
sit on the throne of Israel." 31 But Jehu was not careful
to walk in the law of the LORD, the God of Israel, with
all his heart; he did not depart from the sins of Jeroboam,
which he made Israel sin. 32 ¶ In those days the LORD
began to cut off portions from Israel; and Hazael defeated

34 남은 사적과 /예후의 일과 /무릇 행한 모든 권세는 — **기록되지 아니하였느냐?** /이스라엘 왕 역대지략에

35 예후가 — 그의 조상들과 **함께 자매** 사마리아에 장사되고

여호아하스가 /그의 아들 — **왕이 되니라** /그를 대신하여

36 햇수는 /예후가 이스라엘을 다스린 /사마리아에서 — **스물여덟 해이더라**

11

1 아달랴가 /모친 /아하시야의 — 죽은 것을 보고(when) /그의 아들의

일어나
모두 **진멸하였으나** /왕의 자손을

2 여호세바가 /아하시야의 누이 /요람 왕의 딸 — 요아스를 **도적하여 내어** /아하시야의 아들 /왕자들이 죽임을 당하는 중에서

침실에 **숨겨** /그와 그의 유모를 /아달랴를 피하여
죽임을 당하지 아니하게 한지라

3 요아스가 — 육 년을 숨어 있는 동안에(while) /그와 함께 /여호와의 성전에

아달랴가 — 나라를 **다스렸더라**

왕하

앗 온 땅 곧 갓 사람과 르우벤 사람과 므낫세 사람의 땅
아르논 골짜기에 있는 아로엘에서부터 길르앗과 바산까
지 하였더라 **34** 예후의 남은 사적과 무릇 행한 일과
모든 권세는 이스라엘 왕 역대 지략에 기록되지 아니하
였느냐 **35** 예후가 그 열조와 함께 자매 사마리아에 장
사되고 그 아들 여호아하스가 대신하여 왕이 되니라
36 예후가 사마리아에서 이스라엘을 다스린 햇수는 이
십팔 년이더라

11:1 아하시야의 모친 아달랴가 그 아들의 죽은
것을 보고 일어나 왕의 씨를 진멸하였으나 **2**
요람 왕의 딸 아하시야의 누이 여호세바가 아하시야의
아들 요아스를 왕자들의 죽임을 당하는 중에서 도적
하여 내고 저와 그 유모를 침실에 숨겨 아달랴를 피
하여 죽임을 당치 않게 한지라 **3** 요아스가 저와 함께
여호와의 전에 육 년을 숨어 있는 동안에 아달랴가 나
라를 다스렸더라 **4** 제칠년에 여호야다가 보내어 가리 사

them throughout the territory of Israel: **33** from the
Jordan eastward, all the land of Gilead, the Gadites and
the Reubenites and the Manassites, from Aroer, which is
by the valley of the Arnon, even Gilead and Bashan. **34**
Now the rest of the acts of Jehu and all that he did and
all his might, are they not written in the Book of the Chronicles
of the Kings of Israel? **35** And Jehu slept with his fathers,
and they buried him in Samaria. And Jehoahaz his son became
king in his place. **36** Now the time which Jehu reigned
over Israel in Samaria was twenty-eight years.

11:1 ¶ When Athaliah the mother of Ahaziah saw
that her son was dead, she rose and destroyed
all the royal offspring. **2** But Jehosheba, the daughter
of King Joram, sister of Ahaziah, took Joash the
son of Ahaziah and stole him from among the
king's sons who were being put to death, and placed
him and his nurse in the bedroom. So they hid him
from Athaliah, and he was not put to death. **3** So
he was hidden with her in the house of the LORD
six years, while Athaliah was reigning over the land.

4 일곱째 해에
여호야다가 사람을 **보내**
불러 **데리고**
/가리 사람의 백부장들과
/호위병의 백부장들을
여호와의 성전으로 **들어가서**
언약을 **맺고**
/그들과
그들에게 **맹세하게 한 후에**
/여호와의 성전에서
왕자를 **보이고**
/그들에게

5 [그가] **명령하여 이르되** ...하니
/너희가 행할 것이 이러하니
/삼분의 일은 ── 왕궁을 주의하여 지키고
/너희 중
/안식일에 들어온
6 /삼분의 일은 ── 수르 문에 있고
/삼분의 일은 ── 왕궁을 주의하여 지키고
/이와같이
/호위대 뒤에 있는 문에 있어서

7 /두 대는 ──── 왕을 지켜 호위하되
/너희 중 /여호와의 성전을 주의하여
/안식일에 나가는

8 /너희는 ── 왕을 호위하며
/각각 손에 무기를 잡고
/[너희는] ── 모든 자는 죽이고
/너희 대열을 침범하는
/왕이 출입할 때에
[너희는] ──시위할지니라 (하니)

9 이에
백부장들이 모든 명령대로 **행하여**
/제사장 여호야다의
거느리고
/각기 관할하는 바
/안식일에 들어오는 자와
/안식일에 나가는 자를
제사장 여호야다에게 **나아오매**

왕하

4 제칠년에 여호야다가 보내어 가리 사람의 백부장들과 호위병의 백부장들을 불러 데리고 여호와의 전으로 들어가서 저희와 언약을 세우고 저희로 여호와의 전에서 맹세케 한 후에 왕자를 보이고 5 명하여 가로되 너희의 행할 것이 이러하니 안식일에 입번한 너희중 삼분 일은 왕궁을 주의하여 지키고 6 삼분 일은 수르문에 있고 삼분 일은 호위대 뒤에 있는 문에 있어서 이와 같이 왕궁을 주의하여 지켜 방어하고 7 안식일에 출번하는 너희중 두 대는 여호와의 전을 주의하여 지켜 왕을 호위하되 8 너희는 각각 손에 병기를 잡고 왕을 호위하며 무릇 너희 반열을 침범하는 자는 죽이고 왕의 출입할 때에 시위 할지니라 9 백부장들이 이에 제사장 여호야다의 모든 명대로 행하여 각기 관할하는 바 안식일에 입번할 자와 출번할 자를 거느리고 제사장 여호야다에게 나아오매 10

4 ¶ Now in the seventh year Jehoiada sent and brought
the captains of hundreds of the Carites and of the guard,
and brought them to him in the house of the LORD.
Then he made a covenant with them and put them under
oath in the house of the LORD, and showed them the
king's son. 5 And he commanded them, saying, "This
is the thing that you shall do: one third of you, who
come in on the sabbath and keep watch over the king's house
6 (one third also shall be at the gate Sur, and one third
at the gate behind the guards), shall keep watch over
the house for defense. 7 "And two parts of you, even
all who go out on the sabbath, shall also keep watch
over the house of the LORD for the king. 8 "Then
you shall surround the king, each with his weapons in
his hand; and whoever comes within the ranks shall be
put to death. And be with the king when he goes out
and when he comes in." 9 ¶ So the captains of hundreds
did according to all that Jehoiada the priest commanded.

10 제사장이 백부장들에게 **주니**
/다윗 왕의 창과 방패를
/여호와의 성전에 있는

11 호위병이 각각 제단과 성전 곁에 **서고**
/손에 무기를 잡고
/왕을 호위하되
/성전 오른쪽에서부터 왼쪽까지

12 여호야다가 왕자를 **인도하여 내어**
왕관을 **씌우며**
율법책을 **〈주고〉**
기름을 **부어**
왕으로 삼으매

무리가 **박수하며**
왕의 만세를 **부르니라**

13 아달랴가 소리를 듣고(when)
/호위병과 백성의
여호와의 성전에 **들어가**
백성에게 **이르러**

14 [그녀가] **보매**
[보라]
왕이 단 위에 **섰고**
/규례대로
장관들과
나팔수가 왕의 곁에 **모셔 섰으며**

온 백성이 **즐거워하여**
나팔을 **부는지라**

아달랴가 옷을 **찢으며**
외치되 ...하매
/반역이로다 반역이로다

15 여호야다가 백부장들에게 **명령하여**
/제사장 /군대를 거느린
이르되 ...하니
/그를 대열 밖으로 몰아내라
/모두 칼로 죽이라
/그를 따르는 자는

//(이유: כִּי, for)

왕하

제사장이 여호와의 전에 있는 다윗 왕의 창과 방패를 백부장들에게 주니 **11** 호위병이 각각 손에 병기를 잡고 왕을 호위하되 전 우편에서부터 전 좌편까지 단과 전 곁에 서고 **12** 여호야다가 왕자를 인도하여 내어 면류관을 씌우며 율법 책을 주고 기름을 부어 왕을 삼으매 무리가 박수하며 왕의 만세를 부르니라 **13** 아달랴가 호위병과 백성의 소리를 듣고 여호와의 전에 들어가서 백성에게 이르러 **14** 보매 왕이 규례대로 대 위에 섰고 장관들과 나팔수가 왕의 곁에 모셨으며 온 국민이 즐거워하여 나팔을 부는지라 아달랴가 옷을 찢으며 외치되 반역이로다 반역이로다 하매 **15** 제사장 여호야다가 군대를 거느린 백부장들에게 명하여 가로되 반열 밖으로 몰아내라 무릇

And each one of them took his men who were to come in on the sabbath, with those who were to go out on the sabbath, and came to Jehoiada the priest. **10** And the priest gave to the captains of hundreds the spears and shields that had been King Davids, which were in the house of the LORD. **11** And the guards stood each with his weapons in his hand, from the right side of the house to the left side of the house, by the altar and by the house, around the king. **12** Then he brought the king's son out and put the crown on him, and gave him the testimony; and they made him king and anointed him, and they clapped their hands and said, "Long live the king!" **13** ¶ When Athaliah heard the noise of the guard and of the people, she came to the people in the house of the LORD. **14** And she looked and behold, the king was standing by the pillar, according to the custom, with the captains and the trumpeters beside the king; and all the people of the land rejoiced and blew trumpets.

//(이유: כִּי, for)
제사장(의)[이] — 이 말은...함이라
/그를 죽이지 말라
/여호와의 성전에서는

16 이에
[그들이] 그의 길을 **열어 주매**
그가 길로 가다가
/왕궁의 말이 다니는
거기서 **죽임을 당하였더라**

17 여호야다가 여호와와 언약을 **맺어** ...하고
/왕과 백성에게

//(목적: לְ, to)
여호와의 백성이 되게 하고

언약을 **〈세우게 하매〉**
/왕과 백성 사이에도

18 온 백성이 바알의 신당으로 **가서**
그 신당을 **허물고**
그 제단들과 우상들을 **깨뜨리고**
/철저히
바알의 제사장 맛단을 **죽이니라**
/그 제단 앞에서

제사장이 관리들을 **세워** (수직하게 하고)
/여호와의 성전을

19 또
[그가] **거느리고**
/백부장들과
/가리 사람과
/호위병과
/온 백성을

왕을 **인도하여** ...내려와
여호와의 성전에서

왕궁에 **이르매**
/호위병의 문 길을 통하여

그가 왕의 왕좌에 **앉으니**

왕하

저를 따르는 자는 칼로 죽이라 하니 제사장의 이 말은 여호와의 전에서는 저를 죽이지 말라 함이라 **16** 이에 저의 길을 열어주매 저가 왕궁 말 다니는 길로 통과하다가 거기서 죽임을 당하였더라 **17** 여호야다가 왕과 백성으로 여호와와 언약을 세워 여호와의 백성이 되게 하고 왕과 백성 사이에도 언약을 세우게 하매 **18** 온 국민이 바알의 당으로 가서 그 당을 훼파하고 그 단들과 우상들을 깨뜨리고 그 단 앞에서 바알의 제사장 맛단을 죽이니라 제사장이 관리들을 세워 여호와의 전을 수직하게 하고 **19** 또 백부장들과 가리 사람과 호위병과 온 국민을 거느리고 왕을 인도하여 여호와의 전에서 내려와서 호위병의 문 길로 말미암아 왕궁에 이르매 저가 왕의 보좌에

Then Athaliah tore her clothes and cried, "Treason! Treason!" **15** And Jehoiada the priest commanded the captains of hundreds who were appointed over the army, and said to them, "Bring her out between the ranks, and whoever follows her put to death with the sword." For the priest said, "Let her not be put to death in the house of the LORD." **16** So they seized her, and when she arrived at the horses' entrance of the king's house, she was put to death there. **17** ¶ Then Jehoiada made a covenant between the LORD and the king and the people, that they should be the LORD's people, also between the king and the people. **18** And all the people of the land went to the house of Baal, and tore it down; his altars and his images they broke in pieces thoroughly, and killed Mattan the priest of Baal before the altars. And the priest appointed officers over the house of the LORD. **19** And he took the captains of hundreds and the Carites and the guards and all the people of the land; and they brought

20 온 백성이 즐거워하고
온 성이 평온하더라
무리가 아달라를 칼로 죽였더라
/왕궁에서

21 요아스가 왕이 될 때에(when)
나이가 칠 세였더라

12

1 요아스가 왕이 되어
/예후의 칠년에
사십 년을 치리하니라
/예루살렘에서

이름은 시비아라
/그의 어머니의 /브엘세바 사람(이더라)

2 요아스는 정직히 행하였으되
/여호와 보시기에
/모든 날 동안에는
/제사장 여호야다가 그를 교훈하는

3 [그가] 다만 산당들을 제거하지 아니하였으므로

백성이 여전히 제사하며
/산당에서
분향하였더라

4 요아스가 제사장들에게 이르되 ...하였으나
5 /제사장들이 — 각각 받아들여
/모든 은[을][13)]
/거룩하게 하여 드리는
/여호와의 성전에
/곧 통용하는 은이나
/은이나
/사람이—드리는
/각 사람의 몸값으로
/모든 은을
/자원하여 드리는
/여호와의 성전에

/아는 자에게서
/[그들은] — 그것으로 수리하라 (하였으나)[14)]
/성전의 어느 곳이든지 파손된 것을 보거든

왕하

13) 4절
14) 5절

앉으니 **20** 온 국민이 즐거워하고 성중이 평온하더라 아
달랴를 무리가 왕궁에서 칼로 죽였었더라 **21** 요아스가
위에 나아갈 때에 나이 칠세였더라

12:1 예후의 칠년에 요아스가 위에 올라 예루살렘에
서 사십 년을 치리하니라 그 모친의 이름은 시비
아라 브엘세바 사람이더라 **2** 요아스가 제사장 여호야다
의 교훈을 받을 동안에 여호와 보시기에 정직히 행하였
으되 **3** 오직 산당을 제하지 아니하였으므로 백성이 오히
려 산당에서 제사하며 분향하였더라 **4** 요아스가 제사장
들에게 이르되 무릇 여호와의 전에 거룩하게 하여 드리
는 은 곧 사람의 통용하는 은이나 각 사람의 몸값으로 드
리는 은이나 자원하여 여호와의 전에 드리는 모든 은을

the king down from the house of the LORD, and came
by the way of the gate of the guards to the king's house.
And he sat on the throne of the kings. **20** So all the
people of the land rejoiced and the city was quiet. For
they had put Athaliah to death with the sword at the
king's house. **21** Jehoash was seven years old when he
became king. **1** ¶ In the seventh year of Jehu, Jehoash became
king, and he reigned forty years in Jerusalem; and his
mother's name was Zibiah of Beersheba. **2** And Jehoash
did right in the sight of the LORD all his days in which
Jehoiada the priest instructed him. **3** Only the high places
were not taken away; the people still sacrificed and
burned incense on the high places. **4** ¶ Then Jehoash
said to the priests, "All the money of the sacred things which

6 제사장들이 수리하지 아니하였는지라
/성전의 파손한 데를
/요아스 왕 제이십삼년에 이르도록

7 요아스 왕이 불러
/대제사장 여호야다와
/제사장들을

이르되
/어찌하여(why)
너희가 — 수리하지 아니하였느냐?
/성전의 파손한 데를
/너희가 — 은을 받지 말고
/아는 사람에게서
/이제부터는

//(이유: כִּי, for)
그들이 — 드리게 하라
/성전의 파손한 데를 위하여

8 제사장들이 동의하니라
/은을 받지도 아니하고
/다시는
/백성에게
/수리하지도 아니하기로
/성전 파손한 것을

9 여호야다가 한 궤를 가져다가
/제사장

구멍을 뚫어
/그것의 뚜껑에
곧 제단 옆에 두매
/여호와의 전문 어귀 오른쪽

제사장들이 그 궤에 넣더라
/문을 지키는 /모든 은을 다
/여호와의 성전에 가져 오는

10 이에
[그들이] 은이 많은 것을 보면(when)
/그 궤 가운데
왕의 서기와 —
대제사장이 — 올라와서

왕하

5 제사장들이 각각 아는 자에게서 받아 들여서 전의 어
느 곳이든지 퇴락한 것을 보거든 그것으로 수리하라 하
였더니 6 요아스왕 이십삼년에 이르도록 제사장들이 오
히려 전의 퇴락한 데를 수리하지 아니하였는지라 7 요
아스 왕이 대제사장 여호야다와 제사장들을 불러서 이르
되 너희가 어찌하여 전의 퇴락한 데를 수리하지 아니하
였느냐 이제부터는 너희 아는 사람에게서 은을 받지 말
고 저희로 전 퇴락한 데를 위하여 드리게 하라 8 제사장
들이 다시는 백성에게 은을 받지도 아니하고 전 퇴락한
것을 수리하지도 아니하기로 응락하니라 9 제사장 여호
야다가 한 궤를 취하여 그 뚜껑에 구멍을 뚫어 여호와의
전문(殿門) 어귀 우편 곧 단 옆에 두매 무릇 여호와의 전
에 가져 오는 은을 다 문을 지키는 제사장들이 그 궤에
넣더라 10 이에 그 궤 가운데 은이 많은 것을 보면 왕

is brought into the house of the LORD, in current money,
both the money of each man's assessment and all the
money which any man's heart prompts him to bring into
the house of the LORD, 5 let the priests take it for themselves,
each from his acquaintance; and they shall repair the damages
of the house wherever any damage may be found. 6 ¶
But it came about that in the twenty-third year of King
Jehoash the priests had not repaired the damages of the house.
7 Then King Jehoash called for Jehoiada the priest, and
for the other priests and said to them, "Why do you
not repair the damages of the house? Now therefore take
no more money from your acquaintances, but pay it for
the damages of the house." 8 So the priests agreed that
they should take no more money from the people, nor
repair the damages of the house. 9 ¶ But Jehoiada the
priest took a chest and bored a hole in its lid, and put
it beside the altar, on the right side as one comes into
the house of the LORD; and the priests who guarded
the threshold put in it all the money which was brought
into the house of the LORD. 10 And when they saw

봉하고
그 은을 **계산하여**
/여호와의 성전에 있는 대로

11 [그들이] 그 달아본 은을 **넘기면**
/일하는 자[의 손에]
/곧 여호와의 성전을 맡은 자의 손에

또
그들은 **주고**
/수리하는 목수[에게]와
/건축하는 자들에게
/여호와의 성전을

12 또 미장이와 석수에게 〈**주고**〉

//또(목적: ל, to)
사게 하며
/수리할 재목과
/여호와의 성전 파손한 데를
/다듬은 돌을

/모든 물건을 위하여
/쓰게 (하였으되)[사용될]
/그 성전(을)[에]
/수리할

13 [그것이] **만들[어]지[지] 아니하고**
/여호와의 성전에 드린 그 은으로
/그 성전의 은 대접이나
/불집게나
/주발이나
/나팔이나
/아무 금 그릇이나
/은 그릇도

14 [그들이] 그 은을 **주어**
/일하는 자에게
그것으로 **수리하게 하였으며**
/여호와의 성전을

15 또
[그들이] 사람들과 **회계하지 아니하였으니**
/그 은을 받아 일꾼에게 주는

//이는(이유: כִּי, for)

의 서기와 대제사장이 올라와서 여호와의 전에 있는대로 그 은을 계수하여 봉하고 **11** 그 달아본 은을 일하는 자 곧 여호와의 전을 맡은 자의 손에 붙이면 저희는 또 여호와의 전을 수리하는 목수와 건축하는 자들에게 주고 **12** 또 미장이와 석수에게 주고 또 여호와의 전 퇴락한 데를 수리할 재목과 다듬은 돌을 사게 하며 그 전을 수리할 모든 물건을 위하여 쓰게 하였으되 **13** 여호와의 전에 드린 그 은으로 그 전의 은대접이나 불집게나 주발이나 나팔이나 아무 금그릇이나 은그릇을 만들지 아니하고 **14** 오직 그 은을 일하는 자에게 주어 그것으로 여호와의 전을 수리하게 하였으며 **15** 또 그 은을 받아 일군에게 주는 사람들과 회계하지 아니하였으니 이는 성실히 일을

that there was much money in the chest, the king's scribe and the high priest came up and tied it in bags and counted the money which was found in the house of the LORD. **11** And they gave the money which was weighed out into the hands of those who did the work, who had the oversight of the house of the LORD; and they paid it out to the carpenters and the builders, who worked on the house of the LORD; **12** and to the masons and the stonecutters, and for buying timber and hewn stone to repair the damages to the house of the LORD, and for all that was laid out for the house to repair it. **13** But there were not made for the house of the LORD silver cups, snuffers, bowls, trumpets, any vessels of gold, or vessels of silver from the money which was brought into the house of the LORD; **14** for they gave that to those who did the work, and with it they repaired the house of the LORD. **15** Moreover, they did not require an accounting from the men into whose hand they gave the

//이는(이유: כִּי, for)
그들이 성실히 일을 하였음이라

16 속건제의 은과
속죄제의 은은 여호와의 성전에 드리지 아니하고
제사장에게 돌렸더라

17 그 때에
하사엘이 **올라와서**
/아람 왕

가드를 **쳐서**
점령하고
예루살렘을 향하여 **올라오고자 하므로**

18 요아스가 **가져다가**
/유다의 왕 /모든 성물과
/그의 조상들[이]-구별하여 드린
/유다 왕 여호사밧과
/여호람과
/아하시야가
/자기가 구별하여 드린 성물과
/금을 다(=모든 금을)
/여호와의 성전 곳간[에 있는]과
/왕궁에 있는

하사엘에게 **보냈더니**
아람 왕

하사엘이 예루살렘에서 **떠나갔더라**

19 남은 사적과
/요아스의
모든 일은 **기록되지 아니하였느냐**
/그가 행한 /유다 왕 역대지략에

20 신복들이 **일어나**
/요아스의

반역하여
그를 **죽였고**
/밀로 궁에서
/실라로 내려가는 길 가의

21 신복은 **요사갈과**
/그를 쳐서 죽인 /시므앗의 아들

하였음이라 **16** 속건제의 은과 속죄제의 은은 여호와의 전에 드리지 아니하고 제사장에게 돌렸더라 **17** 때에 아람 왕 하사엘이 올라와서 가드를 쳐서 취하고 예루살렘을 향하여 올라오고자 한고로 **18** 유다 왕 요아스가 그 열조 유다 왕 여호사밧과 여호람과 아하시야가 구별하여 드린 모든 성물과 자기가 구별하여 드린 성물과 여호와의 전 곳간과 왕궁에 있는 금을 다 취하여 아람 왕 하사엘에게 보내었더니 하사엘이 예루살렘에서 떠나갔더라
19 요아스의 남은 사적과 그 모든 행한 것은 유다 왕 역대 지략에 기록되지 아니하였느냐 **20** 요아스의 신복들이 일어나서 모반하여 실라로 내려가는 길 가의 밀로 궁에서 저를 죽였고 **21** 저를 쳐서 죽인 신복은 시므앗의 아들 요사갈과 소멜의 아들 여호사바드이었더라 저는 다윗 성에 그 열조와 함께 장사되고 그 아들 아마샤가

money to pay to those who did the work, for they dealt faithfully. **16** The money from the guilt offerings and the money from the sin offerings, was not brought into the house of the LORD; it was for the priests. **17** ¶ Then Hazael king of Aram went up and fought against Gath and captured it, and Hazael set his face to go up to Jerusalem. **18** And Jehoash king of Judah took all the sacred things that Jehoshaphat and Jehoram and Ahaziah, his fathers, kings of Judah, had dedicated, and his own sacred things and all the gold that was found among the treasuries of the house of the LORD and of the king's house, and sent them to Hazael king of Aram. Then he went away from Jerusalem. **19** ¶ Now the rest of the acts of Joash and all that he did, are they not written in the Book of the Chronicles of the Kings of Judah? **20** And his servants arose and made a conspiracy, and struck down Joash at the house of Millo as he was going down to Silla.
21 For Jozacar the son of Shimeath, and Jehozabad the

여호사바드였더라
/소멜의 아들

그는 다윗 성에 **장사되고**
/그의 조상들과 함께

아마샤가 **왕이 되니라**
/그의 아들 /그를 대신하여

13

1 여호아하스가 이스라엘 **왕이 되어**
/예후의 아들 /사마리아에서
/요아스의 제이십삼 년에
/아하시야의 아들
/유다의 왕

십칠 년간 **치리하며**

2 [그가] 악을 **행하여**
/여호와 보시기에

여로보암의 죄를 **좇고**
/느밧의 아들
/이스라엘에게 범죄하게 한
거기서 **떠나지 아니하였으므로**

3 여호와께서 이스라엘에게 **노를 발하사**
늘 **붙이셨더니**
/아람 왕 하사엘의 손과
/그의 아들 벤하닷의 손에

4 여호아하스가 여호와께 **간구하매**
여호와께서 **들으셨으니**

//이는(이유: כִּי, for)
[그가] — 보셨음이라
/그들이 학대받음을
/아람 왕이-이스라엘을 학대하므로

5 이에
여호와께서 구원자를 **주시매**
/이스라엘에게

대신하여 왕이 되니라
13:1 유다 왕 아하시야의 아들 요아스의 이십 삼년
에 예후의 아들 여호아하스가 사마리아에서 이스
라엘 왕이 되어 십칠 년을 치리하며 2 여호와 보시기에
악을 행하여 이스라엘로 범죄케 한 느밧의 아들 여로보
암의 죄를 좇고 떠나지 아니하였으므로 3 여호와께서 이
스라엘을 향하여 노를 발하사 늘 아람 왕 하사엘의 손과
그 아들 벤하닷의 손에 붙이셨더니 4 아람 왕이 이스라
엘을 학대하므로 여호아하스가 여호와께 간구하매 여호
와께서 들으셨으니 이는 저희의 학대받음을 보셨음이라
5 여호와께서 이에 구원자를 이스라엘에게 주시매 이스
라엘 자손이 아람 사람의 손에서 벗어나 전과 같이 자기

son of Shomer, his servants, struck him, and he died; and they buried him with his fathers in the city of David, and Amaziah his son became king in his place.
13:1 ¶ In the twenty-third year of Joash the son of
Ahaziah, king of Judah, Jehoahaz the son of Jehu
became king over Israel at Samaria, and he reigned seventeen
years. 2 And he did evil in the sight of the LORD, and
followed the sins of Jeroboam the son of Nebat, with
which he made Israel sin; he did not turn from them. 3
So the anger of the LORD was kindled against Israel,
and He gave them continually into the hand of Hazael
king of Aram, and into the hand of Ben-hadad the son
of Hazael. 4 Then Jehoahaz entreated the favor of the LORD,
and the LORD listened to him; for He saw the oppression
of Israel, how the king of Aram oppressed them. 5 And
the LORD gave Israel a deliverer, so that they escaped

자손이 아람 사람의 **손에서 벗어나**
/이스라엘
자기 장막에 **거하였으나**
/전과 같이

6 그들이 죄에서 **떠나지 아니하고**
/여로보암 집의
/이스라엘에게 범죄하게 한
그 안에서 따라 **행하며**

또
[그들이] 아세라 목상을 그저 **두었더라**
/사마리아에

7 아람 왕이 백성을 **멸절하여**
/여호아하스의
티끌 같이 **되게 하고**
/타작 마당의
여호아하스에게 **남겨 두지 아니하였더라**
/마병 오십 명과
/병거 열 대와
/보병 만 명 외에는

8 남은 사적과
/여호아하스의
모든 일과
/행한
그의 권력은 **기록되지 아니하였느냐**
/이스라엘 왕 역대지략에

9 여호아하스가 그의 조상들과 함께 **자매**
사마리아에 **장사되고**

요아스가 대신하여 **왕이 되니라**
/그 아들

10 요아스가 이스라엘 **왕이 되어**
/여호아하스의 아들 /사마리아에서
/요아스의 제삼십칠 년에
/유다의 왕
십육 년을 **치리하며**

11 [그가] 악을 **행하여**
/여호와께서 보시기에
모든 죄에서 **떠나지 아니하고**
/여로보암의
/이스라엘에게 범죄하게 한
/느밧의 아들

왕하

장막에 거하였으나 6 저희가 이스라엘로 범죄케 한 여
로보암 집의 죄에서 떠나지 아니하고 좇아 행하며 또 사
마리아에 아세라 목상을 그저 두었더라 7 아람 왕이 여
호아하스의 백성을 진멸하여 타작 마당의 티끌같이 되게
하고 마병 오십과 병거 십승과 보병 일만 외에는 여호아
하스에게 남겨두지 아니하였더라 8 여호아하스의 남은
사적과 모든 행한 것과 그 권력은 이스라엘 왕 역대 지
략에 기록되지 아니하였느냐 9 여호아하스가 그 열조와
함께 자매 사마리아에 장사되고 그 아들 요아스가 대신
하여 왕이 되니라 10 유다 왕 요아스의 삼십 칠년에 여
호아하스의 아들 요아스가 사마리아에서 이스라엘 왕이
되어 십육 년을 치리하며 11 여호와 보시기에 악을 행
하여 이스라엘로 범죄케 한 느밧의 아들 여로보암의 모
든 죄에서 떠나지 아니하고 좇아 행하였더라 12 요아스

from under the hand of the Arameans; and the sons of
Israel lived in their tents as formerly. 6 Nevertheless
they did not turn away from the sins of the house of Jeroboam,
with which he made Israel sin, but walked in them; and
the Asherah also remained standing in Samaria. 7 For
he left to Jehoahaz of the army not more than fifty
horsemen and ten chariots and 10,000 footmen, for
the king of Aram had destroyed them and made them
like the dust at threshing. 8 Now the rest of the acts of
Jehoahaz, and all that he did and his might, are they not
written in the Book of the Chronicles of the Kings of
Israel? 9 And Jehoahaz slept with his fathers, and they buried
him in Samaria; and Joash his son became king in his
place. 10 ¶ In the thirty-seventh year of Joash king of Judah,

좋아 행하였더라

12 남은 사적과 /요아스의
모든 일과 /행한
건력은 — 기록되지 아니하였느냐
/아마샤와 싸운 /유다 왕 — /이스라엘 왕 역대지략에

13 요아스가 — 그의 조상들과 함께 **자매**
사마리아에 **장사되고**
/이스라엘 왕들과 함께

여로보암이 — 그 위에 **앉으니라**

14 엘리사가 — 죽을 병이 들매(when)
요아스가 /이스라엘의 왕 — 저에게로 **내려가서**
눈물을 **흘리며**
/자기의 얼굴에
가로되 ..하매
/내 아버지여
내 아버지여
/이스라엘의 병거와 마병이여

15 엘리사가 — 그에게 **이르되** ...하는지라
/활과 화살들을 취하소서

[그가] — 그에게 **취하매**
/활과 화살들을

16 또
[그가] — 이스라엘 왕에게 **이르되** ...하매
/왕의 손으로 활을 잡으소서
그가 — 손으로 **잡으매**

엘리사가 — 자기 손으로 **안찰하고**
/왕의 손 위에

17 [그가] — **가로되** ...하여
/동쪽 창을 여소서
[그가] — 곧 **열매**

의 남은 사적과 무릇 행한 일과 유다 왕 아마샤와 싸운
권력은 이스라엘 왕 역대 지략에 기록되지 아니하였느냐
13 요아스가 그 열조와 함께 자매 이스라엘 왕들과 함
께 사마리아에 장사되고 여로보암이 그 위에 앉으니라
14 엘리사가 죽을 병이 들매 이스라엘 왕 요아스가 저
에게로 내려가서 그 얼굴에 눈물을 흘리며 가로되 내 아
버지여 내 아버지여 이스라엘의 병거와 마병이여 하매
15 엘리사가 저에게 이르되 활과 살들을 취하소서 활과
살들을 취하매 16 또 이스라엘 왕에게 이르되 왕의 손
으로 활을 잡으소서 곧 손으로 잡으매 엘리사가 자기 손
으로 왕의 손을 안찰하고 17 가로되 동편 창을 여소서
곧 열매 엘리사가 가로되 쏘소서 곧 쏘매 엘리사가 가로

Jehoash the son of Jehoahaz, became king over Israel in Samaria, and reigned sixteen years.
11 And he did evil in the sight of the LORD; he did not turn away from all the sins of Jeroboam the son of Nebat, with which he made Israel sin, but he walked in them.
12 Now the rest of the acts of Joash and all that he did and his might with which he fought against Amaziah king of Judah, are they not written in the Book of the Chronicles of the Kings of Israel?
13 So Joash slept with his fathers, and Jeroboam sat on his throne; and Joash was buried in Samaria with the kings of Israel.
14 ¶ When Elisha became sick with the illness of which he was to die, Joash the king of Israel came down to him and wept over him and said, "My father, my father, the chariots of Israel and its horsemen!"
15 And Elisha said to him, "Take a bow and arrows." So he took a bow and arrows.
16 Then he said to the king of Israel, "Put your hand on the bow." And he put his hand on it, then Elisha laid his hands on the king's hands.
17 And he said, "Open the window toward the east," and he opened it. Then

엘리사가 가로되 ...하는지라
/쏘소서
[그가] 곧 쏘매

엘리사가 가로되 ...하니라
/이는 — 구원의 화살
/여호와를 위한
/곧 구원의 화살이니
/아람에 대한
/왕이 — 아벡에서 치리이다
/아람 사람을 멸절하도록

18 또
[그가] 가로되
/[당신은] — 화살들을 취하소서

곧(and)
[그가] 취하매
또
엘리사가 이스라엘 왕에게 이르되 ...하는지라
/[당신은]-땅을 치소서
이에
[그가] 세 번 치고
그친지라

19 사람이 노하여
/하나님의
이르되 ...하니라
/왕이 — 칠 것이니이다
/대여섯 번을

//그리하였더면(결과)
왕이 — 아람을 쳤으리이다
/진멸하기까지

/그런즉
왕이 — 아람을 치리이다
/이제는
/세 번만

20 엘리사가 죽으매
[그들이] 그를 장사하였고

적당이 지경을 범한지라
/모압 /해가 바뀌매

21 [보라]
[그들이] 마침 그 적당을 보고
/사람을 장사하는 자들이

왕하

되 이는 여호와의 구원의 살 곧 아람에 대한 구원의 살
이니 왕이 아람 사람을 진멸하도록 아벡에서 치리이다
18 또 가로되 살들을 취하소서 곧 취하매 엘리사가 또
이스라엘 왕에게 이르되 땅을 치소서 이에 세번 치고 그
친지라 19 하나님의 사람이 노하여 가로되 왕이 오륙번
을 칠 것이니이다 그리하였더면 왕이 아람을 진멸하도록
쳤으리이다 그런즉 이제는 왕이 아람을 세번만 치리이
다 하니라 20 엘리사가 죽으매 장사하였더니 해가 바뀌
매 모압 적당이 지경을 범한지라 21 마침 사람을 장사
하는 자들이 그 적당을 보고 그 시체를 엘리사의 묘실에

Elisha said, "Shoot!" And he shot. And he said, "The
LORD's arrow of victory, even the arrow of victory over
Aram; for you shall defeat the Arameans at Aphek until
you have destroyed them." 18 Then he said, "Take
the arrows," and he took them. And he said to the king
of Israel, "Strike the ground," and he struck it three
times and stopped. 19 So the man of God was angry
with him and said, "You should have struck five or six
times, then you would have struck Aram until you would
have destroyed it. But now you shall strike Aram only
three times." 20 ¶ And Elisha died, and they buried
him. Now the bands of the Moabites would invade the
land in the spring of the year. 21 And as they were
burying a man, behold, they saw a marauding band; and

그의 시체를 **들이던지매**
/엘리사의 묘실에

시체가 엘리사의 뼈에 닿자(when)
곧 **회생하여**
일어섰더라

22 하사엘이 이스라엘을 **학대하였으나**
/아람 왕 /항상
/여호아하스 왕의 시대에

23 여호와께서 이스라엘에게 **은혜를 베풀며**
/언약 때문에
/아브라함과
/이삭과
/야곱과 더불어 세우신

그들을 **불쌍히 여기시며**
권고하사
멸하기를 **즐겨하지 아니하시고**
자기 앞에서 **쫓아내지 아니하셨더라**
/이 때까지

24 하사엘이 **죽고**
/아람의 왕

벤하닷이 대신하여 왕이 **되매**
/그의 아들

25 요아스가 성읍을 **회복하였으니**
/여호아하스의 아들 /벤하닷의 손에서
/하사엘의 아들
/이 성읍들은[15)]

/여호아하스가 — 빼앗겼던 것이라
/자기 부친 /전쟁 중에

요아스가 벤하닷을 **쳐서**
/세 번
파하고
이스라엘 성읍들을 **회복하였더라**

15) 관계대명사

들이던지매 시체가 엘리사의 뼈에 닿자 곧 회생하여 일어 섰더라 22 여호아하스왕의 시대에 아람 왕 하사엘이 항상 이스라엘을 학대하였으나 23 여호와께서 아브라함과 이삭과 야곱으로 더불어 세우신 언약을 인하여 이스라엘에게 은혜를 베풀어 긍휼히 여기시며 권고하사 멸하기를 즐겨 아니하시고 이때까지 자기 앞에서 쫓아내지 아니하셨더라 24 아람 왕 하사엘이 죽고 그 아들 벤하닷이 대신하여 왕이 되매 25 여호아하스의 아들 요아스가 하사엘의 아들 벤하닷의 손에서 두어 성읍을 회복하였으니 이 성읍들은 자기 부친 여호아하스가 전쟁 중에 빼앗겼던 것이라 요아스가 벤하닷을 세번 쳐서 파하고 이스라엘 성읍들을 회복하였더라

they cast the man into the grave of Elisha. And when the man touched the bones of Elisha he revived and stood up on his feet. 22 ¶ Now Hazael king of Aram had oppressed Israel all the days of Jehoahaz. 23 But the LORD was gracious to them and had compassion on them and turned to them because of His covenant with Abraham, Isaac, and Jacob, and would not destroy them or cast them from His presence until now. 24 When Hazael king of Aram died, Ben-hadad his son became king in his place. 25 Then Jehoash the son of Jehoahaz took again from the hand of Ben-hadad the son of Hazael the cities which he had taken in war from the hand of Jehoahaz his father. Three times Joash defeated him and recovered the cities of Israel.

14

1 아마샤가 왕이 **되니**
/요아스의 아들 /요아스 제이년에
/유다의 왕 /여호아하스의 아들
/이스라엘의 왕

2 그가 왕이 된 때에(when)
나이 **이십오 세라**

[그가] 이십구 년간 **다스리니라**
/예루살렘에서

이름은 **여호앗단이요**
/그의 어머니의 /예루살렘 사람(이더라)

3 아마샤가 정직히 **행하였으나**
/여호와 보시기에
다윗과는 같지 아니하였으며
/그의 조상
다 **행하였어도**
/요아스가 행한 대로
/그의 아버지
4 [그가] 산당들을 **제하지 아니하였으므로**
/오직

백성이 여전히 **제사를 드리며**
/산당에서
분향하였더라

5 나라가 그의 손에 굳게 서매(as soon as)
[그가] 신복들을 **죽였으나**
/그의 부왕을 죽인

6 [그가] 자녀들은 **죽이지 아니하였으니**
/왕을 죽인 자의
/이는 모세의 율법책에 기록된 대로(함이라)
/곧
여호와께서 — 명령하여 이르시기를 ...하셨더라
/[너는] —— 아버지를 죽이지 말 것이요
/자녀로 말미암아
/[너는] —— 자녀를 죽이지 말 것이라
/아버지로 말미암아

//오직(이유: כִּי,, for)
사람마다 — 죽을 것이니라
/자기의 죄로 말미암아

14:1 이스라엘 왕 여호아하스의 아들 요아스 이년
에 유다 왕 요아스의 아들 아마샤가 왕이 되니 2
위에 나아갈 때에 나이 이십오세라 예루살렘에서 이십구
년을 치리하니라 그 모친의 이름은 여호앗단이라 예루살
렘 사람이더라 3 아마샤가 여호와 보시기에 정직히 행
하였으나 그 조상 다윗과는 같지 아니하였으며 그 부친
요아스의 행한 대로 다 행하였어도 4 산당을 제하지 아
니하였으므로 백성이 오히려 산당에서 제사를 드리며 분
향하였더라 5 나라가 그 손에 굳게 서매 그 부왕을 죽인
신복들을 죽였으나 6 왕을 죽인 자의 자녀들은 죽이지
아니하였으니 이는 모세의 율법책에 기록된 대로 함이라
곧 여호와께서 명하여 이르시기를 자녀로 인하여 아비를

14:1 ¶ In the second year of Joash son of Joahaz
king of Israel, Amaziah the son of Joash king of Judah
became king. 2 He was twenty-five years old when he
became king, and he reigned twenty-nine years in Jerusalem.
And his mother's name was Jehoaddin of Jerusalem. 3
And he did right in the sight of the LORD, yet not like David
his father; he did according to all that Joash his father
had done. 4 Only the high places were not taken away;
the people still sacrificed and burned incense on the high
places. 5 Now it came about, as soon as the kingdom
was firmly in his hand, that he killed his servants who
had slain the king his father. 6 But the sons of the
slayers he did not put to death, according to what is
written in the book of the law of Moses, as the LORD

7 아마샤가 만 명을 **죽이고**
/에돔 사람
/소금 골짜기에서
또
셀라를 **쳐서 취하고**
욕드엘이라 **하였더니**
/이름을
/오늘까지 (그러하니라)

8 아마샤가 사자를 **보내**
/요아스에게
/이스라엘의 왕
/여호아하스의 아들
/예후의 손자

이르되 ...한지라
/오라
/우리가 서로 대면하자

9 요아스가 사람을 **보내**
/이스라엘의 왕 /아마샤에게
/유다의 왕
이르되 ...하나
/가시나무가 — 전갈을 보내어
/레바논 /레바논 백향목에게
이르기를 ...하였더니
/[너는] — 네 딸을 내 주어...하라
/아들에게
/아내로 삼게

/들짐승이 — 지나가다가
/레바논
그 가시나무를 짓밟았느니라

10 /네가 —— 에돔을 쳐서 파하였으므로
/마음이 — 교만하였으니
/스스로 영광을 삼아
/[너는] —— 왕궁에나 네 집으로 돌아가라

//(이유: כִּי, for)
어찌하여(why)
[너는] —— 화를 자취하여...하느냐

//(목적: לְ, that...may)
너와 유다가 함께 망하고자(하나)

왕하

죽이지 말 것이요 아비로 인하여 자녀를 죽이지 말 것이
라 오직 사람마다 자기의 죄로 인하여 죽을 것이니라 하
셨더라 7 아마샤가 염곡에서 에돔 사람 일만을 죽이고
또 셀라를 쳐서 취하고 이름을 욕드엘이라 하였더니 오
늘까지 그러하니라 8 아마샤가 예후의 손자 여호아하스
의 아들 이스라엘 왕 요아스에게 사자를 보내어 이르되
오라 우리가 서로 대면하자 한지라 9 이스라엘 왕 요아
스가 유다 왕 아마샤에게 보내어 이르되 레바논 가시나
무가 레바논 백향목에게 보내어 이르기를 네 딸을 내 아
들들에게 주어 아내를 삼게 하라 하였더니 레바논 들짐
승이 지나가다가 그 가시나무를 짓밟았느니라 10 네가
에돔을 쳐서 파하였으므로 마음이 교만하였으니 스스로
영광을 삼아 궁에나 거하라 어찌하여 화를 자취하여 너
와 유다가 함께 망하고자 하느냐 하나 11 아마샤가 듣

commanded, saying, "The fathers shall not be put to
death for the sons, nor the sons be put to death for the fathers;
but each shall be put to death for his own sin." 7 He
killed of Edom in the Valley of Salt 10,000 and took
Sela by war, and named it Joktheel to this day. 8 Then
Amaziah sent messengers to Jehoash, the son of Jehoahaz
son of Jehu, king of Israel, saying, "Come, let us face
each other." 9 And Jehoash king of Israel sent to Amaziah
king of Judah, saying, "The thorn bush which was in Lebanon
sent to the cedar which was in Lebanon, saying, 'Give
your daughter to my son in marriage.' But there passed
by a wild beast that was in Lebanon, and trampled the
thorn bush. 10 "You have indeed defeated Edom, and
your heart has become proud. Enjoy your glory and stay
at home; for why should you provoke trouble so that
you, even you, should fall, and Judah with you?" 11 ¶

11 아마샤가 듣지 아니하므로
요아스가 올라와서
/이스라엘의 왕

그와
아마샤가 대면하였더니
/유다의 왕 /유다의 벧세메스에서

12 유다가 이스라엘 앞에서 **패하여**
각기 장막으로 **도망한지라**

13 요아스가 아마샤를 **사로잡고**
/이스라엘 왕 /유다 왕
/요아스의 아들
/아하시야의 손자
/벧세메스에서

예루살렘에 **이르러**
예루살렘 성벽을 **헐고**
/에브라임 문에서부터
성 모퉁이 문까지
/사백 규빗을

14 또
[그가] **취하고**
/금 은과
/모든 기명을
/여호와의 성전과
/왕궁 곳간에 있는

또
[그가] 사람을 볼모로 **잡아가지고**
사마리아로 **돌아갔더라**

15 남은 사적과
/요아스의
그의 권력과
또 싸운 일은 **기록되지 아니하였느냐?**
/아마샤와 /이스라엘 왕 역대지략에
/유다의 왕

16 요아스가 그의 조상들과 함께 **자매**
장사되고
이스라엘 왕들과 함께
/사마리아에

왕하

지 아니하므로 이스라엘 왕 요아스가 올라와서 유다 왕
아마샤로 더불어 유다의 벧세메스에서 대면하였더니 12 유
다가 이스라엘 앞에서 패하여 각기 장막으로 도망한지라 13
이스라엘 왕 요아스가 벧세메스에서 아하시야의 손자 요
아스의 아들 유다 왕 아마샤를 사로잡고 예루살렘에 이
르러 예루살렘 성벽을 에브라임 문에서부터 성 모퉁이
문까지 사백 규빗을 헐고 14 또 여호와의 전과 왕궁 곳
간에 있는 금은과 모든 기명을 취하고 또 사람을 볼모로
잡아가지고 사마리아로 돌아갔더라 15 요아스의 남은
사적과 그 권력과 또 유다 왕 아마샤와 서로 싸운 일은
이스라엘 왕 역대 지략에 기록되지 아니하였느냐 16 요
아스가 그 열조와 함께 자매 이스라엘 왕들과 사마리아
에 함께 장사되고 그 아들 여로보암이 대신하여 왕이 되
니라 17 이스라엘 왕 여호아하스의 아들 요아스가 죽은

But Amaziah would not listen. So Jehoash king of Israel went up; and he and Amaziah king of Judah faced each other at Beth-shemesh, which belongs to Judah.
12 And Judah was defeated by Israel, and they fled each to his tent.
13 Then Jehoash king of Israel captured Amaziah king of Judah, the son of Jehoash the son of Ahaziah, at Beth-shemesh, and came to Jerusalem and tore down the wall of Jerusalem from the Gate of Ephraim to the Corner Gate, 400 cubits.
14 And he took all the gold and silver and all the utensils which were found in the house of the LORD, and in the treasuries of the king's house, the hostages also, and returned to Samaria.
15 ¶ Now the rest of the acts of Jehoash which he did, and his might and how he fought with Amaziah king of Judah, are they not written in the Book of the Chronicles of the Kings of Israel?
16 So Jehoash slept with his fathers

여로보암이 /그의 아들	대신하여 **왕이 되니라**
17 요아스가 /여호아하스의 아들 /이스라엘의 왕	죽은 후에도(after)
아마샤가 /요아스의 아들 /유다의 왕	십오 년간을 **생존하였더라**
18 남은 행적은 /아마샤의	**기록되지 아니하였느냐?** /유다 왕 역대지략에
19 무리가	그를 **모반한 고로** /예루살렘에서
그가	라기스로 **도망하였더니**
무리가 /반역한	사람을 **보내어** /라기스로 따라 그를 **죽이게 하고** /거기서
20 [그들이]	그 시체를 **실어다가** /말에 예루살렘에서 **장사하니라** /그의 조상들과 함께 /다윗 성에
21 온 백성이 /유다	아사랴를 **왕으로 삼으니** /아마샤를 대신하여 /그의 아버지
그의 나이가	그 때에 **십육 세라**
22 아마샤가	그의 조상들과 함께 잔 후에(after)
아사랴가	엘랏을 **건축하여** 유다에 **돌렸더라**
23 여로보암이 /요아스의 아들 /이스라엘의 왕	사마리아에서 **왕이 되어** /아마샤 제십오년에 /요아스의 아들 /유다의 왕 사십일 년간 **위에 있으며**
24 [그가]	악을 **행하여** /여호와 보시기에 모든 죄에서 **떠나지 아니하였더라** /여로보암의 /느밧의 아들 /이스라엘에게 범죄하게 한

왕하

후에도 유다 왕 요아스의 아들 아마샤가 십오 년을 생존하였더라 18 아마샤의 남은 행적은 유다 왕 역대 지략에 기록되지 아니하였느냐 19 예루살렘에서 무리가 저를 모반한고로 저가 라기스로 도망하였더니 모반한 무리가 사람을 라기스로 따라 보내어 저를 거기서 죽이게 하고 20 그 시체를 말에 실어다가 예루살렘에서 그 열조와 함께 다윗 성에 장사하니라 21 유다 온 백성이 아사랴로 그 부친 아마샤를 대신하여 왕을 삼으니 때에 나이 십륙세라 22 아마샤가 그 열조와 함께 잔 후에 아사랴가 엘랏을 건축하여 유다에 돌렸더라 23 유다 왕 요아스의 아들 아마샤 십오년에 이스라엘 왕 요아스의 아들 여로보암이 사마리아에서 왕이 되어 사십일 년을 위에

and was buried in Samaria with the kings of Israel; and Jeroboam his son became king in his place. 17 ¶ And Amaziah the son of Joash king of Judah lived fifteen years after the death of Jehoash son of Jehoahaz king of Israel. 18 Now the rest of the acts of Amaziah, are they not written in the Book of the Chronicles of the Kings of Judah? 19 And they conspired against him in Jerusalem, and he fled to Lachish; but they sent after him to Lachish and killed him there. 20 Then they brought him on horses and he was buried at Jerusalem with his fathers in the city of David. 21 And all the people of Judah took Azariah, who was sixteen years old, and made him king in the place of his father Amaziah. 22 He built Elath and restored it to Judah, after the

25 여로보암이 이스라엘 지경을 **회복하되** ...하였으니
/말씀과 같이
/여호와께서 —— [말씀]하신
/하나님 /선지자 요나를 통하여
/이스라엘의 /그의 종
/가드헤벨 아밋대의 아들
/하맛 어귀에서부터
아라바 바다까지

26 //이는(이유: כִּי, for)
여호와께서 — 보셨고
/이스라엘의 고난(이)[을]
/심하여(=더 심한)
/매인 자도 없고
/놓인 자도 없고
/이스라엘을 도울 자도 없음을

27 //또(이유, 계속)
여호와께서 — [말씀하지] 아니하셨으므로
/이스라엘의 이름을 없이 하겠다고도
/천하에서

[그가] 여로보암의 손으로 **구원하심이었더라**
/요아스의 아들

28 남은 사적과
/여로보암의
행한 일과
/모든
싸운 일과
/그 권력으로
회복한 일과
/다메섹을
돌린 일은 —— **기록되지 아니하였느냐?**
/하맛을 /이스라엘 왕 역대지략에
/이전에 유다에 속하였던
/이스라엘에

29 여로보암이 왕들과 함께 **자고**
/이스라엘
그의 조상

왕하

있으며 **24** 여호와 보시기에 악을 행하여 이스라엘로 범죄케 한 느밧의 아들 여로보암의 모든 죄에서 떠나지 아니하였더라 **25** 이스라엘 하나님 여호와께서 그 종 가드헤벨 아밋대의 아들 선지자 요나로 하신 말씀과 같이 여로보암이 이스라엘 지경을 회복하되 하맛 어귀에서부터 아라바 바다까지 하였으니 **26** 이는 여호와께서 이스라엘의 고난이 심하여 매인 자도 없고 놓인 자도 없고 이스라엘을 도울 자도 없음을 보셨고 **27** 여호와께서 또 이스라엘의 이름을 도말하여 천하에 없이 하겠다고도 아니하셨으므로 요아스의 아들 여로보암의 손으로 구원하심이었더라 **28** 여로보암의 남은 사적과 모든 행한 일과 그 권력으로 싸운 일과 다메섹을 회복한 일과 이전에 유다에 속하였던 하맛을 이스라엘에 돌린 일은 이스라엘 왕 역대 지략에 기록되지 아니하였느냐 **29** 여로보암이 그 열조 이스라엘 왕들과 함께 자고 그 아들 스가랴가 대신하여 왕이 되니라

king slept with his fathers. **23** ¶ In the fifteenth year of Amaziah the son of Joash king of Judah, Jeroboam the son of Joash king of Israel became king in Samaria, and reigned forty-one years. **24** And he did evil in the sight of the LORD; he did not depart from all the sins of Jeroboam the son of Nebat, which he made Israel sin.
25 He restored the border of Israel from the entrance of Hamath as far as the Sea of the Arabah, according to the word of the LORD, the God of Israel, which He spoke through His servant Jonah the son of Amittai, the prophet, who was of Gath-hepher. **26** For the LORD saw the affliction of Israel, which was very bitter; for there was neither bond nor free, nor was there any helper for Israel. **27** And the LORD did not say that He would blot out the name of Israel from under heaven, but He saved them by the hand of Jeroboam the son of Joash.
28 ¶ Now the rest of the acts of Jeroboam and all that he did and his might, how he fought and how he recovered for Israel, Damascus and Hamath, which had belonged to Judah, are they not written in the Book of the Chronicles of the Kings of Israel? **29** And Jeroboam slept with his fathers, even with the kings of Israel, and Zechariah

스가랴가 대신하여 **왕이 되니라**
/그의 아들

15

1 아사랴가 **왕이 되니**
/아마샤의 아들 /여로보암 제이십칠년에
/유다 왕 /이스라엘 왕

2 그가 왕이 될 때에(when)
나이가 **십육 세라**

[그가] 오십이 년간 **치리하니라**
/예루살렘에서

이름은 **여골리야라**
/그의 어머니의 /예루살렘 사람(이더라)

3 아사랴가 정직히 **행하였으나**
/여호와 보시기에
/모든 행위대로
/아마샤의
/그의 아버지

4 오직 산당은 **제거하지 아니하였으므로**
백성이 여전히 제사를 **드리며**
/그 산당에서
분향하였고

5 여호와께서 왕을 **치셨으므로**
그가 나병환자가 **되어**
/죽는 날까지
별궁에 **거하고**

요담이 왕궁을 **다스리며**
/왕자

백성을 **치리하였더라**
/그 땅의

6 남은 사적과
/아사랴의
모든 일은 **기록되지 아니하였느냐?**
/행한 /유다 왕 역대지략에

왕하

15:1 이스라엘 왕 여로보암 이십칠년에 유다 왕 아
마샤의 아들 아사랴가 왕이 되니 2 위에 나아갈
때에 나이 십륙세라 예루살렘에서 오십이 년을 치리하니
라 그 모친의 이름은 여골리야라 예루살렘 사람이더라 3
아사랴가 그 부친 아마샤의 모든 행위대로 여호와 보시
기에 정직히 행하였으나 4 오직 산당은 제하지 아니하였
으므로 백성이 오히려 그 산당에서 제사를 드리며 분향
하였고 5 여호와께서 왕을 치셨으므로 그 죽는 날까지
문둥이가 되어 별궁에 거하고 왕자 요담이 궁중 일을 다
스리며 국민을 치리하였더라 6 아사랴의 남은 사적과 모
든 행한 일은 유다 왕 역대 지략에 기록되지 아니하였느
냐 7 아사랴가 그 열조와 함께 자매 다윗 성에 그 열조

his son became king in his place.
15:1 ¶ In the twenty-seventh year of Jeroboam king
of Israel, Azariah son of Amaziah king of Judah
became king. 2 He was sixteen years old when he
became king, and he reigned fifty-two years in Jerusalem;
and his mother's name was Jecoliah of Jerusalem. 3
And he did right in the sight of the LORD, according
to all that his father Amaziah had done. 4 Only the high
places were not taken away; the people still sacrificed
and burned incense on the high places. 5 And the LORD
struck the king, so that he was a leper to the day of his
death. And he lived in a separate house, while Jotham
the king's son was over the household, judging the people
of the land. 6 Now the rest of the acts of Azariah and

7 아사랴가 그의 조상들과 함께 **자매**
다윗 성에 **장사되고**
/그의 조상들과 함께
요담이 대신하여 **왕이 되니라**
/그의 아들

8 스가랴가 이스라엘을 **치리하며**
/여로보암의 아들 /사마리아에서
/여섯 달 동안
/유다의 왕 아사랴의 제삼십팔년에

9 [그가] 악을 **행하여**
/여호와 보시기에
/그의 조상들의 행위대로
죄에서 **떠나지 아니한지라**
/여로보암의
/이스라엘로 범죄하게 한
/느밧의 아들

10 살룸이 그를 **모반하여**
/야베스의 아들
백성 앞에서 **쳐죽이고**
대신하여 **왕이 되니라**

11 남은 사적은 역대지략에 **기록되니라**
/스가랴의 /이스라엘 왕

12 [이것이] 과연 **그렇게 되니라**
/그 말씀대로
/이르시기를 ...하신
/여호와께서 — 예후에게 말씀하여
/네 자손이 — 사 대 동안 있으리라
/이스라엘 왕위에

13 살룸이 사마리아에서 **왕이 되어**
/야베스의 아들 /웃시야 제삼십구년에
/유다 왕
한 달 동안 **치리하니라**

14 므나헴이 사마리아로 **올라가서**
/가디의 아들 /디르사에서부터
살룸을 **죽이고**
/야베스의 아들
/거기에서
대신하여 **왕이 되니라**

왕하

와 함께 장사되고 그 아들 요담이 대신하여 왕이 되니라
8 유다 왕 아사랴의 삼십팔년에 여로보암의 아들 스가
랴가 사마리아에서 이스라엘 왕이 되어 여섯 달을 치리
하며 9 그 열조의 행위대로 여호와 보시기에 악을 행하
여 이스라엘로 범죄케 한 느밧의 아들 여로보암의 죄에
서 떠나지 아니한지라 10 야베스의 아들 살룸이 저를
모반하여 백성 앞에서 쳐 죽이고 대신하여 왕이 되니라
11 스가랴의 남은 사적은 이스라엘 왕 역대 지략에 기
록되니라 12 여호와께서 예후에게 말씀하여 이르시기를 네
자손이 이스라엘 위를 이어 사대까지 이르리라 하신 그
말씀대로 과연 그렇게 되니라 13 유다 왕 웃시야 삼십
구년에 야베스의 아들 살룸이 사마리아에서 왕이 되어
한 달을 치리하니라 14 가디의 아들 므나헴이 디르사에
서부터 사마리아로 올라가서 야베스의 아들 살룸을 거기

all that he did, are they not written in the Book of the
Chronicles of the Kings of Judah? 7 And Azariah slept
with his fathers, and they buried him with his fathers in
the city of David, and Jotham his son became king in
his place. 8 ¶ In the thirty-eighth year of Azariah king
of Judah, Zechariah the son of Jeroboam became king
over Israel in Samaria for six months. 9 And he did
evil in the sight of the LORD, as his fathers had done;
he did not depart from the sins of Jeroboam the son of Nebat,
which he made Israel sin. 10 Then Shallum the son of
Jabesh conspired against him and struck him before the
people and killed him, and reigned in his place. 11
Now the rest of the acts of Zechariah, behold they are written
in the Book of the Chronicles of the Kings of Israel.
12 This is the word of the LORD which He spoke to
Jehu, saying, "Your sons to the fourth generation shall
sit on the throne of Israel." And so it was. 13 ¶ Shallum
son of Jabesh became king in the thirty-ninth year of
Uzziah king of Judah, and he reigned one month in
Samaria. 14 Then Menahem son of Gadi went up from

15 남은 사적과
/살룸의
일은 — 역대지략에 **기록되니라**
/그가 반역한 /이스라엘 왕

16 그 때에
므나헴이 디르사에서 **와서**
쳤으니
/딥사와
/모든 사람과
/그 가운데에 있는
그 사방을

//이는(이유: כִּי, because)
그들이 — 성문을 열지 아니하였음이라

그러므로
그들이 [그 곳을] **치고**
아이 밴 부녀를 **갈랐더라**
/그 가운데에

17 므나헴이 이스라엘 **왕이 되어**
/가디의 아들 /아사랴 제삼십구년에
/유다 왕
십 년간 **치리하며**
/사마리아에서

18 [그가] 악을 **행하여**
/여호와 보시기에
죄에서 **떠나지 아니하였더라**
여로보암의
/느밧의 아들
/이스라엘로 범죄하게 한
/평생

왕하

19 불이 **와서** ...하매
/앗수르 왕 /그 땅을 치려

므나헴이 은 천 달란트를 **주어서**
/불에게

//(목적: לְ, to)
그로 자기를 도와 주게 함으로

//(목적: לְ, to)
나라를 굳게 세우고자 하여
/자기 손에

서 죽이고 대신하여 왕이 되니라 15 살룸의 남은 사적
과 그 모반한 일은 이스라엘 왕 역대 지략에 기록되니라
16 그 때에 므나헴이 디르사에서 와서 딥사와 그 가운
데 있는 모든 사람과 그 사방을 쳤으니 이는 저희가 성문
을 열지 아니하였음이라 그러므로 치고 그 가운데 아이
밴 부녀를 갈랐더라 17 유다 왕 아사랴 삼십구년에 가
디의 아들 므나헴이 이스라엘 왕이 되어 사마리아에서
십 년을 치리하며 18 여호와 보시기에 악을 행하여 이
스라엘로 범죄케 한 느밧의 아들 여로보암의 죄에서 평
생 떠나지 아니하였더라 19 앗수르 왕 불이 와서 그 땅
을 치려 하매 므나헴이 은 일천 달란트를 불에게 주어서
저로 자기를 도와주게 함으로 나라를 자기 손에 굳게 세

Tirzah and came to Samaria, and struck Shallum son of
Jabesh in Samaria, and killed him and became king in
his place. 15 Now the rest of the acts of Shallum and
his conspiracy which he made, behold they are written
in the Book of the Chronicles of the Kings of Israel.
16 Then Menahem struck Tiphsah and all who were in
it and its borders from Tirzah, because they did not open
to him, therefore he struck it; and he ripped up all its
women who were with child. 17 ¶ In the thirty-ninth
year of Azariah king of Judah, Menahem son of Gadi became
king over Israel and reigned ten years in Samaria. 18
And he did evil in the sight of the LORD; he did not
depart all his days from the sins of Jeroboam the son of
Nebat, which he made Israel sin. 19 ¶ Pul, king of

20 [그가] 그 은을 **토색하여**
/이스라엘 모든 큰 부자에게서

//(목적: ל, to)
앗수르 왕에게 주었더니
/은 오십 세겔씩 내게 하여
/각 사람에게

이에
앗수르 왕이 **돌이키고**
그 땅에 **머물지 아니하였더라**

21 남은 사적과
/므나헴의
모든 일은 **기록되지 아니하였느냐?**
/그가 행한 /이스라엘 왕 역대지략에

22 므나헴이 그의 조상들과 함께 **자고**

브가히야가 대신하여 **왕이 되니라**
/그의 아들

23 브가히야가 이스라엘 **왕이 되어**
/므나헴의 아들 /사마리아에서
/아사랴 제오십년에
/유다의 왕

이 년간 **치리하며**

24 [그가] 악을 **행하여**
/여호와께서 보시기에
죄에서 **떠나지 아니한지라**
/여로보암의
/느밧의 아들
/이스라엘로 범죄하게 한

25 베가가 **반역하여**
/르말랴의 아들
/그 장관

죽이되
/왕과
아르곱과
아리에를
/왕궁 호위소에서
/사마리아

우고자 하여 **20** 그 은을 이스라엘 모든 큰 부자에게서
토색하여 각 사람에게 은 오십 세겔씩 내게 하여 앗수르
왕에게 주었더니 이에 앗수르 왕이 돌이키고 그 땅에 머
물지 아니하였더라 **21** 므나헴의 남은 사적과 그 모든
행한 일은 이스라엘 왕 역대 지략에 기록되지 아니하였
느냐 **22** 므나헴이 그 열조와 함께 자고 그 아들 브가히
야가 대신하여 왕이 되니라 **23** 유다 왕 아사랴 오십년
에 므나헴의 아들 브가히야가 사마리아에서 이스라엘 왕
이 되어 이 년을 치리하며 **24** 여호와 보시기에 악을 행
하여 이스라엘로 범죄케 한 느밧의 아들 여로보암의 죄
에서 떠나지 아니한지라 **25** 그 장관 르말랴의 아들 베
가가 반역하여 사마리아 왕궁 호위소에서 왕과 아르곱과

Assyria, came against the land, and Menahem gave Pul
a thousand talents of silver so that his hand might be
with him to strengthen the kingdom under his rule. **20** Then
Menahem exacted the money from Israel, even from all
the mighty men of wealth, from each man fifty shekels
of silver to pay the king of Assyria. So the king of
Assyria returned and did not remain there in the land.
21 Now the rest of the acts of Menahem and all that
he did, are they not written in the Book of the Chronicles
of the Kings of Israel? **22** And Menahem slept with
his fathers, and Pekahiah his son became king in his
place. **23** ¶ In the fiftieth year of Azariah king of Judah,
Pekahiah son of Menahem became king over Israel in
Samaria, and reigned two years. **24** And he did evil in
the sight of the LORD; he did not depart from the sins
of Jeroboam son of Nebat, which he made Israel sin.
25 Then Pekah son of Remaliah, his officer, conspired
against him and struck him in Samaria, in the castle of

오십 명과 더불어 **죽이고**
/길르앗 사람
대신하여 **왕이 되었더라**

26 남은 사적과
/브가히야의
모든 일은
/그가 행한
역대지략에 **기록되니라**
/이스라엘 왕

27 베가가
/르말랴의 아들
이스라엘 **왕이 되어**
/아사랴 제오십이년에
/유다의 왕
이십 년간 **치리하며**
/사마리아에서

28 [그가]
악을 **행하여**
/여호와께서 보시기에
죄에서 **떠나지 아니하였더라**
/여로보암의
/느밧의 아들
/이스라엘로 범죄하게 한

29 디글랏 빌레셀이
/앗수르 왕
와서
/베가 때에
/이스라엘 왕
취하고
/이욘과 아벨벳 마아가와
야노아와 게데스와
하솔과 길르앗과
갈릴리와 납달리 온 땅을

그 백성을 **사로잡아**
앗수르로 **옮겼더라**

30 호세아가
/엘라의 아들
반역하여
/요담 제이십년에
/웃시야의 아들
베가를 **쳐서**
/르말랴의 아들
죽이고
대신하여 **왕이 되니라**

31 남은 사적과
/베가의
모든 일은
/그가 행한
역대지략에 **기록되니라**
/이스라엘 왕

아리에를 죽이되 길르앗 사람 오십 명으로 더불어 죽이
고 대신하여 왕이 되었더라 26 브가히야의 남은 사적과
그 모든 행한 일은 이스라엘 왕 역대 지략에 기록되니라
27 유다 왕 아사랴 오십이년에 르말랴의 아들 베가가
이스라엘 왕이 되어 사마리아에서 이십 년을 치리하며
28 여호와 보시기에 악을 행하여 이스라엘로 범죄케 한
느밧의 아들 여로보암의 죄에서 떠나지 아니하였더라
29 이스라엘 왕 베가 때에 앗수르 왕 디글랏 빌레셀이
와서 이욘과 아벨벳마아가와 야노아와 게데스와 하솔과
길르앗과 갈릴리와 납달리 온 땅을 취하고 그 백성을 사
로잡아 앗수르로 옮겼더라 30 웃시야의 아들 요담 이십
년에 엘라의 아들 호세아가 반역하여 르말랴의 아들 베

the king's house with Argob and Arieh; and with him
were fifty men of the Gileadites, and he killed him and
became king in his place. 26 Now the rest of the acts
of Pekahiah and all that he did, behold they are written
in the Book of the Chronicles of the Kings of Israel.
27 ¶ In the fifty-second year of Azariah king of Judah,
Pekah son of Remaliah became king over Israel in
Samaria, and reigned twenty years. 28 And he did evil
in the sight of the LORD; he did not depart from the
sins of Jeroboam son of Nebat, which he made Israel
sin. 29 ¶ In the days of Pekah king of Israel, Tiglath-
pileser king of Assyria came and captured Ijon and Abel-
beth-maacah and Janoah and Kedesh and Hazor and
Gilead and Galilee, all the land of Naphtali; and he
carried them captive to Assyria. 30 And Hoshea the
son of Elah made a conspiracy against Pekah the son of

32 요담이	**왕이 되니**
/웃시야의 아들	/베가 제이년에
/유다 왕	/르말랴의 아들
	/이스라엘의 왕
33 [그가]	[위에 나갈 때](when)
나이가	**이십오 세라**
[그가]	십육 년간 **치리하니라**
	/예루살렘에서
이름은	**여루사라**
/그의 어머니의	/사독의 딸(이더라)
34 요담이	정직히 **행하였으나**
	/여호와께서 보시기에
	/웃시야의 모든 행위대로
	/그의 아버지
35 [그가]	산당을 **제거하지 아니하였으므로**
	/오직
백성이	그 산당에서 **제사를 드리며**
	/여전히
	분향하였더라
요담이	윗문을 **건축하니라**
	/여호와의 성전의
36 남은 사적과	
/요담의	
모든 일은	**기록되지 아니하였느냐?**
/그가 행한	/유다 왕 역대지략에
37 여호와께서	그 때에 비로소 **치게 하셨더라**
	/보내어(=보내시기를)
	/아람 왕 르신과
	/르말랴의 아들 베가를
	/유다를 치게
38 요담이	**자매**
	/그의 조상들과 함께
	장사되고
	/조상들과 함께
	/그의 조상 다윗 성에

왕하

가를 쳐서 죽이고 대신하여 왕이 되니라 **31** 베가의 남
은 사적과 그 모든 행한 일은 이스라엘 왕 역대 지략에
기록되니라 **32** 이스라엘 왕 르말랴의 아들 베가 이년에
유다 왕 웃시야의 아들 요담이 왕이 되니 **33** 위에 나아
갈 때에 나이 이십오세라 예루살렘에서 십륙 년을 치리
하니라 그 모친의 이름은 여루사라 사독의 딸이더라 **34**
요담이 그 부친 웃시야의 모든 행위대로 여호와 보시기
에 정직히 행하였으나 **35** 오직 산당을 제하지 아니하였
으므로 백성이 오히려 그 산당에서 제사를 드리며 분향
하였더라 요담이 여호와의 전의 윗문을 건축하니라 **36**
요담의 남은 사적과 그 모든 행한 일은 유다 왕 역대 지
략에 기록되지 아니하였느냐 **37** 그 때에 여호와께서 비
로소 아람 왕 르신과 르말랴의 아들 베가를 보내어 유다
를 치게 하셨더라 **38** 요담이 그 열조와 함께 자매 그

Remaliah, and struck him and put him to death and
became king in his place, in the twentieth year of Jotham
the son of Uzziah. **31** Now the rest of the acts of Pekah
and all that he did, behold, they are written in the Book
of the Chronicles of the Kings of Israel. **32** ¶ In the
second year of Pekah the son of Remaliah king of Israel,
Jotham the son of Uzziah king of Judah became king.
33 He was twenty-five years old when he became king,
and he reigned sixteen years in Jerusalem; and his mother's
name was Jerusha the daughter of Zadok. **34** And he
did what was right in the sight of the LORD; he did according
to all that his father Uzziah had done. **35** Only the high
places were not taken away; the people still sacrificed
and burned incense on the high places. He built the
upper gate of the house of the LORD. **36** Now the rest
of the acts of Jotham and all that he did, are they not
written in the Book of the Chronicles of the Kings of
Judah? **37** In those days the LORD began to send Rezin
king of Aram and Pekah the son of Remaliah against
Judah. **38** And Jotham slept with his fathers, and he

아하스가 대신하여 **왕이 되니라**
/그 아들

16

1 아하스가 **왕이 되니**
/요담의 아들 /베가 제십칠년에
/유다의 왕 /르말랴의 아들

2 아하스가 왕이 될 때에(when)
나이가 **이십 세라**
십육 년간 **치리하였으나**
/예루살렘에서
정직히 **행하지 아니하고**
/여호와께서 보시기에
/그의 하나님
/다윗과 같지 아니하여
/그의 조상

3 [그가] 여러 왕의 길로 **행하며**
/이스라엘의

또
[그가] 불 가운데로 **지나가게 하며**
/자기 아들을
/이방 사람의 가증한 일을 따라
/여호와께서 — 쫓아내신
/이스라엘 자손 앞에서

4 또
[그가] 제사를 **드리며**
분향하였더라
/산당들과
/작은 산 위와
/모든 푸른 나무 아래에서

5 이 때에
르신과
/아람의 왕
베가가 — 예루살렘에 **올라와서**
/르말랴의 아들
/이스라엘의 왕

//(목적: ל, to)
싸우려 하여

왕하

조상 다윗 성에 열조와 함께 장사되고 그 아들 아하스가
대신하여 왕이 되니라
16:1 르말랴의 아들 베가 십칠년에 유다 왕 요담의
아들 아하스가 왕이 되니 2 아하스가 위에 나아
갈 때에 나이 이십세라 예루살렘에서 십륙 년을 치리하
였으나 그 조상 다윗과 같지 아니하여 그 하나님 여호와
보시기에 정직히 행치 아니하고 3 이스라엘 열왕의 길로
행하며 또 여호와께서 이스라엘 자손 앞에서 쫓아내신
이방 사람의 가증한 일을 본받아 자기 아들을 불 가운데
로 지나가게 하며 4 또 산당과 작은 산 위와 모든 푸른
나무 아래서 제사를 드리며 분향하였더라 5 이 때에 아
람 왕 르신과 이스라엘 왕 르말랴의 아들 베가가 예루살
렘에 올라와서 싸우려 하여 아하스를 에워쌌으나 이기지
못하 니라 6 당시에 아람 왕 르신이 엘랏을 회복하여 아

was buried with his fathers in the city of David his
father; and Ahaz his son became king in his place.
16:1 ¶ In the seventeenth year of Pekah the son of
Remaliah, Ahaz the son of Jotham, king of Judah,
became king. 2 Ahaz was twenty years old when he
became king, and he reigned sixteen years in Jerusalem;
and he did not do what was right in the sight of the
LORD his God, as his father David had done. 3 But
he walked in the way of the kings of Israel, and even
made his son pass through the fire, according to the
abominations of the nations whom the LORD had driven
out from before the sons of Israel. 4 And he sacrificed
and burned incense on the high places and on the hills
and under every green tree. 5 ¶ Then Rezin king of
Aram and Pekah son of Remaliah, king of Israel, came
up to Jerusalem to wage war; and they besieged Ahaz,

아하스를 **에워쌌으나**
능히 **이기지 못하니라**

6 르신이 엘랏을 **회복하여**
/아람의 왕 /당시에
아람에 **돌리고**
유다 사람을 **쫓아내었고**
/엘랏에서

아람 사람이 엘랏에 **이르러**
거기에 **거주하여**
오늘까지 **이르렀더라**

7 아하스가 사자를 **보내**
/디글랏 빌레셀에게
/앗수르 왕
이르되
/나는 —— 왕의 신복이요
/[나는] —— 왕의 아들이라
/[당신은] ┬ 청하건대 올라와
└ 나를 구원하소서 하고
/그 손에서
/아람 왕과
이스라엘 왕(이)[의]
/이제 나를 치니

8 아하스가 은금을 **취하여**
/있는
/여호와의 성전[에]과
/왕궁 곳간에

예물로 **보냈더니**
/앗수르 왕에게

9 앗수르 왕이 그 청을 **듣고**
곧 **올라와서**
/다메섹을 쳐서
취하여
그 백성을 **사로잡아**
길로 **옮기고**
또
르신을 **죽였더라**

10 아하스 왕이 다메섹에 **갔다가**
//(목적: ל, to)

람에 돌리고 유다 사람을 엘랏에서 쫓아내었고 아람 사
람이 엘랏에 이르러 거하여 오늘날까지 이르렀더라 **7**
아하스가 앗수르 왕 디글랏 빌레셀에게 사자를 보내어
이르되 나는 왕의 신복이요 왕의 아들이라 이제 아람 왕
과 이스라엘 왕이 나를 치니 청컨대 올라와서 나를 그
손에서 구원하소서 하고 **8** 여호와의 전과 왕궁 곳간에
있는 은금을 취하여 앗수르 왕에게 예물로 보내었더니 **9**
앗수르 왕이 그 청을 듣고 곧 올라와서 다메섹을 쳐서
취하여 그 백성을 사로잡아 길로 옮기고 또 르신을 죽였
더라 **10** 아하스 왕이 앗수르 왕 디글랏 빌레셀을 만나
러 다메섹에 갔다가 거기 있는 단을 보고 드디어 그 구
조와 제도의 식양을 그려 제사장 우리아에게 보내었더니 **11**

but could not overcome him. **6** At that time Rezin king
of Aram recovered Elath for Aram, and cleared the
Judeans out of Elath entirely; and the Arameans came
to Elath, and have lived there to this day. **7** ¶ So Ahaz
sent messengers to Tiglath-pileser king of Assyria, saying,
"I am your servant and your son; come up and deliver
me from the hand of the king of Aram, and from the
hand of the king of Israel, who are rising up against
me." **8** And Ahaz took the silver and gold that was
found in the house of the LORD and in the treasuries
of the king's house, and sent a present to the king of
Assyria. **9** So the king of Assyria listened to him; and
the king of Assyria went up against Damascus and
captured it, and carried the people of it away into exile
to Kir, and put Rezin to death. **10** ¶ Now King Ahaz
went to Damascus to meet Tiglath-pileser king of Assyria,

//(목적: ל, to)
디글랏 빌레셀을 만나러
/앗수르의 왕

[그가] 제단을 **보고**
/거기 있는
아하스 왕이 드디어 **그려**
/그 제단의 모든 구조와
/제도의 양식을
우리야에게 **보냈더니**
/제사장

11 우리야가 모두 **행하여**
/제사장 /아하스 왕이 다메섹에서 보낸 대로

아하스 왕이 돌아오기 전에(before)
/다메섹에서
우리야가 제단을 **만든지라**
/제사장

12 왕이 다메섹에서 **돌아와**
제단을 **보고**
제단 앞에 **나아가**
그 위에 제사를 **드리되**

13 [그가] **불사르고**
/자기의 번제물과
/소제물을

또
전제물을 **붓고**
제단에 **뿌리고**
/수은제 짐승의 피를

왕하

14 또
[그가] 놋제단을 **옮겨다가**
/여호와의 앞[에 있던]
/곧 성전 앞에 있던
/새 제단과 여호와의 성전 사이에서

그것을 **두니라**
/그 제단 북쪽에

15 아하스 왕이 우리야에게 **명령하여**
/제사장

아하스 왕이 다메섹에서 돌아오기 전에 제사장 우리야가
아하스왕이 다메섹에서 보낸 모든 것대로 단을 만든지라
12 왕이 다메섹에서 돌아와서 단을 보고 단 앞에 나아
가 그 위에 제사를 드리되 13 자기의 번제와 소제를 불
사르고 또 전제를 붓고 수은제 짐승의 피를 단에 뿌리고
14 또 여호와의 앞 곧 전 앞에 있던 놋단을 옮기되 새
단과 여호와의 전 사이에서 옮겨다가 그 단 북편에 두니
라 15 아하스왕이 제사장 우리야에게 명하여 가로되 아
침 번제와 저녁 소제와 왕의 번제와 그 소제와 모든 국민
의 번제와 그 소제와 전제를 다 이 큰 단 위에 불사르고
또 번제물의 피와 다른 제물의 피를 다 그 위에 뿌리고
오직 놋단은 나의 물을 일에 쓰게 하라 하매 16 제사장

and saw the altar which was at Damascus; and King Ahaz sent to Urijah the priest the pattern of the altar and its model, according to all its workmanship.
11 So Urijah the priest built an altar; according to all that King Ahaz had sent from Damascus, thus Urijah the priest made it, before the coming of King Ahaz from Damascus.
12 And when the king came from Damascus, the king saw the altar; then the king approached the altar and went up to it,
13 and burned his burnt offering and his meal offering, and poured his libation and sprinkled the blood of his peace offerings on the altar.
14 And the bronze altar, which was before the LORD, he brought from the front of the house, from between his altar and the house of the LORD, and he put it on the north side of his altar.
15 Then King Ahaz commanded Urijah the priest, saying, "Upon the great altar burn the morning burnt offering

이르되 ...하매
/[너는] — 이 큰 제단 위에 불사르고
/아침 번제물과
/저녁 소제물과
/왕의 번제물과
/그 소제물과
/모든 국민의 번제물과
/그 소제물과 전제물을
/다
/또
[너는] ──그 위에 뿌리라
/번제물의 피와
/다른 제물의 피를
/다
/놋제단은 — 쓰게 하라
/오직 /내가 주께 여쭐 일에만

16 우리야가 모든 명령대로 **행하였더라**
/제사장 /아하스 왕의

17 아하스 왕이 옆판을 **떼어내고**
/물두멍 받침의
물두멍을 **옮기고**
/그 자리에서

또
[그가] 놋바다를 **내려다가**
/놋소 위에서
돌판 위에 **두며**
/그것을

18 또
[그가] 옮겨 **세웠더라**
/낭실과
/성전에 건축한
/안식일에 쓰기 위하여
/낭실을
/왕이 밖에서 들어가는
/앗수르 왕을 두려워하여
/여호와의 성전에(=from)

19 사적은 **기록되지 아니하였느냐?**
/그 남은 /유다 왕 역대지략에
/아하스가 행한

20 아하스가 그의 조상들과 함께 **자매**
그 열조와 함께 **장사되고**
/다윗 성에

우리야가 아하스왕의 모든 명대로 행하였더라 17 아하
스왕이 물두멍 받침의 옆판을 떼어 내고 물두멍을 그 자
리에서 옮기고 또 놋바다를 놋소 위에서 내려다가 돌판
위에 두며 18 또 안식일에 쓰기 위하여 성전에 건축한
낭실과 왕이 밖에서 들어가는 낭실을 앗수르 왕을 인하
여 여호와의 전에 옮겨 세웠더라 19 아하스의 그 남은
사적은 유다왕 역대 지략에 기록되지 아니하였느냐 20
아하스가 그 열조와 함께 자매 다윗성에 그 열조와 함께
장사되고 그 아들 히스기야가 대신하여 왕이 되니라

and the evening meal offering and the king's burnt
offering and his meal offering, with the burnt offering
of all the people of the land and their meal offering and
their libations; and sprinkle on it all the blood of the
burnt offering and all the blood of the sacrifice. But the
bronze altar shall be for me to inquire by." 16 So Urijah
the priest did according to all that King Ahaz commanded.
17 ¶ Then King Ahaz cut off the borders of the stands,
and removed the laver from them; he also took down
the sea from the bronze oxen which were under it, and
put it on a pavement of stone. 18 And the covered way
for the sabbath which they had built in the house, and
the outer entry of the king, he removed from the house
of the LORD because of the king of Assyria. 19 Now
the rest of the acts of Ahaz which he did, are they not
written in the Book of the Chronicles of the Kings of
Judah? 20 So Ahaz slept with his fathers, and was
buried with his fathers in the city of David; and his son

히스기야가 대신하여 **왕이 되니라**
/그의 아들

17

1 호세아가 이스라엘 **왕이 되어**
/엘라의 아들 /사마리아에서
/아하스 제십이년에
/유다의 왕
구 년간 **치리하며**

2 [그가] 악을 **행하였으나**
/여호와께서 보시기에

다만 하지는 **아니하였더라**
/그 전 여러 왕들과 같이
/이스라엘

3 살만에셀이 올라와서 **친고로**
/앗수르의 왕 /호세아를 [치러]

호세아가 그에게 **신복하여**
조공을 **드리더니**

4 앗수르 왕이 배반함을 **보고**
/호세아가[의]
/그가 — 사자들을 보내고
/애굽의 왕 소에게
조공을 드리지 아니하매
/앗수르 왕에게
/해마다 하던 대로

그를 옥에 금고하여 **두고**

5 앗수르 왕이 **올라와**
그 온 땅에 **두루다니고**
사마리아로 **올라와**
그 곳을 **에워쌌더라**
/삼 년간

6 앗수르 왕이 — 사마리아를 **취하고**
/호세아 제구년에
이스라엘 사람을 **사로잡아**

17:1 유다 왕 아하스 십 이년에 엘라의 아들 호세아가 사마리아에서 이스라엘 왕이 되어 구년을 치리하며 **2** 여호와 보시기에 악을 행하였으나 그 전 이스라엘 여러 왕들과 같이 하지는 아니하였더라 **3** 앗수르 왕 살만에셀이 올라와서 호세아를 친고로 호세아가 신복하여 조공을 드리더니 **4** 저가 애굽 왕 소에게 사자들을 보내고 해마다 하던대로 앗수르 왕에게 조공을 드리지 아니하매 앗수르 왕이 호세아의 배반함을 보고 저를 옥에 금고하여 두고 **5** 올라와서 그 온 땅에 두루 다니고 사마리아로 올라와서 삼년을 에워쌌더라 **6** 호세아 구년에 앗수르 왕이 사마리아를 취하고 이스라엘 사람을 사로잡아 앗수르로 끌어다가 할라와 고산 하볼 하숫가와 메대 사람의 여러 고을에 두었더라 **7** 이 일은 이스라엘 자손이 자기를 애굽에서 인도하여 내사 애굽 왕 바로의 손에서 벗어나게 하

Hezekiah reigned in his place. **1** ¶ In the twelfth year
of Ahaz king of Judah, Hoshea the son of Elah became
king over Israel in Samaria, and reigned nine years. **2**
And he did evil in the sight of the LORD, only not as
the kings of Israel who were before him. **3** Shalmaneser
king of Assyria came up against him, and Hoshea became
his servant and paid him tribute. **4** But the king of
Assyria found conspiracy in Hoshea, who had sent
messengers to So king of Egypt and had offered no
tribute to the king of Assyria, as he had done year by
year; so the king of Assyria shut him up and bound him
in prison. **5** Then the king of Assyria invaded the whole
land and went up to Samaria and besieged it three years.
6 In the ninth year of Hoshea, the king of Assyria
captured Samaria and carried Israel away into exile to Assyria,
and settled them in Halah and Habor, on the river of
Gozan, and in the cities of the Medes. **7** ¶ Now this
came about, because the sons of Israel had sinned against

앗수르로 **끌어다가**
두었더라
/할라와 하볼과
/고산 강 가에 있는
/여러 고을에
/메대 사람의

7 //이 일은(이유: כִּי, for)
자손이 —— 죄를 범하고
/이스라엘 /그 하나님 여호와께
/인도하여 내사
/자기를 애굽 땅에서
/벗어나게 하신
/애굽의 왕 바로의 손에서

//또(이유, 계속)
[그들이] —— 다른 신들을 경외하며

8 //(이유, 계속)
[그들이] —— 행하였음이라
/규례와
/이방 사람의
/여호와께서 — 쫓아내신
/이스라엘 자손 앞에서
/율례를
/이스라엘 여러 왕이 세운

9 자손이 불의를 **가만히 행하여**
/이스라엘의
여호와를 **배역하여**
/그 하나님
산당을 **세우고**
/모든 성읍에
/망대로부터 견고한 성에 이르도록

10 [그들이] 목상과 아세라 상을 **세우고**
/모든 산 위에와
/모든 푸른 나무 아래에

11 또
[그들이] 그 곳 모든 산당에서 **분향하며**
/이방 사람 같이
/여호와께서 — 물리치신
/그들 앞에서

또
[그들이] 악을 **행하여**

//(목적: לְ, to)
여호와를 격노하게 하였으며

신 그 하나님 여호와께 죄를 범하고 또 다른 신들을 경
외하며 8 여호와께서 이스라엘 자손 앞에서 쫓아내신
이방 사람의 규례와 이스라엘 여러 왕의 세운 율례를 행
하였음이라 9 이스라엘 자손이 가만히 불의를 행하여
그 하나님 여호와를 배역하여 모든 성읍에 망대로부터
견고한 성에 이르도록 산당을 세우고 10 모든 산 위에
와 모든 푸른 나무 아래에 목상과 아세라 상을 세우고
11 또 여호와께서 저희 앞에서 물리치신 이방 사람같이
그곳 모든 산당에서 분향하며 또 악을 행하여 여호와를
격노케 하였으며 12 또 우상을 섬겼으니 이는 여호와께

the LORD their God, who had brought them up from the land of Egypt from under the hand of Pharaoh, king of Egypt, and they had feared other gods.
8 and walked in the customs of the nations whom the LORD had driven out before the sons of Israel, and in the customs of the kings of Israel which they had introduced.
9 And the sons of Israel did things secretly which were not right, against the LORD their God. Moreover, they built for themselves high places in all their towns, from watchtower to fortified city.
10 And they set for themselves sacred pillars and Asherim on every high hill and under every green tree,
11 and there they burned incense on all the high places as the nations did which the LORD had carried away to exile before them; and they did evil things provoking the

왕하

12 또
[그들이] 우상을 **섬겼으니**

이는 명하신 **일이라**
/여호와께서 행하지 말라고
/그들에게

13 여호와께서 이스라엘과 유다에게 **지정하여**
/각 선지자[를 통하여]와
/각 선견자를 통하여
이르시기를 ...하셨으나
/너희는 ── 돌이켜...떠나
/너희 악한 길에서
─ 나의 명령과 율례를 지키되
─ 모든 율법대로 행하라
/내가 ── 명령하고
/너희 조상들에게
/또
[내가]─너희에게 전한
/내 종 선지자들을 통하여

14 그들이 **듣지 아니하고**
그들의 목을 **굳게 하기를** ...하여
/그들 조상들의 목 같이
/여호와를 믿지 아니하던
/그들의 하나님

15 [그들이] **버리고**
/여호와의 율례와
/언약과
/여호와께서 ── 세우신
/그들의 조상들과 더불어
/경계하신 말씀을
허무한 것을 **좇아**
허망하며

또
[그들이] 이방 사람을 **본받아**
/사방
/여호와께서 ── 명령하사...하신
/따르지 말라

16 [그들이] 명령을 **버리고**
/그들의 하나님 여호와의
두 송아지 형상을 **부어 만들고**
/자기들을 위하여

또

서 행치 말라 명하신 일이라 13 여호와께서 각 선지자
와 각 선견자로 이스라엘과 유다를 경계하여 이르시기를
너희는 돌이켜 너희 악한 길에서 떠나 나의 명령과 율례
를 지키되 내가 너희 열조에게 명하고 또 나의 종 선지자
들로 너희에게 전한 모든 율법대로 행하라 하셨으나 14
저희가 듣지 아니하고 그 목을 굳게 하기를 그 하나님 여
호와를 믿지 아니하던 저희 열조의 목같이 하여 15 여
호와의 율례와 여호와께서 그 열조로 더불어 세우신 언
약과 경계하신 말씀을 버리고 허무한 것을 좇아 허망하
며 또 여호와께서 명하사 본받지 말라 하신 사면 이방 사
람을 본받아 16 그 하나님 여호와의 모든 명령을 버리
고 자기를 위하여 두 송아지 형상을 부어 만들고 또 아세

LORD. 12 And they served idols, concerning which
the LORD had said to them, "You shall not do this
thing." 13 Yet the LORD warned Israel and Judah,
through all His prophets and every seer, saying, "Turn
from your evil ways and keep My commandments, My
statutes according to all the law which I commanded
your fathers, and which I sent to you through My servants
the prophets." 14 However, they did not listen, but stiffened
their neck like their fathers, who did not believe in the LORD
their God. 15 And they rejected His statutes and His
covenant which He made with their fathers, and His warnings
with which He warned them. And they followed vanity
and became vain, and went after the nations which surrounded
them, concerning which the LORD had commanded them
not to do like them. 16 And they forsook all the
commandments of the LORD their God and made for

아세라 목상을 **만들고**
일월 성신을 **숭배하며**
/하늘의
또
바알을 **섬기고**

17 또
[그들이] 불 가운데로 **지나가게 하며**
/자기 자녀를
복술과 사술을 **행하고**
스스로 팔려

//(목적: ל, to)
악을 **행하여**
/여호와 보시기에

//(목적: ל, to)
그를 격노하게 하였으므로

18 여호와께서 이스라엘에게 심히 **노하사**
[그들을] **제하시니**
/그의 앞에서
남은 자가 오직 유다 지파 외에는 **없으니라**

19 유다도 여호와의 명령을 **지키지 아니하고**
/그들의 하나님
율례를 **행하였으므로**
/이스라엘 사람들이 만든

20 여호와께서 온 족속을 **버리사**
/이스라엘의
괴롭게 하시며
노략꾼의 손에 **붙이시고**
/마침내 쫓아내시니라[16)]
/그의 앞에서

21 [여호와께서] 이스라엘을 찢어 나누시매(when)
/다윗의 집에서
그들이 왕으로 **삼았더니**
/여로보암을
/느밧의 아들

여로보암이 이스라엘을 **몰아**
/여호와를 떠나고
큰 죄를 **범하게 하매**

16) 쫓아내실 때까지

라 목상을 만들고 하늘의 일월 성신을 숭배하며 또 바알
을 섬기고 17 또 자기 자녀를 불 가운데로 지나가게 하
며 복술과 사술을 행하고 스스로 팔려 여호와 보시기에
악을 행하여 그 노를 격발게 하였으므로 18 여호와께서
이스라엘을 심히 노하사 그 앞에서 제하시니 유다 지파
외에는 남은 자가 없으니라 19 유다도 그 하나님 여호
와의 명령을 지키지 아니하고 이스라엘 사람의 세운 율
례를 행하였으므로 20 여호와께서 이스라엘의 온 족속
을 버리사 괴롭게 하시며 노략군의 손에 붙이시고 심지
어 그 앞에서 쫓아내시니라 21 이스라엘을 다윗의 집에
서 찢어 나누시매 저희가 느밧의 아들 여로보암으로 왕
을 삼았더니 여로보암이 이스라엘을 몰아 여호와를 떠나

themselves molten images, even two calves, and made an Asherah and worshiped all the host of heaven and served Baal.
17 Then they made their sons and their daughters pass through the fire, and practiced divination and enchantments, and sold themselves to do evil in the sight of the LORD, provoking Him.
18 So the LORD was very angry with Israel, and removed them from His sight; none was left except the tribe of Judah.
19 ¶ Also Judah did not keep the commandments of the LORD their God, but walked in the customs which Israel had introduced.
20 And the LORD rejected all the descendants of Israel and afflicted them and gave them into the hand of plunderers, until He had cast them out of His sight.
21 When He had torn Israel from the house of David, they made Jeroboam the son of Nebat king. Then Jeroboam drove Israel away from following the LORD, and made them commit a

22 자손이 모든 죄를 따라 **행하여**
/이스라엘 /여로보암이 행한
거기서 **떠나지 아니하므로**

23 여호와께서 드디어 이스라엘을 **제하신지라**
/그 앞에서
/말씀대로
/[그가] — [말씀]하신
/모든 선지자를 통하여
/그의 종

이스라엘이 앗수르에 **사로잡혀 가서**
/고향에서
/오늘까지 이르(렀더라, until)

24 앗수르 왕이 사람을 **옮겨다가**
/바벨론과 구다와
/아와와 하맛과
/스발와임에서
사마리아 여러 성읍에 **두매**
/이스라엘 자손을 대신하여

그들이 사마리아를 **차지하고**
그 여러 성읍에 **거주하니라**

25 그들이 거기 거주할 때에(when)
/처음으로
여호와를 **경외하지 아니하므로**

여호와께서 사자들을 **보내시매**
/그들 가운데에
몇 사람을 **죽인지라**

26 그러므로
어떤 사람이 앗수르 왕에게 **말하여**
가로되 ...하니라
/민족들이 — 그 땅 신의 법을 알지 못하므로
/왕께서 여러 성읍에 옮겨
/사마리아
— 거주하게 하신
/신이 — 사자들을 그들 가운데에 보내매
/그들의
— 그들을 죽였사오니

//이는(이유: אֲשֶׁר, because)

고 큰 죄를 범하게 하매 22 이스라엘 자손이 여로보암
의 행한 모든 죄를 따라 행하여 떠나지 아니하므로 23
여호와께서 그 종 모든 선지자로 하신 말씀대로 심지어
이스라엘을 그 앞에서 제하신지라 이스라엘이 고향에서
앗수르에 사로잡혀 가서 오늘까지 미쳤더라 24 앗수르
왕이 바벨론과 구다와 아와와 하맛과 스발와임에서 사람
을 옮겨다가 이스라엘 자손을 대신하여 사마리아 여러
성읍에 두매 저희가 사마리아를 차지하여 그 여러 성읍
에 거하니라 25 저희가 처음으로 거기 거할 때에 여호
와를 경외치 아니한고로 여호와께서 사자들을 그 가운데
보내시매 몇 사람을 죽인지라 26 그러므로 혹이 앗수르
왕에게 고하여 가로되 왕께서 사마리아 여러 성읍에 옮

great sin. 22 And the sons of Israel walked in all the
sins of Jeroboam which he did; they did not depart from
them, 23 until the LORD removed Israel from His sight,
as He spoke through all His servants the prophets. So
Israel was carried away into exile from their own land
to Assyria until this day. 24 ¶ And the king of Assyria
brought men from Babylon and from Cuthah and from
Avva and from Hamath and Sephar-vaim, and settled
them in the cities of Samaria in place of the sons of
Israel. So they possessed Samaria and lived in its cities.
25 And it came about at the beginning of their living
there, that they did not fear the LORD; therefore the
LORD sent lions among them which killed some of
them. 26 So they spoke to the king of Assyria, saying,
"The nations whom you have carried away into exile in
the cities of Samaria do not know the custom of the god

//이는(이유: אֲשֶׁר, because)
그들이 — 법을 알지 못함이니이다
/그 땅 신의

27 앗수르 왕이 **명령하여** ...하니
가로되 ...하라
/너희는 — 제사장 한 사람을 데려가되
/그 곳에서 사로잡아 온
/그 곳으로
/그가 — 그 곳에 가서
거주하며
그 땅 신의 법을 가르치게
/무리에게

28 이에
한 사람이 **와서**
/제사장 중
/사마리아에서 사로잡혀 간

벧엘에 **거하며**
백성에게 **가르쳤더라**
/어떻게 여호와 경외할지를

29 그러나
각 민족이 자기의 신상들을 **만들어**
/각기
여러 산당들에 **두되**
/사마리아 사람이 지은
각 민족이 **〈그렇게 하여〉**
/자기들이 거주한 성읍에서

30 사람들은 숙곳브놋을 **만들었고**
/바벨론
굿 사람들은 네르갈을 **만들었고**
하맛 사람들은 아시마를 **만들었고**

31 아와 사람들은 닙하스와 다르닥을 **만들었고**

사람들은 그 자녀를 불살라 **드렸으며**
/스발와임 /아드람멜렉과 아남멜렉에게
/그들의 신

32 또
그들이 — 여호와를 **경외하여**

겨 거하게 하신 열방 사람이 그 땅 신의 법을 알지 못하
므로 그 신이 사자들을 저희 가운데 보내매 저희를 죽였
사오니 이는 저희가 그 땅 신의 법을 알지 못함이니이다
27 앗수르 왕이 명하여 가로되 너희는 그곳에서 사로잡
아 온 제사장 하나를 그곳으로 데려가되 저로 그 곳에
가서 거하며 그 땅 신의 법으로 무리에게 가르치게 하라
28 이에 사마리아에서 사로잡혀 간 제사장 중 하나가
와서 벧엘에 거하며 백성에게 어떻게 여호와 경외할 것
을 가르쳤더라 29 그러나 각 민족이 각기 자기의 신상
들을 만들어 사마리아 사람의 지은 여러 산당에 두되 각
민족이 자기의 거한 성읍에서 그렇게 하여 30 바벨론
사람들은 숙곳브놋을 만들었고 굿 사람들은 네르갈을 만
들었고 하맛 사람들은 아시마를 만들었고 31 아와 사람
들은 닙하스와 다르닥을 만들었고 스발와임 사람들은 그

of the land; so he has sent lions among them, and behold,
they kill them because they do not know the custom of
the god of the land." 27 ¶ Then the king of Assyria
commanded, saying, "Take there one of the priests
whom you carried away into exile, and let him go and
live there; and let him teach them the custom of the god
of the land." 28 So one of the priests whom they had carried
away into exile from Samaria came and lived at Bethel,
and taught them how they should fear the LORD. 29
But every nation still made gods of its own and put
them in the houses of the high places which the people
of Samaria had made, every nation in their cities in
which they lived. 30 And the men of Babylon made Succoth-
benoth, the men of Cuth made Nergal, the men of Hamath
made Ashima, 31 and the Avvites made Nibhaz and Tartak;
and the Sepharvites burned their children in the fire to

사람을 **택하여**
/자기 중에서
/산당의 제사장으로
제사를 드리게 하니라
/그 산당들에서
/자기를 위하여

33 이와 같이
그들이 여호와도 **경외하고**
또한
자기의 신들도 **섬겼더라**
/어디서부터 옮겨왔든지
/그 민족의 풍속대로

34 그들이 이전 풍속대로 **행하여**
/오늘까지
여호와를 **경외하지 아니하며**
또
[그들이] **준행하지 아니하는도다**
/율례와 법도와
/율법과 계명을
/여호와께서 명령하신
/야곱의 자손에게
/이스라엘이라 이름을 주신

35 여호와께서 언약을 옛적에 **세우시고**
/야곱의 자손에게
그들에게 **명령하여**
가라사대
/너희는 ─ 다른 신을 경외하지 말며
그를 경배하지 말며
그를 섬기지 말며
그에게 제사하지 말고
36 /[너희는] ─ 오직 경외하여
/여호와만
/너희를 인도하여 내신
/애굽에서
/큰 능력과 편 팔로
그를 예배하며
그에게 제사를 드릴 것이며
37 /또
[너희는] ─ 지켜
/율례와 법도와
/율법과 계명을
/여호와가 너희를 위하여 기록한

자녀를 불살라 그 신 아드람멜렉과 아남멜렉에게 드렸으
며 32 저희가 또 여호와를 경외하여 자기 중에서 사람
을 산당의 제사장으로 택하여 그 산당에서 자기를 위하
여 제사를 드리게 하니라 33 이와 같이 저희가 여호와
도 경외하고 또한 어디서부터 옮겨왔든지 그 민족의 풍
속대로 자기의 신들도 섬겼더라 34 저희가 오늘까지 이
전 풍속대로 행하여 여호와를 경외치 아니하며 또 여호
와께서 이스라엘이라 이름을 주신 야곱의 자손에게 명하
신 율례와 법도와 율법과 계명을 준행치 아니하는도다
35 옛적에 여호와께서 야곱의 자손에게 언약을 세우시
고 저희에게 명하여 가라사대 너희는 다른 신을 경외하
지 말며 그를 숭배하지 말며 그를 섬기지 말며 그에게 제
사하지 말고 36 오직 큰 능력과 편 팔로 너희를 애굽에
서 인도하여 낸 여호와만 너희가 경외하여 그를 숭배하

Adrammelech and Anammelech the gods of Sepharvaim.
32 They also feared the LORD and appointed from
among themselves priests of the high places, who acted
for them in the houses of the high places. 33 They
feared the LORD and served their own gods according
to the custom of the nations from among whom they
had been carried away into exile. 34 ¶ To this day they
do according to the earlier customs: they do not fear the
LORD, nor do they follow their statutes or their ordinances
or the law, or the commandments which the LORD
commanded the sons of Jacob, whom He named Israel;
35 with whom the LORD made a covenant and commanded
them, saying, "You shall not fear other gods, nor bow
down yourselves to them nor serve them nor sacrifice to
them. 36 "But the LORD, who brought you up from
the land of Egypt with great power and with an outstretched

//(목적: ל, to)
영원히 행하고

/[너희는] — 다른 신들을 경외하지 말며
38 /또
[너희는] — 언약을 잊지 말며
/내가 너희와 세운
— 다른 신들을 경외하지 말고
39 /[너희는] — 오직 여호와만을 경외하라
/너희 하나님

//(결과)
그가 — 너희를 건져내리라 (하셨으나)
/모든 원수의 손에서

40 그러나
그들이 **듣지 아니하고**
오히려 이전 풍속대로 **행하였느니라**

41 여러 민족이 여호와를 **경외하고**
/이
또
[그들이] 우상을 **섬기더니**
/그 아로새긴
그들도 오늘까지 **[행]하니라**
/자자 손손이 /그 열조의 행한 것을 좇아
/그들의

18

1 히스기야가 **왕이 되니**
/아하스의 아들 /호세아 제삼년에
/유다 왕 /엘라의 아들
/이스라엘의 왕

2 그가 왕이 될 때에(when)
나이가 **이십오 세라**
[그가] 이십구 년간 **치리하니라**
/예루살렘에서

이름은 **아비요**
/그의 어머니의 /스가리야의 딸(이더라)

며 그에게 제사를 드릴 것이며 **37** 또 여호와가 너희를
위하여 기록한 율례와 법도와 율법과 계명을 너희가 지
켜 영원히 행하고 다른 신들을 경외치 말며 **38** 또 내가
너희와 세운 언약을 잊지 말며 다른 신들을 경외치 말고
39 오직 너희 하나님 여호와를 경외하라 그가 너희를
모든 원수의 손에서 건져내리라 하셨으나 **40** 그러나 저
희가 듣지 아니하고 오히려 이전 풍속대로 행하였느니라 **41**
그 여러 민족이 여호와를 경외하고 또 그 아로새긴 우상
을 섬기더니 그 자자손손이 그 열조의 행한 것을 좇아
오늘까지 그대로 하니라

18:1 이스라엘 왕 엘라의 아들 호세아 삼년에 유다
왕 아하스의 아들 히스기야가 왕이 되니 **2** 위에
나아갈 때에 나이 이십오세라 예루살렘에서 이십구 년을
치리하니라 그 모친의 이름은 아비라 스가리야의 딸이더

arm, Him you shall fear, and to Him you shall bow yourselves
down, and to Him you shall sacrifice. **37** "And the
statutes and the ordinances and the law and the
commandment, which He wrote for you, you shall observe
to do forever; and you shall not fear other gods. **38**
"And the covenant that I have made with you, you shall
not forget, nor shall you fear other gods. **39** "But the LORD
your God you shall fear; and He will deliver you from
the hand of all your enemies." **40** However, they did
not listen, but they did according to their earlier custom.
41 So while these nations feared the LORD, they also served
their idols; their children likewise and their grandchildren,
as their fathers did, so they do to this day.

18:1 ¶ Now it came about in the third year of Hoshea,
the son of Elah king of Israel, that Hezekiah the
son of Ahaz king of Judah became king. **2** He was
twenty-five years old when he became king, and he
reigned twenty-nine years in Jerusalem; and his mother's

3 히스기야가 정직하게 **행하여**
/여호와께서 보시기에
/그의 조상 다윗의 모든 행위와 같이

4 그가 여러 산당들을 **제하며**
주상을 **깨뜨리며**
아세라 목상을 **찍으며**

놋뱀을(그것을) **부수고**
/모세가 만들었던
/느후스단이라 일컬었더라

//(이유: כִּי, for)
이스라엘 자손이 — 향하여 분향하므로
/이때까지

5 히스기야가 여호와를 **의지하였는데**
/이스라엘 하나님

그러한 자가 **없었으니**
/그의 전후
/유다 여러 왕 중에

6 //곧(이유: כִּי, for)
그가 ─ 여호와께 연합하여
/그에게서 떠나지 아니하고
└ 계명을 지켰더라
/여호와께서 모세에게 명령하신

7 여호와께서 그와 **함께 하시매**
그가 **형통하였더라**
/어디로 가든지

저가 앗수르 왕을 **배척하고**
섬기지 아니하였고

8 그가 블레셋 사람들을 **쳐서**
/가사와 그 사방에[까지](이르고)
/망대에서부터 견고한 성까지(이르렀더라)

9 살만에셀이 사마리아로 **올라와서**
/앗수르의 왕
/히스기야 왕 제사년
/곧 호세아 제칠년에
/이스라엘의 왕
/엘라의 아들

왕하

라 3 히스기야가 그 조상 다윗의 모든 행위와 같이 여호
와 보시기에 정직히 행하여 4 여러 산당을 제하며 주상
을 깨뜨리며 아세라 목상을 찍으며 모세가 만들었던 놋
뱀을 이스라엘 자손이 이때까지 향하여 분향하므로 그것
을 부수고 느후스단이라 일컬었더라 5 히스기야가 이스
라엘 하나님 여호와를 의지하였는데 그의 전후 유다 여
러 왕 중에 그러한 자가 없었으니 6 곧 저가 여호와께
연합하여 떠나지 아니하고 여호와께서 모세에게 명하신
계명을 지켰더라 7 여호와께서 저와 함께 하시매 저가
어디로 가든지 형통하였더라 저가 앗수르 왕을 배척하고
섬기지 아니하였고 8 블레셋 사람을 쳐서 가사와 그 사
방에 이르고 망대에서부터 견고한 성까지 이르렀더라 9
히스기야 왕 사년 곧 이스라엘 왕 엘라의 아들 호세아 칠
년에 앗수르 왕 살만에셀이 사마리아로 올라와서 에워쌌

name was Abi the daughter of Zechariah. 3 And he did
right in the sight of the LORD, according to all that his father
David had done. 4 He removed the high places and
broke down the sacred pillars and cut down the Asherah.
He also broke in pieces the bronze serpent that Moses
had made, for until those days the sons of Israel burned
incense to it; and it was called Nehushtan. 5 He trusted
in the LORD, the God of Israel; so that after him there
was none like him among all the kings of Judah, nor
among those who were before him. 6 For he clung to
the LORD; he did not depart from following Him, but
kept His commandments, which the LORD had commanded
Moses. 7 And the LORD was with him; wherever he
went he prospered. And he rebelled against the king of
Assyria and did not serve him. 8 He defeated the
Philistines as far as Gaza and its territory, from watchtower
to fortified city. 9 ¶ Now it came about in the fourth
year of King Hezekiah, which was the seventh year of Hoshea

에워쌌더라

10 그 성읍이 **함락되니**
/삼 년 후에
/곧 히스기야 왕의 육년이요

사마리아가 **함락되매**
/호세아의 구년에
/이스라엘 왕

11 앗수르 왕이 이스라엘을 **사로잡아**
앗수르에 **이르러**
두었으니
/할라와 하볼과
/고산 강 가에 있는
/메대 사람의 여러 성읍에

12 //이는(이유: על, because)
그들이 —— 말씀을 준행치 아니하고
/하나님 여호와의
— 배반하고
/그의 언약과
/모든 것을
/여호와의 종 모세가 명령한
— 거스려 듣지 아니하고
— 행치도 아니하였음이더라

13 산헤립이 **올라와서**
/앗수르의 왕
/히스기야 왕 제십사년에
/유다 모든 성읍들을 쳐서
/견고한
취하매

14 히스기야가 라기스로 사람을 **보내어**
/유다의 왕

앗수르 왕에게 **이르되** ...하였더니
/내가 —— 범죄하였나이다
/[당신은] — 돌아가소서
/나를 떠나
/내가 —— 당하리이다
/왕이 내게 지우시는 것을

왕하

더라 10 삼년 후에 그 성이 함락되니 곧 히스기야의 육
년이요 이스라엘 왕 호세아의 구년이라 사마리아가 함락
되매 11 앗수르 왕이 이스라엘을 사로잡아 앗수르에 이
르러 할라와 고산하볼 하숫가와 메대 사람의 여러 성읍
에 두었으니 12 이는 저희가 그 하나님 여호와의 말씀
을 준행치 아니하고 그 언약을 배반하고 여호와의 종 모
세의 모든 명한 것을 거스려 듣지도 아니하며 행치도 아
니하였음이더라 13 히스기야왕 십사년에 앗수르 왕 산
헤립이 올라와서 유다 모든 견고한 성읍들을 쳐서 취하
매 14 유다 왕 히스기야가 라기스로 보내어 앗수르 왕
에게 이르되 내가 범죄하였나이다 나를 떠나 돌아가소서
왕이 내게 지우시는 것을 내가 당하리이다 하였더니 앗
수르 왕이 곧 은 삼백 달란트와 금 삼십 달란트를 정하
여 유다 왕 히스기야로 내게 한지라 15 히스기야가 이

son of Elah king of Israel, that Shalmaneser king of
Assyria came up against Samaria and besieged it. 10
And at the end of three years they captured it; in the
sixth year of Hezekiah, which was the ninth year of
Hoshea king of Israel, Samaria was captured. 11 Then
the king of Assyria carried Israel away into exile to
Assyria, and put them in Halah and on the Habor, the
river of Gozan, and in the cities of the Medes, 12
because they did not obey the voice of the LORD their
God, but transgressed His covenant, even all that Moses
the servant of the LORD commanded; they would neither
listen, nor do it. 13 ¶ Now in the fourteenth year of
King Hezekiah, Sennacherib king of Assyria came up against
all the fortified cities of Judah and seized them. 14
Then Hezekiah king of Judah sent to the king of Assyria
at Lachish, saying, "I have done wrong. Withdraw from

앗수르 왕이 **정하여 내게 한지라**
/유다 왕 히스기야에게
/곧 은 삼백 달란트와
/금 삼십 달란트를

15 이에
히스기야가 은을 다 **주었고**
/여호와의 성전[있는]과
/왕궁 곳간에 있는

16 또
히스기야가 **벗겨**
/유다 왕 /여호와의 성전 문의 금과
/자기가 모든 기둥에 입힌 금을
/그 때에
모두 **주었더라**
/앗수르 왕에게

17) 보냈다

17 앗수르 왕이 대군을 **거느리고...가서...하매**17)
/다르단과 랍사리스와 랍사게로 하여금
/라기스에서부터 예루살렘으로
/히스기야 왕을 치게

그들이 예루살렘으로 **올라가니라**
그들이 **올라가서**
서니라
/윗못 수도 곁
/곧 큰 길에 이르러
/세탁자의 밭에 있는

18 그들이 왕을 부르매(when)

엘리야김과
/힐기야의 아들로서
/왕궁의 책임자인
셉나와
/서기관
요아가 — 저에게 **나가니**
/사관
/아삽의 아들

19 랍사게가 그들에게 **이르되**
/너희는 — 히스기야에게 고하라
/왕의 — 말씀이
/대왕 /네가 의뢰하는 이 의뢰가 무엇이냐
/앗수르

에 여호와의 전과 왕궁 곳간에 있는 은을 다 주었고 **16**
또 그때에 유다 왕 히스기야가 여호와의 전 문의 금과 자
기가 모든 기둥에 입힌 금을 벗겨 모두 앗수르 왕에게 주
었더라 **17** 앗수르 왕이 다르단과 랍사리스와 랍사게로
대군을 거느리고 라기스에서부터 예루살렘으로 가서 히
스기야 왕을 치게 하매 저희가 예루살렘으로 올라가니라
저희가 올라가서 윗못 수도 곁 곧 세탁자의 밭에 있는 큰
길에 이르러 서니라 **18** 저희가 왕을 부르매 힐기야의
아들 궁내대신 엘리야김과 서기관 셉나와 아삽의 아들
사관 요아가 저에게 나가니 **19** 랍사게가 저희에게 이르
되 너희는 히스기야에게 고하라 대왕 앗수르 왕의 말씀
이 너의 의뢰하는 이 의뢰가 무엇이냐 **20** 네가 싸울만

me; whatever you impose on me I will bear." So the
king of Assyria required of Hezekiah king of Judah three
hundred talents of silver and thirty talents of gold. **15**
And Hezekiah gave him all the silver which was found
in the house of the LORD, and in the treasuries of the
king's house. **16** At that time Hezekiah cut off the gold
from the doors of the temple of the LORD, and from
the doorposts which Hezekiah king of Judah had overlaid,
and gave it to the king of Assyria. **17** ¶ Then the king
of Assyria sent Tartan and Rab-saris and Rabshakeh
from Lachish to King Hezekiah with a large army to
Jerusalem. So they went up and came to Jerusalem. And
when they went up, they came and stood by the conduit
of the upper pool, which is on the highway of the fuller's
field. **18** When they called to the king, Eliakim the son
of Hilkiah, who was over the household, and Shebnah
the scribe and Joah the son of Asaph the recorder, came
out to them. **19** Then Rabshakeh said to them, "Say

20 /네가 —— 있다고 한다마는
/싸울 만한 계교와
/용력이
/이는 —— 입에 붙은 말 뿐이라
/네가 —— 이제 누구를 의뢰하고
나를 반역하였느냐

21 /이제
네가 —— 애굽을 의뢰하도다
/너를 위하여
/저 상한 갈대 지팡이
/[만일]
사람이 —— 그것을 의지하면
[그는] —— 그의 손에 찔려 들어갈지라
바로는 —— 이와 같으니라
/애굽의 왕 /모든 자에게
/그에게 의뢰하는

22 /[만일]
너희가 —— 내게 이르기를 ...하리라마는
/우리는–여호와를 의뢰하노라
/우리 하나님
/히스기야가 —— 제거하고
/그들의 산당들과
/제단을
명령하기를 ...하지 아니하였느냐
/유다와
/예루살렘 사람에게
/이 제단 앞에서만 예배하라(하셨나니)
/예루살렘

23 /청하건대 이제(now)
너는 —— 앗수르 왕과 내기하라
/내 주
/만일
네가 —— 사람을 낼 수 있다면(if)
/말을 탈
나는 —— 네게 주리라
/말 이천 필을

24 /어찌(how)
네가 —— 한 사람인들 물리치며
/지극히 작은 지휘관
/내 주의 신하 중
애굽을 의뢰하고 ...듯하냐[18]
/그 병거와 기병을 얻을

18) 병거와 기병을 위하여 애굽을 의뢰하느냐?

한 계교와 용력이 있다고 한다마는 이는 입에 붙은 말
뿐이라 네가 이제 누구를 의뢰하고 나를 반역하였느냐
21 이제 네가 저 상한 갈대 지팡이 애굽을 의뢰하도다
사람이 그것을 의지하면 그 손에 찔려 들어갈지라 애굽
왕 바로는 무릇 의뢰하는 자에게 이와 같으니라 22 너
희가 혹시 내게 이르기를 우리는 우리 하나님 여호와를
의뢰하노라 하리라마는 히스기야가 여호와의 산당과 제
단을 제하고 유다와 예루살렘 사람에게 명하기를 예루살
렘 이 단 앞에서만 숭배하라 하지 아니하였느냐 하셨나
니 23 이제 너는 내 주 앗수르 왕과 내기하라 네가 만
일 그 말 탈 사람을 낼 수 있다면 나는 네게 말 이천 필
을 주리라 24 네가 어찌 내 주의 신복 중 지극히 작은
장관 하나인들 물리치며 애굽을 의뢰하고 그 병거와 기
병을 얻을 듯하냐 25 내가 어찌 여호와의 뜻이 아니고

now to Hezekiah, 'Thus says the great king, the king
of Assyria, "What is this confidence that you have?
20 "You say (but they are only empty words), 'I have
counsel and strength for the war.' Now on whom do
you rely, that you have rebelled against me? 21 "Now
behold, you rely on the staff of this crushed reed, even
on Egypt; on which if a man leans, it will go into his
hand and pierce it. So is Pharaoh king of Egypt to all
who rely on him. 22 "But if you say to me, 'We
trust in the LORD our God,' is it not He whose high
places and whose altars Hezekiah has taken away, and
has said to Judah and to Jerusalem, You shall worship before
this altar in Jerusalem? 23 "Now therefore, come, make
a bargain with my master the king of Assyria, and I will
give you two thousand horses, if you are able on your
part to set riders on them. 24 "How then can you
repulse one official of the least of my master's servants,
and rely on Egypt for chariots and for horsemen? 25 "Have

25 /어찌 이제(how)
내가 — 이 곳을 멸하러 올라왔겠느냐
/여호와의 뜻이 아니고야
/여호와께서 - 내게 전에 이르시기를...하셨느니라
/[너는] ┬ 이 땅으로 올라와서
└ 쳐서 멸하라(하는지라)

26 엘리야김과
/힐기야의 아들
셉나와
요아가 랍사게에게 **이르되**
/우리가 — 알아듣겠사오니
/청하건대
[당신은] ┬ 아람 말로 말씀하시고
/당신의 종들에게
└ 유다 말로 말씀하지 마옵소서
/우리에게
/백성이 듣는 데서
/성 위에 있는

27 랍사게가 그에게 **이르되** ...하고
/내 주께서 — 나를 보내신 것이냐
/이 말을 하라고
/네 주와 네게만
/사람들도 ┬ 자기의 대변을 먹게 하고
/성 위에 앉은 /너희와 함께
└ 자기의 소변을 마시게 하신 것이 아니냐

28 드디어(Then)
랍사게가 **일어서서**
크게 **소리 질러 불러**
/유다 말로
가로되
/너희는 — 말씀을 들으라
/대왕 앗수르 왕의

29 /왕(의)[이] — 말씀이
/너희는 — 속지 말라
/히스기야에게

//(이유: כִּי, for)
그가 — 너희를 건져내지 못하리라
/내 손에서

왕하

야 이제 이곳을 멸하러 올라왔겠느냐 여호와께서 전에
내게 이르시기를 이 땅으로 올라와서 쳐서 멸하라 하셨
느니라 26 힐기야의 아들 엘리야김과 셉나와 요아가 랍
사게에게 이르되 우리가 알아듣겠사오니 청컨대 아람 방
언으로 당신의 종들에게 말씀하시고 성 위에 있는 백성
의 듣는데 유다 방언으로 우리에게 말씀하지 마옵소서
27 랍사게가 저에게 이르되 내 주께서 네 주와 네게만
이 말을 하라고 나를 보내신 것이냐 성 위에 앉은 사람들
로도 너희와 함께 자기의 대변을 먹게 하고 자기의 소변
을 마시게 하신 것이 아니냐 하고 28 랍사게가 드디어
일어서서 유다 방언으로 크게 소리질러 불러 가로되 너
희는 대왕 앗수르 왕의 말씀을 들으라 29 왕의 말씀이
너희는 히스기야에게 속지 말라 저가 너희를 내 손에서
건져내지 못하리라 30 또한 히스기야가 너희로 여호와

I now come up without the LORD's approval against this place to destroy it? The LORD said to me, 'Go up against this land and destroy it.'"'"
26 ¶ Then Eliakim the son of Hilkiah, and Shebnah and Joah, said to Rabshakeh, "Speak now to your servants in Aramaic, for we understand it; and do not speak with us in Judean, in the hearing of the people who are on the wall."
27 But Rabshakeh said to them, "Has my master sent me only to your master and to you to speak these words, and not to the men who sit on the wall, doomed to eat their own dung and drink their own urine with you?"
28 Then Rabshakeh stood and cried with a loud voice in Judean, saying, "Hear the word of the great king, the king of Assyria.
29 "Thus says the king, 'Do not let Hezekiah deceive you, for he will not be able to deliver you from my hand;
30 nor let Hezekiah make you trust in the LORD,

30 /또한
[너희는] — [말]함을 듣지 말라
/히스기야가 너희에게 여호와를 의뢰하라
/그가 —— 이르기를 ...할지라도
/여호와께서 — 반드시 우리를 건지실지라
/이 성읍이 — 함락되지 아니하게 하시리라
/앗수르 왕의 손에

31 /너희는 —— 듣지 말라
/히스기야의 말을

//(이유: כִּי, for)
왕(의)[이] —— 말씀이
/앗수르 /너희는 — 내게 항복하고
— 내게로 나아오라
/그리하고
너희는 — 각각 먹고
/그의 포도와
/무화과를
/또한
— 각각 물을 마시라
/자기의 우물의

32 /내가 —— 장차 와서
— 너희를 옮기리니
/한 지방으로
/그 곳은 — 너희 본토와 같은 지방[이요]
/곧 곡식과 포도주가 있는 지방
— 떡과 포도원이 있는 지방이요
— 기름 나는 감람과 꿀이 있는 지방이라
/너희가 — 살고
— 죽지 아니하리라
/히스기야가 — 너희를 설득하여
— 이르기를 ...하여도
/여호와께서 우리를 건지시리라
/[너희는] — 히스기야에게 듣지 말라

33 /어느 한 신이 — 그의 땅을 건진 자가 있느냐?
/신들 중에 /앗수르 왕의 손에서
/민족의

34 /신들이 어디 있으며?
/하맛과 아르밧의
/신들이 어디 있느냐?
/스발와임과 헤나와 아와의

를 의뢰하라 함을 듣지 말라 저가 이르기를 여호와께서
정녕 우리를 건지실지라 이 성이 앗수르 왕의 손에 함락
되지 않게 하시리라 할지라도 31 너희는 히스기야의 말
을 듣지 말라 앗수르 왕의 말씀이 너희는 내게 항복하고
내게로 나아오라 그리하고 너희는 각각 그 포도와 무화
과를 먹고 또한 각각 자기의 우물의 물을 마시라 32 내
가 장차 와서 너희를 한 지방으로 옮기리니 그곳은 너희
본토와 같은 지방 곧 곡식과 포도주가 있는 지방이요 떡
과 포도원이 있는 지방이요 기름 나는 감람과 꿀이 있는
지방이라 너희가 살고 죽지 아니하리라 히스기야가 너희
를 면려하여 이르기를 여호와께서 우리를 건지시리라 하
여도 듣지 말라 33 열국의 신들 중에 그 땅을 앗수르
왕의 손에서 건진 자가 있느냐 34 하맛과 아르밧의 신
들이 어디 있으며 스발와임과 헤나와 아와의 신들이 어

saying, "The LORD will surely deliver us, and this city
shall not be given into the hand of the king of Assyria."
31 'Do not listen to Hezekiah, for thus says the king
of Assyria, "Make your peace with me and come out
to me, and eat each of his vine and each of his fig tree
and drink each of the waters of his own cistern, 32
until I come and take you away to a land like your own
land, a land of grain and new wine, a land of bread and
vineyards, a land of olive trees and honey, that you may
live and not die." But do not listen to Hezekiah, when
he misleads you, saying, "The LORD will deliver us."
33 'Has any one of the gods of the nations delivered
his land from the hand of the king of Assyria? 34
'Where are the gods of Hamath and Arpad? Where are
the gods of Sepharvaim, Hena and Ivvah? Have they
delivered Samaria from my hand? 35 'Who among all

/그들이 — 내 손에서 건졌느냐?
/사마리아를

35 /누가 — 그의 땅을 내 손에서 건졌기에
/민족의 모든 신들 중에
/여호와가 — 내 손에서 건지겠느냐?(하셨느니라)
/예루살렘을

36 그러나
백성이 **잠잠하고**
그에게 **대답하지 아니하니**
/한 마디도

//이는(이유: כִּי, for)
왕이 — 명령하여 ...하였음이라
/대답하지 말라

37 이에
엘리야김과
/궁내 대신
/힐기야의 아들
셉나와
/서기관
요아가 — 옷을 **찢고**
/사관
/아삽의 아들

히스기야에게 **나아가서**
랍사게의 말을 **고하니라**

19

1 히스기야 왕이 듣고(when)
그 옷을 **찢고**
굵은 베를 **입고**
여호와의 전에 **들어가서**
2 굵은 베를 **입혀서**
/엘리야김과
/궁내 대신
/셉나와
/서기관
/장로들에게
/제사장 중

[그가] 이사야에게로 **보내매**
/선지자
/아모스의 아들

왕하

디 있느냐 그들이 사마리아를 내 손에서 건졌느냐 35
열국의 모든 신 중에 누가 그 땅을 내 손에서 건졌기에
여호와가 예루살렘을 내 손에서 능히 건지겠느냐 하셨느
니라 36 그러나 백성이 잠잠하고 한 말도 대답지 아니
하니 이는 왕이 명하여 대답하지 말라 하였음이라 37
이에 힐기야의 아들 궁내대신 엘리야김과 서기관 셉나와
아삽의 아들 사관 요아가 그 옷을 찢고 히스기야에게 나
아가서 랍사게의 말을 고하니라
19:1 히스기야왕이 듣고 그 옷을 찢고 굵은 베를
입고 여호와의 전에 들어가서 2 궁내대신 엘리야
김과 서기관 셉나와 제사장 중 장로들에게 굵은 베를 입
혀서 아모스의 아들 선지자 이사야에게로 보내매 3 저희

the gods of the lands have delivered their land from my
hand, that the LORD should deliver Jerusalem from my
hand?'" 36 But the people were silent and answered
him not a word, for the king's commandment was, "Do
not answer him." 37 Then Eliakim the son of Hilkiah,
who was over the household, and Shebna the scribe and Joah
the son of Asaph, the recorder, came to Hezekiah with
their clothes torn and told him the words of Rabshakeh.
19:1 ¶ And when King Hezekiah heard it, he tore
his clothes, covered himself with sackcloth and entered
the house of the LORD. 2 Then he sent Eliakim who
was over the household with Shebna the scribe and the elders
of the priests, covered with sackcloth, to Isaiah the
prophet the son of Amoz. 3 And they said to him,

3 그들이 이사야에게 **이르되**
/히스기야의 — 말씀이 ...하더이다
/오늘은 — 환난과 징벌과 모욕의 날이라

//(이유: כִּי, for)
아이를 낳을 때가 되었으나
해산할 힘이 없도다

4 /여호와께서 — 혹시 들으셨을지라
/하나님 /그의 말을
/당신의 /랍사게(가)
/보냄을 받고 와서
/그의 주 앗수르 왕의

//(목적: לְ, to)[19]
하나님을 비방하였으니
/살아 계신

/여호와께서 — 꾸짖으실 듯하니
/하나님 /그 들으신 말 때문에
/당신의

/당신은 — 기도하소서 (하니라)
/이 남아 있는 자들을 위하여

5 신복이 이와 같이 **나아가니**
/히스기야 왕의 /이사야에게

6 이사야가 그들에게 **이르되**
/너희는 — 이렇게 고하라
/너희 주에게
/여호와의 — 말씀이
/너는 — 두려워하지 말라
/나를 모욕하는 말을 인하여
/앗수르 왕의 신복에게 들은 바

7 /내가 — 한 영을 그의 속에 두어
/그로 — 소문을 듣고
돌아가게 하고
/그의 본국으로
/또
그에게 칼에 죽게 하리라
/그의 본국에서
(하셨느니라 하더라)

19) 보냄을 받은 목적

왕하

가 이사야에게 이르되 히스기야의 말씀이 오늘은 곤란과 책벌과 능욕의 날이라 아이가 임산하였으나 해산할 힘이 없도다 4 랍사게가 그 주 앗수르 왕의 보냄을 받고 와서 사신 하나님을 훼방하였으니 당신의 하나님 여호와께서 혹시 저의 말을 들으셨을지라 당신의 하나님 여호와께서 그 들으신 말을 인하여 꾸짖으실 듯하니 당신은 이 남아 있는 자를 위하여 기도하소서 하더이다 5 이와 같이 히스기야 왕의 신복이 이사야에게 나아가니 6 이사야가 저희에게 이르되 너희는 너희 주에게 이렇게 고하라 여호와의 말씀이 너는 앗수르 왕의 신복에게 들은바 나를 능욕하는 말을 인하여 두려워하지 말라 7 내가 한 영을 저의 속에 두어 저로 풍문을 듣고 그 본국으로 돌아가게

"Thus says Hezekiah, 'This day is a day of distress, rebuke, and rejection; for children have come to birth, and there is no strength to deliver. 4 'Perhaps the LORD your God will hear all the words of Rabshakeh, whom his master the king of Assyria has sent to reproach the living God, and will rebuke the words which the LORD your God has heard. Therefore, offer a prayer for the remnant that is left.'" 5 So the servants of King Hezekiah came to Isaiah. 6 And Isaiah said to them, "Thus you shall say to your master, 'Thus says the LORD, "Do not be afraid because of the words that you have heard, with which the servants of the king of Assyria have blasphemed Me. 7 "Behold, I will put a spirit in him so that he shall hear a rumor and return to his own land. And I will make him fall by the sword in his own land."'" 8
¶ Then Rabshakeh returned and found the king of Assyria

8 랍사게가 **돌아가다가**
립나로 **가서 만났으니**
/앗수르 왕을
/왕이 — 거기서 싸우는 중이더라
/립나와

//(이유: כִּי, for)
[그가] — 듣고
/앗수르 왕이 — 이미 떠났다 함을
/라기스에서

9 앗수르 왕은 듣고(when)
/디르하가가 — 나왔다 함을
/구스 왕 /당신과 싸우고자
다시 사자를 **보내며**
/히스기야에게
가로되
10 /너희는 — 이같이 말하여 이르기를
/유다의 왕 히스기야에게
/[너는] — 말에 속지 말라
/네 하나님이 — [말]하는
/네가 믿는 /예루살렘을 넘기지 아니하겠다
/앗수르 왕의 손에

11 /[보라]
네가 — 들었나니
/여러 왕이 — 진멸한 일을
/앗수르의 /여러 나라에 행한 바
/네가 어찌 구원을 얻겠느냐?

12 /신들이 — 건졌느냐?
/그 나라들의 /여러 민족[을]
/내 조상들이 멸하신
/곧 고산과 하란과 레셉과
/에덴 족속을
/들라살에 있는

13 /다 — 어디 있느냐? (하라 하니라)
/하맛 왕과
아르밧 왕과
스발와임 성의 왕과
헤나와
아와의 왕들이

14 히스기야가 편지를 **받아보고**
/사자의 손에서

왕하

하고 또 그 본국에서 저로 칼에 죽게하리라 하셨느니라
8 랍사게가 돌아가다가 앗수르 왕이 이미 라기스에서 떠
났다 함을 듣고 립나로 가서 왕을 만났으니 왕이 거기서
싸우는 중이더라 9 앗수르 왕이 구스 왕 디르하가가 나
와서 더불어 싸우고자 한다 함을 듣고 다시 히스기야에
게 사자를 보내며 가로되 10 너희는 유다 왕 히스기야
에게 이같이 말하여 이르기를 너의 의뢰하는 네 하나님
이 예루살렘을 앗수르 왕의 손에 붙이지 않겠다 하는 말
에 속지 말라 11 앗수르의 열왕이 열방에 행한바 진멸
한 일을 네가 들었나니 네가 어찌 구원을 얻겠느냐 12
내 열조가 멸하신 열방 곧 고산과 하란과 레셉과 들라살
에 있는 에덴 족속을 그 나라의 신들이 건졌느냐 13 하
맛 왕과 아르밧 왕과 스발와임 성의 왕과 헤나와 아와의
왕들이 다 어디 있느냐 하라 하니라 14 히스기야가 사

fighting against Libnah, for he had heard that the king
had left Lachish. 9 When he heard them say concerning
Tirhakah king of Cush, "Behold, he has come out to
fight against you," he sent messengers again to Hezekiah
saying, 10 "Thus you shall say to Hezekiah king of
Judah, 'Do not let your God in whom you trust deceive
you saying, "Jerusalem shall not be given into the hand
of the king of Assyria." 11 'Behold, you have heard
what the kings of Assyria have done to all the lands,
destroying them completely. So will you be spared? 12
'Did the gods of those nations which my fathers destroyed
deliver them, even Gozan and Haran and Rezeph and
the sons of Eden who were in Telassar? 13 'Where is
the king of Hamath, the king of Arpad, the king of the
city of Sepharvaim, and of Hena and Ivvah?'" 14 ¶
Then Hezekiah took the letter from the hand of the

히스기야가 여호와의 성전에 **올라가서**
여호와 앞에 **펴 놓고**
/그 편지를

15 히스기야가 **기도하여**
/그 앞에서
가로되
/이스라엘의 하나님 여호와여!
/그룹들 위에 계신
주는 — 홀로 하나님이시라
/천하 만국에
/주께서 — 천지를 만드셨나이다

16 /여호와여!
귀를 기울여(=기울이소소)
들으소서
/여호와여!
눈을 떠서(=눈을 드소서)
보시옵소서
들으시옵소서
/산헤립이 — 보낸 말을
/하나님을 비방하러
/살아 계신

17 /여호와여!
여러 왕이 — 과연 황폐하게 하고
/앗수르
/여러 민족과
/그들의 땅을
18 /또
불에 던졌사오니
/그들의 신들을

//이는(이유: כִּי, for)
저희가 — 신이 아니요
사람의 손으로 만든 것
/곧 나무와 돌 뿐이므로

//(결과, 그래서)
[그들이] — 멸하였나이다

19 /우리 하나님 여호와여!
원하건대
이제 우리를 구원하옵소서
/그의 손에서
/그리하시면
천하 만국이 — 알리이다 (하니라)
/주 여호와가 홀로 하나님이신 줄

왕하

자의 손에서 편지를 받아보고 여호와의 전에 올라가서
그 편지를 여호와 앞에 펴놓고 **15** 그 앞에서 기도하여
가로되 그룹들의 위에 계신 이스라엘 하나님 여호와여
주는 천하 만국에 홀로 하나님이시라 주께서 천지를 조
성하셨나이다 **16** 여호와여 귀를 기울여 들으소서 여호
와여 눈을 떠서 보시옵소서 산헤립이 사신 하나님을 훼
방하러 보낸 말을 들으시옵소서 **17** 여호와여 앗수르 열
왕이 과연 열방과 그 땅을 황폐케 하고 **18** 또 그 신들
을 불에 던졌사오니 이는 저희가 신이 아니요 사람의 손
으로 지은 것 곧 나무와 돌 뿐이므로 멸하였나이다 **19**
우리 하나님 여호와여 원컨대 이제 우리를 그 손에서 구
원하옵소서 그리하시면 천하 만국이 주 여호와는 홀로

messengers and read it, and he went up to the house of
the LORD and spread it out before the LORD. **15** And
Hezekiah prayed before the LORD and said, "O LORD,
the God of Israel, who art enthroned above the cherubim,
Thou art the God, Thou alone, of all the kingdoms of
the earth. Thou hast made heaven and earth. **16** "Incline
Thine ear, O LORD, and hear; open Thine eyes, O
LORD, and see; and listen to the words of Sennacherib,
which he has sent to reproach the living God. **17** "Truly,
O LORD, the kings of Assyria have devastated the nations
and their lands **18** and have cast their gods into the
fire, for they were not gods but the work of men's hands,
wood and stone. So they have destroyed them. **19** "And
now, O LORD our God, I pray, deliver us from his hand

20 이사야가 /아모스의 아들 히스기야에게 **보내**

가로되 ...하셨나이다
/여호와의[께서] — 말씀이
/이스라엘 하나님

/내가 — 들었노라
/네가 — 내게 기도하는 것을
/앗수르 왕 산헤립 까닭에

21 /여호와께서 — 이같이 말씀하시기를
/앗수르 왕에게 대하여

/시온이 — 너를 멸시하며
/처녀 딸
너를 비웃었으며
/예루살렘이 — 머리를 흔들었느니라
/딸
/너를 향하여

22 /네가 — 누구를 꾸짖었으며?
비방하였느냐?
누구를 향하여 소리를 높였으며?
눈을 높이 떴느냐?
/[네가] — 그리하였도다
/이스라엘의 거룩한 자에게

23 /네가 — 주를 비방하여
/사자들을 통하여
이르기를...하였도다
/내가 — 여러 산 꼭대기에 올라가며
/많은 병거를 거느리고
레바논 깊은 곳에 이르러
베고
/높은 백향목과
/아름다운 잣나무를
/내가 — 그 가장 먼 곳에 들어가며
무성한 수풀에 이르리라
/그의 동산의

24 /내가 — 땅을 파서
이방의 물을 마셨고
모든 강들을 말렸노라(하였도다)
/애굽의
/나의 발바닥으로

하나님이신줄 알리이다 하니라 **20** 아모스의 아들 이사
야가 히스기야에게 기별하여 가로되 이스라엘 하나님 여
호와의 말씀이 네가 앗수르 왕 산헤립 까닭에 내게 기도
하는 것을 내가 들었노라 하셨나이다 **21** 여호와께서 앗
수르 왕에게 대하여 이같이 말씀하시기를 처녀 딸 시온
이 너를 멸시하며 너를 비웃었으며 딸 예루살렘이 너를
향하여 머리를 흔들었느니라 **22** 네가 누구를 꾸짖었으
며 훼방하였느냐 누구를 향하여 소리를 높였으며 눈을
높이 떴느냐 이스라엘의 거룩한 자에게 그리하였도다
23 네가 사자로 주를 훼방하여 이르기를 내가 많은 병
거를 거느리고 여러 산꼭대기에 올라가며 레바논 깊은
곳에 이르러 높은 백향목과 아름다운 잣나무를 베고 내
가 그 지경 끝에 들어가며 그 동산의 무성한 수풀에 이르
리라 **24** 내가 땅을 파서 이방의 물을 마셨고 나의 발바

that all the kingdoms of the earth may know that Thou alone,
O LORD, art God." **20** ¶ Then Isaiah the son of Amoz
sent to Hezekiah saying, "Thus says the LORD, the God
of Israel, 'Because you have prayed to Me about Sennacherib
king of Assyria, I have heard you.' **21** "This is the
word that the LORD has spoken against him: 'She has
despised you and mocked you, The virgin daughter of
Zion; She has shaken her head behind you, The daughter
of Jerusalem! **22** 'Whom have you reproached and
blasphemed? And against whom have you raised your voice,
And haughtily lifted up your eyes? Against the Holy
One of Israel! **23** 'Through your messengers you have
reproached the Lord, And you have said, "With my many
chariots I came up to the heights of the mountains, To
the remotest parts of Lebanon; And I cut down its tall
cedars and its choice cypresses. And I entered its farthest
lodging place, its thickest forest. **24** "I dug wells and
drank foreign waters, And with the sole of my feet I

25 /네가 ── 듣지 못하였느냐?
/이 일은 ─┬ 내가 태초부터 행하였고
└ 옛날부터 정한 바라
/내가 ─┬ 이제 이루어
├ 너로 견고한 성들을 멸하여
└ 무너진 돌무더기가 되게 함이니라

26 /그러므로
백성의[이] ┬ 힘이 약하여
/거기에 거주하는
├ 두려워하며
└ 놀랐나니
/그들은 ── 되었느니라
/들의 채소와
/푸른 풀과
/지붕의 잡초와
/곡초 같이
/자라기 전에 시든

27 /내가 ── 다 아노니
/네 거처와
/네 출입과
/네가 내게 향한 분노를

28 //(이유: יַעַן, because)
내게 향한 분노와 ┐
/네가
네 교만한 말이 ─┴ 내 귀에 들렸도다

/그러므로
내가 ─┬ 갈고리를 꿰고
/네 코에
├ 재갈을 물려
/네 입에
└ 너를 끌어 돌이키리라 (하셨나이다)
/오던 길로

29 /또
징조가 ── 이러하니
/네게 보일
/너희가 ─┬ 금년에는 먹고
/스스로 자라난 것을
├ 내년에는 먹되
/그것에서 난 것을
├ 제삼년에는 심고
├ 거두며
├ 포도원을 심고
└ 그 열매를 먹으리라

왕하

닥으로 애굽의 모든 하수를 말렸노라 하였도다 25 네가
듣지 못하였느냐 이 일은 내가 태초부터 행하였고 상고
부터 정한 바라 이제 내가 이루어 너로 견고한 성들을
멸하여 돌무더기가 되게 함이니라 26 그러므로 그 거한
백성의 힘이 약하여 두려워하며 놀랐나니 저희는 마치
들의 풀 같고 나물 같고 지붕의 풀 같고 자라기 전에 마
른 곡초 같으니라 27 네 거처와 네 출입과 네가 내게
향한 분노를 내가 다 아노니 28 네가 내게 향한 분노와
네 교만한 말이 내 귀에 들렸도다 그러므로 내가 갈고리
로 네 코에 꿰고 자갈을 네 입에 먹여 너를 오던 길로 끌
어 돌이키리라 하셨나이다 29 또 네게 보일 징조가 이
러하니 너희가 금년에는 스스로 자라난 것을 먹고 명년

dried up All the rivers of Egypt." 25 ¶ 'Have you not heard?
Long ago I did it; From ancient times I planned it. Now
I have brought it to pass, That you should turn fortified
cities into ruinous heaps. 26 'Therefore their inhabitants
were short of strength, They were dismayed and put to shame;
They were as the vegetation of the field and as the green
herb, As grass on the housetops is scorched before it is grown
up. 27 'But I know your sitting down, And your going
out and your coming in, And your raging against Me.
28 'Because of your raging against Me, And because
your arrogance has come up to My ears, Therefore I
will put My hook in your nose, And My bridle in your

30 /피하고
남은 자는 ─ 다시 아래로 뿌리를 내리고
/유다 족속 중에서
└ 위로 열매를 맺을지라

31 //(이유: כִּי, for)
남은 자는 ─ 예루살렘에서부터 나올 것이요

//(이유, 계속)
피하는 자는 ─ 시온 산에서부터 나오리니

/열심이 ─ 이 일을 이루리라(하셨나이다 하니라)
/여호와의

32 /그러므로
여호와께서 ─ 이르시기를 ...하셨으니
/앗수르 왕을 가리켜
/그가 ─ 이 성에 이르지 못하며
├ 이리로 화살을 쏘지 못하며
├ 방패를 성을 향하여 세우지 못하며
└ 토성을 쌓지도 못하고
/치려고

33 /[그는] ─ 오던 길로 돌아가고
└ 이 성에 이르지 못하리라(하셨으니)
/이는 ─ 여호와의 말씀이시라

34 /내가 ─ 이 성을 보호하여
/나와
/나의 종 다윗을 위하여
구원하리라(하셨나이다 하였더라)

왕하

35 사자가 이 밤에 **나와서**
/여호와의

친지라
/앗수르 진영에서
/군사 십팔만 오천 명을

아침에 일찍이 일어나(when)
보니[보라]
다 송장이 **되었더라**

에는 그것에서 난 것을 먹되 제삼년에는 심고 거두며 포
도원을 심고 그 열매를 먹으리라 30 유다 족속의 피하
고 남은 자는 다시 아래로 뿌리가 서리고 위로 열매를 맺
을지라 31 남은 자는 예루살렘에서부터 나올 것이요 피
하는 자는 시온 산에서부터 나오리니 여호와의 열심이
이 일을 이루리라 하셨나이다 32 그러므로 여호와께서
앗수르 왕을 가리켜 이르시기를 저가 이 성에 이르지 못
하며 이리로 살을 쏘지 못하며 방패를 성을 향하여 세우
지 못하며 치려고 토성을 쌓지도 못하고 33 오던 길로
돌아가고 이 성에 이르지 못하리라 하셨으니 이는 여호
와의 말씀이시라 34 내가 나와 나의 종 다윗을 위하여
이 성을 보호하여 구원하리라 하셨나이다 하였더라 35
이 밤에 여호와의 사자가 나와서 앗수르 진에서 군사 십
팔만 오천을 친지라 아침에 일찌기 일어나 보니 다 송장

lips, And I will turn you back by the way which you
came. 29 ¶ 'Then this shall be the sign for you: you
shall eat this year what grows of itself, in the second
year what springs from the same, and in the third year
sow, reap, plant vineyards, and eat their fruit. 30 'And
the surviving remnant of the house of Judah shall again
take root downward and bear fruit upward. 31 'For out
of Jerusalem shall go forth a remnant, and out of Mount
Zion survivors. The zeal of the LORD shall perform
this. 32 'Therefore thus says the LORD concerning the
king of Assyria, "He shall not come to this city or shoot
an arrow there; neither shall he come before it with a
shield, nor throw up a mound against it. 33 "By the
way that he came, by the same he shall return, and he
shall not come to this city,"' declares the LORD. 34
'For I will defend this city to save it for My own sake
and for My servant David's sake.'" 35 ¶ Then it happened
that night that the angel of the LORD went out, and

36 산헤립이 **떠나**
/앗수르 왕
돌아가서
니느웨에 **거주하더니**

37 그가 니스록의 신전에서 경배할 때에(when)
/그의 신
아드람멜렉과
사례셀이 그를 칼로 **쳐죽이고**
그들이 **도망하매**
/아라랏 땅으로
에살핫돈이 대신하여 **왕이 되니라**
/그 아들

20

1 그 때에
히스기야가 **병들어**...되매
/죽게
이사야가 그에게 **나아와서**
/선지자
/아모스의 아들
그에게 **이르되**
/여호와의 말씀이...하셨나이다
/너는 —— 집을 정리하라
//(이유: כִּי, for)
네가 ┬ 죽고
└ 살지 못하리라

2 히스기야가 낯을 벽으로 **향하고**
여호와께 **기도하여**
가로되 ...하고
3 /여호와여!
구하오니
기억하옵소서
/내가 ┬ 주 앞에 행하며
│ /진실과 전심으로
└ 선하게 행한 것을
/주께서 보시기에

히스기야가 심히 **통곡하더라**

이 되었더라 36 앗수르 왕 산헤립이 떠나 돌아가서 니
느웨에 거하더니 37 그 신 니스록의 묘에 경배할 때에
아드람멜렉과 사레셀이 저를 칼로 쳐죽이고 아라랏 땅으
로 도망하매 그 아들 에살핫돈이 대신하여 왕이 되니라

20:1 그 때에 히스기야가 병들어 죽게 되매 아모스
의 아들 선지자 이사야가 저에게 나아와서 이르
되 여호와의 말씀이 너는 집을 처치하라 네가 죽고 살지
못하리라 하셨나이다 2 히스기야가 낯을 벽으로 향하
고 여호와께 기도하여 가로되 3 여호와여 구하오니 내

struck 185,000 in the camp of the Assyrians; and when
men rose early in the morning, behold, all of them were
dead. 36 So Sennacherib king of Assyria departed and
returned home, and lived at Nineveh. 37 And it came
about as he was worshiping in the house of Nisroch his
god, that Adrammelech and Sharezer killed him with
the sword; and they escaped into the land of Ararat. And
Esarhaddon his son became king in his place.

20:1 ¶ In those days Hezekiah became mortally ill.
And Isaiah the prophet the son of Amoz came to
him and said to him, "Thus says the LORD, 'Set your
house in order, for you shall die and not live.'" 2 Then
he turned his face to the wall, and prayed to the LORD,
saying, 3 "Remember now, O LORD, I beseech Thee,
how I have walked before Thee in truth and with a whole
heart, and have done what is good in Thy sight." And

4 이사야가 이르기 전에(before)
/성읍 가운데까지도
말씀이 그에게 **임하여**
/여호와의
가라사대 ...하셨더라
5 /너는 ─ 돌아가서
└ 히스기야에게 이르기를
/내 백성의 주권자
/여호와(의)[께서] ─ 말씀(이)[하셨다]
/다윗의 하나님 /내가 ─ 네 기도를 들었고
/왕의 조상 ─ 네 눈물을 보았노라
/내가 ─ 너를 낫게 하리니
/네가 ─ 여호와의 성전에 올라가겠고
/삼 일 만에
6 /내가 ─ 네 날에 더할 것이며
/십오 년을
/내가 ─ 구원하고
/너와 이 성을
/앗수르 왕의 손에서
/내가 ─ 이 성을 보호하리라(하셨다 하라)
/나를 위하고
/또 내 종 다윗을 위하므로

7 이사야가 **가로되**...하매
/[너는] 무화과 반죽을 가져오라

무리가 **가져다가**
그 종처에 **놓으니**

[그가] **나으니라**

8 히스기야가 이사야에게 **가로되** ...하니
/무슨 징표가 있나이까?
/여호와께서 나를 낫게 하시고
/여호와의 성전에 올라가게 하실]
/삼 일 만에

9 이사야가 **가로되**
/한 징표가 ─ 임하리이다
/왕에게
/여호와께로부터
/응하게 하실 일에 대하여
/여호와께서 하신 말씀을

/해 그림자가 ─ 나아갈 것이니이까?
/십도를

가 진실과 전심으로 주 앞에 행하며 주의 보시기에 선하
게 행한 것을 기억하옵소서 하고 심히 통곡하더라 4 이
사야가 성읍 가운데까지도 이르기 전에 여호와의 말씀이
저에게 임하여 가라사대 5 너는 돌아가서 내 백성의 주
권자 히스기야에게 이르기를 왕의 조상 다윗의 하나님
여호와의 말씀이 내가 네 기도를 들었고 네 눈물을 보았
노라 내가 너를 낫게 하리니 네가 삼일 만에 여호와의 전
에 올라가겠고 6 내가 네 날을 십오년을 더할 것이며
내가 너와 이 성을 앗수르 왕의 손에서 구원하고 내가 나
를 위하고 또 내 종 다윗을 위하므로 이 성을 보호하리라
하셨다 하라 하셨더라 7 이사야가 가로되 무화과 반죽
을 가져오라 하매 무리가 가져다가 그 종처에 놓으니 나
으니라 8 히스기야가 이사야에게 이르되 여호와께서 나
를 낫게 하시고 삼일 만에 여호와의 전에 올라가게 하실

Hezekiah wept bitterly. 4 And it came about before
Isaiah had gone out of the middle court, that the word
of the LORD came to him, saying, 5 "Return and say
to Hezekiah the leader of My people, 'Thus says the
LORD, the God of your father David, "I have heard
your prayer, I have seen your tears; behold, I will heal
you. On the third day you shall go up to the house of
the LORD. 6 "And I will add fifteen years to your life,
and I will deliver you and this city from the hand of
the king of Assyria; and I will defend this city for My
own sake and for My servant David's sake."'" 7 Then Isaiah
said, "Take a cake of figs." And they took and laid it
on the boil, and he recovered. 8 ¶ Now Hezekiah said
to Isaiah, "What will be the sign that the LORD will

/혹
물러갈 것이니이까? 하니
/십도를

10 히스기야가 **대답하되** ...하니라
/그림자가 십도를 나아가기는 쉬우니
/그리할 것이 아니라
/십도가 뒤로 물러갈 것이니이다

11 이사야가 여호와께 **간구하매**
/선지자

<여호와께서> **하셨더라**
/십도 뒤로 물러가게
/해 그림자를
/아하스의 해시계 위에 나아갔던

12 그 때에
브로닥발라단이 그에게 **보낸지라**
/바벨론의 왕 /편지와 예물을
/발라단의 아들

//(이유: כִּי, for)
브로닥발라단이 — 듣고
/히스기야가 병 들었다 함을

13 히스기야가 사자들의 말을 **듣고**
다 사자들에게 **보였는데**
/금은과 향품과
/보배로운 기름과
/자기 보물고의
/그의 군기고와
/창고의 모든 것을
보이지 아니한 것이 **없더라**
/모든 것 중에서
/왕궁과 그의 나라 안에 있는
/히스기야가
/그에게

14 이사야가 히스기야 왕에게 **나아와**
/선지자

그에게 **이르되**
/이 사람들이 ┬ 무슨 말을 하였으며
└ 어디서부터 왔나이까?
/왕에게

왕하

무슨 징조가 있나이까 9 이사야가 가로되 여호와의 하
신 말씀을 응하게 하실 일에 대하여 여호와께로서 왕에
게 한 징조가 임하리이다 해 그림자가 십도를 나아갈 것
이니이까 혹 십도를 물러갈 것이니이까 10 히스기야가
대답하되 그림자가 십도를 나아가기는 쉬우니 그리할 것
이 아니라 십도가 물러갈 것이니이다 11 선지자 이사
야가 여호와께 간구하매 아하스의 일영표(日影表) 위에
나아갔던 해 그림자로 십도를 물러가게 하셨더라 12
그 때에 발라단의 아들 바벨론 왕 부로닥발라단이 히스
기야가 병들었다 함을 듣고 편지와 예물을 저에게 보낸
지라 13 히스기야가 사자의 말을 듣고 자기 보물고의
금은과 향품과 보배로운 기름과 그 군기고와 내탕고의
모든 것을 다 사자에게 보였는데 무릇 왕궁과 그 나라
안에 있는 것을 저에게 보이지 아니한 것이 없으니라

heal me, and that I shall go up to the house of the LORD
the third day?" 9 And Isaiah said, "This shall be the
sign to you from the LORD, that the LORD will do the
thing that He has spoken: shall the shadow go forward
ten steps or go back ten steps?" 10 So Hezekiah answered,
"It is easy for the shadow to decline ten steps; no, but
let the shadow turn backward ten steps." 11 And Isaiah
the prophet cried to the LORD, and He brought the
shadow on the stairway back ten steps by which it had
gone down on the stairway of Ahaz. 12 ¶ At that time
Berodach-baladan a son of Baladan, king of Babylon,
sent letters and a present to Hezekiah, for he heard that
Hezekiah had been sick. 13 And Hezekiah listened to them,
and showed them all his treasure house, the silver and
the gold and the spices and the precious oil and the
house of his armor and all that was found in his treasuries.

히스기야가 **가로되** ...하니
/먼 지방 바벨론에서 왔나이다

15 이사야가 **가로되** ..하니
/그들이 왕궁에서 무엇을 보았나이까

히스기야가 **대답하되** ...하더라
/그들이 다 보았나니
/내 궁에 있는 것을
/하나도 보이지 아니한 것이 없나이다
/나의 창고에서

16 이사야가 히스기야에게 **이르되**
/여호와의 말씀을 들으소서

17 여호와의 **말씀이** ...하셨나이다
/날이 이르리니
/모든 것과
/왕궁의
쌓아 두었던 것이 — 바벨론으로 옮긴 바 되고
/왕의 조상들이
/오늘까지
— 하나도 남지 아니할 것이요

18 /또
아들 중에서 사로잡혀
/왕의 몸에서 날
환관이 되리라 (하셨나이다 하니)
/바벨론 왕궁의

19 히스기야가 이사야에게 **이르되** ...하고
/여호와의 말씀이-선하니이다
/당신이 전한 바

또 **가로되** ...하니라
/만일
내가 — 태평과 진실이 있을진대(if)
/사는 날에
— 어찌 선하지 아니하리요

20 남은 사적과
/히스기야의
모든 업적과
/그의

왕하

14 선지자 이사야가 히스기야왕에게 나아와서 이르되
이 사람들이 무슨 말을 하였으며 어디서부터 왕에게 왔
나이까 히스기야가 가로되 먼 지방 바벨론에서 왔나이다 15
이사야가 가로되 저희가 왕궁에서 무엇을 보았나이까 히
스기야가 대답하되 내 궁에 있는 것을 저희가 다 보았나
니 나의 내탕고에서 하나도 보이지 아니한 것이 없나이
다 16 이사야가 히스기야에게 이르되 여호와의 말씀을
들으소서 17 여호와의 말씀이 날이 이르리니 무릇 왕
궁의 모든 것과 왕의 열조가 오늘까지 쌓아 두었던 것을
바벨론으로 옮긴바 되고 하나도 남지 아니할 것이요
18 또 왕의 몸에서 날 아들 중에서 사로잡혀 바벨론 왕
궁의 환관이 되리라 하셨나이다 19 히스기야가 이사야
에게 이르되 당신의 전한바 여호와의 말씀이 선하니이다
하고 또 가로되 만일 나의 사는 날에 태평과 진실이 있을

There was nothing in his house, nor in all his dominion,
that Hezekiah did not show them. 14 Then Isaiah the prophet
came to King Hezekiah and said to him, "What did these
men say, and from where have they come to you?" And
Hezekiah said, "They have come from a far country,
from Babylon." 15 And he said, "What have they seen
in your house?" So Hezekiah answered, "They have seen
all that is in my house; there is nothing among my
treasuries that I have not shown them." 16 Then Isaiah
said to Hezekiah, "Hear the word of the LORD. 17 'Behold,
the days are coming when all that is in your house, and
all that your fathers have laid up in store to this day
shall be carried to Babylon; nothing shall be left,' says
the LORD. 18 'And some of your sons who shall issue
from you, whom you shall beget, shall be taken away;
and they shall become officials in the palace of the king
of Babylon.'" 19 Then Hezekiah said to Isaiah, "The
word of the LORD which you have spoken is good."

끌어들인 일은 — **기록되지 아니하였느냐?**
/물을 성 안으로 /유다 왕 역대지략에
/저수지와
수도를 만들어

21 히스기야가 그의 열조와 **함께 자고**

므낫세가 대신하여 **왕이 되니라**
/그의 아들

21

1 므낫세가 왕이 될 때에(when)
나이가 **십이 세라**
오십오 년간 **치리하니라**
/예루살렘에서

이름은 **헵시바더라**
/그의 어머니의

2 므낫세가 악을 **행하여**
/여호와 보시기에
/가증한 일을 따라서
/이방 사람의
/여호와께서 — 쫓아내신
/이스라엘 자손 앞에서

3 [그가] 산당들을 **다시 세우며**
/히스기야가 헐어 버린
/그의 아버지
단을 **쌓으며**
/바알을 위하여
/아합의 행위를 따라
/이스라엘의 왕

아세라 목상을 **만들며**
하늘의 일월 성신을 **숭배하여**
섬기며

4 [그가] 단들을 **쌓고**
/여호와의 성전에
/여호와께서 — 전에 이르시기를 ...하신
/내가 내 이름을 예루살렘에 두리라

왕하

진대 어찌 선하지 아니하리요 하니라 20 히스기야의
남은 사적과 그 모든 권력과 못과 수도를 만들어 물을
성중으로 인도하여 들인 일은 유다 왕 역대 지략에 기록
되지 아니하였느냐 21 히스기야가 그 열조와 함께 자
고 그 아들 므낫세가 대신하여 왕이 되니라
21:1 므낫세가 위에 나아갈 때에 나이 십이세라 예
루살렘에서 오십오 년을 치리하니라 그 모친의
이름은 헵시바더라 2 므낫세가 여호와 보시기에 악을
행하여 여호와께서 이스라엘 자손 앞에서 쫓아내신 이방
사람의 가증한 일을 본받아서 3 그 부친 히스기야의 헐
어버린 산당을 다시 세우며 이스라엘 왕 아합의 소위를
본받아 바알을 위하여 단을 쌓으며 아세라 목상을 만들
며 하늘의 일월 성신을 숭배하여 섬기며 4 여호와께서
전에 이르시기를 내가 내 이름을 예루살렘에 두리라 하

For he thought, "Is it not so, if there shall be peace and
truth in my days?" 20 Now the rest of the acts of
Hezekiah and all his might, and how he made the pool
and the conduit, and brought water into the city, are
they not written in the Book of the Chronicles of the
Kings of Judah? 21 So Hezekiah slept with his fathers,
and Manasseh his son became king in his place.
21:1 ¶ Manasseh was twelve years old when he
became king, and he reigned fifty-five years in
Jerusalem; and his mother's name was Hephzibah. 2
And he did evil in the sight of the LORD, according to
the abominations of the nations whom the LORD
dispossessed before the sons of Israel. 3 For he rebuilt
the high places which Hezekiah his father had destroyed;
and he erected altars for Baal and made an Asherah, as
Ahab king of Israel had done, and worshiped all the
host of heaven and served them. 4 And he built altars
in the house of the LORD, of which the LORD had

5 또
[그가] 단들을 **쌓고**
/하늘의 일월 성신을 위하여
/여호와의 성전 두 마당에

6 또
[그가] 불 가운데로 **지나게 하며**
/자기의 아들을
점치며
사술을 **행하며**
신접한 자와 박수를 **신임하여**
악을 많이 **행하여**
/여호와께서 보시기에
그 진노를 **격발하였으며**

7 또
[그가] 성전에 **세웠더라**
/아로새긴 아세라 목상을
/자기가 만든

여호와께서 옛적에 **이르시기를**
/이 성전에 대하여
/다윗과 그의 아들 솔로몬에게
/내가 ― 내 이름을 영원히 둘지라
/이 성전과
/이스라엘의 모든 지파 중에서 택한
/예루살렘에

8 /만일(אִם)
이스라엘이 ―지켜 행하면(if)
/나의 모든 명령과
/모든 율법을
/나의 종 모세가 명령한
내가－땅에서 떠나 유리하지 아니하게 하리라(하셨으나)
/그들의 발로 다시는
/그의 조상들에게 준

9 이 백성이 **듣지 아니하였고**
므낫세(의)[가] **꾐을 받고(=꾀었다)**
/악을 행한(것이)[행하도록]
/여러 민족보다 더 심하(였더라)
/여호와께서 이스라엘 자손 앞에서 멸하신

왕하

신 여호와의 전의 단들을 쌓고 5 또 여호와의 전 두 마
당에 하늘의 일월 성신을 위하여 단들을 쌓고 6 또 그
아들을 불 가운데로 지나게 하며 점치며 사술을 행하며
신접한 자와 박수를 신임하여 여호와 보시기에 악을 많
이 행하여 그 진노를 격발하였으며 7 또 자기가 만든 아
로새긴 아세라 목상을 전에 세웠더라 옛적에 여호와께서
이 전에 대하여 다윗과 그 아들 솔로몬에게 이르시기를
내가 이스라엘 모든 지파중에서 택한 이 전과 예루살렘
에 내 이름을 영원히 둘지라 8 만일 이스라엘이 나의 모
든 명령과 나의 종 모세의 명한 모든 율법을 지켜 행하면
내가 그들의 발로 다시는 그 열조에게 준 땅에서 떠나 유
리하지 않게 하리라 하셨으나 9 이 백성이 듣지 아니하
였고 므낫세의 꾀임을 받고 악을 행한 것이 여호와께서
이스라엘 자손 앞에서 멸하신 열방보다 더욱 심하였더라

said, "In Jerusalem I will put My name." 5 For he
built altars for all the host of heaven in the two courts
of the house of the LORD. 6 And he made his son pass
through the fire, practiced witchcraft and used divination,
and dealt with mediums and spiritists. He did much evil
in the sight of the LORD provoking Him to anger. 7
Then he set the carved image of Asherah that he had
made, in the house of which the LORD said to David
and to his son Solomon, "In this house and in Jerusalem,
which I have chosen from all the tribes of Israel, I will
put My name forever. 8 "And I will not make the feet
of Israel wander anymore from the land which I gave
their fathers, if only they will observe to do according
to all that I have commanded them, and according to all
the law that My servant Moses commanded them." 9
But they did not listen, and Manasseh seduced them to
do evil more than the nations whom the LORD destroyed
before the sons of Israel. 10 Now the LORD spoke

10 여호와께서 말씀하여 **가라사대**
/모든 선지자들을 통하여
/그의 종
11 /므낫세가 ── 더욱 심해[게] 행함이 ...였고
/유다 왕 /이 가증한 일과 악을
/아모리 사람들의 행위보다
/그 전에 있던
/또
[그가] ── 유다를 범죄하게 하였도다
/그들의 우상으로

12 /그러므로
여호와가 ── 말하노니
/하나님
/이스라엘의
/내가 ── 이제 재앙을 내리리니
/예루살렘과 유다에
/듣는 자마다 ── 두 귀가 울리리라

13 /내가 ── 예루살렘에 베풀고
/사마리아를 잰 줄과
/아합의 집을 다림 보던 추를
/또
[내가] ── 예루살렘을 씻어 버릴지라
/사람이 그릇을 씻어 엎음 같이

1 4 /내가 ── 남은 자들을 버려
/나의 기업에서
그들의 원수의 손에 넘긴즉
/그들이 ── 노략거리와 겁탈거리가 되리니
/모든 원수에게

15 //이는(이유: יַעַן, because)
[너희가] ── 악을 행하여
/내가 보기에
/그의 조상 때부터 오늘까지
/애굽에서 나온
나의 노를 격발하였음이니라(하셨더라)

16 또
므낫세가 심히 많이 **흘려**
/무죄한 자의 피를
/유다에게 범죄하게 하여
/여호와께서 보시기에 악을 행한 것 외에도
/가득하게 하였더라(=하기까지)
/예루살렘 이 끝에서 저 끝까지

왕하

10 여호와께서 그 종 모든 선지자들로 말씀하여 가라사
대 **11** 유다 왕 므낫세가 이 가증한 일과 악을 행함이
그 전에 있던 아모리 사람의 행위보다 더욱 심하였고 또
그 우상으로 유다를 범죄케 하였도다 **12** 그러므로 이스
라엘 하나님 여호와가 말하노니 내가 이제 예루살렘과
유다에 재앙을 내리리니 듣는 자마다 두 귀가 울리리라
13 내가 사마리아를 잰 줄과 아합의 집을 다림보던 추
로 예루살렘에 베풀고 또 사람이 그릇을 씻어 엎음같이
예루살렘을 씻어 버릴지라 **14** 내가 나의 기업에서 남은
자를 버려 그 대적의 손에 붙인즉 저희가 모든 대적에게
노략과 겁탈이 되리니 **15** 이는 애굽에서 나온 그 열조
때부터 오늘까지 나의 보기에 악을 행하여 나의 노를 격

through His servants the prophets, saying, **11** "Because
Manasseh king of Judah has done these abominations, having
done wickedly more than all the Amorites did who were
before him, and has also made Judah sin with his idols;
12 therefore thus says the LORD, the God of Israel, Behold,
I am bringing such calamity on Jerusalem and Judah,
that whoever hears of it, both his ears shall tingle. **13**
And I will stretch over Jerusalem the line of Samaria
and the plummet of the house of Ahab, and I will wipe
Jerusalem as one wipes a dish, wiping it and turning it upside
down. **14** And I will abandon the remnant of My inheritance
and deliver them into the hand of their enemies, and
they shall become as plunder and spoil to all their
enemies; **15** because they have done evil in My sight,
and have been provoking Me to anger, since the day
their fathers came from Egypt, even to this day." **16** ¶

17 남은 사적과 /므낫세의
그 행한 바 /무릇
범한 죄는 — **기록되지 아니하였느냐?** /유다 왕 역대지략에

18 므낫세가 — 그의 조상들과 함께 **자매 장사되고** /그의 궁궐 동산[에] /곧 웃사의 동산에

아몬이 /그의 아들 — 대신하여 **왕이 되니라**

19 아몬이 — 왕이 될 때에(when)
나이가 — **이십이 세라**
[그가] — 이 년간 **치리하니라** /예루살렘에서

이름은 /그의 어머니의 — **므슬레멧이요** /욧바 하루스의 딸(이더라)

20 아몬이 — 악을 **행하되** /여호와 보시기에 /므낫세의 행함 같이 /그의 아버지

21 [그가] — 모든 길로 **행하여** /그의 아버지가 행한
우상을 **섬겨** /그의 아버지가 섬기던
그것들에게 경배하고

22 [그가] — 여호와를 **버리고** /그의 조상들의 하나님
그 길로 **행치 아니하더니**

23 신복들이 /그의 — 그에게 **반역하여**
왕을 **죽이매** /궁중에서

왕하

발하였음이니라 하셨더라 16 므낫세가 여호와 보시기에
악을 행하여 유다로 범하게 한 그 죄 외에 또 무죄한 자
의 피를 심히 많이 흘려 예루살렘 이 가에서 저 가까지
가득하게 하였더라 17 므낫세의 남은 사적과 무릇 그
행한 바와 범한 죄는 유다 왕 역대 지략에 기록되지 아니
하였느냐 18 므낫세가 그 열조와 함께 자매 그 궁궐 동
산 곧 웃사의 동산에 장사되고 그 아들 아몬이 대신하여
왕이 되니라 19 아몬이 위에 나아갈 때에 나이 이십이
세라 예루살렘에서 이 년을 치리하니라 그 모친의 이름
은 므슬레멧이라 욧바 하루스의 딸이더라 20 아몬이 그
부친 므낫세의 행함같이 여호와 보시기에 악을 행하되
21 그 부친의 행한 모든 길로 행하여 그 부친의 섬기던
우상을 섬겨 경배하고 22 그 열조의 하나님 여호와를
버리고 그 길로 행치 아니하더니 23 그 신복들이 반역

Moreover, Manasseh shed very much innocent blood
until he had filled Jerusalem from one end to another; besides
his sin with which he made Judah sin, in doing evil in
the sight of the LORD. 17 Now the rest of the acts of
Manasseh and all that he did and his sin which he committed,
are they not written in the Book of the Chronicles of
the Kings of Judah? 18 And Manasseh slept with his fathers
and was buried in the garden of his own house, in the
garden of Uzza, and Amon his son became king in his
place. 19 ¶ Amon was twenty-two years old when he became
king, and he reigned two years in Jerusalem; and his mother's
name was Meshullemeth the daughter of Haruz of Jotbah.
20 And he did evil in the sight of the LORD, as
Manasseh his father had done. 21 For he walked in all
the way that his father had walked, and served the idols
that his father had served and worshiped them. 22 So
he forsook the LORD, the God of his fathers, and did
not walk in the way of the LORD. 23 And the servants
of Amon conspired against him and killed the king in
his own house. 24 Then the people of the land killed

24 그 국민이 다 **죽이고**
/아몬 왕을 반역한 사람들을
요시야를 왕을 **삼았더라**
/그의 아들
/대신하게 하여

25 남은 사적은 **기록되지 아니하였느냐?**
/아몬이 행한 바 /유다 왕 역대지략에

26 아몬이 자기 묘실에 **장사되고**
/웃사의 동산

요시야가 대신하여 **왕이 되니라**
/그의 아들

22

1 요시야가 위에 나아갈 때에(when)
나이[가] **팔세라**

[그가] 삼십 일년을 **치리하니라**
/예루살렘에서

이름은 **여디다라**
/그 모친의 /보스갓 아다야의 딸(이더라)

2 요시야가 정직히 **행하여**
/여호와 보시기에
모든 길로 **행하고**
/다윗의
/그의 조상
좌우로 **치우치지 아니하였더라**

3 왕이 서기관 사반을 **보내며**
/아살리야의 아들
/므술람의 손자

/여호와의 성전에
/요시야 왕 열여덟째 해에

가로되
4 /너는 — 올라가서
/대제사장 힐기야에게
— 은[을] 계수하여
/백성이 여호와의 성전에 드린
/곧 문 지킨 자가 수납한 은을

왕하

하여 왕을 궁중에서 죽이매 **24** 그 국민이 아몬 왕을 반
역한 사람들을 다 죽이고 그 아들 요시야로 대신하여 왕
을 삼았더라 **25** 아몬의 행한바 남은 사적은 유다 왕 역
대 지략에 기록되지 아니하였느냐 **26** 아몬이 웃시야의
동산 자기 묘실에 장사되고 그 아들 요시야가 대신하여
왕이 되니라

22:1 요시야가 위에 나아갈 때에 나이 팔세라 예루
살렘에서 삼십일 년을 치리하니라 그 모친의 이
름은 여디다라 보스갓 아다야의 딸이더라 **2** 요시야가
여호와 보시기에 정직히 행하여 그 조상 다윗의 모든 길
로 행하고 좌우로 치우치지 아니하였더라 **3** 요시야 왕
십팔년에 왕이 므술람의 손자 아살리야의 아들 서기관

all those who had conspired against King Amon, and
the people of the land made Josiah his son king in his
place. **25** Now the rest of the acts of Amon which he
did, are they not written in the Book of the Chronicles
of the Kings of Judah? **26** And he was buried in his
grave in the garden of Uzza, and Josiah his son became
king in his place.

22:1 ¶ Josiah was eight years old when he became
king, and he reigned thirty-one years in Jerusalem;
and his mother's name was Jedidah the daughter of
Adaiah of Bozkath. **2** And he did right in the sight of
the LORD and walked in all the way of his father David,
nor did he turn aside to the right or to the left. **3** ¶
Now it came about in the eighteenth year of King Josiah
that the king sent Shaphan, the son of Azaliah the son

5 /[너는] ── 감독자의 손에 넘겨
/여호와의 성전을 맡은

/그들이 ── 작업자에게 주어(...하되)
/여호와의 성전에 있는

//(목적: ל, to)
수리하게
/성전에 퇴락한 것을

6 /곧
[그들이] ── <주게 하고>
/목수와
/건축자와
/미장이에게

//또(목적: ל, to)
재목과 다듬은 돌을 사서

//(목적: ל, to)
그 성전을 수리하게 하라

7 /그러나
[너희는] ── 회계하지 회계하지 아니하였으니
/그들의 손에 맡긴 은을

//이는(이유: כִּי, for)
그 행하는 것이 진실함이었더라

8 힐기야가 서기관 사반에게 **이르되** ...하고
/대제사장 /내가 ── 율법책을 발견하였노라
/여호와의 성전에서

왕하

힐기야가 그 책을 사반에게 **주니**
사반이 읽으니라

9 사반이 왕에게 **돌아가서**
/서기관

복명하여
이르되 ...하고
/신복들이 ┬ 돈을 쏟아
/왕의 │ /성전에서 찾아낸
└ 감독자의 손에 붙였나이다
/여호와의 성전을 맡은

사반을 여호와의 전에 보내며 가로되 4 너는 대제사장
힐기야에게 올라가서 백성이 여호와의 전에 드린 은 곧
문 지킨 자가 수납한 은을 계수하여 5 여호와의 전 역사
감독자의 손에 붙여 저희로 여호와의 전에 있는 공장에
게 주어 전의 퇴락한 것을 수리하게 하되 6 곧 목수와
건축자와 미장이에게 주게 하고 또 재목과 다듬은 돌을
사서 그 전을 수리하게 하라 하니라 7 그러나 저희 손에
붙인 은을 회계하지 아니하였으니 이는 그 행하는 것이
진실함이었더라 8 대제사장 힐기야가 서기관 사반에게
이르되 내가 여호와의 전에서 율법책을 발견하였노라 하
고 그 책을 사반에게 주니 사반이 읽으니라 9 서기관 사
반이 왕에게 돌아가서 복명하여 가로되 왕의 신복들이
전에 있던 돈을 쏟아 여호와의 전 역사 감독자의 손에 붙
였나이다 하고 10 또 왕에게 고하여 가로되 제사장 힐

of Meshullam the scribe, to the house of the LORD
saying, 4 "Go up to Hilkiah the high priest that he
may count the money brought in to the house of the
LORD which the doorkeepers have gathered from the people.
5 "And let them deliver it into the hand of the workmen
who have the oversight of the house of the LORD, and
let them give it to the workmen who are in the house
of the LORD to repair the damages of the house, 6 to
the carpenters and the builders and the masons and for buying
timber and hewn stone to repair the house. 7 "Only
no accounting shall be made with them for the money
delivered into their hands, for they deal faithfully." 8 ¶ Then
Hilkiah the high priest said to Shaphan the scribe, "I
have found the book of the law in the house of the
LORD." And Hilkiah gave the book to Shaphan who
read it. 9 And Shaphan the scribe came to the king and
brought back word to the king and said, "Your servants
have emptied out the money that was found in the house,

10 또
사반이 왕에게 **말하여**
/서기관 **가로되** ...하고
/힐기야가 내게 책을 주더이다
/제사장

사반이 왕의 앞에서 **읽으매**

11 왕이 율법책의 말을 듣자(when)
곧 그의 옷을 **찢으니라**

12 왕이 **명령하여**
/제사장 힐기야와
/사반의 아들 아히감과
/미가야의 아들 악볼과
/서기관 사반과
/왕의 시종 아사야에게

가로되
13 /너희는 ─ 가서
└ 여호와께 물으라
/책의 말씀에 대하여
/이 발견한
/나와 백성과 온 유다를 위하여

//(이유: כִּי, for)
진노가 ── 크도다
/여호와(께서)[의]
/우리에게 내리신

//(이유: אַל, because of)
조상들이 ─ 듣지 아니하며
/우리 /이 책의 말씀을
└ 행하지 아니하였으므로
/이 책에 기록된 모든 것을
/우리를 위하여

14 이에
힐기야와
/제사장
또
아히감과
악볼과
사반과
아사야가 ── 여선지 훌다에게로 **나아가니**
/(그는)살룸의 아내라
/디과의 아들로서
/할하스의 손자
/예복을 주관하는

기야가 내게 책을 주더이다 하고 왕의 앞에서 읽으매
11 왕이 율법책의 말을 듣자 곧 그 옷을 찢으니라 **12**
왕이 제사장 힐기야와 사반의 아들 아히감과 미가야의
아들 악볼과 서기관 사반과 왕의 시신 아사야에게 명하
여 가로되 **13** 너희는 가서 나와 백성과 온 유다를 위하
여 이 발견한 책의 말씀에 대하여 여호와께 물으라 우리
열조가 이 책의 말씀을 듣지 아니하며 이 책에 우리를
위하여 기록된 모든 것을 준행치 아니하였으므로 여호와
께서 우리에게 발하신 진노가 크도다 **14** 이에 제사장
힐기야와 또 아히감과 악볼과 사반과 아사야가 여선지
훌다에게로 나아가니 저는 할하스의 손자 디과의 아들
예복을 주관하는 살룸의 아내라 예루살렘 둘째 구역에

and have delivered it into the hand of the workmen who
have the oversight of the house of the LORD." **10** Moreover,
Shaphan the scribe told the king saying, "Hilkiah the
priest has given me a book." And Shaphan read it in
the presence of the king. **11** And it came about when
the king heard the words of the book of the law, that
he tore his clothes. **12** Then the king commanded Hilkiah
the priest, Ahikam the son of Shaphan, Achbor the son
of Micaiah, Shaphan the scribe, and Asaiah the king's servant
saying, **13** "Go, inquire of the LORD for me and the people
and all Judah concerning the words of this book that
has been found, for great is the wrath of the LORD that
burns against us, because our fathers have not listened
to the words of this book, to do according to all that is written
concerning us." **14** ¶ So Hilkiah the priest, Ahikam, Achbor,
Shaphan, and Asaiah went to Huldah the prophetess, the

[그녀는] 예루살렘 둘째 구역에 **거하였더라**

그들이 그와 더불어 **말하매**

15 훌다가 그들에게 **이르되**
/여호와(의)[가]-말씀이
/이스라엘 하나님
/너희는 —— 말하기를
/너희를 내게 보낸 사람에게
16 /여호와의 말씀이
/내가 —— 재앙을 내리되
/이 곳과
/그 주민에게
/곧
[내가] —— 모든 말대로 하리니
/유다 왕이 읽은 책의

17 //이는(이유: אשר, because)
이 백성이 —— 나를 버리고
다른 신에게 분향하며
나를 격발하였음이라
/모든 행위로
/그들의 손의
/그러므로
진노가 —— 꺼지지 아니하리라(하라 하셨느니라)
/내가 —— 내린
/이 곳을 향하여

18 /너희가 —— 이렇게 말하라
/유다 왕에게는
/너희를 보내
/여호와께 묻게 한

/여호와가 —— 이같이 말씀하셨느니라
/하나님 /네가 들은 말들에 대하여는
/이스라엘의

19 /네가 —— 말을 듣고(when)
/내가 —— [말]한
/이 곳과 그 주민에게 대하여
/빈 터가 되고
/저주가 되리라

왕하

거하였더라 저희가 더불어 말하매 **15** 훌다가 저희에게
이르되 이스라엘 하나님 여호와의 말씀이 너희는 너희를
내게 보낸 사람에게 고하기를 **16** 여호와의 말씀이 내가
이 곳과 그 거민에게 재앙을 내리되 곧 유다 왕의 읽은
책의 모든 말대로 하리니 **17** 이는 이 백성이 나를 버리
고 다른 신에게 분향하며 그 손의 모든 소위로 나의 노를
격발하였음이라 그러므로 나의 이 곳을 향하여 발한 진
노가 꺼지지 아니하리라 하라 하셨느니라 **18** 너희를 보
내어 여호와께 묻게 한 유다 왕에게는 너희가 이렇게 고
하라 이스라엘 하나님 여호와의 말씀이 네가 들은 말을
의논컨대 **19** 내가 이곳과 그 거민에게 대하여 빈 터가
되고 저주가 되리라 한말을 네가 듣고 마음이 연하여 여
호와 앞 곧 내 앞에서 겸비하여 옷을 찢고 통곡하였으므
로 나도 네 말을 들었노라 여호와가 말하였느니라 **20**

wife of Shallum the son of Tikvah, the son of Harhas, keeper
of the wardrobe (now she lived in Jerusalem in the
Second Quarter); and they spoke to her. **15** And she
said to them, "Thus says the LORD God of Israel, 'Tell
the man who sent you to me, **16** thus says the LORD,
"Behold, I bring evil on this place and on its inhabitants,
even all the words of the book which the king of Judah
has read. **17** "Because they have forsaken Me and
have burned incense to other gods that they might provoke
Me to anger with all the work of their hands, therefore
My wrath burns against this place, and it shall not be
quenched."' **18** "But to the king of Judah who sent
you to inquire of the LORD thus shall you say to him,
'Thus says the LORD God of Israel, "Regarding the
words which you have heard, **19** because your heart
was tender and you humbled yourself before the LORD

/[네] 마음이 ─ 부드러워져서
 여호와 앞[에서] 겸비하여
 /곧 내 앞에서
/[네가] ─ 옷을 찢고
 통곡하였으므로
/나도 ─ 네 말을 들었노라

/여호와가 ─ 말하였느니라

20 /그러므로
보라!
내가 ─ 너로 너의 조상들에게 돌아가서
 평안히 묘실로 들어가게 하리니

/네 눈이 ─ 모든 재앙을 보지 못하리라 (하셨느니라 하니)
 /내가 이 곳에 내리는

사자들이 왕에게 **복명하니라**

23

1 왕이 **보내어**
모든 장로를 **모으고**
/유다와 예루살렘의
/자기에게로

2 이에
왕이 여호와의 성전에 **올라가매**

유다 사람과
/모든
예루살렘 거민과
제사장들과
선지자들과
모든 백성이 ─ **왕과 함께 한지라**
/노소를 막론하고 다

왕이 모든 말씀을 **읽어**...들리고
/언약책의
/여호와의 성전 안에서 발견한
/무리의 귀에

3 왕이 단 위에 **서서**
언약을 **세우되**
/여호와 앞에서

그러므로 내가 너로 너의 열조에게 돌아가서 평안히 묘실로 들어가게 하리니 내가 이 곳에 내리는 모든 재앙을 네가 눈으로 보지 못하리라 하셨느니라 사자들이 왕에게 복명하니라

23:1 왕이 보내어 유다와 예루살렘의 모든 장로를 자기에게로 모으고 **2** 이에 여호와의 전에 올라가매 유다 모든 사람과 예루살렘 거민과 제사장들과 선지자들과 모든 백성이 무론 노소하고 다 왕과 함께한지라 왕이 여호와의 전 안에서 발견한 언약책의 모든 말씀을 읽어 무리의 귀에 들리고 **3** 왕이 대 위에 서서 여호와 앞에서 언약을 세우되 마음을 다하고 성품을 다하여 여호와를 순종하고 그 계명과 법도와 율례를 지켜 이 책

when you heard what I spoke against this place and against its inhabitants that they should become a desolation and a curse, and you have torn your clothes and wept before Me, I truly have heard you," declares the LORD.
20 "Therefore, behold, I will gather you to your fathers, and you shall be gathered to your grave in peace, neither shall your eyes see all the evil which I will bring on this place."'" So they brought back word to the king.

23:1 ¶ Then the king sent, and they gathered to him all the elders of Judah and of Jerusalem. **2** And the king went up to the house of the LORD and all the men of Judah and all the inhabitants of Jerusalem with him, and the priests and the prophets and all the people, both small and great; and he read in their hearing all the words of the book of the covenant, which was found in the house of the LORD. **3** And the king stood

//(목적: ל, to)
여호와께 순종하고
/마음을 다하고
/뜻을 다하여

//(목적: ל, to)
지켜
/그의 계명과
/법도와 율례를

//(목적: ל, to)
이루게 하리라 하매
/이 언약의 말씀을
/이 책에 기록된

백성이 다 그 언약을 **좇기로 하니라**

4 왕이 **명령하여**
/대제사장 힐기야와
/모든 부제사장들과
/문을 지킨 자들에게

/모든 그릇들을 내다가
/바알과 아세라와 하늘의 일월 성신을 위하여 만든
/여호와의 성전에서
/기드론 밭에서 불사르고
/예루살렘 바깥
/벧엘로 가져가게 하고
/그것들의 재를

5 [왕이] 제사장들을 **폐하며**
/옛적에 유다 왕들이 세워서
/산당들에서 분향하며
/유다 모든 성읍과
/예루살렘 주위의
/우상을 섬기게 한

또
[그가] 분향하는 자들을 **폐하고**
/바알과
/해와 달과
/별 떼와 하늘의 모든 별에게

6 또

에 기록된 이 언약의 말씀을 이루게 하리라 하매 백성이
다 그 언약을 좇기로 하니라 4 왕이 대제사장 힐기야와
모든 버금 제사장들과 문을 지킨 자들에게 명하여 바알
과 아세라와 하늘의 일월 성신을 위하여 만든 모든 기명
을 여호와의 전에서 내어다가 예루살렘 바깥 기드론 밭
에서 불사르고 그 재를 벧엘로 가져가게 하고 5 옛적에
유다 왕들이 세워서 유다 모든 고을과 예루살렘 사면 산
당에서 분향하며 우상을 섬기게 한 제사장들을 폐하며
또 바알과 해와 달과 열두 궁성과 하늘의 모든 별에게 분
향하는 자들을 폐하고 6 또 여호와의 전에서 아세라 상
을 내어 예루살렘 바깥 기드론 시내로 가져다가 거기서
불사르고 빻아서 가루를 만들어 그 가루를 평민의 묘지

by the pillar and made a covenant before the LORD, to
walk after the LORD, and to keep His commandments
and His testimonies and His statutes with all his heart
and all his soul, to carry out the words of this covenant
that were written in this book. And all the people entered
into the covenant. 4 ¶ Then the king commanded Hilkiah
the high priest and the priests of the second order and
the doorkeepers, to bring out of the temple of the LORD
all the vessels that were made for Baal, for Asherah,
and for all the host of heaven; and he burned them
outside Jerusalem in the fields of the Kidron, and carried
their ashes to Bethel. 5 And he did away with the
idolatrous priests whom the kings of Judah had appointed
to burn incense in the high places in the cities of Judah
and in the surrounding area of Jerusalem, also those who
burned incense to Baal, to the sun and to the moon and

[그가] 아세라 상을 **내어**
/여호와의 성전에서
기드론 시내로 **가져다**
/예루살렘 바깥
거기에서 **불사르고**
빻아서

//(목적: ל, to)
가루를 만들어

그 가루를 **뿌리고**
/평민의 묘지에

7 또
[그가] 미동의 집을[20] **헐었으니**
/여호와의 성전 가운데
/(그 곳은)[21]
여인이 휘장을 짜는 처소였더라
/아세라를 위하여

8 또
[그가] 모든 제사장을 **불러오고**
/유다 각 성읍에서

또
[그가] 산당을 **더럽게 하고**
/제사장이 분향하던
/게바에서부터 브엘세바까지

또
[그가] 성문의 산당들을 **헐어 버렸으니**
/(이 산당들은)[22]
여호수아의 대문 어귀[에 있던]
/부윤[23])
곧 성문 왼쪽에 있었더라

9 제사장들은 여호와의 제단에 **올라가지 못하고**
/산당들의 /예루살렘

다만(but)
[그들이] 무교병을 **먹을 뿐이었더라**
/그의 형제 중에서

10 또
왕이 도벳을 **더럽게 하여**
/힌놈의 아들 골짜기의

//(목적: ל, to)

20) 남창의 집
21) 관계대명사
22) 관계대명사
23) 그 성읍의 지도자

왕하

에 뿌리고 7 또 여호와의 전 가운데 미동의 집을 헐었으니 그곳은 여인이 아세라를 위하여 휘장을 짜는 처소이었더라 8 유다 각 성읍에서 모든 제사장을 불러오고 또 제사장이 분향하던 산당을 게바에서부터 브엘세바까지 더럽게 하고 또 성문의 산당들을 헐어 버렸으니 이 산당들은 부윤 여호수아의 대문 어구 곧 성문 왼편에 있었더라 9 산당의 제사장들은 예루살렘 여호와의 단에 올라가지 못하고 다만 그 형제 중에서 무교병을 먹을 뿐이었더라 10 왕이 또 힌놈의 아들 골짜기의 도벳을 더럽게 하여 사람으로 몰록에게 드리기 위하여 그 자녀를 불로

to the constellations and to all the host of heaven. 6
And he brought out the Asherah from the house of the LORD
outside Jerusalem to the brook Kidron, and burned it at
the brook Kidron, and ground it to dust, and threw its
dust on the graves of the common people. 7 He also
broke down the houses of the male cult prostitutes which
were in the house of the LORD, where the women were
weaving hangings for the Asherah. 8 Then he brought
all the priests from the cities of Judah, and defiled the
high places where the priests had burned incense, from Geba
to Beersheba; and he broke down the high places of the gates
which were at the entrance of the gate of Joshua the governor
of the city, which were on one's left at the city gate. 9
Nevertheless the priests of the high places did not go
up to the altar of the LORD in Jerusalem, but they ate
unleavened bread among their brothers. 10 He also
defiled Topheth, which is in the valley of the son of Hinnom,
that no man might make his son or his daughter pass

//(목적: ל, to)
자기의 자녀를 불로 지나가지 못하게 하고
/어떤 사람도
/몰록에게 드리기 위하여

11 또
[그가] 말들을 **제하여 버렸으니**
/유다 여러 왕이 태양을 위하여 드린
/이 말들은[24]
시종 나단멜렉의 집 곁에 있던 것이며
/여호와의 성전으로 들어가는 곳의 근처

또
[그가] 태양 수레를 **불사르고**

12 왕이 다 **헐고**
/단들과
/여러 왕이——지붕에 세운
/유다 /아하스의 다락
/단들을
/므낫세가 —— 두 마당에 세운
/여호와의 성전
거기서 **빻아내려서**
그것들의 가루를 **쏟아 버리고**
/기드론 시내에

13 또
왕이 산당들을 **더럽게 하였으니**
/멸망의 산 오른쪽에 세운
/예루살렘 앞
/이는[25]
솔로몬이 ——— 옛적에 세웠던 것이며
/이스라엘 왕 /시돈 사람의 가증한 아스다롯과
/모압 사람의 가증한 그모스와
/암몬 자손의 가증한 밀곰을 위하여

14 또
왕이 석상들을 **깨뜨리며**
아세라 목상들을 **찍고**
사람의 해골로 그 곳에 **채웠더라**

15 또한
왕이 제단과 산당을 **헐고**
/여로보암이 벧엘에 세운
/느밧의 아들
/이스라엘에게 범죄하게 한

왕하

24) 관계 대명사
25) 관계 대명사

지나가게 하지 못하게 하고 **11** 또 유다 열왕이 태양을
위하여 드린 말들을 제하여 버렸으니 이 말들은 여호와
의 전으로 들어가는 곳의 근처 시종 나단멜렉의 집 곁에
있던 것이며 또 태양 수레를 불사르고 **12** 유다 열왕이
아하스의 다락 지붕에 세운 단들과 므낫세가 여호와의
전 두 마당에 세운 단들을 왕이 다 헐고 거기서 빻아 내
려서 그 가루를 기드론 시내에 쏟아버리고 **13** 또 예루
살렘 앞 멸망산 우편에 세운 산당을 더럽게 하였으니 이
는 옛적에 이스라엘 왕 솔로몬이 시돈 사람의 가증한 아
스다롯과 모압 사람의 가증한 그모스와 암몬 자손의 가
증한 밀곰을 위하여 세웠던 것이며 **14** 왕이 또 석상들
을 깨뜨리며 아세라 목상들을 찍고 사람의 해골로 그곳
에 채웠더라 **15** 이스라엘로 범죄케 한 느밧의 아들 여
로보암이 벧엘에 세운 단과 산당을 왕이 헐고 또 그 산당

through the fire for Molech. **11** And he did away with
the horses which the kings of Judah had given to the
sun, at the entrance of the house of the LORD, by the chamber
of Nathan-melech the official, which was in the precincts;
and he burned the chariots of the sun with fire. **12** And
the altars which were on the roof, the upper chamber of
Ahaz, which the kings of Judah had made, and the altars
which Manasseh had made in the two courts of the house
of the LORD, the king broke down; and he smashed
them there, and threw their dust into the brook Kidron.
13 And the high places which were before Jerusalem, which
were on the right of the mount of destruction which Solomon
the king of Israel had built for Ashtoreth the abomination
of the Sidonians, and for Chemosh the abomination of Moab,
and for Milcom the abomination of the sons of Ammon,
the king defiled. **14** And he broke in pieces the sacred
pillars and cut down the Asherim and filled their places
with human bones. **15** ¶ Furthermore, the altar that was

또
그 산당을 **불사르고**
빻아서

//(목적: ל, to)
가루를 만들며
또
아세라 목상을 **불살랐더라**

16 요시야가 몸을 **돌이켜**
무덤들을 **보고**
/산에 있는
보내어
해골을 **취하였다가**
/그 무덤에서
제단 위에서 **불살라**
그 제단을 **더럽게 하니라**
/여호와의 말씀대로 (되었더라)
/그 전한
/사람이 —— 이 일을 전하였더니
/하나님의

17 요시야가 **이르되** ...하니
/저것은 —— 무슨 비석이냐?
/내게 보이는

성읍 사람들이 그에게 **고하되** ...하니라
/하나님의 사람의 묘실이니이다
/유다에서 왔던
/이 일을 전하러
/왕께서 벧엘의 제단에 대하여 행하신

18 [그가] **가로되** ...하매
/그대로 두고
/그의 뼈를 옮기지 말라

무리가 그대로 **두었더라**
/그의 뼈와
/선지자의 뼈는
/사마리아에서 온

19 요시야가 산당을 다 **제거하되**
/여러 왕이 —— 각 성읍에 전에 지어서
/이스라엘 /사마리아

//(목적: ל, to)
여호와의 노를 격발한

왕하

을 불사르고 빻아서 가루를 만들며 또 아세라 목상을 불
살랐더라 **16** 요시야가 몸을 돌이켜 산에 있는 묘실들을
보고 보내어 그 묘실에서 해골을 취하여다가 단 위에 불
살라 그 단을 더럽게 하니라 이 일을 하나님의 사람이
전하였더니 그 전한 여호와의 말씀대로 되었더라 **17** 요
시야가 이르되 내게 보이는 저것은 무슨 비석이냐 성읍
사람들이 고하되 왕께서 벧엘의 단에 향하여 행하신 이
일을 전하러 유다에서 왔던 하나님의 사람의 묘실이니이
다 **18** 가로되 그대로 두고 그 뼈를 옮기지 말라 하매
무리가 그 뼈와 사마리아에서 온 선지자의 뼈는 그대로
두었더라 **19** 전에 이스라엘 열왕이 사마리아 각 성읍에
지어서 여호와의 노를 격발한 산당을 요시야가 다 제하

at Bethel and the high place which Jeroboam the son of Nebat, who made Israel sin, had made, even that altar and the high place he broke down. Then he demolished its stones, ground them to dust, and burned the Asherah.
16 Now when Josiah turned, he saw the graves that were there on the mountain, and he sent and took the bones from the graves and burned them on the altar and defiled it according to the word of the LORD which the man of God proclaimed, who proclaimed these things.
17 Then he said, "What is this monument that I see?" And the men of the city told him, "It is the grave of the man of God who came from Judah and proclaimed these things which you have done against the altar of Bethel."
18 And he said, "Let him alone; let no one disturb his bones." So they left his bones undisturbed with the bones of the prophet who came from Samaria. **19** And

모든 일대로 **행하고**
/벧엘에서 행한

20 또
[그가] 제사장들을 다 **죽이고**
/거기 있는 산당의
/단 위에서

사람의 해골을 **불사르고**
/단 위에서

예루살렘으로 **돌아왔더라**

21 왕이 뭇 백성에게 명령하여 **이르되** ...하매
/[너희는] 유월절을 지키라
/이 언약책에 기록된 대로
/너희의 하나님 여호와를 위하여

22 지킨 일이 **없었더니**
/유월절을 /사사가 이스라엘을 다스리던 시대부터
/이렇게 /이스라엘 열왕의 시대에든지
/유다 열왕의 시대에든지

23 요시야 왕 열여덟째 해에
[그가] 이 유월절을 **지켰더라**
/예루살렘에서 여호와 앞에

24 또
요시야가 다 **제하였으니**
/신접한 자와 점쟁이와
/드라빔과 우상과
/모든 가증한 것을

/유다 땅과 예루살렘에 보이는

//이는(목적: ל, to)
책에 기록된 율법의 말씀을 이루려 함이라
/대제사장 힐기야가 여호와의 성전에서 발견한

25 왕은 요시야 전에도 **없었고**
/여호와께로 돌이킨
/요시야와 같이
/마음을 다하며
/뜻을 다하며
/힘을 다하여
/모세의 모든 율법을 따라

왕하

되 벧엘에서 행한 모든 일대로 행하고 20 또 거기 있는
산당의 제사장들을 다 단 위에서 죽이고 사람의 해골을
단 위에 불사르고 예루살렘으로 돌아왔더라 21 왕이 뭇
백성에게 명하여 가로되 이 언약책에 기록된 대로 너희
의 하나님 여호와를 위하여 유월절을 지키라 하매 22
사사가 이스라엘을 다스리던 시대부터 이스라엘 열왕의
시대에든지 유다 열왕의 시대에든지 이렇게 유월절을 지
킨 일이 없었더니 23 요시야 왕 십팔년에 예루살렘에서
여호와 앞에 이 유월절을 지켰더라 24 요시야가 또 유
다 땅과 예루살렘에 보이는 신접한 자와 박수와 드라빔
과 우상과 모든 가증한 것을 다 제하였으니 이는 대제사
장 힐기야가 여호와의 전에서 발견한 책에 기록된 율법
말씀을 이루려 함이라 25 요시야와 같이 마음을 다하며
성품을 다하며 힘을 다하여 여호와를 향하여 모세의 모

Josiah also removed all the houses of the high places
which were in the cities of Samaria, which the kings of Israel
had made provoking the LORD; and he did to them just
as he had done in Bethel. 20 And all the priests of the
high places who were there he slaughtered on the altars
and burned human bones on them; then he returned to
Jerusalem. 21 ¶ Then the king commanded all the people
saying, "Celebrate the Passover to the LORD your God
as it is written in this book of the covenant." 22 Surely
such a Passover had not been celebrated from the days
of the judges who judged Israel, nor in all the days of
the kings of Israel and of the kings of Judah. 23 But
in the eighteenth year of King Josiah, this Passover was
observed to the LORD in Jerusalem. 24 ¶ Moreover,

자가　　　　　후에도 **없었더라**
/그와 같은

26 그러나
여호와께서　　　진노를 **돌이키지 아니하셨으니**
/그 크게 타오르는
/유다를 향하여 내리신

//이는(이유: על, because)
그 모든 격노 때문이라
/므낫세가 여호와를 격노하게 한

27 여호와께서　　**가라사대** ...하셨더라
/[내가] ── 유다도 내 앞에서 물리치며
/내가 이스라엘을 물리친 것 같이
/[내가] ── 이 성전을 버리리라

28 남은 사적과
/요시야의
행한 모든 일은　역대지략에 **기록되지 아니하였느냐?**
/유다 왕

29 바로 느고가　　유브라데 강으로 **올라가므로**
/애굽의 왕　　　/요시야 당시에
/앗수르 왕을 치고자 하여

요시야 왕이　　**나갔더니**
//(목적: ל, to)
방비하러

애굽 왕이　　　요시야를 **죽인지라**
/므깃도에서 만나본 후에

30 신복들이　　　그의 시체를 병거에 **싣고**
므깃도에서 예루살렘으로 **돌아와서**
그의 무덤에 **장사하니**

백성들이　　　여호아하스를 **데려다가**
/요시야의 아들
그에게 기름을 **붓고**
왕으로 **삼았더라**
/그의 아버지를 대신하여

왕하

든 율법을 온전히 준행한 임금은 요시야 전에도 없었고
후에도 그와 같은 자가 없었더라 26 그러나 여호와께서
유다를 향하여 진노하신 그 크게 타오르는 진노를 돌이
키지 아니하셨으니 이는 므낫세가 여호와를 격노케 한
그 모든 격노를 인함이라 27 여호와께서 가라사대 내가
이스라엘을 물리친 것같이 유다도 내 앞에서 물리치며
내가 뺀 이 성 예루살렘과 내 이름을 거기 두리라 한 이
전을 버리리라 하셨더라 28 요시야의 남은 사적과 모든
행한 일은 유다 왕 역대 지략에 기록되지 아니하였느냐
29 요시야 당시에 애굽 왕 바로느고가 앗수르 왕을 치
고자하여 유브라데 하수로 올라가므로 요시야 왕이 나가
서 방비하더니 애굽 왕이 요시야를 므깃도에서 만나본
후에 죽인지라 30 신복들이 그 시체를 병거에 싣고 므
깃도에서 예루살렘으로 돌아와서 그 묘실에 장사하니 국

Josiah removed the mediums and the spiritists and the
teraphim and the idols and all the abominations that
were seen in the land of Judah and in Jerusalem, that
he might confirm the words of the law which were
written in the book that Hilkiah the priest found in the
house of the LORD. 25 And before him there was no
king like him who turned to the LORD with all his heart
and with all his soul and with all his might, according
to all the law of Moses; nor did any like him arise after
him. 26 ¶ However, the LORD did not turn from the
fierceness of His great wrath with which His anger burned
against Judah, because of all the provocations with which
Manasseh had provoked Him. 27 And the LORD said,
"I will remove Judah also from My sight, as I have
removed Israel. And I will cast off Jerusalem, this city which
I have chosen, and the temple of which I said, 'My
name shall be there.'" 28 ¶ Now the rest of the acts
of Josiah and all that he did, are they not written in the
Book of the Chronicles of the Kings of Judah? 29 In
his days Pharaoh Neco king of Egypt went up to the
king of Assyria to the river Euphrates. And King Josiah went
to meet him, and when Pharaoh Neco saw him he killed

31 여호아하스가 왕이 될 때에(when)
나이가 **이십삼 세라**

[그가] 석 달간 **다스리니라**
/예루살렘에서

이름은 **하무달이라**
/그의 어머니의 /립나 예레미야의 딸(이더라)

32 여호아하스가 악을 **행하였더니**
/여호와 보시기에
/그의 조상들의 모든 행위대로

33 바로 느고가 그를 **가두어**
/하맛 땅 립나에

//(결과: that...might)
왕이 되지 못하게 하고
/예루살렘에서

또
[그가] 그 나라로 벌금으로 **내게 하고**
/은 백 달란트와
/금 한 달란트를

34 바로 느고가 왕으로 **삼고**
/엘리아김을
/요시야의 아들
/요시야를 대신하여
/그의 아버지
그의 이름을 **고쳐** ...하고
/여호야김이라

왕하

여호아하스는 애굽으로 **잡아갔더니**
저가 거기서 **죽으니라**

35 여호야김이 은과 금을 **주니라**
/바로에게
그가 나라에 **부과하되**
/그에게 그 돈을 주기 위하여
/바로 느고의 명령대로
액수를 **정하고**
/백성들 각 사람의 힘대로

민이 요시야의 아들 여호아하스를 데려다가 저에게 기름
을 붓고 그 부친을 대신하여 왕을 삼았더라 31 여호아
하스가 위에 나아갈 때에 나이 이십삼세라 예루살렘에서
석달을 치리하니라 그 모친의 이름은 하무달이라 립나
예레미야의 딸이더라 32 여호아하스가 그 열조의 모든
행위대로 여호와 보시기에 악을 행하였더니 33 바로느
고가 저를 하맛 땅 립나에 가두어 예루살렘에서 왕이 되
지 못하게 하고 또 그 나라로 은 일백 달란트와 금 한 달
란트를 벌금으로 내게 하고 34 바로느고가 요시야의 아
들 엘리아김으로 그 아비 요시야를 대신하여 왕을 삼고
그 이름을 고쳐 여호야김이라 하고 여호아하스는 애굽으
로 잡아갔더니 저가 거기서 죽으니라 35 여호야김이 은
과 금을 바로에게 주니라 저가 바로느고의 명령대로 그
에게 그 돈을 주기 위하여 나라에 부과하되 국민 각 사람

him at Megiddo. 30 And his servants drove his body
in a chariot from Megiddo, and brought him to Jerusalem
and buried him in his own tomb. Then the people of
the land took Jehoahaz the son of Josiah and anointed
him and made him king in place of his father. 31 ¶ Jehoahaz
was twenty-three years old when he became king, and
he reigned three months in Jerusalem; and his mother's name
was Hamutal the daughter of Jeremiah of Libnah. 32
And he did evil in the sight of the LORD, according to
all that his fathers had done. 33 And Pharaoh Neco
imprisoned him at Riblah in the land of Hamath, that
he might not reign in Jerusalem; and he imposed on the
land a fine of one hundred talents of silver and a talent
of gold. 34 And Pharaoh Neco made Eliakim the son
of Josiah king in the place of Josiah his father, and
changed his name to Jehoiakim. But he took Jehoahaz
away and brought him to Egypt, and he died there. 35
So Jehoiakim gave the silver and gold to Pharaoh, but

은금을 **늑봉하니라**

36 여호야김이 / 나이가 — 왕이 될 때에(when) **이십오 세라**

[그가] — 십일 년간 **다스리니라**
/예루살렘에서

이름은 /그의 어머니의 — **스비다라**
/루마 브다야의 딸(이더라)

37 여호야김이 — 악을 **행하였더라**
/여호와 보시기에
/모든 일을 따라서
/그의 조상들이 행한

24

1 느부갓네살이 /바벨론의 왕 — **올라오매**
/여호야김 시대에

여호야김이 — 삼 년간 **섬기다가**
돌이켜
그를 **배반하였더니**

2 여호와께서 — 여호야김에게로 **보내어**
/갈대아의 부대와
/아람의 부대와
/모압의 부대와
/암몬 자손의 부대를
/유다를 쳐

//(목적: ל, to)
멸하려 하시니

/말씀과 같이
/그의 종 선지자들을 통하여 하신

3 이 일이 — 유다에 **임함은**
/곧 여호와의 말씀대로

//(목적: ל, to)
그들을 물리치고자 하심이니
/자기 앞에서

//이는(이유: ב, because)
므낫세의 지은 모든 죄 때문이며

왕하

의 힘대로 액수를 정하고 은금을 늑봉하였더라 **36** 여호
야김이 왕이 될 때에 나이 이십오세라 예루살렘에서 십
일년을 치리하니라 그 모친의 이름은 스비다라 루마 브
다야의 딸이더라 **37** 여호야김이 그 열조의 모든 행한
일을 본받아 여호와 보시기에 악을 행하였더라

24:1 여호야김 시대에 바벨론 왕 느부갓네살이 올
라오매 여호야김이 삼년을 섬기다가 돌이켜 저를
배반하였더니 **2** 여호와께서 그 종 선지자들로 하신 말
씀과 같이 갈대아의 부대와 아람의 부대와 모압의 부대
와 암몬 자손의 부대를 여호야김에게로 보내어 유다를
쳐 멸하려 하시니 **3** 이 일이 유다에 임함은 곧 여호와의

he taxed the land in order to give the money at the
command of Pharaoh. He exacted the silver and gold
from the people of the land, each according to his
valuation, to give it to Pharaoh Neco. **36** ¶ Jehoiakim
was twenty-five years old when he became king, and he
reigned eleven years in Jerusalem; and his mother's name
was Zebidah the daughter of Pedaiah of Rumah. **37**
And he did evil in the sight of the LORD, according to
all that his fathers had done.

24:1 ¶ In his days Nebuchadnezzar king of Babylon
came up, and Jehoiakim became his servant for
three years; then he turned and rebelled against him. **2**
And the LORD sent against him bands of Chaldeans,
bands of Arameans, bands of Moabites, and bands of

4 //또(이유 계속)
무죄한 자의 피를(=피 때문에)
/그가 — 흘려
그의 피가 가득하게 하였음이라
/예루살렘에

//(이유, 계속)
여호와께서 — 즐겨하지 아니하시니라
/사하시기를

5 남은 사적과
/여호야김의
모든 일은 **기록되지 아니하였느냐?**
/행한 /유다 왕 역대지략에

6 여호야김이 그의 조상들과 함께 **자매**
여호야긴이 대신하여 왕이 되니라
/그의 아들

7 애굽 왕이 다시는 **나오지 못하였으니**
/그 나라에서
//이는(이유: כִּי, for)
바벨론 왕이 — 다 취하였음이더라
/애굽 왕에게 속한 땅을
/애굽 강에서부터 유브라데 강까지

8 여호야긴이 왕이 될 때에(when)
나이가 십팔 세라

[그가] 석 달간 **치리하니라**
/예루살렘에서

이름은 **느후스다요**
/그의 어머니의 /예루살렘 엘라단의 딸(이더라)

왕하

9 여호야긴이 악을 **행하였더라**
/여호와께서 보시기에
/모든 행위를 따라서
/그의 아버지의

10 그 때에
신복들이 예루살렘에 **올라와서**
/느부갓네살의
/바벨론의 왕
그 성을 **에워싸니라**

명하신바로 저희를 자기 앞에서 물리치고자 하심이니 이
는 므낫세의 지은 모든 죄로 인함이며 4 또 저가 무죄한
자의 피를 흘려 그 피로 예루살렘에 가득하게 하였음이
라 여호와께서 사하시기를 즐겨하지 아니하시니라 5 여
호야김의 남은 사적과 모든 행한 일은 유다 왕 역대 지략
에 기록 되지 아니하였느냐 6 여호야김이 그 열조와 함
께 자매 그 아들 여호야긴이 대신하여 왕이 되니라 7 애
굽 왕이 다시는 그 나라에서 나오지 못하였으니 이는 바
벨론 왕이 애굽 하수에서부터 유브라데 하수까지 애굽
왕에게 속한 땅을 다 취하였음이더라 8 여호야긴이 위에
나아갈 때에 나이 십팔세라 예루살렘에서 석 달을 치리
하니라 그 모친의 이름은 느후스다라 예루살렘 엘라단의
딸이더라 9 여호야긴이 그 부친의 모든 행위를 본받아
여호와 보시기에 악을 행하였더라 10 그 때에 바벨론

Ammonites. So He sent them against Judah to destroy
it, according to the word of the LORD, which He had spoken
through His servants the prophets. 3 Surely at the
command of the LORD it came upon Judah, to remove
them from His sight because of the sins of Manasseh,
according to all that he had done, 4 and also for the
innocent blood which he shed, for he filled Jerusalem
with innocent blood; and the LORD would not forgive.
5 Now the rest of the acts of Jehoiakim and all that he
did, are they not written in the Book of the Chronicles
of the Kings of Judah? 6 So Jehoiakim slept with his fathers,
and Jehoiachin his son became king in his place. 7 And
the king of Egypt did not come out of his land again,
for the king of Babylon had taken all that belonged to
the king of Egypt from the brook of Egypt to the river
Euphrates. 8 ¶ Jehoiachin was eighteen years old when
he became king, and he reigned three months in Jerusalem;
and his mother's name was Nehushta the daughter of Elnathan
of Jerusalem. 9 And he did evil in the sight of the
LORD, according to all that his father had done. 10 ¶

11 신복들이 에워쌀 때에(when)
/그의
느부갓네살도 그 성에 **이르니**
/바벨론의 왕

12 여호야긴이 바벨론 왕에게 **나아가매**
/유다의 왕 /그의 어머니와
/신복과
/지도자들과
/내시들과 함께

왕이 **잡으니** ...이라
/때는 바벨론의 왕 여덟째 해

13 그가 **집어내고**
/모든 보물과
/여호와의 성전의
/왕궁 보물을

또
다 **훼파하였으니**
/이스라엘의 왕 솔로몬이 만든 것
/곧 여호와의 성전의 금 그릇을
/여호와의 말씀과 같이 (되었더라)

14 또
그가 **사로잡아 가매**
/예루살렘의 모든 백성과
/모든 방백과
/모든 용사 합 일만 명과
/모든 공장과
/대장장이를

남은 자가 그 땅에 **없었더라**
/빈천한 자 외에는

15 그가 여호야긴을 **사로잡아 가고**
/바벨론으로
바벨론으로 **사로잡아 가고**
/왕의 어머니와
/왕의 아내들과
/내시들과
/나라에 권세 있는 자도
/예루살렘에서

왕하

왕 느부갓네살의 신복들이 예루살렘에 올라와서 그 성을
에워싸니라 **11** 그 신복들이 에워쌀 때에 바벨론 왕 느
부갓네살도 그 성에 이르니 **12** 유다 왕 여호야긴이 그
모친과 신복과 방백들과 내시들과 함께 바벨론 왕에게
나아가매 왕이 잡으니 때는 바벨론 왕 팔년이라 **13** 저
가 여호와의 전의 모든 보물과 왕궁 보물을 집어내고 또
이스라엘 왕 솔로몬이 만든 것 곧 여호와의 전의 금 기
명을 다 훼파하였으니 여호와의 말씀과 같이 되었더라
14 저가 또 예루살렘의 모든 백성과 모든 방백과 모든
용사 합 일만 명과 모든 공장과 대장장이를 사로잡아 가
매 빈천한 자 외에는 그 땅에 남은 자가 없었더라 **15**
저가 여호야긴을 바벨론으로 사로잡아 가고 왕의 모친과
왕의 아내들과 내시와 나라에 권세 있는 자도 예루살렘
에서 바벨론으로 사로잡아 가고 **16** 또 용사 칠천과 공

At that time the servants of Nebuchadnezzar king of Babylon
went up to Jerusalem, and the city came under siege.
11 And Nebuchadnezzar the king of Babylon came to
the city, while his servants were besieging it. **12** And
Jehoiachin the king of Judah went out to the king of Babylon,
he and his mother and his servants and his captains and
his officials. So the king of Babylon took him captive
in the eighth year of his reign. **13** And he carried out
from there all the treasures of the house of the LORD,
and the treasures of the king's house, and cut in pieces
all the vessels of gold which Solomon king of Israel had
made in the temple of the LORD, just as the LORD had
said. **14** Then he led away into exile all Jerusalem and
all the captains and all the mighty men of valor, ten thousand
captives, and all the craftsmen and the smiths. None remained
except the poorest people of the land. **15** So he led
Jehoiachin away into exile to Babylon; also the king's mother
and the king's wives and his officials and the leading

16 또
바벨론 왕이 — 바벨론으로 **사로잡아 가고**
/용사 칠천과
/공장과 대장장이 일천
/곧 모든 자들을
/강장하여 싸움에 능한

17 또
바벨론 왕이 — 맛다니야를 **왕으로 삼고**
/여호야긴의 숙부
/대신하여
그의 이름을 **고쳐** ...하였더라
/시드기야라

18 시드기야가 — 왕이 될 때에(when)
나이가 — **이십일 세라**

[그가] — 십일 년간 **치리하니라**
/예루살렘에서

이름은 — **하무달이요**
/그의 어머니의 — /예레미야의 딸(이더라)
/립나인

19 그가 — 악을 **행한지라**
/여호와 보시기에
/모든 행위를 따라
/여호야김의

20 //(이유: כִּי, for)
진노하심이 ——— 이르렀더라
/여호와께서 — /그들을 쫓아내실 때까지
/예루살렘과 유다를 — /그 앞에서

시드기야가 — 바벨론 왕을 **배반하니라**

왕하

25

1 느부갓네살이 — **올라와서**
/바벨론의 왕 — /그의 모든 군대를 거느리고
/시드기야 제구년 열째 달 십일에
/예루살렘을 치러

진을 치고

장과 대장장이 일천 곧 다 강장하여 싸움에 능한 자들을
바벨론으로 사로잡아 가고 17 바벨론 왕이 또 여호야긴
의 아자비 맛다니야로 대신하여 왕을 삼고 그 이름을 고
쳐 시드기야라 하였더라 18 시드기야가 위에 나아갈 때
에 나이 이십일세라 예루살렘에서 십일 년을 치리하니라
그 모친의 이름은 하무달이라 립나 예레미야의 딸이더라
19 시드기야가 여호야김의 모든 행위를 본받아 여호와
보시기에 악을 행한지라 20 여호와께서 예루살렘과 유
다를 진노하심이 저희를 그 앞에서 쫓아 내실 때까지 이
르렀더라 시드기야가 바벨론 왕을 배반하니라
25:1 시드기야 구년 시월 십일에 바벨론 왕 느부갓
네살이 그 모든 군대를 거느리고 예루살렘을 치

men of the land, he led away into exile from Jerusalem
to Babylon. 16 And all the men of valor, seven thousand,
and the craftsmen and the smiths, one thousand, all strong
and fit for war, and these the king of Babylon brought
into exile to Babylon. 17 Then the king of Babylon
made his uncle Mattaniah, king in his place, and changed
his name to Zedekiah. 18 ¶ Zedekiah was twenty-one
years old when he became king, and he reigned eleven
years in Jerusalem; and his mother's name was Hamutal
the daughter of Jeremiah of Libnah. 19 And he did evil
in the sight of the LORD, according to all that Jehoiakim
had done. 20 For through the anger of the LORD this
came about in Jerusalem and Judah until He cast them
out from His presence. And Zedekiah rebelled against
the king of Babylon.
25:1 ¶ Now it came about in the ninth year of his
reign, on the tenth day of the tenth month, that
Nebuchadnezzar king of Babylon came, he and all his

사면으로 토성을 **쌓으매**

2 그 성이 **에워싸였더니**
/시드기야 왕 십일년까지

3 기근이 성 중에 **심하여**
/그[해] 사월 구일에

양식이 **진하였고**
/그 땅 백성의

4 성벽(에)[이] **구멍을 뚫은지라(=뚫린지라)**[26]

모든 군사가 밤중에 **도망하여**
/왕의 동산 곁문 길로
/두 성벽 사이

갈대아인들이 그 성읍을 **에워쌌으므로**
그들이 아라바 길로 **가더니**

5 갈대아 군대가 그 왕을 **쫓아가서**
미치매
/여리고 평지에서

모든 군대가 **흩어진지라**
/왕의 /저를 떠나

6 그들이 왕을 **잡아**
그를 **끌고 가매**
/바벨론 왕에게로
/립나에 있는

그들이 저에게 **신문하니라**

7 그들이 시드기야의 아들들을 **죽이고**
/저의 목전에서
두 눈을 **빼고**
/시드기야의
그를 **결박하여**
/놋 사슬로
바벨론으로 **끌고 갔더라**

8 느부갓네살의 십 구년 오월 칠일에
/바벨론 왕
느부사라단이 예루살렘에 **이르러**
/시위대장
/바벨론 왕의 신복

26) 원문의 순서를 따라 문맥을 구성하였음

러 올라와서 진을 치고 사면으로 토성을 쌓으매 2 성이
시드기야 왕 십일년까지 에워싸였더니 3 그 사월 구일
에 성중에 기근이 심하여 그 땅 백성의 양식이 진하였고
4 갈대아 사람이 그 성읍을 에워쌌으므로 성벽에 구멍
을 뚫은지라 모든 군사가 밤중에 두 성벽 사이 왕의 동
산 곁문 길로 도망하여 아라바 길로 가더니 5 갈대아 군
사가 왕을 쫓아가서 여리고 평지에 미치매 왕의 모든 군
사가 저를 떠나 흩어진지라 6 갈대아 군사가 왕을 잡아
립나 바벨론 왕에게로 끌고 가매 저에게 신문하고 7 시
드기야의 아들들을 저의 목전에서 죽이고 시드기야의 두
눈을 빼고 사슬로 결박하여 바벨론으로 끌어갔더라 8
바벨론 왕 느부갓네살의 십 구년 오월 칠일에 바벨론 왕

army, against Jerusalem, camped against it, and built a
siege wall all around it. 2 So the city was under siege
until the eleventh year of King Zedekiah. 3 On the ninth
day of the fourth month the famine was so severe in the
city that there was no food for the people of the land.
4 Then the city was broken into, and all the men of
war fled by night by way of the gate between the two
walls beside the king's garden, though the Chaldeans
were all around the city. And they went by way of the Arabah.
5 But the army of the Chaldeans pursued the king and
overtook him in the plains of Jericho and all his army
was scattered from him. 6 Then they captured the king
and brought him to the king of Babylon at Riblah, and
he passed sentence on him. 7 And they slaughtered the

9 [그가] 사르고
/여호와의 성전과
/왕궁을
불살랐으며
/예루살렘의 모든 집을
/귀인의 집까지

10 온 군대가 성벽을 **헐었으며**
/갈대아 /예루살렘 사면
/시위대 장관을 좇는

11 느부사라단이 모두 **사로잡아 가고**
/시위대장 /성 중에 남아 있는 백성과
/바벨론 왕에게 항복한 자과
/무리 중 남은 자는

12 시위대장이 빈천한 국민을 **남겨 두어**
/그 땅에

//(목적: ל, to)
되게 하였더라
/포도원을 다스리는 자와
/농부가

13 또
갈대아 사람이 **깨뜨려**
/두 놋 기둥과 받침들과
/여호와의 성전의
/여호와의 성전의 놋 바다를

그 놋을 **가져가고**
/바벨론으로

14 또
[그들이] 다 **가져갔으며**
/가마들과
/부삽들과
/부집게들과
/숟가락들과
/모든 놋그릇을
/섬길 때에 쓰는

왕하

의 신하 시위대 장관 느부사라단이 예루살렘에 이르러 9
여호와의 전과 왕궁을 사르고 예루살렘의 모든 집을 귀
인의 집까지 불살랐으며 10 시위대 장관을 좇는 갈대아
온 군대가 예루살렘 사면 성벽을 헐었으며 11 성중에
남아 있는 백성과 바벨론 왕에게 항복한 자와 무리의 남
은 자는 시위대 장관 느부사라단이 다 사로잡아 가고
12 빈천한 국민을 그 땅에 남겨두어 포도원을 다스리는
자와 농부가 되게 하였더라 13 갈대아 사람이 또 여호
와의 전의 두 놋기둥과 받침들과 여호와의 전의 놋바다
를 깨뜨려 그 놋을 바벨론으로 가져가고 14 또 가마들
과 부삽들과 불집게들과 숟가락들과 섬길 때에 쓰는 모
든 놋그릇을 다 가져갔으며 15 시위대 장관이 또 불 옮

sons of Zedekiah before his eyes, then put out the eyes
of Zedekiah and bound him with bronze fetters and
brought him to Babylon. 8 ¶ Now on the seventh day
of the fifth month, which was the nineteenth year of
King Nebuchadnezzar, king of Babylon, Nebuzaradan
the captain of the guard, a servant of the king of Babylon,
came to Jerusalem. 9 And he burned the house of the LORD,
the king's house, and all the houses of Jerusalem; even every
great house he burned with fire. 10 So all the army of
the Chaldeans who were with the captain of the guard
broke down the walls around Jerusalem. 11 Then the
rest of the people who were left in the city and the
deserters who had deserted to the king of Babylon and
the rest of the multitude, Nebuzaradan the captain of the
guard carried away into exile. 12 But the captain of
the guard left some of the poorest of the land to be
vinedressers and plowmen. 13 ¶ Now the bronze pillars
which were in the house of the LORD, and the stands
and the bronze sea which were in the house of the LORD,
the Chaldeans broke in pieces and carried the bronze to
Babylon. 14 And they took away the pots, the shovels,
the snuffers, the spoons, and all the bronze vessels which
were used in temple service. 15 The captain of the
guard also took away the firepans and the basins, what
was fine gold and what was fine silver. 16 The two
pillars, the one sea, and the stands which Solomon had

15 또
시위대장이 **가져갔으며**
/불 옮기는 그릇들과 주발들
/곧 금으로 만든 것이나
/은으로 만든 것이나

16 또
[그가] **취하였는데**
/두 기둥과 한 바다와 받침들을
/솔로몬이 여호와의 성전을 위하여 만든

놋 중수(를)[는] **헤아릴 수 없었으니**
/이 모든 기구의

17 고가 **열여덟 규빗이요**
/그 한 기둥은

놋 머리가 그 꼭대기에 **있어**
고가 **세 규빗이요**
그물과 석류가 다 **놋이라**
/그 머리에 둘린

장식과 그물도 **이와 같았더라**
/다른 기둥의

18 시위대장이 **잡고**
/대제사장 스라야와
/부제사장 스바냐와
/성전 문지기 세 사람을

19 또
[그가] 사람을 **사로잡았으니**
/성 중에서
/곧 내시 하나와
/군사를 거느린
/또 왕의 시종 다섯 사람과
/성 중에서 만난 바
/서기관 하나와
/백성을 징집하는 장관의
/국민 육십 명이라
/성 중에서 만난 바

20 느부사라단이 그들을 **사로잡아 가지고**
/시위대장
바벨론 왕에게 **나아가매**
/립나

21 바벨론 왕이 다 **쳐죽였더라**
/하맛 땅 립나에서

기는 그릇들과 주발들 곧 금물의 금과 은물의 은을 가져갔으며 **16** 또 솔로몬이 여호와의 전을 위하여 만든 두 기둥과 한 바다와 받침들을 취하였는데 이 모든 기구의 놋 중수를 헤아릴 수 없었으니 **17** 그 한 기둥은 고가 십팔 규빗이요 그 꼭대기에 놋머리가 있어 고가 삼 규빗이요 그 머리에 둘린 그물과 석류가 다 놋이라 다른 기둥의 장식과 그물도 이와 같았더라 **18** 시위대 장관이 대제사장 스라야와 부제사장 스바냐와 전 문지기 세 사람을 잡고 **19** 또 성중에서 사람을 잡았으니 곧 군사를 거느린 내시 하나와 또 성중에서 만난바 왕의 시종 다섯 사람과 국민을 초모하는 장관의 서기관 하나와 성중에서 만난바 국민 육십 명이라 **20** 시위대 장관 느부사라단이

made for the house of the LORD — the bronze of all these vessels was beyond weight. **17** The height of the one pillar was eighteen cubits, and a bronze capital was on it; the height of the capital was three cubits, with a network and pomegranates on the capital all around, all of bronze. And the second pillar was like these with network. **18** ¶ Then the captain of the guard took Seraiah the chief priest and Zephaniah the second priest, with the three officers of the temple. **19** And from the city he took one official who was overseer of the men of war, and five of the king's advisers who were found in the city; and the scribe of the captain of the army, who mustered the people of the land; and sixty men of the people of the land who were found in the city. **20** And Nebuzaradan the captain of the guard took them and brought them to the king of Babylon at Riblah. **21** Then the king of

이와 같이
유다가 **사로잡혀 떠났더라**
/본토에서

22 백성은 곧 느부갓네살이 **남긴 자라**
/머물러 있는 /바벨론 왕
/유다 땅에

왕이 **관할하게 하였더라**
/그달리야가
/아히감의 아들
/사반의 손자

23 모든 지휘관과
/군대
따르는 자가 듣고(when)
/그를 /바벨론 왕이 지도자로 삼았다 함을
/그달리야를

이에
이스마엘과
/느다니야의 아들
요하난과
/가레아의 아들
스라야와
/단후멧의 아들
/느도바 사람
야아사니야와
/마아가 사람의 아들
따르는 사람이 — 미스바로 **가서**
/그를
/모두
— 그달리야에게 **나아가매**

왕하

24 그달리야가 **맹세하여**
/저희[에게]과
/저희를 따르는 군사들에게
이르되 ...하니라
/너희는 — 두려워하지 말고
/갈대아 인을 섬기기를
이 땅에 살며
바벨론 왕을 섬기라
//그리하면(결과)
너희가 평안하리라

저희를 잡아가지고 립나 바벨론 왕에게 나아가매 **21** 바벨론 왕이 하맛 땅 립나에서 다 쳐 죽였더라 이와 같이 유다가 사로잡혀 본토에서 떠났더라 **22** 유다 땅에 머물러 있는 백성은 곧 바벨론 왕 느부갓네살이 남긴 자라 왕이 사반의 손자 아히감의 아들 그달리야로 관할하게 하였더라 **23** 모든 군대 장관과 그 좇는 자가 바벨론 왕이 그달리야로 방백을 삼았다 함을 듣고 이에 느다니야의 아들 이스마엘과 가레아의 아들 요하난과 느도바 사람 단후멧의 아들 스라야와 마아가 사람의 아들 야아사니야와 그 좇는 사람이 모두 미스바로 가서 그달리야에게 나아가매 **24** 그달리야가 저희와 그 좇는 자들에게 맹세하여 이르되 너희는 갈대아 신복을 인하여 두려워 말고 이

Babylon struck them down and put them to death at Riblah in the land of Hamath. So Judah was led away into exile from its land. **22** ¶ Now as for the people who were left in the land of Judah, whom Nebuchadnezzar king of Babylon had left, he appointed Gedaliah the son of Ahikam, the son of Shaphan over them. **23** When all the captains of the forces, they and their men, heard that the king of Babylon had appointed Gedaliah governor, they came to Gedaliah to Mizpah, namely, Ishmael the son of Nethaniah, and Johanan the son of Kareah, and Seraiah the son of Tanhumeth the Netophathite, and Jaazaniah the son of the Maacathite, they and their men. **24** And Gedaliah swore to them and their men and said to them, "Do not be afraid of the servants of the Chaldeans; live in the land and serve the king of Babylon, and it will be well with you." **25** ¶ But it came about in the seventh month, that Ishmael the son of Nethaniah, the son of Elishama, of the royal family, came with ten men and

25 칠월에
이스마엘이 **와서**
/느다니야의 아들 /부하 열 명을 거느리고
/왕족 엘리사마의 손자

그달리야를 **쳐서**
죽이고

또
[그가] **죽인지라**
/유다 사람과 갈대아 사람을
/그와 함께 미스바에 있는

26 대소 백성과
/다(=모든)
군대 장관들이 **일어나서**

애굽으로 **갔으니**
/노소를 막론하고

//이는(이유: כִּי, for)
갈대아 사람을 두려워함이었더라

27 여호야긴이 사로잡혀 간 지 삼십칠 년[에]
/유다의 왕
곧 에윌므로닥이 즉위한 원년 십이월 그 달 이십칠일에
/바벨론의 왕
[그가] 여호야긴을 옥에서 **내어놓아**
/유다의 왕
그 머리를 **들게 하고**

28 [그가] 그에게 선히 **말하고**
그[의] 위를 **높이고**
/모든 왕의 위보다
/바벨론에 저와 함께 있는

29 [그가] 의복을 **바꾸게 하고**
/그[의] 죄수의
먹게 하였고
/왕의 앞에서
/항상
/그[의] 일평생에
30 //이유: ו, for)
날마다 왕에게서 받는 정수가 있어서
/저의 쓸 것은 종신토록 끊이지 아니하였더라

땅에 거하여 바벨론 왕을 섬기라 그리하면 너희가 평안
하리라 하니라 **25** 칠월에 왕족 엘리사마의 손자 느다니
야의 아들 이스마엘이 십 인을 거느리고 와서 그달리야
를 쳐서 죽이고 또 저와 함께 미스바에 있는 유다 사람
과 갈대아 사람을 죽인지라 **26** 대소 백성과 군대 장관
들이 다 일어나서 애굽으로 갔으니 이는 갈대아 사람을
두려워함이었더라 **27** 유다 왕 여호야긴이 사로잡혀 간
지 삼십칠년 곧 바벨론 왕 에윌므로닥의 즉위한 원년 십
이월 이십 칠일에 유다 왕 여호야긴을 옥에서 내어놓아
그 머리를 들게 하고 **28** 선히 말하고 그 위를 바벨론에
저와 함께 있는 모든 왕의 위보다 높이고 **29** 그 죄수의
의복을 바꾸게 하고 그 일평생에 항상 왕의 앞에서 먹게
하였고 **30** 저의 쓸 것은 날마다 왕에게서 받는 정수가
있어서 종신토록 끊이지 아니하였더라

struck Gedaliah down so that he died along with the
Jews and the Chaldeans who were with him at Mizpah.
26 Then all the people, both small and great, and the captains
of the forces arose and went to Egypt; for they were
afraid of the Chaldeans. **27** ¶ Now it came about in
the thirty-seventh year of the exile of Jehoiachin king of
Judah, in the twelfth month, on the twenty-seventh day
of the month, that Evil-merodach king of Babylon, in
the year that he became king, released Jehoiachin king
of Judah from prison; **28** and he spoke kindly to him
and set his throne above the throne of the kings who
were with him in Babylon. **29** And Jehoiachin changed
his prison clothes, and had his meals in the king's
presence regularly all the days of his life; **30** and for
his allowance, a regular allowance was given him by
the king, a portion for each day, all the days of his life.

연구시트 샘플

[야고보서 본문연구]

1 야고보는 ———————— **문안하노라**
　/종　　　　　　　　　/열 두 지파에게
　　/하나님과　　　　　　/흩어져 있는
　　주 예수 그리스도의

< * > 본절의 기능 : 인사를 말하는 주문장이다.

1.* 하나님과 주 예수 그리스도의 종 야고보는1) 흩어져 있는 열 두 지파에게 문안하노라 2)

1) 하나님과 주 예수 그리스도의 종 야고보는

야고보는? 발신자를 말한다. 그는 야고보이다. 야고보는 원래 어떤 사람이었는가?(과거) [관찰-자료]야고보는 예수님의 친동생 야고보이다. 또한 [관찰-자료]그는 지금 예루살렘 교회의 지도자이다. [이해]야고보는 본서를 지도자의 자격으로 쓰고 있음을 알 수 있다.

[관찰질문]그런데 그는 자신을 뭐라고 고백하고 있는가? [관찰-본문]종이라고 하고 있다. [관찰-자료]종이란 노예를 말한다. 노예는 자신의 권리나 의지가 오직 주인에게 달려 있는 자를 말한다. 목숨까지도 주인에게 달려 있는 자이다. [관찰질문]누구의 노예인가? [관찰-본문]하나님의 노예이다. [이해1]하나님께 속한 노예인 것을 말한다. [이해2]소속이 하나님께 있음을 말한다. 하나님께 전적으로 매인 노예임을 고백하는 말이다. [관찰-본문]주 예수 그리스도의 노예이다. [이해1]자신의 친형인 예수님의 노예라고 고백하고 있다. [이해2]자신과 예수님의 관계를 말하는 고백이다. 비록 예수님이 자신의 형이지만 예수님을 형이기에 앞서 주인으로 섬기고 있음을 고백하는 말이다.

[관찰질문]야고보는 예수님을 뭐라고 알고 있는가? [관찰-본문]주이다. 그리스도이다. [이해1]주라는 고백은 예수님을 주인으로 알고 있는 말이고, 그리스도라는 말은 하나님과 자신 사이를 중보하는 제사장으로 인정하는 호칭이다. 이 고백은 예수님께 대한 야고보의 신앙이다. 또한 야고보서의 신학이다. [적용질문]나는 예수님을 뭐라고 고백하는가?

[문법적인 관찰]우리는 여기서 한 가지 더 고려해야 할 점이 있다. 정체성보다는 소속이 강조되어 나타난다는 점이다. 원문의 순서가 바울 서신들과는 다른 형식을 가지고 있기 때문이다. 야고보는 의도적으로 "하나님과 주 예수 그리스도"의 종임을 강조하고 있다. 즉 소속을 강조하고 있다. 그러면 왜 그렇게 강조한 것일까? 하나는 개인적인 신앙고백일 수 있다. 그는 예수님의 형제이고, 예수님 당시에는 예수님을 믿지 못했던 사람이었다. 그는 오순절 사건 이후로 예수님을 믿게 되었다. 이런 자신의 과거에 대한 분명한 인식이 그런 강조점을 낳게 된것이라 생각한다. 야고보는 자신을 공식적으로 부를 때 항상 소속을 강조하는 습관을 가지게 되었을 것이다. 다른 하나는 자신의 자격에 대한 강조일 수 있다. 지도자로서의 자격이 하나님과 예수님으로부터 주어진 것임을 강조하고 있음을 엿볼 수 있다.

*) [정리]야고보는 자신을 하나님께 속한 노예, 비록 형님이지만 주님이고 중보자되신

예수님의 노예로 자신을 소개한다.

2) 흩어져 있는 열 두 지파에게 문안하노라

"문안한다"는 문안하기 위하여 편지한다는 말을 담고 있다. 원래 편지의 구조는 "발신자가...수신자에게"이다. 그런데 야고보서는 여기에 문안하기 위하여라는 말을 덧붙여 놓았다. 이런 형식을 번역하는 과정에서 이중적으로 사용하여 "문안하노니"라고 하였다.

[관찰질문]누구에게 편지하는가? [관찰-본문]열 두 지파에게 편지한다. 그런데 그들은 흩어져 있는 사람들이다. [관찰-사전]열 두 지파는 원래 정통 유대인들에 대한 호칭이다. 출애굽 이후, 40년 동안의 광야 생활을 통해 가나안에 들어간 이스라엘 족속들을 말한다. 가나안 땅을 정복한 이후 땅을 분배받은 지파들이다. [이해]그런데 야고보는 바로 이런 말을 편지를 받을 대상을 호칭하는 말로 쓰고 있다. 그들은 지금 흩어져 있다. 소아시아 전역에 흩어져 있는 상태(diaspora) 이다. 그렇다면 이 말은 유대인들만을 대상으로 하는 말인가? 유대인을 포함한 교회의 모든 구성원을 대상으로 한 것이다. 그렇기 때문에 12지파는 하나님의 교회에 대한 별칭으로 사용되고 있음을 알 수 있다. 교회를 12지파로 부른 유다의 의도는 무엇일까? 교회에 대한 정체성을 하나님의 기업을 이을 하나님의 백성으로 이해는 데 있을 것이다. 또한 직접적으로 유대 출신 기독교인들을 제한하는 역할도 할 것이다. 양쪽 모두에게 긍정적인 반응을 얻을 수 있는 호칭이다.

*) [정리]야고보는 예루살렘 교회의 지도자로서 여러 지역에 흩어져 있는 하늘의 기업을 유업으로받을 하나님의 교회에게 문안하는 편지를 하고 있다.

*> [절요약]야고보는 자신이 비록 예수님의 친동생이지만 하나님과 동등한 주인으로 섬기는 종의 자격으로 여러 지역에 흩어져 있는 하나님의 교회에 문안하는 편지를 한다.

IBS 연구(고전 1:4-9)

■ **관찰본문**

4. 그리스도 예수 안에서 너희에게 주신 하나님의 은혜를 인하여 내가 너희를 위하여 항상 하나님께 감사하노니 5. 이는 너희가 그의 안에서 모든 일 곧 모든 구변과 모든 지식에 풍족하므로 6. 그리스도의 증거가 너희 중에 견고케 되어 7. 너희가 모든 은사에 부족함이 없이 우리 주 예수 그리스도의 나타나심을 기다림이라 8. 주께서 너희를 우리 주 예수 그리스도의 날에 책망할 것이 없는 자로 끝까지 견고케 하시리라 9. 너희를 불러 그의 아들 예수 그리스도 우리 주로 더불어 교제케 하시는 하나님은 미쁘시도다

■ **구문분석**

4 내가 **감사하노니**
/하나님께
/너희를 위하여
/항상

↓

//(이유: ἐπὶ +소유격, because of)
하나님의 은혜를 인하여
/그리스도 예수 안에서 너희에게 주신

5 //이는(이유: ὅτι, for)
너희가 ——— 풍족하므로
/그의 안에서
/모든 일
곧 모든 구변과 모든 지식에

6 //(이유: because)
증거가 ——— 견고케 되어
/그리스도의 /너희 중에

7 //(결과: therefore)
너희가 ——부족함이 없이(고)
/모든 은사에
기다림이라
/우리 주 예수 그리스도의 나타나심을

8 주께서 **견고케 하시리라**
/너희를
/끝까지
/책망할 것이 없는 자로
/우리 주 예수 그리스도의 날에

9 하나님은 **미쁘시도다**
/너희를 불러
/교제케 하시는(하시려고; 부정사)
/그의 아들 예수 그리스도 우리 주로 더불어

〈*〉 구문의 흐름

내가 하나님께 감사한다.
이유 ① : 하나님의 은혜 때문이다
이유 ② : 너희가 모든 일에 풍족하기(했기) 때문이다.
이유 ③ : 그리스도의 증거가 너희 속에서 견고케 되었기 때문이다.
결과 ① : 모든 은사에 부족함이 없고
결과 ② : 너희가 주님의 재림을 기다리고 있다.

주께서 너희를 견고케 하신다.
하나님은 미쁘시다.

〈*〉 설교의 흐름

감사 : 감사의 대상(하나님, 미쁘신 하나님) – 감사의 내용 – 감사의 이유 ① (풍족함), ② (견고케됨) – 그리스도가 견고케 하심 – 견고케하심의 결과(너희-부족함없다, 재림을 기다림)

▣ 절별분석

□ 4절

내가 **감사하노니**<4.1>
/하나님께
/너희를 위하여
/항상
//(이유)<4.2>
하나님의 은혜를 인하여

4.1 "내가 너희를 위하여[2] 항상 하나님께[1] 감사하노니"

주문장은 "내가 감사한다"이다. 따라서 본절은 바울의 감사를 주제로 하고 있음을 알 수 있다. '감사한다'는 "지금도 계속해서 감사하고 있다"는 말씀이다(문법적인 해석; 현재, 능동태, 직설법). 어떠한 상황에서든지 감사하는 생활을 하고 있는 바울의 모습을 다시 한 번 엿볼 수 있다.

- 1) 바울은 항상 하나님께 감사한다. 감사의 시기와 대상이 제시된다. 날마다 감사한다. 언제든지, 어떠한 상황에서든지 감사하는 모습을 담고 있다. 또한 감사의 대상은 하나님이다. 하나님이 감사의 대상이다. 이것은 우리 생활의 모든 것을 하나님이 주신 것으로 인정하는 고백이다. 좋은 일도, 어려운 일도 하나님으로부터 온 것이니 감사함으로 받아야 한다. 하나님으로부터 온 것임을 잊을 때 불평과 낙심이 온다. 또한 그 분이 바로 하나님이심을 잊을 때도 그렇다.

- 2) 너희를 위하여, 즉 고린도 교회 성도들을 위하여 감사하고 있다. 중보적인 감사이다. 다른 사람을 위해 그 사람을 대신해 감사하는 것도 가능할 수 있음을 깨닫는다. 바울은 온전한 감사를 잃은 심령을 대신해 감사한다. 물론 그들도 감사하고 있을 것이다. 그러나 그들이 미쳐 깨닫지 못한 부분까지도 감사하기에 바울의 중보적인 감사는 의미있다.

4.2 "그리스도 예수 안에서 너희에게 주신[2] 하나님의 은혜를 인하여[1]"

바울이 감사하는 이유이다. 하나님의 은혜 때문에 감사한다.

- 1) "하나님의 은혜를 인하여" 감사하고 있다. '인하여'는 헬라어 ἐπι를 번역한 것으로 '이유'의 의미를 가지고 있다. 그러므로 이 부분을 다음과 같이 번역할 수 있다. "하나님의 은혜 때문에"이다. 즉 감사의 이유이다. 바울은 고린도에 있는 하나님의 교회가 받은 은혜 때문에 감사하고 있다. 은혜는 두 가지 측면을 말한다. 먼저, 십자가 구속 사건이다. 십자가의 구속으로 값없이 주신 구원의 은혜를 말한다. 또한, 하나님께서 성도의 삶에 값없이 주신 선물들을 말한다. 삶의 유익들이 은혜이다. 바울은 고린도에 있는 하나님의 교회에 허락하신 구속의 은혜와 삶의 유익들을 감사하고 있다.

- 2) "그리스도 예수 안에서 너희에게 주신" 은혜를 말하고 싶어한다. 하나님의 은혜의 통로를 말한다. 이 부분은 두 요소로 구성되어 있다. 하나는 너희에게 주신 은혜라는 말씀이고, 다른 하나는 그리스도 예수 안에서 주신 은혜라는 말씀이다. 전자는 은혜는 하나님께서 하나님의 교회에게 주신 것이라는 점을 강조하고, 후자는 바로 그 은혜를 그리스도 예수 안에서 받는 것임을 강조하고 있다. 은혜는 하나님이 주신 것이다. 하나님의 교회에게 주신 것

이다. 그러므로 교회에는 하나님의 구속의 은혜가 있다. 그런데 이 은혜는 그리스도 예수 안에서 받는 것이다. 그리스도 예수를 믿음으로 받는 것이다. 예수만이 길이다. 그 예수는 기름부음받은 대제사장으로서 우리와 하나님 사이를 중보하는 분이다.

＊〉바울은 고린도에 있는 하나님의 교회가 하나님으로부터 받은 은혜의 내용에 대해 하나님께 항상 감사하고 있다.

ㅁ 5절

//이는(이유: ὅτι, for)
너희가 ——— 풍족하므로
/모든 일 곧 모든 구변과 모든 지식에
/그의 안에서

5. ＊〉"이는 너희가 그의 안에서 모든 일 곧 모든 구변과 모든 지식에 풍족하므로"

바울이 감사하고 있는 이유 두번째이다. 바울은 고린도 교회 성도들이 주 안에서 모든 일에 풍족했기 때문에 감사한다. 그들은 풍족하게 되었다(수동태). 자신이 스스로 소유한 것이 아니라, 주님께서 그렇게 되게 하셨다는 말씀이다. "풍족하다"는 말은 부유하고, 넉넉함을 말한다. 그들은 부유하고, 넉넉하게 되었다. 모든 일 즉 구변과 모든 지식에서 넉넉한 자들이 되었다. "모든 구변"의 넉넉함은 모든 분야에 대한 말의 넉넉함을 말한다. 사람들을 공격하고 자고하는 궁색한 태도가 아니라, 사람들을 이해하고 평화를 주는 언어생활을 말한다. "모든 지식"의 넉넉함은 외적인 표현이 정확하고, 내적인 신념이 확고한 지식을 두루 소유하게 되었음을 말한다. 그런데 그들은 이런 넉넉함을 "주 안에서" 소유하게 되었다. 예수 안에 있는 자가 넉넉하게 되었다. 예수 안에 있다는 것은 예수를 믿는 것을 말한다. 예수를 믿는 자는 모든 부분에서 말함과 확고한 신념으로 풍성하게 된다.

＊〉바울이 하나님께 감사하는 두번째 이유는 고린도 교회 성도들이 이미 말과 믿음에 성숙했기 때문이다.

ㅁ 6절

//(이유: because)
증거가 ——— 견고케 되어
/그리스도의 /너희 중에

6.＊ "그리스도의 증거가 너희 중에 견고케 되어"

바울이 하나님께 감사하는 이유 세번째이다. 바울은 그리스도의 증거가 교회 속에서 견고케 되었기 때문에 감사한다. "그리스도의 증거(μαρτύριον, testimony, witness)"는 그리스도에 관한 확고한 내용들을 의미한다. 한 마디로 복음이다. 견고케 되었다는 것은 복음이 확고하게 자리잡고, 확고하게 전파되었음을 말한다. 그러므로 바울이 감사하는 세번째 이유는 복음이 고린도 교회 안에 이미 확고하게 자리잡고 있기 때문임을 알 수 있다(부정과거).

***〉 바울이 감사하는 세번째 이유는 고린도 교회 안에 이미 복음이 확고하게 증거되었기 때문이다.**

ㅁ 7절

//(결과: ὥστε, therefore)
너희가 ┬ 부족함이 없이(고)<7.1>
　　　│ /모든 은사에
　　　└ 기다림이라<7.2>
　　　　 /우리 주 예수 그리스도의 나타나심을

7.1 "너희가 모든 은사에 부족함이 없이…"

그리스도의 복음이 고린도 교회 안에 확고히 증거된 결과 성도들이 자연스럽게 취하게 된 모습 두 가지 중 첫 번째이다. 복음의 신앙이 확고한 교회는 모든 은사에 부족함이 없다. "은사"라 함은 하나님으로부터 은혜로 받은 선물 즉 구원의 은혜를 말하고, 부활하신 주님으로부터 교회에게 주어진 능력을 말한다. 그런데 본절에서는 후자를 주로 말하고 있다. 즉 복음이 확고한 교회는 주님께서 은혜로 값없이 주시는 열매들이 가득하다. "부족함이 없다"는 말은 "단절되지 않는 것"과 "모자라지 않는 것"을 뜻한다. 한 마디로 충분하다는 말씀이다. 교회에 주님께서 모든 부분에 있어서 능력으로 충분히 역사하신다는 뜻이다. 모든 부분에 있어서 주님이 부어주신 능력들이 충만하게 된다. 복음이 확고하게 선포되는 교회는 주님의 능력이 부족함없이 충분히 나타난다.

7.2 "우리 주 예수 그리스도의 나타나심을 기다림이라."

복음이 확고한 교회의 성도들은 예수님을 기다리고 산다. "기다린다"는 말은 "어떤 일을 갈망하면서도 인내심을 가지고 기다리는 것"을 말한다. 따라서 복음이 확고한 교회의 성도들의 두번째 모습은 성도들이 재림하실 주님을 고난 가운데서도 인내심을 가지고 갈망하며 기다리고 사는 모습을 가진다. 예수님을 나의 주, 우리 주(Lord)로 고백하고, 그리스도로 고백하면서 주님을 붙잡고 있다.

***〉 복음이 확고하게 증거된 교회는 주님으로부터 오는 모든 능력들이 가득하게 된다. 또한 교회 공동체가 예수님을 주와 그리스도로 붙잡고 산다.**

<이하 문맥성경(모세오경)을 참조할 것>

편찬책임 / 배동한 목사

• 총신대학교 졸업 • 총신대학 신학대학원 졸업
• 서울성경연구원 대표

서울성경연구원(SBI)

원 장: 김의원 박사
부 원 장: 김상훈 박사
운영위원: 김의원, 손석태, 김상훈, 배동한
대 표: 배동한
총 무: 박종원

서울특별시 서초구 방배4동 876-41호 203호
(02) 3477-6969(Fax겸) / 박종원 목사(010-4224-0691)
홈: www.sbi66.org E-mail : dhbae386@naver.com

SBI문맥성경(여호수아-열왕기하)

등록번호 / 제 7-258호(1998. 4. 23)

2017년 3월 20일 1판 1쇄 인쇄
2017년 3월 30일 1판 1쇄 발행

저 자 : 서울성경연구원
발행인 : 조 경 혜
발행처 : 도서출판 그리심

도서출판 그리심

07030 서울시 동작구 사당로2길 72 인정 B동(B01호)
Tel 02-523-7589(출판), Fax 02-523-7590(출판)
• Home : grisim.biz • E-mail: grisimcho@hanmail.net

ISBN 978-89-5799-380-4 94230
ISBN 978-89-88291-56-5 94230 (세트)